William Assaf
Randolph West
Sven Aelterman
Mindy Curnutt

SQL Server Administration

Insider-Wissen – praxisnah & kompetent

Microsoft

dpunkt.verlag

William Assaf · Randolph West · Sven Aelterman · Mindy Curnutt

Lektorat: Sandra Bollenbacher
Übersetzung: G&U Language & Publishing Services GmbH, www.gundu.com
Copy-Editing: Petra Heubach-Erdmann
Satz: G&U Language & Publishing Services GmbH, www.gundu.com
Herstellung: Stefanie Weidner
Druckerei: C.H.Beck, Nördlingen

ISBN:
Print 978-3-86490-584-1
PDF 978-3-96088-504-7
ePub 978-3-96088-505-4
mobi 978-3-96088-506-1

ISBN of the English language edition: 978-1-5093-0521-6

5 4 3 2 1 0

Für David III dafür, dass er vielen Menschen eine STEM-Karriere ans Herz gelegt und ermöglicht hat, auch mir selbst.

– *William Assaf*

Für Marinus und Trixie dafür, dass sie meine ständige Lüge, »fast fertig« zu sein, hingenommen, und den Platz auf meinem Schoß mit einem MacBook geteilt haben.

– *Randolph West*

Für Ebony, Edward und Sofia in Anerkennung ihrer Opfer, ihrer Unterstützung und ihrer grenzenlosen Liebe.

– *Sven Aelterman*

Für Chris dafür, dass du mehr an mich glaubst als ich selbst.

– *Mindy Curnutt*

Inhaltsübersicht

Inhaltsverzeichnis

Vorwort

Unsere Welt ertrinkt in Daten. In unserer Kultur hat fast jeder wenigstens zwei elektronische Geräte – ein Smartphone und einen Laptop oder einen Computer irgendeiner anderen Art. Bei allem, was wir auf diesen Geräten tun, werden ständig Daten gesammelt, zur Verfügung gestellt und produziert. Diese Daten sind nicht nur als Entscheidungsgrundlage für Organisationen hilfreich, sondern formen und verändern auch unsere Lebens- und Arbeitsweise, unsere Entscheidungsfindung und manchmal sogar unser Denken.

Dieses massive Wachstum lässt sich auf die technologischen Umwälzungen zurückführen, denen jedes Geschäft und fast jede Branche unterliegt. Jeder Klick und jeder Kaufvorgang durch einen einzelnen Kunden löst jetzt irgendein Ereignis aus, das wiederum ein anderes Ereignis auslöst, was schließlich zu Hunderten oder vielleicht gar Tausenden von Datenzeilen führt. Wenn Sie das mit der Weltbevölkerung multiplizieren, dann erhalten Sie eine noch nie da gewesene Menge von gespeicherten Daten, die sich früher niemand hätte vorstellen können. Jetzt müssen Organisationen diese riesigen Datenmengen nicht nur speichern, sondern auch dafür sorgen, dass sie auf einen Tastendruck oder eine Wischbewegung auf dem Bildschirm hin zur Verarbeitung zur Verfügung stehen.

Hier kommen Datenbanken ins Spiel. Sie bilden heutzutage das Rückgrat oder Back-End für fast jeden Geschäftsaspekt. Als Ted Codd, der Vater relationaler Datenbanksysteme, seine bahnbrechende Idee hatte, ahnte er wahrscheinlich selbst noch nicht, wie weit verbreitet sie heute sein würden. Ursprünglich waren Datenbanken dazu gedacht, Daten zu speichern und abzurufen. Ihr Hauptzweck bestand einfach darin, die Sicherheit, Verfügbarkeit und Zuverlässigkeit beliebiger Informationen sicherzustellen, die in unterschiedlichen Maßstäben von lokalen Anwendungen geschrieben werden.

Heute hat sich das alles geändert. Daten müssen rund um die Uhr zur Verfügung stehen, und zwar hauptsächlich über das Internet und nicht für lokale Anwendungen. Bei der Gestaltung von Microsoft SQL Server 2017 wurde all dies berücksichtigt. Die Software kann schon im Lieferzustand umfangreiche OLTP-Datenbanken (Online Transactional Processing) und OLAP-Systeme (Online Analytical Processing) unterstützen. Durch die Nutzung von Microsoft Azure sind Entwickler in der Lage, ihre Datenbanken im Hintergrund dynamisch zu skalieren, um auf geplante und ungeplante Spitzen beim Bedarf und der Ressourcennutzung zu reagieren. Mit anderen Worten, die neueste Version von SQL Server eignet sich nicht nur für die neue Datenwelt, sondern ermöglicht Organisationen auch, die Grenzen für das, was sie heute tun und in naher und ferner Zukunft tun werden, viel weiter abzustecken.

Schließen Sie Ihre Augen und stellen Sie sich eine Welt vor, in der Datenbankadministratoren ein System so einrichten können, dass es seine Ressourcennutzung automatisch erweitert oder verringert, je nachdem wie es selbst von den Endbenutzern eingesetzt wird. Das ist aber noch nicht alles. Wie wäre es, wenn ein relationales Datenbankmanagementsystem seine Leistung automatisch anhand der Nutzungsmuster optimieren könnte? All das ist jetzt mit SQL Server und Azure SQL-Datenbank möglich. Durch die Verwendung von Einrichtungen wie dem Abfragespeicher und elastischen Datenbankpools können Datenbankadministratoren vorausschauend Lösungen entwickeln, die sich an die Größen- und Leistungsanforderungen jeder Dienstgütevereinbarung anpassen lassen.

Neben der Leistung von Weltklasse bieten diese Datenbanken auch Sicherheits- und Hochverfügbarkeitssysteme, die unter relationalen Datenbankmanagementsystemen ihresgleichen suchen. Mithilfe der im Lieferumfang von SQL Server vorhandenen Funktionen können Organisationen sichere missionskritische Anwendungen erstellen, ohne zusätzliche Software kaufen zu müssen. Diese Funktionen sind sowohl in der Cloud als auch in lokalen Installationen verfügbar und können mit SQL Server Management Studio, SQL Server Data Tools und SQL Operations Studio verwaltet werden. Alle drei Tools stehen kostenlos zum Download zur Verfügung und sind Datenbankadministratoren und -entwicklern vertraut.

In diesem Buch haben die Autoren viele der Merkmale hervorgehoben, mit denen Unternehmen Datenbanklösungen mithilfe einer einzigen Plattform erfolgreich bereitstellen und verwalten können. In diesem Buch erfahren Sie, wie und wann Sie als Datenbankadministrator oder -entwickler die Vorteile nutzen können, die der erhebliche Funktionsumfang der neuesten Version von SQL Server bietet.

Die Informationen in diesem Buch stützen sich auf die Fähigkeiten einer Reihe von erfahrenen Datenbankprofis mit jahrzehntelanger Erfahrung in der Gestaltung, Optimierung und Entwicklung solider Datenbanklösungen auf der Grundlage von SQL Server. Es ist für erfahrene Datenbankadministratoren und -entwickler geschrieben, um ihnen fortgeschrittene Techniken für SQL Server zu vermitteln.

SQL Server, die grundlegende Datenbankplattform von Microsoft, wurde ständig weiterentwickelt – von der Unterstützung kleiner, abteilungsinterner Aufgaben zur Unterstützung der größten relationalen Datenbankmanagementsysteme der Welt. Dieser Reifeprozess geht immer weiter. Jedes neue Release enthält nicht nur Fähigkeiten, die die Möglichkeiten der Vorgängerversion erweitern, sondern auch solche, die den Funktionen vieler Konkurrenzprodukte ebenbürtig sind oder noch darüber hinausgehen.

Diese Entwicklung setzt sich mit SQL Server 2017 fort. Wie bei allen früheren Versionen sind auch hier zu einem bereits anspruchsvollen und zuverlässigen Satz von Werkzeugen neue Fähigkeiten hinzugekommen. Zu den Merkmalen gehören ein sicheres, elastisches und skalierbares Cloudsystem, erweiterte Arbeitsspeichertechnologien, eine schnelle und rationalisierte Verwaltung und Entwicklung sowie Erweiterungen und Verbesserungen im Bereich von Hochverfügbarkeit und Notfallwiederherstellung. Außerdem wurde angestrengt daran gearbeitet, das sicherste relationale Datenbankmanagementsystem der Welt noch sicherer zu machen. Zu diesem Zweck wurden Funktionen wie die Sicherheit auf Zeilenebene, Always Encrypted und dynamische Datenmaskierung hinzugefügt. Wie immer liegt der Schwerpunkt dieses Releases auf der Leistung. Dank der Verbesserungen am Abfragespeicher können Datenbankadministratoren jetzt bei der Überwachung und Optimierung der Leistung vorausschauend vorgehen.

Insgesamt vermittelt dieses Buch »Insider-Wissen« über die einzelnen Kernkomponenten von SQL Server 2017 mit Ausflügen in die Tiefen einiger sehr spezifischer Themen. Jedes Kapitel gibt erst einen Überblick über das Thema und stellt dieses sowie alle damit zusammenhängenden Aspekte ausführlich dar. Es ist natürlich nicht möglich, sämtliche T-SQL-Anweisungen, Befehle, Merkmale und Funktionen in alle Einzelheiten darzustellen. Allerdings bietet Ihnen dieses Buch einen umfassenden Einblick in SQL Server 2017. Nach seiner Lektüre werden Sie in der Lage sein, eine skalierbare, leistungsfähige, sichere und zuverlässige cloudgestützte oder lokale Datenbanklösung mit SQL Server 2017 zu implementieren.

Patrick LeBlanc, Microsoft

Einleitung

Das Tempo der Veränderungen, denen sich SQL Server-Datenbankadministratoren ausgesetzt sehen, hat in diesem Jahrzehnt zugenommen. Zwischen der Veröffentlichung von SQL Server 2016 und 2017 lagen nur 16 Monate, was der bislang kürzeste Abstand zwischen zwei Releases war. Die Zeiten, in denen sich Datenbankadministratoren drei bis vier Jahre Zeit nehmen konnten, um sich mit den neuen Merkmalen des Datenbankmoduls und der unterstützenden Technologien vertraut zu machen und sie zu nutzen, sind vorbei.

Dieses Buch wurde von SQL Server-Experten mit den beiden folgenden Zielen im Sinn geschrieben und herausgegeben: Es soll solide grundlegende Fähigkeiten für alle Aspekte der Konfiguration und Verwaltung von SQL Server lehren, und es soll das Bewusstsein für die erstaunliche Anzahl neuer Funktionen wecken, die in SQL Server 2016 und 2017 hinzugekommen sind, und praktische Kenntnisse darin vermitteln. Wir sind nicht davor zurückgeschreckt, neue Inhalte aufzunehmen, auch wenn das bedeutet hat, Termine zu überziehen, weil wir noch etwas zu einer ganz neuen Ergänzung schreiben mussten. Sie erfahren hier nicht nur, wie die neuen Einrichtungen funktionieren, sondern auch, wann und zu welchem Zweck Sie sie einsetzen sollten.

Zielpublikum

Die Verwaltung von SQL Server war noch nie die eingeschränkte Tätigkeit, für die unsere Arbeitgeber sie halten mögen. Der Aufgabenbereich wird auch jetzt noch immer breiter. Es kommen neue Strukturen hinzu – etwa Columnstore- und speicheroptimierte Indizes neben den vertrauten Rowstore-Indizes – und neue Plattformen als Dienst (PaaS) wie Azure SQL-Datenbank oder neue Infrastrukturen als Dienst (IaaS) wie Azure. Dieses Buch richtet sich an Datenbankadministratoren, die sich nicht scheuen, sich mit neuen Fähigkeiten und Funktionen vertraut zu machen, sowie diejenigen, die zögern, und Mut und Vertrauen benötigen. SQL Server-Administratoren sollten dieses Buch lesen, um sich auf die neuen Funktionen vorzubereiten und sie im Gespräch mit ihren Kollegen aus den Bereichen Anwendungsentwicklung, Business Intelligence und Systemadministration zu berücksichtigen.

Voraussetzungen

Wir gehen davon aus, dass Sie Erfahrungen mit einer der jüngeren Versionen von SQL Server haben und die grundlegende Terminologie kennen. Vielleicht haben Sie schon mit dem Gedanken einer Microsoft-Zertifizierung für SQL Server gespielt, bereiten sich darauf vor oder haben sie erhalten. Datenbankadministratoren, -architekten und -entwickler können alle von dem Inhalt dieses Buchs profitieren, insbesondere wenn sie ihre Datenbanken in die Cloud verlegen, die Leistung verbessern oder Ihre Daten in einer feindlichen, vernetzten Welt schützen wollen.

In diesem Buch werden auch einige der anspruchsvolleren Themen angeschnitten, die an anderer Stelle ausführlicher erwähnt werden (z. B. Eigenentwicklung, Business Intelligence-Design, Datenintegration und Data Warehouses).

Der Aufbau dieses Buchs

Dieses Buch gibt einen umfassenden Überblick über die verschiedenen Funktionen. Es ist logisch nach den verschiedenen Aspekten der Verwaltung von SQL Server 2017 gegliedert.

Kapitel 1, »Erste Schritte mit SQL Server-Tools«, stellt die erforderlichen Werkzeuge von den Installationsmedien zu den kostenlos herunterladbaren Tools vor. Zu Letzteren gehört insbesondere das rasch weiterentwickelte SQL Server Management Studio. Wir beschreiben hier auch SQL Server Data Tools, den Konfigurations-Manager sowie Werkzeuge zur Leistungs- und Zuverlässigkeitsüberwachung, geben eine Einführung in PowerShell usw.

Kapitel 2, »Komponenten des Datenbankservers«, gibt eine Einführung in die Terminologie und die Prinzipien der Datenbankverwaltung, angefangen bei Hardwareaspekten wie Arbeitsspeicher, Prozessoren, Permanentspeicher und Netzwerkanbindung. Anschließend gehen wir zu den Grundlagen der Hochverfügbarkeit (mit der wir uns später noch eingehender befassen), der Sicherheit und der Hardwarevirtualisierung über.

Kapitel 3, »Entwerfen und Implementieren einer Datenbankinfrastruktur«, stellt die Architektur und Konfiguration von SQL Server vor. Dabei beschäftigen wir uns auch ausführlich mit virtuellen Protokolldateien (VLFs) des Transaktionsprotokolls, Datendateien, OLTP im Arbeitsspeicher, Partitionierung und Komprimierung. Wir widmen uns auch der Datenbank `TempDB`, ihrer optimalen Einrichtung sowie Konfigurationsoptionen auf Serverebene. Des Weiteren beschreiben wir die Ausführung von SQL Server in Azure-VMs oder Azure SQL-Datenbank sowie Hybridcloudarchitekturen.

Kapitel 4, »Bereitstellen von Datenbanken«, gibt eine umfassende Beschreibung von SQL Server-Setup einschließlich aller enthaltenen Features, ihrer Installation und Konfiguration. Wir schauen uns hier die Erstkonfiguration, die Checkliste der nach der Installation erforderlichen Tätigkeiten und die Grundlagen zum Anlegen von SQL Server-Datenbanken einschließlich der Konfigurationsoptionen für System- und Benutzerdatenbanken an.

Kapitel 5, »Azure SQL-Datenbank«, gibt eine Einführung in das DBaaS-Angebot (Datenbank als Dienst) für SQL Server. Dieser Azure-Clouddienst stellt einen hochgradig mit SQL Server 2017 kompatiblen Datenbankdienst bereit. Sie lernen hier die Prinzipien von Azure SQL-Datenbank kennen und erfahren, wie Sie Datenbanken erstellen und gängige Verwaltungsaufgaben dafür ausführen.

Kapitel 6, »Sicherheit und Berechtigungen«, beginnt mit den Grundlagen der Authentifizierung, Konfiguration, Verwaltung und Fehlerbehebung von Anwendungen und Benutzern. Danach beschäftigen wir uns mit Berechtigungen, unter anderem damit, wie Sie Server- und Datenbankberechtigungen und Rollenmitgliedschaften gewähren und aufheben und wie Sie Sicherheitseinstellungen von einem Server auf einen anderen übertragen.

Kapitel 7, »Schützen des Servers und seiner Daten«, geht über die Grundlagen von Authentifizierung und Berechtigungen hinaus und behandelt anspruchsvollere Sicherheitsthemen wie die verschiedenen Einrichtungen und Techniken für die Verschlüsselung, Always Encrypted und Sicherheit auf Zeilenebene. Wir beschreiben hier Sicherheitsmaßnahmen für SQL Server-Instanzen und Azure SQL-Datenbank sowie die nur in der Enterprise Edition vorhandene Funktion SQL Server Audit.

In Kapitel 8, »Grundlagen und Gestaltung von Tabellen«, geht es um SQL Server-Tabellen, also die Objekte, die die Daten enthalten. Neben den Grundlagen des Tabellendesigns beschäftigen wir uns hier mit besonderen Tabellen- sowie Datentypen. Des Weiteren stellen wir Techniken auf, mit denen sich Datenänderungen erkennen und verfolgen lassen.

Kapitel 9, »Leistungsoptimierung in SQL Server«, beschreibt ausführlich die Isolations- und Parallelitätsoptionen wie `READ COMMITTED SNAPSHOT ISOLATION` und erklärt, warum Entwickler nicht `NOLOCK` verwenden sollten. Wir schauen uns hier Ausführungspläne an, wobei wir erklären, worauf Sie dabei achten müssen, sowie den in SQL Server 2016 eingeführten und in SQL Server 2017 verbesserten Abfragespeicher.

Kapitel 10, »Indizes«, geht das Thema Leistung aus dem Blickwinkel der Indizes an. Dabei beschäftigen wir uns mit ihrer Erstellung, Überwachung und Optimierung sowie den verschiedenen Arten von Indizes, die uns zur Verfügung stehen – neben gruppierten und nicht gruppierten Indizes also auch Columnstore- und speicheroptimierte Indizes usw. Dabei setzen wir uns ausführlich mit Indizes und Indexstatistiken auseinander, wobei wir uns mit ihrer Wartung jedoch erst später in Kapitel 13 beschäftigen werden.

Kapitel 11, »Entwickeln, Bereitstellen und Verwalten der Datenwiederherstellung«, deckt die Grundlagen von Datenbanksicherungen zur Vorbereitung auf eine Notfallwiederherstellung ab. Dabei beschäftigen wir uns auch damit, wie Sie ein für Ihre Umgebung geeignetes Sicherungs- und Wiederherstellungsverfahren aufstellen. Die Sicherung und Wiederherstellung in einer Hybridumgebung, die Wiederherstellung in Azure SQL-Datenbank und die Georeplikation sind wichtige Fertigkeiten für Datenbankadministratoren von heute, weshalb wir sie hier ebenfalls behandeln.

Kapitel 12, »Hochverfügbarkeit und Notfallwiederherstellung«, führt Strategien zur Notfallwiederherstellung vor, die über Sicherungen hinausgehen. Dabei sehen wir uns sowohl die alten Möglichkeiten wie Protokollversand und Replikation als auch die neuen wie Verfügbarkeitsgruppen an, einschließlich lang erwarteter Verbesserungen, die in SQL Server 2017 vorgenommen wurden, um plattformübergreifende und clusterlose Verfügbarkeitsgruppen zu ermöglichen. Wir beschäftigen uns auch eingehend mit der Konfiguration von Clustern und Verfügbarkeitsgruppen sowohl auf Windows als auch auf Linux.

Kapitel 13, »Verwaltung und Überwachung von SQL Server«, behandelt die Wartung und Pflege von SQL Server-Instanzen. Dabei geht es um das Beobachten der Datenbankaktivität sowie die Überwachung auf Datenbankbeschädigungen und Indexfragmentierung. Wir beschäftigen uns mit den erweiterten Ereignissen – einer besseren Alternative zur Ablaufverfolgung – sowie mit der Ressourcenkontrolle zur Isolierung kritischer Arbeitslasten.

Kapitel 14, »Automatisierte Verwaltung von SQL Server«, enthält eine Einführung in PowerShell einschließlich neuer Merkmale von PowerShell 5.0. Des Weiteren sehen wir uns die Tools und Funktionen an, die Sie benötigen, um Aufgaben in SQL Server zu automatisieren – Datenbank-E-Mail, Aufträge des SQL Server-Agents, MSX/TSX-Aufträge, Proxies und Warnungen. Dabei beschäftigen wir uns auch mit der erheblich verbesserten Funktion der Wartungspläne und erklären, welche Vorgänge Sie auf welche Weise in einen Zeitplan aufnehmen sollten.

> ### Expertentipp
> **Dies sind die charakteristischen Tipps, die diesem Buch seine besondere Note geben. Hier erfahren Sie unverblümt, was in der Software oder dem Dienst vor sich geht, und erhalten Insider-Informationen darüber, warum etwas so funktioniert, wie es funktioniert. Außerdem erhalten Sie hier in der Praxis bewährte Ratschläge und Anleitungen sowie Detailinformationen, die Sie in die Lage versetzen, Ihre Bereitstellungs- und Verwaltungsarbeiten auf professionelle Weise zu erledigen.**

Das Begleitmaterial

Damit Sie noch besser lernen können, haben wir Begleitmaterial zusammengestellt, das Sie von der folgenden Adresse herunterladen können:

https://aka.ms/SQLServ2017Admin/downloads

Dazu gehören die in diesem Buch erwähnten praktischen T-SQL- und PowerShell-Skripte, die Sie nicht nur zum Ausprobieren während der Lektüre, sondern auch als Ausgangspunkt für Ihre eigenen Skripte nutzen können.

Danksagungen

William Assaf:

Ich möchte den Influencern und Mentoren danken, die Einfluss auf den Verlauf meiner beruflichen Karriere genommen haben und von denen ich technische und nicht technische Lektionen gelernt habe. Mein Dank gilt (in willkürlicher Reihenfolge) Connie Murla, David Alexander, Darren Schumaker, Ashagre Bishaw, Charles Sanders, Todd Howard, Chris Kimmel, Richard Caronna und Mike Huguet. Zwischen einem Autor und seinem Fachgutachter entwickelt sich mit Sicherheit eine besondere Hassliebe, aber ich hätte mir keinen besseren wünschen können als Louis Davidson. Von Benutzergruppen über SQLSaturdays und Informationsveranstaltungen bis zu Büchern bin ich meinem Freund Patrick LeBlanc zu Dank verpflichtet, der die Leiter erklommen und sich immer wieder umgedreht hat, um mir seine Hand und eine Umarmung anzubieten.

Randolph West:

Im Juni 2017 habe ich zu meiner guten Freundin Melody Zacharias gesagt, dass ich wenigstens eines der vielen von mir angefangenen Bücher fertigstellen möchte, bevor ich sterbe. Sie schlug mir vor, mich an diesem hier zu beteiligen. Kinderspiel, dachte ich.

Jetzt habe ich sieben graue Haare mehr. Sieben!

Ich möchte Melody dafür danken, dass sie mich an ihrer Stelle vorgeschlagen hat, meinem Mann dafür, dass er mir auf der Arbeitsfläche in der Küche Platz zum Schreiben eingeräumt hat, und meinem Hund Trixie für die willkommene Ablenkung.

Trina, William, Louis, Sven und Mindy waren ebenfalls eine große Unterstützung, insbesondere während der Dunklen Zeit.

Dieses Buch wäre ohne die Beiträge all der Personen, die hinter den Kulissen wirken, nicht möglich gewesen. Ein Buch dieser Größenordnung zu schreiben ist ein enormes Unterfangen.

Sven Aelterman:

William Assaf traf ich vor mehreren Jahren, als er als Redner beim Baton Rouge SQLSaturday auftrat. Seitdem habe ich viele Male an dieser Veranstaltung teilgenommen und auch den Sieg der Trojans von der Troy University über die Louisiana State University genossen. (Das wollte ich für den Fall hinzufügen, dass das College-Footballspiel nicht in den Geschichtsbüchern vermerkt wird. So ist es wenigstens hier aufgezeichnet.)

Ich danke William für eine Einladung, zwei Kapitel zu diesem Buch beizutragen. William hat tapfer versucht, mich darauf vorzubereiten, was für eine Menge Arbeit mit »nur« zwei Kapiteln verbunden ist. Trotzdem habe ich den Aufwand unterschätzt. Ohne die Unterstützung von ihm, Randolph West, dem Fachgutachter Louis Davidson, der Lektorin Trina Macdonald und vielen anderen Personen hinter den Kulissen hätte der Platz für diese Danksagung gespart werden können. Sie waren wirklich ein großartiges Team und sehr geschätzte Mitarbeiter. Ohne zu zögern würde ich mich noch einmal an das Abenteuer, ein Buch zu schreiben, heranmachen, wenn ich dazu wieder ihre Unterstützung hätte.

Meine Kinder Edward und Sofia und meine Frau Ebony haben aus erster Hand erfahren, dass SQL Server den Zeitverlauf verlangsamen kann. »Ungefähr zwei Monate« muss sich für sie wie zwei Monate mit je 60 Tagen angefühlt haben. Ich danke ihnen für ihre Geduld und dafür, dass sie mich mit Azure und verschiedenen Tabellentypen geteilt haben. Ich hoffe, dass meine Kinder eines Tages selbst Autoren auf ihren Fachgebieten werden.

Schließlich möchte ich auch meinen Mitarbeitern an der Troy University dafür danken, dass sie mich dazu anregen, bei der Arbeit mein Bestes zu geben. Die Arbeit in einer öffentlichen Bildungseinrichtung hat ihre Tücken, doch diese Umgebung ist dem intellektuellen Wachstum auch so förderlich, dass es die Probleme mehr als wettmacht.

Mindy Curnutt:

Ich möchte Patrick LeBlanc dafür danken, dass er mich dazu einlud, mich an diesem Buch zu beteiligen. Danke auch an Tracy Boggiano für den erstaunlichen Umfang ihrer Hilfe, um den Großteil des Kapitels über die automatisierte Verwaltung zusammenzustellen. In meinen Augen ist sie eine MVP (Most Valuable Player, etwa Spielerin des Jahres)! An alle im »Team Unicorn« von TMW DBA Services von 2016/2017, also Eric Blinn, Lisa Bohm, Dan Andrews, Vedran Ikonic und Dan Clemens: Danke fürs Korrekturlesen und für eure Rückmeldung! Danke auch an meine Mutter Barbara Corry, die immer wieder hereinschneite, um mir bei allem zu helfen, was ich gerade brauchte. Und natürlich hätte ich all dies nicht ohne die Unterstützung durch meinen Mann Chris Curnutt geschafft. Trotz der langen Arbeitsstunden, der Telefongespräche mit merkwürdigen Kürzeln und der Reisen hat er mich immer unterstützt. Außerdem ist er die Liebe meines Lebens. Last, but not least möchte ich unseren beiden Kindern Riley und Kimball danken, die mich auf eine viel umfassendere Weise unterstützt und ermutigt haben, als ich ausdrücken kann.

Support und Rückmeldungen

In diesem Abschnitt finden Sie Hinweise zu Errata, Kundendienst und Rückmeldungen sowie Kontaktinformationen.

Errata und Support

Wir haben uns bemüht, dieses Buch und das Begleitmaterial so korrekt wie möglich zu gestalten. Aktualisierungen zur englischen Originalausgabe dieses Buchs finden Sie in Form einer Liste von Lesern eingereichter Errata und sonstiger Korrekturen in englischer Sprache auf *https://aka.ms/SQLServ2017Admin/errata*.

Die deutsche Website zum Buch finden Sie auf *https://www.dpunkt.de/SQLServerAdmin*. Dort können Sie sich auch eine Liste mit allen im Buch verwendeten URLs herunterladen, sodass Sie diese einfach anklicken können und nicht mühselig abtippen müssen.

Falls Sie Fragen zum Buch haben, wenden Sie sich (in englischer Sprache) an *mspinput@microsoft.com* oder in Deutsch an *hallo@dpunkt.de*.

Beachten Sie, dass Sie unter den genannten Adressen keine Unterstützung zu Microsoft-Software und -Hardware erhalten. Wenden Sie sich dazu bitte an den Microsoft-Support unter *https://support.microsoft.com*.

Kontakt

Sprechen wir miteinander! Sie finden uns auf Twitter unter *http://twitter.com/MicrosoftPress* und den deutschen dpunkt.verlag unter *https://twitter.com/dpunkt_verlag*.

Erste Schritte mit SQL Server-Tools

In diesem Kapitel erfahren Sie, wo Sie viele der Microsoft-Tools für die Verwaltung von Microsoft SQL Server und die Arbeit damit finden können. Außerdem werden Ihnen die Installation, die Konfiguration und der grundlegende Gebrauch der einzelnen Werkzeuge vorgeführt.

Das Kapitel ist in fünf Abschnitte gegliedert:

- Installationscenter
  - Registerkarte *Planen*
  - Registerkarte *Installation*
- Zusammen mit dem Datenbankmodul installierte Tools
- SQL Server-Verwaltungstools
- SQL Server Data Tools

Hinweis

SQL Server 2017 läuft auch auf Windows, und viele der Verwaltungswerkzeuge für die Windows Server-Version funktionieren auch in der Linux-Version. Wenn plattformspezifische Werkzeuge zur Verfügung stehen, werden wir eigens darauf hinweisen.

Einrichten von SQL Server

SQL Server 2017 kann nativ auf Windows und Linux installiert werden. Für Entwicklungs- und Testumgebungen ist es auch möglich, SQL Server mit Docker-Images auf Windows, Linux und Mac OS zu installieren.

Der folgende Abschnitt behandelt die native Installation von SQL Server auf Microsoft Windows.

▶ **Weitere Einzelheiten zur Einrichtung und Konfiguration von SQL Server finden Sie in Kapitel 4.**

Installieren von SQL Server mit dem Installationscenter

Um eine Instanz von SQL Server zu installieren und ihr neue Features hinzuzufügen, verwenden Sie das SQL Server-Installationscenter. Wie Abb. 1.1 zeigt, können Sie von dort aus auch die Installationspakete für den SQL Server Upgrade Advisor, die SQL Server-Verwaltungstools, die SQL Server Reporting Services und die SQL Server Data Tools herunterladen.

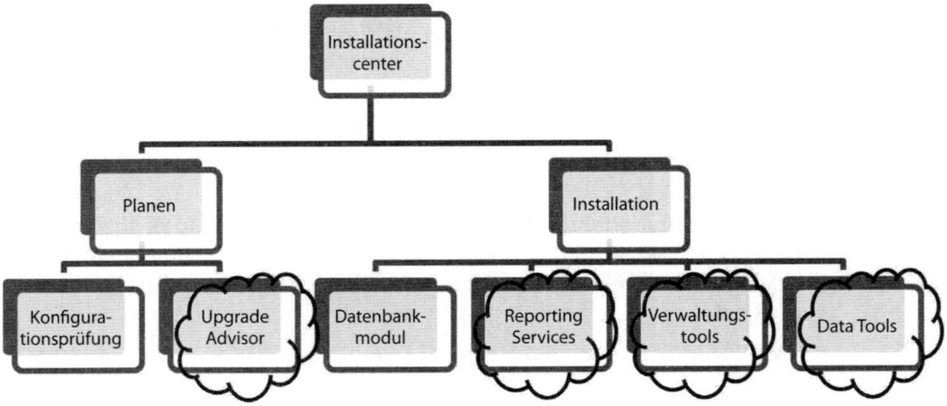

Abbildung 1.1 Bestandteile des Installationscenters. Werkzeuge zum Herunterladen sind mit einer Wolkenumrandung gekennzeichnet.

Ein wenig verwirrend ist die Tatsache, dass die Installer für SQL Server Reporting Services, SQL Server-Verwaltungstools und SQL Server Data Tools auf der Registerkarte *Installation* lediglich Links sind, die zum Downloadbereich der Microsoft-Webseite führen, in dem sich die Installationsdateien für diese Komponenten befinden. Sie können die Tools auch separat herunterladen und installieren, ohne das Installationscenter zu nutzen.

Hinweis

SQL Server Management Studio und die Data Tools sollten nur auf Clientcomputern und nicht in der Produktionsinstanz installiert werden. Damit wird ein möglichst geringer Ressourcenbedarf für Installation und Verwaltung sichergestellt. Es ist daher auch sehr ungewöhnlich, das Installationscenter auf Clientcomputern zu finden.

Auf der Registerkarte *Planen* ist *Upgrade Advisor* (auch bekannt als Data Migration Assistant) nur ein Link zum Download einer kontinuierlich aktualisierten MSI-Datei.

Expertentipp

Wie installiere ich SQL Server 2017 auf Linux?

SQL Server wird auf Red Hat Enterprise Linux (RHEL), SUSE Linux Enterprise Server (SLES) und Ubuntu vollständig unterstützt. Zur Installation verwenden Sie den eingebauten Paketmanager der jeweiligen Distribution.

Das Hauptpaket von SQL Server ist das Datenbankmodul. Die Befehlszeilenwerkzeuge, den SQL Server-Agent, die Volltextsuche und die SQL Server Integration Services können Sie als optionale Pakete installieren.

Weitere Informationen über die Installation von SQL Server auf Linux erhalten Sie auf *https://docs.microsoft.com/de-de/sql/linux/sql-server-linux-faq?view=sql-server-2017#installation*.

Planen vor einer Aktualisierung oder Installation

Wenn Sie das SQL Server-Installationscenter zum ersten Mal öffnen, steht die Registerkarte *Planen* im Vordergrund. Sie enthält zwei Werkzeuge, die für die Installation von SQL Server 2017 oder die Aktualisierung einer vorhandenen SQL Server-Instanz auf diese Version nützlich sind, nämlich die Konfigurationsprüfung und den Upgrade Advisor.

Konfigurationsprüfung

Die Konfigurationsprüfung sucht nach Gegebenheiten, die eine erfolgreiche Installation von SQL Server 2017 verhindern könnten. Wenn Sie auf *Konfigurationsprüfung* klicken, wird der Assistent auf dem lokalen Computer ausgeführt. Es gibt keine Möglichkeit, einen anderen Rechner auszuwählen. Der Assistent gibt einen HTML-Bericht mit allen 13 Installationsanforderungen (Facetten) und den Ergebnissen der einzelnen Tests zurück. Neun dieser Anforderungen gelten für alle Windows-Konfigurationen. Bei den meisten davon lassen sich Probleme leicht beheben.

1. **FacetDomainControllerCheck** Aus zwei Gründen raten wir davon ab, SQL Server 2017 auf einem Domänencontroller zu installieren: Erstens kann dies die Sicherheit sowohl von Active Directory als auch der SQL Server-Instanz gefährden, und zweitens kann es zwischen den beiden Diensten zu Konkurrenz um Ressourcen kommen.
2. **FacetWOW64PlatformCheck** Um SQL Server 2017 installieren zu können, muss es sich bei dem Windows-Betriebssystem um eine 64-Bit-Version handeln.
3. **MediaPathLength** Der Pfad des Speicherorts, von dem SQL Server 2017 installiert wird, muss kürzer sein als 260 Zeichen.
4. **NoRebootPackage** Die korrekte Version von .NET Framework muss bereits installiert sein.
5. **RebootRequiredCheck** Es darf keine ausstehenden Installationsneustarts geben.
6. **SetupCompatibilityCheck** Auf dem Computer können nicht nacheinander inkompatible Versionen von SQL Server installiert werden.

7. **SSMS_IsInternetConnected** Überprüft, ob der Computer mit dem Internet verbunden ist. Dies ist erforderlich, um beim Start einer .NET-Anwendung das Zertifikat zu validieren.
8. **ThreadHasAdminPrivilegeCheck** Das Konto, das die Setupdatei ausführt, muss über lokale Administratorrechte auf dem Computer verfügen.
9. **WmiServiceStateCheck** Prüft, ob der WMI-Dienst (Windows Management Instrumentation) auf dem Computer gestartet ist und läuft.

▶ **Eine aktuelle Aufstellung der Voraussetzungen finden Sie auf** ***http://go.microsoft.com/fwlink/?LinkID=398124*****.**

Upgrade Advisor

Über den Link *Upgrade Advisor* auf der Registerkarte *Planen* im Installationscenter laden Sie das Installationspaket für den Data Migration Assistant herunter.

Hinweis

Der Data Migration Assistant wird jetzt von Microsoft kontinuierlich aktualisiert. Die aktuelle Version können Sie von ***https://www.microsoft.com/download/details.aspx?id=53595*** **herunterladen.**

Bei dieser Anwendung handelt es sich tatsächlich um zwei Werkzeuge in einem. Damit können Sie zwei Arten von Projekten erstellen:

- Eine Bewertung der Bereitschaft für eine Aktualisierung oder Migration
- Eine Migration von Daten zwischen verschiedenen Versionen von SQL Server bzw. zwischen SQL Server- und Microsoft Azure SQL-Datenbanken.

In jedem Fall muss es sich beim Quellserver um eine Instanz von SQL Server handeln. Bei allen drei Arten von möglichen Zielservertypen sind sowohl Bewertung als auch Migration möglich, wie Tabelle 1.1 zeigt.

Zielservertyp	**Bewertung**	**Migration**
Azure SQL-Datenbank	X	X
SQL Server	X	X
SQL Server auf Azure-VM	X	X

Tabelle 1.1 Bewertungsmatrix des Data Migration Assistant

Bewertung Der Projekttyp *Assessment* (Bewertung) des Data Migration Assistant erkennt im Rahmen einer Vorabuntersuchung datenbankspezifische Kompatibilitätsprobleme zwischen der Quell- und Zielversion des Datenbankservers. Bei unterschiedlichen Versionen ist es normal, dass manche Features veraltet sind und es Funktionsunterschiede gibt, insbesondere wenn es sich beim Zielserver um eine Azure SQL-Datenbank handelt. Werden solche Probleme nicht gelöst, können sie das Funktionieren der Datenbank während oder nach der Aktualisierung beeinträchtigen. Das Werkzeug zeigt alle Befunde übersichtlich auf und gibt Empfehlungen.

Beim Projekttyp der Bewertung werden die folgenden Aspekte der Aktualisierung von SQL Server untersucht:

- **Datenbankkompatibilität** Das Tool sucht nach veralteten Features und nach Funktionsunterschieden, die zu Beeinträchtigungen führen können.
- **Featureparität** Erkennt nicht unterstützte oder nur teilweise unterstützte Features und Funktionen, auf die Anwendungen, die die Datenbank nutzen, möglicherweise zurückgreifen müssen. Bei der Migration zu einer Azure SQL-Datenbank können dies beispielsweise datenbankübergreifende Abfragen, Anmeldetrigger mit serverweiter Gültigkeit und Ablaufverfolgungsflags sein.
- **Vorteile durch neue Features** Dieses Feature ist zurzeit nicht verfügbar, wird aber in Kürze erwartet.

▶ **Weitere Informationen können Sie online finden, indem Sie nach »discontinued database engine functionality in SQL Server *XXXX*« suchen, wobei *XXXX* Ihre SQL Server-Quellplattform genauer bestimmt.**

Hinweis

Eine Liste von SQL Server-Datenbankfeatures, die in Azure SQL-Datenbanken nicht unterstützt werden, finden Sie auf *https://docs.microsoft.com/azure/sql-database/sql-database-transact-sql-information*.

Migration Mit dem Projekttyp *Migration* des Data Migration Assistant können Administratoren das Datenbankschema, die Daten und nicht eingeschlossene Objekte von einem Quell- zu einem Zielserver verschieben. Im Assistenten können der Quell- und der Zielserver sowie eine oder mehrere zu migrierende Datenbanken ausgewählt werden.

Verschiebung zu SQL Server Bei Migrationen zwischen SQL Server-Versionen muss es einen Sicherungsstandort geben, der sowohl für den Quell- als auch den Zielserver zugänglich ist. Gewöhnlich handelt es sich dabei um einen UNC-Pfad. Bei einem Netzwerkspeicherort muss der Dienst, der die Quellinstanz von SQL Server ausführt, über Schreibberechtigungen für dieses Verzeichnis verfügen, und das Dienstkonto für die Zielinstanz über Leseberechtigungen.

Sollte das schwierig sein, können Sie das Kontrollkästchen *Copy The Database Backups To A Different Location That The Target Server Can Read And Restore From* aktivieren (also etwa »Datenbanksicherungen an einen anderen Speicherort kopieren, auf dem der Zielserver lesen und von dem aus er eine Wiederherstellung durchführen kann«). Damit können Sie den Vorgang in einzelne Schritte zerlegen und die (hoffentlich) erhöhten Berechtigungen des Administrators nutzen, der den Assistenten ausführt.

Bei der Wahl dieser Option werden die Sicherheitsberechtigungen des Kontos der Person, die den Data Migration Assistant ausführt, herangezogen, um die Datei vom Sicherungs- zum Wiederherstellungsspeicherort zu kopieren. Damit das funktioniert, braucht der Benutzer Zugriff auf beide Speicherorte mit den entsprechenden Lese- und Schreibberechtigungen.

In dem Assistenten kann der Speicherort zur Wiederherstellung der Daten- und Protokolldateien auf dem Zielserver angegeben werden.

Im letzten Schritt zeigt der Assistent eine Liste von möglichen Anmeldungen für die Migration an, wobei konkurrierende Anmeldenamen sowie Anmeldungen gekennzeichnet sind, die es bereits gibt. Wenn möglich versucht der Assistent, verwaiste Anmeldungen zuzuordnen und die Sicherheitskennungen (SIDs) der Anmeldungen abzustimmen.

Verschiebung zu einer Azure SQL-Datenbank Eine Migration zu einer Azure SQL-Datenbank führt der Data Migration Assistant in zwei Schritten durch:

- **Schema** Als Erstes generiert er ein Skript für das Datenbankschema (das Sie zur Archivierung und zum Testen vor der Bereitstellung speichern können), das Sie in der Zieldatenbank bereitstellen.
- **Daten** Wenn Sie auch Daten verschieben möchten, wird nach dem Erstellen der Tabellen in der Zieldatenbank ein weiterer Schritt eingeschoben. Dadurch können Sie sich vergewissern, dass nach der Schemamigration alle Tabellen in der Zieldatenbank vorhanden sind. Bei der Datenmigration wird hinter den Kulissen das Massenkopierprogramm BCP verwendet.

Die Schemamigration ist erforderlich, die Datenmigration dagegen optional.

Installieren oder Aktualisieren von SQL Server

Für die Verwaltungs- und Entwicklungswerkzeuge von SQL Server brauchen wir die zweite wichtige Registerkarte des Installationscenters, nämlich *Installation*. Sie enthält einen Link zur Installation des SQL Server-Datenbankmoduls und -Dienstes. Einige der in diesem Kapitel vorgestellten Hilfsprogramme können während einer vollständigen Installation des SQL Server-Datenbankmoduls optional installiert werden. Es ist nicht möglich, sie separat herunterzuladen und zu installieren.

Bei einer direkten Aktualisierung einer vorhandenen SQL Server-Instanz können Sie keine Komponenten hinzufügen oder entfernen. Bei diesem Vorgang werden einfach die vorhandenen Komponenten aktualisiert.

Achtung

Bei einer direkten Aktualisierung auf SQL Server 2017 werden gegebenenfalls installierte SQL Server Reporting Services deinstalliert.

Sind auf einem Server mehrere Versionen installiert (gestapelte Instanzen), wird eine Reihe der gemeinsam genutzten Komponenten automatisch aktualisiert, darunter der SQL Server-Browser und SQL Server VSS Writer.

▶ **Weitere Informationen über mehrfache Instanzen und Versionen von SQL Server erhalten Sie auf *https://docs.microsoft.com/sql/sql-server/install/work-with-multiple-versions-and-instances-of-sql-server*.**

Mit dem SQL Server-Datenbankmodul installierte Tools und Dienste

SQL Server 2017 bietet eine Reihe optionaler Tools und Dienste, die Sie während der Installation auswählen können. In den folgenden Abschnitten sehen wir uns einige davon genauer an. Beachten Sie, dass diese Liste nicht erschöpfend ist und dass einige dieser Komponenten in SQL Server 2017 auf Linux möglicherweise nicht zur Verfügung stehen.

▶ **Weitere Informationen zur Konfiguration verschiedener Features erhalten Sie in Kapitel 4.**

Machine Learning-Dienste

In SQL Server 2016 wurde die von Datenwissenschaftlern verwendete Statistiksprache R eingeführt. Darauf baut SQL Server 2017 mit Python als zweiter Sprache für maschinelles Lernen (ML) auf. Die beiden Sprachen werden jetzt als Machine Learning-Dienste klassifiziert.

Sie können R und Python nach Bedarf unabhängig voneinander oder zusammen installieren. Außerdem haben Sie die Wahl, ob Sie die ML-Dienste direkt im Datenbankmodul (in der Datenbank) oder als eigenständige Komponente installieren.

Bei der Installation in der Datenbank entsteht eine sichere Verzahnung zwischen dem Datenbankmodul und den externen Laufzeitumgebungen mit den ML-Bibliotheken. Dadurch können Sie Abfragen mit Transact-SQL (T-SQL) ausführen und das Datenbankmodul als Rechenkontext nutzen.

Wenn Sie R oder Python nutzen wollen, ohne SQL Server zu installieren, müssen Sie die Option zur eigenständigen Installation wählen. Jeder Dienst läuft dann in seinem eigenen, unabhängigen Kontext.

Hinweis

Für die Installation jeglicher ML-Dienste müssen Sie einer zusätzlichen Lizenz für jede Sprachoption zustimmen.

▶ **Mehr über Machine Learning-Dienste erfahren Sie auf *https://docs.microsoft.com/sql/advanced-analytics/r/sql-server-r-services*.**

Data Quality Services

Standardisierung, Bereinigung und Aufbereitung von Daten sind bei der analytischen Forschung unverzichtbar für die Gültigkeit. SQL Server Data Quality Services ermöglichen die Nutzung sowohl von hauseigenen Datenmengen in Wissensdatenbanken als auch von cloudgestützten Referenzdatendiensten von Drittanbietern.

Die Data Quality Services ermöglichen die Durchführung wichtiger Aufgaben zur Sicherung der Datenqualität, darunter:

- Wissensdatenbankgestützte Korrektur
- Entduplizierung
- Metadatenanreicherung

Die Data Quality Services bestehen aus zwei Teilen, nämlich einem Server und einem Client. Der Data Quality Services-Server ist vom SQL Server-Datenbankmodul abhängig. Sie können Server und Client auf demselben, aber auch auf verschiedenen Computern installieren. Die beiden Tools sind voneinander unabhängig und können in beliebiger Reihenfolge installiert werden.

Der Data Quality Services-Client muss lediglich in der Lage sein, Verbindung mit dem Data Quality Services-Server aufzunehmen. Für manche Operationen des Data Quality Services-Clients ist Microsoft Excel auf demselben Computer erforderlich. Es ist üblich, den Data Quality Services-Client auf ein oder zwei Arbeitsstationen auszuführen, aber nicht auf der SQL Server-Instanz selbst.

Data Quality Services-Server

Um den Data Quality Services-Server zu installieren, müssen Sie beim Setup von SQL Server 2017 das entsprechende Kontrollkästchen aktivieren. Dadurch wird eine Installerdatei auf Ihr Laufwerk kopiert. Nach der Installation von SQL Server 2017 müssen Sie den Data Quality Services-Server installieren, indem Sie im Windows-Startmenü *Microsoft SQL Server 2017* erweitern und dann auf *SQL Server 2017 Data Quality Server Installer* klicken. Dadurch wird die Datei *DQSInstaller.exe* ausgeführt. Dabei werden Sie aufgefordert, ein Kennwort für den Datenbank-Masterschlüssel einzugeben und zu bestätigen. In der SQL Server-Instanz, die als Hostserver ausgewählt ist, werden die drei neuen Datenbanken `DQS_Main`, `DQS_Projects` und `DQS_Staging_Data` erstellt.

Data Quality Services-Client

Der Data Quality Services-Client wird vor allem für Masterdatenverwaltung, Data Warehouses und Datenbereinigung verwendet. Eingesetzt wird er gewöhnlich von einem Data Steward, der ein genaues Verständnis des Geschäfts und Fachkenntnisse für die Daten mitbringt. Mit diesem Werkzeug können Sie Wissensdatenbanken zu Datenelementregeln, Konvertierungen und Zuordnungen erstellen, um die Verwaltung und Abstimmung von Datenelementen zu unterstützen. Es ist damit auch möglich, Datenqualitätsprojekte anzulegen und auszuführen und Verwaltungsaufgaben zu erledigen.

Um sich mit dem Data Quality Services-Client am Data Quality Services-Server anzumelden, müssen Sie Mitglied der Serverrolle `sysadmin` oder einer der drei folgenden Rollen in der Datenbank `DQS_Main` sein:

- `dqs_administrator`
- `dqs_kb_editor`
- `dqs_kb_operator`

Befehlszeile

SQL können Sie auch an der Befehlszeile verwenden und verwalten, was insbesondere bei Linux als Betriebssystem wichtig ist. Die Hilfsprogramme SQLCMD und BCP laufen mit kleinen Unterschieden auf Windows, Linux und Mac OS.

SQLCMD

Mit SQLCMD können Sie T-SQL-Anweisungen, gespeicherte Prozeduren und Skriptdateien über eine ODBC-Verbindung zu einer SQL Server-Instanz ausführen.

Was bedeutete ODBC?

ODBC steht für Open Database Connectivity. Dabei handelt es sich um eine API mit offenem Standard für die Kommunikation von jedem unterstützten Betriebssystem zu jedem unterstützten Datenbankmodul.

Da dieses Werkzeug schon in SQL Server 2005 vorhanden war, wird es von einigen als altmodisch betrachtet, aber dank seiner Vielseitigkeit erfreut es sich immer noch großer Beliebtheit. SQLCMD kann aus folgenden Umgebungen heraus aufgerufen werden:

- Befehlszeile von Windows, Linux und Mac OS
- Windows-Skriptdateien
- Auftragsschritt des SQL Server-Agents
- Windows PowerShell-Befehlszeile

Hinweis

In SQL Server Management können Sie den SQLCMD-Modus aufrufen, wodurch sehr viele praktische Funktionen zur Verfügung stehen. Technisch gesehen gehört dieser Modus zu SQLCMD, es handelt sich dabei aber nicht um ein Befehlszeilenwerkzeug. Mehr darüber erfahren Sie auf *https://docs.microsoft.com/sql/relational-databases/scripting/edit-sqlcmd-scripts-with-query-editor*.

BCP

Wenn Sie SQLCMD schon als altmodisch ansehen, dann halten Sie sich fest: Gegen BCP wirkt SQLCMD geradezu jugendlich frisch! Es wurde bereits 1992 in der allerersten Edition von SQL Server eingeführt. Dass BCP auch heute noch eine praktische Möglichkeit darstellt, um in SQL Server große Datenmengen einzufügen oder zu exportieren, spricht für sich. Das Programm nutzt Techniken zur minimalen Protokollierung sowie Massendatenströme zu seinem Vorteil.

Wenn Sie jetzt an SQL Server Integration Services denken müssen, liegen Sie im Prinzip richtig, allerdings ist BCP bei Weitem nicht so leistungsfähig. Mit BCP können Sie Daten zwischen Datendateien (Text, kommagetrennt oder andere Formate) und einer SQL Server-Tabelle verschieben.

Es ist damit möglich, Dateien in SQL Server-Tabellen zu importieren oder daraus in Datendateien zu exportieren. Für BCP ist eine Formatdatei erforderlich, die die Struktur der Zieltabelle und die in den einzelnen Spalten zulässigen Datentypen angibt. Dabei hilft Ihnen BCP dabei, diese Formatdatei auf einfache Weise anzulegen.

Damit BCP optimal funktioniert, müssen Sie die folgenden Dinge beachten (weitere Informationen erhalten Sie auf *https://technet.microsoft.com/library/ms177445.aspx*):

- Verwenden Sie die Syntax `SELECT INTO`.
- Legen Sie für die Datenbank das Wiederherstellungsmodell `SIMPLE` oder `BULK_LOGGED` fest.
- Entfernen Sie alle nicht gruppierten Indizes von der Zieltabelle.
- Fügen Sie sortierte Daten ein und verwenden Sie die Option `sorted_data`, wenn ein gruppierter Index vorhanden ist.
- Führen Sie BCP auf demselben Computer aus wie SQL Server.
- Platzieren Sie Quell- und Zieldatei auf getrennten physischen Laufwerken.
- Vergrößern Sie die SQL-Datendateien im Voraus manuell, wenn Sie mit Wachstum rechnen müssen.
- Nutzen Sie die sofortige Dateiinitialisierung.
- Setzen Sie die Tabellensperre für den Massenladevorgang (`TABLOCK`) mit `sp_tableoption` auf `ON`.

Expertentipp

Wie lade ich die neueste Version der Befehlszeilenwerkzeuge herunter?

Die mit SQL Server 2017 auf Windows installierten Versionen von SQLCMD und BCP werden durch ein separates Paket aktualisiert, das auf *https://www.microsoft.com/download/details.aspx?id=53591* zur Verfügung steht.

Für Merkmale wie *Always Encrypted* und die Azure Active Directory-Authentifizierung ist mindestens Version 13.1 erforderlich. Es ist jedoch durchaus möglich (und wahrscheinlich), dass auf einem Server mehr als eine Version von SQLCMD installiert ist. Prüfen Sie daher mit `sqlcmd -?`, ob Sie die richtige Version verwenden.

Für die Linux- und Mac OS-Versionen dieser Befehlszeilenwerkzeuge gibt es eigene Installer.

SQL Server PowerShell Provider

Wenn Sie gern an der Befehlszeile arbeiten oder bereits Windows PowerShell zur Verwaltung und Wartung von SQL Server nutzen, können Sie den PowerShell Provider für SQL Server nutzen. Dazu sind die beiden folgenden Features erforderlich:

- Windows PowerShell Extensions for Microsoft SQL Server
- SQL Server Management Objects (SMO)

Beide werden standardmäßig zusammen mit den SQL Server-Verwaltungstools installiert, Sie können sie aber auch separat durch das Microsoft SQL Server Feature Pack herunterladen und installieren.

Der SQL Server PowerShell Provider nutzt SQL Server Management Objects, die von Microsoft für die programmgesteuerte Verwaltung von SQL Server entworfen wurden. Entwickler und Administratoren können die Windows PowerShell auf vielfältige Weise nutzen, um ihre Arbeit mit SQL Server zu automatisieren, insbesondere in Umgebungen mit mehreren Servern.

▶ **Mehr dazu erfahren Sie in Kapitel 13.**

SQL Server-Konfigurations-Manager

Der SQL Server-Konfigurations-Manager nutzt die MMC (Microsoft Management Console) als Shell. Da es sich bei ihm nicht um ein eigenständiges Programm handelt, kann es ein wenig knifflig sein, ihn zu finden und zu öffnen. Suchen Sie dazu im Windows-Startmenü unter *Apps* nach *SQLServerManager14.msc*.

Administratoren verwenden den SQL Server-Konfigurations-Manager zur Verwaltung von SQL Server-Diensten. Dazu gehören das SQL Server-Datenbankmodul, der SQL Server-Agent, die SQL Server Integration Services, das PolyBase-Modul usw. In der grafischen Oberfläche des Konfigurations-Managers können die folgenden Aufgaben rund um SQL Server-Dienste ausgeführt werden:

- Starten und Beenden eines Dienstes
- Ändern des Startmodus (manuell, automatisch oder deaktiviert)
- Ändern der Startparameter
- Erstellen von Serveraliassen
- Ändern der Konten für *Anmelden als*
- Verwalten von Clientprotokollen einschließlich TCP/IP-Standardport, Keep-Alive und Intervalleinstellungen
- Verwalten des `FILESTREAM`-Verhaltens

Expertentipp

Kann ich SQL Server-Dienste auch im Dienst-Manager von Windows verwalten?

Die meisten dieser Aufgaben können Sie zwar auch im normalen Dienst-Manager von Windows erledigen (*Systemsteuerung* > *Verwaltungswerkzeuge* > *Dienste*), allerdings raten wir davon ab.

Der Dienst-Manager (*services.msc*) bietet nicht alle Konfigurationsoptionen, die im SQL Server-Konfigurations-Manager zu finden sind. Vor allem aber kann es sein, dass bei der Verwendung des Dienst-Managers wichtige Änderungen von Registrierungseinstellungen übergangen werden, was die Stabilität der SQL Server-Umgebung beeinträchtigt.

Bearbeiten Sie SQL Server-Dienste daher stets im SQL Server-Konfigurations-Manager. Das gilt insbesondere für den Umgang mit SQL Server-Dienstkonten.

Werkzeuge zur Leistungs- und Zuverlässigkeitsüberwachung

Der Datenbankoptimierungsratgeber, erweiterte Ereignisse und der Profiler werden zusammen mit dem SQL Server-Datenbankmodul installiert, sodass für sie keine weiteren Installationsschritte erforderlich sind.

Datenbankoptimierungsratgeber

Unter den vielen Verwaltungswerkzeugen, die Microsoft für die Arbeit mit SQL Server bereitstellt, befindet sich auch der Datenbankoptimierungsratgeber. Sie können ihn im Startmenü aufrufen, aber auch in SQL Server Management Studio, indem Sie auf *Extras* und dann *Datenbankoptimierungsratgeber* klicken. Mit diesem Tool können Sie eine vom SQL Server Profiler erfasste serverseitige Ablaufverfolgung untersuchen. Es analysiert alle Anweisungen, die SQL Server durchlaufen, und zeigt verschiedenen Möglichkeiten zur Leistungsverbesserung auf.

> Hinweis
>
> **In Azure SQL-Datenbanken wird der Datenbankoptimierungsratgeber nicht unterstützt.**

Bei den Vorschlägen des Datenbankoptimierungsratgebers geht es ausschließlich um Indizierung, Statistik und Partitionierung. Er vereinfacht die Implementierung jeglicher von ihm selbst vorgeschlagener und vom Administrator genehmigter Änderungen. Allerdings müssen Sie diese Änderungen genau untersuchen, um sicherzugehen, dass sie keine negativen Auswirkungen auf die Instanz haben.

> Achtung
>
> **Führen Sie den Datenbankoptimierungsratgeber nicht direkt für einen Produktionsserver aus, da dabei ohne Ihr Wissen hypothetische Indizes und Statistiken zurückbleiben können, die zusätzliche Ressourcen verbrauchen. Um hypothetische Indizes zu finden und manuell zu entfernen, verwenden Sie die Spalte** `is_hypothetical` **in der Systemsicht** `sys.indixes`.

Erweiterte Ereignisse

Die grafische Benutzeroberfläche *Erweiterte Ereignisse* (nur Client) wird zusammen mit SQL Server Management Studio installiert und gehört technisch gesehen dazu, weshalb sich durchaus Argumente dafür vorbringen ließen, sie weiter hinten in diesem Kapitel in dem Abschnitt zu den Werkzeugen von SQL Server Management Studio zu beschreiben. Wir werden sie allerdings trotzdem schon hier zusammen mit den anderen leistungsspezifischen Tools betrachten.

▶ **Erweiterte Ereignisse werden auch in Azure SQL-Datenbanken unterstützt, allerdings mit einigen Unterschieden. Mehr dazu erfahren Sie auf *https://docs.microsoft.com/azure/sql-database/sql-database-xevent-db-diff-from-svr*.**

Die erweiterten Ereignisse bilden ein System zur Ereignishandhabung, das erstellt wurde, um SQL Server Profiler zu ersetzen. Sie können es sich als neue und verbesserte Version von

Profiler vorstellen – schlanker, voll ausgestattet und flexibel. Mit erweiterten Ereignissen können Sie beobachten, was in SQL Server vor sich geht, und das mit einem viel geringeren Mehraufwand als bei einer gleichwertigen Ablaufverfolgung in SQL Server Profiler. Das liegt daran, dass erweiterte Ereignisse asynchron funktionieren.

Für den Zugriff auf erweiterte Ereignisse in SQL Server Management Studio stellen Sie eine Verbindung zu einer SQL Server-Instanz her, suchen den Ordner *Verwaltung* und erweitern darin den Knoten *Erweiterte Ereignisse*, sodass *Sitzungen* angezeigt wird. Rechtsklicken Sie darauf und wählen Sie im Kontextmenü *Neue Sitzung*. Mit dem daraufhin gestarteten Assistenten können Sie Ereignisse so planen, dass sie beim Start des Servers oder unmittelbar nach ihrer Erstellung ausgeführt werden.

Hinweis

SQL Server Management Studio enthält den einfachen Viewer XEvent Profiler für erweiterte Ereignisse, der als Ersatz für den eigenständigen Profiler zur Echtzeit-Überwachung von Vorgängen auf der SQL Server-Instanz gedacht ist.

Eine Bibliothek von Erweiterte-Ereignis-Sitzungen zur Wiederverwendung in mehreren Umgebungen lässt sich mit T-SQL-Skripten schneller und einheitlicher anlegen. Dadurch haben Sie auch die Möglichkeit, die Sitzungen nach Bedarf zu starten und anzuhalten. Sie können sie sogar als Auftrag im SQL Server-Agent ausführen.

Komponenten

Die folgenden Abschnitte beschreiben die Bestandteile von *Erweiterte Ereignisse*.

Ereignisse Da Profiler veraltet ist, verfügen eine Reihe der neuen Features von SQL Server über zugehörige erweiterte Ereignisse, aber nicht über Profiler-Ereignisse. Dadurch können Sie bei der Verwendung erweiterter Ereignisse unter viel mehr Ereignissen zur Diagnose und Leistungsüberwachung wählen als im Profiler. Jedes Ereignis verfügt über seinen eigenen Satz von Standardfeldern. Darüber hinaus gibt es globale Felder, die Sie zu jedem Ereignis hinzufügen können, z. B. `database_name`, `database_id`, `sql_text` und `username`.

Ziele (Datenspeicheroptionen) Bei den Zielen handelt es sich im Grunde genommen um die Verbraucher oder Empfänger von Ereignissen. Sie können bei Eingang eines Ereignisses zusätzliche Informationen über den Ereigniskontext festhalten. Die Zieloptionen ermöglichen es, Ereignisdaten auf verschiedene Weisen anzuzeigen oder zu speichern. Benutzer können die Daten zwar während der Erfassung in *Erweiterte Ereignisse* beobachten (und dabei die Ziele in Aktion sehen), allerdings raten wir davon ab, dies auf Produktionssystemen zu tun. Es gibt zwei Arten von Zielen:

- **Dateien (`event_file`)** Sie sind am besten für umfangreiche Datenmengen, die spätere Analyse, die Fernanalyse mit Abruf durch einen Berater oder ein Programm, die Aufbewahrung älterer Datensätze und die Messung von Grundwerten geeignet. Mögliche Einstellungen bei dieser Art von Ziel sind der Speicherort, der Dateiname, die maximale Dateigröße, eine Angabe, ob die Datei zyklisch überschrieben werden soll, und die Gesamtzahl der zu speichernden Dateien.
- **Arbeitsspeicher (`ring_buffer`)** Am besten für kleinere Datenmengen und lange Sitzungen geeignet. Bei dieser Option können Sie angeben, wie viele Ereignisse insgesamt und wie viele pro Typ aufbewahrt werden sollen und wie viel Arbeitsspeicher maximal genutzt werden soll.

Aktionen Dabei handelt es sich um Anweisungen, die festlegen, was beim Auslösen eines Ereignisses geschehen soll. Aktionen werden mit Ereignissen verknüpft.

Prädikate Diese Filter begrenzen die Auslösung von Ereignissen und sorgen für eine konzentrierte Sichtweise auf das zu untersuchende Problem. Beispiele dafür sind `LoginName`, `ApplicationName` und `SPID`.

Verwendungszwecke

Erweiterte Ereignisse können Sie in einer Vielzahl von Situationen einsetzen. In SQL Server 2017 haben Sie die Wahl zwischen 1500 Ereignissen. Gebräuchliche Verwendungszwecke sind unter anderem:

- Fehlersuche
- Diagnose bei Trägheit
- Diagnose von Deadlocks
- Diagnose von Neukompilierungen
- Debugging
- Anmeldeüberwachung
- Aufzeichnen von Grundwerten

Durch Skripterstellung einer Ereignissitzung und Automatisierung können Sie sich einen Vorrat von Sitzungen für die Fehlersuche bei verschiedenen Problemen anlegen. Diese Lösungen können Sie dann auf jedem Server bereitstellen, bei dem eine genauere Untersuchung von Leistungsproblemen erforderlich ist.

Mit einer Ablaufverfolgung für erweiterte Ereignisse können Sie auch Grundwerte bestimmen, an denen sich Codeverbesserungen und Leistungsverschlechterungen messen lassen.

Verwaltungs-Data Warehouse

Das in SQL Server 2008 eingeführte Verwaltungs-Data Warehouse erfasst Daten über die Leistung einer SQL Server-Instanz und zeigt sie Administratoren in einem Format zur grafischen Analyse an. Dieses Data Warehouse verfügt über seine eigene relationale Datenbank mit Tabellen, die Empfänger (Ziele) bestimmter erweiterter Ereignisse sind.

Im Installationszustand gibt das Data Warehouse drei Berichte aus: *Serveraktivität – Verlauf*, *Abfragestatistik – Verlauf* und *Systemdatenträgerverwendung*. Sie können jedoch noch weitere Berichte erstellen.

Mit den drei Berichten des Verwaltungs-Data Warehouses können Datenbankadministratoren die Leistungsgrundwerte bestimmen und das Wachstum planen. Auch vorbeugende Optimierungstätigkeiten sind damit möglich. Es kann durchaus empfehlenswert sein, das Data Warehouse bei der Installation einer neuen Instanz von SQL Server einzurichten.

Installieren eines Verwaltungs-Data Warehouses

Um ein Verwaltungs-Data Warehouse zu installieren, gehen Sie wie folgt vor:

1. Erweitern Sie im Objekt-Explorer von SQL Server Management Studio den Knoten *Verwaltung* und rechtsklicken Sie auf *Datensammlung*. Zeigen Sie im Kontextmenü auf *Aufgaben* und wählen Sie *Verwaltungs-Data Warehouse konfigurieren* (siehe Abb. 1.2).

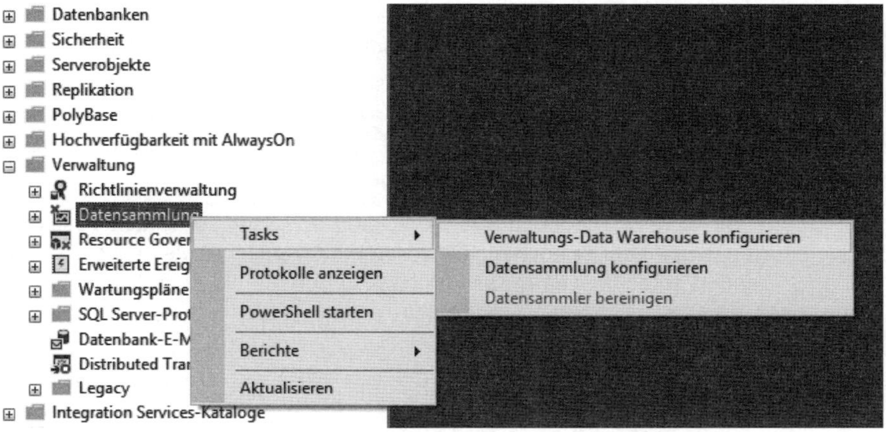

Abbildung 1.2 Der Menüpunkt *Verwaltungs-Data Warehouse konfigurieren*

2. Klicken Sie im Assistenten für die Konfiguration des Verwaltungs-Data Warehouses auf *Verwaltungs-Data Warehouse erstellen oder aktualisieren* und dann auf *Weiter*.

3. Der Servername ist bereits ausgefüllt. Wählen Sie als Datenbank für das Verwaltungs-Data Warehouse entweder diejenige aus, die Sie bereits zur Erfassung verwenden, indem Sie in das Listenfeld *Datenbankname* klicken, oder klicken Sie rechts neben diesem Feld auf *Neu*. In letzterem Fall wird das Dialogfeld *Neue Datenbank* geöffnet. Geben Sie hier den Namen der Datenbank ein, in der Sie die vom Warehouse erfassten Daten speichern möchten (siehe Abb. 1.3).

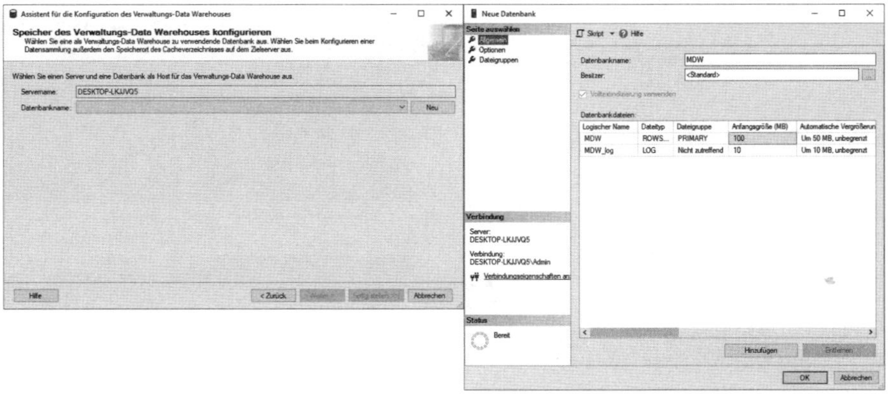

Abbildung 1.3 Erstellen einer neuen Datenbank für die Erfassung der Daten des Verwaltungs-Data Warehouses

4. Wählen Sie einen Benutzer für die Rolle *Verwaltungs-Data Warehouse* aus.

Eine Datensammlung einrichten

Nachdem Sie das Verwaltungs-Data Warehouse installiert haben, müssen Sie eine Datensammlung einrichten, um Daten vom Server und den gewünschten Datenbanken zu erfassen. Dazu gehen Sie wie folgt vor:

1. Erweitern Sie im Objekt-Explorer den Knoten *Verwaltung*, rechtsklicken Sie auf *Datensammlung*, zeigen Sie auf *Aufgaben* und klicken Sie auf *Datensammlung konfigurieren*.
2. Wählen Sie in dem daraufhin geöffneten Assistenten den Server- und den Datenbanknamen aus, die Sie bei der Installation angegeben haben. Nehmen Sie alle weiteren erforderlichen Einstellungen vor.

Wenn Sie jetzt wieder zum Knoten *Datensammlung* zurückgehen, sieht er schon ganz anders aus. Weder er noch die Datensammlungssätze werden jetzt mit dem nach unten weisenden, roten Pfeil dargestellt (siehe Abb. 1.4).

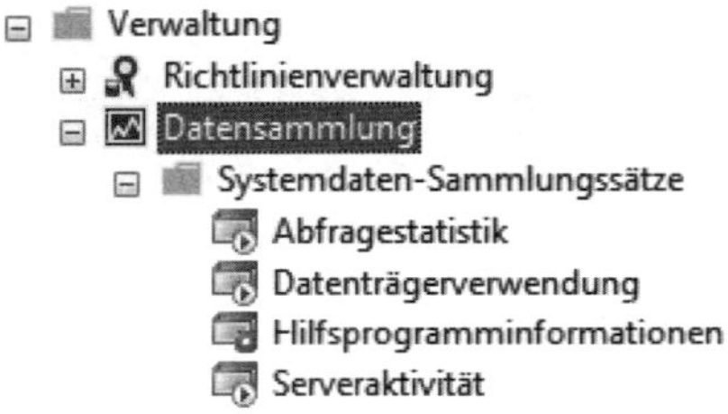

Abbildung 1.4 Aktive Datensammlungssätze

Zugriff auf Berichte

Um auf die Berichte des Verwaltungs-Data Warehouses zuzugreifen, rechtsklicken Sie auf *Datensammlung*, zeigen auf *Berichte* und bewegen sich dann durch die Menüs, um den Bericht auszuwählen, den Sie gern einsehen möchten (siehe Abb. 1.5).

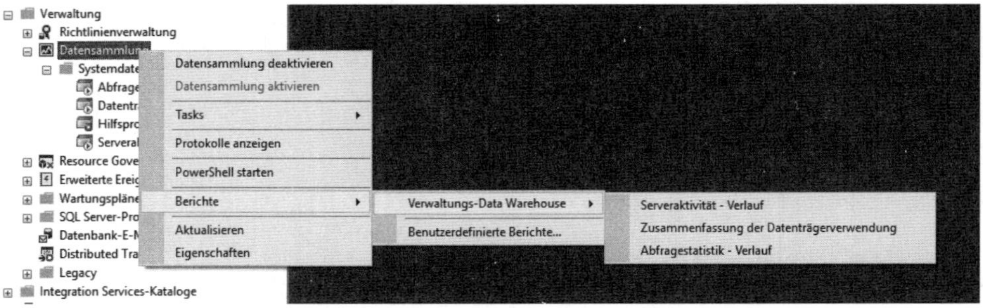

Abbildung 1.5 Zugriff auf die Berichte des Verwaltungs-Data Warehouses

SQL Server Reporting Services

Beginnend mit SQL Server 2017 stehen die SQL Server Reporting Services als separater Download außerhalb des SQL Server-Installers zur Verfügung. Sie können damit Berichte über eine Vielzahl von Datenquellen erstellen. Sämtliche Werkzeuge zum Erstellen, Verwalten, Planen und Ausliefern von Berichten sind enthalten. Die Berichte können Diagramme, Karten, Datenmatrizen einschließen. Mit Microsoft Power BI, R und Python sind darüber hinaus nahezu unbegrenzte Formen der Datenvisualisierung möglich, die sehr aussagekräftig sind und bei denen Sie Ihrer Kreativität freien Lauf lassen können.

SQL Server Reporting Services installieren Sie im einheitlichen Modus. Dadurch wird eine Webschnittstelle zur Verwaltung und Gliederung von Berichten und anderen Elementen bereitgestellt. Im Gegensatz zu den Versionen vor SQL Server 2016 sind zur Verwendung der SQL Server Reporting Services die Internetinformationsdienste (IIS) nicht mehr erforderlich.

Installation

Sie müssen die SQL Server Reporting Services separat herunterladen, entweder über den Link im Installationscenter oder von *https://www.microsoft.com/download/details.aspx?id=55252*.

Beim Abschluss der Installation von SQL Server Reporting Services werden auch wie folgt weitere Dienste und Features eingerichtet:

- Der Berichtsserver-Dienst wird installiert, der wiederum aus folgenden Elementen besteht:
  - Berichtsserver-Webdienst
  - Webportal zur Anzeige und Verwaltung von Berichten und der Berichtssicherheit
  - Konfigurations-Manager für Reporting Services
- Die URLs für den Berichtsserver-Webdienst und das Webportal werden eingerichtet.
- Die erforderlichen Dienstkonten für SQL Server Reporting Services werden eingerichtet.

▶ **Mehr über die Konfiguration von SQL Server Reporting Services erfahren Sie in Kapitel 4.**

Suchen Sie nach Abschluss der Installation mit Administratorrechten die folgenden Verzeichnisse auf, um sich zu vergewissern, dass die Installation erfolgreich war und der Dienst läuft:

- *http://localhost/Reports*
- *http://localhost/ReportServer*

Falls Sie eine nicht standardmäßige Instanz von SQL Server ausführen, müssen Sie die genaue Webdienst- und Webportal-URL unter Umständen auf der Registerkarte *Webportal-URL* des Konfigurations-Managers für Reporting Services herausfinden (siehe Abb. 1.6).

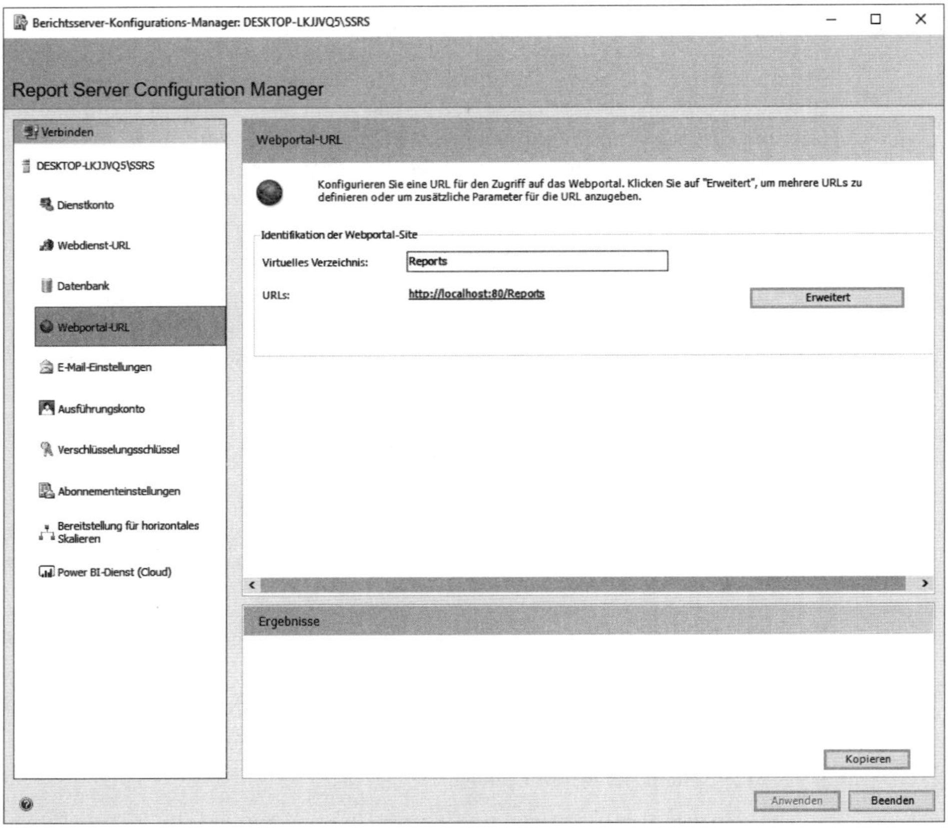

Abbildung 1.6 Webportal-URL im Konfigurations-Manager für Reporting Services

Konfigurations-Manager für Reporting Services

Der Konfigurations-Manager für Reporting Services vereinfacht die Einstellung des Verhaltens von Features und Funktionen der SQL Server Reporting Services. Damit können Sie unter anderem die folgenden Aufgaben erledigen:

- Erstellen und Auswählen von Berichtsserver-Datenbanken
- Definieren von URLs für den Zugriff auf den Berichtsserver und Bereichs-Manager
- Einrichten des Berichtsserver-Dienstkontos
- Ändern des vom Berichtsserver verwendeten Verbindungsstrings
- Einrichten einer Funktion zur E-Mail-Verteilung
- Verzahnung mit einem Power BI-Dienst

> **Expertentipp**
>
> ***Konfiguration von SQL Server Reporting Services: ein langer und gewundener Weg!***
>
> Im Konfigurations-Manager für SQL Server Reporting Services herrschte kein Mangel an Einstellungsoptionen. Sie können fast jede Einstellung mithilfe der grafischen Benutzeroberfläche, in SQL Server Management Studio und direkt in den *web.config*-Dateien ändern und manchmal sogar in der Windows-Registrierung. Die Anpassung von Konten, IP-Adressen, Ports und Verhalten kann sich zu einem wahren Abenteuer auswachsen, das wir in diesem Kapitel unmöglich umfassend beschreiben können.
>
> Weitere Informationen erhalten Sie auf *https://docs.microsoft.com/sql/reporting-services/install-windows/reporting-services-configuration-manager-native-mode.*

SQL Server Management Studio

SQL Server Management Studio ist das Standardwerkzeug für die Entwicklung und Verwaltung von SQL Server-Datenbanken. Es weist eine umfassende grafische Schnittstelle auf und vereinfacht die Konfigurations-, Verwaltungs- und Entwicklungsaufgaben in SQL Server- und Azure SQL-Umgebungen. Außerdem enthält es einen vielseitigen Skripteditor sowie viele Vorlagen, Beispiele und Merkmale zur Skripterstellung.

> **Expertentipp**
>
> ***Kann SQL Server Management Studio auch auf anderen Betriebssystemen verwendet werden?***
>
> SQL Server Management Studio ist eine reine Windows-Anwendung, die nicht in Linux- und Mac OS-Umgebungen funktioniert. Um von Windows, Linux und Mac OS aus auf SQL Server, Azure SQL-Datenbanken und SQL Data Warehouses zuzugreifen, können Sie stattdessen das kostenlose, plattformübergreifende Microsoft SQL Operations Studio verwenden.
>
> SQL Operations Studio stellt eine erstaunliche Ergänzung Ihrer Werkzeugsammlung dar.

Releases und Versionen

Seit SQL Server 2016 ist SQL Server Management Studio eine eigenständige Werkzeugsammlung, die Sie unabhängig vom Datenbankmodul herunterladen und installieren können.

Ursprünglich hat Microsoft monatlich neue Releases veröffentlicht, aber im August 2016 ging das Unternehmen zu einem Releasesystem mit Versionssteuerung über, das eine größere Flexibilität bietet. Damit sind auch die Bezeichnungen nach Jahr und Monat weggefallen.

Installieren von SQL Server Management Studio

Um SQL Server Management Studio zu installieren, laden Sie die neueste Version von *https://docs.microsoft.com/sql/ssms/download-sql-server-management-studio-ssms* herunter.

> Hinweis
>
> **Sie können die eigenständige Version von SQL Server Management Studio parallel zu früheren Versionen installieren, die im Lieferumfang älterer Versionen von SQL Server enthalten waren.**

> Achtung
>
> **SQL Server Management Studio ist zwar nur ein »Tool« und nicht das Datenbankmodul selbst, aber der Download umfasst trotzdem fast 1 GB. Für den Fall, dass Sie bereits eine kompatible Version von SQL Server Management Studio installiert haben, steht auch eine kleinere Aktualisierungsdatei zur Verfügung.**

Nachdem Sie die ausführbare Datei heruntergeladen haben, installieren Sie sie. Dabei können Sie dem Fortschrittsbalken für den Paket- und den Gesamtstatus zusehen – viel mehr ist dabei nicht zu tun. Wenn die Installation beendet ist, erhalten Sie die Meldung »Setup abgeschlossen«.

Jetzt können Sie die Anwendung im Startmenü über *Microsoft SQL Server Tools 17 > Microsoft SQL Server Management Studio 17* starten. Zur Vereinfachung des Zugriffs können Sie das Programm an das Startmenü anhängen oder das Symbol auf den Desktop kopieren.

Aktualisieren von SQL Server Management Studio

SQL Server Management Studio benachrichtigt Sie, wenn eine Aktualisierung zur Verfügung steht. Sie können jedoch auch manuell danach suchen, indem Sie in der Symbolleiste des Programms *Extras > Auf Updates überprüfen* wählen. Daraufhin werden jeweils die installierte und die neueste verfügbare Version der Komponenten von SQL Server Management Studio angezeigt. Wenn Aktualisierungen zur Verfügung stehen, können Sie auf *Update* klicken. Dadurch gelangen Sie auf eine Webseite, auf der Sie die neueste empfohlene Version herunterladen und installieren können.

Da die Tools zur Verwaltung von SQL Server jetzt komplett unabhängig vom Datenbankmodul sind, ist die Aktualisierung dieser Komponenten einfacher und sicherer geworden. Sie müssen sich keine Sorgen mehr darüber machen, Ihre Produktionsumgebung (das SQL Server-Datenbankmodul) versehentlich zu beeinträchtigen, wenn Sie die Werkzeuge in SQL Server Management Studio aktualisieren.

Merkmale von SQL Server Management Studio

SQL Server Management Studio zeichnet sich durch die vielen Möglichkeiten aus, die es Ihnen zur Interaktion mit einer oder mehreren Instanzen von SQL Server bietet. Sie alle aufzuzählen, würde ein eigenes Buch erfordern, weshalb wir in diesem Abschnitt nur einige besonders praktische Merkmale hervorheben.

Objekt-Explorer und Details zum Objekt-Explorer

Der Objekt-Explorer ist die Standardansicht von SQL Server Management Studio. Er bietet sowohl eine hierarchische als auch eine Tabellenansicht aller Instanzen von SQL Server und der untergeordneten Objekte innerhalb dieser Instanzen (Datenbanken, Tabellen, Sichten, gespeicherte Prozeduren, Funktionen usw.).

Hinweis

Der Objekt-Explorer verwendet seine eigene Verbindung zum Datenbankserver und kann wie jede andere Abfrage in SQL Server Management Studio bestimmte Vorgänge auf Datenbankebene blockieren.

Der Objekt-Explorer besteht aus zwei Bereichen (siehe Abb. 1.7), nämlich *Objekt-Explorer* auf der linken Seite und *Details zum Objekt-Explorer* auf der rechten. Der linke Bereich ist streng hierarchisch aufgebaut, der Detailbereich weist eine gemischte hierarchische und tabellarische Struktur auf und bietet damit zusätzliche Funktionen, z. B. Objektsuche, Markierung mehrerer und nicht benachbarter Objekte sowie Skripterstellung. Um den Bereich *Details zum Objekt-Explorer* anzuzeigen, klicken Sie auf *Ansicht* > *Details zum Objekt-Explorer* oder drücken F7.

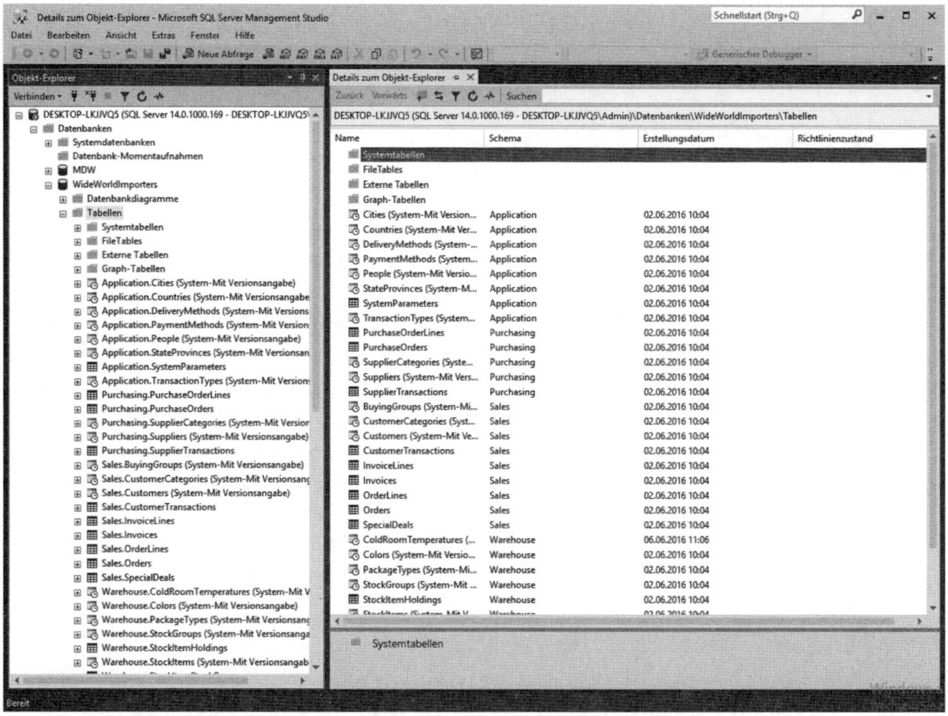

Abbildung 1.7 Die Objekt-Explorer-Ansicht in SQL Server Management Studio

Serverregistrierung

Die Serverregistrierungsfunktion von SQL Server Management Studio hilft, Zeit zu sparen, und erleichtert die Verwaltung komplexer Umgebungen, indem sie eine Liste der hauptsächlich verwendeten Instanzen speichert. Eine vorausschauende Registrierung von Verbindungen für die zukünftige Verwendung bietet die folgenden Vorteile:

- Erhalt der Verbindungsinformationen
- Bildung von Servergruppen
- Aussagekräftigere Aliasnamen für Server
- Möglichkeit, Servern und Servergruppen ausführliche Beschreibungen hinzuzufügen
- Import und Export von registrierten Servergruppen für die gemeinsame Nutzung durch mehrere Computer oder Teammitglieder

Um in SQL Server Management Studio auf die Serverregistrierungsfunktion zuzugreifen, klicken Sie auf *Ansicht* > *Registrierte Server* oder drücken [Strg] + [Alt] + [G]. In SQL Server Management Studio können Sie vier verschiedene Arten von Servern und Diensten verwalten:

- Datenbankmodul
- Analysis Services
- Reporting Services
- Integration Services

Hinweis

Die Serverregistrierung für SQL Server Integration Services ist zur Abwärtskompatibilität mit Versionen vor SQL Server 2012 vorhanden.

Datenbankmodul Wenn Sie in *Registrierte Server* mit Datenbankmodulen arbeiten, erscheinen zwei Knoten: *Lokale Servergruppen* und *Zentrale Verwaltungsserver*. Beide weisen sehr praktische Merkmale auf:

- **Lokale Servergruppen** Im Knoten *Lokale Servergruppen* können Sie sowohl einzelne, eigenständige Serverregistrierungen hinzufügen als auch Servergruppen anlegen. Diese Gruppen können Sie sich als »Ordner« innerhalb des Knotens *Lokale Servergruppen* vorstellen, wobei jeder dieser Ordner einen oder mehrere einzelne Server enthält. Abb. 1.8 zeigt eine der vielen Möglichkeiten, um häufig verwendete Verbindungen zu Datenbankmodulen mithilfe von *Lokale Servergruppen* zu gliedern und zu speichern.

Abbildung 1.8 Lokale Servergruppen

- **Registrierte Server exportieren** Um auf den Assistenten *Registrierte Server exportieren* zuzugreifen, rechtsklicken Sie auf den Knoten *Lokale Servergruppen* oder einen darunter verschachtelten Ordner oder Server, zeigen im Kontextmenü auf *Aufgaben* und dann auf *Exportieren*. Bei dem weiteren Vorgang haben Sie viele Freiheiten: Sie können den Export von jeder Ebene der Baumstruktur aus durchführen und entscheiden, ob Sie Benutzernamen und Kennwörter einschließen wollen. Wollen Sie in Abb. 1.8 nur den Knoten *Development Servers* und die darin befindlichen Server exportieren, können Sie das auf einfache Weise tun. Mit dem Assistenten können Sie festlegen, wo die erstellte Datei gespeichert werden soll, und dann ein XML-Dokument mit der Erweiterung *.regsrvr* erstellen.
- **Registrierte Server importieren** Um auf den Assistenten *Registrierte Server importieren* zuzugreifen, rechtsklicken Sie auf den Knoten *Lokale Servergruppen* oder einen darunter verschachtelten Ordner oder Server, zeigen im Kontextmenü auf *Aufgaben* und dann auf *Importieren*. Suchen Sie dann eine zuvor erstellte *.regsrvr*-Datei und wählen Sie sie aus (siehe Abb. 1.9).

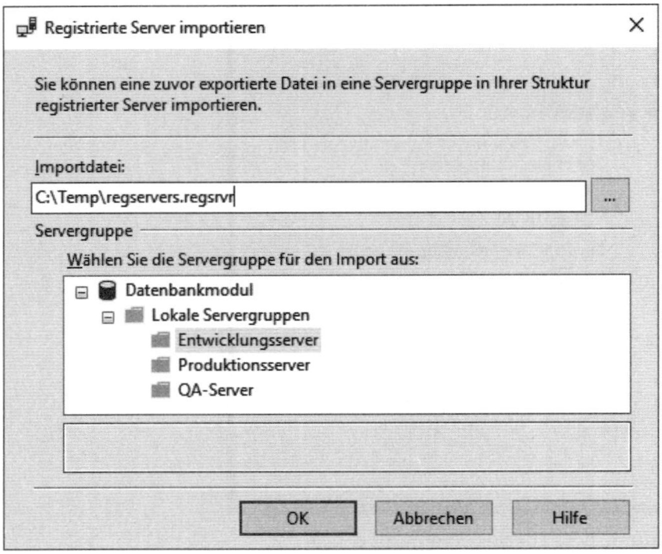

Abbildung 1.9 Registrierte Server importieren

Anschließend können Sie wählen, in welchem Ordner Sie das importierte Objekt oder die importierte Objektstruktur gern hätten. Wenn Sie einen Ordner angeben, der die zu importierenden Strukturen bereits enthält, werden Sie in einem Dialogfeld gefragt, ob Sie die vorhandene Objektstruktur tatsächlich aktualisieren oder überschreiben wollen.

- **Zentrale Verwaltungsserver** Der zweite Knoten unterhalb von *Datenbankmodul* ist *Zentrale Verwaltungsserver*. Auf den ersten Blick scheint er mit *Lokale Servergruppen* fast identisch zu sein: Auch hier können Sie Server hinzufügen und Ordner mit beschreibenden Namen erstellen, in die Sie Server aufnehmen. Was das angeht, sind sich die beiden Knoten tatsächlich sehr ähnlich. Allerdings gibt es auch einige erhebliche Unterschiede.

  Erstens müssen Sie bei der Verwendung von *Zentrale Verwaltungsserver* ein SQL Server-Datenbankmodul auswählen, das als zentraler Verwaltungsserver dienen soll. Diesem Server können Sie einen neuen Namen als Alias geben, aber er muss bereits vorhanden sein. Nachdem Sie einen Server für diese Rolle ausgewählt und damit einen zentralen Verwaltungsserver angelegt haben, können Sie mit denselben Methoden wie unter *Lokale Servergruppen* neue Servergruppen und einzelne Serverregistrierungen erstellen.

  Jetzt aber wird es wirklich interessant, denn wenn Sie auf irgendeiner Ebene rechtsklicken (auf einen Server, eine Gruppe oder den zentralen Verwaltungsserver selbst), werden Ihnen mehrere Optionen angezeigt:

  - *Neue Abfrage*
  - *Objekt-Explorer*
  - *Richtlinien auswerten*
  - *Richtlinien importieren*

Alle diese Aufgaben werden an den Servern in der Struktur der ausgewählten Gruppe ausgeführt. Eine Abfrage am zentralen Verwaltungsserver erfolgt auf sämtlichen Servern, die in allen Strukturen innerhalb des zentralen Verwaltungsservers vorhanden sind. Das ist zwar sehr praktisch, aber diese große Leistungsfähigkeit bringt es auch mit sich, dass Sie bei der Nutzung dieser Funktion Umsicht walten lassen müssen.

Das Standardverhalten des zentralen Verwaltungsservers besteht darin, dass Ergebnisse von mehreren Servern zu einem Resultset zusammengeführt werden. Das können Sie ändern, indem Sie *Extras* > *Optionen* > *Abfrageergebnisse* > *SQL Server* > *Multiserverergebnisse* aufrufen und dann die Einstellung *Ergebnisse zusammenführen* einschalten. Hier haben Sie auch Zugriff auf weitere Verhaltensoptionen, etwa um den Anmeldenamen oder den Servernamen zum Resultset einer Abfrage des zentralen Verwaltungsservers hinzuzufügen.

Wenn Sie auf einer bestehenden SQL Server-Instanz einen zentralen Verwaltungsserver hinzufügen, können andere auf die Struktur zugreifen und sie nutzen, sodass es nicht nötig ist, sie zu exportieren und zu importieren und die Ordner und Strukturen synchron zu halten. Das ist praktisch und sehr wirtschaftlich für die Zusammenarbeit.

Filtern von Objekten

In der Standardansicht des Objekt-Explorers werden Objekte in Kategorien geordnet und darunter in alphabetischer Reihenfolge aufgeführt. Es gibt verschiedene Hauptgruppen oder Kategorien, die in allen Versionen von SQL Server verwendet werden:

- **Datenbanken** Die Liste sämtlicher Datenbanken (einschließlich Systemdatenbanken) auf der SQL Server-Instanz. Auch Datenbankmomentaufnahmen (Snapshots) werden hier angezeigt.
- **Sicherheit** Eine Liste verschiedener Objekttypen wie Anmeldungen, Serverrollen, Anmeldeinformationen, Kryptografieanbieter und Überwachungen.
- **Serverobjekte** Dazu gehören Sicherungsmedien, Endpunkte, Verbindungsserver und Trigger (auf Serverebene).
- **Replikation** Informationen über Herausgeber und Abonnements.
- **Hohe Verfügbarkeit mit Always On** Enthält Failovercluster und Verfügbarkeitsgruppen.
- **Verwaltung** Deckt verschiedene Features und Werkzeuge ab, darunter Richtlinienverwaltung, Datensammlung, Ressourcenkontrolle, Erweiterte Ereignisse, Wartungspläne, Datenbank-E-Mail, DTC (Distributed Transaction Coordinator) und SQL Server-Fehlerprotokolle.
- **SQL Server-Agent** Umfasst Aufträge, Warnungen, Operatoren, Proxies und seine eigenen Fehlerprotokolle.
- **Integration Services-Kataloge** Paketkatalog von SQL Server Integration Services; abhängig von der SQL Server-Version.

Standardmäßig zeigt SQL Server Management Studio die Objekte in einer Kategorie jeweils in alphabetischer Reihenfolge an. Bei der Arbeit mit Datenbanken, die sehr viele Objekte enthalten, kann das jedoch störend sein, da die Benutzer lange Ladezeiten in Kauf nehmen und anschließend auch noch durch die Anzeige scrollen und das gewünschte Objekt auf dem Bildschirm suchen müssen.

Zum Glück verfügt SQL Server Management Studio über eine Filterfunktion. Filter lassen sich auf viele Objektkategorien anwenden, z. B. auf Benutzerdatenbanken, Tabellen, Sichten, gespeicherte Prozeduren, tabellenwertige Funktionen, benutzerdefinierte Funktionen und sogar Datenbankbenutzer.

Die Filtereinstellungen lassen sich unabhängig voneinander sowohl im Bereich *Objekt-Explorer* als auch in *Details zum Objekt-Explorer* festlegen. Die verfügbaren Optionen zeigt Tabelle 1.2.

Filter	**Optionen**
Name	Enthält Ist gleich Enthält nicht
Schema	Enthält Ist gleich Enthält nicht
Besitzer	Ist gleich Ist nicht gleich
Wird systemintern kompiliert	Wahr Falsch
Erstellungsdatum	Ist gleich Kleiner als Kleiner als oder gleich Größer als Größer als oder gleich Zwischen Nicht zwischen

Tabelle 1.2 Filter und Filteroptionen in SQL Server Management Studio

Nachdem Sie einen Filter ausgewählt haben, erscheint in der Objekt-Explorer- bzw. der Detailansicht oberhalb der gefilterten Liste die Angabe *(gefiltert)*.

Um einen Filter zu entfernen und wieder alle Objekte in der Struktur anzuzeigen, rechtsklicken Sie auf die gefilterte Kategorie, wählen *Filter* und dann *Filter entfernen*.

Mehrfachauswahl Im Objekt-Explorer-Bereich können Sie immer nur ein Objekt auf einmal auswählen. Dagegen ist im Detailbereich eine Mehrfachauswahl möglich, sodass Sie gleichzeitig mit mehreren Objekten arbeiten können (Tabellen, Sichten, Aufträge usw.). Wie in Windows üblich, halten Sie die `Umschalt`-Taste gedrückt, um mehrere zusammenhängende Bereiche auszuwählen, und `Strg` für die Auswahl nicht zusammenhängender Objekte. Aktionen für mehrere Objekte können Sie in der grafischen Oberfläche auswählen, es ist aber auch möglich, ein Skript für mehrere Objekte zu erstellen. Dabei können Sie wählen, ob Sie für jedes Objekt eine eigene Skriptdatei erstellen oder alle Objektskripte zu einer einzigen, großen Datei kombinieren wollen.

Weitere Werkzeuge in SQL Server Management Studio

SQL Server Management Studio bietet eine Reihe zeitsparender Werkzeuge und Techniken zur Produktivitätssteigerung. In den folgenden Abschnitten sind nur einige der Glanzpunkte beschrieben.

IntelliSense-Tools

IntelliSense ist eine Microsoft-Technologie, die in vielen Produkten zum Einsatz kommt und Ihnen durch Codevervollständigung hilft. Sie verringert die Tipparbeit, indem sie Ihnen Abkürzungen und die automatische Vervollständigung von Schlüsselwörtern und Objektnamen vorschlägt, was überdies Fehler im Code zu vermeiden hilft.

Darüber hinaus verfügt SQL Server Management Studio über *Codeausschnitte*, die die Programmierung vereinfachen. Diese vorgefertigten Codefragmente können Sie auf einfache Weise zu einem vorhandenen Codeblock hinzufügen. Die beiden Optionen dafür sind *Ausschnitt einfügen* und *Umschließen mit*. Mit XML können Sie auch eigene Codeausschnitte erstellen, aber eine Beschreibung würde den Rahmen dieses Buchs sprengen.

> Hinweis
>
> **Die Verwaltung von Codeausschnitten erfolgt über die Option *Codeausschnitt-Manager* im Menü *Extras*.**

Schauen wir uns einige Situationen für die Verwendung von Codeausschnitten an.

In SQL Server 2012 und höher ist ein Ausschnitt für eine `IF`-Anweisung enthalten. Nachdem Sie einen Codeblock getestet haben, können Sie auf einfache Weise eine `IF`-Anweisung (einschließlich der Anweisungen `BEGIN` und `END`) hinzufügen, indem Sie den Code markieren und den passenden Ausschnitt auswählen.

Es gibt drei Möglichkeiten, um auf Codeausschnitte zuzugreifen:

- Über Tastenkombinationen
- Durch einen Rechtsklick und Auswahl der entsprechenden Option im Kontextmenü
- Über das Menü *Bearbeiten*. Zeigen Sie dort auf *IntelliSense* und klicken Sie dann auf die gewünschte Option für Codeausschnitte, z. B. wie in Abb. 1.10 auf *Umschließen mit*.

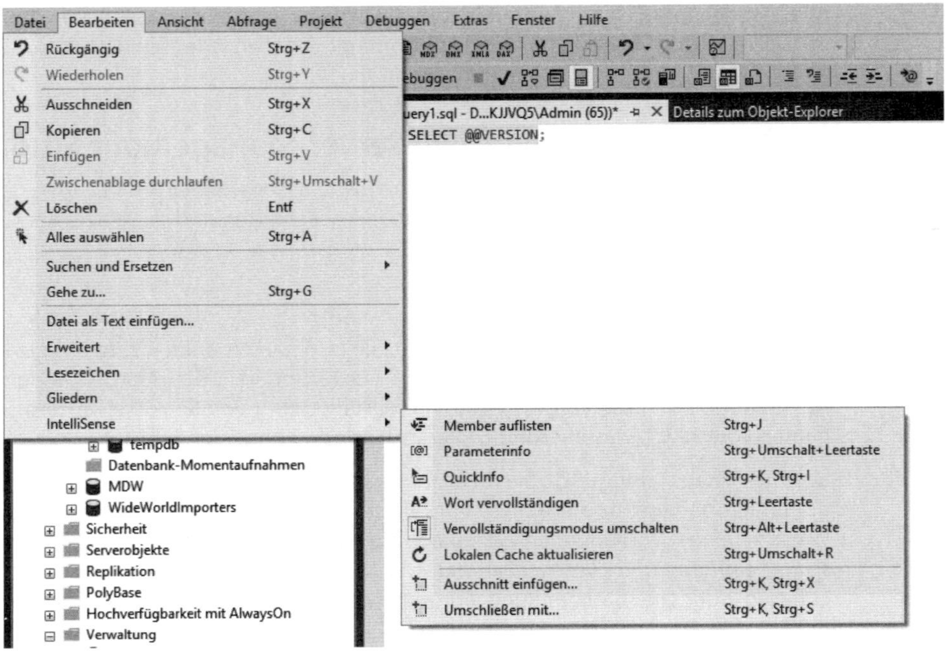

Abbildung 1.10 Zugriff auf die Option *Umschließen mit* im Menü *Bearbeiten*

Durch einen Doppelklick auf den Ordner *Funktion* können Sie sich ansehen, welche Codeausschnitte zur Verfügung stehen. Wenn Sie auf einen der Ausschnitte klicken, wird der markierte Code mit dem Ausschnittcode umgeben. Sie können auch Platzhaltertext einfügen und später ersetzen.

Es gibt nur wenige vorgefertigte Codeausschnitte zum Umschließen, aber viele zum Einfügen. Letztere finden Sie unter *Bearbeiten* > *IntelliSense* > *Ausschnitt einfügen*. Verwendet werden sie genauso wie die Umschließungsausschnitte, wobei der Code allerdings an der aktuellen Cursorposition in einem Codeblock eingefügt wird. Es gibt auch Tastenkombinationen, um diese Funktion zu nutzen. Mit `Strg` + `K`, `Strg` + `S` umschließen Sie Code mit einem Ausschnitt, mit `Strg` + `K`, `Strg` + `X` fügen Sie einen Ausschnitt ein.

Expertentipp

Hat da jemand Tastenkombinationen gesagt?

SQL Server Management Studio bietet eine breite Palette von Tastenkombinationen an, um die Produktivität zu steigern.

Beispielsweise können Sie den Ergebnisbereich einer Abfrage mit [Strg] + [R] schnell anzeigen und ausblenden. Der Zugriff auf den Codeausschnitt-Manager erfolgt ganz einfach mit [Strg] + [K], [Strg] + [B]. Sie möchten den tatsächlichen Abfrageplan in eine Abfrage einschließen? Drücken Sie [Strg] + [M]. Mit [Strg] + [F5] können Sie eine Abfrage analysieren, bevor Sie sie ausführen, um sich zu vergewissern, dass die Syntax korrekt ist. Der bei Weitem am häufigsten genutzte Kurzbefehl ist [F5] zum Ausführen einer Abfrage, allerdings können Sie zu diesem Zweck auch [Strg] + [E] verwenden.

Anpassen von Menüs und Tastenkombinationen

SQL Server Management Studio basiert auf der integrierten Entwicklungsumgebung (Integrated Development Environment, IDE) Visual Studio und lässt sich daher anpassen und erweitern. Die Beschreibung von Erweiterungen würde hier zu weit führen, aber wie Sie einzelne Elemente anpassen, z. B. Symbolleisten und Tastenkombinationen, erfahren Sie in diesem Abschnitt.

Symbolleisten anpassen Im Installationszustand zeigt SQL Server Management Studio nur die Standardsymbolleiste, es sind jedoch noch viele weitere verfügbar. Um darauf zuzugreifen, klicken Sie auf *Extras* > *Anpassen*. Das daraufhin angezeigte Dialogfeld *Anpassen* weist zwei Registerkarten auf. Auf der ersten – *Symbolleisten* – können Sie weitere Symbolleisten auswählen, die für Ihre Aufgaben nützlich sind. Darunter befinden sich Symbolleisten für die Arbeit mit Datenbankdiagrammen, mit erweiterten Ereignissen, mit XML und sogar mit einem Webbrowser. Auf der zweiten Registerkarte – *Befehle* – können Sie eine eigene Symbolleiste zusammenstellen und die Dropdownmenüs und den Funktionsumfang der vorhandenen Symbolleisten bearbeiten.

Werkzeugoptionen Auch das Erscheinungsbild der Oberfläche von SQL Server Management Studio können Sie anpassen. Klicken Sie auf *Extras* und dann auf *Optionen*, um Farben, Schriftarten, Tastenkombinationen, die Länge von Ergebnisstrings, Speicherorte für Ergebnisse, Voreinstellungen für Skripte, Ländereinstellungen, den Zeitraum für Wiederherstellungen usw. festzulegen.

Eine sehr praktische Option ist *Tastatur* > *Tastenkombinationen für Abfragen*. In SQL Server Management Studio sind schon im Lieferzustand mehrere Tastenkombinationen eingeschaltet (siehe Abb. 1.11), aber Sie können sie auf Ihren Bedarf zuschneiden. Viele langjährige Datenbankadministratoren nutzen diese Möglichkeit sehr stark, um die erforderliche Tipparbeit zur Ausführung gängiger gespeicherter Prozeduren zu verringern.

In SQL Server Management Studio ist es möglich, Text zu markieren und dann über eine Tastenkombination eine gespeicherte Prozedur auszuführen, wobei ihr der markierte Text als Parameter übergeben wird. Um beispielsweise den Text einer gespeicherten Prozedur oder Sicht einzusehen, können Sie die Systemprozedur `sp_helptext` verwenden. Wenn Sie dieser gespeicherten Prozedur die Tastenkombination [Strg] + [0] zuweisen (wie in

Abb. 1.11), ist zur Anzeige der DDL-Beschreibung (Data Definition Language) eines Objekts in der Datenbank nicht mehr erforderlich, als den Namen dieses Objekts zu markieren und dann die entsprechende Tastenkombination zu drücken.

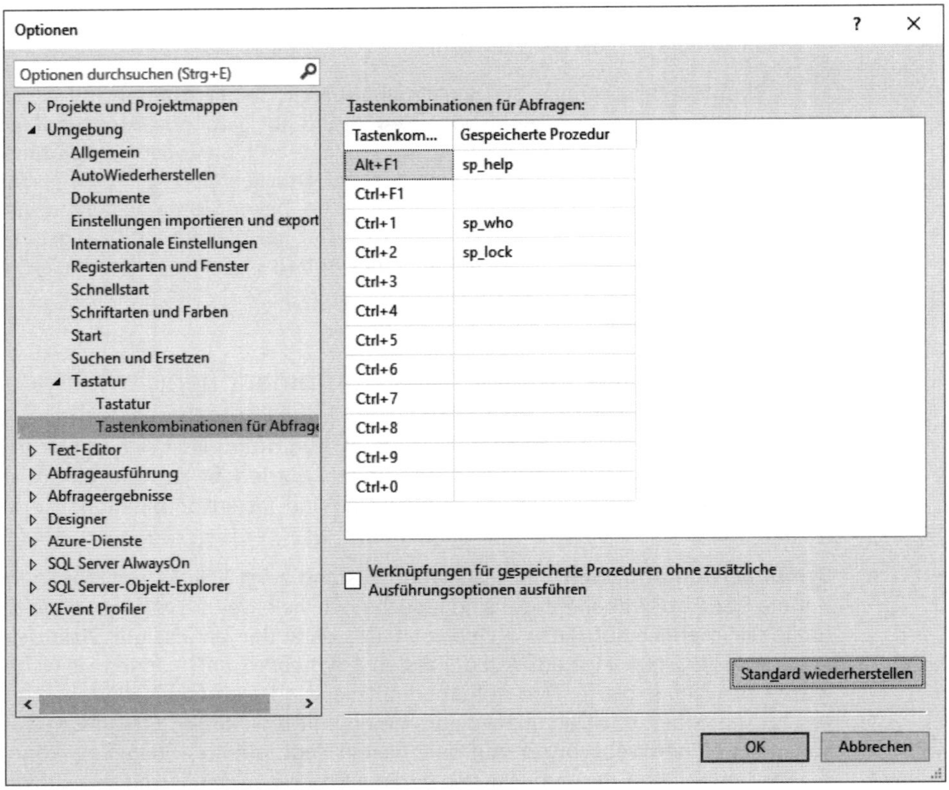

Abbildung 1.11 Tastenkombinationen für Abfragen

Fehlerprotokolle

Jede SQL Server-Instanz unterhält ein eigenes Fehlerprotokoll, das auf zwei Weisen zugänglich ist, nämlich über den Knoten *Verwaltung* > *Fehlerprotokolle* und über das Kontextmenü bei einem Rechtsklick auf eine Instanz im Fenster *Registrierte Server*. Standardmäßig enthalten diese Protokolldateien Informationen darüber, wann die SQL Server-Instanz online ging, welche Konfigurationseinstellungen angewendet wurden (oder nicht angewendet werden konnten), wann Sicherungen erfolgt sind, wann Beschädigungen entdeckt wurden und wann die Ein-/Ausgabe zu lange dauerte, über teilweise Stackabbilder sowie viele weitere nützliche Angaben. Diese Protokolle bilden eine hervorragende Informationsquelle, wenn Sie Stabilitäts- oder Leistungsproblemen auf die Spur kommen oder nach Umständen Ausschau halten möchten, die in Zukunft Schwierigkeiten verursachen könnten.

Um die protokollierten Informationen in einem sinnvollen Umfang zu halten, sodass sie noch gut durchsucht werden können, werden sie nicht in einer einzigen Datei abgelegt, sondern in einer Folge von Dateien. Leider sind die Standardeinstellungen für die zyklische Wiederverwendung der Protokolldateien nicht besonders praktisch.

In der Standardeinstellung bewahrt SQL Server die sechs jüngsten Fehlerprotokolldateien auf. Um diese Anzahl zu ändern, rechtsklicken Sie im Knoten *Verwaltung* des Objekt-Explorers auf *SQL Server-Protokolle* und wählen *Konfigurieren*. Aktivieren Sie in dem daraufhin geöffneten Dialogfeld das Kontrollkästchen *Beschränken Sie die Anzahl der Fehlerprotokolldateien vor der Wiederverwendung* und geben Sie dann in das Feld *Maximale Anzahl von Fehlerprotokolldateien* einen Wert zwischen 6 und 99 ein.

▶ **Mehr über diese und andere Konfigurationsaufgaben nach der Installation erfahren Sie in Kapitel 4.**

Bei jedem Start des SQL Server-Dienstes wird eine neue, leere Protokolldatei erstellt und die vorherige in der Liste einen Platz nach hinten verschoben. Protokolldateien mit einer Platznummer größer als die festgelegte Anzahl von Dateien werden dabei gelöscht.

Diese Verschiebung der Protokolldateien können Sie auch manuell mit dem Befehl `sp_cycle_errorlog` durchführen. Es ist auch möglich, den Vorgang mit einem Auftrag im SQL Server-Agent zu automatisieren. Bei der Arbeit mit SQL Server-Instanzen, die sehr umfangreich sind und lange Zeit online bleiben, können Sie dadurch verhindern, dass eine Protokolldatei übermäßig groß und unhandlich wird.

Welche Methode Sie auch wählen, das Ergebnis ist das gleiche: Die aktuelle Datei wird geschlossen und eine neue, leere Datei wird geöffnet. Dadurch überschreitet die Anzahl der Dateien die festgelegte Höchstzahl, weshalb die älteste Datei gelöscht wird.

Der Aktivitätsmonitor

Der Aktivitätsmonitor zeigt Ihnen, was zurzeit auf dem SQL Server-Computer ausgeführt wird und wie sich dieser Code auf die Instanz auswirken kann. Sie haben darin leichten Zugriff auf gebräuchliche hardwarespezifische Leistungsmaße und eine Liste kürzlich verwendeter Abfragen (mit Messwerten, Code und Ausführungsplänen). Alle Anzeigen lassen sich sortieren und einige auch filtern. Zur einfachen Fehlersuche und Aufstellung von Grundwerten ist dies das geeignete im Lieferumfang enthaltene Tool.

Um den Aktivitätsmonitor zu öffnen, rechtsklicken Sie im Objekt-Explorer auf die SQL Server-Instanz und wählen *Aktivitätsmonitor*. Das zugehörige Fenster erscheint im Detailbereich.

Der Aktivitätsmonitor besteht aus sechs Teilen:

- **Übersicht** Zeigt eine einfache Version an, die dem Task-Manager ähnelt, aber im SQL Server-Stil gehalten ist und vier verschiedene Diagramme enthält.
- **Prozesse** Zeigt alle Nicht-Systemprozesse mit geöffneten Verbindungen zur SQL Server-Instanz an.
- **Ressourcenwartevorgänge** Zeigt die Warteereignisse auf aktive, offene Verbindungen an.
- **Datendatei-E/A** Zeigt den Unterschied zwischen zwei Lesevorgängen des Speichersubsystems an.

- **Aktuelle ressourcenintensive Abfragen** Zeigt Informationen über die ressourcenintensivsten Abfragen der letzten 30 Sekunden an.
- **Aktive ressourcenintensive Abfragen** Gibt eine detaillierte Ansicht von Abfragen, die zurzeit ausgeführt werden.

Jeden dieser sechs Bereiche können Sie erweitern, um ausführliche Informationen einzusehen, wobei die Übersicht standardmäßig erweitert ist. Um Ergebnisse zu sortieren oder zu filtern, klicken Sie auf die entsprechenden Spaltenköpfe in dem jeweiligen Abschnitt.

Übersicht

Vier Diagramme bieten eine grundlegende Übersicht über die Instanz. *% Prozessorzeit* gibt einen kombinierten Durchschnittswert für alle logischen Prozessoren an, die der Instanz zugewiesen sind (siehe den Abschnitt »Zuteilen von CPU-Kernen mit einer Affinitätsmaske« in Kapitel 3). Die drei anderen Diagramme sind *Wartende Tasks* (ein Wert auf Instanzebene), *Datenbank-E/A* (alle Datenbanken, gemessen in MB/s) und *Batchanforderungen/Sekunde* (alle Datenbanken).

Jedes Diagramm zeigt Informationen in Echtzeit. Sie können das Aktualisierungsintervall jedoch ändern, indem Sie auf ein beliebiges Diagramm rechtsklicken. Der Standardwert beträgt zehn Sekunden, was Sie im Bereich von einer Sekunde bis einer Stunde ändern können. Die Diagramme werden dabei gemeinsam angepasst, das heißt, für jedes gilt derselbe Aktualisierungswert. Durch die Einstellung eines Diagramms ändern Sie alle. Ebenso werden auch alle angehalten, wenn Sie bei einem der Diagramme *Anhalten* wählen.

Prozesse

Der Abschnitt *Prozesse* des Aktivitätsmonitors zeigt alle Nichtsystemprozesse (Tasks) mit offenen Verbindungen zur SQL Server-Instanz an, und zwar unabhängig davon, ob sie zurzeit aktiv eine Abfrage ausführen. Zu den wichtigen Metadaten gehören die folgenden:

- **Sitzungs-ID** Die Sitzungsprozesskennung (Session Process Identifier, SPID) des aktuellen Prozesses.
- **Benutzerprozess** Benutzerprozesse werden mit 1 gekennzeichnet, Systemprozesse mit 0.
- **Anmeldung** Der Anmeldename des Benutzers, der den Prozess ausführt.
- **Datenbank** Der Name der Datenbank.
- **Taskstatus** Wird anhand der Liste der möglichen Tasks in der Spalte `task_state` der dynamischen Verwaltungssicht `sys.dm_os_tasks` ausgefüllt.
- **Befehl** Wird anhand der Liste der Befehlstypen in der Spalte `command` der dynamischen Verwaltungssicht `sys.dm_exec_requests` ausgefüllt.
- **Anwendung** Der Name der Anwendung.
- **Wartezeit (ms)** Die Zeit, die der Task wartet, in Millisekunden.
- **Wartetyp** Der aktuelle Wartetyp für den Task.
- **Warteressource** Die Ressource, auf die der Task wartet.
- **Blockiert von** Wird dieser Task von einem anderen Prozess blockiert, wird hier die SPID des blockierenden Prozesses angezeigt.

- **Blockiert andere Prozesse** Gibt es eine Kette blockierter Prozesse, so wird hier die SPID des Prozesses am Anfang der Kette angegeben.
- **Arbeitsspeicherauslastung (KB)** Gibt an, wie viel Speicher der Prozess nutzt.
- **Hostname** Der Hostname des Computers, der die Verbindung hergestellt hat.
- **Arbeitsauslastungsgruppe** Der Name der Arbeitsauslastungsgruppe der Ressourcenkontrolle, zu der der Prozess gehört. (Mehr über die Ressourcenkontrolle erfahren Sie in Kapitel 3.)

Um sich die gerade ausgeführte T-SQL-Abfrage (den letzten T-SQL-Befehlsstapel) anzusehen, den Prozess in SQL Server Profiler zu verfolgen oder den Prozess zu zerstören, rechtsklicken Sie auf eine Zeile im Prozessbereich.

Ressourcenwartevorgänge

Der Abschnitt *Ressourcenwartevorgänge* des Aktivitätsmonitors zeigt die Warteereignisse auf aktive, offene Verbindungen an, standardmäßig sortiert nach der kumulierten Wartezeit in Sekunden. Das kann sehr hilfreich sein, wenn Sie die Ursache eines Leistungsproblems herausfinden wollen. Die Grundwerte zur Hand zu haben, die diese Indikatoren aufweisen, wenn alles gut läuft, ist sehr praktisch, wenn Sie später bestimmen wollen, ob ein beobachtetes Problem tatsächlich ein neuer Umstand oder normales Verhalten ist. Kenntnisse der Bedeutung der verschiedenen Wartezeiten helfen dabei, die Ursachen von trägem Verhalten herauszufinden, unabhängig davon, ob sie sich beim Laufwerk, durch Speicherdruck, bei der CPU, durch Netzwerklatenz oder dadurch zeigt, dass ein Client Schwierigkeiten hat, ein Resultset zu empfangen und anzuzeigen. In diesem Abschnitt werden die folgenden Wartestatistiken angezeigt:

- Wartekategorie
- Wartezeit (ms/s)
- Aktuelle Wartezeit
- Durchschnittliche Zahl an Wartevorgängen
- Kumulierte Wartezeit (Sekunden)

▶ **Mehr über Ressourcenwartevorgänge erfahren Sie auf *https://technet.microsoft.com/library/cc879320.aspx*.**

Datendatei-E/A

Der Abschnitt *Datendatei-E/A* des Aktivitätsmonitors zeigt den Unterschied zwischen zwei Ablesungen der Metadaten in der dynamischen Verwaltungssicht *sys.dm_io_virtual_file_stats*. Wenn Sie den Abschnitt zum ersten Mal erweitern, sind daher für kurze Zeit keine Ergebnisse zu sehen, da der Server erst mindestens zwei Ablesungen vornehmen muss. Beträgt das Intervall zehn Sekunden, so müssen Sie also zehn Sekunden warten, bevor Daten erscheinen. Dabei werden für alle Datendateien sämtlicher Datenbanken auf dem SQL Server-Computer der Speicherort und der Name, die Lese- und Schreibrate jeweils in MB/s und die durchschnittliche Antwortzeit in Millisekunden angegeben.

Allgemein ist bei einer durchschnittlichen Antwortzeit von 5 ms oder weniger eine akzeptable Leistung möglich, ungeachtet gelegentlicher Ausreißer.

Aktuelle ressourcenintensive Abfragen

Im Abschnitt *Aktuelle ressourcenintensive Abfragen* des Aktivitätsmonitors werden die ressourcenintensivsten Abfragen angezeigt, die während der letzten 30 Sekunden in der SQL Server-Instanz ausgeführt wurden, und zwar sowohl abgeschlossene als auch solche, die noch laufen. Um den vollständigen Text der Abfrage oder den zurzeit verwendeten Ausführungsplan zu sehen, rechtsklicken Sie auf eine der aufgeführten Abfragen. In diesem Bereich werden folgende Felder angezeigt:

- Abfrage
- Ausführungen/Minute
- CPU (ms/s)
- Physische Lesevorgänge/Sekunde
- Logische Schreibvorgänge/Sekunde
- Logische Lesevorgänge/Sekunde
- Durchschnittliche Dauer
- Plananzahl
- Datenbank

Aktive ressourcenintensive Abfragen

Wenn Sie wissen wollen, was jetzt gerade ausgeführt wird und Leistungsprobleme verursachen könnte, schauen Sie sich den Abschnitt *Aktive ressourcenintensive Abfragen* an. Dieser Bereich des Aktivitätsmonitors gibt ausführlichere Informationen als der Überblick über die letzten 30 Sekunden im Abschnitt *Aktuelle ressourcenintensive Abfragen*. So sind unter anderem die folgenden hilfreichen Angaben zu erkennen:

- Sitzungs-ID
- Datenbank
- Verstrichene Zeit
- Zeilenanzahl
- Belegter Arbeitsspeicher

Über einen Rechtsklick können Sie sich wiederum den vollständigen Abfragetext und den Ausführungsplan ansehen. Dabei gibt es hier jedoch noch die zusätzliche Option *Live-Ausführungsplan anzeigen*. Bei lang laufenden Abfragen kann dieser Plan vom ursprünglichen abweichen.

Expertentipp

Verbraucht der Aktivitätsmonitor selbst Ressourcen?

Kurz: ja. Wenn Sie einen der Bereiche erweitern, muss der Aktivitätsmonitor die Systemmetadaten in Echtzeit abfragen, um die Spalten und Diagramme auf dem Bildschirm immer auf dem neuesten Stand zu halten. Reduzieren Sie den Bereich wieder, so werden diese Abfragen nicht mehr ausgeführt.

Wenn Sie einen Abschnitt nicht mehr benötigen, sollten Sie ihn daher reduzieren oder den Aktivitätsmonitor ganz schließen, um einen überflüssigen »Beobachter-Mehraufwand« zu vermeiden.

Der SQL Server-Agent

Der SQL Server-Agent ist ein Dienst, der auf Windows und Linux zur Verfügung steht, und mit dem Sie Aufgaben – sogenannte Aufträge – automatisch ausführen lassen können (siehe Abb. 1.12). Solche Aufträge werden gewöhnlich für routinemäßige Wartungsaufgaben (Sicherungen, Indexdefragmentierung, Aktualisierung von Statistiken und Integritätsprüfungen) verwendet, doch Sie können damit auch eigenen Code regelmäßig ausführen lassen.

Hinweis

Die Knoten des SQL Server-Agents lassen sich filtern, wie es weiter vorn in diesem Kapitel bei der Beschreibung des Objekt-Explorers erklärt wurde.

Mithilfe von Auftragsbenachrichtigungen können einzelne Personen und Personengruppen über Datenbank-E-Mail Mitteilungen über den Status eines Auftrags erhalten. Zur Einrichtung sind nur wenige einfache Einstellungen erforderlich, z. B. wann eine Benachrichtigung gesendet werden soll – bei Erfolg, Fehlschlag oder Abschluss des Auftrags.

▶ **Weitere Informationen darüber, wie Sie Datenbank-E-Mail konfigurieren und den SQL Server-Agent zur Verwendung dieser Funktion einrichten, erhalten Sie in Kapitel 13.**

Die Liste der Aufträge im SQL Server-Agent enthält auch jegliche Abonnements der SQL Server Reporting Services, die auf dem Server erstellt und geplant wurden.

Abbildung 1.12 Strukturansicht des SQL Server-Agents

Auftragsaktivitätsmonitor

Der Auftragsaktivitätsmonitor zeigt eine Momentaufnahme aller Aufträge auf dem Server. Damit können Sie sich rasch eine Menge Attribute der Aufträge ansehen, die in der SQL Server-Instanz geplant sind. Mit vielen dieser Attribute ist es auch möglich, die Anzeige der Aufträge einzuengen, was insbesondere dann praktisch ist, wenn Hunderte von Berichten der SQL Server Reporting Services geplant sind oder es sehr viele verschiedene Aufträge gibt. Die Attribute sind in Tabelle 1.3 aufgeführt.

Attribut	Werte	Als Filter verwendbar
Name		Ja
Aktiviert	Nein Ja	Ja
Status	Zwischen Wiederholungsver-suchen Wird ausgeführt Im Leerlauf Nicht im Leerlauf Abgeschlossene Aktion wird ausgeführt Angehalten Wartet auf Abschluss eines Schritts Wartet auf Arbeitsthread	Ja

→

Attribut	Werte	Als Filter verwendbar
Ergebnis der letzten Ausführung	Abgebrochen Fehlgeschlagen In Bearbeitung Wiederholung Erfolg Unbekannt	Ja
Letzte Ausführung (Uhrzeit/Datum)		Ja
Nächste Ausführung (Uhrzeit/Datum)		Ja
Kategorie		Ja
Ausführbar	Ja Nein	Ja
Geplant	Ja Nein	Ja

Tabelle 1.3 Attribute von Auftragsaktivitäten

Warnungen zur Benachrichtigung von Operatoren

Sie können Warnungen einrichten, um sich über bestimmte Ereignisse benachrichtigen zu lassen. Im Gegensatz zu den Benachrichtigungen über Aufträge, die nach einem Zeitplan ablaufen, werden Warnungen als Reaktion auf das Eintreten einer bestimmten Situation gesendet. Damit ist es etwa möglich, das Datenbankadministrationsteam per E-Mail zu informieren, wenn eine Daten- oder Protokolldatei automatisch vergrößert wurde oder wenn der Arbeitsspeicher eines Servers in einer virtuellen Maschine unter einen bestimmten Schwellenwert fällt. Mit der Warnungsfunktion des SQL Server-Agents können Administratoren Benachrichtigungen der folgenden drei Arten einrichten:

- **Ereigniswarnung** Diese Warnungen werden vom Fehlermechanismus von SQL Server ausgelöst. Sie können sie für alle Datenbanken zusammen, aber auch für einzelne Datenbanken einrichten und die Fehlernummer oder den Schweregrad angeben, bei dem der Alarm ausgelöst wird. Es ist auch möglich, den Text in der Systemnachricht zu analysieren, damit Sie nur in bestimmten Situationen gewarnt werden.
- **Leistungsstatuswarnung** Für diese Warnungen wird der gesamte Bestand an SQL Server-Leistungsindikatoren herangezogen. Sie können ein beliebiges Leistungsindikatorobjekt wählen, das Unterobjekt angeben, ggf. die Instanz des Leistungsindikators sowie einen Schwellenwert (wobei Sie auswählen können, ob die Warnung erfolgt, wenn dieser Wert überschritten, unterschritten oder erreicht wird). Abb. 1.13 zeigt, wie Sie eine Leistungsstatuswarnung definieren, um einen Administrator zu informieren, wenn die Lebenserwartung von Seiten in einer SQL Server-Instanz unter fünf Minuten gefallen ist.

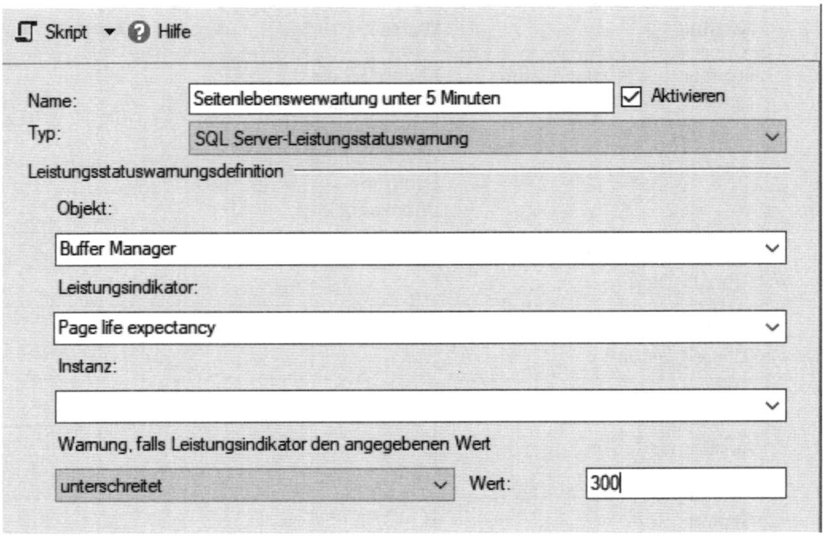

Abbildung 1.13 Definition einer Leistungsstatuswarnung

- **WMI-Warnungen (Windows Management Instrumentation)** Für eine WMI-Warnung wird der WMI-Ereignisanbieter herangezogen. Damit sind ausführlichere Maßnahmen möglich, wenn ein Ereignis festgestellt wird, das einen Alarm auslöst. Beispielsweise können Sie auf diese Weise dafür sorgen, dass bei der Entdeckung eines Deadlocks das XML-Deadlockdiagramm zur späteren Analyse in einer Tabelle gespeichert wird. Ein anderer möglicher Verwendungszweck besteht darin, Änderungen an der DDL oder der Systemkonfiguration zu erkennen und dann zur späteren Untersuchung zu dokumentieren. Da der WMI-Anbieter Zugriff auf viele Serverereignisklassen und -eigenschaften hat, ist diese Funktion sehr vielseitig. Sie weist allerdings auch einige Haken auf:
  - Zu ihrer Verwendung muss der Service Broker in der Datenbank `msdb` der Instanz eingeschaltet sein.
  - Wenn Ihr Code Objekte in einer bestimmten Datenbank auf dem Server abfragt, muss der Service Broker auch für diese Datenbank eingeschaltet sein.
  - Sie ist nicht besonders GUI-geeignet und erfordert mehr Programmierkenntnisse als die anderen Warnungen.

▶ **Mehr darüber, wie Sie WMI-Warnungen erstellen, erfahren Sie in Kapitel 13 sowie auf *https://docs.microsoft.com/sql/ssms/agent/create-a-wmi-event-alert*.**

Als Reaktion auf eine Warnung können Sie einen Auftrag ausführen oder Operatoren benachrichtigen lassen oder beides.

Operatoren

Operatoren sind Benutzer oder Gruppen, die für den Empfang von Benachrichtigungen des SQL Server-Agents eingerichtet sind. Gewöhnlich werden dabei E-Mail-Adressen angegeben, es gibt jedoch auch andere Möglichkeiten zur Zustellung von Benachrichtigungen.

Expertentipp

Kein SQL Server-Agent in Azure SQL-Datenbanken

Wenn Sie SQL Server Management Studio zur Verwaltung einer Azure SQL-Datenbank verwenden, werden Sie feststellen, dass es keinen SQL Server-Agent gibt.

Das mag auf den ersten Blick verwirrend wirken, macht aber Sinn. Der SQL Server-Agent ist ein Dienst des Betriebssystems, doch bei einer Azure SQL-Datenbank handelt es sich um eine »Datenbank als Dienst« (Database as a Service, DBaaS), also im Grunde genommen um eine eigenständige Datenbank (à la carte) ohne die Server- und Betriebssystembestandteile der Plattform.

Die Azure-Umgebung verfügt über ihre eigenen Automatisierungsdienste, die Sie ähnlich zur Planung von Routineaufgaben verwenden können wie den SQL Server-Agent. Denken Sie aber daran, dass bei Azure SQL-Datenbanken die zeitpunktgenaue Wiederherstellung automatisch eingeschlossen ist.

Eine weitere Möglichkeit besteht darin, eine verwaltete Instanz zu nutzen. Mehr darüber erfahren Sie in Kapitel 5.

SQL Server Data Tools

Ebenso wie bei SQL Server Management Studio handelt es sich bei den SQL Server Data Tools um eine eigenständige Zusammenstellung von Werkzeugen für die Verwendung in SQL Server. Entwickler erhalten damit Werkzeuge für SQL Server-Integration, Berichterstattung und die Arbeit mit Data Warehouses. Die in SQL Server Data Tools enthaltenen Werkzeuge laufen in einer Visual Studio-Shell, wobei das Produkt Visual Studio selbst nicht erforderlich ist. Die Shell wird bei der Verwendung der SQL Server Data Tools automatisch installiert.

SQL Server Integration Services

SQL Server Integration Services ist eine vielseitige Plattform zum Importieren, Umwandeln und Exportieren von Daten. Sie wird häufig für ETL-Vorgänge (Extract, Transform, Load) genutzt und kann mithilfe von Standardaufgaben, -schnittstellen und -protokollen in viele externe Systeme integriert werden.

Zur Verwaltung von Lösungen verwendet SQL Server Integration Services Pakete, die Sie in einer grafischen Oberfläche erstellen und bearbeiten können.

SSIS-Paketupgrade-Assistent

Mit dem SSIS-Paketupgrade-Assistenten können Sie SSIS-Pakete, die in Versionen vor SQL Server 2017 erstellt wurden, aktualisieren. Meistens werden Sie von den SQL Server Data Tools auf diesen Assistenten zugreifen, aber Sie können ihn auch in SQL Server Management Studio und an der Windows-Eingabeaufforderung starten. In jedem Fall sichert der Assistent auch automatisch die ursprünglichen Pakete.

In den SQL Server Data Tools:

1. Öffnen Sie ein Integration Services-Projekt.
2. Rechtsklicken Sie auf *SSIS-Pakete*.
3. Wählen Sie *Aktualisieren*.

In SQL Server Management Studio:

1. Stellen Sie eine Verbindung zu Integration Services her.
2. Erweitern Sie *Gespeicherte Pakete*.
3. Rechtsklicken Sie auf *MSDB (Dateisystem)*.
4. Wählen Sie *Aktualisieren*.

An der Windows-Eingabeaufforderung:

1. Begeben Sie sich zum Ordner *Microsoft SQL Server\140\DTS\Binn*.
2. Suchen Sie die Datei *SSISUpgrade.exe* und führen Sie sie aus.

Der Import/Export-Assistent

Der SQL Server-Import/Export-Assistent erleichtert das Kopieren von Daten zwischen verschiedenen Plattformen. Dabei erstellt er ein Paket im Arbeitsspeicher, wozu er SQL Server Integration Services nutzt. Sie können auswählen, ob dieses Paket zur Wiederverwendung gespeichert werden soll. In dem Assistenten steht eine reichhaltige Auswahl von Quell- und Zielplattformen zur Auswahl. In einigen Fällen ist es erforderlich, zusätzliche Treiber und Anbieter von einem Hersteller oder aus einem Microsoft Feature Pack herunterzuladen und zu installieren. Tabelle 1.4 führt beispielhaft einige kompatible Datenquellen auf.

Typ	**Weitere Angaben**
Unternehmensdatenbanken	SQL Server, Oracle, DB2
Textdateien	
Excel/Access	Access-Laufzeit kann erforderlich sein
Azure	Azure-Blobspeicher
Open Source	PostgreSQL, MySQL
Sonstige	ODBC, .NET Framework, OLEDB

Tabelle 1.4 Datenquellen im Import/Export-Assistenten

Datenprofilerstellungs-Task und Datenprofil-Viewer

Mithilfe des Datenprofilerstellungs-Tasks in SQL Server Integration Services können Sie Datenmuster (normale und unnormale) und Probleme mit der Datenqualität erkennen, bevor die Daten ans Ziel gelangen (gewöhnlich ein Data Warehouse). Das Werkzeug macht die Qualität der Daten sichtbar, indem es die Metadaten und statistischen Werte aus Tabelle 1.5 berechnet und dokumentiert.

Kategorie	**Einzelheiten**
Kandidatenschlüsselprofile	Schlüsselspalten Schlüsselstärken
Verteilungsprofil für Spaltenlänge	Minimale Spaltenlänge Maximale Spaltenlänge Ausführliche Anzahl nach Länge Prozentuale Verteilung nach Länge
Profil für NULL-Verhältnis der Spalte	NULL-Anzahl nach Spalten Prozentualer NULL-Anteil nach Spalten
Spaltenstatistikprofile (nur für numerische und Datumsspalten)	Minimaler Wert nach Spalten Maximaler Wert nach Spalten Mittelwert nach Spalten Standardabweichung nach Spalten
Verteilungsprofil für Spaltenwert	Anzahl eindeutiger Werte nach Spalten Häufigste Werte nach Spalten

Tabelle 1.5 Kategorien für die Datenprofilerstellung und ihre Inhalte

Der Datenprofilerstellungs-Task erstellt eine XML-Datei als Ausgabe, die Sie sich im Datenprofil-Viewer ansehen können. Dabei handelt es sich um eine eigenständige Anwendung, für die weder Visual Studio noch SQL Server Integration Services laufen müssen.

Abb. 1.14 zeigt beispielhaft eine vom Datenprofilerstellungs-Task hervorgerufene XML-Datei im Datenprofil-Viewer. Dafür wurde die Tabelle `Sales.Customers` in der Microsoft-Beispieldatenbank `WideWorldImporters` analysiert.

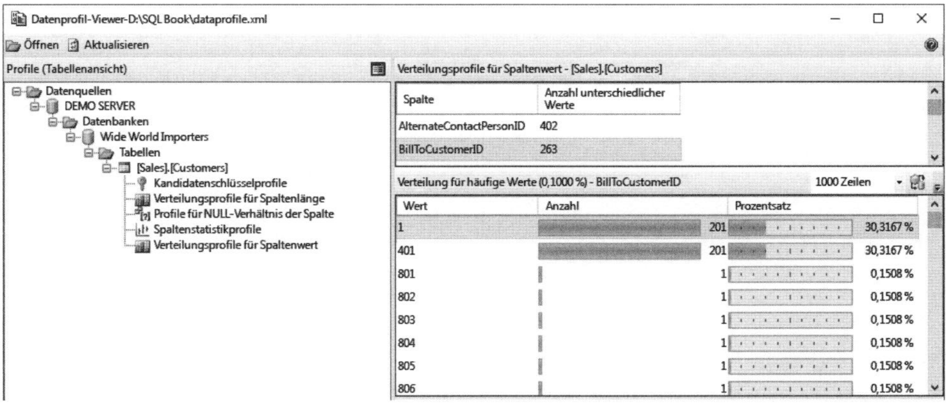

Abbildung 1.14 Anzeige der Spaltenverteilung im Datenprofil-Viewer

Veraltete Merkmale

In SQL Server 2017 wurden einige faszinierende neue Merkmale eingeführt, aber dafür wurden auch einige Merkmale aus früheren Versionen als veraltet erklärt oder sogar ganz eingestellt. Veraltete Merkmale werden in einer zukünftigen Version aus dem Produkt entfernt und sollten nicht mehr für Neuentwicklungen verwendet werden. Eingestellte Merkmale wurden bereits entfernt und können Aktualisierungen von Datenbanken auf den neuesten Kompatibilitätsgrad und die Migration zu einer Azure SQL-Datenbank verhindern.

In mehreren Kapiteln dieses Buchs werden Hinweise zu veralteten Merkmalen gegeben, aber die einfachste Methode, um auf dem neuesten Stand zu bleiben, besteht darin, in der Microsoft-Dokumentation auf *https:/docs.microsoft.com/sql/database-engine/deprecated-database-engine-features-in-sql-server-2017* nachzuschlagen.

Mit der im Anschluss gezeigten T-SQL-Anweisung können Sie sich auch eine Liste von mehr als 250 veralteten Merkmalen anzeigen lassen. Dabei ist auch jeweils angegeben, wie oft sie in Ihrer SQL Server-Instanz auftreten. Damit können Sie die Vorkommen solcher Merkmale finden und Abhilfe schaffen.

```
SELECT object_name, counter_name, instance_name, cntr_value, cntr_type
FROM sys.dm_os_performance_counters
WHERE object_name = 'SQLServer:Deprecated Features';
```

Kapitel 2

Komponenten des Datenbankservers

In diesem Kapitel sehen wir uns die Bestandteile einer typischen Datenbankinfrastruktur an. Nach dieser Einführung erhalten Sie in den nachfolgenden Kapiteln genauere Einzelheiten darüber, wie Datenbanken gestaltet, implementiert und bereitgestellt werden.

Die Möglichkeit, SQL Server auf Linux auszuführen, ist zwar noch neu, aber Microsoft hat dafür gesorgt, dass er auch dort möglichst genauso läuft wie auf Windows. Wenn Unterschiede bestehen, werden wir Sie darauf hinweisen.

Unabhängig davon, welche Konfiguration Sie nutzen, besteht eine Datenbankinfrastruktur doch immer aus den folgenden vier grundlegenden Komponenten:

- Arbeitsspeicher
- Prozessor
- Permanentspeicher
- Netzwerk

Wir werden auch einige Möglichkeiten für Hochverfügbarkeit erwähnen, darunter auch Verbesserungen an Verfügbarkeitsgruppen, die in SQL Server 2017 vorgenommen wurden. Außerdem geben wir eine Einführung in Sicherheitsprinzipien, wobei wir uns unter anderem mit dem Zugriff auf lokale SQL Server-Instanzen mit Windows und Linux und auf Microsoft Azure SQL-Datenbanken beschäftigen. Abschließend werfen wir noch einen kurzen Blick auf die Virtualisierung.

Arbeitsspeicher

SQL Server ist so entworfen, dass er so viel Arbeitsspeicher nutzt, wie er braucht und wie Sie ihm geben. Standardmäßig ist der Arbeitsspeicher, auf den SQL Server zugreifen kann, nach oben nur durch das auf dem Servercomputer verfügbare physische RAM oder durch den von der verwendeten Edition nutzbaren Arbeitsspeicher begrenzt (wobei der jeweils niedrigere Wert gilt).

Arbeitssätze

Der physische Arbeitsspeicher, den das Betriebssystem SQL Server zur Verfügung stellt, wird als *Arbeitssatz* bezeichnet und vom SQL Server-Speicher-Manager wiederum in mehrere Teile zerlegt, wobei die beiden größten und wichtigsten der *Pufferpool* und der *Prozedurcache* (oder *Plancache*) sind.

In strengem Sinne beschreibt der Begriff Arbeitssatz nur physischen Speicher. Wie Sie aber in Kürze sehen werden, wird diese Definition bei der Pufferpoolerweiterung etwas unscharf.

Im Abschnitt »Konfigurationseinstellungen« von Kapitel 3 werfen wir einen genaueren Blick auf die Standardspeichereinstellungen.

Zwischenspeichern von Daten im Pufferpool

Zur Leistungssteigerung können Sie Daten im Arbeitsspeicher zwischenspeichern, da der Zugriff auf Daten im Arbeitsspeicher erheblich schneller abläuft als der Zugriff auf Daten im Permanentspeicher.

Der Pufferpool ist ein Cache im Arbeitsspeicher und besteht aus 8-KB-Datenseiten, bei denen es sich um Kopien von Seiten aus der Datenbankdatei handelt. Zu Anfang ist die Kopie im Pufferpool mit dem Original identisch, aber Änderungen an den Daten werden zunächst auf die Kopie angewendet (und im Transaktionsprotokoll vermerkt) und dann asynchron in die Datendatei geschrieben.

Wenn Sie eine Abfrage ausführen, fordert das Datenbankmodul die benötigte Datenseite vom Puffer-Manager an (siehe Abb. 2.1). Sind die Daten noch nicht im Pufferpool vorhanden, so tritt ein Seitenfehler auf. (Dies ist eine Vorkehrung des Betriebssystems, mit der die Anwendung darüber informiert wird, dass sich die Seite nicht im Arbeitsspeicher befindet.) Der Puffer-Manager ruft die Daten vom Speichersubsystem (für den Permanent-, nicht den Arbeitsspeicher) ab und schreibt sie in den Pufferpool. Sobald sich die Daten im Pufferpool befinden, wird die Abfrage fortgesetzt.

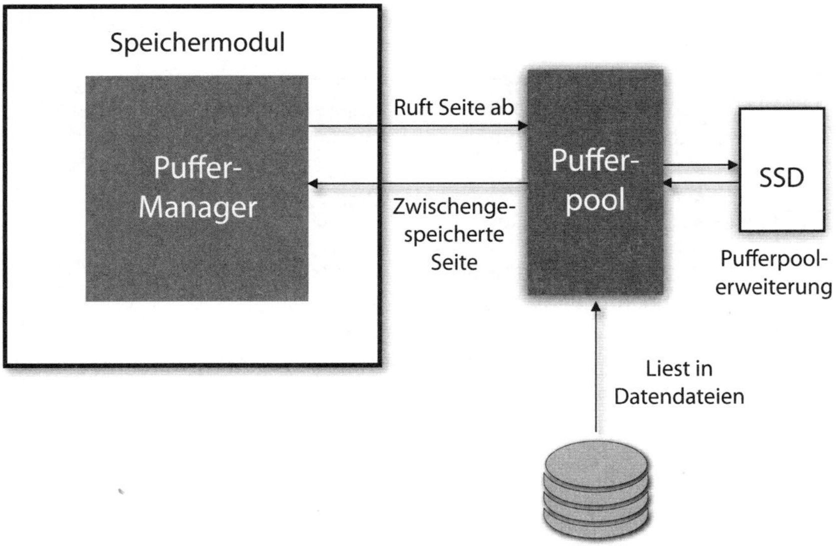

Abbildung 2.1 Pufferpool und Pufferpoolerweiterung

Der Pufferpool ist gewöhnlich der stärkste Verbraucher des Arbeitssatzes, da sich hier die Daten befinden. Übersteigt die Menge der für eine Abfrage angeforderten Daten die Kapazität des Pools, werden Datendateien auf die Festplatte ausgelagert. Dazu wird entweder die Pufferpoolerweiterung oder `TempDB` verwendet.

Die Pufferpoolerweiterung nutzt den nicht flüchtigen Speicher, um die Größe des Pufferpools zu erhöhen. Dadurch wird im Grunde genommen der Arbeitssatz der Datenbank vergrößert und eine Brücke zwischen dem Permanentspeicher mit den Datendateien und dem Pufferpool im physischen Arbeitsspeicher geschlagen.

Aus Leistungsgründen sollte es sich dabei um SSD-Speicher handeln, der direkt an den Servercomputer angeschlossen ist.

▶ **Wie Sie die Pufferpoolerweiterung einschalten, erfahren Sie im Abschnitt »Konfigurationseinstellungen« in Kapitel 3. Weitere Informationen über `TempDB` erhalten Sie im Abschnitt »Physische Datenbankarchitektur«, ebenfalls in Kapitel 3.**

Zwischenspeichern von Plänen im Prozedurcache

Im Allgemeinen ist der Prozedurcache kleiner als der Pufferpool. Wenn Sie eine Abfrage ausführen, kompiliert der Abfrageoptimierer einen Abfrageplan, um dem Datenbankmodul genau zu erklären, wie es die Abfrage ausführen soll. Um Zeit zu sparen, wird eine Kopie dieses Plans aufgehoben, damit er nicht bei jeder Ausführung der Abfrage neu kompiliert werden muss. In Wirklichkeit ist der Vorgang natürlich nicht ganz so einfach (so können Pläne auch entfernt werden, und triviale Pläne werden gar nicht erst zwischengespeichert), aber diese einfache Beschreibung reicht aus, um Ihnen eine grundlegende Vorstellung zu geben.

Der Prozedurcache wird vom Speicher-Manager in mehrere Cachespeicher aufgeteilt. Dieser Cache ist auch der Ort, an dem Sie nachsehen müssen, ob nur einmal verwendete Abfragepläne den Arbeitsspeicher belasten.

▶ **Weitere Informationen über zwischengespeicherte Ausführungspläne erhalten Sie in Kapitel 9 und auf *https://blogs.msdn.microsoft.com/blogdoezequiel/2014/07/30/too-many-single-use-plans-now-what*.**

Sperren von Seiten im Arbeitsspeicher

Wenn Sie die Richtlinie *Sperren von Seiten im Speicher* einschalten, ist Windows nicht mehr in der Lage, den Arbeitssatz zu »trimmen« (zu verkleinern).

Dadurch wird sichergestellt, dass Windows SQL Server bei Speicherdruck nicht um Ressourcen bringen oder SQL Server-Arbeitsspeicher in die Systemauslagerungsdatei von Windows Server verlegen kann, was die Leistung dramatisch verringern würde. Windows stiehlt nicht dreist Arbeitsspeicher von SQL Server, sondern tut dies nur als Reaktion auf Speicherdruck. In einem solchen Fall wird der Arbeitsspeicher aller Anwendungen beeinträchtigt.

Besteht jedoch keine Möglichkeit, den Druck durch die Speicheranforderungen anderer Anwendungen oder des virtuellen Hosts zu verringern, führt die Richtlinie *Sperren von Seiten im Speicher* dazu, dass Windows nicht mehr genug Arbeitsspeicher bereitstellen kann, um stabil zu laufen. Aus diesem Grunde darf *Sperren von Seiten im Speicher* nicht die einzige Methode sein, um die Speicherzuweisung von SQL Server zu schützen.

Bei diesem Problem muss also zwischen Stabilität und Leistung abgewogen werden, wobei Letzteres auf Systemen mit beschränkten Speicherressourcen und älteren Betriebssystemen im Vordergrund stand. Auf großen Servern mit Betriebssystemen ab Windows Server 2008 und insbesondere auf virtualisierten Systemen ist der Bedarf dafür, SQL Server mit dieser Richtlinie gegen Speicherdruck abzuschirmen, geringer, aber immer noch vorhanden.

Im Allgemeinen wird dazu geraten, die Richtlinie *Sperren von Seiten im Speicher* in SQL Server 2017 standardmäßig einzuschalten, wenn Folgendes gilt:

- Es handelt sich um einen physischen und nicht um einen virtuellen Servercomputer (siehe den Abschnitt »Freigabe von mehr als dem vorhandenen Arbeitsspeicher (übermäßige Zusicherung)« weiter hinten in diesem Kapitel).
- Das physische RAM ist größer als 16 GB (das Betriebssystem braucht selbst einen Arbeitssatz).
- Der Wert für den maximalen Arbeitsspeicher wurde entsprechend eingestellt (SQL Server kann nicht alles verwenden, was er sieht).
- Der Leistungsindikator *Arbeitsspeicher\Verfügbare MB* wird regelmäßig überwacht (um etwas Arbeitsspeicher frei zu halten).

In seinem Simple-Talk-Artikel auf *https://www.simple-talk.com/sql/database-administration/great-sql-server-debates-lock-pages-in-memory* erklärt Jonathan Kehayias diese Vorgehensweise genauer.

Speichereinschränkungen in den Editionen

Seit SQL Server 2016 SP1 haben viele Features der Enterprise Edition auch ihren Weg in die einfacheren Ausgaben gefunden. Das wurde offensichtlich getan, damit Softwareentwickler viel mehr Code schreiben können, der in allen Editionen des Produkts läuft.

Manche Merkmale sind zwar immer noch auf bestimmte Editionen beschränkt (etwa die Hochverfügbarkeit), doch andere sind in allen Editionen eingeschaltet, auch in Express, darunter Columnstore und In-Memory-OLTP. Allerdings kann nur in der Enterprise Edition das gesamte physische RAM für diese Features genutzt werden. Bei anderen Editionen bestehen Einschränkungen.

> ### Expertentipp
> ***In-Memory-OLTP***
>
> **Für In-Memory-OLTP ist ein Mehraufwand von mindestens der doppelten Datenmenge für ein speicheroptimiertes Objekt erforderlich. Beispielsweise müssen für die exklusive Nutzung einer speicheroptimierten Tabelle von 5 GB mindestens 10 GB RAM zur Verfügung stehen. Bedenken Sie dies, bevor Sie dieses Feature in der Standard Edition einschalten.**

> **Auch bei speicheroptimierten tabellenwertigen Funktionen müssen Sie in der Standard Edition aufpassen, da jedes neue Objekt Ressourcen erfordert. Zu viele davon können den Arbeitssatz aushungern und einen Absturz von SQL Server verursachen.**
>
> **Mehr darüber erfahren Sie auf *https://docs.microsoft.com/sql/relationaldatabases/in-memory-oltp/requirements-for-using-memory-optimized-tables*.**

CPU

Der Prozessor, auch CPU (Central Processing Unit) genannt, gilt als das »Gehirn« des Computers und ist der wichtigste Bestandteil des Systems. CPU-Geschwindigkeiten werden in Hertz (Hz) oder Zyklen pro Sekunde gemessen. Die Prozessoren von heute weisen Geschwindigkeiten in der Größenordnung von Gigahertz (GHz) oder Milliarden Zyklen pro Sekunde auf.

Moderne Systeme können mehrere Prozessoren aufweisen, die selbst mehrere Kerne haben können (wobei diese Kerne wiederum in mehrere virtuelle Kerne aufgeteilt sein können).

Für typische SQL Server-Arbeitslasten spielt die Geschwindigkeit eines einzelnen Kerns die größte Rolle. Weniger Kerne mit höheren Taktraten sind besser als mehr Kerne mit geringerer Geschwindigkeit, insbesondere bei den Editionen außer Enterprise.

Bei Systemen mit mehr als einer CPU kann jeder CPU ihr eigener Arbeitsspeicher zugewiesen werden. Das hängt von der physischen Architektur des Motherboards ab.

Simultanes Multithreading

Einige CPU-Hersteller haben die physischen Kerne ihrer Prozessoren in virtuelle Kerne aufgeteilt, um noch ein bisschen mehr Leistung aus ihnen herauszukitzeln. Dazu verwenden sie das sogenannte simultane Multithreading (SMT). Intel nennt diese Technik Hyper-Threading. Bei einem Intel Xeon mit 20 physischen Kernen sieht das Betriebssystem aufgrund der Verwendung von SMT 40 virtuelle Kerne.

Besonders undurchsichtig wird die Lage bei der Verwendung von SMT in virtuellen Maschinen, da das Gastbetriebssystem nicht mehr zwischen physischen und virtuellen Kernen unterscheiden kann.

Auf physischen Datenbankservern sollte SMT eingeschaltet werden. In virtuellen Umgebungen dagegen müssen Sie dafür sorgen, dass die virtuellen CPUs korrekt zugewiesen werden. Mehr darüber erfahren Sie im Abschnitt »Hardwareabstraktion durch Virtualisierung« weiter hinten in diesem Kapitel.

NUMA

Die Prozessoren sind die schnellsten Komponenten eines Systems und verbringen viel Zeit damit, auf Daten zu warten. Früher teilten sich alle CPUs eine RAM-Bank auf der Hauptplatine über einen gemeinsamen Bus. Als mehr Prozessoren hinzukamen, führte das zu Leistungsproblemen, da immer nur eine CPU auf einmal Zugriff auf das RAM hatte.

Eine Lösung dafür ist eine Mehrkanal-Speicherarchitektur, bei der es mehrere Kanäle zwischen den CPUs und dem RAM gibt, wodurch die Konkurrenz bei gleichzeitigem Zugriff verringert wird.

Eine praktikablere Lösung besteht jedoch darin, jedem Prozessor sein eigenes lokales physisches RAM zu geben, das nah beim jeweiligen CPU-Sockel platziert wird. Diese Vorgehensweise wird als NUMA (Non-Uniform Memory Access) bezeichnet. Der Vorteil besteht darin, dass jede CPU auf ihr eigenes RAM zugreifen kann, was die Verarbeitung erheblich beschleunigt. Wenn eine CPU allerdings mehr RAM benötigt, als ihr lokal zur Verfügung steht, muss sie Speicher von einem der anderen Prozessoren im System anfordern (*Fremdspeicherzugriff*), was die Leistung beeinträchtigt.

SQL Server ist NUMA-fähig. Wenn das Betriebssystem eine NUMA-Konfiguration auf Hardwareebene erkennt, bei der mehr als eine CPU angeschlossen ist, und jede CPU über ihr eigenes physisches RAM verfügt (siehe Abb. 2.2), dann verteilt SQL Server seine internen Strukturen und Dienstthreads über die NUMA-Knoten.

Seit SQL Server 2014 SP 2 richtet das Datenbankmodul automatisch NUMA-Knoten auf Instanzebene ein. Die dazu verwendete Technik wird als *Soft-NUMA* bezeichnet. Werden mehr als acht CPU-Kerne erkannt (einschließlich SMT-Kernen), werden automatisch Soft-NUMA-Knoten im Arbeitsspeicher angelegt.

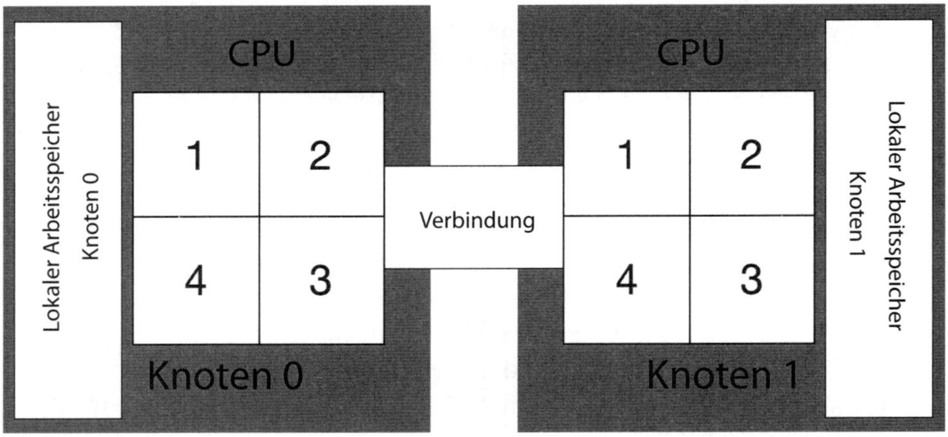

Abbildung 2.2 NUMA-Konfiguration mit zwei Prozessorsockeln

Expertentipp

Maximale Kernanzahl in den einzelnen Editionen

Die SQL Server Standard Edition ist künstlich beschränkt und kann nur maximal 24 physische Kerne nutzen. In einem System mit zwei 16-Kern-Prozessoren muss die Standard Edition für alle 32 Kerne lizenziert werden, obwohl sie acht davon gar nicht verwendet.

> **Außerdem erfolgt eine ungleichmäßige NUMA-Verteilung, da SQL Server die 16 Kerne der ersten CPU und acht Kerne der zweiten nutzt, es sei denn, dass Sie Affinitätseinstellungen einrichten (siehe den Abschnitt »Konfigurationseinstellungen« in Kapitel 3).**
>
> **Wählen Sie die Hardware und die Edition für Ihre SQL Server-Installation daher sorgfältig aus. Wenn Sie mehrere VMS auf einem System installieren wollen, ist die Enterprise Edition die bessere Wahl, da sie für alle Kerne der Hardware lizenziert ist. Damit sind automatisch alle SQL Server-VMs abgedeckt, die Sie auf dieser Hardware einrichten.**

Deaktivieren der Energiespareinstellungen

Moderne Systeme können Energiespareinstellungen nutzen, um den Stromverbrauch zu verringern. Das ist zwar gut für die Umwelt, aber schlecht für die Abfrageleistung, da die CPU-Geschwindigkeit herabgesetzt werden kann, um Strom zu sparen.

Schalten Sie in allen Betriebssystemen, auf denen Sie SQL Server ausführen, die Energiespareinstellung *Höchstleistung* ein, und überprüfen Sie, dass auch das BIOS entsprechend eingerichtet ist. Dedizierte VM-Hosts müssen vorübergehend heruntergefahren werden, um diese Änderung vorzunehmen.

Speichern von Daten

Wenn sich die Daten nicht im Arbeitsspeicher befinden, müssen sie an anderer Stelle abgelegt werden. Die Speichertechnologie hat sich in den letzten Jahren rapide weiterentwickelt. Als Permanentspeicher dienen heutzutage keine mechanischen Festplatten, in denen Scheiben mit magnetischen Oberflächen rotieren. Aus Macht der Gewohnheit werden die alten Bezeichnungen »Festplatte« und »Laufwerk« jedoch auch auf moderne, nicht flüchtige Speichersysteme angewendet.

Für SQL Server sollte das Speichersubsystem eine geringe Latenz aufweisen, sodass Lese- und Schreibvorgänge des Datenbankmoduls auf dem Laufwerk so schnell wie möglich ablaufen. Die folgende Liste nennt einige häufige Begriffe im Zusammenhang mit Speichergeräten.

- **Laufwerk** Das physische Speichergerät. Dabei kann es sich um ein mechanisches Laufwerk, ein Halbleiterlaufwerk (Solid-State Drive) der gleichen Bauform oder um Karten handeln, die direkt in das Motherboard eingesteckt werden.
- **Volume** Eine logische Darstellung des Permanentspeichers aus der Sicht des Betriebssystems. Bei einem Volume kann es sich um ein ganzes Laufwerk, einen Teil eines Laufwerks oder einen logischen Abschnitt eines Speicherarrays handeln. In Windows erhält ein Volume gewöhnlich seinen eigenen Laufwerksbuchstaben oder Bereitstellungspunkt.
- **Latenz** Die Latenz gibt an, wie lange es dauert, um Daten von einem Laufwerk zu lesen oder zu schreiben (Sekunden pro Lese- bzw. Schreibvorgang).

- **IOPS** IOPS (Input/Output Operations Per Second, also E/A-Vorgänge pro Sekunde) gibt die Anzahl der Lese- und Schreibvorgänge pro Sekunde an. Ein Speichergerät kann je nachdem, ob die E/A-Vorgänge sequenziell oder wahlfrei sind, unterschiedliche Leistungswerte zeigen. Der IOPS-Wert ist über die Warteschlangentiefe mit der Latenz verknüpft.
- **Warteschlangentiefe** Die Anzahl der ausstehenden Lese- und Schreibanforderungen in der Anforderungswarteschlange eines Speichergeräts. Je tiefer die Warteschlange, umso schneller das Laufwerk.

Die Leistung von SQL Server hängt direkt von der Speicherleistung ab. Durch den Übergang zu Virtualisierung und gemeinsam genutzten Speicherarrays hat sich der Schwerpunkt zu wahlfreien Datenzugriffsmustern verlagert. Geringe Latenzen und hohe IOPS-Werte für wahlfreien Zugriff sind daher für durchschnittliche SQL Server-Arbeitslasten von Vorteil.

In den folgenden beiden Abschnitten werden wir uns näher mit der bevorzugten Speicherkonfiguration für SQL Server beschäftigen.

Arten von Speicher

Es gibt zwei Hauptarten von nicht flüchtigem Speicher, nämlich den *mechanischen* und den *Halbleiterspeicher*.

Mechanische Festplatten

Herkömmliche rotierende Scheiben weisen aufgrund ihrer Form und ihrer Funktionsweise von Natur aus eine gewisse Latenz auf, nämlich die *Suchzeit*. Der Schreib/Lese-Kopf ist an einem Arm montiert, der die Oberfläche der Scheibe absuchen muss, während diese sich dreht, um die Bereiche zu finden, in denen die E/A-Operation vorgenommen werden soll. Sind die Daten auf der Scheibe fragmentiert, dauert der Zugriff länger, da der Kopf hin und her springen muss, um Daten oder freien Platz zu finden.

Die Standardschnittstellen für mechanische Laufwerke sind SATA (Serial ATA) und SAS (Serial Attached SCSI).

Je größer die Kapazität der Scheiben, umso schmaler werden die Spuren, was zu einer Verschlechterung der Leistung führt und die Wahrscheinlichkeit für mechanische Störungen und Datenbeschädigungen erhöht. Die Rotationsenergie der Scheibe selbst setzt eine physische Grenze für die Geschwindigkeit des Motors.

Kurz: Je höher die Kapazität einer mechanischen Festplatte ist, umso langsamer und fehleranfälliger wird sie.

Solid-State-Laufwerke

Bei der Solid-State- oder Halbleitertechnologie wird Flashspeicher genutzt. Dabei fallen keine Suchzeiten an, da jede Zelle, in der Daten gespeichert sind, fast unmittelbar erreicht werden kann. Dadurch ist Solid-State-Speicher sehr viel schneller als mechanischer Speicher.

Solid-State-Speichergeräte können verschiedene Formen annehmen. Bei Geräten für Endverbraucher ist ein 2,5"-Gehäuse mit SATA-Schnittstelle am weitesten verbreitet, wie es auch schon bei mechanischen Laptoplaufwerken verwendet wird. Dadurch ist es möglich, mechanische Speichergeräte einfach auszutauschen.

Bei Servern gibt es jedoch Flashspeicher verschiedener Formen. Für die lokale Speicherung kann eine PCIe-Schnittstelle (Peripheral Component Interconnect Express) verwendet werden, die direkt am Motherboard angeschlossen wird. Ein Beispiel dafür ist NVMe (Non-Volate Memory Express).

Die Solid-State-Technologie ist jedoch nicht perfekt. So ist in einer Zelle nur eine bestimmte Anzahl von Schreibvorgängen möglich, bevor sie ausfällt. Vielleicht haben Sie das schon selbst bei einem USB-Stick erlebt. Diese Geräte neigen dazu, nach intensivem Gebrauch zu versagen. Es gibt Algorithmen für den Verschleißausgleich, die Schreibvorgänge über die Zellen verteilen, um die Lebensdauer von Solid-State-Geräten zu verlängern.

Ein weiteres Problem von Flashspeichern ist die sogenannte *Write Amplification*. Wird auf einem mechanischen Laufwerk eine Datei überschrieben, so wird die ursprüngliche Datei zum Löschen markiert, aber noch nicht entfernt. Muss ein Laufwerk erneut in einen Bereich schreiben, so überschreibt es ihn, ohne zu entfernen, was vorher dort stand.

Solid-State-Laufwerke dagegen müssen den fraglichen Bereich löschen, bevor sie dort neue Daten schreiben, was auf Kosten der Leistung geht. Aufgrund der Zellengröße kann es bei kleineren Dateien auch erforderlich sein, einen Bereich zu löschen, der größer ist als die Datei selbst, was den Leistungsverlust noch verstärkt. Es gibt verschiedene Techniken zur Milderung dieses Problems, allerdings verringern sie wiederum die Lebensdauer des Flashspeichers.

Die Leistungsprobleme von mechanischen und die Lebensdauerprobleme von mechanischen und Solid-State-Laufwerken lassen sich dadurch verringern, dass beide Arten in Laufwerksarrays kombiniert werden. Durch die Verteilung der Last wird das Ausfallrisiko gesenkt und die Leistung gesteigert.

Einrichten der Speicherebene

Nicht flüchtiger Speicher kann in Form eigenständiger Geräte als lokaler oder direkt angeschlossener Speicher (Direct-Attached Storage, DAS) vorliegen. Speichergeräte können aber auch auf verschiedene Weise kombiniert werden, um für Redundanz oder Konsolidierung zu sorgen, um eine bessere Kostenkontrolle zu haben oder um verschiedene Leistungsstufen anzubieten. Beispielsweise müssen Archivdaten, auf die gewöhnlich nicht so häufig zugegriffen wird, nicht auf dem schnellstmöglichen Laufwerk untergebracht werden.

Lokaler Speicher

Lokaler Speicher, auch Direct-Attached Storage (DAS) genannt, wird direkt an das System angeschlossen, das darauf zugreift. Er kann aus unabhängigen mechanischen Festplatten, Solid-State-Laufwerken, Bandlaufwerken für Sicherungen, CD- und DVD-ROM-Laufwerken und aus Schaltschränken mit Speicherarrays bestehen.

Lokaler Speicher hat eine geringere Latenz als Speichernetzwerke (Storage-Area Networks, SAN) und Netzwerkspeicher (Network-Attached Storage, NAS), da kein Netzwerk zwischen dem System und dem Speicher liegt. (Mehr über diese beiden Arten von Speicher erfahren Sie weiter hinten in diesem Kapitel.) Allerdings kann er nicht gemeinsam mit anderen Systemen genutzt werden, es sei denn, dass das lokale Dateisystem mit einem Protokoll wie SMB 3.0 (Server Message Blocks) im Netzwerk freigegeben ist.

In SQL Server ist lokaler Flashspeicher (Solid State) für `TempDB` zu bevorzugen und wird auch in Failoverclusterinstanzen unterstützt (und empfohlen). Lokalen Speicher können Sie auch für die Pufferpoolerweiterung nutzen.

▶ **Wie Sie `TempDB` am besten einrichten, erfahren Sie im Abschnitt »Konfigurationseinstellungen« von Kapitel 3.**

Speicherarrays und RAID

Werden mehrere Laufwerke zusammen mit einem Controller für den Zugriff auf die einzelnen Geräte in einem Schaltschrank untergebracht, ohne dabei an Redundanz oder Leistung zu denken, so spricht man von *JBOD* (»just a bunch of disks«, also »bloß eine Ansammlung von Laufwerken«). Diese Festplatten könnten auch einzeln verwendet oder zu einem einzigen Volume zusammengefasst werden.

Eine ordnungsgemäße Kombination von Laufwerken in einem Array kann dagegen die Gesamtleistung verbessern und die Gefahr von Datenverlusten beim Ausfall einzelner Laufwerke verringern. Diese Vorgehensweise wird *RAID* genannt (Redundant Array of Independent Disks).

Es gibt verschiedene RAID-Konfigurationen, die als *Ebenen* bezeichnet werden. Bei einigen davon liegt das Gewicht auf Redundanz, bei den anderen auf Leistung. Mehr Redundanz bedeutet zwar eine geringere Gefahr von Datenverlusten, aber dafür steht weniger Kapazität zur Verfügung. Dagegen kann eine höhere Leistung das Risiko von Datenverlusten mit sich bringen.

Bei einem *Stripeset ohne Parität* (RAID 0) werden mehrere Laufwerke verwendet, um die rohe Lese/Schreib-Leistung zu verbessern, allerdings gibt es dabei keine Redundanz. Wenn ein Laufwerk ausfällt, besteht eine erhebliche Wahrscheinlichkeit für einen katastrophalen Datenverlust im gesamten Array. JBOD-Einrichtungen, die mehrere Laufwerke überspannen, werden ebenfalls zu dieser RAID-Ebene gerechnet.

Bei der *Spiegelung* (RAID 1) wird gleichzeitig auf zwei Laufwerke geschrieben. Es gibt zwar eine kleine Leistungseinbuße beim Schreiben, da beide Laufwerke die Daten zur selben Zeit speichern müssen und das eine dafür etwas länger brauchen mag als das andere, aber dafür ist die Leseleistung fast doppelt so hoch wie bei einer einzelnen Festplatte, da der Vorgang parallel auf beiden Laufwerken ausgeführt werden kann (mit einem geringen Overhead durch den RAID-Controller, der das Laufwerk auswählt und die Daten abruft). Der nutzbare Platz beträgt nur 50 % der Rohkapazität. Es darf nur ein Laufwerk im Array ausfallen, um noch alle Daten wiederherstellen zu können.

Für ein *Stripeset mit Parität* (RAID 5) ist eine ungerade Anzahl von Laufwerken erforderlich (mindestens drei). Bei jedem Schreibvorgang wird eines der Laufwerke zufällig für die Speicherung der Parität (eine Art Prüfsumme) ausgewählt. Die Leistungseinbuße beim Schreiben ist hoch, da alle Laufwerke ihre Daten speichern und zusätzlich die Parität berechnet und festgehalten werden muss. Fällt eines der Laufwerke im Array aus, können die anderen die auf ihm abgelegten Inhalte aufgrund der Parität rekonstruieren, allerdings kann es einige Zeit dauern, um das Array wiederherzustellen. Der verfügbare Platz entspricht der Anzahl der Laufwerke minus eins. Bei drei Laufwerken im Array ist so viel Platz zur Verfügung, wie zwei der Laufwerke bieten; der verbliebene Platz wird für die Parität genutzt (aber gleichmäßig im Array verteilt). Es darf nur ein Laufwerk im Array ausfallen, um noch alle Daten wiederherstellen zu können.

Um mehr Redundanz und bessere Leistung zu bieten, können die einzelnen RAID-Ebenen auch kombiniert werden. Daraus ergeben sich z. B. die Ebenen RAID 1+0 (oder RAID 10), RAID 0+1 und RAID 5+0 (RAID 50).

Bei RAID 1+0 werden je zwei Laufwerke in einer Spiegelkonfiguration (RAID 1) verwendet, um für Redundanz zu sorgen, und die einzelnen Spiegel dann zu einem Stripeset (RAID 0) kombiniert.

Umgekehrt findet bei RAID 0+1 erst das Striping statt (RAID 0), woraufhin dann das gesamte Stripeset gespiegelt wird (RAID 1). Sowohl bei RAID 0+1 als auch bei RAID 1+0 beläuft sich der nutzbare Platz auf 50 % der Rohkapazität.

In RAID 1+0 oder 0+1 ist eine vollständige Wiederherstellung möglich, wenn eine gesamte Seite des Spiegels bzw. höchstens ein Laufwerk auf jeder Seite des Spiegels ausfällt.

Bei RAID 5+0 werden mehrere Laufwerke (mindestens drei) als RAID-5-Satz eingerichtet, das dann mit mindestens einem weiteren RAID-5-Satz der gleichen Konfiguration zu einem Stripeset (ohne Parität) kombiniert wird. Der nutzbare Platz beträgt $(x - 1)/y$, wobei x die Anzahl der Laufwerke in jedem der RAID-5-Sätze ist und y die Anzahl der RAID-5-Sätze im Gesamtarray. Bei neun Laufwerken steht also so viel Platz zur Verfügung, wie sechs von ihnen bieten. Damit noch eine vollständige Wiederherstellung möglich ist, darf höchstens ein Laufwerk in jedem RAID-5-Satz ausfallen. Versagt in irgendeinem der Sätze mehr als ein Laufwerk, so geht das gesamte RAID-5+0-Array verloren.

Für SQL Server muss die Speicherebene eine möglichst hohe Leistung zeigen. RAID 1+0 bietet die beste Leistung und Redundanz.

Hinweis

Manche Datenbankadministratoren glauben, dass RAID Datensicherungen überflüssig mache, doch in Wirklichkeit kann RAID nicht zu 100 % gegen Datenverluste schützen. Aufgrund ihrer geringen Kosten und der hohen Kapazität werden häufig digitale Bänder als Sicherungsmedien verwendet, allerdings nutzen mehr und mehr Organisationen Cloudangebote wie Microsoft Azure-Archivspeicher und Amazon Glacier als langfristige, kostengünstige Speicherlösungen für Sicherungen. Führen Sie regelmäßige reguläre Sicherungen Ihrer SQL Server-Installation durch und lagern Sie Kopien davon sicher außerhalb Ihres Standorts.

Zentrale Speicherung in Speichernetzwerken

Ein Speichernetzwerk (Storage-Area Network, SAN) ist ein Netzwerk aus Speicherarrays, die Dutzende, Hunderte oder gar Tausende von Laufwerken (mechanisch oder mit Solid-State-Technologie) an einem zentralen Ort umfassen können, die in einer oder mehreren RAID-Konfigurationen angeordnet sind und Zugriff auf Blockebene bieten. Dadurch wird die Platzverschwendung verringert und die systemübergreifende Verwaltung erleichtert, insbesondere in virtualisierten Umgebungen.

Zugriff auf *Blockebene* bedeutet, dass das Betriebssystem Blöcke beliebiger Größe und Ausrichtung lesen und schreiben kann. Dadurch ist es in der Lage, den vorhandenen Speicherplatz flexibler zu nutzen.

Die Gesamtspeicherkapazität eines SANs kann auf mehrere LUNs (Logical Unit Numbers) aufgeteilt werden, wobei sich jede LUN einem physischen oder virtuellen Server zuteilen lässt. Diese LUNs können Sie nach Bedarf verlagern und in der Größe ändern, was die Verwaltung viel einfacher macht als beim Anschluss von physischem Speicher an einen Server.

Die Nachteile eines SANs bestehen darin, dass Sie dabei unter Umständen mit Fehlkonfigurationen oder einem langsamen Netzwerk leben müssen. So kann es beispielsweise sein, dass eine RAID-Ebene mit schlechter Schreibleistung eingestellt ist oder dann die Speicherblöcke nicht auf geeignete Weise ausgerichtet sind.

Speicheradministratoren kennen sich unter Umständen nicht mit besonderen Arbeitslasten wie denen von SQL Server aus, weshalb sie ein Leistungsmodell wählen, das zwar für den Rest der Organisation gut ist, um den Verwaltungsaufwand zu verringern, die Ausführung von SQL Server aber beeinträchtigt.

Expertentipp

Fibre Channel und iSCSI im Vergleich

Zur Verbindung zwischen den Systemen und dem Speicher können in Speicherarrys Fibre Channel (FC) und iSCSI (Internet Small Computer Systems Interface) zum Einsatz kommen.

Fibre Channel ermöglicht höhere Datenübertragungsraten als iSCSI, weshalb es sich besser für Systeme eignet, die eine geringe Latenz benötigen, allerdings wird dieser Vorteil durch höhere Kosten für besondere Ausrüstung erkauft.

iSCSI nutzt standardmäßige TCP/IP-Verbindungen und kann daher auf bereits vorhandener Netzwerkausrüstung laufen, was den Einsatz oft billiger macht. Den iSCSI-Durchsatz können Sie dadurch steigern, dass Sie den Speicher in seinem eigenen dedizierten, isolierten Netzwerk unterbringen.

Netzwerkspeicher

Bei Netzwerkspeicher (Network-Attached Storage, NAS) handelt es sich um spezialisierte Hardwaregeräte, die an das Netzwerk angeschlossen werden und gewöhnlich ein Array aus mehreren Laufwerken enthalten. Der Zugriff auf den Speicher erfolgt dabei gewöhnlich auf Dateiebene statt auf Blockebene wie bei einem SAN.

Der NAS-Speicher wird auf dem Gerät selbst konfiguriert. Zur gemeinsamen Nutzung des Speichers im Netzwerk werden Dateifreigabeprotokolle (wie SMB, CIFS [Common Internet File System] und NFS [Network File System]) verwendet.

NAS-Geräte sind relativ weit verbreitet, da sie Zugriff auf gemeinsamen Speicher zu weit geringeren Kosten bieten als ein SAN. Beachten Sie aber die Sicherheit bei der Verwendung von Dateifreigabeprotokollen.

Speicherplätze (Storage Spaces)

Windows Server 2012 und höhere Versionen unterstützen das Feature Speicherplätze (Storage Spaces), mit der lokaler Speicher auf eine flexiblere und besser skalierbare Weise verwaltet werden kann als mit einem RAID.

Statt eines RAID-Sets auf der Speicherebene kann Windows Server ein virtuelles Laufwerk auf Betriebssystemebene anlegen und dabei Kombinationen verschiedener RAID-Ebenen nutzen. Des Weiteren haben Sie die Möglichkeit, verschiedene physische Laufwerke zu kombinieren, um Bereiche mit unterschiedlicher Leistung zu bilden.

Stellen Sie sich beispielsweise einen Server mit 16 Laufwerken vor, davon acht mechanische und acht SSDs. Mit Speicherplätzen können Sie ein einziges Volume aus allen 16 Laufwerken erstellen und dabei die aktiven Dateien im Solid-State-Bereich unterbringen, was die Leistung drastisch verbessert.

SMB-3.0-Dateifreigaben

SQL Server kann jetzt auch Speicher auf einer Netzwerkfreigabe mit SMB 3.0 oder höher verwenden, da das Protokoll mittlerweile ausreichend schnell und stabil für die Speicheranforderungen des Datenbankmoduls (Leistung und Ausfallsicherheit) geworden ist. Das macht es möglich, eine Failoverclusterinstanz (mehr dazu in dem entsprechenden Abschnitt weiter hinten in diesem Kapitel) ohne gemeinsam genutzten Speicher wie ein SAN zu erstellen.

Die Leistung des Netzwerks ist jedoch von entscheidender Bedeutung, weshalb wir empfehlen, ein dediziertes, isoliertes Netzwerk für die SMB-Freigabe anzulegen und Netzwerkkarten mit RDMA-Unterstützung (Remote Direct Memory Access) zu verwenden. Dadurch kann das Windows Server-Feature SMB Direct eine SMB-Verbindung mit geringer Latenz und hohem Durchsatz aufbauen.

Für kleinere Netzwerke mit begrenzter Speicherkapazität und einem NAS sowie für eine Failoverclusterinstanz ohne gemeinsam genutzten Speicher kann SMB 3.0 eine praktikable Lösung darstellen. Weitere Informationen erhalten Sie in Kapitel 12.

Verbindung mit SQL Server über ein Netzwerk

Wir haben das Netzwerk schon bei der Beschreibung der Speicherebene häufig erwähnt, aber es gibt noch viel mehr dazu. In diesem Abschnitt sehen wir uns an, was beim Zugriff auf das Datenbankmodul über ein Netzwerk geschieht und streifen auch kurz virtuelle LANs (VLANs).

Sofern SQL Server und die Anwendung, die darauf zugreift, kein komplett abgeschlossenes System bilden, erfolgt der Datenbankzugriff über eine oder mehrere Netzwerkschnittstellen. Da böswillige Personen die Netzwerkpakete bei der Übertragung untersuchen und manipulieren können, ist eine Authentifizierung erforderlich, was das System insgesamt komplizierter macht.

> Achtung
>
> **Sorgen Sie dafür, dass der gesamte TCP/IP-Verkehr zum und vom SQL Server verschlüsselt ist. Für Anwendungen, die sich auf demselben Servercomputer befinden wie die SQL Server-Instanz, ist das nicht erforderlich, sofern Sie das Shared-Memory-Protokoll verwenden.**

SQL Server 2017 verlangt strenge Regeln für die Netzwerksicherheit. Dadurch ist es möglich, dass ältere Versionen von Konnektoren und Protokollen nicht mehr wie erwartet funktionieren.

TLS (Transport Layer Security) und der Vorläufer SSL (Secure Sockets Layer) ermöglichen die Verschlüsselung des Netzwerkverkehrs zwischen zwei Punkten. (Mehr darüber erfahren Sie in Kapitel 7.) Nach Möglichkeit sollten Sie neuere Bibliotheken verwenden, die die TLS-Verschlüsselung unterstützen. Falls Sie den Anwendungsdatenverkehr nicht mit TLS verschlüsseln können, sollten Sie IPSec nehmen, das auf der Ebene des Betriebssystems konfiguriert wird.

Protokolle und Ports

Verbindungen zu SQL Server erfolgen über TCP (Transport Control Protocol), wobei als Standardport für die Standardinstanz 1433 verwendet wird. Einiges davon wurde bereits in Kapitel 1 beschrieben, und in Kapitel 7 werden wir uns erneut damit beschäftigen. Benannten Instanzen weist der SQL Server-Konfigurations-Manager zufällig ausgewählte Ports zu, wobei der SQL Server-Browser die Verbindungen zu solchen Instanzen koordiniert. Mit dem Konfigurations-Manager ist es jedoch auch möglich, benannten Instanzen statische TCP-Ports zuzuweisen.

Es ist möglich, den Standardport nach der Installation von SQL Server im Konfigurations-Manager zu ändern. Das bietet zwar keine Sicherheit gegen Portscanner, kann aber aufgrund von Netzwerkrichtlinien erforderlich sein.

Netzwerke bilden auch die Grundlage der Cloud. Abgesehen von der offensichtlichen Tatsache, dass die Azure-Cloud über das Internet zugänglich ist (bei dem es sich um ein Netzwerk aus Netzwerken handelt), handelt es sich bei der gesamten Azure-Infrastruktur, die sowohl der »Infrastruktur als Dienst« (virtuelle Maschinen mit Windows oder Linux, auf denen SQL Server läuft) als auch der »Plattform als Dienst« (Azure SQL-Datenbank) zugrunde liegt, um ein virtuelles Gefüge unzähliger Komponenten, die über Netzwerke verbunden sind.

Virtuelle LANs

Mithilfe eines virtuellen LANs (Virtual Local Area Network, VLAN) können Netzwerkadministratoren Computer auch dann logisch gruppieren, wenn diese nicht physisch an denselben Netzwerkswitch angeschlossen sind. Dadurch können Server ihre Ressourcen in einem physischen LAN gemeinsam nutzen, ohne mit anderen Geräten im selben LAN zu kommunizieren.

VLANs arbeiten auf einer sehr maschinennahen Ebene (OSI-Schicht 2, also der Sicherungsschicht) und werden auf einem Netzwerkswitch eingerichtet. Auf dem Switch kann ein Port für ein einzelnes VLAN festgelegt sein, wobei der gesamte Datenverkehr zu und von diesem Port von dem Switch dem VLAN zugeordnet wird.

Hohe Verfügbarkeit

Mit jeder neuen Version von Windows Server scheinen sich Terminologie und Definitionen zu ändern oder an neu hinzugekommene Features angepasst zu werden. Da SQL Server jetzt auch auf Linux läuft, ist es besonders wichtig, genau zu verstehen, was mit »hoher Verfügbarkeit« gemeint ist.

Grundlegend bedeutet hohe Verfügbarkeit, dass ein Dienstangebot irgendeiner Art (z. B. SQL Server, ein Webserver, eine Anwendung oder eine Dateifreigabe) einen Ausfall irgendeiner Art übersteht oder zumindest vorhersehbar in einen Standbyzustand übergeht und dass Datenverlust und Ausfallzeit dabei auf ein Minimum reduziert sind.

Alles kann ausfallen. Eine Unterbrechung kann beispielsweise durch das Versagen einer Festplatte hervorgerufen werden, das wiederum auf übermäßige Hitze, übermäßige Kälte, übermäßige Feuchtigkeit oder einen Alarm im Rechenzentrum zurückgehen kann, der so laut ist, dass die dadurch hervorgerufenen Vibrationen die internen Komponenten beschädigen und zu einem Aufsetzen des Kopfes führen.

Seien Sie sich auch all der anderen möglichen Störungen bewusst, die auftreten können. Die folgende Liste ist mit Sicherheit nicht erschöpfend. Es ist sehr wichtig zu verstehen, dass es vergebliche Liebesmüh ist, Annahmen über die Stabilität der Hardware, der Software und des Netzwerks zu machen.

- Ausfall einer Netzwerkkarte
- Ausfall eines RAID-Controllers
- Spannungsspitze oder Spannungsabfall und dadurch Versagen der Stromversorgung
- Beschädigung eines Netzwerkkabels
- Beschädigung eines Stromkabels
- Feuchtigkeit auf dem Motherboard
- Staub auf dem Motherboard
- Überhitzung aufgrund eines ausgefallenen Lüfters
- Fehlerhafte Tastatur, die Tasteneingaben falsch interpretiert
- Ausfall aufgrund von »Bit Rot«
- Ausfall aufgrund eines Bugs in SQL Server
- Ausfall aufgrund von schlecht geschriebenem Code in einem Dateisystemtreiber, der zu einer Beschädigung des Laufwerks führt
- Ausfall von Kondensatoren auf dem Motherboard
- Insekten oder Nagetiere, die an Komponenten nagen und dabei tödlichen Stromschlägen erliegen (das riecht wirklich übel!)
- Ausfälle aufgrund einer Löschanlage mit Wasser statt Gas
- Fehlkonfiguration eines Netzwerkrouters, durch die eine ganze Region unerreichbar wird
- Ausfall aufgrund eines abgelaufenen SSL- oder TLS-Zertifikats
- Ausführung einer `DELETE`- oder `UPDATE`-Anweisung ohne `WHERE`-Klausel (menschliches Versagen)

Die Wichtigkeit der Redundanz

Angesichts der Tatsache, dass alles ausfallen kann, sollte nach Möglichkeit für Redundanz gesorgt werden. Die traurige Realität ist jedoch, dass diese Entscheidung oft durch das Budget beschränkt wird. Das verfügbare Geld ist umgekehrt proportional zum Umfang der akzeptablen Datenverluste und Ausfallzeiten. In geschäftskritischen Systemen ist die verfügbare Betriebszeit jedoch von höchster Bedeutung. Eine Hochverfügbarkeitslösung ist günstiger, als Ausfallzeiten hinzunehmen, die das Unternehmen in jeder Minute viel Geld kosten.

Eine völlige Freiheit von Ausfallzeiten und Datenverlusten kann praktisch nicht garantiert werden. Es ist immer ein Kompromiss nötig. Wie er aussieht, entscheidet das Unternehmen aufgrund der vorhandenen Ressourcen (Ausrüstung, Mitarbeiter, Geld). Die technische Lösung wird dann aufgrund dieses Kompromisses aufgebaut. Die Strategie wird durch die Zielvorgaben für den Wiederherstellungspunkt und die Wiederherstellungszeit bestimmt, die in der Servicevereinbarung vorgegeben sind.

Zielvorgabe für den Wiederherstellungspunkt

Die Zielvorgabe für den Wiederherstellungspunkt (Recovery Point Objective) bedeutet im Grunde genommen: »Einen wie großen Datenverlust können Sie akzeptieren?« Wie viele Daten zwischen der letzten Sicherung des Transaktionsprotokolls und dem Ausfall gehen verloren? Dieser Wert wird gewöhnlich in Sekunden oder Minuten gemessen. Je kürzer die Vorgabe für den Wiederherstellungspunkt, umso mehr kostet die Hochverfügbarkeitslösung.

Zielvorgabe für die Wiederherstellungszeit

Dieses Ziel (Recovery Time Objective) gibt an, wie viel Zeit zur Verfügung steht, um das System nach einem Ausfall wieder in einen bekannten und nutzbaren Zustand zu versetzen. Dabei können für Hochverfügbarkeitszwecke und für Notfallwiederherstellung verschiedene Vorgaben gemacht werden. Der Wert wird gewöhnlich in Stunden gemessen.

Notfallwiederherstellung

Hochverfügbarkeit und Notfallwiederherstellung sind zwei verschiedene Dinge. Sie werden oft unter derselben Überschrift abgehandelt, da es gemeinsame technische Lösungen für beides gibt. Allerdings geht es bei Hochverfügbarkeit darum, den Dienst am Laufen zu halten, während Notfallwiederherstellung das ist, was geschieht, wenn die Infrastruktur komplett ausfällt. Die Notfallwiederherstellung ist wie eine Versicherung: Man glaubt immer, man würde sie nie benötigen – bis es zu spät ist.

> Hinweis
>
> **»Notfälle« sind jegliche Ausfälle und Ereignisse, die zu einer ungeplanten Dienstunterbrechung führen.**

Cluster

In einem Cluster werden mehrere Computer (Knoten) zu einer Gruppe verbunden. Die Mitglieder dieser Gruppe arbeiten zusammen und erscheinen im Netzwerk als ein einziger Computer.

In den meisten Clustern kann immer nur ein Computer auf einmal aktiv sein. Dazu teilt ein Quorum dem Cluster mit, welcher Knoten der aktive sein soll. Dieses Quorum schreitet auch ein, wenn es zu einem Ausfall der Kommunikation zwischen Knoten kommt.

Jeder Knoten hat eine Stimme in dem Quorum. Damit bei einer geraden Anzahl von Knoten eine einfache Mehrheit möglich ist, muss ein zusätzlicher Zeugencomputer in das Quorum aufgenommen werden.

> **Expertentipp**
>
> ***Was ist Always On?***
>
> **Always On ist eine Bezeichnung für eine Reihe von Features. Es handelt sich dabei nicht um den Namen für eine bestimmte Technologie, sondern eher um einen Marketingbegriff. Unter »Always On« fallen tatsächlich zwei verschiedene Technologien, mit denen wir uns weiter hinten in diesem Kapitel noch beschäftigen wollen. Wichtig ist, sich zu merken, dass »Always On« nicht »Verfügbarkeitsgruppen« bedeutet.**

Windows Server-Failoverclustering

Microsoft beschreibt dieses Feature wie folgt:

Failovercluster bieten hohe Verfügbarkeit und Skalierbarkeit für viele Serverarbeitsauslastungen. Dazu zählen Serveranwendungen wie Microsoft Exchange Server, Hyper-V, Microsoft SQL Server und Dateiserver. Die Serveranwendungen können auf physischen Servern oder virtuellen Computern ausgeführt werden. In diesem Thema wird das Failoverclusteringfeature beschrieben. [Failovercluster können] auf 64 physische Knoten und 8.000 virtuelle Computer skaliert werden. (https://technet.microsoft.com/library/hh831579(v=ws.11).aspx)

Beachten Sie die Terminologie. Windows Server-Failoverclustering ist der Name der Technologie, die einer Failoverclusterinstanz zugrunde liegt. Darin wiederum sind zwei oder mehr Knoten (Computer) zu einer Ressourcengruppe zusammengeschlossen und erscheinen hinter einem als virtueller Netzwerkname (VNN) bezeichneten Netzwerkendpunkt als ein einziger Computer. Ein SQL Server-Dienst auf einer Failoverclusterinstanz ist clusterfähig.

Linux-Failoverclustering mit Pacemaker

Anstatt das Windows Server-Failoverclustering zu nutzen, kann SQL Server in einem Linux-Cluster beliebige Clusterressourcen-Manager nutzen. Microsoft empfiehlt Pacemaker, da er im Lieferumfang vieler Linux-Distributionen enthalten ist, darunter auch in Red Hat und Ubuntu.

> **Expertentipp**
>
> ***Node Fencing und STONITH auf Linux***
>
> **Wenn in einem Cluster etwas schiefgeht und sich ein Knoten nach einem festgelegten Timeout in einem unbekannten Zustand befindet, muss dieser Knoten vom Cluster getrennt und neu gestartet oder zurückgesetzt werden. In Linux-Clustern wird dies als *Node Fencing* bezeichnet und erfolgt nach dem Prinzip STONITH (Shoot The Other Node In The Head). Wenn ein Knoten ausfällt, ist STONITH eine wirkungsvolle, wenngleich drastische Vorgehensweise, um einen fehlgeschlagenen Linux-Knoten zurückzusetzen oder auszuschalten.**

Auflösen der Clusterpartitionierung durch ein Quorum

Die meisten Clustertechnologien nutzen ein Quorummodell, um eine Erscheinung zu verhindern, die als *Partitionierung* oder auch *Split Brain* bezeichnet wird. Wenn ein Cluster aus einer geraden Anzahl von Knoten besteht und die Hälfte der Knoten aus der Sichtweise der anderen Hälfte offline geht (und umgekehrt), ergeben sich zwei Hälften, die beide glauben, dass der Cluster immer noch läuft, und beide einen Primärknoten haben.

Je nach Anbindung an die beiden Hälften des Clusters kann es sein, dass eine Anwendung in die eine Hälfte schreibt und eine andere Anwendung in die zweite Hälfte. Die bestmögliche Lösung in einem solchen Fall würde darin bestehen, den Cluster auf den Zustand zu einem Zeitpunkt vor dem Eintreten dieser Spaltung zurückzusetzen, wobei jedoch alle nach dem Ereignis geschriebenen Daten verloren gehen.

Um das zu verhindern, gibt jeder Knoten im Cluster seine Funktionsfähigkeit durch einen regelmäßigen »Herzschlag« zu erkennen. Wenn mehr als die Hälfte der Knoten nicht mehr zeitnah reagieren, wird der Cluster als ausgefallen angesehen. In einem Quorum wird durch eine Abstimmung mit einfacher Mehrheit bestimmt, wie viele Knoten eine »ausreichende Anzahl« ausmachen.

Beim Windows Server-Failoverclustering gibt es vier Arten von Mehrheiten: Knotenmehrheit, Knoten- und Dateifreigabemehrheit, Knoten- und Datenträgermehrheit sowie »nur Datenträger«. Bei den drei letztgenannten Typen wird ein zusätzlicher Zeuge verwendet, der nicht direkt am Cluster teilnimmt. Er erhält ein Stimmrecht, wenn es eine gerade Anzahl von Knoten im Cluster gibt und es daher zu einem Unentschieden bei der Abstimmung kommen könnte.

Failoverclusterinstanzen mit Always On

Eine Failoverclusterinstanz von SQL Server können Sie sich als ein oder zwei Knoten mit gemeinsamem Speicher vorstellen (gewöhnlich einem SAN, da der Zugriff ohnehin höchstwahrscheinlich über das Netzwerk erfolgt).

Auf Windows Server kann SQL Server das Windows Server-Failoverclustering nutzen, um für Hochverfügbarkeit auf der Ebene der Serverinstanzen zu sorgen (also um Ausfallzeiten zu minimieren). Dazu erstellt er eine Failoverclusterinstanz aus zwei oder mehr Knoten. Aus der Sicht des Netzwerks (und damit auch aus der Sicht der Anwendung, der Endbenutzer usw.) erscheint die Failoverclusterinstanz als eine einzige SQL Server-Instanz, die auf einem einzigen Computer läuft. Alle Verbindungen zeigen auf den VNN.

Wenn die Failoverclusterinstanz startet, übernimmt einer der Knoten den Besitz und bringt die SQL Server-Instanz online. Tritt auf dem ersten Knoten ein Fehler auf (oder wird ein Failover geplant, um Wartungsarbeiten auszuführen), gibt es mindestens einige Sekunden Ausfallzeit, in denen der erste Knoten so gut aufräumt, wie er kann, und der zweite Knoten seine SQL Server-Instanz online schaltet. Wenn die Dienste auf dem neuen Knoten laufen, werden die Clientverbindungen dorthin umgeleitet.

> ## Expertentipp
> ***Wie viel Zeit nimmt ein Failover in Anspruch?***
> **Bei einem geplanten Failover müssen jegliche modifizierten Seiten im Pufferpool auf das Laufwerk geschrieben werden. Auf einem Server mit umfangreichem Pufferpool kann die Ausfallzeit daher länger sein als geplant. Mehr über Prüfpunkte erfahren Sie in Kapitel 3 und 4.**

Auf Linux ist das Prinzip sehr ähnlich. Ein Clusterressourcen-Manager wie Pacemaker verwaltet den Cluster, und wenn ein Failover auftritt, erfolgt aus der Sicht von SQL Server der gleiche Vorgang: Der erste Knoten wird heruntergefahren und der zweite hochgefahren, um den Platz des ersten als Besitzer einzunehmen. Der Cluster hat auch wie unter Windows eine virtuelle IP-Adresse. Den virtuellen Netzwerknamen müssen Sie manuell zum DNS-Server hinzufügen.

▶ **Mehr über die Einrichtung eines Linux-Clusters erfahren Sie in Kapitel 11.**

Failoverclusterinstanzen können auch in SQL Server Standard Edition angelegt werden, allerdings sind sie auf zwei Knoten beschränkt.

Protokollversand

Der Transaktionsprotokollversand in SQL Server ist eine äußerst flexible Technologie, die eine relativ kostengünstige und leicht zu verwaltende Lösung für Hochverfügbarkeit und Notfallwiederherstellung bietet.

Der grundlegende Vorgang sieht wie folgt aus: Für die primäre Datenbank wird entweder das vollständige oder das massenprotokollierte Wiederherstellungsmodell verwendet, wobei das Transaktionsprotokoll regelmäßig alle paar Minuten gesichert wird. Die Sicherungsdateien werden auf einen freigegebenen Netzwerkspeicherort übertragen, wo ein oder mehrere sekundäre Server sie zu einer Standby-Datenbank wiederherstellen.

Wenn Sie den Assistenten für den Protokollversand in SQL Server Management Studio verwenden, klicken Sie auf der Registerkarte *Wiederherstellung* auf *Datenbankstatus beim Wiederherstellen von Sicherungen* und wählen Sie dann *Kein Wiederherstellungsmodus* oder *Standbymodus* (*https://docs.microsoft.com/sql/database-engine/log-shipping/configure-log-shipping-sql-server*).

Sollten Sie Ihre eigene Lösung für den Protokollversand erstellen, müssen Sie `RESTORE` mit `NORECOVERY` oder `STANDBY` verwenden.

Bei einem Failover wird das Protokollfragment auf dem primären Server ebenfalls gesichert (falls verfügbar; dies garantiert die völlige Freiheit von Datenverlusten für Transaktionen, die bereits mit Commit bestätigt wurden), an den freigegebenen Speicherort übertragen und nach den letzten regulären Transaktionsprotokollen wiederhergestellt. Die Datenbank wird dann in den Modus `RECOVERY` versetzt (wobei unvollständige Transaktionen zurückgenommen und vollständige Transaktionen ausgeführt werden).

Sobald die Anwendung auf den neuen Server verwiesen wird, ist die Umgebung wieder zurück – entweder ohne jeglichen Datenverlust (falls das Protokollfragment herüberkopiert wurde) oder mit minimalem Datenverlust (wenn nur das letzte übertragene Transaktionsprotokoll wiederhergestellt wurde).

Der Protokollversand funktioniert in allen Editionen von SQL Server, und zwar sowohl auf Windows als auch auf Linux. Da die Express Edition keinen SQL Server-Agent enthält, kann sie jedoch nur als Zeuge fungieren, weshalb Sie den Vorgang durch einen separaten Zeitplanungsmechanismus verwalten müssen. Sie können für sämtliche Editionen von SQL Server auch Ihre eigenen Lösungen erstellen, z. B. mit Azure-Blobspeicher und *AzCopy.exe*.

AlwaysOn-Verfügbarkeitsgruppen

Wie bereits angedeutet, ist es das, was die meisten Personen meinen, wenn sie »Always On« sagen. Die offizielle Bezeichnung dieses Merkmals aber lautet AlwaysOn-Verfügbarkeitsgruppen oder schlicht Verfügbarkeitsgruppen.

Was aber ist eine Verfügbarkeitsgruppe? Früher wurden in SQL Server Datenbankspiegelung und Failoverclustering als zwei getrennte Einrichtungen für Hochverfügbarkeit angeboten. Da die Datenbankspiegelung seit SQL Server 2012 offiziell als veraltet gilt, was zeitlich mit der Einführung von Verfügbarkeitsgruppen zusammenfiel, kann man sich Verfügbarkeitsgruppen als eine Kombination der beiden früheren Merkmale mit Protokollversand als Zugabe vorstellen.

Expertentipp

Worum handelte es sich bei der Datenbankspiegelung?

Die Datenbankspiegelung erfolgte auf Datenbankebene. Dabei wurden zwei Kopien einer Datenbank auf zwei getrennten SQL Server-Instanzen unterhalten und durch die kontinuierliche Übertragung von aktiven Transaktionsprotokolleinträgen synchron gehalten.

Verfügbarkeitsgruppen geben uns die Möglichkeit, eine diskrete Menge von Datenbanken auf einem oder mehreren Knoten eines Clusters hochverfügbar zu halten. Im Gegensatz zu Failoverclusterinstanzen, die eine gesamte Serverinstanz betreffen, funktionieren sie auf Datenbankebene.

Anders als bei Failoverclusterinstanzen wird SQL Server in Verfügbarkeitsgruppen nicht als clusterfähige Version, sondern als eigenständige Instanz installiert.

Verfügbarkeitsgruppen werden in Windows Server durch Windows Server-Failoverclustering und in Linux durch einen Clusterressourcen-Manager wie Pacemaker zur Verfügung gestellt. Sie agieren aber *ausschließlich auf Datenbankebene*. Wie in Abb. 2.3 gezeigt, handelt es sich dabei um eine Menge von einer oder mehreren Datenbanken in einer Gruppe (einem *Verfügbarkeitsreplikat*), die (mithilfe des Protokollversands) *repliziert* werden. Vom Original, dem *primären Replikat*, können bis zu acht *sekundäre Replikate* erstellt werden. Dazu wird die synchrone oder asynchrone *Datensynchronisierung* angewendet, die wir uns etwas genauer ansehen wollen:

- **Synchrone Datensynchronisierung** Das Protokoll wird in allen sekundären Replikaten festgeschrieben (die Transaktionen werden mit Commit in das Transaktionsprotokoll übernommen), *bevor* die Transaktion im primären Replikat mit Commit bestätigt wird. Dadurch ist ein Datenverlust ausgeschlossen, allerdings kann die Leistung erheblich leiden. Es kann sehr kostspielig sein, die Netzwerklatenz so weit zu reduzieren, dass diese Vorgehensweise auch bei hohen Transaktionslasten funktioniert.
- **Asynchrone Datensynchronisierung** Die Transaktion wird als bestätigt angesehen, sobald sie im Transaktionsprotokoll des primären Replikats festgeschrieben ist. Tritt irgendeine Störung auf, bevor die Protokolle in allen sekundären Replikaten festgeschrieben sind, so besteht die Gefahr eines Datenverlusts. Der Wiederherstellungspunkt in diesem Fall ist die jüngste mit Commit bestätigte Transaktion, die es erfolgreich in alle sekundären Replikate geschafft hat. Die Funktion der »zeitverzögerten Dauerhaftigkeit« kann die Leistung steigern, allerdings besteht dann ein höheres Risiko von Datenverlusten.

Expertentipp

Was ist zeitverzögerte Dauerhaftigkeit?

Beginnend mit SQL Server 2014 gibt es das Speicheroptimierungsfeature der zeitverzögerten Dauerhaftigkeit (auch als »Lazy Commit« bezeichnet), das einen erfolgreichen Commit meldet, bevor die Transaktionsprotokolle tatsächlich auf einem Laufwerk gespeichert werden. Das kann zwar die Leistung steigern, erhöht aber auch das Risiko von Datenverlusten, da die Transaktionsprotokolle erst bei der asynchronen Übertragung auf das Laufwerk gespeichert werden. Mehr darüber erfahren Sie auf *https://docs.microsoft.com/sql/relational-databases/logs/control-transaction-durability*.

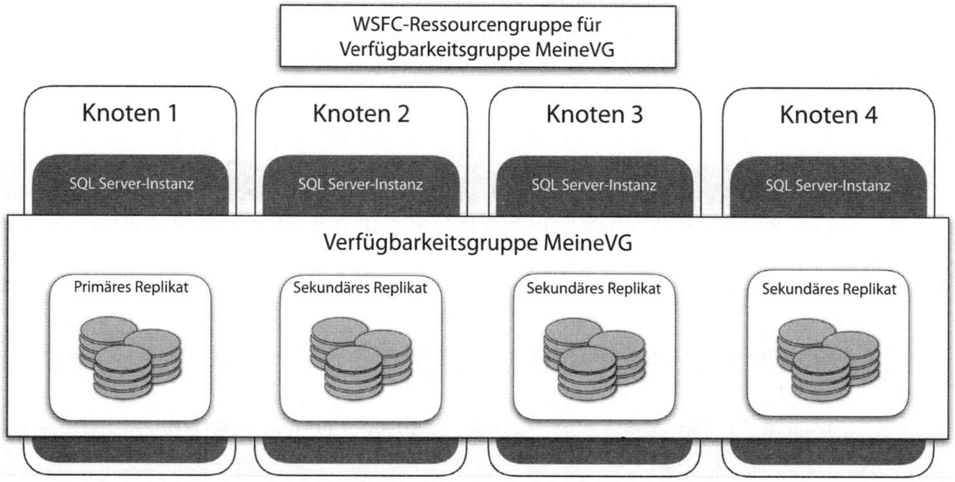

Abbildung 2.3 Ein Windows Server-Failovercluster mit vier Knoten

Um die Belastung des primären Replikats zu verringern, können Sie Berichte und andere Operationen auf schreibgeschützten sekundären Replikaten ausführen. Das ist auch bei Sicherungen und Datenbankkonsistenzprüfungen möglich, allerdings müssen Sie diese Aufgaben in einer Phase geringer Nutzung oder in einem geplanten Wartungsfenster auch auf dem primären Replikat durchführen.

Wenn das primäre Replikat ausfällt, wird eines der sekundären zum primären ernannt. Dabei tritt eine Ausfallzeit von wenigen Sekunden auf, in denen die Datenbanken eine Wiederherstellung nach Systemabsturz durchführen. Außerdem kann es zu minimalen Datenverlusten kommen.

Verfügbarkeitsgruppen zur Leseskalierung

In SQL Server 2017 wurde eine neue Architektur eingeführt, die es ermöglicht, mehrere schreibgeschützte sekundäre Replikate anzulegen, aber keine Hochverfügbarkeit bietet. Der Hauptunterschied besteht darin, dass diese Verfügbarkeitsgruppen zur Leseskalierung keinen Clusterressourcen-Manager haben.

Damit ist es möglich, die Konkurrenz um geschäftskritische Arbeitslasten durch eine Weiterleitung nur zum Lesen oder die direkte Verbindung zu einem lesbaren sekundären Replikat zu verringern, ohne dabei auf die Clusterinfrastruktur von Windows oder Linux zurückzugreifen.

▶ **Weitere Informationen darüber erhalten Sie auf *https://docs.microsoft.com/sql/database-engine/availability-groups/windows/read-scale-availability-groups*.**

Verteilte Verfügbarkeitsgruppen

Verteilte Verfügbarkeitsgruppen können zwei getrennte Verfügbarkeitsgruppen in zwei geografisch getrennten Clustern umspannen (Windows Server-Failovercluster oder Linux, wobei die beiden Cluster sogar verschiedene Betriebssysteme haben können). Sofern die beiden Verfügbarkeitsgruppen miteinander kommunizieren können, ist es möglich, sie zu einer verteilten Verfügbarkeitsgruppe zu kombinieren. Das bietet mehr Flexibilität für die Notfallwiederherstellung und macht es möglich, Replikate an mehreren Standorten in geografisch getrennten Regionen vorzuhalten.

Der Hauptunterschied zu regulären Verfügbarkeitsgruppen besteht darin, dass die Konfiguration in SQL Server gespeichert wird und nicht im zugrunde liegenden Cluster. In einer verteilten Verfügbarkeitsgruppe kann immer nur eine der enthaltenen Verfügbarkeitsgruppen auf einmal Datenänderungen vornehmen, auch wenn beide über ein primäres Replikat verfügen. Damit die andere Gruppe in die Datenbank ihres primären Replikats schreiben kann, ist ein manueller Failover mit `FORCE_FAILOVER_ALLOW_DATA_LOSS` erforderlich.

Basis-Verfügbarkeitsgruppen

SQL Server Standard Edition bietet eine Hochverfügbarkeitslösung für eine einzelne Datenbank mit maximal einem sekundären Replikat, bei dem jedoch keine Sicherungen und kein Lesezugriff möglich sind. Diese Einschränkungen sind zwar enttäuschend, doch steht mit diesen Verfügbarkeitsgruppen immerhin eine Hochverfügbarkeitslösung auch in der Standard Edition bereit.

▶ **Weitere Informationen erhalten Sie auf *https://docs.microsoft.com/sql/database-engine/availability-groups/windows/basic-availability-groups-always-on-availability-groups*.**

Verbesserte Redundanz und Leistung durch NIC-Teaming

Beim *NIC-Teaming*, auch als *Link Aggregation* oder *Kanalbündelung* bezeichnet, werden zwei oder mehr Netzwerkkarten (Network Interface Cards, NICs) verwendet, um die Redundanz zu verbessern (Failover) oder die verfügbare Bandbreite zu erweitern (Bandbreitenaggregation). Bei Microsoft wird dies als *Lastenausgleich- und Failoverunterstützung* bezeichnet. NIC-Teaming kann auf der Ebene der Netzwerkkarten erfolgen, wobei zwei oder mehr Karten zu einer virtuellen Karte auf dem Server kombiniert werden, aber auch am Netzwerkswitch durch die Bündelung von zwei oder mehr Netzwerkports.

Wenn Datenverkehr die gebündelten Netzwerkports erreicht, schaut der Switch nach, welcher Port zurzeit am wenigsten beschäftigt ist, und leitet das Paket dorthin. So funktioniert der Lastenausgleich im Netzwerk. Hinter den einzelnen Ports können verschiedene Server stehen, sodass die Last dadurch auf die Server verteilt wird. Es kann aber auch sein, dass der Switch nur mit einem einzigen Server verbunden ist, der aber aus Gründen der Redundanz mehrere Netzwerkkarten hat. Wenn eine der Karten ausfällt, bleibt der Server dann nach wie vor erreichbar.

Schützen von SQL Server

Die Sicherheit wird ausführlicher in Kapitel 6 und 7 beschrieben. In diesem Abschnitt finden Sie daher nur einen grundlegenden Überblick über die Sicherheit des Serverzugriffs und keine ausführliche Erörterung von Berechtigungen in SQL Server.

Bei der Verbindung mit SQL Server auf Windows oder Linux oder mit einer Azure SQL-Datenbank sind Sicherheitsmaßnahmen erforderlich, um jegliche Personen außer denen fernzuhalten, die tatsächlich auf die Datenbank zugreifen müssen.

Active Directory mit integrierter Authentifizierung ist die Hauptmethode, um in einer Windows-Domäne Verbindung mit SQL Server aufzunehmen. Wenn Sie sich an einer Active Directory-Domäne anmelden, erhalten Sie ein Token, das Ihre Rechte und Berechtigungen enthält.

Das unterscheidet sich von der SQL Server-Authentifizierung, die unmittelbar in der SQL Server-Instanz verwaltet wird und bei der Benutzername und Kennwort über das Netzwerk übertragen werden.

Integrierte Authentifizierung und Active Directory

Active Directory schließt verschiedene Identitätsdienste ein. Am wichtigsten sind dabei die Active Directory-Domänendienste, die Ihre Netzwerkanmeldeinformationen (Ihr Benutzerkonto) und das verwalten, was Sie im Netzwerk tun dürfen (Zugriffsrechte). Ein netzwerkweites Verzeichnis von Benutzern und Berechtigungen erleichtert die Verwaltung von Konten, Computern, Servern, Diensten, Geräten, Dateifreigaben usw.

In einer solchen Umgebung wird SQL Server einfach als ein weiterer Dienst im Netzwerk verwaltet, wobei die Active Directory-Domänendienste regeln, wer Zugriff auf die SQL Server-Instanz hat. Das ist viel einfacher, als die Sicherheit für jeden einzelnen Server verwalten zu müssen, was viel Zeit kostet, fehleranfällig ist und auch die Fehlersuche erschwert.

Expertentipp

Linux und Active Directory

SQL Server 2017 auf Linux unterstützt die integrierte Authentifzierung mit Active Directory. Mehr darüber erfahren Sie im Artikel »Active Directory Authentication with SQL Server on Linux« auf *https://docs.microsoft.com/sql/linux/sql-server-linux-active-directory-authentication*.

Authentifizierung mit Kerberos

Kerberos ist das Standardauthentifizierungsprotokoll in Active Directory-Domänen. Es ersetzt NTLM (NT LAN Manager).

Mit Kerberos läuft die Authentifizierung auch in einem nicht sicheren Netzwerk auf sichere Weise ab, da dabei keine Kennwörter und schwachen Hashes übertragen werden. Stattdessen werden bei Kerberos verschlüsselte Tickets ausgetauscht, die vom ticketgewährenden Server (Ticket Granting Server, TGS; gewöhnlich der Domänencontroller) überprüft werden.

Ein Active Directory-Dienstkonto, das SQL Server auf einem Server ausführt, muss sich mit seinem Namen beim TGS registrieren, damit Clientcomputer über das Netzwerk Verbindung mit dem Dienst aufnehmen können. Dieser registrierte Name wird als *Dienstprinzipalname* bezeichnet.

Achtung

NTLM ist das Authentifizierungsprotokoll auf eigenständigen Windows-Systemen, das in älteren Betriebssystemen und älteren Domänen verwendet wird. In Active Directory-Domänen kann NTLM als Ausweichlösung zur Abwärtskompatibilität eingesetzt werden.

Das während der Anmeldung erstellte NTLM-Token besteht aus dem Domänennamen, dem Benutzernamen und einem Einweghash des Benutzerkennworts. Leider ist dieser Hash kryptografisch schwach und kann mit modernen Werkzeugen in wenigen Sekunden geknackt werden. Verwenden Sie daher überall Kerberos, wo es möglich ist.

Dienstprinzipalnamen

Wie Sie in Abb. 2.4 sehen, erhält ein Client vom TGS ein Ticket, wenn er sich an der Windows-Domäne anmeldet. Dabei handelt es sich um ein »ticketgewährendes Ticket« (TGT), aber es ist einfacher, es sich als die Anmeldeinformationen des Clients vorzustellen. Möchte der Client mit einem anderen Knoten im Netzwerk kommunizieren (z. B. mit SQL Server), muss der Dienstprinzipalname (Service Principal Name, SPN) dieses Knotens (Prinzipal) beim TGS registriert sein.

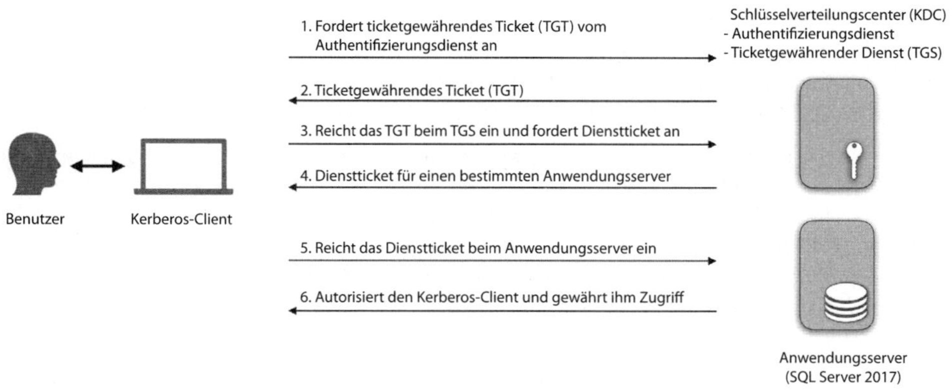

Abbildung 2.4 Ablauf der Kerberos-Authentifizierung

Mithilfe dieses SPNs fordert der Client den Zugriff an. Nach der Verifizierung sendet der TGS ein Ticket und einen Sitzungsschlüssel sowohl an SQL Server als auch an den Client. Wenn der Client das Ticket und den Sitzungsschlüssel auf dem SQL Server-Computer verwendet, wird die Verbindung von diesem anhand seines eigenen Exemplars des Sitzungsschlüssels authentifiziert.

Damit SQL Server die Kerberos-Authentifizierung verwendet und nicht auf das ältere und weniger sichere NTLM ausweicht, muss das Windows-Domänenkonto, das den SQL Server-Dienst ausführt, den SPN auf dem Domänencontroller registrieren. Die einfachste Möglichkeit, um das zu erreichen, besteht darin, dem Dienstkonto in den Active Directory-Domänendiensten die Berechtigung *Dienstprinzipalname schreiben* zu erteilen. Um den SPN manuell einzurichten, müssen Sie das (in Windows enthaltene) Tool *Setspn.exe* verwenden.

Zugriff auf andere Server und Dienste durch Delegierung

Die Kerberos-Delegierung ermöglicht es einer Anwendung (z. B. SQL Server oder den Internetinformationsdiensten), die Anmeldeinformationen von Endbenutzern für den Zugriff auf einen anderen Server wiederzuverwenden. Das dient dazu, das sogenannte »Double-Hop-Problem« zu lösen, bei dem der TGS nur den ersten Abschnitt (Hop) verifiziert, nämlich die Verbindung zwischen dem Client und dem registrierten Server. Unter normalen Umständen ist nur für alle weiteren Verbindungen (den zweiten »Hop«) eine Neuauthentifizierung erforderlich.

Bei der Delegierung nimmt der erste Server die Identität des Clients an und sendet in dessen Namen das Client-TGT. Das führt dazu, dass der TGS die Tickets und Sitzungsschlüssel an den ursprünglichen und den neuen Server sendet, was die Authentifizierung ermöglicht. Da die ursprüngliche Verbindung nach wie vor mit demselben TGT authentifiziert ist, hat der Client jetzt Zugriff auf den zweiten Server.

Damit die Delegierung funktioniert, muss dem Dienstkonto des ersten Servers für Delegierungszwecke vertraut werden. Außerdem muss sich der zweite Server in derselben Active Directory-Gesamtstruktur oder in einer Gesamtstruktur mit einer entsprechenden Vertrauensstellung befinden.

Azure Active Directory

Azure Active Directory kümmert sich um Identitätsverwaltung für internetgestützte (und lokale) Dienste, die HTTP und HTTPS für den Zugriff auf Websites und Webdienste nutzen. Die mit einem lokalen Active Directory verbundene Hierarchie fällt dabei aber weg.

Sie können Azure AD für die Authentifizierung von Benutzern und Anwendungen einsetzen, etwa für die Verbindung zu einer Azure SQL-Datenbank oder zu Microsoft 365. Es gibt keine Organisationseinheiten und Gruppenrichtlinienobjekte. Es ist nicht möglich, Computer zu einer Azure AD-Domäne hinzuzufügen, und es gibt auch keine NTLM- oder Kerberos-Authentifizierung. Stattdessen werden Protokolle wie OAuth, OpenID Connect (auf der Grundlage von OAuth 2.0), SAML und WS-Verbund verwendet.

Sie können sich authentifizieren (Ihre Identität nachweisen), wodurch Sie dann eine Autorisierung (Berechtigungen oder Ansprüche) für den Zugriff auf bestimmte Dienste erhalten, wobei diese Dienste nicht einmal von dem Dienst gesteuert werden müssen, der Sie authentifiziert hat. Denken Sie an die Anmeldeinformationen für ein Netzwerk zurück: In einem lokalen Active Directory geben Ihre Benutzeranmeldeinformationen an, wer Sie sind (Authentifizierung) und was Sie tun dürfen (Autorisierung).

Protokolle wie OpenID Connect lassen die Grenzen jedoch verschwimmen, indem sie ein Autorisierungsprotokoll (was Sie tun können) erweitern, sodass es auch als Authentifizierungsprotokoll (wer Sie sind) dient. Das funktioniert ähnlich wie bei Kerberos, wo der Autorisierungsserver den Zugriff auf bestimmte Internetdienste und Anwendungen gewährt, aber die Berechtigungen werden hier durch *Ansprüche* erteilt.

Identitätsnachweis durch Ansprüche

Ansprüche (Claims) sind »Versicherungen von Informationen zum authentifizierten Antragsteller« (*https://docs.microsoft.com/azure/active-directory/develop/active-directory-authentication-scenarios#claims-in-azure-ad-security-tokens*).

Sie können sich Ihre Benutzeranmeldeinformationen als ein Sicherheitstoken vorstellen, das angibt, wer Sie sind – und zwar auf der Grundlage, wie Sie authentifiziert wurden. Das wiederum hängt von dem Dienst ab, zu dem Sie ursprünglich Verbindung aufgenommen haben (d. h. Facebook, LinkedIn, Google, Office 365 oder Twitter).

Dieses Benutzerobjekt enthält eine Reihe von Eigenschaften oder Attributen gewöhnlich in Form von Schlüssel-Wert-Paaren, wobei es für jeden verwendeten Authentifizierungsdienst einen eigenen Satz von Attributen oder *Ansprüchen* gibt.

Authentifizierungsdienste wie Azure AD können die Menge der zulässigen Informationen in einem Benutzerobjekt einschränken, um dem Dienst oder der Anmeldung nur so viele Informationen zu geben, wie nötig sind, um Ihre Identität nachzuweisen und Ihnen Zugriff auf den angeforderten Dienst zu gewähren, ohne zu viel über Sie oder den ursprünglichen Authentifizierungsdienst zu verraten.

Verbund und einmalige Anmeldung

»Verbund« (Federation) ist ein hochtrabender Begriff für eine Sammlung unabhängiger Websites oder Dienste, die Informationen gemeinsam nutzen und mithilfe von Ansprüchen gegenseitig verfügbar machen können. Über einen Authentifizierungsdienst können Sie sich an einer Stelle anmelden (LinkedIn, Facebook oder Microsoft) und diese Identität dann auch für die anderen Dienste nutzen, die von anderen Stellen gesteuert werden.

Das ist es, was Ansprüche so besonders nützlich macht. Wenn Sie den Authentifizierungsdienst eines Drittanbieters nutzen, kann dieser Drittanbieter Ihnen mithilfe von Ansprüchen (Schlüssel-Wert-Paaren in Ihrem Sicherheitstoken) Informationen verfügbar machen, auf die ein anderer Dienst, mit dem Sie Verbindung aufnehmen, Zugriff hat, ohne dass Sie sich erneut anmelden müssen und ohne dass der Dienst selbst Zugriff auf den Drittanbieterdienst hat.

Stellen Sie sich beispielsweise vor, dass Sie sich über LinkedIn an einem Blogdienst anmelden, um einen Kommentar oder Post zu schreiben. Der Blogdienst hat dabei keinen Zugriff auf Ihr LinkedIn-Profil, aber das Profil kann Ansprüche bereitstellen, zu denen die URL zu Ihrem Profilbild, ein String mit Ihrem Namen und die URL zu Ihrem Profil gehören.

Bei dieser Vorgehensweise weiß der Blogdienst nichts über Ihr LinkedIn-Konto, vor allem nichts über Ihren Beschäftigungsverlauf, da diese Informationen nicht in den Ansprüchen stehen, die benötigt werden, um einen Post oder Kommentar zu hinterlassen.

Anmelden an Azure SQL-Datenbanken

Der Zugriff auf Azure SQL-Datenbanken ist durch drei Sicherheitseinrichtungen geschützt. Die erste ist die Firewall. Dabei handelt es sich um eine Reihe von Regeln, die den Zugriff auf der Grundlage der IP-Ursprungsadresse bzw. des Adressbereichs steuern und nur Verbindungen zu TCP-Port 1433 zulassen.

Danach folgt als zweite Sicherheitsvorkehrung die Authentifizierung. Dazu kann entweder die SQL Server-Authentifizierung mit Benutzernamen und Kennwort verwendet werden (die ähnlich funktioniert wie die Verbindung zu einer Datenbank in einer lokalen SQL Server-Instanz) oder die Azure AD-Authentifizierung.

Microsoft empfiehlt aus den folgenden Gründen, nach Möglichkeit Azure AD zu nutzen (laut *https://docs.microsoft.com/azure/sql-database/sql-database-aad-authentication*):

- Azure AD verhindert die Ausbreitung von Benutzeridentitäten und ermöglicht die Kennwortrotation an einer zentralen Stelle.
- Durch die Verwendung der integrierten Windows-Authentifizierung und anderen von Azure AD unterstützten Formen der Authentifizierung entfällt die Speicherung von Kennwörtern.
- Für Anwendungen, die Verbindung mit einer Azure SQL-Datenbank aufnehmen, wird eine Tokenauthentifizierung (auf der Grundlage von Ansprüchen) angeboten.

Die dritte Schutzvorkehrung ist die Autorisierung. Sie wird innerhalb der Azure SQL-Datenbank mithilfe von Rollenmitgliedschaften und Berechtigungen auf Objektebene verwaltet und funktioniert genauso wie bei einer lokalen SQL Server-Instanz.

▶ **Mehr über die Sicherheit von SQL Server erfahren Sie in Kapitel 6 und 7.**

Hardwareabstraktion durch Virtualisierung

Hardwareabstraktion ist schon seit vielen Jahren ein Thema. So wurde bereits Windows NT als hardwareunabhängig gestaltet. Bei der Virtualisierung wird das Prinzip noch einen Schritt vorangetrieben und die gesamte physische Schicht hinter dem sogenannten *Hypervisor* oder *VMM* (*Virtual Machine Manager*) abstrahiert, sodass mehrere VMs oder Gastsysteme, die alle ihre eigenen Betriebssysteme ausführen, die physische Hardware des Hostsystems gemeinsam nutzen können.

Für das Gastbetriebssystem sieht die VM wie reguläre Hardware aus und ist auch auf die gleiche Weise zugänglich.

Die beiden wichtigsten Angebote auf dem Virtualisierungsmarkt sind zurzeit Microsoft Hyper-V und VMware.

> ## Expertentipp
>
> ***Was ist die Cloud?***
>
> **Auch bei der Cloudtechnologie handelt es sich um eine virtualisierte Umgebung, allerdings in einem weit größeren Maßstab. Auf Millionen von Servern in Rechenzentren rund um die Welt werden jeweils Dutzende oder gar Hunderte von VMs ausgeführt. Die einzelnen Cloudanbieter unterscheiden sich dabei durch den verwendeten Hypervisor und das Dienstgefüge (die Software, die die Umgebung steuert und verwaltet).**

Grund für den vermehrten Übergang zur Virtualisierung ist der Umstand, dass die physische Hardware in vielen Organisationen nicht vollständig ausgenutzt wird. Manche Systeme bringen Hunderte von Stunden im Jahr im Leerlauf zu. Durch Konsolidierung der Infrastruktur – also durch die Ausführung von mehr als einem Gast-VM auf einem physischen Host – können die Gastsysteme Ressourcen gemeinsam nutzen, wodurch die Verschwendung verringert und die Hardware besser ausgenutzt wird.

Manche Arbeitslasten und Anwendungen sind nicht für die gemeinsame Nutzung von Ressourcen ausgelegt. Wenn Systemadministratoren diesen Umstand nicht berücksichtigen, kann es zu Fehlkonfigurationen der gemeinsam genutzten Ressourcen kommen. Ein hervorragendes Beispiel dafür bildet SQL Server, der dazu ausgelegt ist, standardmäßig das gesamte physische RAM des Servercomputers zu nutzen.

Sind die Ressourcen auf der Hostebene nicht korrekt zugewiesen, treten die Gastsysteme in Konkurrenz zueinander. Diese Erscheinung wird als »lauter Nachbar« bezeichnet. Dabei reißt ein Gastsystem alle Ressourcen des Hosts an sich und benachteiligt damit die anderen Gastsysteme. Dieses Problem kann jedoch durch Maßnahmen der Netzwerkadministratoren gemildert werden.

Die Vorteile überwiegen natürlich die Nachteile. Bei Konkurrenz um Ressourcen oder bei Hardwareausfällen können Sie die VMs von einem Host zu einem anderen übertragen. Bei manchem Hypervisor muss die VM dazu noch nicht einmal heruntergefahren werden.

Es ist auch viel einfacher, Momentaufnahmen von virtualisierten Dateisystemen aufzunehmen, die Sie dann zum Klonen von VMs verwenden können. Das kann die Kosten und den

Zeitaufwand für die Bereitstellung neuer Server verringern: Es ist lediglich erforderlich, eine VM-Vorlage hochzufahren und das Betriebssystem sowie die Anwendungssoftware, die bereits auf der virtuellen Festplatte installiert sind, zu konfigurieren.

Mit der Zeit werden die Kostenvorteile deutlich. Es ist schwer, heutzutage noch neue Prozessoren mit wenig Kernen zu finden. Durch die Virtualisierung können Sie physische Arbeitslasten auf VMs verschieben (jetzt oder später), die über die passende Anzahl virtueller Kerne verfügen. Dadurch haben Sie die Freiheit, die bereits vorhandenen Lizenzen weiterhin zu nutzen und damit Kosten zu sparen.

▶ **Mehr darüber erfahren Sie in dem Artikel »Point Counterpoint: Why Virtualize a SQL Server?« von David Klee auf *http://www.davidklee.net/2017/07/12/point-counterpoint-why-virtualize-a-sql-server*.**

Ressourcenbereitstellung für VMs

Zur Einrichtung von VMs müssen Sie die zu erwartenden Arbeitslasten kennen. Solange die Ressourcen ordnungsgemäß zugewiesen sind, kann eine VM fast genauso schnell laufen wie ein physischer Server mit derselben Hardware, bietet dabei aber zusätzlich alle Vorteile der Virtualisierung.

Daher ist es sinnvoll, für viele allgemeine Arbeitslasten ein Übermaß an Ressourcen zuzuweisen.

Freigabe von mehr als dem vorhandenen Arbeitsspeicher (übermäßige Zusicherung)

Nehmen wir an, Sie haben zehn VMs, die Active Directory-Domänencontroller, DNS-Server, Dateiserver, Druckserver und ähnliche Aufgaben ausführen (die grundlegenden Mechanismen von Windows-Netzwerken mit geringen RAM-Anforderungen) und alle auf einem einzigen Host mit 16 GB physischem RAM laufen.

Jede VM benötigt 4 GB RAM für eine gute Leistung. Allerdings haben Sie festgestellt, dass jede VM in 90 % der Zeit auch mit je 1 bis 2 GB RAM funktioniert, sodass 2 bis 3 GB pro VM ungenutzt bleiben. Daher können Sie jeder VM 4 GB RAM geben (also insgesamt 40 GB, was eine übermäßige Zusicherung darstellt) und erhalten in 90 % der Zeit trotzdem eine akzeptable Leistung, ohne dass ein Gastsystem Speicher auf das Laufwerk auslagern muss.

Die Leistungseinbuße in den restlichen 10 % der Zeit, in denen unvermeidlich eine Auslagerung auftritt, muss nicht so bedeutend sein, dass eine Erweiterung des physischen RAM auf dem Host erforderlich wäre. Daher können Sie die zehn virtualisierten Server auf Hardware mit weit weniger Ressourcen ausführen, als auf entsprechenden physischen Servern zur Verfügung stehen müssten.

Achtung

Da SQL Server den gesamten Arbeitsspeicher nutzt, der ihm nach seiner Konfiguration zusteht (wobei die Grenzwerte durch die Edition vorgegeben sind), stellt es keine gute Vorgehensweise dar, übermäßig viel Arbeitsspeicher für VMs mit SQL Server zuzusichern. Das RAM, das einer SQL Server-VM zugewiesen ist, muss unbedingt für die ausschließliche Verwendung durch diese VM zur Verfügung stehen. Außerdem muss die Einstellung *Max. Serverarbeitsspeicher* ordnungsgemäß eingerichtet sein (siehe Kapitel 3).

Bereitstellen von virtuellem Permanentspeicher

Ebenso wie den Arbeitsspeicher können Sie auch den nicht flüchtigen Speicher im Übermaß zuweisen. Dies wird als *schlanke Speicherzuweisung* (Thin Provisioning) bezeichnet. Die VM und das Gastbetriebssystem werden dabei so eingerichtet, dass sie glauben, auf dem Host stehe viel mehr Speicherplatz zur Verfügung, als es der Fall ist. Wenn eine VM auf ein Gerät schreibt, wird der tatsächlich verwendete Platz auf dem Host immer größer, bis die Bereitstellungsgrenze erreicht ist.

Diese Vorgehensweise ist bei allgemeinen Arbeitslasten üblich, bei denen die Platzanforderungen vorhersehbar wachsen. Ein Betriebssystem wie Windows Server kann auf einem Gastsystem mit 127 GB sichtbarem Speicherplatz installiert werden, auch wenn auf dem Laufwerk insgesamt nur 250 GB zur Verfügung stehen, die sich zehn VMs teilen.

Für besondere Arbeitslasten wie SQL Server und Microsoft SharePoint (dem ohnehin SQL Server zugrunde liegt) ist eine schlanke Speicherzuweisung jedoch keine gute Idee. Je nach Leistung der Speicherebene und den Datenzugriffsmustern der Arbeitslast kann es sein, dass das Gastsystem aufgrund von Fragmentierung langsamer wird oder dass ihm sogar der Speicherplatz ausgeht (aus verschiedenen Gründen, z. B. lang andauernden Transaktionen, selten erfolgenden Sicherungen des Transaktionsprotokolls oder dem Wachstum von `TempDB`).

Daher ist es besser, beim Speicher für besondere Arbeitslasten bei der vollständigen Speicherzuweisung (Thick Provisioning) zu bleiben. Dadurch ist dem Gastsystem der vom Hypervisor zugesagte Speicher auch tatsächlich garantiert, sodass Sie sich nicht auch noch mit dem Problem herumschlagen müssen, dass SQL Server um 3 Uhr nachts am Sonntagmorgen der Speicherplatz ausgeht.

Wenn Prozessoren keine Prozessoren mehr sind

Die Virtualisierung von Prozessoren ist schwierig, da sie eine begrenzte Anzahl von Taktzyklen pro Sekunde aufweisen (was wir uns weiter vorn in diesem Kapitel angesehen haben). Bei logischen Prozessoren (die physischen CPU-Kerne sowie jegliche logischen Kerne bei Verwendung von SMT) stellt jeder Kern *Zeitscheiben* für die einzelnen VMs bereit. Bei jedem Tick kann die Zeitscheibe vom Hypervisor oder einem der Gastsysteme genutzt werden.

Ebenso wie das RAM und den nicht flüchtigen Speicher sollten Sie für SQL Server auch die CPU-Kerne nicht übermäßig zuweisen. Wenn der Host vier Vier-Kern-Prozessoren aufweist (vier Sockel mit je einem Vier-Kern-Prozessor), stehen für die VMs 16 Kerne zur Verfügung (32 unter Berücksichtigung von SMT).

> **Expertentipp**
>
> ***Virtuelle CPUs und SMT (Hyper-Threading)***
>
> **Es ist zwar möglich, so viele virtuelle CPUs zuzuweisen, wie es logische Kerne gibt, allerdings empfehlen wir, die Anzahl der virtuellen CPUs auf die Anzahl der verfügbaren physischen Kerne zu beschränken (anders ausgedrückt, SMT nicht zu berücksichtigen), da die Anzahl der Ausführungsressourcen eines Prozessors auf die Anzahl der physischen Kerne beschränkt ist.**

Virtuelle CPUs

Eine virtuelle CPU wird einem logischen Kern zugeordnet, aber in der Praxis werden die Zeitscheiben gleichmäßig auf alle Kerne des physischen Prozessors verteilt. Eine virtuelle CPU ist leistungsfähiger als ein einzelner Kern, da die Last parallel auf einzelnen Kernen ausgeführt wird.

Die Vermischung verschiedener Arten von Arbeitslasten auf einem einzigen Host birgt gewisse Risiken. So kann es sein, dass eine geschäftsentscheidende Arbeitslast wie SQL Server alle virtuellen CPUs benötigt, um eine umfangreiche parallelisierte Abfrage durchzuführen, diese virtuellen CPUs in der fraglichen Zeitscheibe aber von anderen Gastsystemen verwendet werden. Bei einer übermäßigen Zusicherung der CPU ist SQL Server dann gezwungen, zu warten.

Es gibt Algorithmen in Hypervisors, die es virtuellen CPUs erlauben, sich vorzudrängeln und eine Zeitscheibe zu übernehmen, was eine Verzögerung für andere Gastsysteme bedeutet und Leistungsprobleme verursachen kann. Stellen Sie sich vor, dass einem Dateiserver zwei logische Prozessoren zugewiesen sind und dass sich auf demselben Host eine SQL Server-VM mit acht zugewiesenen logischen Prozessoren befindet. Die VM mit weniger logischen Prozessoren kann in einem solchen Fall Zeitscheiben »stehlen«.

Es gibt verschiedene Möglichkeiten für den Umgang mit diesem Problem. Die einfachste Lösung besteht darin, auf einem Host keine zu unterschiedlichen Systeme zu mischen. Alle Gastsysteme auf einem Host sollten ähnliche Arbeitslasten ausführen und die gleiche Anzahl von virtuellen Prozessoren zur Verfügung haben. Dadurch werden die Zeitscheiben gleichmäßiger verteilt, und Leistungsprobleme lassen sich leichter lösen. Es kann auch sinnvoll sein, die Anzahl der virtuellen CPUs zu verringern, die einer SQL Server-Instanz zugewiesen sind, um die Zeitscheiben besser zu verteilen.

Achtung

Eine VM mit SQL Server kann aus einer Verringerung der Anzahl virtueller CPUs Nutzen ziehen. Sind der VM zu viele Kerne zugewiesen, kann es zu Leistungsproblemen aufgrund von Fremdspeicherzugriffen kommen, da SQL Server die zugrunde liegende NUMA-Konfiguration möglicherweise nicht kennt. Denken Sie immer daran, Ihre VMs in Vielfachen der NUMA-Knotengröße zu dimensionieren.

Mehr Informationen erhalten Sie im Blog von VMware auf *https://blogs.vmware.com/vsphere/2012/02/vspherenuma-loadbalancing.html*.

Auch das Netzwerk ist virtuell

Früher führten bestimmte Hardwaregeräte bestimmte Aufgaben aus, z. B. Netzwerkkarten, Router, Firewalls und Switches. Heutzutage dagegen können diese Aufgaben exklusiv von einer Softwareschicht mithilfe virtueller Netzwerkgeräte erledigt werden.

Auf einem physischen Host können sich mehrere VMs eine oder mehrere physische Netzwerkkarten teilen, aber da alles virtualisiert ist, kann eine VM auch über mehrere virtuelle Netzwerkkarten verfügen, die der einen physischen Karte zugeordnet sind.

Dadurch sind eine Reihe von Dingen möglich, die sich früher nur mit viel Mühe und hohen Kosten einrichten ließen. Softwareentwickler können ihre Anwendungen jetzt in unzähligen

Konfigurationen testen, ohne ein physisches Labor mit allen verschiedenen Kombinationen einrichten zu müssen.

Im Rahmen des allgemeinen Trends zur Konsolidierung von VMs erleichtert auch die virtuelle Vernetzung die Konsolidierung von Netzwerkgeräten und -diensten in der Umgebung der Gast-VMs, was die Verwaltungskosten senkt und den Bedarf für besondere Hardware verringert. Wenn mit einem virtualisierten Netzwerkgerät irgendetwas schiefgeht, können Sie es nahezu sofort ersetzen. Ausfallzeiten werden dadurch erheblich reduziert.

Zusammenfassung

SQL Server läuft jetzt auch auf Linux, aber in allen praktischen Aspekten ist es identisch mit der Windows-Version. Auch viele der Regeln gelten unverändert.

Unabhängig davon, ob sie auf physischer oder virtueller Hardware ausgeführt werden, zeigen Datenbanken eine bessere Leistung, wenn sie so umfassend wie möglich im RAM zwischengespeichert werden können und wenn ihr Permanentspeicher redundant ist, eine geringe Latenz und einen hohen IOPS-Wert für den wahlfreien Zugriff aufweist.

Da Datendiebstähle immer mehr zunehmen, müssen Sie sich auch Gedanken über die Sicherheit der Datenbanken, des Betriebssystems, der Hardware (physisch oder virtuell), des Netzwerks und der Datenbanksicherungen machen.

Wenn Sie Strategien zur Hochverfügbarkeit und Notfallwiederherstellung für SQL Server erwägen, müssen Sie die geschäftlichen Zielvorgaben für den Wiederherstellungspunkt und die Wiederherstellungszeit berücksichtigen. Dies wird noch ausführlicher in Kapitel 11 und 12 behandelt.

Kapitel 3

Entwerfen und Implementieren einer Datenbankinfrastruktur

In diesem Kapitel geht es um die Architektur der Datenbankinfrastruktur. Dabei beschäftigen wir uns mit den verschiedenen Arten von Datenbankdateien sowie mit den internen Mechanismen, die eine dauerhafte Speicherung und Konsistenz auch unter unerwarteten Umständen gewährleisten. Des Weiteren sehen wir uns die Bedeutung einiger Konfigurationseinstellungen an und erklären, warum sie wichtig sind.

Danach betrachten wir einige der Aspekte im Zusammenhang mit Microsoft Azure, und zwar in der Form von Microsoft SQL Server auf virtuellen Maschinen (Infrastruktur als Dienst) und von Azure SQL-Datenbanken (Datenbank als Dienst, ein Bestandteil des umfassenderen Angebots »Plattform als Dienst«).

Abschließend werfen wir einen Blick auf Hybridcloudeinrichtungen, bei denen die besten Merkmale und Bestandteile von lokalen Installationen und Azure kombiniert werden.

Physische Datenbankarchitektur

Die physische Implementierung einer SQL Server-Datenbank lässt sich am besten anhand ihrer Dateien erkennen. Jede SQL Server-Datenbank besteht aus Dateien von mindestens zwei Haupttypen:

- **Daten** Die Daten sind in ein oder mehr Dateigruppen gespeichert, die wiederum aus jeweils ein oder mehr physischen Datendateien bestehen.
- **Transaktionsprotokolle** Hier werden die Änderungen an den Daten gespeichert, bis sie per Commit bestätigt oder zurückgenommen werden. Gewöhnlich gibt es in jeder Datenbank nur eine Transaktionsprotokolldatei.

Hinweis

SQL Server verwendet noch verschiedene andere Arten von Dateien, z. B. Protokolle, Ablaufverfolgungsdateien und speicheroptimierte Dateigruppen, die wir uns weiter hinten in diesem Kapitel noch genauer ansehen werden.

Datendateien und Dateigruppen

Um eine Benutzerdatenbank zu erstellen, zieht SQL Server die Modelldatenbank als Vorlage für die grundlegende Konfiguration heran. Dazu gehören Aspekte wie der Besitz, die Kompatibilitätsebene, Einstellungen für das Dateiwachstum, Wiederherstellungsmodell (vollständig, massenprotokolliert oder einfach) und Einstellungen für die physische Datei.

Standardmäßig hat jede neue Datenbank eine Transaktionsprotokolldatei (was die empfohlene Vorgehensweise ist und am besten nicht geändert werden sollte, sofern es nicht absolut notwendig ist) sowie eine Datendateigruppe. Bei Letzterer handelt es sich um die *primäre Dateigruppe*, die standardmäßig aus einer einzigen Datendatei besteht. Dies wiederum ist die *primäre Datendatei* mit der Dateiendung *.mdf* (siehe Abb. 3.1).

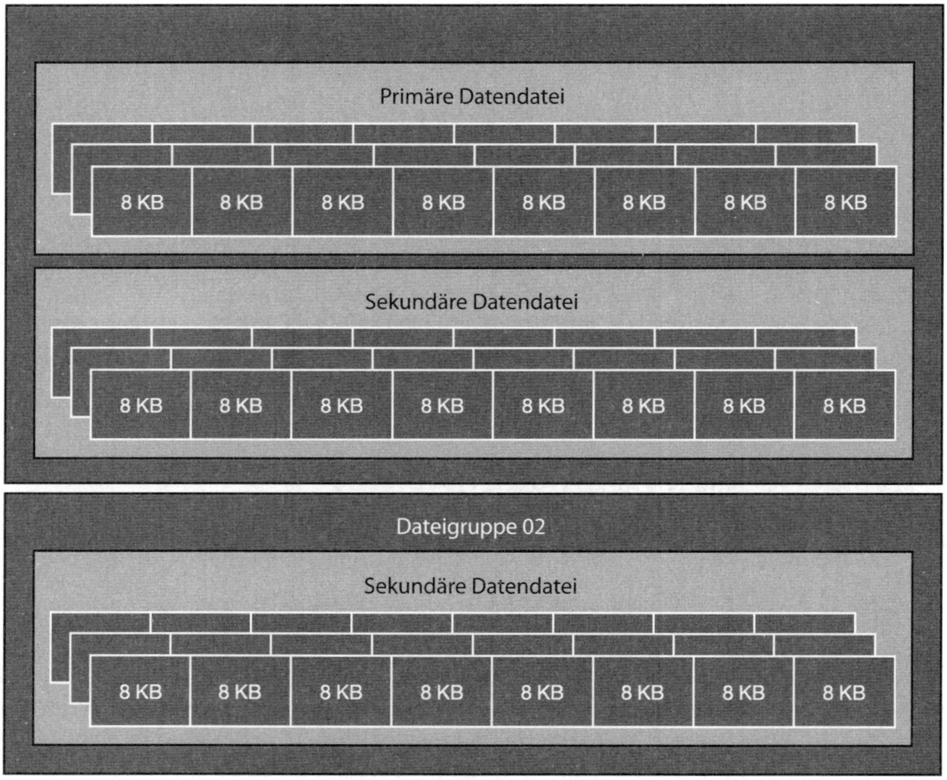

Abbildung 3.1 Die Datendateien in den Dateigruppen der Datenbank

In einer Dateigruppe können sich mehrere Dateien befinden, was parallele Lese- und Schreibvorgänge ermöglicht und damit die Leistung verbessert. Sekundäre Datendateien haben gewöhnlich die Endung *.ndf*.

Ein wahrer Vorteil aber ergibt sich erst dann, wenn Sie mehrere Dateigruppen verwenden und den logischen Datenspeicher darüber verteilen, denn dadurch können Sie in der Enterprise Edition stückweise Sicherungen und eine Wiederherstellung auf Dateigruppenebene durchführen.

Expertentipp

Teilweise Wiederherstellung mithilfe von Dateigruppen

In einer umfangreichen Datenbank (über 100 GB) sollten Sie Ihre Daten anhand einer Geschäftsregel in mehrere Dateigruppen aufteilen (z. B. Gruppen für die einzelnen Jahre) und die primäre Dateigruppe nicht für Benutzerdaten verwenden.

In einem Notfall können Sie dann die primäre Dateigruppe und die neuesten Daten sofort wiederherstellen (mithilfe einer teilweisen Wiederherstellung). Dadurch können Sie die Datenbank schneller wieder online bringen, als wenn Sie alles aus einer einzigen Dateigruppe wiederherstellen müssten.

Sie können auch Daten, die ein bestimmtes Alter überschreiten, in eine schreibgeschützte Dateigruppe auslagern und diese auf einem langsameren Laufwerk unterbringen, um Speicherkosten zu sparen.

Noch sinnvoller ist es, Tabellenpartitionen (siehe den Abschnitt »Tabellenpartitionierung« weiter hinten in diesem Kapitel) auf verschiedene Dateigruppen zu verteilen.

Gemischte und gleichartige Blöcke

Datenseiten in SQL Server umfassen 8 KB. Acht zusammenhängende Seiten bilden einen *Block* von 64 KB.

In SQL Server-Datendateien können zwei Arten von Blöcken auftreten:

- **Gemischte Blöcke** Die ersten acht Seiten einer Datendatei (optional). Jede 8-KB-Seite wird einem eigenen Objekt zugewiesen (eine 8-KB-Seite pro Objekt).
- **Gleichförmige Blöcke** Alle folgenden 64-KB-Blöcke nach den ersten acht Seiten einer Datendatei. Jeder gleichförmige Block ist einem einzigen Objekt zugewiesen.

Gemischte Blöcke wurden ursprünglich eingeführt, um die Speicherplatzanforderungen für Datenbankobjekte zu verringern, als mechanische Festplatten noch viel kleiner und teurer waren. Da nicht flüchtiger Speicher immer schneller und billiger und SQL Server immer komplexer geworden ist, können diese gemischten Blöcke eine Konkurrenzsituation am Anfang einer Datendatei hervorrufen, insbesondere wenn viele kleine Objekte erstellt und gelöscht werden.

Ab SQL Server 2016 sind gemischte Blöcke daher für `TempDB` und Benutzerdaten standardmäßig aus- und für Systemdatenbanken eingeschaltet. Mit dem folgenden Befehl können Sie gemischte Blöcke in Benutzerdatenbanken wieder einschalten:

```
ALTER DATABASE <Datenbankname> SET MIXED_PAGE_ALLOCATION ON;
```

Arten von Datenseiten und deren Inhalt

An einigen Stellen in einer Datendatei befinden sich systemspezifische Datenseiten (ebenfalls 8 KB groß), die SQL Server helfen, die verschiedenen Daten in der Datei zu erkennen.

Jede Datenseite beginnt mit einem Header von 96 Bytes, auf den der Rumpf mit den eigentlichen Daten folgt. Am Ende der Seite befindet sich ein Slotarray, das von hinten nach vorn gefüllt wird, beginnend mit dem Eintrag für die erste Zeile (siehe Abb. 3.2). Es teilt dem

Datenbankmodul mit, wo auf der Seite eine bestimmte Zeile beginnt. Beachten Sie, dass das Slotarray bis auf den Eintrag für die erste Zeile nicht in einer bestimmten Reihenfolge geordnet sein muss.

Abbildung 3.2 Eine typische 8-KB-Datenseite mit Header, Daten und Slotarray

In einer Datendatei gibt es verschiedene Arten von Seiten:

- **Daten** Reguläre Daten von einem Heap oder gruppierten Index auf Blattebene (die Daten selbst, also das, was Sie bei der Abfrage einer Tabelle sehen).
- **Index** Daten von gruppiertem Index auf Blatt- und Nichtblattebene sowie von gruppierten Indizes auf Nichtblattebene.
- **Datentypen für große Objekte** Dazu gehören `text`, `ntext`, `image`, `nvarchar(max)`, `varchar(max)`, `varbinary(max)`, CLR-Datentypen (Common Language Runtime), `xml` und `sql_variant`, die größer als 8 KB sind. Des Weiteren können hierin Überlaufdaten (Daten, die vom Datenbankmodul außerhalb der Seite verschoben wurden) mit einem Zeiger auf die ursprüngliche Seite gespeichert werden.
- **GAM (Global Allocation Map)** Merkt sich alle freien Blöcke in der Datendatei. Es gibt eine GAM-Seite für jedes GAM-Intervall (64.000 Blöcke oder ca. 4 GB).
- **SGAM (Shared GAM)** Merkt sich alle Blöcke, die gemischt sein können. Es gilt das gleiche Intervall wie bei GAM-Seiten.
- **PFS (Page Free Space)** Merkt sich den freien Platz in Heapseiten und Seiten für große Objekte. Es gibt eine PFS-Seite pro PFS-Intervall (8088 Seiten oder ca. 64 MB).
- **IAM (Index Allocation Map)** Merkt sich, welche Blöcke in einem GAM-Intervall zu einer bestimmten Zuweisungseinheit gehören. (Eine Zuweisungseinheit ist eine Gruppe von Seiten, die zu einer Partition gehören, die wiederum zu einer Tabelle gehört.) Es gilt das gleiche Intervall wie bei GAM-Seiten. Für jede Zuweisungseinheit gibt es mindestens eine IAM. Sind für eine Zuweisungseinheit mehrere IAMs vorhanden, so bilden sie eine *IAM-Kette*.

- **BCM (Bulk Changed Map)** Merkt sich, welche Blöcke seit der letzten vollständigen Sicherung massenprotokollierten Operationen unterzogen wurden. Wird bei Transaktionsprotokollsicherungen im massenprotokollierten Wiederherstellungsmodell verwendet.
- **DCM (Differential Changed Map)** Merkt sich, welche Blöcke seit der letzten vollständigen oder differenziellen Sicherung verändert wurden. Wird für differenzielle Sicherungen verwendet.
- **Bootseite** Nur eine pro Datenbank. Sie enthält Informationen über die Datenbank.
- **Dateiheaderseite** Eine pro Datendatei. Sie enthält Informationen über die Datei.

▶ **Weitere Informationen über die internen Mechanismen von Datenseiten erhalten Sie in Paul Randals Post »Anatomy of a Page« auf *https://www.sqlskills.com/blogs/paul/inside-the-storage-engine-anatomy-of-a-page*.**

Expertentipp

Was ist mit speicheroptimierten Objekten?

Auch (arbeits-)speicheroptimierte Objekte greifen auf das (Permanent-)Speichersubsystem zurück (schließlich muss auch das Transaktionsprotokoll immer noch in den Permanentspeicher geschrieben werden, wenn auch auf sehr effiziente Weise) und verursachen hohe IOPS-Werte. (Mehr über den nicht flüchtigen Speicher erfahren Sie in Kapitel 2, »Komponenten des Datenbankservers«.)

Speicheroptimierte Merkmale nutzen ihre eigene *speicheroptimierte Dateigruppe*. Sie ist auf ähnliche Weise implementiert wie die Dateigruppe `FILESTREAM`: Auch hier sind alle Objekte in Ordnern des zugrunde liegenden Dateisystems gespeichert.

Hier werden alle Daten- und Deltadateipaare für speicheroptimierte Objekte gespeichert. Microsoft empfiehlt diese Dateigruppe mindestens für Speichercontainer, die auf mehrere physische Laufwerke verteilt sind.

Diese Dateipaare zeichnen Änderungen an den Tabellen auf und werden bei der Wiederherstellung (sowie beim Neustart von SQL Server) verwendet, um die Objekte im Speicher neu aufzufüllen (bei der Verwendung der Dauerhaftigkeitseinstellung `SCHEMA_AND_DATA`). Die speicheroptimierte Dateigruppe können Sie nur durch Löschen einer Datenbank entfernen.

Laut Angabe von Microsoft müssen Sie als Laufwerkspeicher das Vierfache des Umfangs Ihrer speicheroptimierten Tabellen bereitstellen. Mehr darüber erfahren Sie auf *https://docs.microsoft.com/sql/relational-databases/in-memory-oltp/the-memory-optimized-filegroup*.

Verifizieren von Datenseiten mithilfe einer Prüfsumme

Wenn eine Datenseite in den Pufferpool gelesen wird, so wird automatisch eine Prüfsumme von ihr berechnet und mit der im Seitenheader auf dem Laufwerk gespeicherten Prüfsumme verglichen. Auf diese Weise stellt SQL Server Seitenbeschädigungen fest. Stimmen die Prüfsumme auf dem Laufwerk und die Prüfsumme im Arbeitsspeicher nicht überein, liegt eine Beschädigung vor. In der Datenbank msdb wird daraufhin ein Eintrag über diese verdächtige Seite verzeichnet.

Das Gleiche geschieht auch beim Schreiben auf das Laufwerk. Stimmt die Prüfsumme auf dem Laufwerk nicht mit der Prüfsumme der Datenseite im Pufferpool überein, so bedeutet das, dass die Seite beschädigt ist.

Die Eigenschaft PAGE_VERIFY ist für neue Datenbanken standardmäßig auf CHECKSUM eingestellt. Allerdings kann es notwendig sein, diese Einstellung bei Datenbanken zu überprüfen, die aus früheren Versionen von SQL Server stammen, insbesondere aus Versionen vor SQL Server 2005.

Mit der folgenden Abfrage können Sie die Einstellung für Prüfsummenverifizierung für alle Datenbanken einsehen:

```
SELECT name, databases.page_verify_option_desc
FROM sys.databases;
```

Durch die Verwendung von ECC-RAM (Error-Correcting Code Random Access Memory) können Sie die Gefahr der Beschädigung von Datenseiten verringern. Beschädigte Datenseiten auf dem Laufwerk werden von DBCC CHECKDB und anderen Operationen erkannt.

▶ **Informationen darüber, wie Sie Beschädigungen vorausschauend erkennen können, erhalten Sie im Abschnitt »Datenbankbeschädigungen« von Kapitel 13, »Verwaltung und Überwachung von SQL Server«.**

Aufzeichnen von Änderungen im Transaktionsprotokoll

Das Transaktionsprotokoll ist die wichtigste Komponente einer SQL Server-Datenbank, da hier alle von der Datenbank durchgeführten Arbeitseinheiten (*Transaktionen*) aufgezeichnet werden, bevor die Daten auf das Laufwerk geschrieben werden. Die Transaktionsprotokolldatei hat gewöhnlich die Endung *.ldf*.

Expertentipp

Wie viele Transaktionsprotokolldateien sollte ich pro Datenbank verwenden?

Es ist zwar möglich, die Transaktionsprotokolle für eine Datenbank in mehr als einer Datei zu speichern, aber im Allgemeinen nicht empfehlenswert, da es weder einen Leistungsvorteil bringt noch die Wartung vereinfacht. Wann es sinnvoll sein kann, mehrere Dateien für das Transaktionsprotokoll zu verwenden, erfahren Sie im Abschnitt »Virtuelle Protokolldateien« weiter hinten in diesem Kapitel.

Eine erfolgreiche Transaktion muss mit einem *Commit* festgeschrieben werden, eine fehlgeschlagene Transaktion dagegen wird *zurückgenommen* (*Rollback*).

Wenn SQL Server eine 8-KB-Datenseite einer Datendatei benötigt, so kopiert er sie vom Laufwerk und hält die Kopie im *Pufferpool* innerhalb des Arbeitsspeichers vor, solange die Seite benötigt wird (siehe Kapitel 2). Muss die Seite im Rahmen einer Transaktion geändert werden, so wird die Kopie im Pufferpool bearbeitet. Eine Aufzeichnung der Änderung wird im *Protokollpuffer* (ebenfalls im Arbeitsspeicher) angelegt und dann auf die Festplatte geschrieben.

Standardmäßig setzt SQL Server die Write-Ahead-Protokollierung ein, bei der Änderungen erst dann in die Datendatei geschrieben werden, wenn der entsprechende Protokolleintrag dauerhaft auf dem Laufwerk gespeichert ist.

In SQL Server 2014 wurde jedoch die neue Technik der *zeitverzögerten Dauerhaftigkeit* eingeführt. Dabei werden nicht alle Änderungen sofort in das Transaktionsprotokoll geschrieben. Stattdessen wartet SQL Server, bis der Protokollcache eine bestimmte Größe erreicht hat (oder `sp_flushlog` ausgeführt wird), bevor das Protokoll auf das Laufwerk geschrieben wird.

Achtung

Einschalten der zeitverzögerten Dauerhaftigkeit für eine Datenbank bietet zwar einen Leistungsvorteil, bringt aber auch die Gefahr von Datenverlusten mit sich, wenn es vor dem Speichern des Protokolls zu Störungen in der zugrunde liegenden Speicherschicht kommt.

▶ **Mehr über Speicherung des Protokolls und die Auswirkungen auf die Dauerhaftigkeit von Transaktionen erfahren Sie auf *https://docs.microsoft.com/sql/relational-databases/logs/control-transaction-durability*.**

Vor einem Commit oder Rollback ist der Ausgang einer Transaktion ungewiss. Es kann sein, dass während der Transaktion ein Fehler auftritt oder dass der Bediener die Transaktion manuell zurücknimmt, da die Ergebnisse nicht den Erwartungen entsprechen. Bei einem Rollback müssen die Änderungen an den Daten rückgängig gemacht werden. Dazu zieht SQL Server die gespeicherten Protokolleinträge heran.

Erst wenn die Einträge in die Transaktionsprotokolldatei geschrieben worden sind, kann auch die geänderte 8-KB-Seite in der Datendatei gespeichert werden. Es ist jedoch möglich, dass die Seite mehrere Male im Pufferpool geändert wird, bevor sie auf das Laufwerk geschrieben wird.

▶ **Weiter hinten in diesem Abschnitt erfahren Sie, wie Prüfpunkte dafür sorgen, dass die modifizierten Seiten auf das Laufwerk geschrieben werden.**

Für die Transaktionsprotokolldatei müssen Sie daher den schnellstmöglichen Speicher verwenden, da eine niedrige Latenz erforderlich ist.

Virtuelle Protokolldateien

Eine Transaktionsprotokolldatei ist in logische Segmente aufgeteilt, die als *virtuelle Protokolldateien* (Virtual Log Files, VLFs) bezeichnet werden. Diese Segmente werden dynamisch zugewiesen, wenn die Transaktionsprotokolldatei erstellt wird und wenn sie wächst. Die Größe der einzelnen VLFs ist nicht festgelegt, sondern wird mit einem Algorithmus bestimmt, der von der SQL Server-Version abhängt und die aktuelle Dateigröße und die Dateigrößeneinstellungen berücksichtigt. Jede VLF enthält einen Header mit der Protokollfolgenummer (Log Sequence Number, LSN) und der Angabe, ob die VLF aktiv ist.

Expertentipp

Was ist eine Protokollfolgenummer?

Jede Transaktion ist durch eine Protokollfolgenummer (Log Sequence Number, LSN) eindeutig gekennzeichnet. Die LSNs sind geordnet, das heißt, spätere LSNs sind größer als frühere. Überdies wird die LSN bei Datenbanksicherungen und -wiederherstellungen verwendet. Mehr darüber erfahren Sie in Kapitel 11, »Entwickeln, Bereitstellen und Verwalten der Datenwiederherstellung«, und Kapitel 13.

Abb. 3.3 zeigt die zyklische Natur des Transaktionsprotokolls. Wird beim Erstellen oder Vergrößern der Datei eine VLF zugewiesen, so wird sie im VLF-Header zunächst als inaktiv gekennzeichnet. Transaktionen können nur in aktiven Teilen der Protokolldatei aufgezeichnet werden, weshalb das SQL Server-Modul bei Bedarf nach inaktiven VLFs sucht und sie als aktiv kennzeichnet, um sie für Protokolleinträge nutzen zu können.

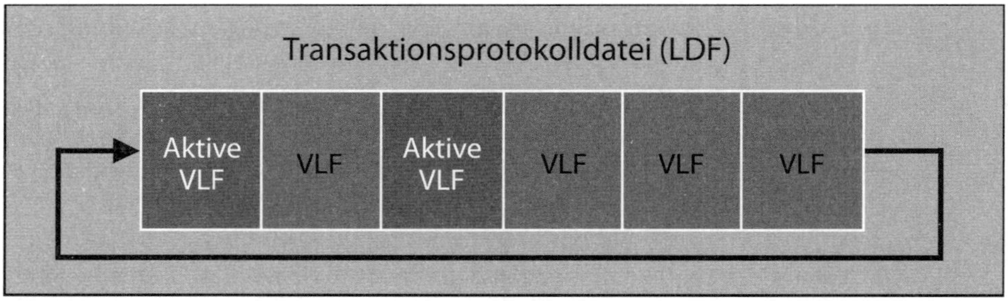

Abbildung 3.3 Die Transaktionsprotokolldatei mit aktiven und inaktiven VLFs

Die Kennzeichnung einer VLF als inaktiv wird als *Abschneiden des Protokolls* bezeichnet, wirkt sich aber nicht auf die Größe der physischen Transaktionsprotokolldatei aus. Es bedeutet lediglich, dass eine aktive VLF nicht mehr aktiv ist und daher wiederverwendet werden kann.

Das Transaktionsprotokoll wird von mehreren Prozessen genutzt, was zu einer Verzögerung beim Abschneiden des Protokolls führen kann. Was passiert, wenn die Transaktionen, für die eine aktive VLF genutzt wird, festgeschrieben oder zurückgenommen worden sind, hängt von mehreren Faktoren ab:

- Wiederherstellungsmodell:
  - **Einfach** Nach dem Commit einer Transaktion wird implizit ein Prüfpunkt generiert.
  - **Vollständig/Massenprotokolliert** Nach dem Commit einer Transaktion muss das Transaktionsprotokoll gesichert werden. War die Sicherung erfolgreich, wird implizit ein Prüfpunkt generiert.

- Andere Prozesse, die das Abschneiden des Protokolls verzögern können:
  - **Aktive Sicherung oder Wiederherstellung** Das Transaktionsprotokoll kann nicht abgeschnitten werden, wenn es gerade von einer Sicherungs- oder Wiederherstellungsoperation verwendet wird.
  - **Aktive Transaktion** Wenn eine andere Transaktion eine aktive VLF verwendet, kann das Protokoll nicht abgeschnitten werden.
  - **Datenbankspiegelung** Gespiegelte Änderungen müssen synchronisiert werden, bevor das Protokoll abgeschnitten wird. Dies geschieht im Hochleistungsmodus oder wenn sich der Spiegel hinter der Prinzipaldatenbank befindet.
  - **Replikation** Transaktionen, die noch nicht an die Zieldatenbank ausgeliefert wurden, können das Abschneiden des Protokolls verzögern.
  - **Erstellen von Datenbankmomentaufnahmen** Dieser Vorgang ist gewöhnlich kurz, aber trotzdem kann das Erstellen einer Momentaufnahme (Snapshot; manuell oder beispielsweise durch Datenbankkonsistenzprüfungen) das Abschneiden verzögern.
  - **Protokollscan** Auch dieser Vorgang ist gewöhnlich kurz, kann aber das Abschneiden des Protokolls verzögern.
  - **Prüfpunktoperation** Siehe den Abschnitt »Schreiben von Daten ins Speichersubsystem mithilfe von Prüfpunktenn« weiter hinten in diesem Kapitel.

▶ **Mehr darüber erfahren Sie im Artikel »Factors That Can Delay Log Transaction« auf *https://technet.microsoft.com/library/ms345414.aspx*.**

Nachdem der Prüfpunkt generiert wurde und die genannten Vorgänge abgeschlossen sind, die das Transaktionsprotokoll noch nutzen, wird das Protokoll abgeschnitten, indem die VLFs als inaktiv gekennzeichnet werden.

Die VLFs werden nacheinander auf diese Weise genutzt, bis das Ende der Datei erreicht ist. Dann beginnt die Protokollierung wieder am Anfang der Datei. Das Datenbankmodul sucht dort nach einer inaktiven VLF, die es als aktiv kennzeichnen kann. Stehen keine inaktiven VLFs bereit, muss die Protokolldatei neue erstellen, indem es die Größe in Übereinstimmung mit den Einstellungen für das automatische Wachstum erweitert.

Wenn die Protokolldatei nicht wachsen kann, werden alle Operationen an der Datenbank angehalten, bis es möglich ist, VLFs wiederzuverwenden oder neue anzulegen.

Expertentipp

Was geschieht, wenn der Platz in der Transaktionsprotokolldatei ausgeht?

Sollte im Transaktionsprotokoll der Platz ausgehen, weil keine inaktiven VLFs mehr zur Verfügung stehen, müssen Sie als Erstes das Transaktionsprotokoll sichern (wenn die Datenbank das vollständige oder massenprotokollierte Wiederherstellungsmodell nutzt). Wenn das nicht funktioniert, können Sie die Transaktionsprotokolldatei vergrößern. Reicht dafür der Platz auf dem Laufwerk nicht aus, können Sie der Datenbank auf einem anderen Laufwerk eine sekundäre Protokolldatei zuweisen.

Wenn der Platz in der Transaktionsprotokolldatei ausgeht, liegt das meistens daran, dass die Datenbank das vollständige oder massenprotokollierte Datenbankmodell verwendet, das Transaktionsprotokoll aber nicht regelmäßig gesichert wird. Wir empfehlen, ein automatisches Wachstum der Transaktionsprotokolldateien mit fester Zuwachsgröße zu erlauben und das Transaktionsprotokoll regelmäßig zu sichern.

Schreiben von Daten ins Speichersubsystem mithilfe von Prüfpunkten

Wie Sie in Kapitel 2 erfahren haben, werden jegliche Änderungen an den Daten aus Leistungsgründen asynchron in die Datenbankdatei geschrieben. Dieser Vorgang wird durch *Datenbankprüfpunkte* gesteuert. Wann solche Prüfpunkte auftreten, wird durch Einstellungen der Datenbank festgelegt. Möglichkeiten zur Beeinflussung bestehen durch die Einstellung des Wiederherstellungsintervalls und durch die Ausgabe des Befehls `CHECKPOINT` im Kontext der jeweiligen Datenbank.

Der Prüfpunktprozess schreibt alle modifizierten Seiten im Pufferpool und die im Arbeitsspeicher befindlichen Inhalte des Transaktionsprotokolls in das Speichersubsystem. Das verringert die erforderliche Zeit zur Wiederherstellung einer Datenbank, da dabei nur für solche Änderungen ein Rollforward erforderlich ist, die nach dem letzten Prüfpunkt erfolgt sind (siehe den Abschnitt »Neustart mit Wiederherstellung« weiter hinten in diesem Kapitel).

Die Mindest-LSN für die Wiederherstellung

Wenn ein Prüfpunkt auftritt, wird in das Transaktionsprotokoll ein Eintrag geschrieben, der diesen Umstand festhält. Danach muss die Mindest-LSN für die Wiederherstellung aufgezeichnet werden. Dabei handelt es sich um den kleinsten der drei folgenden Werte: die LSN am Beginn des Prüfpunkts, die LSN der ältesten aktiven Transaktion oder die LSN der ältesten Replikationstransaktion, die noch nicht an die transaktionale Verteilungsdatenbank für die Replikation ausgeliefert wurde.

Anders ausgedrückt: Die Mindest-LSN ist »die Protokollfolgenummer des ältesten Protokolleintrags, der für einen erfolgreichen datenbankweiten Rollback erforderlich ist« (*https://docs.microsoft.com/sql/relational-databases/sql-server-transaction-log-architecture-and-management-guide*).

▶ **Mehr über die Verteilungsdatenbank erfahren Sie im Abschnitt »Replikation« von Kapitel 12, »Hochverfügbarkeit und Notfallwiederherstellung«.**

Dadurch ist nach einem Absturz klar, dass die Wiederherstellung erst bei der Mindest-LSN beginnen muss, sodass jegliche ältere LSNs im Transaktionsprotokoll übergangen werden können.

Bei einem Prüfpunkt wird auch die Liste der aktiven Transaktionen aufgezeichnet, die Änderungen an der Datenbank vorgenommen haben. Ist für die Datenbank das einfache Wiederherstellungsmodell festgelegt, werden die ungenutzten Teile des Transaktionsprotokolls vor der Mindest-LSN zur Wiederverwendung gekennzeichnet. Alle modifizierten Seiten und Informationen des Transaktionsprotokolls werden in das Speichersubsystem geschrieben, das Ende des Prüfpunkts wird im Protokoll verzeichnet und die LSN vom Beginn des Prüfpunkts wird in die Bootseite der Datenbank geschrieben.

Hinweis

Beim vollständigen und massenprotokollierten Wiederherstellungsmodell wird bei einer erfolgreichen Sicherung des Transaktionsprotokolls implizit ein Prüfpunkt generiert.

Arten von Datenbankprüfpunkten

Prüfpunkte können auf verschiedene Weise ausgelöst werden. Am häufigsten treten automatische Prüfpunkte auf, deren Generierung durch die Einstellung des Wiederherstellungsintervalls gesteuert wird. (Wie Sie diese Einstellung ändern, erfahren Sie im folgenden Expertentipp-Kasten.) In aktiven Datenbanken (also solchen, in denen es überhaupt Änderungen gibt) treten Prüfpunkte dieser Art gewöhnlich einmal pro Minute auf.

Hinweis

Bei inaktiven Datenbanken ohne Transaktionen sind keine häufigen Prüfpunkte erforderlich, da sich im Pufferpool nichts ändert.

Prüfpunkte können auch durch folgende Ereignisse ausgelöst werden:

- Datenbanksicherungen (auch Sicherungen des Transaktionsprotokolls)
- Herunterfahren von Datenbanken
- Hinzufügen oder Entfernen von Dateien in einer Datenbank
- Herunterfahren der SQL Server-Instanz
- Operationen mit minimaler Protokollierung (z. B. bei einer Datenbank mit dem einfachen oder dem massenprotokollierten Wiederherstellungsmodell).
- Ausdrückliche Verwendung des Befehls `CHECKPOINT`

Expertentipp

Wie kann ich das Wiederherstellungsintervall festlegen?

Laut Microsoft legt das Wiederherstellungsintervall »eine Obergrenze dafür fest, wie lange die Wiederherstellung einer Datenbank dauern darf. Das SQL Server-Datenbankmodul bestimmt anhand des Werts dieser Option, wie oft ungefähr automatische Prüfpunkte für eine gegebene Datenbank ausgegeben werden sollten.« (Siehe *https://docs.microsoft.com/sql/database-engine/configure-windows/configure-the-recovery-interval-server-configuration-option*; auf dieser Seite erfahren Sie auch, wie Sie diese Einstellung einrichten.)

Den Standardwert sollten Sie nur dann anheben, wenn Sie einen besonderen Grund dafür haben. Ein längeres Wiederherstellungsintervall kann mehr Zeit für die Wiederherstellung der Datenbank erforderlich machen, was Ihre Zielvorgabe für die Wiederherstellungszeit verletzen könnte.

Versuchen Sie, Transaktionen so kurz wie möglich zu halten, denn auch das kann die Wiederherstellungszeit verkürzen. Mehr darüber, wie Sie effiziente Transaktionen schreiben, erfahren Sie auf *https://technet.microsoft.com/library/ms187484.aspx*.

Es gibt vier verschiedene Arten von Prüfpunkten:

- **Automatisch** Sie werden intern vom Datenbankmodul ausgegeben, um die eingestellte Länge des Wiederherstellungsintervalls zu erzielen. In SQL Server 2016 und höher beträgt der Standardwert für dieses Intervall eine Minute.
- **Indirekt** Prüfpunkte dieser Art werden ausgegeben, um einen mit `TARGET_RECOVERY_TIME` vom Benutzer angegebenen Zielwert für die Wiederherstellungszeit zu erreichen.
- **Manuell** Manuelle Prüfpunkte werden bei Ausführung des Befehls `CHECKPOINT` ausgegeben.
- **Intern** Sie werden intern von verschiedenen Vorgängen ausgegeben, z. B. bei Sicherungen und beim Erstellen von Momentaufnahmen, um die Konsistenz zwischen dem Protokoll und dem Image auf dem Laufwerk sicherzustellen.

▶ **Weitere Informationen über Prüfpunkte erhalten Sie auf *https://docs.microsoft.com/sql/relational-databases/logs/database-checkpoints-sql-server*.**

Neustart mit Wiederherstellung

Wenn SQL Server startet, wird für jede einzelne Datenbank eine Wiederherstellung durchgeführt (in einem Thread pro Datenbank, damit der Vorgang so schnell wie möglich erledigt ist), da SQL Server nicht sicher sein kann, dass alle Datenbanken sauber heruntergefahren wurden.

Das Transaktionsprotokoll wird vom letzten Prüfpunkt im aktiven Teil an gelesen, also von der LSN an, die in der Bootseite der Datenbank aufgezeichnet wurde (siehe den Abschnitt »Die Mindest-LSN für die Wiederherstellung« weiter vorn). Dabei werden alle aktiven VLFs nach zu erledigenden Aufgaben durchsucht.

Für alle mit Commit festgeschriebenen Transaktionen erfolgt ein *Rollforward* und danach für alle nicht festgeschriebenen ein *Rollback*. Die Gesamtzahl der dabei ausgeführten und zurückgenommenen Transaktionen wird in der Datei `ERRORLOG` festgehalten.

In SQL Server Enterprise Edition wird die Datenbank sofort nach dem Abschluss der Rollforwardphase online gestellt. Bei allen anderen Editionen kommt die Datenbank erst nach dem Ende der Rollbackphase online.

▶ **Weitere Informationen über Datenbankbeschädigungen und Wiederherstellung erhalten Sie in Kapitel 13.**

Der Grund dafür, dass wir dieses Thema in diesem einführenden Kapitel so ausführlich behandeln, besteht darin, dass wir deutlich machen wollen, warum die Laufwerksleistung beim Erstellen und Zuweisen von Datenbankdateien von so überragender Bedeutung ist.

Wenn ein Transaktionsprotokoll erstellt oder erweitert wird, muss das Dateisystem alle Bytes in dem entsprechenden Segment des Laufwerks mit Nullen überschreiben.

Aus diesem Grund gibt es bei Transaktionsprotokolldateien keine sofortige Dateiinitialisierung. Denken Sie daran, wenn Sie Transaktionsprotokolldateien vergrößern oder verkleinern. Alle Aktivitäten in der Datenbank werden angehalten, bis der Dateivorgang abgeschlossen ist.

Sie können sich vorstellen, dass das bei umfangreichen Dateien sehr zeitraubend sein kann. Daher müssen Sie bei der Einstellung der Optionen für das Dateiwachstum sorgfältig vorgehen, insbesondere bei Transaktionsprotokolldateien. Messen Sie die Leistung der zugrunde liegenden Speicherschicht und richten Sie das Wachstum so ein, dass Sie einen Ausgleich zwischen Leistung und verringerter VLF-Zahl erzielen. Das Dateiwachstum für Transaktionsprotokolle sollten Sie in Mehrfachen von 8 GB festlegen. Bei einer Geschwindigkeit von 200 MB/s für sequenzielle Schreibvorgänge dauert es dann weniger als eine Minute, um die Transaktionsprotokolldatei zu erweitern.

Mindest-LSN und aktives Protokoll

Wie bereits erwähnt, enthält jede VLF einen Header mit einer LSN und der Angabe, ob die VLF aktiv ist. Der Teil des Transaktionsprotokolls von der VLF mit der Mindest-LSN bis zu derjenigen mit dem neuesten Protokolleintrag wird als der aktive Teil des Protokolls betrachtet.

Für eine vollständige Wiederherstellung sind alle Einträge im aktiven Protokoll erforderlich. Daher muss das aktive Protokoll auch alle Einträge für noch nicht festgeschriebene Transaktionen enthalten, weshalb lang dauernde Transaktionen ein Problem darstellen können. Replizierte Transaktionen, die noch nicht an die Verteilungsdatenbank ausgeliefert wurden, wirken sich ebenfalls auf die Mindest-LSN aus.

Jede Art von Transaktion, die keine Erhöhung der Mindest-LSN im normalen Verlauf der Ereignisse zulässt, beeinträchtigt die Stabilität und Leistung der Datenbankumgebung, da die Transaktionsprotokolldatei unkontrolliert wachsen kann.

Wenn VLFs nicht inaktiv gemacht werden können, bis eine lang andauernde Transaktion festgeschrieben oder zurückgenommen wird, oder wenn eine VLF von anderen Prozessen genutzt wird (z. B. Datenbankspiegelung, Verfügbarkeitsgruppen oder transaktionale Replikation), wird die Protokolldatei gezwungenermaßen erweitert. Auch Protokollsicherungen, die solche lang laufenden Transaktionen einschließen, sind ziemlich umfangreich. Die Wiederherstellungsphase kann daher länger dauern, da viel mehr aktive Transaktionen zu verarbeiten sind.

▶ **Mehr über die Architektur der Transaktionsprotokolldatei erfahren Sie auf** ***https://docs.microsoft.com/sql/relational-databases/sql-server-transaction-log-architecture-and-management-guide.***

Tabellenpartitionierung

Alle Tabellen in SQL Server sind im Grunde genommen bereits partitioniert, weisen aber standardmäßig lediglich eine Partition auf. Bis SQL Server 2016 SP 1 konnten weitere Partitionen nur in der Enterprise Edition hinzugefügt werden.

Es handelt sich hierbei um eine *horizontale Partitionierung*. Stellen Sie sich vor, dass eine Datenbanktabelle extrem groß wird und das Hinzufügen neuer Zeilen viel Zeit kostet. In einem solchen Fall können Sie die Tabelle anhand eines *Partitionierungsschlüssels* (gewöhnlich eine Datumsspalte) in Gruppen von Zeilen aufteilen, wobei jede Gruppe ihre eigene Partition einnimmt. Diese Partitionen wiederum können Sie in verschiedenen Dateigruppen speichern, um die Lese- und Schreibleistung zu verbessern.

Die Zerlegung einer Tabelle auf diese Weise kann zu einer als *Partitionseliminierung* bezeichneten Abfrageoptimierung führen. Dabei wird nur die Partition mit den tatsächlich benötigten Daten abgefragt.

Die Tabellenpartitionierung wurde jedoch nicht hauptsächlich zur Leistungssteigerung eingeführt. Die Partitionierung von Tabellen führt auch nicht automatisch zu einer besseren Abfrageleistung. Die Leistung kann sogar aufgrund anderer Faktoren schlechter sein, insbesondere im Zusammenhang mit Statistiken. (Mehr über die Gestaltung von partitionierten Tabellen erfahren Sie in Kapitel 8.)

Trotzdem bietet die Partitionierung von Tabellen erhebliche Vorteile für umfangreiche Datenmengen, insbesondere bei Gleitfenstern und beim Verschieben von Daten in die und aus der Tabelle. Dieser Vorgang wird *Partitionswechsel* genannt und ermöglicht es, Daten fast umgehend in eine Tabelle hinein- bzw. herauszunehmen.

Nehmen wir an, Sie müssen jeden Monat Daten in eine Tabelle laden und für Abfragen bereitstellen. Bei der Verwendung der Partitionierung können Sie die Daten in eine eigene Tabelle in derselben Datenbank einfügen, die über dieselbe Struktur und den gleichen gruppierten Index verfügt wie die Haupttabelle. Mit einem Wechselvorgang können Sie dann die Daten fast umgehend in die partitionierte Tabelle aufnehmen, da dafür keine Datenverschiebung erforderlich ist. (Um die Metadaten der Tabelle zu aktualisieren, ist eine gemeinsame Sperre erforderlich.)

Da Partitionen durch einen solchen Wechsel fast umgehend wieder herausgenommen werden, lassen sich damit auch große Gruppen von Daten sowie Daten, die regelmäßig aus Altersgründen ausgelagert werden (Gleitfenster), sehr leicht verwalten.

Expertentipp

Soll ich partitionierte Tabellen oder partitionierte Sichten verwenden?

Da die Tabellenpartitionierung seit SQL Server 2016 SP 1 in allen Editionen verfügbar ist, kann sie als eine attraktive Option für kleinere Datenbanken erscheinen. Allerdings ist es meistens sinnvoller, stattdessen partitionierte Sichten zu verwenden.

Dabei wird eine Datenbanksicht verwendet, die aus einer Vereinigungsabfrage an einer Gruppe mehrerer zugrunde liegender Tabellen entsteht. Anstatt direkt eine partitionierte Tabelle abzufragen, greifen Sie auf die Sicht zu.

Mit Einschränkungen der Primärschlüssel für die einzelnen Grundtabellen kann der Abfrageoptimierer eine Art Partitionseliminierung (eigentlich Grundtabelleneliminierung) nutzen. Das Verschieben von Daten in die partitionierte Sicht und aus ihr heraus sollte fast umgehend erfolgen, da nur die Sicht aktualisiert werden muss, um eine bestimmte Grundtabelle hinzuzufügen oder zu entfernen.

Datenkomprimierung

SQL Server unterstützt verschiedene Arten der Datenkomprimierung, um den erforderlichen Platz auf dem Laufwerk für Daten und Sicherungen zu verringern, wobei dieser Vorteil jedoch mit einer höheren CPU-Nutzung erkauft wird.

▶ **Mehr über Datenkomprimierung erfahren Sie auf *https://docs.microsoft.com/sql/relational-databases/data-compression/data-compression*.**

Die Höhe des CPU-Mehraufwands für die Komprimierung und Entkomprimierung hängt gewöhnlich von der Art der Daten sowie von der Art der Abfragen ab, die an der Datenbank ausgeführt werden. Zwar können höhere CPU-Lasten durch Einsparungen bei der E/A ausgeglichen werden, doch empfehlen wir trotzdem, dieses Merkmal vor der Implementierung erst zu testen.

Zeilenkomprimierung

Die Zeilenkomprimierung können Sie für einzelne Tabellen einschalten. Jede Spalte einer Zeile wird anhand ihres Datentyps und ihrer Inhalte ausgewertet:

- Der Datentyp `numeric` und die von ihm abgeleiteten Typen (`integer`, `decimal`, `float`, `datetime` und `money`) werden mit variabler Länge in der physischen Schicht gespeichert.
- Zeichendatentypen fester Länge werden als String variabler Länge gespeichert, wobei leere nachgestellte Zeichen nicht gespeichert werden.
- Datentypen variabler Länge einschließlich großer Objekte sind von der Zeilenkomprimierung nicht betroffen.
- Bitspalten nehmen aufgrund der zugehörigen Metadaten sogar noch mehr Platz ein.

Die Zeilenkomprimierung kann für Tabellen mit Zeichendatentypen fester Länge und zu umfangreichen numerischen Typen (z. B. `bigint` für eine Spalte, die nur Integer enthält) sinnvoll sein.

▶ **Mehr über Zeilenkomprimierung erfahren Sie auf *https://docs.microsoft.com/sql/relational-databases/data-compression/row-compression-implementation*.**

Seitenkomprimierung

Auch die Seitenkomprimierung wird tabellenweise eingeschaltet, wirkt sich aber auf alle mit der Tabelle verknüpften Datenseiten aus, also auch auf Indizes, Tabellen- und Indexpartitionen. Seiten auf Blattebene (siehe Abb. 3.4) werden in drei Schritten komprimiert:

1. Zeilenkomprimierung
2. Präfixkomprimierung
3. Dictionarykomprimierung

Seiten auf Nichtblattebenen werden aus Leistungsgründen nur der Zeilenkomprimierung unterworfen.

Expertentipp

Was ist der Unterschied zwischen Blatt- und Nichtblattseiten?

Gruppierte und nicht gruppierte Indizes werden in SQL Server als sogenannte B+-Strukturen gespeichert. Eine solche Struktur hat einen Stammknoten, der zu untergeordneten Knoten aufgefächert wird. Die Daten selbst befinden sich auf Blattebene.

Alle Knoten zwischen der Stamm- und den Blattebenen werden als Knoten von Zwischen- oder Nichtblattebenen bezeichnet. Der Zugriff auf die Daten in den Blattebenen erfolgt (bei einer Such- oder Scanoperation) mithilfe von Seitenbezeichnern auf der Stamm- und den Zwischenebenen. Diese Bezeichner enthalten Zeiger auf die entsprechenden Startschlüsselwerte auf der Blattebene. Im Slotarray der Seiten auf Blattebene befinden sich Zeiger auf die Zeilen.

Abb. 3.4 zeigt ein Beispiel für einen gruppierten Index.

▶ **Mehr über Indizes erfahren Sie in Kapitel 10, »Indizes«, und Kapitel 13. Informationen über B+-Strukturen erhalten Sie auf *https://technet.microsoft.com/library/ms177443.aspx*.**

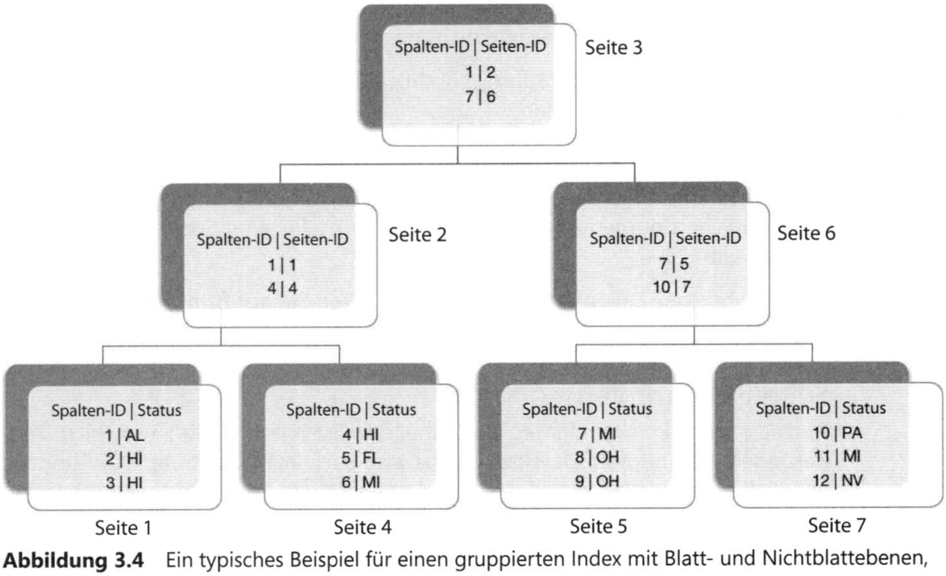

Abbildung 3.4 Ein typisches Beispiel für einen gruppierten Index mit Blatt- und Nichtblattebenen, gruppiert nach Spalten-ID

Die Präfixkomprimierung funktioniert spaltenweise. Dabei wird in jeder Spalte ein gemeinsames Präfix gesucht. Eine als Komprimierungsinformationsstruktur bezeichnete Zeile wird gleich genau unter dem Seitenheader erstellt. Sie enthält eine einzelne Zeile aus allen Spalten mit ihrem jeweiligen Präfix.

Entspricht die Zeile einer Spalte diesem Präfix, so wird der Wert durch einen Verweis auf das Spaltenpräfix ersetzt.

Bei der Dictionarykomprimierung wird anschließend die gesamte Seite nach wiederholten Werten unabhängig von der Spalte durchsucht. Auch diese Werte werden in der Komprimierungsinformationsstruktur gespeichert. Bei einer Übereinstimmung werden die Werte in der betreffenden Zeile durch einen Verweis auf den komprimierten Wert ersetzt.

Auf nicht vollständig gefüllte Datenseiten wird nur die Zeilenkomprimierung angewendet. Ist die komprimierte Seite einschließlich der Komprimierungsinformationsstruktur nicht erheblich kleiner als die Seite in nicht komprimierter Form, so findet die Komprimierung auf dieser Seite nicht statt.

Unicode-Komprimierung

Mit der Unicode-Komprimierung lassen sich Einsparungen von 15 bis 50 % erzielen. Sie wird bei der Zeilen- und der Seitenkomprimierung automatisch auf Unicode-Datentypen angewendet. Wie hoch die Einsparungen tatsächlich sind, hängt vom Gebietsschema ab. Der Wert von 50 % kann bei lateinischen Alphabeten erreicht werden. Diese Art der Komprimierung ist besonders bei den Datentypen `nchar` und `nvarchar` nützlich.

Komprimierung von Sicherungen

Die Seiten- und die Zeilenkomprimierung werden auf der Ebene einzelner Tabellen angewendet, die Sicherungskomprimierung dagegen auf die Sicherungsdatei der gesamten Datenbank.

Komprimierte Sicherungen sind gewöhnlich kleiner als nicht komprimierte, weshalb bei ihnen weniger E/A-Operationen erforderlich sind, was wiederum die erforderliche Zeit für eine Sicherung oder Wiederherstellung verringert. Bei umfangreichen Datenbanken kann das die Zeit für eine Notfallwiederherstellung drastisch verkürzen.

Das Komprimierungsverhältnis hängt von der Art der Daten ab sowie davon, ob die Datenbank verschlüsselt ist und ob die Daten bereits komprimiert sind. Bei einer Datenbank mit Seiten- oder Zeilenkomprimierung fallen die Vorteile der Sicherungskomprimierung unter Umständen nicht so stark aus.

Die CPU kann in der Ressourcenkontrolle für die Sicherungskomprimierung beschränkt werden. (Mehr über die Ressourcenkontrolle erfahren Sie im Abschnitt »Konfigurationseinstellungen« weiter hinten in diesem Kapitel.)

Wir empfehlen, die Sicherungskomprimierung in den meisten Fällen einzuschalten. Denken Sie aber daran, dass Sie ggf. die CPU-Nutzung überwachen müssen.

Verwalten der temporären Datenbank

SQL Server nutzt die temporäre Datenbank `TempDB` für eine Reihe von Dingen, die für die Benutzer größtenteils unsichtbar sind, etwa temporäre Tabellen, Tabellenvariablen, Trigger, Cursor, Tabellensortierung, Momentaufnahmeisolation, Read-Committed-Momentaufnahmeisolation, Indexerstellung, benutzerdefinierte Funktionen usw.

Bei der Ausführung von Abfragen mit Operationen, die nicht in den Arbeitsspeicher passen (den Pufferpool und die Pufferpoolerweiterung), werden die Operationen auf das Laufwerk ausgelagert, wozu ebenfalls `TempDB` eingesetzt wird. Anders ausgedrückt ist `TempDB` der Arbeitsbereich für alle Datenbanken der Instanz, wobei jede Instanz nur über eine `TempDB`-Datenbank verfügt.

Speicheroptionen für TempDB

Bei jedem Neustart von SQL Server wird `TempDB` gelöscht. Wenn die Datei nicht vorhanden ist, wird sie neu erstellt. Ist die voreingestellte Größe der Dateien kleiner als die letzte tatsächliche Größe, dann werden sie automatisch geschrumpft oder abgeschnitten. Für `TempDB` gibt es gewöhnlich ebenfalls nur eine einzige Transaktionsprotokolldatei, aber ein oder mehrere Datendateien in einer einzigen Dateigruppe.

Aus diesem Grund ist Leistung von entscheidender Bedeutung, sogar noch mehr als bei anderen Datenbanken. Zurzeit wird sogar empfohlen, den schnellsten Speicher vordringlich für `TempDB` einzusetzen und erst dann auch für die Transaktionsprotokolldateien anderer Datenbanken zur Verfügung zu stellen.

Wenn möglich, sollten Sie für `TempDB` Halbleiterspeicher verwenden. In einer Failoverclusterinstanz bringen Sie `TempDB` im lokalen Speicher jedes einzelnen Knotens unter.

Empfohlene Anzahl von Dateien

Für `TempDB` sollte es nur eine einzige Transaktionsprotokolldatei geben.

Die optimale Anzahl von `TempDB`-Datendateien in einer Instanz ist fast immer größer eins und kleiner oder gleich der Anzahl logischer Prozessorkerne. Diese Faustregel gilt sowohl für physische als auch für virtuelle Server.

▶ **Mehr über Prozessoren erfahren Sie in Kapitel 2. Affinitätsmasken werden weiter hinten in diesem Kapitel vorgestellt.**

Die im SQL Server-Setupprogramm empfohlene Standardanzahl von `TempDB`-Datendateien entspricht der Anzahl logischer Prozessorkerne bis zu einem Höchstwert von acht, wobei Sie aber beachten müssen, dass bei der Zählung der logischen Kerne das symmetrische Multithreading (z. B. Hyper-Threading) berücksichtigt werden muss. Mehr `TempDB`-Datendateien zu verwenden, als es logische Prozessorkerne gibt, verbessert die Leistung gewöhnlich nicht; im Gegenteil, zu viele dieser Dateien können die Leistung sogar erheblich beeinträchtigen.

Die Erhöhung der Dateianzahl auf acht verringert (zusammen mit anderen Faktoren) die Konkurrenz beim Zuweisen temporärer Objekte. Sind der Instanz mehr als acht logische Prozessoren zugeordnet, sollten Sie testen, ob eine Erhöhung der Dateianzahl auf mehr als acht die Leistung steigert. Das hängt sehr stark von der Arbeitslast ab.

Die `TempDB`-Datendateien können Sie zusammen auf demselben Volume zuweisen (siehe den Abschnitt »Arten von Speicher« in Kapitel 2), sofern die zugrunde liegende Speicherschicht die Voraussetzungen von `TempDB` für geringe Latenz erfüllt. Wollen Sie den Speicher auch für andere Datenbankdateien nutzen, müssen Sie die Latenz und den IOPS-Wert berücksichtigen.

Expertentipp

Brauche ich die Ablaufverfolgungsflags 1118 und 1117 für TempDB?

In Versionen vor SQL Server 2016 wurden mit dem Ablaufverfolgungsflag 1118 gemischte Blöcke auf Instanzebene ausgeschaltet, was die Konkurrenzsituation beim Erstellen und Löschen vieler temporärer Objekte entschärfte.

Mit dem Ablaufverfolgungsflag 1117 wurde dafür gesorgt, dass alle einer Datenbank zugeordneten Dateien mit derselben Rate wachsen.

Da Ablaufverfolgungsflags instanzweit gültig sind, waren von ihnen alle Datenbanken betroffen, auch wenn `TempDB` den größten Nutzen daraus zog.

Seit SQL Server 2016 haben diese Ablaufverfolgungsflags keine Auswirkung mehr. Stattdessen sind für `TempDB` standardmäßig sowohl gleichförmige Blöcke eingeschaltet (`MIXED_PAGE_ALLOCATION` wurde weiter vorn in diesem Kapitel erwähnt) als auch die Einstellung, nach der alle Dateien gleichzeitig automatisch erweitert werden.

Konfigurationseinstellungen

SQL Server bietet Dutzende von Einstellungen zur Anpassung an die vorliegenden Arbeitslasten. Es gibt auch empfohlene Vorgehensweisen, um die bestmöglichen Einstellungen vorzunehmen (z. B. für Dateiwachstum, Arbeitsspeicher und Parallelität). Einige davon behandeln wir in diesem Abschnitt.

▶ **Kapitel 4, »Bereitstellen von Datenbanken«, behandelt weitere Konfigurationseinstellungen zur Bereitstellung von Datenbanken.**

Viele dieser Einstellungen können mit der Ressourcenkontrolle gesteuert werden, einer Funktion zur Arbeitslastverwaltung des Datenbankmoduls, die einzelne Arten von Arbeitslasten auf einen bestimmten Satz von Systemressourcen (CPU, RAM und E/A) beschränkt.

Verwalten der Systemnutzung mit der Ressourcenkontrolle

Mit der Ressourcenkontrolle können Sie Grenzwerte für den Ressourcenverbrauch in einer Anwendungssitzung festlegen, und zwar in Echtzeit, sodass Sie Arbeitslasten verwalten können, ohne dabei die anderen Arbeitslasten auf dem System zu beeinträchtigen.

Ein Ressourcenpool steht für die *physischen Ressourcen* einer Instanz, weshalb Sie ihn sich als eine SQL Server-Miniinstanz vorstellen können. Um die Ressourcenkontrolle bestmöglich zu nutzen, sollten Sie ähnliche Arbeitslasten zu einer *Arbeitslastgruppe* zusammenfassen, sodass Sie sie einem bestimmten Ressourcenpool zuschlagen können.

Dieser Vorgang wird als *Klassifizierung* bezeichnet. Dabei schauen Sie sich die Merkmale einer eingehenden Anwendungssitzung an und teilen sie anhand Ihrer Kriterien einer Arbeitslastgruppe zu. Das ermöglicht eine Feinsteuerung der Ressourcennutzung und damit die Verringerung des Einflusses einzelner Arbeitslasten auf andere, wichtigere Arbeitslasten.

Achtung

Bei der Klassifizierung haben Sie sehr viele Möglichkeiten, da die Ressourcenkontrolle die Verwendung benutzerdefinierter Funktionen (User-Defined Function, UDF) für diesen Zweck erlaubt. Dabei kann eine schlecht geschriebene UDF jedoch das ganze System zum Erliegen bringen. Testen Sie Klassifizierungsfunktionen daher unbedingt und optimieren Sie ihre Leistung. Wenn Sie Probleme mit einer Klassifizierungsfunktion beheben müssen, verwenden Sie dazu eine dedizierte Administratorverbindung, da sie nicht der Klassifizierung unterliegt.

Beispielsweise kann eine Berichtsanwendung die Datenbankleistung aufgrund von Konkurrenzbedingungen zu bestimmten Tageszeiten beeinträchtigen. Wenn Sie sie einer bestimmten Arbeitslastgruppe zuordnen, können Sie die Menge an Arbeitsspeicher und E/A begrenzen, die die Berichtsanwendung nutzen darf, um so die Auswirkungen beispielsweise auf einen Monatsabschlussprozess zu verringern, der zur selben Zeit laufen muss.

Konfigurieren der Auslagerungsdatei (Windows)

Windows verwendet die Auslagerungsdatei als virtuellen Arbeitsspeicher für alle Anwendungen einschließlich SQL Server, wenn für den aktuellen Arbeitssatz nicht genügend Arbeitsspeicher zur Verfügung steht. Dazu lagert es Segmente des RAM auf das Laufwerk aus. Da Permanentspeicher langsamer ist als Arbeitsspeicher (siehe Kapitel 2), erfolgt auch die Arbeit mit ausgelagerten Daten langsamer.

Die Auslagerungsdatei dient auch dazu, das Systemabsturzabbild für die forensische Analyse aufzunehmen, was ihre Größe auf modernen Systemen mit großen Mengen an Arbeitsspeicher bestimmt. Aus diesem Grund wird allgemein empfohlen, dass die Systemauslagerungsdatei mindestens der Größe des physischen Arbeitsspeichers auf dem Server entspricht.

Eine weitere allgemeine Empfehlung besagt, dass die Auslagerungsdatei auf *Systemverwaltet* eingestellt werden sollte. Seit Windows Server 2012 hat sich diese Regel bewährt. Auf Servercomputern mit großen Mengen an Arbeitsspeicher kann die Auslagerungsdatei riesig sein, was besonders zu berücksichtigen ist, wenn sie sich auf dem gleichen Volume wie das Betriebssystem befindet. Daher wird sie oft auf ein eigenes Volume verlegt.

Auf einem dedizierten SQL Server-Computer können Sie die Auslagerungsdatei auf eine feste Größe relativ zum Wert für den in SQL Server eingestellten maximalen Serverarbeitsspeicher festlegen. Im Prinzip verwendet die Datenbankinstanz so viel RAM, wie Sie ihr erlauben, also bis zu dem mit *Max. Serverarbeitsspeicher* angegebenen Grenzwert, weshalb Windows SQL Server vorzugsweise nicht auslagert.

Hinweis

Wenn die Richtlinie *Sperren von Seiten im Speicher* eingeschaltet ist (was nur auf einem physischen Server empfohlen wird), kann SQL Server nicht zwangsweise ausgelagert werden, sodass Sie für die Auslagerungsdatei eine geringere Größe festlegen können. Das kann wertvollen Platz auf dem Laufwerk mit dem Betriebssystem freimachen, was für das Betriebssystem von Vorteil ist.

▶ **Mehr über die Richtlinie *Sperren von Seiten im Speicher* erfahren Sie in Kapitel 2 sowie in dem gleichnamigen Abschnitt weiter hinten in diesem Kapitel.**

Parallelität zur Nutzung der Vorteile logischer Prozessoren

SQL Server ist zur Ausführung auf mehreren logischen Prozessoren ausgelegt (mehr dafür erfahren Sie im Abschnitt »CPU« in Kapitel 2).

Die Parallelität in SQL Server macht es möglich, Teile einer Abfrage (oder die gesamte Abfrage) auf mehr als einem logischen Prozessor zur gleichen Zeit auszuführen. Das bietet bei umfangreichen Abfragen gewisse Leistungsvorteile, da die Arbeitslast auf diese Weise gleichmäßiger auf die Ressourcen verteilt werden kann. Es gibt jedoch einen impliziten Mehraufwand für die parallele Ausführung von Abfragen, da ein Controllerthread die Verarbeitung auf den einzelnen logischen Prozessoren steuern und die Einzelergebnisse nach Abschluss aller Threads kombinieren muss.

Beim Erarbeiten von Abfrageplänen berücksichtigt der Abfrageoptimierer von SQL Server die Kosten. Das heißt, er trifft Annahmen über die Leistung von Permanentspeicher, CPU und Arbeitsspeicher und ihre Beziehung zu einzelnen Operatoren in Abfrageplänen. Jede Operation ist mit bestimmten Kosten verbunden.

Ob und wie SQL Server parallele Operationen berücksichtigt, hängt dabei von den beiden Einstellungen *Kostenschwellenwert für Parallelität* und *Max. Grad an Parallelität* ab. Sie können erhebliche Auswirkungen auf die Leistung einer SQL Server-Instanz ausüben.

Die Kosten von Abfrageplänen werden als Größe ohne Einheit ausgedrückt, haben also auch keinen Bezug zu Dingen wie Laufwerkslatenz, IOPS-Wert, Anzahl von Sekunden, Speichernutzung oder CPU-Leistung. Wenn Sie diesen Umstand nicht berücksichtigen, kann das die Abfrageoptimierung knifflig machen.

Kostenschwellenwert für Parallelität

Das sind die Mindestkosten, die ein Abfrageplan aufweisen muss, damit der Abfrageoptimierer eine parallele Ausführung in Betracht zieht. Das heißt jedoch nicht, dass jeder Plan mit höheren Kosten automatisch parallel auf mehreren Kernen ausgeführt wird. Die Wahrscheinlichkeit dafür aber steigt.

Die Standardeinstellung für diesen Schwellenwert beträgt 5. Bei jeglichen Abfrageplänen mit Kosten von 5 oder höher wird die Möglichkeit einer parallelen Ausführung bedacht. Angesichts der Geschwindigkeit und Leistung moderner Serverprozessoren laufen viele Abfragen auf einem einzelnen Kern sehr gut und vermeiden dabei den Zusatzaufwand, der mit parallelen Plänen verbunden ist.

> ## Expertentipp
>
> ***Warum ändert Microsoft die Standardwerte nicht?***
>
> **Aus Gründen der Abwärtskompatibilität ist Microsoft sehr zurückhaltend, wenn es um die Änderung von Standardwerten geht. Es sind noch viele Anwendungen im Einsatz, die von den Standardeinstellungen von Microsoft-Produkten abhängig sind, von ihren Herstellern aber nicht mehr unterstützt werden. Außerdem wird sowieso empfohlen, die Standardwerte beim Einrichten einer neuen SQL Server-Instanz anzupassen.**

Hinweis

Manche Abfrageoperationen können dafür sorgen, dass ein Abfrageplan ganz oder teilweise seriell ausgeführt wird, auch wenn seine Kosten den Schwellenwert für Parallelität überschreiten. In Paul Whites Artikel »Forcing a Parallel Query Execution Plan« werden einige davon beschrieben. Sie können ihn auf *http://sqlblog.com/blogs/paul_white/archive/2011/12/23/forcing-a-parallel-query-execution-plan.aspx* finden.

Es ist möglich, einen benutzerdefinierten Prozess zu schreiben, um den Kostenschwellenwert für Parallelität anhand der Informationen aus dem Abfragespeicher automatisch anzupassen. Da der Abfragespeicher jeweils für einzelne Datenbanken geführt wird, kann er dabei helfen, die durchschnittlichen Kosten für Abfragen in seiner Datenbank zu erkennen, sodass sich damit ein geeigneter Kostenschwellenwert für die jeweilige Arbeitslast finden lässt.

▶ **Mehr über den Abfragespeicher erfahren Sie im Abschnitt »Ausführungspläne« in Kapitel 9.**

Bevor wir eine Möglichkeit zur automatischen Anpassung des Schwellenwerts bekommen, können Sie sich damit behelfen, ihn bei neuen Instanzen auf den Ausgangswert von 50 zu setzen und dann die durchschnittlichen Kosten von Ausführungsplänen zu beobachten und den Wert entsprechend Ihrer Arbeitslasten nach unten oder oben zu korrigieren.

Beim Kostenschwellenwert für Parallelität handelt es sich um eine erweiterte Servereinstellung. Sie können sie mit dem Befehl `sp_configure 'cost threshold for parallelism'` sowie in SQL Server Management Studio mit *Kostenschwellenwert für Parallelität* im Abschnitt *Servereigenschaften* des Knotens *Erweitert* ändern.

Max. Grad an Parallelität

SQL Server verwendet diesen auch als `MAXDOP` bezeichneten Wert, um die maximale Anzahl logischer Prozessoren zu bestimmen, auf denen ein paralleler Abfrageplan ausgeführt werden soll.

Der Standardwert beträgt 0, was bedeutet, dass SQL Server bei der parallelen Ausführung einer Abfrage sämtliche verfügbaren logischen Prozessoren nutzen soll (unter Berücksichtigung der Prozessoraffinität, womit wir uns weiter hinten in diesem Kapitel noch beschäftigen werden).

Diese Standardeinstellung ruft bei den meisten Arbeitslasten jedoch die beiden folgenden Probleme hervor:

- Parallele Abfragen können sämtliche Ressourcen aufbrauchen. Kleinere Abfragen können dann entweder gar nicht mehr oder viel langsamer laufen, da ihnen der CPU-Scheduler nur wenig Ausführungszeit gewährt.
- Wenn alle logischen Prozessoren einem Plan zugeordnet sind, kann das zu einem Fremdspeicherzugriff führen, was die Leistung beeinträchtigt (siehe den Abschnitt über NUMA in Kapitel 2).

Besondere Arbeitslasten können jeweils ihre eigenen Anforderungen an den `MAXDOP`-Wert haben. Bei Standard- und OLTP-Arbeitslasten (Online Transaction Processing) muss die `MAXDOP`-Einstellung die NUMA-Knoten berücksichtigen, um moderne Serverressourcen besser ausnutzen zu können.

Gibt es auf dem Server mehr als einen NUMA-Knoten, wird als Wert für `MAXDOP` die Anzahl der logischen Prozessoren auf einem einzelnen Knoten bis zu einem Höchstwert von 8 empfohlen.

Bei SQL Server-Instanzen mit einer einzigen CPU und acht oder weniger Kernen beträgt der empfohlene Wert 0. Sind mehr als acht logische Prozessoren vorhanden, sollten Sie den Wert auf 8 einstellen.

`MAXDOP` ist eine erweiterte Servereinstellung. Sie können sie mit dem Befehl `sp_configure 'max degree of parallelism'` sowie in SQL Server Management Studio mit *Max. Grad an Parallelität* im Abschnitt *Servereigenschaften* des Knotens *Erweitert* ändern.

Arbeitsspeichereinstellungen für SQL Server

Seit SQL Server 2012 gelten die künstlichen Arbeitsspeichergrenzwerte für die Standard, Web und Express Edition nur noch für den Pufferpool (siehe *https://docs.microsoft.com/sql/sql-server/editions-and-components-of-sql-server-2017*).

Das ist jedoch etwas anders als die Einstellung *Max. Serverspeicher*. Laut Microsoft-Dokumentation steuert *Max. Serverarbeitsspeicher* die gesamte Speicherzuweisung von SQL Server, wozu unter anderem auch der Pufferpool, der Kompilierungsspeicher, die Caches, Arbeitsspeicherzuweisungen und CLR(Common Language Runtime)- oder .NET-Speicher gehören (siehe *https://docs.microsoft.com/sql/database-engine/configure-windows/server-memory-server-configuration-options*).

Des Weiteren liegen die Grenzwerte des Arbeitsspeichers für Columnstore- und für speicheroptimierte Objekte in den Editionen außer Enterprise über dem Grenzwert für den Pufferpool, sodass Sie den verfügbaren physischen Speicher besser nutzen können.

Die Speicherverwaltung in den Editionen außer Enterprise wird dadurch komplizierter, aber offensichtlich auch flexibler, insbesondere für Columnstore- und speicheroptimierte Objekte.

Max. Serverspeicher

Wie bereits in Kapitel 2 erwähnt, nutzt SQL Server so viel Arbeitsspeicher, wie Sie ihm erlauben. Daher sollten Sie die Menge an Arbeitsspeicher begrenzen, über die die einzelnen SQL Server-Instanzen auf dem Server verfügen können, damit noch genügend Systemspeicher für folgende Dinge übrig bleibt:

- Das Betriebssystem (siehe den weiter hinten beschriebenen Algorithmus)
- Andere SQL Server-Instanzen auf dem Servercomputer
- Andere SQL Server-Features auf dem Servercomputer, z. B. Reporting Services, Analysis Services und Integration Services
- Remotedesktopsitzungen und lokal ausgeführte Administratoranwendungen wie SQL Server Management Studio
- Antimalwareprogramme
- Anwendungen zur Systemüberwachung und Remoteverwaltung
- Sonstige Anwendungen, die auf dem Servercomputer installiert sein können und ausgeführt werden (z. B. Webbrowser)

Was die passende Einstellung für *Max. Serverspeicher* ist, hängt vom jeweiligen Servercomputer ab. Ein guter Ausgangspunkt besteht darin, vom gesamten verfügbaren Serverspeicher 10 % oder 4 GB abzuziehen, je nachdem, was die größere Reduzierung bedeutet. Auf einem dedizierten SQL Server-Computer mit 16 GB Arbeitsspeicher insgesamt ist daher ein Wert von 12 GB (12.288 MB) ein geeigneter Ausgangspunkt für die Einstellung *Max. Serverspeicher.*

Hinweis

SQL Server kann auch noch auf Servercomputern mit nicht mehr als 4 GB RAM laufen. In diesem Fall wird ein Wert von 2048 MB für *Max. Serverspeicher* empfohlen.

Betriebssystemreservierung Jonathan Kehayias hat den folgenden Algorithmus veröffentlicht, um einen angemessenen Betrag an Arbeitsspeicher für das Betriebssystem zu reservieren. Der Rest kann für andere Prozesse genutzt werden, unter anderem eben auch über die Einstellung *Max. Serverspeicher* für SQL Server:

- 1 GB RAM für das Betriebssystem
- Addiere für jede weiteren 4 GB RAM von 4 bis 16 GB je 1 GB
- Addiere für jede weiteren 8 GB RAM über 16 GB je 1 GB

▶ **Mehr darüber erfahren Sie in *Troubleshooting SQL Server: A Guide for the Accidental DBA* von J. Kehayias und T. Kruger (Redgate Books, 2011).**

Auf einem Server mit 256 GB verfügbarem RAM ist demnach eine Reservierung von 35 GB für das Betriebssystem erforderlich. Die restlichen 221 GB können zwischen SQL Server und anderen Programmen aufgeteilt werden, die auf dem Computer laufen.

Systemmonitor als Retter in der Not Die beste Möglichkeit, um den korrekten Wert für *Max. Serverspeicher* zu bestimmen, bietet der Indikator *Arbeitsspeicher\Verfügbare MB* im Systemmonitor. Dadurch können Sie sich vergewissern, dass Windows Server einen ausreichenden Arbeitssatz für sich selbst zur Verfügung hat, und *Max. Serverspeicher* verringern, wenn dieser Wert unter 300 MB fällt.

Max. Serverspeicher ist eine erweiterte Servereinstellung. Sie können sie mit dem Befehl `sp_configure 'max server memory'` sowie in SQL Server Management Studio mit *Max. Serverspeicher* im Abschnitt *Servereigenschaften* des Knotens *Arbeitsspeicher* ändern.

Max. Anzahl von Arbeitsthreads

Für jeden Prozess in SQL Server ist ein Thread oder Zeit auf einem logischen Prozessor erforderlich. Das gilt auch für den Netzwerkzugriff, für Datenbankprüfpunkte und Benutzerthreads. Intern werden die Threads von den SQL Server-Schedulern verwaltet, von denen es für jeden logischen Prozessor einen gibt. Jeder Scheduler verarbeitet auf seinem logischen Prozessor immer nur einen Thread auf einmal.

Die Threads verbrauchen Arbeitsspeicher, weshalb es im Allgemeinen sinnvoll ist, die maximale Anzahl zulässiger Threads automatisch von SQL Server regeln zu lassen.

In Sonderfällen kann es jedoch die Leistung verbessern, einen anderen als den Standardwert 0 einzustellen, wobei 0 bedeutet, dass SQL Server beim Start dynamisch einen Wert auf der Grundlage der Anzahl logischer Prozessoren und anderer Ressourcen zuweist.

Um zu prüfen, ob Ihr Servercomputer unter CPU-Druck leidet, führen Sie die folgende Abfrage aus:

```
SELECT AVG(runnable_tasks_count)
FROM sys.dm_os_schedulers
WHERE status = 'VISIBLE ONLINE';
```

Ist die Anzahl der Tasks durchgängig hoch (zweistellig), herrscht auf dem Server CPU-Druck. Es gibt verschiedene Abhilfemaßnahmen dagegen, die Sie erst berücksichtigen sollten, bevor Sie den Wert von *Max. Anzahl von Arbeitsthreads* anheben.

In einigen Situationen kann auch eine Senkung des Werts von *Max. Anzahl von Arbeitsthreads* die Leistung verbessern.

▶ **Mehr über *Max. Anzahl von Arbeitsthreads* erfahren Sie auf *https://docs.microsoft.com/sql/database-engine/configure-windows/configure-the-max-worker-threads-server-configuration-option*.**

Sperren von Seiten im Speicher

Bei fehlerhafter Anwendung kann die Richtlinie *Sperren von Seiten im Speicher* zu Instabilitäten des Betriebssystems führen. Diese Gefahr lässt sich jedoch dadurch abmildern, dass Sie die Einstellung *Max. Serverspeicher* wie zuvor beschrieben sorgfältig unter Berücksichtigung aller installierten SQL Server-Features anpassen und die Konkurrenz um Speicherressourcen durch andere Anwendungen reduzieren.

Bei der Verringerung des Speicherdrucks in virtualisierten Systemen ist es auch wichtig, eine übermäßige Zuweisung von Arbeitsspeicher an die Gastsysteme auf dem Host zu vermeiden. Die Richtlinie *Sperren von Seiten im Speicher* ist jedoch auf jeden Fall geeignet, um die Auslagerung von SQL Server-Arbeitsspeicher auf das Laufwerk zu verhindern, was die Leistung erheblich verbessert.

▶ **Eine ausführliche Erläuterung von *Sperren von Seiten im Speicher* erhalten Sie in Kapitel 2.**

Für Ad-hoc-Arbeitsauslastungen optimieren

Ad-hoc-Abfragen sind in diesem Zusammenhang solche, die nur einmal ausgeführt werden. Anwendungen und Berichte führen Abfragen normalerweise viele Male durch, wobei SQL Server sie erkennen und zwischenspeichern kann.

Standardmäßig speichert SQL Server den Laufzeitplan einer Abfrage zwischen, nachdem sie zum ersten Mal ausgeführt wurde, da er erwartet, dass sie erneut laufen wird, und er sich so die Kompilierungskosten für zukünftige Ausführungen sparen kann. Bei Ad-hoc-Abfragen werden diese zwischengespeicherten Pläne jedoch niemals wiederverwendet, verbleiben aber trotzdem im Cache.

Ist *Für Ad-hoc-Arbeitsauslastungen optimieren* auf *True* gesetzt, wird ein Plan erst dann zwischengespeichert, wenn er zweimal aufgerufen wurde. Bei der dritten und anderen nachfolgenden Ausführungen wird der zwischengespeicherte Plan genutzt. Daher wird empfohlen, diese Einstellung auf *True* zu setzen.

Bei den meisten Arbeitslasten ist es äußerst unrealistisch, dass Pläne nur genau zweimal ausgeführt werden. Auch eine starke Wiederverwendung von Plänen ist unrealistisch.

Dies ist eine erweiterte Servereinstellung. Sie können sie mit dem Befehl `sp_configure 'optimize for ad hoc workloads'` sowie in SQL Server Management Studio mit *Für Ad-hoc-Arbeitsauslastungen optimieren* im Abschnitt *Servereigenschaften* des Knotens *Erweitert* ändern.

Zuteilen von CPU-Kernen mit Affinitätsmasken

Es ist möglich, SQL Server einzelne logische Prozessoren zuzuweisen. Das kann auf Systemen mit Instanzenstapelung notwendig sein (auf denen mehrere SQL Server-Instanzen auf demselben Betriebssystem installiert sind) oder wenn sich SQL Server und andere Software Arbeitslasten teilen. Virtuelle Maschinen mögen zur Zuweisung solcher Ressourcen besser geeignet sein, aber es kann rechtliche oder Kompatibilitätsgründe für diese Vorgehensweise geben.

Nehmen wir an, Sie haben einen NUMA-Server mit zwei 16-Kern-Prozessoren. Ohne Berücksichtigung von simultanem Multithreading stehen also 32 Kerne zur Verfügung. Allerdings ist die Standard Edition von SQL Server auf 24 Kerne oder vier Sockel beschränkt, je nachdem, was niedriger ist.

Beim Start weist SQL Server alle 16 Kerne des ersten und acht vom zweiten NUMA-Knoten zu. Er schreibt einen entsprechenden Eintrag in die `ERRORLOG`-Datei, und das war es auch schon. Wenn Ihnen der Grenzwert für die Kerne nicht bewusst ist, haben Sie mit einer ungleichmäßigen Verteilung der CPU-Kerne und des Speicherzugriffs zu kämpfen, die zu einer unberechenbaren Leistung führen.

Eine Möglichkeit, um dieses Problem ohne Verwendung einer VM zu lösen, besteht darum darin, SQL Server mithilfe einer *Affinitätsmaske* auf je zwölf Kerne beider CPUs zu beschränken (siehe Abb. 3.5). Dadurch werden die Kerne gleichmäßig zugewiesen. In Kombination mit einem sinnvollen `MAXDOP`-Wert von 8 ist auch Fremdspeicherzugriff kein Problem mehr.

Durch Aufstellen einer Affinitätsmaske weisen Sie SQL Server an, nur bestimmte Kerne zu nutzen. Die nicht verwendeten Kerne werden als offline gekennzeichnet. Beim Start weist SQL Server jedem der Online-Kerne einen Scheduler zu.

Expertentipp

Wie verteile ich die Scheduler bei eingeschränkter Affinität gleichmäßig auf die Prozessoren?

Es ist möglich, dass ein externer Prozess (also einer, der nicht zu SQL Server gehört) ebenfalls an einen bestimmten Kern gebunden ist. Das kann dazu führen, dass Abfragen von diesem externen Prozess blockiert werden.

Um ein solches unerwartetes Verhalten zu verhindern, können Sie das Ablaufverfolgungsflag 8002 verwenden, das SQL Server entscheiden lässt, welchen Kern der Scheduler zur Ausführung der Abfrage verwendet.

Weitere Informationen über dieses mögliche Problem erhalten Sie in Klaus Aschenbrenners Artikel »Setting a Processor Affinity in SQL Server – the (unwanted) Side-Effects« auf *http://www.sqlpassion.at/archive/2017/10/02/setting-a-processor-affinity-in-sql-server-the-unwanted-side-effects*.

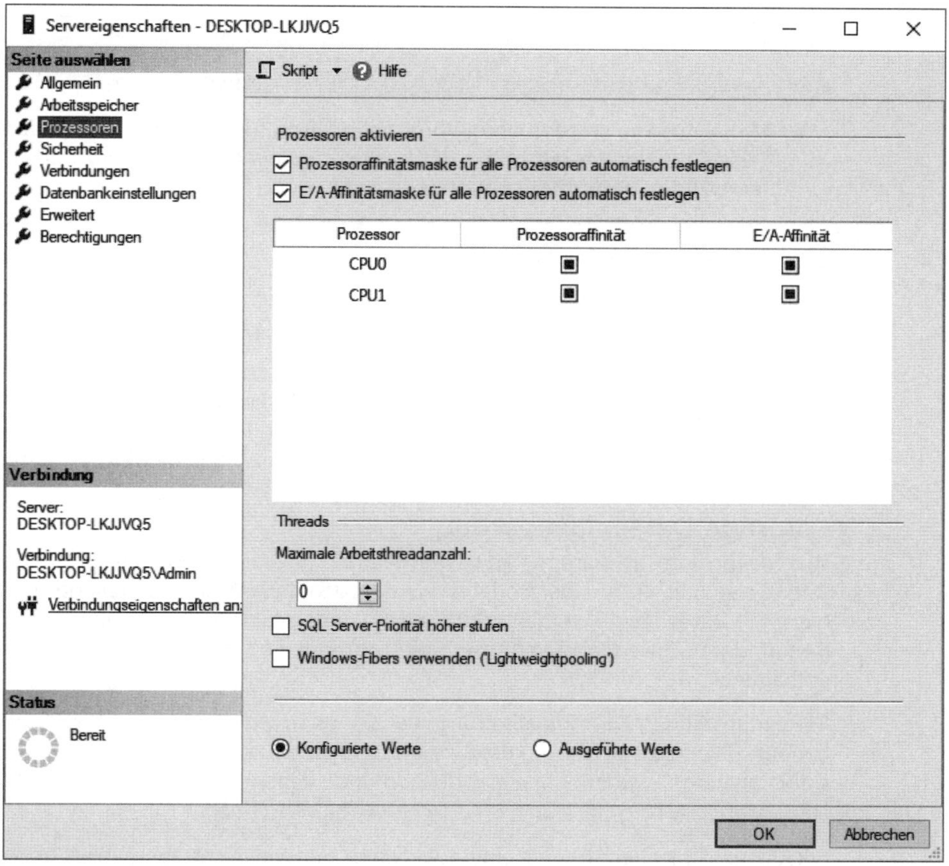

Abbildung 3.5 Aufstellen der Affinitätsmaske in SQL Server Management Studio

Achtung

Affinitätsmasken bilden keine zulässige Möglichkeit, um die Lizenzierungseinschränkungen von SQL Server Standard Edition zu umgeben. Wenn Sie mehr Kerne haben, als eine Edition höchstens nutzen kann, müssen Sie trotzdem alle logischen Kerne auf dem Computer lizenzieren.

Einrichtung der Affinität auf Linux

Bei SQL Server auf Linux sollten Sie auch in dem Fall, dass eine Instanz sämtliche logischen Prozessoren verwendet, die Option `ALTER SERVER CONFIGURATION` auf `PROCESS AFFINITY` setzen. Dadurch wird eine effiziente Beziehung zwischen Linux und dem SQL Server Scheduler erreicht.

Die Affinität können Sie pro CPU oder pro NUMA-Knoten einrichten, wobei die NUMA-Methode einfacher ist.

Wenn Sie beispielsweise vier NUMA-Knoten haben, können Sie die folgende Konfigurationsoption verwenden, um die Affinität für alle einzurichten:

```
ALTER SERVER CONFIGURATION SET PROCESS AFFINITY NUMANODE = 0 TO 3;
```

- **Mehr über die empfohlenen Vorgehensweisen für die Konfiguration von SQL Server auf Linux erfahren Sie auf *https://docs.microsoft.com/sql/linux/sql-server-linux-performance-best-practices*.**

Dateisystemkonfiguration

In diesem Abschnitt geht es um das Standarddateisystem auf Windows Server. Hinweise auf andere Dateisysteme, u. a. von Linux, sind an anderer Stelle zu finden.

Das Dateisystem NTFS (NT File System) wurde für die erste Version von Windows NT entwickelt. Es bot eine feinere Steuerung der Sicherheit als das ältere FAT-System (File Allocation Table) sowie Journaling. Um Ihre SQL Server-Implementierung und die Leistung zu verbessern, können Sie eine Reihe von Einstellungen im Zusammenhang mit NTFS vornehmen.

Sofortige Dateiinitialisierung

Wie weiter vorn in diesem Kapitel ausgeführt, müssen Transaktionsprotokolldateien im Dateisystem mit Nullen überschrieben werden, damit die Wiederherstellung korrekt funktioniert. Mit Datendateien verhält es sich jedoch anders, und angesichts ihrer Seitengröße von 8 KB und der Zuweisungsregeln kann die zugrunde liegende Datei unbenutzte Abschnitte enthalten.

Bei der sofortigen Dateiinitialisierung, bei der es sich um eine Active Directory-Richtlinie handelt (*Durchführen von Volumewartungsaufgaben*), kann die Größe von Datendateien sofort geändert werden, ohne erst die zugrunde liegende Datei mit Nullen überschreiben zu müssen. Das sorgt für einen erheblichen Leistungsschub.

Erkauft wird dies jedoch mit einem winzigen und vielleicht auch völlig unbedeutenden Sicherheitsrisiko: Wurden Daten zuvor in einer Laufwerkzuordnung verwendet, die jetzt für die Datendatei einer Datenbank verwendet wird, so werden sie vor der Nutzung möglicherweise nicht vollständig gelöscht. Da es möglich ist, die zugrunde liegenden Bytes auf Datenseiten mithilfe der im Lieferumfang von SQL Server enthaltenen Werkzeuge zu untersuchen, können einzelne Seiten, die in der neuen Zuweisung noch nicht überschrieben wurden, für (böswillige) Administratoren sichtbar sein.

Hinweis

Es ist wichtig, den Zugriff auf die Datendateien und Sicherungen von SQL Server zu regeln. Während eine Datenbank von SQL Server genutzt wird, haben nur das SQL Server-Dienstkonto und der lokale Administrator Zugriff darauf. Wird sie jedoch getrennt oder gesichert, besteht die Möglichkeit, gelöschte Dateien in der getrennten Datei oder der Sicherungsdatei einzusehen, die mit eingeschalteter sofortiger Dateiinitialisierung erstellt wurde.

Da dies ein Sicherheitsrisiko darstellt, wird dem SQL Server die Richtlinie *Durchführen von Volumewartungsaufgaben* nicht standardmäßig zugewiesen. Außerdem wird bei der Einrichtung von SQL Server eine entsprechende Warnung angezeigt.

Trotzdem ist das Einschalten der sofortigen Dateiinitialisierung ein üblicher Schritt, den viele Datenbankadministratoren nach der Installation von SQL Server ausführen. Diese administratorfreundliche Option in SQL Server-Setup ist eine willkommene und auch empfohlene Ergänzung zur Zeitersparnis.

Ohne sofortige Dateiinitialisierung kann bei Dateiwachstumsvorgängen der SQL Server-Wartetyp `PREEMPTIVE_OS_WRITEFILEGATHER` häufig vorkommen. Er tritt auf, wenn eine Datei zur Initialisierung mit Nullen überschrieben wird, und ist damit ein Anzeichen dafür, dass SQL Server Zeit verschwendet, die beim Einschalten der sofortigen Dateiinitialisierung besser genutzt werden könnte. Beachten Sie aber, dass der Wartetyp `PREEMPTIVE_OS_WRITEFILEGATHER` auch bei Transaktionsprotokolldateien auftritt, die nicht von der sofortigen Dateiinitialisierung profitieren können.

Allerdings geht SQL Server-Setup bei der Erteilung dieser Berechtigung etwas anders vor, als es ein SQL Server-Administrator tun würde. SQL Server weist Zugriffssteuerungslisten zu automatisch erstellten Sicherheitsgruppen zu und nicht zu den Dienstkonten, die Sie auf der Seite *Serverkonfiguration* während des Setups finden. Anstatt das Recht direkt dem benannten SQL Server-Dienstkonto zu gewähren, wird es der Sicherheitskennung (SID) des SQL Server-Datenbankdienstes zugeteilt, z. B. dem Prinzipal `NT SERVICE\MSSQLSERVER`. Dadurch behält der SQL Server-Dienst die Fähigkeit zur sofortigen Dateiinitialisierung auch dann, wenn sich das Dienstkonto ändert.

Wenn Sie während der Einrichtung von SQL Server das Recht *Durchführen von Volumewartungsaufgaben* nicht zuweisen, es aber später nachholen wollen, geben Sie im Suchfeld des Windows-Startmenüs **Lokale Sicherheitsrichtlinie** ein, erweitern im linken Bereich *Lokale Richtlinien* und klicken auf *Zuweisen von Benutzerrechten*. Suchen Sie die Richtlinie *Durchführen von Volumewartungsaufgaben* und fügen Sie das SQL Server-Dienstkonto zur Liste der Objekte mit diesem Recht hinzu (siehe Abb. 3.6).

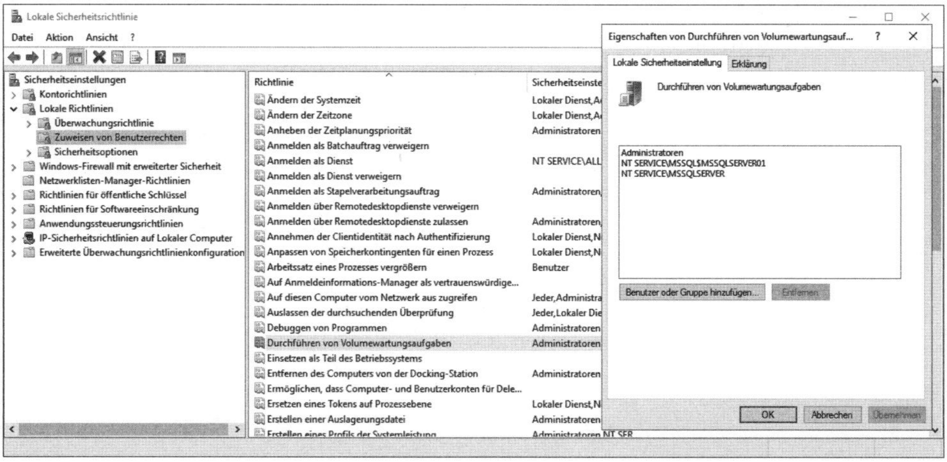

Abbildung 3.6 Einschalten der sofortigen Dateiinitialisierung in der Konsole *Lokale Sicherheitsrichtlinie*

Ob dem Dienst des SQL Server-Datenbankmoduls Zugriff auf die sofortige Dateiinitialisierung gewährt wurde, können Sie mit der folgenden Abfrage an der dynamischen Verwaltungssicht `sys.dm_server_services` prüfen:

```
SELECT servicename, instant_file_initialization_enabled
FROM sys.dm_server_services
WHERE filename LIKE '%sqlservr.exe%';
```

Größe der NTFS-Zuweisungseinheiten

Bei Zuweisungseinheiten von 64 KB Größe zeigt SQL Server die beste Leistung.

Je nach Art des Speichers kann die Standardzuweisungseinheit von NTFS 512 Byte, 4096 Byte (sogenannte »Advanced Format 4k«-Sektorgröße) oder einige andere Vielfache von 512 Byte umfassen.

Da SQL Server 64-KB-Blöcke verwendet (siehe den Abschnitt »Gemischte und gleichartige Blöcke« weiter vorn in diesem Kapitel), ist es sinnvoll, ein Datenvolume mit Zuweisungseinheiten von 64 KB Größe zu formatieren, sodass die Blöcke an den Zuweisungseinheiten ausgerichtet sind.

> Hinweis
>
> **Die Ausrichtung des Speichers wird in Kapitel 4 ausführlicher behandelt.**

Andere Dateisysteme

Die 64-KB-Empfehlung gilt auch, wenn SQL Server andere Dateisysteme nutzt:

- **Windows Server** Mit Windows Server 2012 wurde ReFS (Resilient File System) eingeführt. Es wurde seit dieser Zeit erheblich modernisiert, zuletzt in Windows Server 2016.
- **Linux** SQL Server auf Linux kann die Dateisysteme XFS und ext4 nutzen. Die typische Blockgröße in ext4 beträgt 4 KB, wobei sich jedoch auch Blöcke bis zu 64 KB erstellen lassen. In XFS kann sich die Blockgröße im Bereich von 512 Byte bis 64 KB bewegen.

Azure und die Datenplattform

Kein Buch über SQL Server wäre komplett ohne einen Überblick über die Datenplattform im Cloudangebot von Microsoft, auch wenn die Gefahr besteht, dass es zu dem Zeitpunkt, an dem Sie es lesen, bereits veraltet ist. Die Grundprinzipien aber sind unabhängig von der regelmäßigen Folge von Veröffentlichungen neuer Funktionen in Azure und sollen sich nicht so häufig ändern.

Azure bietet mehrere Möglichkeiten, um Daten in SQL Server oder einer SQL Server-artigen Umgebung zu verwalten und abzufragen.

Dieser Abschnitt ist in drei Hauptbereiche gegliedert:

- **Infrastruktur als Dienst** SQL Server auf einer Azure-VM
- **Plattform als Dienst** Azur SQL-Datenbank und Azure SQL Data Warehouse (Datenbank als Dienst)
- **Hybridcloud** Kombiniert die besten Merkmale von lokalem SQL Server und Azure

Infrastruktur als Dienst

Das, was Sie in den letzten beiden Kapiteln über VMs gelernt haben, ist der Kern von »Infrastruktur als Dienst« (Infrastructure as a Service, IaaS), optimiert für eine SQL Server-Umgebung.

Wie in Kapitel 2 ausgeführt, teilt sich eine VM physische Ressourcen mit anderen VMs. Für Azure-VMs gibt es einige Konfigurationen und Optimierungen, mit denen Sie für eine gute Leistung Ihrer SQL Server-Implementierung sorgen können, ohne dass Sie dabei etwas über die anderen Gast-VMs wissen müssen.

Wenn Sie eine SQL Server-VM in Azure erstellen, können Sie unter verschiedenen Vorlagen wählen. Dabei haben Sie eine breite Auswahl von Möglichkeiten für verschiedene virtuelle Hardwarekonfigurationen, Betriebssysteme und natürlich Versionen und Editionen von SQL Server.

Die Preisgestaltung von Azure-VMs erfolgt nach Nutzungsdauer, was den Einstieg erleichtert. Je nachdem, was für Ressourcen Sie benötigen, zahlen Sie pro Minute oder pro Stunde, sodass Sie klein anfangen und sich dann steigern können. Wenn die Leistung nicht ausreicht, ist der Wechsel zu einer besseren virtuellen Hardware in vielen Fällen sehr einfach und bringt nur eine Ausfallzeit von wenigen Minuten mit sich.

Leistungsoptimierung von Azure-VMs

Viele der Regeln für physische Hardware und VMs gelten auch für Azure-VMs, die für SQL Server verwendet werden. Dazu gehören die Einrichtung der Energiespareinstellungen für hohe Leistung, die ordnungsgemäße Einstellung von *Max. Serverspeicher*, die Verteilung von `TempDB` auf mehrere Dateien usw.

Zum Glück werden Ihnen einige dieser Aufgaben abgenommen. Beispielsweise sind die Energiespareinstellungen schon auf hohe Leistung gesetzt und die `TempDB`-Dateien korrekt eingerichtet, wenn Sie eine neue Azure-VM mit SQL Server 2016 und höher konfigurieren.

Allerdings bieten Azure-VMs nur eine begrenzte Auswahl an Speichermöglichkeiten. Den Luxus eines eigenen DAS oder SANs nur für Ihre Umgebung haben Sie nicht. Stattdessen können Sie unter folgenden Optionen wählen:

- Standard- oder Premiumspeicher
- Nicht verwaltete oder verwaltete Festplatten
- SQL Server-Datendateien in Microsoft Azure

> ### Expertentipp
> ***Was ist Azure-Blobspeicher?***
>
> **Wenn Sie Erfahrungen mit Datenbanken haben, stellen Sie sich unter einem Blob ein großes Objekt im Binärformat vor, das mit den Datentypen** `nvarchar(max)` **oder** `varbinaray(max)` **gespeichert wird.**
>
> **Azure-Blobspeicher ist ein Dienst zur Speicherung von nicht strukturiertem Text oder binären Daten als Objekte (Blobs), die über HTTP oder HTTPS zugänglich sind. Diese Blobs können Sie sich als Dateien vorstellen.**

Virtuelle Festplatten

Im Standard- und im Premiumspeicher von Azure stehen virtuelle Festplatten zur Verfügung:

- **Standardspeicher** Eine kostengünstige Lösung für Arbeitslasten, bei denen es nicht auf die Latenz ankommt (siehe *https://docs.microsoft.com/azure/storage/common/storage-standard-storage*).
- **Premiumspeicher** Dahinter stecken Halbleiterlaufwerke. Sie sind für Arbeitslasten wie SQL Server gedacht, bei denen es auf geringe Latenz ankommt.

Wie unsere Faustregel, die schnellstmöglichen Laufwerke zu verwenden, schon zeigt, läuft SQL Server mit Premiumspeicher am besten, da die entscheidenden Leistungsengpässe bei `TempDB` und bei Transaktionsprotokolldateien auftreten und durch das Laufwerk verursacht werden.

> ### Expertentipp
> ***Kann ich für SQL Server auch Standardspeicher verwenden?***
>
> **Ja, für eine SQL Server-VM können Sie auch Standard- statt Premiumspeicherlaufwerke wählen, allerdings raten wir davon ab, es sei denn, dass Sie nicht sehr viele Standardlaufwerke in einer Stripesetkonfiguration verwenden.**

Beim Premiumspeicher zahlen Sie für das gesamte Laufwerk, auch wenn Sie es nicht komplett nutzen, beim Standardspeicher dagegen nur für den Anteil, den Sie auch tatsächlich verwenden. Das ist zwar ein attraktives, kostengünstiges Angebot, allerdings steht Ihnen dieser Speicher nicht exklusiv zur Verfügung und ist außerdem viel langsamer.

Bei Standardspeicher sind maximal 500 IOPS möglich (ein Durchsatz von 60 MB/s), und Sie teilen ihn sich mit anderen Benutzern, was sich negativ auf die Leistung von SQL Server auswirkt.

Des Weiteren haben Sie die Wahl zwischen verwalteten und nicht verwalteten Festplatten:

- **Nicht verwaltete Festplatten** Hierbei verwalten Sie die virtuellen Festplatten selbst – vom Erstellen des Speicherkontos und des Containers über die Zuordnung der Festplatten zu einer VM bis zur Einrichtung der Redundanz und Skalierung.
- **Verwaltete Festplatten** Hier geben Sie nur die Größe und Art der gewünschten Festplatte an (Premium oder Standard), woraufhin sich dann Azure um Erstellung, Verwaltung und Skalierung kümmert.

Bei nicht verwalteten Festplatten haben Sie eine größere Kontrolle, wohingegen verwaltete Festplatten automatisch gehandhabt werden, auch was die Einstellungen für Widerstandsfähigkeit und Redundanz angeht. Natürlich sind verwaltete Festplatten teurer, aber dafür haben Sie den Kopf frei.

Beim Premiumspeicher können Sie zwischen verschiedenen Größen wählen, wobei mit der Zeit mehr und mehr Möglichkeiten hinzukommen. Tabelle 3.1 zeigt die Angebote, die es zurzeit gibt:

Festplattentyp	P4	P6	P10	P20	P30	P40	P50
Größe (GB)	32	64	128	512	1024	2048	4095
IOPS	120	240	500	2300	5000	7500	7500
Durchsatz (MB/s)	25	50	100	150	200	250	250

Tabelle 3.1 Angebote für Azure-Premiumspeicher

Der maximale Durchsatz kann durch die Bandbreite der Azure-VM beschränkt sein.

Für SQL Server-Datendateien empfiehlt Microsoft mindestens zwei P30-Laufwerke, wovon das erste für Transaktionsprotokolle und das zweite für Datendateien und `TempDB` verwendet wird.

Stripesetoptionen

Um bei einer SQL Server-VM eine bessere Leistung zu erzielen (und ein größeres Laufwerkvolumen zu nutzen), können Sie mehrere Laufwerke zu verschiedenen RAID-Ebenen kombinieren. Dazu verwenden Sie die Funktion der Speicherplätze in Windows-VMs bzw. MDADM in Linux-VMs. Je nach Größe der Azure-VM können Sie bis zu 64 Premiumlaufwerke zu einem Stripesetarray verbinden.

Hinweis

Es ist durchaus möglich, eine akzeptable Leistung durch die Kombination vieler Standardlaufwerke zu einem Stripeset zu erzielen, allerdings müssen Sie das genau testen.

Eine wichtige Überlegung bei einem RAID-System ist die Stripe- oder Blockgröße. Wie bereits erwähnt, ist für eine SQL Server-OLTP-Umgebung eine Blockgröße von 64 KB am besten geeignet. Große Data Warehouse-Systeme können jedoch aufgrund umfangreicher sequenzieller Lesevorgänge von einer Stripegröße von 256 KB profitieren.

▶ **Mehr über die verschiedenen RAID-Ebenen erfahren Sie in Kapitel 2.**

Bandbreite von Speicherkonten

Die Kosten von Azure-Speicher werden durch drei Faktoren bestimmt: Bandbreite, Transaktionen und Kapazität. Die Bandbreite ist als die Datenmenge definiert, die zu und von dem Speicherkonto übertragen wird.

Wenn sich das Speicherkonto einer Azure-VM mit SQL Server am selben Speicherort befindet wie die VM, fallen keine zusätzlichen Bandbreitenkosten an.

▶ **Mehr über den Azure-Blobspeicher für SQL Server erfahren Sie auf *https://docs.microsoft.com/sql/relational-databases/tutorial-use-azure-blob-storage-service-with-sql-server-2016*.**

Bei einem externen Zugriff auf die Daten, z. B. beim Protokollversand an einen anderen Speicherort oder bei der Verwendung von AzCopy beispielsweise zur Synchronisierung von Daten mit einem anderen Speicherort entstehen Zusatzkosten.

▶ **Weitere Informationen über AzCopy erhalten Sie auf *https://docs.microsoft.com/azure/storage/common/storage-use-azcopy*.**

Laufwerkscaching

Für SQL Server-Arbeitslasten auf Azure-VMs wird empfohlen, das Caching für Lesevorgänge auf Premiumlaufwerken mit Datendateien und `TempDB` einzuschalten. Das erhöht den IOPS-Wert, verringert die Latenz in der Umgebung und vermeidet die Gefahr von Datenverlusten, die beim Schreib/Lese-Caching auftreten können.

Auf den Laufwerken für Transaktionsprotokolle sollten Sie das Caching nicht einschalten.

▶ **Weitere Informationen über das Caching für Lesevorgänge erhalten Sie auf *https://docs.microsoft.com/azure/virtual-machines/windows/sql/virtual-machines-windows-sql-performance*.**

SQL Server-Datendateien in Azure

Anstatt ein Datenlaufwerk an Ihren SQL Server-Computer anzuschließen, können Sie auch Azure-Speicher verwenden, um Ihre Benutzerdatenbankdateien direkt in Form von Blobs zu speichern. Das bietet Vorteile bei einer Migration (es ist nicht nötig, die Daten zu verschieben), sorgt für Hochverfügbarkeit und ermöglicht Momentaufnahmen-Sicherungen und Kosteneinsparungen. Für Systemdatenbanken wird diese Vorgehensweise jedoch weder empfohlen noch unterstützt.

Um diese Möglichkeit nutzen zu können, benötigen Sie ein Speicherkonto und einen Container für Azure-Speicher, eine Signatur für den gemeinsamen Zugriff (Shared Access Signature) und SQL Server-Anmeldeinformationen für jeden Container.

Da die Leistung von entscheidender Bedeutung ist – insbesondere beim Zugriff auf den Speicher über das Netzwerk –, müssen Sie dieses Angebot zunächst testen, insbesondere bei hohen Arbeitslasten.

Es gibt einige Einschränkungen, die Ihre Entscheidung beeinflussen können:

- `FILESTREAM`-Daten werden nicht unterstützt, was auch speicheroptimierte Objekte beeinträchtigt. Wenn Sie `FILESTREAM`- oder speicheroptimierte Objekte verwenden möchten, müssen Sie auf lokal angeschlossenen Speicher zurückgreifen.
- Nur die Dateiendungen *.mdf*, *.ndf* und *.ldf* sind möglich.
- Georeplikation ist nicht möglich.

▶ **Mehr darüber (und über weitere Einschränkungen) erfahren Sie auf *https://docs.microsoft.com/sql/relational-databases/databases/sql-server-data-files-in-microsoft-azure*.**

Größen von virtuellen Maschinen

Für SQL Server-Arbeitslasten empfiehlt Microsoft bestimmte Typen oder Serien von Azure-VMs, die jeweils in verschiedenen Größen angeboten werden.

▶ **Mehr über die empfohlenen Vorgehensweisen zur Leistungssteigerung von SQL Server in Azure-VMs erfahren Sie auf *https://docs.microsoft.com/azure/virtual-machines/windows/sql/virtual-machines-windows-sql-performance*.**

Es ist möglich, die Größe einer VM innerhalb einer Serie zu verändern. (Für eine Vergrößerung müssen Sie lediglich die gewünschte Größe im Azure-Portal auswählen.) In vielen Fällen ist sogar ein Größenwechsel zu einer anderen Serie möglich.

Auch eine Verkleinerung der VM ist möglich, etwa um sie nach dem Abschluss eines ressourcenintensiven Vorgangs wieder herunterzuskalieren oder wenn Sie versehentlich übermäßig viel zugewiesen haben. Sofern die kleine VM jegliche von Ihnen ausgewählten Zusatzoptionen handhaben kann (entscheidend sind dabei gewöhnlich Datenlaufwerke und Netzwerkschnittstellen), ist eine Herunterstufung auch ganz einfach dadurch möglich, dass Sie eine VM gewünschter Größe im Azure-Portal auswählen.

Hinweis

Manche Administratoren verwalten Azure-Ressourcen lieber in einer Skriptumgebung statt im Azure-Portal, insbesondere wenn sie mit Dutzenden, Hunderten oder gar Tausenden von Ressourcen zu tun haben. Alle Funktionen des Portals stehen auch in den PowerShell-Modulen für Azure zur Verfügung. Außerdem gibt es mit der Azure-Befehlszeile ein plattformübergreifendes Werkzeug, das auf Mac OS, Linux und Windows funktioniert.

Das Vergrößern und Verkleinern von VMs bringt Ausfallzeiten mit sich, erfordert gewöhnlich aber höchstens wenige Minuten.

In der Microsoft-Dokumentation heißt es:

Die Serien Dv3, Dv2, D und G eignen sich ideal für Anwendungen, die schnellere CPUs oder bessere lokale Datenträgerleistung erfordern oder höhere Speicheranforderungen haben. Sie bieten eine leistungsfähige Kombination für viele Anwendungen für den Unternehmenseinsatz. (https://docs.microsoft.com/azure/cloud-services/cloud-services-sizes-specs)

Daher sind die Serien D (einschließlich Dv2 und Dv3) und G für SQL Server-VMs gut geeignet.

Es kann jedoch knifflig sein, die geeignete Serie auszuwählen, vor allem, da ständig neue Größen und Serien hinzukommen. Da die Möglichkeit besteht, die Größe von VMs zu ändern, müssen Sie sich bei dieser Entscheidung jedoch nicht zu viel Stress machen.

> Hinweis
>
> **Für die an Ihre Azure-VMs angeschlossenen Premiumlaufwerke müssen Sie zusätzlich bezahlen. Denken Sie daran, wenn Sie die passende VM für Ihre Arbeitslast auswählen.**

Unterbringen der TempDB-Dateien auf einer VM

Bei vielen Azure-VMs ist ein temporäres Laufwerk dabei, das automatisch für die Windows-Auslagerungsdatei und das Scratchverzeichnis eingerichtet wird. Es wird nicht garantiert, dass die Daten auf diesem Laufwerk einen Neustart der VM überstehen. Wird die Zuweisung der VM aufgehoben, sind diese Daten auf jeden Fall verloren.

Recht häufig wird die SQL Server-Datenbank `TempDB` auf diesem temporären Laufwerk untergebracht, da es sich dabei um ein Halbleiterlaufwerk handelt und es somit theoretisch schneller ist als ein Standardlaufwerk.

Allerdings wird für dieses Laufwerk eine schlanke Bereitstellung verwendet. Wie Sie in Kapitel 2 erfahren haben, wird auf diese Weise bereitgestellter Speicher von allen VMs auf dem Host gemeinsam genutzt.

Es ist riskant, `TempDB` auf diesem Laufwerk zu platzieren, da es zu hohen Latenzen kommen kann, insbesondere wenn andere Gastsysteme auf demselben zugrunde liegenden physischen Speicher das Gleiche tun. Auch die Wahl der VM-Serie hat Einfluss darauf.

Der Einfachheit halber sollten Sie `TempDB` auf einem dedizierten Premiumlaufwerk unterbringen (sofern dies in der VM möglich ist) oder zumindest auf einem größeren, gemeinsam mit anderen Datenbanken genutzten Premiumlaufwerk. Beispielsweise können Sie ein P30-Laufwerk mit 1024 MB und 5000 IOPS verwenden.

Plattform als Dienst

Beim Angebot »Plattform als Dienst« (PaaS) können Sie sich auf eine Aufgabe konzentrieren, ohne sich um die zugehörige Verwaltung und Wartung Gedanken machen zu müssen, was den Einstieg sehr viel leichter macht.

Mit »Datenbank als Dienst« (DaaS), wozu Azure SQL-Datenbank und Azure SQL Data Warehouse gehören, können Sie die Datenplattform Ihrer Organisation ergänzen oder ersetzen. In diesem Abschnitt geht es vor allem um Azure SQL-Datenbank.

Bei Azure SQL-Datenbank erhalten Sie eine einzelne Datenbank (oder eine logische Gruppe von Datenbanken in einem elastischen Pool) und müssen sich nicht selbst um Ressourcenzuweisung (CPU, RAM, Permanentspeicher, Lizenzierung, Betriebssystem), Installation und Konfiguration kümmern.

Außerdem müssen Sie sich nicht mit Patches und Aktualisierungen des Betriebssystems oder der Instanz beschäftigen, mit der Wartung von Indizes und Statistiken, mit `TempDB`, Sicherungen, Datenbeschädigungen und Redundanz. Die eingeschlossene Unterstützung für die Datenbankwiederherstellung ist hervorragend (einschließlich zeitpunktgenauer Wiederherstellung). Sie können sogar eine langfristige Aufbewahrung von Sicherungen für bis zu zehn Jahre hinzunehmen.

Das Prinzip der Datenplattform von Microsoft besteht darin, die richtige Komponente für eine bestimmte Aufgabe auszuwählen, und nicht, für jeden alles zu sein.

Azure SQL-Datenbank und Azure SQL Data Warehouse sind Teil eines umfassenderen Konzepts. Sie kombinieren die Stärken des Datenbankmoduls mit anderen Azure-Komponenten und durchbrechen damit die Schranken eigenständiger Systeme. Um dieses Angebot voll und ganz zu schätzen, anstatt die wahrgenommenen Mängel zu kritisieren, ist eine Änderung der Denkweise erforderlich.

Unterschiede zu SQL Server

SQL Server ist ein vollständiges, eigenständiges relationales Datenbankmanagementsystem, um mehrere Datenbanken und die damit verbundenen Prozesse zu erstellen und zu verwalten. Es enthält viele Werkzeuge und Features, darunter auch einen umfassenden Aufgabenplaner.

Azure SQL-Datenbank dagegen können Sie sich als ein Angebot auf Datenbankebene vorstellen, weshalb nur datenbankspezifische Merkmale zur Verfügung stehen. Sie können Objekte wie Tabellen, Sichten, benutzerdefinierte Funktionen und gespeicherte Prozeduren sowie speicheroptimierte Objekte erstellen, Sie können Abfragen schreiben und Sie können eine Anwendung damit verbinden.

Allerdings können Sie bei Azure SQL-Datenbank geplante Aufgaben nicht direkt ausführen. Die Abfrage anderer Datenbanken unterliegt starken Einschränkungen. Eine Wiederherstellung von Datenbanken von einer SQL Server-Sicherung ist nicht möglich. Außerdem haben Sie keinen Zugriff auf ein Dateisystem, weshalb der Datenimport etwas komplizierter ist. Die Systemdatenbanken und insbesondere `TempDB` können Sie nicht verwalten.

Zurzeit gibt es auch keine Unterstützung für benutzerdefinierte SQL Server-CLR-Prozeduren. Die nativen SQL Server-CLR-Funktionen stehen jedoch zur Verfügung, z. B. diejenigen, die für `hierarchyid` und die räumlichen Datentypen erforderlich sind.

In lokalen Umgebungen wird gewöhnlich nur die integrierte Authentifizierung verwendet, um eine einmalige Anmeldung und eine vereinfachte Anmeldeverwaltung zu ermöglichen, und die SQL Server-Authentifizierung ausgeschaltet. Letzteres jedoch ist bei Azure SQL-Datenbank nicht möglich. Statt der integrierten Authentifizierung werden verschiedene Authentifizierungsmöglichkeiten mit Azure Active Directory angeboten. Mehr darüber erfahren Sie in Kapitel 5, »Azure SQL-Datenbank«.

Mehrere Dateigruppen oder Dateien sind in Azure SQL-Datenbank nicht möglich. Damit stehen auch mehrere andere Merkmale des Datenbankmoduls, die auf Dateigruppen zurückgreifen, nicht zur Verfügung, darunter `FILESTREAM` und die Dateitabelle.

▶ **Mehr über `FILESTREAM` und die Dateitabelle erfahren Sie in Kapitel 8.**

Die wichtigsten Einschränkungen von Azure SQL-Datenbanken betreffen die physische Größe und die Ressourcennutzung.

Die als Datenbanktransaktionseinheiten (Database Transaction Units, DTUs) bezeichneten Ressourcengrenzwerte erzwingen ein Umdenken, um den Service bestmöglich nutzen zu können. Man kann bei Azure SQL-Datenbank sehr leicht viel Geld zum Fenster hinauswerfen, wenn zu bestimmten Tageszeiten oder an einzelnen Tagen in der Woche ein gewisses DTU-Niveau erforderlich ist, das zu anderen Zeiten aber nicht voll ausgeschöpft wird.

Azure SQL-Datenbanken lassen sich nach Bedarf hoch- und herunterskalieren, aber wenn das regelmäßig geschieht, werden die Nutzung und damit die Kosten unvorhersehbar. Elastische Pools (siehe den entsprechenden Abschnitt weiter hinten) bilden eine hervorragende Möglichkeit, um dieses Problem zu lösen, da die DTU-Nutzung über mehrere Datenbanken hinweg hier mithilfe von elastischen DTUs (eDTUs) gemittelt wird. Trotzdem wird Azure SQL-Datenbank SQL Server nicht komplett ersetzen. Manche Systeme sind einfach nicht zur Übertragung in eine solche Umgebung ausgelegt, und das ist auch kein Problem. Microsoft wird SQL Server weiterhin als eigenständiges Produkt anbieten.

Dagegen ist Azure SQL-Datenbank ideal zur Unterstützung von Webanwendungen geeignet, die mit dem Benutzerstamm wachsen können. Bei neu entwickelten Anwendungen können Sie die Vorteile nutzen, die es mit sich bringt, keinen eigenen Datenbankserver unterhalten zu müssen – und das zu vorhersehbaren Kosten.

Dienstebenen von Azure SQL-Datenbank

Es stehen vier Dienstebenen von Azure SQL-Datenbank zur Verfügung: Basic, Standard, Premium und Premium RS. Dabei weist Premium RS das gleiche Leistungsprofil auf wie Premium, aber ohne Hochverfügbarkeit. Das ist praktisch für die Wiedergabe von Hochleistungsarbeitslasten und für die Entwicklung und Tests in einer Vorproduktionsumgebung mit sämtlichen Merkmalen der Premiumschicht.

Die Auswahl der richtigen Dienstebene ist ebenso wichtig wie die Entscheidung für die richtige Edition von SQL Server 2017. Auf den Ebenen Basic und Standard werden Columnstore- und speicheroptimierte Objekte nicht unterstützt. Bei Basic können Sie nur auf die Sicherungen der letzten sieben Tage zurückgreifen statt der letzten 35 Tage wie bei den höheren Ebenen. Premium und Premium RS bieten eine sehr viel geringere E/A-Latenz als Standard.

Es ist jedoch ziemlich einfach, zwischen den Dienstebenen von Azure SQL-Datenbank zu wechseln, insbesondere zwischen den einzelnen Stufen innerhalb einer Ebene. Zusammen mit elastischen Pools erhalten Sie dadurch große Flexibilität bei vorhersagbaren Nutzungskosten.

Microsoft verfolgt außerdem eine »Cloud-first-Strategie«, was bedeutet, dass neue Features zuerst in Azure SQL-Datenbank erscheinen, bevor sie ihren Weg in Produkte zur lokalen Installation finden. Angesichts der Zeit, die viele Organisationen bis zu einer Aktualisierung verstreichen lassen, sind die Vorteile noch viel unmittelbarer und klarer.

Elastische Datenbankpools

Wie bereits erwähnt, unterliegt Azure SQL-Datenbank Einschränkungen für die Größe und den Ressourcen. Wie bei Azure-VMs müssen Sie auch bei Azure SQL-Datenbank nach Nutzung zahlen. Je nachdem, was Sie brauchen, können damit erhebliche oder geringe Kosten für Ihre Datenbanken auf Sie zukommen.

Elastische Pools verbessern die Skalierbarkeit und Effizienz Ihrer Bereitstellung von Azure SQL-Datenbank, da sie es möglich machen, dass mehrere Datenbanken in einem Pool die DTUs gemeinsam verwenden. Diese kombinierten DTUs werden als elastische DTUs (eDTUs) bezeichnet.

Ohne elastische Pools müssten Sie jede Datenbank mit genügend DTUs für die Spitzenlasten bereitstellen, was ziemlich unwirtschaftlich wäre. Durch die Gruppierung von Datenbanken mit unterschiedlichen Spitzenlastzeiten zu einem elastischen Pool verteilt Azure automatisch die den einzelnen Datenbanken zugewiesenen DTUs nach Last, wie Sie in Abb. 3.7 sehen. Damit eine einzelne Datenbank die anderen in ihrem Pool nicht aushungert, können Sie Grenzwerte festlegen.

Abbildung 3.7 Ein elastischer Datenbankpool mit Datenbanken, die ihre DTUs gemeinsam nutzen

Am sinnvollsten ist der Einsatz von elastischen Pools, wenn die darin enthaltenen Datenbanken eine geringe durchschnittliche DTU-Nutzung mit vereinzelten Spitzen aufweisen, etwa durch eine Berichtsabfrage, die einmal täglich ausgeführt wird. Ein anderes Beispiel ist ein Help-Desk-System, bei dem an bestimmten Tageszeiten ein starker Datenverkehr auftreten kann.

Der elastische Pool gleicht diese Spitzen über den gesamten Rechnungszeitraum aus, sodass Sie trotz der unvorhersehbaren Arbeitslasten in den einzelnen Datenbanken vorhersehbare Kosten haben.

Mandantenfähige Architektur Bei Azure SQL-Datenbanken in einem elastischen Pool haben Sie die Möglichkeit, neue Datenbanken für Ihre Kunden mit vorhersehbarem Wachstum und zugehörigen Kosten bereitzustellen. In dieser Umgebung ist die Verwaltung solcher Datenbanken viel einfacher, da die administrativen Aufgaben wegfallen. Da der Pool auf den kombinierten eDTUs basiert, ergibt sich auch eine vorhersehbare Leistung.

Allerdings bieten elastische Pools nicht in allen Situationen Vorteile. Am sinnvollsten werden sie dann eingesetzt, wenn die Datenbanken im Pool zu unterschiedlichen Zeiten Spitzenlasten erfahren. Daher müssen Sie die Nutzungsmuster der einzelnen Kundendatenbanken überwachen und genau planen, für welchen Pool sie jeweils am besten geeignet sind.

Datenbankkonsolidierung In einer lokalen Installation müssen Sie zur Konsolidierung der Datenbanken einen Servercomputer haben, der leistungsfähig genug ist, die Arbeitslast vieler Datenbanken zu handhaben, wobei diese Datenbanken jeweils ihre eigenen Lastmuster aufweisen. Bei elastischen Datenbankpools ist die Anzahl der Datenbanken durch die eDTU-Größe begrenzt. Beispielsweise beträgt die maximale Größe eines Premiumpools zurzeit 4000 eDTUs. Das bedeutet, dass Sie in einem einzigen Pool bis zu 160 Datenbanken (mit je 25 DTUs) betreiben können, die alle ihre Ressourcen teilen.

Zusammen mit den Einstellungen für die automatische Skalierung kann eine Konsolidierung (je nach DTU-Grenzen) für eine Organisation mit vielen kleinen Datenbanken ebenso sinnvoll sein wie bei einer lokal installierten SQL Server-Instanz.

Elastische Datenbankabfragen

Von allen Einschränkungen in Azure SQL-Datenbank ruft wahrscheinlich die begrenzte Unterstützung für datenbankübergreifende Abfragen die größte Verwunderung hervor. Dadurch ist es nicht möglich, eine Abfrage zu schreiben, in der mit einem drei- oder vierteiligen Objektnamen auf ein Datenbankobjekt in einer anderen Datenbank oder auf einem anderen Server verwiesen wird. Damit steht auch eine semantische Suche nicht zur Verfügung.

Als Notlösung können Sie die Datenbanken, die Sie zu einer logischen Gruppe kombinieren möchten, in einen elastischen Datenbankpool stellen. Dadurch ist es möglich, datenbankübergreifende Abfragen an ihnen auszuführen und Verbindungen zu externen Daten in Form von Microsoft Excel, Microsoft Power BI usw. herzustellen.

Es gibt jedoch Einschränkungen. Zurzeit befinden sich elastische Datenbankabfragen noch in einem Vorabstadium. Auf der Standardebene kann die erste Abfrage mehrere Minuten dauern, da erst die erforderlichen Funktionen geladen werden müssen. Darüber hinaus besteht auf externe Daten zurzeit nur reiner Lesezugriff.

Die Leistung ist bei den höheren Ebenen (mit höheren Kosten) besser. Trotzdem ist diese Möglichkeit nicht dazu ausgelegt, um eigene Systeme mit eng verbundenen Datenbanken nachzubilden.

Elastische Datenbankaufträge

SQL Server kann eine Abfrage an mehreren Datenbanken von einer Liste registrierter Server oder einem zentralen Verwaltungsserver ausführen. Elastische Datenbankaufträge bieten die ähnliche Möglichkeit, ein in T-SQL (Transact-SQL) geschriebenes Skript an mehreren Datenbanken in einem elastischen Pool auszuführen.

Da hierbei andere Azure-Dienste genutzt werden, darunter Azure Cloud Service und Azure Service Bus, fallen zusätzliche Kosten an.

Wenn beispielsweise bei der Nutzung von »Software als Dienst« (SaaS) jeder Kunde seine eigene Datenbankinstanz erhält, müssen die Schemas aller Datenbanken synchron gehalten werden. Ein elastischer Poolauftrag kann für alle Datenbanken eingerichtet werden, die zu einer benutzerdefinierten Datenbankgruppe gehören. Der Auftrag wird in eine Steuerdatenbank (eine eigenständige Azure SQL-Datenbank) eingefügt. Der *Controller* (eine der beiden Workerrollen, die mit dem Clouddienst erstellt werden) liest den Auftrag, und eine zweite Workerrolle führt die Aufgaben des Auftrags mithilfe eines *Activators* an allen Datenbanken im Pool aus (wobei der Azure Service Bus genutzt wird). Die Ergebnisse werden in der Steuerdatenbank gespeichert und die Diagnoseinformationen in einem Azure-Speichercontainer.

▶ **Mehr über die elastische Skalierung erfahren Sie in Kapitel 5. Elastische Datenbankaufträge, insbesondere ihre Architektur und Einrichtung, werden in *https://docs.microsoft.com/azure/sql-database/sql-database-elastic-jobs-overview* beschrieben.**

Sharding von Datenbanken mit Split-Merge

Azure SQL-Datenbank ist für SaaS-Szenarien ausgelegt, da Sie dabei klein anfangen und Ihr System mit dem Kundenstamm wachsen lassen können. Das beschwört jedoch eine Reihe bemerkenswerter Fragen herauf, beispielsweise was geschieht, wenn Daten ihren oberen DTU-Grenzwert und ihre Maximalgröße erreichen.

Beim sogenannten *Sharding* werden Daten horizontal über mehrere Knoten partitioniert, um die Leistung oder die Widerstandsfähigkeit einer Anwendung zu verbessern. Bei Azure SQL-Datenbank werden die Daten dabei über mehr als eine Datenbank verteilt, wenn sie zu stark anwachsen (was sich nicht von ungefähr nach Tabellenpartitionierung anhört).

Weitere Datenbanken (Shards) zur Unterstützung Ihrer Anwendung hinzuzufügen, ist ja schön und gut, aber wie können Sie die Daten gleichmäßig auf diese neuen Datenbanken verteilen?

Mit dem Werkzeug *Split-Merge* können Sie Daten von beschränkten Datenbanken in neue verschieben, ohne die Datenintegrität zu gefährden. Es wird als Azure-Webdienst ausgeführt und ist daher kostenpflichtig. Beim *Shard Map Management* verwendet das Werkzeug einen Metadatenspeicher (eine weitere eigenständige Azure SQL-Datenbank), um zu entscheiden, welche Datensegmente (*Shardlets*) in welche Datenbank (*Shard*) verlegt werden sollen. Es lässt sich komplett auf Ihre Bedürfnisse einstellen.

▶ **Wie dieser Vorgang im Einzelnen funktioniert, erfahren Sie auf *https://docs.microsoft.com/azure/sql-database/sql-database-elastic-scale-overview-split-and-merge*.**

Hybridcloud

Azure SQL-Datenbank ist nicht als vollständiger Ersatz für SQL Server gedacht. Tausende von Organisationen in aller Welt sind mit der Sicherheit, Leistung und geringen Latenz ihrer lokalen Umgebung zufrieden, möchten aber auch gern einige Komponenten in der Cloud nutzen.

Die gängigste Implementierung einer Hybridcloud bietet Azure Active Directory (Azure AD). Anstatt Benutzerkonten an zwei Stellen zu verwalten (lokal und in Azure, etwa für Microsoft Office 365), können Sie Ihren Active Directory-Domänendienst mit Azure AD synchronisieren und alles zentral verwalten.

Jegliche Kombinationen von lokalen und Azure-Umgebungen fallen unter die Definition einer Hybridcloud. Microsoft bietet einige bemerkenswerte Möglichkeiten, um dies zu erreichen, insbesondere im Zusammenhang mit der Datenplattform und SQL Server.

Kalte Daten mit Stretch-Datenbank online und abfragebereit halten

In großen Organisationen kann es teuer werden, historische (kalte) Daten in einer SQL Server-Datenbank vorzuhalten, insbesondere, wenn Sie nicht nur die Speicher-, sondern auch die zugehörigen Wartungs- und Verwaltungskosten berücksichtigen. Überdies sind Organisationen durch die gesetzliche Aufbewahrungspflicht gezwungen, manche Daten viele Jahre lang aufzuheben, was ziemlich mühselig sein kann.

Mit Stretch-Datenbank können kalte Daten online gehalten werden, wobei die Speicherkosten verringert, die Daten lokal verwaltet und die im Servicevertrag vorgesehenen Zielvorgaben für Wiederherstellungszeit und -punkt gesenkt werden.

Da historische Daten einen großen Anteil an einer vorhandenen Datenbank ausmachen können, kann ihre Verlagerung von einer lokalen Datenbank hinweg die erforderliche Speicherkapazität, die Zeit und andere Ressourcen für notwendige Aufgaben wie Sicherungen, Index- und Statistikwartung, Datenkonsistenzprüfung usw. erheblich verringern, während die Daten weiterhin zur Abfrage bereitstehen.

Stretch-Datenbank wird auf Instanzebene aktiviert, doch die Verschiebung von Zeilen erfolgt auf Datenbank- und Tabellenebene. Wenn sich Ihre kalten Daten bereits in einer eigenen Archivtabelle befinden, können Sie einfach diese Tabelle komplett verlagern. Sind in einer großen Tabelle kalte und heiße (aktive) Daten gemischt, richten Sie einen Filter ein, um nur die älteren Zeilen zu verschieben.

An der Anwendung sind keine Änderungen erforderlich. Allerdings gelten für den Einsatz von Stretch-Datenbank erhebliche Einschränkungen:

- Einschränkungen in den migrierten Daten werden nicht durchgesetzt, um Eindeutigkeit zu erzielen (dies gilt auch für Primärschlüssel- und Eindeutigkeitseinschränkungen). Tabellen mit Fremdschlüssel- und CHECK-Einschränkungen können nicht verschoben werden.
- An den migrierten Daten können keine Datenänderungen vorgenommen werden (Aktualisierungen und Löschungen). Es ist auch nicht möglich, neue Zeilen direkt einzufügen (stattdessen müssen sie über die Stretch-Datenbank-Funktionalität aufgenommen werden).
- An Daten, die für die Migration vorgesehen sind, können keine Datenänderungen vorgenommen werden.
- Es ist nicht möglich, Indizes für Sichten zu erstellen, die auf Stretch-konfigurierte Tabellen verweisen. Umgekehrt lassen sich Tabellen, die in vorhandenen indizierten Sichten verwendet werden, nicht verschieben.
- Filter in Indizes werden nicht auf migrierte Daten übertragen, was bei eindeutigen gefilterten Indizes zu Problemen führen kann.

Auch die Datentypen und Indizes, die in einer Stretch-Datenbank verwendet werden können, unterliegen Einschränkungen:

- Die Datentypen `text`, `ntext` und `image` sind nicht zulässig.
- Die Typen `timestamp(rowversion)`, `xml` und `sql_variant` sind nicht zulässig.

- CLR-Datentypen (Common Language Runtime, also .NET) sind nicht zulässig (darunter `geography`, `geometry` und `hierarchyid`).
- Berechnete Spalten sind nicht zulässig.
- Volltext-, XML- und räumliche Indizes sind nicht zulässig.

Die Kosten für Stretch-Datenbank richten sich sowohl nach dem Speicher als auch nach Berechnungen. Das heißt, dass Sie auch dann für den Speicher zahlen, wenn Sie die Daten niemals abfragen. Wenn Sie die Daten dagegen abfragen, müssen Sie zusätzliche Berechnungskosten zahlen (die nach Datenbank-Stretch-Einheiten oder DSUs abgerechnet werden) und für jegliche Datenübertragungen aufkommen.

Diese Einschränkungen gibt es aus guten Gründen, aber sie können trotzdem ausreichen, um sich nach Alternativen umzusehen. Was die Einfachheit der Verwendung angeht, funktioniert Stretch-Datenbank jedoch genauso wie angegeben.

Automatische Sicherungen mit SQL Server Managed Backup

Bei SQL Server auf Azure-VMs können Sie native SQL Server-Sicherungen, die direkt in den Azure-Blobspeicher schreiben, automatisieren. (Das funktioniert auch bei einer lokal installierten Version von SQL Server, wobei die Latenz jedoch ein Problem darstellen kann.)

Die Zeitplanung hängt standardmäßig von der Transaktionsarbeitslast ab, sodass bei einem Server im Leerlauf weniger Sicherungen des Transaktionsprotokolls vorkommen als bei einem stark beschäftigen Server. Das reduziert die Gesamtzahl der Sicherungsdateien, die bei der Notfallwiederherstellung einer SQL Server-Datenbank benötigt werden.

Zur Definition des Zeitplans können Sie auch erweiterte Optionen heranziehen. Das müssen Sie komplett einrichten, bevor Sie Managed Backup aktivieren, damit keine unerwünschten Sicherungsvorgänge durchgeführt werden. Daneben lässt sich auch die Aufbewahrungszeit bis zu einem Maximum von 30 Tagen einstellen.

Diese Sicherungen werden auf Instanz- oder Datenbankebene konfiguriert, was gerade bei kleineren Datenbankumgebungen, für die gewöhnlich kein Vollzeitadministrator zuständig ist, für die nötige Flexibilität sorgt.

Mit der Sicherungsverschlüsselung von SQL Server können Sie Sicherungen vollständig verschlüsseln. Der Azure-Blobspeicher ist (für ruhende Daten) standardmäßig verschlüsselt.

▶ **Mehr über Verschlüsselung erfahren Sie in Kapitel 7.**

Mit dem Azure-Speichercontainer für die Datenbanksicherungen sind zusätzliche Kosten verbunden. Am Ende ihrer Aufbewahrungszeit werden ältere Dateien jedoch gelöscht, weshalb die Kosten konsistent bleiben. Wenn Sie eine eigene Sicherungslösung erstellen, würden ebenfalls Speicherkosten anfallen, wobei es wahrscheinlich ist, dass die Kosten für den Managed-Backup-Speicher sogar geringer sind.

▶ **Mehr über SQL Server Managed Backup in Azure erfahren Sie auf *https://docs.microsoft.com/sql/relational-databases/backup-restore/sql-server-managed-backup-to-microsoft-azure*.**

Azure Stack

Vor Kurzem hat Microsoft seine Version einer privaten Cloud angekündigt, bei der Sie bestimmte Azure-Dienste lokal auf von Microsoft zugelassener Hardware installieren können. Dadurch können Sie die Möglichkeiten von Azure zur schnelleren Entwicklung in Ihrem eigenen Rechenzentrum nutzen.

Nachdem Sie die Anwendungen und Lösungen entwickelt haben, die sich für Ihre Organisation am besten eignen, können Sie sie in der am besten geeigneten Azure-Region bereitstellen. Es ist auch möglich, sie lokal auf Azure Stack zu unterhalten.

Mit dem SQL Server-Ressourcenanbieter können Sie Azure SQL-Datenbanken als Dienst bereitstellen. Dadurch erhalten Ihre Benutzer die Möglichkeit, Datenbanken anzulegen, ohne jedes Mal eine VM bereitstellen zu müssen. Sie können sich das als lokale Version von Azure SQL-Datenbank vorstellen.

Beachten Sie aber, dass bestimmte Merkmale wie elastische Pools und die Skalierung von Datenbanken hierbei noch nicht zur Verfügung stehen.

▶ **Mehr über Azure SQL-Datenbanken auf Azure Stack erfahren Sie auf *https://docs.microsoft.com/azure/azure-stack/azure-stack-sql-resource-provider-deploy*.**

Private Netzwerke zwischen lokalen Installationen und Azure

Wenn Sie eine Umgebung in der Azure-Cloud erstellen, beginnen Sie mit einem virtuellen Azure-Netzwerk (VNet). Dabei gruppieren Sie Ihre Dienste (einschließlich der Azure-VMs) logisch je nach Bedarf zu einem oder mehreren virtuellen Netzwerken. Diese Einrichtung ist kostenlos, und Sie können über das öffentliche Internet Verbindung mit diesen Netzwerken aufnehmen.

Viele Organisation benötigen einen sicheren Kanal zwischen ihren Umgebungen, also zwischen Azure-VNets oder zwischen einem lokalen Netzwerk und Azure. Das lässt sich mit einem virtuellen privaten Netzwerk (VPN) erreichen.

Ein VPN verschlüsselt den Datenverkehr über ein Netzwerk (auch über das Internet), was so wirkt, als würde es einen Tunnel einrichten. Jeglicher Datenverkehr, der durch diesen Tunnel fließt, ist sicher. Das heißt, dass er nicht von irgendwelchen Schurken überwacht werden kann. Die Verschlüsselung des Datenverkehrs ist jedoch mit Mehraufwand verbunden, was die Verbindung etwas langsamer macht.

Es gibt zwei Hauptmöglichkeiten für Verbindungen zwischen Ihrer lokalen Umgebung und Azure. Bei der ersten werden herkömmliche VPN-Dienste über das Internet verwendet (Site-to-Site), bei der anderen eine dedizierte Verbindung, die nicht auf das öffentliche Internet zurückgreift (Azure ExpressRoute).

Site-to-Site-VPN Es gibt zwei verschiedene Fälle der Verbindung mit einem Azure-VNet: Sie können zwei Azure-VNets miteinander verbinden oder ein externes Netzwerk mit einem Azure-VNet.

Um zwei Azure-VNets in derselben Region miteinander zu verbinden, erstellen Sie ein Peering-Netzwerk, wobei kein Teil des VNets das Internet nutzt. Die (sehr moderate) Preisgestaltung richtet sich nach dem übertragenen Datenvolumen.

VPN-Gateways für eine Verbindung zwischen Ihrem lokalen Netzwerk und einem Azure-VNet werden dagegen nach der von Ihnen angeforderten maximalen Bandbreite (100 MB/s,

500 MB/s, 1 GB/s und 1,25 GB/s) und einem Stundensatz abgerechnet (der je nachdem, was Sie benötigen, auch moderat ist).

Azure ExpressRoute Wollen Sie Ihr lokales Netzwerk mit Ihrem Azure-VNet verbinden und reichen die Geschwindigkeiten des Site-to-Site-VPNs nicht aus, können Sie ExpressRoute verwenden.

ExpressRoute erweitert Ihr vorhandenes Netzwerk mit geringer Latenz um die praktisch unbegrenzten Dienste, die in Azure zur Verfügung stehen. Das ist natürlich auch eine Kostenfrage.

Microsoft sagt dazu:

ExpressRoute [...] eignet sich daher hervorragend für Szenarien wie beispielsweise regelmäßige Datenmigration, Replikation für Geschäftskontinuität, Notfallwiederherstellung und andere Strategien für hohe Verfügbarkeit. (https://azure.microsoft.com/services/expressroute)

Diese Art von Bandbreite gibt Ihnen die nötige Flexibilität, um ganze VMs für Testumgebungen und Migrationen von einer lokalen Installation zu Azure zu übertragen. Ihre Kunden können Azure-Webdienste nutzen, die auf Daten Ihrer lokalen Umgebung zurückgreifen, ohne sich dabei über das öffentliche Internet zu bewegen.

ExpressRoute können Sie auch verwenden, um mit dem SQL Server-Protokollversand eine Site für die Notfallwiederherstellung einzurichten. Vielleicht möchten Sie ja auch Ihre Verfügbarkeitsgruppe mithilfe einer verteilten Verfügbarkeitsgruppe in die Cloud erweitern (siehe Kapitel 2). Mit ExpressRoute können Sie Azure wie eine Erweiterung Ihres eigenen Netzwerks behandeln (siehe Abb. 3.8).

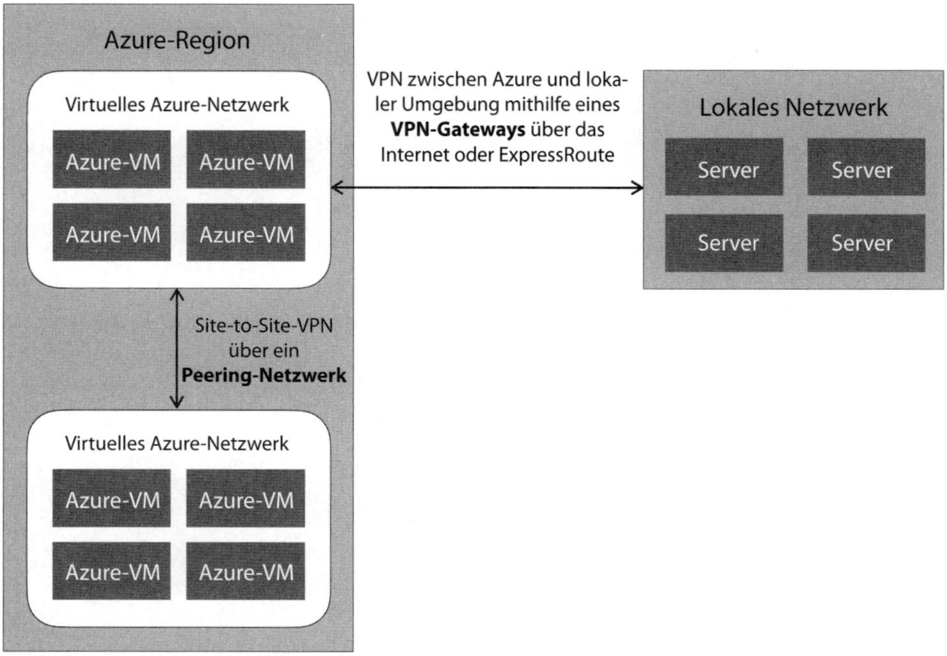

Abbildung 3.8 Virtuelle Azure-Netzwerke können auf verschiedene Weisen mit lokalen Netzwerken verbunden werden.

Expertentipp

Wie schnell können Daten über eine VPN-Verbindung übertragen werden?

Die Geschwindigkeit von Netzwerken wird in Bits pro Sekunde gemessen. Da ein Byte aus acht Bits besteht, würde die Übertragung eines Bytes bei 1 Bit/s und dem theoretischen maximalen Durchsatz (ideale Netzwerkbedingungen) acht Sekunden erfordern.

Bei einer Geschwindigkeit von 1 Gbit/s braucht die Übertragung von einem Gigabyte mindestens acht Sekunden. Aufgrund von Latenz und möglichem Zusatzaufwand, z. B. durch Verschlüsselung, kann der Vorgang auch etwas länger dauern.

Außerdem tritt bei der Übertragung über große Entfernungen eine Latenz auf. Für die Reise quer durch die USA und zurück benötigt ein Netzwerkpaket ca. 65 ms. Bei der Planung von Migrationen, Notfallwiederherstellung und Hochverfügbarkeitslösungen müssen Sie daher sowohl die Netzwerkgeschwindigkeit als auch die Latenz berücksichtigen.

Kapitel 4

Bereitstellen von Datenbanken

In diesem Kapitel sehen wir uns die Installation und Konfiguration einer Instanz von Microsoft SQL Server sowie die Erstellung und Migration von Datenbanken an. Besonderes Augenmerk gilt dabei neuen Funktionen, die in SQL Server 2017 oder SQL Server 2016 SP1 neu hinzugekommen sind, und solchen, die jetzt zum ersten Mal von der Enterprise Edition in die Standard Edition übernommen wurden. Wir schauen uns einige einfache Checklisten an, die Sie immer wieder heranziehen können, und weisen Sie falls nötig auf Quellen an anderer Stelle in diesem Buch und außerhalb hin, in denen Sie weitere Einzelheiten über wichtige Schritte finden können.

Vor der Installation von SQL Server

Bevor Sie den Installer von SQL Server ausführen, müssen Sie eine Reihe von Faktoren und Einstellungen bedenken, von denen sich einige nach der Installation nicht mehr so leicht ändern lassen. Achten Sie in diesem Kapitel besonders auf die Abschnitte zur Servervolumeausrichtung (unabhängig davon, ob Sie einen physischen oder virtuellen Server verwenden oder ob sich die Volumes auf physischen Laufwerken oder in einem SAN befinden), zur Auswahl der Version und Edition und zu neuen Funktionen des Installers von SQL Server 2017.

Achtung

Wir raten davon ab, SQL Server auf demselben Servercomputer zu installieren, der auch als Domänencontroller dient. In manchen Situationen ist diese Vorgehensweise nicht unterstützt, sodass das Setup sogar fehlschlagen kann.

Volumenutzung

Auf Microsoft Windows Server müssen Sie sich vor der Ausführung des SQL Server-Installers Gedanken über die Volumes machen. Die Benutzer- und Systemdatenbanken und die Protokolldateien können zwar noch nach der Installation an andere Speicherorte verlegt werden, aber es ist am besten, die Volumes vor der Installation zu planen.

Hinweis

Bei den Beispielen in diesem Kapitel wird davon ausgegangen, dass Windows auf Volume C des Servercomputers installiert ist.

Eine der Grundregeln für die Installation von SQL Server lautet, die Angabe *C:* überall durch ein anderes Volume zu ersetzen, um den Speicherbedarf von SQL Server auf dem Betriebssystemvolume zu verringern, insbesondere wenn Sie mehrere SQL Server-Instanzen installieren. Dies kann Auswirkungen auf die Sicherung und Wiederherstellung von Volumes für die Notfallwiederherstellung haben.

Hinweis

Bei virtuellen Maschinen in Azure SQL-Datenbanken dürfen Sie niemals das Volume *D:* (temporärer Speicher) als Installationsverzeichnis in irgendeiner Einstellung wählen, da dieser Ordner beim Neustart des Servers gelöscht wird! Lediglich die `TempDB`-Datendateien können auf Laufwerk *D* untergebracht werden, sofern Sie gewisse andere Maßnahmen ergriffen haben. Mehr darüber erfahren Sie in Kapitel 3.

Bei der Installation der ersten SQL Server-Instanz auf einem Server haben Sie die Gelegenheit, den Speicherort der Dateien für gemeinsam genutzte Funktionen, das Datenstammverzeichnis für die Instanz (das die Systemdatenbanken enthält) sowie die Standardspeicherorte für Benutzerdatenbankdateien und deren Sicherungen zu ändern. Bei der Installation weiterer Instanzen von SQL Server 2017 auf demselben Servercomputer sind die Speicherorte der Verzeichnisse für gemeinsam genutzte Funktionen (*Programme* und *Programme x86*) bereits festgelegt, sodass Sie sie nicht mehr ändern können.

Expertentipp

Was mache ich, wenn bei der Installation von SQL Server der Platz auf Laufwerk C knapp wird?

Es gibt einige einfache und einige knifflige Möglichkeiten, um den Speicherbedarf einer SQL Server-Installation auf dem Betriebssystemvolume des Servercomputers (gewöhnlich *C*, wie auch in diesen Beispielen) zu minimieren. Im Allgemeinen löschen SQL Server-Setup und kumulative Updates die temporären Dateien, die sie während der Installation verwendet haben, aber keine Protokoll- und Konfigurationsdateien, die ohnehin nicht viel Speicherplatz erfordern. Abgesehen von Protokolldateien sollten Sie keine von SQL Server-Setup oder kumulativen Updates installierten Dateien löschen. Nutzen Sie stattdessen die in diesem Abschnitt aufgezeigten vorbeugenden Maßnahmen, um diese Dateien vom Volume *C* fernzuhalten.

Einige Teile von SQL Server-Setup werden als Vorbereitungsbereiche auf dem Betriebssystemvolume (gewöhnlich und in diesen und allen folgenden Beispielen *C*) installiert, genauer in *C:\Programme\Microsoft SQL Server\140\Setup Bootstrap*, wobei 140 die interne Versionsnummer (14.0) von SQL Server 2017 ist. Dieser Ordner wird auch für künftige kumulative Updates und Funktionsänderungen genutzt.

> **Wenn der Platz vor der Installation von SQL Server sehr knapp ist, besteht ein weiteres Problem darin, dass das Stammverzeichnis für die Binärdateien standardmäßig *C:\Programme\Microsoft SQL Server* ist, was Sie in der Benutzeroberfläche von SQL Server-Setup nicht ändern können. Allerdings wird dieses Installationsverzeichnis im Parameter `INSTANCEDIR` der Konfigurationsdatei aufgeführt, die SQL Server-Setup erstellt. Mehr über die Verwendung der Konfigurationsdatei zur Installation von SQL Server erfahren Sie im Abschnitt »Automatisieren von SQL Server-Setup mit Konfigurationsdateien« weiter hinten in diesem Kapitel.**

Bringen Sie so viel von der Installation wie möglich auf anderen Volumes unter. Denken Sie daran, dass eine vollständige Installation von SQL Server 2017 mehr als 7 GB in Anspruch nehmen kann. Daher sollten Sie einige der Binärdateien für die Funktionsinstallation in andere Ordner verschieben.

Die folgende Beispielverteilung stellt einen guten Ausgangspunkt dar (wobei die konkreten Volumebuchstaben keine Rolle spielen):

- **Volume C** Nur Betriebssystem
- **Volume E** SQL Server-Installationsdateien, SQL Server-Datendateien
- **Volume F** SQL Server-Protokolldateien
- **Volume G** Daten und Protokolldateien für `TempDB` (weiter hinten in diesem Kapitel sehen wir uns die `TempDB`-Datendateien noch ausführlicher an)
- **Volume H** SQL Server-Sicherungen

Wie geht es nun weiter? Was die Volumes angeht, stehen Ihnen verschiedene Wege offen:

- Verwendung zusätzlicher Volumes für Ihre größten Datendateien (größer als 2 TB), damit der Speicher handhabbar bleibt
- Verwendung eines zusätzlichen Volumes für die aktivsten Datenbanken und deren Protokolldateien
- Verwendung eines zusätzlichen Volumes für große Mengen an `FILESTREAM`-Daten
- Verwendung eines zusätzlichen Volumes für umfangreiche replizierte Dateien von Datenbank-Momentaufnahmen

> ## Expertentipp
>
> ***Wozu sollte ich Dateien getrennt auf verschiedenen Volumes unterbringen?***
>
> **Es gibt verschiedene Gründe dafür, SQL Server-Dateien getrennt auf verschiedenen Volumes unterzubringen. Nicht alle davon haben mit der Leistung zu tun. Diese Vorgehensweise ist sogar dann sinnvoll, wenn Sie ausschließlich ein SAN nutzen.**

> **Diskrete Ein-/Ausgaben auf einem physischen Server mit dedizierten Laufwerken bedeuten eine bessere Leistung. In einem SAN erfolgt die Verteilung der Dateien auf verschiedene Volumes auch aus Gründen der Stabilität. Wenn ein Volume voll wird und kein Platz mehr zur Verfügung steht, kann den Dateien kein weiterer Platz zugewiesen werden. Auf Volume C würde »0 Bytes frei« zu besonders schweren Instabilitäten von Windows Server führen. Zumindest ergeben sich Probleme bei Benutzerprofilen und beim Remotedesktop und wahrscheinlich auch Auswirkungen auf andere Anwendungen.**
>
> **Wenn in dem zuvor gezeigten Beispiel die Volumes *E* oder *F* aufgrund eines nicht überwachten Wachstums der SQL Server-Dateien voll werden, sind die Probleme auf SQL Server beschränkt und betreffen wahrscheinlich nur die Datenbanken, deren Daten- und Protokolldateien für die Füllung verantwortlich sind.**

Wichtige Volumeeinstellungen für SQL Server

Bei den Einstellungen für Volumes, auf denen Sie Daten- und Protokolldateien von SQL Server unterbringen möchten, sollten Sie die folgenden Leitlinien berücksichtigen. Sofern nicht anders angegeben, sind für andere Volumes – z. B. für das Betriebssystem, Anwendungs- oder Sicherungsdateien – die Standardeinstellungen von Windows akzeptabel.

- Beim Hinzufügen solcher Volumes zu Windows müssen Sie drei wichtige Volumekonfigurationseinstellungen überprüfen oder mit dem Speicheradministrator besprechen. Wenn Sie neue Laufwerke für eine neue SQL Server-Installation erstellen, sollten Sie sich lieber für den Typ GPT (GUID Partition Table) statt für MBR (Master Boot Record) entscheiden. GPT ist ein jüngeres Partitionierungsverfahren für Laufwerke und unterstützt Dateien größer als 2 TB, wohingegen das ältere MBR bei 2 TB seine Grenze erreicht.
- Die geeignete Größe für Dateizuordnungseinheiten auf SQL Server-Volumes beträgt 64 KB (abgesehen von wenigen Ausnahmen). Wenn Sie für jedes Volume 64 KB festlegen, hat das erhebliche Auswirkungen auf die Effizienz und Leistung des Speichers. Der Windows-Standardwert beträgt 4 KB, was nicht ideal ist.

  Um die Größe der Zuordnungseinheit auf NTFS-Volumes zu prüfen, führen Sie an einer Administratoreingabeaufforderung für jedes Volume den folgenden Befehl aus:

  ```
  Fsutil fsinfo ntfsinfo d:
  Fsutil fsinfo ntfsinfo e:
  ...
  ```

  Die Größe der Dateizuordnungseinheit wird als `Bytes Per Cluster` zurückgegeben. 64 KB werden daher als 65.536 Bytes angezeigt.

  Um die Größe der Zuordnungseinheit zu ändern, müssen Sie das Laufwerk formatieren. Daher ist es wichtig, diese Einstellung vor der Installation zu prüfen.

  Wenn Sie eine falsche Größe der Zuordnungseinheit bei einer bereits vorhandenen SQL Server-Instanz feststellen, besteht die beste Lösung darin, ein neues Volume mit dem richtigen Wert anzulegen und dann die Dateien auf das neue Volume zu verschieben, was jedoch Ausfallzeiten bedeutet. Versuchen Sie nicht, die Partitionen auf Volumes mit vorhandenen Daten zu formatieren oder neu zu erstellen, denn dadurch verlieren Sie die Daten.

  Beachten Sie, dass auch Azure-VM-Laufwerke dem Windows-Standard von 4 KB folgen, weshalb Sie sie auf 64 KB umformatieren müssen.

- Im Zusammenhang mit der Dateizuordnungseinheit gibt es in der Hardware einen »Festplattenanfangsversatz« (Disk Starting Offset). Dabei geht es darum, wie Windows, der Permanentspeicher, Festplattencontroller und Cachesegmente ihre Grenzen aneinander ausrichten. Vor Windows Server 2008 kam der Ausrichtung des Anfangsversatzes eine viel größere Bedeutung zu. Seitdem reicht jedoch der Standardpartitionsversatz von 1024 KB zur Angleichung an die Größe der Stripeseteinheit aus, die vom jeweiligen Hersteller festgelegt wird. Überprüfen Sie dies anhand der Dokumentation des Laufwerkherstellers.

  Um Informationen über den Festplattenanfangsversatz einzusehen, führen Sie folgenden Befehl an einer Administratoreingabeaufforderung aus:

  ```
  wmic partition get BlockSize, StartingOffset, Name, Index
  ```

  Der Anfangsversatz von 1024 ist der Standardwert von Windows und wird als 1048576 (Bytes) für »Disk #0 Partition #0« angezeigt.

  Wie bei der Größe der Zuordnungseinheit können Sie den Anfangsversatz einer Partition nur auf destruktive Weise durch Neuerstellung der Partition und Neuformatierung des Volumes ändern.

Editionen von SQL Server

Hinweis

Dieses Buch ist nicht als Nachschlagewerk für die Lizenzierung oder als Leitfaden für den Erwerb von SQL Server gedacht. Die hier vermittelten Kenntnisse über die Editionen gehören zum Grundwissen, das alle SQL Server-Administratoren haben sollten.

Im Folgenden beschreiben wir alle Editionen der SQL Server-Familie einschließlich einiger früherer Editionen, mit denen Sie vielleicht vertraut sind. Es ist wichtig, die angemessenen Lizenzen für SQL Server zu verwenden, auch in Vorproduktionssystemen.

- **Enterprise Edition** Geeignet für Produktionsumgebungen, aber nicht für Vorproduktionsumgebungen etwa für Benutzerakzeptanztests, Qualitätssicherungstests und Entwicklung oder für Sandboxes. Für solche Umgebungen sollten Sie die kostenlose Developer Edition verwenden.
- **Developer Edition** Geeignet für alle Vorproduktionsumgebungen. Nicht zulässig für Produktionsumgebungen. Diese Edition bietet dieselben Funktionen und Kapazitäten wie die Enterprise Edition und ist kostenlos.
- **Standard Edition** Geeignet für Produktionsumgebungen. Hier fehlen die Skalierungs- und Compliance-Funktionen, die in der Enterprise Edition enthalten sind und in einigen Umgebungen aufsichtsrechtlich erforderlich sind. Diese Edition ist auf vier Prozessorsockel oder 24 Kerne begrenzt (wobei jeweils der niedrigere Wert gilt) und kann nur 128 GB Arbeitsspeicher für den Pufferpool nutzen. Im Gegensatz dazu sind Rechenkapazität und Arbeitsspeicher bei der Enterprise Edition nur durch das Betriebssystem beschränkt.

Hinweis

In SQL Server 2016 SP1 wurden viele Funktionen der Enterprise Edition auch auf die Standard, Web und Express Edition übertragen, darunter Datenbank-Momentaufnahmen, Columnstore-Indizes (eingeschränkt), Tabellenpartitionierung, Datenkomprimierung, speicheroptimiertes OLTP, PolyBase, SQL Audit und das neue Always-Encrypted-Merkmal. Die Standard und die Web Edition erhielten dabei auch die Möglichkeit, Chane Data Capture zu verwenden.

- **Web Edition** Geeignet für Produktionsumgebungen, aber beschränkt auf kostengünstige Serverumgebungen für Webanwendungen.
- **Express Edition** Für die meisten Produktions- und Vorproduktionsumgebungen nicht geeignet, sondern nur für Umgebungen, bei denen der Umfang der Daten gering ist, kein Wachstum erwartet wird und die Sicherung durch externe Tools oder Skripte erfolgt (da der SQL Server-Agent zur Sicherung der eigenen Datenbanken in dieser Edition nicht enthalten ist). Die kostenlose Express Edition ist für Machbarkeitsstudien, für schlanke Anwendungen und für Studenten gedacht. Ihr fehlen einige wichtige Funktionen, und die Rechenleistung (ein Prozessorsockel oder vier Kerne, wobei der geringere Wert gilt), der verfügbare Arbeitsspeicher für den Pufferpool (1410 MB) und die Größe einzelner Datenbanken (maximal 10 GB) sind stark eingeschränkt.
- **Express mit Advanced Services** Ähnelt der Express Edition mit allen Einschränkungen, enthält aber einige Funktionen im Zusammenhang mit Datentools, R-Integration, Volltextsuche und verteilter Wiedergabe, die in der Express Edition nicht enthalten sind.
- **Business Intelligence Edition** Diese Edition war bei SQL Server 2012 und 2014 erhältlich, ist in SQL Server 2016 aber nicht mehr vorhanden.
- **Datacenter Edition** Diese Edition war bis SQL Server 2008 R2 erhältlich, ist aber seit SQL Server 2012 nicht mehr vorhanden.

Hinweis

Wenn Sie den Installer von SQL Server 2017 ausführen, erhalten Sie die Gelegenheit, eine Reihe von Funktionen zu installieren, die nicht zu den Kernfunktionen für Datenbanken gehören. Die Installation von SQL Server-Features auf mehreren Windows-Servern erfordert mehrere Lizenzen, auch wenn Sie die einzelnen Funktionen jeweils nur einmal installieren.

Es gibt jedoch eine Ausnahme von dieser Regel, nämlich wenn Sie alle physischen Kerne eines Hostservers mit SQL Server Enterprise lizenziert und Software Assurance erworben haben. In diesem Fall können Sie eine beliebige Anzahl und beliebige Kombinationen von SQL Server-Instanzen und ihren eigenständigen Funktionen auf den virtuellen Gastsystemen installieren.

Wechseln zwischen den Editionen und Versionen von SQL Server

Eine direkte Hochstufung der Edition ist im SQL Server 2017-Installer möglich. Die Reihenfolge ist dabei Express, Web, Standard, Enterprise. In SQL Server 2017 können Sie auch die Developer Edition zur Enterprise, Standard oder Web Edition hochstufen.

Eine direkte Herabstufung der SQL Server-Version oder -Edition ist dagegen nicht möglich. Dazu ist eine Neuinstallation und Migration erforderlich. Beispielsweise ist es nicht möglich, SQL Server 2017 Enterprise direkt zur Standard Edition herabzustufen.

Die direkte Aktualisierung der Version wird zwar unterstützt, aber nicht empfohlen, falls sie überhaupt möglich ist. Stattdessen raten wir Ihnen dringend dazu, die neue Version zu installieren und dann von der alten zur neuen Version umzuziehen. Das bietet erhebliche Vorteile, nämlich eine kürzere Ausfallzeit, bessere Möglichkeiten, um den Vorgang wieder rückgängig zu machen, und Gelegenheiten für umfassende Tests vor der Migration. Wenn Sie DNS- oder SQL-Aliasse verwenden, können Sie den Wechsel auch bei den abhängigen Anwendungen und Verbindungen erleichtern.

Auch wenn die direkte Aktualisierung auf SQL Server 2017 nicht empfohlen wird, ist sie doch möglich, und zwar angefangen von SQL Server 2008 auf Windows Server 2012 und unter der Voraussetzung, dass es sich nicht um die 32-Bit-Installation handelt. Ab Version 2016 ist SQL Server nur noch für 64-Bit-Plattformen erhältlich. Für SQL Server 2017 ist Windows Server 2012 und höher erforderlich.

Eine direkte Aktualisierung von SQL Server 2005 auf 2017 ist nicht möglich. Sie können die Datenbanken eines solchen Systems jedoch an SQL Server 2017 anfügen oder darin wiederherstellen. Dabei werden die Datenbanken allerdings auf die Kompatibilitätsebene 100 hochgestuft, die der Version SQL Server 2008 entspricht.

Installieren einer neuen Instanz

In diesem Abschnitt beschreiben wir, wie Sie eine neue Instanz von SQL Server 2017 installieren, wie Sie eine bestehende Installation aktualisieren und wie Sie Funktionen zu einer vorhandenen Instanz hinzufügen.

Zwar können Sie *fast* alle Entscheidungen, die Sie in SQL Server-Setup treffen, nach der Installation noch ändern, doch das bringt meistens Ausfallzeiten oder einen Serverneustart mit sich. Gleich bei der Installation die richtigen Entscheidungen zu treffen, hilft dabei, den Verwaltungsaufwand zu minimieren. Einige Sicherheits- und Dienstkontoeinstellungen sollten ausschließlich über den SQL Server-Konfigurations-Manager geändert werden und nicht durch die Dienstekonsole (*Services.msc*). Wir werden zur Betonung noch häufiger darauf hinweisen.

Als Erstes gehen wir eine typische interaktive Installation durch. Weiter hinten in diesem Kapitel schauen wir uns einige der Möglichkeiten an, die Sie an der Befehlszeile haben, um die Installation einer SQL Server-Instanz zu automatisieren.

Planen mehrerer SQL Server-Instanzen

Auf einem Windows Server-Computer können Sie bis zu 50 SQL Server-Instanzen installieren, wovon wir jedoch abraten. In einem Windows-Failovercluster mit gemeinsam genutzten Clusterlaufwerken ist die Anzahl der möglichen SQL Server-Instanzen auf die Hälfte verringert.

Nur eine SQL Server-Instanz auf einem Server kann die Standardinstanz sein. Alle SQL Server-Instanzen auf einem Server – oder alle bis auf eine – sind benannt. Die Standardinstanz wird allein über den Namen des Servers angesprochen, wohingegen bei benannten Instanzen der Instanzname erforderlich ist. Der SQL Server-Browserdienst ist erforderlich, um den Datenverkehr zwischen den verschiedenen Instanzen auf dem Servercomputer zu handhaben.

▶ **Weitere Informationen über den SQL Server-Browser erhalten Sie in Kapitel 7.**

Die Standardinstanz können Sie über eine Verbindung zu *Servername* erreichen. Alle benannten Instanzen dagegen haben einen eindeutigen Instanznamen, also *Servername/Instanzname*.

In Anwendungsverbindungsstrings müssen Sie *Servername/Instanzname* als Server- oder Datenquellenparameter bereitstellen.

Installieren einer SQL Server-Instanz

Die Anleitungen in diesem Kapitel gelten sowohl für die erste als auch für alle nachfolgenden Installationen und unabhängig davon, ob es sich um die Standard- oder eine benannte Instanz von SQL Server 2017 handelt. Anstatt ausführliche schrittweise Anweisungen zu geben, decken wir die wichtigsten Entscheidungen und die wichtigsten erforderlichen Informationen sowie einige neue Funktionen ab, die in SQL Server 2016 und 2017 hinzugekommen sind.

Expertentipp

Was mache ich , wenn ich eine neue Azure-VM habe?

Es ist nicht nötig, SQL Server auf einer neuen Azure-VM zu installieren, da Bereitstellungen von Windows Server mit SQL Server auf Azure Marketplace erhältlich sind.

Es gibt zwei verschiedenen Arten von SQL Server-Lizenzvereinbarungen für Azure-VMS:

- **SQL Server-VM-Images auf Azure Marketplace enthalten bereits die SQL Server-Lizenzkosten als Gesamtpaket. Die SQL Server-Lizenz ist im Minutenpreis der VM berücksichtigt und wird zusammen mit den anderen Azure-Elementen abgerechnet. Sie müssen sie nicht zusätzlich erwerben.**
- **Wenn Sie eine eigene Enterprise-Lizenz mitbringen, haben Sie drei Möglichkeiten:**
  - **Sie können die verfügbaren BYOL-VM-Images (Bring Your Own Licence) auf die gleiche Weise bereitstellen und später mit Ihrer vorhandenen Enterprise-Lizenz verknüpfen. Die Namen dieser Images beginnen mit dem Präfix `BYOL`.**
  - **Sie können manuell eine ISO-Datei auf die VM hochladen und SQL Server 2017 wie auf einem physischen Windows Server-Computer installieren.**
  - **Sie können das Image einer lokal vorhandenen VM hochladen, um die neue Azure-VM bereitzustellen.**

Beachten Sie, dass Sie nach der Bereitstellung der VM nicht mehr von der mitgelieferten Lizenz zum BYOL-Lizenzierungsmodell wechseln können. Diese Entscheidung müssen Sie treffen, bevor Sie die Azure-VM erstellen.

Das SQL Server-Installationscenter

Beginnen Sie, indem Sie die ISO-Installationsdatei auf dem Windows-Server bereitstellen, wobei Sie als lokaler Windows-Administrator angemeldet sein müssen. Heutzutage ist es dazu kaum noch erforderlich, einen physischen Datenträger oder ein USB-Flashlaufwerk anzuschließen, wobei Sie das jedoch immer noch tun können, wenn es nötig sein sollte. Die Inhalte der ISO-Datei über das Netzwerk in einen physischen Ordner auszupacken, trägt auch zu einem schnelleren Setup bei.

Starten Sie *Setup.exe* nicht, wenn das Installationsmedium über eine Remotenetzwerkverbindung, ein gemeinsam genutztes Remotelaufwerk oder eine andere Verbindung mit hoher Latenz bereitgestellt wird. In einem solchen Fall geht es schneller, die Dateien erst lokal zu kopieren und Setup dann zu starten.

Führen Sie *Setup.exe* auf dem SQL Server-Installationsmedium als Administrator aus. Wenn Autoplay nicht ausgeschaltet ist (was es normalerweise ist), wird *Setup.exe* gleich bei der Bereitstellung des Mediums oder beim Öffnen der ISO-Datei mit einem Doppelklick gestartet. Die empfohlene Vorgehensweise besteht dagegen darin, auf *Setup.exe* rechtszuklicken und in dem daraufhin eingeblendeten Kontextmenü *Als Administrator ausführen* auszuwählen.

Im Folgenden sehen wir uns einige (aber nicht alle) Elemente des SQL Server-Installationscenters an, die Sie vor Beginn der Installation beachten sollten.

Wenn Sie im linken Bereich auf *Planen* klicken, wird eine lange Liste Links zu Dokumentationswebsites und Tools angezeigt. Besonders hilfreich ist die eigenständige Version der Systemkonfigurationsprüfung. Sie werden sie in einer späteren Phase von SQL Server-Setup ausführen, aber Sie können sich einige Schritte sparen, wenn Sie es jetzt schon einsetzen. Es gibt hier auch einen Link zum Data Migration Assistant (dem ehemaligen Upgrade Advisor), einem praktischen Microsoft-Tool für die Aktualisierung von einer früheren Version von SQL Server.

Auf der Seite *Wartung* finden Sie Folgendes:

- Einen Link, um den Editionsupgrade-Assistenten zu starten. Damit lässt sich die Edition einer vorhandenen Installation mit möglichst wenig Aufwand ändern. Eine Änderung der Version (SQL Server 2012, 2014, 2016, 2017) oder der Plattform (x86 oder 64 Bit) ist damit jedoch nicht möglich. Sie können dabei von einer niedrigeren zu einer höheren Edition wechseln. Ein Herunterstufen der Edition etwa von der Enterprise zur Standard Edition ist dagegen nicht möglich. Dazu müssen Sie SQL Server neu installieren. Ausführliche Informationen über mögliche Editionswechsel erhalten Sie auf *https://docs.microsoft.com/sql/database-engine/install-windows/supported-version-and-edition-upgrades#includesscurrentincludessscurrent-mdmd-edition-upgrade.*
- Die Reparaturfunktion wird nur selten verwendet. Sie wird nur dann benötigt, wenn sich SQL Server auf einer beschädigten Windows-Installation befindet oder wenn die ausführbaren Dateien, DLL-Dateien oder Registrierungseinträge von SQL Server-Instanz beschädigt sind. Der Fehlschlag einer direkten Aktualisierung von SQL oder einer Installation kumulativer Updates kann ebenfalls eine Reparatur erforderlich machen. Dies kann günstiger sein, als von vorn zu beginnen.

- Die Option, einen Knoten zu einem vorhandenen SQL Server-Failovercluster hinzuzufügen, befindet sich auf der Seite *Installation*. Um einen Knoten von einem solchen Cluster zu entfernen, verwenden Sie dagegen die entsprechende Option auf der Seite *Wartung*.
- Über einen Link zum Technet-Artikel »Update Center for SQL Server« (Artikelnummer ff803383) erhalten Sie Informationen über die neuesten kumulativen Updates für die einzelnen Versionen von SQL Server.
- Auf der Seite *Extras* finden Sie einen Link zum Microsoft Assessment and Planning (MAP) Toolkit für SQL Server, das Sie kostenlos herunterladen können. Dieses Werkzeug kann von unschätzbarem Wert sein, wenn Sie eine Inventur der SQL Server-Präsenz in Ihrem Netzwerk machen wollen. Es kann auch mit verschiedenen Methoden nach SQL Server-Instanzen suchen und Berichte für die IT-Leitung erstellen.
- Auf der Seite *Erweitert* gibt es einen Link, über den Sie eine Installation auf der Grundlage einer Konfigurationsdatei durchführen können. Mehr darüber erfahren Sie weiter hinten in diesem Kapitel im Abschnitt »Automatisieren von SQL Server-Setup mit Konfigurationsdateien«.

Des Weiteren gibt es Links zu Assistenten für die erweiterte Installation von Failoverclustern.

▶ **Failoverclusterinstanzen beschreiben wir in Kapitel 12.**

Installieren von SQL Server

Klicken Sie im linken Bereich des SQL Server-Installationscenters auf *Installation*. Im Folgenden werden wir Ihnen keine schrittweise Anleitung geben, sondern die wichtigsten Entscheidungen und neuen Funktionen erwähnen.

Expertentipp

Wo befinden sich SQL Server Management Studio, SQL Server Data Tools und SQL Server Reporting Services?

SQL Server Management Studio, SQL Server Data Tools (für Visual Studio 2015 und höher) und SQL Server Reporting Services werden nicht mehr mit dem herkömmlichen Installationsmedium für SQL Server installiert. Diese Produkte werden jetzt regelmäßig (gewöhnlich monatlich) aktualisiert und zum Download bereitgestellt.

Seit SQL Server 2016 werden die Verwaltungstools nicht mehr als Option auf der Seite zur Funktionsauswahl angeboten. Beide Tools werden zwar im SQL Server-Installationscenter aufgeführt, aber dabei handelt es sich einfach um Links für einen kostenlosen Download.

Halten Sie SQL Server Management Studio und SQL Server Data Tools auf Adminstratorarbeitsstationen und -laptops immer auf dem neuesten Stand. Sprechen Sie sich auch im Team ab, damit alle dieselben Releases dieser kostenlosen Werkzeuge für lokale Installationen von SQL Server sowie für die Verwaltung von Azure SQL-Datenbanken verwenden.

Die eigenständige Version von SQL Server Reporting Services ist jetzt ein 90 MB großer Download mit eigenem Installer. Sie braucht jedoch nach wie vor eine Instanz des SQL Server-Datenbankmoduls zur Lizenzierung und zur Bereitstellung von zwei Berichtsserverdatenbanken. Beachten Sie, dass sich die Lizenzierung nicht geändert hat und SQL Server Reporting Services nicht kostenlos sind. Zur Nutzung müssen Sie einen Lizenzschlüssel angeben oder die Installation in einer nicht für die Produktion vorgesehenen Edition (Evaluation, Developer oder Express) vornehmen.

Installieren von Optionen und Funktionen

In diesem Abschnitt beschreiben wir die Installation weiterer Funktionen von SQL Server sowie neuer Optionen in Setup, die in früheren Versionen nicht zur Verfügung standen.

Datenanalyse- und KI-Funktionen

Auf der Seite *Funktionsauswahl* stehen in SQL Server 2017 zwei neue Optionen zur Verfügung, mit denen sich SQL Server sehr stark auf das Feld der Datenverarbeitung im großen Stil ausbreitet. Sehen wir sie uns beide genauer an.

PolyBase-Abfragedienst für externe Daten Mit dem PolyBase-Abfragemodul ist es möglich, nicht relationale Hadoop-Daten und Azure-Blobspeicherdateien mit der Sprache T-SQL abzufragen, mit denen SQL Server-Entwickler bereits vertraut sind. Auf einem Windows Server-Computer können Sie das PolyBase-Feature nur in einer SQL Server-Instanz installieren.

So merkwürdig es auch klingen mag, ist für diese SQL Server-Funktion die Installation der Java-Laufzeitumgebung (Java Runtime Environment, JRE) für Oracle SE erforderlich. Wenn Sie auf der Seite *Funktionsregeln* die Fehlermeldung »Für Polybase wird Oracle JRE 7 Update 51 (64 Bit) oder höher benötigt« erhalten, können Sie sie ignorieren und im Hintergrund mit der Installation von Oracle JRE 7 fortfahren. Ein Neustart von Windows oder von SQL Server-Setup nach dem Abschluss dieses Vorgangs ist nicht erforderlich. Auf der Seite *Funktionsregeln* sollte jetzt die Fehlermeldung verschwunden und die Schaltfläche *Erneut ausführen* freigeschaltet sein, sodass Sie mit SQL Server-Setup weitermachen können.

Die Installation erfolgt manuell. Die erforderlichen Dateien sind nicht in den Setup-Komponenten enthalten und werden auch nicht automatisch vom intelligenten Setup heruntergeladen (mehr darüber weiter hinten in diesem Kapitel). Um die neueste Version herunterzuladen, suchen Sie *http://www.oracle.com/technetwork/java/javase/downloads/index.html* auf.

Wählen Sie den JRE-Download aus, da bei der Server-JRE kein Installer für Windows-Plattformen enthalten ist, und als Installer *Windows x64 Offline*, eine selbst installierende EXE-Datei. Führen Sie die Installation durch.

Für das PolyBase-Modul müssen Sie mindestens sechs Ports in einem Bereich festlegen (standardmäßig TCP 16450 bis 16460). Wenn der Standardbereich in Ihrem Netzwerk nicht belegt ist, können Sie die Standardwerte übernehmen.

Später müssen Sie auf der Seite *Serverkonfiguration* ein Dienstkonto für den PolyBase-Moduldienst und den PolyBase-Datenverschiebungsdienst auswählen. Wir empfehlen, ein dediziertes authentifiziertes Windows-Dienstkonto zu verwenden. In einer Erweiterungsgruppe sollten alle PolyBase-Instanzen dasselbe Dienstkonto verwenden.

Wenn Sie das Datenbankmodul und PolyBase gleichzeitig installiert haben, befinden sich die beiden PolyBase-Dienste nach Abschluss von SQL Server-Setup im Zustand »Änderung steht aus«. Sie können keine Verbindung aufnehmen, da TCP in einer SQL Server-Instanz standardmäßig nicht aktiviert ist. Aus verschiedenen Gründen darf diese Aktivierung erst nach der Installation erfolgen. Es ist daher notwendig, dass Sie TCP für die neue SQL Server-Instanz einschalten und den SQL Server-Dienst dann neu starten.

Nach Abschluss der SQL Server-Installation schauen Sie sich mit `sp_configure` die Einstellung für die Hadoop-Anbindung (Hadoop Connectivity) an. Die möglichen Werte liegen im Bereich von 0 bis 7, wobei die Optionen 1 bis 6 vor allem für ältere Versionen der Hortonworks-Datenplattform da sind. Einstellung 7 ermöglicht eine Verbindung mit aktuellen Hortonworks-HDP-Versionen sowie mit Azure-Blobspeicher. Um diese Einstellung zu ändern, müssen Sie den Schritt `RECONFIGURE` ausführen, den SQL Server-Dienst neu starten und dann die beiden SQL Server-PolyBase-Dienste manuell starten.

Hinweis

Vollständige Informationen über die Einstellungen für die Hadoop-Anbindung erhalten Sie auf *https://docs.microsoft.com/sql/database-engine/configure-windows/polybase-connectivity-configuration-transact-sql*.

Um diese Funktion im Rahmen einer PolyBase-Erweiterungsgruppe auf mehreren SQL Server-Instanzen zu installieren, sind zusätzliche Schritte erforderlich, darunter eine Änderung der Firewall. Auf jedem Windows Server-Computer gibt es dabei nur einen PolyBase-Moduldienst.

Machine-Learning-Funktionen Mit den neuen Machine-Learning-Diensten (den datenbankinternen oder dem eigenständigen Machine Learning Server) können Entwickler die Sprache R und Python-Erweiterungen in T-SQL-Anweisungen nutzen. Damit sind Datenwissenschaftler in der Lage, erweiterte Analysemöglichkeiten, Datenvorhersagen und Algorithmen für maschinelles Lernen zu schreiben. SQL Server installiert Version 9 von Microsoft R Open Server (ehemals Revolution R), die sowohl auf Windows als auch auf Linux unterstützt wird.

Diese Funktion fügt den SQL Server-Launchpad-Dienst hinzu. Sein Dienstkonto können Sie nicht ändern; er läuft unter dem dedizierten virtuellen Konto `NT Service\MSSQLLaunchpad`. Bei der eigenständigen Installation der Machine-Learning-Dienste wird der Launchpad-Dienst jedoch nicht erstellt. Diese Variante ist für Modelle gedacht, die SQL Server nicht benötigen.

Nach Abschluss der SQL Server-Installation müssen Sie eine Sicherheitsoption einschalten, um externe Skripte zuzulassen. Dadurch können Sie auch Skripte in einer anderen Sprache als T-SQL ausführen, wobei in SQL Server 2017 lediglich R und Python unterstützt werden. (In SQL Server 2016 war es nur R, weshalb der Name der Funktion jetzt von R Services in Machine Learning Services geändert wurde.) Schalten Sie mit `sp_configure` die Option `external scripts enabled` ein und starten Sie den SQL Server-Dienst neu.

Die Option »Berechtigung zum Ausführen von Volumewartungs-task gewähren« von SQL Server-Setup

Auf der Serverkonfigurationsseite, auf der die Dienstkonten eingerichtet werden, befindet sich auch das Kontrollkästchen *SQL Server-Datenbankmoduldienst Berechtigung zum Ausführen von Volumewartungstask gewähren*. Diese Option wurde in SQL Server 2016 hinzugefügt.

Damit wird eine Aufgabe automatisiert, die seit Windows Server 2003 für SQL Server-Datenbankadministratoren nach der Installation anstand. Mit dieser Berechtigung wird die schnelle Dateiinitialisierung ermöglicht, um die Zuweisung von großen Datendateien zu beschleunigen, was die erforderliche Zeit für eine Notfallwiederherstellung erheblich reduzieren kann.

Bei der Wiederherstellung einer sehr großen Datenbank kann das den Unterschied zwischen Minuten und Stunden ausmachen. Es hat auch eine positive Auswirkung beim Erstellen von Datenbanken mit einer erheblichen Ausgangsgröße und bei automatischem Wachstum um einen hohen Betrag, beispielsweise wenn sich mehrere Datendateien in `TempDB` befinden (siehe den nächsten Abschnitt). Es wird empfohlen, diese Einstellung in SQL Server-Setup einzuschalten.

▶ **Weitere Informationen über die sofortige Dateiinitialisierung erhalten Sie in Kapitel 3.**

Standardeinstellungen für TempDB

Ab SQL Server 2016 bietet das Setup-Programm eine realistischere Standardkonfiguration für die Anzahl und Größe von `TempDB`-Datendateien an. Seit den Anfangstagen von SQL Server gehörte die korrekte Konfiguration zu den üblichen Aufgaben, die für Datenbankadministratoren nach der Installation fällig wurden.

Auf der Seite für die Datenbank `TempDB` in SQL Server-Setup können Sie nicht nur die Anzahl und den Speicherort der Daten- und Protokolldateien von `TempDB` angeben, sondern auch die Anfangsgröße und die Rate des automatischen Wachstums. Die ideale Anzahl von `TempDB`-Datendateien ist fast immer größer als eins und kleiner oder gleich der Anzahl logischer Prozessorkerne. Zu viele `TempDB`-Datendateien können die Leistung von SQL Server erheblich verringern.

▶ **Mehr über die ideale Anzahl von `TempDB`-Datendateien erfahren Sie in Kapitel 3.**

Es ist wichtig, die Ursprungsgröße von `TempDB` auf einen höheren Wert für eine normale Betriebsgröße zu setzen, denn dies kann die Leistung nach einem Neustart von SQL Server verbessern, wenn die `TempDB`-Datendateien auf diese Ursprungsgröße zurückgesetzt werden. Setup akzeptiert eine Ursprungsgröße von bis zu 256 GB für einzelne `TempDB`-Datendateien, wobei Sie bei Größen über 1 GB die Warnung erhalten, dass Setup sehr viel Zeit in Anspruch nehmen kann, falls die sofortige Dateiinitialisierung durch Aktivieren der Option *SQL Server-Datenbankmoduldienst Berechtigung zum Ausführen von Volumewartungstask gewähren* eingeschaltet wurde (siehe den vorherigen Abschnitt).

Das automatische Wachstum tritt bei allen `TempDB`-Dateien gleichzeitig auf, damit alle Dateien immer die gleiche Größe haben. Das ist seit SQL Server 2016 standardmäßig der Fall. Früher musste dieses Verhalten serverweit über das Ablaufverfolgungsflag 1117 eingeschaltet werden.

Beachten Sie auch die neue Namenskonvention für die zweite und alle anschließenden `TempDB`-Datendateien: *tempdb_mssql_n.ndf*. Bei einer Deinstallation von SQL Server werden `TempDB`-Datendateien mit diesem Namensmuster automatisch entfernt, weshalb Sie sie beibehalten sollten.

▶ **`TempDB` wird ausführlicher in Kapitel 3 vorgestellt.**

Abb. 4.1 zeigt eine VM mit vier logischen Prozessoren. Wie Sie sehen, ist die Anzahl der Dateien standardmäßig auf die Anzahl der logischen Prozessoren gesetzt. Bei den Ursprungsgrößen, den Einstellungen für das automatische Wachstum und den Speicherorten wurden die Standardwerte dagegen nicht übernommen, was Sie ebenso handhaben sollten.

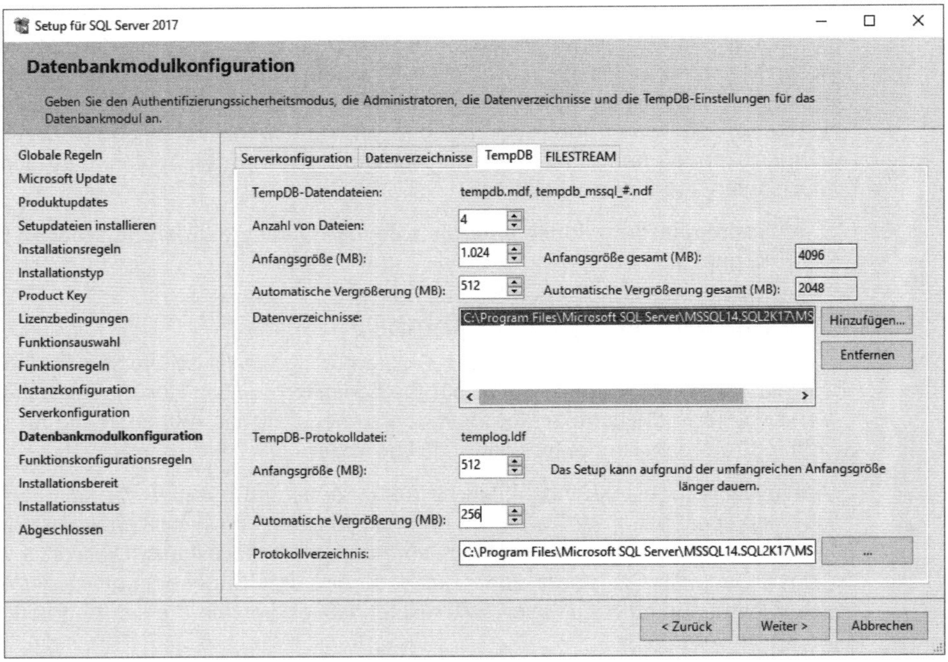

Abbildung 4.1 Die Registerkarte *TempDB* auf der Seite *Datenbankmodulkonfiguration* von SQL Server 2017-Setup

Authentifizierung im gemischten Modus

SQL Server bietet zwei Authentifizierungsmodi, nämlich die Windows- und die SQL Server-Authentifizierung.

▶ **Mehr über dieses Thema erfahren Sie in Kapitel 7. Es ist jedoch wichtig, dass Sie die Entscheidung an dieser Stelle im Installationsvorgang treffen.**

Im Idealfall sollte die gesamte Authentifizierung im Windows-Modus vorgenommen werden. Dabei werden als *Anmeldungen* bezeichnete Serverprinzipale verwendet, die auf Domänenkonten in der Enterprise Edition verweisen. Diese Domänenkonten werden vom

Sicherheitsteam Ihrer Organisation angelegt, das sich auch um Kennwortrichtlinien, das Zurücksetzen von Kennwörtern, den Ablauf von Kennwörtern usw. kümmert.

In jeder Instanz gibt es auch ein weiteres Sicherheitsmodell für die Verbindung mit SQL Server, nämlich authentifizierte SQL Server-Anmeldenamen. Sie werden in SQL Server verwaltet, unterliegen den Kennwortkomplexitätsregeln der lokalen Richtlinie, werden von SQL Server-Datenbankadministratoren zurückgesetzt und entsperrt, haben ihre eigene Kennwortänderungsrichtlinie usw.

Durch die Einschaltung des gemischten Modus (SQL Server- und Windows-Authentifizierungsmodus) werden die authentifizierten SQL Server-Anmeldenamen aktiviert. Beachten Sie, dass dies nicht der Standardmodus und auch nicht die bevorzugte Methode zur Verbindungsaufnahme ist. Standardmäßig ist nur die Windows-Authentifizierung eingeschaltet; sie lässt sich auch nicht ausschalten. Nach Möglichkeit sollten Anwendungen und Benutzer die Windows-Authentifizierung verwenden.

Beim Einschalten des gemischten Modus wird auch das Konto sa aktiviert, eine besondere integrierte SQL Server-Anmeldung, die zur Rolle `sysadmin` auf dem Server gehört. Setup fordert Sie dazu auf, ein starkes Kennwort dafür festzulegen.

▶ **Mehr über das Konto** sa **und Serverrollen erfahren Sie in Kapitel 7.**

Schalten Sie die SQL Server-Authentifizierung nicht in Setup ein. Sie können das später immer noch tun. Nehmen Sie dazu über den Objekt-Explorer in SQL Server Management Studio Verbindung mit SQL Server auf, rechtsklicken Sie auf den Servernamen, wählen Sie im Kontextmenü *Eigenschaften* und klicken Sie auf die Seite *Sicherheit*. Damit die Änderung in Kraft tritt, müssen Sie den Dienst neu starten.

Installation weiterer Kernfunktionen

Neben dem SQL Server-Dienst selbst gibt es noch drei weitere häufig verwendete Kernfunktionen. SQL Server Analysis Services, SQL Server Integration Services und SQL Server Reporting Services sind in der Lizenz inbegriffen und werden ohne zusätzliche Kosten angeboten. In diesem Abschnitt erfahren Sie, wie Sie sie mit Setup installieren können, wenn Sie sie brauchen. Die nach der Installation erforderlichen Schritte zu ihrer Nutzung werden weiter hinten in diesem Kapitel beschrieben.

Installation von SQL Server Analysis Services

Wenn Sie SQL Server Analysis Services installieren möchten, müssen Sie sich für den gewünschten Modus entscheiden. Eine Instanz dieser Funktion kann immer nur in einem Modus laufen. Wenn Sie eine einzige Lizenz haben, dürfen Sie also nur entweder den klassischen multidimensionalen Modus, den neuen tabellarischen Modus (eingeführt mit SQL Server 2012) oder den PowerPivot-Modus verwenden. Fragen Sie die für Business Intelligence zuständige Person nach der gewünschten Plattform. Im Folgenden erhalten Sie eine kurze Beschreibung der einzelnen Modi:

- **Multidimensionaler Modus** Das ist die klassische Einrichtung von SQL Server Analysis Services, die mit SQL Server 2000 eingeführt wurde. Dieser Modus unterstützt auch Data Mining.
- **Tabellarischer Modus** Dies ist die neuere Einrichtung von SQL Server Analysis Services, die mit SQL Server 2012 eingeführt wurde und die das Verarbeitungsmo-

dul VertiPaq im Arbeitsspeicher nutzt. In SQL Server 2017 wurde dieser Modus zum ersten Mal zum Standardinstallationsmodus auf der Konfigurationsseite von Analysis Services in Setup gemacht.

- **PowerPivot-Modus** Hierbei wird SQL Server Analysis Services im Modus »PowerPivot für SharePoint« installiert.

> ### Expertentipp
>
> ***Was mache ich, wenn ich den falschen Modus für SQL Server Analysis Services ausgewählt habe?***
>
> **Wenn Sie bei der Installation einen Modus für SQL Server Analysis Services ausgewählt haben, Ihre Business-Intelligence-Entwickler aber einen anderen Modus haben wollen, bleibt Ihnen nur die Möglichkeit, SQL Server Analysis Services wieder zu deinstallieren und neu zu installieren. Eine Änderung vom multidimensionalen zum tabellarischen Modus oder umgekehrt wird nach der Installation nicht unterstützt. Administratoren sollten so etwas auf keinen Fall versuchen.**
>
> **Für einen Modus entwickelte Pakete werden in einem anderen Modus nicht unterstützt. Wurden in der SQL Server Analysis Services-Serverinstanz noch keine Datenbanken bereitstellt, kann die bestehende Instanz durch Bearbeiten der Eigenschaft** `DeploymentMode` **in der Datei *MSMDSRV.ini* geändert werden, was aber ebenfalls nicht unterstützt wird. Die Datei befindet sich in *%Programfiles%\Microsoft SQL Server\MSAS13.TABULAR\OLAP\Config*.**

Installieren von SQL Server Integration Services

Die SQL Server Integration Services-Instanz für SQL Server 2017 wird einmal pro Servercomputer und Version installiert und nicht wie andere Funktionen pro Instanz. Ab SQL Server 2017 gibt es jedoch auch eine Integration Services-Konfiguration für horizontales Hochskalieren, mit der wir uns im nächsten Abschnitt näher beschäftigen werden.

Ein weiterer Unterschied zu anderen Funktionen besteht darin, dass Sie SQL Server Integration Services auf einem 32-Bit-Betriebssystem installieren können, wovon wir jedoch abraten. Auf einem 64-Bit-Betriebssystem wird eine 64-Bit-Version von SQL Server Integration Services installiert. Wenn Sie Verbindung mit 32-Bit-Servern, -Datenquellen oder -Anwendungen (wie Microsoft Office) aufnehmen müssen, machen Sie sich keine Sorgen, denn solche Verbindungen sind unabhängig davon, ob am Ende eine 32- oder 64-Bit-Installation steht, sondern sie werden auf Paket- oder Verbindungsebene gehandhabt.

Eine eigenständige Installation von SQL Server Integration Services ohne zugehöriges SQL Server-Datenbankmodul ist möglich, aber nicht empfehlenswert. Im modernen Projektentwicklungsmodell von SQL Server Integration Services ist für die Speicherung und Protokollierung von Paketen immer noch ein SQL Server-Datenbankmodul nötig, und die Ausführung von Paketen nach einem Zeitplan erfordert den SQL Server-Agent-Dienst. Dies ist auch nicht die beste Vorgehensweise zur Isolation von SQL Server Integration Services. Um die Laufzeitarbeitslasten von SQL Server Integration Services-Paketen von anderen Datenbankarbeitslasten zu trennen, ist eine dedizierte Installation mit SQL Server-Datenbankmodul und SQL Server-Agent besser geeignet.

Verschiedene Versionen von SQL Server Integration Services können nebeneinander auf einem Servercomputer installiert werden. Insbesondere ist der neue Dienst SQL Server Integration Services 14.0 mit früheren Versionen kompatibel.

Wenn Sie SQL Server Integration Services mit SQL Server-Setup installieren, sind außer der Einrichtung des Dienstkontos keine weiteren Konfigurationsaufgaben fällig. Das standardmäßige virtuelle Dienstkonto ist `NT Service\MsDtsServer140`. Dies ist ein anderes Konto als diejenigen für Master und Worker in der Konfiguration für horizontales Hochskalieren, die wir uns im folgenden Abschnitt ansehen.

Installieren der SQL Server Integration Services-Konfiguration für horizontales Hochskalieren

In SQL Server 2017 gibt es für Integration Services jetzt auch eine Konfiguration für horizontales Hochskalieren. Damit können Sie ein Paket auf mehreren SQL Server-Instanzen ausführen. Außerdem ist damit eine hohe Verfügbarkeit der SQL Server Integration Services möglich.

In einer solchen Konfiguration kommuniziert der Masterknoten mit den Workerknoten, wobei die Verbindung standardmäßig über Port 8391 erfolgt und mit einem SSL-Zertifikat gesichert ist. Beim Einrichten des Masterknotens kann der SQL Server-Installer automatisch ein selbstsigniertes Zertifikat für zehn Jahre und einen Endpunkt für die Kommunikation erstellen.

Um eine weitere Installation von SQL Server Integration Services als Worker hinzufügen, rechtsklicken Sie zunächst in SQL Server Management Studio auf den von Ihnen erstellten Katalog für SQL Server Integration Services und wählen *Zentrales Hochskalieren verwalten*. Klicken Sie unten auf der Seite auf die Schaltfläche mit dem Pluszeichen, um einen neuen Workerknoten hinzuzufügen. Geben Sie den Namen des Servers an, mit dem Sie Verbindung aufnehmen möchten. Auch bei einer benannten Instanz müssen Sie den Servernamen des Knotens ohne den Instanznamen verwenden. In einem Dialogfeld werden die erforderlichen Schritte zum Hinzufügen des Workerknotens aufgeführt. Dazu gehört es, Zertifikate zwischen Worker- und Masterknoten zu kopieren und zu installieren, den Endpunkt und `HttpsCertThumbprint` des Workers zu aktualisieren und den Skalierungsdienst auf dem Worker neu zu starten. Nachdem der Workerknoten hinzugefügt wurde, müssen Sie die Seite *Worker-Manager* aktualisieren. Klicken Sie dann auf den rot dargestellten Eintrag für den neuen Workerknoten und schalten Sie ihn ein, indem Sie auf *Worker aktivieren* klicken.

Sie können die Zertifikate auch manuell zwischen den Servern übertragen und installieren. Zu finden sind sie in *%Program Files%\Microsoft SQL Server\140\DTS\Binn*.

Worker- und Masterknoten erscheinen nicht im SQL Server-Konfigurations-Manager (zumindest nicht bis SQL Server 2017 RC2), aber in der Dienstekonsole (*Services.msc*).

Bei der Sicherheit weist die Konfiguration für horizontales Hochskalieren eine wichtige Abweichung auf: Das Dienstkonto von SQL Server Integration Services führt keine Pakete aus und braucht auch keine Berechtigungen dazu, doch die Dienstkonten des Masters und der Worker tun dies. Standardmäßig laufen sie unter den virtuellen Konten `NT Service\SSISScaleOutMaster140` bzw. `NT Service\SSISScaleOutWorker140`, aber es kann angebracht sein, stattdessen ein Windows-Domänendienstkonto zu verwenden, um Pakete über die gesamte Konfiguration hinweg auszuführen.

Installieren von SQL Server Reporting Services

Ab SQL Server 2017 sind die SQL Server Reporting Services nicht mehr auf dem Medium von SQL Server-Setup enthalten, sondern stehen jetzt als kleiner Download von 90 MB zur Verfügung, der seinen eigenen vereinfachten und einheitlichen Installer startet. Für die Lizenzierung und zur Unterbringung der beiden Berichtsserverdatenbanken ist nach wie vor ein SQL Server-Datenbankmodul erforderlich. SQL Server Reporting Services ist nicht kostenlos, und der separate Installer wurde nicht aufgrund einer Änderung der Lizenzierung bereitgestellt. Bei der Installation müssen Sie einen Lizenzschlüssel angeben, es sei denn, dass Sie die Installation in einer nicht für die Produktion verwendbaren Edition (Evaluation, Developer oder Express) vornehmen.

Der »native« Modus von SQL Server Reporting Services ist der einzige, der in SQL Server 2017 noch zur Verfügung steht. Der Berichts-Manager, der früher über *https://*Servername/*Reports* zugänglich war, ist mit diesem nativen Modus identisch.

Der Berichtsserver-Konfigurations-Manager ist jetzt an einer anderen Stelle zu finden, nämlich in einem eigenen Programmmenü unter *Microsoft SQL Server Reporting Services*. Starten Sie nach der Installation den Berichts-Server-Konfigurations-Manager. (Gewöhnlich befindet er sich in einem Pfad wie *\Programme (x86)\Microsoft SQL Server\140\Tools\Binn\RSConfigTool.exe*.) Die Anwendung selbst ist seit SQL Server 2008 größtenteils unverändert geblieben.

Das virtuelle Dienstkonto `NT SERVICE\SQLServerReportingServices` ist das Standarddienstkonto für SQL Server Reporting Services. Dabei handelt es sich jedoch nur um die zweitbeste Möglichkeit. Wir empfehlen, ein neues Domänendienstkonto ausschließlich für diesen Dienst anzulegen, beispielsweise *Domäne*\svc_*Servername*_SSRS o. Ä. Wenn Sie für Berichtsserver-E-Mails den Authentifizierungsmodus *Berichtsserver-Dienstkontoauthentifizierung (NTLM)* verwenden möchten, müssen Sie auf jeden Fall ein Domänenkonto verwenden.

Falls Sie das Dienstkonto für Reporting Services nachträglich ändern wollen, dürfen Sie das nur im Konfigurations-Manager für Reporting Services tun. Verwenden Sie dabei wie bei anderen SQL Server-Diensten nicht die Dienstekonsole (*Services.msc*).

Nach der Installation müssen Sie noch andere Änderungen und erforderliche Verwaltungsaufgaben durchführen, z. B. die Einrichtung des Berichtsserver-Ausführungskontos, E-Mail-Einstellung und die Sicherung des Verschlüsselungsschlüssels mit dem Konfigurations-Manager für Reporting Services.

Die SQL Server 2017 Reporting Services können auch mit Microsoft Power BI-Dashboards verzahnt werden. Auf einer Seite des Berichtsserver-Konfigurations-Managers haben Sie die Möglichkeit, die vorliegende Installation der Reporting Services bei einem Power BI-Konto zu registrieren. Dabei werden Sie aufgefordert, sich an Azure Active Directory anzumelden. Das Konto, das Sie angeben, muss zu dem Azure-Mandanten gehören, den Sie in Power BI integrieren wollen. Außerdem sollte dieses Konto über den Berichts-Manager zu den Systemadministratoren in SQL Server Reporting Services gehören und Mitglied der Rolle `sysadmin` auf dem Servercomputer sein, auf dem die Berichtsserverdatenbank untergebracht ist.

Expertentipp

Wo finde ich den integrierten SharePoint-Modus von SQL Server Reporting Services?

Den integrierten SharePoint-Modus gibt es nicht mehr. Der Download mit dem nativen Modus ist die einzige Möglichkeit, die zur Installation zur Verfügung steht. Das ist im Einklang mit dem Wechsel von lokalen SharePoint-Produkten zu SharePoint Online, den Microsoft schon in anderen Bereichen vorgenommen hat.

Sie können den nativen Modus von SQL Server Reporting Services stattdessen über eingebettete Berichte in lokale SharePoint-Sites integrieren, beispielsweise mit den Berichten, die auf dem Power BI-Berichtsserver gespeichert sind.

In Zukunft wird es auch keine Unterstützung für die Integration von SQL Server Reporting Services in SharePoint Online mehr geben.

»Intelligentes« Setup

Seit SQL Server 2012 kann der SQL Server-Installer sich im Setup-Assistenten selbst aktualisieren. Nach der Seite mit Lizenzbedingungen wird die Seite *Produktupdates* angezeigt, und wenn Sie die Bedingungen akzeptiert haben, werden die Aktualisierungen des Installers von Windows Update (oder Windows Server Update Services) heruntergeladen und mit den anderen Setup-Dateien installiert.

Das ist die empfohlene Vorgehensweise. Damit ist die Verwendung von SQL Server 2017-Setup mit Internetanschluss die einfachste Möglichkeit für die Installation. So können Sie Aktualisierungen einschließlich Hotfixes und kumulativer Updates auch gleich in den Installationsvorgang von SQL Server aufnehmen, sodass Sie sich nach der Installation nicht noch darum kümmern müssen.

Auf Servern ohne Internetzugriff können Sie zwei Parameter von *Setup.exe* nutzen, um die entsprechenden Daten auf einen erreichbaren Speicherort herunterzuladen und Setup zur Verfügung zu stellen. Wenn Sie *Setup.exe* im ISO-Abbild von SQL Server 2017 in Windows PowerShell oder an der Befehlszeile starten (mehr darüber im nächsten Abschnitt), können Sie den Parameter `/UpdateEnabled` auf `FALSE` setzen, um den Download von Windows Update auszuschalten, und dann mit `/UpdateSource` einen Installationsspeicherort für die entpackte EXE-Datei angeben. Beachten Sie, dass Sie bei `/UpdateSource` einen Ordner und nicht eine Datei angeben müssen.

Einrichten der Protokollierung

SQL Server-Setup erzeugt sehr viele Protokolldateien zur Diagnose und Fehlerbehebung. Wenn es bei der Installation zu einem Problem kommt, sollten Sie als Erstes in diesen Protokollen nachforschen.

Wenn Sie über die Seite *Installationsbereit* hinausgekommen sind, legt Setup eine Reihe von Protokolldateien im Ordner *%programfiles%\Microsoft SQL Server\140\Setup Bootstrap\Log* an, und zwar unabhängig davon, ob die Installation erfolgreich war oder nicht. Die Dateinamen sind dabei nach dem Format *YYYYMMDD_HHMMSS* aufgebaut. Ein kompletter Pfad kann also beispielsweise wie folgt lauten: *C:\Programme\Microsoft SQL Server\140\Setup Bootstrap\Log\20170209_071118*.

Falls Sie Setup mit dem Parameter `/Q` oder `/QS` für eine unbeaufsichtigte Installation ausführen, wird die Protokolldatei dagegen in den Windows-Ordner *%temp%* geschrieben.

Des Weiteren wird eine Protokolldatei mit einer Übersicht über die Installation mit dem Namensformat *Summary_Instanzname_YYYYMMDD_HHMMSS.txt* angelegt.

Setup erstellt ähnliche Dateien für die Abschnitte *Komponente* und *Globale Regeln* sowie die Datei *Detail.txt*. Darin finden Sie ausführliche Fehlermeldungen, die Sie sich ansehen sollten, wenn Sie eine fehlgeschlagene Installation untersuchen. Auch das Anwendungsprotokoll in der Ereignisanzeige kann in einer solchen Situation hilfreiche Informationen geben.

Außerdem wird bei jeder Ausführung von Setup eine HTML-Datei mit einem Bericht der Systemkonfigurationsprüfung erstellt.

Im genannten Ordner finden Sie auch das erste Fehlerprotokoll der neuen SQL Server-Instanz mit einem UTC-Zeitstempel. Ähnlich wie das reguläre SQL Server-Fehlerprotokoll zeigt es den Ablauf der Ereignisse seit dem Start.

Automatisieren von SQL Server-Setup mit Konfigurationsdateien

Schauen wir uns nun an, was Sie außerhalb der grafischen Benutzeroberfläche mit *Setup.exe* anstellen können. Mit Konfigurationsdateien können Sie die Auswahlvorgänge bei der Installation von SQL Server automatisieren, was zu einer einheitlicheren Umgebung beiträgt.

Mit den Werten in den Konfigurationsdateien werden Einstellungen für Setup ausgefüllt oder überschrieben. Es ist damit auch möglich, Setup so einzurichten, dass es mit der normalen Benutzeroberfläche oder unbeaufsichtigt ohne Benutzeroberfläche läuft.

Starten von Setup an einer Befehlsziele

Sie können *Setup.exe* sowohl in Windows PowerShell als auch an der Eingabeaufforderung starten, um für Wiederholbarkeit und eine Standardisierung der Parameter zu sorgen. Sie können damit auch Abschnitte des Setup-Assistenten ausfüllen und das Standardverhalten von Setup ändern.

Um den Installer verwenden zu können, müssen Sie diese beiden Befehlszeilen als Administrator ausführen. Achten Sie darauf, dass dem Fenstertitel die Bezeichnung *Administrator* vorausgeht, also z. B. *Administrator: Windows PowerShell*.

Um Windows PowerShell oder die Eingabeaufforderung als Administrator zu starten, rechtsklicken Sie im Startmenü auf die gewünschte Anwendung und wählen im Kontextmenü *Als Administrator ausführen*.

In Abb. 4.2 und 4.3 sehen Sie, wie die *Setup.exe* in Windows PowerShell bzw. an der Eingabeaufforderung starten.

```
PS E:\> .\setup.exe /ACTION=install /UPDATEENABLED=false /UPDATESOURCE="d:\downloaded install files"
Microsoft (R) SQL Server 2017 RC2 14.00.900.75
Copyright (c) 2017 Microsoft.  Alle Rechte vorbehalten.
```

Abbildung 4.2 Starten von *Setup.exe* in Windows PowerShell

```
E:\>setup.exe /ACTION=install /UPDATEENABLED=false /UPDATESOURCE="D:\downloaded install files"
Microsoft (R) SQL Server 2017 RC2 14.00.900.75
Copyright (c) 2017 Microsoft.  Alle Rechte vorbehalten.
```

Abbildung 4.3 Starten von *Setup.exe* an der Eingabeaufforderung

Manchmal ist es auch nötig, Setup an der Eingabeaufforderung oder in Windows PowerShell zu starten, um ein bestimmtes Problem zu lösen.

Aufstellen einer Konfigurationsdatei

Eine Konfigurationsdatei manuell zu schreiben, kann sehr mühselig sein, ist aber auch nicht notwendig. Anstatt sich diese Arbeit zu machen, können Sie sich die Konfigurationsdatei auch von SQL Server-Setup erstellen lassen. Dazu arbeiten Sie die reguläre Benutzeroberfläche von SQL Server-Setup durch, wie Sie es normalerweise tun würden. Halten Sie dann aber an, wenn Sie die Seite *Installationsbereit* erreichen. Am unteren Rand dieser Seite finden Sie einen Pfad (siehe Abb. 4.4). An dem genannten Speicherort steht die generierte Konfigurationsdatei für die zukünftige Verwendung bereit.

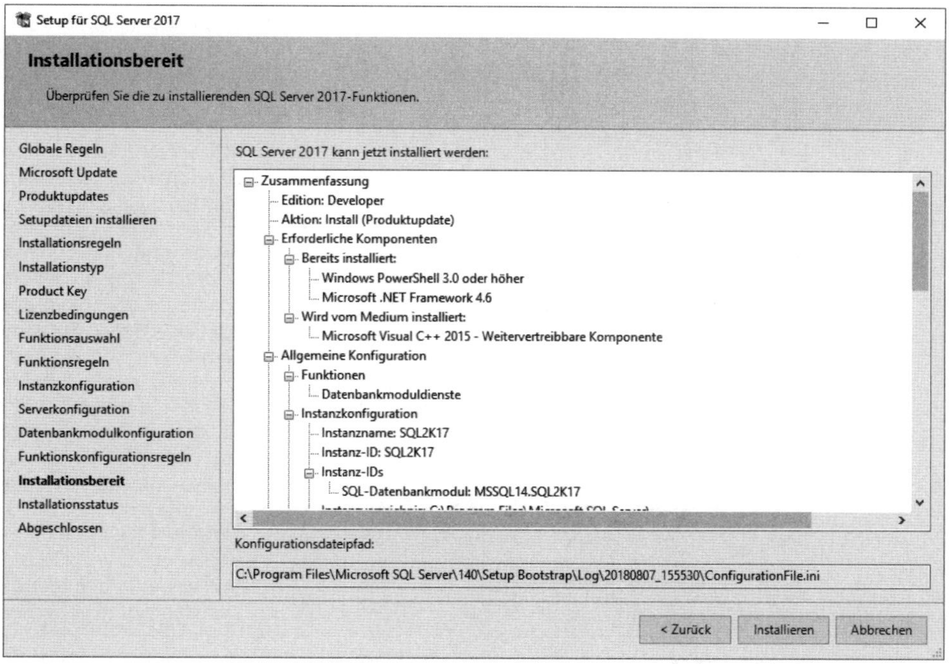

Abbildung 4.4 Die Seite *Installationsbereit* zeigt eine Übersicht über die Installationsschritte, die ausgeführt werden sollen, und gibt den Pfad zu einer Konfigurationsdatei an, die auf der Grundlage der vorgenommenen Entscheidungen erstellt wurde.

Installation mithilfe einer Konfigurationsdatei

Wenn Sie eine Konfigurationsdatei haben – entweder selbst erstellt oder bei einem früheren Durchlauf von Setup generiert –, können Sie die Installation im nächsten Schritt automatisieren oder standardisieren.

Um *Setup.exe* mit einer Konfigurationsdatei zu starten, geben Sie den Parameter /CONFIGURATIONFILE an. Sie können auch zur Seite *Erweitert* des SQL Server-Installationscenters wechseln, das in Windows zusammen mit *Setup.exe* gestartet wird, und dort auf *Installation basierend auf Konfigurationsdatei* klicken. Daraufhin werden Sie aufgefordert, die INI-Datei anzugeben. Anschließend wird *Setup.exe* mit den Optionen in dieser Datei gestartet.

Beachten Sie, dass in den von *Setup.exe* generierten Konfigurationsdateien keine Kennwörter gespeichert werden, die Sie für Dienstkonten angeben. Wenn Sie Anmeldeinformationen für Dienstkonten in die Konfigurationsdatei aufnehmen möchten, dürfen Sie dabei aus Sicherheitsgründen keine Klartextkennwörter einschließen. Speichern Sie sie stattdessen auf sichere Weise und stellen Sie sie bei der Ausführung von *Setup.exe* bereit. Die Kontoinformationen der einzelnen Dienste stehen jeweils als Laufzeitparameter von *Setup.exe* zur Verfügung (siehe Tabelle 4.1).

Dienst	**Parameter**	**Bedeutung**
SQL Server-Datenbankmodul	/SQLSVCPASSWORD	Kennwort für das Hauptdienstkonto des SQL Server-Datenbankmoduls *sqlserv.exe*. Es ist erforderlich, wenn für den Dienst ein Domänenkonto verwendet wird.
SQL Server-Agent	/AGTSVCPASSWORD	Kennwort für das Dienstkonto des SQL Server-Agents *sqlagent.exe*. Es ist erforderlich, wenn für den Dienst ein Domänenkonto verwendet wird.
sa-Kennwort	/SAPWD	Kennwort für das Konto sa. Es ist erforderlich, wenn der gemischte Modus ausgewählt ist oder /SECURITYMODE=SQL verwendet wird.
Integration Services	/ISSVCPASSWORD	Kennwort für das Dienstkonto der Integration Services. Es ist erforderlich, wenn für den Dienst ein Domänenkonto verwendet wird.
Reporting Services (nativ)	/RSSVCPASSWORD	Kennwort für das Dienstkonto der Reporting Services. Es ist erforderlich, wenn für den Dienst ein Domänenkonto verwendet wird.
Analysis Services	/ASSVCPASSWORD	Kennwort für das Dienstkonto der Analysis Services. Es ist erforderlich, wenn für den Dienst ein Domänenkonto verwendet wird.
PolyBase	/PBDMSSVCPASSWORD	Kennwort für das Dienstkonto des PolyBase-Moduls.
Volltextfilter-Startprogrammdienst	/FTSVCPASSWORD	Kennwort für den Volltextfilter-Startprogrammdienst.

Tabelle 4.1 Gängige Parameter von *Setup.exe* und ihr Zweck

Beispielsweise wird in dem folgenden Codeausschnitt der Name des Dienstkontos für das SQL Server-Datenbankmodul in der Datei *PROD_ConfigurationFile_Install.ini* angegeben, das Kennwort dafür aber erst bei der Ausführung von *Setup.exe* bereitgestellt:

```
Setup.exe /SQLSVCPASSWORD="securepasswordhere"
/ConfigurationFile="d:\SQLInstaller\Configuration
Files\PROD_ConfigurationFile_Install.INI"
```

Bei der Ausführung von Setup können Sie auch weitere Parameter auf die gleiche Weise angeben wie das Kennwort. Die Parameterwerte überschreiben die entsprechenden Einstellungen in der Konfigurationsdatei, so wie die Werte in der Konfigurationsdatei die entsprechenden Standardeinstellungen von Setup überschreiben. In Tabelle 4.2 sind einige häufig verwendete Parameter aufgeführt und beschrieben.

Verwendungszweck	**Parameter**	**Bedeutung**
Unbeaufsichtigte Installation	`/Q`	Richtet den stillen Modus ohne Benutzeroberfläche und ohne Benutzerinteraktion ein.
Unbeaufsichtigte Installation	`/QS`	Richtet den stillen Modus mit Benutzeroberfläche, aber ohne Benutzerinteraktion ein.
Akzeptieren der Lizenzbedingungen	`/IACCEPTSQLSERVERLICENSETERMS`	Muss in allen Konfigurationsdateien angegeben werden, um entsprechende Eingabeaufforderungen zu vermeiden.
Akzeptieren der Lizenzbedingungen für R Open Server	`/IACCEPTROPENLICENSEAGREEMENT`	Muss für alle unbeaufsichtigten Installationen angegeben werden, bei denen eine der R Open Server-Optionen verwendet wird.
Konfigurationsdatei	`/CONFIGURATIONFILE`	Pfad zu der INI-Datei, die als Konfigurationsdatei verwendet werden soll
Sofortige Dateiinitialisierung	`/SQLSVCINSTANTFILEINIT`	Wird auf `True` gesetzt, um dem SQL Server-Datenbankmodus die Berechtigung zum Ausführen von Volumewartungstasks zuzuweisen (empfohlen).
Anzahl der Datendateien von `TempDB`	`/SQLTEMPDBFILECOUNT`	Wird auf die Anzahl der gewünschten `TempDB`-Datendateien gesetzt, die zu Anfang installiert werden sollen.

Tabelle 4.2 Gängige Parameter von *Setup.exe*, die Sie kennen sollten

Serverkonfiguration nach der Installation

Nach der Installation von SQL Server müssen Sie noch eine Reihe von Einstellungen in Windows Server und SQL Server ändern oder bestätigen.

Aufgaben nach der Installation

Arbeiten Sie auf einer neuen SQL Server-Instanz die folgende Checkliste ab. Die Reihenfolge der Punkte spielt dabei keine große Rolle. Bei den meisten der genannten Aufgaben geht es um Konfigurationseinstellungen von SQL Server und Windows. Prüfen Sie jeweils, ob die Einstellungen für Ihre Umgebung geeignet sind. Im Allgemeinen sollten Sie diese Einstellungen jedoch berücksichtigen und bei den meisten SQL Server-Installationen anwenden.

1. Prüfen der SQL Server-Version
2. Einrichten der Einstellung *Max. Serverspeicher*
3. Oberflächenkonfiguration
4. Einrichten des SQL Server-Agents
5. Einschalten von TCP/IP
6. Überprüfen der Energieoptionen
7. Konfigurieren der Antivirusausnahmen
8. Optimieren für Ad-hoc-Arbeitslasten
9. Sperren von Seiten im Arbeitsspeicher
10. Sicherungen, Indexwartung und Integritätsprüfung
11. Sichern der Dienst- und Datenbankhauptschlüssel
12. Standardwert für die Protokollbeibehaltung
13. Unterdrückung von Meldungen über erfolgreiche Sicherungen

Sehen wir uns diese Aufgaben in den folgenden Abschnitten etwas ausführlicher an.

Prüfen der SQL Server-Version

Vergleichen Sie nach der Installation die Versionsnummer von SQL Server mit der Liste der letzten kumulativen Updates, insbesondere, wenn Sie bei der Ausführung von SQL Server-Setup Windows Update nicht genutzt haben oder nicht nutzen konnten. Die Versionsnummer finden Sie im Objekt-Explorer von SQL Server Management Studio. Sie können auch eine T-SQL-Abfrage mit einer der beiden folgenden integrierten Funktionen durchführen:

```
SELECT @@VERSION;
select SERVERPROPERTY('ProductVersion');
```

Hinweis

Versehen Sie Ihre SQL Server-Installation mit allen verfügbaren Patches, bevor Sie sie in der Produktion bereitstellen. Mehr Informationen über die letzten kumulativen Updates für SQL Server erhalten Sie auf *https://support.microsoft.com/help/321185/how-to-determine-the-version,-edition-and-update-level-of-sql-server-and-its-components*.

Einrichten der Einstellung Max. Serverspeicher

Die Einstellung *Max. Serverspeicher* haben wir bereits im Abschnitt »Konfigurationseinstellungen« von Kapitel 3 beschrieben, aber sie definiert zu den Aufgaben, die bei allen neuen SQL Server-Instanzen nach der Installation fällig sind.

Diese Einstellung steht im Objekt-Explorer von SQL Server Management Studio im Dialogfeld *Servereigenschaften* zur Verfügung. Auf der Seite *Arbeitsspeicher* finden Sie das Feld *Max. Serverspeicher (MB)*. Der Standardwert beträgt 2147483647, wobei die Menge des Arbeitsspeichers, auf die SQL Server auf dem Windows Server-Computer zugreifen kann, nicht beschränkt ist. Der Wert kann auch mit `sp_configure` als `max server memory` in MB angegeben werden, wenn sie zuvor `show advanced options` eingeschaltet haben.

▶ **Mehr darüber, warum Sie die Einstellung *Max. Serverspeicher* einschränken sollten, erfahren Sie in Kapitel 3.**

Abb. 4.5 zeigt als Beispiel die Konfiguration eines Windows Server-Computers mit einer einzelnen SQL Server-Instanz und 64 GB Arbeitsspeicher. Hier ist *Max. Serverspeicher* auf 58982 MB gesetzt.

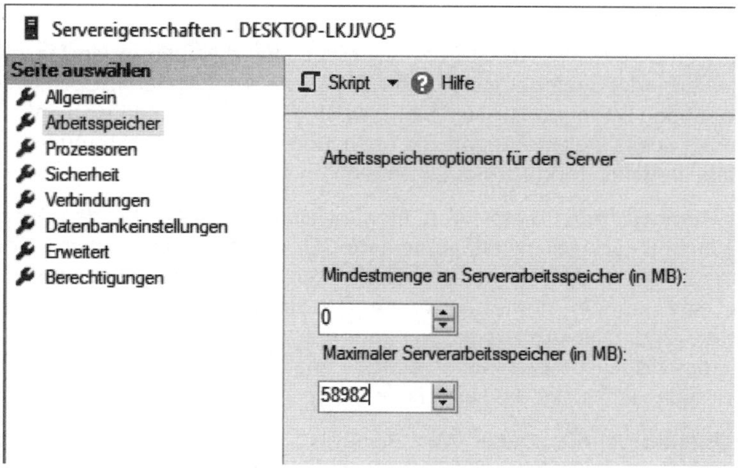

Abbildung 4.5 Die Seite *Arbeitsspeicher* im Dialogfeld *Servereigenschaften*

Senken Sie den Wert noch weiter ab, wenn sich auf dem Server noch andere Anwendungen befinden, die Arbeitsspeicher nutzen, insbesondere andere SQL Server-Instanzen. Im nächsten Abschnitt werden wir das noch genauer erläutern. Wenn Sie beobachten, dass die Speicherkapazität des Servers im Normalbetrieb fast vollständig erschöpft wird (weniger als 2 GB frei), verringern Sie den Wert von *Max. Serverspeicher* noch weiter. Ist dagegen ein ausreichendes Polster vorhanden (mehr als 8 GB frei), können Sie den Wert anheben.

Wenn Sie diese Einstellung nach der Installation im Betrieb senken, gibt SQL Server jedoch nicht sofort Arbeitsspeicher an das Betriebssystem zurück, sondern im Laufe der Zeit während seiner Tätigkeit. Auch die Erhöhung der Einstellung wirkt sich nicht unmittelbar aus.

Genau über *Max. Serverspeicher* finden Sie die Einstellung *Min. Serverspeicher*, die einen Mindestwert für die Speicherzuweisung angibt. Im Allgemeinen wird sie nicht benötigt. Sie kann in Situationen nützlich sein, in denen der Gesamtspeicher des Systems nicht ausreicht und viele Anwendungen, darunter SQL Server-Instanzen, vorhanden sind. Der hier festgelegte Mindestwert für den Arbeitsspeicher wird der SQL Server-Instanz jedoch nicht sofort beim Start zugewiesen. Stattdessen verhindert diese Einstellung, dass so viel Arbeitsspeicher für andere Anwendungen freigegeben wird, dass die Zuweisung unter diesen Wert fällt.

Einstellung des maximalen Serverspeichers für andere Funktionen

Andere Funktionen von SQL Server verfügen über ihre eigenen Einstellungen für den maximalen Arbeitsspeicher. Wie Sie schon an den Standardeinstellungen ablesen können, ist es auf Computern, auf denen sowohl das SQL Server-Datenbankmodul als auch SQL Server Analysis Services oder Reporting Services installiert sind, in Umgebungen mit hoher Aktivität sehr wahrscheinlich, dass Konkurrenz um den Arbeitsspeicher und eine Erschöpfung des Speichers vorkommen. Um das Datenbankmodul zu schützen, sollten Sie die möglichen Speicherauswirkungen der anderen Anwendungen verringern.

Begrenzen des Arbeitsspeichers für SQL Server Analysis Services SQL Server Analysis Services hat nicht nur einen Speichergrenzwert, sondern vier, für die Sie jeweils entweder absolute Werte in Bytes oder einen Prozentsatz des gesamten physischen Arbeitsspeichers auf dem Server angeben können.

Ändern können Sie diese Werte in SQL Server Management Studio, indem Sie im Objekt-Explorer eine Verbindung mit der Instanz von SQL Server Analysis Services herstellen. Rechtsklicken Sie auf den Server und wählen Sie *Eigenschaften* aus dem Kontextmenü. Dort stehen die folgenden Speichereinstellungen zur Verfügung, die auch für den multidimensionalen und den tabellarischen Modus so gut wie identisch sind:

- **LowMemoryLimit** Dieser Wert fungiert als Untergrenze für den Arbeitsspeicher, aber auch als Schwellenwert, ab dem die SQL Server Analysis Services beginnen, Arbeitsspeicher für Objekte in ihrem Cache freizugeben, die selten verwendet werden oder eine geringe Priorität aufweisen. Der Standard beträgt `65`, was 65 % des gesamten physischen Arbeitsspeichers auf dem Server bedeutet. (Technisch gesehen, 65 % des virtuellen Adressraums, aber da Analysis Services auf 32-Bit-Systemen nicht unterstützt wird, spielt das keine Rolle.)
- **TotalMemoryLimit** Dieser Wert dient als Schwellenwert, ab dem die SQL Server Analysis Services Speicher für Anforderungen höherer Priorität freigeben. Beachten Sie, dass dies kein harter Grenzwert ist. Der Standardwert beträgt 80 % des gesamten Serverspeichers.
- **HardMemoryLimit** Dies ist ein harter Speichergrenzwert, der zu einer aggressiveren Beschneidung des Arbeitsspeichers für den Cache und möglicherweise auch zur Ablehnung neuer Anforderungen führt. Der Standardwert wird als `0` angegeben, was die Mitte zwischen `TotalMemoryLimit` und dem Gesamtspeicher auf dem Server bedeutet. Der Wert von `TotalMemoryLimit` muss immer kleiner sein als der von `HardMemoryLimit`.

- **VertiPaqMemoryLimit** Ausschließlich bei SQL Server Analysis Services im tabellarischen Modus wird die Einstellung für die Speicheruntergrenze auch durch `VertiPaqMemoryLimit` bestimmt. Der Standardwert beträgt `60`, also 60 % des physischen Serverspeichers. Wenn dieser Grenzwert erreicht wird und `VertiPaqPagingPolicy` eingeschaltet ist (was standardmäßig der Fall ist), beginnt SQL Server Analysis Services, Daten auf das Laufwerk auszulagern. Dabei wird die Auslagerungsdatei des Betriebssystems verwendet. Das kann Fehler durch eine Erschöpfung des Arbeitsspeichers beim Erreichen des Wertes von `HardMemoryLimit` verhindern.

Abb. 4.6 zeigt die Seite *Allgemein* des Dialogfelds *Eigenschaften für Analysis-Server*, das Sie über den Objekt-Explorer aufrufen können, mit den zuvor genannten Eigenschaften zur Speicherkonfiguration.

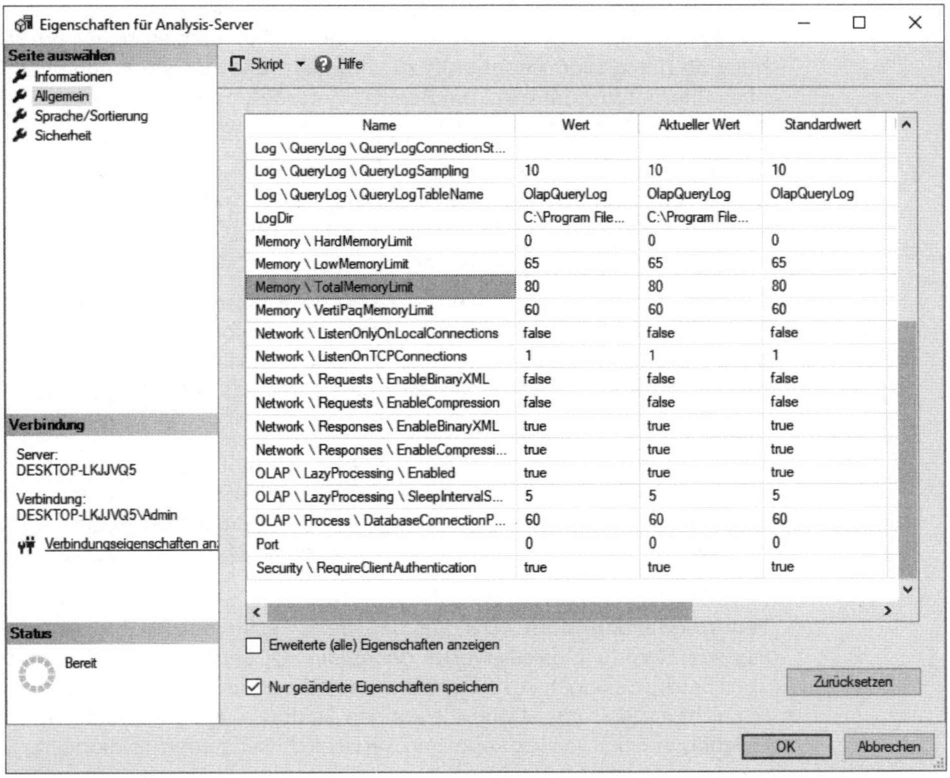

Abbildung 4.6 Die Seite *Allgemein* des Dialogfelds *Eigenschaften für Analysis-Server* mit den Standardeinstellungen

Begrenzen des Arbeitsspeichers für SQL Server Reporting Services Die Speichereinstellungen für Reporting Services können Sie nur in der Textdatei *rsreportserver.config* ändern, die in *%ProgramFiles%\Microsoft SQL Server Reporting Services\SSRS\ReportServer* gespeichert ist.

Hinweis

Der Speicherort hat sich seit der letzten Version geändert, aber der Name der Konfigurationsdatei ist der gleiche geblieben.

Für die Beschränkung der Speichernutzung durch SQL Server Reporting Services gibt es vier Optionen, deren Werte in Tags in der *.config*-Datei gespeichert sind. Sichern Sie diese Datei, bevor Sie sie bearbeiten.

Zwei dieser Einstellungen sind standardmäßig in der *.config*-Datei enthalten. Die beiden anderen können von Administratoren zur erweiterten Konfiguration hinzugefügt werden.

Bei den beiden regulär vorhandenen Einstellungen handelt es sich um folgende:

- **MemorySafetyMargin** Der prozentuale Anteil an `WorkingSetMaximum`, den die SQL Server Reporting Services nutzen, bevor sie Maßnahmen ergreifen, um die Speichernutzung durch Hintergrundtasks zu verringern und Anforderungen vom Webdienst nach Prioritäten zu ordnen, um Benutzeranforderungen zu schützen. Benutzeranforderungen können jedoch nach wie vor verweigert werden.
- **MemoryThreshold** Der prozentuale Anteil von `WorkingSetMaximum`, ab dem SQL Server Reporting Services neue Anforderungen verweigern, bestehende Anforderungen verlangsamen und Arbeitsspeicher auf die Festplatte auslagern, bis sich die Speicherbedingungen wieder verbessert haben.

Zwei weiteren Einstellungen werden beim Start des Dienstes automatisch Werte zugewiesen. Sie können sie aber in der *.config*-Datei überschreiben. Als Datenbankadministrator kennen Sie vielleicht noch die beiden älteren Speichereinstellungen `MemoryLimit` und `MaximumMemoryLimit`, die es bei SQL Server 2005 gab, allerdings werden sie seit SQL Server 2008 ignoriert.

- **WorkingSetMaximum** Der Standardwert hierfür ist der gesamte physische Serverarbeitsspeicher. Diese Einstellung erscheint standardmäßig nicht in der *.config*-Datei, Sie können sie dort aber aufnehmen, um die Menge des Arbeitsspeichers zu verringern, die SQL Server Reporting Services wahrnehmen. Der Wert wird in Kilobyte ausgedrückt.
- **WorkingSetMinimum** Der Standardwert hierfür beträgt 60 % von `WorkingSetMaximum`. Unterhalb dieses Wertes geben die SQL Server Reporting Services auch bei Speicherdruck keinen Arbeitsspeicher frei. Diese Einstellung erscheint standardmäßig nicht in der *.config*-Datei, Sie können sie dort aber aufnehmen, um die Speichernutzung von SQL Server Reporting Services besser steuern zu können.

Diese vier Einstellungen können in der Datei *rsreportserver.config* auftreten. Wie im Folgenden gezeigt, sollten Sie die Standardwerte von `WorkingSetMaximum` und `WorkingSetMinimum` auf 4 GB bzw. 2 GB (ausgedrückt in KB) ändern:

```
<MemorySafetyMargin>80</MemorySafetyMargin>
<MemoryThreshold>90</MemoryThreshold>
<WorkingSetMaximum>4194304</WorkingSetMaximum>
<WorkingSetMinimum>2097152</WorkingSetMinimum>
```

Begrenzen des Arbeitsspeichers für Machine Learning Server Ähnlich wie SQL Server Analysis Services und SQL Server Reporting Services verfügt auch Machine Learning Server über eine Konfigurationsdatei unter *%ProgramFiles%\Microsoft SQL Server\MSSQL14.MSSQLSERVER\MSSQL\Binn\rlauncher.config.*

Standardmäßig ist Machine Learning Server auf 20 % des gesamten Serverarbeitsspeichers beschränkt. Das können Sie ändern, indem Sie in der *.config*-Datei einen Eintrag hinzufügen, um einen Wert für `MEMORY_LIMIT_PERCENT` hinzuzufügen. Dieser Wert ist in der Konfigurationsdatei standardmäßig nicht enthalten.

Sichern Sie die Datei, bevor Sie sie bearbeiten. Das folgende Beispiel zeigt die Datei *rlauncher.config* mit einer Änderung des Speichergrenzwerts auf 25 %:

```
RHOME=C:\PROGRA~2\MICROS~1\MSSQL1~4.SQL\R_SERV~2
MPI_HOME=C:\Program Files\Microsoft MPI
INSTANCE_NAME=SQL2K17
TRACE_LEVEL=1
JOB_CLEANUP_ON_EXIT=1
USER_POOL_SIZE=0
WORKING_DIRECTORY=C:\Program Files\Microsoft SQL
Server\MSSQL14.SQL2K17\MSSQL\ExtensibilityData
PKG_MGMT_MODE=0
MEMORY_LIMIT_PERCENT=25
```

Oberflächenkonfiguration

Wenn Sie ein erfahrener SQL Server-Datenbankadministrator sind, erinnern Sie sich vielleicht noch an die Zeiten, als die SQL Server-Oberflächenkonfiguration eine eigene Anwendung war. Beginnend mit SQL Server 2009 ist sie jedoch in das Menü *Facets* verlegt worden.

Um die Oberflächenkonfiguration anzuzeigen, stellen Sie im Objekt-Explorer von SQL Server Management Studio eine Verbindung zu SQL Server her, rechtsklicken auf den Server und wählen *Facets*. Wählen Sie in dem Dialogfeld, das daraufhin geöffnet wird (was manchmal einige Zeit dauern kann), im Listenfeld *Facet* den Wert *Oberflächenkonfiguration* aus.

Lassen Sie alle Optionen ausgeschaltet, sofern Sie sie nicht tatsächlich brauchen. Außerdem müssen Sie sie sorgfältig konfigurieren, da bei einer falschen Einstellung eine große Gefahr des Missbrauchs durch Administratoren oder nicht autorisierte Benutzer besteht. In einer typischen Installation von SQL Server 2017 benötigen Sie drei dieser Optionen:

- *Datenbank-E-Mail* Diese Einstellung können Sie auch mit der Option `Database Mail XPs` in `sp_configure` ein- und ausschalten. (Mehr darüber in Kapitel 14.)

  ### Hinweis

  SMTP-Server (Simple Mail Transfer Protocol) von Unternehmen verfügen über eine Liste zugelassener IP-Adressen. Um E-Mails senden zu können, müssen Sie die IP-Adresse Ihres Servers zu dieser Liste hinzufügen.

- *Dedizierte Administratorverbindung* Die Einstellung können Sie auch mit der Option `remote admin connections` in `sp_configure` ein- und ausschalten (mehr darüber in Kapitel 7).
- *CLR-Integration* Dies benötigen Sie, um SQL Server Integration zu nutzen. Sie können diese Einstellung auch mit der Option `clr enabled` in `sp_configure` ein- und ausschalten.

Andere Optionen in der Oberflächenkonfiguration sollten Sie nur dann einschalten, wenn sie von Drittanbieteranwendungen benötigt werden und Sie sich über die Auswirkungen auf die Sicherheit im Klaren sind.

Einrichten des SQL Server-Agents

Bevor Sie den SQL Server-Agent verwenden können, um Ihre neue Instanz zu überwachen und zu sichern und Aufgaben zu automatisieren, müssen Sie erst einige Einstellungen daran vornehmen.

▶ **Ausführlichere Informationen hierüber erhalten Sie in Kapitel 7 und 14.**

Sie müssen Folgendes tun:

1. Den Starttyp des SQL Server-Agents von *Manuell* in *Automatisch* ändern.
2. Um E-Mail-Benachrichtigungen mit Warnungen oder über den Zustand von Aufträgen senden zu können, müssen Sie ein Datenbank-E-Mail-Konto und -Profil einrichten (siehe Kapitel 14).
3. Einen Operator für eine Verteilergruppe von IT-Profis in Ihrer Organisation einrichten, die auf SQL Server-Probleme reagieren.
4. Den SQL Server-Agent zur Verwendung von Datenbank-E-Mail einrichten.
5. SQL Server-Warnungen für Fehler mit hohem Schweregrad (21+) und sonstige Fehler einrichten, über die Sie informiert werden möchten.

Sorgen Sie dabei mindestens dafür, dass SQL Server um Hilfe rufen kann. Auch wenn Sie ein zentrales Überwachungssystem haben, sind doch die schwerwiegendsten Fehler wichtig genug, um das Senden einer E-Mail zu rechtfertigen.

Sie können SQL Server-Warnungen für eine große Menge von WMI-Bedingungen (Windows Management Instrumentation), Leistungsindikatoren des Systemmonitors und SQL Server-Fehlermeldungen verschiedener Schweregrade einrichten. Überfrachten Sie Ihren Posteingang aber nicht damit, und stellen Sie keine Postfachregel auf, die E-Mails von SQL Server als gelesen kennzeichnet und archiviert. Führen Sie eine sorgfältige Auswahl durch, sodass E-Mails von SQL Server nur seltene Ereignisse betreffen, die Maßnahmen erfordern.

Einschalten von TCP/IP

Das weit verbreitete Netzwerkprotokoll TCP/IP ist standardmäßig ausgeschaltet. Das einzige eingeschaltete Protokoll ist Shared Memory, das aber nur lokale Verbindungen zulässt. Sehr wahrscheinlich werden Sie Shared Memory nicht für gebräuchliche Geschäftsanwendungen nutzen, sondern nur für lokale Verbindungen auf dem Server.

Wenn Sie in SQL Server Management Studio Verbindung mit SQL Server aufnehmen, während Sie am Server angemeldet sind, und dabei den Namen des Servers, die Kombination *Server\Instanz*, `localhost`, einen Punkt oder `(local)` angeben, erhalten Sie Verbindung mit dem Endpunkt `Shared_Memory`.

TCP/IP dagegen wird in vielen SQL Server-Funktionen genutzt. Viele Anwendungen brauchen TCP/IP, um über das Netzwerk auf SQL Server zuzugreifen. Für viele SQL Server-Funktionen ist es erforderlich, TCP/IP einzuschalten, unter anderem für die dedizierte Administratorverbindung, den AlwaysOn-Verfügbarkeitsgruppen-Listener und die Kerberos-Authentifizierung.

Klicken Sie im linken Bereich des SQL Server-Konfigurations-Managers auf *SQL Server-Netzwerkkonfiguration* und durchsuchen Sie die Protokolle für die neu installierte SQL Server-Instanz. Hier und an vielen anderen Stellen wird die Standardinstanz als `MSSQLSERVER` angezeigt.

Nachdem Sie TCP/IP eingeschaltet haben, müssen Sie den SQL Server-Dienst manuell neu starten.

Eine Einschaltung von Named Pipes ist nicht erforderlich, sofern eine Anwendung dieses Protokoll nicht ausdrücklich benötigt.

Überprüfen der Energieoptionen

Die Energieoptionen von Windows Server sollten Sie auf Computern mit einer Instanz von SQL Server auf *Hohe Leistung* einstellen.

Es kann sein, dass Windows den Prozessor im normalen Betrieb und selbst bei starker SQL Server-Aktivität nicht mit voller Frequenz fährt. Das gilt sowohl für physische als auch für virtuelle Windows Server-Computer.

Überprüfen Sie die Richtlinie und sorgen Sie dafür, dass die Gruppenrichtlinie die Einstellung nicht wieder auf *Ausbalanciert* oder einen anderen Wert ändert.

Konfigurieren der Antivirusausnahmen

Richten Sie jegliche auf dem SQL Server-Computer installierte Antivirussoftware so ein, dass sie bei einem Scan die Endungen ignoriert, die von SQL Server-Daten- und -Protokolldateien verwendet werden, also *.mdf*, *.ldf* und *.ndf*.

Außerdem sollten die Antivirusprogramme Ordner mit Volltestkatalogen, Sicherungsdateien, Replikationsmomentaufnahmen, SQL Server-Ablaufverfolgungen (*.trc*), SQL Server Audit-Dateien, Analysis Services-Datenbanken, Protokoll- und Sicherungsdateien, `FILESTREAM`- und Dateitabellenordner sowie temporäre und Protokolldateien von SQL Server Reporting Services ignorieren.

In SQL Server-Failoverclusterinstanzen und Verfügbarkeitsgruppen müssen Sie (falls vorhanden) auch den MSCS-Ordner auf dem Quorumlaufwerk, das MSDTC-Verzeichnis auf der MSDTC-Freigabe und den Ordner *Windows\Cluster* auf jedem Clusterknoten von der Untersuchung durch Antivirussoftware ausschließen.

Optimieren für Ad-hoc-Arbeitslasten

Die Bezeichnung der serverweiten Einstellung *Für Ad-hoc-Arbeitsauslastungen optimieren* ist nicht gerade unmittelbar verständlich.

Mit dieser Einstellung werden nicht etwa Ad-hoc-Abfragen optimiert, sondern die Speichernutzung von SQL Server, damit Ad-hoc-Abfragen keinen unnötig großen Anteil des Caches verbrauchen.

▶ **Mehr über die Einstellung *Für Ad-hoc-Arbeitsauslastungen optimieren* erfahren Sie in Kapitel 2.**

In dem unwahrscheinlichen Fall, dass sehr viele Abfragen nur genau zwei Mal ausgeführt werden, würde sich die Einstellung dieser Option auf `True` negativ auswirken. In der Praxis werden Abfragen jedoch entweder nur einmal oder viele Male ausgeführt und nicht zweimal.

▶ **Mehr über zwischengespeicherte Ausführungspläne erfahren Sie in Kapitel 9.**

Sperren von Seiten im Arbeitsspeicher

Diese Einstellung können Sie in Umgebungen in Betracht ziehen, in denen mit Speicherdruck auf Ihre SQL Server-Instanzen zu rechnen ist, sei es durch andere Anwendungen, durch Einschränkungen des Servers oder bei virtualisierten Systemen durch übermäßige Zuweisung. Dies ist jedoch ein vielschichtiges Thema, das genaue Überlegung erfordert.

▶ **Weitere Informationen über die Einstellung *Sperren von Seiten im Arbeitsspeicher* erhalten Sie in Kapitel 2.**

▶ **Weitere Informationen über die Windows-Auslagerungsdatei erhalten Sie in Kapitel 3.**

Expertentipp

Woran kann ich erkennen, ob Sperren von Seiten im Arbeitsspeicher eingeschaltet ist?

In SQL Server 2016 SP1 können Sie auf folgende Weise prüfen, ob der SQL Server-Datenbankmoduldienst über die Berechtigung *Sperren von Seiten im Arbeitsspeicher* verfügt:

```
select sql_memory_model_desc
--Conventional = Lock pages in memory privilege is not granted
--LOCK_PAGES = Lock pages in memory privilege is granted
--LARGE_PAGES = Lock pages in memory privilege is granted in Enterprise mode
--with Trace Flag 834 ON
from sys.dm_os_sys_info;
```

Sicherungen, Indexwartung und Integritätsprüfung

Sicherungen sind ein entscheidender Aspekt für die Notfallwiederherstellung und müssen auf die richtige Weise durchgeführt werden.

Beginnen Sie sofort damit, Datenbanken zu sichern, zumindest `master` und `msdb`. Sichern Sie auch gleich von Anfang an alle anderen von Setup erstellten Datenbanken wie `ReportServer`, `ReportServerTempDB` und `SSISDB`.

▶ **Weitere Informationen über Sicherungen, Indexwartung und Überwachung erhalten Sie in Kapitel 12.**

Sobald in der neuen SQL Server-Instanz Datenbanken verwendet werden, sollten Sie auch regelmäßig eine Indexwartung und Integritätsprüfungen durchführen.

▶ **Weitere Informationen über die Automatisierung von Wartungsaufgaben erhalten Sie in Kapitel 13.**

Sichern der Dienst- und Datenbankhauptschlüssel

Sie sollten auch die Dienst- und jegliche Datenbankhauptschlüssel sichern, sobald sie erstellt werden, und ihre Informationen sicher aufbewahren.

▶ **Weitere Informationen über Dienst- und Datenbankhauptschlüssel erhalten Sie in Kapitel 6.**

Um den Instanzdiensthauptschlüssel zu sichern, verwenden Sie folgenden Befehl:

```
BACKUP SERVICE MASTER KEY TO FILE = 'localfilepath_or_UNC' ENCRYPTION BY PASSWORD
= 'complexpassword'
```

Sichern Sie auch wie folgt die Datenbankhauptschlüssel in den einzelnen Benutzerdatenbanken, sobald sie erstellt werden:

```
BACKUP MASTER KEY TO FILE = 'localfilepath_or_UNC' ENCRYPTION BY PASSWORD =
'complexpassword'
```


Erhöhen des Standardwerts für die Beibehaltung des Fehler- und Agent-Verlaufs

Standardmäßig führt SQL Server das aktuelle SQL Server-Fehlerprotokoll sowie sechs weitere Fehlerprotokolle mit Verlaufsdaten. Jedes Mal, wenn ein Neustart des SQL Server-Dienstes erfolgt – was selten der Fall sein sollte –, werden die Protokolle zyklisch wiederverwendet. Sie können diesen Vorgang mit `sp_cycle_errorlog` auch manuell auslösen.

Allerdings reicht ein ereignisreiches Wochenende mit Fehlerbehebung oder Wartung eines Servers, um einen Großteil des Fehlerverlaufs auszulöschen, was wiederum die Diagnose regelmäßig auftretender oder mit Geschäftszyklen zusammenfallender Fehler schwierig, wenn nicht gar unmöglich machen kann. Sie müssen die Möglichkeit haben, Fehler sehen zu können, die nur bei einem monatlich erfolgenden Verarbeitungsvorgang, einem monatlichen Patchtag oder einer regelmäßigen Berichterstellung auftreten.

Stellen Sie im Objekt-Explorer von SQL Server Management Studio eine Verbindung zu der SQL Server-Instanz her. Erweitern Sie den Ordner *Verwaltung*, rechtsklicken Sie auf *SQL Server-Protokolle* und wählen Sie *Konfigurieren*. Aktivieren Sie das Kontrollkästchen *Anzahl der Fehlerprotokolldateien vor der Wiederverwendung beschränken* und geben Sie einen Wert größer als 6 ein. Oft gibt Ihnen ein Wert zwischen 25 und 30 einen nützlichen Protokollverlauf an die Hand, der mehrere Geschäftszyklen überspannt.

Es kann auch sein, dass der Verlauf des SQL Server-Agents nicht ausreicht, um genügend viele frühere Aufträge abzudecken, insbesondere, wenn Aufträge häufig ausgeführt werden.

Stellen Sie im Objekt-Explorer von SQL Server Management Studio eine Verbindung zu der SQL Server-Instanz her. Rechtsklicken Sie auf *SQL Server-Agent* und wählen Sie *Eigenschaften*. Rufen Sie die Seite *Verlauf* auf. Leider ist sie nicht unmittelbar einsichtig, sondern kann ziemlich verwirrend wirken. Die erste Option, *Größe des Auftragsverlaufsprotokolls beschränken*, ist eine Einstellung für den Umlauf des Auftragsverlaufs. Es kann ein guter Ausgangspunkt sein, hinter jeden der Werte einfach eine 0 zu schreiben, also *Maximale Länge des Auftragsverlaufsprotokolls (Zeilen)* vom Standardwert 1000 auf 10.000 heraufzusetzen und *Maximale Zeilenanzahl pro Auftrag in Auftragsverlauf* von 100 auf 1000.

Die zweite Option, *Agent-Verlauf entfernen*, und das zugehörige Textfeld *Älter als* bilden keine Einstellung für den Umlauf des Auftragsverlaufs, sondern dienen zur sofortigen manuellen Beschneidung des Verlaufs. Wenn Sie dieses Kontrollkästchen aktivieren, auf *OK* klicken und dann wieder zu der Seite zurückkehren, werden Sie feststellen, dass das gerade verwendete Kontrollkästchen jetzt nicht mehr zur Verfügung steht. Hinter den Kulissen führt SQL Server Management Studio dabei die gespeicherte Prozedur `msdb.dbo.sp_purge_jobhistory` aus, um den Auftragsverlauf manuell zu entfernen.

▶ **Weitere Informationen über den Auftragsverlauf des SQL Server-Agents erhalten Sie in Kapitel 13.**

Unterdrückung von Meldungen über erfolgreiche Sicherungen

Standardmäßig schreibt SQL Server bei einer erfolgreichen Datenbanksicherung – sei es eine vollständige, eine differenzielle oder eine Transaktionsprotokollsicherung – ein Ereignis in das Fehlerprotokoll.

In Instanzen mit vielen Datenbanken im Wiederherstellungsmodus `FULL` und regelmäßigen Transaktionsprotokollsicherungen kann das Protokoll mit solchen Einträgen über erfolgreiche Sicherungen überfüllt werden, was die Aufbewahrungszeit der Protokolle verringert.

Hinweis

Den Verlauf erfolgreicher Sicherungen können Sie auch durch Abfrage der Systemdatenbank `msdb` **einsehen, in der es eine Reihe von Tabellen mit Verlaufsdaten über Sicherungen sämtlicher Datenbanken gibt, darunter** `msdb.dbo.backupset` **und** `msdb.dbo.backupmediafamily`**. Der integrierte Bericht »Sicherungs- und Wiederherstellungsereignisse« in SQL Server Management Studio bietet ebenfalls Zugang zu diesen Daten.**

▶ **Weitere Informationen über Sicherungen erhalten Sie in Kapitel 11.**

Mit dem SQL Server-Ablaufverfolgungsflag 3226 können Sie Benachrichtigungen über erfolgreiche Sicherungen instanzweit unterdrücken.

Administratoren stehen viele Ablaufverfolgungsflags zur Verfügung, um das Standardverhalten zu ändern – mehr, als es Optionen in der Benutzeroberfläche von SQL Server Management Studio gibt. Gehen Sie beim Einschalten dieser Flags vorsichtig vor. Beachten Sie, dass viele von ihnen nur für den vorübergehenden Einsatz zur Fehlersuche gedacht sind.

Da das Ablaufverfolgungsflag 3226 eine dauerhafte Einstellung festlegen soll, reicht es nicht aus, es einfach mit `DBCC TRACEON` einzuschalten, da es bei dieser Vorgehensweise nach einem Neustart von SQL Server nicht mehr aktiv sein wird. Stattdessen müssen Sie das Flag mithilfe des SQL Server-Konfigurations-Managers als Startparameter an den SQL Server-Datenbankmoduldienst übergeben.

Verwenden Sie dazu wie in Abb. 4.7 gezeigt die Schreibweise `-T`*Flagnummer*.

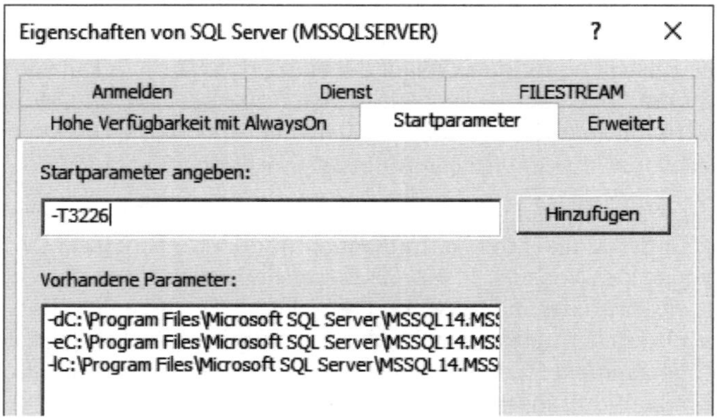

Abbildung 4.7 Angeben eines Startparameters im Eigenschaftendialogfeld von SQL Server

Klicken Sie nach der Angabe des Flags auf *Hinzufügen*. Die Änderung tritt erst in Kraft, wenn der SQL Server-Datenbankmoduldienst neu gestartet wird. Wie Sie in Abb. 4.8 sehen, ist das Ablaufverfolgungsflag 3226 ein Teil des Startvorgangs.

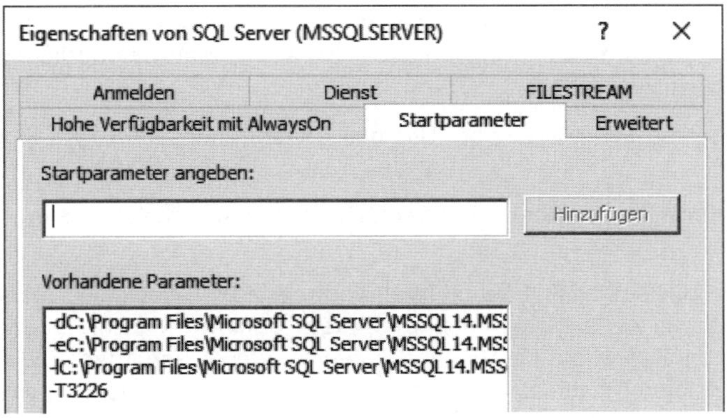

Abbildung 4.8 Die Registerkarte *Startparameter* im Eigenschaftendialogfeld von SQL Server. Das Ablaufverfolgungsflag 3226 wird jetzt im Feld *Vorhandene Parameter* angezeigt.

▶ **Weitere Informationen über den SQL Server-Konfigurations-Manager erhalten Sie in Kapitel 1.**

Installieren und Konfigurieren von Funktionen

Die Installation von SQL Server ist jetzt abgeschlossen, aber drei wichtige Funktionen erfordern noch eine Konfiguration, nämlich SQL Server Integration Services, SQL Server Reporting Services und SQL Server Analysis Services. Bevor Sie diese Funktionen nutzen, müssen Sie zunächst die in diesem Abschnitt beschriebenen Maßnahmen durchführen.

Konfiguration von SSISDB

Zu den besten Funktionen, die in SQL Server 2012 neu hinzukamen, gehörten erhebliche Verbesserungen an SQL Server Integration Services, insbesondere was die neue serverintegrierte Entwicklung, den integrierten Leistungsdatensammler, Umgebungsvariablen sowie Verbesserungen angeht, die Entwicklern das Leben erleichtern.

Beim Erstellen des Integration Services-Katalogs wird auch die neue Benutzerdatenbank `SSISDB` angelegt. Sie sollten sie sichern und wie eine wichtige Produktionsdatenbank behandeln.

Sie sollten die Katalogdatenbank `SSISDB` möglichst bald nach der Installation anlegen, bevor die Integration der Services-Entwicklung beginnt. Das müssen Sie nur einmal tun. Da es hierbei wahrscheinlich auch nötig ist, Änderungen an der Oberflächenkonfiguration vorzunehmen und ein neues starkes Kennwort zu erstellen, sollte dies von einem SQL Server-Datenbankadministrator erledigt werden und nicht von einem SQL Server Integration Services-Entwickler. Das Kennwort muss auf sichere Weise zusammen mit den anderen gespeichert werden, die bei der Installation erstellt wurden.

Stellen Sie im Objekt-Explorer eine Verbindung zu Ihrer Instanz her, rechtsklicken Sie auf *Integration Services-Katalog* und wählen Sie *Katalog erstellen*. Aktivieren Sie in dem anschließenden einseitigen Dialogfeld das Kontrollkästchen *CLR-Integration aktivieren*, entscheiden Sie, ob SQL Server Integration Services-Pakete beim Start von SQL Server ausgeführt werden dürfen (was wir empfehlen, da zu diesem Zeitpunkt Wartungs- und Aufräumarbeiten ausgeführt werden), und geben Sie ein Verschlüsselungskennwort für die Datenbank `SSISDB` an.

Dieses Verschlüsselungskennwort ist der Datenbankhauptschlüssel für `SSISDB`, weshalb Sie es sichern sollten.

▶ **Weitere Informationen über Datenbankhauptschlüssel erhalten Sie in Kapitel 7.**

Die Datenbank `SSISDB` enthält SQL Server Integration Services-Pakete, die zugehörigen Verbindungsstrings sowie weitere Daten über die Pakete. Dank der Verschlüsselung sind böswillige Benutzer, die Zugriff auf die Datenbankdateien oder Sicherungen erhalten, nicht in der Lage, die sensiblen Inhalte zu lesen. Wenn die Datenbank auf einen anderen Server verlegt werden soll, ist das Kennwort erforderlich, weshalb Sie es an einem sicheren Ort in Ihrem Unternehmen aufbewahren müssen.

Hinweis

Wenn Sie beim Erstellen des Integration Services-Katalogs eine Fehlermeldung wie *Auf die Katalogsicherungsdatei "C:\Programme\Microsoft SQL Server\140\DTS\Binn\SSISDBBackup.bak" konnte nicht zugegriffen werden* erhalten, liegt das wahrscheinlich daran, dass SQL Server Integration Services gar nicht installiert sind, weshalb die Sicherung der Vorlagendatenbank nicht von dem SQL Server-Medium kopiert werden konnte. Führen Sie SQL Server-Setup erneut aus oder kopieren Sie die Datei *SSISDBBackup.bak* von einer anderen SQL Server-Installation derselben Version.

Konfiguration von SQL Server Reporting Services

Wenn Sie das Kontrollkästchen *Installieren und konfigurieren* in SQL Server-Setup nicht aktiviert haben, müssen Sie jetzt einige Aufgaben mehr ausführen. Bei der ersten Installation von SQL Server Reporting Services im nativen Modus fallen aber ohnehin einige Konfigurationsaufgaben an.

Öffnen Sie den Konfigurations-Manager für Reporting Services, stellen Sie eine Verbindung zu der neu installierten SQL Server Reporting Services-Instanz her und schauen Sie sich nacheinander die folgenden Optionen an:

- **Dienstkonto** Hier können Sie das Dienstkonto für SQL Server Reporting Services ändern. Denken Sie daran, dafür nur den Konfigurations-Manager für Reporting Services zu verwenden.
- **Webdienst-URL** Die Webdienst-URL ist nicht für die Interaktion des Benutzers mit dem Dienst da, sondern damit der Berichts-Manager und eigene Anwendungen programmgesteuert Verbindung mit der SQL Server Reporting Services-Instanz aufnehmen können.

Standardmäßig wird an TCP-Port 80 der Webdienst `ReportServer` bzw. bei benannten Instanzen `ReportServer_`*Instanzname* erstellt. Die URL für diesen Webdienst lautet dann:

`http://`*Servername*`/ReportServer`

oder:

`http://`*Servername*`/ReportServer_`*Instanzname*

Um die Standardwerte zu akzeptieren, klicken Sie am unteren Rand des Fensters auf *Übernehmen*.

Optional können Sie auch ein SSL-Zertifikat für eine bestimmte URL angeben. Der Konfigurations-Manager für Reporting Services nimmt dann die entsprechenden Änderungen vor.

- **Datenbank** Für jede Reporting Services-Instanz müssen in der SQL Server-Instanz zwei Datenbanken vorhanden sein. Wenn Sie in SQL Server-Setup das Kontrollkästchen *Installieren und konfigurieren* aktivieren, werden diese Datenbanken automatisch erstellt. Sie tragen die Namen `ReportServer` und `ReportServerTempDB` bzw. bei benannten Instanzen `ReportServer$`*Instanzname* und `ReportServer$`*Instanzname*-`TempDB`. Beide Datenbanken sind wichtig, weshalb Sie sie sichern sollten. Im Gegensatz zur Systemdatenbank `TempDB` der SQL Server-Instanz ist `ReportServerTempDB` nicht vollständig flüchtig.

  Um die Datenbanken für eine neue Instanz einzurichten, klicken Sie auf *Datenbank ändern* und folgen dann den Anweisungen des Assistenten *Neue Berichtsserver-Datenbank erstellen*. Dadurch werden der Instanz beide Datenbanken hinzugefügt.

- **Webportal-URL** Diese URL führt zu der benutzerfreundlichen Website, auf der Links zu Berichten und Verwaltungsfunktionen für die SQL Server Report Reporting Services-Instanz untergebracht sind. Diese URL müssen Sie den Benutzern mitteilen, um das SQL Server Reporting Services-Portal nutzen zu können.

  Die URL für das Webportal der Standardinstanz lautet in der Voreinstellung:

  `http://`*Servername*`/Reports`

  Bei benannten Instanzen ist die Standard-URL wie folgt aufgebaut:

  `http://`*Servername*`/Reports_`*Instanzname*

  Wenn Sie wollen, können Sie statt dieser Standard-URLs auch eine eigene angeben. Um fortzufahren, klicken Sie unten im Fenster auf *Übernehmen*.

- **E-Mail-Einstellungen** Die E-Mail-Einstellungen gelten für die E-Mail-Zustellung von Berichten an Abonnenten. Die SQL Server Reporting Services nutzen ihre eigenen E-Mail-Einstellungen und greifen nicht auf die Datenbank-E-Mail-Einstellungen der SQL Server-Instanz zurück. Wenn Sie nicht vorhaben, Berichte per E-Mail an Abonnenten zu senden, müssen Sie diese Einstellungen natürlich nicht vornehmen.

  Seit SQL Server 2016 können sich die SQL Server Reporting Services-Dienstkonten an einem externen SMTP-Server authentifizieren. Der Vorgang erfolgt entweder anonym (also ohne Authentifizierung) oder mit Standard- oder NTLM-Authentifizierung.

Kapitel 4

Vor SQL Server 2016 erforderte eine solche Authentifizierung die Installation eines lokalen SMTP-Servers, der eine Weiterleitung zu dem externen, Azure- (z. B. SendGrid) oder cloudgestützten SMTP-Server durchführte. In SQL Server 2016 und 2017 können direkte Verbindungen zu solchen externen SMTP-Servern hergestellt werden.

Hinweis

SMTP-Server von Unternehmen verfügen über eine Liste zugelassener IP-Adressen. Um E-Mails senden zu können, müssen Sie die IP-Adresse Ihres Servers zu dieser Liste hinzufügen.

- **Ausführungskonto** Optional können Sie dieses Domänenkonto angeben, wenn Berichte nach einem Zeitplan oder ohne Anmeldeinformationen (Option *Anmeldeinformationen sind nicht erforderlich*) auszuführen sind oder um Verbindung zu Remoteservern aufzunehmen, um externe Bilder abzurufen.

  Das Ausführungskonto sollte nicht mit dem Dienstkonto für SQL Server Reporting Services identisch sein.

  Es sollte über nicht mehr als Lesezugriff zu den Datenquellen und Remoteverbindungen verfügen, auf die es zugreifen muss. Sie können ihm auch `EXECUTE`-Berechtigungen für Datenquellen gewähren, die gespeicherte Prozeduren verwenden, aber auf keinen Fall irgendwelche weiteren SQL Server-Berechtigungen. Machen Sie es auch nicht zu einem Mitglied irgendeiner der SQL Server-Rollen, vor allem nicht `sysadmin`.
- **Verschlüsselungsschlüssel** Sichern Sie die Verschlüsselungsschlüssel der Instanz, sobald die beiden SQL Server Reporting Services-Datenbanken erstellt wurden. Mit diesem Schlüssel werden sensible Informationen wie die Verbindungsstrings in den beiden Datenbanken verschlüsselt. Wenn dieser Schlüssel bei der Wiederherstellung der Datenbanken auf einem anderen Server nicht auf dem Quellserver verfügbar ist, können die Anmeldeinformationen in den Verbindungsstrings nicht verwendet werden, sodass Sie sie erneut angeben müssen, damit die Berichte auf dem neuen Server erfolgreich ausgeführt werden können.

  Wenn Sie die Sicherung der Schlüssel nicht mehr finden, ersetzen Sie den Schlüssel mit der Aktion *Ändern* auf dieser Seite. Sichern Sie dann den neuen Schlüssel.

  Um den ursprünglichen Schlüssel auf einem Server wiederherzustellen, auf den Sie die Datenbanken verschoben haben, nutzen Sie die Aktion *Wiederherstellen* auf dieser Seite.
- **Abonnementeinstellungen** Auf dieser Seite können Sie Anmeldeinformationen für den Zugriff auf Dateifreigaben festlegen, auf die abonnierte Berichte geschrieben werden können. Die Berichte können dabei als PDF, als Microsoft Excel-Datei und in anderen Formaten auf der Freigabe abgelegt werden.

  Die Anmeldeinformationen der Dateifreigabe können von mehreren Abonnements verwendet werden. Diese Seite bietet einen zentralen Zugriff auf diese Anmeldeinformationen.

  Um seinen Zweck ordnungsgemäß erfüllen zu können, darf dieses Konto nicht mit dem Ausführungskonto der SQL Server Reporting Services identisch sein.

- **Bereitstellung für horizontales Skalieren** Besuchen Sie diese Seite von mehreren SQL Server Reporting Services-Instanzen aus, um diese zu verknüpfen. Wenn Sie für mehrere SQL Server Reporting Services-Instanzen dieselben SQL Server Reporting Services-Datenbanken verwenden, können mehrere Front-Ends die Arbeitslasten für eine umfangreiche Berichterstattung übernehmen, auch für Abonnements. Die Servernamen können von einer Lastenausgleichslösung wie einem Netzwerklastenausgleich-Cluster verwendet werden.

  Bei der ersten Installation wird auf der Seite *Bereitstellung für horizontales Skalieren* angezeigt, dass die Instanz mit einer Skalierungsgruppe auf einem einzigen Server »verknüpft« ist.

  Alle SQL Server Reporting Services-Instanzen in einer Skalierungsgruppe müssen über dieselben Einstellungen auf der Seite *Datenbank* des Konfigurations-Managers für Reporting Services verfügen. Nehmen Sie Verbindung zu den einzelnen Instanzen der Gruppe auf und öffnen Sie dort diese Seite, um sich den Status anzusehen, Server hinzuzufügen und zu entfernen.

- **Power BI-Integration** Auf dieser Seite können Sie die SQL Server Reporting Services-Instanz mit einem Microsoft Power BI-Konto in Azure Active Directory verknüpfen. Der Administrator, der die Power BI-Instanz mit der SQL Server Reporting Services-Instanz verknüpft, muss Mitglied von Azure Active Directory und ein Systemadministrator der SQL Server Reporting Services-Instanz sowie der SQL Server-Instanz sein, auf der die SQL Server Reporting Services-Datenbanken untergebracht sind.

Hinweis

Um die aktuellsten Informationen über die Kombination von Power BI und SQL Server Reporting Services und die Authentifizierungsfunktionen von Azure zu finden, suchen Sie im Web nach MT598750 oder besuchen Sie *https://docs.microsoft.com/sql/reporting-services/install-windows/power-bi-report-server-integration-configuration-manager*.

Konfiguration von SQL Server Analysis Services

Zur Nutzung einer SQL Server Analysis Services-Instanz sind nach der Installation keine weiteren Schritte erforderlich.

SQL Server Analysis Services-Datenbanken werden aufgrund ihrer Natur, ihrer Größe und der Art und Weise, wie sie mit Daten gefüllt werden, gewöhnlich nicht nach einem Zeitplan gesichert. Sie können dazu aber über einen Auftragsschritt des SQL Server-Agents einen XMLA-Befehl übergeben. Wählen Sie dazu die Option *SQL Server Analysis Services-Befehl* aus. Im Objekt-Explorer von SQL Server Management Studio können Sie auch manuelle Sicherungen auslösen und SQL Server Analysis Services-Datenbanken wiederherstellen.

Bei der Installation von SQL Server Analysis Services sollten Sie eine Sicherheitsgruppe eingerichtet haben, um einem Team von SQL Server Analysis Services-Serveradministratoren Vollzugriff zu gewähren.

Wenn Sie eine andere Gruppe zur Administratorrolle der SQL Server Analysis Services-Instanz hinzufügen müssen, öffnen Sie SQL Server Management Studio und stellen Sie im Objekt-Explorer eine Verbindung zur Analysis Services-Instanz her. Rechtsklicken Sie auf den Server und wählen Sie *Eigenschaften*. Auf der Seite *Sicherheit* können Sie jetzt weitere authentifizierte Windows-Konten und -Gruppen zur Administratorrolle hinzufügen.

Hinzufügen von Datenbanken zu einer SQL Server-Instanz

Nachdem SQL Server nun installiert ist und die Funktionen konfiguriert sind, ist es an der Zeit, die Instanz zu nutzen. In SQL Server Management Studio können Sie erkennen, dass bereits vier Systemdatenbanken sowie ggf. zusätzliche Datenbanken für SQL Server Reporting Services und SQL Server Integration Services vorhanden sind, falls Sie diese Funktionen installiert haben. Als Nächstes müssen Sie Benutzerdatenbanken anlegen.

In Kapitel 3 haben wir eine Reihe von Konfigurationseinstellungen für Datenbanken vorgestellt, darunter die physische Konfiguration der Dateien und des nicht flüchtigen Speichers.

Weitere Informationen über Azure SQL-Datenbanken erhalten Sie in Kapitel 5. Der Rest dieses Kapitels ist Datenbanken in einer SQL Server-Instanz gewidmet.

Migrieren vorhandener Datenbanken

Als Administrator können Sie mit der Aufgabe betraut werden, eine Datenbank von einer Instanz zu einer anderen zu verschieben, etwa bei der Aktualisierung einer Vorproduktionsumgebung, beim Wechsel zu einer neuen SQL Server-Instanz oder bei der erstmaligen Übergabe einer Datenbank in die Produktion.

Beim Kopieren einer Datenbank in eine neue Umgebung müssen Sie Folgendes berücksichtigen:

- Edition
- Version und Kompatibilitätsmodus
- SQL Server-Anmeldungen
- Datenbankweite Konfiguration
- Datenbankeinstellungen
- Verschlüsselung

Sehen wir uns die aufgezählten Aspekte nun im Einzelnen an.

Edition

Von der Express über die Web und Standard bis zur Enterprise Edition nehmen die Kosten, aber auch der Funktionsumfang zu. (Die Developer Edition ist identisch mit der Enterprise Edition, darf aber nicht in einer Produktionsumgebung verwendet werden.) Beim Hochstufen einer Datenbank zu einer höheren Edition werden die verfügbaren Funktionen erweitert.

Was Datenbankadministratoren jedoch mehr Sorgen bereitet, ist die Verschiebung einer Datenbank zu einer niedrigeren Edition. Seit SQL Server 2016 SP1 stehen jedoch viele Funktionen, die es zuvor ausschließlich in der Enterprise Edition gab, auch in der Standard Edition zur Verfügung, was die Möglichkeiten erweitert, die sich Entwicklern und Administratoren in dieser Edition bieten.

Wenn Sie eine Datenbank in einer Instanz wiederherstellen oder sie dort anfügen, in der einzelne in der Datenbank verwendete höhere Funktionen nicht zur Verfügung stehen, erhalten Sie eine entsprechende Fehlermeldung. Sollten Sie beispielsweise versuchen, eine Datenbank mit eingeschalteter Datenkomprimierung in einer Instanz wiederherzustellen, in der die Datenkomprimierung nicht unterstützt wird, so erhalten Sie eine Fehlermeldung der Art »kann in dieser SQL Server-Edition nicht gestartet werden, da für mindestens einen Teil des '*Irgendein_komprimierter_Index*'-Objekts die Datenkomprimierung aktiviert ist«. In einem solchen Fall müssen Sie die Datenkomprimierung in der Quellinstanz von der Datenbank entfernen und dann eine neue Sicherung erstellen oder die Datenbank wieder trennen, um dann die Migration zu der niedrigeren Edition erneut zu versuchen. Es ist nicht möglich, Funktionen einer höheren Edition in einer Instanz niedrigerer Edition auszuschalten.

Eine dynamische Verwaltungssicht, die alle verwendeten editionsspezifischen Funktionen anzeigt, hilft Ihnen, solche Probleme vorherzusehen. Denken Sie auch daran, dass einige Funktionen zwar in allen Editionen unterstützt werden, dabei aber je nach Edition Einschränkungen unterworfen sein können. Beispielsweise stehen speicheroptimierte Datenbanken sogar noch in der Express Edition zur Verfügung, wobei jedoch nur ein kleiner Betrag an Arbeitsspeicher zugewiesen werden kann.

Betrachten Sie die folgende Beispielabfrage der beschriebenen Verwaltungssicht:

```
USE [WIDEWORLDIMPORTERS];
SELECT FEATURE_NAME
FROM SYS.DM_DB_PERSISTED_SKU_FEATURES;
```

Sie gibt folgende Zeilen zurück:

```
feature_name
Compression
Partitioning
ColumnStoreIndex
InMemoryOLTP
```

Version und Kompatibilitätsmodus

Werden SQL Server-Datenbanken von einer alten zu einer neueren Version aktualisiert, behalten sie ihren vorherigen Kompatibilitätsmodus bei. Dieser Modus ist eine datenbankweite Einstellung.

Wenn Sie beispielsweise eine Datenbank von SQL Server 2012 in SQL Server 2017 wiederherstellen oder anhängen, nimmt sie in der SQL Server 2017-Umgebung den Kompatibilitätsmodus *SQL Server 2012 (11.0)* an. Das ist nicht unbedingt ein Problem, kann sich aber auf die Nutzung mancher Funktionen und Verbesserungen und eventuell auch auf die Leistung auswirken.

Den Kompatibilitätsmodus einer Datenbank können Sie in SQL Server Management Studio einsehen. Dazu rechtsklicken Sie im Objekt-Explorer auf die Datenbank, wählen *Eigenschaften* und klicken dann im linken Bereich auf *Optionen*. Auf der Seite *Optionen* zeigt das Listenfeld *Kompatibilitätsgrad* die aktuelle Einstellung an. Sie können sie über das Listenfeld, aber auch mithilfe von `ALTER DATABASE` und `SET COMPATIBILITY_LEVEL` ändern. In der Spalte `compatibility_level` von `sys.databases` können Sie sich diese Einstellungen für sämtliche Datenbanken im Systemkatalog ansehen.

Die Kompatibilitätsmodi gibt es, um bei datenbankweiten Funktionen wie Verbesserungen am Abfrageoptimierer, zusätzlichen Feldern in dynamischen Verwaltungsobjekten, Syntaxverbesserungen usw. für Abwärtskompatibilität zu sorgen.

Wenn eine SQL Server 2017-Instanz (interne Versionsnummer 140) eine Datenbank im SQL Server 2012-Kompatibilitätsmodus (110) vorhält, stellen die Anwendungen, die mit dieser Datenbank arbeiten, immer noch eine Verbindung zu einer SQL Server 2017-Instanz her. Bei den Kompatibilitätsmodi geht es lediglich um Funktionen und Optionen auf Datenbankebene.

Beispielsweise stehen Syntaxergänzungen wie die neuen Funktionen `STRING_SPLIT()` und `OPENJSON`, die in SQL Server 2016 hinzugefügt wurden, im Kontext einer Datenbank mit einem niedrigeren Kompatibilitätsmodus nicht zur Verfügung. Manche Syntaxverbesserungen wie `DATEFROMPARTS()` und `AT TIME ZONE` funktionieren dagegen in sämtlichen Datenbanken mit beliebigen Kompatibilitätsmodi in SQL Server 2017.

SQL Server 2017 unterstützt Kompatibilitätsgrade bis herab zu SQL Server 2008 (interne Version 100).

Bei der Änderung des Kompatibilitätsgrads einer Datenbank ist kein Neustart des Dienstes erforderlich. Wir raten jedoch dringend davon ab, einen solchen Vorgang während der normalen Betriebsstunden durchzuführen. Eine Erhöhung des Kompatibilitätsmodus sollte zuvor gründlich in einer Vorproduktionsumgebung getestet werden. Syntaxfehler sind zwar äußerst unwahrscheinlich, doch andere Änderungen des Abfrageoptimierers von einer Version zur anderen können dazu führen, dass sich die Leistung der Anwendung ändert, was vor dem Rollout in einem Produktionssystem genau untersucht werden muss. Wenn Sie eine Produktionsdatenbank von einem früheren Kompatibilitätsgrad hochstufen, sollten Sie das in einem Wartungszeitraum tun und nicht dann, wenn Benutzer darauf zugreifen.

▶ **Weitere Informationen über die Unterschiede zwischen den Kompatibilitätsmodi seit SQL Server 2005 erhalten Sie im MSDN-Artikel BB510680 und auf *https://docs.microsoft.com/sql/t-sql/statements/alter-database-transact-sql-compatibility-level*.**

Expertentipp

Wann sollte ich eine Datenbank in einem älteren Kompatibilitätsmodus belassen?

Es wird häufig übersehen, den Kompatibilitätsgrad nach der Aktualisierung einer Datenbank auf eine höhere Version von SQL Server zu setzen, womit sich die Administratoren um die Gelegenheit bringen, neue Datenbankfunktionen zu nutzen. Es kann jedoch gute Gründe dafür geben, eine Datenbank in einem älteren Kompatibilitätsmodus zu belassen. Allerdings sollten Sie alle solche Gründe als vorübergehend betrachten.

Der häufigste Grund dafür, eine Datenbank in einem früheren Kompatibilitätsmodus auszuführen, ist alles andere als technischer Natur. Oft sind den Administratoren durch die Unterstützung des Herstellers oder die Softwarezertifizierung die Hände gebunden. Viele Änderungen von einer SQL Server-Version zur nächsten sind ergänzend. Rückläufige Änderungen kommen nur selten vor.

Eine bemerkenswerte Ausnahme bildet jedoch eine der Funktionen, die in SQL Server 2014 neu eingeführt wurde. Verbesserungen an der Kardinalitätsschätzung konnten in seltenen Fällen zu einer schlechten Abfrageleistung führen. Wenn der Code, der von einer solchen schlechten Leistung betroffen war, sehr komplex, sehr umfangreich oder bereits stark optimiert war, bestand die praktischste kurzfristige Lösung darin, zur vorherigen Version der Kardinalitätsschätzung zurückzukehren. Zwar hätte sich dies mit einer Herabstufung des Kompatibilitätsmodus auf SQL Server 2012 erreichen lassen, doch es gab noch zwei weniger drastische Möglichkeiten.

Das Ablaufverfolgungsflag 9481 zwingt eine Datenbank im SQL Server 2014-Kompatibilitätsmodus dazu, das Modell der Kardinalitätsschätzung aus SQL Server 2012 und früher zu nutzen. Seit SQL Server 2016 gibt es auch die Datenbankoption `LEGACY_CARDINALITY_ESTIMATION`, mit der die Verwendung des älteren Modells zur Kardinalitätsschätzung allein für die betreffende Datenbank erzwungen werden kann. Sie hat dieselbe Wirkung wie das Ablaufverfolgungsflag 9481, gilt aber nur für die jeweilige Datenbank.

Hinweis

Sie können die Datenbank `SSISDB`, die den SQL Server Integration Services-Katalog enthält, mit ihrem eigenen Aktualisierungsassistenten unabhängig von anderen Datenbanken aktualisieren. Das macht es einfacher, SQL Server Integration Services-Pakete und -Umgebungen von einem Server auf einen anderen zu verschieben, indem Sie die Datenbank von einer vorherigen Version in SQL Server 2017 wiederherstellen oder daran anhängen.

SQL Server-Anmeldungen

Die Verbindung von SQL Server-Anmeldungen und den zugehörigen Datenbankbenutzern erfolgt anhand der Sicherheitskennung (SID), nicht anhand des Namens. Bei der Verschiebung einer Datenbank von einer Instanz zu einer anderen können sich die SIDs der SQL Server-Anmeldungen in der alten Instanz von denen in der neuen unterscheiden, auch wenn die Namen übereinstimmen. Nach der Migration auf die neue Instanz sind die SQL Server-Anmeldungen nicht mehr in der Lage, auf die Datenbanken zugreifen, auf denen die Datenbankbenutzer »verwaist« zurückgeblieben sind. Windows-Anmeldungen für Domänenkonten sind davon nicht betroffen.

Diese Situation müssen Sie korrigieren, damit Anwendungen und Endbenutzer in der Lage sind, auf die Datenbank am neuen Speicherort zuzugreifen. Richten Sie sich dazu nach der Anleitung im Abschnitt »Lösen des Problems verwaister SIDs« in Kapitel 6.

Der Datenbankbesitzer muss in die Sicherheitsobjekte auf dem neuen Server aufgenommen werden. Sorgen Sie dafür, dass dieser Besitzer, der im Eigenschaftendialogfeld der Datenbank sowie im Feld `owner_sid` von `sys.databases` aufgeführt ist, auch auf der neuen Instanz ein gültiger Prinzipal ist.

Bei teilweise eigenständigen Datenbanken werden die enthaltenen Anmeldungen für jeden Typ zusammen mit der Datenbank wiederhergestellt oder angehängt, weshalb Sie sich keine Sorgen darüber machen müssen.

Datenbankweite Konfiguration

Datenbankweite Konfigurationen wurden in SQL Server 2016 (und in Azur SQL-Datenbank 12) eingeführt. Sie stellen einen Container für eine Reihe Optionen dar, die auf Datenbankebene zur Konfiguration bereitstehen. In früheren Versionen standen diese Einstellungen nur serverweit oder für einzelne Abfragen zur Verfügung, z. B. *Max. Grad an Parallelität.*

▶ **Weitere Informationen über Parallelität und die Einstellung *Max. Grad an Parallelität* erhalten Sie in Kapitel 9.**

Überprüfen Sie nach dem Kopieren einer Datenbank in eine neue Instanz, ob diese Einstellungen geeignet sind. Beispielsweise kann ein neuer Wert für *Max. Grad an Parallelität* erforderlich sein, wenn sich die Anzahl der logischen Prozessoren geändert hat.

Die datenbankweiten Konfigurationen können Sie sich in SQL Server Management Studio ansehen. Rechtsklicken Sie dazu im Objekt-Explorer auf die Datenbank, wählen Sie *Eigenschaften* und dann im linken Bereich *Optionen*. In der Liste *Weitere Optionen* finden Sie die Überschrift für die datenbankweiten Konfigurationen. Eine weitere Möglichkeit, sich diese Konfigurationen anzusehen, bietet die dynamische Verwaltungssicht `sys.database_scoped_configurations`.

Datenbankeinstellungen

Bei einer Migration sollen Sie sich auch die datenbankspezifischen Einstellungen ansehen. Sie finden sie in der Katalogsicht `sys.databases` und im Fenster *Datenbankeigenschaften* von SQL Server Management Studio.

Die folgende Liste zeigt nicht alle Datenbankeinstellungen. In den folgenden Kapiteln werden wir neben den hier aufgeführten auch viele weitere beschreiben. Beim Wiederherstellen, Bereitstellen oder Anhängen einer Datenbank in einer neuen Instanz sollten Sie jedoch die folgenden Eigenschaften beachten.

- **Schreibschutz** Wenn Sie die Datenbank vor der Migration in den Zustand `READ_ONLY` versetzt haben, um eine Veränderung der Daten zu verhindern, dürfen Sie nicht vergessen, sie wieder auf `READ_WRITE` einzustellen.
- **Wiederherstellungsmodell** Auf den verschiedenen Servern können unterschiedliche Sicherungs- und Wiederherstellungsmethoden verwendet werden. Das Wiederherstellungsmodell `FULL` wird gewöhnlich in Produktionsumgebungen verwendet, in denen tolerierbare Datenverluste nur einen kürzeren Zeitraum umfassen dürfen als den Abstand zwischen vollständigen Sicherungen oder in denen eine zeitpunktgenaue Wiederherstellung verlangt wird. Wenn Sie eine Datenbank von einer Produktions- in eine Entwicklungsumgebung kopieren, sollten Sie das Wiederherstellungsmodell von `FULL` in `SIMPLE` ändern. Umgekehrt ist es beim Kopieren einer Datenbank von einer Test- in eine Produktionsumgebung sehr wahrscheinlich erforderlich, das Wiederherstellungsmodell von `SIMPLE` auf `FULL` einzustellen.

▶ **Weitere Informationen über Datenbanksicherungen und geeignete Wiederherstellungsmodelle erhalten Sie in Kapitel 11.**

- **Seitenüberprüfung** Die Einstellung sollte bei allen Datenbanken CHECKSUM lauten. Die veraltete Option TORN_PAGE ist ein Zeichen dafür, dass die Datenbank von einer Version vor SQL Server 2005 immer wieder mitgeschleppt wurde, ohne jemals diese Einstellung zu ändern. Seit SQL Server 2005 ist CHECKSUM die bessere Wahl und außerdem die Standardeinstellung. Allerdings muss die Änderung von einem Administrator manuell vorgenommen werden.
- **Vertrauenswürdig** Diese Einstellung wird beim Verschieben der Datenbank nicht mitgenommen. Wenn sie auf dem vorherigen System eingeschaltet war und für externe Assemblies, datenbankübergreifende Abfragen oder den Service Broker erforderlich ist, müssen Sie sie erneut einschalten. Sie sollten sie jedoch nur dann einschalten, wenn sie aufgrund einer inflexiblen Architektur unbedingt erforderlich ist, da sie es möglich macht, dass sich schädliche Aktivitäten in einer Datenbank auch auf andere auswirken, selbst wenn keine entsprechenden Berechtigungen gewährt sind. Es ist äußerst wichtig, die Verwendung dieser Einstellung zu beschränken und die datenbankübergreifenden Berechtigungsketten in einer mandantenfähigen oder im Web gehosteten, gemeinsam genutzten SQL Server-Umgebung genau zu verstehen.

▶ **Mehr über Objektbesitz erfahren Sie in Kapitel 6.**

Transparente Datenverschlüsselung

Beim Verschieben von einer Instanz zur anderen nimmt eine Datenbank ihre Einstellungen für die transparente Datenverschlüsselung mit, aber nicht das Zertifikat und dessen Sicherheitsmethode. Beispielsweise wird das Serverzertifikat zur Verschlüsselung des Datenbankschlüssels und des privaten Schlüssels nicht zusammen mit der Datenbank gesichert. Diese Objekte müssen *vor* dem Versuch, die Datenbank wiederherzustellen oder anzuhängen, auf die neue Instanz kopiert werden.

Achtung

Die Wiederherstellung einer unverschlüsselten Datenbank über einer verschlüsselten ist möglich. Wann kann so etwas geschehen? Wenn Sie eine Sicherung wiederherstellen, die vor der Verschlüsselung der Datenbank aufgenommen wurde, erhalten Sie eine unverschlüsselte Datenbank. In einem solchen Fall müssen Sie die transparente Datenverschlüsselung erneut anwenden.

▶ **Weitere Informationen über die transparente Datenverschlüsselung erhalten Sie in Kapitel 7.**

Verschieben vorhandener Datenbanken

Es gibt eine Reihe von Vorgehensweisen, eine SQL Server-Datenbank von einer Instanz zu einer anderen zu verschieben oder zu kopieren. Bei allen Verfahren sollten Sie die notwendigen Änderungen an den Anwendungsverbindungsstrings, an DNS, am Permanentspeicher und an der Sicherheitsumgebung bedenken. In diesem Abschnitt sehen wir uns eine Reihe von Möglichkeiten für die Migration an.

Wiederherstellen einer Datenbanksicherung

Die Wiederherstellung einer Sicherung ist eine leicht verständliche Vorgehensweise, um Daten von einer Instanz zu einer anderen zu kopieren. Bei diesem Verfahren können Sie auch die Ausfallzeiten minimieren.

Im Folgenden sehen wir uns zwei verschiedene Migrationsvorgänge in vereinfachter Form an. Als Erstes betrachten wir den Ablauf einer Migration mithilfe einer vollständigen Sicherung und Wiederherstellung:

▶ **Weitere Informationen über die Arten von Datenbanksicherungen und -wiederherstellungen erhalten Sie in Kapitel 11.**

1. Fahren Sie die Anwendung herunter.
2. Führen Sie eine vollständige Sicherung der Datenbank durch.
3. Kopieren Sie die Sicherungsdatei.
4. Stellen Sie die Sicherung wieder her.
5. Lösen Sie alle ggf. aufgetretenen Probleme im Zusammenhang mit SQL Server-Anmeldungen und nehmen Sie alle anderen Änderungen vor, die vor Verwendung der Datenbank erforderlich sind.
6. Ändern Sie die Verbindungsstrings in Anwendungen, DNS und Aliassen.
7. Starten Sie die Anwendung wieder.

Bei dieser Vorgehensweise fällt die Anwendung komplett aus, während Sie die Datenbank sichern, kopieren und wiederherstellen. Bei umfangreichen Datenbanken kann das ein langer Zeitraum sein, selbst wenn Sie die Dateigröße mithilfe der Sicherungskomprimierung von SQL Server verringern.

Stattdessen können Sie jedoch auch wie folgt vorgehen:

1. Führen Sie eine vollständige komprimierte Sicherung der Datenbank durch.
2. Kopieren Sie die Sicherungsdatei.
3. Stellen Sie die Sicherung mit der Option `WITH NORECOVERY` wieder her.
4. Fahren Sie die Anwendung herunter.
5. Führen Sie eine differenzielle und dann eine Transaktionsprotokollsicherung der Datenbank durch.
6. Kopieren Sie die differenzielle und die Transaktionsprotokollsicherung auf den neuen Server.
7. Stellen Sie die differenzielle Sicherung mit `WITH NORECOVERY` wieder her.
8. Stellen Sie die Transaktionsprotokollsicherung mit `WITH RECOVERY` wieder her.
9. Lösen Sie alle ggf. aufgetretenen Probleme im Zusammenhang mit SQL Server-Anmeldungen und nehmen Sie alle anderen Änderungen vor, die vor Verwendung der Datenbank erforderlich sind.
10. Ändern Sie die Verbindungsstrings in Anwendungen, DNS und Aliassen.
11. Starten Sie die Anwendung wieder.

Bei dieser Vorgehensweise fällt die Anwendung nur aus, während Sie die differenzielle und die Transaktionsprotokollsicherung anfertigen, kopieren und wiederherstellen, die bei umfangreichen Datenbanken nur einen winzigen Bruchteil der Gesamtgröße ausmachen. Hierfür müssen Sie mehr Vorbereitungsarbeiten durchführen und mehr Skripte schreiben, und überdies ist eine Koordination mit dem üblichen Sicherungssystem erforderlich, das für die Transaktionsprotokollsicherungen verantwortlich ist. Wenn Sie eine manuelle Transaktionsprotokollsicherung durchführen, können Sie damit eine geteilte Transaktionsprotollsicherungskette für ein anderes System erstellen. Dies sollten Sie ebenfalls berücksichtigen.

Anhängen getrennter Datenbankdateien

Auch durch das Trennen, Kopieren und Anfügen von Datenbankdateien können Sie eine Datenbank in eine neue Instanz übernehmen. Es ist ziemlich unkompliziert, die Dateien von der alten SQL Server-Instanz zu trennen, zur neuen Instanz zu kopieren und dort anzufügen. Die stärkste Einschränkung bei dieser Vorgehensweise bildet die Übertragungsgeschwindigkeit beim Kopieren der Dateien. Um die Zeit für das Kopieren der Dateien zu verringern, können Sie auch die SAN-Laufwerke auf den neuen Server verlagern.

Das Anhängen kopierter Datenbankdateien kann schneller erfolgen als die Wiederherstellung einer vollständigen Datenbanksicherung. Allerdings haben Sie hierbei nicht die Möglichkeit, die Ausfallzeit zu verringern, indem Sie die Vorteile von Transaktionsprotokollsicherungen nutzen.

Sämtliche Datenbankdateien zu kopieren (zu denen noch viel mehr gehören können als nur die *.mdf*- und *.ldf*-Dateien, z. B. auch sekundäre Datendateien und `FILESTREAM`-Container) geht nicht schneller, als eine Transaktionsprotokollsicherung wiederherzustellen. Es ist auch keine echte Wiederherstellungsmethode. Da Datenbanksicherungen in SQL Server komprimiert werden können, kann die Datenübertragung zwischen den Servercomputern beim Verfahren mit Sicherung und Wiederherstellung sogar in kürzerer Zeit erfolgen.

Verschieben von Daten mit BACPAC-Dateien

Bei einer BACPAC-Datei handelt es sich um eine Datei in einem offenen JSON-Format, die das Datenbankschema sowie Zeilendaten enthält und eine Migration der Datenbank möglich macht. Dies sollte jedoch zu Beginn der Entwicklungs-/Migrationsphase erfolgen und ist nicht für umfangreiche Datenbanken geeignet. SQL Server Management Studio kann BACPAC-Dateien generieren und importieren, und das Azure-Portal kann sie beim Verschieben einer lokalen SQL Server-Installation zu einer Azure SQL-Datenbank importieren.

Erstellen einer Datenbank

In diesem Abschnitt sehen wir uns die Grundlagen von Datenbankeinstellungen und ihrer Konfiguration an. Als Datenbankadministrator werden Sie wahrscheinlich nicht regelmäßig Datenbanken von Grund auf neu erstellen, aber sie sollten mit allen Einstellungen und Designentscheidungen vertraut sein, die in ihre Erstellung einfließen. Dazu gehören auch das Hinzufügen von Datenbankdateien und die erforderlichen Werkzeuge.

Verwalten der Standardeinstellungen

Unabhängig davon, welche Methode Sie zum Erstellen einer Datenbank wählen, ist es wichtig, die Rolle der Modelldatenbank (`model`) zu verstehen. Diese Datenbank wird mit ihrem gesamten Inhalt und allen Konfigurationseinstellungen in jede neue Datenbank kopiert, selbst in `TempDB`, wenn diese bei einem Dienstneustart neu angelegt wird. Aus diesem Grund dürfen Sie in `model` niemals irgendwelche Daten speichern (nicht einmal zu Testzwecken). Erweitern Sie diese Datenbank auch nicht über ihre Standardgröße hinaus, da dann alle zukünftigen Datenbanken mindestens diese neue Größe aufweisen müssten.

Der Speicherort der Dateien von `model` wird dagegen nicht als Vorgabe für neue Datenbanken verwendet. Der Standardspeicherort für Datenbankdateien wird auf Serverebene festgelegt. Bei einer neuen Datenbank sollten Sie den Speicherort von diesem Standardwert in einen anderen, gültigen Wert ändern. Die Standardspeicherorte für die Daten-, Protokoll- und Sicherungsdateien werden in der Registrierung gespeichert und auf der Seite *Datenbankeinstellungen* des Dialogfelds *Servereigenschaften* von SQL Server Management Studio angezeigt.

Auf dieser Seite sehen Sie auch den Vorgabewert für das Wiederherstellungsintervall, der standardmäßig `0` lautet, was bedeutet, dass SQL Server die Häufigkeit interner automatischer Prüfpunkte selbst verwaltet. Gewöhnlich führt dies zu einem internen Prüfpunkt pro Minute. Diese erweiterte Einstellung kann auf Server- und Datenbankebene geändert werden, was aber nur durch erfahrene Administratoren durchgeführt werden sollte.

Auf der Seite *Datenbankeinstellungen* des Dialogfelds *Servereigenschaften* finden Sie auch den Standardfüllfaktor für Indizes und die Standardeinstellung für die Sicherungskomprimierung. Diese serverweiten Vorgabewerte werden auf jede neue Datenbank angewendet und lassen sich nicht für einzelne Datenbanken ändern. Sie können sie jedoch für einzelne Indizes bzw. Sicherungsanweisungen einstellen.

Expertentipp

Ungültige Standardspeicherorte für Daten- und Protokolldateien können kumulative Updates fehlschlagen lassen.

In Teilen von kumulativen Updates wird auf die Standarddateispeicherorte verwiesen. Wenn die Standardspeicherorte für Datenbanken in einen ungültigen Pfad geändert werden, können diese Patches fehlschlagen, weil ein kompletter Unterordnerpfad fehlt oder weil SQL Server nicht die Berechtigungen für den Zugriff auf die Speicherorte hat. Im ausführlichen Protokoll des kumulativen Updates sind dann Fehler wie »Betriebssystemfehler 3 (Das System konnte den angegebenen Pfad nicht finden.)« vermerkt. In einem solchen Fall müssen Sie das Problem mit den Speicherorten lösen und das kumulative Update dann erneut starten.

Neue Datenbanken übernehmen unter anderem die folgenden Einstellungen aus der Modelldatenbank, sofern sie nicht bei der Erstellung überschrieben werden:

- Ursprüngliche Größe der Daten- und Protokolldateien
- Einstellung für das automatische Wachstum der Daten- und Protokolldateien
- Maximale Größe der Daten- und Protokolldateien
- Wiederherstellungsmodell
- Die Einstellung *Wiederherstellungszeit für das Ziel*, die den Standardwert des Systems für das Wiederherstellungsintervall überschreibt

- Alle datenbankweiten Konfigurationen, darunter die Einstellungen *Legacy-Kardinalitätsschätzung, Max. Grad an Parallelität, Parameterermittlung* und *Fehlerbehebungen durch Abfrageoptimierer*
- Alle Einstellungen für automatische Vorgänge wie automatisches Schließen, automatische Verkleinerung und automatisches Erstellen und Aktualisieren von Statistiken (die wir alle weiter hinten in diesem Kapitel genauer erläutern werden)

Expertentipp

Verbindungen von SQL Server Management Studio zur Modelldatenbank blockieren** `CREATE DATABASE`**-Anweisungen.

Schließen Sie jegliche Abfragefenster von SQL Server Management Studio, die den Kontext der Modelldatenbank verwenden, oder trennen Sie die Verbindungen in diesen Fenstern. Wenn Sie die Modelldatenbank mit T-SQL-Befehlen konfigurieren, können Sie die Abfragefenster von SQL Server Management Studio geöffnet lassen. `CREATE DATABASE`-Anweisungen müssen auf die Modelldatenbank zurückgreifen. Benutzerverbindungen, zu denen auch Abfragefenster von SQL Server Management Studio im Kontext der Modelldatenbank gehören, können das Erstellen von Benutzerdatenbanken blockieren.

Dabei kann die folgende Fehlermeldung erscheinen: »Es konnte keine exklusive Sperre für die `model`-Datenbank erhalten werden. Wiederholen Sie den Vorgang zu einem späteren Zeitpunkt. Fehler bei `CREATE DATABASE`. Einige angezeigte Dateinamen konnten nicht erstellt werden. Überprüfen Sie zugehörige Fehler. (Microsoft SQL Server, Fehler: 1807).«

Anwendungen wie SharePoint, die Datenbanken erstellen, können dabei fehlschlagen.

Besitz von erstellten Datenbanken

Die Anmeldung, die eine `CREATE DATABASE`-Anweisung ausführt, wird jeweils zum Besitzer der erstellten Datenbank, selbst wenn sie nicht zur Gruppe der Systemadministratoren gehört. Jeder Prinzipal, der eine Datenbank erstellen kann, wird zum Besitzer dieser Datenbank, auch wenn er beispielsweise nur Mitglied der integrierten Serverrolle `dbcreator` ist.

Im Idealfall sollten sich Datenbanken jedoch nicht im Besitz benannter Konten von Einzelpersonen befinden. Sie sollten den Besitz aller Datenbanken ändern und jeweils einem passenden Dienstkonto für die von der Datenbank abhängigen Anwendungen übertragen. Das müssen Sie nach dem Erstellen der Datenbank tun. In SQL Server Management Studio ist eine Änderung des Datenbankbesitzers nicht möglich. Dazu müssen Sie die T-SQL-Anweisung `ALTER AUTHORIZATION` verwenden.

▶ **Weitere Informationen über die empfohlenen Vorgehensweisen im Zusammenhang mit den Besitzverhältnissen von Datenbanken und über die Änderung von Datenbankbesitzern erhalten Sie in Kapitel 6.**

Erstellen zusätzlicher Datenbankdateien

Jede SQL Server-Datenbank benötigt mindestens eine Daten- und eine Protokolldatei. Um die Speicherleistung zu verbessern, können Sie zusätzliche Datendateien nutzen. (Die physische Datenbankarchitektur wurde ausführlicher in Kapitel 3 behandelt.)

Weitere Protokolldateien hinzuzufügen ist dagegen keine kluge Entscheidung. Wenn eine Datenbank mehr als eine Protokolldatei hat, ist damit kein Leistungsvorteil verbunden, da SQL Server nicht wahlfrei in diese Dateien schreibt, sondern sequenziell.

Es gibt nur eine einzige Situation, in der eine zweite Transaktionsprotokolldatei sinnvoll ist, nämlich wenn die erste Datei ihr Volume gefüllt hat. Wenn auf dem Volume kein Platz mehr freigemacht werden kann, um weitere Transaktionsprotokolldaten zu schreiben, kann die Datenbank keine weitere Transaktionen mehr akzeptieren und lehnt daher alle weiteren Anforderungen von Anwendungen ab. In dieser Situation besteht eine mögliche Lösung darin, vorübergehend eine zweite Transaktionsprotokolldatei auf einem anderen Volume hinzuzufügen, damit die Datenbank wieder Transaktionen annehmen kann. Zur endgültigen Lösung muss danach die primäre Transaktionsprotokolldatei geleert und einmalig auf ihre ursprüngliche Größe geschrumpft und die zweite Datei entfernt werden.

Erstellen neuer Datenbanken in SQL Server Management Studio

Um Datenbanken zu erstellen und einzurichten – insbesondere ihre ursprüngliche Größe –, können Sie SQL Server Management Studio verwenden. Rechtsklicken Sie im Objekt-Explorer auf *Datenbanken* und wählen Sie im Kontextmenü *Neue Datenbank*, um das gleichnamige Dialogfeld zu öffnen.

Nachdem Sie die Einstellungen der neuen Datenbank festgelegt haben, aber bevor Sie auf *OK* klicken, können Sie ein T-SQL-Skript für die `CREATE DATABASE`-Anweisung erstellen.

Beachten Sie folgende Vorschläge zum Erstellen von neuen Datenbanken:

- Erweitern Sie die Daten- und Protokolldateien schon vorab auf die zu erwartende Größe. Dadurch verhindern Sie, dass bereits ein automatisches Wachstum auftritt, wenn Sie die Datenbank zum ersten Mal mit Daten füllen. Sie können diesen Vorgang stark beschleunigen, indem Sie dem SQL Server-Dienstkonto die Berechtigung *Durchführen von Volumewartungsaufgaben* gewähren, damit eine sofortige Dateiinitialisierung möglich ist.

▶ **Die sofortige Dateiinitialisierung haben wir bereits weiter vorn in diesem Kapitel behandelt.**

- Verwenden Sie das Wiederherstellungsmodell `SIMPLE`, solange die Datenbank noch nicht in der Produktion eingesetzt wird. Für die Produktion dagegen sind die Wiederherstellungsmodelle `FULL` und `BULK_LOGGED` besser geeignet.

▶ **Weitere Informationen über Datenbanksicherungen und geeignete Wiederherstellungsmodelle erhalten Sie in Kapitel 11.**

- Überprüfen Sie die logischen und physischen Dateinamen und die Speicherorte. Die Standardspeicherorte für die Daten- und Protokolldateien sind serverweit festgelegt, aber Sie können sie hier überschreiben. Außerdem ist es möglich, die Dateien später zu verschieben (was wir weiter hinten in diesem Kapitel noch genauer beschreiben werden).
- Sobald Sie die Datenbank erstellt haben, richten Sie das vorgesehene Sicherungsverfahren ein, damit die Datenbank ihrer Rolle entsprechend geschützt ist.

Bereitstellen einer Datenbank mit SQL Server Data Tools

Selbst entwickelte Datenbanken können Sie auch mit einem Datenbankprojekt in SQL Server Data Tools auf einer SQL Server-Instanz bereitstellen. SQL Server Data Tools bieten den Teams in Ihrem Unternehmen eine professionelle und ausgereifte Umgebung, um Datenbanken zu entwickeln, sie in einem Quellcodesteuerungssystem einzuchecken, Änderungsskripte für die inkrementelle Bereitstellung zu erzeugen und Fehler in Objektskripten zu reduzieren.

SQL Server Data Tools können Skripte für inkrementelle Änderungen generieren und Datenbanken direkt bereitstellen. Sie bieten auch eine Option, um Datenbanken bei jeder Bereitstellung zu löschen oder neu zu erstellen, die allerdings standardmäßig ausgeschaltet ist.

Es ist wahrscheinlich am einfachsten, die neue Datenbank mit SQL Server Management Studio anzulegen und inkrementelle Änderungen dann mit SQL Server Data Tools bereitzustellen.

Datenbankeigenschaften und -optionen

In diesem Abschnitt sehen wir uns einige Datenbankeinstellungen an, die häufig bearbeitet werden. Auf der Seite *Optionen* im Dialogfeld *Datenbankeigenschaften* gibt es eine ganze Menge Einstellungen, darunter auch einige selten geänderte Standardwerte und Abweichungen vom ANSI-Standard zur Unterstützung älterer Anwendungen.

Um sich diese Einstellungen anzusehen, rechtsklicken Sie im Objekt-Explorer von SQL Server Management Studio auf eine Datenbank, wählen *Eigenschaften* und klicken dann im linken Bereich des Dialogfelds *Datenbankeigenschaften* auf *Optionen*. Die Einstellungen sämtlicher Datenbanken werden auch in der Katalogsicht `sys.databases` angezeigt.

In den folgenden Abschnitten sehen wir uns die Einstellungen an, auf die Sie beim Erstellen und Verwalten von SQL Server-Datenbanken achten müssen.

Sortierung

In einer SQL Server-Instanz gibt es drei verschiedene Sortierungen, nämlich instanzweit, in einzelnen Benutzerdatenbanken sowie in `TempDB`, wobei die `TempDB`-Sortierung standardmäßig der Sortierung in der Instanz entspricht und auch nur dann davon abweichen sollte, wenn es unvermeidlich ist. Im Idealfall sollte auch die Sortierung aller Benutzerdatenbanken der Sortierung auf Instanzebene und in `TempDB` entsprechen, allerdings kann es Situationen geben, in denen einzelne Datenbanken eine andere Sortierung verwenden müssen.

Häufig wird in Datenbanken eine von der instanzweiten Einstellung abweichende Sortierung vorgenommen, um eine Unterscheidung zwischen Groß- und Kleinschreibung zu erzwingen. Daneben können Sie in den einzelnen Datenbanken jedoch auch andere sprachliche Unterscheidungen (z. B. nach Kanji oder Akzenten) und Sortierreihenfolgen festlegen.

Die Standardsortierung auf der Instanz wird bei der Installation festgelegt, wobei eine Vorauswahl aufgrund der Regionseinstellungen von Windows Server getroffen wird, die Sie aber überschreiben können. Einige Anwendungen, darunter Microsoft Dynamics GP, erfordern eine Sortierung mit Unterscheidung zwischen Groß- und Kleinschreibung.

Die Sortierung auf Instanzebene ist praktisch unveränderbar, doch bei einzelnen Datenbanken lässt sich die Sortierung einstellen. Das sollten Sie möglichst nur tun, wenn für die Datenbank noch kein Code entwickelt wurde. Anderenfalls müssen Sie den vorhandenen Code anschließend gründlich testen.

Bei der Abfrage mehrerer Datenbanken mit nicht zueinander passenden Sortierungen kann es zu Problemen kommen. Vermeiden Sie daher unterschiedliche Sortierungen in Datenbanken, die von einer Anwendung kombiniert genutzt werden.

Stellen Sie sich beispielsweise vor, in einer Abfrage wird eine Tabelle in einer Datenbank mit der Sortierung `SQL_Latin1_General_CP1_CI_AS` (Case Insensitive, Accent Sensitive, also mit Unterscheidung nach Akzenten, aber nicht nach Groß- und Kleinschreibung) verwendet, aber auch eine Verknüpfung mit einer Tabelle in einer Datenbank mit der Sortierung `SQL_Latin1_General_CP1_CS_AS` durchgeführt. In diesem Fall erhalten Sie folgende Fehlermeldung:

```
Cannot resolve the collation conflict between "SQL_Latin1_General_CP1_CI_AS" and
"SQL_Latin1_General_CP1_CS_AS" in the equal to operation.
```

Abgesehen von der Möglichkeit, die Sortierung einer der beiden Datenbanken zu ändern, bleibt Ihnen nur übrig, bei den Spaltenverweisen in den einzelnen Abfragen eine `COLLATE`-Anweisung in den Code einzufügen, wie das folgende Beispiel zeigt:

```
... FROM
CS_AS.sales.sales s1
INNER JOIN CI_AS.sales.sales s2
ON s1.[salestext] COLLATE SQL_Latin1_General_CP1_CI_AS = s2.[salestext]
```

Die Sortierung von eigenständigen Datenbanken wird auf zwei verschiedenen Ebenen festgelegt, nämlich für die Datenbank selbst und für den Katalog. Die Katalogsortierung ist stets `Latin1_General_100_CI_AS_WS_KS_SC` und kann nicht geändert werden. Auch die Metadaten und Variablen der Datenbank liegen immer in der Katalogsortierung vor. Wenn Sie die Sortierung vor der Ausführung kennen, kann die Anweisung `COLLATE DATABASE_DEFAULT` sehr hilfreich sein.

Wiederherstellungsmodell

Das Wiederherstellungsmodell `FULL` ist für Produktionsumgebungen geeignet, in denen tolerierbare Datenverluste nur einen kürzeren Zeitraum umfassen dürfen als den Abstand zwischen vollständigen Sicherungen oder in denen eine zeitpunktgenaue Wiederherstellung verlangt wird. Wenn Sie eine Datenbank von einer Produktions- in eine Entwicklungsumgebung kopieren, sollten Sie das Wiederherstellungsmodell von `FULL` in `SIMPLE` ändern. Umgekehrt ist es beim Kopieren einer Datenbank von einer Test- in eine Produktionsumgebung sehr wahrscheinlich erforderlich, das Wiederherstellungsmodell von `SIMPLE` auf `FULL` einzustellen.

▶ **Weitere Informationen über Datenbanksicherungen und geeignete Wiederherstellungsmodelle erhalten Sie in Kapitel 11.**

Kompatibilitätsgrad

SQL Server bietet verschiedene Datenbank-Kompatibilitätsmodi, um bei datenbankweiten Funktionen wie Verbesserungen am Abfrageoptimierer, zusätzlichen Feldern in dynamischen Verwaltungsobjekten, Syntaxverbesserungen usw. für Abwärtskompatibilität zu sorgen.

Der Kompatibilitätsmodus ist eine datenbankweite Einstellung. Datenbanken, die von einer älteren auf eine neuere Version aktualisiert werden, behalten ihren früheren Kompatibilitätsmodus bei. Beispielsweise funktionieren Syntaxergänzungen wie die neuen Funktionen `STRING_SPLIT()` und `OPENJSON`, die in SQL Server 2016 hinzugefügt wurden, nicht im Kontext einer Datenbank mit einem niedrigeren Kompatibilitätsmodus. Manche Syntaxverbesserungen wie `DATEFROMPARTS()` und `AT TIME ZONE` funktionieren dagegen in sämtlichen Datenbanken mit beliebigen Kompatibilitätsmodi in SQL Server 2017.

SQL Server 2017 unterstützt ebenso wie SQL Server 2016 Kompatibilitätsgrade bis herab auf SQL Server 2008 (interne Version 100).

Bei der Änderung des Kompatibilitätsgrads einer Datenbank ist kein Neustart des Dienstes erforderlich. Wir raten jedoch dringend davon ab, einen solchen Vorgang während der normalen Betriebsstunden durchzuführen. Eine Erhöhung des Kompatibilitätsmodus sollte zuvor gründlich in einer Vorproduktionsumgebung getestet werden. Syntaxfehler sind zwar äußerst unwahrscheinlich, doch andere Änderungen des Abfrageoptimierers von einer Version zur anderen können dazu führen, dass sich die Leistung der Anwendung ändert, was vor dem Rollout in einem Produktionssystem genau untersucht werden muss. Wenn Sie eine Produktionsdatenbank von einem früheren Kompatibilitätsgrad hochstufen, sollten Sie das in einem Wartungszeitraum tun und nicht dann, wenn Benutzer darauf zugreifen.

Bei einer Migration sollen Sie sich auch die datenbankspezifischen Einstellungen ansehen. Sie finden sie in der Katalogsicht `sys.databases` und im Fenster *Datenbankeigenschaften* von SQL Server Management Studio.

Einschlusstyp

Bei teilweise eigenständigen Datenbanken ist die Beziehung zwischen Server und Datenbank grundlegend geändert. Diese Architekturentscheidung treffen Sie, wenn Anwendungen zwischen mehreren SQL Server-Instanzen portiert werden müssen oder wenn die Sicherheit rein im Kontext der Datenbank festgelegt wird, und nicht wie üblich durch Serveranmeldungen und Datenbankbenutzer.

▶ **Weitere Informationen über die Sicherheitsaspekte eigenständiger Datenbanken erhalten Sie in Kapitel 6.**

Azure SQL-Datenbanken sind ebenfalls eine Art von eigenständiger Datenbank, da sie in der Azure-PaaS-Umgebung (Plattform als Dienst) von Administratoren und Benutzern unbemerkt von einem Host zu einem anderen verschoben werden können. In SQL Server ist es möglich, Datenbanken zu erstellen, die auf ähnliche Weise von einer Instanz zu einer anderen umziehen können, falls die Architektur der Anwendung dies verlangt.

Durch die Änderung der Einstellung *Einschlusstyp* von *Keine* in *Teilweise* machen Sie aus einer Datenbank eine teilweise eigenständige Datenbank. Diese Entscheidung dürfen Sie nicht leichtfertig treffen. Eine Datenbank, die ohne teilweise Eigenständigkeit entwickelt wurde, sollten Sie nicht auf diese Weise ändern, da es Unterschiede beim Verhalten von temporären Objekten und der Durchsetzung von Sortierungen gibt. Manche Datenbankfunktionen wie Change Data Capture, Änderungsnachverfolgung und Replikation sowie einige Teile des Server Brokers werden in teilweise eigenständigen Datenbanken nicht unterstützt. Melden Sie sich als Mitglied der Serverrolle `sysadmin` oder der Datenbankrolle `db_owner` an und untersuchen Sie die dynamische Systemverwaltungssicht `sys.dm_db_uncontained_entities`, um sich alle Objekte anzusehen, die in eigenständigen Datenbanken nicht zur Verfügung stehen.

Automatisch schließen

Diese Einstellung sollten Sie nur in Ausnahmefällen und nur in Umgebungen einschalten, deren Ressourcen erschöpft sind. Dabei werden Verbindungen regelmäßig geschlossen und die Pufferzuweisungen gelöscht, wenn Benutzeranforderungen abgeschlossen sind. Dabei wird sehr deutlich, wozu das Verbindungspooling eigentlich da ist, denn bei der Aktivierung einer Einstellung können manche Anwendungsarchitekturen nutzlos werden und die Anzahl der Anmeldeereignisse zunehmen. Schalten Sie diese Einstellung niemals zur Leistungsoptimierung oder Fehlerbehebung in einer ausgelasteten Umgebung ein.

Statistiken automatisch erstellen

Wenn Sie diese Einstellung einschalten, erstellt der Abfrageoptimierer automatisch die erforderlichen Statistiken für Laufzeitpläne, selbst für schreibgeschützte Datenbanken (Statistiken für solche Datenbanken werden in `TempDB` gespeichert). Manche Anwendungen handhaben das Anlegen von Statistiken selbst. Beispielsweise kümmert sich SharePoint aufgrund der dynamischen Natur seiner Tabellen und Abfragen selbst darum, die Statistiken zu erstellen und zu aktualisieren. Sofern Sie nicht eine Anwendung wie SharePoint verwenden, die das Gegenteil verlangt, sollten Sie diese Einstellung einschalten. Automatisch erstellte Statistiken können Sie in der Datenbank erkennen, da ihre Bezeichnungen dem Format `_WA_Sys_`*Spaltennummer_Hexadezimalzahl* folgen.

> **Expertentipp**
>
> ***Was sind Statistiken?***
>
> **SQL Server verwendet Statistiken zur Beschreibung der Verteilung und Natur der Daten in den Tabellen. Für den Abfrageoptimierer muss die Einstellung *Statistiken automatisch erstellen* eingeschaltet sein, damit er bei der Kompilierung von Abfragen Ein-Spalten-Statistiken anlegen kann, die ihm helfen, optimale Laufzeitpläne aufzustellen. Ohne relevante und aktuelle Statistiken wählt der Abfrageoptimierer unter Umständen nicht die beste Möglichkeit zur Ausführung einer Abfrage aus. Sofern eine Anwendung die Funktionen zum automatischen Erstellen und Aktualisieren von Statistiken nicht ausdrücklich einsetzt, wie es etwa SharePoint macht, sollten Sie diese beiden Einstellungen einschalten.**

Inkrementelle Statistiken automatisch erstellen

Diese in SQL Server 2014 eingeführte Einstellung ermöglicht es, Statistiken zu erstellen, die die Tabellenpartitionierung nutzen, was den Mehraufwand für das Anlegen der Statistiken verringert. Bei nicht partitionierten Tabellen hat diese Einstellung keine Auswirkung. Da sie die Kosten für das Erstellen und Aktualisieren von Statistiken senken kann, sollten Sie sie eingeschaltet lassen.

Allerdings wirkt sich diese Einstellung nur auf Statistiken aus, die nach ihrer Aktivierung erstellt werden. Aktualisieren Sie nach dem Einschalten daher Statistiken für Tabellen mit Partitionen und geben Sie dabei wie folgt den Parameter `INCREMENTAL = ON` an:

```
UPDATE STATISTICS [dbo].[HorizontalPartitionTable] [PK_HorizontalPartitionTable]
WITH RESAMPLE, INCREMENTAL = ON;
```

Passen Sie auch alle manuellen Skripte zur Aktualisierung von Statistiken an, sodass sie den Parameter `ON PARTITIONS` verwenden, wenn dies angemessen ist. In der Katalogsicht `sys.stats` hat die Spalte `is_incremental` den Wert 1, wenn die Statistiken inkrementell erstellt wurden:

```
UPDATE STATISTICS [dbo].[HorizontalPartitionTable] [PK_HorizontalPartitionTable]
WITH RESAMPLE ON PARTITIONS (1);
```


Automatisch verkleinern

Schalten Sie diese Einstellung niemals ein! Wenn der freie Platz in der Datendatei oder dem Transaktionsprotokoll mehr als 25 % der Dateigröße einnimmt, wird er bei dieser Einstellung automatisch zurückgegeben. Verkleinern Sie eine Datenbank nur einmalig, um ihre Größe nach einem ungeplanten oder ungewöhnlichen Dateiwachstum freizugeben. Die Einstellung für die automatische Verkleinerung dagegen kann zu unnötiger Fragmentierung, Mehraufwand und häufigem automatischem Wachstum führen.

Statistiken automatisch aktualisieren

Wenn diese Einstellung eingeschaltet ist, werden Statistiken automatisch aktualisiert. Der Abfrageoptimierer betrachtet Statistiken als veraltet, wenn das Verhältnis der Datenänderungen zu den Zeilen in der Tabelle einen bestimmten Wert erreicht. Bevor der Abfrageoptimierer einen Abfrageplan ausführt, prüft er, ob Statistiken veraltet sind, und aktualisiert sie. Das ist mit einem gewissen Mehraufwand verbunden, doch der Leistungsvorteil durch aktuelle Statistiken überwiegt ihn gewöhnlich, weil aktuelle Statistiken zu einem besseren Plan führen können. Da der Abfrageoptimierer die Statistiken zuerst und den Plan anschließend ausführt, wird die Aktualisierung als synchron bezeichnet.

Statistiken automatisch asynchron aktualisieren

Diese Einstellung weicht in einer wichtigen Einzelheit von *Statistiken automatisch aktualisieren* ab: Die Ausführung von Statistiken wird auch dann fortgesetzt, wenn der Abfrageoptimierer ein veraltetes Statistikobjekt findet. Die Statistiken werden hier nachträglich aktualisiert.

Hinweis

Statistiken automatisch asynchron aktualisieren hat nur dann eine Auswirkung, wenn Sie _Statistiken automatisch aktualisieren_ aktiviert haben. SQL Server Management Studio zeigt jedoch keine Warnung an und erzwingt auch nicht die Aktivierung der erforderlichen Einstellung. In Microsoft Connect wurde dieses Problem 2011 gemeldet, allerdings wurde die Diskussion mit dem Vermerk »Wird nicht korrigiert« als geschlossen markiert.

Expertentipp

Sollte ich Statistiken automatisch aktualisieren und Statistiken automatisch asynchron aktualisieren in SQL Server 2017 einschalten?

Ja! (Es sei denn, Sie verwenden eine Anwendung wie SharePoint, für die ausdrücklich davon abgeraten wird.)

Seit SQL Server 2016 (und Kompatibilitätsmodus 130) wurde das Verhältnis von Datenänderungen zu Tabellenzeilen, ab dem Statistiken als veraltet angesehen werden, erheblich verringert, weshalb die Statiken häufiger aktualisiert werden. Das zeigt sich insbesondere bei umfangreichen Tabellen, in denen viele Zeilen regelmäßig geändert werden. Bis SQL Server 2014 war dieser niedrigere Schwellenwert nicht die Standardeinstellung, allerdings konnte er ab SQL Server 2008 R2 SP1 mit dem Ablaufverfolgungsflag 2371 eingeschaltet werden.

Ab SQL Server 2016 ist es auch wichtiger als in früheren Versionen, *Statistiken automatisch asynchron aktualisieren* einzuschalten, da dies den Mehraufwand für die automatische Wartung der Statistiken erheblich verringern kann.

Momentaufnahmeisolation zulassen

Diese Einstellung ermöglicht es, die Momentaufnahmeisolation für einzelne Abfragen zu nutzen. Wenn Sie sie einschalten, wird die Zeilenversionsverwaltung in `TempDB` gestartet. Darüber hinaus allerdings *gestattet* diese Einstellung lediglich die Verwendung des Isolationsmechanismus in der vorliegenden Datenbank. Um ihn tatsächlich zu nutzen, müssen Sie den Code ändern, indem Sie beispielsweise `SET TRANSACTION ISOLATION LEVEL SNAPSHOT` hinzufügen.

▶ **Mehr über Momentaufnahmeisolation und andere Isolationsstufen erfahren Sie in Kapitel 9.**

Ist aktivierte READ COMMITTED-Momentaufnahme

Wenn Sie diese Einstellung einschalten, wird die Standardisolationsstufe der Datenbank von `READ COMMITTED` in `READ COMMITTED SNAPSHOT` geändert. Sie sollten sie in den regulären Geschäftszeiten nicht aktivieren, sondern nur zu Wartungszeiten. In der Entwicklung jedoch sollte sie eingeschaltet sein und berücksichtigt werden.

Diese Einstellung wirkt sich auf die Nutzung von `TempDB` aus und sorgt für ein erhöhtes Aufkommen der Wartetypen `IO_COMPLETION` und `WAIT_XTP_RECOVERY`, weshalb Sie genaue Lasttests durchführen müssen. Allerdings kann diese Einstellung auch für erhebliche Leistungsverbesserungen sorgen und ist eine der Kernmaßnahmen, um Parallelität mit einer Qualität auf Unternehmensniveau zu erreichen.

Seitenüberprüfung

Die Einstellung sollte bei allen Datenbanken `CHECKSUM` lauten. Die veraltete Option `TORN_PAGE` ist ein Zeichen dafür, dass die Datenbank von einer Version vor SQL Server 2005 immer wieder mitgeschleppt wurde, ohne jemals diese Einstellung zu ändern. Seit SQL Server 2005 ist `CHECKSUM` die bessere Wahl und außerdem die Standardeinstellung. Allerdings muss die Änderung von einem Administrator manuell vorgenommen werden.

Vertrauenswürdig

Sie sollten diese Einstellung nur dann einschalten, wenn sie aufgrund einer inflexiblen Architektur unbedingt erforderlich ist, da sie es möglich macht, dass sich schädliche Aktivitäten in einer Datenbank auch auf andere auswirken, selbst wenn keine entsprechenden Berechtigungen gewährt sind. Bevor Sie diese Einstellung aktivieren, müssen Sie sich unbedingt über die Auswirkungen von datenbankübergreifenden Berechtigungsketten in einer mandantenfähigen oder im Web gehosteten, gemeinsam genutzten SQL Server-Umgebung im Klaren sein.

▶ **Mehr über Objektbesitz erfahren Sie in Kapitel 6.**

Datenbank schreibgeschützt

Um Änderungen an älteren Datenbanken oder solchen zu verhindern, die nur zu Archivierungszwecken dienen, können Sie sie auf `READ_ONLY` einstellen. Mitglieder der Serverrolle `sysadmin` und der Datenbankrolle `db_owner` können diese Einstellung jedoch wieder auf `READ_WRITE` zurücksetzen, weshalb Sie sie nicht als eine Sicherheitsmaßnahme ansehen sollten.

Datenbankweite Konfigurationen

Datenbankweite Konfigurationen wurden in SQL Server 2016 (und in Azur SQL-Datenbank 12) eingeführt. Sie umfassen einen Satz von Optionen, die zuvor nur serverweit über Ablaufverfolgungsflags oder für einzelne Abfragen zur Verfügung standen, z. B. *Max. Grad an Parallelität*, und jetzt über die Datenbankoptionen zugänglich sind.

Die datenbankweiten Konfigurationen können Sie sich in SQL Server Management Studio ansehen. Rechtsklicken Sie dazu im Objekt-Explorer auf die Datenbank, wählen Sie *Eigenschaften* und dann im linken Bereich *Optionen*. In der Liste *Weitere Optionen* finden Sie die Überschrift für die datenbankweiten Konfigurationen.

Wenn eine Abfrage auf Objekte in mehreren Datenbanken verweist, entscheidet der aktuelle Datenbankkontext, welche Datenbank herangezogen wird, um die anzuwendenden Eigenschaften zu bestimmen. Wenn eine Abfrage in den Kontexten zweier verschiedener Datenbanken ausgeführt wird, kann sie daher zwei verschiedene Ausführungspläne haben, etwa wenn die Einstellungen für *Max. Grad an Parallelität* in den beiden Datenbanken abweichen.

Abfragespeicher

Der in SQL Server 2016 eingeführte Abfragespeicher stellt einen eingebauten Berichtsmechanismus und ein Data Warehouse dar, um zwischengespeicherte Laufzeitpläne zu messen und zu verfolgen. Er ist zwar nützlich, aber standardmäßig ausgeschaltet. Sie sollten ihn so bald wie möglich einschalten, damit er Ihnen bei der Leistungsoptimierung und der Fehlerbehebung von zwischengespeicherten Laufzeitplänen helfen kann.

▶ **Weitere Informationen über den Abfragespeicher erhalten Sie in Kapitel 9.**

Indirekte Prüfpunkte

In SQL Server 2016 oder SQL Server 2017 erstellte Datenbanken sind bereits zur Verwendung von indirekten Prüfpunkten eingerichtet, da dies in SQL Server 2016 zur Standardeinstellung wurde. Datenbanken, die in früheren Versionen erstellt wurden, verwenden jedoch weiterhin die klassischen automatischen Prüfpunkte, die bereits in SQL Server 7.0 eingeführt und seitdem nur hin und wieder verbessert wurden.

Dies ist ein anspruchsvolles Thema, in das wir nicht allzu tief einsteigen möchten. Wir wollen hier nur eine Konfigurationseinstellung angeben, die Sie bei Datenbanken aus Versionen vor SQL Server 2016 ändern sollten.

Was sind Prüfpunkte? Sie bilden den Mechanismus, der SQL Server veranlasst, sogenannte »modifizierte Seiten« – also Daten- und Transaktionsprotokollseiten, die im Arbeitsspeicher geändert wurden – auf das Laufwerk zu schreiben. Prüfpunkte können Sie manuell mit dem Befehl `CHECKPOINT` ausgeben, aber eigentlich werden sie im Hintergrund für Sie erstellt. Die Verwendung von `CHECKPOINT` ist nur selten nötig und gewöhnlich nur bei der Fehlersuche.

Was sind automatische Prüfpunkte? Von SQL Server 7.0 bis zum Aufkommen von SQL Server 2016 verwendeten alle Datenbanken standardmäßig automatische Prüfpunkte. Die Rate, mit der modifizierte Seiten im Arbeitsspeicher mit Commit bestätigt werden, ist jedoch mit den Versionen gestiegen, und auch die Festplatten-E/A und die Arbeitsspeicherkapazität der Server haben zugenommen. Mit automatischen Prüfpunkten sollte sichergestellt werden, dass alle modifizierten Seiten innerhalb der Zeit gehandhabt wurden, die in der Serverkonfigurationseinstellung *Wiederherstellungsintervall* angegeben war. Der Standardwert dieser Option lautete `0`, was für eine automatische Konfiguration stand und in der Praxis einen Zeitraum von etwa 60 s bedeutete. Die Anzahl der Seiten, die zwischen zwei Prüfpunkten durch Transaktionen modifiziert wurden, blieb dabei jedoch mehr oder weniger unberücksichtigt.

Was sind indirekte Prüfpunkte? Sie stellen eine neue Herangehensweise an den Umgang mit modifizierten Seiten dar, die sich viel besser skalieren lässt und insbesondere auf modernen Systemen mit umfangreichem Arbeitsspeicher erhebliche Leistungsvorteile bietet. Anstatt den Arbeitsspeicher abzusuchen, werden bei der Verwendung von indirekten Prüfpunkten im Voraus Listen modifizierter Seiten erstellt. Die modifizierten Seiten auf der Liste werden dann kontinuierlich vom Arbeitsspeicher auf das Laufwerk geschrieben, wobei die Geschwindigkeit so eingestellt ist, dass der obere Grenzwert für die Wiederherstellungszeit nicht überschritten wird. Dieser Grenzwert ist in der Datenbankkonfigurationsoption `TARGET_RECOVERY_TIME` festgelegt. Bei Datenbanken, die in SQL Server 2016 und höher erstellt wurden, beträgt der Standardwert für diese Option 60 s. In SQL Server 2012 und 2014 war diese Option standardmäßig auf `0` gesetzt, was bedeutet, dass die veralteten automatischen Prüfpunkte verwendet werden.

Die Zielvorgabe für die Wiederherstellungszeit hat sich im Grunde genommen nicht geändert, aber dafür die Methode, mit der sie erfüllt wird. Bei der Verwendung indirekter Prüfpunkte läuft der Vorgang erheblich schneller ab als bei automatischen Prüfpunkten, vor allem, da Servercomputer über mehr und mehr Arbeitsspeicher verfügen. Insbesondere bei Sicherungen werden Sie eine Leistungssteigerung bemerken.

Eine Datenbank, die in einer älteren Version von SQL Server erstellt wurde, können Sie mit einem einzigen Befehl dazu bringen, indirekte statt automatischer Prüfpunkte zu verwenden. Die Option `TARGET_RECOVERY_TIME` beträgt bei älteren Datenbanken, die immer noch automatische Prüfpunkte verwenden, `0`. Auch bei der Datenbank `master` hat `TARGET_RECOVERY_TIME` standardmäßig den Wert `0`. Dagegen ist diese Option bei `msdb` und `model` seit SQL Server 2016 auf 60 s gesetzt.

Sie können TARGET_RECOVERY_TIME bei älteren Datenbanken wie folgt auf 60 s einstellen, also den Standardwert für neue Datenbanken in SQL Server 2016 und höher:

```
ALTER DATABASE [olddb] SET TARGET_RECOVERY_TIME = 60 SECONDS WITH NO_WAIT;
```

In der Spalte TARGET_RECOVERY_TIME_IN_SECONDS der Systemsicht sys.databases können Sie sich diese Einstellung für sämtliche Datenbanken ansehen.

Hinweis

Diese Einstellung wird ab SQL Server 2016 standardmäßig auch auf TempDB angewendet, was in seltenen Fällen zu Leistungseinbußen aufgrund von Schedulerthreads, die die Steuerung nicht zurückgeben (wobei die Fehlermeldung irreführend als *Process Worker auf Zeitplanungsmodul stellt offenbar keine Ergebnisse bereit* übersetzt wurde), oder exzessiven Spinlocks führen kann. Dieses Problem lässt sich durch Deaktivierung der indirekten Prüfpunkte in TempDB lösen. Eine ausführliche Beschreibung finden Sie in einem Blogpost des SQL Server Tiger Teams auf *https://blogs.msdn.microsoft.com/sql_server_team/indirect-checkpoint-and-tempdb-the-good-the-bad-and-the-non-yielding-scheduler*.

Verschieben und Entfernen von Datenbanken

In diesem Abschnitt sehen wir uns die verschiedenen Möglichkeiten und Vorgehensweisen an, um Datenbanken zu verschieben und zu entfernen.

Verschieben von Benutzer- und Systemdatenbanken

Von Zeit zu Zeit kann es notwendig sein, Datenbankdateien zu verschieben, entweder weil der ursprüngliche Speicherort ungeeignet ist oder wenn dem Server neue Speichervolumes hinzugefügt wurden. System- und Benutzerdatenbanken werden auf sehr ähnliche Weise verschoben, nur die Datenbank master bildet eine Ausnahme. Im Folgenden sehen wir uns die einzelnen Fälle genauer an.

Speicherorte von SQL Server-Dateien

Wie wir bereits zuvor erwähnt haben, können Sie die Speicherorte aller Datenbankdateien durch Abfragen der Katalogsicht sys.master_files ermitteln. Wenn Sie auf der Seite *Datenverzeichnisse* oder *Datenbankmodulkonfiguration* von SQL Server-Setup keinen Speicherort für die Datendateien angegeben haben, sind die Dateien der Systemdatenbanken auf dem Betriebssystemvolume in *%programfiles%\Microsoft SQL Server\instance\MSSQL\Data* untergebracht.

Hinweis

In sys.master_files müssen der physische Name der Datenbankdatei (physical_name), der logische Name der Datenbankdatei (im Feld Name der Sicht) und der Name der Datenbank nicht übereinstimmen. Es ist möglich, bei Wiederherstellungsoperationen versehentlich mehrere Datenbanken mit identischen logischen Dateinamen anzulegen.

Im Idealfall sollten sich keinerlei Daten- oder Transaktionsprotokolldateien auf dem Betriebssystemvolumen befinden, auch nicht die von Systemdatenbanken. Sie können diese Dateien nach dem Abschluss von SQL Server-Setup verschieben.

Wenn Sie die Daten- oder Protokolldateien einer Datenbank verschieben wollen, bereiten Sie den neuen Speicherort vor, indem Sie dem virtuellen Konto der SQL Server-Instanz (das nicht unbedingt das SQL Server-Dienstkonto sein muss) die Berechtigung `FULL CONTROL` gewähren. Bei der Standardinstanz ist das `NT SERVICE\MSSQLSERVER`, bei benannten Instanzen `NT SERVICE\MSSQL$`*Instanzname*.

> ## Expertentipp
>
> ***Wo merkt sich SQL Server die Speicherorte der Datenbankdateien?***
>
> **Wenn der SQL Server-Prozess gestartet wird, werden dem Dienst nur drei Informationen über Speicherorte zur Verfügung gestellt:**
>
> - **Der Speicherort der Datendatei für die Datenbank `master`**
> - **Der Speicherort der Protokolldatei für die Datenbank `master`**
> - **Der Speicherort des SQL Server-Fehlerprotokolls**
>
> **Diese Informationen können Sie sich in SQL Server Management Studio in den Startparametern des SQL Server-Dienstes ansehen. Die Speicherorte aller anderen Datenbankdateien sind in der Datenbank `master` gespeichert.**

OFFLINE, DETACH und DROP im Vergleich

Weiter vorn in diesem Kapitel haben wir uns schon angesehen, wie Sie die Dateien von Benutzerdatenbanken mithilfe des Status `OFFLINE` verschieben können. Sehen wir uns nun die Unterschiede zwischen den verschiedenen Möglichkeiten an, um eine Datenbank von einer SQL Server-Instanz zu entfernen.

Die Option `OFFLINE` bietet eine schnelle Möglichkeit, um dafür zu sorgen, dass eine Datenbank nicht mehr benutzt werden kann. Diese Entscheidung lässt sich aber schnell wieder umkehren:

```
SET ONLINE;
```

Richten Sie Wartungsaufgaben so ein, dass sie offline geschaltete Datenbanken ignorieren, da ein Zugriff, eine Wartung oder Sicherung bei ihnen nicht möglich sind. Die Daten- und Protokolldateien verbleiben an ihrem Speicherort auf dem Laufwerk und können verschoben werden. In `sys.master_files` wird die Datenbank nach wie vor mit ihren Dateien aufgeführt.

Eine Datenbank offline zu schalten ist ein sinnvoller Zwischenschritt, bevor Sie sie trennen (`DETACH`) oder löschen (`DROP`), etwa wenn Sie glauben, dass eine Datenbank nicht mehr benutzt wird. Sollte sich ein Benutzer darüber beschweren, dass er keinen Zugriff mehr auf die Datenbank hat, kann der Administrator sie sofort wieder online schalten.

Mit `DETACH` können Sie die Dateien einer Datenbank von SQL Server trennen. Die Daten- und Protokolldateien verbleiben dabei ebenfalls an ihrem Speicherort auf dem Laufwerk und können verschoben werden. Allerdings wird die Datenbank aus `sys.master_files` entfernt.

Um die Datenbank wieder anzufügen, verwenden Sie den entsprechenden Befehl im Objekt-Explorer von SQL Server Management Studio. Das Anfügen geschieht nicht unmittelbar und erfordert mehr Maßnahmen durch den Administrator, als eine Offline-Datenbank wieder online zu schalten.

Wenn Sie eine Datenbank wieder anfügen wollen, müssen Sie mindestens ihre primäre Datendatei angeben. Der Anfügevorgang versucht dann, alle Datenbankdateien wieder mit SQL Server zu verknüpfen, wobei er auf die vorherigen Speicherorte zurückgreift. Haben sich die Speicherorte inzwischen geändert, müssen Sie eine Liste aller Datenbanken und ihrer neuen Speicherorte angeben.

Hinweis

Wenn Sie eine Datenbank trennen oder sichern, um sie auf einem anderen Server anzufügen oder sie dorthin zu kopieren, dürfen Sie nicht vergessen, anschließend die SQL Server-Anmeldungen zu verschieben und verwaiste Datenbankbenutzer wieder mit ihren Anmeldungen zu verknüpfen. Mehr darüber erfahren Sie in Kapitel 7.

Expertentipp

Warum sollte ich Datenbankdateien zum Verschieben offline und wieder online schalten, anstatt sie zu trennen und wieder anzufügen?

Es gibt verschiedene Gründe dafür, Benutzerdatenbanken zum Verschieben offline zu schalten, anstatt die Dateien zu trennen und anschließend wieder anzufügen.

Während die Datenbank offline ist, können in `sys.master_files` und anderen Katalogsichten weiterhin Informationen über sie abgefragt werden. Nach der Offlineschaltung können Sie nach wie vor auf die Speicherorte der Datenbankdateien verweisen, um sich zu vergewissern, dass alles verschoben wurde. Außerdem ist es nicht möglich, eine Datenbank zu trennen, wenn sie die Quelle einer Datenbankmomentaufnahme ist oder zu einer Replikationsveröffentlichung gehört. In diesen Situationen bildet das Offlineschalten die einzige Möglichkeit.

Systemdatenbanken lassen sich weder trennen noch offline schalten. Um Systemdatenbanken (auch `master`) zu verschieben, ist ein Neustart des Dienstes erforderlich.

Der Befehl `DROP DATABASE`, der bei der Verwendung der Funktion *Löschen* im Objekt-Explorer ausgegeben wird, entfernt die Datenbank aus SQL Server und löscht ihre Dateien auf dem Laufwerk. Nur wenn die Datenbank offline ist, werden ihre Dateien nicht gelöscht. Das Löschen einer Offline-Datenbank ähnelt daher dem Trennen einer Datenbank.

Beim Löschen einer Datenbank wird der Sicherungs- und Wiederherstellungsverlauf in `msdb` standardmäßig nicht entfernt, allerdings können Sie dies über ein Kontrollkästchen unten auf der Seite *Datenbank löschen* in SQL Server Management Studio verlangen. Zum Entfernen des Verlaufs wird die gespeicherte Prozedur `msdb.dbo.sp_delete_database_backuphistory` ausgeführt. Bei Datenbanken mit einem langen Sicherungsverlauf, der nicht von einer Aufbewahrungsrichtlinie verwaltet wurde, kann dieser Vorgang lange dauern und dazu führen, dass SQL Server Management Studio nicht mehr reagiert. Stattdessen sollten Sie in einem neuen Abfragefenster von SQL Server Management Studio den Sicherungs- und Wiederherstellungsverlauf inkrementell mit `msdb.dbo.sp_delete_backuphistory` entfernen oder `msdb.dbo.sp_delete_database_backuphistory` ausführen.

▶ **Weitere Informationen über den Sicherungs- und Wiederherstellungsverlauf erhalten Sie in Kapitel 13.**

Verschieben von Benutzerdatenbanken

Benutzerdatenbanken können Sie ohne einen Neustart der SQL Server-Instanz und ohne Beeinträchtigung der anderen Datenbanken verschieben, indem Sie die Datenbank offline schalten, die Dateien aktualisieren und verschieben und die Datenbank dann wieder online schalten.

Gehen Sie zum Verschieben von Benutzerdatenbanken wie folgt vor:

1. Legen Sie manuell eine vollständige Sicherung der betroffenen Datenbanken an.
2. Führen Sie die folgenden Vorgänge in einem Wartungszeitraum für die Datenbank und alle abhängigen Anwendungen aus. Schalten Sie dabei als Erstes die Benutzerdatenbank offline und führen Sie ein T-SQL-Skript aus, um die Speicherorte der einzelnen Datenbankdateien zu ändern.
3. Das folgende Beispiel zeigt die erforderlichen T-SQL-Anweisungen:

```
ALTER DATABASE Datenbankname SET OFFLINE WITH ROLLBACK IMMEDIATE
ALTER DATABASE Datenbankname MODIFY FILE ( NAME = logischer_Name_der_
Datendatei, FILENAME = 'Speicherort\Name_der_physischen_Datendatei.mdf' );
ALTER DATABASE Datenbankname MODIFY FILE ( NAME = logischer_Name_der_
Protokolldatei, FILENAME = 'Speicherort\Name_der_physischen_Protokolldatei.
ldf' );
ALTER DATABASE Datenbankname SET ONLINE
```

4. Während die Datenbank offline ist, kopieren Sie ihre Dateien physisch auf den neuen Speicherort. (Löschen Sie die alten Exemplare erst, wenn Sie die neue Konfiguration überprüft haben.) Bringen Sie die Datenbank wieder online, wenn der Vorgang abgeschlossen ist.
5. Vergewissern Sie sich, dass alle Datendateien verschoben wurden. Fragen Sie dazu die Katalogsicht `sys.master_files` ab, die alle Dateien sämtlicher Datenbanken aufführt. Überprüfen Sie, ob das unter `physical_name` angegebene Volume tatsächlich dem neuen Speicherort entspricht.
6. Nachdem Sie sich vergewissert haben, dass SQL Server die Datenbankdateien am neuen Speicherort erkennt, löschen Sie die Dateien am alten Speicherort, um Speicherplatz freizugeben.
7. Führen Sie nach der erfolgreichen Verschiebung der Datenbankdateien eine manuelle Sicherung der Datenbank `master` durch.

Verschieben von Systemdatenbanken außer master

Systemdatenbanken lassen sich nicht verschieben, während die SQL Server-Instanz online ist. Dazu müssen Sie den SQL Server-Dienst beenden.

Hinweis

Wenn Sie alle Systemdatenbanken auf ein anderes Volume verschieben wollen, müssen Sie auch das Fehlerprotokoll des SQL Server-Agents verlegen, da er sonst nicht starten kann. Das können Sie in SQL Server Management Studio erledigen. Stellen Sie im Objekt-Explorer eine Verbindung mit der SQL Server-Instanz her, erweitern Sie den Ordner *SQL Server-Agent*, rechtsklicken Sie auf *Fehlerprotokolle* und wählen Sie *Konfigurieren*. Geben Sie einen neuen Speicherort für die Datei *SQLAGENT.OUT* an. Vergewissern Sie sich, dass das virtuelle Konto des SQL Server-Agents über Vollzugriff auf den neuen Ordner verfügt. Der Name dieses Kontos lautet auf Standardinstanzen `NT Service\SQLSERVERAGENT` **und auf benannten Instanzen** `NT Service\SQLAGENT`***Instanzname*. Wenn Sie den SQL Server- und den SQL Server-Agent-Dienst später neu starten, wird das Fehlerprotokoll des SQL Server-Agents auf den neuen Speicherort geschrieben.**

1. Legen Sie manuell eine vollständige Sicherung der betroffenen Datenbanken an.
2. Führen Sie für die Datenbanken `model`, `msdb` und `TmpDB` ein T-SQL-Skript ähnlich wie für die Verschiebung von Benutzerdatenbanken aus. SQL Server verwendet die neuen Speicherorte der Systemdatenbanken erst nach dem Neustart des Dienstes. Es ist nicht möglich, die Systemdatenbanken offline zu schalten.
3. Beenden Sie die SQL Server-Instanz während eines Wartungszeitraums und kopieren Sie die Datenbankdateien an die neuen Speicherorte. (Löschen Sie die alten Exemplare erst, wenn Sie die neue Konfiguration überprüft haben.) Die Daten- und Protokolldateien von `TempDB` müssen Sie dabei nicht verschieben, da sie beim Neustart des Dienstes von SQL Server automatisch neu erstellt werden.
4. Starten Sie den SQL Server-Dienst nach dem Abschluss des Vorgangs neu.
5. Vergewissern Sie sich, dass alle Datendateien verschoben wurden. Fragen Sie dazu die Katalogsicht `sys.master_files` ab. Überprüfen Sie, ob das unter `physical_name` angegebene Volume tatsächlich dem neuen Speicherort entspricht.
6. Nachdem Sie sich vergewissert haben, dass SQL Server die Datenbankdateien am neuen Speicherort erkennt, löschen Sie die Dateien am alten Speicherort, um Speicherplatz freizugeben.
7. Führen Sie nach der erfolgreichen Verschiebung der Datenbankdateien eine manuelle Sicherung der Datenbank `master` durch.

Kapitel 4

Wenn Sie nach dem Verschieben der Systemdatenbanken auf ein anderes Volume Probleme beim Starten von SQL Server haben – etwa wenn der Dienst nach dem Starten sofort wieder beendet wird –, überprüfen Sie Folgendes:

1. Vergewissern Sie sich, dass die Dienstkonten für SQL Server und den SQL Server-Agent Berechtigungen für die neuen Speicherorte haben. Eine Liste der Dateisystemberechtigungen für SQL Server-Dienstkonten finden Sie auf *https://docs.microsoft.com/sql/database-engine/configure-windows/configure-windows-service-accounts-and-permissions#Reviewing_ACLs*.
2. Untersuchen Sie in der Ereignisanzeige das Anwendungs- und das Systemprotokoll von Windows auf Fehlermeldungen.
3. Wenn Sie das Problem dadurch nicht lösen können, starten Sie SQL Server mit dem Ablaufverfolgungsflag T3608 neu. Dadurch wird SQL Server nicht komplett gestartet, sondern nur die Datenbank `master`. Sie können dann alle anderen Datenbankdateien, auch die der anderen Systemdatenbanken, wieder an ihren ursprünglichen Speicherort zurückversetzen. Verwenden Sie dazu T-SQL-Befehle in SQL Server Management Studio.

Verschieben der Datenbank master

Die Datenbank `master` zu verschieben, ist nicht schwierig, doch der Vorgang ist etwas komplizierter als bei den anderen Systemdatenbanken. Anstatt die Anweisungen `ALTER DATABASE` und `ALTER FILE` zu verwenden, müssen Sie im SQL Server-Konfigurations-Manager die Parameter ändern, die dem SQL Server-Dienst übergeben werden.

1. Auf der Seite *Startparameter* finden Sie drei Einträge mit Dateipfaden. (Sollten in diesem Feld noch andere Startparameter stehen, ändern Sie sie jetzt nicht!)

   Bearbeiten Sie die beiden Parameter, die mit `-d` bzw. `-l` beginnen. Der Parameter `-e` legt den Speicherort des SQL Server-Fehlerprotokolls fest, den Sie ebenfalls ändern können.

   Geben Sie einen anderen Speicherort für die Datendatei (`-d`) und die Protokolldatei (`-l`) der Datenbank `master` an und klicken Sie auf *OK*. Beachten Sie, dass der SQL Server-Dienst die Dateien erst nach einem Neustart an den neuen Speicherorten sucht.
2. Beenden Sie den SQL Server-Dienst und kopieren Sie die Daten- und Protokolldateien der Datenbank `master` an den neuen Speicherort. (Löschen Sie die alten Exemplare erst, wenn Sie die neue Konfiguration überprüft haben.)
3. Starten Sie den SQL Server-Dienst nach dem Abschluss des Vorgangs neu.
4. Vergewissern Sie sich, dass alle Datendateien verschoben wurden. Fragen Sie dazu die Katalogsicht `sys.master_files` ab, die alle Dateien sämtlicher Datenbanken aufführt. Überprüfen Sie, ob das unter `physical_name` angegebene Volume tatsächlich dem neuen Speicherort entspricht.
5. Nachdem Sie sich vergewissert haben, dass SQL Server die Datenbankdateien am neuen Speicherort erkennt, löschen Sie die Dateien am alten Speicherort, um Speicherplatz freizugeben.

Einzelbenutzermodus

Standardmäßig laufen alle Datenbanken im Mehrbenutzermodus (MULTI_USER). Manchmal ist es jedoch notwendig, in einer einzelnen Verbindung exklusiven Zugriff auf die Datenbank zu erlangen, gewöhnlich in SQLCMD oder in einem Abfragefenster von SQL Server Management Studio.

Wenn Sie beispielsweise eine Wiederherstellung durchführen, muss die Verbindung exklusiven Zugriff auf die Datenbank haben. Standardmäßig wartet der Wiederherstellungsvorgang, bis er diesen exklusiven Zugriff erhält. Sie könnten versuchen, alle anderen Verbindungen zu trennen, aber es gibt eine einfachere Möglichkeit: Wenn Sie die Datenbank in den Einzelbenutzermodus versetzen (SINGLE_USER), werden automatisch alle Verbindungen außer Ihrer entfernt.

▶ **Weitere Informationen über die Wiederherstellung von Datenbanken erhalten Sie in Kapitel 11.**

Allerdings ist auch für die Umschaltung einer Datenbank in den Einzelbenutzermodus exklusiver Zugriff erforderlich. Wenn andere Benutzer mit der Datenbank verbunden sind, können Sie die folgende Anweisung nicht erfolgreich ausführen:

```
ALTER DATABASE Datenbankname SET SINGLE_USER;
```

In einem solchen Fall müssen Sie die Anweisung erweitern, um anzugeben, was mit den anderen Verbindungen geschehen soll:

- WITH NO_WAIT Der Befehl ALTER DATABASE schlägt fehl, wenn er keinen exklusiven Zugriff auf die Datenbank erhalten kann. Ohne diese oder eine der anderen WITH-Klauseln würde die Anweisung ALTER DATABASE endlos warten.
- WITH ROLLBACK IMMEDIATE Alle konkurrierenden Anforderungen werden mit einem Rollback zurückgenommen. Dadurch werden beispielsweise alle anderen Verbindungen von Abfragefenstern in SQL Server Management Studio beendet.
- WITH ROLLBACK AFTER n SECONDS Verzögert die Auswirkung von WITH ROLLBACK IMMEDIATE um *n* Sekunden. Konkurrierende Benutzerverbindungen werden dadurch nicht sehr viel großzügiger behandelt, ihre Beendigung wird nur verzögert.

Betrachten Sie das folgende Beispiel:

```
ALTER DATABASE Datenbankname
SET SINGLE_USER WITH ROLLBACK IMMEDIATE;
```

Anstatt eine WITH ROLLBACK-Klausel anzugeben, können Sie auch versuchen, die anderen Sitzungen zu identifizieren, die mit der Zieldatenbank verbunden sind:

```
SELECT *
FROM sys.dm_exec_sessions
WHERE
db_name(database_id) = 'Datenbankname';
```

Anschließend können Sie sich auf die in der jeweiligen Situation angemessene Weise um Anforderungen von diesen Sitzungen kümmern, etwa indem Sie sich an den betreffenden Benutzer wenden oder indem Sie nicht verwendete Verbindungen zu der Datenbank in Dialogfeldern, Abfragefenstern von SQL Server Management Studio oder Benutzeranwendungen schließen.

Nachdem Sie die Aufgaben erledigt haben, für die der exklusive Zugriff erforderlich war, versetzen Sie die Datenbank wieder in den Mehrbenutzermodus:

```
ALTER DATABASE Datenbankname SET MULTI_USER;
```

Kapitel 5

Azure SQL-Datenbank

In diesem Kapitel sehen wir uns Azure SQL-Datenbank an, das Microsoft SQL Server-kompatible relationale Datenbanksystem in der Microsoft Azure-Cloud. Es ermöglicht Cloudanwendungen, relationale Datenbankdienste zu nutzen, ohne dass dabei Aufwand für die Verwaltung des Datenbankmoduls anfällt. Außerdem ist es dazu ausgelegt, unterschiedlichste Anforderungen zu erfüllen, vom Betrieb einer einzelnen Datenbank für die LOB-Anwendung einer Organisation bis zum Hosting Tausender von Datenbanken für ein globales Software-als-Dienst-Angebot. Wir werden uns in diesem Kapitel mit den Grundlagen von Azure SQL-Datenbank und mit der Bereitstellung und Verwaltung von Datenbanken darin beschäftigen.

Als Erstes schauen wir uns die Grundprinzipien von Azure und »Datenbank als Dienst« an. Danach lernen Sie, wie Sie Ihren ersten Server und Ihre erste Datenbank erstellen. Dabei beschreiben wir die verfügbaren Optionen und ihre Bedeutung. Erwähnt werden auch die Einschränkungen, die es zurzeit in Azure SQL-Datenbank im Vergleich mit SQL Server 2017 gibt. Es sind zwar nicht mehr viele, aber für eine erfolgreiche Bereitstellung ist eine Berücksichtigung der fehlenden Funktionen trotzdem unverzichtbar.

Bei der Bereitstellung jeglicher Datenbanken spielt die Sicherheit eine wichtige Rolle, und das gilt ganz besonders in der Cloud. In diesem Kapitel behandeln wir daher auch alle exklusiven Sicherheitsfunktionen von Azure SQL-Datenbank. Sicherheitsfunktionen, die es auch in SQL Server gibt, werden dagegen in Kapitel 6 und 7 beschrieben. Außerdem sehen wir uns die Funktionen zur Vorbereitung einer Datenbank in der Cloud auf eine Notfallwiederherstellung an. Am Ende steht ein Überblick über die verschiedenen Methoden, mit denen Sie lokale SQL Server-Datenbanken zu Azure SQL-Datenbank verschieben können.

Überall in diesem Kapitel finden Sie auch PowerShell-Beispiele für verschiedene Aufgaben. Das ist wichtig, da die Flexibilität der Cloud ein schnelles Einrichten und Entfernen von Ressourcen ermöglicht. Die Automatisierung mithilfe von Skripten ist daher eine unverzichtbare Fähigkeit – es sei denn, Sie machen gern Überstunden, um in der Webschnittstelle herumzuklicken. Eine solide Einführung in PowerShell finden Sie auf *https://docs.microsoft.com/powershell/scripting/getting-started/getting-started-with-windows-powershell*.

Ein Aspekt, den wir in diesem Buch nicht behandeln können, ist die Einrichtung eines Azure-Abonnements. Es gibt viele Möglichkeiten dazu, und Entwickler und IT-Profis können sich auch kostenlos monatliche Azure-Credits verschaffen. Als Ausgangspunkt, um über die Arbeit in der Cloud zu informieren, besuchen Sie *https://azure.microsoft.com/get-started*.

Azure und Datenbank als Dienst

Wahrscheinlich haben Sie schon verschiedene unterschiedliche Definitionen des Begriffs »Cloud Computing« gehört. Anstatt mit einer weiteren anzukommen, wollen wir hier die wichtigsten Merkmale des Cloud Computing und seine Umsetzung in Azure SQL-Datenbank vorstellen. Als Erstes sehen wir uns dabei einen buchhalterischen Aspekt an, nämlich die *Aufwendungen*. Für herkömmliche lokale Umgebungen sind gewöhnlich erhebliche Anfangsausgaben erforderlich, die als Kapital- oder Investitionsaufwendungen bezeichnet werden. Die Kosten für Azure dagegen fallen unter die Rubrik der Betriebsaufwendungen. Damit sind keine Anfangsausgaben und gewöhnlich auch keine langfristigen finanziellen Bindungen verbunden. Die Gebühren, die Sie zahlen, werden nach der Nutzung berechnet und schließen alles ein: Hardware, Lizenzierung, Strom, Überwachung usw.

Bei einigen Azure-Abonnementmodellen können Sie sich zu bestimmten jährlichen Mindestausgaben verpflichten, wofür Sie den Dienst zu geringeren Kosten erhalten. Beachten Sie, dass Betriebsaufwendungen nicht grundsätzlich billiger sind als Kapitalaufwendungen – ob das der Fall ist, hängt davon ab, wie wirtschaftlich die Dienste bereitgestellt und genutzt werden. Eine ausführliche Behandlung dieser Überlegungen würde den Rahmen dieses Buchs sprengen, aber wir raten Ihnen dringend, frühzeitig die optimale Ressourcenzuweisung zu planen.

Das zweite wichtige Prinzip beim Cloud Computing ist *Elastizität*. Das bedeutet, dass die Ressourcen, die Sie bereitstellen, keine feste Kapazität haben. In lokalen Umgebungen müssen Sie Hardware und Software (Lizenzierung) in ausreichendem Umfang bereitstellen, um auch Spitzenanforderungen erfüllen zu können. In Azure gibt Ihnen die Elastizität die Möglichkeit, den Umfang jeweils an den momentanen Bedarf anzupassen.

Auch die *Kontrolle* über die Einrichtungen ist ein wichtiges Thema. In einer lokalen Bereitstellung von SQL Server entscheidet das Team der Datenbankadministratoren, welche Hardware verwendet wird, wann Patches angewendet werden und wann eine Aktualisierung auf ein neues Release erfolgt. Bei Azure SQL-Datenbank werden diese Entscheidungen von einem Team bei Microsoft getroffen. Es kündigt wichtige Änderungen und Aktualisierungen über verschiedene Kanäle an. Als Cloud-Datenbankadministrator besteht eine Ihrer Aufgaben darin, sich über diese Ankündigungen auf dem Laufenden zu halten. Sie müssen mit der Azure-Umgebung gut vertraut sein, um zu erkennen, welche Änderungen und Aktualisierungen sich auf Ihre Anwendungen auswirken.

Datenbank als Dienst

Azure bietet viele verschiedene Dienste, darunter VMs, Webanwendungen und natürlich Azure SQL-Datenbank. Clouddienste werden oft in drei Kategorien eingeteilt: Infrastruktur als Dienst (Infrastructure as a Service, IaaS), Plattform als Dienst (PaaS) und Software als Dienst (SaaS). In diesem Buch bezeichnen wir Azure SQL-Datenbank als Datenbank-als-Dienst-Angebot (DaaS), eine Sonderform von PaaS.

Es gibt noch eine andere Möglichkeit, um SQL Server-Datenbanken in der Cloud zu betreiben, nämlich Azure-VM-Images, auf denen SQL Server schon vorinstalliert sein kann. Dabei handelt es sich um ein IaaS-Angebot. Hier haben Sie mehr Kontrolle und außerdem genau den gleichen Funktionsumfang wie bei einer lokalen Bereitstellung. Allerdings sind Sie dabei auch selbst dafür verantwortlich, die passende Größe für die VMs auszuwählen und Softwareaktualisierungen sowohl für das Betriebssystem als auch für SQL Server zu verwalten.

Überlegen Sie sich die Konsequenzen genau, bevor Sie sich für eine IaaS- oder PaaS-Lösung zum Betrieb von Datenbanken in der Cloud entscheiden. Eine Darstellung dieser Konsequenzen finden Sie in Kapitel 3.

Verwaltung von Azure: Azure-Portal und PowerShell

In Azure müssen Sie Ressourcen bereitstellen, verwalten und schließlich auch entfernen, wenn Anwendungen eingestellt oder aktualisiert werden. Zur Verwaltung lokaler Microsoft-Umgebungen verwenden Sie verschiedene grafische Werkzeuge (die oftmals auf der Microsoft Management Console beruhen) oder PowerShell. Die wichtigste grafische Benutzerschnittstelle in Azure ist das Azure-Portal. Wie schon zu Anfang dieses Kapitels erwähnt, sollten Sie sich auch mit PowerShell vertraut machen. Eine dritte Möglichkeit zur Verwaltung von Azure bietet die Azure-Befehlszeile. Sie können sie auf verschiedenen Plattformen (Windows, Mac OS und Linux) und mit Azure Cloud Shell auch im Portal verwenden. In diesem Kapitel verwenden wir vor allem das Portal. Nur bei wenigen wichtigen Operationen führen wir auch die Nutzung der Azure-Befehlszeile vor.

Zur Verwaltung von Azure und von Azure SQL-Datenbank mit PowerShell sollten Sie stets das neueste Azure-Modul für PowerShell verwenden. Es wird häufig aktualisiert, sodass Sie regelmäßig nach einer neuen Version Ausschau halten sollten. Um das PowerShell-Modul zu installieren, führen Sie den folgenden PowerShell-Befehl mit Administratorrechten aus:

```
Install-Module AzureRM
```

Zur Aktualisierung des Moduls gehen Sie wie folgt vor:

```
Update-Module AzureRM
```

Troubleshooting

Zur Installation von Modulen mit dem Cmdlet `Install-Module` ist PowerShell Version 3 oder höher erforderlich. Sie müssen zuerst den Paketanbieter NuGet installieren, aber dazu werden Sie bei dem Vorgang auch aufgefordert.

Wenn Sie für die Installation und Aktualisierung der Azure-Module für PowerShell eine grafische Oberfläche bevorzugen, können Sie WebPI (Web Platform Installer) von *http://www.microsoft.com/web/downloads/platform.aspx* verwenden. Haben Sie ein Modul mit WebPI installiert, so müssen Sie es auch mit WebPI aktualisieren. Das PowerShell-Cmdlet `Update-Module` ist nicht in der Lage, mit WebPI installierte Module zu aktualisieren.

Nach einer Installation oder Aktualisierung des Moduls sollten Sie testen, ob Sie Verbindung zu Ihrem Azure-Abonnement aufnehmen können. Mit dem folgenden Befehl melden Sie sich mit einem Microsoft- oder einem Azure Active Directory-Konto an Azure an:

```
Login-AzureRmAccount
```

Troubleshooting

Um Azure-Cmdlets ausführen zu können, müssen Sie die PowerShell-Laufzeitrichtlinie auf `RemoteSigned` ändern. Führen Sie dazu `Set-ExecutionPolicy RemoteSigned` in einem PowerShell-Fenster mit erhöhten Rechten aus.

Das Cmdlet `Login-AzureRmAccount` gibt das aktive Abonnement aus. Wenn Sie das Abonnement wechseln müssen, lassen Sie sich mit `Get-AzureRMSubscription` eine Liste aller Abonnements ausgeben, die Ihr Konto verwalten kann, und machen dann mit `Select-AzureRmSubscription` eines davon zum aktiven Abonnement. Das folgende Beispiel veranschaulicht diesen Vorgang, wobei angenommen wird, dass Sie über ein Abonnement mit dem Namen `Pay-As-You-Go` verfügen:

```
Get-AzureRmSubscription
Select-AzureRmSubscription -SubscriptionName 'Pay-As-You-Go'
```

Hinweis

Die Verwaltung der Datenbank selbst werden wir in diesem Abschnitt nicht erläutern. Dieses Thema wird in späteren Abschnitten behandelt.

Azure-Verwaltungsstruktur

Selbst in bescheidenen lokalen Umgebungen ist eine Verwaltungsstruktur erforderlich – organisatorische Prozesse und Verfahren, um die Umgebung zu verwalten und Verantwortlichkeiten abzugrenzen. Auch in Cloudumgebungen ist eine Verwaltungsstruktur nötig. In diesem Kapitel können wir uns nicht um alle Verwaltungsaspekte des Cloudbetriebs kümmern, allerdings werden wir einige Azure-Funktionen vorstellen, die eine Formalisierung der Verwaltungsstruktur ermöglichen.

Azure-Ressourcen sind in einer Containerhierarchie gegliedert. Der Container auf der obersten Ebene ist das Abonnement. Er ist in erster Linie für Zwecke der Rechnungsstellung da: Alle Ressourcen in einem Abonnement erscheinen auf einer Rechnung und sind demselben Abrechnungszeitraum unterworfen. Das hat auch Folgen für den Lebenszyklus: Wenn ein Abonnement nicht mehr fortgesetzt wird, so werden alle Ressourcen darin beendet (und schließlich wird das Abonnement gelöscht). Auch die Sicherheitskonfiguration ist mit dem Abonnement verknüpft: Ein Abonnement vertraut einer einzigen Azure AD-Instanz (Azure Active Directory). Das bedeutet, dass alle Benutzerkonten zur Verwaltung von Ressourcen in dem Abonnement in dieser vertrauenswürdigen Azure AD-Instanz vorhanden sein müssen. Microsoft-Konten und Benutzerkonten aus anderen Azure AD-Instanzen können als externe Benutzer zu der vertrauenswürdigen Instanz hinzufügt werden. Eine Organisation kann auch mehrere Azure-Abonnements verwenden, die alle derselben Azure AD-Instanz vertrauen.

Ein Abonnement kann viele Ressourcen unterschiedlicher Arten einschließen, wobei Azure SQL-Datenbank nur eine davon ist. Um diese Ressourcen nach Lebenszyklus zu gliedern und Sicherheitsgrenzen zu bilden, gibt es *Ressourcengruppen*. Dabei handelt es sich um logische Container mit einem Namen und einigen wenigen Metadaten. Wird eine Ressourcengruppe gelöscht, so werden auch die darin befindlichen Ressourcen gelöscht. Daher besteht eine Lebenszyklusbeziehung zwischen den Ressourcen und ihrer Ressourcengruppe. Mithilfe der rollenbasierten Zugriffssteuerung können Ressourcengruppen Berechtigungen zugewiesen werden, die dann für die Ressourcen in der Gruppe gelten. Die Festlegung der Berechtigungen auf diese Weise kann viel Zeit sparen und die vorhandenen Berechtigungen übersichtlicher machen. Das wird in dem Abschnitt »Sicherheit in Azure SQL-Datenbank« weiter hinten in diesem Kapitel noch ausführlicher erklärt.

Hinweis

Sie können Ressourcen zwischen Ressourcengruppen und zwischen Abonnements verschieben. Die Region, in der sich die Ressource befindet, ändert sich dabei nicht, auch wenn sich die Zielressourcengruppe an einem anderen Standort befindet. Diese Ortsangabe bestimmt nur, wo die Metadaten der Ressource gespeichert sind, aber nicht, wo die eigentlichen Ressourcen gehostet werden.

Abbildung 5.1 zeigt die Beziehungen zwischen Abonnements, Ressourcengruppen und Ressourcen.

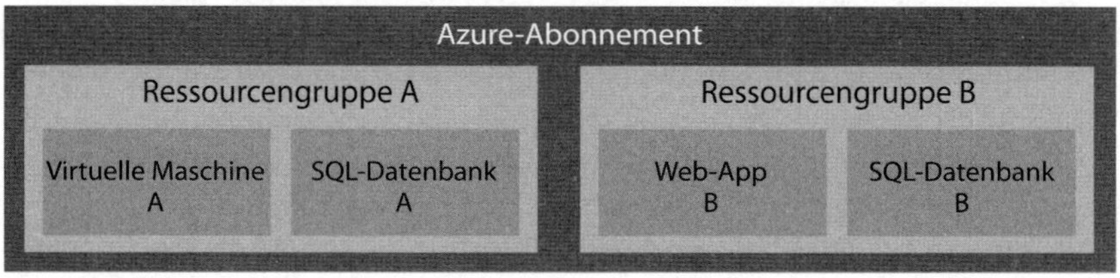

Abbildung 5.1 Containerbeziehungen zwischen Azure-Abonnements, Ressourcengruppen und Ressourcen

Logische Server

In Azure SQL-Datenbank gibt es das neue Konzept der *logischen Server* (auch *logische SQL Server-Instanzen* genannt). Ein solcher Server unterscheidet sich sehr stark von denen, die Sie in einer lokalen Umgebung verwenden. Ein Azure-Server ist eher ein Verbindungsendpunkt als eine Instanz oder ein Servercomputer im herkömmlichen Sinne. Beispielsweise bietet ein logischer Server keine Rechen- oder Speicherressourcen und auch nicht viele Konfigurationsmöglichkeiten. Es gibt zwar die virtuelle Datenbank `master`, aber weder `model` noch `TempDB` oder `msdb` – diese Datenbanken sind alle wegabstrahiert.

Logischen Servern fehlen aber nicht nur einige Funktionen, die bei lokalen Installationen vorhanden sind, sie verfügen auch über einige einzigartige Funktionen, z. B. eine Firewallkonfiguration und elastische Pools.

▶ **Mehr Informationen über die Firewallkonfiguration folgen weiter hinten in diesem Kapitel. Elastische Pools wurden bereits in Kapitel 3 beschrieben.**

Zunächst sollten Sie sich vor allem darüber bewusst sein, dass der logische Server bestimmt, in welcher geografischen Region Ihre Daten gespeichert werden. Wenn sich auf einem logischen Server mehrere Datenbanken befinden, sind sie alle in derselben Azure-Region untergebracht, aber nicht unbedingt auf derselben Hardware. Für die Verwendung der Datenbanken spielt das keine Rolle, aber es macht die rein *logische* Natur dieser Server deutlich.

Cloud First

Wenn Sie schon einige Jahre mit SQL Server gearbeitet haben, ist Ihnen wahrscheinlich die gesteigerte Releasefrequenz aufgefallen. Das ist eine unmittelbare Auswirkung des »Cloud-First-Prinzips« bei der Entwicklung von SQL Server, das Microsoft seit einigen Jahren verfolgt. Es bedeutet, dass neue Funktionen im Allgemeinen zuerst als Vorabversion in Azure SQL-Datenbank verfügbar gemacht werden. Gewöhnlich müssen Benutzer aktiv zustimmen, diese Vorabversionen zu nutzen, wobei die Verwendung vom Produktteam genau beobachtet wird. Dadurch kann das Team Verwendungsmuster und Probleme schnell erkennen. Anschließend werden die Funktionen in das nächste Release von SQL Server aufgenommen. So war es beispielsweise bei Always Encrypted, der dynamischen Datenmaskierung und Graph-Tabellen.

Datenbanktransaktionseinheiten

Datenbanktransaktionseinheiten (Database Transaction Units, DTUs) sind wahrscheinlich das, womit Neueinsteiger in Azure SQL-Datenbank am meisten zu kämpfen haben. Datenbankadministratoren müssen genau verstehen, was damit gemeint ist, und sich damit anfreunden, dass der Leistungsgrad, den sie für ihre Datenbank erwarten können, durch dieses eine Maß bestimmt wird.

Eine DTU ist ein kombiniertes Maß verschiedener Hardwareressourcen, die für eine Datenbank bereitgestellt werden. Zu dieser Mischung gehören CPU, Arbeitsspeicher sowie Daten- und Transaktionsprotokoll-E/A. Eine Erhöhung der DTU führt zu einer linearen Erhöhung jeder dieser Hardwareressourcen. Durch eine Verdopplung der DTUs für eine Datenbank sorgen Sie also dafür, dass ihr die doppelten Werte für CPU, Arbeitsspeicher und E/A zugewiesen werden. Die jeweiligen Anteile der einzelnen Hardwareressourcen an der Mischung wurden von Microsoft anhand eines eigens für diesen Zweck entwickelten Vergleichstests entwickelt, des Azure SQL Database Benchmarks. Er wurde so gestaltet, dass er gewöhnliche OLTP-Arbeitslasten (Online Transaction Processing) repräsentativ darstellt.

▶ **Eine ausführliche Beschreibung dieses Benchmarktests finden Sie auf *https://docs.microsoft.com/azure/sql-database/sql-database-benchmark-overview*.**

Wie Sie im Abschnitt über die Bereitstellung von Azure SQL-Datenbank noch sehen werden, müssen Sie beim Erstellen einer Datenbank die Anzahl der DTUs für sie festlegen, indem Sie die Preisstufe und das Dienstziel auswählen. In dem genannten Abschnitt werden auch weitere Unterschiede zwischen den Preisstufen beschrieben.

Expertentipp

Woher weiß ich, wie viele DTUs ich bereitstellen soll?

Um eine langsame Reaktion der Datenbank zu verhindern, aber auch nicht zu viele Gebühren zu zahlen, müssen Sie eine angemessene Anzahl von DTUs für die Arbeitslast Ihrer Datenbank bereitstellen. Es gibt verschiedene Techniken, um zu guten DTU-Einschätzungen zu gelangen. Bei der Planung einer Migration von einer lokalen Installation zu Azure SQL-Datenbank können Sie den Azure SQL Database DTU Calculator verwenden.

Der DTU Calculator ist als ausführbare Datei und als PowerShell-Skript erhältlich. Er misst anhand von Leistungsindikatoren die Prozessorzeit, die Lese- und Schreibvorgänge auf dem Laufwerk und die Protokollbytes pro Sekunde in Ihrem lokalen Datenbankserver und erstellt eine CSV-Datei mit den Messwerten über 60 Minuten. Diese Datei wird dann auf die Website für den DTU Calculator hochgeladen, die eine Analyse durchführt und Empfehlungen ausspricht. Beim DTU Calculator handelt es sich nicht um ein Microsoft-Produkt. Sie finden ihn auf *https://dtucalculator.azurewebsites.net*.

Wenn Sie Ihre Datenbank in der Cloud untergebracht haben, können Sie sich mit der *Statistik zur Abfrageleistung* im Portal die DTU-Nutzung ansehen und die Abfragen ermitteln, die die meisten Ressourcen nutzen. Diese Statistiken nutzen Informationen aus dem Abfragespeicher, weshalb Sie ihn einschalten müssen, um dieses Werkzeug verwenden zu können. Weitere Informationen über die Statistik zur Abfrageleistung erhalten Sie auf *https://docs.microsoft.com/azure/sql-database/sql-database-query-performance*.

Skalierbarkeit von Ressourcen

Die Skalierbarkeit ist ein wichtiger Aspekt beim Cloud Computing. Azure SQL-Datenbanken können Sie mit minimaler Auswirkung auf die Anwendungen hoch- und herunterskalieren, wobei die Datenbank online bleibt. Eine Skalierung können Sie im Portal und mit PowerShell auslösen. Je nach Größe der Datenbank und Art des Skalierungsvorgangs kann das jedoch mehrere Stunden in Anspruch nehmen.

Hinweis

Eine Datenbank kann nur dann herunterskaliert werden, wenn sie zurzeit nicht größer ist, als die Höchstgröße der angestrebten Preisstufe oder des angestrebten Dienstziels zulässt. Alle Sicherungen, die weiter zurückliegen als die Beibehaltungszeit für die angestrebte Preisstufe, werden dabei sofort gelöscht.

Wenn Sie viele Datenbanken verwalten müssen, die jeweils unterschiedlichen Skalierungsbedarf aufweisen, sollten Sie sich überlegen, ob Sie diese Datenbanken nicht lieber in einem elastischen Pool ausführen. Dabei handelt es sich um eine Gruppe von Datenbanken auf einem einzigen logischen Server, die sich die in dem Pool verfügbaren DTUs teilen. Im Abschnitt »Bereitstellen eines elastischen Pools« weiter hinten in diesem Kapitel erfahren Sie mehr darüber.

Die elastische Skalierung in Azure SQL-Datenbank wird auch durch die Clientbibliothek für elastische Datenbanktools erreicht, die es für .NET- und Java-Anwendungen gibt. Mit dieser Bibliothek entwickelte Anwendungen können ihre Daten anhand von datenabhängigen Routingregeln in verschiedenen Azure SQL-Datenbanken speichern, wobei die Fähigkeit erhalten bleibt, SELECT-Abfragen über alle Shards auszuführen. Das ist ein weit verbreitetes Modell für SaaS-Anwendungen, da Sie dadurch jedem SaaS-Kunden seine eigene Datenbank zuweisen können.

- **Weitere Informationen über die elastischen Datenbanktools erhalten Sie auf *https://docs.microsoft.com/azure/sql-database/sql-database-elastic-scale-get-started*.**

Bereitstellen einer logischen SQL Server-Instanz

Bei der Bereitstellung einer Datenbank besteht der erste Schritt darin, einen logischen Server (im Folgenden einfach »Server« genannt) anzulegen. Dieser Server bestimmt die Region, in der die Datenbanken gehostet werden, sorgt für eine grundlegende Zugriffssteuerung und Sicherheitskonfiguration (mehr dazu weiter hinten) und stellt den vollständig qualifizierten Domänennamen (FQDN) des Endpunkts zur Verfügung.

Hinweis

Im Azure-Portal können Sie einen neuen Server bereitstellen, während Sie eine neue Datenbank anlegen. Bei allen anderen Methoden sind zwei separate Schritte oder Befehle erforderlich. Aus Gründen der Einheitlichkeit betrachten wir die beiden Vorgänge in diesem Kapitel getrennt. Dadurch können Sie sich auch besser auf das jeweilige Element (Server oder Datenbank) des Bereitstellungsvorgangs konzentrieren.

Es wird Sie freuen zu hören, dass mit der Bereitstellung eines Servers keine Nutzungsgebühren verbunden sind. Azure SQL-Datenbank wird nur nach den DTUs abgerechnet, die den einzelnen Datenbanken oder dem elastischen Pool zugewiesen sind. Der Server dient lediglich als Container für die Datenbanken und als Verbindungsendpunkt. Aus diesem Grund sind mit einem Server auch keine Leistungs- oder Größenangaben verbunden.

Expertentipp

Wann sollte ich einen neuen logischen Server erstellen?

Der logische Server bestimmt die Region, in der sich die Datenbanken befinden. Ihre Datenbanken sollten sich in derselben Region befinden wie die Anwendungen, die darauf zugreifen, um Gebühren für regionsübergreifende Übertragung zu vermeiden und um die Latenz bei der Ausführung von Abfragen so gering wie möglich zu halten.

Auch Sicherheitsüberlegungen können eine Rolle dabei spielen, wie viele logische Server Sie betreiben. Da die Serveradministrator-Anmeldung und der als Serveradministrator zugewiesene Azure AD-Prinzipal die volle Kontrolle über den Server und Zugriff auf alle darauf befindlichen Datenbanken haben, sollten Sie für unterschiedliche Anwendungen oder Umgebungen, beispielsweise Entwicklung, Test und Produktion, jeweils eigene Server einrichten. Allerdings wird die Funktion zur Bedrohungserkennung (siehe den Abschnitt »Sicherheit in Azure SQL-Datenbank« weiter hinten in diesem Kapitel) nach Anzahl der logischen Server berechnet. Daher müssen Sie einen Kompromiss zwischen Verwaltungsfreundlichkeit, Kosten und Sicherheit finden.

Bei der Entscheidung, ob Sie einen neuen Server erstellen oder einen vorhandenen wiederverwenden sollten, spielen außerdem der Datenbank-Lebenszyklus und die Rechnungszusammenlegung eine Rolle. Der Datenbank-Lebenszyklus ist direkt mit dem Server verknüpft. Wenn Sie Datenbanken mit sehr unterschiedlichen Lebenszyklen betreiben, sollten Sie sie auf verschiedenen Servern unterbringen, um die Verwaltung zu vereinfachen. Die Nutzung von Azure wird gewöhnlich pro Datenbank abgerechnet, aber es kann von Vorteil sein, die Gebühren für bestimmte Datenbanken zusammenzulegen. Das geht bei der Nutzung einer Ressourcengruppe ganz einfach. Denken Sie jedoch daran, dass alle Datenbanken an die Ressourcengruppe des Servers gebunden sind, auf dem sie gehostet werden. Wenn Sie die Gebühren einzelner Datenbanken nicht zusammenlegen wollen, sollten Sie sie daher auf getrennten Servern in verschiedenen Ressourcengruppen unterbringen.

Erstellen eines Servers mit dem Azure-Portal

Um über das Azure-Portal einen Server bereitzustellen, verwenden Sie das Blatt *SQL Server (nur logischer Server)*. Sie müssen dabei folgende Informationen angeben:

- **Servername** Der Servername wird als DNS-Name des Servers verwendet. Der Domänenname ist unveränderbar `database.windows.net`. Daher muss Ihr Servername global eindeutig und in Kleinbuchstaben geschrieben sein. Es gibt noch weitere Einschränkungen über die zulässigen Zeichen, allerdings sind sie vergleichbar mit den Servernamen in lokalen Installationen.
- **Serveradministrator-Anmeldung** Dieser Benutzername entspricht dem Konto sa in SQL Server, allerdings können Sie hier weder sa noch andere gebräuchliche SQL Server-IDs verwenden, da sie für interne Zwecke reserviert sind. Halten Sie den Namen lieber allgemein, anstatt ihn von Ihrem eigenen Namen abzuleiten, da Sie die Serveradministrator-Anmeldung später nicht mehr ändern können.
- **Kennwort** Anders als bei lokalen Installationen von SQL Server ist es nicht möglich, die SQL Server-Authentifizierung auszuschalten. Daher muss das Kennwort für die Serveradministrator-Anmeldung sehr stark sein und gut geschützt werden. Im Gegensatz zu der Anmeldung selbst kann es von Azure-Benutzern mit bestimmten Rollen geändert werden.

▶ **Mehr über die rollengestützte Zugriffssteuerung für Azure SQL-Datenbankressourcen erfahren Sie weiter hinten in diesem Kapitel.**

- **Abonnement** Das Abonnement, in dessen Rahmen Sie den Server erstellen, bestimmt, welches Azure-Konto mit den Datenbanken auf diesem Server verknüpft wird. Nutzungsgebühren für die Datenbanken werden für dieses Abonnement in Rechnung gestellt.
- **Ressourcengruppe** Die Ressourcengruppe, zu der der Server gehören soll. Warum Ressourcengruppen wichtig sind, haben Sie im Abschnitt über die Azure-Verwaltungsstruktur weiter vorn in diesem Kapitel erfahren.

- **Standort** Dies ist die Azure-Region, in der sich die Datenbanken physisch befinden. Azure SQL-Datenbank ist in den meisten Regionen rund um die Welt verfügbar. Überlegen Sie sich die Platzierung Ihrer Server und damit auch Ihrer Datenbanken genau. Ihre Daten sollten sich in derselben Region befinden wie die Berechnungsressourcen (z. B. Azure-Webanwendungen), die die Daten lesen und schreiben. Wenn die Anwendungen, die Verbindung mit dem Server aufnehmen, in derselben Region untergebracht sind, können Sie Latenzen in der Größenordnung von einstelligen Millisekundenbeträgen erwarten.

Wenn Sie einen neuen Server im Azure-Portal erstellen, lässt seine Firewall Verbindungen von allen Azure-Ressourcen zu. In der aktuellen grafischen Benutzerschnittstelle ist das Kontrollkästchen für diese Einstellung nicht zugänglich. Mehr über die Firewall erfahren Sie im Abschnitt »Server- und Datenbankfirewall« weiter hinten in diesem Kapitel. Wir empfehlen Ihnen, die Firewall vor der Bereitstellung jeglicher Datenbanken so einzurichten, dass sie nur Verbindungen von bekannten IP-Adressen annimmt.

Erstellen eines Servers mit PowerShell

Um einen Server mit PowerShell bereitzustellen, verwenden Sie wie im folgenden Codebeispiel das Cmdlet `New-AzureRmSqlServer`. Natürlich müssen Sie die Variablen in den Zeilen 1 bis 3 an die für Ihre Bereitstellung gültigen Werte anpassen. In diesem Beispiel wird vorausgesetzt, dass die Ressourcengruppe `SSI02017` bereits existiert. Der Name der Gruppe wird als Servername verwendet, und der Server wird im aktiven Azure-Abonnement erstellt.

```
$resourceGroupName = 'SSI02017'
$serverName = $resourceGroupName.ToLower()
$Cred = Get-Credential -UserName dbadmin -Message "Pwd for server admin"
New-AzureRmSqlServer -ResourceGroupName $resourceGroupName `
    -ServerName $serverName `
    -Location $location -SqlAdministratorCredentials $Cred
```

Das Cmdlet `Get-Credential` in diesem Skript dient dazu, das Kennwort für den Serveradministrator `dbadmin` in Erfahrung zu bringen. Es öffnet ein Dialogfeld, in dem nach dem Kennwort gefragt wird. Alle Werte, die zum Erstellen des Servers erforderlich sind, werden als Parameter an `New-AzureRmSqlServer` übergeben.

> Hinweis
>
> **In allen weiteren PowerShell-Beispielskripten in diesem Kapitel wird jeweils vorausgesetzt, dass der Server `ssio2017` in der Ressourcengruppe `SSI02017` vorhanden ist. Da der Servername global eindeutig sein muss, müssen Sie einen eigenen verwenden. Die Beispielskripte stehen zum Download bereit und bauen aufeinander auf. Der Wert für den Servernamen wird nur einmal definiert, weshalb Sie ihn nur an einer Stelle ändern müssen und dann alle Beispielskripte ausführen können.**

Einrichten einer Verbindung zum Server

Nachdem Sie den Server erstellt haben, können Sie eine Verbindung zu ihm einrichten. In Azure SQL-Datenbank steht als Protokoll für Verbindungen nur TCP zur Verfügung. Auch die Portnummer können Sie nicht beeinflussen; sie lautet stets 1433.

> **Troubleshooting**
>
> ***Fehlerbehebung bei Verbindungen***
>
> **In Unternehmensnetzwerken können Verbindungen zu IP-Adressen im Internet mit dem Zielport 1433 blockiert sein. Wenn Sie Probleme haben, die Verbindung herzustellen, wenden Sie sich daher an Ihre Netzwerkadministratoren.**

Abb. 5.2 zeigt die Werte, die Sie im Dialogfeld *Mit Server verbinden* eingeben müssen, am Beispiel einer Verbindung von SQL Server Management Studio zu dem neu erstellten Server. Wenn Sie die Verbindung zum ersten Mal herstellen, fordert SQL Server Management Studio Sie auf, eine Firewallregel zu erstellen, um diese Verbindung zuzulassen (siehe Abb. 5.3). Um diese Regel anzulegen, müssen Sie sich mit Ihrem Azure-Konto anmelden.

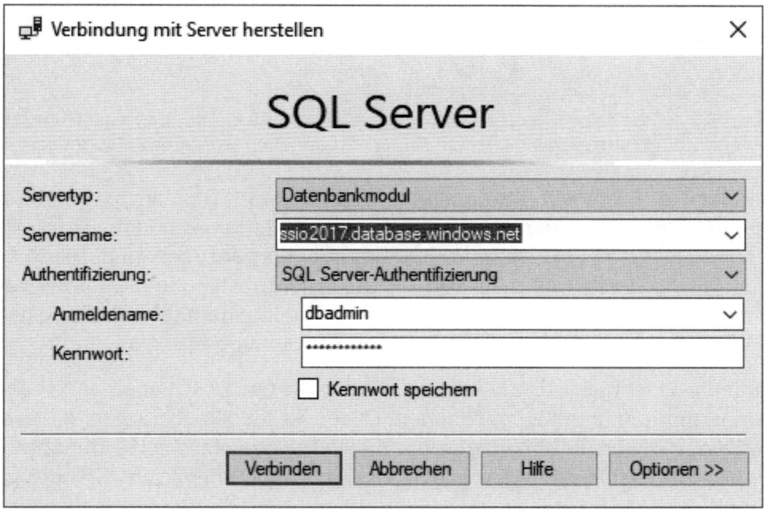

Abbildung 5.2 Das Dialogfeld *Mit Server verbinden* mit den Werten, die zur Verbindung mit dem neu erstellen logischen Server erforderlich sind

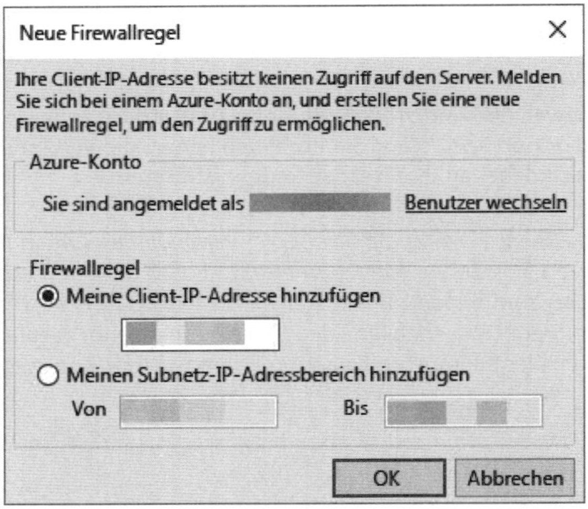

Abbildung 5.3 Das Dialogfeld *Neue Firewallregel*, das geöffnet wird, wenn die IP-Adresse, mit der Sie eine Verbindung herstellen wollen, von keiner vorhandenen Firewallregel abgedeckt ist

Verbindungen zu Azure SQL-Datenbank sind stets verschlüsselt, auch wenn dies im Verbindungsstring nicht angegeben ist. Bei älteren Clientbibliotheken kann es erforderlich sein, die Verschlüsselung ausdrücklich im Verbindungsstring anzugeben, da diese Bibliotheken die automatische Hochstufung der Verbindung unter Umständen nicht unterstützen. Wenn Sie auf die explizite Angabe verzichten, erhalten Sie in einem solchen Fall eine Fehlermeldung. Geben Sie bei Bedarf `Encrypted=True` im Verbindungsstring an.

Sie könnten versucht sein, die IP-Adresse des Servers nachzuschlagen und statt des FQDNs zur Verbindungsaufnahme zu verwenden. Davon ist jedoch abzuraten, da es sich bei der IP-Adresse des Servers in Wirklichkeit um die IP-Adresse eines Verbindungsgateways handelt, die sich bei Aktualisierungen und Failovervorgängen des Azure-Gefüges jederzeit ändern kann.

> Hinweis
>
> **Bei Aktualisierungsmaßnahmen oder Ausfällen der Azure-Infrastruktur können Sie einen kurzzeitigen Verbindungsverlust erleiden, während die DNS-Infrastruktur und Ihre Clients die zwischengespeicherte IP-Adresse behalten. Der festgelegte TTL-Wert (Time To Live) von DNS-Einträgen ist absichtlich kurz und beträgt nur fünf Minuten.**

Löschen eines Servers

Das Löschen eines Servers ist ein endgültiger Vorgang, der nicht rückgängig gemacht werden kann. Löschen Sie einen Server nur, wenn Sie seinen Namen nicht mehr brauchen und Sie sich sicher sind, dass Sie keine der auf ihm gehosteten Datenbanken jemals wiederherstellen müssen.

Da mit der Unterhaltung eines Servers keine Kosten verbunden sind, besteht der einzige sinnvolle Grund für eine Löschung darin, dass Sie die Höchstzahl der in einem Abonnement erlaubten Server erreicht haben. Zurzeit sind das sechs Server, allerdings können Sie beim Azure-Support eine Erweiterung anfordern.

Bereitstellen einer Datenbank in Azure SQL-Datenbank

Da Sie jetzt einen Server zur Verfügung haben, können Sie eine erste Datenbank bereitstellen. Dabei werden Gebühren fällig, die sich nach der ausgewählten Preisstufe richten. Denken Sie daran, dass die Abrechnung bei Azure SQL-Datenbank nach Datenbank oder elastischem Pool erfolgt und nicht nach Server.

Eine Datenbank können Sie aus drei verschiedenen Quellen erstellen: aus einer leeren Datenbank, einer Beispieldatenbank oder einer Sicherung. Eine leere Datenbank ist genau das, was die Bezeichnung besagt: eine Datenbank ohne irgendwelche Benutzerdatenbankobjekte. Wenn Sie dagegen *Beispiel (AdventureWorksLT)* wählen, bekommt die neue Datenbank das schlanke Schema und die Daten von `Adventure Works`. Bei der Option *Sicherung* können Sie die jüngste tägliche Sicherung einer anderen Azure SQL-Datenbank aus demselben Abonnement wiederherstellen. In den folgenden Abschnitten erfahren Sie, wie Sie eine Datenbank im Azure-Portal, in PowerShell, an der Azure-Befehlszeile und mit T-SQL bereitstellen.

Hinweis

Die gleichzeitige Bereitstellung eines neuen logischen Servers und einer neuen Datenbank ist nur im Azure-Portal möglich. Bei allen anderen Methoden sind zwei separate Schritte oder Befehle erforderlich.

Erstellen einer Datenbank im Azure-Portal

Es gibt verschiedene Stellen im Azure-Portal, an denen Sie damit beginnen können, eine neue Datenbank zu erstellen. Sie können auf dem Blatt *Übersicht* eines bestehenden Servers anfangen, aber auch auf dem Blatt *Neuen Dienst erstellen*. Von der gewählten Methode hängt es auch ab, welche der folgenden Werte Sie angeben müssen:

- **Datenbankname** Der Datenbankname muss auf dem Server eindeutig sein und alle Anforderungen für Datenbanknamen in SQL Server erfüllen.
- **Abonnement** Wählen Sie das Abonnement aus, unter dem diese Datenbank abgerechnet werden soll. Durch die Auswahl, die Sie hier treffen, wird die Liste der möglichen Server eingeschränkt, unter denen Sie sich später entscheiden können. Wenn Sie den Vorgang von einem Server aus gestartet haben, wird dieser Parameter nicht angezeigt.
- **Ressourcengruppe** Hier können Sie entscheiden, ob Sie eine neue Ressourcengruppe erstellen oder eine bestehende verwenden möchten. Wenn Sie eine neue Ressourcengruppe anlegen, müssen Sie auch einen neuen Server bereitstellen. Durch die Entscheidung für eine bestehende Ressourcengruppe wird die Liste der möglichen Server, unter denen Sie später auswählen können, jedoch nicht eingeschränkt.
- **Sortierung** Die Sortierung, die Sie hier auswählen, wird als Standardsortierung der Datenbank verwendet. Anderes als bei lokalen Installationen gibt es keine grafische Benutzeroberfläche, um den Namen der Sortierung für die neue Datenbank auszuwählen. Sie müssen den Namen korrekt eingeben. Richten Sie sich dazu nach einer Liste gültiger SQL Server-Sortierungsnamen.
- **Quelle** Hier können Sie eine der drei zuvor erwähnten Optionen auswählen: *Leere Datenbank, Beispiel (AdventureWorksLT)* oder *Sicherung*.

- **Sicherung** Zur Eingabe der gewünschten Sicherung werden Sie nur dann aufgefordert, wenn Sie als Quelle für die neue Datenbank *Sicherung* ausgewählt haben. Die von Ihnen ausgewählte Datenbank wird im Zustand der jüngsten täglichen Sicherung wiederhergestellt, was bedeutet, dass sie bis zu 24 Stunden alt sein kann.

▶ **Mehr über die Optionen zur Wiederherstellung von Datenbanksicherungen erfahren Sie im Abschnitt »Standardfunktionen für die Notfallwiederherstellung« weiter hinten in diesem Kapitel.**

- **Server** Sie können einen in dem ausgewählten Abonnement bereits vorhandenen Server auswählen oder einen neuen erstellen. Die vorhandenen Server sind nach dem zuvor festgelegten Abonnement gefiltert, aber nicht nach der Ressourcengruppe. Wenn Sie sich hier für einen Server aus einer anderen als der zuvor ausgewählten Gruppe entscheiden, wird der Wert für die Ressourcengruppe entsprechend angepasst. Der Grund dafür ist, dass der Lebenszyklus einer Datenbank an den Lebenszyklus des Servers gebunden ist und dieser wiederum an die Ressourcengruppe. Daher kann sich eine Datenbank nicht in einer anderen Ressourcengruppe befinden als ihr Server. Wenn Sie den Vorgang von einem logischen Server aus starten, ist der Serverwert festgelegt.
- **Preisstufe** Beim Erstellen einer Einzeldatenbank müssen Sie eine Preisstufe auswählen. Sie bestimmt die stündlichen Nutzungsgebühren sowie verschiedene Architekturaspekte der Datenbank. Eine genauere Beschreibung der Preisstufen erhalten Sie in einem der folgenden Abschnitte. Auf einem Server können Sie auch Datenbanken unterschiedlicher Preisstufen betreiben, was einmal mehr unterstreicht, dass es sich bei dem Server lediglich um einen logischen Container für Datenbanken handelt, der in keiner Beziehung zu irgendwelchen Leistungsaspekten steht. Bei der Auswahl der Preisstufe können Sie auch eine maximale Datenbankgröße festlegen. Wenn diese Größe erreicht ist, können in der Datenbank keine `INSERT`- und `UPDATE`-Anweisungen mehr ausgeführt werden.
- **Elastischer Datenbankpool** Diese Auswahlmöglichkeit haben Sie nur, wenn Sie die Datenbank zu einem bestehenden oder einem neuen elastischen Datenbankpool hinzufügen. Im Abschnitt »Bereitstellen eines elastischen Pools« weiter hinten in diesem Kapitel sehen wir uns elastische Pools ausführlicher an.

Erstellen einer Datenbank mit PowerShell

Das folgende Skript veranschaulicht, wie Sie eine neue Einzeldatenbank der Preisstufe *Standard* mit dem Dienstziel `S0` auf dem vorhandenen Server `ssio2017` erstellen. Als Sortierung der Datenbank wird `Latin1_General_CI_AS` verwendet. Die Parameter `-Collation`, `-Edition` und `-RequestedServiceObjectiveName` sind optional. Wir führen sie hier vor, da sie häufig angegeben werden. Die Standardwerte dafür lauten `SQL_Latin1_General_CP1_CI_AS` (gewöhnlich nicht wünschenswert), `Standard` und `S0`. Der Servername steht in Kleinbuchstaben, der Parameterwert muss dem Namen genau entsprechen und die Namen von logischen Servern dürfen keine Großbuchstaben enthalten.

```
$resourceGroupName = 'SSIO2017'
$serverName = $resourceGroupName.ToLower()
$databaseName = 'Contoso'
New-AzureRmSqlDatabase -ResourceGroupName $resourceGroupName `
    -ServerName $serverName -DatabaseName $databaseName -Edition Standard `
    -RequestedServiceObjectiveName "S0" -CollationName Latin1_General_CI_AS
```

Darüber hinaus gibt es u. a. noch folgende weitere Parameter:

- `CatalogCollation` Dieser Parameter bestimmt die Sortierung der Zeichendaten im Metadatenkatalog der Datenbank. Diese Datenbankeigenschaft können Sie in der grafischen Oberfläche nicht festlegen. Der Standardwert beträgt `SQL_Latin1_General_CP1_CI_AS`, während es in SQL Server `DATABASE_DEFAULT` ist.
- `ElasticPoolName` Wenn Sie diesen Parameter angeben, wird die Datenbank zu dem hier genannten elastischen Pool auf dem Server hinzugefügt. Mehr über elastische Pools erfahren Sie weiter hinten in diesem Kapitel.
- `MaxSizeBytes` Legt die maximale Datenbankgröße in Bytes fest. Sie können hier keinen beliebigen Wert angeben, sondern müssen sich nach der Liste zulässiger Höchstgrößen richten, die von der Preisstufe abhängt.
- `SampleName` Geben Sie hier `AdventureWorksLT` an, wenn die Datenbank das Schema und die Daten dieser Beispieldatenbank bekommen soll.
- `Tags` Dieser Parameter kommt in vielen Azure-Cmdlets vor. Sie können damit eine beliebige Anzahl von Name-Wert-Paaren angeben. Solche Tags dienen dazu, benutzerdefinierte Metadaten zu Azure-Ressourcen hinzuzufügen. Sowohl im Azure-Portal als auch in PowerShell können Sie Ressourcen nach Tagwerten filtern. Es ist auch möglich, eine zusammengefasste Rechnung für Ressourcen mit identischen Tagwerten zu erhalten.

  Beispielsweise verknüpfen Sie durch den Parameter `-Tags @{"Tag1"="Wert 1"; "Tag2"="Wert 2"}` zwei Name-Wert-Paare mit der Datenbank, wobei das erste Tag den Namen `Tag1` und den Wert `Wert 1` hat und das zweite `Tag2` lautet und `Wert 2` aufweist.

Nachdem Sie die Datenbank erstellt haben, können Sie mit dem Cmdlet `Get-AzureRmSqlDatabase` wie folgt Informationen darüber abrufen:

```
Get-AzureRmSqlDatabase -ResourceGroupName SSIO2017 -ServerName ssio2017 `
    -DatabaseName Contoso
```

Erstellen einer Datenbank mit der Azure-Befehlszeile

Die Azure-Befehlszeile macht es möglich, zur Verwaltung von Azure-Ressourcen unabhängig von der Plattform Ihrer Arbeitsstation stets dieselben Befehle zu verwenden, sei es nun Windows, Mac OS, Linux oder die Cloud Shell des Portals.

Hinweis

Die Installation der Azure-Befehlszeile auf den verschiedenen Betriebssystemen wird in diesem Buch nicht behandelt. Anleitungen für die einzelnen Betriebssysteme finden Sie auf *https://docs.microsoft.com/cli/azure/install-azure-cli*.

Der folgende Befehl für die Azure-Befehlszeile legt eine Datenbank mit denselben Parametern wie im vorhergehenden PowerShell-Skript an. Nach dem Erstellen der Datenbank werden außerdem ihre Eigenschaften abgerufen.

▶ **Eine vollständige Liste der möglichen Befehle für Azure SQL-Datenbank finden Sie auf *https://docs.microsoft.com/cli/azure/sql/db*.**

```
az sql db create --resource-group SSI02017 --server ssio2017
    --name Contoso --collation Latin1_General_CI_AS
    --edition Standard --service-objective S0
az sql db list --resource-group SSI02017 --server ssio2017
    --name Contoso
```

Hinweis

Der Klarheit halber wurden in dem vorstehenden Beispiel die langen Parameternamen verwendet. Für viele Parameter des Befehls `az` gibt es auch Abkürzungen. Etwa können Sie statt `--resource-group` auch einfach `-g` schreiben. Der Parameter `--help` (kurz `-h`) zeigt sowohl die lange Version als auch die Kurzform an (falls eine vorhanden ist).

Erstellen einer Datenbank mit T-SQL

Das folgende T-SQL-Skript erstellt eine neue Azure SQL-Datenbank mit denselben Eigenschaften wie in den beiden vorhergehenden Beispielen. Stellen Sie dazu eine Verbindung zu dem Server her, auf dem die neue Datenbank untergebracht werden soll. In SQL Server Management Studio gehen Sie dazu wie folgt vor:

```
CREATE DATABASE Contoso COLLATE Latin1_General_CI_AS
    (EDITION = 'standard', SERVICE_OBJECTIVE = 'S0');
```

Da der T-SQL-Befehl im Kontext eines Servers ausgeführt wird, müssen Sie weder den Namen des Servers noch den der Ressourcengruppe angeben; dies ist auch nicht einmal möglich. Mit T-SQL können Sie auch keine Datenbank auf der Grundlage von `AdventureWorksLT` erstellen, aber Sie können mit der Klausel `AS COPY OF` eine Datenbank aus einer Sicherung wiederherstellen:

```
CREATE DATABASE Contoso_copy AS COPY OF Contoso;
```

Auswählen von Preisstufe und Dienstziel

Azure SQL-Datenbank wird nach Stunden abgerechnet. Die Auswahl der Preisstufe und des Dienstziels bestimmt dabei, wie viel Ihnen für die Datenbank in Rechnung gestellt wird. Darüber hinaus spielen jedoch noch weitere Aspekte eine Rolle. Die konkreten Preise und andere Einzelheiten können sich schon geändert haben, wenn die Tinte auf dieser Seite getrocknet ist, weshalb wir hier nur einige allgemeine Dinge angeben, die Sie bei der Auswahl einer Preisstufe bedenken müssen.

Hinweis

Die aktuellen Preise für Azure SQL-Datenbank finden Sie auf *https://azure.microsoft.com/pricing/details/sql-database*.

Die Preisstufe Basic bietet die geringste Anzahl von DTUs. Hier haben Sie eine geringere garantierte Verfügbarkeit und Leistung, zahlen dafür aber auch erheblich weniger. Diese Stufe ist für Entwicklungszwecke und vielleicht noch für Anwendungen mit sehr geringem Umfang geeignet.

Die beiden wichtigsten Angebote für Produktionsdatenbanken sind dagegen Standard und Premium. Bei Premium stehen Ihnen erheblich mehr DTUs zur Verfügung, wobei allerdings der Preis pro DTU höher ist als bei Standard. Das liegt an den unterschiedlichen Architekturen, die hinter diesen Preisstufen stehen. Bei Standard werden die Datenbankdateien im Azure-Blobspeicher abgelegt, also nicht zusammen mit dem Datenbankmodul. Dagegen werden die Dateien bei Premium auf lokalen SSDs gespeichert. Die unterschiedlichen Speicherorte haben natürlich Auswirkungen auf die Leistung. Außerdem wird die Hochverfügbarkeit innerhalb der Region unterschiedlich gehandhabt. Bei Standarddatenbanken wird sie durch die Replikation von Azure-Blobs erreicht, bei Premiumdatenbanken durch AlwaysOn-Funktionen.

Schließlich gibt es noch die Preisstufe Premium RS, die die gleichen Leistungsziele wie Premium zu einem geringeren Preis bietet, wobei jedoch die Vereinbarung des Servicelevels weniger bindend ist. Dafür ist auch der Servicevertrag günstiger. Diese Preisstufe können Sie verwenden, wenn es mehr auf die Leistung als auf die Verfügbarkeit ankommt, z. B. für Entwicklung und Tests oder bei Migrationsvorgängen.

Skalierung

Bei der Skalierung einer Azure SQL-Datenbank wird ihre Verfügbarkeit nur minimal beeinträchtigt. Der Dienst verwendet dazu ein Replikat der ursprünglichen Datenbank auf dem neuen Servicelevel. Wenn dieses Replikat bereitsteht, werden die Verbindungen zu ihm umgeschaltet. Das geschieht in Sekunden und ohne Datenverluste, es kann jedoch vorkommen, dass aktive Transaktionen zurückgenommen werden. Die Anwendung sollte so gestaltet sein, dass sie mit solchen Ereignissen umgehen kann und die entsprechenden Operationen in diesem Fall erneut versucht.

Ein Herunterskalieren ist nicht möglich, wenn die Größe der Datenbank das zulässige Maximum für das gewünschte niedrigere Dienstziel oder die Preisstufe übersteigt. Wenn eine Wahrscheinlichkeit dafür besteht, dass Sie Ihre Datenbanken herunterskalieren, sollten Sie die maximale Datenbankgröße auf einen Wert festlegen, der kleiner oder gleich dem Maximum für das beim Herunterskalieren angestrebte Dienstziel ist.

Skalierungsvorgänge müssen immer von einem Administrator ausgelöst werden. Anders als in manchen anderen Azure-Diensten gibt es in Azure SQL-Datenbank keine Funktion zur automatischen Skalierung. Sie können jedoch Datenbanken in einem elastischen Pool bereitstellen (siehe den nächsten Abschnitt), um einen automatischen Ausgleich der Ressourcenanforderungen für eine Gruppe von Datenbanken zu erreichen. Eine weitere Möglichkeit zur Skalierung ohne Eingriff eines Administrators besteht darin, die DTU-Nutzung mit Azure Automation zu überwachen und beim Erreichen bestimmter Grenzwerte eine Skalierung auszulösen. Mit dem PowerShell-Cmdlet `Set-AzureRmSqlDatabase` können Sie mit dem Parameter `-Edition` eine neue Preisstufe und mit `-RequestedServiceObjectiveName` ein neues Dienstziel festlegen.

Bereitstellen eines elastischen Pools

Eine Einführung in elastische Pools haben Sie bereits in Kapitel 3 erhalten. Elastische Pools werden jeweils auf einem bestimmten Server erstellt, wobei ein Server jedoch mehr als einen elastischen Pool haben kann. Die Anzahl der verfügbaren DTUs hängt ebenso wie bei Einzeldatenbanken von der Preisstufe ab. Neben im vorherigen Abschnitt erklärten Unterschieden zwischen den Preisstufen, die für elastische Pools ebenfalls gelten, hängen auch die Beziehung zwischen der maximalen Poolgröße und der Höchstzahl von eDTUs sowie die maximale Anzahl von Datenbanken pro Pool von der Preisstufe ab.

Elastische Pools können Sie im Azure-Portal, mit PowerShell, mit der Azure-Befehlszeile und der REST-API erstellen. Nachdem Sie einen solchen Pool angelegt haben, können Sie neue Datenbanken direkt darin erstellen. Es ist auch möglich, bereits vorhandene Datenbanken zu einem Pool hinzuzufügen und Datenbanken aus dem Pool herauszunehmen.

Im Rest dieses Kapitels wird meistens nicht zwischen Einzeldatenbanken und Datenbanken in elastischen Pools unterschieden. Die Verwaltung erfolgt bei beiden auf die gleiche Weise. Auch beim Herstellen von Verbindungen spielt es keine Rolle, ob eine Datenbank zu einem elastischen Pool gehört oder eine Einzeldatenbank ist.

Um auf dem Server `ssio2017` einen neuen elastischen Pool zu erstellen und die bestehende Datenbank `Contoso` in ihn zu verschieben, können Sie das folgende PowerShell-Skript verwenden:

```
$resourceGroupName = 'SSIO2017'
$serverName = $resourceGroupName.ToLower()
$databaseName = 'Contoso'
$poolName = 'Contoso-Pool'
# Erstellt einen neuen elastischen Pool
New-AzureRmSqlElasticPool -ResourceGroupName $resourceGroupName `
    -ServerName $serverName -ElasticPoolName $poolName `
    -Edition 'Standard' -Dtu 50 `
    -DatabaseDtuMin 10 -DatabaseDtuMax 20
# Verschiebt Datenbank Contoso in den Pool
Set-AzureRmSqlDatabase -ResourceGroupName $resourceGroupName `
    -ServerName $serverName -DatabaseName $databaseName `
    -ElasticPoolName $poolName
```

Dadurch wird der neue Pool `Contoso-Pool` in der Preisstufe Standard mit insgesamt 50 eDTUs erstellt. Einer einzelnen Datenbank in diesem Pool werden mindestens 10 DTUs und höchstens 20 zugewiesen. Welche Werte für die Parameter `-Dtu`, `-DatabaseDtuMin` und `-DatabaseDtuMax` zulässig sind, hängt von der ausgewählten Preisstufe und den Werten der jeweils anderen Parameter ab.

Einschränkungen von Azure SQL-Datenbank

Azure SQL-Datenbank ist zwar hochgradig kompatibel mit SQL Server 2017, allerdings bestehen Unterschiede bei den verfügbaren Funktionen. Überdies ist die maximale Datenbankgröße geringer und es fehlen einige zugehörige Dienste. Die Einschränkungen des Datenbankmoduls wurden bereits in Kapitel 3 behandelt. In diesem Abschnitt geht es um Einschränkungen bei Größen und zusätzlichen SQL Server-Diensten. Der letzte Unterabschnitt behandelt verwaltete Instanzen, die mehr Kompatibilität bieten und einige der hier betrachteten Einschränkungen wieder aufheben.

Einschränkungen von Datenbanken

Azure SQL-Datenbank unterliegt Größeneinschränkungen. Die wichtigste ist die maximale Datenbankgröße, die von der Preisstufe abhängt. Bei der Größe einer Datenbank wird nur der Umfang der Daten berücksichtigt; die Transaktionsprotokolle werden nicht eingerechnet. Wenn Sie eine Anwendung für die Cloud gestalten, stellen diese Grenzwerte für die Größe keine so starke Beschränkung dar, da Cloudanwendungen ihre Daten auf mehrere Datenbankinstanzen verteilen sollten. Dieses Sharding hilft nicht nur, die Größeneinschränkungen für Datenbanken zu überwinden, sondern bietet auch den Vorteil einer schnelleren Notfallwiederherstellung und die Möglichkeit, Daten näher an der Anwendung unterzubringen, falls diese in verschiedenen Azure-Regionen ausgeführt wird.

Damit Azure SQL-Datenbank eine vorhersagbare Leistung bieten kann, gibt es Grenzwerte für die Anzahl gleichzeitiger Anforderungen, Anmeldungen und Sitzungen, die jeweils von der Preisstufe und dem Dienstziel abhängen. Wenn einer dieser Grenzwerte erreicht ist, schlägt der nächste Verbindungs- oder Abfrageversuch mit dem Fehlercode 10928 fehl.

▶ **Eine ausführliche Liste dieser Grenzwerte finden Sie auf *https://docs.microsoft.com/azure/sql-database/sql-database-resource-limits*.**

Sie müssen sich auch darüber im Klaren sein, dass ein einzelner Server eine Obergrenze für die Gesamtzahl seiner DTUs und die Gesamtzahl seiner Datenbanken hat. Bei einer umfangreichen Bereitstellung kann es daher nötig sein, die Datenbanken über mehrere Server zu verteilen. Wir raten davon ab, einen Server nah an diesem Grenzwert zu betreiben, da die Gesamtleistung darunter leiden kann. Zurzeit sollten Sie die Anzahl der Datenbanken pro Server auf etwa 1000 beschränken.

Hinweis

Diese Grenzwerte können sich häufig ändern. Um zu entscheiden, ob Azure SQL-Datenbank für Sie geeignet ist, müssen Sie sich daher die aktuell geltenden Grenzwerte ansehen.

Zusätzliche SQL Server-Dienste

Lokale Bereitstellungen von SQL Server können neben dem Datenbankmodul auch den SQL Server-Agent zur Planung von Wartungs- und anderen Aufgaben, SQL Server Integration Services zum Laden und Extrahieren von Daten, SQL Server Analysis Services zur Ausführen von Analyseaufgaben und SQL Server Reporting Services für die Berichterstattung enthalten. In Azure SQL-Datenbank sind diese Dienste nicht enthalten, allerdings stehen vergleichbare Funktionen oft durch separate Azure-Dienste zur Verfügung. Eine vollständige Erörterung der in Azure vorhandenen Alternativen können wir in diesem Buch nicht leisten. In den folgenden Erklärungen nennen wir daher lediglich einige der Alternativen, beschreiben grob ihre Verwendung und geben Ihnen Hinweise, wo Sie mehr darüber erfahren können:

- **SQL Server-Agent** Um wiederkehrende Aufgaben in Azure SQL-Datenbankinstanzen zu planen, können Datenbankadministratoren Azure Automation verwenden. Dieser Dienst ermöglicht es Ihnen, auch lang laufende PowerShell-Skripte zuverlässig ausführen zu lassen. Mit Azure Automation können Sie die Verwaltung jeglicher Azure-Dienste und Clouddienste von Drittanbietern automatisieren, auch Azure SQL-Datenbank. Außerdem gibt es einen Fundus an vorgefertigten Skripten, die Sie nutzen können.

▶ **Weitere Informationen über die Verwendung von Azure Automation für Azure SQL-Datenbank erhalten Sie auf *https://docs.microsoft.com/azure/sql-database/sql-database-manage-automation*. Eine Einführung in Azure Automation ist auf *https://docs.microsoft.com/azure/automation/automation-intro* zu finden.**

- **SQL Server Integration Services** Anstelle von SQL Server Integration Services können Sie Azure Data Factory verwenden, um Aufgaben wie die Extraktion von Daten aus verschiedenen Quellen, ihre Transformation mithilfe verschiedener Dienste und ihre Veröffentlichung in Datenspeichern für die Nutzung durch Business-Intelligence-Tools und -Anwendungen durchzuführen. Während Sie mit SQL Server Intelligence Services Daten aus Azure SQL-Datenbank extrahieren und dort laden können, ist es mit Data Factory möglich, Daten in lokalen Speichern zu extrahieren und zu laden. Welchen Dienst Sie verwenden, hängt vor allem davon ab, wo sich der Großteil Ihrer Daten befindet, welchen Dienst Sie für die Transformation der Daten einsetzen möchten und ob Sie einem Clouddienst die Verbindung zu Ihrer lokalen Umgebung über einen Gatewaydienst erlauben wollen. Kürzlich hat Microsoft auch eine Azure-SSIS Integration Runtime in Data Factory angekündigt, mit der Sie SQL Server Integration Services-Pakete bereitstellen können.

▶ **Mehr über Data Factory erfahren Sie auf *https://azure.microsoft.com/services/data-factory*.**

- **SQL Server Reporting Services** Vor einigen Jahren hat Microsoft in Azure den Berichterstellungsdienst SQL Reporting Services angeboten, der eine hohe Kompatibilität mit SQL Server Reporting Services aufwies. Allerdings wurde er eingestellt. Stattdessen wird jetzt Microsoft Power BI empfohlen, ein leistungsfähiges Werkzeug, um interaktive Visualisierungen aufgrund von Daten aus verschiedenen Quellen zu erstellen. Sie können Power BI-Dashboards und -Berichte in Ihre Anwendungen aufnehmen, aber über einen Webbrowser oder eine Mobil-App auch direkt darauf zugreifen.

▶ **Mehr über Power BI erfahren Sie auf *https://powerbi.microsoft.com*.**

- **SQL Server Analysis Services** Als Ersatz für SQL Server Analysis Services gibt es verschiedene Azure-Dienste. An erster Stelle stehen dabei die Azure Analysis Services, die auf SQL Server Analysis Services aufbauen. Daher können vorhandene tabellarische Modelle von einer lokalen SQL Server Analysis Services-Bereitstellung in die Cloud migirert werden.

▶ **Mehr über Azure Analysis Services erfahren Sie auf *https://docs.microsoft.com/azure/analysis-services/analysis-services-overview*.**

Zweitens gibt es für Data Warehouses mit Terabytes und Petabytes von relationalen Daten Azure SQL Data Warehouse. Dieser Dienst basiert auf SQL Server und weist eine kompatible Schnittstelle auf. Anders als in Azure SQL-Datenbank können in SQL Data Warehouse die Speicher- und Rechenressourcen unabhängig voneinander skaliert werden. Das macht SQL Data Warehouse zur Speicherung enormer Datenmengen geeignet, die nur gelegentlich verarbeitet werden müssen.

▶ **Mehr über Azure SQL Data Warehouse erfahren Sie auf *https://azure.microsoft.com/services/sql-data-warehouse*.**

Eine weitere Alternative zu SQL Server Analysis Services bildet Azure Data Lake. Dies ist ein weit umfassenderer Dienst als Analysis Services, aber wir erwähnen ihn hier trotzdem, da Sie damit Daten erfassen und für die Analyse vorbereiten können. Anders als SQL Server Analysis Services kann Data Lake neben relationalen auch unstrukturierte Daten speichern.

▶ **Mehr über Data Lake erfahren Sie auf *https://docs.microsoft.com/azure/data-lake-store/data-lake-store-overview*.**

Überwinden von Einschränkungen mithilfe verwalteter Instanzen

Verwaltete Instanzen gehören zu den neuesten Einrichtungen von Azure SQL-Datenbank. Sie wurden entwickelt, um die Funktionsunterschiede zwischen SQL Server und Azure SQL-Datenbank zu verringern, die Verzahnung mit anderen Azure-Funktionen zu verbessern und die Vorteile von DBaaS zu bewahren. Vor allem soll damit eine Migration von lokalen oder Azure-VM-Bereitstellungen zu DBaaS durch einfache Übertragung ermöglicht werden.

Zur Erhöhung der Kompatibilität mit SQL Server bieten verwaltete Instanzen Funktionen, die in regulären Azure SQL-Datenbanken nicht zur Verfügung stehen, darunter die folgenden:

- SQL-CLR
- SQL Server-Agent
- Datenbank- und instanzübergreifende Abfragen und Transaktionen
- `FILESTREAM` und `FileTable`

Die bemerkenswerteste Erweiterung des Funktionsumfangs besteht darin, dass verwaltete Instanzen in einem virtuellen Azure-Netzwerk laufen, was zur Abgrenzung der Azure-Ressourcen in diesem Netzwerk zu denen außerhalb dient (einschließlich der Ressourcen anderer Azure-Kunden). Mit einem virtuellen Netzwerk können Sie auch eine LAN-artige Netzwerkumgebung zwischen Ihrer lokalen Umgebung und der Azure-Cloud einrichten.

Sicherheit in Azure SQL-Datenbank

Wie bei vielen anderen Clouddiensten, die in die Kategorie PaaS fallen, gibt es auch bei Azure SQL-Datenbank bestimmte Sicherheitsverfahren, um die sich der Cloudanbieter kümmert, darunter die Aktualisierung des Betriebssystems und des Datenbankdienstes.

Um andere Sicherheitsaspekte dagegen müssen Sie sich selbst als Cloud-Datenbankadministrator kümmern. Einige dieser Aspekte, z. B. die transparente Datenverschlüsselung, sind die gleichen wie auf lokalen Installationen von SQL Server 2017. Andere dagegen sind besondere Merkmale von Azure SQL-Datenbank. Dazu gehören die Firewallkonfiguration, die Zugriffssteuerung sowie Überwachung und Bedrohungserkennung. Diese Gesichtspunkte von Azure SQL-Datenbank sehen wir uns in den folgenden Abschnitten genauer an. Bei den Sicherheitsfunktionen von Azure SQL-Datenbank macht Microsoft keine Unterschiede zwischen den Preisstufen. Alle in diesem Abschnitt beschriebenen Sicherheitsfunktionen stehen in sämtlichen Preisstufen zur Verfügung, wobei für einige jedoch zusätzliche Gebühren anfallen.

Gemeinsame Sicherheitsfunktionen mit SQL Server 2017

Ein wichtiger Sicherheitsaspekt ist die Zugriffssteuerung. Azure SQL-Datenbank verwendet die gleiche Infrastruktur für Berechtigungen wie SQL Server 2017. Das heißt, dass Datenbank- und Anwendungsrollen unterstützt werden und Sie mit den DCL-Anweisungen (Data Control Language) `GRANT` und `REVOLKE` sehr detaillierte Berechtigungen für Datenbankobjekte und Operationen festlegen können. Mehr darüber erfahren Sie in Kapitel 6.

Bei jeder neuen Datenbank ist die transparente Datenverschlüsselung (Transparent Data Encryption, TDE) standardmäßig eingeschaltet. Das war nicht immer so, und wenn Ihre Datenbank schon etwas älter ist, sollten Sie überprüfen, ob TDE darin wirklich aktiviert ist. Durch TDE werden nicht nur die Datenbankdateien verschlüsselt, sondern auch die georeplizierten Sicherungen. Mehr über Sicherungen erfahren Sie im Abschnitt »Vorbereitungen für die Notfallwiederherstellung« weiter hinten in diesem Kapitel. TDE wird in Kapitel 7 beschrieben.

Weitere Sicherheitsfunktionen, die Azure SQL-Datenbank mit SQL Server 2017 gemeinsam hat, sind die dynamische Datenmaskierung, die Sicherheit auf Zeilenebene und Always Encrypted. Damit werden wir uns in Kapitel 7 ausführlicher beschäftigen.

Server- und Datenbankfirewall

Der Zugriff auf einen Server erfolgt über einen FQDN, der einer öffentlichen IP-Adresse zugeordnet ist. Um die Umgebung sicher zu gestalten, ist es erforderlich, mit Firewalleinträgen festzulegen, welche IP-Adressen Verbindung mit dem logischen Server oder der Datenbank aufnehmen können.

Hinweis

Sie können einen Server auch mit einem virtuellen Netzwerk verknüpfen, das eine verstärkte Netzwerksicherheit bietet. Verwaltete Instanzen sind zurzeit grundsätzlich mit einem virtuellen Netzwerk verknüpft.

Wenn Sie im Azure-Portal einen neuen Server erstellen, lässt die Serverfirewall standardmäßig Verbindungen von *jeglichen* Azure-Ressourcen zu. Das mag zwar bequem sein, macht den Server aber für nicht autorisierte Verbindungsversuche durch Angreifer anfällig, die dazu nicht mehr tun müssen, als einen Azure-Dienst wie eine Web-App zu erstellen. Bei Servern, die mit anderen Methoden erstellt wurden, etwa mit PowerShell, sind keine Standardregeln für die Firewall eingerichtet. Dort werden sämtliche Verbindungsversuche abgelehnt, bis Sie mindestens eine Zulassungsregel aufstellen.

Firewallregeln auf Datenbankebene haben Vorrang vor den Serverfirewallregeln. Wenn Sie Datenbankfirewallregeln aufgestellt haben, können Sie die Serverfirewallregeln entfernen und haben dann immer noch Zugriff auf die Datenbank. Allerdings ist es sinnvoller, die Firewallregeln auf Serverebene einzurichten, wenn Sie auf einem Server mehrere Datenbanken haben, die Verbindungen von denselben IP-Adressen akzeptieren müssen. Auch für die Verwaltung ist es bequemer, Serverfirewallregeln zur Verfügung zu haben.

Die Serverfirewallregeln finden Sie in der Katalogsicht `sys.firewall_rules` der virtuellen Masterdatenbank, die Datenbankfirewallregeln in der Katalogsicht `sys.database_firewall_rules` in der jeweiligen Benutzerdatenbank. Dadurch lassen sich Datenbanken leichter portieren, was in Kombination mit Benutzern eigenständiger Datenbanken vorteilhaft sein kann. Insbesondere bei Verwendung der Georeplikation, die wir im Abschnitt »Vorbereitungen für die Notfallwiederherstellung« weiter hinten in diesem Kapitel beschreiben werden, kann die Verwendung portierbarer Datenbanken unerwartete Verbindungsfehler beim Failover zu einem anderen Server verhindern.

▶ **Mehr über eigenständige Datenbanken erfahren Sie in Kapitel 6.**

Einstellen der Serverfirewall

Die Firewallregeln auf Serverebene können Sie im Azure-Portal, mit PowerShell, der Azure-Befehlszeile und T-SQL aufstellen. Wie Sie bereits gelesen haben, kann es vorkommen, dass SQL Server Management Studio Sie beim Einrichten einer Verbindung dazu auffordert, eine Firewallregel aufzustellen, allerdings sollten Sie diese Methode nicht verwenden, um Firewallregeln für die Infrastruktur Ihrer Anwendung festzulegen. Für eine neue Firewallregel müssen Sie Folgendes angeben:

- **Regelname** Der Name der Regel hat keine Auswirkungen auf die Funktion der Firewall, sondern dient nur dazu, Administratoren darüber zu informieren, wozu die Regel da ist. Dieser Name darf höchstens 128 Zeichen umfassen und muss auf dem Server eindeutig sein.
- **Start-IP-Adresse** Die erste IP4-Adresse des Bereichs zulässiger Adressen.
- **End-IP-Adresse** Wenn die letzte IP4-Adresse mit der Startadresse identisch ist, lässt die Regel nur Verbindungen von genau einer Adresse zu. Eine Endadresse kleiner als die Startadresse kann dagegen nicht gewählt werden.

Hinweis

Im Azure-Portal können Sie immer nur eine Firewallregel auf einmal aufstellen. Wenn Sie eine neue Regel hinzugefügt haben, müssen Sie auf *Speichern* klicken, auch wenn es so aussieht, als würde die Benutzeroberfläche das Anlegen weiterer Regeln zulassen.

Expertentipp

Automatische Verwaltung von Firewallregeln

In einer dynamischen Umgebung, etwa wenn zahlreiche Azure Web App-Instanzen auf die Datenbanken auf einem Server zugreifen und dabei einer ständigen horizontalen und vertikalen Skalierung unterliegen, wird die Verwaltung der Firewallregeln schnell fehleranfällig und aufwendig. Anstatt jeder Azure-Ressource die Überwindung der Serverfirewall einzeln zu erlauben, sollten Sie die Verwaltung der Regeln automatisieren.

Der erste Schritt dazu besteht darin, eine Liste der zugelassenen IP-Adressen aufzustellen. Das können sowohl statische Adressen sein, etwa von einer lokalen Umgebung, als auch dynamische, z. B. von Azure-Webanwendungen oder virtuellen Maschinen. Um die aktuellen dynamischen IP-Adressen von Azure-Ressourcen abzurufen, können Sie das PowerShell-Modul `AzureRM` verwenden.

Anschließend durchlaufen Sie die Liste in einer Schleife, um die einzelnen Adressen in den aktuellen Firewallregeln zu finden und ggf. zu ergänzen. Außerdem können Sie alle IP-Adressen von den Regeln entfernen, die nicht auf der Liste der zulässigen Adressen stehen.

Um eine Serverfirewallregel zu erstellen, die den Zugriff von beliebigen Azure-Ressourcen zulässt, geben Sie `0.0.0.0` sowohl als Start- als auch als Endadresse an. Im PowerShell-Cmdlet `New-AzureRMSqlServerFirewallRule` können Sie stattdessen auch einfach den Parameter `-AllowAllAzureIPs` verwenden. Dabei müssen Sie keinen Regelnamen und weder eine Start- noch eine Endadresse angeben.

Troubleshooting

Wenn Ihnen SQL Server Management Studio anbietet, eine Serverfirewallregel anzulegen, müssen Sie sich mit einem Azure AD-Benutzerkonto anmelden, dessen Standardverzeichnis mit dem Verzeichnis für das Abonnement übereinstimmt, in dem sich der logische Server befindet. Wenn das nicht der Fall ist, schlägt die Erstellung der Firewallregel mit dem HTTP-Statuscode 401 fehl.

Einstellen der Datenbankfirewall

Für die Einrichtung von Firewallregeln auf Datenbankebene muss bereits eine Verbindung mit der Datenbank bestehen, was bedeutet, dass Sie zumindest vorübergehend eine Serverfirewallregel aufstellen müssen, um überhaupt in der Lage zu sein, Datenbankfirewallregeln anzulegen.

Die Datenbankregeln können Sie nur mit T-SQL erstellen und verwalten. In Azure SQL-Datenbank gibt es dazu die folgenden gespeicherten Prozeduren:

- `sp_set_database_firewall_rule` Diese gespeicherte Prozedur erstellt eine neue Firewallregel oder aktualisiert eine bestehende Regel.
- `sp_delete_database_firewall_rule` Diese gespeicherte Prozedur löscht die mit Namen angegebene Datenbankfirewallregel.

Das folgende T-SQL-Skript erstellt eine neue Datenbankfirewallregel, die Verbindungen von einer einzelnen (fiktiven) IP-Adresse zulässt, aktualisiert sie dann, um die einzelne Adresse zu einem Adressbereich zu erweitern, und löscht sie schließlich:

```
EXEC sp_set_database_firewall_rule N'Headquarters', '1.2.3.4', '1.2.3.4';
EXEC sp_set_database_firewall_rule N'Headquarters', '1.2.3.4', '1.2.3.6';
SELECT * FROM sys.database_firewall_rules;
EXEC sp_delete_database_firewall_rule N'Headquarters';
```

Zugriffssteuerung mit Azure AD

Für die Einrichtung der einmaligen Anmeldung (Single Sign-On, SSO), eine Vereinfachung der Verwaltung von Anmeldungen und eine sichere Authentifizierung für Anwendungsidentitäten können Sie die Azure AD-Authentifizierung auf dem Server einschalten. Dabei erhalten Azure AD-Benutzer und -Gruppen die gleichen Berechtigungen wie die Anmeldung für den Serveradministrator. Außerdem können Sie Benutzer eigenständiger Datenbanken erstellen, die auf Azure AD-Prinzipale verweisen. Das bedeutet, dass sich Benutzerkonten und Gruppen in einer Azure AD-Domäne an den Datenbanken authentifizieren können, ohne dafür eine SQL Server-Anmeldung zu brauchen.

Wenn sich die Azure AD-Domäne im Verbund mit einer Domäne der Active Directory-Domänendienste befindet, können Sie eine echte einmalige Anmeldung wie bei einer lokalen Bereitstellung erreichen. Dabei werden alle externen Benutzer und Microsoft-Konten ausgeschlossen, die zu dem Verzeichnis hinzugefügt wurden. Nur IDs aus dem Verbund können diese Einrichtung nutzen. Außerdem ist dazu ein Client erforderlich, der diese Vorgehensweise unterstützt. Zurzeit steht dafür nur SQL Server Management Studio zur Verfügung.

Hinweis

Der Prinzipal, den Sie als Active Directory-Administrator für den Server einrichten, muss sich in dem Verzeichnis für das Abonnement befinden, zu dem der Server gehört. Das mit einem Abonnement verknüpfte Verzeichnis kann geändert werden, aber das wirkt sich auch auf andere Konfigurationsaspekte aus, z. B. auf die rollenbasierte Zugriffssteuerung, die wir uns im nächsten Abschnitt ansehen.

Einen Active Directory-Administrator für einen Server können Sie im Azure-Portal, mit PowerShell und an der Azure-Befehlszeile festlegen. In PowerShell verwenden Sie dazu das Cmdlet `Set-AzureRmSqlServerActiveDirectoryAdministrator`. Der Parameter `-DisplayName` verweist dabei auf den Azure AD-Prinzipal. Wenn Sie diesen Parameter verwenden, um ein Benutzerkonto zu einem Administrator zu machen, können Sie als Wert den Anzeigenamen des Benutzers oder den Benutzerprinzipalnamen (User Principal Name, UPN) angeben. Wollen Sie eine Gruppe zum Administrator machen, können Sie hier nur den Anzeigenamen dieser Gruppe verwenden.

Troubleshooting

Festlegen des Active Directory-Administrators bei nicht eindeutigem Anzeigenamen der Gruppe

Wenn der Anzeigename der Gruppe, die Sie als Administrator festlegen wollen, im Verzeichnis nicht eindeutig ist, müssen Sie den optionalen Parameter `-ObjectID` angeben. Die erforderliche Objektkennung finden Sie im Portal unter den Eigenschaften der Gruppe.

Hinweis

Wenn Sie einen Azure AD-Prinzipal als Serveradministrator einrichten wollen, sollten Sie dazu lieber eine Gruppe statt eines einzelnen Benutzerkontos verwenden.

Nachdem Sie einen Azure AD-Prinzipal als Active Directory-Administrator für den Server eingerichtet haben, können Sie Benutzer eigenständiger Datenbanken in den Datenbanken auf dem Server erstellen. Solche Benutzer für Azure AD-Prinzipale müssen von anderen Azure AD-Prinzipalen angelegt werden. Benutzer, die mit der SQL Server-Authentifizierung authentifiziert werden, können Azure AD-Prinzipalnamen nicht validieren. Daher ist es selbst der Anmeldung für den Serveradministrator nicht möglich, Benutzer eigenständiger Datenbanken für Azure AD-Prinzipale zu erstellen. Solche Benutzer werden mit der T-SQL-Anweisung `CREATE USER` und der Klausel `FROM EXTERNAL PROVIDER` angelegt. In den folgenden Beispielen werden externe Benutzer für ein Azure AD-Benutzerkonto mit dem Benutzerprinzipalnamen `l.penor@contoso.com` bzw. für die Azure AD-Gruppe `Sales Managers` angelegt:

```
CREATE USER [l.penor@contoso.com] FROM EXTERNAL PROVIDER;
CREATE USER [Sales Managers] FROM EXTERNAL PROVIDER;
```

Standardmäßig sind neu erstellte Benutzer eigenständiger Datenbanken Mitglieder der Datenbankrolle `PUBLIC` und erhalten die Berechtigung `CONNECT`. Sie können sie aber auch wie andere Datenbankbenutzer zusätzlichen Rollen hinzufügen und ihnen weitere Berechtigungen einräumen. Mehr über Berechtigungen und Rollen erfahren Sie in Kapitel 6.

Troubleshooting

Benutzer können mit ihren Azure AD-Anmeldeinformationen keine Verbindung aufnehmen

Auf der Arbeitsstation, von der aus die Benutzer Verbindung aufnehmen, müssen .NET Framework 4.6 oder höher und Microsoft Active Directory Authentication Library for Microsoft SQL Server installiert sein. Bei der Verwendung bestimmter Werkzeuge für Entwickler und Datenbankadministratoren sind diese Voraussetzungen bereits erfüllt, allerdings ist das auf Arbeitsstationen von Benutzern nicht zwangsläufig der Fall. Sie können diese Voraussetzungen im Microsoft Download Center erhalten.

Sie können auch Azure AD-Anwendungsidentitäten als externe Benutzer hinzufügen. Damit eine Anwendungsidentität auf eine Datenbank zugreifen kann, muss auf dem System, auf dem die Anwendung läuft, ein Zertifikat installiert sein.

▶ **Weitere Informationen sowie ein Beispiel finden Sie in dem SQL Server-Sicherheitsblog auf *https://blogs.msdn.microsoft.com/sqlsecurity/2016/02/09/token-based-authentication-support-for-azure-sql-db-using-azure-ad-auth*.**

Rollenbasierte Zugriffssteuerung

Bei allen bisher beschriebenen Operationen haben wir vorausgesetzt, dass Ihr Benutzerkonto die erforderlichen Berechtigungen hat, um Server, Datenbanken und Pools zu erstellen und zu verwalten. Ist Ihr Konto der Serveradministrator oder ein Co-Administrator, so sind Ihre Möglichkeiten zum Hinzufügen, Verwalten und Löschen von Ressourcen unbeschränkt. In den meisten Firmenumgebungen ist jedoch eine genauere Kontrolle über die Berechtigungen zum Erstellen und Verwalten von Ressourcen erforderlich. Mit der rollenbasierten Zugriffssteuerung (Role-Based Access Control, RBAC) von Azure können Administratoren den Azure AD-Benutzern, -Gruppen und -Dienstprinzipalen Berechtigungen auf der Ebene des Abonnements, der Ressourcengruppe oder der Ressource zuweisen.

Für RBAC gibt es mehrere integrierte Rollen, zu denen Sie Azure AD-Prinzipale hinzufügen können. Diese Rollen verfügen über einen festen Satz von Berechtigungen. Wenn diese integrierten Rollen für Ihre Zwecke nicht geeignet sind, können Sie jedoch auch eigene anlegen.

▶ **Eine umfassende Aufstellung der integrierten Rollen und ihrer Berechtigungen finden Sie auf *https://docs.microsoft.com/azure/active-directory/role-based-access-built-in-roles*.**

Drei der integrierten Rollen sind eigens für Azure SQL-Datenbank da:

- **SQL-DB-Mitwirkender** Mitglieder dieser Rolle können Azure SQL-Datenbanken erstellen und verwalten, aber keine Sicherheitseinstellungen. Beispielsweise kann ein Mitglied dieser Rolle eine neue Datenbank auf einem vorhandenen Server anlegen und Warnungsregeln aufstellen.
- **SQL-Sicherheits-Manager** Mitglieder dieser Rolle können Sicherheitseinstellungen von Datenbanken und Servern verwalten, also z. B. Überwachungsrichtlinien für eine vorhandene Datenbank erstellen. Sie können jedoch keine neuen Datenbanken anlegen.
- **SQL Server-Mitwirkender** Mitglieder dieser Rolle können Server erstellen und verwalten, aber weder Datenbanken noch Sicherheitseinstellungen.

Beachten Sie, dass diese Berechtigungen nichts mit dem Zugriff auf Server und Datenbanken zu tun haben, sondern mit der Verwaltung von Ressourcen in Azure. Benutzer, die diesen RBAC-Rollen zugewiesen wurden, erhalten keinerlei Berechtigungen in der Datenbank, nicht einmal die Berechtigung `CONNECT`.

Hinweis

Konkret bedeutet das, dass ein Azure AD-Benutzer mit der Rolle SQL Server-Mitwirkender zwar einen Server erstellen und damit den Benutzernamen und das Kennwort der Anmeldung für den Serveradministrator festlegen kann, sein Azure AD-Konto aber trotzdem keine Berechtigungen für die Datenbank erhält. Soll dieser Azure AD-Benutzer auch Berechtigungen für die Datenbank haben, darunter diejenigen zum Erstellen neuer Benutzer und Rollen, müssen Sie das in diesem Abschnitt beschriebene Verfahren anwenden, um die Azure AD-Integration einzurichten und einen externen Datenbankbenutzer für das Azure AD-Konto zu erstellen.

Überwachung und Bedrohungserkennung

Azure SQL-Datenbank enthält Funktionen zur Überwachung und Bedrohungserkennung, die die Datenbankaktivitäten mithilfe von Azure-Tools beobachten. In lokalen Bereitstellungen werden oft *erweiterte Ereignisse* zur Überwachung verwendet. SQL Server nutzt solche erweiterten Ereignisse für die in Kapitel 7 beschriebene Funktion SQL Server Audit. In Azure SQL-Datenbank ist diese Funktion nicht in der gleichen Form enthalten, es steht aber ein Großteil der erweiterten Ereignisse zur Verfügung.

▶ **Weitere Informationen über die Unterstützung für erweiterte Ergebnisse erhalten Sie auf *https://docs.microsoft.com/azure/sql-database/sql-database-xevent-db-diff-from-svr*.**

Die Überwachungsfunktion von Azure SQL-Datenbank erstellt einen Bericht der Aktivitäten in der Datenbank. Zu den Aktivitäten, die überwacht werden können, gehören Berechtigungsänderungen, T-SQL-Batchausführung und Änderungen an der Überwachung selbst. Zurzeit gibt es keine offizielle Liste der unterstützten Überwachungsaktionen.

▶ **Überwachungsaktionen sind in Aktionsgruppen gegliedert, und eine Liste der Aktionsgruppen finden Sie in der PowerShell-Referenz für das Cmdlet** `Set-AzureRmSqlDatabaseAuditing` **auf** ***https://docs.microsoft.com/powershell/module/azurerm.sql/set-azurermsqldatabaseauditing*.**

Die Überwachung und die Bedrohungserkennung sind zwei verschiedene, aber zusammenhängende Funktionen: Eine Bedrohungserkennung ist nur bei eingeschalteter Überwachung möglich. Die beiden Funktionen werden auch auf demselben Blatt im Azure-Portal eingerichtet. Die Überwachung steht kostenlos zur Verfügung, während für die Aktivierung der Bedrohungserkennung eine monatliche Gebühr pro Server fällig ist.

Beide Funktionen können serverweit und für einzelne Datenbanken eingeschaltet werden. Ist die Überwachung auf dem Server aktiviert, so werden alle auf dem Server gehosteten Datenbanken überwacht. Nachdem Sie die Überwachung auf dem Server eingeschaltet haben, können Sie sie nach wie vor auf Datenbankebene aktivieren. Dabei werden keine Einstellungen auf Serverebene überschrieben, sondern zwei verschiedene Überwachungen eingerichtet, was aber normalerweise nicht wünschenswert ist.

Die Überwachung protokolliert die Server- und Datenbankereignisse in einem Azure-Speicherkonto, das sich in derselben Region befinden muss wie der Server. Das ist eine sinnvolle Voraussetzung, denn schließlich wollen Sie weder Gebühren für die Übertragung von Überwachungsdaten zahlen noch die Latenz einer solchen Übertragung in Kauf nehmen.

Einrichten der Überwachung

Um die Überwachung einzurichten, müssen Sie ein Azure-Speicherkonto erstellen oder auswählen. Wir empfehlen, die Protokollierung für alle Datenbanken in einem einzigen Speicherkonto gesammelt zu erfassen, denn dadurch können Sie sich einen Gesamtüberblick über die Überwachungsereignisse verschaffen.

Sie müssen auch festlegen, wie lange die Überwachungsprotokolle aufbewahrt werden sollen. Dabei können Sie sich für eine unbegrenzte Aufbewahrung oder einen festen Zeitraum entscheiden. Diese Aufbewahrungsdauer können Sie tagesgenau bis zu einem Höchstwert von neun Jahren angeben.

Hinweis

Zurzeit gibt es zwei Arten der Überwachung, nämlich die Blob- und die Tabellenüberwachung. Die Tabellenüberwachung gilt schon eine Weile als veraltet, weshalb Sie sie nicht verwenden sollten, wenn Sie die Überwachung neu einrichten. Die Beschreibungen in diesem Abschnitt beziehen sich auf die Blobüberwachung.

Das folgende PowerShell-Skript richtet die Überwachung für die Datenbank `Contoso` auf dem Server `ssio2017` ein:

```
$resourceGroupName = 'SSIO2017'
$location = "southcentralus"
$serverName = $resourceGroupName.ToLower()
$databaseName = 'Contoso'
```

```
$storageAccountName = "azuresqldbaudit"
# Erstellt ein neues Speicherkonto
$storageAccount = New-AzureRmStorageAccount -ResourceGroupName $resourceGroupName `
    -Name $storageAccountName -Location $location -Kind Storage `
    -SkuName Standard_LRS -EnableHttpsTrafficOnly $true
# Verwendet das neue Speicherkonto zur Einrichtung der Überwachung
$auditSettings = Set-AzureRmSqlDatabaseAuditing `
    -ResourceGroupName $resourceGroupName `
    -ServerName $serverName -DatabaseName $databaseName `
    -StorageAccountName $storageAccountName -StorageKeyType Primary `
    -RetentionInDays 365 -State Enabled
```

Das erste Cmdlet in diesem Skript erstellt das neue Speicherkonto `azuresqldbaudit`. Dieser Name muss global eindeutig sein, weshalb Sie ihn durch einen Namen Ihrer Wahl ersetzen müssen, bevor Sie das Skript ausführen können. Die Namen von Speicherkonten dürfen nur Kleinbuchstaben und Ziffern enthalten. (Weitere Informationen über das Cmdlet `New-AzureRmStorageAccount` erhalten Sie auf *https://docs.microsoft.com/powershell/module/azurerm.storage/new-azurermstorageaccount*.) Das zweite Cmdlet, `Set-AzureRmSqlDatabaseAuditing`, richtet die Überwachung der Datenbank mithilfe des neuen Speicherkontos ein und aktiviert sie. Die Aufbewahrungsdauer für die Überwachungsprotokolle wurde auf 365 Tage festgelegt.

Hinweis

Um die Überwachung serverweit einzurichten, verwenden Sie das Cmdlet `Set-AzureRmSqlServerAuditing`.

Standardmäßig werden alle Aktionen überwacht. Im Azure-Portal können Sie nicht einstellen, welche Ereignisse überwacht werden. Stattdessen müssen Sie in PowerShell (oder der REST-API) die Aktionsgruppen angeben, die überwacht werden sollen. Der Parameter `-AuditActionGroup` nimmt ein Stringarray entgegen, das die zu überwachenden Aktionsgruppen angibt.

▶ **Eine Liste der Gruppennamen finden Sie auf *https://docs.microsoft.com/powershell/module/azurerm.sql/set-azurermsqldatabaseauditingpolicy#optional-parameters*.**

Anzeigen von Überwachungsprotokollen

Es gibt verschiedene Methoden für den Zugriff auf die Überwachungsprotokolle. Welche Sie davon verwenden, hängt vor allem von Ihren Vorlieben sowie von den Werkzeugen ab, die auf Ihrer Arbeitsstation zur Verfügung stehen. Die Reihenfolge, in der wir die Vorgehensweisen in diesem Abschnitt beschreiben, hat keine Bedeutung.

▶ **Eine vollständige Liste der Methoden für den Zugriff auf die Überwachungsprotokolle finden Sie auf *https://docs.microsoft.com/azure/sql-database/sql-database-auditing#subheading-3*.**

Wenn Sie die jüngsten Überwachungsereignisse möglichst schnell überprüfen wollen, können Sie sich die Protokolle im Azure-Portal ansehen. Klicken Sie dazu auf dem Blatt *Überwachung & Bedrohungserkennung* für eine Datenbank auf *Überwachungsprotokolle anzeigen*, um das Blatt *Überwachungsdatensätze* zu öffnen. Dieses Blatt zeigt die aktuellsten Überwachungsprotokolle. Sie können sie filtern, sodass beispielsweise nur die Ereignisse nach einem bestimmten Zeitpunkt oder nur Einträge mit Verdacht auf SQL-Injektion angezeigt werden. Diese Vorgehensweise ist jedoch ziemlich eingeschränkt, da Sie dabei nicht in der Lage sind, die Überwachungsprotokolle verschiedener Datenbanken zu kombinieren, und nur über minimale Filtermöglichkeiten verfügen.

Mehr Möglichkeiten bietet SQL Server Management Studio. Ab Version 2017 können Sie darin die Überwachungsprotokolle direkt im Azure-Speicher öffnen. Alternativ können Sie die Protokolle auch mit dem Azure Storage Explorer herunterladen und dann in älteren Versionen von SQL Server Management Studio oder Drittanbieterwerkzeugen öffnen. Die Überwachungsprotokolle werden im Blobcontainer `sqldbauditlogs` des ausgewählten Speicherkontos gespeichert. Dieser Container weist eine hierarchische Ordnerstruktur auf: *Name_des_logischen_Servers\Datenbankname\SqldbAuditing_Überwachungsname\yyyymmdd*. Die Blobs innerhalb des Datumsordners sind die Überwachungsprotokolle für das jeweilige Datum (das in UTC angegeben ist). Sie liegen als Binärdateien für erweiterte Ereignisse (*.xel*) vor.

Hinweis

Der Azure Storage Explorer ist ein kostenloses Tool von Microsoft. Sie können es von *https://azure.microsoft.com/features/storage-explorer* herunterladen.

Um die Überwachungsprotokolle in SQL Server Management Studio zu öffnen, klicken Sie im Menü *Datei* auf *Öffnen* und dann auf *Überwachungsdateien zusammenführen*, um das gleichnamige Dialogfeld aus Abb. 5.4 zu öffnen.

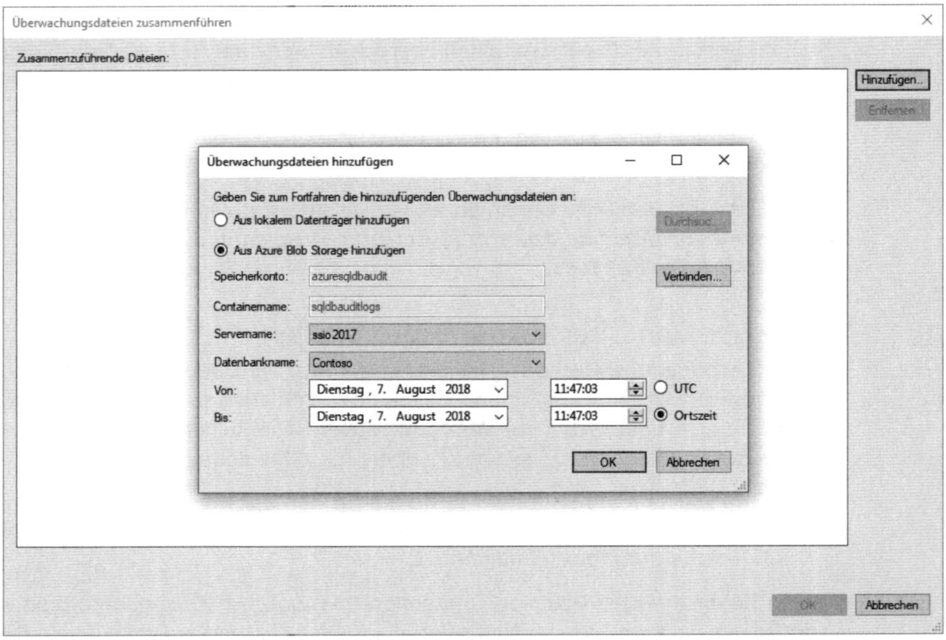

Abbildung 5.4 In SQL Server Management Studio 2017 und höher können Sie Überwachungsdateien aus mehreren Azure SQL-Datenbanken direkt im Azure-Speicherkonto öffnen und zusammenführen.

Eine dritte Möglichkeit zur Untersuchung der Überwachungsprotokolle bietet die T-SQL-Funktion `sys.fn_get_audit_file`. Damit können Sie die Überwachungsprotokolle auch in einem Programm auswerten. Sie kann mit lokal heruntergeladenen Dateien arbeiten, Sie können die Dateien aber auch direkt vom Azure-Speicherkonto beziehen. Um Letzteres zu tun, müssen Sie die Abfrage über eine Verbindung zu der Datenbank ausführen, auf dessen Protokolle Sie zugreifen möchten. Das folgende T-SQL-Beispielskript fragt alle Überwachungsereignisse ab, die seit dem 19. August 2017 für die Datenbank `Contoso` auf dem Server `ssio2017` im Speicherkonto `azuresqldbaudit` protokolliert wurden:

```
SELECT * FROM sys.fn_get_audit_file ('https://azuresqldbaudit.blob.core.windows.net/
sqldbauditlogs/ssio2017/Contoso/SqlDbAuditing_Audit/2017-08-29/', default,
default);
```

▶ **Weitere Informationen über die Funktion `sys.fn_get_audit_file` erhalten Sie auf *https://docs.microsoft.com/sql/relational-databases/system-functions/sys-fn-get-audit-file-transact-sql*.**

Einrichten der Bedrohungserkennung

Wenn die Überwachung aktiviert ist, können Sie optional auch die Bedrohungserkennung einschalten. Sie untersucht die Überwachungsprotokolle auf Anomalien und alarmiert die Azure-Serveradministratoren und Co-Administratoren oder die angegebenen E-Mail-Empfänger. Dabei können drei verschiedene Arten von Bedrohungen erkannt werden:

- **SQL-Injektion** Es werden Vorgänge erkannt, bei denen es sich um SQL-Injektionsangriffe handeln kann.
- **Anfälligkeit für SQL-Injektion** Es werden Schwachstellen in den ausgeführten Abfragen erkannt, die SQL-Injektionsangriffe ermöglichen können.
- **Anomale Clientanmeldung** Es werden ungewöhnliche Anmeldungen erkannt, beispielsweise von einem geografischen Standort, von dem aus sich der betreffende Benutzer zuvor noch nie angemeldet hat.

Wenn Sie einzelne dieser drei Erkennungstypen nicht überwachen wollen, können Sie sie separat ausschalten.

Expertentipp

Welche Aktionsgruppen für die Überwachung muss ich einschalten, damit die Bedrohungserkennung funktioniert?

Für die Bedrohungserkennung ist es erforderlich, dass die Überwachung für die Datenbank oder den Server eingeschaltet ist. Eine Verwendung bestimmter Aktionsgruppen ist jedoch nicht nötig.

Um erkannte Bedrohungen wirkungsvoll analysieren zu können, werden jedoch die Aktionsgruppen `BATCH_COMPLETED_GROUP`, `SUCCESSFUL_DATABASE_AUTHENTICATION_GROUP` und `FAILED_DATABASE_AUTHENTICATION_GROUP` empfohlen.

Wenn Sie diese Gruppen einschalten, erhalten Sie detaillierte Angaben über die Ereignisse, die die Bedrohungserkennung ausgelöst haben.

Vorbereitungen für die Notfallwiederherstellung

Dass Ihre Daten auf der Infrastruktur von Microsoft untergebracht sind, heißt nicht, dass Sie sich die Vorbereitung auf Notfälle ersparen können. Azure bietet einen hohen Grad an Verfügbarkeit, doch trotzdem besteht ein gewisses Risiko für Ihre Daten aufgrund von menschlichem Versagen oder höherer Gewalt. Azure SQL-Datenbank bietet einige Standard- und einige optionale Funktionen, mit denen Sie für eine hohe Verfügbarkeit Ihrer Datenbanken sorgen können.

Standardfunktionen für die Notfallwiederherstellung

Die Azure-Infrastruktur kümmert sich selbst um einige grundlegende Aufgaben zur Vorbereitung auf die Notfallwiederherstellung, auch wenn Sie nach der Bereitstellung der Datenbank keine weiteren Schritte in dieser Richtung unternehmen. Die erste dieser Maßnahmen ist die Replikation der Datendateien über die Fehler- und Upgradedomänen in den regionalen Rechenzentren hinweg. Diese Replikation können Sie weder beobachten noch steuern, aber sie findet statt. Vergleichbar ist sie mit der Verwendung von AlwaysOn-Verfügbarkeitsgruppen oder der Speicherschichtreplikation in lokalen Installationen. Die konkrete Methode zur Replikation der Datenbankdateien innerhalb eines Rechenzentrums hängt von der Preisstufe ab (siehe den Abschnitt »Auswählen von Preisstufe und Dienstziel« weiter vorn). Außerdem ist damit zu rechnen, dass sich die Vorgehensweisen, mit denen Microsoft für lokale Hochverfügbarkeit sorgt, im Rahmen der Weiterentwicklung von Azure SQL-Datenbank ändern.

Auch regelmäßige Sicherungen werden ohne Ihr Zutun eingerichtet. Dabei werden eine vollständige Sicherung pro Woche, differenzielle Sicherungen alle paar Stunden und Transaktionsprotokollsicherungen alle fünf bis zehn Minuten geplant. Die genauen Zeitpunkte der Sicherungen legt Azure auf der Grundlage der Gesamtlast auf dem System und der Aktivität in der Datenbank fest. Die Aufbewahrungszeit der Sicherungen hängt von der Preisstufe ab.

Mithilfe dieser Sicherungen können Sie die Datenbank im Rahmen der Aufbewahrungsdauer zeitpunktgenau wiederherstellen. Außerdem können Sie damit eine Datenbank, die versehentlich von einem Server gelöscht wurde, auf demselben Server wiederherstellen. Denken Sie aber daran, dass beim Löschen eines Servers alle Datenbanken und Sicherungen unwiederbringlich entfernt werden. Vorsichtshalber sollten Sie einen Server niemals vor Ablauf der Aufbewahrungszeit löschen. Schließlich kostet es Sie nichts, einen Server ohne Datenbanken vorzuhalten.

Eine Datenbank kann auch in einer anderen Azure-Region wiederhergestellt werden, was als Geowiederherstellung bezeichnet wird. Dabei werden die Sicherungen mithilfe der Azure Storage-Replikation in die andere Region georepliziert und dort wiederhergestellt. Ist in einer Datenbank TDE eingeschaltet, werden die Sicherungen außerdem verschlüsselt.

Diese Standardmaßnahmen sind zwar sehr wertvoll für die Notfallwiederherstellung, reichen für Produktionsdatenbanken aber sehr wahrscheinlich nicht aus. Beispielsweise beträgt die geschätzte Wiederherstellungszeit für die Geowiederherstellung weniger als zwölf Stunden bei einer Vorgabe für den Wiederherstellungszeitpunkt von weniger als einer Stunde. Außerdem können Sicherungen auf den Preisstufen Standard, Premium und Premium RS nur maximal 35 Tage und auf der Preisstufe Basic sogar nur sieben Tage lang aufbewahrt werden. Diese Werte sind für geschäftskritische Datenbanken sehr wahrscheinlich ungeeignet, weshalb Sie sich die in den folgenden Abschnitten optionalen Funktionen zur Notfallwiederherstellung ansehen und nach Bedarf einrichten sollten, um das Risiko in Ihrer Umgebung auf ein akzeptables Niveau zu drücken.

Manuelle Datenbanksicherung

Es kann erforderlich sein, eine Datenbank über die im vorherigen Abschnitt erwähnten automatischen Sicherungen hinaus auch manuell zu sichern, etwa wenn Sie eine Datenbank in einer lokalen oder IaaS-Umgebung wiederherstellen müssen. Ein weiterer Grund kann darin bestehen, dass Sie die Sicherungen länger aufbewahren möchten, als es bei den automatischen Sicherungen möglich ist. Lesen Sie dazu aber den Abschnitt »Langfristige Aufbewahrung von Sicherungen mit Azure Backup« weiter hinten in diesem Kapitel, um sich mit allen Optionen für die langfristige Archivierung vertraut zu machen.

Der Begriff »Sicherung« ist in diesem Falle nicht ganz angebracht, da die Datenbank bei einer manuellen Sicherung in Wirklichkeit in eine BACPAC-Datei exportiert wird. (Mehr über BACPAC-Dateien erfahren Sie in Kapitel 4.) Ein wesentlicher Unterschied zwischen einer Datenbanksicherung und einem Export besteht darin, dass bei einem Export keine transaktionale Konsistenz garantiert wird. Die einzelnen DML-Anweisungen in einer Transaktion können beim Export vor oder nach dem Extrahieren der Daten aus verschiedenen Tabellen abgeschlossen sein. Das kann unvorhersehbare Folgen haben und sogar verhindern, dass sich der Export ohne Entfernen von Fremdschlüsseleinschränkungen wiederherstellen lässt.

In Azure SQL-Datenbank ist jedoch mithilfe einer dreistufigen Vorgehensweise ein transaktional konsistenter Export möglich: Als Erstes kopieren Sie dabei die Datenbank. Die transaktionale Konsistenz einer Kopie ist garantiert. Anschließend exportieren Sie die Kopie. Da keine Anweisungen auf die Kopie zugreifen, findet während des Exports auch keine Datenbearbeitung statt. Um nicht weiterhin für die Kopie zahlen zu müssen, löschen Sie sie schließlich. Diesen Vorgang können Sie zwar im Azure-Portal ausführen, aber da er aus mehreren Schritten besteht, von denen einige ziemlich lange dauern können, ist es sinnvoll, ein PowerShell-Skript anzuwenden.

Das Ziel für den Export einer Datenbank ist ein Azure-Blob, weshalb Sie ein Speicherkonto benötigen. Im folgenden Skript wird der Name für die Kopie der Datenbank aus dem Namen der vorhandenen Datenbank und der aktuellen Uhrzeit gebildet:

```
# Richtet Variablen ein
$resourceGroupName = 'SSIO2017'
$location = "southcentralus"
$serverName = $resourceGroupName.ToLower()
$databaseName = 'Contoso'
# Bestimmt einen Namen für die Kopie der Datenbank
$d = (Get-Date).ToUniversalTime()
$databaseCopyName = "$databaseName-Copy-" + ($d.ToString("yyyyMMddHHmmss"))
$storageAccountName = 'azuresqldbexport'
# Fragt die Anmeldung für den Serveradministrator interaktiv
# nach Benutzernamen und Kennwort
$cred = Get-Credential
# Erstellt ein neues Azure-Speicherkonto
$storAcct = New-AzureRmStorageAccount -ResourceGroupName $resourceGroupName `
    -Name $storageAccountName -Location $location `
    -SkuName Standard_LRS
```

```
# Ruft die Zugriffsschlüssel für das neue Speicherkonto ab
$storageKey = Get-AzureRmStorageAccountKey -ResourceGroupName $resourceGroupName `
    -Name $storageAccountName
# Legt eine Kopie der Datenbank auf derselben Preisstufe wie das Original an
$newDB = New-AzureRmSqlDatabaseCopy -ResourceGroupName $resourceGroupName `
    -ServerName $serverName -DatabaseName $databaseName `
    -CopyDatabaseName $databaseCopyName
# Bereitet weitere Variablen als Speicherorte für die BACPAC-Datei vor
$containerName = "mydbbak"
$container = New-AzureStorageContainer -Context $storAcct.Context -Name
$bacpacUri = $container.CloudBlobContainer.StorageUri.PrimaryUri.ToString() + "/" + `
    $databaseCopyName + ".bacpac"
# Löst den Export der Datenbankkopie aus; siehe Firewall-Fehlerbehebung
$exportRequest = New-AzureRmSqlDatabaseExport -ResourceGroupName
$resourceGroupName `
    -ServerName $NewDB.ServerName -DatabaseName $databaseCopyName `
    -StorageKeytype StorageAccessKey -StorageKey $storageKey[0].Value `
    -StorageUri $bacpacUri `
    -AdministratorLogin $cred.UserName -AdministratorLoginPassword $cred.Password
# Führt während des Exports eine Schleife aus
Do {
    $exportStatus = Get-AzureRmSqlDatabaseImportExportStatus `
        -OperationStatusLink $ExportRequest.OperationStatusLink
    Write-Host "Exporting... sleeping for 5 second..."
    Start-Sleep -Seconds 5
} While ($exportStatus.Status -eq "InProgress")
# Löscht die Kopie der Datenbank, um Gebühren dafür zu vermeiden
Remove-AzureRmSqlDatabase -ResourceGroupName $resourceGroupName `
    -ServerName $serverName -DatabaseName $databaseCopyName
```

Als Erstes wird ein neues Speicherkonto angelegt, und zwar in der Region, in der sich auch der Datenbankserver befindet, um Gebühren für regionsüberschreitenden Datenverkehr zu vermeiden. Anschließend erstellt das Skript eine Kopie der Datenbank auf demselben Datenbankserver. Diese Kopie wird danach unter Verwendung des neuen Speicherkontos exportiert. Da der Export asynchron erfolgt, wird eine Schleife eingesetzt, um zu bestimmen, wann der Vorgang abgeschlossen ist. Wenn das schließlich geschehen ist, wird die Kopie der Datenbank gelöscht. Der Name des Speicherkontos muss global eindeutig sein, weshalb Sie ihn wie in den vorherigen Beispielen ändern müssen, bevor Sie das Skript ausführen.

Das Skript gibt mehrere Zeilen mit Informationen aus. Wenn alles erfolgreich verlaufen ist, können Sie anschließend mit dem Azure Storage Explorer auf das neue Speicherkonto zugreifen und die BACPAC-Datei zur weiteren Bearbeitung herunterladen. Alternativ können Sie die Datei auch im Azure-Speicher belassen und später mit den entsprechenden Befehlen importieren, um eine Wiederherstellung auszuführen.

Troubleshooting

Für BACPAC-Exporte ist eine Firewallregel erforderlich, die alle Azure-Dienste zulässt

Der Exportdienst von Azure SQL-Datenbank kann überall in der Azure-Region des Quelldatenbankservers laufen. Da die IP-Adresse des Hosts, der diesen Dienst ausführt, im Voraus nicht bekannt ist, müssen Sie die Serverfirewall öffnen, damit alle Azure-IP-Adressen auf den Server zugreifen können. Weitere Informationen erhalten Sie im Abschnitt »Server- und Datenbankfirewall« weiter vorn in diesem Kapitel.

Georeplikation

Wenn Sie es sich nicht leisten können, dass Ihre Daten bei einer Notfallwiederherstellung bis zu zwölf Stunden unerreichbar sind, sollten Sie die Georeplikation nutzen. Dabei werden sämtliche Transaktionen auf eine oder mehrere sekundäre Datenbanken repliziert. Die Georeplikation nutzt die AlwaysOn-Funktion, die auch auf lokalen Installationen von SQL Server zur Verfügung steht.

Sie können die Georeplikation auf allen Preisstufen und in allen Regionen einrichten. Dazu müssen Sie einen Server in einer weiteren Region bereitstellen, was Sie aber auch im Rahmen der Konfiguration erledigen können, wenn Sie das Azure-Portal nutzen.

Wenn es in dem Rechenzentrum mit Ihrer primären Datenbank zu einem Problem kommt, werden Sie im Azure-Portal darüber informiert. Sie müssen dann einen manuellen Failover zu einer sekundären Datenbank durchführen – und zwar nur unter Verwendung der Georeplikation, da es keinen automatischen Failover gibt. (Weiter hinten werden wir uns jedoch noch mit Failovergruppen beschäftigen, die die Möglichkeit für einen automatischen Failover bieten.) Der Failover wird dadurch erreicht, dass Sie eine der sekundären Datenbanken zur primären machen.

Da die Replikation von der primären zur sekundären Datenbank asynchron erfolgt, können bei einem ungeplanten Failover Datenverluste auftreten. Die Vorgabe für den Wiederherstellungszeitpunkt, die den maximalen Datenverlust in Form einer Zeiteinheit ausdrückt, beträgt fünf Sekunden. Wenn tatsächlich ein Notfall auftritt, ist ein Datenverlust von nicht mehr als fünf Sekunden ein sinnvolles Ziel, doch bei Übungen zur Notfallwiederherstellung sind keinerlei Datenverluste akzeptabel. Ein geplanter Wechsel in eine andere Region, etwa während einer Übung oder zur dauerhaften Migration in diese Region, kann als geplanter Failover durchgeführt werden. Dabei tritt kein Datenverlust auf, da die ausgewählte sekundäre Datenbank erst dann zur primären gemacht wird, wenn die Replikation abgeschlossen ist.

Leider kann ein geplanter Failover nicht im Azure-Portal ausgelöst werden. Dazu müssen Sie das PowerShell-Cmdlet `Set-AzureRmSqlDatabaseSecondary` mit dem Parameter `-Failover`, aber ohne den Parameter `-AllowDataLoss` ausführen. Wenn die primäre Datenbank aufgrund eines Zwischenfalls nicht zur Verfügung steht, können Sie den Failover sowohl mit PowerShell als auch im Portal (siehe Abb. 5.5) auslösen, wobei jedoch wie zuvor beschrieben Datenverluste auftreten können. Falls Sie mehrere sekundäre Datenbanken zur Verfügung haben, beginnt die neue primäre Datenbank nach dem Failover mit der Replikation an die verbliebenen sekundären Datenbanken, ohne dass dazu eine manuelle Konfiguration nötig wäre.

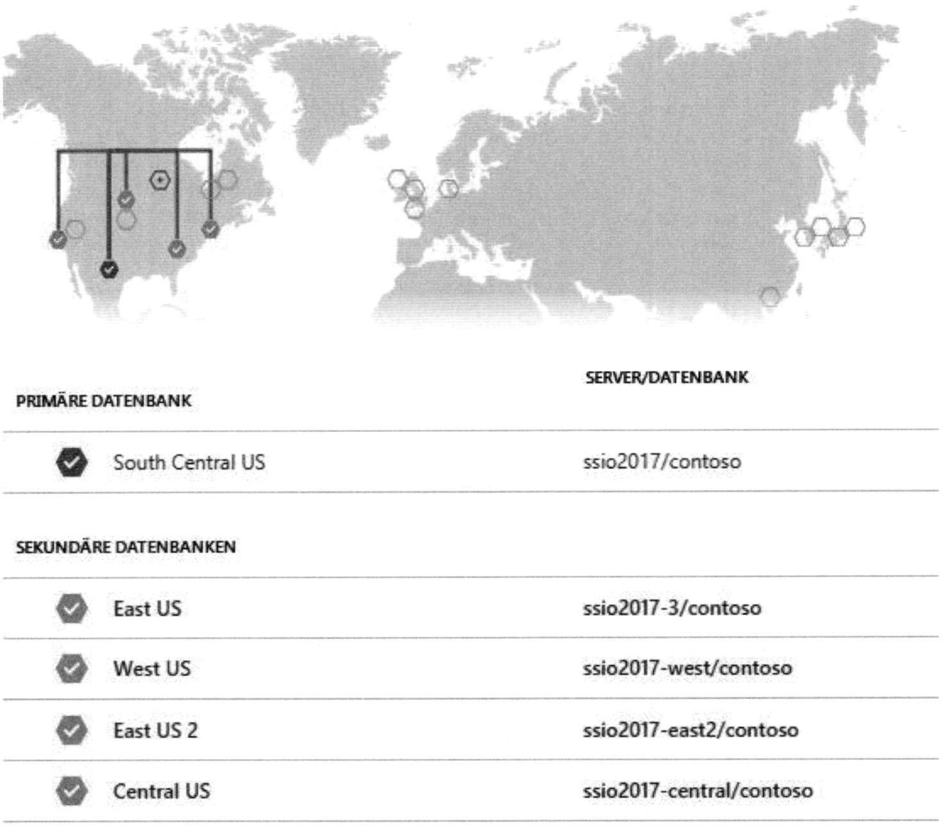

Abbildung 5.5 Georeplikation im Azure-Portal mit dem Maximalwert von vier sekundären Datenbanken. Die empfohlene Region für die Georeplikation, North Central US, ist durch ein violettes Sechseck gekennzeichnet. In dieser Region werden aber keine Replikate vorgehalten.

Hinweis

Wenn Sie die Georeplikation im Azure-Portal einrichten, wird Ihnen in der grafischen Benutzeroberfläche die empfohlene Region für die georeplizierte Datenbank angezeigt. Sie müssen die sekundäre Datenbank nicht dort einrichten, allerdings bietet Ihnen das eine optimale Leistung für die regionsübergreifende Replikation. Die Empfehlung beruht auf Microsofts Kenntnissen über die Verbindungen zwischen den Rechenzentren in den verschiedenen Regionen.

Für die sekundäre Datenbank werden Ihnen die gleichen Stundensätze in Rechnung gestellt wie für die primäre Datenbank. Die sekundäre Datenbank muss dieselbe Preisstufe aufweisen wie die primäre, aber das Dienstziel bzw. der Leistungsgrad muss nicht identisch sein. So kann eine primäre Datenbank mit der Preisstufe Standard und dem Dienstziel S2 auf eine sekundäre Datenbank mit der Preisstufe Standard und dem Dienstziel S1 oder S2 georepliziert werden, aber nicht auf eine sekundäre Datenbank der Preisstufe Basic oder Premium.

Um zu entscheiden, ob Sie für die sekundären Datenbanken auch ein niedrigeres Dienstziel einrichten können als für die primäre, müssen Sie das Verhältnis der Lese- und Schreibaktivitäten berücksichtigen. Bei einer schreiblastigen primären Datenbank, in der also die meisten Datenbankoperationen Schreibvorgänge sind, sollte die sekundäre Datenbank das gleiche Dienstziel aufweisen wie die primäre, um mit ihr mithalten zu können. Wird die primäre Datenbank dagegen hauptsächlich für Leseoperationen genutzt, können Sie auch ein niedrigeres Dienstziel für die sekundäre Datenbank verwenden. Um sich zu vergewissern, dass die sekundäre Datenbank mit der primären mithalten kann, überwachen Sie den Replikationsstatus im Azure-Portal oder mithilfe des PowerShell-Cmdlets `Get-AzureRmSqlDatabaseReplicationLink`.

Zurzeit wird durch die Anwendung der Georeplikation die Skalierbarkeit der Datenbanken eingeschränkt. Die Preisstufe einer georeplizierten Datenbank kann nicht hochgestuft werden (z. B. von Standard auf Premium), ohne erst die Preisstufen aller sekundären Datenbanken hochzustufen. Ein Herunterstufen dagegen muss erst bei der primären und dann bei allen sekundären Datenbanken erfolgen. Beim Hoch- und Herunterskalieren sollten Sie allgemein dafür sorgen, dass die sekundäre Datenbank länger über das höhere Dienstziel verfolgt als die primäre. Anders ausgedrückt, beim Hochskalieren müssen Sie sich erst die sekundären Datenbanken vornehmen und beim Herunterskalieren die primäre.

Expertentipp

Wozu kann die Georeplikation noch dienen?

Umsichtige Georeplikation und Anwendungsprogrammierung machen es möglich, ein niedriges Dienstziel für die primäre Azure SQL-Datenbank zu verwenden. Da die sekundären Datenbanken lesbar sind, können Sie daran reine Leseabfragen ausführen. Wenn Sie einige der Leseabfragen, z. B. für die Berichterstattung oder für ETL-Vorgänge (Extract, Transform, Load) an sekundäre Datenbanken weiterleiten, wird es möglich, weniger DTUs für die primäre Datenbank zu verbrauchen.

Die Georeplikation können Sie nicht nur für eine mögliche Senkung der Dienstzielanforderungen anwenden, sondern auch während der Aktualisierung von Anwendungen und um eine Datenbank mit einem Minimum an Ausfallzeit auf einen anderen Server oder in eine Region zu verschieben.

Failovergruppen

Wie bereits im letzten Abschnitt erwähnt, bietet die Georeplikation vielseitige Möglichkeiten für die Notfallwiederherstellung. Eine Zielvorgabe von höchstens fünf Sekunden für den Wiederherstellungszeitpunkt, die bei geografisch verteilten relationalen Daten erreicht werden kann, lässt sich in vielen lokalen Einrichtungen nicht verwirklichen. Das Fehlen eines manuellen Failovers und die Notwendigkeit, den Failover für jede Datenbank einzeln durchzuführen, führt jedoch zu einem Mehraufwand, und zwar unabhängig davon, ob es nur eine einzige Datenbank gibt, um die sich ein einziger (überarbeiteter?) Datenbankadministrator kümmern muss, oder gar Hunderte und Tausende von Datenbanken. Da sich die schreibbare Datenbank nach einem Failover auf einem anderen logischen Server mit einem anderen logischen DNS-Namen befindet, müssen außerdem die Verbindungsstrings angepasst oder die Anwendung so umgeschrieben werden, dass sie eine andere Verbindung probiert.

Failovergruppen, die zurzeit als öffentliche Vorschauversion zur Verfügung stehen, bauen auf der Georeplikation auf, sollen diese Mängel aber abstellen. Failovergruppen werden auf einem Server eingerichtet und können eine, mehrere oder alle auf diesem Server befindlichen Datenbanken enthalten. Alle Datenbanken in einer Gruppe werden gleichzeitig wiederhergestellt. Standardmäßig sind Failovergruppen so eingerichtet, dass sie die Datenbank bei einem Ausfall automatisch wiederherstellen, allerdings können Sie dieses Verhalten auch ausschalten. Wenn Sie die automatische Wiederherstellung verwenden, müssen Sie eine Toleranzzeit angeben. Damit können Sie festlegen, ob die Azure-Infrastruktur den Schwerpunkt auf Verfügbarkeit oder auf Datenerhalt legen soll. Wenn Sie die Toleranzzeit verlängern, sorgen Sie für Datenerhalt, da dann kein automatischer Failover erfolgt, der zu Datenverlusten führen würde, bis die Ausfallzeit die gesamte Toleranzzeit ausgefüllt hat. Verkürzen Sie dagegen die Toleranzzeit, legen Sie den Schwerpunkt auf die Verfügbarkeit. Zurzeit beträgt der Mindestwert für die Toleranzzeit eine Stunde, allerdings ist zu erwarten, dass sich das ändert, sodass auch viel kürzere Toleranzzeiten möglich sind. Praktisch bedeutet das, dass nach einem Ausfall von einer Stunde ein Failover auftritt, auch wenn die sekundäre Datenbank in der Failovergruppe noch nicht auf dem neuesten Stand ist, was einen Datenverlust zur Folge hat.

Wenn Sie eine Failovergruppe einrichten, werden zwei neue CNAME-Einträge in DNS eingerichtet. Der erste verweist auf den Lese-Schreib-Listener und zeigt auf die URL des primären Servers. Bei einem Failover wird dieser Eintrag automatisch aktualisiert, sodass er stets auf das schreibbare Replikat verweist. Der FQDN des Lese-Schreib-Listeners ist der Name der Failovergruppe mit angehängtem `database.windows.net`, weshalb der Name der Failovergruppe global eindeutig sein muss. Der zweite CNAME-Eintrag zeigt auf den reinen Lese-Listener. Dabei handelt es sich um die URL des sekundären Servers. Der DNS-Name dieses Listeners ist der Name der Failovergruppe mit angehängtem `secondary.database.windows.net`. Lautet der Name der Gruppe `ssio2017`, dann hat der Lese-Schreib-Listener also den FQDN `ssio2017.database.windows.net` und die sekundäre Datenbank den FQDN `ssio2017.secondary.database.windows.net`.

Hinweis

Zurzeit können Failovergruppen nur eine sekundäre Datenbank aufweisen. Für hochwertige Datenbanken sollten Sie nach wie vor zusätzliche Sekundärdatenbanken einrichten, damit die Hochverfügbarkeit im Fall eines Failovers nicht verloren geht.

Sie können Failovergruppen erstellen, wenn bereits eine Georeplikation eingerichtet ist. Soll sich der sekundäre Server der Failovergruppe in derselben Region befinden wie ein bereits vorhandener sekundärer Server für die Georeplikation, so wird dieser auch für die Failovergruppe verwendet. Wählen Sie für den sekundären Server der Failovergruppe dagegen eine Region aus, in der sich kein Replikat befindet, werden während der Bereitstellung ein neuer sekundärer Server und eine neue sekundäre Datenbank angelegt. Die neue Datenbank hat dabei die gleiche Preisstufe und das gleiche Dienstziel wie die primäre.

Anders als bei der Georeplikation können Sie bei der Verwendung von Failovergruppen einen geplanten Failover im Azure-Portal auslösen. Mit der PowerShell geht das aber ebenfalls noch. Bei geplanten Failovern findet kein Datenverlust statt. Sowohl das Portal als auch die PowerShell ermöglichen auch einen erzwungenen Failover, bei dem es wie bei einem ungeplanten Failover mit der Georeplikation innerhalb des 5-Sekunden-Fensters der Zielvorgabe für den Wiederherstellungszeitpunkt zu Datenverlusten kommen kann.

Expertentipp

Überwachung, Bedrohungserkennung und Georeplikation

Wenn Sie die Überwachung für georeplizierte Datenbanken einrichten, müssen Sie das serverweit sowohl auf dem primären als auch dem sekundären Server tun. Schalten Sie die Überwachung nicht für einzelne Datenbanken ein. Bei der serverweiten Überwachung werden die Überwachungsprotokolle in derselben Region gespeichert, in der sich auch der Server befindet, wodurch regionsübergreifender Datenverkehr vermieden wird.

Die Einrichtung der Überwachung auf dem Server der sekundären Datenbanken gibt Ihnen zusätzlich die Möglichkeit, eine andere Aufbewahrungszeit festzulegen. Allerdings raten wir davon ab, da dabei nützliche Zusammenhänge zwischen Ereignissen auf dem primären und dem sekundären Server verloren gehen können. Wie im Abschnitt über Sicherheit beschrieben, können Sie Überwachungsdateien von verschiedenen Servern und Datenbanken in SQL Server Management Studio zusammenführen, um sie zusammen zu analysieren.

Wenden Sie die gleiche Konfiguration auch für die Bedrohungserkennung an. Nach der jetzigen grafischen Benutzeroberfläche des Azure-Portals zu urteilen, wird die Bedrohungserkennung auf sekundären Datenbanken nicht unterstützt. Wenn Sie die Bedrohungserkennung aber auf dem sekundären Server eingeschaltet haben, deckt sie auch die sekundäre Datenbank ab.

Hinweis

Bei der Planung für Notfallwiederherstellung und Geschäftskontinuität müssen Sie nicht nur Ressourcen von Azure SQL-Datenbank berücksichtigen, sondern auch von anderen Azure-Diensten, auf die Ihre Anwendungen zurückgreifen, beispielsweise Azure Web Apps, virtuelle Maschinen, DNS, Speicherkonten usw. Weitere Informationen über die Gestaltung hochverfügbarer Dienste, die Azure SQL-Datenbank nutzen, finden Sie auf *https://docs.microsoft.com/azure/sql-database/sql-database-designing-cloud-solutions-for-disaster-recovery*.

Langfristige Aufbewahrung von Sicherungen mit Azure Backup

Es kann sein, dass Sie eine Folge von Datenbanksicherungen langfristig aufbewahren müssen, um aufsichtsrechtliche und gesetzliche Anforderungen zu erfüllen. Azure SQL-Datenbank bietet eine Lösung dafür. Wenn Sie dort die langfristige Sicherungsaufbewahrung einrichten, nutzen Sie in Wirklichkeit einen weiteren Dienst, nämlich Azure Backup. Damit können Sie wöchentliche vollständige Sicherungen bis zu zehn Jahre lang aufbewahren. Die Dauer können Sie auf eine Woche genau festlegen.

Die langfristige Aufbewahrung von Sicherungen wird serverweise eingerichtet, allerdings können Sie einzelne Datenbanken auf einem Server gezielt ein- und ausschließen. Zuvor allerdings müssen Sie einen Recovery Services-Tresor in derselben Ressourcengruppe und Region anlegen. Wenn Sie einen solchen Tresor zur Verfügung haben, können Sie eine Aufbewahrungsrichtlinie erstellen oder auswählen. Sie bestimmt, wie lange die wöchentlichen

Sicherungen in dem Tresor aufbewahrt werden. Die nächste geplante vollständige Sicherung nach dem Einrichten der langfristigen Aufbewahrung ist die erste, die dem Tresor hinzufügt wird. Anders ausgedrückt, bereits bestehende Sicherungen werden nicht in den Tresor aufgenommen.

Hinweis

Weitere Informationen über Tresore und eine schrittweise Anleitung, um sie zu erstellen, erhalten Sie auf *https://docs.microsoft.com/azure/sql-database/sql-database-long-term-backup-retention-configure*.

Die einzelnen Datenbanken auf einem Server können unterschiedliche Aufbewahrungsrichtlinien aufweisen, werden aber alle in demselben Tresor untergebracht, wie Abb. 5.6 zeigt. Die Preisgestaltung von Azure Backup richtet sich nach der Anzahl geschützter »Knoten« und des dafür verbrauchten Speichers. Bei Azure SQL-Datenbank ist ein Knoten eine einzelne Datenbank, und der verbrauchte Speicher entspricht der Größe der Datenbank-Sicherungsdatei. Beim Löschen einer Datenbank werden Ihnen die Inhalte des Tresors nach wie vor in Rechnung gestellt, allerdings werden die Gebühren dann im Lauf der Zeit sinken, wenn Sicherungsdateien, die älter sind, als es die Aufbewahrungsdauer angibt, entfernt werden.

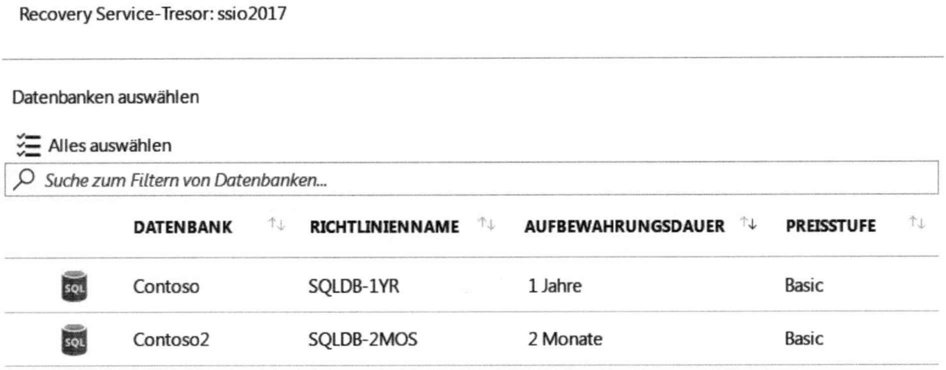

Abbildung 5.6 Langfristige Aufbewahrung der Sicherungen von zwei Datenbanken auf demselben Server. Die Aufbewahrungsdauer der Datenbank `Contoso` beträgt ein Jahr, die von `Contoso2` zwei Monate. Beide Datenbanken nutzen den Tresor `ssio2017`.

Hinweis

Zurzeit haben Sie nur wenig Einfluss auf die langfristige Aufbewahrung von Sicherungen. Sie können weder direkt auf die Sicherungsdateien zugreifen noch einzelne Dateien gezielt löschen.

Die langfristige Aufbewahrung von Sicherungen können Sie im Azure-Portal und mit PowerShell konfigurieren. Es werden zwar nur Sicherungen von primären und Einzeldatenbanken angefertigt und in den Tresor aufgenommen, doch sollten Sie die langfristige Aufbewahrung auch für georeplizierte sekundäre Datenbanken einrichten. Damit ist dafür gesorgt, dass die Sicherungen der neuen primären Datenbank nach einem Failover ohne manuellen Eingriff in den Tresor aufgenommen werden. Nach dem Failover erfolgt sofort eine vollständige Sicherung, die dann zu dem Tresor hinzugefügt wird. Solange kein Failover auftritt, werden für die langfristige Aufbewahrung auf dem sekundären Server keine Gebühren in Rechnung gestellt.

Hinweis

Wenn der Server, auf dem sich die Datenbank befindet, gelöscht wird, so gehen die Sicherungen der Datenbank sofort und unwiederbringlich verloren. Das gilt auch für die langfristige Aufbewahrung. Solange der logische Server vorhanden ist, können Sie eine Datenbank im Rahmen der Aufbewahrungsdauer wiederherstellen, selbst wenn die Datenbank gelöscht wurde. Wir möchten an dieser Stelle erneut darauf hinweisen, dass es keine Kosten verursacht, einen logischen Server zu betreiben, weshalb Sie sich beim Löschen von Servern Zurückhaltung auferlegen und vorsichtig vorgehen sollten.

Wechsel zu Azure SQL-Datenbank

Nachdem wir die entscheidenden Gesichtspunkte der Bereitstellung und Verwaltung von Azure SQL-Datenbank betrachtet haben, wollen wir uns noch kurz ansehen, wie Sie mit Ihren Daten von SQL Server zu Azure SQL-Datenbank umziehen. Bei der Quelle kann es sich dabei um eine SQL Server-Datenbank in einer lokalen Installation oder in einer VM der Azure- oder einer Drittanbieter-Cloud handeln. Welche Migrationsmethode Sie auswählen, hängt vor allem davon ab, welche Ausfallzeit Sie hinnehmen können und wie kompliziert die Vorbereitung ist.

Die gängigsten Vorgehensweisen für eine Migration sind:

- **BACPAC** BACPAC-Dateien wurden bereits weiter vorn in diesem Kapitel für die Verwendung in lokalen Umgebungen erwähnt. Sie können sie jedoch auch in umgekehrter Richtung einsetzen. Wenn Sie eine BACPAC-Datei für eine lokale Datenbank generiert haben, müssen Sie sie zu einem Azure-Speicherkonto der Preisstufe Standard hochladen. Von dort aus können Sie die Datei über das Azure-Portal oder mit PowerShell auf einen vorhandenen Server importieren. Diese Art der Migration ist zwar einfach und für Datenbanken unterschiedlicher Größe geeignet, doch bei umfangreichen Datenbanken kann der Vorgang länger dauern, als Sie es sich leisten können. Das Microsoft SQL Server Customer Advisory Team hat einen langen Artikel über die Verwendung von BACPAC für die Migration von SQL Server zu Azure SQL-Datenbank verfasst, den Sie auf *https://blogs.msdn.microsoft.com/sqlcat/2016/10/20/migrating-from-sql-server-to-azure-sql-database-using-bacpac-files* lesen können.

Troubleshooting

Für BACPAC-Importe ist eine Firewallregel für alle Azure-Dienste erforderlich

Der Importdienst von Azure SQL-Datenbank kann überall in der Azure-Region des Zieldatenbankservers laufen. Da die IP-Adresse des Hosts, der diesen Dienst ausführt, nicht bekannt ist, müssen Sie die Serverfirewall öffnen, damit alle Azure-IP-Adressen auf den Server zugreifen können. Weitere Informationen erhalten Sie im Abschnitt »Server- und Datenbankfirewall« weiter vorn in diesem Kapitel.

- **Transaktionsreplikation** Durch die Einrichtung der Replikation ist es möglich, das Schema und die Daten mit einem Minimum an Ausfallzeit zu verschieben. Dabei sind Sie auch in der Lage, eine ausgewählte Teilmenge der Daten vom Quellserver zu migrieren. Der Nachteil besteht darin, dass es für die Replikation erforderlich ist, das Schema der zu verschiebenden Datenbank zu verändern. Außerdem müssen Sie die direkte Kommunikation von Ihrer SQL Server-Installation zu Azure zulassen. Die Replikation in SQL Server wird in Kapitel 12 ausführlich behandelt.
- **Eigene Entwicklung** Sie können das Schema und die Daten auch mit selbst geschriebenen Skripten oder unter Verwendung von SQL Server Integration Services übertragen. Je vielschichtiger das Schema, umso komplizierter wird dabei auch die eigene Entwicklung. SQL Server Data Tools und Schema- und Datenmigrationswerkzeuge von Drittanbietern können dabei helfen.
- **Microsoft-Datenmigrations-Assistent (DMA)** Dies ist die neueste Möglichkeit. Mit dem Datenmigrations-Assistenten können Sie das Schema der Quelldatenbank auf Kompatibilität mit Azure SQL-Datenbank untersuchen. Wenn Probleme bestehen, erhalten Sie ausführliche Hinweise, wie Sie sie lösen können. Darüber hinaus kann das Werkzeug auch einen Migrationsarbeitsablauf vorbereiten und ausführen. Verwenden Sie mindestens Version 3.2, denn in den früheren Versionen gab es noch keine Migrationsarbeitsabläufe. Es wird auch oft der Microsoft Azure SQL-Datenbank-migrations-Assistent erwähnt, doch dieses Werkzeug war für Version 11 von Azure SQL-Datenbank da und wird nicht mehr weiterentwickelt. Es funktioniert zwar nach wie vor, wendet aber die Kompatibilitätsregeln für Azure SQL-Datenbank 11 an, die viel strenger sind als diejenigen der aktuellen Version 12.
- **Azure Database Migration Service** Zurzeit ist dieser umfangreiche Dienst nur in einer Vorschauversion erhältlich. Er unterstützt Azure SQL-Datenbank, verwaltete Instanzen und SQL Server auf Azure-VMs. Mehr darüber erfahren Sie auf *https://azure.microsoft.com/services/database-migration*.

Hinweis

Migrationen können sehr ressourcenintensiv sein. Um die Dauer der Migration auf ein Minimum zu beschränken, können Sie während des Vorgangs die Preisstufe Premium RS nutzen, die dieselbe Leistung wie Premium zu geringeren Kosten bietet, was durch schwächere Garantien für die Verfügbarkeit möglich wird. Eine geringere Verfügbarkeit spielt während einer Migration jedoch keine Rolle, denn schließlich haben Sie ja einen Wiederherstellungsplan für den Fall, dass dabei etwas schiefgeht. Wenn Sie die maximale Datenbankgröße korrekt einrichten, können Sie die Datenbank nach Abschluss der Migration auf die Preisstufe Standard herunterstufen. Das erkaufen Sie sich jedoch durch einen erheblich höheren Stundensatz während der Migration.

Wenn Sie Datenbanken verschieben wollen, sollten Sie sich so früh wie möglich um die Kompatibilität des Schemas kümmern. Mit den SQL Server Data Tools können Sie inkompatible Objektdefinitionen finden. Wenn Sie das Datenbankschema in SQL Server Data Tools importieren und die Zielplattform dann in Microsoft Azure SQL-Datenbank 12 ändern, zeigen die SQL Server Data Tools sämtliche inkompatiblen Schemaelemente an. Anders als der Datenmigrations-Assistent geben die SQL Server Data Tools jedoch keine Hinweise zur Lösung dieser Probleme.

Kapitel 6

Sicherheit und Berechtigungen

In diesem Kapitel sehen wir uns Berechtigungen in Microsoft SQL Server von der Authentifizierung bis zum Datenzugriff an. Wir erklären, welche Verwaltungsaufgaben Datenbankadministratoren erledigen müssen und warum. Unter anderem gehören dazu die Handhabung verwaister Sicherheitskennungen (SIDs), die Sicherheitsmigration und Laufzeitberechtigungen des SQL Server-Agents. Viele der hier vorgestellten Prinzipien gelten gleichermaßen für SQL Server und Azure SQL-Datenbank. Wo es Unterschiede gibt, weisen wir ausdrücklich darauf hin.

Anmeldungen und Benutzer

Da wir uns das Thema Sicherheit von Grund auf erarbeiten wollen, müssen wir als Erstes die Terminologie klären:

- Ein *Prinzipal* ist eine Entität, die Zugriff erhält.
- Der *Gültigkeitsbereich* eines Prinzipals hängt davon ab, worauf ihm Zugriff gewährt werden kann.
- Die Serverauthentifizierung erfolgt über Prinzipale, die als *Anmeldungen* bezeichnet werden.
- Der Datenbankzugriff erfolgt über Prinzipale, die als *Benutzer* bezeichnet werden.
- Eine weitere Art von Prinzipalen sind *Rollen* (Server-, Datenbank- und Anwendungsrollen).

In einer Datenbank kann ein Benutzer immer nur mit einer Serveranmeldung verknüpft sein.

Anmeldungen müssen nicht unbedingt mit Benutzern in allen Datenbanken verknüpft sein, und es kann auch Benutzer geben, die nicht mit irgendeiner Anmeldung verknüpft sind, was allerdings meistens nur aus Versehen so ist. (Eine solche Situation erläutern wir weiter hinten noch ausführlicher.) Tabelle 6.1 bietet einen Überblick.

Datenbankbenutzer	Serveranmeldung
• Richtet einen Datenbankkontext ein • Ist mit einer Serveranmeldung verknüpft • Hat kein Kennwort • Wird Datenbankrollen zugewiesen • Wird in der Benutzerdatenbank gespeichert • Wird zusammen mit der Benutzerdatenbank wiederhergestellt • Kann Zugriff auf SELECT, UPDATE, EXECUTE, CREATE TABLE usw. erhalten	• Authentifiziert Sitzungen mit SQL Server • Kann mit Active Directory verknüpft werden (Windows-Authentifizierung) • Kann ein Kennwort haben (SQL Server-Authentifizierung) • Wird Serverrollen zugewiesen • Wird in der Datenbank `master` gespeichert • Ist von der Wiederherstellung von Benutzerdatenbanken nicht betroffen • Kann Zugriff auf RESTORE, CONNECT, CREATE DATABASE usw. erhalten

Tabelle 6.1 Benutzer und Anmeldungen im Vergleich

Es ist wichtig, diese Terminologie und die Unterschiede zwischen diesen Objekten genau zu verstehen, und zwar nicht nur für die Arbeit mit SQL Server, sondern auch zur Kommunikation mit anderen SQL Server-Administratoren und -Entwicklern.

Verschiedene Arten der Authentifizierung

Abb. 6.1 zeigt die fünf verschiedenen Möglichkeiten, um in SQL Server Management Studio Verbindung mit einer SQL Server-Instanz aufzunehmen. Beginnen wir mit den Methoden, mit denen Datenbankadministratoren am besten vertraut sind.

Anmeldungen und Benutzer werden nicht anhand der Namen miteinander verknüpft, die Sie in SQL Server Management Studio sehen, sondern anhand einer binären Sicherheitskennung (SID). Wie die SID für eine Anmeldung generiert wird, hängt davon ab, was für eine Form von Authentifizierung sie nutzt. Die SID einer Anmeldung können Sie in der Sicht `sys.server_principals` einsehen.

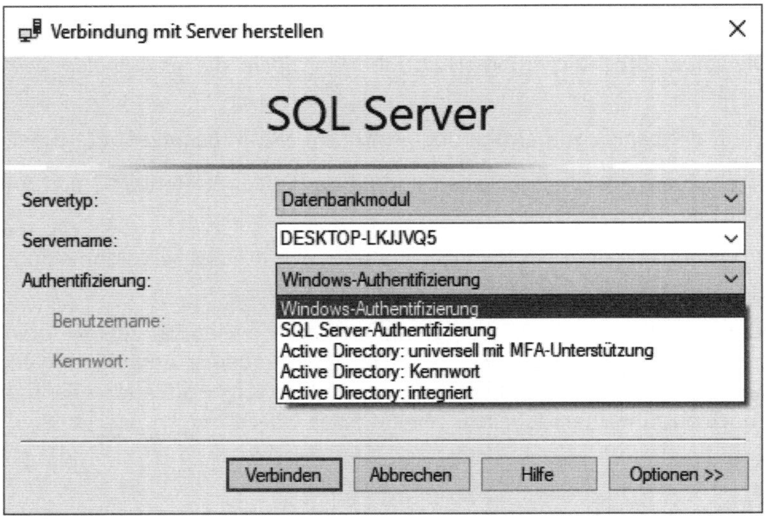

Abbildung 6.1 Das Dialogfeld *Mit Server verbinden* in SQL Server Management Studio

Windows-Authentifizierung

Windows-Anmeldungen nutzen die integrierte Authentifizierung von Windows-Clients, um Anmeldeinformationen in einer Windows- oder Domänenumgebung reibungslos zu übergeben. Sie ist als einzige Authentifizierungsmethode standardmäßig eingeschaltet, und wir raten dringend dazu, sie für die meisten Anwendungen zu nutzen.

Für Windows-Anmeldungen wird die Windows-SID für das Konto oder die Gruppe verwendet. Für Domänenkonten ist diese SID auf allen Windows Server-Computern identisch.

In einer typischen Geschäftsumgebung bedeutet die Verwendung der Windows-Authentifizierung, dass das Erstellen und Beenden von Konten, die Mitgliedschaft in Active Directory-Sicherheitsgruppen und die Kennwortrichtlinie innerhalb der bestehenden Infrastruktur des Unternehmens für die Verwaltung der Sicherheit gehandhabt werden. Die Nutzung von Active Directory-Sicherheitsgruppen ist eine empfohlene Vorgehensweise für die zentral verwaltete rollenbasierte Authentifizierung (RBA).

SQL Server-Authentifizierung

Bei der SQL Server-Authentifizierung werden Benutzernamen und Kennwörter in der Datenbank `master` der SQL Server-Instanz gespeichert. Die Datenbankadministratoren müssen sich um die Kennwortkomplexitätsrichtlinien, das Zurücksetzen von Kennwörtern, gesperrte Kennwörter und den Ablauf und die Änderung von Kennwörtern auf allen Instanzen kümmern, auf denen die SQL Server-Authentifizierung verwendet wird. In dieser und vieler anderer Hinsicht ist sie redundant zur Windows-Authentifizierung, macht den Datenbankadministratoren aber mehr Mühe.

Die SID für eine neu erstellte SQL Server-Anmeldung wird von der SQL Server-Instanz generiert. Aus diesem Grunde haben zwei Anmeldungen mit demselben Namen auf zwei SQL Server-Instanzen unterschiedliche SIDs. (Mehr darüber weiter hinten in diesem Kapitel.)

Mithilfe der SQL Server-Authentifizierung können Sie Verbindung zu lokalen SQL Server-Instanzen, zu SQL Server-Instanzen in Azure-VMs und zu Datenbanken in Azure SQL-Datenbank aufnehmen, allerdings sollten Sie in allen diesen Fällen andere Authentifizierungsmethoden bevorzugen.

Die SQL Server-Authentifizierung deckt auch die Authentifizierung auf Datenbankebene ab, die von den Benutzern eigenständiger Datenbanken verwendet wird.

Die restlichen drei Formen der Authentifizierung stehen ausschließlich für Azure-Ressourcen zur Verfügung, genauer für Azure SQL-Datenbank und Azure SQL Data Warehouse. Dabei werden Anmeldeinformationen aus Azure Active Directory verwendet.

Universelle Active Directory-Authentifizierung

Für die universelle Authentifizierung wird die Zwei-Faktor-Authentifizierung von Azure verwendet. Damit können Sie Verbindung mit Ressourcen von Azure SQL-Datenbank oder Azure SQL Data Warehouse aufnehmen. SQL Server Management Studio kann die Anwendung Azure Authenticator, aber auch andere Zwei-Faktor-Methoden nutzen.

Zurzeit ist diese Funktion auf die Authentifizierung mit Azure AD-Konten für die Verbindung mit einer Datenbank in Azure SQL-Datenbank oder Azure SQL Data Warehouse beschränkt. Eine Weiterentwicklung der Zwei-Faktor-Authentifizierung für den Serverzugriff ist jedoch wahrscheinlich – und auch wünschenswert.

Diese und die beiden nächsten Authentifizierungsmethoden auf der Grundlage von Azure AD standen in SQL Server Management Studio zum ersten Mal in SQL Server 2016 zur Verfügung.

Active Directory-Kennwortauthentifizierung

Für die Authentifizierung anhand eines Benutzernamens und eines Kennworts können Azure AD-Konten verwendet werden. Dazu werden Azure-Benutzer herangezogen, die im Azure-Mandanten erstellt wurden und Zugriff auf die Azure SQL-Datenbank oder das Azure SQL Data Warehouse erhalten haben.

Mit dieser Authentifizierung können Sie sich mit Ihrem Azure-Konto von außen an SQL Server anmelden, indem Sie einen Benutzernamen und ein Kennwort angeben. Das ist sicherer als die SQL Server-Authentifizierung, da hierbei ein Azure AD-Konto verwendet wird, das zumindest in der Theorie von einer vorhandenen Unternehmenssicherheitsgruppe verwaltet wird.

SQL Server Management Studio unterstützt diese Authentifizierungsmethode seit SQL Server 2016 und SQL Server Data Tools for Visual Studio 2015.

Integrierte Active Directory-Authentifizierung

Sie können Azure AD-Konten auch auf eine Weise für die Authentifizierung einsetzen, die der Windows-Authentifizierung sehr ähnelt. Das geschieht, wenn Sie sich mit Azure AD-Anmeldeinformationen an Windows anmelden können. Dabei wird kein Benutzername und kein Kennwort verlangt, sondern es werden die lokalen Verbindungen Ihres Profils verwendet.

Beispielsweise können Sie diese Methode einsetzen, wenn Sie über Remotedesktop mit einer in Azure AD authentifizierten Sitzung auf einer VM in Azure verbunden sind.

Andere Arten von Anmeldungen

Sie können auch andere Arten von Anmeldungen außer denen für die Windows- und die SQL Server-Authentifizierung anlegen, allerdings sind diese Anmeldungen nur eingeschränkt verwendbar.

So können Sie etwa eine Anmeldung erstellen, die direkt einem Zertifikat oder einem asymmetrischen Schlüssel zugeordnet ist. Dann kann jeder Client mit dem öffentlichen Schlüssel für das Zertifikat auf sichere Weise auf die SQL Server-Instanz zugreifen, wobei ein nicht standardmäßiger Endpunkt verwendet wird, den Sie eigens für diese Art von Zugriff anlegen.

Beispielsweise unterstützt der Service Broker von SQL Server, der für asynchrone Benachrichtigungen und Warteschlangen eingesetzt wird, die zertifikatgestützte Authentifizierung.

Mit diesen Anmeldungen können Sie sich auch an Datenbankobjekten anmelden, etwa an gespeicherten Prozeduren. Dadurch werden die Datenbankobjekte verschlüsselt. Das ist üblich, wenn eine Drittanbieteranwendung proprietären Code aufweist, der für die Kunden nicht zugänglich sein soll.

Beispielsweise handelt es sich bei den Anmeldungen `##MS_PolicyEventProcessingLogin##` und `##MS_PolicyTsqlExecutionLogin##`, die SQL Server automatisch erstellt, um zertifikatgestützte Anmeldungen.

Authentifizierung in SQL Server auf Linux

Mit der Windows- und der SQL Server-Authentifizierung können Sie auch Verbindungen zu SQL Server-Instanzen auf Linux herstellen.

Wenn Sie in SQL Server Management Studio Verbindung mit einer SQL Server-Instanz auf Linux aufnehmen, funktioniert die SQL Server-Authentifizierung wie gehabt.

Es ist auch möglich, den Linux-Server (mit dem Befehl für den Bereichsbeitritt) zu der Domäne hinzuzufügen und Kerberos zu verwenden. Die Verbindung mit der SQL Server-Instanz erfolgt dann genauso wie bei einer Instanz auf Windows Server. Die erforderlichen Schritte werden auf *https://docs.microsoft.com/sql/linux/sql-server-linux-active-directory-authentication* ausführlich erklärt.

Hinweis

Abgesehen davon gibt es, was das Thema dieses Kapitels und sogar der meisten Kapitel in diesem Buch betrifft, nur sehr wenige wichtige Unterschiede zwischen SQL Server auf Linux und auf Windows.

Expertentipp

Ich habe eine SQL Server 2017-Instanz auf einer Linux-VM in Azure erstellt. Wie stelle ich eine Verbindung dazu her?

Wenn Sie eine Linux-VM in Azure verwenden, brauchen Sie eine eingehende Sicherheitsregel für Netzwerksicherheitsgruppen, um Verbindungen zu der SQL Server-Instanz zuzulassen. Ohne diese Regel warten Authentifizierungsversuche und schlagen schließlich mit dem Fehler 1225 fehl: »Der Remotecomputer hat die Netzwerkverbindung abgelehnt.«

Nachdem Sie die Netzwerkverbindungen zu Ihrer Azure-VM zugelassen haben, müssen Sie SQL Server konfigurieren. Nehmen Sie über Bash, PuTTY oder ein ähnliches Tool Verbindung auf und führen Sie den folgenden Befehl aus:

```
sudo /opt/mssql/bin/mssql-conf setup
```

Sie werden aufgefordert, die Lizenzbedingungen zu akzeptieren und ein Kennwort für `sa` **anzugeben. Anschließend können Sie über SQL Server Management Studio Verbindung zu der SQL Server-Instanz aufnehmen. Dabei wird eine SQL Server-Authentifizierung durchgeführt, für die Sie das Konto** `sa` **und das festgelegte Kennwort angeben müssen.**

Verbindungen zum Linux-Betriebssystem selbst können Sie über die in Windows 10 mitgelieferte Bash-Shell herstellen (die mit dem Creators Update eingeführt wurde). Windows Server 2016 Built 1709 und höher enthalten das Windows-Subsystem für Linux. Weitere informationen erhalten Sie auf *https://msdn.microsoft.com/commandline/wsl/install-on-server*.

Lösen des Problems verwaister SIDs

Eine verwaiste SID ist ein Benutzer, der nicht mehr mit seiner zugehörigen Anmeldung verknüpft ist, auch wenn der Benutzername noch mit dem Anmeldenamen übereinstimmt.

Wenn Sie eine (nicht eigenständige) Datenbank von einer SQL Server-Instanz auf einer anderen wiederherstellen, werden die Datenbankbenutzer übertragen, die Serveranmeldungen in der Datenbank `master` aber nicht. Dadurch funktionieren SQL Server-Anmeldungen nicht mehr, Windows-Anmeldungen jedoch nach wie vor.

Warum ist das so?

Dreh- und Angelpunkt dieses Problems, dem viele Datenbankadministratoren schon früh in ihrer Karriere begegnen, ist die SID und insbesondere die Art und Weise, in der sie generiert wird.

Windows-Anmeldungen auf der Grundlage von lokalen Windows-Konten und SQL Server-Anmeldungen wiesen auf den einzelnen Servern jeweils unterschiedliche SIDs auf.

Die Anmeldung wird mit dem Benutzer in den einzelnen Datenbanken anhand der SID verknüpft. Die Namen von Anmeldung und Benutzer müssen dabei nicht unbedingt übereinstimmen, allerdings tun sie das meistens, es sei denn, Sie wollen Ihren Nachfolger als Datenbankadministrator gehörig verwirren. Die Verknüpfung zwischen Anmeldung und Benutzer erfolgt jedoch anhand der SID, die der Anmeldung zugewiesen und dann auf den Benutzer angewendet wird.

Die häufigste Situation, in der ein Problem auftritt, läuft wie folgt ab:

1. Eine Datenbank von einer SQL Server-Instanz wird in einer anderen Instanz wiederhergestellt.
2. Die SID für die Windows-Anmeldungen und die zugehörigen Benutzer unterscheiden sich in der wiederhergestellten Datenbank nicht, weshalb Windows-Anmeldungen nach wie vor in der Lage sind, sich zu authentifizieren und den Endbenutzern über die Datenbankbenutzer in den einzelnen Datenbanken Zugriff auf die Daten einzuräumen.

   Die SIDs für SQL Server-Anmeldungen dagegen unterscheiden sich auf den einzelnen Servern und damit auch die SIDs der zugehörigen Datenbankbenutzer in den einzelnen Datenbanken. Bei der Wiederherstellung der Datenbank von einem Server auf einem anderen stimmen die SIDs der Serveranmeldungen und der Datenbankbenutzer daher nicht mehr überein. Die *Namen* stimmen zwar überein, aber die Endbenutzer erhalten trotzdem keinen Zugriff auf die Daten.
3. Die SIDs müssen neu zugeordnet werden, damit die SQL Server-Anmeldungen wieder Zugriff auf die wiederhergestellte Datenbank bekommen.

Beispielsituation

Eine Datenbank ist zwar auf Server 1 vorhanden, aber nicht auf Server 2.

Ursprünglicher Zustand

Server 1

SQL-Anmeldung = Katherine

SID = 0x5931F5B9C157464EA244B9D381DC5CCC

Datenbankbenutzerin = Katherine

SID = 0x5931F5B9C157464EA244B9D381DC5CCC

Server 2

SQL-Anmeldung = Katherine

SID = 0x08BE0F16AFA7A24DA6473C99E1DAADDC

Nun wird die Datenbank von Server 1 auf Server 2 wiederhergestellt. Dabei tritt folgendes Problem auf:

Verwaiste SID

Server 1

SQL-Anmeldung = Katherine

SID = 0x5931F5B9C157464EA244B9D381DC5CCC

Datenbankbenutzerin = Katherine

SID = 0x5931F5B9C157464EA244B9D381DC5CCC

Server 2

SQL-Anmeldung = Katherine

SID = 0x08BE0F16AFA7A24DA6473C99E1DAADDC

Datenbankbenutzerin = Katherine

SID = 0x5931F5B9C157464EA244B9D381DC5CCC ← Verwaiste SID

Lösung

Die Lösung für das Problem ist ganz einfach:

```
ALTER USER Katherine WITH LOGIN = Katherine;
```

Die SID der Benutzerin wird dadurch auf die SID der Anmeldung auf Server 2 geändert, hier also 0x08BE0F16AFA7A24DA6473C99E1DAADDC. Auch hier gilt wieder, dass die Beziehung zwischen Serveranmeldung und Datenbankbenutzer nichts mit dem Namen zu tun hat.

Mit dem folgenden Skript können Sie nach verwaisten SIDs suchen. Es sollte zu Ihrer Standardausrüstung als Datenbankadministrator gehören. Beachten Sie, dass dieses Skript nur *annimmt*, dass eine Anmeldung und der zugehörige Benutzer den gleichen Namen aufweisen sollten. Wenn Sie wissen, dass es Anmeldungen und Benutzer mit unterschiedlichen Namen gibt, deren SIDs aber trotzdem übereinstimmen sollen, dann müssen Sie manuell danach suchen.

Hinweis

Verwenden Sie noch `sp_change_users_login` **zur Reparatur von verwaisten SIDs? Diese gespeicherte Prozedur gilt inzwischen als veraltet und wurde durch die Anweisung** `ALTER USER ... WITH LOGIN` **ersetzt.**

```
Select
     DBUser_Name    =    dp.name
,    DBUser_SID     =    dp.sid
,    Login_Name     =    sp.name
,    Login_SID      =    sp.sid
,    SQLtext        =    'ALTER USER [' + dp.name + ']
                         WITH LOGIN = [' + ISNULL(sp.name, '???') + ']'
      from sys.database_principals dp
      left outer join sys.server_principals sp
      on dp.name = sp.name
      where
            dp.is_fixed_role = 0
      and sp.sid <> dp.sid
      and dp.principal_id > 1
      and dp.sid <> 0x0
      order by dp.name;
```

Suchen Sie stets nach verwaisten SIDs, wenn Sie die Wiederherstellung einer Datenbank von einem Server auf einem anderen abgeschlossen haben, etwa bei der Aktualisierung einer Vorproduktionsumgebung.

Verhindern von verwaisten SIDs

Verwaiste SIDs lassen sich verhindern. Dazu können Sie SQL Server-Anmeldungen auf mehreren Servern jeweils mit derselben SID neu erstellen. Mit SQL Server Management Studio ist das jedoch nicht möglich. Stattdessen müssen Sie wie folgt den Befehl `CREATE LOGIN` verwenden:

```
CREATE LOGIN [Katherine] WITH PASSWORD=N'strongpassword', SID =
0x5931F5B9C157464EA244B9D381DC5CCC;
```

Mit der Option `SID` können Sie manuell eine SQL Server-Anmeldung mit einer bekannten SID erstellen, sodass die SQL Server-Anmeldungen auf mehreren Servern alle die gleiche SID verwenden. Natürlich müssen die SIDs in den einzelnen Instanzen eindeutig sein.

Im vorherigen Codebeispiel haben wir die verwaisten SIDs mithilfe von `sys.server_principals` aufgespürt. Mit dieser Sicht können Sie jedoch auch die SIDs jeglicher SQL Server-Anmeldungen in Erfahrung bringen.

SQL Server-Anmeldungen mit bekannter SID zu erstellen hilft nicht nur, verwaiste SIDs zu vermeiden, sondern kann auch erhebliche Zeiteinsparungen bei der Migration großer Mengen von Datenbanken bringen, bei denen viele Benutzer mit SQL Server-Anmeldungen verknüpft sind. Damit lassen sich unnötige Ausfallzeiten und Verwaltungsarbeiten verhindern.

Dieses Thema sehen wir uns weiter hinten in diesem Kapitel bei der Erörterung der Migration von SQL Server-Sicherheitselementen noch genauer an.

Schutz von Anmeldungen

In diesem Abschnitt behandeln wir einige wichtige Aspekte von Anmeldungen, darunter Anmeldeoptionen, die Konfiguration von SQL Server und die Verwaltungsstruktur für die Sicherheit.

Gemischter Modus

Im gemischten Modus akzeptiert SQL Server sowohl die Windows- als auch die SQL Server-Authentifizierung.

Wenn wir die SQL Server-Authentifizierung in diesem Kapitel als redundant, häufig unnötig und problematisch für Administratoren bezeichnen, hat das seinen Grund: Durch die Verwendung der SQL Server-Authentifizierung (also die Einrichtung des gemischten Modus für eine SQL Server-Instanz) entsteht zusätzlicher Verwaltungsaufwand, über den sich Datenbankadministratoren im Klaren sein müssen.

Als Datenbankadministrator für eine SQL Server-Instanz müssen Sie Entwicklung und Anwendungsadministratoren deutlich machen, dass die Windows-Authentifizierung über benannte Domänen- oder Dienstkonten stets gegenüber der SQL Server-Authentifizierung zu bevorzugen ist.

Nutzen Sie die SQL Server-Authentifizierung nur in besonderen Fällen, etwa wenn Sie keine Windows-Konten verwenden können oder wenn in Netzwerken mit Double-Hop-Authentifizierung Kerberos nicht zur Verfügung steht.

Seit SQL Server 2005 werden die Benutzernamen und Kennwörter von SQL Server-Anmeldungen während der Anmeldung nicht mehr im Klartext übertragen, und im Gegensatz zu früheren Versionen von SQL Server werden Kennwörter auch nicht mehr im Klartext in der Datenbank gespeichert. Trotzdem ist es bei SQL Server-Anmeldungen immer möglich, dass jemand, der Zugriff auf eine Kopie der *.mdf*-Datei für die Datenbank `master` hat, das Kennwort nachbauen kann. Aus diesem und anderen Gründen sind Windows-Konten viel sicherer.

In Azure SQL-Datenbank steht der gemischte Modus nicht zur Verfügung.

Einrichten der Standarddatenbank

Jede Anmeldung enthält eine Option für die Standarddatenbank, die Sie festlegen sollten, je nachdem wie die Anmeldung genutzt wird.

Eine Anmeldung schlägt fehl, wenn die zugehörige Standarddatenbank nicht zugänglich ist, etwa wenn sie gerade wiederhergestellt wird, offline ist oder von der Instanz entfernt wurde. Das geschieht auch dann, wenn die Anmeldung Mitglied der Serverrolle `sysadmin` ist. Ändern Sie daher niemals die Standarddatenbank einer Administratoranmeldung. (Die Rolle `sysadmin` verfügt über alle Berechtigungen auf der SQL Server-Instanz. Mehr über diese und andere Serverrollen erfahren Sie weiter hinten in diesem Kapitel.)

Auch wenn Sie in Verbindungsstrings eine nicht verfügbare Datenbank als ursprünglichen Katalog oder ursprüngliche Datenbank angeben, kann der Anmeldeversuch fehlschlagen.

Die Standarddatenbank einer Administratoranmeldung sollte `master` (Standardeinstellung) oder `TempDB` sein, da SQL Server ohnehin nicht starten kann, wenn diese beiden Datenbanken nicht vorhanden sind.

Dieser Ratschlag ist auch für Anmeldungen geeignet, die nicht Mitglied der Serverrolle `sysadmin` sind. Es kann Fälle geben, in denen es sinnvoll ist, eine Benutzerdatenbank als Standarddatenbank einzurichten, etwa bei einer Anmeldung, die nur für eine einzige Datenbank verwendet wird. Dabei kann die Einstellung der Standarddatenbank praktisch sein, da die Anmeldung keine neuen Verbindungen aufbauen kann, wenn diese Datenbank unerreichbar ist, zu einer anderen Instanz verschoben oder gelöscht wurde.

Erzwingen von Kennwortrichtlinien

Wie bereits erwähnt, besteht eines der Probleme bei der SQL Server-Authentifizierung darin, dass es sich dabei um ein redundantes Sicherheitssystem auf dem SQL Server-Computer handelt. Auf jedem Server und für jeden Benutzer kann festlegt werden, dass eine SQL Server-Anmeldung der Kennwortrichtlinie des Computers genügen muss. Eine Erzwingung ist nicht erforderlich.

Die Richtlinien stammen aus der lokalen Sicherheitsrichtlinie des Computers und werden ggf. von der Domäne geerbt. Zu ihnen gehören u. a. die Richtlinie für die Mindestlänge und die Komplexität.

Im Dialogfeld *Anmeldung – Neu* von SQL Server Management Studio ist das Kontrollkästchen *Kennwortrichtlinie erzwingen* standardmäßig aktiviert (siehe Abb. 6.2), Sie können es aber auch deaktivieren, um die Option auszuschalten. Damit ist es möglich, in SQL Server Management Studio eine Anmeldung mit einem nicht komplexen (oder sogar leeren) Kennwort zu erstellen. Beim Anlegen von Anmeldungen im Code ist die Option `CHECK_POLICY` ebenfalls nicht erforderlich, aber standardmäßig `ON`.

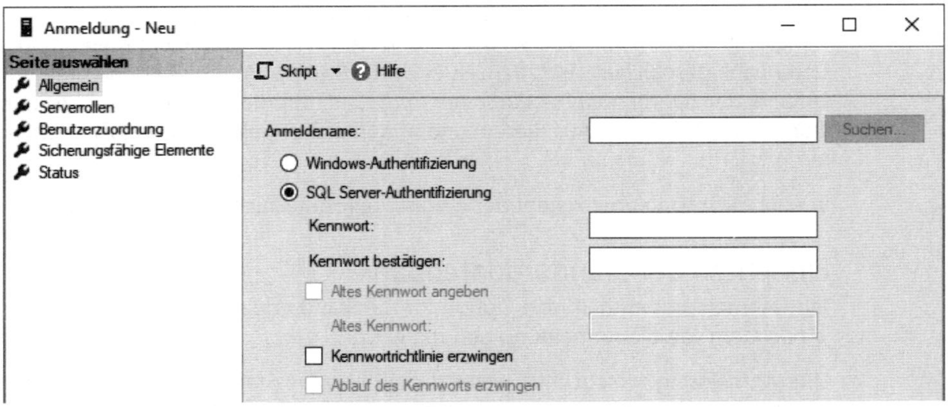

Abbildung 6.2 Das leere Dialogfeld *Anmeldung – Neu* in SQL Server Management Studio

Wenn Sie die Option `CHECK_POLICY` bei einer vorhandenen Anmeldung einschalten, ist das bestehende Kennwort davon nicht betroffen. Die Richtlinie wird erst bei der nächsten Änderung des Kennworts durchgesetzt. Anwendungen und Endbenutzer können sich immer noch mit dem bisherigen, möglicherweise nicht komplexen Kennwort an der SQL Server-Instanz anmelden. Datenbankadministratoren, die später die Verantwortung für die Instanz übernehmen, gehen wahrscheinlich davon aus, dass die Kennwortrichtlinie für das vorhandene Kennwort erzwungen wird. Wenn Sie `CHECK_POLICY` für eine bestehende Anmeldung einschalten, sollten Sie das Kennwort daher sofort ändern oder zumindest die Option MUST_CHANGE einschalten, damit der Benutzer sein Kennwort bei der nächsten Anmeldung ändern muss.

Neben der Kennwortrichtlinie können Sie optional auch ein maximales Kennwortalter festlegen, indem Sie das Kontrollkästchen *Kennwortablauf erzwingen* aktivieren. Es ist auch möglich, Benutzer dazu zu zwingen, ihr Kennwort bei der nächsten Anmeldung zu ändern. Bedenken Sie dabei aber, dass zwar SQL Server Management Studio über eine Möglichkeit verfügt, diese Änderung in einem einfachen Dialogfeld durchzuführen, andere Anwendungen aber nicht unbedingt eine interaktive Änderung des Kennworts durch die Benutzer gestatten, sodass seine Anmeldung einfach fehlschlägt.

Anmeldungen für das Team der Datenbankadministratoren

In allen außer den ganz rudimentären IT-Abteilungen müssen Datenbankadministratoren in der Lage sein, auf SQL Server-Produktionsinstanzen zuzugreifen. Dieser Zugriff muss aber kontrolliert erfolgen und auf bestimmte Zwecke und Rechte beschränkt sein. In diesem Abschnitt sehen wir uns an, warum das so sein sollte und wie Sie dafür sorgen können.

Über die Windows-Authentifizierung können sich die Datenbankadministratoren mit ihren Domänenanmeldeinformationen an einer Windows-Instanz anmelden. Anschließend nehmen sie ebenfalls über die Windows-Authentifizierung Verbindung mit der SQL Server-Instanz auf und beginnen mit ihrer Arbeit. Unabhängig davon, ob sie eine Verbindung zu einer Produktions- oder einer Entwicklungsumgebung herstellen, gehen die Datenbankadministratoren auf die gleiche Weise vor. Im Folgenden sehen wir uns jedoch an, wie sie dafür jeweils unterschiedliche Anmeldeinformationen verwenden.

Expertentipp

Was ist eine Produktionsumgebung und wie unterscheidet sie sich von anderen Umgebungen?

In diesem Abschnitt ist viel von Produktions- und Vorproduktionsumgebungen die Rede. Was bedeutet das? Sehen wir uns an, was diese Begriffe im Einzelnen bedeuten:

- **Produktionsumgebung** **Dies ist das Hauptsystem, das beispielsweise mit den eigentlichen Geräten oder Maschinen verbunden ist, Lebenserhaltungssysteme oder Kundenanwendungen steuert oder die wertvollen Geschäftsdaten enthält. Für dieses System sind Pläne zur Notfallwiederherstellung eingerichtet, es muss hochverfügbar sein und es ist auch »der Server«, von dem der Geschäftsführer immer spricht.**
- **Vorproduktionsumgebung** **Diese Systeme ähnelt der Produktionsumgebung, sind aber nicht mit der eigentlichen Geschäftsmaschinerie (im physischen oder übertragenen Sinne) verbunden. Vorproduktionsserver sollten keine echten Kunden- oder Patientendaten enthalten. Deshalb sind für sie auch nicht so strenge Vorkehrungen für die Notfallwiederherstellung erforderlich. Es gibt verschiedene Arten von Vorproduktionsumgebungen, z. B. für Entwicklung, Test, Qualitätssicherung, Benutzerakzeptanztests, Geschäftsakzeptanztests usw.**

Entwickler, Berichtsautoren und Qualitätstester sollten nach Möglichkeit nur Zugriff auf Vorproduktionssysteme haben. Wenn sie ein Problem in der Produktion beheben müssen, sollten nur die leitenden Entwickler Zugriff erhalten, und das auch nur vorübergehend.

Datenbankadministratoren brauchen Zugriff auf die SQL Server-Instanzen in allen Umgebungen. Wir müssen uns jedoch noch genau ansehen, wie der Zugriff auf die Produktionssysteme gestaltet werden sollte.

Betrachten Sie zur Veranschaulichung die folgende Situation: Ein Datenbankadministrator, der eine Datenbank der Produktionsumgebung sichern und in der Entwicklungsumgebung wiederherstellen soll, verwendet die Verbindungen, die in SQL Server Management Studio bereits geöffnet sind, kopiert die Sicherung auf eine Netzwerkfreigabe und beginnt dann mit der Wiederherstellung. Nachdem die Wiederherstellung zu etwa 50 % durchgelaufen ist, ruft ein Benutzer an und fragt: »Ist der SQL Server ausgefallen?«

Was, glauben Sie, ist hier passiert?

Wenn Ihr Datenbankadministrationsteam nicht bereits *zwei oder mehr* Windows-Konten verwendet, sollten Sie den Zugriff der einzelnen Administratoren auf die Produktionsdatenbanken von dem Konto trennen, das sie für ihre täglichen Routineaufgaben auf Vorproduktionssystemen, aber auch für E-Mail, Büroanwendungen, Office 365 usw. verwenden.

Sie sollten auch für alle Datenbankadministratoren reine Administrationskonten erstellen, die keinen Zugriff auf die Vorproduktionsumgebung und auf Officeanwendungen, keinen VPN- und nicht einmal Internetzugriff haben. Dadurch bringen Sie die Administratoren dazu, ihre Administrationskonten ausschließlich für Administrationsaufgaben zu verwenden.

Nehmen wir an, Katherine ist eine Datenbankadministratorin, die für den Zugriff auf ihre Routineaufgaben wie E-Mail, Instant Messaging, SQL Server-Vorproduktionsinstanzen, Office 365, VPN usw. das Domänenkonto *Domäne\Katherine* verwendet. Dieses Konto hat jedoch nur beschränkten Zugriff auf SQL Server-Produktionsinstanzen. So kann sie damit zwar auf Server-DMVs, Aktivitätsebenen, den Auftragsverlauf des SQL Server-Agents und das Fehlerprotokoll von SQL Server zugreifen, aber keine Anmeldungen erstellen, Live-Produktionsdaten lesen und aktualisieren, Datenbanken ändern usw.

Um diese Arbeiten durchzuführen, muss Katherine mit *Domäne\admin-Katherine* eine Remotedesktopsitzung zu einem anderen Server öffnen. Diesen Vorgang muss sie gezielt durchführen. Er erfordert auch besondere Aufmerksamkeit, denn schließlich sind die Produktionsdatenbanken wichtig. In der Remotedesktopsitzung startet Katherine nun SQL Server Management Studio. Als *Domäne\admin-Katherine* ist sie Mitglied der Serverrolle `sysadmin` und kann alle Aufgaben erfüllen, die sie in der Produktionsumgebung erledigen muss. Wenn sie damit fertig ist, meldet sie sich wieder ab.

Domäne\admin-Katherine hat keinen VPN-Zugriff. Wenn das Konto geknackt wird, kann es daher nicht missbraucht werden, um Zugriff auf das Unternehmensnetzwerk und auf die SQL Server-Computer zu erlangen.

Es gibt gute Gründe dafür, den Zugriff der Datenbankadministratoren für Routineaufgaben von dem Zugriff auf die SQL Server-Produktionsinstanzen zu trennen – aufsichtsrechtliche

Bestimmungen, Unternehmensrichtlinien, Sicherheitsbedenken und private Gründe. Der Zugriff auf die Produktionsserver mit dem *admin*-Konto (wobei jedoch auch viele andere Namenskonventionen üblich sind) erfordert gezielte Schritte und daher ein Bewusstsein für die anstehenden Aufgaben, weshalb die Gefahr, versehentlich für die Entwicklung vorgesehene Aufgaben in der Produktionsumgebung auszuführen, erheblich reduziert ist.

Weiter hinten in diesem Kapitel geht es im Abschnitt »Benutzerdefinierte Serverrollen« um feste Serverrollen, mit denen Sie die Pflichten des Datenbankadministrationsteams trennen können, sowie um eine benutzerdefinierte Serverrolle, um einen reinen Schreibzugriff auf den gesamten Server einzurichten.

Anmeldesicherheit

In diesem Abschnitt beschreiben wir einige wichtige besondere Anmeldungen, die Sie kennen müssen. Dazu gehören auch einige für den administrativen Zugriff, die eine strenge Regulierung erfordern.

Die Anmeldung sa

Bei sa handelt es sich um eine besondere SQL Server-Anmeldung, die zur Serverrolle `sysadmin` gehört, die SID 0x01 aufweist und jegliche Form von administrativem Zugriff ermöglicht. Bei einer Instanz im gemischten Modus (bei der sowohl die Windows- als auch die SQL Server-Authentifizierung eingeschaltet sind) können Datenbankadministratoren das Konto sa verwenden.

Das Konto sa kann auch die Autorisierung (den Besitz) für Datenbankobjekte, Schemas, Verfügbarkeitsgruppen und die Datenbanken selbst haben. Allerdings sind mit diesem bekannten Administratorkonto offensichtliche Gefahren verbunden.

Anwendungen, Anwendungsentwickler und Endbenutzer sollten niemals sa verwenden. Das sollte offensichtlich sein. Sollte sa bisher aber so eingesetzt worden sein, sollten Sie das Kennwort dafür ändern und allen, die es bisher verwendet haben, die für ihre Rolle nötigen Berechtigungen gewähren. Wie bei jedem anderen SQL Server-Konto kann auch bei sa das Kennwort von böswilligen Personen herausgefunden werden, die Zugriff auf die *.mdf*-Datei der Datenbank `master` oder eine Kopie haben.

Das Konto sa ist ein übliches Ziel für Brute-Force-Angriffe, um Zugriff auf einen SQL Server-Computer zu erhalten. Wenn Ihr Server mit dem Internet verbunden ist, sollten Sie das Konto sa daher umbenennen oder deaktivieren.

Da das Kennwort gewöhnlich mehreren Administratoren bekannt ist, kann es auch als anonyme Hintertür für schädliche oder unzulässige Aktivitäten von ehemaligen oder jetzigen Mitarbeitern dienen.

Datenbankadministratoren sollten für den gesamten administrativen Zugriff auf die SQL Server-Instanz ohnehin die Windows-Authentifizierung nutzen (mehr darüber später). Daher sollte niemand von ihnen noch das Konto sa verwenden. Das Kennwort für dieses Konto muss den Datenbankadministratoren nicht einmal bekannt sein. Es gibt keine Verwendungszwecke und keine empfohlenen Vorgehensweisen, die den Zugriff auf SQL Server über sa erfordern.

Die Gruppe BUILTIN\Administrators

Wenn Sie Erfahrungen mit der Administration von SQL Server 2005 und älter haben, werden Sie sich wahrscheinlich noch an die Gruppe `BUILTIN\Administrators` erinnern, die standardmäßig angelegt wurde, um allen Mitgliedern der lokalen Windows-Gruppe `Administratoren` den Zugriff der Serverrolle `sysadmin` zu gewähren.

Seit SQL Server 2008 wird diese Gruppe nicht mehr standardmäßig zu SQL Server-Instanzen hinzugefügt, da es sich dabei um eine ernst zu nehmende Hintertür handelt. Ihre Verwendung war zwar durchaus komfortabel für Administratoren, aber sie war auch oft das Ziel von Angriffen.

Fügen Sie die Gruppe `BUILTIN\Administrators` nicht zu Ihrer SQL Server-Instanz hinzu. Es hat seinen Grund, dass sie standardmäßig nicht mehr vorhanden ist.

Dienstkonten

In Kapitel 4 ging es schon um Dienstkonten. Auch sie sind Anmeldungen.

Dienstkonten erhalten gewöhnlich das Minimum an Berechtigungen, das sie brauchen, um die Dienste auszuführen, die ihnen im SQL Server-Konfigurations-Manager zugewiesen wurden. Daher sollten Sie zur Änderung von Dienstkonten für SQL Server-Funktionen nicht die Dienstekonsole von Windows (*Services.msc*) verwenden. Eine Änderung des Dienstkontos für die Instanz in der Dienstekonsole führt sogar sehr wahrscheinlich dazu, dass der Dienst nicht startet.

Es ist nicht notwendig, den SQL Server-Dienstkonten zusätzliche SQL Server-Berechtigungen einzuräumen. (Möglicherweise müssen Sie ihnen jedoch zusätzliche NTFS-Berechtigungen für Dateispeicherorte o. Ä. gewähren.) Das Dienstkonto des SQL Server-Agents muss zwar meistens Mitglied der Rolle `sysadmin` sein, das Dienstkonto von SQL Server jedoch nicht. Aus diesem und anderen Gründen ist es erforderlich, für die einzelnen Dienste unterschiedliche Dienstkonten zu verwenden.

Geben Sie dem Konto `NT AUTHORITY\System`, das standardmäßig in der SQL Server-Instanz vorhanden ist, niemals irgendwelche zusätzlichen Berechtigungen! Viele Windows-Anwendungen laufen unter diesem Konto und sollten keine vom Standard abweichenden Berechtigungen haben.

> ### Expertentipp
>
> ***Was ist mit den Dienstkonten für die Instanzen in meinen AlwaysOn-Verfügbarkeitsgruppen?***
>
> **Der SQL Server-Dienst muss in den einzelnen Replikatinstanzen einer AlwaysOn-Verfügbarkeitsgruppe nicht das gleiche Domänendienstkonto verwenden, obwohl dies die einfachste Vorgehensweise wäre.**
>
> **Hat der SQL Server-Dienst auf jedem Replikat ein anderes Konto, müssen Sie auf jedem Replikat Anmeldungen für alle Domänendienstkonten der anderen Replikate einrichten.**

Wenn Sie für die einzelnen SQL Server-Instanzen Dienstkonten verwenden, die keine Domänenkonten sind – was nicht empfehlenswert ist –, müssen Sie mit einem verschlüsselten Zertifikat für die Instanz einen Datenbankspiegelungs-Endpunkt anlegen (der übrigens nichts mit der veralteten Datenbankspiegelungsfunktion zu tun hat).

Wir raten auch davon ab, lokale oder integrierte Dienstkonten wie das Computerkonto zu verwenden. Das ist zwar möglich, indem Sie für alle Netzwerkdienstkonten des Computers auf den anderen Replikaten jeweils eine Anmeldung einrichten, aber diese Vorgehensweise ist alles andere als sicher.

Mehr über AlwaysOn-Verfügbarkeitsgruppen erfahren Sie in Kapitel 12.

Eigenständige Datenbanken

Eigenständige Datenbanken bilden ein unübersichtliches Thema, da viele der Grundsätze, die wir in diesem Kapitel bis jetzt beschrieben haben, nicht mehr gelten. Viele Serveraspekte werden dabei auf die Ebene der einzelnen Datenbanken verlagert, wodurch die Datenbanken leichter zwischen verschiedenen Serverumgebungen verschoben werden können. Das bietet Vorteile insbesondere bei der Hochverfügbarkeit und bei cloudgestützten Einrichtungen.

Datenbanken, die in einer SQL Server-Instanz mit `CONTAINMENT = PARTIAL` erstellt oder geändert wurden, umgehen die Serverauthentifizierung. Die Authentifizierung erfolgt direkt auf der Ebene der Datenbank, was zu dem verwirrenden Prinzip eines »Benutzers für eine eigenständige Datenbank mit Kennwort« führt.

Hinweis

Zurzeit werden in SQL Server 2017 nur teilweise eigenständige Datenbanken angeboten, da es immer noch Objekte gibt, die die Datenbankgrenzen überschreiten, z. B. bei der Verwaltung der Endpunkte einer Instanz. Eine vollständig eigenständige Datenbank hätte keinerlei externe Abhängigkeiten, nicht einmal für Metadaten, temporäre Objekte und die Konfiguration. Dieser Grad an Eigenständigkeit steht in SQL Server 2017 nicht zur Verfügung.

Tabelle 6.2 vergleicht die Benutzer eigenständiger Datenbanken mit regulären Datenbankbenutzern und Serveranmeldungen. (Einen Überblick über die letzten beiden haben Sie bereits in Tabelle 6.1 erhalten.)

Datenbankbenutzer	Serveranmeldung	Benutzer einer eigenständigen Datenbank
• Richtet einen Datenbankkontext ein • Ist mit einer Serveranmeldung verknüpft • Hat kein Kennwort • Wird Datenbankrollen zugewiesen • Wird in der Benutzerdatenbank gespeichert • Wird zusammen mit der Benutzerdatenbank wiederhergestellt • Kann Zugriff auf SELECT, UPDATE, EXECUTE, CREATE TABLE usw. erhalten	• Wird an einer SQL Server-Instanz authentifiziert • Kann mit Active Directory verknüpft werden (Windows-Authentifizierung) • Kann ein Kennwort haben (SQL Server-Authentifizierung) • Wird Serverrollen zugewiesen • Wird in der Datenbank `master` gespeichert • Ist von der Wiederherstellung von Benutzerdatenbanken nicht betroffen • Kann Zugriff auf RESTORE, CONNECT, CREATE DATABASE usw. erhalten	• Wird an einer SQL Server-Instanz authentifiziert • Hat ein Kennwort (SQL Server-Authentifizierung) • Wird Datenbankrollen zugewiesen • Wird in der Datenbank gespeichert • Wird zusammen mit der Benutzerdatenbank wiederhergestellt • Kann Berechtigungen auf Datenbankebene erhalten, die gewöhnlich sowohl Anmeldungen als auch Benutzern gewährt werden

Tabelle 6.2 Benutzer, Anmeldungen und Benutzer eigenständiger Datenbanken im Vergleich

Eigenständige Datenbanken können Sie von einer SQL Server-Instanz zu einer anderen verschieben, ohne Objekte auf Serverebene neu erstellen zu müssen, z. B. Sicherheitsobjekte auf Serverebene wie Anmeldungen. Einige Merkmale sind jedoch nur teilweise eigenständig. In den Sichten `sys.dm_db_uncontained_entities` und `sys.sql_modules` erhalten Sie Informationen zu den nicht eigenständigen Objekten und Funktionen. Wenn Sie sich den Zustand der Eigenständigkeit der Elemente Ihrer Datenbank ansehen, können Sie herausfinden, welche Objekte oder Funktionen Sie ersetzen oder ändern müssen, um die Eigenständigkeit zu verbessern.

Ein bedeutender Sicherheitsaspekt von eigenständigen Datenbanken besteht darin, dass jeder Benutzer mit der Berechtigung `ALTER ANY USER` und natürlich jeder Benutzer mit der festen Datenbankrolle `db_owner` den Zugriff auf die Datenbank und damit auf die Ressourcen des Servers gewähren kann. Benutzer mit dieser Berechtigung können unabhängig von den Administratoren der SQL Server-Instanz neuen Benutzern und Anwendungen Zugang verschaffen.

In Azure SQL-Datenbank (Version 12) ist es zwar nicht möglich, Datenbanken mit der Option `CONTAINMENT` zu erstellen, doch wurden eigenständige Datenbanken eigens zur Unterstützung des Angebots von cloudgestützten Datenbanken als Dienst entwickelt, damit Azure SQL-Datenbanken zwischen verschiedenen Cloudhosts verschoben werden und einen sehr hohen Grad an Verfügbarkeit bieten können.

Berechtigungen in SQL Server

In diesem Abschnitt behandeln wir die Grundlagen von SQL Server-Berechtigungen. Sie erfahren hier, wie Sie Berechtigungen gewähren, widerrufen und verweigern und wie Sie sie anwenden sollten.

DDL- und DML-Berechtigungen

T-SQL-Anweisungen und die Berechtigungen dafür können in zwei Kategorien eingeteilt werden, nämlich in Anweisungen der Datenbearbeitungssprache (Data Manipulation Language, DML) und der Datendefinitionssprache (Data Definition Language, DDL).

DML

Die folgenden sechs Anweisungen greifen auf Daten in Tabellen zu und bearbeiten sie und werden häufig eingesetzt:

- `BULK INSERT`
- `DELETE`
- `INSERT`
- `MERGE`
- `SELECT`
- `UPDATE`

> **Hinweis**
>
> **Es gibt keine Berechtigung eigens für `MERGE`. Stattdessen benötigen Sie die einzelnen Berechtigungen für `SELECT` in den Quelltabellen und für `SELECT`, `INSERT`, `UPDATE` und/ oder `DELETE` in den Zieltabellen.**
>
> **Wo sind die Berechtigungen für `IDENTITY_INSERT` zu finden? Auch wenn Sie diese Anweisung wahrscheinlich zur Einleitung Ihrer DML-Tätigkeiten verwenden, handelt es sich dabei im Grunde genommen um eine DDL-Operation, weshalb Sie dazu seit SQL Server 2008 R2 die Berechtigung `ALTER` für die Tabelle benötigen. In Versionen vor SQL Server 2008 R2 war es erforderlich, der Besitzer der Tabelle, ein Mitglied der Serverrolle `sysadmin` oder ein Mitglied der Rollen `db_owner` und `db_ddladmin` zu sein.**

Die folgenden drei DML-Anweisungen sind veraltet und werden nur noch benötigt, um Berechtigungen für die ebenfalls veralteten Datentypen `text`, `ntext` und `image` zu ändern. Verwenden Sie sie ausschließlich für die Unterstützung älterer Anwendungen.

- `READTEXT`
- `UPDATETEXT`
- `WRITETEXT`

DDL

Es gibt eine große Menge an Anweisungen, um Objekte in Instanzen und Datenbanken zu erstellen, zu ändern und zu löschen. Sie fallen in die folgenden grundlegenden Kategorien:

- ALTER
- CREATE
- DROP
- TRUNCATE TABLE
- ENABLE TRIGGER
- DISABLE TRIGGER
- UPDATE STATISTICS

> **Expertentipp**
>
> ***Warum ist TRUNCATE ein DDL-Befehl, wenn damit doch Zeilen gelöscht werden?***
>
> **Der Befehl TRUNCATE TABLE entfernt sämtliche Zeilen aus einer Tabelle schneller als eine DELETE-Anweisung ohne WHERE-Klausel.**
>
> **Das liegt daran, dass hierbei nicht die einzelnen Zeilen als gelöscht protokolliert werden, sondern die Zuweisung der Datenseiten aufgehoben wird. Die Operation TRUNCATE wird in das Transaktionsprotokoll geschrieben und kann innerhalb einer expliziten Transaktion zurückgenommen werden, da die Zuweisung der Datenseiten erst nach dem Commit endgültig aufgehoben wird. Bei TRUNCATE wird die Zuweisung der Datenseiten aufgehoben, bei DELETE dagegen werden die Zeilen aus der Tabelle entfernt.**
>
> **Das hört sich mehr nach DROP als nach DELETE an, und genau das ist es auch.**

Ändern von Berechtigungen

Es gibt noch eine dritte Art von Aktionen, nämlich die Änderung von Berechtigungen. Die entsprechenden Anweisungen gehören zur Datensteuersprache (Data Control Language, DCL). Zur Änderung der Berechtigungen eines Prinzipals dienen die folgenden drei Anweisungen:

- GRANT
- DENY
- REVOKE

Mit GRANT werden Aktionen erlaubt und mit DENY untersagt. Durch REVOKE können Sie die aktuelle GRANT- oder DENY-Berechtigung für das angegebene Objekt aufheben. Die grundlegende Syntax lautet wie folgt:

```
GRANT|DENY|REVOKE Berechtigung
ON Objekttyp::sicherungfähiges Element
TO Prinzipal
```

Die ON-Klausel ist jedoch optional. Wenn Sie sie nicht angeben, wird der aktuelle Kontext verwendet. Um beispielsweise einem Prinzipal eine Berechtigung für die aktuelle Datenbank zu gewähren, schreiben Sie einfach Folgendes:

```
GRANT EXECUTE TO [domain\katie.sql]
```

Beachten Sie, dass Sie damit EXECUTE-Berechtigungen für alle gespeicherten Prozeduren in der Datenbank und nicht für einzelne Prozeduren gewähren. Der Prinzipal kann hiermit auch alle gespeicherten Prozeduren ausführen, die in Zukunft in der Datenbank erstellt werden.

Überlappende Berechtigungen

GRANT und DENY haben gegenteilige Wirkung, wobei DENY Vorrang hat. Betrachten Sie zur Veranschaulichung die beiden folgenden einander widersprechenden Anweisungen, die von einem Administratorkonto in der Beispieldatenbank WideWorldImports ausgeführt werden:

```
GRANT SELECT on SCHEMA::sales to [domain\katie.sql];
DENY SELECT on OBJECT::sales.InvoiceLines to [domain\katie.sql];
```

Unter dem Strich erhält die Datenbankbenutzerin [domain\katie.sql] die SELECT-Berechtigung für alle Objekte im Schema sales mit Ausnahme der Tabelle sales.SalesInvoice. Für das folgende Beispiel wollen wir annehmen, dass für [domain\katie.sql] keine weiteren Berechtigungen und Rollenmitgliedschaften eingerichtet sind.

Stellen Sie sich nun vor, dass [domain\katie.sql] folgende Anweisungen ausführt:

```
use WideWorldImporters;
go
SELECT TOP 100 * FROM sales.Invoices;
SELECT TOP 100 * FROM sales.InvoiceLines;
```

Das führt zu folgendem Ergebnis:

```
Meldung 229, Ebene 14, Status 5, Zeile 4
Die SELECT-Berechtigung wurde für das Objekt 'InvoiceLines', Datenbank
'WideWorldImporters', Schema 'sales' verweigert.
(100 Zeile(n) betroffen)
```

Die Tabelle sales.Invoices ist für [domain\katie.sql] nach wie vor zugänglich, da sie sich im Schema sales befindet, auch wenn der Benutzerin der Zugriff auf sales.InvoiceLines verweigert wird.

Führen wir unser Beispiel noch ein wenig fort. Als Erstes entfernen wir von einem Administratorkonto aus die GRANT- und DENY-Berechtigungen. Damit kehrt die Datenbankbenutzerin [domain\katie.sql] wieder zum ursprünglichen Zustand ohne Berechtigungen und Rollenmitgliedschaften zurück:

```
REVOKE SELECT on SCHEMA::sales to [domain\katie.sql]
REVOKE SELECT on OBJECT::sales.Invoices to [domain\katie.sql]
```

Hinweis

Sie können statt REVOKE *Berechtigung* TO auch REVOKE *Berechtigung* FROM schreiben. Das macht den Befehl leichter verständlich.

Das führt zu folgendem Ergebnis, wenn [domain\katie.sql] nun die gleichen SELECT-Anweisungen wie zuvor ausführt:

```
Meldung 229, Ebene 14, Status 5, Zeile 4
Die SELECT-Berechtigung wurde für das Objekt 'Invoices', Datenbank
'WideWorldImporters', Schema 'sales' verweigert.
Meldung 229, Ebene 14, Status 5, Zeile 5
Die SELECT-Berechtigung wurde für das Objekt 'InvoiceLines', Datenbank
'WideWorldImporters', Schema 'sales' verweigert.
Benutzerdefinierte Serverrollen
```

Nun führen wir in einem Administratorkonto wieder die Anweisungen GRANT und DENY aus, diesmal aber mit vertauschten Rollen:

```
DENY SELECT on SCHEMA::sales to [domain\katie.sql]
GRANT SELECT on OBJECT::sales.InvoiceLines to [domain\katie.sql]
```

Wenn [domain\katie.sql] die bekannten SELECT-Anweisungen ausführt, wird ihr dadurch wieder der Zugriff verweigert:

```
Meldung 229, Ebene 14, Status 5, Zeile 4
Die SELECT-Berechtigung wurde für das Objekt 'Invoices', Datenbank
'WideWorldImporters', Schema 'sales' verweigert.
Meldung 229, Ebene 14, Status 5, Zeile 5
Die SELECT-Berechtigung wurde für das Objekt 'InvoiceLines', Datenbank
'WideWorldImporters', Schema 'sales' verweigert.
Benutzerdefinierte Serverrollen
```

Die DENY-Anweisung für das gesamte Schema sales hat hier Vorrang erhalten.

> ## Expertentipp
>
> ***Was ist an dem vorstehenden Beispiel falsch?***
>
> **In dem Beispielcode haben wir den Zugriff der Einfachheit halber einem einzelnen Benutzer gewährt, hier Domain\Katie.SQL. So etwas sollten Sie nach Möglichkeit vermeiden. Am besten ist es, Berechtigungen für Active Directory-Sicherheitsgruppen oder für benutzerdefinierte Datenbank- und Serverrollen einzurichten.**
>
> **Erstellen Sie Domänensicherheitsgruppen für Zugriffsrollen auf der Grundlage der betrieblichen Tätigkeit, der Aufsichtsebene, des Einflussbereichs usw. In Ihrer Active Directory-Umgebung kann es bereits Gruppen für verschiedene betriebliche Tätigkeiten geben, darunter auch für Datenbankadministratoren (und zwar sowohl administrative Konten als auch Konten für Routineaufgaben). Wenn nicht, sollten Sie passende Gruppen einrichten lassen, damit Sie in Ihrer SQL Server-Umgebung für Sicherheit sorgen können.**

Häufig benötigte Berechtigungen

Eine Mitgliedschaft in der Rolle sysadmin ist nur für Administratorkonten angebracht, aber nicht für die Konten von Entwicklern, Benutzern und Analytikern. Anstatt ihnen alle Berechtigungen einzuräumen, müssen Sie sich fragen, welche Berechtigungen sie tatsächlich benötigen.

Als Datenbankadministrator müssen Sie wissen, welche Berechtigungen Sie Ihren Kollegen in der IT außerhalb der Serverrolle `sysadmin` und der Datenbankrolle `db_owners` gewähren können.

Viele der gängigen sicherungsfähigen Elemente befinden sich auf der Serverebene, weshalb sie in Azure SQL-Datenbank 12 nicht unterstützt werden, nicht einmal bei der Ausführung in der `master`-Datenbank von Azure SQL-Datenbank.

Die folgenden Abschnitte stellen einige der Berechtigungen vor, die Sie Entwicklern in einer Produktionsdatenbank gewähren können, ohne dass sie dadurch die Möglichkeit erhalten, Tabellendaten einzusehen und Datenbankobjekte zu ändern.

ALTER TRACE

`GRANT ALTER TRACE TO [`*`Serverprinzipal`*`]`

Entwickler können diese Berechtigung benötigen, um bei der Fehlersuche eine Ablaufverfolgung in SQL Server durchzuführen. (Allerdings sollten Sie die Entwickler darauf hinweisen, dass Ablaufverfolgungen mittlerweise veraltet sind und erweiterte Ereignisse ein viel besseres Diagnosewerkzeug darstellen.)

▶ **Weitere Informationen erhalten Sie in Kapitel 13.**

Da eine Ablaufverfolgung ein sicherungsfähiges Objekt auf Serverebene ist, werden Entwickler mit `ALTER TRACE` in die Lage versetzt, alle Ereignisse auf dem Server zu verfolgen, also von sämtlichen Datenbanken und Prozessen. Einige sensible Ereignisse sind davon jedoch ausgeschlossen, beispielsweise die T-SQL-Anweisung `CREATE LOGIN` für eine SQL Server-Anmeldung.

ALTER ANY EVENT SESSION

`GRANT ALTER ANY EVENT SESSION TO [`*`Serverprinzipal`*`]`

Entwickler können diese Berechtigung brauchen, um erweiterte Ereignisse für die Fehlersuche in SQL Server zu verwenden. Dadurch können sie mit T-SQL-Befehlen Sitzungen für erweiterte Ereignisse erstellen. Allerdings ist es ihnen nicht möglich, Servermetadaten im Assistenten für Sitzungen für erweiterte Ereignisse in SQL Server Management Studio einzusehen. Dazu benötigen sie zusätzlich die Berechtigung `VIEW SERVER STATE`, die Entwicklern häufig erteilt wird und die wir in Kürze beschreiben werden.

Sitzungen für erweiterte Ereignisse erfassen ähnlich wie Ablaufverfolgungen Ereignisse auf dem Server von allen Datenbanken und Prozessen. Einige sensible Ereignisse sind davon jedoch ausgeschlossen, beispielsweise die T-SQL-Anweisung `CREATE LOGIN` für eine SQL Server-Anmeldung.

Damit Entwickler Sitzungen für erweiterte Ereignisse einsehen können, müssen Sie ihnen ab Azure SQL-Datenbank 12 jedoch die Berechtigung `CONTROL DATABASE` einräumen, die einen Zugriff auf dem Niveau des Datenbankbesitzers erlaubt (und die wir in Kürze erläutern). In Produktionsumgebungen ist davon abzuraten, diese Berechtigung Entwicklern oder anderen Personen einzuräumen, die keine Administratoren sind.

VIEW SERVER STATE

GRANT VIEW SERVER STATE TO [*Serverprinzipal*]

Diese Berechtigung auf Serverebene erlaubt dem Prinzipal, eine große Menge von Server-Metadatenobjekten, Systemsichten und dynamischen Verwaltungssichten (Dynamic Management Views, DMVs) einzusehen, von denen viele für Entwickler bei der Fehlersuche, Analyse und Leistungsoptimierung von unschätzbarem Wert sind.

Für viele der in Kapitel 12 erwähnten DMVs ist nur die Berechtigung VIEW SERVER STATE erforderlich.

Dies ist eine ziemlich ungefährliche Berechtigung. Mit VIEW SERVER STATE hat der Prinzipal immer noch keinen Zugriff auf Daten, Datenbankobjekte, Anmeldungen und Kennwörter. Es handelt sich hierbei um eine reine Leseberechtigung auf Serverebene. Sie bildet eine großartige Alternative zur Gewährung von Administratorberechtigungen.

VIEW DEFINITION

GRANT VIEW DEFINTION ON *Schema.Objektname* TO [*Datenbankprinzipal*]

Hiermit erhalten Entwickler die Berechtigung, den T-SQL-Code von Datenbankobjekten einzusehen, ohne dabei die Objekte lesen oder ändern zu können. Dies wird auch als die Metadaten der Objekte bezeichnet.

Entwickler können diesen Zugriff benötigen, um sich zu vergewissern, dass Codeänderungen in der Produktion bereitgestellt wurden. Damit können sie beispielsweise den Code einer gespeicherten Prozedur in der Produktion mit dem im Quellcode-Steuerungssystem vergleichen. Auch diese Berechtigung kann Entwicklern gefahrlos erteilt werden, da hiermit keine SELECT- und keine Bearbeitungsberechtigungen verbunden sind.

Anstatt alle Objekte in der Datenbank einzeln durchzugehen, können Sie auch die Anweisung GRANT VIEW ANY DEFINITION TO [*Prinzipal*] verwenden. Dadurch wird die Berechtigung für alle Objekte im aktuellen Datenbankkontext erteilt. Sie können sie auch auf einfache Weise widerrufen.

SHOWPLAN

GRANT SHOWPLAN TO [*Serverprinzipal*]

Für eine Leistungsoptimierung müssen Entwickler praktisch immer auf den Laufzeitplan der Abfragen an sämtlichen Datenbanken auf dem Server zugreifen. Allerdings ist eine Betrachtung des Ausführungsplans selbst dann nicht möglich, wenn der Entwickler die entsprechenden SELECT- oder EXECUTE-Berechtigungen für die Datenbankobjekte in der Abfrage hat. Das gilt sowohl für geschätzte als auch für tatsächliche Ausführungspläne.

Die Berechtigung SHOWPLAN dagegen reicht ebenfalls nicht aus, denn die Entwickler müssen auch die erforderliche Lese- oder Lese/Schreib-Berechtigung haben, um die betreffende Abfrage auszuführen.

Auch ohne die Berechtigung SHOWPLAN können sich Benutzer, die keine Administratoren sind, jedoch die *aggregierten* zwischengespeicherten Ausführungsplanstatistiken in der dynamischen Verwaltungssicht sys.dm_exec_cached_plans ansehen, wenn sie über die Berechtigung VIEW SERVER STATE verfügen.

CONNECT ALL DATABASES

`GRANT CONNECT ALL DATABASES TO [Serverprinzipal]`

Diese in SQL Server 2014 eingeführte Berechtigung bietet eine Möglichkeit, um einer Anmeldung auf einfache Weise zu erlauben, ihren Kontext auf alle aktuellen oder zukünftigen Datenbanken auf dem Server einzustellen. Weitere Berechtigungen sind damit nicht verbunden. Für die Anmeldung wird dabei kein Benutzer in der Datenbank angelegt, allerdings verhält sich diese Berechtigung so, als wäre sie in jeder Datenbank einem Benutzer für diese Anmeldung zugewiesen.

Für sich allein genommen erscheint diese Berechtigung nicht sehr nützlich, aber sie ist praktisch, um »Alltagskonten« für Datenbankadministratoren einzurichten bzw. um sie der Windows-Gruppe zu gewähren, zu der diese Alltagskonten gehören. Verwenden Sie diese und die nachfolgende Berechtigung (`SELECT ALL USER SECURABLES`), um einen reinen Schreibzugriff auf den Server und alle seine Datenbanken zu gewähren.

SELECT ALL USER SECURABLES

`GRANT SELECT ALL USER SECURABLES TO [Serverprinzipal]`

Diese in SQL Server 2014 eingeführte Berechtigung ermöglicht die Verwendung von `SELECT` in allen lesbaren Datenbankobjekten – Tabellen, Sichten und tabellenwertigen Funktionen – sämtlicher Benutzerdatenbanken. `EXECUTE`-Berechtigungen sind darin nicht eingeschlossen. Dies ist die schnellste Möglichkeit, um Administratoren Lesezugriff auf alle aktuellen und künftigen Datenbanken und deren Objekte zu geben. Für Endbenutzer, die keine Administratoren sind, und für Anwendungsanmeldungen ist diese Vorgehensweise jedoch nicht geeignet.

Denken Sie immer daran, dass Produktionsdaten sensible, personenbezogene Informationen enthalten können. In manchen Umgebungen ist es daher nicht angebracht, diese Berechtigung zu gewähren, und kann sogar zu aufsichtsrechtlichen Konsequenzen führen, sofern die `SELECT`-Berechtigung nicht gezielt für sensible Tabellen verweigert oder maskiert oder diese Tabellen verschlüsselt werden, etwa mit Always Encrypted.

Diese Berechtigung können Sie auch in einer `DENY`-Anweisung verwenden, um den Zugriff auf alle Daten auf einem Server zu verweigern. Dadurch können Sie dafür sorgen, dass Administratoren verschiedene andere Aufgaben auf Serverebene in den Produktionssystemen erledigen, und dabei die beruhigende Gewissheit haben, dass sie mit ihren Alltagskonten nicht in der Lage sind, auf die Daten zuzugreifen. Denken Sie aber daran, dass Mitglieder der Serverrolle `sysadmin` von `DENY`-Berechtigungen nicht betroffen sind.

▶ **Weitere Informationen über die Verschlüsselung sensibler Daten, darunter auch mit Always Encrypted, erhalten Sie in Kapitel 7.**

IMPERSONATE

```
GRANT IMPERSONATE ON USER::[Datenbankprinzipal] TO [Datenbankprinzipal]
GRANT IMPERSONATE ON LOGIN::[Serverprinzipal] TO [Serverprinzipal]
```

Die Berechtigung `IMPERSONATE` ermöglicht es, eine gespeicherte Prozedur mit der Anweisung oder der Klausel `EXECUTE AS` auszuführen. Das kann die Verwaltungsumgebung kompliziert machen, weshalb Sie diese Berechtigung nur gewähren sollten, wenn Sie sich über die Konsequenzen und über möglichen Missbrauch im Klaren sind. Benutzer mit dieser

Berechtigung können die Identität von Mitgliedern der Rolle sysadmin und damit die zugehörigen Berechtigungen annehmen. Gewähren Sie diese Berechtigung daher nur in einem kontrollierten Umfeld und am besten nur vorübergehend.

Am häufigsten wird diese Berechtigung Anwendungen erteilt, die EXECUTE AS verwenden, um den Sicherheitskontext ihrer Verbindung zu ändern. Sie können die Berechtigung IMPERSONATE sowohl Anmeldungen als auch Benutzern zuweisen.

Anmeldungen mit der Berechtigung CONTROL SERVER verfügen bereits über die Berechtigung IMPERSONATE ANY LOGIN. Diese Berechtigung sollte auf Administratoren beschränkt bleiben, denn es ist sehr unwahrscheinlich, dass das Dienstkonto einer Anwendung, die EXECUTE AS verwendet, in der Lage sein muss, die Identität beliebiger aktueller oder zukünftiger Anmeldungen zu übernehmen. Stattdessen sollten Sie Dienstkonten die Berechtigung IMPERSONATE nur für bekannte, angemessene und genehmigte Prinzipale geben, die ausdrücklich für den vorübergehenden Identitätswechsel angelegt wurden.

Auf eine EXECUTE AS-Anweisung muss schließlich eine REVERT-Anweisung folgen. Wir werden uns weiter hinten in diesem Kapitel noch ausführlicher mit EXECUTE AS beschäftigen.

CONTROL SERVER|DATABASE

```
GRANT CONTROL SERVER TO [Serverprinzipal]
GRANT CONTROL ON DATABASE::[Datenbankame] TO [Datenbankprinzipal]
```

Mit diesen Anweisungen werden sämtliche Berechtigungen für den Server bzw. die Datenbank erteilt. Sie ist nicht für Entwickler oder sonstige Benutzer geeignet, die keine Administratoren sind.

Die Berechtigung CONTROL ist nicht das Gleiche wie die Mitgliedschaft in der Serverrolle sysadmin oder der Datenbankrolle db_owner, hat aber die gleiche Wirkung. Allerdings wirken sich DENY-Berechtigungen nicht auf Mitglieder der Rolle sysadmin aus, wohl aber auf Inhaber der Berechtigung CONTROL.

Besitz und Autorisierung

Der Datenbankbesitz ist ein wichtiges Thema für SQL Server-Administratoren und auch häufig Gegenstand der Untersuchung, die sie durchführen müssen. Der Begriff der Besitzkette ist schwierig zu erklären. In diesem Abschnitt behandeln wir den Datenbankbesitz und seine Auswirkungen.

Seit SQL Server 2008 ist »Besitz« zu »Autorisierung« umdefiniert worden. Der Begriff Besitz wird eher zur Beschreibung verwendet, während der Mechanismus, der die Besitzbeziehung zwischen einem Objekt und einem Prinzipal herstellt, Autorisierung heißt.

In der Terminologie wird bevorzugt davon gesprochen, die Autorisierung für ein Objekt, also etwa eine Datenbank, zu ändern, anstatt den Objektbesitz durch eine Vielzahl von syntaktischen und Managementobjekten zu beschreiben. Im Falle von Datenbanken bedeutet die Autorisierung zwar keine Mitgliedschaft in der Rolle db_owner, bietet aber den gleichwertigen höchsten Grad an Berechtigungen.

Aus diesem Gründen – und aus Gründen, die die Besitzkette der Datenbank betreffen – sollten benannte individuelle Konten (z. B. Ihr eigenes Konto der Form [Domäne\Vorname.Nachname]) nicht als Autorisierung einer Datenbank verwendet werden.

Wenn ein Benutzer eine Datenbank erstellt, wird er zum Besitzer dieser Datenbank, und seine SID wird als `owner_sid` in die `sys.databases` eingetragen. Vielen Entwicklern und Administratoren ist nicht bewusst, dass dies ein Problem darstellt.

Wenn das Konto des Prinzipals, der zu dieser Besitzer-SID gehört, abgeschaltet oder aus Active Directory entfernt wird und Sie die Datenbank ohne diesen Prinzipal auf einen anderen Server verschieben, gibt es Probleme beim Identitätswechsel und der Autorisierung von untergeordneten Objekten, die sich in Form verschiedener Störungen oder Anwendungsfehler zeigen können. Das liegt daran, dass das Konto zu der Besitzer-SID das Stammkonto für die Autorisierung der Datenbank ist. Es muss vorhanden und ein gültiger Prinzipal sein.

Daher sollten Datenbankadministratoren die Autorisierung von Datenbanken entweder auf ein bekanntes, nicht interaktives Dienstkonto hoher Ebene oder den integrierten Prinzipal `sa` (SID 0x01) einstellen. Diese Standardaufgabe sollte auf jeder guten Checkliste für eine SQL Server-Integritätsprüfung stehen.

Datenbanken mit sensiblen Daten, die von anderen Datenbanken aus nicht zugänglich sein sollten, dürfen nicht dieselbe Besitzer-SID haben wie weniger sichere Datenbanken. Sie sollten dafür auch nicht die datenbankübergreifende Besitzverkettung auf Serverebene einschalten (die standardmäßig ausgeschaltet ist).

Ändern des Datenbankbesitzes

Mit der Umdefinition von »Besitz« zu »Autorisierung« gilt auch die gespeicherte Prozedur `sp_changedbowner` als veraltet. Stattdessen sollten Sie jetzt lieber `ALTER AUTHORIZATION` verwenden:

```
ALTER AUTHORIZATION ON DATABASE::[Datenbankname] TO [Serverprinzipal];
```

Der neue Besitzer einer SQL Server-Datenbank kann eine SQL Server- oder eine Windows-Anmeldung sein. Um den Besitzer einer Datenbank mit `ALTER AUTHORIZATION` zu ändern, braucht der Prinzipal, der diese Anweisung ausführt, die Berechtigung `TAKE OWNERSHIP` sowie die Berechtigung `IMPERSONATE` für den neuen Besitzer.

Der neue Besitzer darf dabei noch nicht als Benutzer in der Datenbank vorhanden sein. Sollte er bereits existieren, schlägt die `ALTER`-Anweisung fehl und gibt die folgende Meldung aus: »Der vorgeschlagene neue Datenbankbesitzer ist bereits ein Benutzer oder Alias der Datenbank.« In diesem Fall müssen Sie den Benutzer löschen und `ALTER AUTHORIZATION` dann erneut ausführen.

In Azure SQL-Datenbank kann der neue Besitzer eine SQL Server-Anmeldung, ein Verbundbenutzerobjekt oder ein in Azure AD verwaltetes Benutzerobjekt sein. Gruppen können für diesen Zweck dagegen nicht verwendet werden.

Ein Prinzipal, der den Besitz einer Datenbank in Azure SQL-Datenbank möchte, muss der aktuelle Datenbankbesitzer, das beim Erstellen festgelegte Administratorkonto oder das Azure AD-Konto sein, das als Administrator mit dieser Datenbank verknüpft ist. Die Rolle `sysadmin` gibt es hier nicht. Wie bei allen Berechtigungen in Azure SQL-Datenbank können auch hier nur Azure AD-Konten andere Azure AD-Konten verwalten. SQL Server-Konten dagegen können von SQL Server- und von Azure AD-Konten verwaltet werden.

Berechtigungen für Sichten, gespeicherte Prozeduren und Funktionen

Sichten, gespeicherte Prozeduren und Funktionen abstrahieren die erforderlichen Berechtigungen zum Lesen und Schreiben in Tabellen und anderen Sichten. In diesem Abschnitt sehen wir uns an, wie Sichten, gespeicherte Prozeduren und benutzerdefinierte Funktionen den Zugriff auf die zugrunde liegenden Datenbankobjekte ermöglichen. Damit können Sie die Zuweisung der geringsten erforderlichen Berechtigungen vereinfachen.

Einfach ausgedrückt erlauben EXECUTE-Berechtigungen für gespeicherte Prozeduren und SELECT-Berechtigungen für Sichten den Benutzern, auf Daten in den Objekten der zugrunde liegenden Datenbanken zuzugreifen, ohne dass die Benutzer ausdrückliche Berechtigungen für diese Objekte haben müssen.

Das ist ein wichtiges Konzept, das Datenbankadministratoren verinnerlichen müssen, um das Prinzip anzuwenden, Anwendungen und Endbenutzern nur die geringsten Rechte einzuräumen, die für den Zugriff auf die Daten erforderlich sind. Wir könnten sogar so weit gehen, den allgemeinen Zugriff für Anwendungsbenutzer mit `DENY SELECT` aufzuheben und ihnen über gespeicherte Prozeduren, Sichten und Funktionen trotzdem einen angemessenen Zugriff zu gewähren.

Zugriff durch Sichten, gespeicherte Prozeduren und Funktionen

Um gespeicherte Prozeduren ausführen zu können, ist die Berechtigung EXECUTE erforderlich, allerdings muss der Benutzer nicht über die zugrunde liegenden Objektberechtigungen verfügen (SELECT, INSERT, DELETE). Auch für Sichten und Funktionen ist lediglich SELECT erforderlich und keine der zugrunde liegenden Objektberechtigungen.

Bei gespeicherten Prozeduren gibt es jedoch drei Besonderheiten, die diese Abstraktion zunichtemachen und dazu führen könnten, dass derjenige, der die Prozedur ausführt, auch Berechtigungen für die zugrunde liegenden Datenbankobjekte benötigt:

- Die Prozedur kann keine ALTER-Operationen durchführen; diese werden von ihr nicht abstrahiert. Das schließt auch `IDENTITY_INSERT` ein.
- Die Prozedur führt keine dynamischen SQL Server-Befehle wie `sp_executesql` oder `EXEC (@SQL)` für den Datenzugriff aus. Dies dient als Schutz gegen SQL-Injektionsangriffe.
- Die zugrunde liegenden Datenbankobjekte, auf die die gespeicherte Prozedur verweist, haben eine Besitzkette; das heißt, sie haben dieselbe Besitzkette.

Dank der intakten Datenbankberechtigungskette können Sie einem Prinzipal, ohne diese Bedingungen zu verletzen, die Berechtigung `GRANT EXECUTE` und *keine anderen Berechtigungen* einräumen und die Prozedur dann erfolgreich ausführen. Der Datenbankprinzipal hat jetzt keine Möglichkeit, auf die Datenbankobjekte außerhalb der gespeicherten Prozedur zuzugreifen.

Sichten und Funktionen verhalten sich ähnlich, wobei die ersten beiden Bedingungen für sie jedoch offensichtlich nicht gelten. Sie können sie verwenden, um Benutzern, die keine ausdrücklichten SELECT-Berechtigungen für eine Tabelle haben, eine horizontale oder vertikale Partition dieser Tabelle bereitzustellen.

Ein Beispiel zu Berechtigungen für Sichten, gespeicherte Prozeduren und Funktionen

Wir wollen das Erwähnte nun mit einem einfachen Experiment veranschaulichen, bei dem wir in der Datenbank `WideWorldImporters` einen Testbenutzer und eine Testtabelle anlegen. Führen Sie den folgenden und allen restlichen Code in diesem Abschnitt als Mitglied der Rolle `sysadmin` aus.

```
USE [master]
GO
CREATE LOGIN DenyPrincipal WITH PASSWORD=N'deny'
GO
GRANT CONNECT SQL TO DenyPrincipal
ALTER LOGIN DenyPrincipal ENABLE
GO
USE [WideWorldImporters]
GO
CREATE USER DenyPrincipal FOR LOGIN DenyPrincipal
GO
CREATE TABLE dbo.DenyPrincipalTable (
ID INT IDENTITY (1,1) NOT NULL CONSTRAINT PK_DenyPrincipalTable PRIMARY KEY,
Text1 VARCHAR(100) )
GO
INSERT INTO dbo.DenyPrincipalTable (Text1) VALUES ('test')
GO 3
```

Damit haben wir drei Zeilen in die Tabelle `dbo.DenyPrincipalTable` eingefügt.

Probieren wir nun verschiedene Möglichkeiten aus, um auf diese Tabelle zuzugreifen, ohne irgendwelche Berechtigungen zu erteilen.

Expertentipp

Wie kann ich bei der testweisen Verwendung von EXECUTE AS meinen aktuellen Sicherheitskontext herausfinden?

Im folgenden Abschnitt verwenden wir die Anweisung `EXECUTE AS`, die es möglich macht, die Berechtigungen eines anderen Prinzipals zu simulieren. Wenn Sie SQL Server Management Studio verwenden, wirkt sich dies nur im aktuellen Abfragefenster aus.

Achten Sie darauf, auf `EXECUTE AS` immer ein `REVERT` folgen zu lassen, um den Identitätswechsel zu beenden und Ihre ursprünglichen Berechtigungen wiederherzustellen. Jede Ausführung von `REVERT` wirkt sich nur auf ein `EXECUTE AS` aus.

Wenn Sie auf Schwierigkeiten stoßen, können Sie mit der folgenden Anweisung immer herausfinden, als welcher Prinzipal Sie auftreten:

```
SELECT ORIGINAL_LOGIN(), CURRENT_USER;
```

> **Als Ergebnis erhalten Sie die beiden folgenden Werte:**
>
> - `ORIGINAL_LOGIN()` **Dies ist der Name der Anmeldung, als die Sie tatsächlich verbunden sind. Dieser Wert ändert sich auch nach der Verwendung von** `EXECUTE AS USER` **oder** `EXECUTE AS LOGIN` **nicht. Dies ist nicht der Name des Benutzers, als der Sie die Verbindung ursprünglich hergestellt haben, aber es kann hilfsreich sein, sich zu merken, wie Sie die Verbindung eingegangen sind.**
> - `CURRENT_USER()` **Dies ist der Name des Benutzers, dessen Sicherheitskontext Sie angenommen haben. Er ist gleichbedeutend mit** `USER_NAME()`. **In SQL Server-Instanzen entspricht das Ergebnis** `SUSER_NAME()` **und** `SUSER_SNAME()`, **doch in Azure SQL-Datenbank ergibt** `SUSER_NAME()` **eine SID, während** `SUSER_SNAME()` **nicht unterstützt wird.**

Prüfen von Berechtigungen bei der Verwendung einer Sicht Als Nächstes erstellen wir eine Sicht der Tabelle `dbo.DenyPrincipalTable` und versuchen, darauf zuzugreifen. Beachten Sie, dass wir den Datenbankprinzipal `[DenyPrincipal]` gerade erst erstellt und ihm keine Berechtigungen erteilt haben. Er verfügt daher über keinerlei Berechtigungen außer denen der Rolle `[public]` (mehr darüber später). Führen Sie auch den folgenden Code wieder als Mitglied der Rolle `sysadmin` aus:

```
CREATE VIEW dbo.denyview WITH SCHEMABINDING AS
SELECT DenyView = text1 FROM dbo.DenyPrincipalTable
GO
GRANT SELECT ON dbo.denyview TO [DenyPrincipal]
GO
```

Der Prinzipal `[DenyPrincipal]` hat jetzt Zugriff auf die Sicht `dbo.DenyView`, aber nicht auf die Tabelle `dbo.DenyPrincipalTable`.

Versuchen Sie nun, Daten in der Tabelle zu lesen:

```
EXECUTE AS USER = 'DenyPrincipal';
SELECT * FROM dbo.DenyPrincipalTable;
GO
REVERT;
```

Das führt zu der folgenden Fehlermeldung:

```
Meldung 229, Ebene 14, Status 5, Zeile 41
Die SELECT-Berechtigung wurde für das Objekt 'DenyPrinipalTable', Datenbank
'WideWorldImporters', Schema dbo verweigert.
```

Warum geschieht das? Denken Sie daran, dass wir keine Berechtigungen für `DenyPrincipalTable` zugewiesen haben. Das war beabsichtigt.

Allerdings ist der Benutzer `[DenyPrincipal]` nach wie vor in der Lage, über die Sicht auf die Daten in der Spalte `text1` zuzugreifen:

```
EXECUTE AS USER = 'DenyPrincipal';
select * from dbo.DenyView;
GO
REVERT;
```

Jetzt lautet das Ergebnis wie folgt:

```
DenyView
test
test
test
```

Beachten Sie, dass [DenyPrincipal] nur Zugriff auf die Spalten (und falls gewünscht, die Zeilen) hat, die die Sicht dbo.DenyView bietet. Anwendungen können Sichten und gespeicherte Prozeduren nutzen, um einen angemessenen SELECT-, INSERT-, UPDATE- und DELETE-Zugriff auf die zugrunde liegenden Tabellendaten zu gewähren, wobei der Zugriff auf die Zeilen und Spalten und der direkte SELECT-Zugriff auf die Tabelle blockiert ist.

▶ **Weitere Informationen über Techniken für einen angemessenen Datenzugriff einschließlich Always Encrypted erhalten Sie in Kapitel 7.**

Prüfen von Berechtigungen bei der Verwendung einer gespeicherten Prozedur Jetzt wollen wir die gleiche Abstraktion von Berechtigungen mit einer gespeicherten Prozedur vornehmen und dann ebenfalls zeigen, wann der Zugriff fehlschlägt:

```
CREATE PROC dbo.DenySproc AS
BEGIN
SELECT DenySproc = text1
FROM dbo.DenyPrincipalTable;
END
GO
GRANT EXECUTE ON dbo.DenySproc to [DenyPrincipal];
GO

EXECUTE AS USER = 'DenyPrincipal';
EXEC dbo.DenySproc;
GO
REVERT;
GO
```

Das Ergebnis lautet wie folgt:

```
DenySproc
test
test
test
```

Es funktioniert! Ohne Zugriff auf die Tabelle dbo.DenyPrincipalTable zu haben, kann der Benutzer DenyPrincipal die Tabellendaten abrufen.

Jetzt wollen wir die Abstraktion der Berechtigungen aushebeln:

```
CREATE PROC dbo.DenySproc_adhoc
AS
BEGIN
DECLARE @sql nvarchar(1000)
SELECT @sql = 'select ExecSproc_adhoc = text1 FROM dbo.DenyPrincipalTable';
EXEC sp_executesql @SQL;
END
GO
GRANT EXECUTE ON dbo.DenySproc_adhoc to [DenyPrincipal];
GO
```

```
EXECUTE AS USER = 'DenyPrincipal';
EXEC dbo.DenySproc_adhoc;
GO
REVERT;
```

Dabei ergibt sich Folgendes:

```
Meldung 229, Ebene 14, Status 5, Zeile 75
Die SELECT-Berechtigung wurde für das Objekt 'DenyPrinipalTable', Datenbank
'WideWorldImporters', Schema dbo verweigert.
```

Hier haben wir den dynamischen SQL-Befehl `sp_executesql` verwendet und einen T-SQL-String übergeben. Eine Sicherheitsvorkehrung sorgt hier automatisch dafür, dass die Abstraktion der Berechtigungen nicht mehr funktioniert. Die Fehlermeldung zeigt an, dass der Benutzer `[DenyPrincipal]` keine `SELECT`-Berechtigung für die zugrunde liegende Tabelle hat.

Prüfen von Berechtigungen bei der Verwendung einer tabellenwertigen Funktion Tabellenwertige Funktionen verhalten sich auf die gleiche Weise. Um das zu zeigen, erstellen wir eine tabellenwertige Inline-Funktion:

```
CREATE FUNCTION dbo.DenyFunc ()
RETURNS TABLE
AS RETURN
    SELECT DenyFunc = Text1
    FROM dbo.DenyPrincipalTable;
GO
GRANT SELECT ON dbo.DenyFunc TO [DENYPRINCIPAL];
GO
EXECUTE AS USER = 'DenyPrincipal';
SELECT * FROM DenyFunc();
GO
REVERT;
GO
```

Das Ergebnis lautet wie folgt:

```
DenyFun
test
test
test
```

Wir können also auch eine Funktion verwenden. Ohne Zugriff auf die Tabelle `dbo.DenyPrincipalTable` war der Benutzer `DenyPrincipal` in der Lage, mit der Tabellenfunktion `DenyFunc()` auf die Tabellendaten zuzugreifen.

Zugriff bei verweigerter SELECT-Berechtigung Gehen wir noch einen Schritt weiter und verweigern wir `[DenyPrincipal]` mit `DENY SELECT` ausdrücklich die `SELECT`-Berechtigung. Ist der Benutzer nun immer noch in der Lage, über die Sicht und die gespeicherte Prozedur auf die Daten der zugrunde liegenden Tabelle zuzugreifen?

```
DENY SELECT ON dbo.DenyPrincipalTable TO [DenyPrincipal];
GO
EXECUTE AS USER = 'DenyPrincipal';
SELECT * FROM dbo.denyview; --test the view
GO
```

```
EXEC dbo.DenySproc; --test the stored procedure
GO
SELECT * FROM DenyFunc();
GO
REVERT;
GO
```

Ja, das ist er. Die Ergebnisse lauten wie folgt:

```
DenyView
test
test
test

DenySproc
test
test
test

DenyFunc
test
test
test
```


Serverrollen

In diesem Abschnitt sehen wir uns die im Lieferumfang von SQL Server enthaltenen Serverrollen an, wobei unser Hauptaugenmerk darauf liegt, wann und warum Sie sie verwenden sollten. SQL Server enthält eine Reihe von integrierten Serverrollen, unter anderem auch `sysadmin`, mit der Sie bereits vertraut sind. Sie können auch Ihre eigenen benutzerdefinierten Serverrollen erstellen, womit wir uns weiter hinten in diesem Abschnitt beschäftigen werden.

Anmeldungen werden anderen Serverrollen gewöhnlich in Situationen zugewiesen, in denen die Verantwortungsbereiche der Datenbankadministratoren aufgeteilt werden müssen oder Dienstkonten Zugriff für serverweite Operationen benötigen.

Angemessene Zuweisung zu Serverrollen

Nur zu oft wird von Entwicklern oder in Herstellerspezifikationen verlangt, Endbenutzern und Dienstkonten über feste Serverrollen unangemessene Berechtigungen zuzuweisen. In diesem Abschnitt sehen wir uns die integrierten Serverrollen von SQL Server an, wobei unser Schwerpunkt darauf liegt, wann und warum Sie sie zuweisen sollten.

In Azure SQL-Datenbank stehen Serverrollen nicht zur Verfügung. Datenbankrollen (die wir weiter hinten in diesem Kapitel erläutern) können Sie dort jedoch verwenden.

Um Benutzer zu Serverrollen zuzuweisen, gibt es im Dialogfeld *Anmeldungseigenschaften* von SQL Server Management Studio eine Seite mit Rollenmitgliedschaften (siehe Abb. 6.3). Standardmäßig ist nur das Kontrollkästchen *public* aktiviert (und lässt sich auch nicht deaktivieren). Eine neue Anmeldung wird zu Anfang nur der integrierten Serverrolle `public` zugewiesen, aus der sie auch nicht wieder entfernt werden kann.

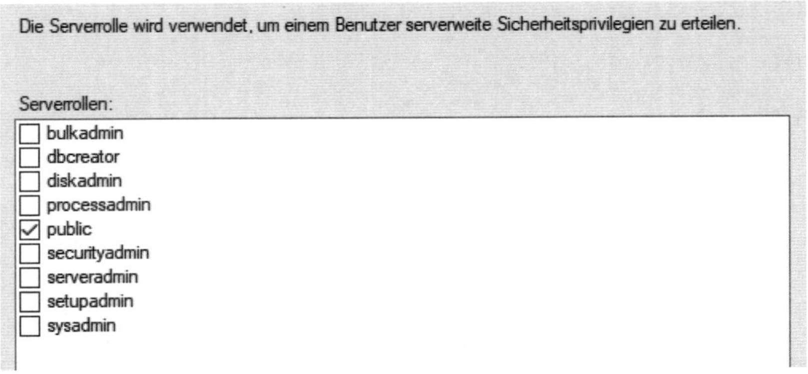

Abbildung 6.3 Die Seite für die Mitgliedschaft in Serverrollen im Dialogfeld *Anmeldungseigenschaften* von SQL Server Management Studio. Standardmäßig ist nur die Rolle `public` ausgewählt (und kann nicht entfernt werden).

Sie können auch mit T-SQL Mitglieder zu Serverrollen hinzufügen und daraus entfernen:

```
ALTER SERVER ROLE serveradmin ADD MEMBER [domain\katie.sql]
GO
ALTER SERVER ROLE processadmin DROP MEMBER [domain\katie.sql]
GO
```

Sehen wir uns nun die integrierten Serverrollen nacheinander an. Als Erstes betrachten wir dabei die Rolle `sysadmin`, die keinerlei Einschränkungen aufweist:

- `sysadmin` Die Serverrolle `sysadmin` hat uneingeschränkten Zugriff für sämtliche Operationen. Sie ist nur für die administrativen Konten von Datenbankadministratoren geeignet. Softwarehersteller und andere Konten fordern zwar manchmal die Mitgliedschaft in der Rolle `sysadmin` an, um Installationen zu vereinfachen, was aber unangemessen ist. Verantwortungsbewusste Datenbankadministratoren sollten solche Versuche, Mitgliedschaft in dieser Rolle zu erwerben, zurückweisen.

  Wenn Sie einem Konto die Mitgliedschaft in der Rolle `sysadmin` gewähren, ist es unnötig, es auch noch zu einem Mitglied in irgendeiner anderen Serverrolle zu machen. Ein Konto in sämtliche Serverrollen aufzunehmen, wäre ungefähr so sinnvoll, wie sämtliche Knöpfe in einem Lift zu drücken.

  Die Rolle `sysadmin` verfügt auch über bestimmte andere Berechtigungen, vor allem in SQL Server Management Studio. Sie ist fast gleichwertig mit der Berechtigung `GRANT CONTROL SERVER`, wobei jedoch einige Unterschiede bestehen. Der wichtigste dieser Unterschiede ist, dass `DENY`-Berechtigungen keinerlei Auswirkungen auf die Rolle `sysadmin` haben:

  ```
  USE Master;
  GO
  CREATE LOGIN [domain\katie.sql] FROM WINDOWS;
  GO
  GRANT CONTROL SERVER TO [domain\katie.sql] ;
  DENY VIEW SERVER STATE TO [domain\katie.sql];
  GO
  EXECUTE AS LOGIN = 'domain\katie.sql';
  ```

```
SELECT * FROM sys.dm_exec_cached_plans;
GO
REVERT;
GO
```

Auf ein Mitglied der Serverrolle `sysadmin` hat `DENY` keine Auswirkungen, doch hier ergibt sich Folgendes:

```
Meldung 300, Ebene 14, Status 1, Zeile 7
Die VIEW SERVER STATE-Berechtigung wurde für das server-Objekt, master-
Datenbank verweigert.
Meldung 297, Ebene 16, Status 1, Zeile 7
Der Benutzer besitzt nicht die Berechtigung zum Ausführen dieser Aktion.
```

Kapitel 6

- `bulkadmin` Die Serverrolle `bulkadmin` verfügt über Berechtigungen, um `BULK INSERT`-Operationen auf lokalen Dateien durchzuführen. Sie ist für die Dienstkonten von unbeaufsichtigten Prozessen geeignet, die automatische Massenverschiebungen von Daten durchführen. Massenoperationen aus lokalen Ordnern sind erlaubt. Dies ist der Unterschied zwischen der Mitgliedschaft in dieser Rolle und der Berechtigung `ADMINISTER BULK OPERATIONS`.

  Prinzipale mit dieser Rolle können `BULK INSERT`-Anweisungen mit BCP, SQL Server Integration Services und T-SQL ausführen. Für `BULK INSERT`-Operationen sind außerdem `INSERT`-Berechtigungen für die Zieltabellen erforderlich, unter Umständen auch `ALTER TABLE`-Berechtigungen für die Zieltabellen.

- `dbcreator` Dienstkonten für Anwendungen, die automatisch Datenbanken generieren, z. B. lokale Installationen von Microsoft SharePoint, sollten zu Mitgliedern dieser Serverrolle statt von `sysadmin` gemacht werden, damit sie Datenbanken anlegen können. Neue Datenbanken können unmittelbar oder durch Wiederherstellung aus einer Sicherung erstellt werden.

  Die Rolle `dbcreator` verfügt über die Berechtigung `CREATE ANY DATABASE`. Beachten Sie, dass diese Berechtigung dem Benutzer auch die Möglichkeit gibt, jegliche Datenbanken zu ändern und zu löschen, für die er die Autorisierung hat.

- `diskadmin` Die Serverrolle `diskadmin` verfügt über eine Teilmenge der Berechtigungen der Rolle `serveradmin`. Mitglieder können mit Laufwerksressourcen arbeiten, also zum Beispiel Sicherungsgeräte erstellen und löschen.

  Unter anderem verfügen Mitglieder von `diskadmin` über die Berechtigung `ALTER RESOURCES`, die ziemlich eingeschränkt und schlecht dokumentiert ist, weshalb davon abgeraten wird, sie einzeln zu erteilen. Stattdessen sollten Sie Konten, die diese Berechtigung benötigen, zu Mitgliedern der Rolle `diskadmin` machen.

- `processadmin` Diese Rolle ermöglicht eine administrative Überprüfung von Sitzungen und Anforderungen und ermöglicht es, Informationen über die Serverleistung einzusehen und zurückzusetzen. Diese Berechtigungen können für Nicht-Administratoren nützlich sein, die Aktivitäten beobachten. Für solche Benutzer ist es oft am sinnvollsten, `processadmin` mit Berechtigungen für SQL Server-Agent-Aufträge zu kombinieren, womit wir uns weiter hinten in diesem Kapitel beschäftigen werden.

  Diese Rolle erhält die Berechtigung `ALTER ANY CONNECTION`, die es den Mitgliedern ermöglicht, Sitzungen einzusehen und zu beenden, sowie die Berechtigungen `VIEW`

SERVER STATE und ALTER SERVER STATE, mit denen sich die Mitglieder eine breite Auswahl an nützlichen dynamischen Verwaltungssichten anschauen können.

Die Sitzungen in den eigenen Verbindungen können immer in sys.dm_exec_sessions nachgeschlagen werden, aber mit ALTER ANY CONNECTION ist es möglich, sämtliche auf dem Server aktiven Sitzungen und Anforderungen einzusehen, darunter auch Systemsitzungen mit einer Sitzungs-ID kleiner 50.

Die Berechtigung ALTER SERVER STATE erlaubt die Verwendung von DBCC SQLPERF, einem gut dokumentierten Befehl, um Warte- und Latchstatistiken einzusehen und zurückzusetzen und sich die Daten zur Platznutzung in Transaktionsprotokolldateien anzuschauen. In Azure SQL-Datenbank ist es nicht möglich, die Warte- und Latchstatistiken zurückzusetzen.

- public Um es ganz klar auszudrücken: Gewähren Sie der Serverrolle public niemals irgendwelche Berechtigungen (und auch nicht die vergleichbare Datenbankenrolle public, über die wir später noch berichten werden).

  Jede Anmeldung ist Mitglied der Serverrolle public, und jeder Benutzer ist Mitglied der Datenbankrolle public. Jegliche Berechtigungen, die Sie diesen öffentlichen Rollen erteilten, würden allen jetzigen und zukünftigen Anmeldungen und Benutzern gewährt.

- securityadmin Die Rolle securityadmin sollten Sie ebenso zurückhaltend zuweisen wie sysadmin. Die Möglichkeit, Anmeldungen auf dem Server und Benutzer in jeder Datenbank zu erstellen und Berechtigungen auf Server- und Datenbankebene zu gewähren und zu verweigern, darf nicht leichtfertig erteilt werden. Mitglieder der Rolle securityadmin können Anmeldungen erstellen und zur Rolle sysadmin hinzufügen, weshalb die Mitgliedschaft genauso sorgfältig abgewogen werden muss wie die in sysadmin.

  Eine Mitgliedschaft in der Rolle securityadmin wird von einigen Dienstkonten benötigt, um die Sicherheitsverwaltung an Anwendungen zu delegieren, insbesondere solche, die Datenbanken prozedural erstellen und daher für deren Sicherheit sorgen müssen. Das gilt beispielsweise für die Setup- und Farmkonten von lokalen Installationen von Microsoft SharePoint.

  Die Rolle securityadmin verfügt u. a. über die Berechtigungen ALTER ANY LOGIN. Darüber hinaus hat sie auch Sicherheitsberechtigungen für die einzelnen Datenbanken und Berechtigungen zur Verwaltung des Kontostatus und der Kennwörter für SQL Server-Anmeldungen.

- serveradmin Die Mitgliedschaft in der Serverrolle serveradmin bietet die Möglichkeit, Endpunkte zu ändern und zu erstellen, Einstellungen mit sp_configure zu ändern und die SQL Server-Instanz herunterzufahren. Diese Rolle verfügt außerdem über die Berechtigungen VIEW SERVER STATE und ALTER SERVER STATE, mit denen sich die Mitglieder eine breite Auswahl an nützlichen dynamischen Verwaltungssichten anschauen können.

  Die Berechtigung ALTER SERVER STATE erlaubt die Verwendung von DBCC SQLPERF, einem gut dokumentierten Befehl, um Warte- und Latchstatistiken einzusehen und zurückzusetzen und sich die Daten zur Platznutzung in Transaktionsprotokolldateien anzuschauen. In Azure SQL-Datenbank ist es nicht möglich, die Warte- und Latchstatistiken zurückzusetzen.

Die Rolle `serveradmin` hat keinen Zugriff auf Daten und Datenbankeinstellungen und keine Berechtigungen für Sicherheitsfunktionen. Sie wird oft mit anderen Rollen kombiniert, um eine Teilmenge administrativer Fähigkeiten bereitzustellen.

- `setupadmin` Die Rolle `setupadmin` hat die Berechtigungen, um in T-SQL mit Verbindungsservern zu arbeiten. Um Verbindungsserver in SQL Server Management Studio einzurichten, ist die Rolle `sysadmin` erforderlich.

Benutzerdefinierte Serverrollen

Seit SQL Server 2012 können Sie eigene Serverrollen erstellen, um die Rollen, die die verschiedenen Administratoren und Nicht-Administratoren ausfüllen sollen, noch genauer festzulegen. Das kann insbesondere dann nützlich sein, wenn Sie ein maßgeschneidertes Paket von Berechtigungen unter denen der Rolle `sysadmin` für Bereitstellungsmanager, Sicherheitsadministratoren, Auditoren, Entwickler, Integrationstester oder den externen Zugriff schnüren müssen.

Oft müssen wir innerhalb eines Datenbankadministrationsteams die Pflichten und damit auch die Berechtigungen aufteilen, sodass beispielsweise Nachwuchs- oder Hochverfügbarkeitsadministratoren nicht gleich sämtliche Rechte von `sysadmin` bekommen.

Um benutzerdefinierte Serverrollen anzulegen, ist es unverzichtbar, sich genau mit den erforderlichen Berechtigungen für die einzelnen Aufgaben auszukennen und sie entsprechend aufzuteilen. Ihre benutzerdefinierten Serverrollen können auch Mitglieder der integrierten Serverrollen mit Ausnahme von `sysadmin` sein.

Auch in den einzelnen Datenbanken können Sie benutzerdefinierte Datenbankrollen anlegen, womit wir uns weiter hinten in diesem Kapitel beschäftigen werden.

Die benutzerdefinierte Serverrolle aus dem folgenden Beispiel erlaubt Administratoren einen reinen Lesezugriff auf einen Server. Im Abschnitt »Anmeldungen für das Team der Datenbankadministratoren« weiter vorn in diesem Kapitel haben wir schon die Aufteilung der Windows-Anmeldeinformationen von Datenbankadministratoren auf ein Routine- und ein administratives Konto angerissen. Die folgende benutzerdefinierte Serverrolle kann dabei praktisch sein, um dem Routinekonto eines Administrators einen reinen Lesezugriff zu gewähren.

```
-- Erstellt eine neue benutzerdefinierte Serverrolle
CREATE SERVER ROLE SupportViewServer;
GO

-- Erteilt der benutzerdefinierten Serverrolle Berechtigungen
-- DMVs ausführen, Serverinformationen einsehen
GRANT
VIEW SERVER STATE
to SupportViewServer;

-- Metadaten beliebiger Datenbanken einsehen
GRANT
VIEW ANY DATABASE
to SupportViewServer;
```

```
-- Kontext auf eine beliebige Datenbank einstellen
GRANT
CONNECT ANY DATABASE
to SupportViewServer;

-- Auswählen jeglicher Datenobjekte in allen Datenbanken
GRANT
SELECT ALL USER SECURABLES
to SupportViewServer;
GO

-- Fügt die Rolle den Konten der Administratoren hinzu
ALTER SERVER ROLE SupportViewServer ADD MEMBER [domain\Katherine]
ALTER SERVER ROLE SupportViewServer ADD MEMBER [domain\Colby]
ALTER SERVER ROLE SupportViewServer ADD MEMBER [domain\David]
...
```

Datenbankrollen

In diesem Abschnitt beschäftigen wir uns mit integrierten und benutzerdefinierten Datenbankrollen, wobei der Schwerpunkt darauf liegt, wann und warum sie verwendet werden sollten. In SQL Server und Azure SQL-Datenbank werden die gleichen festen Datenbankrollen verwendet.

Ebenso wie Serverrollen stellen die Datenbankrollen in den einzelnen Datenbanken (siehe Abb. 6.4) fertige Pakete von Berechtigungen dar, um die Einrichtung von Datenbankbenutzern zu vereinfachen. Um diese Berechtigungspakete an Ihre Bedürfnisse anzupassen, können Sie benutzerdefinierte Datenbankrollen anlegen.

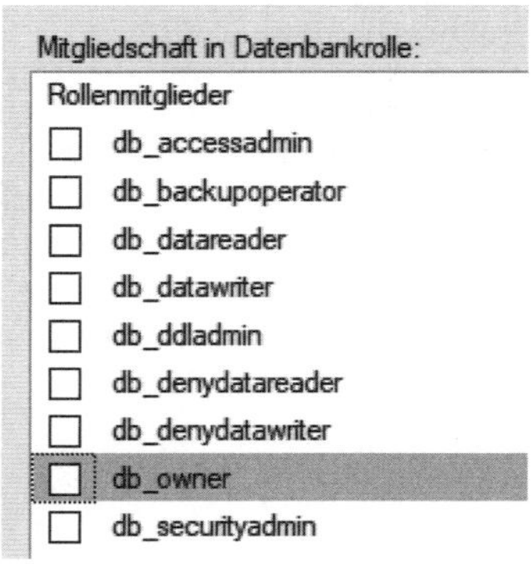

Abbildung 6.4 Die Seite für die Mitgliedschaft in Datenbankrollen im Dialogfeld *Benutzereigenschaften* von SQL Server Management Studio für eine SQL Server-Instanz

Im Folgenden sehen wir uns die integrierten Datenbankrollen, ihre Berechtigungen und ihre angemessene Verwendung an:

- `db_owner` Die Bezeichnung `db_owner` ist etwas irreführend, da diese Datenbankrolle mehrere Mitglieder haben kann. Sie bietet uneingeschränkten Zugriff auf die Datenbank, um jegliche Änderungen an ihr und den enthaltenen Objekten vorzunehmen. Das ist nicht identisch damit, die Besitzer-SID für die Datenbank zu haben. Wird die

Autorisierung für die Datenbank einem Prinzipal übertragen, erhält er dadurch die gleichen Rechte wie db_owner, da er dem integrierten Benutzer dbo zugeordnet wird, der Mitglied von db_owner ist.

Die Rolle db_owner gewährt nicht die Berechtigung CONTROL DATABASE, ist aber gleichwertig. Ebenso wie bei der Serverrolle sysadmin werden auch DENY-Berechtigungen für Mitglieder von db_owner ignoriert.

Die einzigen Benutzer in der Datenbank, die Mitglieder zu dieser integrierten Datenbankrolle hinzufügen oder aus ihr entfernen können, sind die Mitglieder von db_owner selbst und der Prinzipal, der die Autorisierung für die Datenbank hat.

▶ **Mehr über die Autorisierung, das Äquivalent zum Datenbankbesitz, erfahren Sie im Abschnitt »Besitz und Autorisierung« weiter vorn in diesem Kapitel.**

- db_accessadmin Die Rolle db_accessadmin hat nicht nur das Recht, Datenbankbenutzer und -rollen zu erstellen und zu verwalten, sondern auch Schemas anzulegen und Berechtigungen für alle Datenbankobjekte zu erteilen. Unter anderem verfügt sie über die Berechtigungen ALTER ANY LOGIN und CREATE SCHEMA.

  Mitglieder der Rolle db_accessadmin können Benutzer mit und ohne Verknüpfung zu bestehenden Anmeldungen anlegen, allerdings können sie das Problem verwaister Benutzer nicht korrigieren und nicht die Anmeldung ändern, der ein Benutzer zugewiesen ist, da ihnen die Berechtigung CONTROL DATABASE fehlt.

  Zwar sind Mitglieder von db_accessadmin in der Lage, Schemas zu erstellen, doch können sie die Autorisierung für diese Schemas nicht ändern, da hierzu die Berechtigung ALTER ANY SCHEMA erforderlich ist.

  In eigenständigen Datenbanken können Mitglieder von db_accessadmin (und db_owner) Benutzer mit Kennworten erstellen, was einen neuen Zugriff auf SQL Server erlaubt. Da diese Rolle eine solch hochgradige Kontrolle über Berechtigungen und Mitgliedschaften in der Datenbank hat, sollte sie als ebenso wichtig wie db_owner eingestuft und nicht leichtfertig zugewiesen werden.

- db_backupoperator Die Rolle db_backupoperator verfügt über die Berechtigungen BACKUP DATABASE (für vollständige und differenzielle Sicherungen), BACKUP LOG und CHECKPOINT. Berechtigungen zur Wiederherstellung sind dagegen nicht enthalten, denn dabei handelt es sich um Berechtigungen auf Serverebene, die die festen Serverrollen sysadmin und dbcreator sowie der Besitzer der Datenbank haben.

- db_datareader Die Rolle db_datareader hat SELECT-Rechte für alle Objekte in der Datenbank einschließlich Tabellen und Sichten. Die Verwendung dieser Rolle ist eine ziemlich schwergewichtige und pauschale Vorgehensweise, um Anwendungskonten Zugriff zu gewähren, und ignoriert die Möglichkeit, die Berechtigungen zum Lesen in einer Tabelle mithilfe von Sichten zu abstrahieren. Es ist besser, Berechtigungen für einzelne Objekte oder Schemas zu verwenden, anstatt SELECT-Zugriff auf sämtliche Objekte zu gewähren. In einer Datenbank sind nicht immer SELECT-Berechtigungen für alle Tabellen und Sichten nötig.

- db_datawriter Mitglieder der Rolle db_datawriter können INSERT, UPDATE und DELETE für alle Tabellen der Datenbank verwenden. Die Verwendung dieser Rolle ist eine ziemlich schwergewichtige und pauschale Vorgehensweise, um Anwendungskonten Zugriff zu gewähren, und ignoriert die Möglichkeit, mit gespeicherten Prozeduren zugelassene und überwachte Methoden für Datenänderungen bereitzustellen und damit die Berechtigungen zum Schreiben in einer Tabelle zu abstrahieren. Es ist besser, einzelnen Prinzipalen Schreibberechtigungen für einzelne Objekte zu gewähren oder Schreibvorgänge mithilfe von gespeicherten Prozeduren auszuführen.

- `db_ddladmin` Die Rolle `db_ddladmin` hat das Recht, DDL-Anweisungen zur Änderung beliebiger Objekte in der Datenbank auszuführen, aber nicht, Berechtigungen, Benutzer, Rollen und Rollenmitgliedschaften zu erstellen oder zu bearbeiten. Sie verfügt auch nicht über `EXECUTE`-Berechtigungen für Objekte in der Datenbank, nicht einmal für die Objekte, die die Mitglieder dieser Rolle erstellen. Es gibt keine integrierte Datenbankrolle, die `EXECUTE`-Berechtigungen gewährt. Solche Berechtigungen sollten Sie gezielter zuweisen und nicht pauschal für eine ganze Datenbank.
- `db_denydatareader` Diese Umkehrung von `db_datareader` verweigert `SELECT`-Berechtigungen für alle Objekte.
- `db_denydatawriter` Diese Umkehrung von `db_datawriter` verweigert `INSERT`-, `UPDATE`- und `DELETE`-Berechtigungen für alle Objekte.
- `db_securityadmin` Mitglieder dieser Rolle können feste Datenbankrollen verwalten (aber nicht ihre Mitgliedschaft ändern), benutzerdefinierte Rollen erstellen und verwalten (einschließlich der Mitgliedschaft) und Berechtigungen für Objekte in der Datenbank erteilen, widerrufen und verweigern.

  Beachten Sie, dass Mitglieder von `db_accessadmin` Benutzer erstellen und verwalten können, Mitglieder von `db_securityadmin` aber nicht.
- `public` Um es ganz klar auszudrücken: Gewähren Sie der Datenbankrolle `public` *niemals* irgendwelche Berechtigungen (und auch nicht der vergleichbaren Serverrolle `public`, die wir bereits beschrieben haben).

  Jeder Datenbankbenutzer ist Mitglied der Datenbankrolle `public`. Jegliche Berechtigungen, die Sie der Rolle `public` in einer Datenbank erteilten, würden allen jetzigen und zukünftigen Benutzern gewährt.

Expertentipp

Zu vermeidende Antimuster in Datenbanken

Die beiden folgenden schlechtestmöglichen Vorgehensweisen werden leider oft von Softwareherstellern verwendet:

- **Erteilung der `EXECUTE`-Berechtigung für gespeicherte Prozeduren oder den gesamten Datenbankkontext an `public`, sodass sämtliche Benutzer alle zurzeit vorhandenen und zukünftigen gespeicherten Prozeduren ausführen können.**
- **Erteilung der `SELECT`-Berechtigungen für den gesamten Datenbankkontext an `public`, sodass keine Benutzer davon abgehalten werden, in Sichten und Tabellen zu lesen.**

Diese Strategie der Berechtigungen für alle zeugt von einer ziemlich überheblichen Betrachtungsweise der Beziehung zwischen den Endbenutzern und der eigenen Anwendung. Softwareentwickler sollten niemals davon ausgehen, dass der Zugriff auf die Datenbank ausschließlich über die Sicherheitsmechanismen ihrer eigenen Anwendung erfolgt.

In Wirklichkeit greifen die Power-User, Analytiker und Entwickler in einem Unternehmen auch über andere Anwendungen auf die Datenbank des Herstellers zu, etwa mit SQL Server Management Studio, Microsoft Office-Anwendungen wie Excel und Access oder Ad-hoc-Business-Intelligence-Werkzeugen wie Microsoft Power BI. Die Benutzer, die mit solchen Tools Verbindung zur Datenbank aufnehmen, haben dann uneingeschränkten Zugriff auf alle Daten und Prozeduren.

In der heutigen Ära von Multiplattformgeräten und einem entsprechenden Datenzugriff müssen Sie davon ausgehen, dass Benutzer auch außerhalb der Hauptanwendung auf die Daten zugreifen können. Für Datenbanksicherheit muss daher auch in der Datenbank gesorgt werden und nicht nur in der Anwendung. Anstatt der Rolle `public` irgendwelche Berechtigungen zu gewähren, sollten Sie die geeigneten `EXECUTE`-, `SELECT`-, `INSERT`-, `UPDATE`- und `DELTE`-Berechtigungen nur ausgewählten Prinzipalen erteilen, die mit Domänensicherheitsgruppen verbunden sind.

Benutzerdefinierte Datenbankrollen

Um die Rollen, die die einzelnen Anwendungsbenutzer und Dienstkonten für den angemessenen Datenzugriff benötigen, feiner auszuarbeiten, können Sie eigene Datenbankrollen erstellen. Statt Pakete administrativer Berechtigungen weisen Sie hier Pakete mit Berechtigungen für den Datenzugriff und die Datenbankobjekte zu. Ebenso wie alle anderen Datenbankprinzipale können auch benutzerdefinierte Datenbankrollen Schemas und Objekte besitzen.

Ebenso wie bei Serverrollen ist es zum Anlegen benutzerdefinierter Datenbankrollen unverzichtbar, sich mit den einzelnen Berechtigungen und damit auszukennen, was der angemessene Datenzugriff jeweils umfasst. Es ist nicht wahrscheinlich, dass sämtliche Benutzer einer Datenbank denselben Grad an Zugriff benötigen. Selbst der reine Lesezugriff ist nicht immer gleich.

```
-- Erstellt eine neue benutzerdefinierte Datenbankrolle
USE [WideWorldImporters]
GO

-- Erstellt die Datenbankrolle
CREATE ROLE SalesReadOnly AUTHORIZATION [dbo];
GO

-- Gewährt Zugriffsrechte für ein bestimmtes Schema in der Datenbank
GRANT EXECUTE
ON [Website].[SearchForSuppliers]
TO SalesReadOnly;
GO
```

Hinweis

Ebenso wie Benutzer können auch Datenbankrollen Mitglieder in anderen Datenbankrollen sein. Aus Sicherheitsgründen wird jedoch davon abgeraten, eine benutzerdefinierte Datenbankrolle zum Mitglied einer festen Datenbankrolle zu machen. Weisen Sie die erforderlichen Berechtigungen direkt benutzerdefinierten Rollen zu, um versehentliche zukünftige Erweiterungen der Berechtigungen zu vermeiden.

Angemessene Zuweisung zu Datenbankrollen

Die Mitgliedschaftsseite für Benutzer in Azure SQL-Datenbank gibt es in SQL Server Management Studio zurzeit nicht. Stattdessen müssen Sie T-SQL-Code verwenden, um Datenbankbenutzer zu integrierten oder benutzerdefinierten Datenbankrollen hinzuzufügen:

```
-- Fügt einen Benutzer zu einer integrierten Datenbankrolle hinzu
ALTER ROLE db_owner ADD MEMBER [domain\katie.sql];
GO
-- Fügt Benutezr zu einer benutzerdefinierten Datenbankrolle hinzu
ALTER ROLE SalesReadOnly ADD MEMBER [domain\James]
ALTER ROLE SalesReadOnly ADD MEMBER [domain\Alex]
ALTER ROLE SalesReadOnly ADD MEMBER [domain\Naomi]
ALTER ROLE SalesReadOnly ADD MEMBER [domain\Amos]
ALTER ROLE SalesReadOnly ADD MEMBER [domain\Shed]
GO
-- Entfernt einen Benutzer aus einer Datenbankrolle
ALTER ROLE SalesReadOnly DROP MEMBER [domain\Shed];
GO
```

Die dedizierte Administratorverbindung

Bei der dedizierten Administratorverbindung (Dedicated Administrator Connection, DAC) handelt es sich um eine reservierte, nur für Administratoren zugängliche Verbindung zu einer Instanz von SQL Server oder Azure SQL-Datenbank, die als Notverfahren zur Authentifizierung am Server dient, wenn eine reguläre Authentifizierung aufgrund eines Problems nicht möglich ist, beispielsweise bei Fehlkonfigurationen der Sicherheit, der Ressourcenkontrolle oder der Eingabeaufforderungen für die Anmeldung oder bei anderen besonderen Bedingungen, die sogar Mitglieder der Serverrolle `sysadmin` aussperren.

Die dedizierte Administratorverbindung kann immer nur ein Mitglied von `sysadmin` auf einmal nutzen. Ähnlich wie bei einer Datenbank im Einzelbenutzermodus sollten Sie daher nicht versuchen, die dedizierte Administratorverbindung im Objekt-Explorer von SQL Server Management Studio zu öffnen (was konstruktionsbedingt auch gar nicht möglich ist).

Es kann vorkommen, dass in SQL Server Management Studio die Fehlermeldung »Es konnte keine Verbindung mit dem Server hergestellt werden« angezeigt wird, das Abfragefenster im Hintergrund aber die dedizierte Administratorverbindung nutzt, wie der Servername unten in dem Fenster zeigt. Dies kann nur dann geschehen, wenn ein zuvor verbundenes Abfragefenster in SQL Server Management Studio wiederverwendet wird. Den Fehler können Sie vermeiden, indem Sie in SQL Server Management Studio ein neues Abfragefenster öffnen, aber das Ergebnis ist dasselbe.

Die dedizierte Administratorverbindung unterliegt auch Ressourceneinschränkungen, um die Auswirkung der darüber übertragenen Befehle zu begrenzen. Beispielsweise können Sie über die dedizierte Administratorverbindung keine `BACKUP`- und `RESTORE`-Befehle geben.

Verwenden Sie die dedizierte Administratorverbindung nur zur Diagnose und Lösung von Problemen, die den normalen Zugriff verhindern, und kehren Sie dann zu einer regulären Verbindung zurück. Führen Sie über die dedizierte Administratorverbindung keine langwierigen Abfragen von Benutzerdaten, keine Abfragen der dynamischen Verwaltungssicht `dm_db_index_physical_stats` und auch nicht den Befehl `DBCC CHECKDB` aus.

Wenn Sie in Azure SQL-Datenbank eine dedizierte Administratorverbindung zu einer Datenbank herstellen, müssen Sie im Verbindungsstring oder dem Verbindungsdialogfeld den Namen der Datenbank angeben. Da es in Azure SQL-Datenbank nicht möglich ist, den Datenbankkontext mit `USE` zu ändern, müssen Sie mithilfe der Parameter `database` oder `initial catalog` des Verbindungsstrings gleich eine Verbindung zur gewünschten Datenbank herstellen.

Es gibt verschiedene Möglichkeiten, um sich mit einer Anmeldung, die Mitglied der Rolle `sysadmin` ist, über die dedizierte Administratorverbindung an einer SQL Server-Instanz oder an Azure SQL-Datenbank anzumelden:

- Starten Sie in SQL Server Management Studio eine neue Abfrage oder ändern Sie die Verbindung einer Abfrage, indem Sie den Servernamen wie gehabt eingeben, ihm aber `ADMIN:` voranstellen:

  ```
  ADMIN:Servername
  ```

  Bei einer benannten Instanz geben Sie Folgendes ein (wobei der SQL Server-Browser laufen muss):

  ```
  ADMIN:Servername\Instanzname
  ```

- An einer Eingabeaufforderung können Sie eine dedizierte Administratorverbindung mit dem Befehl `sqlcmd` und dem Parameter `-A` öffnen:

  ```
  C:\Users\Katie>sqlcmd -S Servername -A
  ```

  Bei einer benannten Instanz geben Sie Folgendes ein (wobei der SQL Server-Browser laufen muss):

  ```
  C:\Users\Katie>sqlcmd -S Servername\Instanzname -A
  ```

- Schalten Sie ein Abfragefenster in SQL Server Management Studio in den SQLCMD-Modus und verwenden Sie dann folgende Abfrage:

  ```
  :CONNECT ADMIN:Servername
  ```

  Bei einer benannten Instanz geben Sie Folgendes ein (wobei der SQL Server-Browser laufen muss):

  ```
  :CONNECT ADMIN:Servername\Instanzname
  ```

- In Windows PowerShell können Sie mit dem Parameter `DedicatedAdministratorConnection` des Cmdlets `Invoke-SQLCMD` eine dedizierte Administratorverbindung öffnen:

  ```
  Invoke-SQLCmd -ServerInstance Servername -Database master -Query "Select @@
  Servername" -DedicatedAdministratorConnection
  ```

  Bei einer benannten Instanz geben Sie Folgendes ein (wobei der SQL Server-Browser laufen muss):

  ```
  Invoke-SQLCmd -ServerInstance Servername\Instanzname -Database master -Query
  "Select @@Servername" -DedicatedAdministratorConnection
  ```

Remote-DACs

Standardmäßig sind nur lokale dedizierte Administratorverbindungen zulässig. Mit dem Dialogfeld *Oberflächenkonfiguration* im Abschnitt *Facets* von SQL Server Management Studio können Sie jedoch über die Einstellung `RemoteDacEnabled` auch Remote-DACs zulassen. Auch mit `sp_configure` lässt sich die Option `Remote Admin Connectins` einschalten.

Wir empfehlen Ihnen, das zu tun, da es sich als äußerst hilfreich erweisen kann, auf diese Weise Verbindung mit SQL Server herzustellen, wenn das Remotedesktopprotokoll und ähnliche Technologien nicht mehr zur Verfügung stehen, um Kontakt zu dem Windows-Host der SQL Server-Instanz zu erhalten. Das Einschalten der Option für Remote-DACs erfordert keinen Serverneustart.

Der Endpunktport, an dem SQL Server auf dedizierte Administratorverbindungen lauscht, wird beim Start im SQL Server-Fehlerprotokoll vermerkt, beispielsweise wie folgt: »Die Unterstützung für dedizierte Administratorverbindungen wurde zur lokalen Überwachung von Port 1434 eingerichtet.« Dies ist der Standardport für Standardinstanzen. Bei benannten Instanzen wird ein zufällig ausgewählter Port verwendet und bei jedem Start des Dienstes geändert.

Der Aufbau einer Remote-DAC ist in SQL Server Management Studio auch durch Angabe der Portnummer statt von `ADMIN:` möglich. Beispielsweise kann ein Verbindungsstring wie *Servername\Instanzname*`,49902` eine Verbindung zu einem DAC-Endpunkt herstellen.

Verschieben von SQL Server-Anmeldungen und -Berechtigungen

Die Verschiebung von SQL Server-Anmeldungen von einer Instanz zu einer anderen ist eine Aufgabe, mit der alle Datenbankadministratoren rechnen müssen. Sie umfasst drei getrennte Schritte, nämlich die Verschiebung der Windows-Anmeldungen, der SQL Server-Anmeldungen und sämtlicher Serverberechtigungen, die jeweils mit einer eigenen Methode erledigt werden müssen. Als Datenbankadministrator sollten Sie anstreben, die Dialogfelder von SQL Server Management Studio so wenig wie möglich zu nutzen, da die Verwendung der grafischen Benutzeroberfläche zeitraubend ist und ein Übermaß an Klicks erfordert. T-SQL-Skripte lassen sich besser handhaben, können wiederholt eingesetzt werden und tragen dazu bei, Ihr Verständnis der zugrunde liegenden Sicherheitsobjekte zu vertiefen.

Bei einer Servermigration müssen Sie daran denken, dass alle Berechtigungen auf Datenbankebene, alle Datenbankrollen und alle Benutzer bei der Sicherung und Wiederherstellung der einzelnen Datenbanken übertragen werden.

In diesem Abschnitt sehen wir uns verschiedene Möglichkeiten zur Migration von Sicherheitselementen an. Einige davon können entweder nur für SQL Server oder nur für Azure SQL-Datenbank verwendet werden.

Verschieben von Anmeldungen mit SQL Server Integration Services (nur SQL Server)

Die Aufgabe *Anmeldungen übertragen* ist seit SQL Server 2008 R2 in SQL Server Integration Services enthalten und wurde in SQL Server 2017 überarbeitet. Damit können Sie Anmeldungen von einem Server auf einen anderen verschieben, auch zwischen verschiedenen Versionen von SQL Server.

Erstellen Sie mit SQL Server Data Tools ein neues SSIS-Projekt. Wie Abb. 6.5 zeigt, haben Sie damit eine Do-it-yourself-Alternative zu den im Anschluss gezeigten Schritten, bei denen Sie eigene Skripte zur Migration der Berechtigungen von einem Server zum anderen einsetzen. Die Aufgabe lässt sich sehr stark an Ihre Bedürfnisse anpassen. Sie können damit sowohl Windows- als auch SQL Server-Anmeldungen auf der Zielseite erstellen, bei Bedarf auch mit ihren ursprünglichen SIDs. Für Anmeldenamen, die es auf dem Zielserver bereits gibt, können Sie zwischen Abbrechen, Ersetzen und Überspringen wählen.

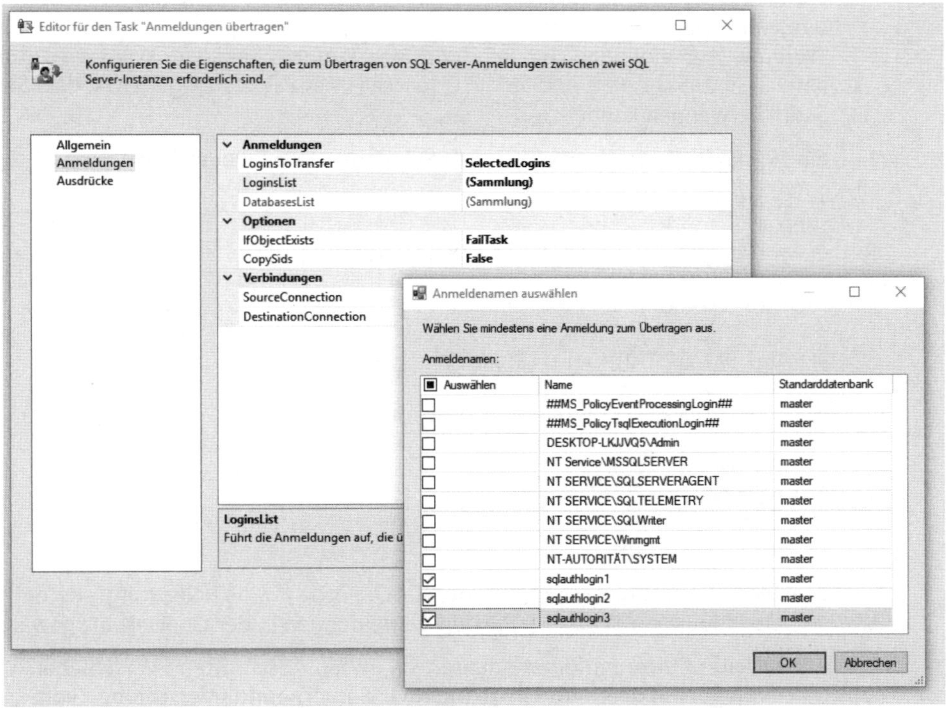

Abbildung 6.5 Der Editor für die Aufgabe *Anmeldungen übertragen* in SQL Server Integration Services

Anmeldungen, die Sie mit dieser Aufgabe erstellen, erreichen den Zielserver im ausgeschalteten Zustand. Bevor Sie sie benutzen können, müssen Sie sie erst einschalten.

Solange der SMO-Verbindungs-Manager (SQL Management Object) von SQL Server Integration Services keine Verbindungen zu Azure SQL-Datenbank unterstützt, steht diese Vorgehensweise jedoch leider nicht für Azure SQL-Datenbank zur Verfügung.

Denken Sie daran, dass diese SSIS-Aufgabe keine der Rollenmitgliedschaften und Serverberechtigungen verschiebt, die den Anmeldungen in der Quellinstanz gewährt wurden.

▶ **Weitere Informationen erhalten Sie in den Abschnitten »Verschieben von Serverrollen mit T-SQL (nur SQL Server)« und »Verschieben von Serverberechtigungen mit T-SQL (nur SQL Server)« weiter hinten in diesem Kapitel.**

Verschieben von Windows-Anmeldungen mit T-SQL (nur SQL Server)

Dies ist der einfachste Schritt, zumindest wenn sich die Quell- und die Zielinstanz von SQL Server in derselben Domäne befinden. Zur Verschiebung der Windows-Anmeldungen ist nicht mehr erforderlich, als ein Skript mit den `CREATE LOGIN`-Anweisungen für die einzelnen Anmeldungen zu schreiben.

Für diesen Vorgang ist der Objekt-Explorer in SQL Server Management Studio nicht unbedingt erforderlich. Die Systemkatalogsicht `sys.server_principals` enthält die Liste der Windows-Anmeldungen (Typ `U` für Windows-Benutzer und `G` für Windows-Gruppen). Auch `default_database_name` und `default_language_name` sind angegeben, sodass Sie sie in dem Skript verwenden können.

Ein Skript für diesen Zweck kann beispielsweise wie folgt aussehen:

```
-- Erstellt Windows-Anmeldungen
SELECT
CreateTSQL_Source = 'CREATE LOGIN ['+ name +']

FROM WINDOWS WITH

DEFAULT_DATABASE=['+default_database_name+'],

DEFAULT_LANGUAGE=['+default_language_name+']'
FROM sys.server_principals
WHERE type in ('U','G')
AND name NOT LIKE 'NT %'
AND is_disabled = 0
ORDER BY name, type_desc;
```

Beachten Sie, dass dieses Skript keinen T-SQL-Code für die Rollenmitgliedschaften und Serverberechtigungen generiert, die den Anmeldungen in der Quellinstanz gewährt wurden.

▶ **Weitere Informationen erhalten Sie in den Abschnitten »Verschieben von Serverrollen mit T-SQL (nur SQL Server)« und »Verschieben von Serverberechtigungen mit T-SQL (nur SQL Server)« weiter hinten in diesem Kapitel.**

Verschieben von SQL Server-Anmeldungen mit T-SQL (nur SQL Server)

Ein bewährtes Hilfsinstrument für diese Aufgabe wurde schon vor Jahren von Microsoft zur Verfügung gestellt, aber niemals in SQL Server selbst aufgenommen. Seit etwa 2000 schlagen Datenbankadministratoren im Microsoft-Artikel 918992 mit dem Titel »Übertragen von Benutzernamen und Kennwörtern zwischen Instanzen von SQL Server« nach (*https://support.microsoft.com/help/918992*). Darin enthalten sind Skripte für die beiden gespeicherten Prozeduren `sp_hexadecimal` und `sp_help_revlogin`.

Mit diesen gespeicherten Prozeduren können Sie aus einer SQL Server-Anmeldung und Ihrem Kennwort einen Hash erstellen und dann die Anmeldung mit demselben Kennwort auf einem anderen Server neu erstellen. Es ist nicht möglich, dass Kennwort zu knacken, aber Sie können es neu erstellen, sodass es nicht nötig ist, die Verbindungsstrings in den abhängigen Anwendungen zu ändern.

Aber damit ist noch längst nicht alles getan. Die beiden gespeicherten Prozeduren stellen nur SQL Server-Anmeldungen wieder her, aber keine der Rollenmitgliedschaften und Serverberechtigungen, die den Anmeldungen in der Quellinstanz gewährt wurden. In den nächsten beiden Abschnitten beschäftigen wir uns damit, wie die Serverrollen und -berechtigungen verschoben werden.

Verschieben von Serverrollen mit T-SQL (nur SQL Server)

Anstatt sich für jede Rolle durch mehrere Dialogfelder zu klicken, können Sie mit internen Katalogsichten von SQL Server ein Skript für die Übertragung der Serverrollenmitgliedschaften schreiben. Das folgende Beispielskript enthält Optionen, um Anmeldungen zu Serverrollen hinzuzufügen. Dabei wird sowohl die Syntax der Versionen vor SQL Server 2012 als auch die moderne Syntax angegeben.

```
--SERVER LEVEL ROLES
SELECT DISTINCT
  SERVER_ROLE_NAME = QUOTENAME(R.NAME)
, ROLE_TYPE        = R.TYPE_DESC
, PRINCIPAL_NAME   = QUOTENAME(M.NAME)
, PRINCIPAL_TYPE   = M.TYPE_DESC
, SQL2008R2_BELOW_CREATETSQL = 'SP_ADDSRVROLEMEMBER @LOGINAME=
                               '''+M.NAME+''', @ROLENAME = '''+R.NAME+''''
, SQL2012_ABOVE_CREATETSQL   = 'ALTER SERVER ROLE [' + R.NAME + '] ADD MEMBER
                               [' + M.NAME + ']'
FROM SYS.SERVER_ROLE_MEMBERS AS RM
INNER JOIN SYS.SERVER_PRINCIPALS R ON RM.ROLE_PRINCIPAL_ID = R.PRINCIPAL_ID
INNER JOIN SYS.SERVER_PRINCIPALS M ON RM.MEMBER_PRINCIPAL_ID = M.PRINCIPAL_ID
WHERE R.IS_DISABLED = 0 AND M.IS_DISABLED = 0 -- IGNORE DISABLED ACCOUNTS
AND M.NAME NOT IN ('DBO', 'SA') -- IGNORE BUILT-IN ACCOUNTS
ORDER BY QUOTENAME(R.NAME);
```

Verschieben von Serverberechtigungen mit T-SQL (nur SQL Server)

Es kann sehr zeitraubend sein, Serverberechtigungen zu verschieben, wenn Sie sie auf der Seite *Sicherungsfähige Elemente* der Eigenschaftendialogfelder für einzelne SQL Server-Anmeldungen nachschlagen.

Stattdessen raten wir Ihnen dazu, ein Skript zu schreiben, dass die Berechtigungen auf dem Zielserver mithilfe der internen Katalogsichten wiederherstellt, wie das folgende Beispiel zeigt:

```
-- SICHERHEIT AUF SERVEREBENE
  PERMISSION_STATE  = RM.STATE_DESC
, PERMISSION        = RM.PERMISSION_NAME
, PRINCIPAL_NAME    = QUOTENAME(U.NAME)
, PRINCIPAL_TYPE    = U.TYPE_DESC
, CREATETSQL_SOURCE = RM.STATE_DESC + N' ' + RM.PERMISSION_NAME +
   CASE WHEN E.NAME IS NOT NULL THEN 'ON ENDPOINT::[' + E.NAME + '] ' ELSE ''
   END + N' TO ' + CAST(QUOTENAME(U.NAME COLLATE DATABASE_DEFAULT) AS
   NVARCHAR(256)) + ';'
FROM SYS.SERVER_PERMISSIONS RM
INNER JOIN SYS.SERVER_PRINCIPALS U
ON RM.GRANTEE_PRINCIPAL_ID = U.PRINCIPAL_ID
LEFT OUTER JOIN SYS.ENDPOINTS E
ON E.ENDPOINT_ID = MAJOR_ID AND CLASS_DESC = 'ENDPOINT'
WHERE U.NAME NOT LIKE '##%' - IGNORE SYSTEM ACCOUNTS
AND U.NAME NOT IN ('DBO', 'SA'- IGNORE BUILT-IN ACCOUNTS
ORDER BY RM.PERMISSION_NAME, U.NAME;
```

Verschieben von Azure SQL-Datenbank-Anmeldungen

Für SQL Server-Anmeldungen in Azure SQL-Datenbank lassen sich die Prozeduren `sp_hexadecimal` und `sp_help_revlogin` nicht verwenden. Wenn Sie in SQL Server Management Studio ein Skript für eine Azure SQL-Datenbank-Anmeldung schreiben, werden die Kennwortinformationen dabei ebenso wie auf einer SQL Server-Instanz verschleiert.

Da Sie auch keinen Zugriff auf `sys.server_principals`, `sys.server_role_members` und `sys.server_Permissions` haben, ist es auch nicht möglich, Migrationsskripte für Serverberechtigungen in Azure SQL-Datenbank zu schreiben. (Die Prozedur `sp_help_revlogin` stützt sich auf die Systemkatalogsicht `sys.server_principals`.)

Außerdem kann für Azure SQL-Datenbank keine Anmeldung mit einem Kennworthash erstellt werden (zumindest nicht mit Stand von Version 12).

Zur Migration von Azure SQL-Datenbank-Anmeldungen von einem Server zu einem anderen ist es zurzeit erforderlich, das ursprüngliche Skript zu verwenden oder die Anmeldungen auf dem Zielserver mit einem neuen Kennwort zu erstellen.

Die drei Arten von Azure-authentifizierten Prinzipalen werden in einer Azure SQL-Datenbank gespeichert und nicht auf einem Azure SQL Server. Verwaltet werden sie über das Azure-Portal. Sie können diese Prinzipale wie andere Datenbankbenutzer und -berechtigungen zusammen mit der Datenbank auf einen Zielserver verschieben.

Weitere zu verschiebende Sicherheitsobjekte

Es kann noch weitere Objekte auf Serverebene geben, die Sie auf den Zielserver verschieben müssen.

Dazu gehören Verbindungsserver und SQL Server-Überwachungen, für die Sie Skripte schreiben können, im Falle der Verbindungsserver allerdings ohne Kennwörter. Daher ist es mit Sicherheit von Vorteil, die Skripte zum Erstellen von Verbindungsservern mit den Kennwörtern zu speichern.

Stellen Sie auch SQL Server-Anmeldeinformationen (und alle vom SQL Server-Agent verwendeten zugehörigen Proxies) auf dem Zielserver wieder her. Für die Anmeldeinformationen müssen Sie das manuell tun, da es nicht möglich ist, ein Skript dafür zu schreiben. Dagegen können Sie in SQL Server Management ein Skript für die Proxies des SQL Server-Agents anlegen. Stellen Sie sie einschließlich ihrer zugewiesenen Subsysteme wieder her.

Alternative Migrationsverfahren

Seltsamerweise gibt es keine einfache Möglichkeit, um diese Verschiebung in den Dialogfeldern von SQL Server Management Studio auf grafische Weise durchzuführen oder um Skripte für die Migration aller serverweiten Sicherheitsobjekte generieren zu lassen.

Es werden jedoch einige Produkte für diesen Zweck von Drittanbietern angeboten. Außerdem gibt es ein kostenloses Paket mit Windows PowerShell-Cmdlets für die Migration von Sicherheitsobjekten. Sie finden es im Windows PowerShell-Projekt `dbatools` auf *http://www.dbatools.io*. Es handelt sich dabei um ein Open-Source-Projekt mit GPL-Lizenz.

Bei einer SQL Server-Instanz in einer VM können Sie VM klonen und von einer Umgebung zu einer anderen verschieben. Dadurch können Sie ganz auf den Vorgang verzichten, die SQL Server-Instanz neu einzurichten. Für Versionsaktualisierungen, Hardwareänderungen und Teilmigrationen ist das Klonen der VM jedoch offensichtlich ungeeignet.

Verschieben der Datenbank master

Es gibt noch eine weitere Methode zur Migration von Anmeldeinformationen, die allerdings nicht weniger kompliziert und mühselig ist. Bei der Verschiebung zu einer SQL Server-Instanz mit genau derselben Version besteht eine Lösungsmöglichkeit darin, die Datenbank `master` der einen Instanz auf der anderen wiederherzustellen. Allerdings ist dies keine empfehlenswerte Vorgehensweise (und in Azure SQL-Datenbank steht sie ohnehin nicht zur Verfügung).

Die Wiederherstellung der Datenbank `master` in der Zielinstanz kann unzählige Änderungen an serverspezifischen Verschlüsselungsschlüsseln, Dienstkonten, Benutzerberechtigungen und Serveridentifizierungsinformationen mit sich bringen, und diese Konfigurationsänderungen werden nicht unbedingt alle unterstützt. Der Vorgang ist nirgendwo dokumentiert, und wir raten davon ab.

Eine Migration der Datenbank `master` ist nur dann ratsam, wenn der Zielserver nicht nur dieselbe Version und Edition von SQL Server ausführt, sondern auch über dieselben Volumebuchstaben und NTFS-Berechtigungen verfügt und Zugriff auf dieselben Dienstkonten hat.

Kapitel 7

Schützen des Servers und seiner Daten

In den letzten Jahren ist Sicherheit für Organisationen, Branchen und Behörden aller Art immer wichtiger geworden. In den Nachrichten können Sie feststellen, dass die Anzahl der Vorfälle, in denen sensible Informationen durchsickern oder gehackt werden, fast täglich zunimmt.

IT-Organisationen rund um die Welt – nicht nur in Europa – sollten das Inkrafttreten der Datenschutz-Grundverordnung (DSGVO) der Europäischen Union am 25. Mai 2018 als Weckruf sehen, um ihren eigenen Umgang mit Kundeninformationen unter die Lupe zu nehmen.

Als Fortsetzung von Kapitel 6, in dem es hauptsächlich um Autorisierung ging, betrachten wir in diesem Kapitel Funktionen von SQL Server und des Betriebssystems, mit denen Sie Ihren Server und die darauf befindlichen Datenbanken sicher machen können.

Als Erstes sehen wir uns an, was es bedeutet, Daten zu verschlüsseln. Danach gehen wir zur Übertragung und zum Schutz der Daten in einem Netzwerk über. Zum Abschluss stehen verschiedene Funktionen von SQL Server und Azure SQL-Datenbank, mit denen Sie für eine sichere Umgebung sorgen können.

Gestaffelte Sicherheit bedeutet, mehrere Funktionen und Strategien zu kombinieren, um Ihre Daten so gut wie möglich zu schützen. Wir zeigen Ihnen, wie Sie mit dieser Vorgehensweise Ihre Daten im regulären Betrieb schützen können und wie sie bei einem Diebstahl von Daten für eine Schadensbegrenzung sorgt.

Die Schutzmaßnahmen auf Betriebssystemebene sind in Windows und Linux ähnlich. Da es aber schon Bücher gibt, die ganz den Schutzvorkehrungen für diese Plattformen gewidmet sind, wollen wir uns die Betriebssystemsicherheit in diesem Kapitel nur im Überblick ansehen und uns auf den Schutz Ihrer Daten mit SQL Server 2017 und Azure SQL-Datenbank konzentrieren.

Sicherheitsprinzipale und -protokolle

Bei der Sicherheit geht es darum, die Balance zwischen dem Wert der Daten und den Kosten für ihren Schutz zu finden. Die Entscheidung trifft letzten Endes die Organisation, aber zumindest haben Sie technische Instrumente zur Verfügung, um Maßnahmen zum Schutz der Daten zu ergreifen.

Mithilfe von Kryptografie und anderen Mitteln setzt SQL Server eine Reihe von Sicherheitsprinzipien um. Damit können Sie zum Schutz Ihrer Umgebung mehrere Sicherheitsschichten aufbauen.

Kryptografie wird auf Computern durch komplizierte mathematische Operationen mit sehr großen Primzahlen erreicht. Haben Sie aber keine Angst vor diesem Kapitel, auch wenn Sie mit der Mathematik auf Kriegsfuß stehen: Wir werden nicht allzu tief in dieses Thema einsteigen. Allerdings beschreiben wir einen Teil der Terminologie, der sich schon abschreckend anhören mag.

In diesem Abschnitt beschäftigen wir uns mit den verschiedenen Sicherheitsprinzipalen, mit Verschlüsselung und Netzwerkprotokollen. Damit helfen wir Ihnen zu verstehen, wie SQL Server und die Sicherheitseinrichtungen im Netzwerk Ihre Daten schützen.

Gestaffelte Sicherheit

Der Schutz einer SQL Server-Umgebung (oder auch einer Cloudinfrastruktur wie Azure SQL-Datenbank) erfordert verschiedene Sicherheitsvorkehrungen, die zusammenwirken, um es Angreifern zu erschweren, einzudringen, herumzuschnüffeln, Daten zu stehlen oder zu manipulieren und wieder hinauszugelangen.

Bei der *gestaffelten Sicherheit* werden mehrere Schutzschichten um die Daten und die Umgebung aufgebaut.

Der *Perimeterschutz* sollte eine logische und physische Trennung einschließen. Beispielsweise sollten sensible Server und Anwendungen in einem separaten Teil des Netzwerks untergebracht werden, vielleicht sogar in einem anderen Rechenzentrum außerhalb des Firmenstandorts oder in der Azure-Cloud. Die Verbindungen dazu müssen Sie dann natürlich schützen, etwa mit einem virtuellen privaten Netzwerk (VPN).

Sie sollten über eine Firewall und andere Netzwerkschutzeinrichtungen gegen *Angriffe von außerhalb des Netzwerks* verfügen. Was den physischen Schutz angeht, sollten Sie nicht zulassen, dass einfach jeder einen Laptop an einen unbeaufsichtigten Netzwerkzugriffspunkt anschließt, Verbindung mit dem Firmen-WLAN aufnimmt und Zugriff auf die Produktionsumgebung erhält.

Innerhalb des Netzwerks müssen Sie für *Authentifizierung* (wer Sie sind) und *Autorisierung* (was Sie tun dürfen) sorgen, vorzugsweise mithilfe von Active Directory.

> Hinweis
>
> **Auf Linux wird eine integrierte Authentifizierung mit Active Directory unterstützt.**

Auf den *Servern* selbst sollten Sie dafür sorgen, dass das Dateisystem gesperrt ist, dass die SQL Server-Berechtigungen korrekt eingestellt sind und dass Dateifreigaben (falls verwendet) abgesichert sind und die neuesten Freigabeprotokolle verwenden.

Auf der Seite der *Anwendungen* können Sie Codierrichtlinien vorgeben, um sich gegen Bedrohungen wie SQL Server-Injektionsangriffe zu schützen, und für Verschlüsselung in Ihrer Datenbank (und den Sicherungsdateien) sorgen.

> ## Expertentipp
>
> ***Was ist SQL-Injektion?***
>
> Die SQL-Injektion ist eine der häufigsten Formen des Angriffs auf Datenbanken. Dabei wird der Umstand ausgenutzt, dass viele Anwendungen und Websites Eingabedaten nicht bereinigen. Beispielsweise ist es in einer Webanwendung mit einem sorgfältig zusammengestellten URI möglich, die zugrunde liegende Datenbank auf eine Weise zu manipulieren, die ein naiver Datenbankentwickler niemals vorhersehen würde.
>
> Wenn die Webanwendung etwa Datenbankschlüssel in der URL angibt, kann ein geschickter Angreifer eine URL zusammenbauen, die geschützte Informationen in einer Tabelle liest, indem er den Schlüsselwert ändert. Damit kann ein Angreifer auf sensible Daten zugreifen oder die Datenbank durch T-SQL-Befehle am Ende des Strings manipulieren, die schädliche Aktionen in der Tabelle oder der Datenbank durchführen.
>
> Schlimmstenfalls dauert ein SQL-Injektionsangriff nur wenige Sekunden und könnte alle Daten aus der Datenbank ohne Ihr Wissen extrahieren, was Sie erst dann mitbekommen, wenn Ihre Organisation erpresst wird oder sensible Daten öffentlich bekannt werden.
>
> SQL-Injektion lässt sich auf einfache Weise verhindern, indem Sie dafür sorgen, dass alle Dateneingaben maskiert, bereinigt und validiert werden. Um ganz auf Nummer sicher zu gehen, sollte für SQL Server-Abfragen eine Parametrisierung verwendet werden.
>
> Mehr über den Schutz gegen SQL-Injektionsangriffe erfahren Sie auf *https://docs.microsoft.com/sql/relational-databases/security/sql-injection*.
>
> Das OWASP (Open Web Application Security Project) ist eine hervorragende Informationsquelle, um mögliche Schwachstellen zu erkennen und zu beseitigen, unter anderem auch Anfälligkeiten für SQL-Injektion. Besuchen Sie die Website dieses Projekts auf *https://www.owasp.org*.

Der Unterschied zwischen Hashing und Verschlüsselung

Werden Daten mit einem kryptografischen Algorithmus auf wiederholbare Weise in ein nicht lesbares Format fester Länge konvertiert, ohne sie wieder in das ursprüngliche Format zurückverwandeln zu können, so spricht man von *Hashing*.

Werden die Daten dagegen so in ein nicht lesbares Format konvertiert, dass sie sich mithilfe eines *kryptografischen Schlüssels* wieder in das ursprüngliche Format zurückverwandeln lassen, so spricht man von *Verschlüsselung*.

Kryptografische Algorithmen können auf verschiedene Weisen geknackt werden. Die beiden gängigsten Verfahren sind dabei *Brute-Force-* und *Wörterbuchangriffe*:

- **Brute-Force-Angriff** Der Angriffscode probiert an dem Hash- oder Verschlüsselungsdienst jede mögliche Kombination für ein Kennwort, eine Passphrase oder einen Verschlüsselungsschlüssel aus, bis er den richtigen Wert herausgefunden hat. Je nach Art des Algorithmus und Länge des Kennworts, der Passphrase oder des Schlüssels kann dieser Vorgang von wenigen Millisekunden bis zu Millionen von Jahren dauern.
- **Wörterbuch- oder Dictionaryangriff** Da sich Wörterbuchangriffe sehr viel schneller durchführen lassen, versuchen Angreifer erst damit, zum Ziel zu kommen. Dabei werden Wörter aus einem Wörterverzeichnis (in dem sich gewöhnliche Wörter sowie übliche Kennwörter und Passphrasen befinden) an dem Hashing- oder Verschlüsselungsdienst ausprobiert. Bei Wörterbuchangriffen wird ausgenutzt, dass sich Menschen Kennwörter schlecht merken können und daher dazu neigen, gewöhnliche Wörter dafür zu verwenden.

Da Computer immer leistungsfähiger werden und immer mehr eine parallele Verarbeitung nutzen, ist für Brute-Force-Angriffe immer weniger Zeit erforderlich. Es gibt Gegenmaßnahmen gegen einige Formen dieser Angriffe, und manche Verschlüsselungssysteme lassen sich durch Brute-Force-Angriffe nicht überlisten. Eine Beschreibung dieser Gegenmaßnahmen würde den Rahmen dieses Buchs sprengen. Wir können aber festhalten, dass es mehrere Jahre erfordert, um ausreichend komplexe Algorithmen und lange Verschlüsselungsschlüssel zu knacken.

Hashing

Eine *kryptografische Hashfunktion* (ein Algorithmus) wendet eine mathematische Formel auf *Daten variabler Länge* (gewöhnlich ein Kennwort) an, um sie in einen *Hashwert* fester Größe umzuwandeln.

Dies ist die empfohlene Methode zum Schutz von Kennwörtern. Der Hash eines Kennworts lässt sich nicht wieder zu der ursprünglichen Form entschlüsseln. Unter Verwendung eines zufälligen *Salts* (eines Zufallsstrings, der zusammen mit der Hashfunktion angewendet wird) ergeben sich Kennwörter, die sich nicht rekonstruieren lassen, nicht einmal, wenn mehrere Personen dasselbe Kennwort verwenden.

Um ein eingegebenes Kennwort zu überprüfen, wird es mit derselben Hashfunktion und demselben Salt in einen Hash umgewandelt und das Ergebnis mit dem gespeicherten Hashwert verglichen.

Da Hashwerte eine feste Größe haben (die vom verwendeten Algorithmus abhängt), besteht die Möglichkeit, dass zwei Datenmengen (zwei verschiedene Kennwörter) denselben Hashwert ergeben. Die Wahrscheinlichkeit für eine solche *Hashkollision* ist bei kürzeren Hashwerten größer. Aus diesem Grund sind lange Hashes besser.

Hinweis

Kennwörter sollten eine Länge von mindestens 15, besser sogar noch von mindestens 20 Zeichen aufweisen. Wenn Sie einen Passwortmanager verwenden, brauchen Sie sich die Kennwörter nicht zu merken. Mit wachsender Länge des Kennworts steigt die erforderliche Zeit für einen Brute-Force-Angriff exponentiell. Scheuen Sie sich auch nicht, Sätze als Kennwörter zu verwenden. Die Länge spielt eine größere Rolle als die Komplexität.

Expertentipp

Warum sollte ich ein Salt verwenden, und was ist eine Regenbogentabelle?

Ohne ein zufälliges Salt wird jedes Mal, wenn Sie die Hashfunktion auf ein gegebenes Kennwort anwenden, derselbe Hashwert erzeugt. Verwenden mehrere Personen dasselbe Kennwort, ist dann der Hashwert bei allen gleich.

Nehmen wir an, ein Angreifer verfügt über eine Liste gebräuchlicher Kennwörter und weiß, welche Hashfunktion Sie für die Kennwörter in Ihrer Datenbank anwenden. Dieser Angreifer könnte nun einen Katalog der möglichen Hashwerte für jedes Kennwort auf seiner Liste generieren. Dieser Katalog wird als *Regenbogentabelle* bezeichnet.

Anschließend kann der Angreifer einfach die Hashwerte in der Datenbank mit denen in der Regenbogentabelle vergleichen und damit herausfinden, welches Kennwort verwendet wird. Daher sollten Sie bei der Hashumwandlung der Kennwörter in Ihrer Datenbank immer ein zufälliges Salt verwenden, denn dadurch werden Regenbogentabellen nutzlos.

Verschlüsselung

Bei der Verschlüsselung werden für Menschen lesbare Daten – der sogenannte *Klartext* – durch die Anwendung eines als *Schlüssel* (oder *Chiffre*) bezeichneten kryptografischen Algorithmus in verschlüsselte Form umgewandelt. Die verschlüsselten Daten (der *Chiffretext*) sind ohne den passenden Schlüssel zur Entschlüsselung nicht lesbar. Die Verschlüsselung ermöglicht eine sichere Übertragung und Speicherung von Daten.

Im Laufe der Jahre wurden viele Chiffren entwickelt und auch wieder geknackt, da sich die Algorithmen als schwach erwiesen haben. Oft lag das daran, dass Haupt- und Grafikprozessoren immer schneller und leistungsfähiger werden, was die erforderliche Dauer für Brute-Force- und ähnliche Angriffe senkt. In anderen Fällen war die Implementierung der kryptografischen Funktion mangelhaft, was erfolgreiche Angriffe auf diese Implementierung möglich machte.

Expertentipp

Warum werden Grafikprozessoren zum Knacken von Kennwörtern verwendet?

Grafikprozessoren verarbeiten identische Anweisungen (aber nicht unbedingt dieselben Daten) parallel auf Hunderten oder Tausenden von Kernen, um Bilder mehrere Male pro Sekunde auf der Anzeige darzustellen.

Das ist jedoch genau die Arbeit, die auch zum Knacken von Kennwörtern durch rohe Gewalt (»brute force«) erforderlich ist: Mithilfe einer als *Pipelining* bezeichneten Methode können Tausende von Kernen jeweils eine arithmetische Operation pro Taktzyklus durchführen.

Da Grafikprozessoren eine Taktrate im Gigahertzbereich aufweisen, also Milliarden Zyklen pro Sekunde ausführen, ergibt dies Hunderte von Millionen Hashes pro Sekunde. Ohne Salt könnten viele Kennworthashes unabhängig von dem verwendeten Algorithmus in wenigen Millisekunden geknackt werden.

Einführung in Protokolle und Datenübertragung

Der Zugriff auf Daten in Azure SQL-Datenbank oder SQL Server erfordert die Übertragung der Daten über eine Netzwerkschnittstelle. Dies muss auf sichere Weise geschehen. Ein *Protokoll* ist ein Satz von Anweisungen für die Übermittlung der Informationen über einen bestimmten Netzwerkport.

Ein *TCP-Port* (Transmission Control Protocol) ist eine von 65.535 möglichen Verbindungen zu einem Netzwerkgerät, in unserem Fall zu einem Windows- oder Linux-Server. Der Port ist immer mit einer IP-Adresse und einem Protokoll verknüpft.

Offizielle und nicht offizielle Standards haben mit den Jahren dazu geführt, dass es eine Reihe gebräuchlicher Ports gibt. So sind beispielsweise die TCP-Ports 1433 und 1434 für SQL Server reserviert und 80 und 443 für HTTP bzw. HTTPS. Der TCP-Port 22 ist für Secure Shell (SSH) reserviert, der UDP-Port 53 (User Datagram Protocol) für DNS usw.

Die Protokollsuite des Internets

Um beim Thema Netzwerksicherheit mitreden zu können, müssen Sie die kryptografischen Protokolle kennen, und zur Erörterung von Netzwerken an sich müssen wir über das größte von ihnen sprechen, nämlich das Internet.

Das Internet ist ein Verbundnetz, ein Netzwerk aus Netzwerken, in dem Daten mithilfe einer Suite von Protokollen übertragen werden. Dazu gehört TCP, das wiederum auf IP (Internet Protocol) aufsetzt. TCP/IP ist heutzutage der gebräuchlichste Protokollstack. Die meisten Dienste im Internet, aber auch in lokalen Netzwerken, greifen auf TCP/IP zurück.

> Hinweis
>
> **Die vollständige Suite von Internetprotokollen umfasst TCP, IP, ARP (Address Resolution Protocol), ICMP (Internet Control Message Protocol), UDP und IGMP (Internet Group Management Protocol). Um den kompletten TCP/IP-Stack zu implementieren, sind alle erforderlich.**

IP ist ein verbindungsloses Protokoll. Das bedeutet, dass jede einzelne Übertragungseinheit – ein *Netzwerkpaket* oder *Datagramm* – die Daten selbst (die *Payload* oder *Nutzlast*) sowie einen *Header* enthält, der angibt, woher das Paket stammt und wohin es gehen soll (Routinginformationen).

IP-Netzwerkpakete werden »nach bestem Wissen und Gewissen« übertragen, das heißt, sie können in einer anderen Reihenfolge eintreffen und es ist nicht einmal garantiert, dass sie überhaupt zugestellt werden. Durch den geringen Verwaltungsaufwand ist das Protokoll schnell und kann Pakete an mehrere Empfänger auf einmal senden (*Multicast* oder *Broadcast*).

TCP stellt die erforderlichen Anweisungen für Zuverlässigkeit, die richtige Reihenfolge der Pakete und die Datenintegrität bereit. Kommt ein Paket gar nicht oder außerhalb der Reihe beim Empfänger an, kann TCP die Daten erneut mit IP als Zustellmechanismus senden.

Heute verwendete Versionen von IP Internet Protocol Version 4 (IPv4) hat einen Adressraum von 32 Bit, was fast 4,3 Milliarden Adressen (2^{32} oder ca. $4{,}3 \times 10^9$) möglich macht. Als diese Version im September 1981 vorgeschlagen wurde, ahnte niemand, dass das Internet so umfangreich und bedeutend werden könnte, wie es heute ist. Da Milliarden von Menschen online und Milliarden von Geräten angeschlossen sind, ist der verfügbare Adressraum von IPv4 praktisch erschöpft.

▶ **Die Spezifikation von Internet Protocol Version 4, auch bekannt als IETF-RFC 791 (Internet Engineering Task Force Request for Comments), können Sie auf *https://tools.ietf.org/html/rfc791* nachlesen.**

Tricks wie die Netzwerkadressübersetzung (Network Address Translation, NAT), bei der ein Router eine einzige öffentliche IP-Adresse für das gesamte Netzwerk hat und dahinter private IP-Adressen verwendet werden, haben die Erschöpfung des Adressraums über Jahre verzögert, aber die Zeit ist jetzt abgelaufen.

Internet Protocol Version 6 (IPv6) hat einen 128-Bit-Adressraum, womit mehr als 340 Sextillionen Adressen möglich sind (2^{128} oder ca. $3{,}4 \times 10^{38}$). Diese Zahl ist so schwindelerregend hoch, dass sogar bei der minütlichen Vermehrung von Netzwerken und Geräten und dem steigenden Trend beim Internet der Dinge alle Geräte eine einzigartige Adresse im Internet bekommen können, ohne dass jemals die Adressen ausgehen.

▶ **Die Spezifikation von Internet Protocol Version 6, auch bekannt als IETF-RFC 8200 (Internet Engineering Task Force Request for Comments), können Sie auf *https://tools.ietf.org/html/rfc8200* nachlesen.**

Expertentipp

Was ist das Internet der Dinge?

Bis vor Kurzem wurden nur Server, Desktop- und Laptopcomputer und Mobilgeräte an das Internet angeschlossen.

Heute sind auch viele verschiedene andere Objekte mit eingebetteter Elektronik online zu finden, z. B. Kaffeemaschinen, Sicherheitskameras, Heimautomatisierungssysteme, Fahrzeugüberwachungssysteme, Pulsmonitore, industrielle Messgeräte usw.

Zwar sollten viele dieser Geräte eigentlich gar keine öffentlich zugängliche Internetadresse haben, doch ihre Anzahl steigt nichtsdestoweniger exponentiell. Dieses Wachstum ist nur durch IPv6 möglich.

Cloudplattformen wie Azure verfügen über Dienste für die Kommunikation mit diesen Geräten und deren Datenanforderungen. Dazu gehört auch Azure SQL-Datenbank.

Der Aufbau von IP-Adressen Eine IP-Adresse wird in einer für Menschen lesbaren Form angezeigt, ist in Wirklichkeit aber binär:

- **IPv4** Die Adresse ist in vier Subklassen aus Dezimalzahlen aufgeteilt, die jeweils von 0 bis 255 reichen und durch einen Punkt getrennt sind, z. B. 52.178.167.109.
- **IPv6** Die Adresse ist in acht Subklassen aus Hexadezimalzahlen aufgeteilt, die jeweils vier Stellen umfassen und durch Doppelpunkt getrennt sind. Eine Subklasse, die nur aus Nullen besteht, kann weggelassen werden. Beispielsweise kann die IPv6-Adresse 2001:d74f:e211:9840:0000:0000:0000:0000 durch Weglassen der Nullen zu 2001:d74f:e211:9840:: vereinfacht werden (wobei der Doppelpunkt am Ende auf die Auslassungen hindeutet).

Die Umstellung auf IPv6 wird Jahrzehnte in Anspruch nehmen, weshalb es zurzeit eine Mischlösung gibt, bei der IPv4- und IPv6-Datenverkehr gemeinsam von IPv6- bzw. IPv4-Geräten bewältigt wird. Als ob das noch nicht kompliziert genug wäre, muss daneben auch noch das Routing beachtet werden.

Orientierung im Internet

Das Routing zwischen den Netzwerken im Internet erfolgt durch das Protokoll BGP (Border Gateway Protocol), das auf TCP/IP aufsetzt.

BGP ist notwendig, da es keine Karte des Internets gibt. Ständig erscheinen und verschwinden Geräte und sogar ganze Netzwerke. BGP leitet Milliarden von Netzwerkpaketen auf der Grundlage von fundierten Mutmaßungen durch Millionen von Routern. Dieser Vorgang beruht auf Vertrauen: Die Router teilen sich gegenseitig mit, für welche Netzwerke sie zuständig sind, und BGP vertraut diesen Informationen.

BGP ist daher nicht sicher. Es wurde einzig und allein entwickelt, um das Skalierungsproblem des Internets zu lösen, das exponentiell wuchs (und es immer noch tut). Diese »schnelle Notlösung« wurde zu einem Teil der Infrastruktur, lange bevor Sicherheit ein Thema war.

Bisher gab es nur sehr zögerliche Bemühungen, BGP sicher zu machen. Daher müssen Sie davon ausgehen, dass Ihr Internetdatenverkehr irgendwann abgefangen wird. Um Dritte in einem solchen Fall daran zu hindern, Ihre Daten zu lesen, müssen Sie angemessene Kryptografie anwenden.

Ein kurzer Überblick über das World Wide Web

Viele setzen das World Wide Web (oder kurz das Web) mit dem Internet gleich, aber in Wirklichkeit ist das Web nur ein Bestandteil des viel größeren Internets. Andere Bestandteile sind etwa E-Mail sowie andere Dienste, die scheinbar in Vergessenheit geraten sind, aber immer noch benutzt werden, wie etwa FTP (File Transfer Protocol) und VoIP (Voice over IP).

Hinweis

Nach öffentlich verfügbaren Informationen verarbeitet Microsoft pro Monat ca. 500 Milliarden E-Mails in seinen verschiedenen Diensten, z. B. Microsoft Office 365 und die Webversion von Outlook Mail.

Das Web verwendet HTTP (HyperText Transport Protocol), das auf TCP/IP aufsetzt. Ein Webserver stellt Inhalte gemischter Art (Text, Grafik, Video und andere Medien) im Format HTML (HyperText Markup Language) bereit, die über HTTP übertragen und in einem Webbrowser interpretiert und angezeigt werden.

Das Web ist aus zwei Gründen sehr schnell gewachsen. Erstens wurde das Internet kommerzialisiert, nachdem es jahrzehntelang ein rein akademisches und militärisches Projekt gewesen ist. Mit der Einführung von NCSA Mosaic, dem ersten grafischen Webbrowser, in den 1990er Jahren erlangte das Web auf stürmische Weise Popularität. Während einer Ära der Geschichte des Internets, die als die Zeit der »Browserkriege« bezeichnet wird, traten Netscape Navigator und Microsoft Internet Explorer als Nachfolger von Mosaic auf.

▶ **Mehr über die kommerziellen Anfänge des Webs und die »Internet-Ära« erfahren Sie im Internet History Podcast auf *http://www.internethistorypodcast.com*.**

Zu den modernen Webbrowsern gehören Microsoft Edge, Google Chrome, Mozilla Firefox und Apple Safari.

Hinweis

Moderne Webbrowser sind sehr vielschichtige Anwendungen, die weit mehr tun, als nur HTML darzustellen. Der Kürze halber werden wir diese Extras, die für unser Thema keine Rolle spielen, hier jedoch nicht berücksichtigen.

Protokollverschlüsselung

Das explosionsartige Wachstum bei der Nutzung des Webs in den 1990ern rief einen Bedarf für sichere Transaktionen hervor, da Organisationen dazu übergingen, den Verkauf online in Form von *E-Commerce* abzuwickeln. Kunden wollten ihre Kreditkarten vertrauensvoll einsetzen, um Waren zu erwerben, ohne ihr bequemes Heim verlassen zu müssen.

Denken Sie daran, dass das Internet auf dem zustandslosen Internet Protocol aufbaut, das Routinginformationen im Header jedes einzelnen Pakets unterbringt. Dadurch kann jeder ein Hardwaregerät (oder eine Software) in den Paketstream einschleusen, irgendetwas mit den Paketen anstellen und sie dann (verändert oder unverändert) ans Ziel weiterleiten, ohne dass Sender und Empfänger etwas davon bemerken. Da es sich bei diesem Vorgang auch um einen unverzichtbaren Baustein für ein Paketvermittlungsnetzwerk handelt, lässt er sich nur sehr schwer sicher machen.

Wie Sie bereits gesehen haben, werden Daten durch Verschlüsselung in ein nicht lesbares Format überführt. Wenn jemand, der mit dem Netzwerk verbunden ist, die verschlüsselten Pakete abfängt, kann er nicht erkennen, was sie tun. Ohne den Entschlüsselungsschlüssel sieht die Nutzlast in den einzelnen Paketen wirr und unlesbar aus.

1994 entwickelte Netscape Communications eine sichere Version von HTTP, die als HTTPS (HTTP Secure oder HTTP über SSL [Secure Sockets Layer]) bezeichnet wurde. Die Bezeichnung HTTPS ist geblieben, doch mit der Verbesserung der Standards wird darunter jetzt eher HTTP über TLS (Transport Layer Security) verstanden.

Die Übertragung von Daten über ein Netzwerk erfolgt gewöhnlich über TCP/IP und muss auf sichere Weise geschehen.

Symmetrische und asymmetrische Verschlüsselung

Es gibt zwei Arten der Datenverschlüsselung, nämlich die symmetrische und die asymmetrische, die jeweils ihre eigenen Vor- und Nachteile aufweisen.

Symmetrische Verschlüsselung (gemeinsames Geheimnis)

Ein geheimer Schlüssel, gewöhnlich ein Kennwort, eine Passphrase oder ein zufälliger Zeichenstring, wird verwendet, um die Daten mit einem kryptografischen Algorithmus zu verschlüsseln. Dieser Schlüssel ist sowohl dem Absender als auch dem Empfänger bekannt. Beide Parteien können mit diesem Schlüssel jegliche Inhalte ver- und entschlüsseln.

Bekommt eine dritte Partei diesen Schlüssel heraus, kann sie die verschlüsselten Daten abfangen, entschlüsseln, verändern und wieder verschlüsseln, ohne dass der Absender und der Empfänger etwas davon mitbekommen. Dies wird als *Man-in-the-middle*-Angriff bezeichnet.

Asymmetrische Verschlüsselung (öffentlicher Schlüssel)

Dieses Verfahren wird auch als »Verschlüsselung mit öffentlichem Schlüssel« (Public Key Encryption, PKE) bezeichnet. Dazu werden zwei Schlüssel generiert, ein privater und ein öffentlicher, wobei der öffentliche Schlüssel unbedenklich weitergeleitet werden kann. Der *öffentliche Schlüssel* wird zur Verschlüsselung der Daten verwendet, der *private Schlüssel* zur Entschlüsselung.

Der Vorteil besteht darin, dass der private Schlüssel niemals irgendjemand mitgeteilt werden muss. Das macht das Verfahren sicherer, da nur Sie mit Ihrem privaten Schlüssel in der Lage sind, die Daten zu entschlüsseln. Leider erfordert die asymmetrische Verschlüsselung sehr viel mehr Rechenleistung. Außerdem brauchen beide Parteien jeweils ein Schlüsselpaar.

> **Expertentipp**
>
> ***Welche Verschlüsselungsmethode sollte ich für SQL Server verwenden?***
>
> **Aus praktischen Gründen verwaltet SQL Server die Schlüssel sowohl für die symmetrische als auch die asymmetrische Verschlüsselung intern.**
>
> **Aufgrund des erheblichen Mehraufwands für die asymmetrische Verschlüsselung sollen Sie jedoch jegliche Daten, die Sie in SQL Server schützen möchten, symmetrisch verschlüsseln.**
>
> **Mithilfe der Verschlüsselungshierarchie können Sie die Schichten oberhalb der Daten mit Kennwörtern oder asymmetrischen Schlüsseln schützen (siehe den nächsten Abschnitt).**

Digitale Zertifikate

Öffentliche Schlüssel müssen auffindbar sein, also öffentlich verfügbar gemacht werden. Wenn der Absender eine Nachricht für den Empfänger signieren möchte, muss er dazu den öffentlichen Schlüssel des Empfängers finden.

Im kleinen Maßstab, also etwa zwischen zwei privaten Kommunikationspartnern, kann dies einfach dadurch geschehen, sich gegenseitig die öffentlichen Schlüssel mitzuteilen.

Bei der großmaßstäblichen Kommunikation mit vielen Absendern und einem Empfänger (z. B. einem Web- oder Datenbankserver) kann eine Zertifizierungsstelle den öffentlichen Schlüssel über ein digitales Zertifikat zur Verfügung stellen, das der Empfänger (der Website- oder Datenbankadministrator) unmittelbar auf dem Server installiert.

Dieses Zertifikat dient als elektronische Signatur für den Empfänger und enthält dessen öffentlichen Schlüssel. Sowohl der Absender als auch der Empfänger vertrauen der Zertifizierungsstelle. Der Absender kann sich vergewissern, dass der Empfänger wirklich derjenige ist, der er zu sein vorgibt.

Digitale Zertifikate, die auch als *Zertifikate für öffentliche Schlüssel* bezeichnet werden, sind im Standard X.509 definiert, der von vielen Protokollen verwendet wird, u. a. von TLS und seinem Vorgänger SSL.

▶ **In welchem Zusammenhang digitale Zertifikate und TLS mit SQL Server und Azure SQL-Datenbank stehen, erfahren Sie weiter hinten in diesem Kapitel.**

Zertifizierungsstellen

Eine Zertifizierungsstelle ist eine Organisation, die digitale Zertifikate ausgibt. Diese Zertifikate enthalten den Namen und öffentlichen Schlüssel des Inhabers und das Anfangs- und Ablaufdatum.

Nach dem Ablaufdatum wird das Zertifikat automatisch ungültig. Die Zertifizierungsstelle kann ein Zertifikat aber auch jederzeit vor diesem Datum widerrufen.

Damit dem Zertifikat vertraut werden kann, muss die Zertifizierungsstelle selbst vertrauenswürdig sein. Es liegt in der Verantwortung der Zertifizierungsstelle, die Identität des Zertifikatinhabers zu überprüfen, damit Zertifikaten, die in seinem Namen ausgestellt wurden, vertraut werden kann.

In den letzten Monaten haben mehrere Zertifizierungsstellen ihre Vertrauenswürdigkeit verloren, weil ihre Überprüfungsprozesse Mängel aufwiesen oder ihre Signieralgorithmen schwach waren. Wählen Sie die Zertifizierungsstelle für Ihre digitalen Zertifikate daher mit Sorgfalt aus.

Verschlüsselung in SQL Server

Die Verschlüsselung ist nur ein Aspekt des Schutzes Ihrer Umgebung. SQL Server bietet eine vollständige Verschlüsselungshierarchie, die auf der Ebene des Betriebssystems (einschließlich Netzwerkstack und Dateisystem) beginnt und sich über alle Ebenen der Datenbank bis zu den einzelnen Zellen einer Tabelle ausdehnt.

Diese Hierarchie ist in Abb. 7.1 dargestellt.

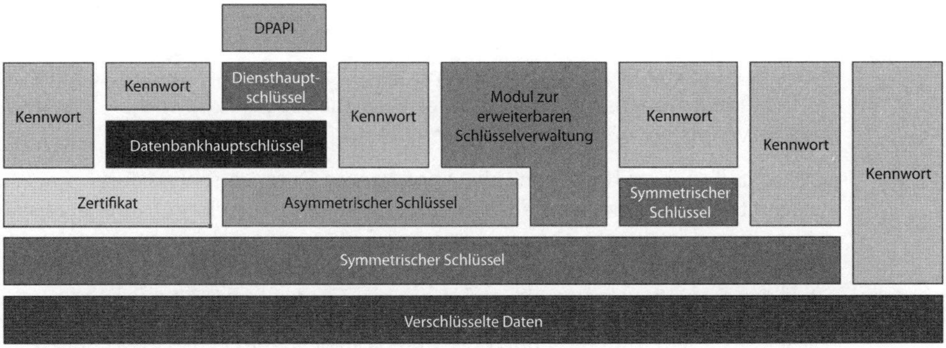

Abbildung 7.1 Die Verschlüsselungshierarchie von SQL Server

Datenschutz durch das Betriebssystem

An der Spitze der Hierarchie befindet sich das Betriebssystem, das alles schützt, was darunter liegt. Windows Server stellt System- und Benutzerprozessen eine API bereit, mit der sie die Verschlüsselung im Dateisystem nutzen können.

Mit anderen Worten: SQL Server und andere Anwendungen können auf diese Datenschutz-API zurückgreifen, um von Windows automatisch Daten auf dem Laufwerk verschlüsseln zu lassen, ohne selbst eine Verschlüsselung durchführen zu müssen.

SQL Server Enterprise Edition nutzt diese Datenschutz-API (Data Protection API, DPAPI) für die transparente Datenverschlüsselung (Transparent Data Encryption, TDE).

Expertentipp

Wie funktioniert der Datenschutz bei SQL Server auf Linux?

Der Mechanismus, den Microsoft entwickelt hat, damit SQL Server auf Linux und in Docker-Containern ausgeführt werden kann, heißt Platform Abstraction Layer (PAL). Er konzentriert den gesamten betriebssystemspezifischen Code an einer Stelle und bildet eine Brücke zur zugrunde liegenden Plattform.

In der PAL sind alle APIs enthalten, also auch die Dateisystem- und Datenschutz-APIs. Dadurch ist SQL Server 2017 vollständig plattformunabhängig.

Mehr über die PAL erfahren Sie auf dem offiziellen SQL Server-Blog auf *https://blogs.technet.microsoft.com/dataplatforminsider/2016/12/16/sql-server-on-linux-how-introduction*.

Die Verschlüsselungshierarchie im Einzelnen

Jede Hierarchieebene schützt die darunter liegenden Ebenen durch eine Kombination aus Schlüsseln (asymmetrischen und symmetrischen) und Zertifikaten (siehe Abb. 7.1).

Sofern kein Modul für die erweiterbare Schlüsselverwaltung (Extensible Key Management, EKM) verwendet wird, erfolgt der Zugriff auf eine Hierarchieebene mindestens über ein Kennwort. Das EKM-Modul ist ein eigenständiges Gerät, das symmetrische und asymmetrische Schlüssel außerhalb von SQL Server aufbewahrt.

Der Datenbankhauptschlüssel wird vom Diensthauptschlüssel geschützt. Bei beiden handelt es sich um symmetrische Schlüssel. Der Diensthauptschlüssel wird bei der Installation von SQL Server erstellt und von der API geschützt.

Wollen Sie in Ihrer Datenbank die transparente Datenverschlüsselung nutzen (siehe den Abschnitt »Einrichten der transparenten Datenverschlüsselung in Benutzerdatenbanken« weiter hinten in diesem Kapitel), brauchen Sie den symmetrischen Datenbankverschlüsselungsschlüssel, der wiederum von einem asymmetrischen Schlüssel im EKM-Modul oder über den Datenbankhauptschlüssel durch ein Zertifikat geschützt wird.

Dieser gestaffelte Aufbau schützt die Daten davor, in falsche Hände zu fallen.

Beim Schutz einer SQL Server-Umgebung müssen Sie zwei Aspekte berücksichtigen, für die Sie unabhängig voneinander Sicherheitsvorkehrungen implementieren können:

- **Daten in Ruhe** Bei der transparenten Datenverschlüsselung bezieht sich dies auf die Entschlüsselung der Daten auf einem Laufwerk, wenn sie in den Pufferpool eingelesen werden, und ihre Verschlüsselung, wenn sie aus dem Pool auf das Laufwerk übertragen werden. (Sie können Ihre Speicherschicht auch unabhängig von SQL Server verschlüsseln, aber eine entsprechende Einrichtung wäre kein Teil der Verschlüsselungshierarchie.)
- **Daten in Bewegung** Der Schutz der Daten während der Übertragung über eine Netzwerkverbindung. Alle verwendeten Netzwerkprotokolle und APIs müssen eine Verschlüsselung und Entschlüsselung der Daten bei ihrer Bewegung in den und aus dem Pufferpool unterstützen.

Daten sind in dem Augenblick in Bewegung, in dem sie aus dem Pufferpool in SQL Server oder Azure SQL-Datenbank gelesen oder darin geschrieben werden. Zwischen dem Pufferpool und dem zugrunde liegenden Permanentspeicher gelten die Daten als »in Ruhe«.

Hinweis

TDE verschlüsselt Datenbanksicherungsdateien zusammen mit den Daten- und Transaktionsprotokolldateien. Allerdings steht TDE nur in SQL Server Enterprise Edition und Azure SQL-Datenbank zur Verfügung.

Verwendung von EKM-Modulen für SQL Server

Organisationen können auch eine separate Sicherheitseinrichtung verwenden, die als Hardwaresicherheitsmodul (HSM) oder EKM-Gerät bezeichnet wird, um Verschlüsselungsschlüssel für die Netzwerkinfrastruktur außerhalb der SQL Server-Umgebung zu generieren, zu verwalten und zu speichern.

SQL Server kann diese Schlüssel intern nutzen. Bei dem HSM/EKM-Gerät kann es sich um ein Hardwaregerät, ein USB-Gerät, eine Smartcard oder sogar um Software handeln. Es muss lediglich den MCAPI-Anbieter implementieren (Microsoft Cryptographic Application Programming Interface).

Die erweiterbare Schlüsselverwaltung (EKM) ist eine erweiterte SQL Server-Einstellung und standardmäßig ausgeschaltet. Um Schlüssel von einem HSM/EKM-Gerät nutzen zu können, müssen Sie EKM mit dem Befehl `sp_execute 'EKM provider enabled'` und dem passenden Parameter einschalten und das Gerät als EKM-Modul für die Nutzung durch SQL Server registrieren.

Nachdem das HSM/EKM-Gerät einen Schlüssel für die Verwendung durch SQL Server (z. B. für TDE) erstellt hat, exportiert es ihn auf sichere Weise über den MCAPI-Anbieter nach SQL Server.

Diese Module können auch mehrere Arten der Authentifizierung unterstützen (Basisauthentifizierung und andere), allerdings kann für den Anbieter in SQL Server immer nur eine dieser Arten registriert werden.

Wenn das Modul die Standardauthentifizierung unterstützt (Kombination aus Benutzername und Kennwort), verwendet SQL Server entsprechende Anmeldeinformationen, um eine transparente Authentifizierung an dem Modul zu ermöglichen.

Expertentipp

Was sind Anmeldeinformationen?

In SQL Server sind die Anmeldeinformationen ein Datensatz mit Authentifizierungsangaben, die das Datenbankmodul zur Verbindung mit externen Ressourcen nutzt.

Diese Anmeldeinformationen umfassen Sicherheitsangaben, mit denen Prozesse die Identität von Windows-Benutzern in einem Netzwerk annehmen können. Sie können jedoch auch verwendet werden, um Verbindung mit anderen Diensten wie Azure Blob Storage oder natürlich auch einem HSM/EKM-Gerät aufzunehmen.

Anmeldeinformationen, die von allen Datenbanken genutzt werden, können mit dem Befehl `CREATE CREDENTIAL` in der Datenbank `master` und mit `CREATE DATABASE SCOPED CREDENTIAL` in einer einzelnen Datenbank erstellt werden.

In Kapitel 6 erhalten Sie weitere Informationen über Anmeldungen und in Kapitel 13 über Anmeldeinformationen.

▶ **Weitere Informationen über EKM in SQL Server erhalten Sie auf *https://docs.microsoft.com/sql/relational-databases/security/encryption/extensible-key-management-ekm*.**

Cloudsicherheit mit Azure Key Vault

Azure Key Vault können Sie als Ergänzung oder Ersatz für ein herkömmliches HSM/EKM-Gerät verwenden. SQL Server kann Key Vault lokal, aber auch in einer VM in der Cloud nutzen.

Key Vault wird als EKM-Anbieter in SQL Server implementiert, wobei SQL Server Connector (eine eigenständige Windows-Anwendung) eine Brücke zwischen Key Vault und der SQL Server-Instanz bildet.

Um Key Vault nutzen zu können, müssen Sie zunächst einen Tresor mit einem gültigen Azure Active Directory-Eintrag anlegen.

Registrieren Sie dazu den Dienstprinzipalnamen von SQL Server in Azure AD. Anschließend installieren Sie SQL Server Connector und schalten die erweiterbare Schlüsselverwaltung in SQL Server ein.

▶ **Weitere Informationen über Dienstprinzipalnamen und Kerberos erhalten Sie in Kapitel 2.**

Danach müssen Sie eine Anmeldung erstellen, die SQL Server für den Zugriff auf Key Vault verwendet, und diese Anmeldung neuen Anmeldeinformationen mit den Authentifizierungsinformationen für Key Vault zuordnen.

▶ **Eine schrittweise Anleitung für diesen Vorgang erhalten Sie auf *https://docs.microsoft.com/sql/relational-databases/security/encryption/setup-steps-for-extensible-key-management-using-the-azure-key-vault*.**

Hauptschlüssel in der Verschlüsselungshierarchie

Seit SQL Server 2012 sind sowohl der Dienst- als auch der Datenbankhauptschlüssel symmetrische Schlüssel, die mit dem AES-Algorithmus (Advanced Encryption Standard) verschlüsselt sind. AES ist schneller und sicherer als der 3DES-Algorithmus (Triple Data Encryption Standard), der in SQL Server vor 2012 verwendet wurde.

Bei der Aktualisierung von einer älteren SQL Server-Version, in der noch 3DES verwendet wurde, müssen Sie sowohl den Dienst- als auch den Datenbankhauptschlüssel erneut generieren, um sie auf AES umzustellen.

Der Diensthauptschlüssel

Der Diensthauptschlüssel befindet sich an der Spitze der Verschlüsselungshierarchie in SQL Server. Er wird beim ersten Start der SQL Server-Instanz automatisch generiert und von der DPAPI zusammen mit dem Schlüssel des lokalen Computers verschlüsselt (der wiederum bei der Installation von Windows Server angelegt wird). Der Schlüssel basiert auf den Windows-Anmeldeinformationen des SQL Server-Dienstkontos und den Computeranmeldeinformationen. (Auf Linux wird der Schlüssel des lokalen Computers sehr wahrscheinlich bei der Installation von SQL Server in die PAL eingebettet.)

Expertentipp

Was ist der Unterschied zwischen DES, 3DES und AES?

Der symmetrische Verschlüsselalgorithmus DES (Data Encryption Standard) wurde in den 1970ern entwickelt und verwendete Schlüssel mit einer Länge von 56 Bits (also 2^{56} möglichen Kombinationen). Seit 1998 gilt er als geknackt. Im Jahre 2012 konnte ein DES-Schlüssel in weniger als 24 Stunden ermittelt werden, wenn ein Paar aus Klar- und Chiffretext bekannt war.

Der Nachfolgealgorithmus 3DES wendete den DES-Algorithmus dreimal hintereinander jeweils mit einem anderen Schlüssel an. Da moderne Endverbraucherhardware aber den gesamten Schlüsselraum von 3DES durchsuchen kann, ist er kryptografisch schwach.

AES (Advanced Encryption Standard) nutzt Schlüssel mit einer Länge von 128, 192 oder 256 Bits. Längere Schlüssel sind schwerer durch Brute-Force-Methoden zu knacken, weshalb AES für die absehbare Zukunft als sicher gilt. Außerdem ist dieser Algorithmus viel schneller als 3DES.

Wenn Sie einen Diensthauptschlüssel wiederherstellen oder neu generieren müssen, ist es zunächst erforderlich, die gesamte SQL Server-Verschlüsselungshierarchie zu entschlüsseln. Dies ist ein ressourcenintensiver Vorgang, den Sie nur in einem geplanten Wartungsfenster durchführen sollten. Wurde der Schlüssel jedoch geknackt, sollten Sie nicht auf ein Wartungsfenster warten.

Achtung

Es ist unverzichtbar, den Diensthauptschlüssel in einer Datei zu sichern und eine Kopie außerhalb des Hauptstandorts aufzubewahren. Ein Verlust des Schlüssels führt zu einem vollständigen Datenverlust, wenn Sie eine Datenbank oder die Umgebung wiederherstellen müssen.

Um den Diensthauptschlüssel zu sichern, können Sie das im Folgenden gezeigte T-SQL-Skript verwenden. Verwenden Sie darin aber ein zufällig generiertes Kennwort! Dieses Kennwort brauchen Sie später, wenn Sie den Schlüssel wiederherstellen oder neu generieren müssen. Bewahren Sie das Kennwort getrennt von der Sicherungsdatei des Schlüssels auf, sodass jemand, der sich Zugriff auf die Sicherung verschafft hat, nicht beide zusammen nutzen kann. Schützen Sie auch den Ordner auf dem Laufwerk auf ausreichende Weise. Bewahren Sie die Sicherung des Schlüssels auf sichere Weise außerhalb des Firmenstandorts auf.

```
BACKUP SERVICE MASTER KEY TO FILE = 'c:\SecureLocation\service_master_key'
   ENCRYPTION BY PASSWORD = '<UseAReallyStrongPassword>';
GO
```

Der Datenbankhauptschlüssel

(Wie der Datenbank- vom Diensthauptschlüssel geschützt wird, können Sie in Abb. 7.1 ablesen.)

Der Datenbankhauptschlüssel dient dazu, asymmetrische Schlüssel und private Schlüssel für digitale Zertifikate zu schützen, die in der Datenbank gespeichert sind. Exemplare dieses Schlüssels befinden sich in der Datenbank, für die er verwendet wird, sowie in `master`. Wenn sich der Datenbankhauptschlüssel ändert, werden die Kopien automatisch aktualisiert. Dadurch kann SQL Server Informationen bei Bedarf automatisch entschlüsseln. Für jede Benutzerdatenbank mit transparenter Datenverschlüsselung ist ein Datenbankhauptschlüssel erforderlich.

Achtung

Auch den Datenbankhauptschlüssel müssen Sie in einer Datei sichern und an einem sicheren Platz außerhalb des Standorts aufbewahren.

Eine empfohlene Vorgehensweise für die Sicherheit besteht darin, den Datenbankhauptschlüssel regelmäßig zu erneuern, um den Server vor Brute-Force-Angriffen zu schützen. Dahinter steht die Idee, dass ein Brute-Force-Angriff mehr Zeit erfordert, als der Schlüssel in Verwendung ist.

Nehmen wir beispielsweise an, Sie haben Ihre Datenbank im Januar mit einem Datenbankhauptschlüssel verschlüsselt. Wenn Sie diesen Schlüssel im Juli erneuern, werden alle Schlüssel für digitale Zertifikate mit dem neuen Schlüssel erneut verschlüsselt. Sollte jemand inzwischen einen Brute-Force-Angriff auf die mit dem früheren Schlüssel verschlüsselten Daten gestartet haben, ist dieser Angriff jetzt hinfällig, da inzwischen ein neuer Schlüssel verwendet wird.

Den Datenbankhauptschlüssel können Sie mit dem folgenden T-SQL-Skript sichern. Dabei gelten wieder die gleichen Regeln wie für den Diensthauptschlüssel (zufälliges Kennwort,

Speicherung der Datei außerhalb des Standorts und getrennte Aufbewahrung von Kennwort und Sicherungsdatei). Das Skript setzt voraus, dass der Hauptschlüssel bereits existiert.

```
USE WideWorldImporters;
GO
BACKUP MASTER KEY TO FILE = 'c:\SecureLocation\wwi_database_master_key'
    ENCRYPTION BY PASSWORD = '<UseAReallyStrongPassword>';
GO
```

▶ **Mehr über den Dienst- und den Datenbankhauptschlüssel erfahren Sie auf *https://docs.microsoft.com/sql/relational-databases/security/encryption/sql-server-and-database-encryption-keys-database-engine*.**

Datenverschlüsselung mit TDE

Eine weitere Möglichkeit, um Ihre Umgebung zu schützen (und damit zur gestaffelten Sicherheit beizutragen), besteht darin, die Daten in Ruhe zu verschlüsseln, also die Datenbankdateien (und bei eingeschalteter TDE auch die Sicherungen der Datenbank).

Viele Speicherhersteller und andere Unternehmen bieten für direkt angeschlossenen Speicher (Direct-Attached Storage) und Speichernetzwerke (SANs) hervorragende Möglichkeiten für die Verschlüsselung auf dem Laufwerk im Rahmen des Dateisystems oder der physischen Speicherschicht an. Das kann eine angemessene Lösung für Sie sein, sofern Sie Ihre Daten und Sicherungen ausschließlich auf der entsprechenden Einrichtung unterbringen und nicht auf andere Computer kopieren, die keine Verschlüsselung auf Dateisystemebene durchführen.

Wenn Sie über die Enterprise Edition von SQL Server verfügen, können Sie jedoch auch die transparente Datenverschlüsselung (TDE) nutzen. Sie verschlüsselt die Daten-, Transaktionsprotokoll- und Sicherungsdateien mithilfe eines Datenbankverschlüsselungsschlüssels (Database Encryption Key, DEK) auf der Ebene des Dateisystems.

Wenn es jemandem gelingt, sich die Dateien über einen Sicherungsserver oder das Azure-Blobspeicherarchiv oder durch Zugang zu Ihrer Produktionsumgebung zu verschaffen, ist er ohne den DEK nicht in der Lage, diese Dateien irgendwo anzuhängen oder die Datenbank wiederherzustellen.

Der DEK ist ein symmetrischer Schlüssel (ein gemeinsam genutztes Geheimnis) und wird durch ein Zertifikat in der Datenbank `master` geschützt. Wenn Sie HSM/EKM oder Key Vault verwenden, wird der DEK stattdessen durch einen asymmetrischen Schlüssel im EKM-Modul geschützt. Der DEK ist im Starteintrag der geschützten Datenbank gespeichert (Seite 0 von Datei 1) und damit bei einer Wiederherstellung leicht verfügbar.

Hinweis

TDE ist für die Anwendungen, die diese Funktion nutzen, unsichtbar. Um TDE für die Datenbank zu verwenden, sind keinerlei Änderungen an den Anwendungen erforderlich.

In der Datendatei arbeitet TDE auf Seitenebene, da alle Datendateien als 8-KB-Seiten gespeichert werden. Zur Übertragung auf das Laufwerk werden die Inhalte des Pufferpools erst verschlüsselt und es wird eine Prüfsumme gebildet. Erst dann wird die Seite auf das

Laufwerk geschrieben. Zum Lesen von Daten wird die 8-KB-Seite vom Laufwerk abgerufen und entschlüsselt und ihr Inhalt dann in den Pufferpool gestellt.

> Hinweis
>
> **Die Verschlüsselung kann den physischen Umfang der Daten zwar in einem gewissen Rahmen erweitern, aber die Größe und Struktur der Datenseiten ist davon nicht betroffen. Stattdessen kann die Anzahl der Seiten in der Datendatei zunehmen.**

Bei Protokolldateien wird vor dem Schreiben und Lesen auf dem Laufwerk auch der Inhalt des Protokollcaches verschlüsselt.

▶ **Mehr über Prüfpunkte und aktive virtuelle Protokolldateien (VLFs) im Transaktionsprotokoll erfahren Sie in Kapitel 3.**

Sicherungsdateien bestehen aus dem Inhalt der Datendatei sowie genügend Transaktionsprotokolleinträgen, um eine Wiederherstellung der Datenbank in einem konsistenten Zustand zu ermöglichen (Einträge für rückgängig gemachte und wiederhergestellte Schritte aktiver Transaktionen bei der Aufnahme der Sicherung). Mit anderen Worten, die Inhalte der neuen Sicherungsdateien werden nach dem Einschalten von TDE standardmäßig verschlüsselt.

Einrichten der transparenten Datenverschlüsselung in Benutzerdatenbanken

Um TDE in SQL Server Enterprise Edition nutzen zu können, müssen Sie einen Datenbankhauptschlüssel erstellen, falls Sie das noch nicht getan haben.

Vergewissern Sie sich, dass Sie den Schlüssel gesichert und geschützt außerhalb des Standorts aufbewahrt haben. Sollen Sie ihn noch nicht gesichert haben, werden Sie vom Datenbankmodul darauf hingewiesen, nachdem Sie ihn verwendet haben. Sollten Sie nicht mehr wissen, wo sich die Sicherung befindet, dann sichern Sie ihn erneut. Das ist ein unverzichtbarer Schritt bei der Verwendung von TDE (oder jeder anderen Verschlüsselungstechnologie).

Als Nächstes müssen Sie ein digitales Zertifikat erstellen oder von einer Zertifizierungsstelle anfordern. Im nächsten Beispiel werden die Zertifikate unmittelbar auf dem Server angelegt.

Bei den Algorithmen haben Sie die Wahl, allerdings raten wir Ihnen aus Leistungsgründen zu AES oder 3DES. Bei AES müssen Sie überdies unter den drei Schlüsselgrößen 128, 192 und 256 Bit wählen. Längere Schlüssel sind sicherer, führen aber auch zu Mehraufwand bei der Verschlüsselung der Daten. Wenn Sie die Schlüssel alle paar Monate erneuern wollen, können Sie auch gefahrlos 128-Bit-AES nehmen, da (mit der heutigen Computerleistung) kein Brute-Force-Angriff in der Lage ist, einen 128-Bit-Schlüssel in den Monaten bis zum nächsten Schlüsselwechsel zu knacken.

Nachdem Sie den DEK erstellt haben, schalten Sie die Verschlüsselung in der Datenbank an. Der Befehl wird sofort ausgeführt, aber der eigentliche Vorgang läuft im Hintergrund ab, da jede Seite in der Datenbank in den Pufferpool gelesen, verschlüsselt und wieder auf das Laufwerk geschrieben werden muss.

Achtung

Wenn Sie TDE für eine Benutzerdatenbank einschalten, wird sie auch automatisch für `TempDB` aktiviert. Das kann die Leistung von nicht verschlüsselten Datenbanken beeinträchtigen, die `TempDB` nutzen. Wenn Sie TDE für `TempDB` ausschalten wollen, müssen Sie diese Funktion erst in allen Benutzerdatenbanken deaktivieren.

Das folgende Skript umfasst alle Schritte, um TDE einzuschalten:

```
USE master;
GO
-- Sichern Sie den Datenbankhauptschlüssel, nachdem Sie ihn erstellt haben
CREATE MASTER KEY ENCRYPTION BY PASSWORD = '<UseAReallyStrongPassword>';
GO
CREATE CERTIFICATE WideWorldServerCert WITH SUBJECT = 'WWI DEK Certificate';
GO
USE WideWorldImporters;
GO
CREATE DATABASE ENCRYPTION KEY
    WITH ALGORITHM = AES_128
    ENCRYPTION BY SERVER CERTIFICATE WideWorldServerCert;
GO
ALTER DATABASE WideWorldImporters SET ENCRYPTION ON;
GO
```

Für welche Datenbanken ist TDE eingeschaltet?

Mit dem folgenden Befehl können Sie ermitteln, welche Datenbanken mit TDE verschlüsselt werden:

```
SELECT name, is_encrypted FROM sys.databases;
```

Bei einer verschlüsselten Benutzerdatenbank ist der Wert der Spalte `is_encrypted` auf 1 gesetzt. Auch `TempDB` weist dann den Wert 1 in dieser Spalte auf.

Schutz sensibler Spalten mit Always Encrypted

TDE ist hervorragend geeignet, um die gesamte Datenbank auf Dateisystemebene zu verschlüsseln, kann aber nicht verhindern, dass Datenbankadministratoren und andere Benutzer innerhalb der Datenbank auf sensible Daten zugreifen.

Regel Nr. 1 zur Speicherung sensibler Daten lautet, sie nach Möglichkeit überhaupt nicht zu speichern. Beispielsweise kann es in einem Banksystem sinnvoll sein, Kreditkarteninformationen festzuhalten, aber nicht in einer Vertriebsdatenbank.

Hinweis

Auch viele Drittanbietersysteme können Ihre Daten auf sichere Weise verschlüsseln, worauf wir in diesem Kapitel aber nicht eingehen. Denken Sie daran, dass immer ein kleines Risiko besteht, wenn wie in SQL Server die Verschlüsselungsschlüssel zusammen mit den Daten gespeichert werden. Ihre Organisation muss dieses Risiko gegen die Einfachheit der Verwaltung und Aufbewahrung dieser Schlüssel abwägen.

Wenn Sie sensible Daten speichern müssen, können Sie sie mit Always Encrypted bei der *Anzeige* auf Spaltenebene schützen. Das funktioniert bei Anwendungen, die bestimmte Arten von Verbindungen (*Clienttreiber*; siehe den nächsten Abschnitt) für die Interaktion mit SQL Server nutzen. Diese Clienttreiber sind durch digitale Zertifikate abgesichert, sodass nur besondere Anwendungen die geschützten Daten anzeigen können.

Always Encrypted wurde in SQL Server 2016 eingeführt und steht seit SQL Server 2016 SP1 in allen Editionen zur Verfügung. Um diese Funktion nutzen zu können, muss die Datenbank *Spaltenverschlüsselungsschlüssel* und *Spaltenhauptschlüssel* verwenden (mehr darüber in Kürze).

Always Encrypted kann zwei verschiedene Arten von Verschlüsselung einsetzen:

- **Deterministische Verschlüsselung** Dies entspricht der Generierung eines Hashwerts ohne Salt. Aus einem gegebenen Klartextwert wird immer derselbe verschlüsselte Wert erstellt. Das ist für Verknüpfungen, Indizes, die Suche und die Gruppierung nützlich, macht es aber möglich zu erraten, wofür die Hashwerte stehen.
- **Zufällige Verschlüsselung** Dies entspricht der Generierung eines Hashwerts mit Salt. Keine zwei Verschlüsselungen desselben Klartextwertes sind jemals gleich. Die Sicherheit wird hierdurch verbessert, allerdings sind in den auf diese Weise verschlüsselten Spalten keine Verknüpfungen, Indizes, Suchvorgänge und Gruppierung möglich.

Für Werte, die ohnehin nicht in Verknüpfungen oder Suchen verwendet werden sollen, können Sie bedenkenlos die zufällige Verschlüsselung verwenden. Entscheiden Sie sich dagegen für die deterministische Verschlüsselung, wenn Sie es mit Werten wie der Sozialversicherungsnummer oder anderen Identifizierungsmerkmalen zu tun haben, da Sie dann eine Suche oder eine Gruppierung nach diesen Werten durchführen können.

Da Always Encrypted dazu dient, nicht autorisierte Personen (einschließlich Datenbankadministratoren) von der Anzeige von Daten abzuhalten, sollten Sie die Schlüssel anderswo generieren und in einem vertrauenswürdigen Schlüsselspeicher außerhalb des Datenbankservers ablegen (etwa im Schlüsselspeicher des Betriebssystems auf dem Datenbank- oder Anwendungsserver oder in einem EKM-Modul wie Key Vault). Die Person, die die Schlüssel generiert, sollte nicht mit der Person identisch sein, die die Datenbank verwaltet.

Clientanwendungsanbieter mit Unterstützung für Always Encrypted

Zurzeit unterstützen die folgenden Anbieter Always Encrypted:

- .NET Framework 4.6 und höher
- Microsoft JDBC Driver 6.0 und höher
- ODBC Driver 13.1 für SQL Server und höher

Es ist zu erwarten, dass in naher Zukunft der .NET-Standard unterstützt wird.

Zwischen dem Datenbankmodul und der Anwendung wird eine clientseitige verschlüsselte Verbindung aufgebaut. Zur Steuerung dieser Einstellung verfügt jeder Anbieter über seine eigene Methode:

- **.NET Framework** Setzen Sie `Column Encryption Setting` im Verbindungsstring auf `enabled` oder setzen Sie die Eigenschaft `SqlConnectionStringBuilder.ColumnEncryptionSetting` auf `SqlConnectionColumnEncryptionSetting.Enabled`.

- **JDBC** Setzen Sie `columnEncryptionSetting` im Verbindungsstring auf `Enabled` oder richten Sie das `SQLServerDataSource()`-Objekt mit der Eigenschaft `setColumnEncryption Setting("Enabled")` ein.
- **ODBC** Setzen Sie das Verbindungsstring-Schlüsselwort `ColumnEncryption` auf `Enabled`, verwenden Sie das Vorverbindungsattribut `SQL_COPT_SS_COLUMN_ENCRYPTION` oder richten Sie die Einstellung `SQL_COLUMN_ENCRYPTION_ENABLE` für den Datenquellennamen (Data Source Name, DSN) ein.

Um den Spaltenhauptschlüssel und den Spaltenverschlüsselungsschlüssel einsehen zu können, muss die Anwendung außerdem über die Datenbankberechtigungen `VIEW ANY COLUMN MASTER KEY DEFINITION` und `VIEW ANY COLUMN ENCRYPTION KEY DEFINITION` verfügen.

Spaltenhauptschlüssel und Spaltenverschlüsselungsschlüssel

Der Spaltenhauptschlüssel schützt einen oder mehrere Spaltenverschlüsselungsschlüssel.

Der Verschlüsselungsschlüssel wird mit AES verschlüsselt und dient zur Verschlüsselung der Spaltendaten. Mit einem Verschlüsselungsschlüssel können Sie mehrere Spalten verschlüsseln, es ist aber auch möglich, für jede Spalte einen eigenen Schlüssel anzulegen.

Metadaten über die Schlüssel (aber nicht die Schlüssel selbst) werden in den folgenden Systemkatalogsichten der Datenbank gespeichert:

- `sys.column_master_keys`
- `sys.column_encryption_keys`

Diese Metadaten geben den *Typ* der Verschlüsselung und den *Speicherort* der Schlüssel sowie ihre *verschlüsselten Werte* an. Selbst wenn die Datenbank geknackt wird, können die Daten in den geschützten Spalten ohne Zugriff auf den Schlüsselspeicher nicht gelesen werden.

▶ **Weitere Informationen über die Schlüsselverwaltung erhalten Sie auf *https://docs.microsoft.com/sql/relational-databases/security/encryption/overview-of-key-management-for-always-encrypted.***

Der Always Encrypted-Assistent

Die einfachste Möglichkeit, um Always Encrypted einzurichten, bietet der zugehörige Assistent in SQL Server Management Studio. Wie bereits erwähnt, benötigen Sie die folgenden Berechtigungen:

- `VIEW ANY COLUMN MASTER KEY DEFINITION`
- `VIEW ANY COLUMN ENCRYPTION KEY`

Wollen Sie auch neue Schlüssel erstellen, brauchen Sie noch weitere Berechtigungen:

- `ALTER ANY COLUMN MASTER KEY`
- `ALTER ANY COLUMN ENCRYPTION KEY`

Rechtsklicken Sie im Objekt-Explorer von SQL Server Management Studio auf den Namen der Datenbank, zeigen Sie auf *Aufgaben* und klicken Sie dann auf *Spalten verschlüsseln*. Dadurch erscheint der Always Encrypted-Assistent.

Markieren Sie auf der Seite *Spaltenauswahl* die Tabellenspalte, die Sie verschlüsseln möchten, und wählen Sie dann den Verschlüsselungstyp aus (deterministisch oder zufällig). Um eine zuvor verschlüsselte Spalte wieder zu entschlüsseln, müssen Sie hier *Klartext* auswählen.

Auf der Seite *Konfiguration des Hauptschlüssels* haben Sie die Möglichkeit, einen neuen Schlüssel zu erstellen. Dabei können Sie den lokalen Zertifikatspeicher des Betriebssystems oder einen zentralen Speicher wie Key Vault oder ein HSM/EKM-Gerät nutzen. Wenn Sie in der Datenbank bereits über einen Spaltenhauptschlüssel verfügen, können Sie auch einfach diesen verwenden.

Hinweis

Speicheroptimierte und temporale Tabellen werden von diesem Assistenten nicht unterstützt. Sie können sie aber trotzdem mit Always Encrypted verschlüsseln.

▶ **Weitere Informationen über Always Encrypted erhalten Sie auf *https://docs.microsoft.com/sql/relational-databases/security/encryption/always-encrypted-database-engine*.**

Schützen von Daten in Bewegung

Bei »Daten in Bewegung« handelt es sich um diejenigen, die SQL Server über eine Netzwerkschnittstelle bereitstellt. Der Schutz dieser Daten umfasst verschiedene Aspekte vom Perimeterschutz über kryptografische Protokolle für die Kommunikation bis zur Autorisierung der Anwendungen und Prozesse, die auf die Daten zugreifen.

In diesem Abschnitt sehen wir uns die Netzwerkverschlüsselung mit TLS genauer an und gehen dann zur Sicherheit auf Zeilenebene und zur Datenmaskierung über. Bei den letztgenannten Funktionen findet zwar keine Verschlüsselung statt, doch sie gehören ebenfalls zu einer gestaffelten Sicherheitsstrategie, um Daten in Bewegung vor neugierigen Augen zu schützen.

Im Gegensatz zur Funktion Always Encrypted, die Daten in Ruhe verschlüsselt und nur beim Lesen entschlüsselt, verbergen und zeigen die Sicherheit auf Zeilenebene und die Datenmaskierung die Daten in Abhängigkeit davon, wer danach fragt und auf welche Weise das geschieht.

Schützen des Netzwerkdatenverkehrs mit TLS

Bei der Erörterung von TCP/IP weiter vorn in diesem Kapitel haben wir TLS bereits kurz erwähnt. Wir wollen uns diese Funktion jetzt etwas ausführlicher ansehen.

Was ist TLS und wie wirkt es sich auf SQL Server und Azure SQL-Datenbank aus? Der Name »Transport Layer Security«, also »Sicherheit auf der Transportschicht«, spricht für sich: Bei TLS handelt es sich um eine auf die Transportschicht ausgelagerte Sicherheitsschicht oder technisch ausgedrückt ein *kryptografisches Protokoll*. Wie bereits am Anfang dieses Kapitels erwähnt, wird in den meisten Netzwerken der TCP/IP-Protokollstack verwendet. Mit anderen Worten, TLS dient dazu, den Datenverkehr in TCP/IP-Netzwerken zu schützen.

Wie funktioniert TLS?

Bei der Verwendung von TLS müssen sich zwei Kommunikationsparteien auf einen Verschlüsselungsschlüssel und einen kryptografischen Algorithmus einigen, bevor sie Informationen austauschen können. Dieser Vorgang wird als *Schlüsselaustausch* oder *Handshake* bezeichnet. TLS funktioniert sowohl mit symmetrischer als auch mit asymmetrischer Verschlüsselung. Bei dem Verschlüsselungsschlüssel kann es sich also um ein gemeinsames Geheimnis oder einen öffentlichen Schlüssel (gewöhnlich mit Zertifikat) handeln.

Nach dem Schlüsselaustausch besteht ein sicherer Kommunikationskanal zwischen den beiden Parteien. Auf diese Weise werden die Daten in Bewegung vor externen Angriffen geschützt.

> Hinweis
>
> **Längere Schlüssel bedeuten höhere Sicherheit. Öffentliche Schlüssel mit einer Länge von 1024 Bits (128 Bytes) werden heutzutage schon als kurz angesehen, weshalb manche Organisationen 2048- oder sogar 4096-Bit-Schlüssel für TLS bevorzugen.**

Eine kurze Geschichte von TLS

Ebenso wie die ersten kryptografischen Protokolle, die irgendwann geknackt oder als so schwach eingestuft wurden, dass sie geknackt werden könnten, weisen auch SSL und das Nachfolgeprotokoll TLS ihre Probleme auf:

- Das Verbot von SSL 2.0 wird in *https://tools.ietf.org/html/rfc6176* behandelt.
- Bekannte Angriffe auf TLS werden in *https://tools.ietf.org/html/rfc7457* beschrieben.

TLS 1.2 wurde 2008 definiert und ist die letzte öffentliche Version. Es ist ebenso wie die Vorgängerprotokolle anfällig für bestimmte Arten von Angriffen, aber solange keine der älteren Verschlüsselungsalgorithmen verwendet werden (z. B. 3DES, RC4 und IDEA), ist es zurzeit ausreichend.

Nach Möglichkeit sollten Sie immer TLS 1.2 verwenden. SQL Server bietet im Lieferzustand Unterstützung für TLS 1.0, 1.1 und 1.2. Daher müssen Sie TLS 1.0 und 1.1 im Betriebssystem ausschalten, damit TLS 1.2 verwendet wird.

▶ **Wie Sie ältere Versionen von TLS ausschalten, erfahren Sie in dem Artikel der Microsoft Knowledge Base auf *https://support.microsoft.com/help/3135244*.**

TLS 1.3 befindet sich zurzeit in der Entwurfsphase.

> Hinweis
>
> **Wir raten zwar von der Verwendung von 3DES für TLS ab, doch weiter unten in der SQL Server-Sicherheitshierarchie können Sie 3DES nach wie vor für Datenbankverschlüsselungsschlüssel nutzen, da diese durch den Diensthauptschlüssel, den Datenbankhauptschlüssel, ein Zertifikat oder ein HSM/EKM-Modul wie Key Vault geschützt werden.**

Sicherheit auf Zeilenebene

Der Schutz des Netzwerks ist eine wichtige Sache, aber innerhalb des Netzwerks werden die Informationen dadurch nicht geschützt, etwa gegen neugierige Leute, die in der Datenbank der Personalabteilung herumschnüffeln und sich die Gehälter der Mitarbeiter ansehen.

Oder nehmen Sie an, dass Ihre Datenbank Informationen für viele Kunden enthält, wobei jeder Kunde natürlich nur seine eigenen Daten sehen soll, ohne Kenntnis über die anderen Daten in denselben Tabellen zu haben.

Die Sicherheit auf Zeilenebene beschränkt anhand einer Sicherheitsrichtlinie den Zugriff innerhalb einer Datenbank auf der Grundlage der Gruppenmitgliedschaft oder des Ausführungskontexts. Funktional entspricht sie einer `WHERE`-Klausel.

Der Zugriff auf die Zeilen in einer Tabelle wird durch eine tabellenwertige Inline-Funktion beschränkt, die durch die Sicherheitsrichtlinie aufgerufen und durchgesetzt wird.

Die Sicherheitsrichtlinie verknüpft diese Funktion mit einer Tabelle. Wenn Sie eine Abfrage an dieser Tabelle ausführen, wird die Funktion angewendet und prüft, ob Sie auf eine bestimmte Zeile zugreifen dürfen.

Für die Sicherheit auf Zeilenebene gibt es zwei Arten von Sicherheitsrichtlinien, die auch gleichzeitig angewendet werden können:

- Filterprädikate schränken ein, welche Daten angezeigt werden.
- Blockierprädikate schränken ein, welche Aktionen ein Benutzer an den Daten ausführen kann.

Dadurch ist es möglich, dass ein Benutzer die betreffenden Zeilen zwar sehen, aber nicht aktualisieren oder löschen und auch keine ähnlichen Zeilen einfügen kann. Dies sehen wir uns im nächsten Abschnitt genauer an.

Achtung

Es besteht die Gefahr, dass Informationen durchsickern können, wenn ein Angreifer eine Abfrage mit einer besonders gestalteten `WHERE`-Klausel und z. B. einer Division durch null schreibt, um eine Ausnahme zu erzwingen, wenn die `WHERE`-Bedingung wahr ist. Dies wird als *Nebenkanalangriff* bezeichnet (*Side-Channel Attack*, leider oft nachlässig als »Seitenkanalattacke« wiedergegeben). Bei der Verwendung der Sicherheit auf Zeilenebene kann es sinnvoll sein, die Möglichkeiten der Benutzer zur Ausführung von Ad-hoc-Abfragen zu beschränken.

Filterprädikate für Leseoperationen

Die Zeilen, die durch Leseoperationen angezeigt werden können, lassen sich so filtern, dass die Anwendung keine Kenntnisse von den ausgefilterten Daten hat.

Filterprädikate wirken sich auf alle Leseoperationen aus (die folgende Liste stammt unmittelbar aus der offiziellen Dokumentation auf *https://docs.microsoft.com/sql/relational-databases/security/row-level-security*):

- `SELECT` Gefilterte Zeilen können nicht angezeigt werden.
- `DELETE` Gefilterte Zeilen können nicht gelöscht werden.
- `UPDATE` Gefilterte Zeilen können nicht geändert werden. Dabei ist es jedoch möglich, dass jemand eine Zeile so ändert, dass sie anschließend gefiltert wird. (Wie Sie das verhindern können, erfahren Sie im nächsten Abschnitt.)
- `INSERT` Keine Auswirkung (das Einfügen ist keine Leseoperation). Beachten Sie jedoch, dass ein Trigger in diesem Fall unerwartete Nebenwirkungen verursachen kann.

Blockierprädikate für Schreiboperationen

Diese Prädikate blockieren Schreiboperationen (oder *Änderungen*), durch die das Prädikat verletzt würde. Blockierprädikate wirken sich auf alle Schreiboperationen aus:

- `AFTER INSERT` Verhindert das Einfügen von Zeilen mit Werten, die gegen das Prädikat verstoßen. Dies gilt auch für Masseneinfügungen.
- `AFTER UPDATE` Verhindert die Änderung von Zeilen auf Werte, die gegen das Prädikat verstoßen. Dies wird nicht ausgeführt, wenn bei dem `UPDATE`-Vorgang keine der Spalten aus dem Prädikat geändert wurde.
- `BEFORE UPDATE` Verhindert die Änderungen von Zeilen, die im jetzigen Zustand gegen das Prädikat verstoßen.
- `BEFORE DELETE` Verhindert Löschoperationen, wenn die Zeile gegen das Prädikat verstößt.

Dynamische Datenmaskierung

Bei der Datenmaskierung wird die Enthüllung von Daten durch Verschleierung eingeschränkt. Ohne allzu große Änderungen an der Anwendung oder der Datenbank vorzunehmen, ist es damit möglich, *Teile* von Spalten zu maskieren, um Benutzer mit geringeren Rechten daran zu hindern, etwa vollständige Kreditkartennummern und andere sensible Informationen zu sehen.

Die Maske wird in der Spaltendefinition der Tabelle mit `MASKED WITH (FUNCTION = [`*Typ*`])` festgelegt. Mit `ALTER COLUMN` können Sie auch noch nach dem Erstellen der Tabelle für eine Maskierung sorgen.

Es gibt vier Arten von Masken:

- **Standard** Die Spalte wird nach ihrem Datentyp (nicht nach ihrem Standardwert) maskiert. Für Strings wird "`XXXX`" verwendet (bei Strings kürzer als vier Zeichen werden entsprechend weniger `X` genommen), für numerische Werte `0`, für Datumsangaben Mitternacht des 1. Januar 1900 und für Binärwerte ein Einzelbyte, das dem Wert 0 entspricht.
- **E-Mail** Nur der erste Buchstabe und das Domänensuffix werden nicht maskiert, z. B. `aXXX@XXXXXXX.com`.
- **Zufällig** Hierbei werden numerische Daten durch Zufallswerte aus dem von Ihnen angegebenen Bereich ersetzt.
- **Benutzerdefinierter String** Nur der erste und der letzte Buchstabe wird nicht maskiert. Die Mitte wird durch einen von Ihnen festgelegten String ersetzt.

▶ **Weitere Informationen über die dynamischen Daten einschließlich Beispielen zu ihrer Einrichtung erfahren Sie auf *https://docs.microsoft.com/sql/relational-databases/security/dynamic-data-masking*.**

Einschränkungen bei der Datenmaskierung

Die dynamische Datenmaskierung unterliegt einigen ernsthaften Einschränkungen. So kann sie bei Always Encrypted-, `FILESTREAM`- und `COLUMN_SET`-Spalten nicht angewendet werden. Außerdem sind `GROUP BY`- und `WHERE`-Klauseln sowie `INSERT`- und `UPDATE`-Anweisungen ausgeschlossen. Auch berechnete Spalten sind ausgeschlossen, aber wenn eine berechnete Spalte von einer maskierten Spalte abhängig ist, erbt sie die Maske und gibt maskierte Daten zurück. Außerdem kann eine maskierte Spalte nicht als Schlüssel für einen Volltextindex verwendet werden.

Achtung

Mit sorgfältig gestalteten Abfragen ist es möglich, maskierte Daten offenzulegen. Das kann durch einen Brute-Force-Angriff oder durch Schlussfolgerung aus den Ergebnissen geschehen. Wenn Sie die Datenmaskierung einsetzen, sollten Sie auch die Möglichkeit der Benutzer einschränken, Ad-hoc-Abfragen auszuführen, und sich vergewissern, dass die Berechtigungen der Benutzer angemessen sind.

Azure SQL-Datenbank

Alle bis jetzt beschriebenen Sicherheitseinrichtungen – TLS, Always Encrypted, Sicherheit auf Zeilenebene und dynamisches Datenmaskieren – funktionieren in SQL Server genauso wie in Azure SQL-Datenbank.

Darüber hinaus verfügt Azure SQL-Datenbank jedoch noch über einige einzigartige Funktionen, mit denen wir uns in diesem Abschnitt beschäftigen werden. Da sich Azure-Funktionen und -Produkte aber jederzeit ändern können, halten wir diese Übersicht bewusst knapp.

Bedrohungserkennung

Eine öffentlich zugängliche Datenbank in der Cloud zu unterhalten, bringt zahlreiche Gefahren mit sich. Als Schutz gegen Angriffe können Sie für eine monatliche Gebühr auf jedem Ihrer Azure SQL-Datenbank-Server (Knoten) die Bedrohungserkennung einschalten. Dieser Dienst läuft rund um die Uhr und benachrichtigt Sie per E-Mail über atypische Vorfälle.

Zu den besonders bemerkenswerten Bedrohungen gehören SQL-Injektionsangriffe, mögliche Schwachstellen und ungewöhnliche Muster beim Datenbankzugriff wie ungewöhnliche Anmeldungen oder Zugriff von ungewöhnlichen Orten. Jede Benachrichtigung enthält eine Angabe der möglichen Gründe sowie Empfehlungen für den Umgang mit dem Vorfall.

Die Bedrohungserkennung ist mit dem Azure-Überwachungsprotokoll (siehe den nächsten Abschnitt) verknüpft. Daher können Sie alle Ereignisse an einem zentralen Ort einsehen und entscheiden, ob sie harmlos oder schädlich waren.

Durch diese Maßnahme allein werden Angriffe zwar nicht verhindert, aber Sie erhalten dadurch die Möglichkeit, sie einzudämmen und sich gegen künftige Vorfälle zu wappnen. Angesichts der weiten Verbreitung von Angriffen etwa durch SQL-Injektion ist diese Funktion sehr nützlich, um Sie über das Auftreten eines solchen Vorfalls zu informieren.

Die Bedrohungserkennung können Sie im Azure-Portal und mit PowerShell einschalten.

- **Informationen über die Einrichtung der Bedrohungserkennung mit PowerShell erhalten Sie auf *https://docs.microsoft.com/azure/sql-database/scripts/sql-database-auditing-and-threat-detection-powershell.***

Eingebaute Firewall

Azure SQL-Datenbank ist grundsätzlich sicher. Alle Verbindungen zu Ihrer Datenbank müssen eine Firewall passieren. Um eine Verbindung möglich zu machen, müssen Sie erst eine Regel zu der Firewall hinzufügen und den Zugriff erlauben.

Um Zugriff zu allen Datenbanken auf einem Azure SQL Server zu gewähren, müssen Sie im Azure-Portal oder mit PowerShell eine Firewallregel auf Serverebene mit Ihrer IP-Adresse als Bereich aufstellen.

▶ **Mehr über den Schutz von Azure SQL-Datenbank erfahren Sie in Kapitel 5.**

Überwachung in SQL Server und Azure SQL-Datenbank

Überwachung bedeutet, die Ereignisse, die im Datenbankmodul stattfinden, zu verfolgen und aufzuzeichnen.

Seit SQL Server 2016 SP1 steht die Überwachungsfunktion in allen Editionen zur Verfügung. Es gibt sie auch in Azure SQL-Datenbank. Die Einrichtung der Überwachung in Azure SQL-Datenbank wird in Kapitel 5 ausführlich beschrieben.

SQL Server Audit

Im Datenbankmodus geht eine Menge vor sich. SQL Server Audit nutzt erweiterte Ereignisse, sodass Sie die Vorkommnisse sowohl instanzweit als auch in den einzelnen Datenbanken verfolgen und aufzeichnen können.

> Hinweis
>
> **Erweiterte Ereignisse bringen nur einen geringen Mehraufwand mit sich, doch sollten Sie Ihre Überwachungsbedürfnisse sorgfältig gegen die Auswirkungen auf die Leistung abwägen. Führen Sie eine gezielte Überwachung durch, indem Sie nur die Ereignisse erfassen, die Sie wirklich beobachten müssen.**

▶ **Mehr über erweiterte Ereignisse erfahren Sie in Kapitel 13.**

Die Aufzeichnung erfolgt in Ereignisprotokollen oder Überwachungsdateien. Jedes Mal, wenn die zu überwachende Aktion auftritt, wird ein Ereignis ausgelöst und protokolliert. Aus Leistungsgründen wird aber asynchron in das Überwachungsziel geschrieben.

Für die SQL Server-Überwachung sind komplexe und unterschiedliche Berechtigungen erforderlich, was an den unterschiedlichen Anforderungen für das Lesen und Schreiben im Windows-Ereignisprotokoll, im Dateisystem und in SQL Server liegt.

Anforderungen zum Erstellen einer Überwachung

Um Ereignisse (sogenannte Aktionen) zu verfolgen, müssen Sie eine Sammlung oder *Überwachung* anlegen. Die gewünschten Aktionen werden auf der Grundlage einer *Überwachungsspezifikation* erfasst. Die Aufzeichnung der Aktionen erfolgt im *Überwachungsziel*.

- **Überwachung** Ein SQL Server-Überwachungsobjekt ist eine Sammlung von Server- oder Datenbankaktionen (oder beidem). Durch die Definition wird eine Überwachung im ausgeschalteten Zustand erstellt. Nach dem Einschalten empfängt das Ziel Daten von der Überwachung.
- **Serverüberwachungsspezifikation** Ein solches Überwachungsobjekt legt die zu erfassenden Aktionen auf Instanz- oder Datenbankebene (für alle Datenbanken in der Instanz) fest. In einer Instanz können Sie mehrere Serverüberwachungen anlegen.
- **Datenbanküberwachungsspezifikation** Sie können Überwachungsereignisse und Überwachungsaktionsgruppen beobachten. Pro Datenbank und Überwachung kann nur eine Datenbanküberwachung aufgestellt werden. In einer Datenbanküberwachungsspezifikation können keine serverweiten Objekte angegeben werden.
- **Ziel** Die Ergebnisse der Überwachung können Sie an das Windows-Ereignisprotokoll, das Windows-Anwendungsprotokoll oder eine Überwachungsdatei im Dateisystem senden. Sorgen Sie dafür, dass immer genug Platz im Ziel besteht. Beachten Sie, dass zum Lesen im Windows-Anwendungsprotokoll geringere Berechtigungen erforderlich sind als zum Lesen im Windows-Sicherheitsprotokoll.

Eine Überwachungsspezifikation können Sie nur dann aufstellen, wenn bereits eine Überwachung vorhanden ist.

▶ **Mehr über Überwachungsaktionsgruppen und Überwachungsaktionen erfahren Sie auf *https://docs.microsoft.com/sql/relational-databases/security/auditing/sql-server-audit-action-groups-and-actions*.**

Expertentipp

Was tue ich, wenn eine Überwachung die Instanz herunterfährt oder den Start von SQL Server verhindert?

Durch einen Fehler bei der Überwachung kann SQL Server heruntergefahren werden. Im Protokoll ist dann der Eintrag `MSG_AUDIT_FORCED_SHUTDOWN` zu finden. In einem solchen Fall können Sie SQL Server im Einzelbenutzermodus mit der Option `-m` an der Befehlszeile starten. Dadurch wird der Eintrag `MSG_AUDIT_SHUTDOWN_BYPASSED` in das Protokoll geschrieben.

Ein Fehler bei der Initiierung der Überwachung kann auch den Start von SQL Server verhindern. In diesem Fall können Sie SQL Server mit der Befehlszeilenoption `-f` mit minimaler Konfiguration starten (was ebenfalls im Einzelbenutzermodus geschieht).

In der minimalen Konfiguration bzw. im Einzelbenutzermodus können Sie die Überwachung entfernen, die den Fehler verursacht hat.

Erstellen einer Serverüberwachung in SQL Server Management Studio

Vergewissern Sie sich, dass Sie in SQL Server Management Studio mit der richtigen Instanz verbunden sind, und erweitern Sie dann im Objekt-Explorer den Ordner *Sicherheit*. Rechtsklicken Sie auf den Ordner *Überwachung* und wählen Sie *Neue Überwachung*.

Richten Sie im daraufhin angezeigten Dialogfeld *Überwachung erstellen* die Einstellungen nach Ihren Anforderungen ein oder belassen Sie sie auf den Vorgabewerten (siehe Abb. 7.2). Wenn Sie im Listenfeld *Überwachungsziel* den Punkt *Datei* gewählt haben, müssen Sie einen gültigen Dateipfad eingeben. Geben Sie auch eine sinnvolle Bezeichnung in das Feld *Überwachungsname* ein. (Der vorgegebene Name basiert auf dem Datum und der Uhrzeit.)

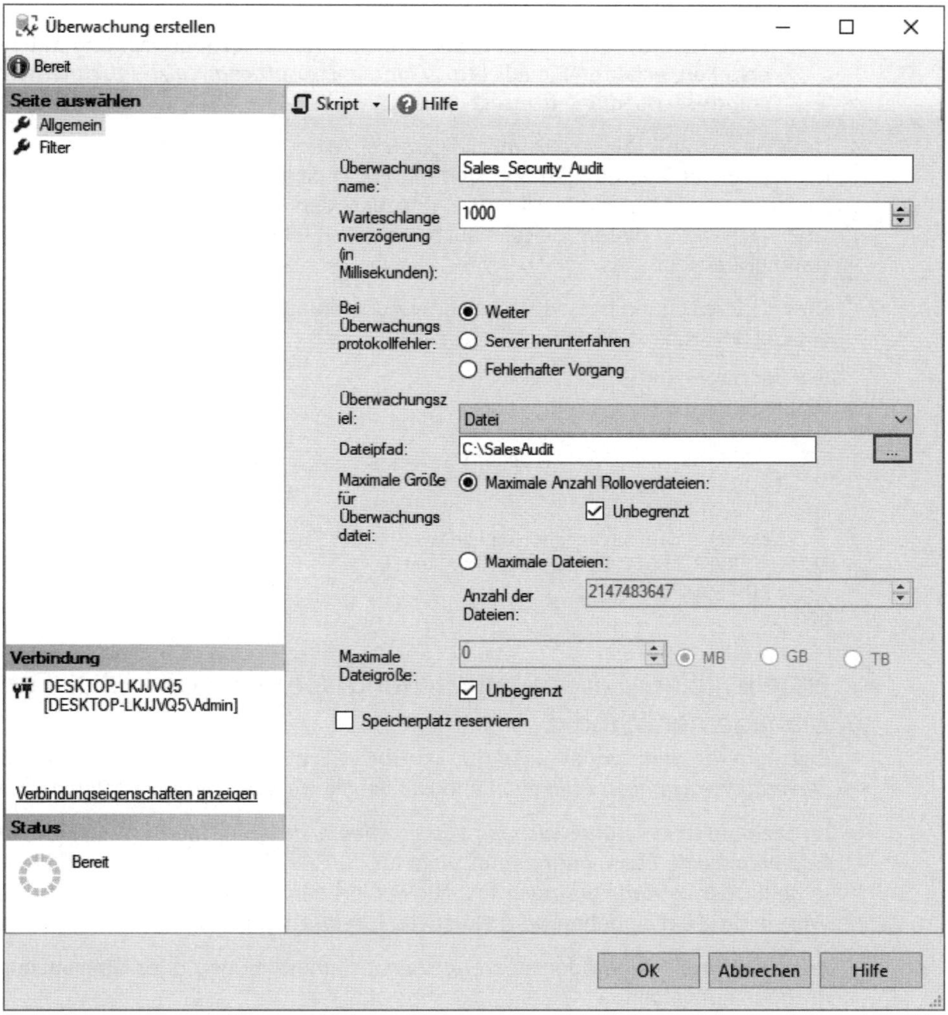

Abbildung 7.2 Erstellen einer Überwachung in SQL Server Management Studio

Nachdem Sie die Überwachung erstellt haben, müssen Sie sie einschalten. Sie erscheint im Ordner *Überwachung* unterhalb des Ordners *Sicherheit* im Objekt-Explorer. Rechtsklicken Sie auf die neue Überwachung und wählen Sie *Überwachung aktivieren*.

Erstellen einer Serverüberwachung mit T-SQL

Je nach Ziel, Datei- und Überwachungsoptionen und Prädikaten kann es ziemlich aufwendig sein, eine Serverüberwachung zu erstellen. Wenn Sie wie im vorherigen Abschnitt gezeigt eine Serverüberwachung in SQL Server Management Studio anlegen, können Sie vor dem Klick auf *OK* ein T-SQL-Skript für die Einstellungen generieren lassen. Es ist aber auch möglich, eine Serverüberwachung manuell mit T-SQL zu erstellen.

▶ **Weitere Informationen darüber, wie Sie eine Serverüberwachung mit T-SQL erstellen, erfahren Sie auf *https://docs.microsoft.com/sql/t-sql/statements/create-server-audit-transact-sql*.**

Um eine Serverüberwachung mit T-SQL zu erstellen, vergewissern Sie sich, dass Sie mit der richtigen Instanz verbunden sind, und führen Sie dann den Code aus Listing 7.4 aus. (Passen Sie dabei den Namen der Überwachung und den Dateipfad an.) Beachten Sie, dass die Überwachung in diesem Beispiel auch gleich auf `ON` gesetzt wird. Regulär wird sie im Zustand `OFF` erstellt.

Diese Überwachung hat jedoch keinerlei Auswirkungen, bis Sie eine Auditspezifikation und ein Ziel anlegen.

```
USE master;
GO
-- Erstellt die Serverüberwachung.
CREATE SERVER AUDIT Sales_Security_Audit
    TO FILE (FILEPATH = 'C:\SalesAudit');
GO
-- Aktiviert die Serverüberwachung.
ALTER SERVER AUDIT Sales_Security_Audit
    WITH (STATE = ON);
GO
```

Erstellen einer Serverüberwachungsspezifikation in SQL Server Management Studio

Erweitern Sie den Ordner *Sicherheit* im Objekt-Explorer, rechtsklicken Sie auf den Ordner *Serverüberwachungsspezifikation* und wählen Sie *Neue Serverüberwachungsspezifikation*.

Im Dialogfeld *Serverüberwachungsspezifikation erstellen* (siehe Abb. 7.3) geben Sie in das Feld *Name* eine Bezeichnung Ihrer Wahl für die Spezifikation ein. Wählen Sie aus dem Listenfeld *Überwachung* die zuvor erstellte Serverüberwachung aus. Wenn Sie einen anderen Wert in das Feld eingeben, wird eine neue Überwachung mit diesem Namen angelegt.

Jetzt können Sie eine oder mehrere Überwachungsaktionen oder Überwachungsaktionsgruppen auswählen.

▶ **Eine Aufstellung sämtlicher Überwachungsaktionen und Überwachungsaktionsgruppen finden Sie auf *https://docs.microsoft.com/sql/relational-databases/security/auditing/sql-server-audit-action-groups-and-actions*.**

Hinweis

Wenn Sie eine Überwachungsaktionsgruppe ausgewählt haben, können Sie Objektklasse, Objektschema, Objektname und Prinzipalname nicht mehr festlegen, da die Gruppe mehrere Aktionen umfasst.

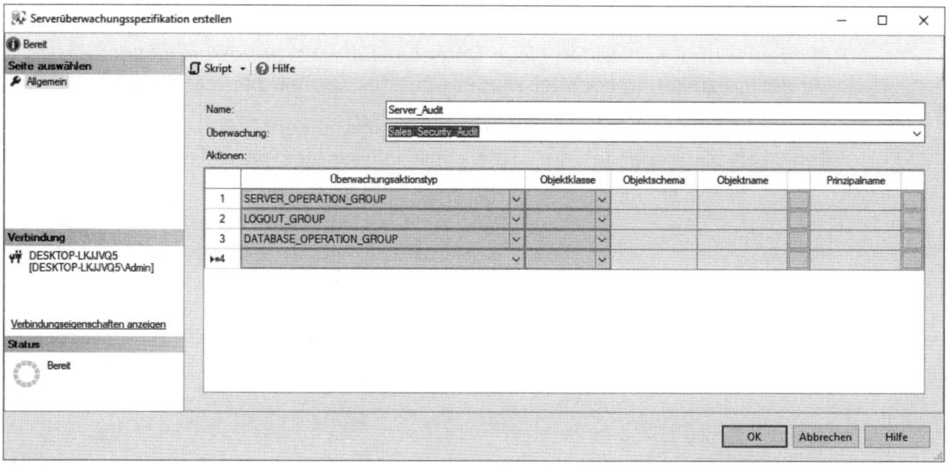

Abbildung 7.3 Erstellen einer Serverüberwachungsspezifikation in SQL Server Management Studio

Nachdem Sie die Serverüberwachungsspezifikation erstellt haben, müssen Sie sie über das Kontextmenü einschalten.

Erstellen einer Serverüberwachungsspezifikation mit T-SQL

Ebenso wie die Überwachung selbst können Sie auch die Überwachungsspezifikation manuell in T-SQL schreiben oder das Skript dafür im Dialogfeld von SQL Server Management Studio erstellen lassen. Die Serverüberwachungsspezifikation in dem folgenden Beispielskript gehört zu der zuvor erstellten Überwachung:

```
USE [master];
GO
-- Erstellt die Serverüberwachungsspezifikation.
CREATE SERVER AUDIT SPECIFICATION Server_Audit
FOR SERVER AUDIT Sales_Security_Audit
    ADD (SERVER_OPERATION_GROUP),
    ADD (LOGOUT_GROUP),
    ADD (DATABASE_OPERATION_GROUP),
WITH (STATE = ON);
GO
```

Erstellen einer Datenbanküberwachungsspezifikation in SQL Server Management Studio

Wie zu erwarten ist, befinden sich Datenbanküberwachungsspezifikationen im Sicherheitskontext der jeweiligen Datenbanken.

Erweitern Sie im Objekt-Explorer die Datenbank, die Sie überwachen möchten, und darunter den Ordner *Sicherheit*. Rechtsklicken Sie auf den Ordner *Datenbanküberwachungsspezifikationen* und wählen Sie *Neue Datenbanküberwachungsspezifikation*. Auch hier müssen Sie die Spezifikation nachher wieder über das Kontextmenü aktivieren.

Abb. 7.4 zeigt ein Beispiel für eine Spezifikation, in der `SELECT`- und `INSERT`-Operationen des Benutzers `dbo` in der Tabelle `Sales.CustomerTransactions` erfasst werden.

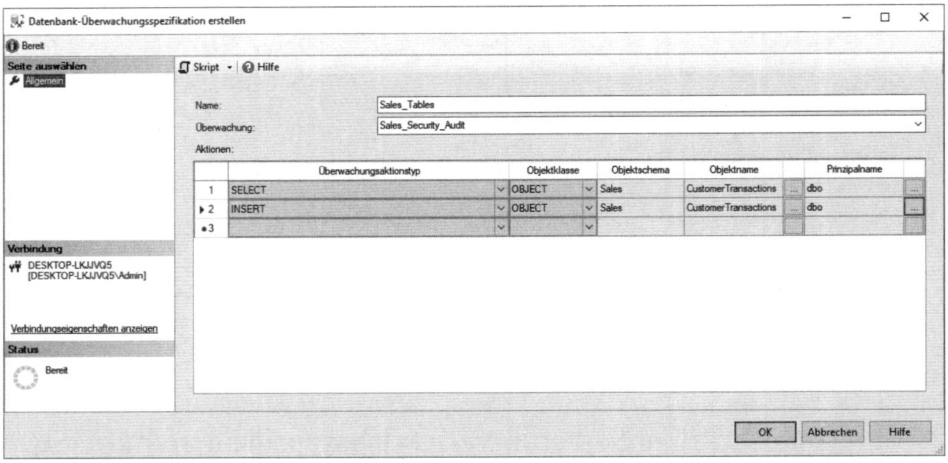

Abbildung 7.4 Erstellen einer Datenbanküberwachungsspezifikation in SQL Server Management Studio

Erstellen einer Datenbanküberwachungsspezifikation mit T-SQL

Auch hier müssen Sie sich wieder vergewissern, dass Sie sich im Kontext der richtigen Datenbank befinden. Erstellen Sie die Datenbanküberwachungsspezifikation mit einem Verweis auf die zuvor angelegte Serverüberwachung und geben Sie an, welche Datenbankaktionen Sie überwachen lassen wollen.

Das Ziel ist bereits in der Serverüberwachung festgelegt. Sobald Sie die Spezifikation einschalten, wird das Ziel daher damit beginnen, die Ereignisse zu protokollieren.

```
USE WideWorldImporters;
GO
-- Erstellt die Datenbanküberwachungsspezifikation.
CREATE DATABASE AUDIT SPECIFICATION Sales_Tables
    FOR SERVER AUDIT Sales_Security_Audit

    ADD (SELECT, INSERT ON Sales.CustomerTransactions BY dbo)
    WITH (STATE = ON);
GO
```

Anzeigen des Überwachungsprotokolls

Die Überwachungsprotokolle können Sie in SQL Server Management Studio und im Sicherheitsprotokoll der Windows-Ereignisanzeige einsehen. In diesem Abschnitt erfahren Sie, wie Sie in SQL Server Management Studio vorgehen.

Hinweis

Zur Anzeige jeglicher Überwachungsprotokolle ist die Berechtigung `CONTROL SERVER` **erforderlich.**

Erweitern Sie im Objekt-Explorer den Ordner *Sicherheit* und darunter den Ordner *Überwachung*. Rechtsklicken Sie auf das Überwachungsprotokoll, das Sie einsehen möchten, und wählen Sie *Überwachungsprotokolle anzeigen*.

Die Zeitpunkte der Ereignisse sind in UTC angegeben. Das dient dazu, Missverständnisse aufgrund von Zeitzonen und Sommerzeit zu vermeiden.

In dem Protokoll aus Abb. 7.5 wurden zwei Ereignisse aufgezeichnet. Das erste bezieht sich auf eine Änderung der Überwachung selbst (sie wurde eingeschaltet). Bei dem zweiten Ereignis handelt es sich um eine `SELECT`-Anweisung in der Tabelle, die in der Datenbanküberwachungsspezifikation aus dem vorherigen Beispiel angegeben wird.

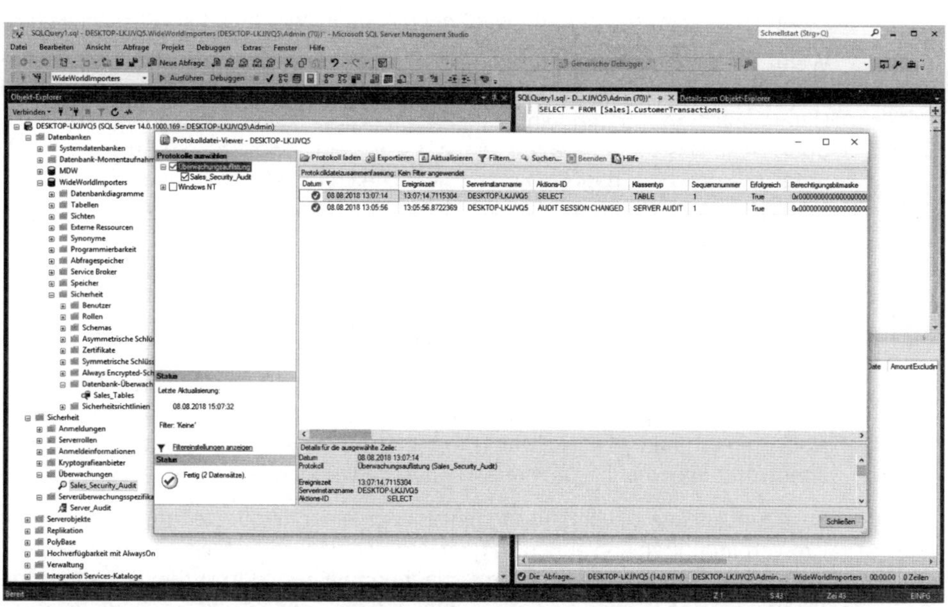

Abbildung 7.5 Anzeige eines SQL Server-Überwachungsprotokolls im Protokolldatei-Viewer

Die Einträge im Überwachungsprotokoll weisen noch viel mehr Spalten auf, als in Abb. 7.5 zu sehen sind, insbesondere *Serverprinzipal-ID* (SPID), *Serverprinzipalname für Sitzung* (der angemeldete Benutzer) und *Anweisung* (der ausgeführte Befehl). Sie können also einen wahren Schatz an Informationen erfassen.

Hinweis

Für eine automatisierte Anzeige des Überwachungsprotokolls können Sie die integrierte T-SQL-Systemfunktion `sys.fn_get_audit_file` verwenden, wobei die Daten jedoch nicht so formatiert werden wie im Protokolldatei-Viewer von SQL Server Management Studio. Mehr darüber erfahren Sie auf *https://docs.microsoft.com/sql/relational-databases/system-functions/sys-fn-get-audit-file-transact-sql*.

Überwachung in Azure SQL-Datenbank

In Azure SQL-Datenbank können Sie Datenbankaktivitäten verfolgen und in ein Überwachungsprotokoll in einem Azure-Blobspeichercontainer Ihres Kontos schreiben (wobei Ihnen der Speicher in Rechnung gestellt wird).

Dadurch können Sie Überwachungsvorschriften einhalten und Anomalien erkennen (siehe den Abschnitt »Bedrohungserkennung« weiter vorn), was Ihnen tiefere Einsichten in Ihre Azure SQL-Datenbank-Umgebung gibt.

Damit haben Sie die Möglichkeit, einen Überwachungsverlauf aufzubewahren und Berichte über die Aktivitäten in allen Datenbanken zu erstellen. Sie können Berichte einer Trendanalyse unterziehen und auf sicherheitsrelevante Ereignisse untersuchen. Des Weiteren können Sie Richtlinien auf Server- und auf Datenbankebene aufstellen, wobei die Serverrichtlinien automatisch sowohl bestehende als auch neu hinzukommende Datenbanken abdecken.

Wenn Sie die Serverüberwachung einschalten, wird die zugehörige Richtlinie auf alle Datenbanken auf dem Server angewendet. Falls Sie dann auch für einzelne Datenbanken die Datenbanküberwachung einschalten, wird diese Datenbank anhand beider Richtlinien überwacht. Das sollten Sie vermeiden, es sei denn, dass sich die Aufbewahrungszeiträume unterscheiden oder dass Sie unterschiedliche Ereignistypen beobachten wollen.

▶ **Mehr über die Überwachung in Azure SQL-Datenbank erfahren Sie in Kapitel 5.**

Schützen einer IaaS-Umgebung

Wenn Sie SQL Server in Form von »Infrastruktur als Dienst« (IaaS) verwenden, also in einer Azure-VM ausführen, erfolgt der Schutz fast auf die gleiche Weise wie bei einem lokal installierten Produkt. Je nach Edition können Sie TDE, Always Encrypted, Sicherheit auf Zeilenebene und dynamische Datenmaskierung verwenden.

Bei Azure IaaS ist die Einrichtung einer VM in einer Ressourcengruppe grundsätzlich sicher. Um Verbindungen von außen zu dem virtuellen Azure-Netzwerk zuzulassen, müssen Sie sie in der Firewall des Betriebssystems erlauben (die in Windows Server standardmäßig eingeschaltet ist) und können sie darüber hinaus auch über Netzwerksicherheitsgruppen steuern.

Außerdem ist eine weitere Zugriffssteuerung durch ein Netzwerkgerät wie eine Firewall oder ein NAT-Gerät möglich. Das ermöglicht eine detaillierte Regulierung des Netzwerkdatenverkehrs in Ihrem virtuellen Netzwerk. Das ist erforderlich, um beispielsweise Azure ExpressRoute einzurichten (siehe Kapitel 3).

Netzwerksicherheitsgruppen

Eine Netzwerksicherheitsgruppe (NSG) steuert den Datenverkehr in und aus dem gesamten virtuellen Azure-*Subnetz* oder einem Teil davon.

Expertentipp

Was ist ein Subnetz?

Ein Subnetz ist ein Abschnitt eines umfassenden Netzwerks, der durch dessen logische Unterteilung entsteht. Eine solche Gliederung erfolgt, um das Netzwerk einfacher verwalten zu können und sicherer zu machen.

Die Aufteilung in Subnetze kann ziemlich kompliziert sein und ist ein zu umfangreiches Thema, um es in diesem Buch zu behandeln. Wenn Sie eine solche Untergliederung selbst vornehmen möchten, können Sie dazu Subnetzrechner heranziehen, die online zur Verfügung stehen. Da Subnetze auch in virtuellen Azure-Netzwerken verwendet werden, wollen wir hier aber zumindest einen groben Überblick geben.

Subnetze werden mit einer *Netzwerk-ID* in *Netzwerkpräfix-Schreibweise* bezeichnet (die auch *CIDR-Schreibweise* [Classless Interdomain Routing] genannt wird), also als IPv4-Adresse gefolgt von einer Angabe wie `/8`, `/16`, `/24` usw., die festlegt, wie lang das Netzwerkpräfix ist. Je kürzer das Präfix, umso mehr Adressen sind verfügbar.

Dies ist eine Abkürzung für die IP-Adressen, die in dem Subnetz zur Verfügung stehen, wobei die angegebene Netzwerkadresse als Ausgangspunkt dient. Beispielsweise bedeutet 192.168.1.01/24, dass es 256 mögliche Adressen von 192.168.1.1 bis einschließlich 192.168.1.254 gibt. In allen Subnetzen ist die erste Adresse (hier 192.168.1.0) für die Netzwerk-ID reserviert und die letzte (hier 192.168.1.255) dient als Broadcastadresse.

Im klassischen Bereitstellungsmodell von Azure schützt eine Netzwerksicherheitsgruppe eine einzelne virtuelle Maschine. Wird dagegen das Bereitstellungsmodell von Azure Resource Manager verwendet, schützt eine solche Gruppe ein gesamtes Subnetz, was sich auf alle darin enthaltenen Ressourcen auswirkt (siehe Abb. 7.6). Wenn Sie eine detailliertere Kontrolle benötigen, können Sie die NSG auch mit einer einzelnen Netzwerkkarte verknüpfen und den Datenverkehr auf diese Weise stärker einschränken.

Hinweis

Wenn Sie eine VM mit Azure Resource Manager erstellen, erhält sie mindestens eine virtuelle Netzwerkkarte, die Sie über eine NSG verwalten können. Das ist ein wichtiger Unterschied zur klassischen Bereitstellung (mit Netzwerksicherheitsgruppen auf VM-Ebene), da einzelne Netzwerkkarten hier zu verschiedenen NSGs gehören können, was eine genauere Kontrolle über den Netzwerkdatenverkehr in den einzelnen VMs ermöglicht.

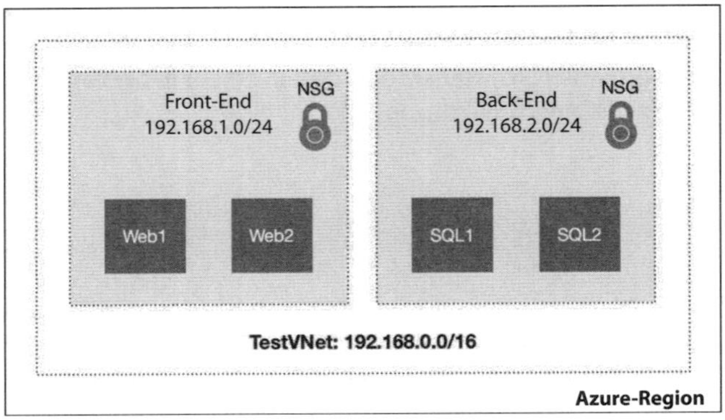

Abbildung 7.6 Ein typisches virtuelles Netzwerk, in dem jedes Subnetz durch eine Sicherheitsgruppe geschützt ist

Wie Firewalls haben auch NSGs Regeln für den ein- und den ausgehenden Datenverkehr. Wenn ein Paket einen Port des virtuellen Netzwerks oder Subnetzes erreicht, fängt die NSG das Paket ab und prüft, ob es einer der Regeln entspricht. Wenn das Paket nicht für eine Weiterverarbeitung qualifiziert ist, wird es verworfen (gelöscht).

Die Regeln werden nach Quell- und Zieladressen (oder -bereichen) klassifiziert. Je nach Richtung des Datenverkehrs befinden sich die Zieladressen innerhalb des Netzwerks oder außerhalb davon im öffentlichen Internet.

In komplexen Netzwerken wird dies ziemlich mühselig. Zur Vereinfachung der Verwaltung können Sie bei der Definition der Regeln statt der IP-Adresse auch ein Dienst-Tag angeben. Zurzeit gibt es die Tags `Storage`, `Sql` und `Traffic`, aber es werden in Zukunft weitere hinzukommen.

Sie können auch Standardkategorien wie `VirtualNetwork` (der Bereich aller IP-Adressen im Netzwerk), `AzureLoadBalancer` (Lastenausgleich der Azure-Infrastruktur) und `Internet` verwenden (IP-Adressen außerhalb des virtuellen Azure-Netzwerks).

▶ **Weitere Informationen über die Sicherheit von virtuellen Azure-Netzwerken und Dienst-Tags erhalten Sie auf *https://docs.microsoft.com/azure/virtual-network/security-overview*.**

Benutzerdefinierte Routen und IP-Weiterleitung

Um den Azure-Kunden das Leben leichter zu machen, können alle VMs in einem virtuellen Azure-Netzwerk standardmäßig miteinander kommunizieren, und zwar unabhängig davon, in welchem Subnetz sie sich befinden. Das gilt auch für virtuelle Netzwerke, die über ein VPN an Ihr lokales Netzwerk angeschlossen sind, sowie für Azure-VMs, die mit dem öffentlichen Internet kommunizieren (einschließlich der VMs, in denen SQL Server ausgeführt wird).

▶ **Mehr über virtuelle private Netzwerke erfahren Sie in Kapitel 2 und 3.**

In einem herkömmlichen Netzwerk ist für eine solche subnetzübergreifende Kommunikation ein Gateway erforderlich, das den Datenverkehr leitet. Azure stellt dafür automatisch *Systemrouten* zur Verfügung.

Diese uneingeschränkte Kommunikation für alle kann jedoch gegen Ihre Netzwerkrichtlinien verstoßen. Es kann sein, dass Sie den gesamten Datenverkehr von Ihren VMs lieber zunächst durch ein Netzwerkgerät (z. B. eine Firewall oder ein NAT-Gerät) leiten wollen. In Azure Marketplace stehen zu zusätzlichen Kosten virtuelle Geräte zur Verfügung. Sie können auch selbst eine VM einrichten, sodass sie als Firewall fungiert.

Dabei müssen Sie eine benutzerdefinierte Route mit IP-Weiterleitung anlegen. Dadurch wird ein Subnetz für das virtuelle Gerät angelegt und der gesamte Datenverkehr von den vorhandenen Subnetzen oder VMs zwangsweise durch dieses Gerät geleitet.

Um es mit den Worten von Microsoft zu sagen:

Für jede Netzwerkschnittstelle, die an einen virtuellen Computer zum Weiterleiten von Netzwerkdatenverkehr an eine andere Adresse als die eigene Adresse angefügt ist, muss hierfür die Azure-Option Enable IP forwarding (IP-Weiterleitung aktivieren) aktiviert sein. [...] Enable IP forwarding (IP-Weiterleitung aktivieren) ist zwar eine Azure-Einstellung, aber unter Umständen müssen Sie die IP-Weiterleitung auch im Betriebssystem des virtuellen Computers aktivieren, damit das Gerät Datenverkehr zwischen privaten IP-Adressen weiterleitet, die Azure-Netzwerkschnittstellen zugewiesen sind. (https://docs.microsoft.com/azure/virtual-network/virtual-networks-udr-overview)

Achtung

Mit benutzerdefinierten Routen können Sie nicht steuern, wie der Datenverkehr aus dem öffentlichen Internet in Ihr Netzwerk *eintritt*, sondern nur, wie er ein Subnetz *verlässt*. Das bedeutet, dass sich Ihr virtuelles Gerät in seinem eigenen Subnetz befinden muss. Um den Datenverkehr auf dem Weg vom öffentlichen Internet in das Subnetz zu steuern, müssen Sie eine Netzwerksicherheitsgruppe verwenden.

Bevor Sie (durch eine benutzerdefinierte Route) eine Routingtabelle erstellen, nutzen die Subnetze in Ihrem virtuellen Netzwerk die Systemrouten. Durch eine benutzerdefinierte Route wird ein weiterer Eintrag in die Routingtabelle gestellt. Welche Route die bessere ist, wird mit dem LPM-Mechanismus (Longest Prefix Match) entschieden. Dabei wird die spezifischste Route ausgewählt, also diejenige mit dem längsten Präfix. Ein /24-Netzwerk hat ein längeres Präfix als ein /16-Netzwerk (siehe auch Abb. 7.6), und ein Routeneintrag mit der größeren Präfixlänge hat Vorrang.

Haben zwei Einträge die gleiche Präfixlänge, wird ihr Vorrang nach folgender Reihenfolge bestimmt:

- Benutzerdefinierte Route
- BGP-Route
- Systemroute

Erinnern Sie sich noch an BGP? Es wird für ExpressRoute verwendet. Wie bereits in Kapitel 3 erwähnt, handelt es sich bei ExpressRoute um einen VPN-Dienst, mit dem Sie virtuelle Azure-Netzwerke mit Ihrem lokalen Netzwerk verbinden können, ohne dabei das öffentliche Internet zu nutzen. BGP-Routen können Sie angeben, um den Datenverkehr zwischen Ihrem lokalen Netzwerk und dem virtuellen Azure-Netzwerk zu steuern.

Weitere Sicherheitsfunktionen für Azure-Netzwerke

Es gibt noch weitere Funktionen, um die Verwaltung und Sicherheit von virtuellen Azure-Netzwerken im Zusammenhang mit SQL Server und Azure SQL-Datenbank zu verbessern. Einige dieser Funktionen werden zurzeit noch als Vorschauversion angeboten.

Dienstendpunkte für virtuelle Netzwerke

Mit Dienstendpunkten können Sie den Zugriff auf bestimmte Azure-Dienste, die regulär im öffentlichen Internet verfügbar sind, so einschränken, dass sie nur noch in Ihrem virtuellen Azure-Netzwerk bereitstehen (siehe Abb. 7.7).

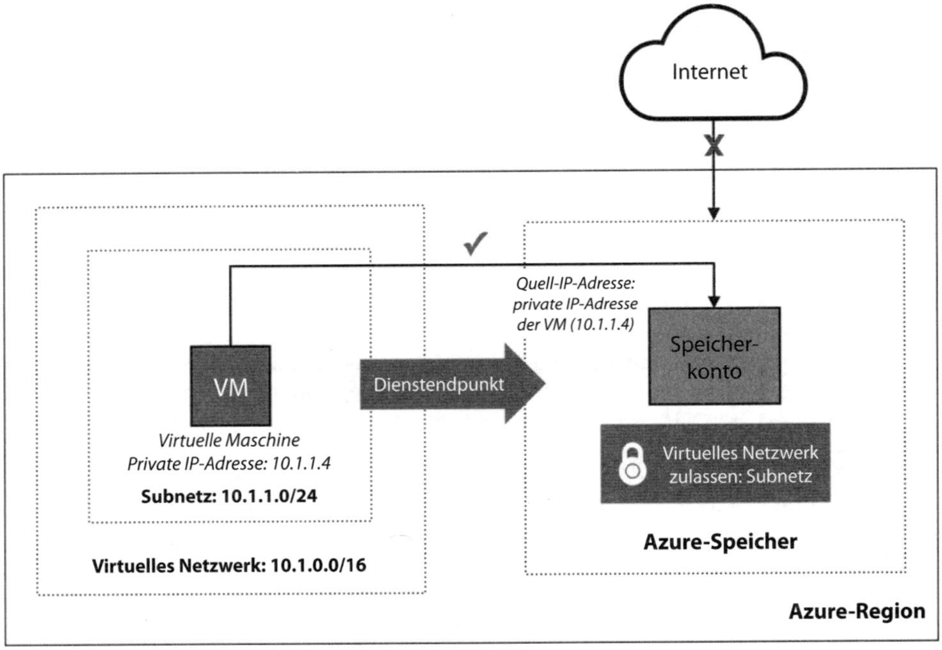

Abbildung 7.7 Ein Dienstendpunkt zum Schutz eines Azure-Speicherkontos

Dienstendpunkte können im Azure-Portal und mit PowerShell eingerichtet werden. Damit können Sie den Zugriff aus dem öffentlichen Internet auf Ihren Azure-Speicher und Ihre Azure SQL-Datenbank-Konten blockieren. In Zukunft werden noch weitere Dienstendpunkte eingeführt.

▶ **Mehr über Dienstendpunkte für virtuelle Netzwerke erfahren Sie auf *https://docs.microsoft.com/azure/virtual-network/virtual-network-service-endpoints-overview*.**

Schutz gegen DDoS-Angriffe

Der Schutz von Azure gegen DDoS-Angriffe (Distributed Denial of Service) auf virtuelle Netzwerke ist verbessert worden. Das war auch an der Zeit, da solche Angriffe auf öffentlich zugängliche Ressourcen immer zahlreicher und ausgefeilter werden. Der in Ihrem Abonnement inbegriffene grundlegende Dienst bietet Echtzeitschutz und nutzt den Umfang und die Kapazität der Azure-Infrastruktur, um solche Angriffe abzuschwächen (siehe Abb. 7.8).

Gegen zusätzliche Gebühren können Sie auch einen Machine-Learning-Algorithmus nutzen, um sich gegen gezielte Angriffe abzusichern. Dabei sind auch die Möglichkeiten für Konfiguration, Warnungen und Telemetrie erweitert.

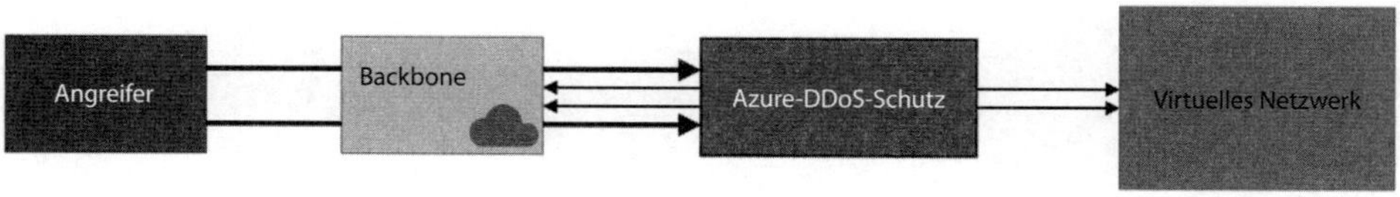

Abbildung 7.8 Der DDoS-Schutz von Azure schirmt ein virtuelles Netzwerk gegen Angriffe ab.

Sie können auch die Webanwendungs-Firewall Azure Application Gateway verwenden, um sich gegen anspruchsvollere Angriffe zu schützen.

Zusammen mit der Überwachung von Azure SQL-Datenbank und mit Netzwerksicherheitsgruppen bieten diese Funktionen einen umfassenden Schutz gegen die jüngsten Bedrohungen.

▶ **Mehr über den Azure-DDoS-Schutz erfahren Sie auf *https://azure.microsoft.com/services/ddos-protection*.**

Kapitel 8

Grundlagen und Gestaltung von Tabellen

In diesem Kapitel geht es um einen Grundbegriff relationaler Datenbanken, nämlich Tabellen. Dies sind die Datenbankobjekte, in denen die Daten tatsächlich gespeichert sind. Ein gründliches Verständnis der in diesem Kapitel vorgestellten Prinzipien ist unverzichtbar, um leistungsfähige Datenbanken zu gestalten und zu unterhalten. Als Erstes sehen wir uns die Grundlagen der Tabellengestaltung wie Datentypen, Schlüssel und Einschränkungen an. Danach beschäftigen wir uns mit besonderen Tabellentypen wie temporalen und Graphentabellen und den Besonderheiten bei der Speicherung von BLOBs (Binary Large Objects) in relationalen Tabellen. Auch Kenntnisse in horizontaler und vertikaler Partitionierung sind für die Tabellengestaltung unverzichtbar. Am Ende des Kapitels geben wir außerdem einen Überblick über Methoden zur Verfolgung von Änderungen.

Tabellengestaltung

In diesem Abschnitt sehen wir uns wichtige Grundlageninformationen für die Tabellengestaltung an. Als Erstes betrachten wir dabei Systemdatentypen, wobei der Schwerpunkt auf den Entscheidungen zu ihrer Verwendung liegt. Danach beschäftigen wir uns kurz mit Primär- und Fremdschlüsseln und beschreiben Einschränkungen und ihre Auswirkungen auf die Tabellengestaltung. Am Ende dieses Abschnitts stehen benutzerdefinierte Datentypen und berechnete Spalten.

Hinweis

Die Indizierung wird in diesem Kapitel nicht behandelt, auch wenn die Tabellengestaltung ohne sie nicht vollständig ist. Anleitungen zur Indizierung erhalten Sie in Kapitel 9 und 10.

Allgemeine Datentypen

Die Auswahl der geeigneten Datentypen ist bei der Gestaltung von relationalen Datenbanken von entscheidender Bedeutung. Es ist zwar möglich, die Datentypen von Spalten zu ändern, aber das ist bestenfalls ein kostspieliger Vorgang. Schlimmstenfalls können dabei sogar Daten verloren gehen. Ein schlecht gewählter Datentyp kann zu einer nicht optimalen Leistung führen oder sogar die Speicherung unerwarteter Werte in der Spalte erlauben. In diesem Abschnitt wollen wir die in SQL Server 2017 verfügbaren Systemdatentypen nicht ausführlich beschreiben, sondern die notwendigen Informationen und Anleitungen geben, um fundierte Entscheidungen für die Tabellengestaltung zu treffen.

Expertentipp

Wann sollte ich einen numerischen statt eines alphanumerischen Datentyps verwenden?

Numerische Werte wie Mengenangaben oder auch Identifizierungsnummern, die nur aus Ziffern bestehen, können Sie sowohl in alphanumerischen als auch in numerischen Spalten speichern. Im Allgemeinen sollten Sie einen numerischen Datentyp verwenden, wenn die Werte in irgendeiner Form von Berechnung verwendet werden oder wenn es auf die Höhe der Zahlen ankommt. Beispielsweise kann es vorkommen, dass Sie monetäre Werte dazu heranziehen müssen, um einen Rabatt zu berechnen. Ein anderes Beispiel für die Nutzung von numerischen Datentypen sind Mengenangaben, da Sie sie durch Addition und Subtraktion anpassen müssen. Dagegen wird eine Telefonvorwahl am besten als alphanumerischer Wert gespeichert, da die führende Null erhalten bleiben muss. Das Gleiche gilt auch für Mitarbeiter-IDs in einer Firma.

Sie müssen jedoch nicht nur den Umstand berücksichtigen, ob die Werte in Berechnungen verwendet werden, sondern auch die Sortierung. In einer aufsteigend sortierten numerischen Spalte steht 12 vor 100, in einer alphanumerischen Spalte aber 100 vor 12. Je nach Situation kann das eine oder das andere genau das sein, was Sie erreichen wollen.

Wenn Sie für eine Spalte einen numerischen Datentyp brauchen, müssen Sie noch entscheiden, welcher am besten geeignet ist. Dabei müssen Sie zwischen Präzision und erforderlichem Speicherplatz abwägen. Es gibt jedoch eine goldene Regel: Bei der Speicherung von Finanzdaten, etwas Geldwerten oder Zinssätzen, sollten Sie immer den Typ `decimal` verwenden (der in SQL Server identisch mit `numeric` ist), da er eine festgelegte Präzision aufweist. Es werden daher niemals angenäherte Werte gespeichert, wie es bei `float` und `real` sein kann.

Alphanumerische Datentypen

Die alphanumerischen Datentypen in SQL Server werden gewöhnlich nach Typen mit fester und variabler Länge und nach Typen mit und ohne Unicode-Unterstützung unterschieden. Beispielsweise weist der Datentyp `char` eine feste Länge auf, während die Länge bei `varchar` variabel ist. Auch die Datentypen `nchar` und `nvarchar` unterscheiden sich darin, dass sie eine feste bzw. variable Länge haben, unterstützen aber beide Unicode.

Hinweis

Unicode-Unterstützung benötigen Sie womöglich häufiger, als Sie glauben. Immer mehr Benutzer erwarten, dass sie auch Emojis und andere Unicode-Zeichendaten in Spalten speichern können. Auch die Internationalisierung von Anwendungen, die immer mehr zunimmt, lässt sich am besten durch Unicode-Stringdatentypen unterstützen.

Bei Stringdaten ist die Sortierung ein wichtiger Aspekt. Sie bestimmt unter anderem, wie die Bits hoher Ordnung in den Bytes der einzelnen Zeichen interpretiert werden. Sortierungen unterstützen die Internationalisierung, da sie verschiedene Darstellungen für Zeichen mit Integerwerten größer als 127 ermöglichen. Welche Darstellung zum Einsatz kommt, wird durch die verwendete Codeseite bestimmt, die ein Element der Sortierung ist. Sortierungen bestimmen auch, wie die Daten verglichen und angeordnet werden, also z. B. ob zwischen Groß- und Kleinschreibung und zwischen Buchstaben mit und ohne Akzente unterschieden wird.

▶ **Einzelheiten über Sortierungen und Unicode-Unterstützung erhalten Sie auf** ***https://docs.microsoft.com/sql/relational-databases/collations/collation-and-unicode-support*.**

Hinweis

Wussten Sie, dass in `var`- und `varchar`-Spalten auch Doppelbyte-Zeichen gespeichert werden können? Das ist ein wichtiger Umstand, denn es bedeutet, dass `char(8)` keine acht Zeichen aufnehmen kann, wenn jedes dieser Zeichen zwei Bytes erfordert. Bei `nvar` und `nvarchar` ist die angegebene Größe jedoch immer die Anzahl der speicherbaren Zeichen.

Ohne die Erwähnung von `(N)VARCHAR(MAX)` ist keine Erörterung alphanumerischer Typen komplett! Wenn Sie statt eines Wertes von 1 bis 8000 Zeichen (bei `VARCHAR`) oder 1 bis 4000 Zeichen (bei `NVARCHAR`) `MAX` angeben, wird die maximale Speicherkapazität auf 2 GB erhöht. Diese Daten werden aber nicht mehr in der Speicherstruktur der Tabelle abgelegt, sondern außerhalb der Zeile. In jeder solchen Spalte werden jedoch 24 Byte an Overheaddaten in der Zeile gespeichert.

Numerische Datentypen

Bei den numerischen Typen ist es wichtig, zwischen den exakten und den Näherungstypen zu unterscheiden. Näherungstypen speichern Werte in wissenschaftlicher Notation. Die Anzahl der Bits in der Mantisse ist dabei auf 24 oder 53 beschränkt. Aufgrund der Natur der wissenschaftlichen Notation und der begrenzten Anzahl der Bits können diese Typen nicht alle Zahlen aus dem zulässigen Bereich genau speichern. Die exakten Datentypen dagegen halten Zahlen ohne Präzisionsverlust fest, dafür aber ist der Bereich eingeschränkt.

SQL Server bietet die beiden Näherungstypen `real` und `float`, deren Implementierung sehr ähnlich ist. Der Datentyp `real` weist eine geringere Genauigkeit auf als `float`. Bei der Definition von `float` ist es zwar möglich, die Anzahl der Bits in der Mantisse festzulegen, aber SQL Server verwendet immer entweder 24 oder 53 Bits. Alle anderen Werte werden darauf gerundet. Der Datentyp `real` ist identisch mit `float(24)` bzw. `float` mit einer beliebigen Anzahl von Mantissenbits zwischen 1 und 24.

Hinweis

Das Beispielskript zu diesem Kapitel enthält einen Fall, der wichtige Fallstricke bei der Umwandlung von Fließkomma-Näherungstypen in exakte Typen veranschaulicht.

Zu den genauen numerischen Typen gehören `tinyint`, `smallint`, `int` und `bigint`. Bei allen handelt es sich um Typen für ganze Zahlen, die sich in der Bytegröße und damit im Wertebereich unterscheiden. Integer ohne Vorzeichen können in SQL Server nicht verwendet werden.

Es gibt auch exakte numerische Typen für Dezimalzahlen. An erster Stellt steht dabei `decimal`. In SQL Server wird als anderer Name dafür auch `numeric` verwendet. Der Datentyp `decimal` ermöglicht eine Genauigkeit bis zu 38 Stellen, allerdings wächst mit der Anzahl der Stellen auch der erforderliche Speicherplatz. Außerdem können Sie die Anzahl der Nachkommastellen festlegen.

Eine weitere Kategorie von exakten numerischen Typen, die eine Speicherung von Dezimalzahlen ermöglichen, bilden `money` und `smallmoney`. Darin lassen sich Geldwerte mit bis zu vier Nachkommastellen speichern, also mit einer Genauigkeit von einem Zehntausendstel. Die wichtigsten Faktoren für die Entscheidung zwischen `decimal`, `money` und `smallmoney` sind der erforderliche Wertebereich und die Anzahl der Nachkommastellen. Wenn Sie Geldwerte verwenden und die Berechnungen auch bei nur vier Nachkommastellen das richtige Ergebnis liefern, sind `smallmoney` und `money` eine gute Wahl, da sie weniger Speicherplatz verbrauchen. Brauchen Sie dagegen eine hohe Genauigkeit oder mehr Nachkommastellen, sollten Sie sich für `decimal` entscheiden.

Datentypen für Datum und Uhrzeit

Für Datums- und Uhrzeitangaben stehen in SQL Server 2017 die traditionellen Datentypen `datetime` und `smalldatetime` zur Verfügung. Technisch gesehen, sind sie zwar nicht unbedingt veraltet, aber wir raten trotzdem stark davon ab, sie in Neuentwicklungen zu verwenden, da es bei ihnen Probleme mit der Präzision, dem verfügbaren Datumsbereich und der mangelnden Kontrolle über den Speicherplatzbedarf gibt. Außerdem sind sie nicht an den SQL-Standard angepasst, was die Übertragbarkeit der Daten von einer Plattform zur anderen einschränkt. Der direkte Nachfolger ist der Datentyp `datetime2`, der die Präzisionsprobleme löst, den Datumsbereich erweitert und für Datumsangaben niemals mehr Speicherplatz verbraucht als die acht Bytes, die `datetime` benötigt, auf Kosten der Genauigkeit aber auch weniger Speicher verwenden kann.

> **Hinweis**
>
> **Alle im Folgenden beschriebenen Datentypen für Datums- und Uhrzeitangaben werden zurzeit in sämtlichen Versionen von SQL Server unterstützt. Die Typen sind nun wirklich nicht neu, werden aber leider aus Furcht vor Problemen mit der Abwärtskompatibilität häufig nicht verwendet.**

Das bedeutet jedoch nicht, dass Sie alle Datums- und Uhrzeitwerte in `datetime2` speichern sollten. Es gibt noch drei weitere Datentypen, die Sie für diesen Zweck in Erwägung ziehen sollten:

- `date` Im Datentyp `date` können nur Datumsangaben gespeichert werden. Der mögliche Datumsbereich ist dabei der gleiche wie bei `datetime2`. Zur Speicherung eines Datums sind nur drei Bytes erforderlich, was diesen Typ viel wirtschaftlicher macht als `datetime` (immer acht Bytes) und `datetime2` (mindestens sechs Bytes). Wenn Sie nur ein Datum ohne Uhrzeit- und Zeitzonenangaben speichern müssen, ist dies die beste Wahl. Ein Beispiel dafür ist das Geburtsdatum, das gewöhnlich herangezogen wird, um das Alter einer Person zu berechnen. Zeitzone und Uhrzeit sind beim Geburtsdatum im Allgemeinen irrelevant. Einer der Autoren ist um 23 Uhr mitteleuropäischer Sommerzeit geboren. Wenn er nach Südostasien umziehen würde, so würde er seinen Geburtstag ja auch nicht einen Tag später feiern, obwohl das Datum seiner Geburt dem nächsten Tag in Südostasien entspricht. (Für manche Anwendungen, etwa in Geburtskliniken, ist es erforderlich, eine genauere »Geburtszeit« zu speichern, aber in den meisten Fällen gilt die hier beschriebene »Alterslogik«.)

- `datetimeoffset` Der Datentyp `datetimeoffset` bietet dieselbe Genauigkeit und denselben Wertebereich wie `datetime`, schließt aber einen Versatzwert in Stunden und Minuten ein, um den Abstand zur UTC anzugeben. Die Auswirkungen von Zeitzonen und Sommerzeit können wir in diesem Buch nicht ausführlich beschreiben, allerdings müssen wir an dieser Stelle darauf hinweisen, dass sich dieser Datentyp weder Zeitzonen merkt noch über die Sommerzeit auf dem neuesten Stand hält. Die Anwendung ist dafür verantwortlich, sich die Zeitzone zu merken, aus der der Wert stammt, damit sie selbst oder neuere Versionen von SQL Server (siehe den folgenden Hinweis) eine korrekte Datumsarithmetik durchführen können.

Hinweis

Vor Version 2016 hatte SQL Server keine Kenntnisse über Zeitzonen und Sommerzeit. In SQL Server 2016 und Azure SQL-Datenbank wurde die Funktion `AT TIME ZONE` eingeführt, mit der Sie eine Umrechnung zwischen Zeitzonen durchführen und einen Versatz für die Sommerzeit berücksichtigen können. Die Regeln, die SQL Server dabei anwendet, stützen sich auf die Windows-Funktionen für Zeitzonen und Sommerzeit. Eine Erklärung und Veranschaulichung finden Sie auf *http://docs.microsoft.com/sql/t-sql/queries/at-time-zone-transact-sql*.

- `time` Der Datentyp `time` speichert einen Uhrzeitwert in Stunden, Minuten, Sekunden und Sekundenbruchteilen mit einer Genauigkeit von bis zu 100 Nanosekunden. Die konkrete Genauigkeit und die Speichergröße werden vom Benutzer durch die optionale Angabe einer Präzision von 0 bis 7 bestimmt. Dieser Datentyp ist gut geeignet, wenn Sie nur eine Uhrzeit speichern müssen, bei der es nicht auf die Zeitzone ankommt, etwa für eine Erinnerung. Wenn Sie eine Erinnerung für 11 Uhr einrichten, muss sie unabhängig von Zeitzone und Datum um 11 Uhr erfolgen.

Hinweis

Der Datentyp `time` ist immer noch auf die maximal 23 Stunden, 59 Minuten, 59,9999999 Sekunden beschränkt. Dadurch ist er ungeeignet für die Speicherung von Dauern, die mehr als 24 Stunden betragen können.

Expertentipp

Wie rufe ich die Systemzeit präzise ab?

Neben der fortgesetzten Verwendung des Datentyps `datetime` sehen wir auch häufig den Einsatz von Funktionen mit geringer Präzision wie `CURRENT_TIMESTAMP`, `GETDATE()` und `GETUTCDATE()`. Sie funktionieren zwar, geben aber Werte vom Type `datetime` zurück.

Kapitel 8

Mit SYSDATETIME(), SYSDATETIMEOFFSET() und SYSUTCDATETIME() stehen jedoch Ersatzfunktionen zur Verfügung. Auch wenn es aus ihren Namen nicht unmittelbar zu schließen ist, haben SYSDATETIME() und SYSUTCDATETIME() den Rückgabetyp datetime2(7) und SYSDATETIMEOFFSET() den Typ datetimeoffset(7). SYSDATETIME() und SYSUTCDATTIME() sind funktional identisch mit GETDATE() bzw. GETUTCDATE(). SYSDATETIMEOFFSET() hat keine frühere funktionale Entsprechung und bildet daher die einzige Möglichkeit, um einen Zeitzonenversatz auf dem Server zu berücksichtigen.

Selbst wenn Sie nicht in der Lage sein sollten, das Schema Ihrer Datenbank zu ändern, um alle datetime- in datetime2-Spalten zu ändern (oder datetimeoffset), können Sie doch langfristig von der Anwendung der verbesserten Funktionen profitieren. Der Wertebereich von datetime geht zwar am unteren Ende nicht so weit zurück wie der von datetime2 und datetimeoffset, doch der obere Grenzwert ist identisch (31. Dezember 9999). Wenn wir davon absehen, dass Zeitreisen in die Ära vor dem Jahr 1753 möglich werden könnten, gibt keine der verbesserten Funktionen einen datetime2- oder datetimeoffset-Wert zurück, der nicht in datetime umgewandelt werden könnte.

▶ **Einen ausführlichen Vergleich zwischen den verschiedenen Datentypen für Datums- und Uhrzeitangaben finden Sie auf *https://docs.microsoft.com/sql/t-sql/functions/date-and-time-data-types-and-functions-transact-sql*.**

Binäre Datentypen

Manche Daten lassen sich nicht effizient in Form eines alphanumerischen Strings ablegen. Beispielsweise sollten Daten, die von der Anwendung verschlüsselt wurden, und Inhalte von Dateien eines binären Formats, etwa PDF-Dateien, als Binärwerte gespeichert werden.

In SQL Server gibt es die Datentypen binary zur Speicherung von Binärwerten fester Länge und varbinary für Binärwerte variabler Länge. (Der Datentyp image ist veraltet und sollte nicht mehr verwendet werden.) Bei beiden Datentypen geben Sie die Anzahl der zu speichernden Bytes bis zu einem Höchstwert von 8000 an. Wenn Sie mehr als 8000 Bytes speichern müssen, verwenden Sie varbinary(max). Dadurch können Sie bis zu 2 GB speichern, wobei die Bytes aber nicht in der Datenzeile abgelegt werden.

Hinweis

Beim Speichern von Binärwerten, die durchschnittlich länger als 1 MB sind, sollten Sie die Verwendung von FILESTREAM in Erwägung ziehen. Mehr darüber erfahren Sie im Abschnitt »FILESTREAM« weiter hinten in diesem Kapitel.

Sie können die Daten für Spalten vom Typ varchar(max) und varbinary(max) in einer eigenen Dateigruppe speichern, ohne auf FILESTREAM zurückgreifen zu müssen. Geben Sie in der CREATE TABLE-Anweisung in einer TEXTIMAGE_ON-Klausel den Namen der Dateigruppe an, in der die LOB-Daten (Large Object) gespeichert werden sollen.

Sonderdatentypen

Neben den Datentypen zur Speicherung von üblichen numerischen, alphanumerischen, Datums- und Uhrzeitwerten bietet SQL Server auch Datentypen für besondere Zwecke.

Für einige dieser Sonderdatentypen gibt es SQL-CLR-Funktionen (Common Language Runtime), die die Arbeit damit erheblich vereinfachen. Beispielsweise hat der Datentyp `hierarchyid` die Funktion `ToString()`, die den gespeicherten Binärwert in ein für Menschen lesbares Format umwandelt. Bei den Namen dieser SQL-CLR-Funktionen wird zwischen Groß- und Kleinschreibung unterschieden, auch wenn diese Unterscheidung in der Instanz oder der Datenbank sonst nicht berücksichtigt wird.

Räumliche Datentypen

Die räumlichen Datentypen dienen zur Arbeit mit planaren (flachen) und ellipsoidischen Koordinaten (Darstellung der Erde als Rotationsellipsoid). Dabei ist der Datentyp `geometry` für flache Koordinatensysteme da und `geography` für Erdkoordinaten. Außerdem unterstützen beide Datentypen auch Höhenwerte (Z). Bei beiden handelt es sich um CLR-Typen, die in allen Datenbanken zur Verfügung stehen, unabhängig davon, ob die SQL-CLR-Funktion eingeschaltet ist oder nicht.

Für die Arbeit mit Werten dieser Datentypen stellt SQL Server verschiedene Methoden bereit, etwa um Schnittpunkte zu finden, Flächen und Abstände zu berechnen usw. SQL Server unterstützt sowohl die vom Open Geospatial Consortium (OGC) definierten Typen als auch von Microsoft gestaltete erweiterte Methoden. Die OGC-Methoden sind an ihrem ST-Präfix erkennbar.

Allgemein können Sie geometrische und geografische Werte mit der statischen Methode `STGeomFromTExt` erstellen. Damit lassen sich Punkte, Geraden und Polygone (geschlossene Formen) definieren. Das folgende Codebeispiel erstellt zwei geometrische Punkte mit den Koordinaten (0, 0) bzw. (10, 10), berechnet ihren Abstand und gibt diesen aus:

```
-- Definiert die Variablen
DECLARE @point1 GEOMETRY, @point2 GEOMETRY, @distance FLOAT;
-- Initialisiert die geometrischen Punkte
SET @point1 = geometry::STGeomFromText('POINT( 0 0)', 0);
SET @point2 = geometry::STGeomFromText('POINT(10 10)', 0);
-- Berechnet den Abstand
SET @distance = @point1.STDistance(@point2);
SELECT @distance;
```

Das Ergebnis beträgt ca. 14,14 (siehe Abb. 8.1; beachten Sie, dass hier keine Einheiten definiert sind). Das zweite Argument der Methode `STGeomFromText` ist die räumliche Referenz-ID (Spatial Reference ID, SRID), die nur für den Datentyp `geography` von Bedeutung ist. Da sie jedoch ein erforderlicher Parameter der Funktion ist, müssen Sie für `geometry`-Daten den Wert `0` angeben.

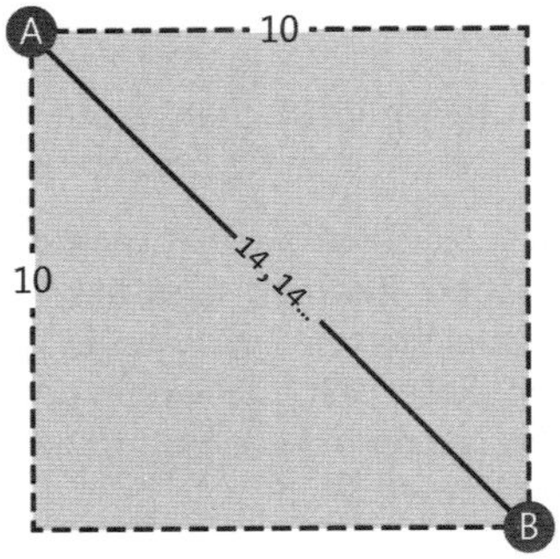

Abbildung 8.1 Die im Beispielskript definierte Geometrie

Die Verwendung räumlicher Datentypen in einer Datenbank ist nützlich, wenn das Datenbankmodul für räumliche Abfragen genutzt wird. Das Ergebnis solcher Abfragen haben Sie wahrscheinlich schon in vielen Anwendungen gesehen, etwa wenn Sie im Internet auf einer Karte nach der nächstgelegenen Pizzeria suchen. Der Anwendungscode könnte solche räumlichen Abfragen zwar auch durchführen, aber dann müsste die Datenbank sämtliche Pizzerien mit ihren Koordinaten zurückgeben. Durch die Ausführung der räumlichen Abfrage in der Datenbank wird der Umfang der Daten, die an die Anwendung zurückgegeben werden, erheblich verringert. SQL Server ermöglicht auch eine Indizierung von räumlichen Daten, um die Leistung von räumlichen Abfragen zu optimieren.

▶ **Eine vollständige Übersicht über die Datentypen `geometry` und `geography`, die dafür verfügbaren Methoden und SRIDs erhalten Sie auf *https://docs.microsoft.com/sql/t-sql/spatial-geometry/spatial-types-geometry-transact-sql* und *https://docs.microsoft.com/sql/t-sql/spatial-geography/spatial-types-geography*.**

Hinweis

Ein Beispiel für den Datentyp `geography` finden Sie in der Beispieldatenbank `WideWorldImporters`. Die Spalte `Border` in der Tabelle `Application.StateProvinces` ist vom Typ `geography`. Um diesen Datentyp in Aktion zu beobachten, führen Sie in SQL Server Management Studio eine `SELECT`-Anweisung in dieser Tabelle aus. Neben den Zeilenergebnissen zeigt SQL Server Management Studio auch eine Registerkarte mit räumlichen Ergebnissen an, auf der eine Karte der US-Bundesstaaten zu sehen ist.

Der Datentyp xml

Relationale Datenbanken dienen gewöhnlich zur Speicherung von stark strukturierten Daten, also solchen mit einem bekannten Schema. Ein Schema kann sich zwar ändern, aber jede Zeile in einer Tabelle hat jederzeit dieselben Spalten. Für einige Situationen ist dieses strenge Schema jedoch unangemessen. Es kann notwendig sein, Daten zu speichern, bei denen die einzelnen Zeilen unterschiedliche Attribute aufweisen können. Diese Anforderung lässt sich manchmal dadurch erfüllen, dass Sie NULL-fähige Spalten mit geringer Dichte hinzufügen. Eine Gruppe von Spalten geringer Dichte können Sie dann als Spaltensatz verwalten und für XML-Daten nutzen.

▶ **Mehr über Spalten geringer Dichte erfahren Sie in dem Abschnitt »Spalten geringer Dichte« weiter hinten in diesem Kapitel.**

Manchmal ist diese Vorgehensweise jedoch auch sehr lästig, denn wenn Sie eine erhebliche Anzahl von Spalten neu einführen müssen, kann das die Arbeit mit der Tabelle erschweren. Mit dem Datentyp `xml` lässt sich diese Spaltenvermehrung vermeiden. Wenn die Daten häufig im XML-Format verwendet werden, ist es oft auch wirtschaftlicher, sie gleich in diesem Format in der Datenbank zu speichern.

XML-Daten lassen sich zwar in `(N)VARCHAR`-Spalten ablegen, aber die Verwendung eines besonderen Datentyps erlaubt es SQL Server, Funktionen zum Validieren, Abfragen, Indizieren und Ändern von XML-Daten bereitzustellen.

In SQL Server 2016 wurde eine Unterstützung für JSON eingeführt, wobei dies jedoch kein Datentyp ist. Damit ist es möglich, JSON-Daten in `varchar`-Spalten zu analysieren, abzufragen und zu verändern.

▶ **Ausführliche Informationen über den Umgang mit JSON-Daten in SQL Server 2016 und höher erhalten Sie auf *https://docs.microsoft.com/sql/relational-databases/json/json-data-sql-server*.**

Zeilenversion

Der Datentyp `rowversion` generiert bei jeder Veränderung der Zeilendaten einen datenbankweit eindeutigen Binärwert. Der Wert wird bei jeder `INSERT`- und `UPDATE`-Anweisung inkrementiert, die die Zeile betrifft, selbst wenn außer diesem Wert keine anderen Zeilendaten verändert werden.

Hinweis

Der Datentyp `rowversion` war ursprünglich als `timestamp` bekannt. Es wird empfohlen, nur noch `rowversion` zu verwenden; `timestamp` gilt als veraltet und unerwünscht. Leider erinnert der Name `timestamp` an den Zeitstempel aus dem SQL-ISO-Standard, obwohl er ganz anders funktioniert. Auch wenn die ursprüngliche Bezeichnung etwas anderes anzudeuten scheint, wird durch `rowversion`-Daten kein Zeitpunkt markiert.

Eine `rowversion`-Spalte in einer Tabelle bietet eine hervorragende Möglichkeit, um für *optimistische Parallelität* zu sorgen. Wenn ein Client Daten in der Absicht liest, sie zu ändern, wird anders als bei der *pessimistischen Parallelität* keine Sperre eingerichtet. Stattdessen vergewissert sich der Client in derselben Transaktion, in der er die `UPDATE`-Anweisung ausführt, dass die Zeilenversion nicht von einem anderen Prozess geändert wurde. Ist das tatsächlich nicht der Fall, wird die Änderung durchgeführt. Entspricht der `rowversion`-Wert jedoch nicht mehr dem, den der Client ursprünglich gelesen hat, schlägt die Änderung fehl. Die Clientanwendung kann dann die aktuellen Werte abrufen und dem Benutzer eine Benachrichtigung und je nach Anwendung passende Optionen anzeigen. Viele Anwendungen für objektrelationale Abbildungen (Object-Relational Mapping, ORM), etwa Entity Framework, erlauben die Verwendung des Spaltentyps `rowversion` für optimistische Parallelität.

Expertentipp

Kann ich optimistische Parallelität auch ohne rowversion implementieren?

Es gibt noch andere Möglichkeiten, um optimistische Parallelität zu implementieren. Eine Clientanwendung kann die Werte der einzelnen Spalten in der zu bearbeitenden Zeile beobachten, damit sie nur die Spalten ändert, die nicht von anderer Stelle aktualisiert wurden. Nehmen wir beispielsweise an, Client A möchte in einer Datenzeile nur die Spalte `Name` ändern, während Client B die Spalte `Address` derselben Zeile aktualisiert. Wenn Client A versucht, die Spalte `Name` zu bearbeiten, stellt er fest, dass deren Wert unverändert geblieben ist, weshalb er mit seinem `UPDATE`-Vorgang fortfährt.

Diese Vorgehensweise ist für manche Situationen geeignet, hat aber ihre Nachteile. Erstens muss sich der Client einen zusätzlichen Status merken. In einer Webanwendung kann die Menge solcher Status sehr groß werden und sehr viel Speicher verschlingen. In einer Webfarm kann dazu sogar eine gemeinsam genutzte Statuskonfiguration erforderlich sein, da der Webclient bei der `GET`- und der `POST`-Anfrage nicht unbedingt mit demselben Webserver kommuniziert. Noch bedeutender aber ist der Umstand, dass die Datenzeile nach der zweiten Änderung inkonsistent sein kann. Wenn mehrere Clients einzelne Spalten derselben Zeile bearbeiten, kann es sein, dass die Daten in der Zeile nicht mehr eine gültige Geschäftssituation widerspiegeln. Mit Sicherheit sagen die Werte der Zeile nicht mehr das aus, was die einzelnen Clients glauben.

Bei der Gestaltung von Tabellen mit `rowversion`-Spalten müssen Sie folgende Einschränkungen bedenken:

- Eine Tabelle kann nur eine `rowversion`-Spalte haben.
- In `INSERT`- und `UPDATE`-Anweisungen können Sie keinen Wert für die `rowversion`-Spalte angeben. Anders als bei Identitäts- und berechneten Spalten müssen Sie die `rowversion`-Spalten jedoch in `INSERT`-Anweisungen angeben. Allerdings ist der Verzicht auf eine Spaltenliste ohnehin keine empfehlenswerte Vorgehensweise.
- Das Datenbankmodul generiert innerhalb einer Datenbank keine identischen `rowversion`-Werte. Allerdings sind diese Werte über mehrere Datenbanken oder Instanzen hinweg nicht eindeutig.
- Zu doppelten `rowversion`-Werten innerhalb einer Datenbank kann es kommen, wenn eine neue Tabelle mit `SELECT INTO` erstellt wird. Die `rowversion`-Werte in dieser Tabelle sind die gleichen wie diejenigen in der Quelltabelle. Das kann durchaus sinnvoll sein, etwa wenn Sie zur Änderung des Schemas einer Tabelle eine neue Tabelle erstellen und alle Daten dort hineinkopieren. In anderen Fällen ist dieses Verhalten jedoch nicht wünschenswert. Schließen Sie in solchen Situationen die `rowversion`-Spalten nicht in die `SELECT INTO`-Anweisung ein, sondern ändern Sie anschließend die neue Tabelle, um ihr eine `rowversion`-Spalte hinzuzufügen. In dem Begleitmaterial zu diesem Buch auf *https://aka.ms/SQLServ2017Admin/downloads* werden dieses Verhalten und die Lösungsmöglichkeiten anhand eines Beispielskripts veranschaulicht.

Der Datentyp uniqueidentifier

Der Datentyp `uniqueidentifier` speichert einen global eindeutigen Bezeichner (Globally Unique Identifier, GUID) von 16 Byte. SQL Server kann GUIDs mithilfe der beiden Funktionen `NEWID()` und `NEWSEQUENTIALID()` generieren, wobei Letztere einen GUID erstellt, der größer ist als der letzte von dieser Funktion *seit dem letzten Neuststart des Servers* erzeugte GUID. Sie können `NEWSEQUENTIALID()` nur als Standardwert für Spalten verwenden. Dieser Wert ist auch als gruppierter primärer Index geeignet. Da die von `NEWSEQUENTIALID()` generierten GUIDs im Gegensatz zu den Zufallswerten von `NEWID()` steigen, werden die Daten- und Indexseiten vollständig gefüllt.

Hinweis

Uns ist zwar kein Verwendungszweck für ein SQL Server-System ohne Netzwerkkarte bekannt, doch auf einem solchen System generierte GUIDs sind nicht unbedingt global eindeutig. Beim Erstellen eines GUIDs wird auch auf den Wert der MAC-Adresse zurückgegriffen. Auf Systemen ohne Netzwerkkarte verwendet der Algorithmus stattdessen Zufallswerte. Die Wahrscheinlichkeit für eine Kollision ist jedoch sehr gering.

▶ **Der Datentyp `uniqueidentifier` spielt eine wichtige Rolle bei einigen Replikationstechniken. Mehr darüber erfahren Sie in Kapitel 12.**

Der Datentyp hierarchyid

Mit dem Datentyp `hierarchyid` kann eine Anwendung hierarchische Daten in der Baumstruktur speichern und abfragen. In einer solchen Struktur hat jede Zeile ein Eltern- und null oder mehrere Kindobjekte. Es gibt ein einziges Stammelement, das durch einen einzelnen Schrägstrich (/) gekennzeichnet wird. `hierarchyid`-Werte werden im Binärformat gespeichert, aber gewöhnlich im Stringformat dargestellt. Alle Elemente einer Hierarchieebene (Geschwister) haben einen eindeutigen numerischen Wert (der auch einen Dezimalpunkt einschließen kann). In der Stringdarstellung von `hierarchyid`-Werten sind die einzelnen Ebenen durch Schrägstriche getrennt. Die Stringdarstellung beginnt stets mit dem Schrägstrich für das Stammelement und endet mit einem Schrägstrich.

In dem Beispiel aus Abb. 8.2 ist der `hierarchyid`-Wert mit der Stringdarstellung `/1/10/` ein Abkömmling des Elements `/1/`, das wiederum ein Abkömmling des impliziten Stammelements `/` ist. SQL Server erzwingt aber nicht das Vorhandensein einer Zeile mit dem Vorfahrenelement. Es ist daher möglich, etwa das Element `/3/1/` zu erstellen, auch wenn `/3/` nicht als Zeilenwert auftritt. Implizit ist das Element ein Kind von `/3/`, auch wenn es keine Zeile mit dem `hierarchyid`-Wert `/3/` gibt. Ebenso ist es auch möglich, die Zeile mit dem Element `/1/` zu löschen, selbst wenn es eine Zeile mit dem `hierarchyid`-Wert `/1/10/` gibt. Wenn Sie das nicht wollen, müssen Sie in der Anwendung oder der Datenbank für eine Logik sorgen, die die Existenz der Vorfahren beim Einfügen erzwingt und das Löschen von Vorfahren verhindert.

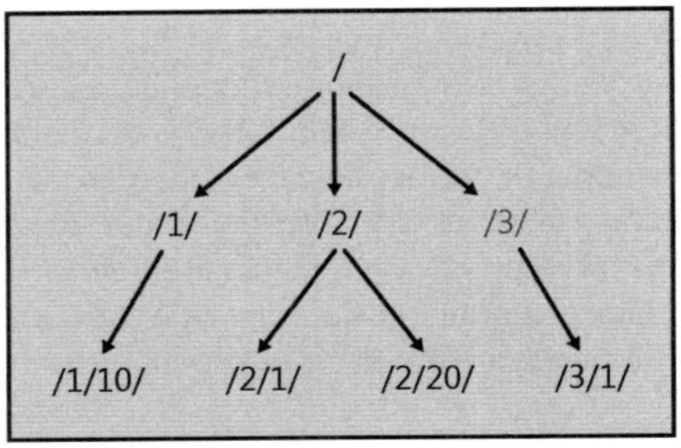

Abbildung 8.2 Ein Beispiel für hierarchyid-Werte. Der Wert /3/ ist grau dargestellt, da er nur impliziert ist.

Überraschenderweise erzwingt SQL Server nicht die Eindeutigkeit von hierarchyid-Werten, es sei denn, dass Sie einen eindeutigen Index oder eine Einschränkung für die hierarchyid-Spalte definieren. Daher ist es durchaus möglich, dass etwa das Element /3/1/ zweimal definiert ist. Eine solche Situation ist gewöhnlich nicht wünschenswert, weshalb wir empfehlen, für die Eindeutigkeit der hierarchyid-Werte zu sorgen.

Der Datentyp hierarchyid ist die richtige Wahl, wenn der Baum sehr wahrscheinlich nach aufeinanderfolgenden Kindelementen abgefragt wird, da die Zeilen bei der Indizierung erst nach der Tiefe gespeichert werden. Für die Breitensuche fügen Sie der Tabelle eine berechnete Spalte hinzu, die die Methode GetLevel() auf die hierarchyid-Spalte anwendet, und erstellen dann einen Index für die berechnete Spalte gefolgt von der hierarchyid-Spalte. In einem gruppierten Index können Sie jedoch keine berechnete Spalte verwenden, weshalb diese Lösung immer noch weniger effizient ist als ein gruppierter Index allein für die hierarchyid-Werte.

▶ **Einen vollständigen Überblick über den Datenbank** hierarchyid **erhalten Sie auf** ***https://docs.microsoft.com/sql/relational-databases/hierarchical-data-sql-server.***

Der Datentyp sql_variant

Der Datentyp sql_variant ermöglicht es, in einer Spalte Daten unterschiedlicher Typen zu speichern. Sie können diesen Typ auch als Parameter oder Variable verwenden. Neben dem eigentlichen Wert werden bei sql_variant auch Metadaten darüber gespeichert, darunter die Systemdaten des Werts, die maximale Größe, die Anzahl der Nachkommastellen und die Genauigkeit und die Sortierung. Die Verwendung von sql_variant ist jedoch oft ein Zeichen für schlechtes Datenbankdesign. Nutzen Sie diesen Typ nur mit Bedacht. Clientbibliotheken, die nicht wissen, wie sie damit umgehen sollen, konvertieren die Daten möglicherweise in NVARCHAR(4000).

Schlüssel und Beziehungen

Für ein sauberes Datenbankdesign ist eine *Normalisierung* unverzichtbar. Diesen Vorgang können wir in diesem Buch nicht behandeln. Wir wollen hier nur festhalten, dass damit logische Einheiten in mehrere miteinander in Beziehungen stehende Tabellen aufgespaltet werden. Nicht, dass wir jetzt lyrisch werden wollen, aber Schlüssel stellen praktisch das Nervensystem einer relationalen Datenbank dar: Sie stellen die Beziehungen zwischen den Tabellen her. In einem relationalen Datenbanksystem gibt es *Primärschlüssel* und *Fremd-*

schlüssel. Die Primärschlüsselwerte müssen innerhalb einer Tabelle eindeutig sein. In einer zugehörigen Tabelle können sie als Fremdschlüssel verwendet werden. Sind die Fremdschlüsselwerte auch in der zweiten Tabelle eindeutig, dann besteht zwischen den beiden Tabellen eine 1:1-Beziehung. Darauf wird im Abschnitt »Vertikale Partitionierung« weiter hinten in diesem Kapitel noch Bezug genommen.

Hinweis

In diesem Kapitel werden wir uns nicht mit Indizes beschäftigen, allerdings ist ein Primärschlüssel immer mit einem Index verknüpft. Auch Fremdschlüssel werden häufig indiziert, da ihre Werte oft zum Durchsuchen der Tabelle verwendet werden. Weitere Informationen über die Indizierung erhalten Sie in Kapitel 9 und 10.

Eine Tabelle kann nur genau einen Primärschlüssel haben, allerdings kann dieser Schlüssel aus mehreren Spalten bestehen. In diesem Fall spricht man von einem *zusammengesetzten Primärschlüssel*. Eine NULL-fähige Spalte kann jedoch niemals ein Primärschlüssel oder Teil eines Primärschlüssels sein. Wenn die Werte weiterer Spalten eindeutig sein sollen, können Sie einen eindeutigen Index oder eine Einschränkung darauf anwenden (siehe den nächsten Abschnitt).

Hinweis

In den meisten Fällen ist es in SQL Server nicht erforderlich, dass Tabellen über einen Primärschlüssel verfügen. Für einige Funktionen, etwa `FILESTREAM` oder bestimmte Formen der Replikation, kann dies jedoch nötig sein. Im Allgemeinen sollten Sie Tabellen immer mit einem Primärschlüssel anlegen, es sei denn, es gibt einen guten Grund, es nicht zu tun.

Fremdschlüssel dienen dazu, die *referenzielle Integrität* herzustellen. Das bedeutet, dass die Werte in den Fremdschlüsselspalten in den Primärschlüsselspalten vorhanden sein müssen. Standardmäßig wird die referenzielle Integrität der Fremdschlüssel in SQL Server erzwungen. Es ist möglich, einen Fremdschlüssel ohne Durchsetzung der referenziellen Integrität zu erstellen oder die referenzielle Integrität eines Fremdschlüssels nachträglich aus- oder einzuschalten. Das ist für Importe und für bestimmte Wartungsvorgänge in der Datenbank nützlich. Um die Integrität Ihrer Daten zu erhalten, sollte die referenzielle Integrität der Fremdschlüssel eingeschaltet sein.

Hinweis

Wenn mindestens eine Spalte in einem zusammengesetzten Fremdschlüssel einen NULL-Wert enthält, führt das dazu, dass die Zeile die Integritätsprüfung besteht, auch wenn die anderen Spalten Werte enthalten, die in der Elterntabelle nicht enthalten sind. Um für referenzielle Integrität zu sorgen, sollten Sie in keiner der Spalten eines Fremdschlüssels NULL-Werte zulassen.

Eine Tabelle kann mehrere Fremdschlüssel enthalten. Ein Fremdschlüssel kann nicht auf einen Primärschlüssel, sondern auch auf die Spalten eines nicht gefilterten eindeutigen Index verweisen.

Bei der Definition eines Fremdschlüssels können Sie eine *Kaskadierung* festlegen. Sie tritt auf, wenn der Primärschlüsselwert in einer Elternzeile aktualisiert oder die Elternzeile gelöscht wird. Die Operation, die an der Elternzeile ausgeführt wurde, wird dann auf die Kindzeilen angewendet. Wurde also der Primärschlüsselwert geändert, so werden auch die Fremdschlüsselwerte aktualisiert, und wurde die Elternzeile gelöscht, so werden die Fremdschlüsselwerte entfernt. Alternativ ist es auch möglich, dass bei Änderungen und Löschungen in der Elterntabelle keine weiteren Maßnahmen ergriffen werden (was die Standardeinstellung ist, wobei UPDATE- und DELETE-Anweisungen fehlschlagen, falls auch die referenzielle Integrität durchgesetzt wird), dass der Fremdschlüsselwert auf NULL gesetzt wird (wodurch praktisch eine verwaiste Zeile entsteht) und dass der Fremdschlüsselwert auf die Angabe in der DEFAULT-Einschränkung gesetzt wird (wodurch die Kindzeile letzten Endes einer anderen Elternzeile zugeordnet wird).

Einschränkungen

Einschränkungen legen Regeln fest, denen die Daten gehorchen müssen. Diese Regeln werden vom Datenbankmodul durchgesetzt. Das macht Einschränkungen zu einem wirkungsvollen Mechanismus, um Datenintegrität zu garantieren. Im vorherigen Abschnitt haben Sie sich mit Primär- und Fremdschlüsseln schon zwei Arten von Einschränkungen angesehen. In diesem Abschnitt beschäftigen wir uns mit UNIQUE-, CHECK- und DEFAULT-Einschränkungen.

Eine UNIQUE-Einschränkung erzwingt die Eindeutigkeit der Werte in einer Spalte oder in mehreren ausgewählten Spalten. Anders als beim Primärschlüssel können die Spalten jedoch NULL-fähig sein.

Mit einer CHECK-Einschränkung können Regeln durchgesetzt werden, die sich durch einen booleschen Ausdruck beschreiben lassen. Beispielsweise gibt es in der Tabelle Sales.Invoices der Beispieldatenbank WideWorldImporters eine CHECK-Einschränkung, nach der die Spalte ReturnedDeliveryData entweder NULL sein oder gültige JSON-Daten enthalten muss. CHECK-Einschränkungen können auf mehr als eine Spalte verweisen. Sehr häufig werden sie eingesetzt, um zu verlangen, dass eine Spalte nicht NULL sein kann, wenn eine andere Spalte einen bestimmten Wert enthält.

Mithilfe zusammengesetzter Bedingungen lassen sich auch CHECK-Bedingungen für geänderte Anforderungen aufstellen. Nehmen wir an, dass eine zuvor NULL-fähige Spalte aufgrund einer neuen Geschäftsregel jetzt einen Wert enthalten muss, es aber keinen geeigneten Standardwert für die bereits bestehenden Spalten gibt. In einem solchen Fall können Sie mit einer CHECK-Einschränkung überprüfen, ob der Wert einer ID- oder Datumsspalte größer ist als der Wert beim Inkrafttreten der neuen Regel. Wenn etwa die Tabelle Sales.Invoices die NULL-fähige Spalte Comments enthält, nach dem 1. Februar 2018 aber jede neue oder geänderte Rechnung in dieser Spalte einen Wert enthalten muss, dann können Sie die Tabelle mit dem folgenden Skript ändern:

```
ALTER TABLE Sales.Invoices WITH CHECK
    ADD CONSTRAINT CH_Comments CHECK (LastEditedWhen < '2018-02-01'
    OR Comments IS NOT NULL);
```

Was Sie mit einer Einschränkung jedoch nicht erreichen können, ist, dass eine Spalte entweder NULL oder einen eindeutigen Wert enthalten muss. Hierzu müssen Sie einen *gefilterten eindeutigen Index* verwenden.

Als dritte und letzte Art gibt es noch DEFAULT-Einschränkungen. Sie geben einen Standardwert an, der verwendet wird, wenn in einer INSERT-Anweisung kein Wert für die betreffende Spalte angegeben ist.

Sequenzen

Eine Sequenz ist ein Datenbankobjekt, das eine Folge numerischer Werte erzeugt. In welcher Weise das geschieht, wird durch den Anfangswert, das Inkrement und den Mindest- und Höchstwert bestimmt. Bei positivem Inkrement ergibt sich eine aufsteigende Folge, bei negativem eine absteigende. Ein Sequenzobjekt ähnelt einer Spalte mit Identitätswerten, wobei es aber einige wichtige Unterschiede gibt:

- Sequenzen lassen sich auch zyklisch definieren. Gelangt eine aufsteigende Folge an den oberen bzw. eine absteigende an den unteren Grenzwert, so wird als Nächstes wieder der Mindest- bzw. Höchstwert ausgegeben.
- Eine Sequenz ist nicht auf eine Tabelle beschränkt. Sie können die von der Sequenz erzeugten Zahlen in jeder Tabelle der Datenbank und auch außerhalb von Tabellen verwenden.
- Die Zahlen einer Sequenz lassen sich auch generieren, ohne eine neue Zeile in eine Tabelle einzufügen.
- Eindeutigkeit wird nicht erzwungen. Wenn eindeutige Werte benötigt werden, müssen Sie auf die Spalte, in der die generierten Zahlen gespeichert werden, einen eindeutigen Index anwenden.
- Die von einer Sequenz erzeugten Werte können aktualisiert werden.

Sequenzen werden verwendet, wenn die Anwendung zu beliebigen Zeiten numerische Folgen erstellen muss, etwa vor dem Einfügen von Zeilen. Betrachten Sie den gängigen Fall einer Eltern-Kind-Beziehung. Die meisten Entwicklerwerkzeuge erwarten zwar, mit Identitätsspalten zu arbeiten, doch kann es Vorteile für die Anwendung haben, den Wert des Primärschlüssels einer neuen Elternzeile zu kennen und als Fremdschlüssel in den Kindzeilen zu verwenden. Eine Folge ist auch dann nützlich, wenn eine Zahlenfolge über mehrere Tabellen hinweg geführt werden soll. Zu den kreativeren Verwendungszwecken für Sequenzen gehört etwa eine Folge mit einem kleinen Bereich, z. B. nur fünf Zahlen, um neue Zeilen automatisch und zufällig auf fünf Buckets zu verteilen.

Sequenzen werden mit dem Befehl `CREATE SEQUENCE` erstellt. Dabei müssen Sie den Datentyp `integer`, den Anfangswert, das Inkrement, den Mindest- und den Höchstwert angeben und festlegen, ob die Folge beim Erreichen des oberen oder unteren Grenzwerts zyklisch wieder aufgenommen werden soll. All diese Angaben sind jedoch optional. Wenn sie fehlen, wird als Datentyp `bigint`, als Inkrement 1 und als Mindest- und Höchstwert der Mindest- und Höchstwert des zugrunde liegenden Datentyps verwendet und eine nicht zyklische Sequenz erstellt. Das folgende Beispielskript legt die Sequenz `MySequence` vom Typ `int` an, die bei 1001 beginnt, um 1 erhöht wird, bis 1003 erreicht ist, und danach wieder mit 1001 weitergeht. Das Skript zeigt auch das zyklische Durchlaufen von Werten mit einer `WHILE`-Schleife.

```
-- Definiert die Sequenz
CREATE SEQUENCE dbo.MySequence AS int
    START WITH 1001
    INCREMENT BY 1
    MINVALUE 1001
    MAXVALUE 1003
    CYCLE;
```

Kapitel 8

```
-- Deklariert einen Schleifenzähler
DECLARE @i int = 1;
-- Wird viermal ausgeführt
WHILE (@i <= 4)
BEGIN
    -- Ruft den nächsten Wert der Sequenz ab
    SELECT NEXT VALUE FOR dbo.MySequence AS NextValue;
    -- Setzt den Schleifenzähler herauf
    SET @i = @i + 1;
END
```

Dieses Skript gibt die Werte 1001, 1002, 1003 und 1001 aus. Durch den Aufruf von `NEXT VALUE FOR` wird die Sequenz verwendet. Sie können `NEXT VALUE FOR` als `DEFAULT`-Einschränkung sowie als Funktionsparameter verwenden. Es gibt jedoch eine ganze Menge Stellen, an denen `NEXT VALUE FOR` nicht stehen darf.

▶ **Eine Aufstellung der Einschränkungen für die Verwendung von `NEXT VALUE FOR` finden Sie auf *https://docs.microsoft.com/sql/t-sql/functions/next-value-for-transact-sql#limitations-and-restrictions*.**

Hinweis

Sequenzen werden standardmäßig zwischengespeichert. Sie können die Zwischenspeicherung ausschalten, indem Sie in der `CREATE SEQUENCE`-Anweisung die Klausel `NO CACHE` angeben. Um die Größe des Caches zu steuern, geben Sie in der Klausel `CACHE` eine Integerkonstante an.

Achtung

Wenn Sie in einer `INSERT`- oder `UPDATE`-Anweisung mehrere Male `NEXT VALUE FOR` verwenden, wird pro Zeile nur ein Wert verwendet. Beispielsweise erhalten die erste und die zweite Spalte der neuen Zeile in dem folgenden T-SQL-Code denselben Wert:

```
INSERT INTO dbo.SomeTable VALUES (NEXT VALUE FOR MySequence,
    NEXT VALUE FOR MySequence, 'More data...');
```

Das ist jedoch meistens nicht das, was Sie tun wollen. Die Lösung besteht darin, zwei verschiedene Sequenzen zu verwenden, wobei jedoch nicht garantiert ist, dass sie unterschiedliche Zahlen zurückgeben, selbst wenn die Anfangswerte unterschiedlich sind. Um unterschiedliche Zahlen zu garantieren, müssen Sie eine `CHECK`-Einschränkung für die Tabelle festlegen. Allerdings raten wir Ihnen dazu, in einem solchen Fall zunächst einmal zu prüfen, ob die Tabelle wirklich zwei Spalten mit automatisch generierten numerischen Werten benötigt.

`NEXT VALUE FOR` erzeugt immer nur einen Wert auf einmal. Wenn mehrere Werte auf einmal benötigt werden, kann die Anwendung die gespeicherte Prozedur `sp_sequence_get_range` verwenden. Sie generiert so viele Zahlen der Folge wie angegeben und gibt Metadaten über diese Zahlen zurück, aber nicht die Zahlen selbst. Das folgende Beispielskript nutzt die Sequenz `MySequence`, um fünf Zahlen zu generieren. Die Metadaten werden in Variablen erfasst und später ausgegeben. Der Datentyp der meisten Ausgabeparameter ist `sql_variant`. Der zugrunde liegende Typ dieser Parameter ist der Datentyp der Sequenz.

```
-- Deklariert Variablen für die Metadaten
DECLARE @FirstVal sql_variant, @LastVal sql_variant,
    @Increment sql_variant, @CycleCount int,
    @MinVal sql_variant, @MaxVal sql_variant;
-- Generiert fünf Zahlen und erfasst alle Metadaten
EXEC sp_sequence_get_range 'MySequence'
    , @range_size = 5
    , @range_first_value = @FirstVal OUTPUT
    , @range_last_value = @LastVal OUTPUT
    , @range_cycle_count = @CycleCount OUTPUT
    , @sequence_increment = @Increment OUTPUT
    , @sequence_min_value = @MinVal OUTPUT
    , @sequence_max_value = @MaxVal OUTPUT;
-- Gibt die Werte der Ausgabeparameter aus
SELECT @FirstVal AS FirstVal, @LastVal AS LastVal
    , @CycleCount AS CycleCount, @Increment AS Increment
    , @MinVal AS MinVal, @MaxVal AS MaxVal;
```

Dieses Beispielskript zeigt bei jeder Ausführung eine andere Ausgabe, allerdings wiederholen sich die Ergebnisse nach jeweils drei Zyklen.

Hinweis

Der einzige erforderliche Ausgabeparameter ist `@range_first_value`**, doch wenn die Anwendung andere Werte als den ersten verwenden soll, muss sie alle Metadaten nutzen, die als optionale Ausgabeparameter zurückgegeben werden. Ohne sie kann die Anwendung die generierten Werte nicht zuverlässig ableiten. Es ist Sache der Anwendung, die generierten Zahlen aus den Ausgabeparametern für den ersten Wert, den letzten Wert, das Inkrement, den Mindest- und Höchstwert und die Zyklusanzahl zu berechnen.**

Troubleshooting

Fehler 11732 bei der Verwendung von Sequenzen

Dieser Fehler bedeutet, dass der Grenzwert einer nicht zyklischen Sequenz erreicht ist. Wenn er bei der Verwendung der gespeicherten Prozedur `sp_sequence_get_range` **auftritt, werden keine Werte ausgegeben. Die Sequenz ist also in keiner Weise betroffen.**

Benutzerdefinierte Datentypen

In SQL Server ist es möglich, neue Datentypen zu erstellen. Dabei gibt es zwei Varianten: Benutzerdefinierte Datentypen (BDTs) als Alias für vorhandene Datentypen sowie benutzerdefinierte .NET Framework-Typen. Für einen BDT gibt es keine besonderen Anforderungen, da es sich dabei lediglich um einen neuen Namen für einen Systemdatentyp handelt, der optional noch um eine Längen- oder Präzisionsangabe, NULL-Fähigkeit, einen Standardwert oder eine Validierungsregel erweitert werden kann. Wollen Sie beispielsweise dafür sorgen, dass ein Kundenname stets als `nvarchar`-Spalte mit einer Höchstlänge von 100 Zeichen definiert wird, können Sie die folgende `CREATE TYPE`-Anweisung verwenden:

```
CREATE TYPE CustomerNameType FROM NVARCHAR(100);
GO
```

Anschließend können Sie überall, wo Sie normalerweise NVARCHAR(100) angeben würden, auch einfach CustomerNameType schreiben, etwa in der Spaltendefinition einer Tabelle, als Rückgabetyp einer skalaren Funktion oder als Parameter einer gespeicherten Prozedur. Das folgende Beispiel zeigt einen Ausschnitt aus einer CREATE TABLE-Anweisung. Es beruht auf der Tabelle Customers der Beispieldatenbank WideWorldImporters, wobei NVARCHR(100) aber durch CustomerNameType ersetzt ist:

```
CREATE TABLE [Sales].[Customers] (
    [CustomerID] INT NOT NULL,
    [CustomerName] CustomerNameType,
    ...
```

Den BDT CustomerNameType können Sie um einen Standardwert und eine Validierungsregel ergänzen, auch wenn dies inzwischen als veraltet gilt. Der folgende T-SQL-Code legt zunächst den Standardwert 'NA' sowie die Regel fest, dass der Wert entweder eine Länge von mindestens drei Zeichen haben oder 'NA' sein muss. Anschließend bindet er diesen Standardwert und die Regel an den BDT CustomerNameType:

```
-- Erstellt einen datenbankweit gültigen Standardwert
CREATE DEFAULT CustomerNameDefault
AS 'NA';
GO
-- Erstellt eine datenbankweit gültige Validierungsregel
CREATE RULE CustomerNameRule
AS
-- Lässt den Wert 'NA' (den Standardwert) zu
@value = 'NA' OR
-- Anderenfalls muss der Wert mindestens drei Zeichen lang sein
LEN(@value) >= 3;
GO
-- Bindet den Standardwert und die Regel an den BDT CustomerNameType
EXEC sp_bindefault 'CustomerNameDefault', 'CustomerNameType';
EXEC sp_bindrule 'CustomerNameRule', 'CustomerNameType';
```

Hinweis

Beachten Sie die Verwendung der Anweisung GO zwischen den CREATE-Anweisungen. Sie ist erforderlich, da die beiden CREATE-Anweisungen jeweils in einem eigenen Batch ausgeführt werden müssen.

Nach der Ausführung dieser Anweisungen wird bei den meisten Vorkommen von CustomerNameType die Validierungsregel durchgesetzt. Eine bemerkenswerte Ausnahme besteht bei der Verwendung des Datentyps in einer Variablendeklaration.

Benutzerdefinierte .NET-Typen müssen Sie in einer .NET-Sprache wie C# entwickeln und dann in ein .NET-Assembly kompilieren. Dieses Assembly registrieren Sie dann in der Datenbank, in der der Datentyp verwendet werden soll. Dazu muss in der Datenbank SQL CLR eingeschaltet sein.

Wir müssen Sie jedoch vor einer großzügigen Verwendung von benutzerdefinierten Datentypen beider Varianten warnen. Sie können das Datenbankschema erheblich schwerer verständlich machen und auch die Fehlersuche erschweren. Insbesondere die Alias-Typen bringen wenig zusätzlichen Nutzen, da sie kein neues Verhalten verursachen. Mit SQL-CLR-Typen lässt sich zwar ein neues Verhalten hervorrufen, allerdings besteht dabei ein erhebliches Sicherheitsrisiko.

Hinweis

Benutzerdefinierte Datentypen sind für speicheroptimierte Tabellen sinnvoll, mit denen wir uns weiter hinten in diesem Kapitel beschäftigen werden.

Spalten geringer Dichte

Wie Sie bereits gesehen haben, bilden Spalten geringer Dichte eine mögliche Lösung zum Einsparen von Speicherplatz für Tabellen mit vielen NULL-Werten. Der Preis für den geringeren Speicherplatzbedarf zur Speicherung der NULL-Werte besteht jedoch aus einem erhöhten Mehraufwand für den Abruf der Werte, die nicht NULL sind. Laut Aussage von Microsoft ist eine Speicherplatzeinsparung von mindestens 20 % erforderlich, um den Mehraufwand wettzumachen.

▶ **Die Aufstellung auf *https://docs.microsoft.com/sql/relational-databases/tables/use-sparse-columns* zeigt, welche Platzeinsparungen bei der Verwendung von Spalten geringer Dichte für die verschiedenen Datentypen zu erwarten sind.**

Hinweis

Die Datentypen `geography`, `geometry`, `image`, `text`, `ntext`, `timestamp` **sowie benutzerdefinierte Datentypen können nicht als Spalten geringer Dichte definiert werden.**

Spalten geringer Dichte werden in `CREATE TABLE`- und `ALTER TABLE`-Anweisungen mit dem Schlüsselwort `SPARSE` definiert. Das folgende Beispielskript erstellt die Tabelle `OrderDetails` mit zwei Spalten geringer Dichte, nämlich `ReturnedData` und `ReturnedReason`. Spalten geringer Dichte sind hier nützlich, da wir davon ausgehen, dass die meisten Produkte nicht zurückgegeben werden, und die Spalten `ReturnedData` und `ReturnedReason` nur gelegentlich abgerufen werden müssen.

```
CREATE TABLE OrderDetails (
    OrderId int NOT NULL,
    OrderDetailId int NOT NULL,
    ProductId int NOT NULL,
    Quantity int NOT NULL,
    ReturnedDate date SPARSE NULL,
    ReturnedReason varchar(50) SPARSE NULL);
```

Hinweis

Der Kürze halber werden in dem vorstehenden `CREATE TABLE`**-Skript keine Primär- oder Fremdschlüssel oder sonstigen Spalten definiert, die in einer Tabelle mit Auftragsinformationen zu erwarten sind.**

Kapitel 8

Berechnete Spalten

Die Daten werden in den Spalten gewöhnlich in ihrer ursprünglichen Form festgehalten. Abgeleitete Daten, die aus einer Berechnung hervorgehen, werden normalerweise nicht gespeichert, sondern von der Anwendungen bei Bedarf ermittelt. Unter Umständen kann es jedoch vorteilhaft sein, auch abgeleitete Daten in der Datenbank zu speichern. In SQL Server ist dies mithilfe von berechneten Spalten und indizierten Sichten möglich (wobei wir in diesem Kapitel jedoch nicht auf indizierte Sichten eingehen). Berechnete Spalten werden in einer Tabelle als Ergebnis eines Ausdrucks definiert, der andere Spalten in der Tabelle, Funktionsaufrufe und möglicherweise auch Konstanten umfasst.

Eine berechnete Spalte kann permanent gespeichert werden, doch standardmäßig ist das nicht der Fall. In jedem Fall aber stellt eine berechnete Spalte einen Kompromiss dar. Die Verwendung einer solchen Spalte – ob permanent gespeichert oder nicht – bedeutet, dass Sie Geschäftslogik in die Datenbank aufnehmen müssen, um die Daten zu berechnen. Das kann unter Umständen vorteilhaft sein, da diese Berechnung dann zentral in der Datenbank stattfindet, und nicht auf mehreren Systemen. Bei der Verwendung permanent gespeicherter berechneter Spalten erhöhen Sie die Effizienz der Berechnung auf Kosten des Speicherplatzes.

Wird zur Berechnung der Spalte ein deterministischer Ausdruck verwendet, kann die Spalte auch indiziert werden. Ein Ausdruck ist deterministisch, wenn er für die gleichen Eingaben stets die gleichen Ergebnisse liefert. Dagegen ist beispielsweise ein Ausdruck, der die Funktion `SYSDATETIME()` nutzt, nicht deterministisch.

▶ **Eine vollständige Beschreibung der Indizierung berechneter Spalten finden Sie auf *https://docs.microsoft.com/sql/relational-databases/indexes/indexes-on-computed-columns*.**

Die Tabelle `Sales.Invoices` der Beispieldatenbank `WideWorldImporters` enthält zwei berechnete Spalten. Die eine ist `ConfirmedDeliveryTime`. Sie wird durch die Konvertierung des JSON-Werts aus der Spalte `ReturnedDeliveryDate` in einen `datetime2`-Wert gebildet, wobei der `datetime2`-Wert nicht permanent gespeichert wird. Das bedeutet, dass der Ausdruck bei jeder Abfrage von `ConfirmedDeliveryDate` erneut ausgewertet wird. Bei einer permanent gespeicherten berechneten Spalte wird der Ausdruck dagegen nur beim Erstellen und Ändern der Zeile berechnet.

Bei der Definition einer berechneten Spalte geben Sie in der `AS`-Klausel statt eines Datentyps einen Ausdruck an. Wenn Sie in der Tabelle `Sales.OrderLines` derselben Beispieldatenbank eine Spalte erstellen wollen, die den Gesamtpreis für die Bestellzeile berechnet, können Sie dazu die folgende SQL-Anweisung verwenden:

```
ALTER TABLE Sales.OrderLines
    ADD ExtendedPrice AS (Quantity * UnitPrice) PERSISTED;
```

Dadurch wird in der Tabelle die neue Spalte `ExtendedPrice` angelegt, deren Wert mit dem Ausdruck `Quantity * UnitPrice` berechnet wird. Da wir diesen Wert wahrscheinlich häufig berechnen müssen, wird die Spalte gespeichert. Der Typ der Spalte wird von SQL Server anhand des Ergebnisses bestimmt. In diesem Fall wird als Datentyp `decimal(29, 2)` verwendet. Wenn sich dieser ermittelte Typ nicht für Ihre Bedürfnisse eignet, können Sie ihn in einen anderen umwandeln.

Besondere Tabellentypen

Je spezifischer die Bedürfnisse für die Datenspeicherung wurden, umso mehr Funktionen sind zu SQL Server hinzugekommen, um diese Bedürfnisse mithilfe besonderer Arten von Tabellen zu erfüllen. Damit lassen sich Situationen bewältigen, die Datenbankadministratoren sonst große Mühen bereiten würden. Die in diesem Abschnitt vorgestellten Tabellentypen erfüllen daher Anforderungen, die auch ohne sie verwirklicht werden können, nehmen Ihnen aber erheblich viel Arbeit mit dem Datenbankmodul ab. Wir beschreiben hier temporale, speicheroptimierte, externe und Graphentabellen. Ein weiterer besonderer Tabellentyp, nämlich `FileTable`, ist Thema des nächsten Abschnitts.

Temporale Tabellen mit Systemversionsangabe

Temporale Tabellen enthalten nicht nur die aktuellen Werte der Zeilen, sondern auch frühere Werte. Sie schließen zwei ausdrücklich definierte Spalten vom Typ `datetime2` ein, die die Gültigkeitsdauer der Zeile angeben. Neben der aktuellen Tabelle gibt es eine begleitende Verlaufstabelle mit demselben Schema. SQL Server kann die Verlaufstabelle zur selben Zeit anlegen wie die aktuelle Tabelle, allerdings müssen Sie dabei den Namen der Verlaufstabelle angeben. Alternativ können Sie auch eine bestehende Tabelle als Verlaufstabelle verwenden. In diesem Fall prüft das Datenbankmodul, ob das Schema übereinstimmt.

Hinweis

Die Spalten mit dem Anfangs- und Enddatum der Gültigkeitszeit werden von SQL Server ausgefüllt, wobei die Werte UTC-Zeitangaben sind. Keiner dieser Spalten kann jemals NULL sein.

SQL Server erledigt auch die Verschiebung von Daten von der aktuellen in die Verlaufstabelle. Bei den verschiedenen DML-Operationen geschieht dabei jeweils Folgendes:

- `INSERT/BULK INSERT` Eine neue Zeile wird in die aktuelle Tabelle eingeführt. Der Anfangszeitpunkt der Gültigkeit wird auf den Anfangszeitpunkt der Transaktion gesetzt und der Endzeitpunkt der Gültigkeit auf den Maximalwert des Typs `datetime2`, also den 31. Dezember 9999 einen Sekundenbruchteil vor Mitternacht (bzw. eine ganze Sekunde vor Mitternacht bei der Verwendung von `datetime2(0)`). Die Verlaufstabelle wird nicht geändert.
- `UPDATE` In die Verlaufstabelle wird eine neue Zeile mit den alten Werten eingefügt. Der Endzeitpunkt der Gültigkeit wird auf den Anfangszeitpunkt der Transaktion gesetzt. In der aktuellen Tabelle wird die Zeile mit den neuen Werten aktualisiert und der Anfangszeitpunkt der Gültigkeit auf den Anfangszeitpunkt der Transaktion gesetzt. Wird eine Zeile innerhalb einer Transaktion mehrmals aktualisiert, werden in die Verlaufstabelle mehrere Zeilen mit denselben Anfangs- und Endzeitpunkten für die Gültigkeit eingefügt.
- `DELETE` Der Verlaufstabelle wird eine neue Zeile mit den Werten aus der aktuellen Tabelle hinzugefügt. Der Endzeitpunkt der Gültigkeit wird auf den Anfangszeitpunkt der Transaktion gesetzt. In der aktuellen Tabelle wird die Zeile entfernt.

Hinweis

Für eine MERGE-Anweisung sind keine besonderen Erwägungen erforderlich. Die INSERT-, UPATE- und DELETE-Anweisungen der Zusammenführung werden wie gehabt nach Bedarf ausgeführt. Dadurch werden Zeilen wie zuvor beschrieben hinzugefügt und geändert.

Wenn Sie nur an den aktuellen Daten interessiert sind, unterscheidet sich die Abfrage einer temporalen Tabelle nicht von der einer anderen Tabelle. Dadurch können Sie Tabellen in der Datenbank in temporale Tabellen umwandeln, ohne die Anwendung ändern zu müssen. Für Abfragen, die Verlaufsdaten oder eine Kombination aus aktuellen und Verlaufsdaten zurückgeben sollen, können Sie in der FROM-Klausel der SELECT-Anweisung die Klausel FOR SYSTEM_TIME verwenden. Dafür gibt es fünf Unterklauseln, mit denen Sie den Zeitraum bestimmen, aus dem Sie Zeilen abrufen wollen. Die folgende Aufstellung beschreibt die Unterklauseln und gibt jeweils ein Beispiel an, das Sie in der Datenbank WideWorldImporters ausführen können, um sich die Auswirkungen anzusehen.

Hinweis

Die Spalte IsCurrent in der Ausgabe gibt an, ob es sich bei der zurückgegebenen Zeile um eine aktuelle oder eine Verlaufszeile handelt. Dazu wird einfach geprüft, ob die Spalte ValidTo den Maximalwert von datetime2 enthält. Aufgrund der Natur der Beispieldaten in WideWorldImporters kann es sein, dass Sie erst mehrere Hundert Zeilen durchscrollen müssen, bevor Sie auf einen IsCurrent-Wert von 0 stoßen, der auf eine Verlaufszeile hindeutet.

- ALL Das Resultset ist im Grunde genommen die Vereinigung der aktuellen und der Verlaufstabelle. Für einen Primärschlüssel in der aktuellen Tabelle können mehrere Zeilen zurückgegeben werden, wenn es einen oder mehrere Verlaufseinträge für die Zeile gibt:

```
SELECT PersonID, FullName,

    CASE WHEN ValidTo = '9999-12-31 23:59:59.9999999' THEN 1

        ELSE 0 END AS IsCurrent

FROM Application.People FOR SYSTEM_TIME ALL

ORDER BY ValidFrom;
```

- AS OF Die Klausel AS OF gibt die Zeilen zurück, die zu einem bestimmten Zeitpunkt gültig waren (angegeben in UTC). Zeilen, die zu diesem Zeitpunkt bereits aus der aktuellen Tabelle gelöscht worden oder noch nicht vorhanden waren, sind dabei nicht eingeschlossen:

```
SELECT PersonID, FullName,
    CASE WHEN ValidTo = '9999-12-31 23:59:59.9999999' THEN 1
        ELSE 0 END AS IsCurrent
FROM Application.People FOR SYSTEM_TIME AS OF '2016-03-13'
ORDER BY ValidFrom;
```

- FROM...TO Diese Unterklausel gibt alle Zeilen zurück, die zwischen den beiden angegebenen Grenzwerten gültig waren. Eine Zeile wird also in das Resultset eingeschlossen, wenn die Anfangszeit ihrer Gültigkeit vor dem oberen Grenzwert oder die Endzeit nach dem unteren Grenzwert liegt. Zeilen, die genau am oberen Grenzwert gültig oder am unteren Grenzwert ungültig wurden, sind nicht eingeschlossen. Diese Klausel kann für einen Primärschlüssel mehrere Zeilen zurückgeben.

```
SELECT PersonID, FullName,
    CASE WHEN ValidTo = '9999-12-31 23:59:59.9999999' THEN 1
        ELSE 0 END AS IsCurrent
FROM Application.People FOR SYSTEM_TIME FROM '2016-03-13' TO '2016-04-23'
ORDER BY ValidFrom;
```

- `BETWEEN...AND` Diese Klausel ähnelt `FROM...TO`, allerdings werden Zeilen eingeschlossen, die genau am oberen Grenzwert gültig wurden:

```
SELECT PersonID, FullName,
    CASE WHEN ValidTo = '9999-12-31 23:59:59.9999999' THEN 1
        ELSE 0 END AS IsCurrent
FROM Application.People FOR SYSTEM_TIME BETWEEN '2016-03-13' AND '2016-04-
23'
ORDER BY ValidFrom;
```

- `CONTAINED IN (,)` Diese Unterklausel gibt Zeilen zurück, die nur zwischen dem unteren und dem oberen Grenzwert aktiv waren. Wurde eine Zeile vor dem unteren Grenzwert oder nach dem oberen ungültig, so wird sie nicht eingeschlossen. Zeilen, die genau am oberen Grenzwert gültig oder am unteren Grenzwert ungültig wurden, sind jedoch im Resultset enthalten. Liegt die obere Grenze vor dem Maximalwert von `datetime2`, werden nur Verlaufszeilen zurückgegeben:

```
DECLARE @now DATETIME2 = SYSUTCDATETIME();
SELECT PersonID, FullName,
    CASE WHEN ValidTo = '9999-12-31 23:59:59.9999999' THEN 1
        ELSE 0 END AS IsCurrent
FROM Application.People FOR SYSTEM_TIME CONTAINED IN ('2016-03-13', @now)
ORDER BY ValidFrom;
```

Hinweis

In der Beispielanweisung für `CONTAINED IN` wird die Variable `@now` deklariert und mit der aktuellen UTC-Zeit initialisiert. Dies ist notwendig, da in der Klausel `FOR SYSTEM_TIME` keine Funktionen als Argumente möglich sind.

Expertentipp

Wie kann ich temporale Tabellen mit geringstmöglichem Speicherbedarf erstellen?

In SQL Server 2017 können Sie beim Definieren von temporalen Tabellen zusammen mit der Option `SYSTEM_VERSIONING` auch die neue Option `HISTORY_RETENTION_PERIOD` angeben. Standardmäßig ist die Aufbewahrungszeit für Verlaufsdaten unendlich (`INFINITE`), was bedeutet, dass SQL Server diese Daten nicht automatisch entfernt. Wenn Sie einen festen Zeitraum angeben, etwa `6 MONTHS`, löscht SQL Server automatisch Verlaufsdatensätze, bei denen der Endzeitpunkt der Gültigkeit weiter zurückliegt als die Aufbewahrungsdauer. Dazu müssen jedoch zwei weitere Voraussetzungen erfüllt ein: Erstens muss das Flag für die Aufbewahrung von Verlaufsdaten in der Datenbank eingeschaltet sein (was standardmäßig der Fall ist) und zweitens muss die Verlaufstabelle über einen gruppierten oder einen Columnstore-Index verfügen.

Neben dieser Einstellung für die automatische Aufbewahrung, die das Wachstum der Verlaufstabelle beschränkt, haben Sie auch die Möglichkeit einer vertikalen Partitionierung der temporalen Tabelle. Dieser Vorgang wird im Abschnitt »Vertikale Partitionierung« weiter hinten in diesem Kapitel genauer beschrieben. Durch die vertikale Aufteilung in zwei Tabellen, von denen nur eine temporal ist, können Sie erhebliche Platzeinsparungen erzielen, da Verlaufsdaten nur für die Spalten in der temporalen Tabelle aufgehoben werden. Der Preis dafür sind jedoch möglicherweise häufige `JOIN`-Vorgänge zwischen den beiden Tabellen. Diese Vorgehensweise ist des Weiteren nicht geeignet, wenn Sie temporale Tabellen aus aufsichtsrechtlichen Gründen verwenden müssen, denn in einem solchen Fall müssen die Zeilendaten jederzeit in genau derselben Form verfügbar sein.

Weitere Möglichkeiten, um den Umfang der Verlaufsdaten zu verringern, bestehen in der Verwendung einer Stretch-Datenbank, der horizontalen Partitionierung oder eines selbst geschriebenen Skripts zur Verwaltung der Verlaufsdaten. Diese Möglichkeiten werden ausführlich auf *https://docs.microsoft.com/sql/relational-databases/tables/manage-retention-of-historical-data-in-system-versioned-temporal-tables* beschrieben.

Hinweis

Temporale Tabellen sind eine Lösung für Probleme, die Sie auch durch die Änderungsnachverfolgung und die Erfassung von Änderungsdaten (Change Data Capture) angehen können. Weiter hinten in diesem Kapitel finden Sie eine Beschreibung der beiden letztgenannten Vorgehensweisen sowie einen Vergleich aller drei Möglichkeiten.

Speicheroptimierte Tabellen

Die Daten regulärer Tabellen werden nach Bedarf in den Speicher geholt, um Abfragen effizient ausführen zu können. Dabei kümmert sich das Datenbankmodul darum, die Daten vom Permanentspeicher in den Arbeitsspeicher zu laden und wieder daraus zu entfernen. Wann das jeweils geschieht, hängt von vielen verschiedenen Faktoren ab. Bei speicheroptimierten Tabellen werden diese Vorgänge jedoch vermieden. Hier sind die Daten ständig im Arbeitsspeicher verfügbar. Standardmäßig werden sie auch mithilfe des Transaktionsprotokolls dauerhaft auf dem Laufwerk gespeichert. Es gibt jedoch eine »Nur-Schema-Option«, bei der die Daten zwischen Neustarts des Dienstes und bestimmten anderen Operationen nicht gespeichert werden.

Die Daten bestimmter Tabellen ständig im Arbeitsspeicher zu halten bietet den Vorteil einer enormen Geschwindigkeit, die sich durch die Anwendung von Columnstore-Indizes auf speicheroptimierte Tabellen noch in eine weitere Größenordnung steigern lässt. (Columnstore-Indizes werden in Kapitel 9 und 10 beschrieben.) Der Server muss dabei natürlich über ausreichend Arbeitsspeicher verfügen, sodass neben den speicheroptimierten Tabellen noch genug Platz für andere Operationen bleibt.

▶ **In diesem Kapitel sehen wir uns nur die Einrichtung von speicheroptimierten Tabellen sowie einige Fallstricke bei ihrer Verwendung an. Eine ausführlichere Beschreibung ihres Zwecks und ihrer Verwendung finden Sie in Kapitel 10.**

Speicheroptimierte Tabellen stehen in allen Editionen von SQL Server und auf der Preisstufe Premium von Azure SQL-Datenbank zur Verfügung.

Hinweis

Im Laufe der Zeit wurden viele der Einschränkungen aufgehoben, die es in früheren Versionen von SQL Server für speicheroptimierte Tabellen gab.

Vorbereitung einer Datenbank für speicheroptimierte Tabellen

Als Erstes müssen Sie die Datenbank vorbereiten. Zwei Bedingungen müssen erfüllt sein: Die Datenbank muss mindestens einen Kompatibilitätsgrad von 130 aufweisen und die Momentaufnahmeisolation zulassen. In SQL Server müssen Sie des Weiteren eine speicheroptimierte Dateigruppe anlegen. In Azure SQL-Datenbank ist das nicht erforderlich; genauer, die Dateigruppe ist dort von vornherein vorhanden.

Microsoft bietet ein T-SQL-Skript an, um die entsprechenden Einstellungen vorzunehmen und die speicheroptimierte Dateigruppe anzulegen. Sie können dieses Skript sogar in Azure SQL-Datenbank ausführen, um dafür zu sorgen, dass die Datenbank speicheroptimierte Tabellen unterstützt. Anstatt das Skript hier abzudrucken, verweisen wir Sie auf GitHub.

- **Das Skript finden Sie auf *https://raw.githubusercontent.com/Microsoft/sql-server-samples/master/samples/features/in-memory/t-sql-scripts/enable-in-memory-oltp.sql*.**

Das Skript prüft als Erstes, ob die Instanz oder Datenbank speicheroptimierte Tabellen unterstützt. Auf SQL Server erstellt es auch eine speicheroptimierte Dateigruppe und einen Container, falls sie noch nicht vorhanden sind. Außerdem prüft es den Datenbankkompatibilitätsgrad und korrigiert ihn gegebenenfalls.

Nach Abschluss all dieser Vorbereitungen können Sie speicheroptimierte Tabellen anlegen. Dazu verwenden Sie die Klausel `WITH (MEMORY_OPTIMED= ON)`. Speicheroptimierte Tabellen können indiziert werden, allerdings müssen Sie die Indizes hier mit `ALTER TABLE ... ADD/DROP INDEX` statt mit `CREATE/DROP INDEX` erstellen und löschen.

Nativ kompilierte gespeicherte Prozeduren und benutzerdefinierte Funktionen

Auf speicheroptimierte Tabellen können Sie über reguläre T-SQL-Anweisungen und gespeicherte Prozeduren zugreifen. Die Leistung steigt jedoch beträchtlich, wenn Sie nativ kompilierte gespeicherte Prozeduren verwenden. Sie werden bei der ersten Ausführung in Maschinencode kompiliert und nicht jedes Mal neu ausgewertet.

Hinweis

Nativ kompilierte gespeicherte Prozeduren können nur auf speicheroptimierte Tabellen zugreifen. Herkömmliche interpretierte gespeicherte Prozeduren und Ad-hoc-Abfragen dagegen können sowohl auf Tabellen auf der Festplatte als auch auf speicheroptimierte Tabellen verweisen, und das sogar innerhalb ein und derselben Anweisung (beispielsweise bei einem `JOIN`-Vorgang zwischen einer speicheroptimierten und einer auf der Festplatte gespeicherten Tabelle).

Um eine nativ kompilierte gespeicherte Prozedur zu erstellen, müssen Sie in der CREATE PROCEDURE-Anweisung die Klausel WITH NATIVE_COMPILATION angeben. Außerdem ist für nativ kompilierte Prozeduren und Funktionen die Anweisung BEGIN ATOMIC statt BEGIN TRANSACTION erforderlich. Diese Anweisung leitet entweder eine neue Transaktion ein oder erstellt einen Sicherungspunkt in einer bestehenden Transaktion der Sitzung. Für die Anweisung BEGIN ATOMIC gibt es die beiden folgenden Optionen:

- TRANSACTION_ISOLATION Diesen Wert müssen Sie auf eine der drei möglichen Isolationsstufen setzen: SNAPSHOT, REPEATABLE_READ oder SERIALIZABLE.
- LANGUAGE Hier müssen Sie einen Namenswert aus der Systemkompatibilitätssicht sys.syslanguages angeben, z. B. us_english für amerikanisches Englisch oder Nederlands für Niederländisch.

Die Anweisung BEGIN ATOMIC ist auch die Stelle, an der Sie die zeitverzögerte Dauerhaftigkeit festlegen können (DELAYED_DURABILITY = ON). Zeitverzögerte Dauerhaftigkeit bedeutet, dass das Datenbankmodul den Commit der Transaktion meldet, bevor der Protokolldatensatz auf das Laufwerk geschrieben wurde. Dabei besteht die Gefahr eines Datenverlusts, wenn der Dienst oder der Server ausfällt, bevor der asynchrone Schreibvorgang abgeschlossen werden kann. Setzen Sie die zeitverzögerte Dauerhaftigkeit bei BEGIN ATOMIC mit ebensolcher Vorsicht ein wie bei BEGIN TRANSACTION. Außerdem muss die zeitverzögerte Dauerhaftigkeit auf Datenbankebene zugelassen sein, um sie hier nutzen zu können. Für speicheroptimierte SCHEMA_ONLY-Tabellen erfolgt kein Transaktionsprotokollieren, weshalb die zeitverzögerte Dauerhaftigkeit bei der Änderung von Daten in solchen Tabellen keinen Vorteil bringt.

> Hinweis
>
> **Im Zusammenhang mit speicheroptimierten Tabellen und nativ kompilierten gespeicherten Prozeduren können verschiedene T-SQL-Anweisungen und -Konstrukte nicht verwendet werden. Eine vollständige Übersicht der ausgeschlossenen Konstrukte finden Sie auf *https://docs.microsoft.com/sql/relational-databases/in-memory-oltp/transact-sql-constructs-not-supported-by-in-memory-oltp*.**

Fallstricke bei speicheroptimierten Tabellen

Pauschal ausgedrückt, sollten Sie nicht alle Ihre Tabellen in speicheroptimierte Tabellen umwandeln. Bei der Entscheidung, welche Tabellen sich dafür eignen, müssen Sie verschiedene Aspekte berücksichtigen, die wir in diesem Abschnitt erwähnen wollen.

Speicheroptimierte Tabellen lassen nur die drei Isolationsstufen, nämlich SNAPSHOT, REPEATABLE READ und SERIALIZABLE, zu. Wenn Sie in Ihrer Anwendung andere Isolationsstufen benötigen, können Sie speicheroptimierte Tabellen nicht nutzen.

> Hinweis
>
> **Wenn Sie die Eigenschaft** READ_COMMITTED_SNAPSHOT **einer Datenbank ändern, werden speicheroptimierte** SCHEMA_ONLY**-Tabellen abgeschnitten. Datenbankdesigner wissen zwar, dass speicheroptimierte** SCHEMA_ONLY**-Tabellen nicht gespeichert werden und sie beim Dienststart wahrscheinlich die gesamten ursprünglichen Daten laden müssen, aber es mag ihnen nicht bewusst sein, dass sie die Daten nach der Änderung einer Datenbankeigenschaft laden müssen.**

Da sich alle Tabellendaten im Arbeitsspeicher befinden, ist offensichtlich mit erhöhten Anforderungen an den Speicher zu rechnen. Bei der Planung der Speichergröße müssen Sie bedenken, dass die Speicheranforderungen für eine speicheroptimierte Tabelle doppelt so groß sein können wie der Umfang der Daten in dieser Tabelle. Das liegt an den zusätzlichen Anforderungen für die Verarbeitung.

▶ **Richtlinien zur Planung der Speichergröße erhalten Sie auf *https://docs.microsoft.com/sql/relational-databases/in-memory-oltp/estimate-memory-requirements-for-memory-optimized-tables*.**

Achtung

Wenn Sie speicheroptimierte Tabellen nicht sorgfältig planen und überwachen, können sie dazu führen, dass auf einem Server der Speicher ausgeht, was wiederum Datenverluste und Instabilitäten des Servers verursachen kann. Mehr darüber, wie Sie mit Situationen mit unzureichendem Arbeitsspeicher umgehen, erfahren Sie auf *https://docs.microsoft.com/sql/relational-databases/in-memory-oltp/resolve-out-of-memory-issues*.

Werden dauerhaft gespeicherte speicheroptimierte Tabellen verwendet, so lädt das Datenbankmodul beim Dienststart sämtliche Daten in den Arbeitsspeicher. Während dieses Vorgangs steht der Dienst nicht zur Verfügung. Bei umfangreichen Tabellen kann dies zu einer erheblichen Verlängerung der Zeit für den Dienststart führen. Selbst wenn Sie Neustarts des Dienstes oder des Servers sorgfältig planen und nur in Wartungsfenstern vornehmen, dauern zumindest ungeplante Failover in Failoverclusterinstanzen erheblich länger als gewöhnlich. Das wiederum kann Sie daran hindern, die Dienstgütevereinbarung einzuhalten, die möglicherweise überhaupt der Grund dafür war, eine Failoverclusterinstanz einzurichten. Wenn Sie speicheroptimierte Tabellen in einem Hochverfügbarkeitssystem benötigen, sollten Sie stattdessen lieber AlwaysOn-Gruppen verwenden. Da der Datenbankmoduldienst in der sekundären Instanz ausgeführt wird, gibt es keine Verzögerung durch das Lesen der Daten vom Laufwerk.

Eine Möglichkeit, um die Startzeit der Datenbank bei der Verwendung von speicheroptimierten Tabellen zu verkürzen, besteht darin, häufige Prüfpunkte zu setzen, denn dadurch werden die aktualisierten Zeilen in der speicheroptimierten Tabelle in die Datendatei geschrieben. Jegliche Daten, die sich nicht in dieser Datei befinden, müssen aus dem Transaktionsprotokoll gelesen werden. Bei umfangreichen Tabellen fällt dieser Vorteil jedoch eher gering aus.

Was ebenfalls zu Verzögerungen beiträgt, allerdings erst nach dem Start des Dienstes, ist die erste Ausführung einer nativ kompilierten gespeicherten Prozedur, die etwa so viel Zeit in Anspruch nehmen kann wie die Ausführung einer herkömmlichen gespeicherten Prozedur. Das liegt daran, dass die kompilierte Version nicht gespeichert wird. Jede nachfolgende Ausführung läuft jedoch schneller ab.

Speicheroptimierte Tabellen verwenden das Modell der optimistischen Parallelität. Anstelle von Sperren werden Latches verwendet. Das kann dazu führen, dass eine Clientanwendung auf unerwartete Konflikte stößt. Gestalten Sie Ihre Anwendung so, dass sie damit umgehen kann.

Ähnlich wie bei der Verwendung von schnellerem Permanentspeicher für SQL Server können Sie auch beim Einsatz von speicheroptimierten Tabellen feststellen, dass die CPU-Nutzung steigt. Das liegt daran, dass weniger Zeit mit dem Warten auf den Abschluss von

E/A-Operationen zugebracht wird. Dies ist natürlich genau der Grund, aus dem Sie speicheroptimierte Tabellen überhaupt verwenden: Die CPU-Nutzung ist höher, da die Daten schneller verarbeitet werden! Allerdings kann dabei auch unbeabsichtigt die Anzahl der Anforderungen verringert werden, die sich gleichzeitig verarbeiten lassen, insbesondere wenn eine Instanz mehrere Datenbanken ausführt. Wenn das ein Problem ist, sollten Sie die relative CPU-Nutzung durch die einzelnen Datenbanken von der Ressourcenkontrolle regeln lassen.

Externe PolyBase-Tabellen

Mit externen PolyBase-Tabellen stößt SQL Server in den NoSQL-Bereich vor. Eine externe Tabelle ist ein Verweis auf eine von zwei möglichen Arten nicht relationaler Datenspeicher. (Eine dritte Art ist ein Verweis auf eine Tabelle in einer anderen Azure SQL-Dankbank, um elastische Abfragen einzurichten, aber diese Vorgehensweise können wir in diesem Kapitel nicht beschreiben.) Insbesondere kann eine externe Tabelle auf einen Hadoop-Hive oder auf ein Azure-Speicherblob verweisen. Die Daten in dem Hive oder Blob müssen in einem bekannten Format vorliegen, z. B. als Datei mit Texttrennzeichen.

Nachdem die externe Tabelle definiert wurde, können Sie sie mit T-SQL neben den in SQL Server-Datenbank gespeicherten relationalen Daten abfragen. Es ist auch möglich, ihre Daten in die relationalen Tabellen zu importieren.

Um eine externe Tabelle zu definieren, die auf einen Hadoop-Hive oder einen Azure-Speicherblob verweist, sind drei Schritte erforderlich. Erstens müssen Sie eine externe Datenquelle definieren, die den Typ und den Speicherort der externen Daten bestimmt. Zweitens müssen Sie das Format der externen Datei festlegen. SQL Server erkennt Formate mit Texttrennzeichen, RCFile und ORC. Der dritte und letzte Schritt besteht darin, die eigentliche externe Tabelle zu definieren.

▶ **Einzelheiten darüber, wie Sie externe PolyBase-Tabellen erstellen und verwenden, erhalten Sie auf *https://docs.microsoft.com/sql/t-sql/statements/create-external-table-transact-sql*.**

Hinweis

In SQL Server auf Linux ist PolyBase zurzeit nicht verfügbar.

Graphentabellen

In SQL Server 2017 wurden neue Schemaerweiterungen eingeführt, die die Speicherung von Daten gerichteter Graphen – also Knoten und Kanten – in relationalen Datenbanken ermöglichen. Die Einbeziehung von Graphendaten in eine relationale Datenbank ist eine komplizierte Aufgabe, die mit diesen neuen Funktionen gelöst werden soll. Allerdings sind die Graphenfunktionen von SQL Server 2017 noch kein vollständiger Ersatz für dedizierte Graphendatenbanken, die auch anspruchsvolle Situationen abdecken.

Hinweis

Seit September 2017 stehen die Graphenfunktionen auch in Azure SQL-Datenbank allgemein zur Verfügung.

Graphendaten stehen oft im Zusammenhang mit Netzen, z. B. sozialen Netzen. Allgemeiner ausgedrückt, handelt es sich um Datenstrukturen, die aus *Knoten* und *Kanten* bestehen, wobei die Knoten für Entitäten stehen und die Kanten für die Verbindungen zwischen ihnen. In diesem Zusammenhang verwenden wir den Begriff »Entität« in einem allgemeineren Sinne und nicht für Entitäten im relationalen Modell. Die Knoten werden auch als *Ecken* und die Kanten als *Beziehungen* bezeichnet.

Manche Dinge sind ideal zur Speicherung in Form eines Graphenmodells geeignet, beispielsweise die folgenden:

- **Miteinander verbundene Daten** Ein häufig vorgebrachtes Beispiel hierfür sind Daten von sozialen Netzen. Sie drücken die Beziehungen zwischen Menschen, Organisationen, Posts, Bildern, Ereignissen usw. aus. In einem solchen Datenmodell kann jede Entität mit jeder anderen verbunden sein, was viele m:n-Beziehungen erzeugt. In einer relationalen Datenbank ist für jede dieser m:n-Beziehungen eine Verknüpfungstabelle erforderlich. Zur Abfrage solche Beziehungen brauchen Sie mindestens zwei `INNER JOIN`-Klauseln, was sehr schnell zu ziemlich langen `SELECT`-Anweisungen führen kann, die nur schwer verständlich und außerdem fehleranfällig sind. Graphendatenbanken dagegen ermöglichen flexible Definitionen von Beziehungen.
- **Hierarchische Daten** SQL Server bietet den (bereits weiter vorn beschriebenen) Datentyp `hierarchyid`, der die Modellierung einfacher Baumhierarchien ermöglicht. Eine Einschränkung dieses Datentyps besteht jedoch darin, dass ein Element dabei nicht mehrere Elternelemente haben kann. Für einen Knoten in einem Graphen gilt diese Einschränkung jedoch nicht: Er kann nicht nur viele Kind-, sondern auch viele Elternknoten haben.
- **Während des gesamten Lebenszyklus der Daten jederzeit erweiterbare m:n-Beziehungen** In relationalen Datenbanken gelten strenge Erfordernisse für die Definition von Tabellen und Beziehungen. Bei einem Datenmodell, das sich schnell entwickelt und dabei neue Beziehungen benötigt, können diese strengen Schemaeinschränkungen hinderlich sein.

Situationen wie diese können Sie mit einer Graphendatenbank wirkungsvoll modellieren. Beachten Sie jedoch, dass die Graphenfunktionen von SQL Server 2017 zurzeit noch keine Lösung darstellen, die einer dedizierten Graphendatenbank gleichkommt. Einige der Einschränkungen der jetzigen Implementierung werden wir im Abschnitt »Mängel der jetzigen Graphentabellen« weiter hinten in diesem Kapitel betrachten.

Definition von Graphentabellen

In SQL Server 2017 und Azure SQL-Datenbank können Sie Graphendaten in zwei neuen Arten von Tabellen speichern, nämlich *Knoten*- und *Kantentabellen*. Intern werden sie zwar nach wie vor als relationale Strukturen gespeichert, doch das Datenbankmodul verfügt über zusätzliche Möglichkeiten, um die darin abgelegten Daten zu verwalten und abzufragen. Die Syntax von `CREATE TABLE` wurde um die beiden neuen Klauseln `AS NODE` und `AS EDGE` erweitert. Das folgende T-SQL-Skript erstellt die Knotentabelle `Person` und die Kantentabelle `Relationship`. Sie können es in jeder beliebigen vorhandenen oder neuen Datenbank ausführen; besondere Anforderungen an die Datenbank bestehen nicht.

```
CREATE TABLE dbo.People (
    PersonId INT NOT NULL PRIMARY KEY CLUSTERED,
    FirstName NVARCHAR(50) NOT NULL,
    LastName NVARCHAR(50) NOT NULL
) AS NODE;
CREATE TABLE Relationships (
    RelationshipType NVARCHAR(50) NOT NULL
) AS EDGE;
```

Sowohl die Knoten- als auch die Kantentabelle in diesem Beispielskript enthalten benutzerdefinierte Spalten. In einer Kantentabelle ist dies nicht erforderlich, doch Knotentabellen müssen über mindestens eine solche Spalte verfügen. Kantentabellen modellieren Beziehungen, wobei es wünschenswert sein kann, dies einfach ohne jegliche zusätzlichen Attribute zu tun. Dagegen modellieren Knotentabellen Entitäten, weshalb ein Knoten ohne Eigenschaften wertlos wäre. Die Gestaltung einer Knotentabelle ähnelt der Gestaltung einer relationalen Tabelle. Auch hier müssen Sie die Normalisierung und weitere Prinzipien beachten.

Neben den benutzerdefinierten Spalten können Tabellen beider Typen auch eine oder mehrere implizite Spalten aufweisen. Knotentabellen haben mit der Pseudospalte `$node_id` eine solche Spalte, die den Knoten in der Datenbank eindeutig bezeichnet. Dahinter stehen die beiden folgenden echten Spalten:

- `graph_id_`*Hexstring1* In dieser `BIGINT`-Spalte werden die intern generierten Graphen-IDs der Zeilen gespeichert. Es handelt sich um eine interne Spalte, die nicht explizit abgefragt werden kann.
- `$node_id_`*Hexstring2* Diese Spalte kann abgefragt werden. Sie gibt einen berechneten `NVARCHAR`-Wert zurück, der den intern generierten `BIGINT`-Wert und Schemainformationen enthält. Allerdings sollten Sie am besten nicht diese Spalte, sondern stattdessen die Pseudospalte `$node_id` abfragen.

Neben den optionalen benutzerdefinierten Spalten enthalten Kantentabellen die folgenden drei impliziten Spalten:

- `$edge_id_`*Hexstring3* Dies ist ein vom System verwalteter Wert, vergleichbar mit der Spalte `$node_id` einer Knotentabelle.
- `$from_id_`*Hexstring4* Dieser Wert verweist auf eine Knoten-ID aus einer beliebigen Knotentabelle des Graphen. Dies ist der Quellknoten des gerichteten Graphen.
- `$to_id_`*Hexstring5* Dieser Wert verweist auf eine Knoten-ID aus einer beliebigen Knotentabelle des Graphen. Dies kann die gleiche Knotentabelle wie in `$from_id` sein, aber auch eine andere. Hierbei handelt es sich um den Zielknoten des gerichteten Graphen.

Expertentipp

Wann sollte ich Graphen- statt relationale Tabellen verwenden?

Auch eine Graphendatenbank kann keine Probleme lösen, die sich nicht auch mit einer relationalen Datenbank lösen ließen. Relationale Datenbanken gibt es bereits seit fast fünf Jahrzehnten, und relationale Datenbankmanagementsysteme erfreuen sich immer noch großer Beliebtheit.

Die zuvor beschriebenen Verwendungszwecke und die in Kürze vorgestellten Abfragen sind lediglich Beispiele für Datenmodelle und Operationen, die sich mit einer Graphendatenbank besser handhaben lassen. Das liegt daran, dass das Datenbankmodul über Optimierungen für bestimmte Arten von Abfragen verfügt, die häufig an solchen Modellen ausgeführt werden.

Außerdem können Graphentabellen Fremdschlüssel enthalten, die auf relationale Tabellen verweisen, und umgekehrt.

Arbeiten mit Graphendaten

DML-Anweisungen funktionieren in Graphentabellen im Allgemeinen genauso wie in relationalen Tabellen. Einige Operationen sind jedoch nicht möglich. Beispielsweise kann in einer Kantentabelle keiner der Knotenwerte geändert werden. Um eine Beziehung zu ändern, muss die vorhandene Kantenzeile daher gelöscht und eine neue eingefügt werden. Benutzerdefinierte Spalten in Kantentabellen können jedoch aktualisiert werden.

Bei der Abfrage von Graphendaten können Sie zwar Ihre eigenen Tabellenverknüpfungen schreiben, um Knoten mit Kanten und Kanten mit Knoten zu verknüpfen, doch dabei verzichten Sie auf die besonderen Vorteile von Graphentabellen. Stattdessen sollten Sie die neue Unterklausel `MATCH` der Klausel `WHERE` verwenden. Damit können Sie eine neue Form von Ausdruck nutzen, die als *ASCII-Kunst* bezeichnet wird, um anzugeben, wie die Knoten und Kanten durchlaufen werden sollten. Es wird Sie vielleicht überraschen, zu erfahren, dass Knoten- und Kantentabellen dabei zunächst mit der herkömmlichen `JOIN`-Syntax verknüpft werden. Anschließend führt die Unterklausel `MATCH` die eigentlichen Gleichheitsverknüpfungen durch, die zum Durchlaufen des Graphen erforderlich sind.

Hinweis

Es ist zwar möglich, die althergebrachte Verknüpfungssyntax mit `MATCH`-Klauseln zu verwenden, doch für die Wartungsfreundlichkeit ist es auf lange Sicht besser, bei einer Form von Verknüpfung zu bleiben oder eine korrelierte Unterabfrage mit traditioneller Verknüpfungssyntax und `MATCH`-Klausel zu erstellen.

Das folgende Beispiel soll nur als Einführung dienen. Es baut auf den Tabellen `People` und `Relationship` auf, die wir im vorherigen Beispiel angelegt haben. Zunächst werden hier einige Beispieldaten eingefügt und dann mit einer `MATCH`-Klausel abgefragt:

```
-- Fügt einige Beispielpersonen ein
-- Die implizite Spalte $node_id wird übersprungen
INSERT INTO People VALUES
    (1, 'Karina', 'Jakobsen'),
    (2, 'David', 'Hamilton'),
    (3, 'James', 'Hamilton');
-- Fügt einige Beispielbeziehungen ein
-- Die erste Unterauswahl ruft die ID des Quellknotens ab
-- Die zweite Unterauswahl ruft die ID des Zielknotens ab
INSERT INTO Relationships VALUES
    ((SELECT $node_id FROM People WHERE PersonId = 1),
     (SELECT $node_id FROM People WHERE PersonId = 2),
     'spouse'),
    ((SELECT $node_id FROM People WHERE PersonId = 2),
     (SELECT $node_id FROM People WHERE PersonId = 3),
     'father');
-- Einfache Graphenabfrage
SELECT P1.FirstName + ' is the ' + R.RelationshipType +
    ' of ' + P2.FirstName + '.'
FROM People P1, People P2, Relationships R
WHERE MATCH(P1-(R)->P2);
```

Die ASCII-Kunst-Syntax in der `MATCH`-Klausel bedeutet, dass ein Knoten in der Tabelle `People` über die Kante `Relations` mit einem anderen Knoten in `People` verbunden sein soll. Wie in selbstreferenzierenden m:n-Beziehungen muss `People` in der `FROM`-Klausel zweimal vorhanden sein, damit der zweite `People`-Knoten von dem ersten verschieden sein kann. Anderenfalls würde die Abfrage nur Kanten ergeben, in denen Personen mit sich selbst in Beziehung stehen (wobei es eine solche Beziehung in unserem Beispiel nicht gibt).

Was die Klausel `MATCH` wirklich leisten kann, zeigt sich beim Durchlauf von Kanten zwischen drei und mehr Knoten. Ein Beispiel dafür wäre etwa die Suche nach von Ihren Freunden als gut bewerteten Restaurants in dem Ort, in dem Ihre Freunde leben und den Sie besuchen möchten.

- **Ein umfangreiches Beispiel für eine Graphendatenbank finden Sie auf *https://docs.microsoft.com/sql/relational-databases/graphs/sql-graph-sample*.**

Mängel der jetzigen Graphentabellen

Im ersten Release von SQL Server mit Unterstützung für Graphenmodelle fehlen verschiedene Merkmale, die dedizierte Graphendatenbanken gewöhnlich aufweisen. Das heißt nicht, dass die jetzige Unterstützung für Graphen nicht nützlich wäre, aber wenn Sie diese Merkmale benötigen, ist SQL Server noch nicht die richtige Lösung für Sie. Die folgende Aufstellung gibt die wichtigsten fehlenden Merkmale sowie jeweils ihre Bedeutung für die Verarbeitung von Graphen an, sodass Sie sich selbst ein Bild davon machen können, ob SQL Server für Ihre Graphendaten geeignet ist.

- **Keine Analysefunktionen für Graphen** Bei der Graphenverarbeitung geht es gewöhnlich darum, Fragen wie die nach dem kürzesten Pfad zwischen zwei Knoten zu beantworten. Dazu werden gewöhnlich besondere Algorithmen herangezogen. In SQL Server gibt es jedoch keine Funktionen zur Graphenanalyse.
- **Kanten müssen ausdrücklich als Tabellen definiert werden** Graphen modellieren paarweise Relationen zwischen Entitäten (Knoten). Einer der wichtigsten Faktoren, um bestmöglichen Nutzen aus diesen Modellen zu ziehen, ist die Flexibilität. Die Knoten und ihre Eigenschaften sind gewöhnlich gut verstanden, doch Beziehungen können nach Bedarf neu hinzukommen. Die Notwendigkeit, das Schema zu ändern, um neue Arten von Kanten einzuführen, schränkt die Flexibilität ein. Teilweise lässt sich dieses Problem dadurch lösen, nur eine oder nur wenige Kantentabellen zu definieren und die Kanteneigenschaften im XML- oder JSON-Format zu speichern. Diese Vorgehensweise allerdings beeinträchtigt die Leistung und erschwert das Schreiben von Abfragen.
- **Keine transitiven Hüllen** Die jetzige Syntax der Unterklausel `MATCH` lässt keine rekursiven Abfragen zu. Eine transitive Hülle (auch transitiver Abschluss oder transitive Closure genannt) liegt vor, wenn Knoten A mit Knoten B verbunden ist und Knoten B mit Knoten C und wir den Graphen von A zu C durchlaufen können, ohne zu wissen, ob und wie viele Knoten dazwischen liegen. `MATCH` kann zurzeit zwar mehrere Kanten durchlaufen, aber bei der Definition der Kanten muss bekannt sein, wie viele und welche Kanten darin einbezogen sind. Alternativ könnten Sie einen rekursiven allgemeinen Tabellenausdruck oder eine T-SQL-Schleife schreiben. Dedizierte Graphendatenbanken dagegen können Graphen durchlaufen, ohne genau angewiesen werden zu müssen, wie viele und welche Kanten sie dabei verwenden sollen.
- **Kein Polymorphismus** Polymorphismus bedeutet, einen Knoten eines beliebigen Typs finden zu können, der mit einem gegebenen Ausgangsknoten verbunden ist. In SQL Server haben Sie dazu in Graphenmodellen mit wenigen Knoten- und Kantentypen die Möglichkeit, alle bekannten Knoten- und Kantentypen abzufragen und die Resultsets mit einer `UNION`-Klausel zu kombinieren. Bei umfangreichen Graphenmodellen ist diese Lösung jedoch impraktikabel.

Speichern von BLOBs

Die Speicherung von LOBs und insbesondere BLOBs in relationalen Datenbanken ist ein strittiges Thema. Bevor in SQL Server die `FILESTREAM`-Funktion eingeführt wurde, mit der das Datenbankmodul BLOBs mithilfe des Dateisystems verwalten kann, hatten Datenbankdesigner nur die beiden folgenden nicht idealen Möglichkeiten:

- Sie konnten BLOBs wie Bild-, Video- oder Dokumentdateien in einer `VARBINARY`-Spalte speichern. Nacheile dieser Vorgehensweise sind das rapide Wachstum der Datendatei, häufige Seitenaufteilungen und eine Verunreinigung des Pufferpools. Als Vorteile stehen dem transaktionale Integrität und integrierte Sicherung und Wiederherstellung der BLOB-Daten gegenüber.
- Sie konnten BLOBs von der Anwendung im Dateisystem speichern lassen und den Dateisystempfad zu den Dateien in einer `NVARCHAR`-Spalte festhalten. Nachteilig ist dabei, dass sich die Anwendung um die Datenintegrität kümmern muss (z. B. um ver-

waiste und fehlende Dateien zu vermeiden) und dass es keine integrierte Sicherheit gibt (der Sicherheitsmechanismus für die BLOBs folgt einem ganz anderen Modell als der Schutz der Datenbank). Es gibt jedoch auch einige Vorteile, insbesondere die Leistung und die einfache Programmierung von Clients zur Verwendung von BLOBs (mithilfe der herkömmlichen, vom Betriebssystem bereitgestellten APIs für Datei-E/A).

Die `FILESTREAM`-Funktion kombiniert die Vorteile beider Vorgehensweisen. Bei `FILESTREAM` handelt es sich weniger um einen Datentyp, sondern eher um eine Erweiterung von `VARBINARY(MAX)`. In diesem Abschnitt beschreiben wir `FILESTREAM` und `FileTable`. Da `FileTable` auf `FILESTREAM` aufbaut, beschäftigen wir uns als Erstes mit `FILESTREAM`.

Hinweis

Programmiermodelle für den Zugriff von Clientanwendungen auf `FILESTREAM`-Daten werden in diesem Buch nicht behandelt. Es gibt online viele Quellen, die die Einzelheiten der Gestaltung von Anwendungen für `FILESTREAM` erklären.

FILESTREAM

Um `FILESTREAM` nutzen zu können, müssen drei Voraussetzungen erfüllt sein: Erstens muss die Instanz so eingerichtet sein, dass sie mindestens eine der `FILESTREAM`-Ebenen zulässt, zweitens muss die Datenbank über mindestens eine `FILESTREAM`-Dateigruppe verfügen und drittens braucht jede Tabelle mit einer `FILESTREAM`-Spalte einen eindeutigen, von `NULL` verschiedenen `rowguide`-Wert. Eine `FILESTREAM`-Dateigruppe verweist auf einen Speicherort auf einem NTFS- oder ReFS-Volume (Resilient File System) unter der Kontrolle des Datenbankmoduls. Diesen Speicherort nutzt das Modul, um Binärdaten und die zugehörigen Protokolldateien abzulegen.

Wenn in der Datenbank eine `FILESTREAM`-Dateigruppe zur Verfügung steht, kann `FILESTREAM` als Modifikator für `VARBINARY(MAX)`-Spalten verwendet werden. Beim Erstellen einer Tabelle mit einer `FILESTREAM`-Spalte können Sie angeben, in welcher Dateigruppe die `FILESTREAM`-Daten gespeichert werden sollen. Werden einer Dateigruppe mehrere `FILESTREAM`-Dateien hinzugefügt, werden sie im Umlaufverfahren verwendet, solange ihre Maximalgröße nicht überschritten ist.

Die Leistungsvorteile von `FILESTREAM` machen sich im Allgemeinen ab einer durchschnittlichen BLOB-Größe von 1 MB bemerkbar. Bei kleineren BLOBs ist es für die Leistung besser, sie in einer `VARBINARY(MAX)`-Spalte in der Datenbank zu speichern. Wenn für Sie die einfachere Programmierung mit Datei-E/A-APIs in der Clientanwendung jedoch ein entscheidender Faktor ist, lohnt sich die Verwendung von `FILESTREAM` auch für kleinere BLOBs.

Bei BLOBs größer als 2 GB sind Sie gezwungen, `FILESTREAM` zu verwenden, da `VARBINARY(MAX)` nur eine Größe von maximal 2 GB zulässt. Ein weiterer Grund dafür, sich für `FILESTREAM` zu entscheiden, besteht in der Möglichkeit der Integration von BLOBs in die semantische Suche in SQL Server. Das ist zwar auch mit `VARBINARY(MAX)` möglich, aber nicht mit BLOBs in herkömmlichen Dateisystemen.

▶ **Weitere Informationen über die semantische Suche erhalten Sie auf *https://docs.microsoft.com/sql/relational-databases/search/semantic-search-sql-server*.**

Expertentipp

Wie kann ich Daten von einer VARBINARY(MAX)-Spalte zu FILESTREAM verschieben?

Leider ist es zur Verschiebung von VARBINARY(MAX)-Spalten zu FILESTREAM nicht damit getan, der Spalte einen FILESTREAM-Modifizierer hinzuzufügen. Der Versuch, die Spalte auf diese Weise zu ändern, führt zu einem Fehler. Stattdessen müssen Sie nach dem Erstellen der FILESTREAM-Dateigruppe die folgenden drei Schritte ausführen:

1. **Legen Sie eine neue FILESTREAM-Spalte in der Tabelle an. Wenn Sie eine vertikale Partitionierung verwenden möchten, können Sie sie auch in einer anderen Tabelle erstellen.**
2. **Kopieren Sie die Daten aus der vorhandenen VARBINARY(MAX)-Spalte in die neue FILESTREAM-Spalte. Je nach Anzahl der Zeilen und Größe der BLOBs kann dies für erhebliche Datenbankaktivität sorgen.**
3. **Löschen Sie die VARBINARY(MAX)-Spalte. Optional können Sie die FILESTREAM-Spalte nun umbenennen, sodass sie den Namen der gelöschten Spalte trägt. Die bestehenden T-SQL-Anweisungen wirken sich dann auf die FILESTREAM-Spalte aus, bis Sie (optional) eine geänderte Anwendung bereitgestellt haben, die E/A-APIs für FILESTREAM verwendet.**

Sie müssen nicht nur die möglicherweise erhebliche Datenbankaktivität bedenken, die Sie dabei hervorrufen, sondern auch dafür sorgen, dass genügend Speicherplatz für beide Exemplare der Daten vorhanden ist. Wenn Sie diese Gelegenheit ohnehin dazu nutzen, die BLOBs auf andere Speicherhardware zu verlagern, ist dieser Umstand jedoch von geringerer Bedeutung.

FILESTREAM-BLOBs werden zwar im Dateisystem gespeichert, aber vom Datenbankmodul verwaltet. Das ermöglicht transaktionale Konsistenz und zeitpunktgenaue Wiederherstellung. Wird ein BLOB gelöscht, so wird die Datei auf dem zugrunde liegenden Laufwerk nicht sofort entfernt. Auch bei der Änderung eines BLOBs wird eine neue Datei geschrieben und die bisherige Version aufbewahrt. Wird die gelöschte oder vorherige Datei nicht mehr benötigt, löscht das Datenbankmodul sie schließlich mithilfe eines Garbage-Collection-Prozesses. Wie wichtig es ist, bei Datenbanken im vollständigen Wiederherstellungsmodus auch das Transaktionsprotokoll zu sichern, wissen Sie bereits, denn dadurch kann das Transaktionsprotokoll abgeschnitten werden, anstatt weiter zu wachsen. Bei der Verwendung von FILESTREAM ist dies gleich doppelt wichtig, denn die Anzahl der Dateien nimmt zu, bis sie von der Garbage Collection entfernt werden.

Achtung

Ändern Sie den Inhalt eines FILESTREAM-Ordners (auch Datencontainer genannt) niemals manuell, da dies zu Datenbeschädigungen führen kann.

FileTable

FileTable macht es möglich, auf die vom Datenbankmodul verwalteten BLOBs mithilfe herkömmlicher Dateifreigabensemantik zuzugreifen. Anwendungen, die auf einer Dateifreigabe lesen und schreiben können, sind in der Lage, auf die vom SQL Server-Modul verwalteten BLOBs zuzugreifen. Zur Arbeit mit FILESTREAM können Anwendungen zwar

Datei-E/A-APIs verwenden, doch um ein Handle für ein BLOB zu erwerben, sind besondere Clientbibliotheken und Änderungen an der Anwendung erforderlich. Es kann sein, dass sich eine Anwendung nicht für die Arbeit mit `FILESTREAM` anpassen lässt, aber erhebliche Vorteile aus der Verwaltung von BLOBs durch das relationale Modul ziehen würde. Dafür wurde der besondere Tabellentyp `FileTable` entwickelt.

Hinweis

In SQL Server auf Linux steht `FileTable` zurzeit nicht zur Verfügung.

Eine Tabelle vom Typ `FileTable` hat ein festes Schema, sodass Sie weder benutzerdefinierte Spalten hinzufügen noch irgendwelche Spalten entfernen können. Ihre einzige Eingriffsmöglichkeit besteht darin, Indizes für einige Spalten der Tabelle zu definieren. Das feste Schema enthält eine `FILESTREAM`-Spalte mit den eigentlichen Dateidaten sowie viele Metadatenspalten sowie die eindeutige, nicht `NULL`-fähige `rowguide`-Spalte, die in jeder Tabelle mit `FILESTREAM`-Daten erforderlich ist. `FileTable` kann Daten hierarchisch gliedern, das heißt, es können Ordner und Unterordner verwendet werden.

▶ **Eine ausführliche Beschreibung des `FileTable`-Schemas erhalten Sie auf *https://docs.microsoft.com/sql/relational-databases/blob/filetable-schema*.**

Tabellenpartitionierung

Eine Tabellenpartitionierung liegt vor, wenn Sie eine Tabelle so gestalten, dass Daten einer einzigen logischen Entität in physisch getrennten Strukturen gespeichert sind. Das heißt, die Daten der Entität werden nicht alle in derselben physischen Struktur abgelegt, sondern auf mehrere verteilt. Allerdings werden sie vom Benutzer nach wie vor als eine Einheit behandelt. Die Tabellenpartitionierung erfüllt verschiedene Zwecke, wobei die meisten mit der Leistung zu tun haben, entweder beim Abfragen oder beim Laden der Daten. Damit werden wir uns weiter hinten noch ausführlicher beschäftigen. Wie Abb. 8.3 zeigt, unterscheiden wir zwischen horizontaler und vertikaler Partitionierung. Im Folgenden sehen wir uns die Verwendungszwecke und Empfehlungen für beide Varianten getrennt an.

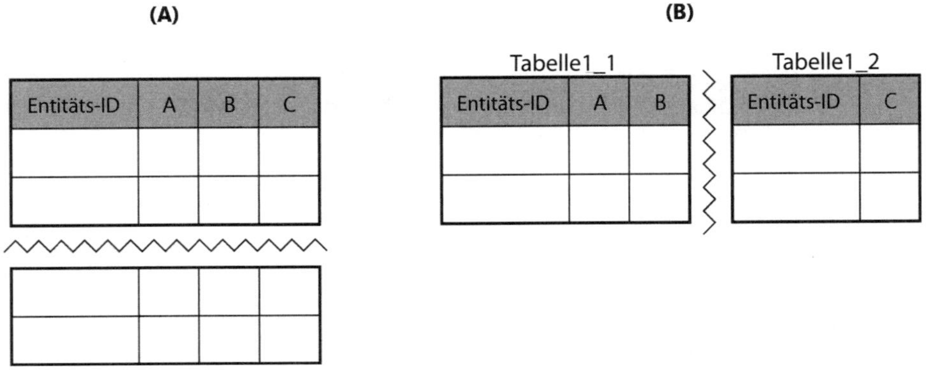

Abbildung 8.3 Bei der horizontalen Partitionierung (A) werden die Datenzeilen voneinander getrennt, bei der vertikalen Positionierung (B) die Spalten.

Wie Sie in Abb. 8.3 sehen, bestehen erhebliche Unterschiede zwischen der horizontalen und der vertikalen Partitionierung. Bei der horizontalen Partitionierung werden die Datenzeilen getrennt, wobei jede Partition dasselbe Schema verwendet. Dagegen werden bei der vertikalen Partitionierung die Spalten auf mehrere Tabellen verteilt. In dem Diagramm sind die Tabellen immer nur in zwei Partitionen aufgeteilt, aber eine Tabelle kann auch viel mehr Partitionen enthalten. Es ist sogar möglich, horizontale und vertikale Partitionierung zu kombinieren.

> Hinweis
>
> **In SQL Server bedeutet »Partitionierung« gewöhnlich nur horizontale Partitionierung. Da wir in diesem Buch aber sowohl die horizontale als auch die vertikale Partitionierung beschreiben, geben wir jeweils ausdrücklich an, welche Form wir gerade behandeln.**

Horizontal partitionierte Tabellen und Indizes

In einer großmaßstäblichen Datenbank, in der eine einzige Tabelle Hunderte von Gigabytes und mehr umfassen kann, sind manche Operationen schwierig. Beispielsweise kann das Hinzufügen neuer Zeilen erheblich lange dauern und dazu führen, dass SELECT-Anfragen aufgrund der errichteten Sperren fehlschlagen. Ähnliches gilt für das Löschen von Daten und die Wartung von Indizes.

Mit der horizontalen Partitionierung können Sie solche Probleme lösen. Beachten Sie aber, dass die Partitionierung kein Allheilmittel ist, das sämtliche Leistungsprobleme in umfangreichen Datenbanken verschwinden lässt. Ganz im Gegenteil: Wenn sie nicht ordnungsgemäß angewendet wird, kann eine horizontale Partitionierung sogar negative Folgen haben. Dieser Abschnitt baut auf der kurzen Einführung in die Partitionierung aus Kapitel 3 auf.

> Hinweis
>
> **Bis SQL Server 2016 SP1 war die Funktion der horizontale Partitionierung nur auf die Enterprise Edition beschränkt. Seitdem ist die horizontale Partitionierung von Tabellen und Indizes jedoch in allen Editionen möglich.**

Horizontale Partitionierung

Wird eine Tabelle partitioniert, so werden ihre Zeilen nicht mehr am selben physischen Ort gespeichert. Bei der Gestaltung von Partitionen müssen Sie einen Partitionsschlüssel festlegen. Dabei handelt es sich um die Spalte, deren Wert bestimmt, welcher Partition eine Zeile zugewiesen wird. Logisch gehören alle Zeilen jedoch zur selben Tabelle. Eine Abfrage ohne WHERE-Klausel gibt alle Zeilen unabhängig davon zurück, in welcher Partition sie gespeichert sind. Das bedeutet, dass das Datenbankmodul mehr Arbeit erledigen muss, um die Zeilen aus den verschiedenen Partitionen abzurufen. Wenn Sie Partitionen verwenden, um die Abfrageleistung zu erhöhen, müssen Sie Abfragen schreiben, die nicht auf verschiedene Partitionen zugreifen. Dazu geben Sie den Partitionsschlüssel in der WHERE-Klausel an.

Ein weiterer Vorteil der horizontalen Partitionierung besteht darin, einzelne Dateigruppen schreibgeschützt machen zu können. Wenn Sie Partitionen mit älteren Daten schreibgeschützten Dateigruppen zuordnen, können Sie sicher sein, dass diese Daten nicht mehr verändert werden, ohne dass Sie sich um die Möglichkeit bringen, neue Zeilen einzufügen. Außerdem können Sie die schreibgeschützten Dateigruppen von den regulären Sicherungen ausnehmen. Bei einer Wiederherstellung können Sie dafür sorgen, dass die neuesten Daten als erste wiederhergestellt werden, sodass schneller neue Transaktionen aufgezeichnet werden können, als wenn erst die gesamte Datenbank wiederhergestellt werden muss.

> Hinweis
>
> **Die Wiederherstellung ausgewählter Dateien oder Dateigruppen, während die Datenbank verfügbar bleibt, wird als *Online-Wiederherstellung* bezeichnet. Dies ist nach wie vor nur in der Enterprises Edition möglich.**

Neben der horizontalen Tabellenpartitionierung ermöglicht SQL Server auch eine *Indexpartitionierung*. Sind eine Tabelle und ihr Index anhand derselben Spalte und mit denselben Randwerten in die gleiche Anzahl von Partitionen aufgeteilt, so wird davon gesprochen, dass der partitionierte Index an der Tabelle *ausgerichtet* ist. In diesem Fall können Sie Indexwartungsoperationen gezielt auf eine einzelne Partition anwenden. Damit lässt sich die Indexwartung gegenüber einer Neuerstellung des Index für die gesamte Tabelle erheblich beschleunigen. Falls tatsächlich der gesamte Index neu erstellt werden muss, versucht SQL Server das parallel zu erledigen, was jedoch zu Speicherdruck führt. Daher raten wir dazu, eine Partitionierung nur auf Servern mit mindestens 16 GB RAM anzuwenden.

> Hinweis
>
> **Um einen ausgerichteten Index zu erstellen, verwenden Sie meistens dieselbe Partitionsfunktion und dasselbe Schema wie bei der Tabelle. Es ist jedoch nicht unbedingt erforderlich, einen ausgerichteten partitionierten Index anzulegen. Wenn Sie die Partitionsfunktion einer Tabelle ändern, müssen Sie gleichzeitig auch die Funktion für den Index anpassen. Daher empfehlen wir, für beide Datenbankobjekte eine einzige Partitionsfunktion zu verwenden.**

Ein partitionierter Index kann auch dann nützlich sein, wenn Sie die Tabelle nicht partitionieren. Durch einen solchen nicht ausgerichteten Index verbessert sich trotzdem die Abfrageleistung, sofern nur eine oder wenige seiner Partitionen benötigt werden. In diesem Fall sollten Sie in der `WHERE`-Klausel den Partitionsschlüssel des Index angeben, um den Leistungsgewinn durch Ausschließen von Partitionen zu nutzen.

Partitionen definieren und eine Tabelle partitionieren

Wir zeigen Ihnen jetzt, wie Sie eine partitionierte Tabelle erstellen. Dazu sind drei Datenbankobjekte erforderlich:

- Die Partitionsfunktion, die die Anzahl der Partitionen und die Randwerte festlegt
- Das Partitionsschema, das festlegt, in welchen Dateigruppen die einzelnen Partitionen platziert werden
- Die partitionierte Tabelle

Hinweis

Der Kürze halber zeigen wir in dem folgenden Skript nicht, wie die Datenbank mit den für das Partitionsschema erforderlichen Dateigruppen und Dateien erstellt wird. In dem Beispielskript, das Sie in dem Begleitmaterial zu diesem Buch finden, ist die `CREATE DATABASE`**-Anweisung jedoch enthalten.**

```
-- Erstellt eine Partitionsfunktion für 1. Februar 2017 bis 1. Januar 2018
CREATE PARTITION FUNCTION MonthPartitioningFx (datetime2)
    -- Speichert die Randwerte in der richtigen Partition
    AS RANGE RIGHT
    -- Jeder Monat wird durch seinen ersten Tag definiert (Randwert)
    FOR VALUES ('20170201', '20170301', '20170401',
        '20170501', '20170601', '20170701', '20170801',
        '20170901', '20171001', '20171101', '20171201', '20180101');
-- Erstellt ein Partitionsschema, das die Partitionsfunktion nutzt
-- Stellt jedes Trimester in seine eigene Partition
-- Die letzten 13 Monate gelangen in die letzte Partition
CREATE PARTITION SCHEME MonthPartitioningScheme
    AS PARTITION MonthPartitioningFx
    TO (FILEGROUP2, FILEGROUP2, FILEGROUP2, FILEGROUP2,
        FILEGROUP3, FILEGROUP3, FILEGROUP3, FILEGROUP3,
        FILEGROUP4, FILEGROUP4, FILEGROUP4, FILEGROUP4, FILEGROUP4);
```

Wenn Sie sich die Tabellendaten in aufsteigender Reihenfolge nach dem Partitionsschlüssel sortiert vorstellen, ist die linke Partition die obere. Bei der Definition einer Partition geben Sie an, ob der Randwert – in unserem Beispiel jeweils der Monatserste – in der linken Partition gespeichert werden soll (Standardeinstellung) oder in der rechten (wie in diesem Beispiel).

Abb. 8.4 zeigt die Beziehung zwischen Partitionsfunktion und Partitionsschema. Die Partitionsfunktion hat 13 Partitionen mit 12 Randwerten erstellt, und das Partitionsschema hat diese 13 Partitionen auf drei Dateigruppen aufgeteilt. Dabei wird jede Dateigruppe vier Mal und die letzte fünf Mal angegeben.

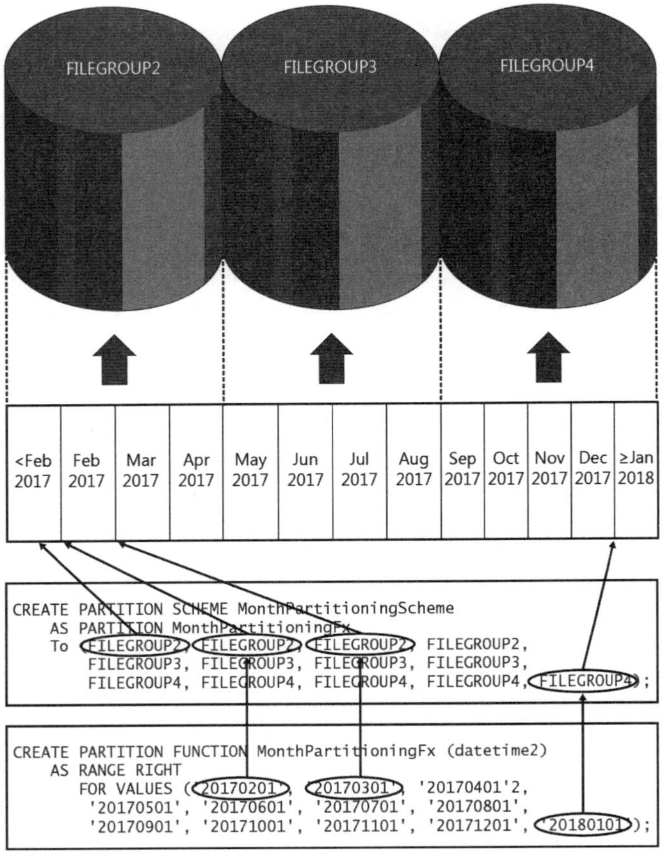

Abbildung 8.4 Die Beziehung zwischen Partitionsfunktion und Partitionsschema und die Dateigruppen, in denen die Partitionen gespeichert werden

Richtlinien zur Gestaltung von Partitionen

Beachten Sie bei der Gestaltung von Partitionen die folgenden Richtlinien, wobei Sie natürlich auch immer Ihre konkreten Bedürfnisse berücksichtigen müssen:

- Wie viele parallele Operationen ausgeführt werden können, hängt von der Anzahl der Prozessorkerne auf dem System ab. Wenn Sie mehr Partitionen verwenden, als es Prozessorkerne gibt, können nicht alle davon parallel verarbeitet werden. In SQL Server können Sie jetzt zwar bis zu 15.000 Partitionen anlegen, aber auf einem System mit zwölf Prozessorkernen lassen sich davon höchstens zwölf gleichzeitig verarbeiten.
- Verwenden Sie für den Partitionsschlüssel eine Spalte mit ständig wachsenden Werten, also beispielsweise einen Datumswert oder eine inkrementierte Identitätsspalte. Neue Zeilen sollten immer zur äußersten rechten Partition hinzukommen.
- Der Partitionsschlüssel muss unveränderbar sein, das heißt, es sollte keine geschäftlichen Gründe geben, den Schlüsselwert zu ändern. Ein enger Datentyp ist gegenüber einem breiten zu bevorzugen.

- Um den größten Nutzen aus der Partitionierung zu ziehen, sollten Sie jede Partition in ihrer eigenen Dateigruppe unterbringen. Das ist jedoch keine Voraussetzung; Sie können auch mehrere oder sogar alle Partitionen in eine einzige Dateigruppe stellen. Im nächsten Abschnitt beschäftigen wir uns mit einem Gleitfensterverfahren, bei dem die Partitionierung sogar dann von Nutzen ist, wenn sich alle Partitionen in derselben Dateigruppe befinden.
- Bedenken Sie auch das Speichersystem, auf dem die Dateigruppen untergebracht sind. Wenn sich alle Dateigruppen auf denselben physischen Geräten befinden, sind möglicherweise keine Leistungsverbesserungen zu erwarten.
- Gute Kandidaten für eine Partitionierung sind Tabellen mit vielen – also Millionen oder gar Milliarden – von Zeilen, in denen hauptsächlich Daten hinzugefügt und nicht geändert werden und an denen meistens Abfragen ausgeführt werden, die Daten nur aus einer oder wenigen Partitionen zurückgeben.

Gleitfensterpartitionierung

Die horizontale Partitionierung wird oft in relationalen Data Warehouses angewandt. Eine übliche Operation in solchen Data Warehouses besteht darin, eine erhebliche Menge von Daten in eine Faktentabelle zu laden und gleichzeitig alte Daten zu entfernen. Eine Gleitfensterpartitionierung ist sehr gut für Tabellen geeignet, bei denen regelmäßig Daten hinzugefügt und entfernt werden. Beispielsweise können die Daten in der Faktentabelle eines Data Warehouses jeweils nach 13 Monaten gelöscht werden. Immer wenn neue Daten zu dem Data Warehouse hinzukommen, können Daten, die älter als 13 Monate sind, gelöscht werden. Dies ist in dem Sinne ein »gleitendes Fenster«, dass die Faktentabelle immer nur die Daten der letzten 13 Monate enthält.

Um ein gleitendes Fenster einzurichten, brauchen Sie die Partitionsfunktion, das Partitionsschema und die Faktentabelle. Außerdem müssen Sie eine gespeicherte Prozedur einrichten, die die Partitionsfunktion immer an die neuen Randwerte anpasst. Des Weiteren ist eine Stagingtabelle mit den gleichen Spalten und gruppierten Indizes wie in der partitionierten Tabelle erforderlich.

Hinweis

Im nächsten Beispiel setzen wir voraus, dass nur einmal pro Monat Daten in das Data Warehouse geladen werden. Das ist zwar nicht besonders realistisch, aber das Beispiel funktioniert auch dann, wenn Daten häufiger geladen werden, sogar in Echtzeit. Es ist immer nur die erste Ladeoperation eines neuen Monats, die die Partitionsfunktion ändern muss.

Abb. 8.5 zeigt, was am 1. März 2018 geschieht, wenn die Daten für Februar 2018 geladen werden. Die Faktentabelle ist in 13 Partitionen aufgeteilt, eine für jeden Monat. Ein automatischer Prozess passt die Partitionsfunktion an den neuen Datenbereich an, indem sie die letzte Partition in zwei aufteilt. Anschließend werden die Daten des ältesten Monats in eine Stagingtabelle ausgelagert und die neuen Daten von einer Stagingtabelle hereingenommen. Schließlich wird die äußerste linke Partition, die jetzt leer ist, mit der Partition rechts davon zusammengeführt.

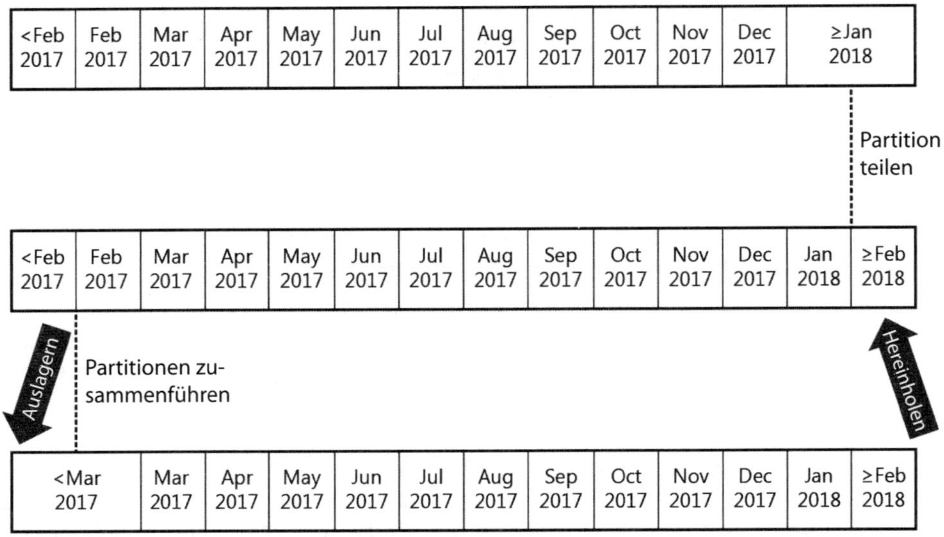

Abbildung 8.5 Überblick über die Gleitfensterpartitionierung

> Hinweis
>
> **Bei der Einrichtung einer Gleitfensterpartitionierung lauern Fallgruben. Zur vollständigen Automatisierung ist eine Überwachung der Aufträge erforderlich, um sicherzustellen, dass der Prozess, der die Partitionsfunktion verändert, korrekt abläuft. Wenn die ausgelagerten alten Daten archiviert und nicht gelöscht werden sollen, wird der Vorgang noch komplizierter.**

Das Auslagern der alten Partition und das Hereinholen der neuen können Sie optimieren, indem Sie als Stagingtabelle eine speicheroptimierte Tabelle verwenden.

> Hinweis
>
> **Nachdem Sie jetzt die horizontale Partitionierung ausführlich kennengelernt haben, sollten Sie noch einmal zu den früheren Abschnitten über temporale Tabellen zurückblättern und sich klarmachen, dass diese einen Sonderfall der horizontalen Partitionierung darstellen. Überdies können Sie auch die Verlaufstabelle partitionieren, wie es auf *https://docs.microsoft.com/de-de/sql/relational-databases/tables/manage-retention-of-historical-data-in-system-versioned-temporal-tables?view=sql-server-2017#using-table-partitioning-approach* beschrieben wird.**

Vertikale Partitionierung

Eine Entität, die vertikal in mehrere Tabellen partitioniert ist, lässt sich gewöhnlich daran erkennen, dass die Tabellen alle den gleichen Primärschlüssel haben. Zwischen den Tabellen besteht eine 1:1-Beziehung, die Sie durch eine Fremdschlüsseleinschränkung erzwingen können.

Eine umfassende Unterstützung wie für die horizontale Partitionierung gibt es in SQL Server für die vertikale Partitionierung nicht. Als Datenbankdesigner müssen Sie das dafür erforderliche Schema selbst erstellen.

Eine vertikale Partitionierung ist sinnvoll, wenn eine einzelne Tabelle sehr viele Spalten enthält, von denen einige große Werte enthalten, die selten abgefragt werden. Um die Leistung zu verbessern, können Sie die selten angesprochenen Spalten in einer anderen Tabelle speichern. Ein weiteres Problem, das sich mit der vertikalen Partitionierung lösen lässt, ist das Erreichen der maximalen Zeilengröße oder der maximalen Spaltenanzahl. Allerdings sollten Sie in einem solchen Fall als Erstes Ihr Datenbankdesign kritisch überprüfen und sich fragen, ob eine logische Entität wirklich so breite Spalten oder so viele Attribute benötigt. Wenn ja, kann eine Aufteilung der Entität in zwei oder mehr Tabellen die Lösung darstellen.

Hinweis

Anstelle einer vertikalen Partitionierung können Sie für selten verwendete Spalten auch Spalten geringer Dichte verwenden, die weiter vorn in diesem Kapitel beschrieben wurden.

Achten Sie darauf, die vertikale Partitionierung nicht zu missbrauchen. Jedes Mal, wenn in einem Resultset Daten aus zwei Tabellen gebraucht werden, ist eine Verknüpfungsoperation erforderlich. Diese Vorgänge können kostspielig sein, auf jeden Fall kostspieliger als das Lesen der Daten von einer einzelnen Seite. Wenn die entsprechenden Abfragen häufiger ausgeführt werden, kann das die Leistungsvorteile durch die Partitionierung zunichtemachen.

Es gibt noch einen Sonderfall der vertikalen Partitionierung, nämlich im Zusammenhang mit `FileTable`. Die im vorherigen Abschnitt beschriebenen Tabellen dieses Typs haben ein festes Schema. Es kann jedoch sein, dass Sie zusätzliche Metadaten über die Dateien speichern müssen. Da es nicht möglich ist, das Schema zu erweitern, müssen Sie eine neue Tabelle mit dem gleichen Primärschlüssel wie bei `FileTable` anlegen. Mit `INSERT`- und `DELETE`-Triggern können Sie dafür sorgen, dass es für jede Zeile in der `FileTable` eine passende Zeile in der erweiterten Metadatentabelle gibt, und damit die Integrität der Daten garantieren.

Erfassen von Datenänderungen

SQL Server bietet verschiedene Möglichkeiten, um Änderungen von Zeilendaten zu erfassen. Weiter vorn in diesem Kapitel haben wir bereits temporale Tabellen beschrieben. In diesem Abschnitt geht es um *Änderungsnachverfolgung* und *Change Data Capture* (die Erfassung von Änderungsdaten). Alle drei Merkmale ermöglichen es Anwendungen, zu erkennen, wenn Daten geändert werden, aber sie funktionieren sehr unterschiedlich und dienen auch verschiedenen Zwecken. Wir werden uns als Erstes mit der Änderungsnachverfolgung und dann mit Change Data Capture befassen. Am Schluss stehen Empfehlungen für die Verwendung.

Hinweis

Keine dieser beiden Funktionen verfolgt DDL- und DCL-Änderungen (Data Definition Language/Data Control Language). Nur DML-Änderungen (Data Manipulation Language) an Benutzertabellen werden erkannt, aber dabei wird die Anmeldung, die die Änderung vorgenommen hat, nicht aufgezeichnet, was die Nützlichkeit dieser Funktionen als Überwachungsmechanismen stark einschränkt. Kombiniert mit einer Überwachung kann Change Data Capture jedoch mehr Nutzen bieten. Weitere Informationen über die Überwachung in SQL Server erhalten Sie in Kapitel 7. Zur Überwachung in Azure SQL-Datenbank schlagen Sie in Kapitel 5 nach.

Änderungsnachverfolgung

Bei der Änderungsnachverfolgung werden nicht die Daten verfolgt, die geändert wurden, sondern nur die Zeilen, in denen eine Änderung stattfand. Diese Funktion wird hauptsächlich eingesetzt, um Daten mit Clients zu synchronisieren, die hin und wieder offline sind, sowie für ETL-Operationen (Extract, Transform, Load). Beispielsweise muss eine Anwendung, die eine Offlinebearbeitung ermöglicht, beim Wiederherstellen der Verbindung eine Synchronisierung in beiden Richtungen vornehmen. Eine Möglichkeit zur Umsetzung besteht darin, die Daten (bzw. einen Teil davon) auf den Client zu kopieren. Wenn der Client offline geht, führt die Anwendung alle Lese- und Änderungsvorgänge an den Daten in der Offlinekopie aus. Stellt der Client dann die Verbindung zu dem Server wieder her, müssen die Änderungen zusammengeführt werden. Dabei ist die Anwendung dafür verantwortlich, sich widersprechende Änderungen zu erkennen und zu lösen.

Die Einrichtung der Änderungsnachverfolgung läuft in zwei Schritten ab: Als Erstes müssen Sie die Funktion in der Datenbank einschalten und dann in den gewünschten Tabellen. Zuvor sollten Sie jedoch die Momentaufnahme-Isolation für die Datenbank einrichten. Sie ist für die Änderungsnachverfolgung zwar nicht zwingend erforderlich, aber sehr nützlich, um die Änderungen korrekt abfragen zu können, denn die Daten können sich ändern, während Sie sie abfragen. Bei der Verwendung der Momentaufnahme-Isolation und einer expliziten Transaktion sehen Sie bis zum Commit der Transaktion konsistente Ergebnisse. Ausführlich wird das im Artikel »Verwenden der Änderungsnachverfolgung« auf *https://docs.microsoft.com/sql/relational-databases/track-changes/work-with-change-tracking-sql-server* beschrieben.

Das folgende Beispielskript schaltet erst die Momentaufnahme-Isolation in der Beispieldatenbank `WideWorldImports` und dann die Änderungsnachverfolgung in dieser Datenbank sowie in den beiden Tabellen `Sales.Orders` und `Sales.OrderLines` ein. Außerdem wird ausschließlich in der Tabelle `Sales.Orders` die Spaltennachverfolgung aktiviert. Danach wird die Änderungsverfolgung für `Salers.OrderLines` wieder ausgeschaltet. Am Ende wird die Katalogsicht `sys.change_tracking_tables` abgefragt, um eine Liste der Tabellen mit eingeschalteter Änderungsnachverfolgung abzurufen.

```
USE master;
GO
-- Aktiviert die Momentaufnahme-Isolation in der Datenbank
ALTER DATABASE WideWorldImporters
    SET ALLOW_SNAPSHOT_ISOLATION ON;
-- Aktiviert die Änderungsnachverfolgung in der Datenbank
ALTER DATABASE WideWorldImporters
    SET CHANGE_TRACKING = ON
    (CHANGE_RETENTION = 5 DAYS, AUTO_CLEANUP = ON);
USE WideWorldImporters;
GO
-- Aktiviert die Änderungsnachverfolgung für Orders
ALTER TABLE Sales.Orders
    ENABLE CHANGE_TRACKING
    -- Merkt sich, welche Spalten geändert wurden
    WITH (TRACK_COLUMNS_UPDATED = ON);
-- Aktiviert die Änderungsnachverfolgung für OrderLines
ALTER TABLE Sales.OrderLines
    ENABLE CHANGE_TRACKING;
-- Deaktiviert die Änderungsnachverfolgung für OrderLines
ALTER TABLE Sales.OrderLines
    DISABLE CHANGE_TRACKING;
-- Fragt den jetzigen Zustand der Änderungsnachverfolgung in der Datenbank ab
SELECT *
FROM sys.change_tracking_tables;
```

► **Ein komplettes Beispiel für die Verwendung der Änderungsnachverfolgung zu einer beidseitigen Synchronisierung mit einem Datenspeicher, der zeitweilig offline gehen kann, finden Sie auf *https://docs.microsoft.com/sql/relational-databases/track-changes/work-with-change-tracking-sql-server*.**

Ein großer Vorteil der Änderungsnachverfolgung gegenüber einer benutzerdefinierten Lösung besteht darin, dass sie das Schema der verfolgten Benutzertabellen nicht ändert. Außerdem steht die Änderungsnachverfolgung in allen Editionen von SQL Server sowie in Azure SQL-Datenbank zur Verfügung. Die automatische Bereinigung sorgt dafür, dass die Datenbank nicht ungehindert wächst.

Hinweis

Wir empfehlen, die automatische Bereinigung einzuschalten und dabei eine ausreichend lange Beibehaltungsdauer festzulegen, damit sichergestellt ist, dass die Datensynchronisierung stattgefunden hat. Anwendungen können prüfen, ob sie schon zu lange gewartet haben, um noch eine Synchronisierung auszuführen. Das heißt, die Anwendungen können herausfinden, ob die Bereinigung bereits die Nachverfolgungsinformationen seit der letzten Synchronisierung entfernt hat.

Die Änderungsnachverfolgung kann zwar erkennen, welche Zeilen und optional auch welche Spalten geändert wurden, doch sie kann nicht angeben, wie der alte Wert lautete oder wie oft die Zeile bearbeitet wurde. Wenn Sie diese Informationen für Ihre Zwecke nicht benötigen, steht Ihnen mit der Änderungsnachverfolgung eine schlanke Möglichkeit zur Verfügung, um sich über Änderungen informiert zu halten. Brauchen Sie dagegen solche zusätzlichen Angaben, müssen Sie es mit der Funktion Change Data Capture versuchen.

Mit Change Data Capture beschäftigen wir uns im nächsten Abschnitt. Die Abfrage von Änderungen erfolgt bei der Änderungsnachverfolgung und bei Change Data Capture auf die gleiche Weise. Auch das sehen wir uns im nächsten Abschnitt an.

Change Data Capture

Die Funktion Change Data Capture (Erfassung von Änderungsdaten) unterscheidet sich in einigen wichtigen Aspekten von der Änderungsnachverfolgung, vor allem darin, dass hier die ehemaligen Datenwerte erfasst werden. Dafür ist natürlich erheblich mehr Speicher erforderlich. Im Gegensatz zur Änderungsnachverfolgung schreibt Change Data Capture die Änderungsdaten asynchron. Daher muss der Client nicht auf einen Commit der Änderungsdaten warten, bevor die Datenbank das Ergebnis der DML-Operation zurückgibt.

Hinweis

Change Data Capture ist in Azure SQL-Datenbank nicht verfügbar. Ab SQL Server 2016 SP1 gibt es diese Funktion auch in der Standard Edition.

Hinweis

Die Funktion Change Data Capture und speicheroptimierte Tabellen schließen sich gegenseitig aus. In einer Datenbank kann es nicht beides zur gleichen Zeit geben.

Change Data Capture speichert die erfassten Änderungen in internen Tabellen. Mit der Funktion `CHANGETABLE` können Sie diese Daten abfragen. Um die Daten anzufordern, nennt der Client die Tabelle, an deren Verlauf er interessiert ist, sowie die Versionsnummer bei der letzten Clientsynchronisierung. Das folgende Skript schaltet Change Data Capture mit der gespeicherten Prozedur `sys.sp_cdc_enable_db` für eine fiktive Datenbank und dann für die Tabelle `dbo.Orders` ein. Dabei wird vorausgesetzt, dass es die Datenbankrolle `cdc_reader` gibt.

```
USE WideWorldImporters;
GO
EXEC sys.sp_cdc_enable_db;
EXEC sys.sp_cdc_enable_table
    @source_schema = 'dbo',
    @source_name = 'Orders',
    @role_name = 'cdc_reader';
```

Als weitere Einstellungen für Change Data Capture können Sie angeben, welche Spalten erfasst werden sollen, in welcher Datengruppe die Änderungstabelle gespeichert werden soll usw. Mehr darüber erfahren Sie auf *https://docs.microsoft.com/sql/relational-databases/track-changes/enable-and-disable-change-data-capture-sql-server.*

Wenn Sie Anwendungen gestalten, die die Änderungsnachverfolgung und Change Data Capture nutzen, sollten Sie unter anderem die folgenden wichtigen Punkte bedenken:

- Eine Anwendung sollte sich bei der Synchronisierung von Daten anhand einer Quell-ID identifizieren. Dadurch kann der Client vermeiden, dieselben Daten erneut zu erhalten. Ein Client gibt seine eigene Quell-ID in der Klausel `WITH CHANGE_TRACKING_CONTEXT` zu Beginn der Anweisungen an.
- Eine Anwendung sollte die Änderungsdaten in einer Transaktion mit Momentaufnahme-Isolation anfordern. Dadurch wird verhindert, dass eine andere Anwendung die Daten zwischen der Prüfung nach geänderten Daten und dem Senden der Datenänderungen bearbeitet. Wie im letzten Abschnitt schon erwähnt, muss die Momentaufnahme-Isolation in der Datenbank eingeschaltet sein.

Änderungsnachverfolgung, Change Data Capture und temporale Tabellen im Vergleich

Tabelle 8.1 gibt wichtige Hinweise für die Entscheidung, welche der drei Funktionen zur Verfolgung von Änderungen sich am besten für die anstehende Aufgabe eignet.

	Änderungsnachverfolgung	**Change Data Capture**	**Temporale Tabellen**
Schemaänderung erforderlich	Nein	Nein	Ja
Verfügbar in Azure SQL-Datenbank	Ja	Nein	Ja
Verfügbarkeit in den Editionen	Alle Editionen	Nur Enterprise	Alle Editionen
Verlaufsdaten verfügbar	Nein	Ja	Ja
Verlauf kann vom Endbenutzer abgefragt werden	Nein	Ja	Ja
DML-Typ wird aufgezeichnet	Ja	Ja	Nein
Automatische Bereinigung	Ja	Ja	Ja
Änderungsindikator	LSN	LSN	`datetime2`

Tabelle 8.1 Vergleich der Eigenschaften und Verwendungszwecke von Änderungsnachverfolgung, Change Data Capture und temporalen Tabellen

Kapitel 9

Leistungsoptimierung in SQL Server

In diesem Kapitel sehen wir uns Vorgehensweise und Datenbankobjekte für die Leistungsoptimierung von SQL Server-Datenbanken an. Als Erstes betrachten wir dabei die Datenbankisolierung und ihre praktischen Auswirkungen auf Abfragen. Danach beschäftigen wir uns mit dem Prinzip der zeitverzögerten Dauerhaftigkeit. Anschließend schauen wir uns den Abfragespeicher und Ausführungspläne an. Insbesondere geht es darum, worauf Sie bei Ausführungsplänen achten müssen, um die Leistung zu optimieren, und wie Sie sie die parallele Ausführung steuern.

Über einige der Themen in diesem Kapitel sind schon ganze Bücher geschrieben worden. In einem einzelnen Kapitel können wir natürlich nicht so sehr ins Detail gehen. Wir möchten Ihnen hier eine Einführung in die Leistungsoptimierung von SQL Server geben, sodass Sie sich weitere Kenntnisse schneller aneignen können. Insbesondere beschäftigen wir uns hier auch mit Funktionen, die in SQL Server 2016 und 2017 neu hinzugekommen sind.

Isolationsstufen und Parallelität

Grundkenntnisse von *Isolationsstufen* sind unverzichtbar. Es geht dabei nicht um mysteriöse Schlüsselwörter, mit denen Sie sich nur befassen, wenn eine Prüfung ansteht. Isolationsstufen können sich tiefgreifend auf die Leistung und Stabilität einer Anwendung und auf die Datenintegrität auswirken.

Sie müssen den Einfluss der verschiedenen Isolationsstufen auf Sperren und Blockierung und damit auf die Parallelität kennen, um entscheiden zu können, wann Sie von der Standardstufe `READ COMMITTED` zu einer anderen wechseln sollten. Tabelle 9.1 führt alle in SQL Server verfügbaren Isolationsstufen auf.

Isolationsstufe	Erlaubt ungültige Lesevorgänge	Erlaubt nicht wiederholbare Lesevorgänge	Erlaubt Phantomzeilen	Aktualisierungskonflikte möglich
READ UNCOMMITTED	X	X	X	
READ COMMITTED		X	X	

→

Isolationsstufe	Erlaubt ungültige Lesevorgänge	Erlaubt nicht wiederholbare Lesevorgänge	Erlaubt Phantomzeilen	Aktualisierungs-konflikte möglich
REPEATABLE READ			X	
SERIALIZABLE				
READ COMMITTED SNAPSHOT (RCSI)		X	X	
SNAPSHOT				X

Tabelle 9.1 Isolationsstufen

Expertentipp

***Was ist mit** READPAST?*

READPAST ist keine Isolationsstufe, sondern ein Tabellenhinweis, und er kann nicht auf Sitzungsebene festgelegt werden. Wie und wo Sie Isolationsstufen festlegen können, beschreiben wir weiter hinten in diesem Kapitel.

Bei SQL Server-Tabellen, die als Stack oder Warteschlange mit FIFO-Architektur (First In, First Out) verwendet werden, kann READPAST jedoch nützlich sein. Dieser Hinweis richtet keine Zeilensperren in der Tabelle ein, und anstatt sich von gesperrten Zeilen blockieren zu lassen, überspringt er sie. Benutzertransaktionen können dadurch die »erste« Zeile in dem Stack abrufen, auf die nicht bereits zugegriffen wird.

Dadurch kann ein Thread mit mehreren Prozessen, der eine Tabelle regelmäßig in einer Schleife durchläuft, die Zeilen überspringen, in die zurzeit geschrieben wird, und sie beim nächsten Durchlauf lesen. Außerhalb dieses sehr stark eingeschränkten Falls ist die Verwendung von READPAST jedoch ungeeignet, da dadurch wahrscheinlich unvollständige Daten zurückgegeben werden.

Wenn Sie für eine Transaktion in einer Anwendung eine Isolationsstufe auswählen, müssen Sie vor allem die Sicherheit und die Geschäftsanforderungen in einer Mehrbenutzerumgebung bedenken. Die Leistung der Transaktion ist nur von untergeordneter Bedeutung. Sperren zu verwenden, ist nichts Schlechtes. Das ist die Art und Weise, in der alle Transaktionen in SQL Server beim Umgang mit datenträgerbasierten Tabellen miteinander kooperieren. READ COMMITTED ist im Allgemeinen eine sichere Isolationsstufe, da Änderungen hierbei Lesevorgänge blockieren. In dieser Standardisolationsstufe können keine Daten gelesen werden, die nicht mit einem Commit bestätigt sind. Ein Lesevorgang muss daher auf den Commit oder das Rollback einer Transaktion warten. Dadurch verhindert READ COMMITTED, dass eine SELECT-Anweisung auf unbestätigte Daten zugreift, was als *ungültiger Lesevorgang* (»dirty read«) bezeichnet wird. Das ist insbesondere bei Transaktionen mit mehreren Schritten wichtig, bei denen innerhalb derselben Transaktion Eltern- und Kinddatensätze in einer Fremdschlüsselbeziehung erstellt werden müssen. In einer solchen Situation dürfen Lesevorgänge auf keine der Tabellen zugreifen, bis beide aktualisiert sind.

Allerdings verhindert `READ COMMITTED` nicht, dass sich die Zeilendaten und die Anzahl der Zeilen zwischen zwei `SELECT`-Anfragen einer mehrteiligen Transaktion ändern. In manchen Situationen kann das akzeptabel oder sogar gewünscht sein, in anderen dagegen nicht. Um diese beiden problematischen Situationen zu vermeiden (über die es in Kürze noch ausführlicher gehen wird), müssen Sie die Isolation der Transaktion verstärken.

Wenn Transaktionen stärker von anderen Transaktionen isoliert werden müssen, ist eine Anhebung der Isolationsstufe angebracht, etwa wenn ein Prozess Schreibvorgänge in mehreren Schritten ausführen und dabei keinen anderen Transaktionen erlauben darf, die Daten zwischendurch zu ändern.

Hier würde `REPEATABLE READ` andere Transaktionen daran hindern, die von einer mehrteiligen Transaktion bearbeiteten Zeilen zwischendurch zu ändern oder zu löschen. Man spricht hier auch von *nicht wiederholbaren Lesevorgängen*. Dabei werden beim zweimaligen Lesen der Daten unterschiedliche oder weniger Zeilen zurückgegeben, was bei mehrteiligen Transaktionen ein Problem sein kann. Nicht wiederholbare Lesevorgänge können bei Isolationsstufen auftreten, die weniger streng sind als `REPEATABLE READ`.

Ist es für die mehrteilige Transaktion jedoch erforderlich, dass während ihrer gesamten Dauer immer dieselbe Anzahl von Zeilen in einem Resultset zurückgegeben wird, so ist die Isolationsstufe `SERIALIZABLE` erforderlich. Dies ist die einzige Isolationsstufe, die verhindert, dass andere Transaktionen neue Zeilen in den Bereich einfügen, ein Problem, das als *Phantomzeilen* bezeichnet wird.

Das beschriebene Verhalten stimmt mit dem von Transaktionen überein, die sich nur auf wenige Zeilen auswirken. In solchen Fällen richtet das Datenbankmodul Zeilen- und Seitensperren ein, um die Transaktionen zu isolieren. Es ist möglich, dass `REPEATABLE READ`-Transaktionen auf eine größere Menge von Zeilen zugreifen und dann zur Verwendung von Tabellensperren übergehen und die Transaktion gegen Phantomzeilen schützen.

▶ **Mehr über die Überwachung von Sperren und Blockierungen in Datenbanken erfahren Sie in Kapitel 13.**

Expertentipp

Ist es wahr, dass SQL Server kein Timeout hat?

Das ist richtig – standardmäßig gibt es für eine lokale Anforderung, die blockiert wird, in SQL Server kein Timeout. Allerdings können Anwendungen eine »SQL-Zeitüberschreitung« melden, wenn die Laufzeit der Abfrage ihre eigenen Grenzwerte überschreitet.

Standardmäßig bricht SQL Server eine blockierte Anforderung nicht ab. Dieses Verhalten können Sie aber sitzungsweise ändern. Der Wert der globalen Variablen `@@LOCK_TIMEOUT` beträgt in der Standardeinstellung `-1`, was bedeutet, dass es kein Timeout gibt. Sie können dies mit der folgenden Anweisung für die aktuelle Sitzung ändern:

```
SET LOCK_TIMEOUT n
```

Dabei gibt *n* an, nach wie vielen Millisekunden SQL Server die Anforderung abbricht und den Fehler 1222 zurückgibt: »Das Timeout für Sperranforderung wurde überschritten. Die Anweisung wurde beendet.« Seien Sie jedoch vorsichtig, wenn Sie das Standard-Timeout für Sperren in SQL Server ändern. Genaue Kenntnisse von Blockierungen sind dazu unverzichtbar. Wenn Sie das Timeout im Code ändern, müssen Sie dafür sorgen, dass die Anwendungen, die die Sitzungen erstellen, mit solchen Fehlern umgehen und einen erneuten Versuch starten können.

Das Timeout für ausgehende Remoteverbindungen kann in SQL Server über `Remote Query Timeout` eingestellt werden. Der Standardwert beträgt 600 s. Dieses Timeout gilt nur für Verbindungen zu Remotedatenanbietern, nicht für Anforderungen, die auf der SQL Server-Instanz ausgeführt werden.

Hinweis

Sie können Isolationsstufen für Transaktionen festlegen, die sowohl in speicheroptimierten als auch in datenträgerbasierten Tabellen lesen und schreiben. Für speicheroptimierte Tabellen werden für Isolierung und Parallelität keine Sperren und Latches verwendet, sondern die Zeilenversionserstellung. Speicheroptimierte Tabellen wurden bereits in Kapitel 8 behandelt. In Kapitel 10 sehen wir uns ihre Verwendung für Situationen mit einem hohen Transaktionsaufkommen an.

Blockierung von gleichzeitigen Sitzungen

In diesem Abschnitt sehen wir uns eine Reihe von Beispielen zur Parallelität in Mehrbenutzeranwendungen an, die mit SQL Server-Tabellen arbeiten. Als Erstes müssen wir wissen, wie wir feststellen können, ob eine Anforderung blockiert wird oder selbst eine andere Anforderung blockiert.

Beobachten von Blockierungen

Ob eine Anforderung blockiert wird, lässt sich sehr leicht im laufenden Betrieb herausfinden. Die Verknüpfung der dynamischen Verwaltungssichten `sys.dm_db_requests` und `sys.dm_db_sessions` über die Spalte `session_id` liefert ähnliche Daten wie die verwalteten Befehle `sp_who` `sp_who2` und sogar einige mehr. Dazu gehört auch die Spalte `blocked_by`.

```
SELECT * FROM
sys.dm_exec_sessions s
LEFT OUTER JOIN sys.dm_exec_requests r ON r.session_id = s.session_id;
```

Sehen wir uns nun anhand einiger Beispielszenarien an, warum und wie Anforderungen sich gegenseitig blockieren können. Dies bildet die Grundlage der Parallelität in SQL Server und hilft Ihnen zu verstehen, warum es so aussieht, als würde `NOLOCK` Abfragen schneller machen. Die folgenden Beispiele verhalten sich in SQL Server-Instanzen und in Microsoft Azure SQL-Datenbank auf die gleiche Weise.

Zwei Anforderungen ändern dieselben Zeilen

Bei den folgenden beiden Schreibvorgängen werden die einzelnen Transaktionen jeweils in einer anderen Sitzung ausgeführt. Sie sind ausdrücklich mit `BEGIN/COMMIT TRAN` deklariert. Die Standardisolationsstufe `READ COMMITTED` wird von beiden nicht überschrieben.

1. Eine Tabelle enthält nur Zeilen vom Typ 0 und Typ 1. Transaktion 1 beginnt und ändert alle Zeilen vom Typ 1 in Typ 2.
2. Vor dem Commit von Transaktion 1 beginnt Transaktion 2 und gibt eine Anweisung aus, um Typ 2 in Typ 3 zu ändern. Transaktion 2 wird blockiert und wartet auf den Commit von Transaktion 1.
3. Transaktion 1 wird mit einem Commit abgeschlossen.
4. Transaktion 2 wird nicht mehr blockiert und kann ihre `UPDATE`-Anweisung ausführen. Danach wird sie mit einem Commit abgeschlossen.

Ergebnis: Die resultierende Tabelle enthält Einträge vom Typ 3. Die zweite Transaktion hat die Datensätze aktualisiert. Das liegt daran, dass Transaktion 2 nach dem Start bis nach dem Commit von Transaktion 1 auf bestätigte Daten wartete.

Ein Schreibvorgang blockiert einen Lesevorgang

Der Schreib- und der Lesevorgang des folgenden Beispiels laufen jeweils in eigenen Transaktionen verschiedener Sitzungen ab. Hier blockiert der noch nicht mit Commit bestätigte Schreibvorgang in Transaktion 1 den Lesevorgang in Transaktion 2. Die Transaktionen sind ausdrücklich mit `BEGIN/COMMIT TRAN` deklariert. Die Standardisolationsstufe `READ COMMITTED` wird von beiden nicht überschrieben.

1. Eine Tabelle enthält nur Zeilen vom Typ 0 und Typ 1. Transaktion 1 beginnt und ändert alle Zeilen vom Typ 1 in Typ 2.
2. Vor dem Commit von Transaktion 1 beginnt Transaktion 2 und gibt eine `SELECT`-Anweisung für Datensätze von Typ 2 aus. Transaktion 2 wird blockiert und wartet auf den Commit von Transaktion 1.
3. Transaktion 1 wird mit einem Commit abgeschlossen.
4. Transaktion 2 wird nicht mehr blockiert und kann ihre `SELECT`-Anweisung ausführen. Übereinstimmende Zeilen werden zurückgegeben. Danach wird die Transaktion mit einem Commit abgeschlossen.

Ergebnis: Transaktion 2 gibt Datensätze vom Typ 2 zurück. Das liegt daran, dass Transaktion 2 nach dem Start bis nach dem Commit von Transaktion 1 auf bestätigte Daten wartete.

Ein nicht wiederholbarer Lesevorgang

Der Schreib- und der Lesevorgang des folgenden Beispiels laufen jeweils in eigenen Transaktionen verschiedener Sitzungen ab. In Transaktion 1 tritt hier ein nicht wiederholbarer Lesevorgang auf, da `READ COMMITTED` dagegen nicht schützt. Die Transaktionen sind ausdrücklich mit `BEGIN/COMMIT TRAN` deklariert. Die Standardisolationsstufe `READ COMMITTED` wird von beiden nicht überschrieben.

1. Eine Tabelle enthält nur Zeilen vom Typ 0 und Typ 1. Transaktion 1 beginnt und wählt Zeilen vom Typ 1 aus. Die entsprechenden Zeilen werden zurückgegeben.
2. Vor dem Commit von Transaktion 1 beginnt Transaktion 2 und gibt eine `UPDATE`-Anweisung aus, um Datensätze von Typ 1 in Typ 2 zu ändern. Transaktion 2 wird nicht blockiert, sondern unmittelbar ausgeführt.

3. Transaktion 1 wählt erneut Zeilen vom Typ 1 aus und wird blockiert.
4. Transaktion 2 wird mit einem Commit abgeschlossen.
5. Die Blockierung von Transaktion 1 wird sofort aufgehoben. Es werden keine Zeilen zurückgegeben. (Es gibt keine mit Commit bestätigten Zeilen vom Typ 1.) Danach wird Transaktion 1 mit einem Commit abgeschlossen.

Ergebnis: Die resultierende Tabelle enthält Einträge vom Typ 2. Die zweite Transaktion hat die Datensätze aktualisiert. Das liegt daran, dass Transaktion 1 die Daten beim Start von Transaktion 2 nicht exklusiv gesperrt hat, sodass die Schreibvorgänge durchgeführt wurden. Da Transaktion 1 nur liest, hätte sie niemals exklusive Sperren für die Daten eingerichtet. Transaktion 1 hat einen nicht wiederholbaren Lesevorgang erlitten: Die gleiche SELECT-Anweisung hat während der mehrteiligen Transaktion unterschiedliche Daten zurückgegeben.

Verhindern eines nicht wiederholbaren Lesevorgangs

Der Schreib- und der Lesevorgang des folgenden Beispiels laufen jeweils in eigenen Transaktionen verschiedener Sitzungen ab. Dieses Mal schützen wir Transaktion 1 gegen nicht wiederholbare Lesevorgänge, indem wir die Isolationsstufe REPEATABLE READ festlegen, auf der ein Lesevorgang einen Schreibvorgang blockiert. Die Transaktionen sind ausdrücklich mit BEGIN/COMMIT TRAN deklariert.

1. Eine Tabelle enthält nur Zeilen vom Typ 0 und Typ 1. Transaktion 1 beginnt und wählt mit der Isolationsstufe REPEATABLE READ Zeilen vom Typ 1 aus. Die entsprechenden Zeilen werden zurückgegeben.
2. Vor dem Commit von Transaktion 1 beginnt Transaktion 2 und gibt eine UPDATE-Anweisung aus, um Datensätze von Typ 1 in Typ 2 zu ändern. Transaktion 2 wird von Transaktion 1 blockiert.
3. Transaktion 1 wählt erneut Zeilen vom Typ 1 aus. Abermals werden Zeilen zurückgegeben
4. Transaktion 1 wird mit einem Commit abgeschlossen.
5. Die Blockierung von Transaktion 2 wird sofort aufgehoben und ändert die Zeilen. Danach wird Transaktion 2 mit einem Commit abgeschlossen.

Ergebnis: Die resultierende Tabelle enthält Einträge vom Typ 2. Transaktion 1 hat die von ihr ausgewählten Daten beim Start von Transaktion 2 exklusiv gesperrt, sodass die Schreibvorgänge bis zum Commit von Transaktion 1 blockiert wurden. Dadurch konnte die Transaktion jedes Mal die gleichen Datensätze abrufen, ohne dass ein nicht wiederholbarer Lesevorgang auftrat. Transaktion 2 hat ihre Änderungen erst dann vorgenommen, als sie selbst exklusive Sperren für die von ihr benötigten Zeilen einrichten konnte.

Auftreten von Phantomzeilen

Der Schreib- und der Lesevorgang des folgenden Beispiels laufen jeweils in eigenen Transaktionen verschiedener Sitzungen ab. In der hier beschriebenen Situation treten Phantomzeilen auf.

1. Eine Tabelle enthält nur Zeilen vom Typ 0 und Typ 1. Transaktion 1 beginnt und wählt in der Isolationsstufe REPEATABLE READ Zeilen vom Typ 1 aus. Die entsprechenden Zeilen werden zurückgegeben.

2. Vor dem Commit von Transaktion 1 beginnt Transaktion 2 und gibt eine INSERT-Anweisung aus, um Zeilen vom Typ 1 einzufügen. Transaktion 2 wird von Transaktion 1 nicht blockiert.
3. Transaktion 1 wählt erneut Zeilen vom Typ 1. Dabei werden mehr Zeilen zurückgegeben als bei der ersten Auswahl.
4. Transaktion 1 wird mit einem Commit abgeschlossen.
5. Transaktion 2 wird mit einem Commit abgeschlossen.

Ergebnis: Transaktion 1 hat Phantomzeilen gelesen, da bei der zweiten Auswahl von der Tabelle innerhalb derselben Transaktion eine andere Anzahl von Zeilen zurückgegeben wurde. Transaktion 1 hat für den von ihr benötigten Datenbereich keine Sperren eingerichtet, sodass eine andere Transaktion in derselben Datenmenge schreiben konnte. Die Phantomzeilen wären bei Transaktion 1 auf jeder Isolationsstufe außer SERIALIZABLE aufgetreten. Diese Stufe sehen wir uns im nächsten Beispiel an.

Verhindern von Phantomzeilen

Der Schreib- und der Lesevorgang des folgenden Beispiels laufen jeweils in eigenen Transaktionen verschiedener Sitzungen ab. Hier verhindern wir das Auftreten von Phantomzeilen in Transaktion 1.

1. Eine Tabelle enthält nur Zeilen vom Typ 0 und Typ 1. Transaktion 1 beginnt und wählt in der Isolationsstufe SERIALIZABLE Zeilen vom Typ 1 aus. Die entsprechenden Zeilen werden zurückgegeben.
2. Vor dem Commit von Transaktion 1 beginnt Transaktion 2 und gibt eine INSERT-Anweisung aus, um Zeilen vom Typ 1 einzufügen. Transaktion 2 wird von Transaktion 1 blockiert.
3. Transaktion 1 wählt erneut Zeilen vom Typ 1. Es werden genauso viele Zeilen zurückgegeben wie bei der ersten Auswahl.
4. Transaktion 1 wird mit einem Commit abgeschlossen.
5. Die Blockierung von Transaktion 2 wird aufgehoben, sodass sie ihre Einfügungen vornehmen kann. Anschließend wird sie mit einem Commit abgeschlossen.

Ergebnis: Transaktion 1 hat bei der zweiten Auswahl diesmal keine Phantomzeilen gelesen, da sie den von ihr benötigten Datenbereich gesperrt hat. Die Tabelle enthält am Ende zwar weitere Datensätze vom Typ 1, allerdings wurden sie erst nach dem Commit von Transaktion 1 eingefügt.

Gründe gegen die Verwendung von READ UNCOMMITTED (NOLOCK)

Für viele Entwickler und Datenbankadministratoren stellen der Tabellenhinweis NOLOCK und die entsprechende Isolationsstufe READ UNCOMMITTED nichts anderes als einen »Turboschalter« für ihre Datenbank dar: »Wir hatten Leistungsprobleme, aber wir haben in alle unsere gespeicherten Prozeduren NOLOCK eingefügt, um sie zu lösen.«

Durch den Tabellenhinweis NOLOCK und die Isolationsstufe READ UNCOMMITTED werden innerhalb der Datenbank keine Sperren (außer Schemasperren) angewendet. (Eine Abfrage mit NOLOCK kann jedoch immer noch durch DDL-Befehle blockiert werden.) Da dadurch die grundlegende Integrität des Mechanismus für den Datenabruf ausgehebelt wird, kann das offensichtlich zu nicht mit Commit bestätigten Daten führen, was aber gewöhnlich nicht reicht, um Entwickler abzuschrecken. Es gibt jedoch noch weitere gute Gründe, um auf READ UNCOMMITTED zu verzichten.

Die Gründe gegen die Verwendung von READ UNCOMMITTED liegen tiefer als Leistungsaspekte und die Sorge, dass Daten noch mit Commit bestätigt werden müssen. Entwickler argumentieren gewöhnlich, dass nur äußerst selten ein Rollback der Daten erfolgt oder dass sie nur für Berichtszwecke verwendet werden. In Produktionsumgebungen rechtfertigt das die möglichen Probleme jedoch keinesfalls. READ COMMITTED ist nur in Nicht-Produktionsumgebungen oder für Zählungen und Aggregationen akzeptabel, die reine Schätzwerte liefern sollen.

Eine Abfrage auf der Isolationsstufe READ UNCOMMITTED kann nachweislich auf folgende Weisen ungültige Daten hervorrufen:

- Lesen nicht mit Commit bestätigter Daten (ungültige Lesevorgänge)
- Zweifaches Lesen mit Commit bestätigter Daten
- Überspringen mit Commit bestätigter Daten
- Rückgabe von beschädigten Daten
- Die Abfrage kann auch ganz fehlschlagen: »Scan mit NOLOCK konnte aufgrund einer Datenverschiebung nicht fortgesetzt werden.«

SQL Server kann NOLOCK nicht auf Tabellen anwenden, die in Modifizierungsanweisungen genutzt werden, und ignoriert die Festlegung der Isolationsstufe READ UNCOMMITTED in Batches, die Modifizierungsanweisungen enthalten:

```
INSERT INTO dbo.testnolock1 WITH (NOLOCK)
SELECT * FROM dbo.testnolock2;
```

Dieser Code ruft die folgende Fehlermeldung hervor:

```
Meldung 1065, Ebene 15, Status 1, Zeile 17
Die Sperrhinweise NOLOCK und READUNCOMMITTED sind für Zieltabellen der INSERT-,
UPDATE-, DELETE- oder MERGE-Anweisungen nicht zulässig.
```

Dieser Schutz gilt jedoch nicht für die *Quellen* von Schreibvorgängen, weshalb eine Gefahr besteht.

Der folgende Code *ist* zulässig, aber gefährlich, da er ungültige Daten schreiben kann:

```
INSERT INTO testnolock1
SELECT * FROM testnolock2 WITH (NOLOCK);
```

Ändern der Isolationsstufe innerhalb einer Transaktion

Neben dem Befehl SET TRANSACTION ISOLATION LEVEL können Sie auch Tabellenhinweise verwenden, um das zuvor festgelegte Verhalten zu überschreiben. Im Folgenden schauen wir uns zwei Möglichkeiten an, um die Isolationsstufe von Abfragen zu ändern.

SET TRANSACTION ISOLATION LEVEL

Der Befehl SET TRANSACTION ISOLATION LEVEL ändert die Isolationsstufe der aktuellen Sitzung. Davon sind auch alle kommenden Transaktionen bis zum Schließen der Verbindung betroffen.

Sie können jedoch die Isolationsstufe einer expliziten Transaktion ändern, nachdem Sie sie erstellt haben. Nur eine Änderung von oder zur Stufe SNAPSHOT ist dabei nicht möglich.

Beispielsweise ist der folgende Code technisch gültig:

```
SET TRANSACTION ISOLATION LEVEL READ COMMITTED
BEGIN TRAN
SET TRANSACTION ISOLATION LEVEL SERIALIZABLE
SELECT ...
```

Der folgende Code dagegen ist ungültig:

```
SET TRANSACTION ISOLATION LEVEL READ COMMITTED
BEGIN TRAN
SET TRANSACTION ISOLATION LEVEL SNAPSHOT
SELECT ...
```

Er führt zu folgender Fehlermeldung:

```
Meldung 3951, Ebene 16, Status 1, Zeile 4
Fehler bei der Transaktion in der %1!s!-Datenbank, weil die Anweisung mit der
Momentaufnahmeisolation ausgeführt wurde, die Transaktion aber nicht in der
Momentaufnahmeisolation gestartet wurde. Die Isolationsstufe der Transaktion kann
nicht in 'Momentaufnahme' geändert werden, nachdem die Transaktion gestartet
wurde.
```

In .NET-Anwendungen sollten Sie die Isolationsstufe aller Transaktionen bei ihrer Erstellung ändern. In T-SQL-Code und gespeicherten Prozeduren sollten Sie den Ausführungsplan der Sitzung ändern, bevor Sie eine explizite Transaktion anlegen.

Tabellenhinweise

Mit Tabellenhinweisen können Sie die Isolationsstufe für einzelne Objekte ändern. Das ist eine anspruchsvolle Methode zur Fehlerbehebung, die Sie nicht im Normalbetrieb einsetzen sollten, da sie die Wartung komplizierter macht und die architektonische Gestaltung für die Bedürfnisse des Unternehmens nach Parallelität verwässert.

Beispielsweise verwenden manche Entwickler NOLOCK am Ende einer Tabelle, wodurch sie die Zugriffe auf die Tabelle auf die Isolationsstufe READ UNCOMMITTED absenken (was gefährlich ist):

```
SELECT col1 FROM dbo.Table (NOLOCK)
```

Abgesehen von der alles anderen als ratsamen Verwendung von NOLOCK gilt die Verwendung eines Tabellenhinweises ohne WITH seit SQL Server 2008 als veraltet.

Neben dem mit Vorsicht zu genießenden NOLOCK gibt es noch über 20 weitere Tabellenhinweise, die durchaus nützlich sein können. Damit können Sie beispielsweise dafür sorgen, dass eine Abfrage einen bestimmten Index nutzt, einen Such- oder Scanvorgang in einem Index erzwingen oder die Sperrstrategie des Abfrageoptimierers überschreiben. Weiter hinten in diesem Kapitel sehen wir uns an, wie Sie UPDLOCK einsetzen, etwa um die Verwendung der Isolationsstufe SERIALIZABLE zu erzwingen.

Betrachten Sie alle Tabellenhinweise nur als vorübergehende und sehr stark situationsabhängige Lösung zur Fehlerbehebung, da sie die Wartung der betreffenden Abfragen problematisch machen können. Beispielsweise können die Tabellenhinweise INDEX und FORCESEEK zu einer schlechten Abfrageleistung führen. Bei einer Änderung der Indizes einer Tabelle ist es sogar möglich, dass Abfragen mit diesen Hinweisen ganz fehlschlagen.

▶ **Ausführliche Informationen über sämtliche möglichen Tabellenhinweise erhalten Sie in der SQL Server-Dokumentation auf *https://docs.microsoft.com/sql/t-sql/queries/hints-transact-sql-table*.**

Die Parallelitätslösung für Unternehmen: SNAPSHOT

Um Probleme bei der Parallelverarbeitung zu lösen (also das Aufkommen von Blockierungen zu verringern) und damit die Leistung zu steigern, verwenden viele Anwendungsentwickler trotzdem READ UNCOMMITTED. Der dadurch erzielte Leistungsgewinn erscheint auch zunächst zu gewaltig, um sich noch nach anderen Alternativen umzusehen. Es gibt jedoch eine sicherere Möglichkeit ohne die erheblichen Nachteile und die Gefahr von ungültigen Daten und Fehlern. Eine Zeilenversionserstellung in Kombination mit der Isolationsstufe READ_COMMITTED_SNAPSHOT (RCSI) oder SNAPSHOT stellt die unternehmensgerechte Lösung für Leistungsprobleme bei der Parallelverarbeitung dar.

Bei der Momentaufnahme-Isolation (SNAPSHOT) können Abfragen mithilfe der Zeilenversionserstellung Zeilen lesen, die von anderen Abfragen gesperrt sind. In der Datei TempDB der SQL Server-Instanz wird eine Kopie der mit Commit bestätigten Daten aufbewahrt, und diese Daten können für gleichzeitige Anforderungen herangezogen werden. Dadurch erlaubt die Momentaufnahme-Isolation den Zugriff ausschließlich auf bestätigte Daten, ohne den Zugriff auf Daten zu blockieren, die durch Schreibvorgänge gesperrt sind. Durch die verstärkte Nutzung von TempDB für datenträgerbasierte Tabellen wird die Leistung drastisch erhöht, da damit eine starke Parallelverarbeitung möglich ist, ohne dass die Gefahr besteht, auf unbestätigte Daten zuzugreifen.

Die Zeilenversionserstellung läuft still im Hintergrund ab. Sie nutzen sie auf der Ebene einzelner Anweisungen, nicht auf Transaktions- oder Sitzungsebene. Jede Anweisung hat Zugriff auf die Daten in der letzten mit Commit bestätigten Zeilenversion. Dadurch ist RCSI nach wie vor anfällig für nicht wiederholbare Lesevorgänge und Phantomzeilen. Bei der Isolationsstufe SNAPSHOT dagegen werden Zeilenversionen der betroffenen Zeilen während der gesamten Transaktion verwendet, sodass keine nicht wiederholbaren Lesevorgänge und Phantomzeilen auftreten können.

Intern werden alle Abfragen an einer sekundären lesbaren Datenbank in einer Verfügbarkeitsgruppe auf der Isolationsstufe SNAPSHOT ausgeführt. Die Transaktionsisolationsstufe sowie jegliche Tabellenhinweise zu Sperren werden ignoriert. Dadurch werden Parallelitätskonflikte zwischen den leseintensiven Arbeitslasten in der sekundären Datenbank und den Transaktionen vermieden, die von der primären Datenbank herüberkommen.

Zugriff auf SNAPSHOT-Daten

Der Schreib- und der Lesevorgang des folgenden Beispiels laufen jeweils in eigenen Transaktionen verschiedener Sitzungen ab. Hier hat Transaktion 2 Zugriff auf die zuvor mit Commit bestätigten Zeilendaten, obwohl diese Zeilen gleichzeitig geändert werden.

1. Eine Tabelle enthält nur Zeilen vom Typ 1. Transaktion 1 beginnt und ändert Zeilen vom Typ 1 in Typ 2.
2. Vor dem Commit von Transaktion 1 setzt Transaktion 2 die Isolationsstufe auf SNAPSHOT.
3. Transaktion 2 gibt eine SELECT-Anweisung mit einer WHERE-Klausel aus, um Zeilen vom Typ 1 auszuwählen. Transaktion 2 wird von Transaktion 1 nicht blockiert. Es werden Zeilen vom Typ 1 zurückgegeben. Transaktion 2 wird mit einem Commit abgeschlossen.
4. Transaktion 1 wird mit einem Commit abgeschlossen.
5. Transaktion 2 wählt erneut Zeilen vom Typ 1. Es werden keine Zeilen zurückgegeben.

Ergebnis: Transaktion 2 wurde bei dem Versuch, Zeilen abzufragen, die gerade von Transaktion 1 aktualisiert werden, nicht blockiert. Dank der Zeilenversionserstellung hat sie Zugriff auf die zuvor mit Commit bestätigten Daten.

Einrichten der Momentaufnahme-Isolation

Die Isolationsstufe SNAPSHOT können Sie auf zwei verschiedene Weisen in einer Datenbank einrichten. Durch Einschalten der Momentaufnahme-Isolation wird einfach nur die Verwendung der Isolationsstufe SNAPSHOT ermöglicht und mit der Zeilenversionserstellung begonnen. Wenn Sie dagegen RCSI einschalten, wird die Standardisolationsstufe auf READ_COMMITTED_SNAPSHOT geändert. Sie können beide Einstellungen getrennt, aber auch zusammen vornehmen. Dabei ist es wichtig, sich über die Unterschiede im Klaren zu sein:

- READ_COMMITTED_SNAPSHOT überschreibt die Standardisolationsstufe der Datenbank und richtet dadurch eine optimistische Parallelität für Lesevorgänge ein. Wenn diese Option eingeschaltet ist, verwenden alle Abfragen RCSI, sofern für sie nichts anderes angegeben ist.
- Der Isolationsmodus SNAPSHOT richtet eine optimistische Parallelität für Lese- und Schreibvorgänge ein. Sie müssen die Isolationsstufe SNAPSHOT für jede Transaktion angeben, in der Sie sie nutzen möchten. Anders als bei READ_COMMITTED_SNAPSHOT können im Isolationsmodus SNAPSHOT Aktualisierungskonflikte auftreten.

Die SNAPSHOT-Isolation in der Datenbank lässt sich mit einer einfachen Anweisung einrichten, allerdings müssen Sie die Konsequenzen bedenken. Selbst wenn keinerlei Transaktionen oder Anweisungen die Isolationsstufe SNAPSHOT verwenden, beginnt TempDB hinter den Kulissen damit, Zeilenversionsdaten für datenträgerbasierte Tabellen zu speichern. (Speicheroptimierte Tabellen verfügen über eine eingebaute Zeilenversionserstellung und greifen dazu nicht auf TempDB zurück.) Das Datenbankmodul hebt die vorherigen Versionen geänderter Daten in TempDB unabhängig davon auf, ob Benutzerabfragen auf diese Daten zugreifen. Zur Einrichtung der SNAPSHOT-Isolation gehen Sie wie folgt vor:

```
ALTER DATABASE Datenbank SET ALLOW_SNAPSHOT_ISOLATION ON;
```

Alle Transaktionen verwenden weiterhin die Standardisolationsstufe READ COMMITTED, allerdings können Sie jetzt die Isolationsstufe SNAPSHOT auf Sitzungsebene oder in Tabellenhinweisen festlegen:

```
SET TRANSACTION ISOLATION LEVEL SNAPSHOT;
```

Alternativ oder als Ergänzung zu ALLOW_SNAPSHOT_ISOLATION können Sie RCSI als neue Standardisolationsstufe in der Datenbank einschalten:

```
ALTER DATABASE Datenbank SET READ_COMMITTED_SNAPSHOT ON;
```

Beide Einstellungen lassen sich unabhängig voneinander verwenden. Um READ_COMMITTED_SNAPSHOT einzuschalten, ist ALLOW_SNAPSHOT_ISOLATION nicht erforderlich und umgekehrt. Diese Einstellungen sind auch nicht an die Datenbankeinstellung MEMORY_OPTIMIZED_ELEVATE_TO_SNAPSHOT gebunden, mit der der Zugriff auf speicheroptimierte Tabellen auf die Isolationsstufe SNAPSHOT hochgestuft wird.

▶ **Speicheroptimierte Tabellen sehen wir uns in Kapitel 10 ausführlich an.**

Damit die beiden genannten ALTER DATABASE-Anweisungen erfolgreich ausgeführt werden können, dürfen in der Datenbank keine anderen offenen Transaktionen vorhanden sein. Es kann erforderlich sein, andere Verbindungen manuell zu schließen oder die Datenbank in den Einzelbenutzermodus zu schalten. Auf jeden Fall raten wir davon ab, diesen Vorgang während der Produktionszeiten durchzuführen.

Hinweis

Ändern Sie die Datenbankoption READ_COMMITTED_SNAPSHOT nicht, wenn es speicheroptimierte Tabellen gibt, die auf DURABILITY = SCHEMA_ONLY gesetzt sind, da sonst alle Zeilen in diesen Tabellen verloren gehen. Bevor Sie READ_COMMITTED_SNAPSHOT ein- oder ausschalten, müssen Sie die Inhalte solcher Tabellen in eine dauerhaft gespeicherte Tabelle verschieben.

Sie müssen sich darüber im Klaren und darauf vorbereitet sein, dass TempDB stärker genutzt wird und auch mehr Speicherplatz benötigt. Um ein automatisches Wachstum zu verhindern, sollten Sie die Größe der Daten- und Protokolldateien von TempDB vorab erhöhen und dann überwachen. Darüber hinaus sollten Sie jedoch auch dafür sorgen, dass die Einstellungen von TempDB für das automatische Wachstum angemessen sind.

▶ **Weitere Informationen über die Einstellungen für das automatische Dateiwachstum erhalten Sie in Kapitel 6.**

Sollte TempDB den gesamten verfügbaren Platz auf seinem Laufwerksvolume verschlingen, ist SQL Server nicht mehr in der Lage, Zeilenversionen für Transaktionen zu speichern, und bricht die Zeilenversionserstellung mit dem Fehler 3958 ab. Des Weiteren gibt SQL Server die Fehler 3967 und 3966 aus, wenn die ältesten Zeilenversionen aus TempDB entfernt werden, um Platz für neuere Versionen zu schaffen.

Hinweis

Vor SQL Server 2016 konnten die Isolationsstufen READ_COMMITTED_SNAPSHOT und SNAPSHOT beim Vorhandensein von Columnstore-Indizes nicht verwendet werden. Seit dieser Version sind diese beiden Einrichtungen jedoch vollständig miteinander kompatibel.

Aktualisierungen auf der Isolationsstufe SNAPSHOT

Transaktionen, die Daten auf der Isolationsstufe SNAPSHOT oder READ_COMMITTED_SNAPSHOT lesen, werden nicht blockiert, wenn die betreffenden Daten geändert werden, sondern greifen auf zuvor mit Commit bestätigte Daten zu. Das kann dazu führen, dass bei einer

UPDATE-Anweisung ein Parallelitätsfehler auftritt. Sie müssen sich über die Gefahr von Aktualisierungskonflikten im Klaren sein. In diesem Abschnitt werden wir uns auch einige Möglichkeiten ansehen, um dieses Risiko zu verringern.

Betrachten Sie zum Beispiel die folgenden Vorgänge, die jeweils in eigenen Transaktionen verschiedener Sitzungen ablaufen. Hier schlägt Transaktion 2 aufgrund eines Parallelitätskonflikts oder »Write-Write-Fehlers« fehl:

1. Eine Tabelle enthält viele Datensätze mit jeweils einer eindeutigen ID. Transaktion 1 startet auf der Isolationsstufe READ COMMITTED und ändert die Zeile mit der ID 1.
2. Transaktion 2 setzt ihre Isolationsstufe auf SNAPSHOT und gibt eine Anweisung aus, um die Zeile mit der ID 1 zu ändern.
3. Transaktion 1 wird als erste mit einem Commit abgeschlossen.
4. Transaktion 2 schlägt mit dem Fehler 3960 fehl.

Ergebnis: Die Änderung der Zeile mit der ID 1 durch Transaktion 1 ist erfolgreich, Transaktion 2 dagegen schlägt mit der folgenden Fehlermeldung fehl:

```
Meldung 3960, Ebene 16, Status 2, Zeile 8
Die Momentaufnahme-Isolationstransaktion wurde aufgrund eines Updatekonflikts
abgebrochen. Die Momentaufnahmeisolation kann nicht für den direkten oder
indirekten Zugriff auf die dbo.AnyTable-Tabelle in der WideWorldImporters-
Datenbank verwendet werden, um eine von einer anderen Transaktion geänderte
oder gelöschte Zeile zu aktualisieren, zu löschen oder einzufügen. Führen Sie
die Transaktion erneut aus, oder ändern Sie die Isolationsstufe für die UPDATE/
DELETE-Anweisung.
```

Transaktion 2 wird zurückgenommen und als nicht commitfähig gekennzeichnet. Warum ist dieser Fehler aufgetreten, was können wir in einem solchen Fall tun und wie können wir ihn verhindern?

Auf der Isolationsstufe SNAPSHOT verwendet SQL Server zwar Sperren, blockiert aber keine widerstreitenden Aktualisierungen von datenträgerbasierten Tabellen. Wenn eine Transaktion mit der Isolationsstufe SNAPSHOT eine UPDATE-Anweisung ausführt und gleichzeitig eine andere Transaktion die betreffenden Daten ändert, kann es dadurch zu einem Fehler kommen.

Bei datenträgerbasierten Tabellen erscheint bei einem solchen Aktualisierungskonflikt die zuvor gezeigte Fehlermeldung 3960. Tritt dieses Problem bei Abfragen von speicheroptimierten Tabellen auf, erscheint dagegen folgende Meldung:

```
Meldung 41302, Ebene 16, Status 110, Zeile 8
Die aktuelle Transaktion hat versucht, einen Datensatz zu aktualisieren, der
seit dem Start dieser Transaktion aktualisiert wurde. Die Transaktion wurde
abgebrochen.
```

Dies kann geschehen, wenn die Option ALLOW_SNAPSHOT_ISOLATION eingeschaltet ist und Transaktionen auf der Isolationsstufe SNAPSHOT ausgeführt werden.

Die optimistische Parallelität der Momentaufnahme-Isolationsstufe (und der speicheroptimierten Tabellen) erhöht die Gefahr von Aktualisierungskonflikten. Allerdings können Sie sie durch folgende Maßnahmen verringern:

- Es ist von entscheidender Bedeutung, in mehrteiligen expliziten Transaktionen auf der Isolationsstufe SNAPSHOT auf Anweisungen zu verzichten, die Aktualisierungssperren für datenträgerbasierte Tabellen einrichten.

  Unabhängig von der Isolationsstufe sollten Sie in mehrteiligen Transaktionen bei der Arbeit mit speicheroptimierten Tabellen auch Schreibvorgänge vermeiden.

- Der Tabellenhinweis UPDLOCK kann nützlich sein, um bei lange andauernden SELECT-Anweisungen Aktualisierungskonflikte zu vermeiden. Dieser Hinweis sorgt für die Einrichtung von pessimistischen Sperren in Zeilen, die von der mehrteiligen Transaktion benötigt werden. Allerdings ist die Verwendung von UPDLOCK für SELECT-Anweisungen auf der Isolationsstufe SNAPSHOT kein Allheilmittel gegen Aktualisierungskonflikte; im Gegenteil, dieser Hinweis kann Aktualisierungskonflikte auch erst hervorrufen. Häufige SELECT-Anweisungen mit UPDLOCK können die Anzahl von Aktualisierungskonflikten erhöhen. Unabhängig davon sollte Ihre Anwendung Fehler handhaben und einen neuen Versuch starten können, wenn dies angebracht ist.

  Wenn zwei gleichzeitige Anweisungen, von denen die eine Daten ändert und die andere die gleichen Daten liest, UPDLOCK verwenden, ist ein Fehlschlag aufgrund eines Aktualisierungskonflikts möglich, wenn nicht sogar wahrscheinlich. Dies gilt auch bei impliziten Transaktionen.

- Verzichten Sie im Isolationsmodus SNAPSHOT ganz auf Schreibvorgänge. Ändern Sie die Isolationsstufe zurück in READ COMMITTED, bevor Sie eine UPDATE-Anweisung ausführen, und kehren Sie dann ggf. wieder zu SNAPSHOT zurück.

Tabellengranularitätshinweise wie ROWLOCK und TABLOCK können Aktualisierungskonflikte verhindern, was aber auf Kosten der Parallelität geht. Die zweite UPDATE-Transaktion muss blockiert werden, während die erste läuft. Dadurch wird die SNAPSHOT-Isolation für den Schreibvorgang praktisch umgangen. Aktualisieren zwei Anweisungen auf der Isolationsstufe SNAPSHOT gleichzeitig die gleichen Daten, schlägt die Anweisung, die als zweite begonnen wurde, sehr wahrscheinlich aufgrund eines Aktualisierungskonflikts fehl.

Speicheroptimierte Tabellen auf der Isolationsstufe SNAPSHOT

Auch bei speicheroptimierten Tabellen ist eine SNAPSHOT-Isolation möglich, allerdings gibt es dabei nicht die vielen verschiedenen Möglichkeiten, um eine Abfrage in diesen Isolationsmodus zu versetzen, sondern nur die beiden folgenden:

- Schalten Sie die Datenbankoption MEMORY_OPTIMIZED_ELEVATE_TO_SNAPSHOT ein. Dadurch wird jeglicher Zugriff auf speicheroptimierte Tabellen in der Datenbank auf die Isolationsstufe SNAPSHOT hochgestuft, sofern die aktuelle Isolationsstufe nicht REPEATABLE READ oder SERIALIZABLE ist. Eine Hochstufung erfolgt von den Isolationsstufen READ UNCOMMITTED und READ COMMITTED. Diese Option ist standardmäßig ausgeschaltet, Sie sollen sie aber in Betracht ziehen, da Sie sonst die Isolationsstufen READ_COMMITTED_SNAPSHOT und SNAPSHOT nicht für eine Sitzung mit speicheroptimierten Tabellen nutzen können.

- Sie können die Isolationsstufe SNAPSHOT mithilfe von Tabellenhinweisen verlangen (siehe den Abschnitt »Tabellenhinweise« weiter vorn in diesem Kapteil). Beachten Sie, dass der Tabellenhinweis SNAPSHOT nur für speicheroptimierte und nicht für datenträgerbasierte Tabellen verwendet werden kann.

Beispielsweise können Sie in einer Sitzung, die mit SET TRANSACTION ISOLATION LEVEL SNAPSHOT beginnt, keine speicheroptimierten Tabellen verwenden, selbst wenn MEMORY_OPTIMIZED_ELEVATE_TO_SNAPSHOT auf ON gesetzt ist oder Sie den Tabellenhinweis SNAPSHOT angegeben haben.

Expertentipp

Welche Isolationsstufe verwendet meine .NET-Anwendung?

Die .NET-Infrastruktur System.Transaction **verwendet standardmäßig die Isolationsstufe** SERIALIZABLE**, die zwar die sicherste, aber auch die am wenigsten praktikable Lösung darstellt.** SERIALIZABLE **sorgt für die höchstmögliche Trennung von Transaktionen, sodass bei standardmäßigen .NET-Transaktionen keine ungültigen und nicht wiederholbaren Lesevorgänge und keine Phantomzeilen auftreten können.**

Allerdings kann es sein, dass SERIALIZABLE**-Transaktionen häufig blockiert werden und die Ursache vieler Blockierungen sind, weshalb eine Reduzierung der Isolierung bestimmter Transaktionen zu einer besseren Leistung führen kann. Prüfen Sie bei allen neuen .NET-Transaktionen, wie groß das Risiko nicht wiederholbarer Lesevorgänge und Phantomzeilen ist, und setzen Sie die Isolationsstufe auf** REPEATABLE READ **oder** READ COMMITTED **herab, wenn dies angemessen ist. Verwenden Sie im Produktionscode aber niemals die Isolationsstufe** READ UNCOMMITTED.

Bei Anwendungen mit einem hohen Transaktionsaufkommen können Sie auch die Isolationsstufe SNAPSHOT **in Betracht ziehen, um die Parallelität zu fördern.**

Zu Beginn jeder Transaktion können Sie deren Isolationsstufe über die Eigenschaft IsolationLevel **der Klasse** TransactionScope **festlegen. Sie können auch einen Standardwert für die Isolationsstufen neuer Datenbankverbindungen einrichten. Nach dem Beginn einer Transaktion lässt sich ihre Isolationsstufe jedoch nicht mehr ändern.**

Parallelität bei datenträgerbasierten und speicheroptimierten Tabellen im Vergleich

Abfragen an speicheroptimierten Tabellen (vor der Veröffentlichung von SQL Server 2014 Projekt Hekaton genannt) können etwas schneller ablaufen als Abfragen derselben Daten in datenträgerbasierten Tabellen. Wird häufig in eine Tabelle geschrieben, so lässt sich die Leistung durch die Verwendung einer speicheroptimierten Tabelle bis auf das 40-Fache der Leistung einer entsprechenden datenträgerbasierten Tabelle steigern.

Wenn wir in den vorherigen Beschreibungen »verhindern« und »schützen« geschrieben haben, so war damit die Verwendung von Sperren gemeint, die aber nur bei datenträgerbasierten und nicht bei speicheroptimierten Tabellen eingesetzt werden. Hierbei sperrt eine Transaktion einzelne Zeilen oder Zeilenbereiche, sodass die Schreibvorgänge einer anderen Transaktion in diesem Bereich blockiert werden. Die zweite Transaktion wartet dann geduldig und fährt mit ihrer Arbeit fort, sobald die Sperren aufgehoben werden. In SQL Server ist es zwar möglich, dass Anforderungen endlos lange warten und blockiert werden, doch in den Anwendungen, die die Anforderungen hervorrufen, erfolgt oft schon bei einer Wartezeit von unter einer Minute ein Timeout.

Bei speicheroptimierten Tabellen werden jedoch keine Sperren als Mechanismus für die Isolierung verwendet. Stattdessen nutzt das Modul im Arbeitsspeicher eine Zeilenversionsverwaltung, um Zeileninhalte für die einzelnen Transaktionen zur Verfügung zu stellen. Hier legen `UPDATE`-Operationen neue Zeilen in der Datenstruktur im Arbeitsspeicher (einem Heap) an, die ältere Zeilenversionen überschreiben. Ähnlich werden bei `DELETE`-Operationen Zeilen in einer Deltadatei erstellt und die ursprünglichen Zeilen als gelöscht markiert. Bei der regelmäßig erfolgenden Bereinigung werden die Datenstruktur im Arbeitsspeicher und die Deltadateien zusammengeführt, um den verwendeten Platz im Arbeitsspeicher und bei dauerhaft gespeicherten Tabellen auch auf dem Laufwerk zu verringern. Wenn Sie mit dem Konzept der langsam veränderlichen Dimension (Slowly Changing Dimension, SCD) aus Data Warehouses vertraut sind, können Sie sich diesen Vorgang ähnlich einer SCD vom Typ II vorstellen.

Wenn zwei Transaktionen versuchen, dieselben Daten zur selben Zeit zu ändern, schlägt eine davon aufgrund eines Parallelitätsfehlers fehlt. Es kann immer nur eine Transaktion auf einmal dabei sein, eine Zeile zu ändern oder zu löschen. Die andere schlägt aufgrund eines Parallelitätskonflikts fehl (SQL Server-Fehler 41302).

Dies ist der Hauptunterschied zwischen dem Verhalten bei der pessimistischen und der optimistischen Parallelität. Bei der pessimistischen Parallelität werden Sperren verwendet, um Fehler aufgrund von Schreibkonflikten zu vermeiden, bei der optimistischen Parallelität hingegen werden Zeilenversionen eingesetzt und das Risiko von Schreibkonflikten akzeptiert. Für datenträgerbasierte Tabellen gibt es Isolationsstufen mit pessimistischer Parallelität, um konkurrierende Transaktionen zu blockieren und zum Warten zu zwingen. Bei speicheroptimierten Tabellen wird eine optimistische Parallelität verwendet, bei der konkurrierende Transaktionen fehlschlagen.

In einem nicht wiederholbaren Lesevorgang wird der Fehler 41305 ausgelöst, bei Phantomzeilen Fehler 41325. Anwendungen, die in speicheroptimierte Tabellen schreiben, müssen daher eine Logik enthalten, die solche Fehler handhaben und die betroffenen Transaktionen automatisch erneut versuchen kann. Eine solche Fehlerbehandlung mit erneuten Versuchen sollte ohnehin schon für den Fall von Deadlocks und fatalen Datenbankfehlern vorhanden sein.

▶ **Weitere Informationen über die Einrichtung von speicheroptimierten Tabellen erhalten Sie in Kapitel 8.**

▶ **Mehr über die Indizes für speicheroptimierte Tabellen erfahren Sie in Kapitel 10.**

Zeitverzögerte Dauerhaftigkeit

Die Funktion für »zeitverzögerte Dauerhaftigkeit« umfasst mehrere Transaktionsmerkmale, die in SQL Server 2014 eingeführt wurden. Damit wird ein sofortiger Commit von Transaktionen auf dem Laufwerk vermieden. Stattdessen erfolgt der Commit zunächst nur im Arbeitsspeicher und dann später asynchron auf dem Laufwerk. Wenn Sie der Meinung sind, dass sich das gefährlich anhört und das Risiko von Datenverlusten bei einem Serverausfall besteht, dann haben Sie recht!

Sofern die Datenbanken Ihrer SQL Server-Instanz nicht in einer synchronen Verfügbarkeitsgruppe ausgeführt werden, sehen Sie sich aber ohnehin schon der Gefahr ausgesetzt, kürzlich geschriebene Datensätze zu verlieren, wenn der Server oder das Laufwerk plötzlich ausfällt (und selbst bei der Verwendung einer Verfügbarkeitsgruppe kann es geschehen, dass die Datenbanken unter Druck in einen asynchronen Modus wechseln).

Die Gefahren der zeitverzögerten Dauerhaftigkeit bestehen in gewissem Maße also auch ohne diese Funktion. Auch in Azure SQL-Datenbank sind Transaktionen mit zeitverzögerter Dauerhaftigkeit möglich, wobei die gleichen Warnungen und die gleichen Erwartungen für die Datenwiederherstellung gelten. Ein gewisser Datenverlust ist möglich.

Hinweis

Jedes Herunterfahren des SQL Server-Dienstes, ob bei einem geplanten Neustart oder aufgrund eines plötzlichen Fehlers, kann dazu führen, dass Transaktionen mit zeitverzögerter Dauerhaftigkeit verloren gehen. Das gilt auch für Failover in Failoverclusterinstanzen, Verfügbarkeitsgruppen und Datenbankspiegeln. Auch Sicherungen des Transaktionsprotokolls und der Protokollversand enthalten nur die Transaktionen, die dauerhaft gespeichert worden sind. Bedenken Sie diese möglichen Datenverluste, wenn Sie die zeitverzögerte Dauerhaftigkeit einrichten.

Hinweis

Verteilte Transaktionen (DTC) und datenbankübergreifende Transaktionen sind stets dauerhaft.

Eine Transaktion mit zeitverzögerter Dauerhaftigkeit wird auf das Laufwerk geschrieben, wenn ein Schwellenwert für solche Transaktionen erreicht ist oder wenn in derselben Datenbank eine dauerhafte Transaktion mit Commit abgeschlossen wird. Des Weiteren können Sie mit der gespeicherten Systemprozedur `sp_flush_log` die dauerhafte Speicherung des Transaktionsprotokolls erzwingen. Ansonsten werden die Transaktionen in einen Puffer im Arbeitsspeicher geschrieben und bis zum Schreiben des Protokolls von der Verwendung von E/A-Ressourcen abgehalten. SQL Server verwaltet den Puffer, bietet aber keine Garantien dafür, wie lange eine Transaktion darin verbleibt.

Die entweder auf Datenbank- oder Transaktionsebene implementierten Optionen für zeitverzögerte Dauerhaftigkeit können bei Arbeitslasten mit sehr hoher Leistung eingesetzt werden, bei denen der Engpass für die Schreibleistung das Transaktionsprotokoll selbst ist. Dadurch, dass neue Datensätze vorerst nur in den Arbeitsspeicher geschrieben werden, können Sie erhebliche Leistungsgewinne erzielen, insbesondere bei schreibintensiven Arbeitslasten, was Sie sich jedoch mit dem Risiko erkaufen, dass diese Datensätze bei einem Ausfall verloren gehen.

Bei der zeitverzögerten Dauerhaftigkeit geht es einfach darum, den E/A-Engpass beim Commit großer Mengen von Schreibvorgängen im Transaktionsprotokoll zu verringern. Dies hat keinerlei Auswirkungen auf die Isolierung (Sperren, Blockierung) und den Zugriff auf die Daten in der Datenbank, die für die Schreibvorgänge gelesen werden müssen. Abgesehen von der asynchronen Speicherung folgen Transaktionen mit zeitverzögerter Dauerhaftigkeit denselben Regeln wie alle anderen Transaktionen.

Hinweis

Abgesehen von dem grundlegenden Prinzip des Puffers im Arbeitsspeicher hat die zeitverzögerte Dauerhaftigkeit nichts mit speicheroptimierten Tabellen zu tun. Die Datenbankoption `DELAYED_DURABILITY` steht auch in keinem Zusammenhang mit der Option `DURABILITY` beim Erstellen von optimierten Tabellen.

Datenbankoptionen für zeitverzögerte Dauerhaftigkeit

Auf der Datenbankebene können Sie die Option `DELAYED_DURABILITY` auf `DISABLED` (Standardeinstellung), `ALLOWED` und `FORCED` setzen.

Die Option `FORCED` zieht Konsequenzen für die gesamte Datenbank nach sich, weshalb Sie ihre Anwendung für bestehende Anwendungen und Datenbanken sehr sorgfältig bedenken sollten. Die Option `ALLOWED` erlaubt Transaktionen mit zeitverzögerter Dauerhaftigkeit, hat aber keine Auswirkungen auf andere Transaktionen.

Transaktionen mit zeitverzögerter Dauerhaftigkeit

Letzten Endes ist die zeitverzögerte Dauerhaftigkeit eine Transaktionsoption mit einfacher Syntax. Die Angabe dieser Option ist nur notwendig, wenn in der betreffenden Datenbank `DELAYED_DURABILITY` auf `ALLOWED` gesetzt ist.

In expliziten Transaktionen wird sie wie folgt beim Commit angegeben:

```
BEGIN TRAN
COMMIT TRAN WITH (DELAYED_DURABILITY=ON);
```

In nativ kompilierten Prozeduren können Sie `DELAYED_DURABILITY` im `BEGIN ATOMIC`-Block angeben. Betrachten Sie als Beispiel dazu die folgende Prozedur aus der Datenbank `WideWorldImporters`:

```
CREATE PROCEDURE [Website].[RecordColdRoomTemperatures_DD]
@SensorReadings Website.SensorDataList READONLY
WITH NATIVE_COMPILATION, SCHEMABINDING, EXECUTE AS OWNER
AS
BEGIN ATOMIC WITH
(
    TRANSACTION ISOLATION LEVEL = SNAPSHOT,
    LANGUAGE = N'English',
    DELAYED_DURABILITY = ON
)
    BEGIN TRY
...
```

Ausführungspläne

Ein Ausführungsplan ist die detaillierte Erklärung des Plans, den der Abfrageoptimierer für die Verarbeitung einer Anweisung aufgestellt hat. Jedes Mal, wenn Sie eine Anweisung oder einen Stapel mit mehreren Anweisungen ausführen, wird ein Ausführungsplan erstellt.

Ausführungspläne teilen dem Entwickler mit, welche Schritte das Datenbankmodul unternimmt, um die Daten von den Tabellen abzurufen, durch die verschiedenen Transformationsschritte zu sortieren, zu verknüpfen und zu filtern und schließlich auszugeben oder zu bearbeiten. Sowohl für DML- als auch für DDL-Anweisungen werden Ausführungspläne aufgestellt.

In den Ausführungsplänen sind die Kosten und anderen Metadaten für jeden einzelnen Schritt enthalten, der zur Verarbeitung einer Abfrage erforderlich ist – vom Abruf der Daten über Verknüpfungen, Sortierungen usw. bis zur eigentlichen DML- oder DDL-Operation. Diese Daten sind für Entwickler und Datenbankadministratoren von großem Wert, um die Abfrageleistung zu erhöhen.

Der Prozedurcache, der sich in dem von SQL Server genutzten Arbeitsspeicher befindet, enthält die Abfragepläne für bereits ausgeführte Anweisungen. In jeder Datenbank gibt es außerdem den Abfragespeicher, der sehr wertvoll ist, um Laufzeitstatistiken zu gewinnen und Trends zu ermitteln.

Der für eine Abfrage generierte Ausführungsplan wird wiederverwendet, wenn genau derselbe Abfragetext erneut aufgerufen wird. (Der Abfragetext wird als Erstes einer Vereinfachung unterzogen, um Redundanzen zu entfernen. Dabei werden unter anderem Codeverkleinerungstechniken wie die Reduktion konstanter Ausdrücke eingesetzt.) Ein Ausführungsplan wird nur dann wiederverwendet, wenn sämtliche Zeichen der Abfrageanweisung übereinstimmen, wobei auch die Groß- und Kleinschreibung, Weißraumzeichen, Zeilenumbrüche und Text in Kommentaren berücksichtigt werden. Die einzige Ausnahme von dieser Regel bilden Anweisungen in Abfragen oder gespeicherten Prozeduren, die SQL Server parametrisiert hat.

SQL Server leistet gute Arbeit, wenn es darum geht, die Teile einer Anweisung herauszufinden, die parametrisiert werden können, um einen zwischengespeicherten Ausführungsplan wiederverwenden zu können. Beispielsweise kann eine Abfrage mit einer `WHERE`-Klausel für das Feld `LastName` unabhängig davon denselben Ausführungsplan verwenden, ob dabei nach `Smith` oder `Green` gesucht wird.

Parametrisierung und Parameterermittlung

SQL Server führt eine Parametrisierung durch, wenn der Abfrageoptimierer Werte erkennt (z. B. die Suchkriterien einer Anweisung mit `WHERE`-Klausel), die parametrisiert werden können.

Bei der Parametrisierung ist es möglich, dass die beiden folgenden Bedingungen auftreten, die hilfreich, aber auch problematisch sein können:

- Sie können einen Abfrageplan für mehrere Abfragen wiederverwenden, bei denen der Abfragetext bis auf die parametrisierten Werte völlig identisch ist.
- Eine Abfrage kann für verschiedene Werte der `WHERE`-Klausel denselben Ausführungsplan verwenden, was zu erheblichen Leistungsunterschieden führen kann.

Beispielsweise werden die beiden folgenden Abfrageanweisungen in der Datenbank `WideWorldImporters` parametrisiert und verwenden denselben Ausführungsplan. (Das bedeutet auch, dass beide Abfragen demselben erzwungenen Plan des Abfragespeichers unterliegen können; mehr darüber später.) Die erste Abfrage gibt 13 Zeilen zurück, die zweite 1055:

```
SELECT ppo.OrderDate, ppo.PurchaseOrderID, pol.PurchaseOrderLineID, ppo.
[SupplierID]
  FROM [Purchasing].[PurchaseOrders] AS ppo
  INNER JOIN [Purchasing].[PurchaseOrderLines] AS pol
    ON ppo.PurchaseOrderID = pol.PurchaseOrderID
  INNER JOIN [Purchasing].[Suppliers] AS s ON s.SupplierID = ppo.SupplierID
  WHERE ppo.SupplierID = 5

SELECT ppo.OrderDate, ppo.PurchaseOrderID, pol.PurchaseOrderLineID, ppo.
[SupplierID]
  FROM [Purchasing].[PurchaseOrders] AS ppo
  INNER JOIN [Purchasing].[PurchaseOrderLines] AS pol
    ON ppo.PurchaseOrderID = pol.PurchaseOrderID
  INNER JOIN [Purchasing].[Suppliers] AS s ON s.SupplierID = ppo.SupplierID
  WHERE ppo.SupplierID = 4
```

Wenn in der Datenbank `WideWorldImporters` derselbe Abfrageplan für beide Anweisungen verwendet wird, so ergibt sich bei der Abfrage für die `SupplierID` mit dem kleineren `rowcount`-Wert eine hervorragende Leistung, allerdings ist die Leistung bei der Abfrage mit dem größeren Wert miserabel.

Wenn die Abfrage mit dem größeren `rowcount`-Wert (`SupplierID = 4`) zuerst läuft und ihr Abfrageplan zwischengespeichert ist, gibt es wahrscheinlich kein Problem. Beide Versionen der Abfrage laufen dann gut genug. Läuft dagegen die Abfrage mit dem kleineren `rowcount`-Wert (`SupplierID = 5`) zuerst, wird ihre Version des Plans zwischengespeichert. Dieser Plan ist nicht für eine große Anzahl von Zeilen geeignet, wird aber trotzdem für alle Versionen der parametrisierten Anweisung verwendet.

Um dieses Problem anzugehen, stehen Ihnen die folgenden Möglichkeiten zur Verfügung:

- Sie können den Abfragehinweis `OPTIMIZE FOR` verwenden, um den Abfrageoptimierer anzuweisen, bei einem zwischengespeicherten Ausführungsplan die Parameter durch einen angegebenen Wert zu ersetzen. Bei `OPTIMIZE FOR UNKNOWN` optimiert der Abfrageoptimierer den Plan aufgrund von Statistiken über das zugrunde liegende Datenobjekt für die am häufigsten auftretenden Werte.
- Bei dem Abfragehinweis und der Prozeduroption `RECOMPILE` wird kein zwischengespeicherter Plan verwendet, sondern bei jeder Ausführung der Abfrage ein neuer Plan erstellt.
- Mit der Planhinweisliste (die in Form von gespeicherten Prozeduren implementiert ist) können Sie den Abfrageoptimierer auf einen Plan hinweisen, der sich zurzeit im Cache befindet. Zur genauen Bezeichnung des Plans geben Sie dessen Handle an. Wie Sie Pläne in `sys.dm_exec_cached_plans`, in der auch das Handle angegeben ist, identifizieren und analysieren, erfahren Sie im nächsten Abschnitt.
- Sie können den Abfragespeicher nutzen (der über eine grafische Oberfläche in SQL Server Management Studio zugänglich und hinter den Kulissen durch gespeicherte Prozeduren implementiert ist), um sich eine grafische Darstellung der Planleistung anzusehen und dafür zu sorgen, dass für eine Abfrage ein bestimmter zwischengespeicherter Plan verwendet wird.

▶ **Weitere Informationen erhalten Sie im Abschnitt »Der Abfragespeicher« weiter hinten in diesem Kapitel.**

- Mit dem Abfragehinweis `USE PLAN` können Sie den vollständigen XML-Abfrageplan für jede Ausführung der Anweisung angeben. Das ist offensichtlich die ungünstigste Option. Wie alle anderen Vorgehensweisen, mit denen Sie sich über die Entscheidungen des Abfrageoptimierers hinwegsetzen, sollten Sie auch diese nur als eine Technik zur vorübergehenden Leistungssteigerung ansehen.

Der Prozedurcache

In den Prozedurcache wird nur dann ein neuer Ausführungsplan aufgenommen, wenn eine neue Anweisung ausgeführt wird. Enthält der Cache bereits einen Plan für eine frühere Ausführung der aktuellen Anweisung, so wird dieser Plan wiederverwendet, um wertvolle Zeit und Ressourcen einzusparen.

Aus diesem Grund laufen komplizierte Anweisungen bei der zweiten Ausführung schneller ab.

Der Prozedurcache ist beim Start des SQL Server-Dienstes leer und wächst im Betrieb. SQL Server verwaltet die Pläne im Cache, wobei unter Speicherdruck Pläne nach Bedarf entfernt werden. Auch die Größe des Prozedurcache wird von SQL Server verwaltet. Sie bewegt sich in dem Rahmen, der in der Konfigurationseinstellung *Max. Serverspeicher* für den Server abgesteckt ist. Die Entscheidung, welche Pläne zu entfernen sind, wird aufgrund ihrer Kosten und ihrer letzten Verwendung getroffen. Kleinere, ältere und nur einmal verwendete Pläne werden als erste gelöscht.

Expertentipp

Merkt sich SQL Server den Plan für eine Anweisung, die nur einmal ausgeführt wird?

Wird ein Ausführungsplan zum ersten Mal generiert, so fügt SQL Server ihn standardmäßig zum Prozedurcache hinzu. Die Anzahl und Größe der zwischengespeicherten Pläne können Sie sich in der dynamischen Verwaltungssicht `sys.dm_exec_cached_plans` ansehen. Dabei werden Sie feststellen, dass ein großer Teil des Prozedurcache Ausführungspläne enthält, die nur einmal verwendet wurden und auch als »Ad-hoc-Ausführungspläne« bezeichnet werden.

Wenn Sie feststellen, dass in einer SQL Server-Instanz viele solcher Ad-hoc-Pläne gespeichert werden – wie es oft der Fall ist –, können Sie mit der Serverkonfigurationsoption `Optimize For Ad Hoc Queries` die Leistung verbessern. Dabei werden nicht die Ad-hoc-Abfragen optimiert, sondern die Nutzung des Arbeitsspeichers durch SQL Server, indem Ausführungspläne nur dann im Arbeitsspeicher festgehalten werden, wenn die zugehörige Abfrage zum zweiten Mal vorkommt. Abfragen profitieren dabei erst ab ihrer dritten Ausführung von dem zwischengespeicherten Plan.

Die folgende Abfrage gibt die Anzahl der nur einmal und der mehrfach verwendeten Abfragepläne und den für ihre Speicherung verwendeten Platz zurück:

```
SELECT
       PlanUse = CASE WHEN p.usecounts > 1 THEN '>1' ELSE '1' END
,      PlanCount = COUNT(1)
,      SizeInMB = SUM(p.size_in_bytes/1024./1024.)
FROM sys.dm_exec_cached_plans p
GROUP BY CASE WHEN p.usecounts > 1 THEN '>1' ELSE '1' END;
```

Aggregierte Informationen über zwischengespeicherte Ausführungspläne

Um aggregierte Informationen über Ausführungspläne zu gewinnen, können Sie mit der dynamischen Verwaltungssicht `sys.dm_exec_cached_plans` beginnen, die das Planhandle angibt.

Die Spalte `plan_handle` enthält einen vom System generierten String vom Typ `varbinary(64)`, der mit einer Reihe anderer dynamischer Verwaltungssichten verknüpft werden kann. Wie das folgende Codebeispiel zeigt, können Sie über das Planhandle Informationen über die aggregierte Plannutzung und den Text der Plananweisung sowie eine grafische Darstellung des Ausführungsplans selbst abrufen. Möglicherweise sind Sie damit vertraut, sich den grafischen Ausführungsplan nach der Ausführung einer Anweisung in SQL Server Management Studio anzusehen. Es ist jedoch auch möglich, Pläne mit den folgenden Abfragen von einer Handvoll dynamischer Verwaltungssichten abzurufen und zu analysieren. Diese Sichten geben Daten für sämtliche Datenbanken der SQL Server-Instanz bzw. für die aktuelle Datenbank in Azure SQL-Datenbank zurück.

```
SELECT
   UseCount = p.usecounts
,  PlanSize_KB = p.size_in_bytes / 1024
,  CPU_ms = qs.total_worker_time/1000
,  Duration_ms = qs.total_elapsed_time/1000
,  ObjectType = p.cacheobjtype + ' (' + p.objtype + ')'
,  DatabaseName = db_name(convert(int, pa.value))
,  txt.ObjectID
,  qs.total_physical_reads
,  qs.total_logical_writes
,  qs.total_logical_reads
,  qs.last_execution_time
,  StatementText = SUBSTRING (txt.[text], qs.statement_start_offset/2 + 1,
                   CASE WHEN qs.statement_end_offset = -1 THEN LEN
(CONVERT(nvarchar(max), txt.[text]))
        ELSE qs.statement_end_offset/2 - qs.statement_start_offset/2 + 1 END)
,  QueryPlan = qp.query_plan
FROM sys.dm_exec_query_stats AS qs
INNER JOIN sys.dm_exec_cached_plans p ON p.plan_handle = qs.plan_handle
OUTER APPLY sys.dm_exec_plan_attributes (p.plan_handle) AS pa
OUTER APPLY sys.dm_exec_sql_text (p.plan_handle) AS txt
OUTER APPLY sys.dm_exec_query_plan (p.plan_handle) AS qp
WHERE pa.attribute = 'dbid' -- Ruft nur die Datenbank-ID von
                            -- sys.dm_exec_plan_attributes ab
ORDER BY qs.total_worker_time + qs.total_elapsed_time DESC;
```

Die vorstehende Abfrage ordnet die Ergebnisse in absteigender Reihenfolge nach der Summe der CPU-Zeit und Dauer und gibt als Erstes die am längsten andauernden Abfragen zurück. Durch entsprechende Anpassung der Klauseln `ORDER BY` und `WHERE` können Sie auch beispielsweise nach den CPU-intensivsten oder am häufigsten verwendeten Abfrageplänen suchen. Mit dem weiter hinten in diesem Kapitel beschriebenen Abfragespeicher können Sie die kostspieligsten und am längsten laufenden Abfragen im Cache auch grafisch ermitteln.

Wie die vorstehende Abfrage zeigt, können Sie aus diesen fünf dynamischen Verwaltungssichten sehr viele wertvolle Informationen gewinnen. Unter anderem können Sie die Anweisung in einem Stapel ausfindig machen, die den Abfrageplan generiert hat. In der Rasteransicht von SQL Server Management Studio wird der Plan als blauer Hyperlink dargestellt, sodass Sie ihn als neue *.sqlplan*-Datei öffnen und zur späteren Analyse speichern können.

Erforderliche Berechtigungen für den Zugriff auf die Metadaten von gespeicherten Plänen

Um die vorstehende Abfrage in SQL Server auszuführen, benötigen Sie lediglich die serverweite Berechtigung `VIEW SERVER STATE`, die für den Zugriff von Entwicklern auf die Produktionsumgebung angemessen ist, da sie ihnen keinen Zugriff auf die Daten in Benutzerdatenbanken gibt.

Aufgrund der Unterschiede zwischen den Preisstufen sind in Azure SQL-Datenbank andere Berechtigungen erforderlich. Auf der Preisstufe Basic und Standard müssen Sie Serveradministrator oder Azure AD-Administrator sein, um auf Objekte zugreifen zu können, die in SQL Server die Berechtigung `VIEW SERVER STATE` erfordern. Auf der Preisstufe Premium können Sie einem Benutzer, der die genannten dynamischen Verwaltungssichten einsehen muss, die Berechtigung `VIEW DATABASE STATE` für die entsprechende Datenbank erteilen.

Leeren des Prozedurcache

Bei Leistungstests und der Fehlerbehebung kann eine manuelle Leerung des Prozedurcache hilfreich sein. Diesen Vorgang sollten Sie aber auf Nichtproduktionssysteme beschränken. Es gibt einige Verfahrensweisen zum Löschen zwischengespeicherter Pläne in SQL Server.

Um die Leistung von zwei Versionen einer Abfrage oder einer Abfrage mit verschiedenen Indizes zu vergleichen, müssen Sie den zwischengespeicherten Plan für die Anweisung löschen. Mit dem folgenden datenbankweiten Konfigurationsbefehl können Sie den gesamten Prozedurcache leeren oder einzelne Pläne daraus entfernen. Im folgenden Beispiel wirkt sich der Befehl nur auf die aktuelle Datenbank und nicht auf den Prozedurcache der gesamten Instanz aus:

```
ALTER DATABASE SCOPED CONFIGURATION CLEAR PROCEDURE_CACHE;
```

Achtung

Leeren Sie den Prozedurcache einer Produktionsumgebung nicht während der normalen Geschäftsstunden. Dadurch müssten die Ausführungspläne aller neuen Anweisungen kompiliert werden, was die Prozessornutzung erheblich erhöht und die Leistung dramatisch verschlechtern kann.

Dieser Befehl wurde in SQL Server 2016 eingeführt und entspricht praktisch der Ausführung von `DBCC FREEPROCCACHE` im Kontext der aktuellen Datenbank. Er funktioniert sowohl in SQL Server als auch in Azure SQL-Datenbank, wohingegen `DBCC FREEPROCCACHE` in Azure SQL-Datenbank nicht verwendet werden kann.

Mit `DBCC FREEPROCCACHE` können Sie den Prozedurcache der SQL Server-Instanz leeren.

Um einen einzelnen Plan aus dem Cache zu löschen, etwa zu Testzwecken oder zur Fehlersuche, ermitteln Sie sein Planhandle mit dem Skript aus dem vorhergehenden Abschnitt und geben es dann als Parameter von DBCC FREEPROCCACHE an:

```
DBCC FREEPROCCACHE (0x06000700CA920912307B86
7DB701000001000000000000000000000000000000000000000000000000000000);
```

Es ist auch möglich, Pläne für Objekte eines bestimmten Typs aus dem Cache zu entfernen. Der folgende Befehl löscht zwischengespeicherte Ausführungspläne für Ad-hoc-Anweisungen und vorbereitete Anweisungen (von Anwendungen):

```
DBCC FREESYSTEMCACHE ('SQL Plans');
```

Diese Anweisung hat den Vorteil, dass damit nicht auch die zwischengespeicherten Pläne für Datenbankobjekte vom Typ `Programmability` entfernt werden, z. B. für gespeicherte Prozeduren, tabellenwertige Funktionen mit mehreren Anweisungen, benutzerdefinierte Skalarfunktionen und Trigger. Mit dem folgenden Befehl dagegen löschen Sie zwischengespeicherte Pläne für Objekte dieser Art:

```
DBCC FREESYSTEMCACHE ('Object Plans');
```

Beachten Sie, dass DBCC FREESYSTEMCACHE in Azure SQL-Datenbank nicht verwendet werden kann.

Mit DBCC FREESYSTEMCACHE können Sie auch die Verknüpfung zwischengespeicherter Pläne mit einem bestimmten Pool der Ressourcenkontrolle entfernen:

```
DBCC FREESYSTEMCACHE ('SQL Plans', 'Poolname');
```

> Hinweis
>
> **Ist eine Datenbank offline, so werden die Ausführungspläne nicht aus ihrem Cache entfernt. Die Plandaten werden aus dem Prozedurcache gelöscht, wenn die Datenbank gelöscht oder die SQL Server-Instanz getrennt wird.**

Abrufen von Ausführungsplänen in SQL Server Management Studio

Zu einer Anweisung können Sie drei grundlegende Arten von Ausführungsplänen abrufen, nämlich geschätzte, tatsächliche und Live-Ausführungspläne.

Geschätzte Ausführungspläne

Den geschätzten Ausführungsplan können Sie schnell generieren und in SQL Server Management Studio grafisch darstellen lassen, indem Sie im Menü *Abfrage* die Option *Geschätzten Ausführungsplan anzeigen* wählen oder Strg + L drücken. Der geschätzte Ausführungsplan gilt für den markierten Bereich bzw. für die gesamte Datei, wenn Sie keinen Text markiert haben.

In T-SQL führen Sie die folgende Anweisung aus, um einen grafischen geschätzten Ausführungsplan abzurufen:

```
SET SHOWPLAN_XML ON
```

Der Ausführungsplan wird als XML-String zurückgegeben. In der Rasteransicht von SQL Server Management Studio werden die Ergebnisse als Link angezeigt. Wenn Sie darauf klicken, wird eine grafische Darstellung des Plans in SQL Server Management Studio geöffnet. Mit einem Rechtsklick auf eine leere Stelle des Planfensters haben Sie die Möglichkeit, den Plan als *.sqlplan*-Datei zu speichern.

Mit den beiden folgenden Anweisungen können Sie den geschätzten Ausführungsplan in Textform abrufen. Sie geben den Plan in einem bzw. zwei Resultsets zurück:

```
SET SHOWPLAN_ALL ON
SET SHOWPLAN_TEXT ON
```

Hinweis

Wenn eine der drei genannten Optionen eingeschaltet ist, führt SQL Server die Anweisungen in den Anfragen nicht aus, sondern gibt nur die geschätzten Ausführungspläne dafür zurück. Denken Sie daran, die `SHOWPLAN`-Optionen wieder auszuschalten, bevor Sie in der Sitzung weitere Anfragen stellen.

Wie der Name schon sagt, ist es nicht garantiert, dass der geschätzte Ausführungsplan völlig mit dem tatsächlichen Ausführungsplan bei der Ausführung der Anweisung übereinstimmt. Er bildet jedoch eine sehr zuverlässige Annäherung. Schließlich stützt sich der Abfrageoptimierer für die Schätzung auf die gleichen Informationen wie für den tatsächlichen Plan.

Abweichungen zwischen dem geschätzten und dem tatsächlichen Ausführungsplan können unter anderem dadurch zustande kommen, dass es zwischen dem Aufstellen der beiden Pläne zu einer Neukompilierung kommt, etwa dadurch, dass der Plan aus dem Prozedurcache entfernt wurde.

Um sich Informationen über einen einzelnen Schritt im Ausführungsplan anzusehen, halten Sie den Mauszeiger darüber. Sie können auch auf ein Objekt klicken und dann das Eigenschaftenfenster öffnen, indem Sie F4 drücken oder im Menü *Ansicht* den Punkt *Eigenschaftenfenster* wählen. Aus offensichtlichen Gründen fehlen im geschätzten Ausführungsplan einige Informationen, die später im tatsächlichen Ausführungsplan enthalten sind, nämlich Felder wie *Tatsächliche Anzahl von Zeilen*, *Tatsächliche Batchanzahl* und *Anzahl von Ausführungen*.

Tatsächliche Ausführungspläne

Zusammen mit dem Resultset einer Anweisung können Sie sich in SQL Server Management auch den tatsächlichen Ausführungsplan anzeigen lassen, indem Sie im Menü *Abfrage* die Option *Tatsächlichen Ausführungsplan einschließen* wählen oder Strg + M drücken. Wenn Sie nach dem Einschalten dieser Option eine Anweisung ausführen, erscheint neben den Ergebnissen auch noch eine zusätzliche Registerkarte mit dem Plan. Die Ausführungszeit wird dadurch ein wenig verlängert.

In T-SQL können Sie mit der folgenden Anweisung die Ausgabe des tatsächlichen Ausführungsplans verlangen:

```
SET STATISTICS XML ON
```

Der Ausführungsplan wird in XML-Form zurückgegeben. Im Rastermodus von SQL Server Management Studio wird ein Link angegeben, über den Sie den Plan als Grafik öffnen können.

Denken Sie daran, die Option `SET STATISTICS` wieder auszuschalten, wenn Sie bei den nachfolgenden Abfragen in derselben Sitzung nicht ebenfalls den Ausführungsplan abrufen wollen.

Sie können sowohl den geschätzten als auch den tatsächlichen Ausführungsplan als *.sqlplan*-Datei speichern, indem Sie auf eine leere Stelle des Planfensters rechtsklicken.

Live-Ausführungspläne

Ab SQL Server Management Studio 2014 können Sie sich auch eine Live-Version des Ausführungsplans ansehen. Klicken Sie dazu wie in Abb. 9.1 gezeigt im Menü *Abfrage* auf *Live-Abfragestatistik einschließen*.

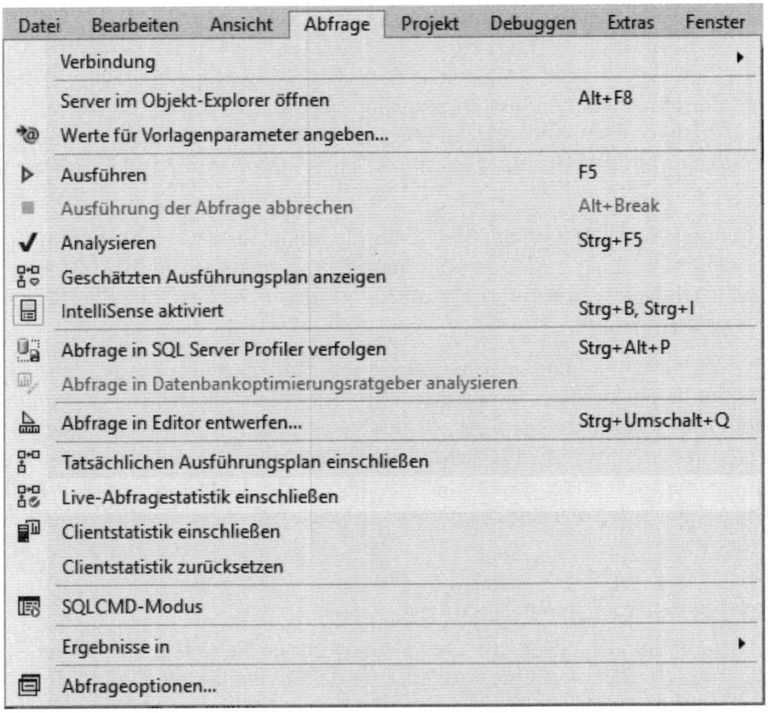

Abbildung 9.1 Die Option *Live-Abfragestatistik einschließen* im Menü *Abfrage* von SQL Server Management Studio

Während der Verarbeitung der Abfrage wird im Fenster *Live-Abfragestatistik* eine Mischung aus dem geschätzten und dem tatsächlichen Ausführungsplan angezeigt. Bei einer sehr schnell ausgeführten Abfrage verpassen Sie wahrscheinlich die gestrichelten, sich bewegenden Linien und die verschiedenen Messwerte wie die Dauer der einzelnen Schritte und den prozentualen Fortschritt. Der prozentuale Fortschritt wird dabei als Anzahl der bis jetzt tatsächlich verarbeiteten Zeilen im Verhältnis der insgesamt in dem Schritt zu verarbeitenden Zeilen berechnet.

Das Fenster *Live-Abfragestatistik* enthält mehr Informationen als der geschätzte Abfrageplan, u. a. *Tatsächliche Anzahl von Zeilen* und *Anzahl von Ausführungen*, aber weniger als der tatsächliche Abfrageplan. Unter anderem werden *Tatsächlicher Ausführungsmodus*, *Anzahl von gelesenen Zeilen* und *Tatsächliche erneute Bindungen* nicht angezeigt.

In Abb. 9.2 können Sie erkennen, dass die Ausgabe des Ausführungsplans die Abfrage verlangsamt. Die gemessenen Ausführungsdauern für die einzelnen Schritte und die gesamte Abfrage sind daher oft länger als bei der Ausführung der Abfrage ohne Anzeige der Live-Statistik.

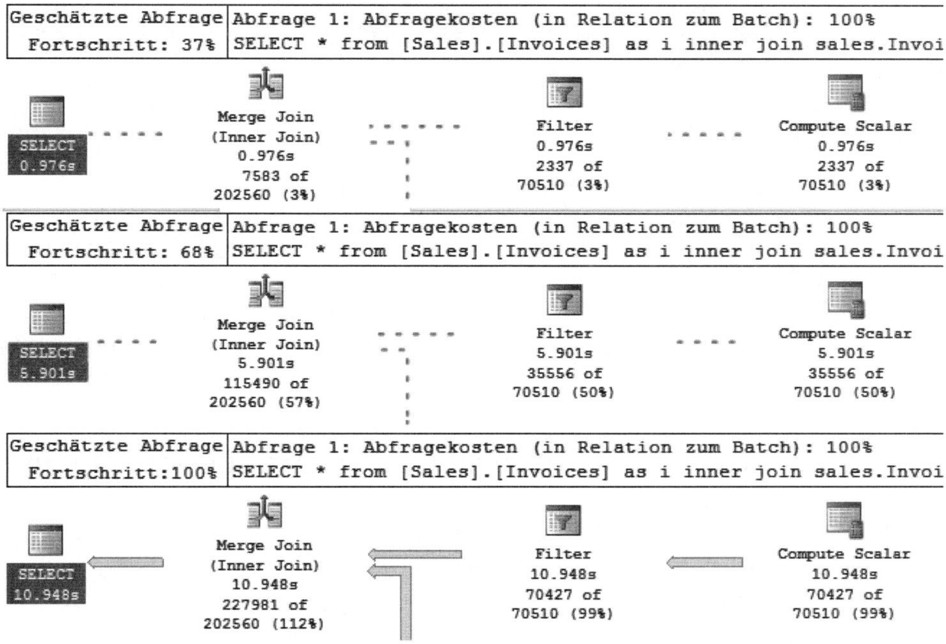

Abbildung 9.2 Drei verschiedene Screenshots der Live-Abfragestatistik im Abstand weniger Augenblicke

Es kann vorkommen, dass die Gesamtzahl der zu verarbeitenden Zeilen nicht der geschätzten Anzahl der Zeilen für den Schritt entspricht, sondern ein Vielfaches dieser geschätzten Zeilenanzahl und der geschätzten Zeilenanzahl eines vorhergehenden Schritts ist. In Abb. 9.2 ist die Anzahl der geschätzten Zeilen geringer als die Anzahl der tatsächlich gelesenen Zeilen.

Expertentipp

Was ist der Unterschied zwischen Anzahl von gelesenen Zeilen und Tatsächliche Anzahl von Zeilen?

Die Unterscheidung zwischen diesen Messwerten ist sehr wichtig. Abweichungen können auf ein erhebliches Leistungsproblem hindeuten.

Beides sind »tatsächliche« Werte, aber *Tatsächliche Anzahl von Zeilen* gibt die Anzahl der Werte in dem Zeilenbereich an, die wir abzurufen erwarten, während *Anzahl von gelesenen Zeilen* besagt, wie viele Zeilen wirklich gelesen wurden. Der Unterschied kann für die Leistung von erheblicher Bedeutung sein. Die Lösung besteht meistens darin, die Abfrage zu ändern und das Prädikat einzuengen oder besser an die Indizes an der Tabelle anzupassen. Alternativ können Sie auch Indizes hinzufügen, sodass sie besser zu den Prädikaten der Abfrage passen und effizientere Suchvorgänge erlauben.

Eine der einfachsten Möglichkeiten, um dieses Verhalten zu reproduzieren, ist eine Suche mit Jokerzeichen wie im folgenden Beispiel in der Datenbank `WideWorldImporters`:

```
SELECT i.InvoiceID
FROM [Sales].[Invoices] as i
WHERE i.InvoiceID like '1%'
```

Der XML-Code im Knoten für den Indexscan enthält Folgendes:

```
<RunTimeInformation>
<RunTimeCountersPerThread Thread="0" ActualRows="11111" ActualRowsRead="70510"
...
```

`ActualRowsRead` **im XML-Code des Plans wird in SQL Server Management Studio als *Anzahl von gelesenen Zeilen* angezeigt und** `ActualRows` **als *Tatsächliche Anzahl von Zeilen*.**

Erforderliche Berechtigungen für die Anzeige von Ausführungsplänen

Benutzer müssen die Berechtigung haben, die Abfrage auszuführen, auch wenn sie nur den geschätzten Ausführungsplan generieren lassen wollen.

Um den geschätzten oder tatsächlichen Ausführungsplan abzurufen, ist die Berechtigung `SHOWPLAN` für alle Datenbanken erforderlich, auf die die Abfrage verweist. Für die Live-Abfragestatistik sind die Berechtigung `SHOWPLAN` in allen betroffenen Datenbanken sowie die Berechtigung `VIEW SERVER STATE` nötig.

In Ihrer Umgebung kann es angemessen sein, Entwicklern die Berechtigungen `SHOWPLAN` und `VIEW SERVER STATE` einzuräumen. Dagegen kann die Berechtigung, Abfragen in der Produktionsdatenbank auszuführen, für Entwickler unangebracht sein. Für einen solchen Fall gibt es Alternativen, um Entwicklern auch ohne Produktionszugriff die wertvollen Daten der Ausführungspläne zur Verfügung zu stellen:

- Sie können Datenbankentwicklern im *.sqlplan*-Format gespeicherte Ausführungspläne zur Offline-Analyse übergeben.
- Sie können die dynamische Datenmaskierung verwenden, die in Ihrer Umgebung möglicherweise ohnehin bereits eingesetzt wird, um personenbezogene oder andere sensible Informationen vor Benutzern zu verbergen, die keine Systemadministratoren sind. Geben Sie Entwicklern jedoch nicht die Berechtigung `UNMASK`, sondern weisen Sie sie lediglich Benutzern der Anwendung zu.

▶ **Weitere Informationen über die dynamische Datenmaskierung erhalten Sie in Kapitel 7.**

Der Abfragespeicher

Der Abfragespeicher wurde in SQL Server 2016 eingeführt und gewährt Einblick in den Verlauf der Leistung von Ausführungsplänen. Bei der Untersuchung und Behebung von plötzlichen Verschlechterungen der Leistung kann er von unschätzbarem Wert sein. Administratoren und Entwickler können damit kostspielige Abfragen erkennen und die Qualität ihrer Ausführungspläne überprüfen.

Der Abfragespeicher ist sehr praktisch, um sich den Verlauf der Ausführung von Anweisungen anzusehen. Mit einer ähnlichen Funktion wie der veralteten Planhinweisliste ist es damit auch möglich, einzelne Ausführungspläne zu finden und zu überschreiben.

Expertentipp

Wie kann ich einen bestimmten Ausführungsplan für eine Anweisung erzwingen?

Damit eine Anweisung einem bestimmten Ausführungsplan folgt, können Sie die alten gespeicherten Prozeduren für Planhinweislisten oder den neuen Abfragespeicher (und dessen zugrunde liegenden gespeicherten Prozeduren) verwenden.

Beide Möglichkeiten sollten Sie nur vorübergehend oder zur Diagnose einsetzen. Das Überschreiben des vom Abfrageoptimierer ausgewählten Ausführungsplans ist eine anspruchsvolle Technik zur Leistungsoptimierung, die meistens durch die Parameterermittlung in Abfragen nötig wird.

Es kann vorkommen, dass Planhinweislisten und erzwungene Pläne des Abfragespeichers einander widersprechen. Eine solche Situation ist verwirrend und nicht wünschenswert. Wahrscheinlich wird dabei der erzwungene Plan des Abfragespeichers verwendet.

Um einen solchen Fehler zu beheben, können Sie sich die vorhandenen Planhinweislisten und erzwungenen Pläne mit den folgenden Abfragen in dynamischen Verwaltungssichten anschauen:

```
SELECT * FROM sys.plan_guides

SELECT *
FROM   sys.query_store_query AS qsq
JOIN   sys.query_store_plan AS qsp
ON     qsp.query_id = qsq.query_id
WHERE  qsp.is_forced_plan = 1;
```

Mit dem Abfragehinweis `USE PLAN` können Sie auch den gesamten XML-Abfrageplan für jegliche Ausführung der Anweisung zur Verfügung stellen. Das ist offensichtlich die ungünstigste Option. Wie alle anderen Vorgehensweisen, mit denen Sie sich über die Entscheidungen des Abfrageoptimierers hinwegsetzen, sollten Sie auch diese nur als eine Technik zur vorübergehenden Leistungssteigerung ansehen.

Planhinweislisten werden verwendet, um sich eine komplizierte manuelle Skripterstellung zu ersparen.

Im Abfragespeicher werden Daten aus speicheroptimierten und datenträgerbasierten Quellen live angezeigt. Um den Mehraufwand und die Auswirkungen auf die Leistung zu minimieren, erfasst der Abfragespeicher zwischengespeicherte Plandaten in einer Datenstruktur im Arbeitsspeicher. Diese Daten werden in einem vom Abfragespeicher definierten zeitlichen Abstand auf die Festplatte geschrieben. Die Einstellung *Intervall für Datenleerung* bestimmt, wie viele Abfragespeicherdaten beim unerwarteten Herunterfahren des Systems verloren gehen können.

Hinweis

Datenbankübergreifende Abfragen werden jeweils im Kontext der Datenbank erfasst, in der die Abfrage ursprünglich erfolgt. Im folgenden Codebeispiel wird die Ausführung der Abfrage im Abfragespeicher der Datenbank `WideWorldImporters` **erfasst:**

```
USE WideWorldImporters;
GO
SELECT * FROM
AdventureWorks.[Purchasing].[PurchaseOrders];
```

Der Abfragespeicher wurde zuerst in Azure SQL-Datenbank zur Verfügung gestellt und danach in SQL Server. Er bildet sogar den Kern des SQL-Datenbankratgebers in Azure, der eine automatische Optimierung von Abfragen ermöglicht. Der Mehraufwand durch den Abfragespeicher hält sich in Grenzen. Die Funktion ist so konstruiert, dass eine Beeinträchtigung der Leistung vermieden wird, und bereits in Millionen von Datenbanken in Azure SQL-Datenbank im Einsatz.

Um die Daten des Abfragespeichers einzusehen, ist lediglich die Berechtigung `VIEW DATABASE STATE` erforderlich.

Ersteinrichtung des Abfragespeichers

Der Abfragespeicher funktioniert auf beiden Plattformen auf die gleiche Weise, nur die Aktivierung ist unterschiedlich. In Azure SQL-Datenbank ist der Abfragespeicher standardmäßig eingeschaltet, in SQL Server 2017 dagegen nicht. Diese Einstellung wird auch nicht von der Datenbank `model` vererbt.

Wenn Sie damit rechnen, eine Leistungsoptimierung durchführen zu müssen, können Sie den Abfragespeicher für eine neue Produktionsdatenbank einschalten. Das können Sie im Eigenschaftendialogfeld der Datenbank tun, in dem die Seite für Abfragespeicher im Menü am linken Rand zur Verfügung steht, sowie mit dem folgenden T-SQL-Befehl:

```
ALTER DATABASE [DatabaseOne] SET QUERY_STORE = ON;
```

Der Abfragespeicher beginnt erst dann mit der Datenerfassung, wenn Sie ihn einschalten. Bei der Aktivierung haben Sie also noch keine Verlaufsdaten, allerdings sehen Sie sofort die Daten über die laufenden Datenbankaktivitäten.

Bei der Standardeinstellung *Alle* von *Erfassungsmodus für Abfragespeicher* werden sämtliche Abfragen erfasst. Selbst wenn Sie in der Systemkonfiguration die Option `Optimize For Ad Hoc Queries` festgelegt haben, werden Ad-hoc-Abfragen dabei nicht ausgefiltert. Ändern Sie die Einstellung daher auf *Automatisch*, da die Daten über nur einmal genutzte Pläne nicht nützlich sind und die Menge der Verlaufsdaten verringern, die gespeichert werden können.

Hinweis

Die Daten des Abfragespeichers werden in der Benutzerdatenbank gespeichert und werden zusammen mit ihr gesichert und wiederhergestellt.

Für die Aufbewahrung der Daten im Abfragespeicher gibt es zwei Grenzwerte, nämlich *Max. Größe* (Standardwert 500 MB) und *Schwellenwert für veraltete Abfragen* (Standardwert 30 Tage). Erreicht der Abfragespeicher die maximale Größe, werden die ältesten Daten entfernt. Da die Daten des Abfragespeichers auf dem Laufwerk gespeichert werden, wirken sich die weiter vorn in diesem Kapitel vorgestellten Befehle zum Leeren des Prozedurcache, z. B. `DBCC FREEPROCCACHE`, nicht auf die Verlaufsdaten aus.

Belassen Sie die Einstellung *Größenbasierter Bereinigungsmodus* auf dem Standardwert *Automatisch*. Andernfalls hört der Abfragespeicher beim Erreichen der Maximalgröße mit der Erfassung von Daten auf und geht in den schreibgeschützten Modus über. Wenn Sie feststellen, dass der Abfragespeicher Verlaufsdaten nicht über einen längeren Zeitraum speichert, als in *Schwellenwert für veraltete Abfragen* angegeben, setzen Sie die Einstellung *Max. Größe* herauf.

Hinweis

Ab SQL Server Management Studio 17.3 können Sie in vorhandenen Berichten auch Wartestatistiken sehen.

Verwendung der Daten aus dem Abfragespeicher für die Fehlerbehebung

Wie Sie in Abb. 9.3 sehen, verfügt der Abfragespeicher über verschiedene eingebaute Dashboards, mit denen Sie die Leistung einzelner Abfragen und die Gesamtleistung in der letzten Zeit untersuchen können.

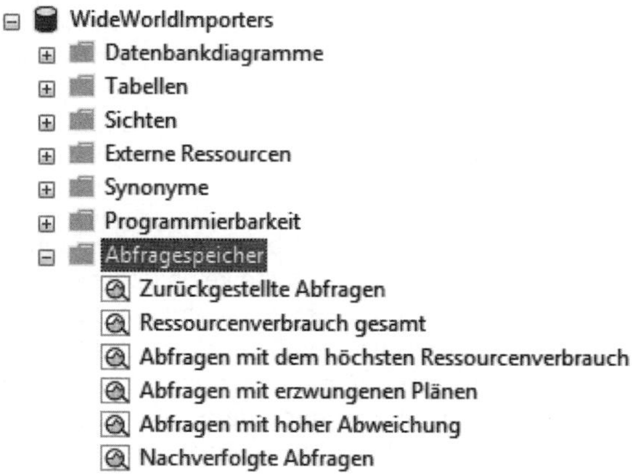

Abbildung 9.3 Anzeige der verfügbaren Dashboards für den Abfragespeicher im Objekt-Explorer von SQL Server Management Studio 2017

In SQL Server Management Studio 2017 können Sie sich mehr Dashboards anzeigen lassen als in der Version vor 2017, darunter auch *Abfragen mit erzwungenen Plänen* und *Abfragen mit hoher Abweichung*.

Sie können auch eigene Berichte auf der Grundlage von sechs dynamischen Systemverwaltungssichten schreiben, in denen Administratoren und Entwicklern mit der Berechtigung VIEW DATABASE STATE Daten des Abfragespeichers einsehen können. Eine Übersicht über diese sechs Sichten und ihre Beziehungen finden Sie auf *https://docs.microsoft.com/sql/relational-databases/performance/how-query-store-collects-data#views*.

In vielen der Dashboards gibt es eine Schaltfläche mit einem Fadenkreuzsymbol (siehe Abb. 9.4). Bei einer Abfrage, die kostspielig, von hoher Bedeutung für Ihr Geschäft oder aus anderem Grunde interessant für Sie ist, können Sie darauf klicken, um einen neuen Bildschirm zu öffnen, der die Abfrage bei ihrer Ausführung verfolgt und ihre verschiedenen Pläne anzeigt.

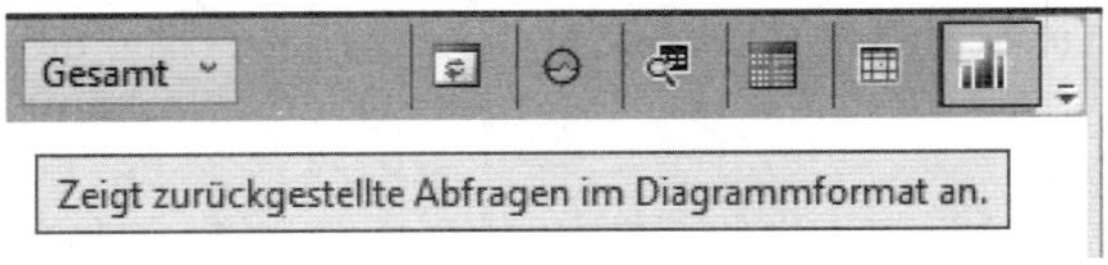

Abbildung 9.4 Die Symbolleiste des Abfragespeichers am oberen Rand vieler Dashboards, hier im Bericht *Zurückgestellte Abfragen*

Sie können sich auch die verschiedenen Pläne für eine Anweisung ansehen, sie vergleichen und ggf. die Verwendung eines bestimmten Plans erzwingen. Beim Vergleich können Sie die CPU-Zeit, die Dauer, die Anzahl der logischen Lese- und Schreibvorgänge, den Speicherverbrauch und die physischen Lesevorgänge betrachten.

Vor allem aber kann der Abfragespeicher Sie darüber informieren, wenn für eine Abfrage ein neuer Plan verwendet wird. Dabei können Sie erkennen, wann der Plan generiert wurde und wie er aussieht. Was der Grund für die Ersetzung des alten Plans war, lässt sich jedoch nicht so einfach sagen, insbesondere wenn Sie nicht in der Lage sind, ihn einer DDL-Operation zuzuordnen. Abfragepläne können automatisch ungültig gemacht werden, etwa bei umfangreichen Änderungen der Statistiken aufgrund von Einfügungen und Löschungen, bei Änderungen von anderen Anweisungen der gespeicherten Prozedur, bei Änderungen an den vom Plan verwendeten Indizes und bei Neukompilierungen aufgrund der Option RECOMPILE.

Im Abfragespeicher können Sie die Verwendung eines bestimmten Ausführungsplans für eine Anweisung erzwingen (siehe Abb. 9.5), aber dies sollte keine übliche Vorgehensweise sein. Führen Sie einen solchen Eingriff nur bei schwierigen Abfragen, die ungewöhnliche Pläne benötigen, und bei Index- oder Leistungsproblemen durch, die sich anderweitig nicht lösen lassen. Wird ein erzwungener Plan ungültig, etwa wenn sich ein Index ändert oder gelöscht wird, macht SQL Server ohne jegliche Warnung oder Fehlermeldung ohne diesen Plan weiter, obwohl er im Abfragespeicher nach wie vor als erzwungener Plan für die Anweisung angezeigt wird.

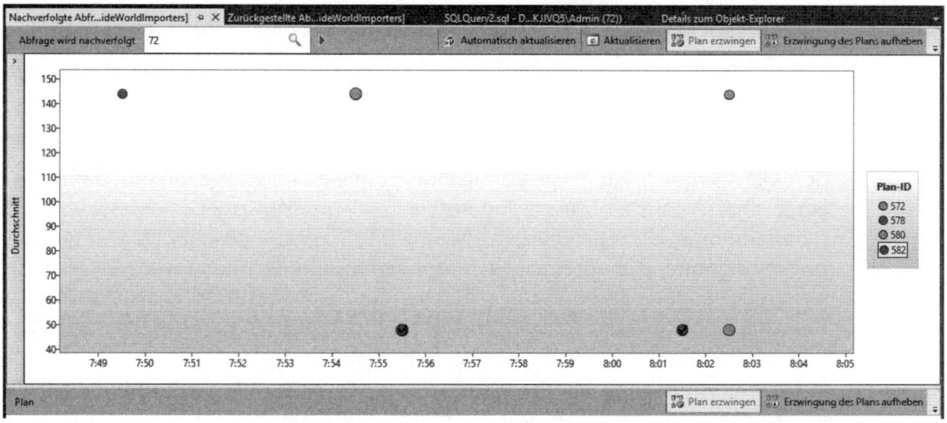

Abbildung 9.5 Der Abfragespeicher hat die Ausführungsergebnisse der Abfrage aufgezeichnet. Für diese Anweisung wurde ein Plan erzwungen (über die Schaltfläche *Plan erzwingen*), der jetzt mit einem Häkchen gekennzeichnet ist.

Automatische Plankorrektur

In SQL Server 2017 wurde die neue Funktion der automatischen Planoptimierung eingeführt, die ursprünglich für Azure SQL-Datenbank entwickelt wurde. Sie kann eine Verschlechterung von Plänen erkennen und ihr entgegenwirken.

Mit dem Abfrageoptimierer konnten Sie schon in SQL Server 2016 Abfragen mit nachlassender Leistung erkennen und dann manuell dafür sorgen, dass ein früherer Ausführungsplan verwendet wird. In SQL Server 2017 haben Sie jetzt die Möglichkeit, die Datenbank so einzurichten, dass sie eine Planverschlechterung erkennt und die Abhilfemaßnahme automatisch durchführt. Diese automatische Plankorrektur schalten Sie wie im folgenden Beispiel ein:

```
ALTER DATABASE [WideWorldImporters] SET AUTOMATIC_TUNING (FORCE_LAST_GOOD_PLAN =
ON );
```

Zurzeit ist `FORCE_LAST_GOOD_PLAN` die einzige Option zur automatischen Planoptimierung.

Die dynamische Verwaltungssicht `sys.dm_db_tuning_recommendations` enthält Planempfehlungen für den Rückgang der Abfrageleistung. Sie werden jedoch nicht sofort erstellt. Es sind erst mehrere Ausführungen erforderlich, bevor der Algorithmus dieser Funktion eine Verschlechterung feststellt. Die Empfehlungen in dieser Sicht enthalten unter anderem eine standardsprachliche Erklärung für den Leistungsrückgang und einen Block von JSON-Daten mit Diagnoseinformationen. Eine Beispielabfrage, die zeigt, wie Sie diese Daten abfragen, finden Sie auf *https://docs.microsoft.com/sql/relational-databases/automatic-tuning/automatic-tuning*.

Operatoren in Ausführungsplänen

Anhand des grafischen Ausführungsplans können Sie nachvollziehen, wie die Anweisung verarbeitet wird.

Um sich Informationen für einen einzelnen Schritt im Plan anzeigen zu lassen, halten Sie den Mauszeiger darüber. Sie können auch auf ein Objekt klicken und dann das zugehörige Eigenschaftenfenster öffnen, indem Sie F4 drücken oder im Menü *Ansicht* auf *Eigenschaftenfenster* klicken. Für einige Messgrößen werden geschätzte und tatsächliche Werte zurückgegeben, z. B. für die Anzahl der Zeilen und der Ausführungen. Achten Sie auf Abweichungen, denn sie können ein Zeichen für einen ineffizienten Ausführungsplan und die Ursache für schlechte Leistung sein. Ein schlechter Ausführungsplan kann durch Parameterermittlung oder durch veraltete, fehlerhafte Indexstatistiken zustande kommen. (Die Parameterermittlung haben wir bereits weiter vorn in diesem Kapitel erwähnt, und mit Indexstatistiken werden wir uns in Kapitel 10 beschäftigen.)

Für manche Werte, etwa für die Kosten, werden jedoch nur Schätzwerte angezeigt, selbst im tatsächlichen Ausführungsplan. Das liegt daran, dass die Operatorkosten für den geschätzten und den tatsächlichen Plan auf dieselbe Weise ermittelt werden und sich daher bei der tatsächlichen Ausführung nicht ändern können. Außerdem beschränken sich die Kosten nicht nur auf die Dauer. Es kann sein, dass einige Anweisungen viel länger dauern als andere, aber trotzdem keine höheren Kosten aufweisen.

Es gibt sogar einige bekannte Probleme bei der Plandarstellung (auf jeden Fall noch in SQL Server Management Studio 17.1), die manchmal dazu führen, dass sich die Summe der Operatorkosten nicht auf 100 % beläuft, insbesondere wenn der Verkettungsoperator verwendet wird.

Interpretation von grafischen Ausführungsplänen

Wir wollen uns nun einige der am häufigsten auftretenden Elemente ansehen, die Sie bei der Untersuchung von Ausführungsplänen in SQL Server Management Studio beachten sollten. Für diese Untersuchung können Sie auch das Drittanbieterwerkzeug Plan Explorer verwenden, dass auf *https://www.sentryone.com* kostenlos zum Download zur Verfügung steht.

In diesem Abschnitt setzen wir voraus, dass Sie Zugriff auf einen tatsächlichen Ausführungsplan haben, da in geschätzten Plänen nicht alle angegebenen Informationen zur Verfügung stehen.

Der Operator oben links

Der Operator in der oberen linken Ecke gibt die grundlegende Operation an, die die Anweisung ausführt, z. B. `Select`, `Delete`, `Update` oder `Insert` bei DML-Anweisungen. Außerdem kann dieser Operator Warnungen oder andere Elemente enthalten, die Ihrer Aufmerksamkeit bedürfen. Sie werden durch ein kleines, gelbes Warndreieck am Operatorsymbol angezeigt. Wenn Sie den Mauszeiger darüber halten, erscheinen zusätzliche Einzelheiten.

Klicken Sie auf den Operator oben links und öffnen Sie sein Eigenschaftenfenster, indem Sie F4 drücken oder den entsprechenden Befehl im Menü *Ansicht* auswählen. In diesem Fenster wird eine Reihe von Dingen angezeigt, mit denen Sie sich beschäftigen sollten.

Eventuelle Warnungen werden hier ebenfalls angezeigt. Dazu kommen ergänzende Aggregatinformationen.

> ### Achtung
> **Gelbe Warndreiecke  machen Sie auf Dinge aufmerksam, die Ihrer Beachtung bedürfen. Das kann beispielsweise eine implizite Konvertierung aufgrund unpassender Datentypen sein, was hohe Kosten verursachen kann. Untersuchen Sie die angezeigten Warnungen, bevor Sie fortfahren.**

Schauen Sie sich auch die Optimierungsebene an. Im Idealfall sollte das `FULL` sein. Ist dagegen `TRIVIAL` angegeben, wurde der Abfrageoptimierer umgangen, da der Plan ganz einfach war, also etwa, weil er als einzigen anderen Operator eine einfache Scan- oder Suchoperation enthielt. Sollte eine andere Optimierungsebene als `FULL` oder `TRIVIAL` angegeben sein, erfordert das eine weitergehende Untersuchung.

Halten Sie als Nächstes danach Ausschau, ob für *Grund für vorzeitigen Abbruch der Anweisungsoptimierung* ein Wert angegeben ist. Wenn ja, hat der Abfrageoptimierer zu viel Zeit darauf verwendet, den perfekten Ausführungsplan aufzustellen, und dann aufgegeben. Der Grund *Ausreichender Plan gefunden* ist selbsterklärend. Beim Grund *Zeitüberschreitung* hat der Optimierer so oft wie möglich versucht, einen idealen Plan zu finden, und schließlich den besten bis dahin verfügbaren Plan genommen, der jedoch nicht unbedingt »ausreichend« sein muss. In einem solchen Fall sollten Sie versuchen, die Abfrage zu vereinfachen. Insbesondere sollten Sie weniger Funktionen verwenden und möglicherweise auch die zugrunde liegenden Indizes ändern. Der Grund *Arbeitsspeichergrenze überschritten* tritt nur selten auf. Dabei handelt es sich um einen kritischen Fehler, der auf schweren Speicherdruck in der SQL Server-Instanz hindeutet.

Wenn Sie zu dem Beispielskript aus dem Abschnitt »Aggregierte Informationen über zwischengespeicherte Ausführungspläne« weiter vorn in diesem Kapitel, mit dem wir den Prozedurcache nach Planstatistiken abgefragt haben, noch etwas Code hinzufügen, können Sie auch nur nach Abfragen suchen, bei denen ein Grund für den vorzeitigen Abbruch der Anweisungsoptimierung angegeben ist. In der XML-Form des Ausführungsplans steht dieser Grund im Knoten `StatementOptmEarlyAbortReason`. Fügen Sie vor der `WHERE`-Klausel die folgende Zeile in das Skript ein:

```
CROSS APPLY sys.dm_exec_text_query_plan(p.plan_handle, qs.statement_start_offset,
qs.statement_end_offset) AS tqp
```

Als weitere Ergänzung schieben Sie vor `ORDER BY` die folgende Zeile ein:

```
and tqp.query_plan LIKE '%StatementOptmEarlyAbortReason%'
```

Nach rechts scrollen und dann von rechts nach links lesen

Grafische Ausführungspläne beginnen bei den Quellen (den Objekten ganz rechts) und wenden dann von rechts nach links Operatoren an, um Daten zu verknüpfen, zu sortieren und zu filtern, bis schließlich der Operator ganz links erreicht ist. In den Objekten auf der rechten Seite finden Sie Scan-, Such- und Nachschlagevorgänge verschiedener Arten. Dadurch können Sie einen guten Einblick darin erhalten, wie die Abfrage Indizes nutzt.

Suchoperationen sind am besten geeignet, wenn Sie eine oder mehrere Nadeln in einem riesigen Heuhaufen suchen. Im Allgemeinen sind dies die effizientesten Operatoren, die Sie sehen werden. Sie lassen sich auch nur selten durch zusätzliche Indizes verbessern. Achten Sie jedoch auf Suchvorgänge, die von Nachschlagevorgängen (Lookups) begleitet werden. Im grafischen Ausführungsplan werden sie wahrscheinlich übereinander dargestellt. Zeilenlookups bedeuten, dass der Optimierer zwar einen Suchvorgang genutzt hat, in der Tabelle aber ein zweiter Durchgang in Form eines Lookups in einem anderen Objekt erforderlich war, etwa in einem gruppierten Index. Schlüssel-Lookups (in gruppierten Indizes) und RID-Lookups (in Heaps) sind kostspielig und ineffizient und können durch den Übergang zu einem vorhandenen nicht gruppierten Index meistens aus dem Ausführungsplan entfernt werden. Bei der Suche nach einer kleinen Anzahl von Zeilen sind Lookups sehr effizient, bei einer größeren Anzahl von Zeilen dagegen sehr ineffizient. Bei kostspieligen oder sehr wichtigen Abfragen können Schlüssel-Lookups einen erheblichen Anteil der Kosten ausmachen, was sich aber durch die Verwendung eines nicht gruppierten Index leicht lösen lässt.

▶ **Ein Beispiel finden Sie im Abschnitt »Nicht gruppierte Indizes« in Kapitel 10.**

Scanoperationen sind nicht so gut, es sei denn, Sie führen absichtlich eine Abfrage aus, die die meisten Zeilen einer Tabelle zurückgibt. Wenn der Index keine geordnete Datenmenge zur Verfügung stellt, sind Scans jedoch die effizienteste Operation. Beachten Sie aber, dass sie stets alle Zeilen des Index lesen. Wenn kein nicht gruppierter Index mit einem sorgfältig gestalteten Schlüssel für einen Suchvorgang zur Verfügung steht, kann dem Abfrageoptimierer nichts anderes übrig bleiben, als einen Scan zu verwenden. Scans in nicht gruppierten Indizes sind oft besser als solche in gruppierten Indizes, was zum Teil an der wahrscheinlich geringeren Schlüsselgröße liegt. Wenn Sie einen nicht gruppierten Index auf der Grundlage der Prädikate und Ausgaben von Indexscans und Scans von gruppierten Indizes neu erstellt oder geändert haben, sollten Sie seine Leistung testen und vergleichen.

Hinweis

Nur wenige Abfragen sind wichtig genug, um einen eigenen Index dafür zu rechtfertigen. Behalten Sie beim Erstellen von Indizes immer das Gesamtbild im Auge. Von einem nicht gruppierten Index sollte immer mehr als nur eine einzige Abfrage profitieren. Vermeiden Sie auch redundante und überlappende nicht gruppierte Indizes. Weitere Informationen über nicht gruppierte Indizes, auch über »fehlende« Indizes, erhalten Sie in Kapitel 10.

Es gibt noch weitere Arten von Scans:

- **Tabellenscans** Ihr Auftreten deutet darauf hin, dass die Tabelle keinen gruppierten Index hat. Warum das wahrscheinlich eine schlechte Sache ist, erfahren Sie in Kapitel 10.
- **Remotescans** Hieran sind Objekte mit dem Präfix `Remote` beteiligt, was bedeutet, dass die Operation über eine Serververbindung erfolgt. Führen Sie eine Fehlerbehebung dafür ebenso durch wie für andere Scans, wobei Sie die Änderungen aber auf dem Remoteserver durchführen.
- **Konstantenscans** Sie treten auf, wenn der Abfrageoptimierer mit Skalarwerten, wiederholten Zahlen und anderen »Konstanten« zu tun hat. Diese Operatoren können für manche Aufgaben erforderlich sein und lassen sich zur Leistungssteigerung gewöhnlich nicht ändern.

- **Scans in Columnstore-Indizes** Diese Operationen sind erstaunlich effizient und viel leistungsfähiger als Indexscans und Scans von gruppierten Indizes, wenn etwa Millionen von Zeilen aggregiert werden müssen. Es ist nicht erforderlich, einen nicht gruppierten Index zu erstellen, um diesen Operator zu ersetzen.

Hinweis

Seit SQL Server 2016 können Columnstore-Indizes für les- und schreibbare Tabellen in einem transaktionalen System verwendet werden. In vorherigen Versionen ließen nicht gruppierte Columnstore-Indizes das Schreiben in der Tabelle nicht zu, weshalb sie für transaktionale Datenbanken nur schlecht eingesetzt werden konnten. Sofern Sie sie noch nicht bereits zur Optimierung von Abfragen mit hoher Zeilenanzahl verwenden, sollten Sie sie zu Ihrem Fundus von möglichen Lösungen hinzufügen.

Außerdem sind Columnstore-Indizes seit SQL Server 2016 SP1 in allen Editionen von SQL Server verfügbar, sogar in der Express Edition, wobei es in allen Editionen unterhalb von Enterprise jedoch Einschränkungen für die Größe des Columnstore-Cache im Arbeitsspeicher gibt. Weitere Informationen erhalten Sie auf *https://docs.microsoft.com/sql/sql-server/editions-and-components-of-sql-server-2017*.

Es kommt nicht nur auf die Dicke der Linien zwischen den Operatoren an …

SQL Server ändert die Dicke der grauen Linien dynamisch, um damit die tatsächliche Anzahl von Zeilen widerzuspiegeln. Damit vermitteln Ihnen die Verbindungslinien einen Eindruck davon, woher der Großteil der Daten kommt, und machen Sie auf die Stellen aufmerksam, an denen eine Leistungsoptimierung die stärkste Auswirkung hätte.

Allerdings sind die Dicke der Linien und damit die Anzahl der Zeilen nicht direkt proportional zu den Kosten. Beachten Sie die Stellen, an denen eine dünne Linie dicker wird oder umgekehrt oder an denen dicke Linien verknüpft oder sortiert werden.

… und auch nicht nur auf die anteiligen Operatorkosten

Wenn Sie mehrere Abfragen ausführen, werden die Kosten einer Abfrage relativ zu denen des Batches im Kopf des Ausführungsplans aufgeführt und in jedem Plan die Batchkosten relativ zum Rest der Operatoren in der Anweisung. SQL Server entscheidet anhand eines kostengestützten Prozesses, welcher Abfrageplan verwendet werden soll. Sich nur dem Operator mit den höchsten Einzelkosten im Ausführungsplan zu widmen, kann sich als Sackgasse erweisen, aber im Allgemeinen sind die Operatoren mit den höchsten Kosten ganz rechts im Ausführungsplan zu finden.

Wie Sie in Abb. 9.6 sehen, müssen die Operatorkosten nicht zwangsläufig mit der Menge der Daten übereinstimmen. Um die Leistung dieses Ausführungsplans zu steigern, müssen Sie alle angegebenen Informationen nutzen.

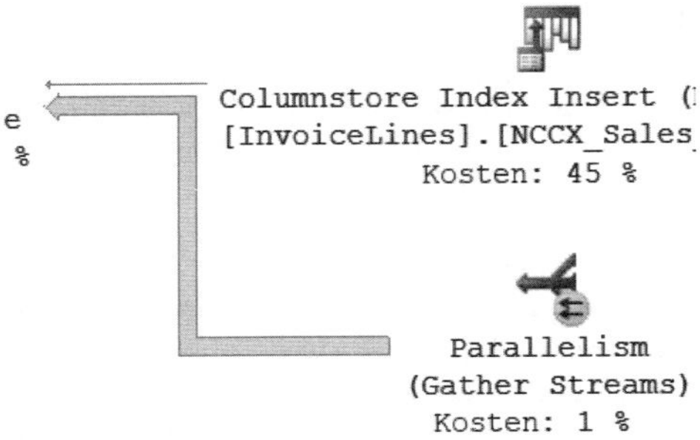

Abbildung 9.6 In diesem Ausschnitt aus einem Ausführungsplan fällt ein Großteil der Kosten auf den oberen Operator, obwohl viel mehr Zeilen vom unteren Operator aus weiterverarbeitet werden.

Verknüpfungsoperatoren und die verschiedenen Algorithmen

Wenn Sie den Ausführungsplan einer Abfrage beliebiger Komplexität von rechts nach links lesen, stoßen Sie wahrscheinlich auf Pfade, die sich bei einem Verknüpfungsoperator treffen. Es ist selbstverständlich, dass zwei Tabellen verknüpft werden können, aber das Gleiche ist auch bei verschiedenen Indizes einer Tabelle möglich. Wenn Sie feststellen, dass ein Großteil der Kosten in einem Ausführungsplan auf einen Hash Match, einen Hashjoin, einen Zusammenführungsjoin oder eine verschachtelte Schleife zurückgeht, schauen Sie sich genau an, was da verknüpft wird.

Die Hashoperatoren verursachen den größten Mehraufwand, da eine temporare Hashtabelle aufgebaut wird, um die Zeilendaten in Buckets einzuteilen und zu vergleichen. Zusammenführungsjoins eignen sich am besten für geordnete Daten, die als Stream bei ihrem Eingang verarbeitet werden. Verschachtelte Schleifen sind nicht so schlecht, wie es sich anhört, aber im Grunde genommen führen sie einen zeilenweisen Vergleich eines Rowsets mit einem anderen durch. Für kleine, indizierte Datenmengen kann das sogar sehr effizient sein.

Jede der folgenden Maßnahmen kann dazu beitragen, die Kosten eines Verknüpfungsoperators zu senken:

- Möglicherweise können Sie die Indizierung der verknüpften Spalten verbessern. Es kann auch sein, dass an der Verknüpfung ein unvollständig definierter zusammengesetzter Schlüssel beteiligt ist oder dass Sie versehentlich einen Teil des Verknüpfungsschlüssels in der `ON`- oder `WHERE`-Klausel der Abfrage nicht angegeben haben.
- Es kann sein, dass vor einer Zusammenführungsverknüpfung ein Sortieroperator steht. Dies kann eine Gelegenheit sein, um die Daten in der Sortierung zu präsentieren, in der die Verknüpfung sie braucht. Durch eine Änderung der Eigenschaft `ASC`/`DESC` oder der Reihenfolge der Indexschlüsselspalten können Sie den Sortieroperator vielleicht entfernen.
- Führen Sie eine Filterung auf der niedrigsten möglichen Ebene durch. Vielleicht kann eine `WHERE`-Klausel in einer Unterabfrage statt auf der obersten Ebene der Abfrage stehen oder in der Definition eines allgemeinen Tabellenausdrucks anstatt in der Abfrage niedrigerer Ebene.

- Hash-Match- und Hashjoin-Operatoren sind am kostspieligsten, für die Verknüpfung zweier großer, nicht sortierter Zeilenmengen aber gewöhnlich auch am effizientesten. Durch die Verringerung der Anzahl von Zeilen, die in den Hash Match oder Hashjoin eingehen, können Sie dem Abfrageoptimierer die Gelegenheit geben, einen weniger speicherintensiven und weniger kostspieligen Verknüpfungsoperator zu verwenden. Das können Sie beispielsweise dadurch erreichen, dass Sie nicht gruppierte Indizes hinzufügen oder ändern, um Scanoperatoren zu entfernen und stattdessen Suchoperatoren zu verwenden.
- Verschachtelte Schleifen sind oft aufgrund von Schlüssel-Lookups erforderlich und können ziemlich kostspielig sein. Sie werden nicht mehr benötigt, wenn ein neuer nicht gruppierter Index für das Schlüssel-Lookup hinzugefügt wird, wodurch eine begleitende Indexsuche mehr leisten kann.

Parallelitätssymbole

Ein Paar nach links weisender Pfeile in einem gelben Kreis (siehe Abb. 9.7) gibt an, dass die Abfrage mit einem Plan für parallele Verarbeitung ausgeführt wurde. Weiter hinten in diesem Kapitel werden wir uns noch ausführlicher mit Parallelität befassen. Für unser jetziges Thema ist es wichtig zu erkennen, dass die Abfrage parallel ausgeführt wurde.

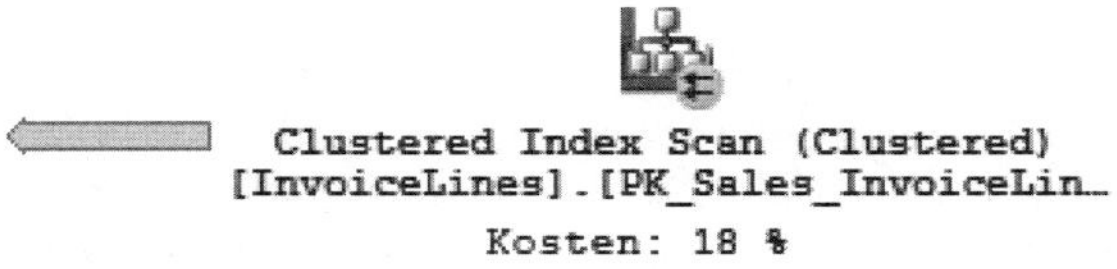

Abbildung 9.7 Parallelitätsindikator in einem Operator für den Scan eines gruppierten Index

Das heißt nicht, dass Sie in dem Plan jetzt mehrere Quellen oder Verbindungen parallel betrachten müssen, sondern dass die einzelnen Aufgaben hinter den Kulissen aufgeteilt wurden. Der Abfrageoptimierer hat entschieden, dass eine solche Zerlegung der Arbeitslast und die Ausführung in mehreren parallelen Strängen die Verarbeitung schneller macht.

Es gibt drei verschiedene Parallelitätsoperatoren: `Distribute Streams`, `Gather Streams` und `Repartition Streams`.

Erzwingen eines parallelen Ausführungsplans

Neu in SQL Server 2017 (allerdings bereits implementiert in SQL Server 2016 CU2) ist ein Abfragehinweis, der die Kompilierung einer Anweisung mit einem parallelen Ausführungsplan erzwingt. Das kann zur Fehlersuche nützlich sein oder um ein bestimmtes Verhalten des Abfrageoptimierers zu erzwingen, ist aber gewöhnlich weder notwendig noch empfehlenswert.

Wenn Sie den folgenden Hinweis an eine Abfrage anhängen, wird sie parallel ausgeführt, was Sie in der Ausgabe des geschätzten und des tatsächlichen Ausführungsplans bestätigen können:

```
OPTION(USE HINT('ENABLE_PARALLEL_PLAN_PREFERENCE'));
```

Kapitel 9

Hinweis

Das Vorhandensein bestimmter Systemvariablen und Funktionen kann dazu führen, dass eine Anweisung auch dann seriell ausgeführt wird, wenn die neue Option ENABLE_PARALLEL_PLAN_PREFERENCE **angegeben ist.**

Ein serieller Plan wird durch die Systemvariable @@TRANCOUNT **sowie durch die integrierten Funktionen zur Fehlerberichterstattung wie** ERROR_LINE(), ERROR_MESSAGE(), ERROR_NUMBER(), ERROR_PROCEDURE(), ERROR_SEVERITY() **und** ERROR_STATE() **erzwungen. Das gilt jedoch nur, wenn diese Objekte in der Abfrage selbst vorkommen. Werden sie in einem Batch verwendet, etwa in einem** TRY...CATCH**-Handler, so wirken sie sich nicht auf die Ausführungspläne der anderen Abfragen in demselben Batch aus.**

Parallelität

Parallelität in Ausführungsplänen haben wir bereits weiter vorn in diesem Kapitel beschrieben. Wenn SQL Server entscheidet, die erforderlichen Daten für eine Anforderung auf mehrere Threads aufzuteilen, werden auch mehrere Prozessoren genutzt, um die Arbeit zu erledigen. Die Anzahl der parallelen Threads für die Abfrage wird als »Grad an Parallelität« bezeichnet. Da diese Anzahl die Menge der logischen Prozessoren nicht überschreiten kann, gibt es eine natürliche Obergrenze *Max. Grad an Parallelität* (MAXDOP).

Die Standardeinstellung von 0 für den maximalen Grad an Parallelität bedeutet, dass in einer Anweisung alle Prozessoren verwendet werden können. Dadurch ist SQL Server in der Lage, eine Parallelverarbeitung nach Belieben und manchmal sogar übermäßig durchzuführen. Theoretisch können Abfragen durch massive Parallelverarbeitung zwar am schnellsten ausgeführt werden, aber in der Praxis kann übermäßige Parallelität zu einem Multithread-Engpass führen. Wenn Abfragen in zu viele Teile aufgespaltet werden, können sie erheblich langsamer werden, da die CPU-Nutzung steigt und SQL Server einer steigenden Menge an Wartevorgängen vom Typ CXPACKET ausgesetzt ist.

▶ **Mit** CXPACKET **werden wir uns in diesem Abschnitt noch näher beschäftigen. Weitere Informationen über Wartetypenstatistiken erhalten Sie jedoch in Kapitel 13.**

Bis SQL Server 2016 war MAXDOP eine Einstellung auf Serverebene, die für einzelne Abfragen oder mit der Enterprise-Funktion der Ressourcenkontrolle auch gezielt für einzelne Sitzungen festgelegt werden konnte. Seit SQL Server 2016 steht MAXDOP als datenbankweite Konfigurationseinstellung zur Verfügung. Die Datenbank- und die Servereinstellung für den maximalen Grad an Parallelität können Sie jedoch auch in jeder Anweisung durch den Abfragehinweis MAXDOP überschreiben.

Ein zweiter Grenzwert, der *Kostenschwellenwert für Parallelität*, sorgt dafür, dass eine Abfrage erst nach dem Erreichen bestimmter Mindestkosten einen parallelen Ausführungsplan nutzen kann. Je höher der Schwellenwert, umso weniger Abfragen werden parallel ausgeführt. Der Standardwert für diese Einstellung ist ziemlich niedrig. Die angemessene Einstellung für Ihre Umgebung hängt von der Arbeitslast und der Anzahl der Prozessoren ab. Kostspielige Abfragen profitieren von Parallelität gewöhnlich mehr als einfache Abfragen, weshalb die Beschränkung der Parallelität auf die teuersten Abfragen hilfreich sein kann. Eine zu hohe Einstellung des Kostenschwellenwerts kann jedoch einen gegenteiligen Effekt haben, da die Leistung begrenzt ist und Abfragen seriell ausgeführt und CPU-Kerne unzureichend genutzt werden. Der Kostenschwellenwert kann nur auf Serverebene eingestellt werden.

Wenn ein Leistungsproblem besteht, weil regelmäßig mehrere umfangreiche Abfragen gleichzeitig ausgeführt werden, stellt eine Anhebung des Kostenschwellenwerts jedoch nicht unbedingt eine Lösung dar. Neben den offensichtlichen Abhilfemaßnahmen wie Optimierung der Abfrage und Änderung von Indizes, auch durch die Nutzung von Columnstore-Indizes, sollten Sie zur Beschränkung sehr umfangreichen Abfragen lieber `MAXDOP` verwenden.

Ist `CXPACKET` der vorherrschende Wartetyp, bietet sich zur Optimierung der Leistung sowohl `MAXDOP` als auch der Kostenschwellenwert an. Mit `sys.dm_exec_requests` können Sie sich auch die aktuellen und die letzten Wartetypen ansehen. Nehmen Sie die Änderungen in kleinem, überschaubarem Maße vor und überreagieren Sie nicht bei Leistungsproblemen bei einer geringen Anzahl von Abfragen. Nutzen Sie den Abfragespeicher, um die Leistung zu messen, während Sie die Einstellungen für hochwertige und kostspielige Abfragen ändern.

Ein anderes Anzeichen von CPU-Druck – gewissermaßen das Gegenteil des Wartetyps `CXPACKET` – stellt der Wartetyp `SOS_SCHEDULER_YIELD` dar. Er bedeutet, dass SQL Server Zeit mit anderen CPU-Tasks teilen oder für sie zur Verfügung stellen musste. Auf stark beschäftigten Servern kann dies normal und zu erwarten sein. Mit `CXPACKET` beklagt sich SQL Server über zu viele parallele Threads, während `SOS_SCHEDULER_YIELD` bedeutet, dass es mehr ausführbare Tasks als verfügbare Threads gibt. In beiden Fällen sollten Sie als Erstes versuchen, CPU-intensive Abfragen zu reduzieren und CPU-intensive Wartungsvorgänge zu optimieren oder auf einen anderen Zeitpunkt zu verlegen. Das ist wirtschaftlicher, als einfach die CPU-Kapazität zu erhöhen.

Expertentipp

Wie kann ich die Prozessornutzung bei Wartungsvorgängen verringern?

Wenn die Prozessornutzung etwa bei einer Indexwartung oder einer Integritätsprüfung hochschnellt, können Sie die serielle Ausführung dieser Operationen erzwingen. Das verlängert zwar die Dauer der Wartung, doch andere Abfragen werden dann weniger stark beeinträchtigt.

Mit dem Abfragehinweis `MAXDOP` am Ende einer Indexwartung können Sie dafür sorgen, dass die Schritte zur Neuerstellung des Index seriell ausgeführt werden. Zusammen mit dem Hinweis `ONLINE`, der nur in der Enterprise Edition zur Verfügung steht, kann das Skript für die Indexwartung länger für die Ausführung benötigen, wirkt sich dadurch aber weniger stark auf gleichzeitige Abfragen aus. Sie können `MAXDOP` auch beim Erstellen von Indizes angeben, aber nicht für die Reorganisation.

```
ALTER INDEX ALL ON WideWorldImporters.Sales.Invoices REBUILD
WITH (MAXDOP = 1, ONLINE = ON);
```

Mit dem Ablaufverfolgungsflag 2528 können Sie die Parallelität auch serverweit für `DBCC CHECKDB`, `DBCC CHECKFILEGROUP` und `DBCC CHECKTABLE` ausschalten. Denken Sie jedoch daran, dass diese Operationen in großen Datenbanken mehrere Stunden erfordern und bei der Ausführung in einem einzigen Thread noch länger dauern können.

Kapitel 10

Indizes

In diesem Kapitel beschäftigen wir uns eingehend mit der Indizierung in allen Formen – nicht nur mit gruppierten und nicht gruppierten Indizes – und zeigen praktische Techniken für die Gestaltung von Indizes. Dabei betrachten wir speicheroptimierte Tabellen, Hashindizes für extreme Schreib- und Columnstore-Indizes für extreme Lesevorgänge. Außerdem sehen wir uns »fehlende« Indizes, die Verwendung von Indizes und besondere Arten von Indizes für Nischenanwendungen an. Am Ende dieses Kapitels werfen wir einen Blick darauf, wie Statistiken erstellt und aktualisiert werden und welche wichtigen leistungsrelevanten Optionen es für Statistikobjekte gibt.

Gruppierte Indizes

Als Erstes wollen wir erklären, was ein gruppierter Index eigentlich ist und warum jede Tabelle (bis auf wenige Ausnahmen) in einer relationalen Datenbank darüber verfügen sollte. Des Weiteren erfahren Sie in diesem Abschnitt, wie Sie den besten Schlüssel für einen gruppierten Index auswählen und warum Sie sich nicht gegen die Erstellung eines solchen Index entscheiden sollten.

Unabhängig davon, ob Sie eine Datenbank warten müssen, die von jemand anderem gestaltet wurde, oder ob Sie die Objekte darin selbst angelegt haben, müssen Sie sich mit gruppierten Indizes auskennen. Bei Rowstore- und Columnstore-Tabellen sind im gruppierten Index Datenzeilen für alle Spalten in der Tabelle gespeichert und nach dem Indexschlüssel sortiert. Konstruktionsbedingt haben speicheroptimierte Tabellen keine Struktur für einen gruppierten Index, es ist aber möglich, einen gruppierten Columnstore-Index für sie anzulegen.

Auswahl eines geeigneten Schlüssels für den gruppierten Index

Bei der Auswahl des Schlüssels für den gruppierten Index einer Tabelle (bzw. der ersten Spalte eines zusammengesetzten Schlüssels) müssen Sie die folgenden vier Merkmale beachten. Anhand dieser vier Merkmale wollen wir uns ansehen, wie der Schlüssel eines gruppierten Index funktioniert und wie Sie einen guten Index gestalten:

- **Zunehmender sequenzieller Wert** Ein zunehmender Wert (wie die Folge 1, 2, 3 ..., eine Zeitangabe oder ein zunehmender alphanumerischer Wert) ist für die Seitenverwaltung sehr wertvoll, denn dadurch können die Daten in der Reihenfolge in die Tabelle eingefügt werden, in der sie aus dem Geschäftsbereich eintreffen.

Eine Spalte mit der Eigenschaft `IDENTITY` oder einem `SEQUENCE`-Wert ist für diesen Zweck hervorragend geeignet. Verwenden Sie Uhrzeit- und Datumsangaben nur, wenn es sehr unwahrscheinlich ist, dass sie wiederholt vorkommen. Außerdem sollten Sie bei solchen Angaben nach Möglichkeit den Datentyp `datetimeoffset` verwenden, damit eine Uhrzeit bei der Umstellung von und zur Sommerzeit nicht doppelt vorkommt.

- **Eindeutiger Wert** Der Schlüssel für einen gruppierten Index muss nicht eindeutig sein, sollte es aber. (Es muss sich bei diesem Schlüssel aber nicht um den Primärschlüssel handeln und auch nicht um den einzigen Wert in der Tabelle, für den Eindeutigkeit erzwungen wird.) Ein eindeutiger (oder fast eindeutiger) gruppierter Index ermöglicht effiziente Suchvorgänge. Wenn Ihre Anwendung in einer Tabelle regelmäßig nach einzelnen Zeilen sucht, sollten Sie wissen, was die Suchvorgänge eindeutig macht.

  `UNIQUE`-Einschränkungen – ob gruppiert oder nicht gruppiert – können die Leistung noch verbessern und die Struktur effizienter machen. Wird ein gruppierter Index ohne die Eigenschaft `UNIQUE` deklariert, so erhält er im Hintergrund eine Spalte mit einem eindeutigen 4-Byte-Integer als zweiten Schlüsselwert. Schließlich muss SQL Server irgendeine Möglichkeit haben, eine Zeile eindeutig zu identifizieren.

- **Ersatzwert** Der Schlüssel des gruppierten Index sollte in Endbenutzeranwendungen und Berichten nicht sichtbar sein. Wenn Benutzer Daten sehen können, wollen sie sie irgendwann auch *ändern*. Die Schlüssel eines gruppierten Index dürfen sich aber nicht ändern (genauso wenig wie Primärschlüsselspalten). Eine vom System generierte Spalte mit sequenziellen Werten (idealerweise eine `IDENTITY`-Spalte) oder eine, die mehrere vom System oder der Anwendung generierte Felder wie Datum und Uhrzeit oder Zahlen kombiniert, ist am besten geeignet.

  Eine Änderung des Indexschlüssels kann unter anderem dazu führen, dass die beiden zuvor erwähnten Eigenschaften nicht mehr gelten. Dient der Indexschlüssel auch als Primärschlüssel, sind bei Änderungen der Schlüsselwerte auch kaskadierende Aktualisierungen erforderlich, um die referenzielle Integrität zu erhalten. Es ist für alle Beteiligten viel einfacher, wenn nur Spalten mit Geschäftswerten für Endbenutzer verfügbar gemacht werden und von ihnen geändert werden können. In der Theorie der normalisierten Datenbanken wird dabei von »natürlichen Schlüsseln« im Gegensatz zu »Ersatzschlüsseln« gesprochen.

- **Eng begrenzter Datentyp** Dass dieser Punkt am Ende der Liste steht, soll nicht heißen, dass er unwichtig wäre; ganz im Gegenteil, die Auswahl des Datentyps für den Schlüssel des gruppierten Index kann sich erheblich auf die Tabellengroße, die Kosten der Indexwartung und die Effizienz von großmaßstäblichen Abfragen auswirken. Der Wert des Schlüssels für den gruppierten Index wird auch zusammen mit dem Wert des Schlüssels für jeden nicht gruppierten Index gespeichert, weshalb ein unnötig breiter Schlüssel für den gruppierten Index auch zu unnötig breiten, nicht gruppierten Indizes der Tabelle führt, was wiederum starke Auswirkungen auf den Platzbedarf auf dem Laufwerk und im Arbeitsspeicher haben kann.

  Einen engen Datentyp zu verwenden, heißt auch, auf das Feld `uniqueidentifier` zu verzichten, das pro Zeile 16 Bytes einnimmt, also die vierfache Größe einer Integerzeile und die doppelte von `bigint`. Verwenden Sie auch keine Strings wie Namen, Adressen oder URLs.

Expertentipp

Warum ist `uniqueidentifier` eine schlechte Wahl für den Schlüssel eines gruppierten Index, selbst beim »Bohrturmproblem«?

Es stellt sich oft das Problem, Zeilen aus mehreren (und vielleicht sogar unzusammenhängenden) Datenquellen, z. B. Bohrtürmen, medizinischen Geräten oder einem SCADA-System (Supervisory Control and Data Acquisition) in derselben Tabelle unterbringen zu müssen. Jede dieser Datenquellen muss in ihrem Bereich eindeutige Werte erstellen, aber anschließend werden diese Daten zu einer einzigen Tabelle kombiniert. Für einen solchen Fall scheinen sich der Datentyp `uniqueidentifier` und die Funktion `newid()` anzubieten, da sie serverübergreifend eindeutige Werte generieren.

Allerdings ist das keine gute Vorgehensweise, da `uniqueidentifier`-Werte zufällig sind, sodass die Tabelle bei jeder neu eingefügten Zeile weiter fragmentiert wird. Dies kann wiederum zu Seitenteilungen (einer kostspieligen E/A-Operation) führen, da sich die Zeilen im Verlauf der Einfügungen eher in der Mitte sammeln statt an den Rändern. (Dies lässt sich nicht ganz vermeiden, aber Sie können immerhin ein wenig Abhilfe schaffen, indem Sie den Füllfaktor jedes Index ändern, der einen `uniqueidentifier`-Wert als Schlüssel verwendet. Auch das ist jedoch nicht wünschenswert, da dadurch der erforderliche Speicherplatz für die Daten erweitert wird.

Auch die neue Funktion `newsequentialid()`, die sequenzielle `uniqueidentifier`-Werte erstellt, weist erhebliche Mängel auf. Nach einem Serverneustart beginnt die Sequenz wieder von vorn, weshalb neue Zeilen irgendwann wieder mitten zwischen die bestehenden Zeilen geschrieben werden, was zu Seitenteilungen führt.

Verwenden Sie stattdessen mehrere Integerwerte – einen, der automatisch inkrementiert wird, und einen, der die Datenquelle angibt. Selbst zwei Vier-Byte-Integer sind nur halb so groß wie ein `uniqueidentifier`-Wert und lassen sich überdies besser komprimieren.

In Fällen wie diesen werden die Daten aus den verschiedenen Quellen gewöhnlich nicht kontinuierlich, sondern in regelmäßigen Abständen zusammengeführt. Bei einer kontinuierlichen Kombination zu einer einzigen Tabelle sollten Sie statt `uniqueidentifier` die Funktion `SEQUENCE` verwenden, die in SQL Server 2012 eingeführt wurde. Mit einem `SEQUENCE`-Objekt können mehrere Datenbankverbindungen Zeilen schreiben, die mit einem eindeutigen, automatisch inkrementierten, wachsenden und prozedural generierten Integer bezeichnet werden.

Peinlicherweise wird `uniqueidentifier` auf vielen von Microsoft entwickelten Plattformen ausgiebig genutzt, was schon zu einigen weithin bekannt gewordenen Fehlschlägen geführt hat, etwa auf der Downloadseite für Windows 7 RC (siehe dazu den Blogartikel von Paul Randal auf *https://www.sqlskills.com/blogs/paul/why-did-the-windows-7-rc-download-failure-happen*). Allerdings mussten Systeme wie Microsoft SharePoint und die Mergereplikation von SQL Server auf vielseitige Nutzbarkeit in allen Clientumgebungen und für Benutzer mit sehr unterschiedlichen Kenntnisständen ausgelegt sein. Bei Ihren eigenen Systemen können Sie Ihr Wissen über die Geschäftsumgebung nutzen, um bessere Schlüssel für gruppierte Indizes zu gestalten, anstatt sich auf die Unzulänglichkeiten von `uniqueidentifier` einzulassen.

Die Gestaltung des gruppierten Index ist eine wichtige Entscheidung für die Struktur einer neuen Tabelle. Für die überwiegende Mehrheit der Tabellen für relationale Datenbanksysteme ist diese Entscheidung jedoch ziemlich einfach: Eine `IDENTITY`-Spalte mit einem Integer-Datentyp oder `bigint` ist ein idealer Schlüssel für einen gruppierten Index, da er die vier empfohlenen Merkmale aufweist. Auch ein prozedural generierter Zeitstempel oder ein anderer inkrementierter Zeitwert in Kombination mit einer eindeutigen, inkrementierten Zahl wird oft als Schlüssel für einen gruppierten Index verwendet, ist allerdings nicht so eng begrenzt.

Wird eine Tabelle mit einer Primärschlüsseleinschränkung, aber ohne ausdrückliche Erwähnung eines gruppierten Index erstellt, so werden die Spalten des Primärschlüssels als Schlüssel des gruppierten Index verwendet. Das ist zwar gewöhnlich gefahrlos möglich, allerdings kann das bei einem zusammengesetzten Primärschlüssel oder einem Primärschlüssel, der nicht mit einer sequenziellen Spalte beginnt, zu einem suboptimal gruppierten Index führen. Der Primärschlüssel muss nicht der Schlüssel des gruppierten Index sein. Es ist auch möglich, nicht eindeutig gruppierte Indizes oder in einer Tabelle mehrere eindeutige Spalten oder Spaltenkombinationen zu verwenden.

Wenn Sie mehrere Spalten zum Schlüssel eines gruppierten Index kombinieren, spielt deren Reihenfolge eine Rolle. Selbst wenn die erste Spalte nicht eindeutig ist, muss sie die anderen drei Regeln so eng wie möglich befolgen.

In `sys.indexes` weist `index_id` für den gruppierten Index stets den Wert `1` auf. Ist die Tabelle ein Heap, gibt es stattdessen eine Zeile mit einer Index-ID von `0`. Diese Zeile steht für die Heapdaten.

> Hinweis
>
> **Es ist auch möglich, einen gruppierten Columnstore-Index zu erstellen, was für manche Situationen die ideale Lösung darstellt. Mehr darüber erfahren Sie weiter hinten in diesem Kapitel.**

Warum Sie keine Heaps erstellen sollten

Eine Rowstore-Tabelle ohne gruppierten Index wird auch als *Heap* bezeichnet. Um die einzelnen Zeilen intern bezeichnen zu können, verwendet das Datenbankmodul einen Zeilenbezeichner (Row Identifier, RID). Bei der logischen Speicherung weist der Heap keine bestimmte Ordnung auf.

Die einzige Methode für den Lesezugriff auf eine Heapstruktur ist ein Scan. Andere Suchvorgänge können nicht durchgeführt werden. Allerdings sind Suchvorgänge an einem nicht gruppierten Index möglich, der zu dem Heap hinzugefügt wurde. Dabei stellt der nicht gruppierte Index eine geordnete Kopie einiger der Tabellendaten in einer separaten Struktur bereit.

Argumente dafür, eine Tabelle ohne gruppierten Index zu erstellen, lassen sich für den Fall finden, dass Sie in einer Tabelle immer nur Einfügungen vornehmen. Da die Daten ungeordnet sind, kann es einige Vorteile durch rasche massive Dateneinfügungen in den Heap geben. Für andere Arten von Schreibvorgängen (Löschungen und Änderungen) sind dagegen sehr wahrscheinlich Tabellenscans erforderlich, was diese Vorgänge gegenüber denen in einer Tabelle mit einem gruppierten Index weit weniger effizient macht.

Löschungen und Aktualisierungen hinterlassen in der Struktur eines Heaps sehr wahrscheinlich auch verschwendeten Platz, der sich nicht durch eine Indexneuerstellung wiederverwenden lässt. Zur Wiederverwendung von ungenutztem Platz in einem Heap müssen Sie sinnigerweise einen gruppierten Index für die Tabelle erstellen und anschließend wieder löschen.

Die möglichen Vorteile von Heaps in Situationen, in denen ausschließlich Einfügungen vorgenommen werden, werden jedoch durch die erheblichen Nachteile beim Zugriff auf die Daten wettgemacht. Zur Verbesserung der Abfrageleistung ist ein gruppierter oder nicht gruppierter Index erforderlich. Die meisten Kosten von Ausführungsplänen für den Zugriff auf einen Heap kommen wahrscheinlich durch Tabellenscans und RID-Suchen zustande. Ohne gruppierten Index weisen Abfragen an Tabellen, die groß genug sind, um durch die Einsparungen bei Einfügungen erhebliche Vorteile zu gewinnen, eine schlechte Leistung auf.

Mit dem Vorstoß von Microsoft in moderne, nicht strukturierte Datenplattformen – etwa in Form der Verzahnung von SQL Server mit Hadoop oder von Microsoft Azure Data Lake – können andere Architekturen besser geeignet sein, wenn rasche, massive Dateneinfügungen erforderlich sind. Das gilt insbesondere dann, wenn Sie kontinuierlich erhebliche Datenmengen erfassen und diese Daten nur in aggregierter Form analysieren. Sehr wahrscheinlich können sich diese Alternativen, die seit SQL Server 2016 in das Datenbankmodul aufgenommen werden und einen Schwerpunkt der Weiterentwicklung von Azure bilden, als überlegen erweisen.

Des Weiteren ist es alles andere als trivial, einem Heap einen gruppierten Index hinzuzufügen, um den späteren Datenabruf zu optimieren. Hinter den Kulissen muss das Datenbankmodul den gesamten Inhalt des Heaps in die neue Struktur des gruppierten Index schreiben. Gibt es für den Heap bereits nicht gruppierte Indizes, müssen sie mit dem Schlüssel des gruppierten Index statt mit der RID neu erstellt werden. Dies führt zu einer erheblichen Aktivität des Transaktionsprotokolls und zu einem enormen Platzbedarf von `TempDb`.

Nicht gruppierte Indizes

Jede Tabelle sollte über einen gruppierten Index verfügen, der die in ihr enthaltenen Daten ordnet. Nicht gruppierte Indizes stellen zusätzliche Kopien der Daten in vertikal gefilterten Mengen bereit, die nach Nichtprimärspalten sortiert sind.

Gestalten Sie nicht gruppierte Indizes, wie sie für Abfragen in der vorliegenden Anwendung gebraucht werden, und vergewissern Sie sich im Verlauf der Zeit, dass die Indizes tatsächlich Nutzen bringen. (Mehr über Statistiken zur Indexnutzung erfahren Sie weiter hinten in diesem Kapitel.)

Ein guter nicht gruppierter Index weist folgende Eigenschaften auf:

- Nicht auf eine einzige Abfrage zugeschnitten, sondern breit genug, um für mehrere Abfragen geeignet zu sein
- Gut sortierte Schlüssel, um eine unnötige Sortierung in Höchstwert-Abfragen zu vermeiden
- Gut gefüllte `INCLUDE`-Abschnitte, um Lookups in Höchstwert-Abfragen zu vermeiden

- In der dynamischen Verwaltungssicht `sys.dm_db_index_usage_stats` erwiesener Nutzen
- Nach Möglichkeit eindeutig (beachten Sie, dass eine Tabelle über mehrere Eindeutigkeitskriterien verfügen kann)
- Da es auf die Schlüsselreihenfolge ankommt, müssen die selektivsten (am besten unterscheidbaren) Spalten an erster Stelle stehen
- Die Indexschlüssel dürfen nicht mit denen anderer nicht gruppierter Indizes überlappen

Der Zweck eines nicht gruppierten Index besteht darin, mehr als ein Bild der Daten in der Tabelle zur Verfügung zu stellen. Nicht gruppierte Indizes sind Kopien der Rowstore-Tabelle, die auf dem Laufwerk und (bei Zwischenspeicherung) im Arbeitsspeicher eigenen Platz einnehmen und gesichert und gewartet werden müssen. Sie werden mit den Daten in der Tabelle transaktional konsistent gehalten und stellen eine begrenzte, umgeordnete Menge der Daten in der Tabelle zur Verfügung. Da ein nicht gruppierter Index dieselben Daten der Spalten zeigt wie der gruppierte Index, ruft er in SQL Server auch einen gewissen Mehraufwand hervor. Alle Schreibvorgänge von Tabellendaten müssen auch im nicht gruppierten Index nachvollzogen werden (bei Aktualisierungen, wenn irgendeine der indizierten Spalten geändert wird), um diesen auf dem neuesten Stand zu halten.

Nicht gruppierte Indizes bieten erhebliche Vorteile für SELECT-Abfragen. Auch einige Schreibabfragen können schneller erscheinen, da der Zugriff auf die zu ändernden Daten ebenso wie beim Zugriff in einer SELECT-Abfrage optimiert wird. Allerdings ist es möglich, dass zu viele nicht gruppierte Indizes zu einer schlechten Schreibleistung führen.

Legen Sie nicht gruppierte Indizes nicht willkürlich an, sondern planen Sie sie. Prüfen Sie stets, ob sie noch nützlich sind, und ändern und kombinieren Sie sie mit anderen, falls das nötig wird. Nicht gruppierte Indizes sind ein wichtiges Werkzeug zur Leistungsoptimierung, das alle Entwickler und Datenbankadministratoren kennen sollten, insbesondere für transaktionale Datenbanken. Betrachten Sie beim Erstellen eines Index jedoch immer das Gesamtbild. Nur selten ist eine einzelne Abfrage so wichtig, dass sie ihrer eigenen Indizes bedarf.

Gestaltung nicht gruppierter Indizes

Was bedeutet es, nicht gruppierte Indizes wie zuvor erwähnt »nicht willkürlich anzulegen«? Wann sollten Sie einen solchen Index erstellen? Wie sollten Sie ihn gestalten? Wie viele sollten Sie zu einer Tabelle hinzufügen?

Nicht gruppierte Indizes für Fremdschlüsselspalten können vorteilhaft sein, wenn diese Spalten in Abfragen häufig verwendet werden, doch um einen nützlichen nicht gruppierten Index zu erstellen, müssen Sie gewöhnlich mehr als eine Spalte bedenken, denn abgesehen von Verknüpfungen über Fremdschlüssel sind Abfragen nur selten so gestaltet, dass Sie eine einzige Spalte in einer Tabelle suchen und zurückgeben.

Auswahl eines geeigneten Schlüssels für einen nicht gruppierten Index

Wie wir bereits erwähnt haben, sollten die Schlüssel von nicht gruppierte Indizes nicht mit denen anderer Indizes derselben Tabelle überlappen. Wenn Sie einen Index erstellen – etwa einen, der ideal für eine sehr wichtige Abfrage geeignet ist –, müssen Sie immer die bereits bestehenden Indizes berücksichtigen. Auch die Schlüsselreihenfolge spielt eine Rolle. In T-SQL geben Sie wie folgt vor:

```
CREATE INDEX IDX_NC_InvoiceLines_InvoiceID_StockItemID
ON [Sales].[InvoiceLines] (InvoiceID, StockItemID);
```

In diesem Index sind `InvoiceID` und `StockItemID` als Schlüssel definiert. Das können Sie sich auch in den Indexeigenschaften im Objekt-Explorer von Management Studio ansehen. Dieser nicht gruppierte Index bildet eine Kopie der Daten aus der Tabelle `InvoiceLines`, erst sortiert nach der Spalte `InvoiceID` und dann nach `StockItemID`.

Um sich klarzumachen, dass es bei einem nicht gruppierten Index auf die Reihenfolge der Schlüsselspalten ankommt, schauen Sie sich die beiden folgenden Indizes an. Es handelt sich dabei um komplett verschiedene Strukturen, die sich jeweils am besten für verschiedene Abfragen eignen. Es ist sehr unwahrscheinlich, dass eine Abfrage beide Indizes nutzen kann. Allerdings ist es möglich, dass SQL Server einen nicht gruppierten Index mit einer nicht optimalen Schlüsselreihenfolge gegenüber dem Scan eines gruppierten Index bevorzugt:

```
CREATE INDEX IDX_NC_InvoiceLines_InvoiceID_StockItemID
ON [Sales].[InvoiceLines] (InvoiceID, StockItemID);

CREATE INDEX IDX_NC_InvoiceLines_StockItemID_InvoiceID
ON [Sales].[InvoiceLines] (StockItemID, InvoiceID);
```

Die Spalten mit den am besten unterscheidbaren Werten sind selektiver und daher nutzbringender für Abfragen, wenn sie vor den weniger selektiven Spalten des Index aufgeführt werden. Innerhalb des `INCLUDE`-Teils eines nicht gruppierten Index spielt die Spaltenreihenfolge dagegen keine Rolle (mehr darüber später).

Im vorigen Abschnitt haben Sie außerdem erfahren, dass Schlüssel des gruppierten Index bereits im Schlüssel des nicht gruppierten Index enthalten sind. Es kann sein, dass die Funktion für fehlende Indizes (mehr darüber später) vorschlägt, eine Spalte aus dem gruppierten Index zu dem nicht gruppierten Index hinzuzufügen. Die Größe des nicht gruppierten Index ändert sich dadurch nicht. Allerdings bestimmt die Reihenfolge der Schlüssel für den nicht gruppierten Index immer noch die Sortierreihenfolge des Index, weshalb die Aufnahme der Schlüsselspalten des gruppierten Index zu einem ganz anderen Index führen kann.

In der T-SQL-Anweisung wird auch die Sortierreihenfolge der einzelnen Spalten festgelegt, wobei als Standardwert eine aufsteigende Sortierung verwendet wird. Wenn es für Ihre Abfragen häufig erforderlich ist, die Daten in einer Spalte in absteigender Reihenfolge zu sortieren, können Sie das wie folgt angeben:

```
CREATE INDEX IDX_NC_InvoiceLines_InvoiceID_StockItemID
ON [Sales].[InvoiceLines] (InvoiceID DESC, StockItemID);
```

Eine falsche Angabe der Sortierreihenfolge spielt bei manchen Abfragen keine Rolle. Bei verschachtelten Schleifen müssen die Daten nicht sortiert werden, weshalb unterschiedliche Sortierreihenfolgen in den Schlüsseln eines nicht gruppierten Index keine erheblichen Auswirkungen auf den Ausführungsplan haben. Für eine Merge-Verknüpfung dagegen müssen die Daten sortiert sein, weshalb sich der Ausführungsplan durch Änderung der Sortierreihenfolge der Indexschlüssel, insbesondere des ersten Index, vereinfachen lässt, da dann überflüssige Sortieroperatoren wegfallen können. Das gehört zu den Maßnahmen der Indexoptimierung, die Sie bedenken sollten. Schauen Sie sich die im Abfragespeicher erfassten Leistungsdaten der Abfragepläne an, um die Auswirkungen von Indexänderungen auf mehrere Abfragen zu untersuchen.

Redundante Indizes

Die Schlüsselreihenfolge spielt auch eine Rolle dabei, ob sich Indizes überlappen oder nicht. Betrachten Sie die beiden folgenden nicht gruppierten Indizes derselben Tabelle:

```
CREATE INDEX IDX_NC_InvoiceLines_InvoiceID_StockItemID_UnitPrice_Quantity
ON [Sales].[InvoiceLines] (InvoiceID, StockItemID, UnitPrice, Quantity);

CREATE INDEX IDX_NC_InvoiceLines_InvoiceID_StockItemID
ON [Sales].[InvoiceLines] (InvoiceID, StockItemID);
```

Beide Indizes beginnen mit `InvoiceID` und `StockItemID`. Darauf folgen beim ersten Index noch weitere Daten. Der zweite Index dagegen wird von dem ersten vollständig überlappt. Er kann zwar durchaus von Abfragen genutzt werden, aber da die führenden Schlüsselspalten denen des ersten Index entsprechen, bietet der erste Index sehr ähnliche Leistungsvorteile. Der erforderliche Speicherplatz des zweiten Index auf dem Laufwerk, der Platz im Arbeitsspeicher bei der Verwendung und der Aufwand, um ihn auf dem neuesten Stand zu halten und zu warten, sind praktisch redundant. Da der Index `IDX_NC_InvoiceLInes_InvoiceID_StockItemID` nicht gebraucht wird, sollte er gelöscht werden. Abfragen können an seiner Stelle `IDX_NC_InvoiceLines_InvoiceID_StockItemID_UnitPrice_Quantity` nutzen.

Betrachten Sie nun aber die beiden folgenden Indizes:

```
CREATE INDEX IDX_NC_InvoiceLines_InvoiceID_StockItemID_UnitPrice_Quantity
ON [Sales].[InvoiceLines] (InvoiceID, StockItemID, UnitPrice, Quantity);

CREATE INDEX IDX_NC_InvoiceLines_StockItemID_InvoiceID
ON [Sales].[InvoiceLines] (StockItemID, InvoiceID);
```

Hier befinden sich die Schlüssel des zweiten Index in einer anderen Reihenfolge. Es handelt es sich also sowohl physisch als auch logisch um eine andere Struktur als bei dem ersten Index.

Bedeutet das, dass beide Indizes erforderlich sind? Wahrscheinlich. Einige Abfragen können eine bessere Leistung zeigen, wenn sie die Schlüssel in der Reihenfolge des zweiten Index nutzen. Der Abfrageoptimierer kann auch einen Index mit Spalten in nicht optimaler Reihenfolge nutzen, etwa um eine kleinere Struktur zu scannen statt eine gesamte Tabelle. Er kann jedoch auch zu dem Schluss kommen, dass eine Indexsuche und ein Schlüssel-Lookup in einem anderen Index schneller sind als die Verwendung eines Index mit den Spalten in der falschen Reihenfolge.

Der Abfragespeicher ist ein wertvolles Werkzeug, um Abfragen zu finden, deren Leistung aufgrund von geänderten, gelöschten, umgeordneten oder umsortierten Indizes abgenommen hat.

Die INCLUDE-Liste eines Index

In der B-Baumstruktur eines nicht gruppierten Rowstore-Index werden die Schlüsselspalten in den beiden Hauptabschnitten des Indexobjekts gespeichert, nämlich den Ast- und den Blattebenen. Die Logik der Suchvorgänge findet auf den Astebenen statt. Dabei wird an einer eng begrenzten »Spitze« begonnen, wo die Schlüsseldaten so gespeichert sind, dass

SQL Server sie mithilfe binärer Entscheidungen durchlaufen kann. Anhang dieser Entscheidungen verläuft die Suche im Baum »abwärts«. Auf den Blattebenen enden die Suchvorgänge. Hier werden die Daten abgerufen. Wenn Sie eine Spalte in die INCLUDE-Liste eines nicht gruppierten Rowstore-Index aufnehmen, werden die Daten nur auf der Blattebene hinzugefügt.

Expertentipp

Wie kann ich mir die Eigenschaften der einzelnen Ebenen des B-Baums für einen Index ansehen?

Für jede Ebene eines B-Baums können Sie sich mit dem Modus DETAILED **der dynamischen Verwaltungsfunktion** sysdm_db_index_physical_stats **Statistiken wie** page_count, record_count, space_used **usw. ansehen. In anderen Modi ist nur die Blattebene** (index_level = 0) **sichtbar. Der Modusparameter ist der fünfte, der übergeben wird, wie der folgende Code zeigt:**

```
USE WideWorldImporters;
GO
SELECT *
FROM sys.dm_db_index_physical_stats
(db_id(), object_id('Sales.Invoices'), null , null, 'DETAILED');
```

Tabelle 10.1 zeigt die Ergebnisse.

index_id	index_level	page_count	record_count
1	0	11.357	70.510
1	1	41	11.357
1	2	1	41
2	0	164	70.510
2	1	1	164
3	0	152	70.510
3	1	1	152
4	0	237	70.510
4	1	1	237
5	0	122	70.510
5	1	1	122
6	0	164	70.510
6	1	1	164
7	0	152	70,510
7	1	1	152
8	0	136	70.510
8	1	1	136
9	0	142	70.510
9	1	1	142
10	0	434	70.510
10	1	2	434
10	2	1	2

Tabelle 10.1 Ergebnisse von sys.dm_db_index_physical_stats mit Indexebenen

> **Beachten Sie, dass die Blattebenen aller Indizes dieselbe Anzahl von Zeilen, aber eine unterschiedliche Anzahl von Seiten aufweisen (da jeder Index verschiedene Spalten hat). Die Astebenen (mit `index_level > 0`) der B-Strukturen aller Indizes enthalten jeweils weniger Daten. Indizes mit mehr Spalten und Indizes für umfangreichere Tabellen erfordern mehr Ebenen. Wenn Sie eine Spalte in die `INCLUDE`-Liste eines nicht gruppierten Rowstore-Index aufnehmen, werden die Daten nur auf der Blattebene hinzugefügt.**

Mit der `INCLUDE`-Anweisung für einen Index können Sie dafür sorgen, dass Daten nur auf der Blattebene abrufbar sind, aber nicht auf Astebene gespeichert werden. Dadurch wird die Größe und Komplexität des Index verringert. Betrachten Sie die folgende Abfrage in der Datenbank `WideWorldImporters` und den zugehörigen Ausführungsplan aus Abb. 10.1:

```
SELECT CustomerID, AccountsPersonID
FROM [Sales].[Invoices]
WHERE CustomerID = 832;
```

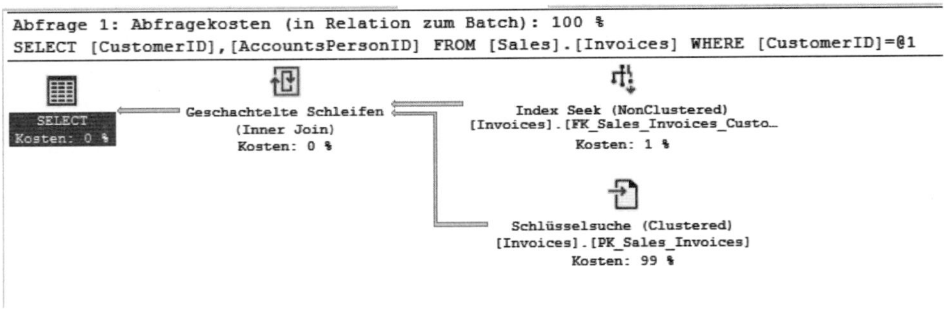

Abbildung 10.1 Dieser Ausführungsplan zeigt eine Indexsuche und ein Schlüssel-Lookup in derselben Tabelle, wobei das Schlüssel-Lookup für 99 % der Kosten der Abfrage verantwortlich ist.

Wenn diese Abfrage wichtig genug ist, um bei der Gestaltung von Indizes in der Datenbank berücksichtigt zu werden, sollten Sie eine Änderung des hier verwendeten nicht gruppierten Index in Betracht ziehen. Schauen Sie sich dazu die Eigenschaften der Indexsuche in Abb. 10.2 an.

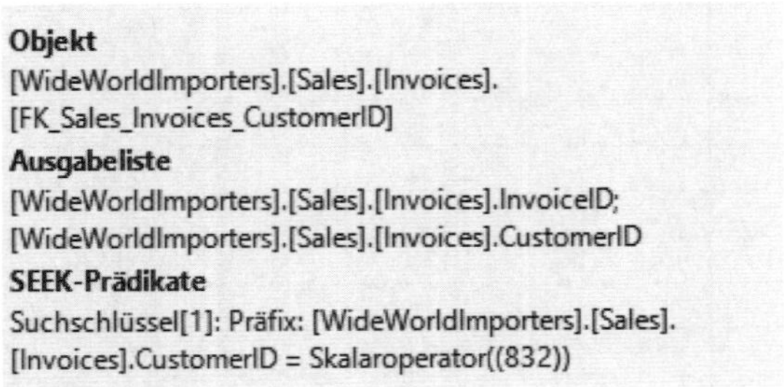
Objekt
[WideWorldImporters].[Sales].[Invoices].
[FK_Sales_Invoices_CustomerID]
Ausgabeliste
[WideWorldImporters].[Sales].[Invoices].InvoiceID;
[WideWorldImporters].[Sales].[Invoices].CustomerID
SEEK-Prädikate
Suchschlüssel[1]: Präfix: [WideWorldImporters].[Sales].
[Invoices].CustomerID = Skalaroperator((832))

Abbildung 10.2 Die Eigenschaften der Indexsuche aus dem vorherigen Beispielskript. Beachten Sie, dass `CustomerID` sowohl im Suchprädikat als auch in der Ausgabeliste enthalten ist, `AccountsPersonID` in der Ausgabeliste aber nicht vorkommt.

Beachten Sie, dass CustomerID sowohl im Suchprädikat als auch in der Ausgabeliste enthalten ist, AccountsPersonID in der Ausgabeliste aber nicht vorkommt. Unsere Abfrage sucht die CustomerID (die sowohl in der SELECT- als auch in der WHERE-Klausel genannt wird) und gibt sie zurück. Allerdings gibt die Abfrage auch die AccountsPersonID zurück, die aber nicht im Index FK_Sales_Invoices_CustomerID enthalten ist. Das folgende Listing zeigt den Code für diesen nicht gruppierten Index. Sein Name rührt daher, dass er für die Fremdschlüsselreferenz CustomerID da ist:

```
CREATE NONCLUSTERED INDEX [FK_Sales_Invoices_CustomerID] ON [Sales].[Invoices]
( [CustomerID] ASC )
ON [USERDATA];
```

Um das Schlüssel-Lookup loszuwerden, fügen wir dem nicht gruppierten Index eine eingeschlossene Spalte hinzu, sodass die Abfrage alle benötigten Daten von einem einzigen Objekt abrufen kann:

```
DROP INDEX IF EXISTS [FK_Sales_Invoices_CustomerID] ON [Sales].[Invoices];
GO
CREATE NONCLUSTERED INDEX [FK_Sales_Invoices_CustomerID] ON [Sales].[Invoices]
( [CustomerID] ASC )
INCLUDE ( [AccountsPersonID] )
ON [USERDATA];
GO
```

Wenn Sie die Beispielabfrage nun erneut ausführen, erhalten Sie den Ausführungsplan aus Abb. 10.3:

```
SELECT CustomerID, AccountsPersonID
FROM [Sales].[Invoices]
WHERE CustomerID = 832;
```

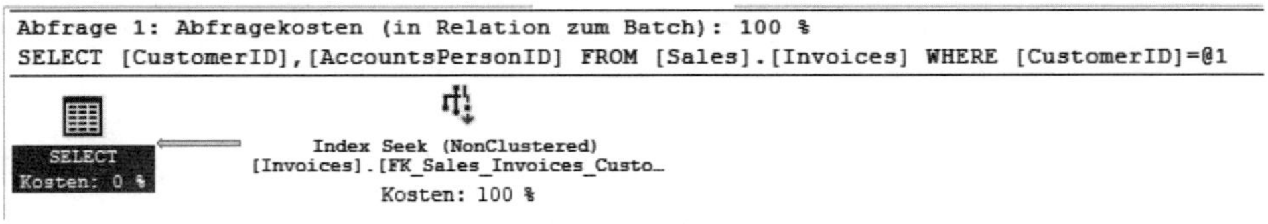

Abbildung 10.3 Der Ausführungsplan enthält jetzt nur eine Indexsuche. Das Schlüssel-Lookup, das in Abb. 10.2 noch vorhanden war, wurde entfernt.

Das Schlüssel-Lookup erfolgt jetzt nicht mehr, da die Abfrage nun in der Lage ist, sowohl die CustomerID als auch die AccountsPersonID von demselben Index abzurufen und daher keinen zweiten Durchlauf durch die Tabelle für die Spalte AccountsPersonID benötigt. Die geschätzten Unterstrukturkosten in den Eigenschaften des SELECT-Operators betragen jetzt 0,0034015 statt 0,355919 bei Verwendung des Schlüssel-Lookups. Die Abfrage sollte nur als kleines Beispiel dienen und war daher nicht umfangreich, aber die Vermeidung des Schlüssel-Lookups hat auch hier schon eine erhebliche Leistungsverbesserung gebracht, ohne dass es dazu nötig war, die Abfrage zu ändern.

Sie sollten nicht zu viele nicht gruppierte Indizes verwenden, und ebenso wenig sollten Sie der INCLUDE-Liste eines Index zu viele Spalten hinzufügen, denn sie benötigen Speicherplatz. Bei kleinen, selten ausgeführten Abfragen macht der Verzicht auf den Operator für das Schlüssel-Lookup allein die Kosten für die Speicherung zusätzlicher Spalten in der INCLUDE-Liste des Index meistens nicht wett.

Gestalten Sie nicht gruppierte Indizes so, dass sie für viele Abfragen geeignet sind. Vermeiden Sie stets überlappende und redundante Indizes und prüfen Sie regelmäßig, ob die Indizes nach wie vor verwendet werden, da sich Anwendungen und Berichtsabfragen ändern können.

Fehlende Indizes

Das Grundprinzip der Funktion für fehlende Indizes von SQL Server besteht darin, viele ähnliche Indizes zu einem Superindex zu kombinieren. Diese Funktion wurde in SQL Server 2005 eingeführt und hat die Möglichkeiten dafür, beim Erstellen von nicht gruppierten Indizes das Gesamtbild im Auge zu behalten, revolutioniert. Es handelt sich dabei um eine passive Funktion, die seit SQL Server 2005 sowie in Azure SQL-Datenbank standardmäßig für alle Datenbanken eingeschaltet ist.

Diese Funktion erfasst Informationen über die tatsächliche Abfragenutzung. SQL Server merkt sich die Gelegenheiten, bei denen es besser gewesen wäre, auf einen nicht gruppierten Index zurückgreifen zu können, etwa um einen Scan durch einen Suchvorgang zu ersetzen oder ein Lookup zu vermeiden. Die Funktion für fehlende Indizes zählt, wie oft so etwas geschieht, berechnet die Kosten der Operationen, die hätten verbessert werden können, und schätzt den prozentualen Anteil der Kosten, die dadurch wegfallen würden. (Dieser Anteil wird als »Auswirkung« bezeichnet.) Sie können sich diese Funktion als eine Wunschliste für nicht gruppierte Indizes vorstellen.

Sie können sich die Aufstellung der fehlenden Indizes jederzeit ohne Mehraufwand für den Server ansehen, indem Sie eine Reihe von dafür vorgesehenen dynamischen Verwaltungssichten abfragen. Die folgende Abfrage verkettet die CREATE INDEX-Anweisungen nach einer einfachen, selbsterklärenden Namenskonvention. Wie Sie an der Verwendung der Systemsichten erkennen können, ist diese Abfrage zur Ausführung in einer einzelnen Datenbank gedacht:

```
SELECT
  mid.[statement]
, create_index_statement = 'CREATE NONCLUSTERED INDEX IDX_NC_'
-- Die neue Translate-Syntax wird in SQL Server 2017 unterstützt+
   + TRANSLATE(ISNULL(replace(mid.equality_columns, ' ' ,''),'') , '],[' ,' _ ')
   + TRANSLATE(ISNULL(replace(mid.inequality_columns, ' ' ,''),''), '],[' ,' _ ')
   + ' ON ' + [statement]
   + ' (' + ISNULL (mid.equality_columns,'')
   + CASE WHEN mid.equality_columns IS NOT NULL
     AND mid.inequality_columns IS NOT NULL THEN ',' ELSE ''
       END
   + ISNULL (mid.inequality_columns, '') + ')'
   + ISNULL (' INCLUDE (' + mid.included_columns + ')',
     '') COLLATE SQL_Latin1_General_CP1_CI_AS
, unique_compiles, migs.user_seeks, migs.user_scans
, last_user_seek, migs.avg_total_user_cost
, avg_user_impact, mid.equality_columns
, mid.inequality_columns, mid.included_columns
FROM sys.dm_db_missing_index_groups mig
INNER JOIN sys.dm_db_missing_index_group_stats migs
```

```
ON migs.group_handle = mig.index_group_handle
INNER JOIN sys.dm_db_missing_index_details mid
ON mig.index_handle = mid.index_handle
INNER JOIN sys.tables t
ON t.object_id = mid.object_id
INNER JOIN sys.schemas s
ON s.schema_id = t.schema_id
WHERE mid.database_id = db_id()
-- Anzahl der Abfragekompilierungen, die diesen vorgeschlagenen Index brauchen
--AND migs.unique_compiles > 10
-- Anzahl von Abfragesuchvorgängen, die diesen vorgeschlagenen Index brauchen
--AND migs.user_seeks > 10
-- Durchschnittlicher prozentualer Anteil der Kosten, die mit diesem
-- vorgeschlagenen Index eingespart werden können
--AND migs.avg_user_impact > 75
-- Sortierung nach Indizes mit der größen Auswirkung auf die kostspieligsten
-- Abfragen
ORDER BY avg_user_impact * avg_total_user_cost desc;
```

Diese Abfrage ist in dem Skript *missing indexes.sql* im Begleitmaterial zu diesem Buch erhältlich, das Sie von *https://aka.ms/SQLServ2017Admin/downloads* herunterladen können.

Am Ende dieser Abfrage stehen einige Filter, mit denen Sie die am häufigsten benötigten und hochwertigsten vorgeschlagenen Indizes finden können. Wenn diese Abfrage Hunderte oder Tausende von Zeilen zurückgibt, sollten Sie sich einen Nachmittag dafür reservieren, die Indizes zu gestalten, um die Leistung der Benutzeraktivitäten, auf denen diese Daten beruhen, zu verbessern.

Bei einigen der vorgeschlagenen Indizes lohnt sich die Einrichtung nicht, da sie eine sehr geringe Auswirkung haben oder nur für eine einzige Abfragekompilierung nützlich sind. In der Wunschliste werden Sie wahrscheinlich auch viele überlappende (aber keine identischen) Vorschläge finden, die alle eine starke Auswirkung auf kostspielige Abfragen haben. Betrachten Sie beispielsweise die drei folgenden Vorschläge:

```
CREATE NONCLUSTERED INDEX IDX_NC_Gamelog_Team1 ON dbo.gamelog
(Team1)
INCLUDE (GameYear, GameWeek, Team1Score, Team2Score);

CREATE NONCLUSTERED INDEX IDX_NC_Gamelog_Team1_GameWeek_GameYear ON dbo.gamelog
(Team1, GameWeek, GameYear)
INCLUDE (Team1Score);

CREATE NONCLUSTERED INDEX IDX_NC_Gamelog_Team1_GameWeek_GameYear_Team2 ON dbo.
gamelog
(Team1, GameWeek, GameYear, Team2)
INCLUDE (GameWeek);
```

Sie sollten nicht alle drei Indizes erstellen, sondern sie zu einem einzigen Index kombinieren, der die Schlüsselspalten in der passenden Reihenfolge enthält und alle eingeschlossenen Spalten abdeckt:

```
CREATE NONCLUSTERED INDEX IDX_NC_Gamelog_Team1_GameWeek_GameYear_Team2 ON dbo.
gamelog
(Team1, GameWeek, GameYear, Team2)
INCLUDE (Team1Score, Team2Score);
```

Diese Kombination bietet den größten Nutzen für die meisten Abfragen und minimiert die negativen Auswirkungen auf Schreibvorgänge, Speicherung und Wartung. Die Liste der Schlüsselspalten deckt diejenigen der einzelnen Vorschläge in der korrekten Reihenfolge ab, und die `INCLUDE`-Liste enthält ebenfalls alle erforderlichen Spalten aus den Vorschlägen, wobei Spalten, die zum Schlüssel des Index gehören, nicht in dieser Liste stehen dürfen.

Aber erstellen Sie diesen Index noch nicht! Schauen Sie sich erst die vorhandenen Indizes für die Tabelle an, bevor Sie einen der fehlenden Indizes anlegen. Vielleicht können Sie die Schlüsselspalten oder die `INCLUDE`-Liste eines fehlenden Index in die eines vorhandenen Index kombinieren und damit dessen Wert steigern, ohne einen neuen Index erstellen zu müssen.

Nachdem Sie die Indexvorschläge miteinander und mit den vorhandenen Indizes kombiniert haben, können Sie die Indizes tatsächlich anlegen und beobachten. Beachten Sie beim Erstellen von Indizes immer das Gesamtbild! Nur selten ist eine einzelne Abfrage so wichtig, dass sie ihre eigenen Indizes rechtfertigt. Beispielsweise wird in SQL Server Management Studio manchmal in grünem Text ein Index für eine Abfrage vorgeschlagen (siehe Abb. 10.4).

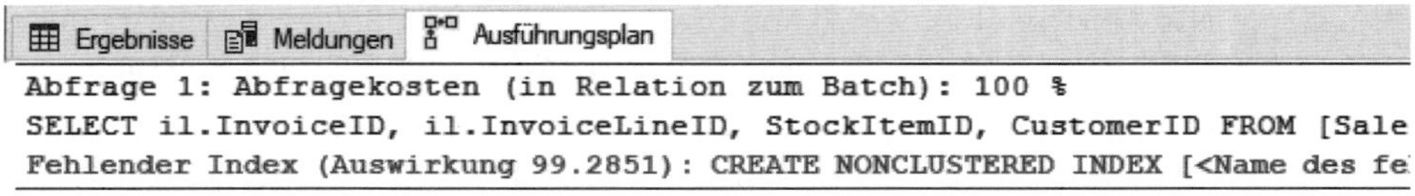

Abbildung 10.4 Auf der Registerkarte *Ausführungsplan* werden Sie im Kopf des Plans mit dem Hinweis *Fehlender Index* auf die möglichen Auswirkungen eines neuen Index hingewiesen. Erstellen Sie diesen vorgeschlagenen Index aber nicht sofort!

Das ist eine sehr wertvolle Information, aber trotzdem sollten Sie den Index nicht sofort anlegen. Schauen Sie sich sämtliche Indexvorschläge und die vorhandenen Indizes der Tabelle an und kombinieren Sie nach Möglichkeit überlappende Indizes. Nutzen Sie den grünen Hinweis auf einen fehlenden Index in SQL Server Management Studio nur als Signal, um sich Zeit dafür zu nehmen, die Möglichkeiten neuer Indizes zu untersuchen.

Wenn Sie zur Leistungsoptimierung nicht gruppierte Indizes erstellen, sollten Sie daher Folgendes tun:

1. Verwenden Sie die dynamischen Verwaltungssichten über fehlende Indizes, um sich einen Gesamtüberblick über mögliche neue nicht gruppierte Indizes zu verschaffen.
   a. Erstellen Sie keine Indizes, die wahrscheinlich nur für eine einzige Abfrage nützlich sind. Nur wenige Abfragen sind wichtig genug, um ihre eigenen Indizes zu verdienen.
   b. Nutzen Sie für Tabellen mit sehr hoher Zeilenzahl und Abfragen mit hoher Zeilenzahl lieber nicht gruppierte Columnstore-Indizes (mehr darüber weiter hinten in diesem Kapitel).
2. Kombinieren Sie die vorgeschlagenen Indizes und achten Sie dabei auf die Schlüsselreihenfolge und die `INCLUDE`-Listen.
3. Vergleichen Sie vorgeschlagene Indizes mit bereits bestehenden. Möglicherweise können Sie sie kombinieren.

4. Überwachen Sie die Indexnutzung mithilfe von Statistiken, um sich zu vergewissern, dass die Indizes tatsächlich nützlich sind. (Mehr über die dynamischen Verwaltungssichten mit Indexnutzungsstatistiken erfahren Sie im nächsten Abschnitt.)

Expertentipp

Schlägt die Funktion für fehlende Indizes nur nicht gruppierte Indizes vor?

Ja!

Die Funktion für fehlende Indizes kann Ihnen bei der Gestaltung gruppierter Indizes nicht helfen. Dafür sind Sie selbst als sachkundiger Datenbankdesigner verantwortlich. Im Laufe der Zeit kann Ihnen diese Funktion Einsichten in die Indexnutzung geben, aber das würde bedeuten, typische Produktionsarbeitslasten an einem Heap auszuführen und die dabei zu erwartenden Leistungsprobleme zu erleiden.

Die Funktion für fehlende Indizes weist noch eine weitere Einschränkung auf: Sie weiß nichts von Columnstore-Indizes (weder gruppierten noch nicht gruppierten), obwohl dies sehr hilfreiche Strukturen für Abfragen mit hoher Zeilenanzahl in umfangreichen Tabellen sind. Die Funktion für fehlende Indizes kann Ihnen keine Columnstore-Indizes vorschlagen. Manchmal schlägt sie sogar vor, einen gut funktionierenden Columnstore-Index zu ersetzen! Wenn Sie überlegen, ob Sie neue Indizes anlegen sollten, müssen Sie alle Indizes der Tabelle berücksichtigen, auch Columnstore-Indizes.

Wenn eine Tabelle bereits über einen Columnstore-Index verfügt, müssen Sie daher alle vorgeschlagenen Indizes für Arbeitslasten ignorieren, die bereits von dem Columnstore-Index profitieren. Für eine Abfrage, die einen Scan vieler Tabellenzeilen erfordert, wird die Abfrageoptimierer sehr wahrscheinlich keinen nicht gruppierten Index gegenüber einem nicht gruppierten Columnstore-Index bevorzugen. Bei Abfragen mit großer Zeilenanzahl bietet ein Columnstore-Index eine erheblich höhere Leistung als ein nicht gruppierter Index. Trotzdem schlägt Ihnen die Funktion für fehlende Indizes in einem solchen Fall einen neuen nicht gruppierten Index vor.

Verschwinden von Indexvorschlägen

Bei Änderungen an den Tabellen, etwa beim Hinzufügen oder Entfernen von Spalten oder Indizes, sowie bei einem Neustart des SQL Server-Dienstes werden die Vorschläge für neue Indizes entfernt. Eine manuelle Löschung der Vorschläge ist dagegen nicht so einfach. (Sie können die Datenbank offline und dann wieder online schalten, wodurch die Vorschläge entfernt werden, aber das würde bedeuten, mit Kanonen auf Spatzen zu schießen.)

Vergewissern Sie sich auch, dass die Daten, nach denen die Indizes vorgeschlagen werden, auf einer signifikanten Stichprobe realer Benutzeraktivitäten in der Produktion über mindestens einen Geschäftszyklus hinweg beruhen. Daten von Bereitstellungsaktivitäten können den bestimmungsgemäßen Gebrauch der Anwendung nicht richtig darstellen. Vorschläge auf der Grundlage von Endbenutzertests oder -schulungen können jedoch ein korrektes Bild vermitteln.

Statistiken zur Indexnutzung

Wenn Sie Indizes zu Ihrer Datenbank hinzugefügt haben und längere Zeit nutzen, kann es sein, dass sich in der Zwischenzeit die Abfragemuster der Anwendungen und Berichte ändern. Es kommen auch Spalten und neue Tabellen zu der Datenbank hinzu. Um diese neuen Umstände zu berücksichtigen, können Sie neue Indizes erstellen. Aber woher wissen Sie als Datenbankadministrator, ob es sich noch lohnt, die vorhandenen Indizes beizubehalten?

SQL Server hält die entsprechenden Informationen automatisch in der dynamischen Verwaltungssicht `sys.dm_db_index_usage_stats` fest. Das folgende Skript bestimmt die Indexnutzung in einer Datenbank, indem es `sys.dm_db_index_usage_stats` mit anderen System- und dynamischen Verwaltungssichten kombiniert. Durch die `ORDER BY`-Klausel werden Indizes mit den wenigsten Leseoperationen (Suchen, Scans und Lookups) und den meisten Schreiboperationen (Aktualisierungen) an die Spitze der Liste gestellt.

```
SELECT TableName = sc.name + '.' + o.name
    , IndexName = i.name
    , s.user_seeks
    , s.user_scans
    , s.user_lookups
    , s.user_updates
    , ps.row_count
    , SizeMb = (ps.in_row_reserved_page_count*8.)/1024.
    , s.last_user_lookup
    , s.last_user_scan
    , s.last_user_seek
    , s.last_user_update
FROM sys.dm_db_index_usage_stats AS s
  INNER JOIN sys.indexes AS i

ON i.object_id = s.object_id AND i.index_id = s.index_id
  INNER JOIN sys.objects AS o

ON o.object_id=i.object_id
  INNER JOIN sys.schemas AS sc

ON sc.schema_id = o.schema_id
  INNER JOIN sys.partitions AS pr

ON pr.object_id = i.object_id AND pr.index_id = i.index_id
  INNER JOIN sys.dm_db_partition_stats AS ps

ON ps.object_id = i.object_id AND ps.partition_id = pr.partition_id
WHERE o.is_ms_shipped = 0
ORDER BY user_seeks + user_scans + user_lookups asc, s.user_updates desc;
```

Diese Abfrage ist in dem Skript *index usage.sql* im Begleitmaterial zu diesem Buch erhältlich, das Sie von *https://aka.ms/SQLServ2017Admin/downloads* herunterladen können.

Alle Indizes, die bei der vorstehenden Abfrage an der Spitze der Ergebnisse zurückgegeben werden, sollten Sie zum Löschen oder Umgestalten vorsehen. Beachten Sie dabei aber folgende Hinweise:

Bevor Sie einen Index löschen, müssen Sie sich vergewissern, dass die Daten, die Sie aus der dynamischen Verwaltungssicht mit Indexnutzungsstatistiken abgerufen haben, wenigstens einen Geschäftszyklus überspannen. Diese Sicht wird bei einem Neustart des SQL Server-Dienstes geleert. Eine manuelle Leerung ist nicht möglich. Wenn in Ihrer Anwendung am Ende der Woche und des Monats Berichte erstellt werden, müssen optimierte Indizes für diese leistungsentscheidenden Zeiträume vorhanden sein. Wie bei anderen dynamischen Verwaltungssichten, die bei einem Neustart des SQL Server-Dienstes geleert werden, sollten Sie auch hier ein Verfahren einrichten, um die erfassten Daten regelmäßig in dauerhaft gespeicherten Tabellen festzuhalten.

Vergewissern Sie sich auch, dass die Indexnutzungsdaten auf realen Benutzeraktivitäten in der Produktion beruhen. Daten von Test- und Entwicklungsaktivitäten können den bestimmungsgemäßen Gebrauch der Anwendung nicht richtig darstellen.

Der Abfragespeicher kann sich auch hier wieder als nützliches Werkzeug erweisen, um eine Verschlechterung von Abfragen nach einer Änderung der Indizierung zu erkennen.

▶ **Der Abfragespeicher wird in Kapitel 9 beschrieben.**

Wie für viele dynamische Verwaltungssichten auf Serverebene ist auch für die Statistiken zur Indexnutzung in SQL Server die Berechtigung `VIEW SERVER STATE` erforderlich. In Azure SQL-Datenbank wird auf der Preisstufe Premium die Berechtigung `VIEW DATABASE STATE` benötigt. Auf den Preisstufen Standard und Basic können nur der Serveradministrator und der Azure AD-Administrator auf diese Daten zugreifen.

Columnstore-Indizes

Columnstore-Indizes wurden in SQL Server 2012 eingeführt und machten Furore, da sie mit ihrer Leistung bei umfangreichen Lesevorgängen in Tabellen gruppierte und nicht gruppierte Indizes weit in den Schatten stellten. Gewöhnlich wurden sie für Data Warehouses eingesetzt, die über Nacht aktualisiert werden. Heutzutage haben sie auch nützliche Anwendungen in transaktionalen Systemen, etwa für speicheroptimierte Tabellen. In entsprechenden Situationen sind Columnstore-Indizes der Rowstore-Datenspeicherung in Sachen Leistung überlegen.

Erhebliche Änderungen machten Columnstore-Indizes in SQL Server 2016 noch vielseitiger nutzbar:

- Vor SQL Server 2016 war eine Tabelle durch das Vorhandensein eines nicht gruppierten Columnstore-Index automatisch schreibgeschützt. Dieser und andere Nachteile wurden in SQL Server 2016 entfernt. Jetzt weisen Columnstore-Indizes keine Einschränkungen dieser Art mehr auf und sind dadurch sehr nützlich.
- Ab SQL Server 2016 SP1 stehen Columnstore-Indizes auch in niedrigeren Editionen als der Enterprise Edition zur Verfügung (wenn auch mit eingeschränkter Speichernutzung).
- Vor SQL Server 2016 waren die Isolationsstufen `READ_COMMITTED_SNAPSHOT` und `SNAPSHOT` beim Vorhandensein von Columnstore-Indizes nicht möglich. Ab SQL Server 2016 sind die Momentaufnahme-Isolation und Columnstore-Indizes vollständig kompatibel.
- Sie können eine speicheroptimierte Tabelle mit einem gruppierten Columnstore-Index versehen und sind damit in der Lage, Echtzeit-OLTP-Daten zu analysieren (Online Transactional Processing).

Dank dieser Verbesserungen konnten Columnstore-Indizes in transaktionalen Systemen verwendet werden, wenn Millionen von Zeilen gelesen und Resultsets mit Millionen von Zeilen generiert werden. In dieser Situation können Columnstore-Indizes richtig glänzen.

Zurzeit sind Columnstore-Indizes die einzigen Objekte, für die SQL Server den Batchmodus verwenden kann. Wenn diese schnelle Methode eingesetzt wird, erscheint als *Tatsächlicher Ausführungsmodus* in den Operatoren eines Ausführungsplans *Batch* statt wie üblich *Zeile*. Von der Verarbeitung im Batchmodus profitieren Abfragen, die Millionen von Zeilen verarbeiten müssen. Für unterschiedliche Operatoren können Columnstore-Indizes jedoch sowohl den Batch- als auch den Zeilenmodus verwenden.

▶ **Welche Operatoren im Batchmodus ausgeführt werden können, erfahren Sie auf *https://docs.microsoft.com/sql/relational-databases/indexes/columnstore-indexes-query-performance*.**

Columnstore-Indizes sind keine B-Bäume. Sie enthalten stark komprimierte Daten (auf dem Laufwerk und im Arbeitsspeicher), die in einer anderen Architektur als derjenigen von herkömmlichen gruppierten und nicht gruppierten Indizes gespeichert sind. Es gibt »gruppierte« und »nicht gruppierte« Columnstore-Indizes, allerdings beschreiben diese Begriffe eher, was ein Columnstore-Index der betreffenden Art ersetzen kann, und nicht, wie die Indizes hinter den Kulissen aussehen.

In Tabellen mit einem gruppierten Columnstore-Index können Sie auch nicht gruppierte Rowstore-Indizes anlegen, was praktisch sein kann, um Eindeutigkeit zu erzwingen. Da Columnstore-Indizes nicht eindeutig sein können, ist es nicht möglich, mit ihnen die `UNIQUE`-Einschränkung oder den Primärschlüssel einer Tabelle zu ersetzen.

Eine Tabelle kann sowohl einen nicht gruppierten Columnstore-Index als auch nicht gruppierte reguläre Indizes enthalten. Allerdings darf eine Tabelle immer nur einen Columnstore-Index haben, entweder einen gruppierten oder einen nicht gruppierten. Es ist auch möglich, einen nicht gruppierten Columnstore-Index und nicht gruppierte Rowstore-Indizes für dieselben Spalten zu erstellen. Das kann sinnvoll sein, wenn Sie den Spaltenwert bei einer Art von Abfragen filtern und bei einer anderen Art aggregieren wollen. Zu Vergleichszwecken kann es sich anbieten, vorübergehend beide Arten von Indizes anzulegen.

Ein erheblicher Unterschied zu regulären Indizes besteht darin, dass es bei den Schlüsseln von Columnstore-Indizes nicht auf die Reihenfolge ankommt. Sie können Spalten in beliebiger Reihenfolge hinzufügen, um die Vielseitigkeit des Index zu erweitern und ihn für viele verschiedene Abfragen nützlich zu machen.

Ein Beispiel für die Leistungsfähigkeit von Columnstore-Indizes

Als Beispiel dafür, wie leistungsfähig ein Columnstore-Index sein kann, wollen wir uns eine Situation ansehen, in der 14 Millionen Zeilen zur Tabelle `WideWorldImporters.Sales.InvoiceLines` hinzugefügt werden. Etwa die Hälfte der Zeilen in der Tabelle haben jetzt den `InvoiceID`-Wert `3932`. Das Skript steht in der Datei *power of commonstore.sql* im Begleitmaterial zu diesem Buch zur Verfügung, das Sie von *https://aka.ms/SQLServ2017Admin/downloads* herunterladen können.

Wir haben den in `WideWorldImporters` vorhandenen nicht gruppierten Columnstore-Index entfernt und einen neuen nicht gruppierten Index hinzugefügt, der gescannt wird, um die

Daten zurückzugeben. Da fast die Hälfte der Tabelle auf Zeilen mit einer `InvoiceID` von 3932 fällt, haben wir es nicht mit der sprichwörtlichen Suche nach der Stecknadel im Heuhaufen zu tun. Wir führen also keinen Suchvorgang durch. Bei der Verwendung eines Suchoperators wäre der nicht gruppierte Rowstore-Index wahrscheinlich besser. Wird dagegen ein Scan benötigt, ist der Columnstore-Index Trumpf.

Zum Testen verwenden wir das folgende Skript:

```
CREATE INDEX IDX_NC_InvoiceLines_InvoiceID_StockItemID_Quantity
ON [Sales].[InvoiceLines] (InvoiceID, StockItemID, Quantity);
GO
SELECT il.StockItemID, AvgQuantity = AVG(il.quantity)
FROM [Sales].[InvoiceLines] as il
WHERE il.InvoiceID = 3932
GROUP BY il.StockItemID;
```

Diese Abfrage gibt 227 Zeilen in 538 ms zurück. Dazu verwendet sie den Indexscanoperator für `IDX_NC_InvoiceLines_InvoiceID_StockItemID_Quantity`, den einzigen Operator im Ausführungsplan. Die gesamten Unterstrukturkosten des Plans belaufen sich auf 18,9083. Als Nächstes fügen wir einen Columnstore-Index mit demselben Schlüssel hinzu. Bis auf das Schlüsselwort `COLUMNSTORE` ist die Syntax dafür identisch:

```
CREATE COLUMNSTORE INDEX IDX_CS_InvoiceLines_InvoiceID_StockItemID_quantity
ON [Sales].[InvoiceLines] (InvoiceID, StockItemID, Quantity);
```

Abermals werden 227 Zeilen zurückgegeben, diesmal aber in 46 ms. Bei der Abfrage wird der Columnstore-Indexscanoperator für `IDX_CS_InvoiceLines_InvoiceID_StockItemID_quantity` verwendet, der einzige Operator im Ausführungsplan. Die gesamten Unterstrukturkosten dieses Plans belaufen sich auf 2,56539.

Komprimierungsverzögerung für Columnstore-Indizes

Die internen Mechanismen von Columnstore-Indizes haben wir uns noch nicht angesehen, aber wir werden hier kurz darauf eingehen, um eine Konfigurationsoption zu beschreiben, die von Bedeutung sein kann. Sowohl für nicht gruppierte als auch für gruppierte Columnstore-Indizes gibt es die Option `COMPRESSION_DELAY`, die bestimmt, wie lange es dauert, bis Daten vom Deltaspeicher in den stark komprimierten Columnstore geschrieben werden.

Der Deltaspeicher ist ein flüchtiger Speicherort, an dem geänderte Daten in einem gruppierten B-Baum-Rowstore-Format abgelegt werden. Werden bestimmte Schwellenwerte erreicht – insbesondere eine Anzahl von 1.048.576 Zeilen – oder wird ein Columnstore-Index neu erstellt, wird eine Gruppe von Deltastoredaten »geschlossen« und in den Columnstore komprimiert.

Die Option `COMPRESSION_DELAY` wirkt sich nicht auf den Schwellenwert von 1.048.576 Zeilen aus, sondern darauf, wie lange SQL Server braucht, um die Daten in den Columnstore zu verschieben. Wenn Sie die Komprimierungsverzögerung auf zehn Minuten einstellen, verbleiben die Daten noch weitere zehn Minuten im Deltaspeicher, bevor SQL Server sie komprimiert.

Bei einigen, aber nicht bei allen Schreibarbeitslasten bietet eine solche Komprimierungsverzögerung merkbare Vorteile. Finden in der Tabelle ausschließlich Einfügungen statt, ist die Verzögerung keine Hilfe. Erfolgen aber in einem Block neuer Daten eine Zeit lang Aktualisierungen und Löschungen, bis er endlich zur Ruhe kommt, kann eine Komprimierungsverzögerung die Schreibtransaktionen beschleunigen und die Wartungs- und Speicheranforderungen des Columnstore-Index verringern.

Anders als bei vielen anderen Indexeinstellungen ist es bei einer Änderung von COMPRESSION_DELAY nicht nötig, den Index neu zu erstellen. Sie können diese Einstellung wie im folgenden Beispiel jederzeit ändern:

```
USE WideWorldImporters;
go
ALTER INDEX [IDX_cs_Sales_InvoiceLines]
    ON [Sales].[InvoiceLines]
    SET (COMPRESSION_DELAY = 10 MINUTES);
```

Hinweis

Vor SQL Server 2016 waren die Isolationsstufen READ_COMMITTED_SNAPSHOT und SNAPSHOT beim Vorhandensein von Columnstore-Indizes nicht möglich. Ab SQL Server 2016 sind die Momentaufnahme-Isolation und Columnstore-Indizes vollständig kompatibel.

Indizierung von speicheroptimierten Tabellen

Für speicheroptimierte Tabellen, die in SQL Server 2014 eingeführt und in SQL Server 2016 erheblich verbessert wurden, gelten die meisten der Regeln für Sperren und Parallelität nicht mehr. Die Leistung dieser Tabellen ist weniger stark an E/A-Einschränkungen gebunden (bzw. überhaupt nicht mehr bei nicht dauerhaft gespeicherten Daten). Die Sperrmechanismen der pessimistischen Parallelität werden für speicheroptimierte Tabellen nicht verwendet (siehe Kapitel 9).

Speicheroptimierte Tabellen können zwei Arten von Indizes aufweisen, nämlich Hashindizes und nicht gruppierte Indizes. Wenn sowohl die Daten als auch das Schema dauerhaft gespeichert werden sollen, müssen Sie einen dieser Indextypen als Struktur hinter dem Primärschlüssel der Tabelle auswählen. Sollten Sie beim Erstellen einer Tabelle mit DURABILITY = SCHEMA_AND_DATA keine Primärschlüsseleinschränkungen angeben, erhalten Sie eine Fehlermeldung; die Tabelle wird dann nicht angelegt.

Sie können sich auch dafür entscheiden, nur das Schema der Tabelle dauerhaft zu speichern, und nicht die Daten. Das kann in manchen Situationen praktisch sein, etwa bei Stagingtabellen für Daten, die in dauerhaft gespeicherte datenträgerbasierte oder speicheroptimierte Tabellen verschoben werden sollen. Allerdings müssen Sie sich der Gefahr von Datenverlusten bewusst sein. Ist nur das Schema der speicheroptimierten Tabelle dauerhaft, müssen Sie keinen Primärschlüssel deklarieren. Allerdings müssen Sie in der CREATE TABLE-Anweisung für eine Tabelle mit DURABILITY = SCHEMA_ONLY immer noch mindestens einen Index oder einen Primärschlüssel definieren.

Wenn Sie zu speicheroptimierten Tabellen Indizes hinzufügen, wird mehr Serverarbeitsspeicher benötigt. Abgesehen davon gibt es in der Enterprise Edition keine Größenbeschränkungen für speicheroptimierte Tabellen. In der Standard Edition sind speicheroptimierte Tabellen jedoch auf 32 GB pro Datenbank begrenzt.

Gruppierte Indizes für speicheroptimierte Tabellen gibt es nicht, allerdings können Sie einer solchen Tabelle einen gruppierten Columnstore-Index hinzufügen, was die Möglichkeiten für aggregierte Datenabfragen enorm verbessert. Da Columnstore-Indizes nicht eindeutig sein können, ist es nicht möglich, sie als Primärschlüssel für eine speicheroptimierte Tabelle zu verwenden.

Sehen wir uns nun die Grundlagen der Verwendung nicht gruppierter Hashindizes und herkömmlicher nicht gruppierter B-Baum-Indizes für speicheroptimierte Tabellen an.

Hashindizes für speicheroptimierte Tabellen

Nicht gruppierte Hashindizes bilden eine Alternative zu den herkömmlichen internen B-Baum-Architekturen für die Speicherung von Indexdaten. Sie eignen sich am besten für Abfragen, die nach der Stecknadel im Heuhaufen suchen, sind aber bei Bereichslookups und bei Abfragen, die eine andere Sortierreihenfolge als die des Index benötigen, nicht effizient. Wenn Sie nicht alle Spalten eines Hashindex abfragen, ist er überdies im Allgemeinen nicht so nützlich wie ein nicht gruppierter Index (siehe den nächsten Abschnitt).

Anders als nicht gruppierte B-Baum-Indizes bieten Hashindizes auch keine gute Leistung, wenn ihr Schlüssel mehrere Spalten umfasst, aber nicht alle oder sogar nur die erste dieser Spalten abgefragt werden. Hashindizes gibt es zurzeit nur für speicheroptimierte, nicht für datenträgerbasierte Tabellen. Sie können sie mit dem Schlüsselwort `UNIQUE` deklarieren, aber standardmäßig verwenden sie ähnlich wie nicht gruppierte B-Baum-Indizes einen nicht eindeutigen Schlüssel. Außerdem ist es wie bei nicht gruppierten B-Baum-Indizes möglich, mehr als einen nicht gruppierten Hashindex anzulegen.

Beim Erstellen von Hashindizes müssen Sie überdies dem besonderen Parameter `BUCKET_COUNT` Aufmerksamkeit schenken, da sein Wert erhebliche Auswirkungen haben kann. Versuchen Sie, die Anzahl der zu erwartenden eindeutigen Schlüsselwerte möglichst genau zu schätzen. Der Wert von `BUCKET_COUNT` sollte das Ein- bis Zweifache dieser Zahl betragen. Hashindizes nutzen für die festgelegte Menge an Buckets gleicher Größe stets die gleiche Menge an Speicherplatz, unabhängig von der Anzahl der Zeilen in den Buckets.

Wenn Sie beispielsweise 100.000 eindeutige Werte in der Tabelle erwarten, liegt der ideale Wert für `BUCKET_COUNT` zwischen 100.000 und 200.000.

Zu viele oder zu wenige Buckets in einem Hashindex können zu einer schlechten Leistung führen. Je mehr Buckets vorhanden sind, umso mehr Arbeitsspeicher wird benötigt, wobei aber auch immer mehr Buckets leer sind. Stehen nicht ausreichend Buckets zur Verfügung, müssen Abfragen nacheinander auf mehr Buckets zugreifen, um dieselben Informationen zu erhalten.

Hashindizes funktionieren am besten, wenn die Schlüsselwerte größtenteils eindeutig sind. Ist das Verhältnis der Gesamtmenge von Zeilen zu eindeutigen Schlüsselwerten zu groß (wobei 10:1 allgemein als Obergrenze gilt), wird ein Hashindex nicht empfohlen, da er eine schlechte Leistung erbringen würde. Idealerweise sollte der Hashindex als eindeutig deklariert werden.

Sie sollten die Anzahl der eindeutigen Schlüsselwerte regelmäßig und vorbeugend mit der Gesamtzahl der Zeilen in der Tabelle vergleichen und die Anzahl der Buckets in dem Hashindex mit den Befehlen `ALTER TABLE`, `ALTER INDEX` und `REBUILD` wie im folgenden Beispiel anpassen:

```
ALTER TABLE [dbo].[Transactions]
ALTER INDEX [IDX_NC_H Transactions_1]
REBUILD WITH (BUCKET_COUNT = 200000)
```

Nicht gruppierte Indizes für speicheroptimierte Tabellen

Nicht gruppierte Indizes verhalten sich bei speicheroptimierten Tabellen ähnlich wie bei datenträgerbasierten Tabellen. Bei Abfragen, die eine Sortierung nach den Schlüsselwerten des Index durchführen, und bei Indexscans zeigen sie eine deutlich höhere Leistung als Hashindizes. Außerdem sind Hashindizes im Allgemeinen weniger nützlich als nicht gruppierte Indizes, wenn Sie nicht alle ihre Spalten abfragen.

Nicht gruppierte Indizes für speicheroptimierte Tabellen können Sie mit `UNIQUE` deklarieren. Sie können sie allerdings nicht mit `CREATE INDEX` erstellen, sondern müssen dazu die Befehle `ALTER TABLE` und `ADD INDEX` verwenden oder in ein `CREATE TABLE`-Skript aufnehmen.

Weder Hashindizes noch nicht gruppierte Indizes können für Abfragen von speicheroptimierten Tabellen verwendet werden, bei denen die Schlüssel in umgekehrter Reihenfolge wie in der Indexdefinition sortiert sind.

Übergang zu speicheroptimierten Tabellen

Um aus einer datenträgerbasierten eine speicheroptimierte Tabelle zu machen, verwenden Sie den Ratgeber für die Speicheroptimierung in SQL Server Management Studio. Rechtsklicken Sie auf die datenträgerbasierte Tabelle, um den Ratgeber zu starten. Er weist Sie auf nicht unterstützte Tabellenmerkmale hin, warnt Sie vor Problemen der Speicheroptimierung, führt aber keine Änderungen an Anwendungen durch, die eine Fehlerbehandlung einschließen müssen, und schlägt sie auch nicht vor und probiert Logik zur Unterstützung der optimistischen Parallelität aus.

▶ **Weitere Informationen über die Einrichtung von speicheroptimierten Tabellen finden Sie in Kapitel 8.**

Andere Arten von Indizes

Es gibt noch verschiedene andere Arten von Indizes, deren Verwendung jeweils auf bestimmte SQL Server-Funktionen beschränkt ist, nämlich die Volltextsuche, räumliche Datentypen und den Datentyp `xml`.

Volltextindizes

Wenn Sie in SQL Server die optionale Funktion der Volltextsuche installiert haben, können Sie den Volltextdienst (*fdhost.exe*) nutzen, um große Mengen von Daten mit einer besonderen Volltextsyntax abzufragen. Dabei können Sie nach Wortformen, Phrasen, Synonymen, Wortnähe usw. suchen.

Da diese Indizes nur für bestimmte Architekturen und Anwendungen nützlich sind, werden wir uns in diesem Buch nicht ausführlich damit beschäftigen. Das Volltextmodul ist sehr leistungsfähig und hat seine eigene Syntax.

Konstruktionsbedingt benötigen Volltextindizes in der Tabelle, für die sie erstellt werden, einen eindeutigen nicht gruppierten oder gruppierten Rowstore-Index mit einer einzigen Schlüsselspalte. Aus Leistungsgründen sollte dieser Index über einen Integerschlüssel verfügen, etwa eine `IDENTITY`-Spalte. Volltextindizes werden gewöhnlich für `varchar`- und nvarchar-Spalten angelegt, die oft eine erhebliche Länge haben können. Sie können sie jedoch auch für xml- und varbinary-Spalten erstellen.

Es ist auch wichtig, die beiden Möglichkeiten zur Aktualisierung des Volltextindex zu kennen. Dazu können Sie die Änderungsnachverfolgung für die Tabelle mit dem Volltextindex einrichten, sodass Änderungen an der grundlegenden Tabelle in den Volltextindex übernommen werden. Dabei werden die Volltextdaten asynchron und mit geringem Aufwand an die Daten in der Tabelle angepasst. Die zweite Möglichkeit besteht darin, in der Tabelle eine Spalte mit dem Datentyp rowversion einzurichten und dann regelmäßig den Volltextindex zu aktualisieren. Ziehen Sie beide Vorgehensweisen in Betracht und bedenken Sie dabei auch, wie häufig Sie den Volltextindex aktualisieren müssen. Beide Methoden sind einer häufigen vollständigen Auffüllung des Index überlegen.

Räumliche Indizes

Ein räumlicher Index ist ein besonderer B-Baum-Index, der besonderen Code und besondere Geometriemethoden verwendet, um räumliche Berechnungen durchzuführen. Entwickler können diese Datenstrukturen für nicht-euklidische Berechnungen, für die Berechnung von Abständen und Flächen auf einer Kugeloberfläche usw. nutzen. Räumliche Indizes können die Leistung von Abfragen mit räumlichen Operationen verbessern.

Indizes dieser Art können Sie nur für Spalten mit den räumlichen Datentypen geometry und geography erstellen. Dabei ist es möglich, für eine räumliche Spalte verschiedene Arten von Indizes für unterschiedliche Berechnungen anzulegen. Um einen räumlichen Index erstellen zu können, muss die Tabelle bereits über einen Primärschlüssel verfügen.

Zum Erstellen von räumlichen Indizes verwenden Sie die umgebenden Felder oder Tesselierungsverfahren für die Datentypen geometry und geography. Schlagen Sie beim Anlegen solcher Indizes in der Dokumentation nach und informieren Sie sich über den von den Entwicklern vorgesehenen Zweck der räumlichen Daten.

XML-Indizes

XML-Indizes werden aus dem gleichen Grund verwendet wie nicht gruppierte Indizes: Sie sollen verhindern, dass eine XML-Datei bei jedem Zugriff im Einzelnen durchlaufen wird, indem sie eine konstante Menge von Zeilen mit den Tags, Werten und Pfaden der XML-Daten bereitstellen.

Da Daten vom Typ xml als BLOB mit einer Obergrenze von 2 GB pro Zeile gespeichert werden, können sie sehr umfangreich sein. XML-Indizes sind daher für Lesevorgänge ausgesprochen nützlich. Ebenso wie nicht gruppierte Indizes verursachen sie jedoch einen Mehraufwand bei Schreibvorgängen.

Primäre XML-Indizes verhindern, dass die Daten bei Bedarf komplett durchsucht werden, indem sie Verweise auf die Tags, Werte und Pfade bereitstellen. Bei umfangreichen XML-Dokumenten kann das die Leistung erheblich verbessern. Sekundäre XML-Indizes steigern die Leistung der primären XML-Indizes. Sie werden für Pfad-, Wert- oder Eigenschaftsdaten im primären XML-Index erstellt und sind nützlich für Leselasten, die eine dieser drei Methoden zur Abfrage von XML-Daten nutzen. Schlagen Sie beim Anlegen von XML-Indizes in der Dokumentation nach und informieren Sie sich über den von den Entwicklern vorgesehenen Zweck der XML-Daten.

Indexstatistiken

Wenn es in SQL Server um Statistiken geht, ist damit nicht der allgemeine Begriff gemeint. Statistiken für Tabellen und Sichten werden vom Abfrageoptimierter nach Bedarf erstellt, um die Verteilung der Daten in Indizes und Heaps zu beschreiben.

Der Abfrageoptimierer benötigt Statistiken, um Entscheidungen für die Abfragepläne zu treffen. Sie spielen auch eine große Rolle bei der Kardinalitätsschätzung. Diese Funktion bietet genaue Schätzwerte für die Anzahl der Zeilen, die eine Abfrage zurückgeben wird, was eine wichtige Aufgabe beim Aufstellen von Ausführungsplänen ist.

Für die Auswahl eines gut funktionierenden Abfrageplans ist es unverzichtbar, dass Statistiken vorhanden und auf dem neuesten Stand sind. Veraltete Statistiken, die zu lange nicht aktualisiert wurden, können Informationen enthalten, die nicht mehr viel mit dem aktuellen Zustand der Tabelle zu tun haben, und führen daher sehr wahrscheinlich zu Ausführungsplänen mit schlechter Leistung.

In jeder Datenbank können Sie verschiedenen Optionen für die Statistiken einrichten. Wir haben einige davon schon in Kapitel 4 betrachtet, wollen sie hier aber noch einmal im Zusammenhang mit der Leistungsoptimierung ansehen.

Manuelles Erstellen und Aktualisieren von Statistiken

Statistiken können Sie auch bei der Fehlerbehebung und Leistungsoptimierung mit der Anweisung `CREATE STATISTICS` manuell erstellen. Im Allgemeinen legen Sie sie aber nach Bedarf an.

Es kann sinnvoll sein, Statistiken für umfangreiche Tabellen manuell zu erstellen, wobei ähnliche Gestaltungsprinzipien gelten wie für nicht gruppierte Indizes. Die Reihenfolge der Schlüssel in der Statistik ist von Bedeutung, und Sie sollten Spalten auswählen, die regelmäßig zusammen abgefragt werden, damit die Statistiken den größten Nutzen für Ihre Abfragen bieten.

Wenn Sie sich dazu vorwagen, eigene Statistikobjekte zu erstellen, sollten Sie gefilterte Statistiken verwenden. Sie können sich auch als hilfreich erweisen, wenn Sie eine erweiterte Leistungsoptimierung für Abfragen mit einem statischen Filter oder einem festgelegten Datenbereich durchführen. Sie können Statistiken mit einer ähnlichen `WHERE`-Klausel wie gefilterte Indizes, Sichten und Abfragen erstellen. Solche Statistiken werden gewöhnlich aus den gleichen Gründen benötigt wie gefilterte Indizes, nämlich um den Gültigkeitsbereich der Objekte auf gängige Teilmengen der Daten einzuschränken, z. B. `IsActive=1`, `IsDeleted=0` oder `IsCurrent=1`. Gefilterte Statistiken können nicht automatisch erstellt werden.

Sie können manuell überprüfen, ob die Indizes vom Abfrageoptimierer auf dem neuesten Stand gehalten werden. Die Funktion `STATS_DATE()` nimmt eine Objekt- und eine Statistik-ID (`object_id` und `stats_id`) entgegen, was funktional einer Index-ID entspricht, wenn die Statistik-ID einem Index entspricht. Nicht alle Statistiken sind jedoch mit einem Index verknüpft. Im Allgemeinen gibt es mehr Statistik- als Indexobjekte. Die Funktion `STATS_DATE()` gibt einen `datetime`-Wert mit der Uhrzeit zurück, zu der das Statistikobjekt zuletzt aktualisiert worden ist. Diese Funktion steht sowohl in SQL Server als auch in Azure SQL-Datenbank zur Verfügung.

Es gibt zwei dynamische Verwaltungssichten, in denen Sie die Eigenschaften von Statistikobjekten abrufen können, darunter auch das Datum der letzten Aktualisierung (`last_updated`). Für Tabellen und indizierte Sichten verwenden Sie `sys.dm_db_stats_properties`, für partitionierte Tabellen `sys.dm_db_incremental_stats_properties`.

Automatisches Erstellen und Aktualisieren von Statistiken

Wenn die Datenbankoption `AUTO_CREATE_STATISTICS` eingeschaltet ist, kann SQL Server Statistikobjekte für einzelne Spalten nach dem Bedarf der Abfragen erstellen. Dies kann zu einem erheblichen Leistungsunterschied führen. Statistikobjekte, die durch `AUTO_CREATE_STATISTICS` angelegt wurden, können Sie an dem Präfix `_WA` erkennen. Statistiken für Indizes (mit entsprechendem Namen) werden unabhängig von der Option `AUTO_CREATE_STATISTICS` automatisch erstellt.

Statistiken für Columnstore-Indizes werden nicht automatisch angelegt. Stattdessen werden Statistikobjekte für den Heap oder den gruppierten Index der Tabelle verwendet. Wie bei jedem Index wird ein Statistikobjekt desselben Namens erstellt. Bei Columnstore-Indizes ist es jedoch leer und nur aus logistischen Gründen vorhanden.

Statistiken müssen auf dem neuesten Stand gehalten werden. In SQL Server gibt es für jede Datenbank die Option `AUTO_UPDATE_STATISTICS`, die standardmäßig eingeschaltet ist und es auch bleiben sollte.

Schalten Sie `AUTO_CREATE_STATISTICS` und `AUTO_UPDATE_STATISTICS` nur aus, wenn dies bei einer hochgradig komplexen Anwendung mit variabler Schemanutzung erforderlich ist und es einen eigenen regelmäßigen Prozess gibt, der die Statistiken erstellt und wartet, etwa SharePoint. Lokale SharePoint-Installationen enthalten einen Satz von gespeicherten Prozeduren, die regelmäßig ausgeführt werden, um Statistikobjekte für die breiten, dynamisch zugewiesenen Tabellenstrukturen zu erstellen und zu aktualisieren. Wenn Ihre Anwendung keinen eigenen Prozess verwendet, um Statistiken intelligent zu erstellen und zu aktualisieren, sollten Sie die beiden genannten Optionen nicht ausschalten.

Wichtige Leistungsoptionen für Statistiken

Mithilfe der Tabellenpartitionierung können Sie Statistiken auch inkrementell erstellen und aktualisieren. Diese in SQL Server 2014 eingeführte Möglichkeit verringert den Mehraufwand für das Anlegen der Statistiken. Schalten Sie die Datenbankeinstellung `INCREMENTAL` ein, damit Statistiken die Partitionierung nutzen können. Sie hat keine Auswirkung auf Statistiken für nicht partitionierte Tabellen.

Statistiken lassen sich auch asynchron aktualisieren. Damit ist der größte Leistungsgewinn verbunden, den es seit der Einführung von Statistiken je gab. Wenn Sie die Datenbankoption `AUTO_UPDATE_STATISTICS_ASYNC` einschalten, wird eine Abfrage auch dann weiter ausgeführt, wenn der Abfrageoptimierer ein veraltetes Statistikobjekt entdeckt hat. Die Statistik wird nachträglich aktualisiert, anstatt den Benutzer auf das Ergebnis der Abfrage warten zu lassen.

> **Expertentipp**
>
> ***Sollte ich AUTO_UPDATE_STATISTICS und AUTO_UPDATE_STATISTICS_ASYNC in SQL Server 2017 einschalten?***
>
> Ja! (Es sei denn, eine Anwendung rät ausdrücklich davon ab, z. B. SharePoint.)
>
> Beginnend mit SQL Server 2016 (und dem Datenbankkompatibilitätsgrad 130) wurde der Grenzwert für das Verhältnis von Datenänderungen zu den Zeilen in der Tabelle, anhand dessen veraltete Statistiken erkannt werden, erheblich gesenkt, weshalb Statistiken häufiger automatisch aktualisiert werden. Das zeigt sich insbesondere in umfangreichen Tabellen, in denen regelmäßig viele Zeilen geändert werden. Bis einschließlich SQL Server 2014 war dieses Verhalten standardmäßig nicht eingeschaltet, konnte aber schon ab SQL Server 2008 R2 SP1 über das Ablaufverfolgungsflag 2371 aktiviert werden.
>
> Es ist jetzt wichtiger als je zuvor, die asynchrone automatische Aktualisierung von Statistiken einzuschalten, da dies den Mehraufwand für die Wartung automatischer Statistiken drastisch verringern kann.

Statistiken für speicheroptimierte Tabellen

Für speicheroptimierte Tabellen werden die Statistiken automatisch erstellt und aktualisiert. Für solche Tabellen ist mindestens ein Index erforderlich (ein Primärschlüssel, falls die Dauerhaftigkeit auf `SCHEMA_AND_DATA` eingestellt ist), und für dieses Indexobjekt wird ein Statistikobjekt angelegt.

> **Hinweis**
>
> **Das Statistikobjekt für eine speicheroptimierte Tabelle, die mit dem Kompatibilitätsgrad von SQL Server 2014 erstellt wurde, müssen Sie mit dem Befehl `UPDATE STATISTICS` zunächst manuell aktualisieren. Wenn die Datenbankoption `AUTO_UPDATE_STATISTICS` eingeschaltet ist, erfolgt die Aktualisierung der Statistik anschließend ganz normal. Statistiken für neue speicheroptimierte Tabellen werden nicht automatisch aktualisiert, wenn der Kompatibilitätsgrad der Datenbank beim Anlegen der Tabellen unter 130 (SQL Server 2016) lag. Daher sollten Sie speicheroptimierte Tabellen immer in Datenbanken mit dem höchsten Kompatibilitätsgrad erstellen.**

▶ Mehr über speicheroptimierte Tabellen erfahren Sie in Kapitel 8.

▶ Mehr über die Aktualisierung von Statistiken erfahren Sie in Kapitel 13.

Statistiken für externe Tabellen

Sie können Statistiken auch für externe Tabellen anlegen. Dabei handelt es sich nicht um Tabellen in der SQL Server-Datenbank, sondern um transparente Verweise auf Daten in einem Hadoop-Cluster oder im Azure-Blobspeicher.

Für externe Tabellen können Sie Indizes anlegen, aber zurzeit nicht aktualisieren. Beim Erstellen des Index werden die externen Daten vorübergehend in die SQL Server-Datenbank kopiert und dann die Statistiken berechnet. Wollen Sie diese Statistiken aktualisieren, müssen Sie sie löschen und neu erstellen. Aufgrund des typischen Datenumfangs von externen Tabellen ist die `FULLSCAN`-Methode zur Aktualisierung der Statistiken nicht empfehlenswert.

▶ **Mehr über externe Tabellen erfahren Sie in Kapitel 8.**

Kapitel 11

Entwickeln, Bereitstellen und Verwalten der Datenwiederherstellung

Beim professionellen Umgang mit Daten steht an erster Stelle die Notwendigkeit, dafür zu sorgen, dass eine Datenbank in einem Notfall wiederhergestellt werden kann.

Hinweis

Wie in Kapitel 2 erörtert, ist ein Notfall jedes nicht geplante Ereignis aufgrund von Naturkatastrophen, Hardware- oder Softwarefehlern, menschlichem Versagen usw.

Stellen Sie keine *Sicherungsstrategie* auf, sondern eine *Wiederherstellungsstrategie*. Dabei müssen Sie Ausfallzeiten und Datenverluste innerhalb der akzeptablen Grenzen zulassen. Diese Grenzen werden durch die Geschäftsanforderungen dafür festgelegt, die Umgebung nach dem Eintreten eines Notfalls wieder ans Laufen zu bekommen.

In SQL Server stehen technische Lösungen wie Hochverfügbarkeit und Notfallwiederherstellung zur Verfügung, um die Anforderungen zu erfüllen, die von dem Unternehmen aufgestellt werden. Das heißt, dass Ihre geschäftlichen Anforderungen bestimmen, wie Sie in Ihrem Unternehmen vorgehen, um sich für einen Notfall zu wappnen und ihn zu überstehen. Denken Sie immer daran, dass dies nur ein kleiner, aber wichtiger Teil eines umfangreicheren Business-Continuity-Plans ist.

Eine Wiederherstellung im Fall einer beschädigten Datenbank wird in diesem Kapitel nicht behandelt. Microsoft empfiehlt, in einem solchen Fall eine Wiederherstellung von der letzten funktionsfähigen Sicherung durchzuführen. Nach der Lektüre der beiden nächsten Kapitel werden Sie allerdings wissen, wie Sie eine Wiederherstellung praktisch ohne Datenverlust und mit minimaler Ausfallzeit erreichen können.

▶ **Mehr über Datenbeschädigungen erfahren Sie in Kapitel 13.**

Hinweis

In diesem Kapitel greifen wir auf einige Themen zurück, die bereits in Kapitel 3 behandelt wurden, insbesondere auf Transaktionsprotokolldateien, virtuelle Protokolldateien und Protokollfolgenummern. Falls Sie Kapitel 3 noch nicht gelesen haben, sollten Sie das tun, bevor Sie mit diesem Kapitel weitermachen.

Grundlagen der Datenwiederherstellung

Eine Wiederherstellung ohne jeglichen Datenverlust und ohne jegliche Ausfallzeit zu erreichen, ist unglaublich kostspielig und fast unmöglich. Bei der Wiederherstellung müssen Sie einen Kompromiss zwischen verfügbarem Budget, akzeptabler Ausfallzeit und akzeptablem Datenverlust finden. Bei einem Systemausfall herrscht außerdem große Anspannung, weshalb es für jede Organisation unverzichtbar ist, schon im Voraus den Umgang damit und die möglichen Resultate festzulegen.

Diese Anforderungen werden in einer *Dienstgütevereinbarung* (*Service Level Agreement, SLA*) beschrieben. Darin sind die Zielvorgaben für den *Wiederherstellungspunkt* und die *Wiederherstellungszeit* (*Recovery Point Objective, RPO*, und *Recovery Time Objective, RTO*) definiert. Die Vereinbarung kann auch Konsequenzen und Konventionalstrafen (finanzieller und anderer Natur) für den Fall festlegen, dass Sie die Vorgaben nicht einhalten.

Die Dienstgütevereinbarung ist ein geschäftliches, kein technisches Dokument, da es sich bei den Zielvorgaben für den Wiederherstellungspunkt und die Wiederherstellungszeit um Geschäftsanforderungen handelt. Um diese Anforderungen einzuhalten, müssen Sie zwar technische Lösungen einsetzen, aber dabei müssen Sie immer daran denken, dass Ihre Wiederherstellungsstrategie die geschäftlichen Bedürfnisse Ihres Unternehmens erfüllen muss.

▶ **Mehr Informationen über Hochverfügbarkeit erhalten Sie in Kapitel 12.**

Eine typische Situation für eine Notfallwiederherstellung

Es ist 16.57 Uhr an einem schönen, sonnigen Freitagnachmittag. Freuen Sie sich aber nicht zu früh, denn die Situation wird schnell außer Kontrolle geraten.

Als Sie sich gerade auf den Weg ins Wochenende machen wollen, tritt die Katastrophe ein. Im ganzen Viertel fällt der Strom aus. Leider hat es auch die unterbrechungsfreie Stromversorgung unter Ihrem Schreibtisch erwischt, weil Sie in dem plötzlichen Schreck eine halb volle Dose Limonade umgekippt und darüber entleert haben.

Als Ihnen der Geruch verschmorter elektronischer Bauteile in die Nase steigt, geraten Sie in Panik. Eine solche Situation haben Sie nie geübt, weil niemand je damit gerechnet hat, da die USV nach dem Wassereinbruch im Keller im letzten Frühjahr ein Stockwerk nach oben verlegt worden ist, und niemand damit rechnen konnte, dass jetzt jemand Limonade darüber gießt.

Die Transaktionsprotokollsicherungen erfolgen alle 15 Minuten, weil das in der RPO so festgelegt ist, und ein Batchskript im Windows-Taskplaner sorgt dafür, dass die Dateien an einen Remotespeicherort kopiert werden. Die Protokolle sollten also an einem Ort in Sicherheit sein. Das heißt, sofern sie korrekt kopiert wurden. Das wurden sie doch, oder?

Plötzlich spüren Sie ein flaues Gefühl im Magen, als Sie sich an die Warnung erinnern, die an diesem Morgen zwischen Ihren E-Mails aufgetaucht war, während Sie gerade mit einem Kollegen telefoniert hatten. Dabei waren Sie mit dem Finger auf der Maus ausgerutscht und haben die Benachrichtigung versehentlich gelöscht, anstatt sie zu lesen. Außerdem unterliegen Sie diesem unglücklichen Zwang, den Papierkorb in Ihrem E-Mail-Postfach sofort zu leeren, sobald sich irgendwelche Elemente darin befinden.

In diesem Augenblick klingelt Ihr Smartphone. Ihr Chef ist am Apparat. Er befindet sich zurzeit auf einer Konferenz und möchte die Verkaufszahlen für einen Bericht prüfen, den der Vorstand für eine wichtige Besprechung am selben Abend zusammenstellt. Das Telefon piepst, da sein Akku nur noch einen Ladestand von 2 % hat. Ihr Laptop hat noch etwas Strom, aber auch nur ein bisschen, da Sie vorhatten, ihn zu Hause aufzuladen.

Also starten Sie Ihren Laptop, um nachzusehen, ob Sie die E-Mail nicht irgendwie wiederherstellen können. Aber natürlich bekommen Sie keine Verbindung mit dem Internet.

Ihr Chef will nichts von Stromausfällen hören, denn schließlich hat die Firma für die USV unter Ihrem Schreibtisch Hunderte von Euro ausgegeben. Er fragt, wann die Berichte wieder verfügbar sein werden, und verlangt, dass Sie sich sofort an die Arbeit machen, als das Telefon auch schon den Geist aufgibt.

Sie könnten das Telefon an den Laptop anschließen, um es von ihm mit Strom zu versorgen und sich über die Mobilfunkverbindung am Notfallwiederherstellungsstandort anzumelden. Das Signal ist schwach, weshalb Sie sich zum Fenster an der gegenüberliegenden Seite Ihres Büros begeben müssen. Als Sie gerade aufstehen, entscheidet der Laptop, dass es jetzt an der Zeit ist, Betriebssystemupdates zu installieren, da es schließlich nach 17 Uhr ist.

Nach mehreren quälenden Minuten können Sie das Telefon endlich starten. Der Laptop hat die Aktualisierungen inzwischen abgebrochen, da er keine Internetverbindung hat. Über eine Remotedesktopsitzung stellen Sie eine Verbindung zu Ihrem Rechenzentrum außerhalb des Firmengeländes her. Dazu brauchen Sie drei Versuche, weil Sie vergessen haben, dass eine RDP-Verbindung zu diesem Server nur mit dem Administratorkonto möglich ist.

Da die SQL Server-Instanz ihr eigenes Dienstkonto aufweist, müssen Sie `psexec` herunterladen und damit SQL Server Management Studio als Dienstkonto im interaktiven Modus ausführen. Allerdings ist es dazu wiederum erst erforderlich, einen Registrierungseintrag zu ändern, damit der entsprechende Benutzer überhaupt in der Lage ist, sich interaktiv anzumelden. Als Sie endlich den Ordner mit den Sicherungen überprüfen können, stellen Sie fest, dass die letzte Protokolldatei von 16.30 Uhr ist. Na, toll. Die Sicherung von 16.45 Uhr wurde also nicht herüberkopiert. Ah, das liegt daran, dass das Laufwerk voll ist. Das war es also, worauf die Warn-E-Mail Sie hinweisen sollte.

Nachdem Sie einige Dateien gelöscht haben, die ein anderer Kollege vorübergehend auf das Laufwerk gepackt hat, müssen Sie das Skript zur Datenbankwiederherstellung schreiben, das Sie schon die ganze Zeit schreiben wollten, weil Sie keine Zeit hatten, den Protokollversand einzurichten.

Sie exportieren die Aufstellung der Inhalte des Sicherungsverzeichnisses in eine Textdatei und suchen dort nach den Dateien mit der letzten vollständigen, der letzten differenziellen und der letzten Transaktionsprotokollsicherung. Dabei stellen Sie allerdings fest, dass mit der letzten differenziellen Sicherung irgendetwas nicht stimmt, da die Dateigröße völlig verkehrt ist.

Da fällt Ihnen ein, dass einer der Entwickler am Montagabend außer der Reihe eine vollständige Sicherung der Produktionsdatenbank vorgenommen hat, ohne die Option `COPY_ONLY` zu verwenden, und dass Sie keinen Zugriff auf diese Datei haben. Die letzte differenzielle Sicherung ist also nutzlos. Sie müssen mit der vollständigen Sicherung vom Sonntag beginnen und dann die differenzielle Sicherung von Montagnachmittag sowie alle seitdem vorgenommenen Transaktionsprotokollsicherungen anwenden. Das bedeutet, mehr als 400 Dateien wiederherzustellen!

Mit ein bisschen Glück und Textverarbeitung bekommen Sie das Wiederherstellungsskript endlich ans Laufen. Eine Transaktionsprotokollsicherung erfordert sehr viel Zeit zur Wiederherstellung, weshalb Sie in Ihrer Panik schon befürchten, der Vorgang habe sich aufgehängt. Nach ein oder zwei Minuten wilden Herumklickens stellen Sie fest, dass SQL Server das Transaktionsprotokoll der wiederhergestellten Datenbank vergrößern musste, weil er das ärgerliche Skript zur Indexneuerstellung wieder eingespielt hat, das am Dienstagmorgen fehlschlug und mit einem Rollback zurückgenommen werden musste.

Um 18.33 Uhr läuft die Datenbank außerhalb des Firmensitzes endlich mit allen Sicherungen bis einschließlich derjenigen von 16.30 Uhr. In diesem Augenblick geht das Licht wieder an, weil der Stromausfall in Ihrem Viertel behoben wurde. Sobald der Produktionsserver wieder gestartet ist, müssen Sie eine vollständige Überprüfung mit `DBCC CHECKDB` durchführen. Allerdings braucht der Server zum Hochfahren Ewigkeiten, da er fünf Jahre alt ist und noch über ECC-RAM verfügt. Damit würden Sie die RTO von zwei Stunden überschreiten, auf die Sie sich mit Ihrem Chef geeinigt haben, weshalb Sie lieber bei Ihrem ursprünglichen Plan bleiben, einen Failover durchzuführen.

Gerade als Sie die Verbindungseinstellungen der Anwendung geändert haben, damit sie das auswärtige Rechenzentrum nutzt, gibt Ihr Telefon erneut den Geist auf, aber zumindest haben Sie in Ihrem Büro wieder Strom, um alles zu laden. Sie senden Ihrem Chef eine E-Mail, in der Sie ihm mitteilen, dass die Berichte jetzt funktionieren sollten. Die hohe Rechnung für die Datenübertragung über die Mobilfunkverbindung wird schon irgendwie auf die Geschäftsreise Ihres Chefs zurückgeführt werden, sagen Sie sich, während Sie Ihre Sachen zusammenpacken, um endlich nach Hause zu gehen.

Auf dem Weg zur Bushaltestelle kommt Ihnen der Gedanke, dass sich unter den Dateien, die Sie gelöscht haben, um Platz auf dem Laufwerk zu schaffen, möglicherweise die vollständige Datenbanksicherung von Montagabend befunden haben kann. Vielleicht hätten Sie viel Zeit sparen können, wenn Sie das zuerst überprüft hätten.

Akzeptabler Datenverlust laut RPO

Es kann sein, dass Sie durch eine Beschädigung im Arbeitsspeicher oder auf dem Laufwerk ein einziges Byte in einer einzigen Zeile auf einer einzigen 8-KB-Datenseite verlieren. Was können Sie tun, um diesen Schaden zu reparieren? Und was machen Sie, wenn Sie ein komplettes Volume, ein ganzes Laufwerk, das gesamte Speicherarray oder sogar ein vollständiges Gebäude verlieren?

Die RPO, also die Zielvorgabe für den Wiederherstellungspunkt, beantwortet die Frage: »Wie viele Daten sind Sie zu verlieren bereit?« Dabei müssen Sie berücksichtigen, ob die Sicherungen ordnungsgemäß und regelmäßig erfolgen und zeitnah sowie auf sichere Weise auf einen Standort außerhalb des Firmengeländes kopiert werden. Die RPO wird gewöhnlich in Sekunden oder Minuten angegeben. Dies ist die akzeptable Zeit, die zwischen der letzten guten Sicherung und dem Augenblick des Ausfalls vergangen sein darf.

In der infernalischen Situation, die wir gerade beschrieben haben, hat die Organisation entschieden, dass ein Datenverlust über 15 Minuten akzeptabel ist. Tatsächlich aber gingen die Daten von 27 Minuten verloren, was daran lag, dass das Laufwerk auf dem Notfallwiederherstellungsserver voll war und die letzte Sicherung deshalb nicht herüberkopiert werden konnte.

Um die Vorgabe von 15 Minuten zu erfüllen, müssen die Transaktionsprotokollsicherungen häufiger vorgenommen und außerhalb des Firmensitzes kopiert werden.

Wenn die Organisation »null Datenverlust« verlangt, muss sie das Budget drastisch erhöhen, damit sichergestellt ist, dass der Arbeitsspeicher und das Transaktionsprotokoll von SQL Server bei jeglichen unvorhergesehenen Ereignissen online bleiben, alle Sicherungen funktionieren und so bald wie möglich an einen auswärtigen Standort kopiert werden.

Expertentipp

Warum wird die RPO in Zeiteinheiten angegeben und nicht in Form der Laufwerksnutzung?

Die Größe von Transaktionen kann schwanken, Zeitangaben dagegen sind konstant.

In Kapitel 3 haben Sie gesehen, dass jeder Transaktion eine Protokollfolgenummer (Log Sequence Number, LSN) zugeordnet wird, um die Vorgänge im aktiven Teil des Transaktionsprotokolls zu überwachen. Jede neue LSN ist größer als die vorherige (weshalb es ja auch »Folgenummer« heißt).

Die RPO gibt den letzten Zeitpunkt im Transaktionsprotokollverlauf an, auf dessen Zustand die Datenbank wiederhergestellt werden muss. Diese Wiederherstellung kann dann je nach Festlegung in der RPO des Unternehmens auf der zu diesem Zeitpunkt zuletzt per Commit bestätigten LSN oder auf der letzten LSN in der Kette der Protokollsicherungen beruhen.

Akzeptabler Zeitverlust laut RTO

Zeit ist Geld. Jede Minute, die ein Unternehmen nicht arbeiten kann, verursacht Kosten, und die Produktivitätsverluste summieren sich schnell. Die Zielvorgabe für die Wiederherstellungszeit (RTO) gibt an, wie lange es nach dem Eintreten eines Notfalls dauern darf, bis alles wieder läuft, also wie viel Zeit Maßnahmen wie etwa ein Failover zu einem Notfallwiederherstellungsstandort oder ein manueller Failover durch Protokollversand in Anspruch nehmen dürfen. Angegeben wird die RTO gewöhnlich in Stunden.

In unserer Beispielsituation betrug die RTO zwei Stunden. Unser tapferer, aber bedauerlich schlecht vorbereiteter und unfallträchtiger Datenbankadministrator hat das nur knapp geschafft. Eine ganze Menge Faktoren arbeiteten dem Plan entgegen (wenn man es denn einen Plan nennen kann).

Um eine Ausfallzeit von null zu erreichen, ist eine exponentielle Erweiterung des Budgets erforderlich. Eine Kombination aus Hochverfügbarkeits- und Notfallwiederherstellungstechnologien kann helfen, die Anforderungen zu erfüllen.

Niederlegung und Verwendung eines Verfahrenshandbuchs

Wenn Panik aufkommt, brauchen Sie klare Anweisungen, die Sie befolgen, damit es Ihnen nicht so ergeht wie dem schockstarren Datenbankadministrator aus unserem Beispiel. Die Gesamtheit dieser Anweisungen bildet das *Verfahrenshandbuch*.

Dabei handelt es sich um ein Business-Continuity-Dokument. Es deckt alle notwendigen Schritte ab, um die Datenbanken und unterstützenden Dienste nach einem Notfall wieder online zu bringen. Für den Fall, dass Sie selbst oder Ihr Team aus irgendeinem Grund nicht zur Verfügung stehen, muss dieses Dokument auch für Personen, die keine tiefe Kenntnis der Umgebung haben, zugänglich und verständlich sein.

Viele der Probleme aus unserem Beispiel sind für die meisten nicht unmittelbar einsichtig, etwa dass sich ein RDP-Benutzerkonto nicht an SQL Server Management Studio anmelden kann, dass erst `psexec` heruntergeladen werden muss, dass eine außer der Reihe erfolgte differenzielle Sicherung übersprungen werden muss usw. Selbst ein erfahrener Datenbankadministrator wird in einer Notfallsituation Schwierigkeiten haben, klar zu denken.

Wie ausführlich das Handbuch sein muss, hängt davon ab, wie kompliziert die wiederherzustellenden Systeme sind und wie viel Zeit zur Verfügung steht, um sie wieder online zu bringen. In einigen Unternehmen kann ein Excel-Arbeitsblatt mit Konfigurationen für einige wenige geschäftskritische Systeme ausreichen. Andere dagegen benötigen eine ausführlichere Anleitung, die regelmäßig auf den neuesten Stand gebracht und in einem Versionssteuerungssystem gespeichert werden muss (das ebenfalls ordnungsgemäß zu sichern ist).

Im Rest dieses Kapitels beschreiben wir, wie Ihnen die Sicherungs- und Wiederherstellungsfunktionen von SQL Server helfen, eine passende Wiederherstellungsstrategie für Ihre Umgebung einzurichten. Wenn Ihr Unternehmen eine Business-Continuity-Dokumentation aufstellen möchte, haben Sie damit genügend Kenntnisse, um geeignete und *durchführbare* technische Maßnahmen zu planen.

Besonders wichtig ist, einen Plan zur Notfallwiederherstellung auch zu üben. Das Verfahrenshandbuch wird nicht perfekt sein, und durch das Üben von Wiederherstellungsmaßnahmen können Sie die Dokumentation verbessern. Wenn tatsächlich ein Notfall eintritt, wissen dann selbst die panischsten Mitarbeiter, was sie tun müssen.

Ein Überblick über die Wiederherstellungsmodelle

In SQL Server gibt es drei Wiederherstellungsmodelle – vollständig, massenprotokolliert und einfach. Mit ihrer Hilfe können Sie genau steuern, welche Arten von Sicherungen für Ihre Datenbanken zur Verfügung stehen. Sehen wir uns die einzelnen Modelle kurz an:

- **Vollständiges Wiederherstellungsmodell** Ermöglicht eine zeitpunktgenaue Wiederherstellung. Es können vollständige, differenzielle und Transaktionsprotokollsicherungen vorgenommen werden. Alle Transaktionen werden vollständig protokolliert.
- **Massenprotokolliertes Wiederherstellungsmodell** Verringert den Umfang des Transaktionsprotokolls für bestimmte Massenoperationen. Eine zeitpunktgenaue Wiederherstellung ist möglich, wenn in dem betreffenden Teil der Transaktionsprotokollsicherung keine massenprotokollierten Operationen vorhanden sind. Es können vollständige, differenzielle und Transaktionsprotokollsicherungen vorgenommen werden.
- **Einfaches Wiederherstellungsmodell** Transaktionen werden nicht protokolliert. Es können vollständige und differenzielle Sicherungen vorgenommen werden.

Hinweis

Der korrekte Begriff lautet *Wiederherstellungsmodell*. Wenn Sie irgendwo »Wiederherstellungsmodus« lesen, ist das falsch.

Das Wiederherstellungsmodell einer Datenbank können Sie im Objekt-Explorer von SQL Server Management Studio sowie mit der folgenden T-SQL-Anweisung ändern (wobei Sie die gewünschte Option aus den eckigen Klammern auswählen müssen):

```
ALTER DATABASE <dbname> SET RECOVERY [ FULL | BULK_LOGGED | SIMPLE ];
```

Bevor wir uns die einzelnen Wiederherstellungsmodelle ausführlich ansehen, wollen wir uns mit der zeitpunktgenauen Wiederherstellung und mit dem Einfluss der Protokollsicherungskette darauf beschäftigen.

Zeitpunktgenaue Wiederherstellung

Bei entsprechender Konfiguration ist es möglich, eine Datenbank in dem Zustand wiederherzustellen, den sie zum Zeitpunkt unmittelbar vor dem Notfall hatte (oder, um genau zu sein, auf den Zustand der LSN vor dem Eintreten des Notfalls).

Die häufigste Ursache für Notfälle ist menschliches Versagen, etwa das versehentliche Weglassen einer `WHERE`-Klausel in einer `UPDATE`-Anweisung.

Unabhängig von der Ursache sollten Sie aber stets sofort alle Arbeiten an der Datenbank einstellen, auf nicht destruktive Weise herausfinden, was geschehen ist, falls möglich und nötig das Protokollfragment sichern und die Datenbank in dem Zustand vor dem Eintreten des Notfalls wiederherstellen.

Expertentipp

Was ist eine Sicherung des Protokollfragments?

Im Grunde genommen ist die Sicherung des Protokollfragments der gleiche Vorgang wie die Sicherung des Transportprotokolls. Der Unterschied besteht in den Umständen, unter denen Sie diese Art der Sicherung vornehmen.

In einer Notfallsituation kann es sein, dass der Vorgang zur automatischen Transaktionsprotokollsicherung offline oder das Sicherungslaufwerk nicht erreichbar ist. Immer wenn Sie eine Transaktionsprotokollsicherung manuell durchführen müssen, um sicherzustellen, dass die restlichen Transaktionen im Protokoll nach dem Auftreten eines Fehlers sicher gespeichert werden, spricht man von einer Sicherung des Protokollfragments.

Die Sicherung des Protokollvorgangs macht es möglich, eine Wiederherstellung ohne Datenverlust durchzuführen.

Denken Sie daran, dass auch hochverfügbare Datenbanken (etwa mit Verfügbarkeitsgruppen oder der Datenbankspiegelung) nicht gegen Unglücksfälle gefeit sind, insbesondere dann, wenn diese Unglücksfälle auf Datenbankinstanzen weiter hinten in der Kette repliziert werden.

Hinweis

In SQL Server 2016 wurden temporale Tabellen mit Systemversionsangabe eingeführt, die sich den Verlauf von Änderungen merken. Bei entsprechender Einrichtung können solche temporalen Tabellen Produktivitätsverluste durch menschliches Versagen reduzieren, da die geänderten und gelöschten Daten in einer Verlaufstabelle gespeichert werden.

Expertentipp

Woran kann ich erkennen, wann ein ungeplantes Ereignis eingetreten ist?

Um den Zeitpunkt eines Unglücksfalls zu bestimmen, der nicht sofort offen zutage getreten ist, können Sie, falls verfügbar, den aktiven Teil des Transaktionsprotokolls abfragen. Dazu verwenden Sie eine nicht dokumentierte Systemfunktion, die in den aktiven virtuellen Protokolldateien (VLFs) liest:

```
SELECT * FROM sys.fn_dblog(NULL, NULL);
```

Dadurch werden alle Transaktionen angezeigt, die noch nicht aufgrund einer Prüfpunktoperation auf das Laufwerk geschrieben wurden.

Mit einer `WHERE`-Klausel können Sie den Zeitpunkt unmittelbar vor dem Eintreten des Ereignisses bestimmen. Wenn Sie beispielsweise wissen, dass ein Benutzer eine Zeile aus einer Tabelle gelöscht hat, können Sie die folgende Abfrage schreiben, die nach allen Löschoperationen sucht:

```
SELECT * FROM sys.fn_dblog(NULL, NULL)
WHERE Operation LIKE '%delete%';
```

Damit das funktioniert, muss SQL Server noch ausgeführt werden und das Transaktionsprotokoll zur Verfügung stehen. (Allerdings funktioniert diese Technik auch mit Offline-Transaktionsprotokolldateien; verwenden Sie dazu `sys.fn_dump_dblog`.)

Weitere Hinweise zum Lesen im Transaktionsprotokoll gibt Paul Randal auf *https://www.sqlskills.com/blogs/paul/using-fn_dblog-fn_dump_dblog-and-restoring-with-stopbeforemark-to-an-lsn*.

Für die zeitpunktgenaue Wiederherstellung sind Transaktionsprotokolle erforderlich, die den gesamten Zeitraum von der letzten vollständigen Sicherung bis zum Zeitpunkt des Zwischenfalls abdecken.

▶ **Ein Beispiel für die Wiederherstellung einer Datenbank auf den Zustand an einem bestimmten Zeitpunkt finden Sie weiter hinten in diesem Kapitel im Abschnitt »Zeitpunktgenaue Wiederherstellung einer Datenbank«.**

Die Sicherungskette

Die Sicherungskette beginnt mit einer vollständigen Sicherung. Darauf folgen differenzielle und/oder Transaktionsprotokollsicherungen, die Sie zu einer Wiederherstellungssequenz kombinieren können, um die Datenbank nach Bedarf auf den Zustand eines bestimmten Zeitpunkts oder den Zustand der letzten Sicherung wiederherzustellen.

Datenbanken mit dem vollständigen Wiederherstellungsmodell können auf den Zustand eines bestimmten Zeitpunkts wiederhergestellt werden, da in diesem Modell alle Transaktionen vollständig protokolliert werden.

Hinweis

Auch Datenbanken mit dem massenprotokollierten Wiederherstellungsmodell lassen sich auf den Zustand eines bestimmten Zeitpunkts wiederherstellen, sofern die Transaktionsprotokollsicherung bis zu diesem Zeitpunkt keine massenprotokollierten Operationen enthält.

Wie Abb. 11.1 zeigt, beginnt die Sicherungskette mit einer vollständigen Sicherung. Diese Sicherung enthält die LSN des aktiven Teils des Transaktionsprotokolls, die beim Abschluss der Sicherung die neueste war. Anschließend können Sie eine Kombination der jüngsten differenziellen Sicherung (die sich auf dieselbe vollständige Sicherung beziehen muss) und zusätzliche Transaktionsprotokollsicherungen nutzen, um eine zeitpunktgenaue Wiederherstellung durchzuführen. Wenn Sie keine differenzielle Sicherung haben oder wenn der gewünschte Zeitpunkt vor dem Ende der differenziellen Sicherung liegt, müssen Sie Transaktionsprotokollsicherungen verwenden. Beides funktioniert, sofern die dabei erforderlichen LSNs in den jeweiligen Sicherungen enthalten sind.

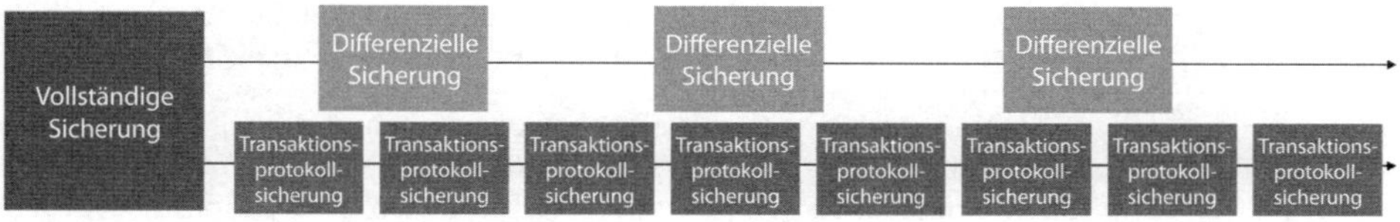

Abbildung 11.1 Die Sicherungskette

Neue Datenbanken verwenden standardmäßig das vollständige Wiederherstellungsmodell, da sie von der Datenbank `model` abgeleitet sind, für die ebenfalls standardmäßig das vollständige Wiederherstellungsmodell gilt. Allerdings verhält sich die Datenbank erst dann nach den Vorgaben des vollständigen Wiederherstellungsmodells, wenn Sie eine erste vollständige Sicherung durchführen. Dadurch wird die Sicherungskette initialisiert.

Achtung

Wenn Sie das Standardwiederherstellungsmodell der Datenbank `model` ändern, erben alle neuen Datenbanken diese Einstellung. Wir empfehlen daher, für die Datenbank `model` das vollständige Wiederherstellungsmodell beizubehalten.

Bevor Sie die erste vollständige Sicherung einer Datenbank im vollständigen oder massenprotokollierten Wiederherstellungsmodell anlegen, verhält sich die Datenbank, als würde sie das einfache Wiederherstellungsmodell nutzen. Beim Erreichen eines Prüfpunkts werden jeweils die aktiven Teile des Protokolls auf das Laufwerk geschrieben, und das Transaktionsprotokoll behält eine ziemlich stabile Größe bei, sofern es nicht aufgrund einer lang andauernden Transaktion wachsen muss.

Das plötzliche und scheinbar unkontrollierte Anwachsen des Transaktionsprotokolls nach der ersten vollständigen Sicherung kommt für wenig erfahrene Datenbankadministratoren oft überraschend.

Wir empfehlen Ihnen, beim Erstellen einer neuen Datenbank angemessene Wartungspläne einzurichten (einschließlich Sicherung und Überwachung des Transaktionsprotokolls).

Hinweis

Sicherungsketten können Datenbankmigrationen und Upgrades überstehen, sofern die LSNs intakt bleiben. Manche Hochverfügbarkeitsfunktionen von SQL Server funktionieren nur deshalb.

Expertentipp

Wie lang kann die Sicherungskette sein?

Es ist durchaus möglich, viele Tausende von Protokollsicherungen zu unterhalten, die Monate oder sogar Jahre zurückreichen. Wenn diese Sicherungskette keine Unterbrechungen aufweist und alle LSNs intakt sind, können Sie diese Sicherungen zusammen mit der vollständigen Sicherung, auf die sie zurückgehen, dazu heranziehen, um die Datenbank auf den Zustand eines aktuellen Zeitpunkts wiederherzustellen, selbst wenn sie zwischendurch verschoben oder aktualisiert wurde.

Das kann jedoch ziemlich zeitaufwendig sein, insbesondere, wenn die Sicherungen von einem langsamen Speicher (z. B. Bändern) abgerufen werden müssen. Angeblich mussten einige Unternehmen schon dichtmachen, weil sie die Zielvorgabe für die Wiederherstellungszeit verfehlt haben.

Viel besser ist es, neben den Transaktionsprotokollsicherungen auch regelmäßig vollständige Sicherungen anzulegen (und differenzielle, sofern das sinnvoll ist), sodass sich eine kürzere Kette von Abhängigkeiten ergibt.

▶ **Mehr über die Gestaltung eines geeigneten Sicherungszeitplans erfahren Sie im Abschnitt »Anlegen von Sicherungen« weiter hinten in diesem Kapitel. Wartungspläne werden in Kapitel 14 behandelt.**

Das vollständige Wiederherstellungsmodell

Für Datenbanken, die eine zeitpunktgenaue Wiederherstellung erfordern – was bei den meisten geschäftskritischen Systemen der Fall ist –, müssen Sie das vollständige Wiederherstellungsmodell verwenden. Dies ist auch das Standardmodell für alle neuen SQL Server-Datenbanken.

Nachdem die erste vollständige Sicherung angelegt wurde (wodurch die Sicherungskette initialisiert wird), bleiben bei diesem Modell die virtuellen Transaktionsprotokolldateien aktiv und werden *nicht gelöscht*, bis die Protokolleinträge in eine Sicherung geschrieben werden. Erst dann wird das Protokoll abgeschnitten (geleert).

Vorausgesetzt, dass Sie einen Vorgang einrichten, durch den diese Sicherungen unverzüglich an einen auswärtigen Ort kopiert werden, und die Sicherungen regelmäßig überprüfen, können Sie Ihre Datenbank beim Eintreten eines Notfalls dann auf einfache Weise wiederherstellen. Sie können sogar die Sicherung des Protokollfragments nutzen, um eine Wiederherstellung ohne jeglichen Datenverlust zu erreichen, falls die Daten mit Commit bestätigt und dauerhaft gespeichert worden sind.

▶ **Mehr über die dauerhafte Speicherung, einschließlich der zeitverzögerten Dauerhaftigkeit, erfahren Sie in Kapitel 2.**

Hinweis

Seit SQL Server 2016 unterstützt das Datenbankmodul gespiegelte Sicherungen. Dadurch können Sie die Datenbank an zwei Speicherorten gleichzeitig sichern, also beispielsweise auf einem lokalen Laufwerk oder einer Netzwerkfreigabe und an einem auswärtigen Ort wie etwa Microsoft Azure-Speicher. Dadurch kann sich Ihr Unternehmen auch den Aufwand für das Kopieren der Sicherungen an einen auswärtigen Standort sparen.

Das massenprotokollierte Wiederherstellungsmodell

Im massenprotokollierten Wiederherstellungsmodell werden Massenoperationen nur minimal protokolliert, was die Größe der Transaktionsprotokolleinträge und der anschließenden Sicherungen verringert. Das betrifft Operationen wie `BULK INSERT`, `INSERT ... SELECT`, `SELECT ... INTO` sowie bcp-Operationen. Auch einige Indexoperationen werden minimal protokolliert.

Gewöhnlich lässt sich eine Datenbank im massenprotokollierten Wiederherstellungsmodell nicht zeitpunktgenau wiederherstellen, aber es gibt eine Möglichkeit, um eine *fast* zeitpunktgenaue Wiederherstellung zu erreichen. Das erlaubt eine flexiblere Wiederherstellungsstrategie als beim einfachen Wiederherstellungsmodell (siehe den nächsten Abschnitt), ohne umfangreiche Transaktionsprotokolle für Massenoperationen zu erzeugen.

Nehmen wir an, Sie möchten das massenprotokollierte Wiederherstellungsmodell verwenden, um Operationen minimal zu protokollieren, ohne aber die Sicherungskette zu unterbrechen. Dazu muss sich Ihre Datenbank vor der massenprotokollierten Operation im vollständigen Wiederherstellungsmodell befinden. Sichern Sie dann zunächst das Transaktionsprotokoll und schalten Sie anschließend auf das massenprotokollierte Modell um. Nach Abschluss der Massenoperation schalten Sie dann sofort wieder zurück zum vollständigen Modell und sichern das Protokoll erneut. Dabei bleibt die Sicherungskette unterbrechungsfrei und ermöglicht eine Wiederherstellung auf den Zustand von beliebigen Zeitpunkten vor und nach der Massenoperation.

▶ **Weitere Einzelheiten erfahren Sie im TechNet-Artikel »Vorgänge, für die eine minimale Protokollierung verfügbar ist« auf *https://technet.microsoft.com/library/ms191244.aspx*.**

Einfaches Wiederherstellungsmodell

Datenbanken mit dem einfachen Wiederherstellungsmodell können nicht zeitpunktgenau wiederhergestellt werden. Nach dem Commit oder Rollback einer Transaktion wird bei diesem Modell implizit ein Prüfpunkt ausgegeben, wodurch das Protokoll abgeschnitten (also geleert) wird.

In Datenbanken mit dem einfachen Wiederherstellungsmodell können Sie nur vollständige und differenzielle Sicherungen anlegen. Dieses Modell eignet sich nur für Entwicklungsdatenbanken sowie für Datenbanken, die nicht häufig geändert werden oder die sich aus anderen Quellen rekonstruieren lassen.

Sicherungsgeräte

SQL Server schreibt Datenbanksicherungen auf physische Sicherungsgeräte. Diese Speichermedien können durchaus virtualisiert sein, aber in diesem Abschnitt wollen wir davon ausgehen, dass es sich um physische Medien handelt. Dazu können Laufwerke, Bänder und URLs gehören.

Sicherungsdatenträger

Die häufigste Vorgehensweise besteht darin, SQL Server-Sicherungen unmittelbar auf einem lokalen Laufwerk oder in einer Netzwerkfreigabe zu speichern. Diese Speicherorte werden als *Sicherungsdatenträger* bezeichnet. Sie enthalten eine oder mehrere Sicherungsdateien, wobei jede dieser Dateien wiederum eine oder mehrere Datenbanksicherungen umfasst. Eine Datenbanksicherung kann jedoch auch auf mehrere Dateien aufgeteilt sein.

Sicherungssätze und -medien

Wie zuvor erwähnt, werden SQL Server-Sicherungen auf verschiedene Arten von Medien (Geräte) geschrieben, nämlich Bänder, Festplatten (Sicherungsdatenträger, was auch SSDs und UNC-Netzwerkpfade einschließt) und URLs (Azure-Blobspeicher). Jede dieser Möglichkeiten weist ihre eigenen Eigenschaften auf, insbesondere ihr eigenes Format und ihre Blockgröße. Bänder müssen initialisiert (formatiert) werden, bevor Sie darauf schreiben können.

> Achtung
>
> **In künftigen Versionen von SQL Server wird es die Möglichkeit, Datenbanken auf Band zu sichern, nicht mehr geben. Wenn Sie Ihre Wiederstellungsstrategie aufstellen, sollten Sie Festplatten und/oder URLs verwenden. Ändern Sie auch jegliche anderen Wiederherstellungsstrategien, die noch Bänder nutzen.**

Mediensatz

Hierbei handelt es sich um eine geordnete Zusammenstellung einer bestimmten Anzahl von Geräten eines bestimmten Typs (siehe Abb. 11.2). Wenn Sie beispielsweise einen Sicherungsdatenträger verwenden, besteht Ihr Mediensatz aus einer festen Anzahl von Dateien im Dateisystem bzw. im UNC-Netzwerkpfad.

Da Bandsicherungen inzwischen als veraltet gelten, sind Mediensätze mit mehreren Geräten nicht mehr so nützlich wie zuvor. Bei der Sicherung auf einer Festplatte, im Netzwerk oder an einer URL sollten Sie die Sicherungsoperationen auf eine Datei auf einmal beschränken. Eine Sicherung umfasst jedoch nach wie vor immer mindestens einen Mediensatz.

▶ **Mehr über gespiegelte Mediensätze für Sicherungen lesen Sie auf *https://docs.microsoft.com/sql/relational-databases/backup-restore/mirrored-backup-media-sets-sql-server*.**

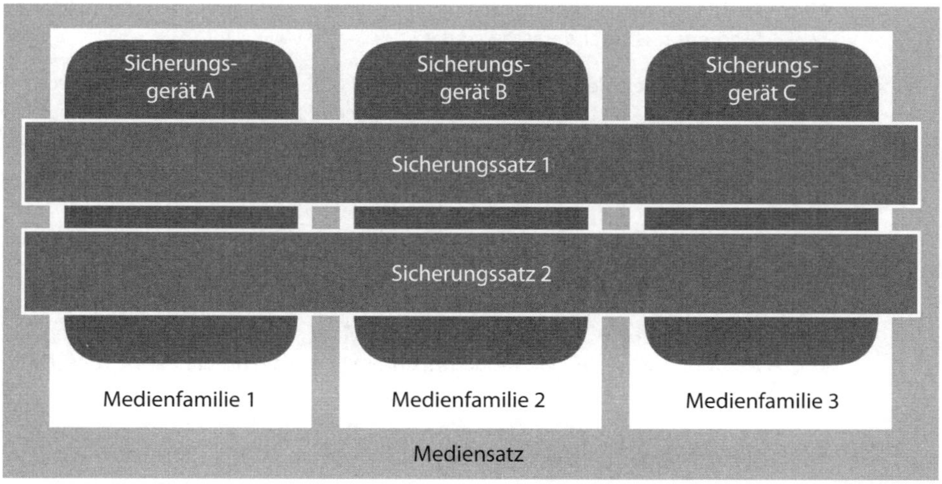

Abbildung 11.2 Ein Mediensatz aus drei Medienfamilien, verteilt auf drei Geräte

Medienfamilie

Jedes Sicherungsgerät in einem Mediensatz bildet eine Medienfamilie. Die Anzahl der Geräte in dem Satz ist also gleich der Anzahl der Familien. Wenn ein Mediensatz über drei nicht gespiegelte Geräte verfügt, hat er auch drei Medienfamilien.

Sicherungssatz

Eine erfolgreiche Sicherung, die zu einem Mediensatz hinzukommt, wird als Sicherungssatz bezeichnet. Im Header des Sicherungssatzes sind Informationen über die erfolgreiche Sicherung gespeichert.

Sie können einen vorhandenen Sicherungssatz wiederverwenden, indem Sie neue Sicherungen einer Datenbank am Ende des Mediums anhängen, wodurch das Medium größer wird. Allerdings raten wir von dieser Vorgehensweise ab, da die Integrität der vorherigen Sicherungen von der Konsistenz des Mediums abhängt. Eine fehlerhafte `INIT`-Option im Sicherungsbefehl kann sogar dafür sorgen, dass die vorhandenen Sicherungen in dem Sicherungssatz versehentlich überschrieben werden.

Expertentipp

Welche Mediensätze, Medienfamilien und Sicherungssätze sollte ich verwenden?

In einer typischen SQL Server-Instanz sollten Sie Ihre Datenbank in eigenständigen, mit aussagekräftigen Namen versehenen Dateien sichern, die jeweils nur eine einzige Sicherung enthalten. Auch bei der Verwendung einer Drittanbieterlösung (ob kostenlos oder gebührenpflichtig) sollten Sie auf aussagekräftige Namen achten.

Der Dateiname sollte den Server-, den Instanz- und den Datenbanknamen, die Art der Sicherung (vollständige, differenzielle oder Transaktionsprotokollsicherung) sowie Datum und Uhrzeit einschließen. Dadurch wird es viel einfacher, Sicherungen zu finden, zu verwalten und wiederherzustellen, da Sicherungssatz, Medienfamilie und Mediensatz dabei dasselbe sind.

Wenn Sie beispielsweise am 9. Februar 2018 um 22.53.44 Uhr eine vollständige Sicherung der Datenbank `WideWorldImports` in der Standardinstanz auf dem Server namens `SERVER` anlegen, können Sie ihr den Dateinamen *SERVER_WideWordImports_FULL_20180209_225344.bak* geben.

Physische Sicherungsgeräte

Hierbei handelt es sich um das Bandlaufwerk, die Datei auf dem Laufwerk oder das Azure-Blob. Sie können eine Sicherung auf bis zu 64 Sicherungsgeräte desselben Typs aufteilen. Die Aufteilung auf viele Dateien kann sinnvoll sein, wenn Sie sehr große Datenbanken sichern oder um die Leistung zu steigern.

Sichern an einer URL

Seit SQL Server 2012 SP1 mit kumulativem Update 2 können Sie eine SQL Server-Datenbank direkt im Azure-Blobspeicher sichern. Dazu können Sie neben den bereits vorhandenen Optionen `FILE` und `TAPE` jetzt auch eine URL als Ziel angeben.

Verschiedene Arten von Sicherungen

Bei einer SQL Server-Sicherung wird eine genaue Kopie der Datenbank in einem transaktional konsistenten Zustand angelegt, der dem Zustand der Datenbank beim Abschluss des Sicherungsvorgangs entspricht.

Unabhängig von der Art der Sicherung bezieht dieser Vorgang immer den aktiven Teil des Transaktionsprotokolls einschließlich der relevanten LSNs ein. Dadurch ist eine volle transaktionale Konsistenz bei der Wiederherstellung der Sicherung gewährleistet.

Wie Sie in diesem Kapitel bereits gesehen haben, gibt es drei Hauptarten von Sicherungen für SQL Server-Datenbanken, nämlich vollständige, differenzielle und Transaktionsprotokollsicherungen, um eine möglichst effiziente Wiederherstellungsstrategie zu ermöglichen. Um eine Datenbank wiederherstellen zu können, ist mindestens eine vollständige Sicherung erforderlich. Transaktionsprotokollsicherungen sind inkrementelle Sicherungen, die auf eine vollständige Sicherung zurückgehen und eine zeitpunktgenaue Wiederherstellung erlauben. Differenzielle Sicherungen basieren ebenfalls auf einer vollständigen Sicherung und können die Zeit verkürzen, die für eine zeitpunktgenaue Wiederherstellung erforderlich ist.

In der Enterprise Edition – insbesondere für sehr große Datenbanken – können Sie Sicherungen auf Datei- und Dateigruppenebene anlegen und haben dadurch eine genauere Kontrolle über die Wiederherstellung.

▶ **Mehr über die Dateien einer SQL Server-Datenbank erfahren Sie in Kapitel 3.**

Expertentipp

Wie groß ist eine »sehr große Datenbank«?

Was eine »sehr große Datenbank« ist, darüber gehen die Meinungen auseinander. Die Ansichten hängen jeweils von den persönlichen Erfahrungen und den verfügbaren Ressourcen (wie Arbeitsspeicher und Platz auf dem Laufwerk) ab.

In diesem Kapitel wollen wir alle Datenbanken von mehr als 100 GB als »sehr groß« ansehen. Moderne SSD-Speicherarrays können zwar viele der Probleme mildern, die sich bei Datenbanken dieser Größe stellen, aber sie sind zurzeit noch nicht sehr weit verbreitet.

Mehr über SSD-Speicher und Speicherarrays erfahren Sie in Kapitel 2.

Hinweis

Beim Testen neuer Funktionen können Sie Datenbankmomentaufnahmen (oder Snapshots, wie sie in früheren Versionen genannt wurden) verwenden, um die Verwaltung zu vereinfachen, da sie die erforderliche Zeit für eine zeitpunktgenaue Wiederherstellung verringern. Allerdings sind diese Momentaufnahmen genauso gefährdet wie reguläre Datenbankdateien. Es sind keine garantierten Sicherungen, und Sie sollten sie nicht anstelle der normalen SQL Server-Sicherungen verwenden. Mehr über Datenbankmomentaufnahmen erfahren Sie auf *https://docs.microsoft.com/sql/relational-databases/databases/database-snapshots-sql-server*.

Eine Sicherung enthält jeweils einen Header sowie die Nutzlast. Der Header beschreibt das Sicherungsgerät und die Art der Sicherung und gibt Informationen über Anfang und Ende der Sicherung (einschließlich LSN-Angaben) sowie über die Datenbankdateien. Die Nutzlast ist der Inhalt der Daten- und Transaktionsprotokolldateien, die zu der Sicherung gehören. Sind die transparente Datenverschlüsselung (TDE) oder die Sicherungsverschlüsselung eingeschaltet, ist die Nutzlast verschlüsselt.

▶ **Mehr über TDE erfahren Sie in Kapitel 7.**

Vollständige Sicherungen

Eine vollständige Datenbanksicherung ist eine transaktional konsistente Kopie der gesamten Datenbank. Eine Sicherung dieser Art schließt alle 8-KB-Datenseiten der Datenbankdateien sowie den Teil des Transaktionsprotokolls ein, der vom Anfang bis zum Ende des Sicherungsvorgangs aktiv war.

▶ **Mehr über den aktiven Teil des Transaktionsprotokolls erfahren Sie in Kapitel 3.**

Wenn Sie eine vollständige Sicherung mit den Standardeinstellungen durchführen, wird eine reservierte, als *differenzielle Bitmap* bezeichnete Datenseite geleert (siehe den Abschnitt »Differenzielle Sicherungen« etwas weiter hinten). Alle danach für die Datenbank angelegten differenziellen Sicherungen stützen sich auf diese vollständige Sicherung.

Vollständige Sicherungen können Sie für Datenbanken in allen Wiederherstellungsmodellen anlegen. Außerdem lassen sie sich komprimieren. Seit SQL Server 2016 ist es auch möglich, mit TDE verschlüsselte Datenbanken zu komprimieren.

Um eine vollständige Sicherung auf einem Sicherungsdatenträger anzulegen, ist nur wenig T-SQL-Code erforderlich. Beispielsweise können Sie folgenden Code verwenden, um die Datenbank `WideWorldImporters` in der Standardinstanz auf dem Computer SERVER zu sichern:

```
BACKUP DATABASE WideWorldImporters
TO DISK = N'C:\SQLData\Backup\SERVER_
WideWorldImporters_FULL_20170918_210912.BAK';
GO
```

Kopiesicherung

Das Standardverhalten können Sie mit der Option `COPY_ONLY` verändern. Dadurch wird die differenzielle Bitmap nicht geleert. Kopiesicherungen sind praktisch, um Sicherungen außer der Reihe vorzunehmen, ohne den Zeitplan der differenziellen Sicherungen zu beeinträchtigen.

Anders ausgedrückt, die Option `COPY_ONLY` wirkt sich nur auf differenzielle Sicherungen aus. Transaktionsprotokollsicherungen und damit die Sicherungskette sind davon nicht betroffen.

Transaktionsprotokollsicherungen

Transaktionsprotokollsicherungen sind inkrementelle Sicherungen der Datenbank. Im vollständigen Wiederherstellungsmodell werden sämtliche Transaktionen komplett protokolliert. Dadurch können Sie die Datenbank in den Zustand zurückversetzen, den sie bei der Aufzeichnung des Transaktionsprotokolls hatte. Diese Sicherungen erlauben damit eine Wiederherstellung auf den Zustand eines beliebigen Zeitpunkts (innerhalb der Sicherungskette).

Bei Transaktionsprotokollsicherungen wird der aktive Teil des Transaktionsprotokolls gesichert. Sie sind nur bei Datenbanken im vollständigen und im massenprotokollierten Wiederherstellungsmodell möglich. Datenbanken im vollständigen Wiederherstellungsmodell können auf den Zustand eines beliebigen Zeitpunkts wiederhergestellt werden. Beim massenprotokollierten Modell ist das nur möglich, wenn das Transaktionsprotokoll bis zu diesem Zeitpunkt keine massenprotokollierten Operationen enthält.

Protokollfragmentsicherungen

Wie bereits erwähnt, unterscheiden sich Protokollfragmentsicherungen funktional nicht von regulären Transaktionsprotokollsicherungen. Es kann vorkommen, dass das Transaktionsprotokoll bei einem Unglücksfall nicht in Mitleidenschaft gezogen wird, etwa wenn das Laufwerk oder das Volume mit den Datendateien nicht mehr zugänglich ist oder beschädigt wird, SQL Server aber online bleibt.

Nachdem Sie alle anderen Benutzer von der Datenbank getrennt haben, können Sie sie in den Einzelbenutzermodus schalten und den aktiven Abschnitt des Protokolls manuell sichern. Diese Sicherung können Sie am Ende der Sicherungskette einsetzen, damit Sie keinerlei Daten verlieren.

▶ **Mehr über Protokollfragmentsicherungen erfahren Sie auf *https://docs.microsoft.com/sql/relational-databases/backup-restore/back-up-the-transaction-log-when-the-database-is-damaged-sql-server.***

Differenzielle Sicherungen

Differenzielle Sicherungen stützen sich auf eine vollständige Datenbanksicherung und bilden ein Komfortmerkmal, um die Anzahl der erforderlichen Transaktionsprotokollsicherungen und damit die erforderliche Zeit für eine zeitpunktgenaue Wiederherstellung zu verringern.

Meistens ist eine differenzielle Sicherung viel kleiner als eine vollständige, was eine flexiblere Gestaltung des Sicherungszeitplans ermöglicht. Sie können vollständige Sicherungen weniger häufig ausführen und stattdessen mehr differenzielle Sicherungen anlegen, die weniger Speicherplatz einnehmen.

Denken Sie an Kapitel 3 zurück, in dem wir uns mit Ereignissen beschäftigt haben. Zur Auffrischung wollen wir hier noch einmal festhalten, dass ein Block ein 64-KB-Segment in einer Datendatei ist und aus acht physisch aneinandergrenzenden 8-KB-Datenseiten besteht.

Nach dem Abschluss einer vollständigen Sicherung (in der Standardeinstellung, also ohne die Option `COPY_ONLY`) wird die differenzielle Bitmap gelöscht. Alle nachfolgenden Änderungen in der Datenbank auf Blockebene werden dann in der differenziellen Bitmap aufgezeichnet.

Bei der Ausführung einer differenziellen Sicherung wirft der Prozess einen Blick auf die Bitmap und sichert nur die Blöcke, die seit der letzten vollständigen Sicherung geändert wurden, sowie den aktiven Teil des Transaktionsprotokolls.

Das ist etwas ganz anderes als eine Transaktionsprotokollsicherung, bei der sämtliche Änderungen in der Datenbank aufgezeichnet werden, selbst wenn es sich um wiederholte Änderungen an denselben Tabellen handelt.

Eine differenzielle Sicherung ist daher etwas anderes als eine inkrementelle. Um eine Datenbank mithilfe einer differenziellen Sicherung wiederherzustellen, benötigen Sie nur die vollständige Sicherung sowie die jüngste differenzielle.

Es ist nicht möglich, eine Datenbank auf den Zustand eines Zeitpunkts (oder einer LSN) wiederherzustellen, der irgendwo innerhalb dieser Sicherung liegt, allerdings können Sie damit die Anzahl der erforderlichen Transaktionsprotokolldateien für die gleichen Änderungen erheblich reduzieren.

Differenzielle Sicherungen können für Datenbanken im vollständigen, massenprotokollierten und einfachen Wiederherstellungsmodell angelegt werden.

Achtung

Wenn Sie außer der Reihe eine vollständige Sicherung ohne die Option `COPY_ONLY` anlegen, wirkt sich das auf die anschließenden differenziellen Sicherungen aus. Um die Sicherungskette wiederherzustellen, können Sie in einem solchen Fall nur Transaktionsprotokollsicherungen verwenden. Wollen Sie eine vollständige Sicherung der Datenbank ziehen, ohne den Zeitplan für differenzielle Sicherungen zu beeinflussen, verwenden Sie die Option `COPY_ONLY`.

> ### Expertentipp
>
> ***Was mache ich, wenn eine differenzielle Sicherung größer ist als die vollständige?***
>
> **Je mehr Blöcke in der Datenbank geändert werden, umso größer werden die differenziellen Sicherungen. Im Laufe der Zeit kann es dabei vorkommen, dass eine differenzielle Sicherung größer wird als eine vollständige.**
>
> **Das kann passieren, wenn jeder Block auf irgendeine Weise geändert wird (etwa wenn alle Indizes in der Datenbank neu erstellt werden), wodurch die differenzielle Sicherung genauso groß wird wie eine vollständige. Wenn dann noch der aktive Teil des Protokolls hinzukommt, ist die differenzielle Sicherung sogar größer als die volle.**
>
> **In SQL Server 2017 verfügt die dynamische Verwaltungssicht `sys.dm_db_file_space_usage` über die neue Spalte `modified_extent_page_count`, die Ihnen sagt, wie groß eine differenzielle Sicherung sein wird. Wenn die differenzielle Sicherung eine Größe von 80 % einer vollständigen Sicherung annimmt, sollen Sie eine neue vollständige Sicherung anlegen.**

▶ **Mehr über differenzielle Sicherungen erfahren Sie auf *https://docs.microsoft.com/sql/relational-databases/backup-restore/differential-backups-sql-server*.**

Differenzielle Sicherungen zur Reparatur einer unterbrochenen Sicherungskette

Wenn Sie eine Datenbank aus irgendeinem Grunde vom vollständigen zum massenprotokollierten oder einfachen Wiederherstellungsmodell umschalten (z. B. um die Transaktionsprotokolldatei in einem Notfall zu verkleinern), wird die Sicherungskette unterbrochen.

Nach dem Wechsel zurück zum vollständigen Wiederherstellungsmodell können Sie die Sicherungskette neu starten, ohne eine vollständige Datenbanksicherung durchführen zu müssen, indem Sie eine differenzielle Sicherung vornehmen. Bei einer späteren Wiederherstellung müssen Sie diese (oder eine spätere differenzielle Sicherung) zusammen mit den danach aufgezeichneten Transaktionsprotokollsicherungen verwenden.

▶ **Mehr über das Umschalten zwischen verschiedenen Wiederherstellungsmodellen erfahren Sie auf *https://msdn.microsoft.com/library/ms178052.aspx*.**

Datei- und Dateigruppensicherungen

In der Enterprise Edition von SQL Server können Sie auch einzelne Datendateien und Dateigruppen sichern, und zwar sowohl vollständig als auch differenziell. In SQL Server Management Studio gibt es keine Einrichtungen dafür, aber Sie können die entsprechenden T-SQL-Abfragen anhand der offiziellen Dokumentation aufstellen.

Achtung

Wenn eine einzige Datei in einer Dateigruppe offline ist (z. B. während einer Wiederherstellung), ist die gesamte Dateigruppe offline, was sich auch auf Sicherungen auswirkt.

Teilsicherungen

Da sich schreibgeschützte Dateigruppen nicht ändern, ist es nicht sinnvoll, sie in den fortlaufenden Sicherungsvorgang einzubeziehen. Bei einer teilweisen Sicherung werden solche Dateigruppen nach Bedarf ausgeschlossen.

Teilsicherungen können die primäre Dateigruppe, jegliche les- und schreibbaren Dateigruppen sowie optional ein oder mehrere schreibgeschützte Dateigruppen umfassen.

▶ **Mehr über Teilsicherungen erfahren Sie auf *https://docs.microsoft.com/sql/relational-databases/backup-restore/partial-backups-sql-server*.**

Dateisicherungen

Wenn einzelne Dateien beschädigt sind, können Sie sie mithilfe von Dateisicherungen wiederherstellen. Das macht die Wiederherstellung einfacher, da die Wiederherstellung einer einzigen Datei weniger Zeit kostet als die der gesamten Datenbank. Allerdings wirkt es sich störend auf zeitpunktgenaue Wiederherstellungen aus.

Da zu den vollständigen, differenziellen und Transaktionsprotokollsicherungen auch noch die Dateisicherungen hinzukommen, wird leider der Verwaltungsaufwand erhöht. Das wirkt sich auch auf die Wartung des Wiederherstellungsskripts aus.

▶ **Mehr über Dateisicherungen erfahren Sie auf *https://docs.microsoft.com/sql/relational-databases/backup-restore/full-file-backups-sql-server*.**

Weitere Sicherungsoptionen

Seit SQL Server 2014 ist es möglich, Datenbanksicherungen mit einem asymmetrischen Schlüssel zu verschlüsseln. Das ist etwas anderes als die Verschlüsselung von Sicherungen mit TDE.

Wie in Kapitel 3 erwähnt, können Sie Sicherungen auch komprimieren, was in fast allen Fällen empfohlen wird, es sei denn, dass in der Datenbank bereits eine Seiten- oder Zeilenkomprimierung durchgeführt oder die Verschlüsselung mit TDE angewendet wird.

▶ **Mehr über Sicherheit und Verschlüsselung erfahren Sie in Kapitel 7.**

Verschlüsseln von Sicherungen

Wie bei jeder asymmetrischen Verschlüsselung benötigen Sie auch hier eine Chiffre (den Verschlüsselungsalgorithmus) und einen asymmetrischen Schlüssel oder ein Zertifikat. Als Chiffren sind AES (Advanced Encrypted Standard) mit Schlüsselgrößen von 128, 192 und 256 Bit sowie 3DES (Triple DES) verwendbar. Wie in Kapitel 7 ausführlich erläutert, ist AES sicherer und schneller als 3DES. Speichern Sie den Schlüssel oder das Zertifikat an einem sicheren Ort.

Speicheroptimierte Tabellen

Herkömmliche Sicherungen schließen speicheroptimierte Tabellen ein. Während des Sicherungsvorgangs wird die Prüfsumme der Daten- und der Deltadatei verglichen, um Beschädigungen zu erkennen. Werden in einer speicheroptimierten Dateigruppe Beschädigungen festgestellt, so schlägt die Sicherung fehl. In diesem Fall müssen Sie eine Wiederherstellung von der letzten guten Sicherung durchführen.

Eine speicheroptimierte Tabelle kann viel mehr Speicherplatz erfordern, als sie im Arbeitsspeicher einnimmt, was sich in der Größe der Sicherungen niederschlägt.

▶ **Mehr über die Sicherung von speicheroptimierten Tabellen erfahren Sie auf *https://docs.microsoft.com/sql/relational-databases/in-memory-oltp/backing-up-a-database-with-memory-optimized-tables*.**

Es gibt noch weitere Möglichkeiten, etwa Snapshotsicherungen für Datenbankdateien, die bereits in Azure gespeichert sind, und verwaltete Sicherungen (siehe Kapitel 3). Das sind zwar komfortable Vorgehensweisen, allerdings bilden sie keinen Ersatz für die Sicherungsfunktionen von SQL Server selbst.

Anlegen und Überprüfen von Sicherungen

Das Anlegen von Sicherungen sollen Sie nach Möglichkeit vollständig automatisieren. Dazu können Sie den mitgelieferten Wartungsplan-Assistenten von SQL Server Management Studio oder eine Drittanbieterlösung verwenden (kostenlos oder gebührenpflichtig). Vergewissern Sie sich stets, dass die Sicherung erfolgreich war, indem Sie nachschauen, ob die Sicherungsdatei vorhanden ist und kein Fehler für die Sicherungsaufgabe angezeigt wird. Außerdem sollten Sie die Sicherungen testen, indem Sie sie wiederherstellen, was Sie ebenfalls mit einem automatischen Prozess erledigen können.

▶ **Mehr über Wartungspläne erfahren Sie in Kapitel 13.**

Der SQL Server-Agent ist eine hervorragende Einrichtung, um Sicherungsvorgänge zu automatisieren. Sowohl der Wartungsplan-Assistent als auch viele Drittanbieterlösungen greifen darauf zurück.

Expertentipp

Wie häufig sollte ich Sicherungen durchführen?

Die Geschäftsanforderungen und die Datenbankgröße bestimmen, wie lang Ihr Wartungsfenster ist und was Sie innerhalb dieses Fensters sichern müssen. Es kann sein, dass Ihre Datenbank klein genug ist, um sie jeden Tag vollständig zu sichern, sodass differenzielle Sicherungen nicht notwendig sind. Bei größeren Datenbanken dagegen kann eine wöchentliche vollständige Sicherung, ergänzt um tägliche differenzielle Sicherungen erforderlich sein.

Bei einer Datenbank mit vollständigem Wiederherstellungsmodell sollten Sie auch Transaktionsprotokollsicherungen vornehmen, um die Zielvorgabe für den Wiederherstellungspunkt (RPO) erfüllen zu können. Bei einer RPO von fünf Minuten müssen die Transaktionsprotokolle in einem kürzeren Abstand, etwa einer Minute oder 90 Sekunden, gesichert und an einen auswärtigen Speicherort kopiert werden, um Verzögerung zwischen dem Abschluss der Sicherung und der auswärtigen Speicherung auszugleichen. Bei einem kürzeren Abstand ist die Chance größer, dass die Dateien beim Eintreten eines Unglücks auswärtig kopiert werden. Eine Sicherung kann realistischerweise nur dann für die RPO berücksichtigt werden, wenn sie an einen anderen Speicherort kopiert wurde.

Datenbanken, die sich mithilfe vorhandener Prozesse rekonstruieren lassen, müssen nicht unbedingt gesichert werden.

Anlegen von Sicherungen

Um eine für Ihre Wiederherstellungsstrategie geeignete Sicherungslösung einzurichten, können Sie alle folgenden Methoden oder Kombinationen davon verwenden:

- Eine *vollständige Sicherung* liest die gesamte Datenbank einschließlich der Datendateien und des aktiven Teils des Transaktionsprotokolls.
- Eine *differenzielle Sicherung* liest alle Blöcke, die seit der letzten vollständigen Sicherung (ausgenommen Kopiesicherungen!) geändert wurden, sowie den aktiven Teil des Protokolls.
- Eine *Transaktionsprotokollsicherung* liest nur den aktiven Teil des Protokolls.
- Eine *Teilsicherung* liest einzelne Dateien oder Dateigruppen sowie den aktiven Teil des Protokolls.

Der Pufferpool (siehe Kapitel 2) wird für Datenbanksicherungen nicht verwendet. Der *Sicherungspuffer* ist ein Teil des Arbeitsspeichers außerhalb des Pufferpools. Er ist groß genug, um Seiten aus der Datendatei zu lesen und in die Sicherungsdatei zu schreiben. Gewöhnlich umfasst er zwischen 16 und 32 MB. Durch Speicherdruck können der Sicherungs- und der Wiederherstellungspuffer jedoch verkleinert werden, sodass die Sicherung bzw. Wiederherstellung länger dauert.

> Achtung
>
> **Um den Durchsatz zu verbessern, können Sie die Anzahl der Sicherungspuffer erhöhen (mit der Option `BUFFERCOUNT`) und die Blöcke für die Übertragung auf das Sicherungsmedium vergrößern (mit `MAXTRANSFERSIZE`), allerdings sollten Sie das nur unter ganz bestimmten Umständen tun, da eine große Menge von Puffern zu Ausnahmen aufgrund von Speichermangel führen kann. Mehr über dieses Problem erfahren Sie auf *https://blogs.msdn.microsoft.com/sqlserverfaq/2010/05/06/incorrect-buffercount-data-transfer-option-can-lead-to-oom-condition/*.**

Prüfsummen

SQL Server kann Datenbanksicherungen optional mit Prüfsummen verifizieren. Standardmäßig werden für nicht komprimierte Sicherungen jedoch keine Prüfsummen verwendet.

Dieses Verhalten können Sie mit dem Ablaufverfolgungsflag 3023, in SQL Server Management in den Eigenschaften der Sicherung und in T-SQL-Skripten für die Durchführung von Sicherungen ändern. Wir empfehlen, die Prüfsummenverifizierung für Sicherungen nach Möglichkeit einzuschalten.

Ohne die Prüfsummenoption erfolgt keine Validierung der Datenseiten und Protokollblöcke. Das bedeutet, dass logische Fehler mitgesichert werden, ohne dass Fehlermeldungen angezeigt werden, wie Sie sie etwa bei der `DBCC CHECKDB` erhalten. Dadurch kann es vorkommen, dass Sie eine Datenbank in einem beschädigten Zustand sichern.

▶ **Mehr über die Korrektur von Beschädigungen erfahren Sie in Kapitel 13.**

Bei eingeschalteter Prüfsummenoption werden Prüfsummen für die gesamte Sicherungsdatei, jede 8-KB-Datenseite (sowohl für die reguläre Prüfsummenverifizierung und die Erkennung zerrissener Seiten) und jeden Block im aktiven Teil des Protokolls berechnet und validiert.

Achtung

Liegen physische Beschädigungen vor, bei denen die Daten nicht vom Laufwerk gelesen werden können, schlägt die Sicherung fehl. Das schließt auch Beschädigungen in speicheroptimierten Dateigruppen ein.

Die Prüfsummenoption kann die erforderliche Zeit für eine Sicherung erheblich verlängern, sorgt allerdings auch für eine Sicherheit, die Sie sich sonst nur durch die Durchführung von `DBCC CHECKDB` an der wiederhergestellten Datenbank verschaffen könnten. Die Komprimierung der Sicherung kann diesen Mehraufwand ausgleichen.

Verifizieren von Sicherungen

Nachdem Sie eine Sicherung angelegt haben, sollten Sie sie unverzüglich überprüfen. Beschädigungen sind zwar selten, können aber auftreten. Meistens werden sie von der Speicherschicht verursacht (etwa durch Geräte-, Netzwerk- oder Filtertreiber), aber sie können auch im Nicht-ECC-RAM oder aufgrund eines Bugs in SQL Server auftreten.

Hinweis

Ein Filtertreiber ist eine Software, die alle Schreib- und Lesevorgänge auf dem Laufwerk abfängt. Zu dieser Art von Software gehören auch Defragmentierungswerkzeuge und Sicherheitsprodukte wie Virenscanner. Sie sollten SQL Server-Dateien (Daten-, Protokoll- und Sicherungsdateien) von Virenscannern ausnehmen. Auch eine Defragmentierung von SSD-Speicher ist nicht sinnvoll, da sie die Lebensdauer des Laufwerks drastisch verringert.

Es gibt zwei Möglichkeiten, um eine Sicherung zu überprüfen. Wie Sie vielleicht schon erraten haben, besteht die beste Vorgehensweise darin, die Sicherung wiederherzustellen und an der wiederhergestellten Datenbank eine vollständige Konsistenzprüfung mit `DBCC CHECKDB` durchzuführen.

Die andere, etwas schnellere Methode besteht darin, `RESTORE VERIFYONLY` zu verwenden. Wenn Sie die Datenbank mit der Prüfsummenoption gesichert haben (was bei komprimierten Sicherungen die Standardeinstellung ist), werden die Prüfsummen der Sicherung sowie der Datenseiten und Protokollblöcke überprüft, während der Wiederherstellungsvorgang das Sicherungsmedium liest.

`RESTORE VERIFYONLY` ist bequemer, da Sie dabei auf dem Laufwerk keinen Platz für die Wiederherstellung der Daten- und Protokolldateien vorsehen müssen, denn der Wiederherstellungsvorgang liest die Dateien direkt aus der Sicherung.

Allerdings stellt `DBCC CHECKDB` die einzige Vorgehensweise dar, bei der Sie sichergehen können, dass die Datenbanken frei von Beschädigungen sind.

Expertentipp

Warum soll ich noch DBCC CHECKSUM durchführen, wenn ich doch die Prüfsummenoption für Sicherungen eingeschaltet habe?

Die Prüfsummen werden zwar von RESTORE VERIFYONLY überprüft, aber es ist möglich, dass nach der Verifizierung eine Beschädigung auf einer Seite auftrat, wenn sie auf das Laufwerk geschrieben oder an einen auswärtigen Speicherort kopiert wurde. Ein erfolgreicher Durchlauf von RESTORE VERIFYONLY stellt kein endgültiges Gesundheitsattest für die Sicherung dar.

Sie können auf einem anderen Server mit umfangreichen, billigeren Laufwerken einen automatischen Prozess einrichten, der alle Datenbanken nach dem Anlegen einer Sicherung sofort wiederherstellt und DBCC CHECKDB dafür ausführt. Dadurch erhalten Sie auch eine Vorstellung davon, ob Sie beim Wachstum Ihrer Datenbank die RTO noch erfüllen können.

Wiederherstellen einer Datenbank

Zur Wiederherstellung einer Datenbank beginnen Sie gewöhnlich mit einer vollständigen Sicherung. (Die schrittweise Wiederherstellung wird in einem Abschnitt weiter hinten in diesem Kapitel erklärt.)

Wenn Sie differenzielle oder Transaktionsprotokollsicherungen verwenden möchten, müssen Sie für alle bis auf eine Sicherung das Schlüsselwert NORECOVERY angeben.

Um eine Datenbank mit dem einfachen Wiederherstellungsmodell wiederherzustellen, verwenden Sie die vollständige Sicherung sowie falls vorhanden die jüngste differenzielle Sicherung, die sich darauf bezieht.

Für eine Datenbank mit dem massenprotokollierten Wiederherstellungsmodell benötigen Sie ebenfalls die vollständige Sicherung sowie falls vorhanden die jüngste differenzielle Sicherung, die sich darauf bezieht. Eine zeitpunktgenaue Wiederherstellung ist dann möglich, wenn in den dazu erforderlichen Transaktionsprotokollsicherungen keine massenprotokollierten Operationen vorkommen.

Eine Datenbank mit dem vollständigen Wiederherstellungsmodell können Sie zeitpunktgenau wiederherstellen, indem Sie die vollständige Sicherung sowie alle Transaktionsprotokollsicherungen verwenden, die zu der Sicherungskette gehören. Gegebenenfalls können Sie auch die jüngste differenzielle Sicherung (bezogen auf die verwendete vollständige Sicherung) nutzen, um die Anzahl der erforderlichen Transaktionsprotokollsicherungen zu verringern.

Achtung

Differenzielle und Transaktionsprotokollsicherungen stützen sich immer auf eine zugehörige vollständige Sicherung. Ohne diese vollständige Sicherung sind sie wertlos.

Alle Transaktionsprotokollsicherungen werden mit der Option NORECOVERY in der wiederherzustellenden Datenbank wieder eingespielt, als ob die Transaktionen jetzt ablaufen würden. Die Sicherungsdateien werden nacheinander wiederhergestellt, bis der gewünschte Zeitpunkt erreicht ist oder die letzte Sicherung eingespielt wurde.

Hinweis

Bei der Wiederherstellung einer Kette von Transaktionsprotokollsicherungen kann es vorkommen, dass die LSN einer Protokollsicherung vor der LSN der zuletzt wiederhergestellten vollständigen oder differenziellen Sicherung liegt. (Dies kann insbesondere bei der ersten Protokollsicherung nach einer vollständigen oder differenziellen Sicherung auftreten.) Meistens können Sie die Fehlermeldung, die in einem solchen Fall angezeigt wird, ignorieren, da die nächste Transaktionsprotokolldatei in der Wiederherstellungssequenz gewöhnlich die erforderliche LSN enthält.

Erst nach der Wiederherstellung (*restore*) der gesamten Kette erfolgt die Regeneration (*recovery*), was durch die Option `WITH RECOVERY` angegeben wird (und teilweise in Kapitel 3 behandelt wurde). (Beachten Sie, dass Restore und Recovery in der deutschen Oberfläche von SQL Server leider *beide* mit Wiederherstellung wiedergegeben sind, obwohl es sich dabei um zwei verschiedene Vorgänge handelt.) Alle mit Commit bestätigten Transaktionen werden ausgeführt und alle Transaktionen in einem Zwischenstadium mit einem Rollback zurückgenommen.

In den folgenden Abschnitten finden Sie einige Beispiele für die Wiederherstellung von Datenbanken.

Wiederherstellen einer Datenbank von einer vollständigen Sicherung

Datenbanken können Sie mit SQL Server Management Studio und mit T-SQL-Anweisungen wiederherstellen. In diesem Beispiel steht nur eine vollständige Sicherung zur Verfügung. Sie stammt von einem anderen Server mit einem anderen Datenbankpfad, weshalb die Dateien auf den neuen Server verschoben werden müssen.

Um den Fortschritt der Wiederherstellung beobachten zu können, richten Sie die Statistiken so ein, dass ein Ausgabefenster eingeblendet wird. Standardmäßig wird nach jeweils 5 % ein neuer Fortschrittswert ausgegeben. Statistiken werden erst angezeigt, wenn die Dateien im Dateisystem erstellt wurden.

```
RESTORE DATABASE WideWorldImporters
FROM DISK = N'C:\SQLData\Backup\SERVER_
WideWorldImporters_FULL_20170918_210912.BAK'

WITH

MOVE N'WideWorldImporters' TO N'C:\SQLData\WWI.mdf',

MOVE N'WideWorldImporters_log' TO N'C:\SQLData\WWI.ldf',
STATS = 5,

RECOVERY;

GO
```

Durch die (Standard-)Option `RECOVERY` am Ende wird die Datenbank unmittelbar nach der Wiederherstellung der vollständigen Sicherung online geschaltet. Das verhindert, dass weitere Sicherungen angewendet werden. Wollen Sie nach der vollständigen noch eine differenzielle Sicherung wiederherstellen, müssen Sie die Option NORECOVERY verwenden und die Datenbank nach der Wiederherstellung der differenziellen Sicherung online schalten (siehe den nächsten Abschnitt).

Wiederherstellung einer Datenbank mit differenziellen und Protokollsicherungen

Eine Wiederherstellung mithilfe von vollständigen, differenziellen und Transaktionsprotokollsicherungen ist komplizierter, kann aber ebenfalls in SQL Server Management Studio und mit T-SQL-Anweisungen durchgeführt werden.

Für eine solche Situation sollten Sie Ihre eigenen Automatisierungsskripte schreiben. Beispielsweise können Sie nach jeder Transaktionsprotokollsicherung die Informationen aus der Datenbank msdb nutzen, um ein Skript zu erstellen, das die gesamte Datenbank auf den Zustand dieses Zeitpunkts wiederherstellt, und dieses Skript dann im selben Ordner speichern wie die Sicherungsdateien.

- **Auf *http://stevestedman.com/2017/10/building-sql-restore-script-backup-runs/* finden Sie ein Beispiel von Steve Stedman.**

Hinweis

Bei der Wiederherstellung einer Datenbank von Sicherungen mehr als eines Typs (vollständige, differenzielle und/oder Transaktionsprotokollsicherung) muss jede RESTORE-Anweisung, auf die eine weitere folgt, die Option WITH NORECOVERY enthalten, damit die Regeneration erst dann ausgeführt wird, wenn sie erforderlich ist. Sie können bei der Wiederherstellung der letzten Datei WITH RECOVERY angeben, um die Regeneration auszuführen und die Datenbank online zu schalten, aber auch wie im folgenden Skript eine zusätzliche Zeile am Ende des Skripts hinzufügen.

Um eine Datenbank wiederherzustellen, verwenden Sie den Befehl RESTORE. Vereinbarungsgemäß wird für vollständige und differenzielle Sicherungen die Option RESTORE DATABASE genommen. Auch Transaktionsprotokollsicherungen können Sie mit RESTORE DATABASE wiederherstellen, allerdings ist der Klarheit halber RESTORE LOG zu bevorzugen:

```
-- Als Erstes stellen Sie die vollständige Sicherung wieder her
RESTORE DATABASE WideWorldImporters
FROM DISK = N'C:\SQLData\Backup\SERVER_
WideWorldImporters_FULL_20170918_210912.BAK'
WITH
MOVE N'WideWorldImporters' TO N'C:\SQLData\WWI.mdf',
MOVE N'WideWorldImporters_log' TO N'C:\SQLData\WWI.ldf',
STATS = 5,
NORECOVERY;
GO
-- Als Zweites stellen Sie die jüngste differenzielle Sicherung wieder her
RESTORE DATABASE WideWorldImporters
FROM DISK = N'C:\SQLData\Backup\SERVER_
WideWorldImporters_DIFF_20170926_120100.BAK'
WITH STATS = 5,
NORECOVERY;
GO
```

```
-- Als Letztes stellen Sie alle Transaktionsprotokollsicherungen nach der
-- differenziellen Sicherung wieder her
RESTORE LOG WideWorldImporters
FROM DISK = N'C:\SQLData\Backup\SERVER_
WideWorldImporters_LOG_20170926_121500.BAK'
WITH STATS = 5,
NORECOVERY;
GO
RESTORE LOG WideWorldImporters
FROM DISK = N'C:\SQLData\Backup\SERVER_
WideWorldImporters_LOG_20170926_123000.BAK'
WITH STATS = 5,
NORECOVERY;
GO
-- Bringt die Datenbank online
RESTORE LOG WideWorldImporters WITH RECOVERY;
GO
```

Die letzte Anweisung in diesem Beispiel können Sie auch weglassen und stattdessen bei der Wiederherstellung der letzten Transaktionsprotokolldatei `WITH RECOVERY` angeben.

Die Option `RECOVERY` weist SQL Server an, die Datenbank zu regenerieren. Das kann auch ein Upgrade einschließen, wenn die neue Instanz eine neuere Version von SQL Server aufweist. Nach Abschluss der Regeneration wird die Datenbank online geschaltet.

Zeitpunktgenaue Wiederherstellung einer Datenbank

Für eine zeitpunktgenaue Wiederherstellung ist eine LSN oder ein Zeitstempel erforderlich (also ein genauer Datums- und Uhrzeitwert), damit der `RESTORE`-Befehl weiß, wann er mit der Wiederherstellung aufhören muss.

Es ist auch möglich, eine Wiederherstellung bis zu einem bestimmten Kennzeichen in der Transaktionsprotokollsicherung durchzuführen. Eine solche Markierung legen Sie beim Erstellen der Transaktion fest, indem Sie die Transaktion ausdrücklich benennen. Diese Vorgehensweise ist jedoch nicht üblich.

▶ **Mehr über die Kennzeichnung von Transaktionen erfahren Sie auf *https://docs.microsoft.com/sql/t-sql/statements/restore-statements-transact-sql*.**

Achtung

Der Zeitstempel für eine zeitpunktgenaue Wiederherstellung kommt aus dem Transaktionsprotokoll selbst und bezieht sich auf den lokalen Datums- und Uhrzeitwert auf der SQL Server-Instanz, als die Transaktion begonnen hat. Berücksichtigen Sie bei der Wiederherstellung einer Datenbank auf den Zustand eines bestimmten Zeitpunkts Zeitzonen und Verschiebungen durch Sommerzeit.

Eine zeitpunktgenaue Wiederherstellung ist nur mit Transaktionsprotokollsicherungen, nicht allein mit vollständigen und differenziellen Sicherungen möglich.

Der Vorgang läuft genauso ab wie im vorherigen Beispiel, wobei allerdings für die letzte Transaktionsprotokolldatei der gewünschte Zeitpunkt durch die Option `STOPAT` oder `STOPBEFOREMARK` angegeben wird. Sie haben folgende Bedeutung:

- STOPAT Hiermit geben Sie einen Zeitstempel an. Den erforderlichen Wert können Sie anhand des Zeitpunkts bestimmen, an dem das unvorhergesehene Ereignis eintrat, oder durch Untersuchung des Transaktionsprotokolls.
- STOPBEFOREMARK (oder auch STOPATMARK) Darauf folgt eine Protokollfolgenummer (LSN) oder der Name einer Transaktion. Den LSN-Wert können Sie durch Untersuchung des aktiven Teils des Transaktionsprotokolls ermitteln (siehe den Kasten »Expertentipp: Woran kann ich erkennen, wann ein ungeplantes Ereignis eingetreten ist?« im Abschnitt »Zeitpunktgenaue Wiederherstellung« weiter vorn in diesem Kapitel).

Wenn Sie dem gleichen Ablauf gefolgt sind wie im letzten Beispiel, sieht die Wiederherstellung des letzten Transaktionsprotokolls dann wie folgt aus:

```
-- Zeitpunktgenaue Wiederherstellung anhand eines Zeitstempels
RESTORE LOG WideWorldImporters
FROM DISK = N'C:\SQLData\Backup\SERVER_
WideWorldImporters_LOG_20170926_123000.BAK'
WITH STOPAT = 'Sep 26, 2017 12:28 AM',
STATS = 5,
RECOVERY;
GO
-- Oder zeitpunktgenaue Wiederherstellung anhand einer LSN
-- Dies ist die LSN, bei der das Unglück eingetreten ist
RESTORE LOG WideWorldImporters
FROM DISK = N'C:\SQLData\Backup\SERVER_
WideWorldImporters_LOG_20170926_123000.BAK'
WITH STOPBEFOREMARK = 'lsn:0x0000029f:00300212:0002',
STATS = 5,
RECOVERY;
GO
```

▶ **Mehr über Datenbankwiederherstellung, insbesondere Syntax und Beispiele, erfahren Sie auf *https://docs.microsoft.com/sql/t-sql/statements/restore-statements-transact-sql*.**

Schrittweise Wiederherstellung

Bei der Teilwiederherstellung von Datenbanken verwenden Sie Datei- und Dateigruppensicherungen. Dies dient zur Vereinfachung der Verwaltung von sehr großen Datenbanken. Da dieses Thema sehr anspruchsvoll ist, geben wir in diesem Abschnitt nur einen Überblick, ohne auf die Details einzugehen.

Eine Teilwiederherstellung ist praktisch, um eine Datenbank so schnell wie möglich wieder online zu bringen, damit das Unternehmen weiterarbeiten kann. Sekundäre Dateigruppen können Sie dann später in einem geplanten Wartungsfenster wiederherstellen.

Die schrittweise Wiederherstellung beginnt mit der *Teilwiederherstellungssequenz*, in der die primäre Dateigruppe wiederhergestellt und regeneriert wird. Bei einer Datenbank mit einfachem Wiederherstellungsmodell werden dabei alle les- und schreibbaren Dateigruppen wiederhergestellt.

▶ **Mehr über Dateigruppen erfahren Sie in Kapitel 3.**

Dabei ist die Datenbank offline, bis Wiederherstellung und Regeneration abgeschlossen sind. Alle nicht wiederhergestellten Dateien und Dateigruppen bleiben offline, können aber später ebenfalls wiederhergestellt und online geschaltet werden.

Unabhängig vom Wiederherstellungsmodell der Datenbank muss der `RESTORE`-Befehl die Option `PARTIAL` enthalten, um eine schrittweise Wiederherstellung durchzuführen, aber nur am Anfang der Sequenz. Es könnte jedoch vorkommen, dass Transaktionen mehr als die wiederhergestellten Dateigruppen überspannen. Wenn für solche Transaktionen ein Rollback erforderlich ist, können sie nicht zurückgenommen werden, solange die Dateigruppe offline ist, und werden deshalb verzögert, bis die Dateigruppe wieder online ist. Bis dahin sind jegliche in die verzögerten Transaktionen verwickelten Daten gesperrt.

▶ **Mehr über verzögerte Transaktionen erfahren Sie auf *https://docs.microsoft.com/sql/relational-databases/backup-restore/deferred-transactions-sql-server.***

Teilwiederherstellung einer Datenbank mit einfachem Wiederherstellungsmodell

Um eine Datenbank mit dem einfachen Wiederherstellungsmodell teilweise wiederherzustellen, müssen Sie mit einer vollständigen oder einer Teilsicherung beginnen. Dadurch wird die primäre Dateigruppe wieder online gebracht. Anschließend können Sie weitere Dateien wiederherstellen, wenn sie gültig und transaktional konsistent sind. Wurden irgendwelche schreibgeschützten Dateigruppen beschädigt und müssen wiederhergestellt werden, können Sie das abschließend tun.

Teilwiederherstellung einer Datenbank mit vollständigem Wiederherstellungsmodell

Wie beim einfachen Wiederherstellungsmodell müssen Sie auch hier mit einer vollständigen oder einer Teilsicherung beginnen (die die primäre Dateigruppe enthalten muss).

Eine zeitpunktgenaue Wiederherstellung ist unter folgenden Umständen möglich:

- Der erste `RESTORE DATABASE`-Befehl enthält die Option `PARTIAL`.
- Für die zeitpunktgenaue Wiederherstellung einer les- und schreibbaren Dateigruppe brauchen Sie eine ununterbrochene Sicherungskette und müssen den gewünschten Zeitpunkt in der Wiederherstellungsanweisung angeben.

▶ **Weitere Informationen über die schrittweise Wiederherstellung einschließlich einiger Codebeispiele erhalten Sie auf *https://docs.microsoft.com/sql/relational-databases/backup-restore/piecemeal-restores-sql-server.***

Einschränkungen

Wenn Sie während einer Teilwiederherstellung eine `FILESTREAM`-Dateigruppe überspringen, können Sie sie nur mit einer Wiederherstellung der kompletten Datenbank wiederherstellen.

Aufstellen einer Wiederherstellungsstrategie

Denken Sie an das Beispiel vom Anfang dieses Kapitels zurück, in dem alles, was schiefgehen konnte, tatsächlich schiefging. Wir werden hier einige Probleme beleuchten, die mit einem angemessenen Wiederherstellungsplan hätten vermieden werden können. Den Herstellungsplan können Sie dann Schritt für Schritt anhand des Verfahrenshandbuchs umsetzen.

Das Wort »Strategie« bedeutet, dass es sich um ein langfristiges Ziel handelt. Sie müssen Ihre Wiederherstellungsstrategie stets an die Änderungen in Ihrer Umgebung anpassen. Ein Verfahrenshandbuch ist ein dynamisches Dokument, das Sie testen und dabei inkrementell verbessern.

Wir werden uns auch mit Wiederherstellungsstrategien für Hybridumgebungen beschäftigen und kurz auf Azure SQL-Datenbank eingehen.

Ein Beispiel für eine Notfallwiederherstellungsstrategie

Bei der zu Beginn des Kapitels geschilderten Notfallwiederherstellung gab es eine Reihe vermeidbarer Probleme:

- Die USV befand sich nicht am richtigen Ort und es gab keine Reserve-USV.
- Es gab keine Reserveverbindung ins Internet.
- Es gab kein Verfahrenshandbuch als Anleitung für den ungeschickten Datenbankadministrator.
- Die Sicherheitseinstellungen des Notfallwiederherstellungsservers entsprechen nicht den empfohlenen Vorgehensweisen.
- Die außerhalb des Standorts gelagerten Sicherungen versagten.

Lassen Sie das Licht nicht ausgehen

An erster Stelle steht das Problem einer unzureichenden Notstromversorgung. Es gab keine angemessene Einrichtung, um die Nutzung elektrischer Geräte nach dem Stromausfall weiterhin zu ermöglichen. Infolgedessen war es nicht möglich, Laptops und Handys zu laden. Außerdem hätte die USV nicht an einem Ort aufgestellt werden dürfen, in dem sie von einer vom Schreibtisch fallenden Limodose getroffen werden konnte.

Sorgen Sie durch die Festlegungen in Ihrem Verfahrenshandbuch dafür, dass Notstromgeneratoren und USVs lange genug in der Lage sind, die Notbeleuchtung brennen zu lassen, Laptops zu laden und alle Netzwerkgeräte und Server am Laufen zu halten, damit sich Datenbankadministratoren an der SQL Server-Instanz anmelden können, um falls nötig das Protokollfragment zu sichern.

Vermerken Sie in Ihrem Verfahrenshandbuch auch die Kontaktdaten von Diesellieferanten, vor allem, wenn Ihre Generatoren mehrere Stunden laufen müssen.

Sehr wichtig ist auch eine saubere Stromversorgung. Generatorstrom kann Spannungsschwankungen unterliegen, wodurch empfindliche elektronische Geräte beschädigt werden können. Versehen Sie den Generator mit einem Inverter und vergewissern Sie sich, dass er korrekt funktioniert.

Sorgen Sie für eine redundante Internetverbindung

Wenn Sie Ihre Sicherungen an einen auswärtigen Speicherort kopieren, haben Sie eine Hydridumgebung, in der die Systeme in verschiedenen Rechenzentren über virtuelle private Netzwerke (VPNs) verbunden sind. Sorgen Sie dafür, dass diese Routen auch dann genutzt werden können, wenn die Lichter ausgehen.

Halten Sie das Verfahrenshandbuch griffbereit

Drucken Sie das Verfahrenshandbuch aus und lagern Sie es an einem sicheren, aber leicht zugänglichen Ort (z. B. in einem feuerfesten Safe). Sie sollten auch eine elektronische Kopie bereithalten, die Sie bei einem Cloudprovider speichern und immer auf dem neuesten Stand halten.

Schützen Sie die auswärtigen Sicherungen

In unserem Beispiel hat der Datenbankadministrator versehentlich eine E-Mail gelöscht, die ihn darauf hinwies, dass der auswärtige Sicherungsspeicher fast voll war. Es war eine gute Idee, eine solche Warnung einzurichten, allerdings hat der Administrator nicht angemessen darauf reagiert. Außerdem wäre der Grund für diese Warnung vermeidbar gewesen, denn der Kollege, der für den Verbrauch des freien Speicherplatzes verantwortlich war, hätte gar nicht in der Lage sein dürfen, kritische Ressourcen des Unternehmens zu nutzen.

Die Sicherheit des auswärtigen Speicherorts für Sicherungen ist von entscheidender Bedeutung. Niemand sollte darauf Zugriff haben, außer um eine Wiederherstellung durchzuführen.

Prüfen und testen Sie die Sicherungen regelmäßig

Unser Datenbankadministrator ging davon aus, dass alle 15 Minuten eine Sicherung angelegt und sofort danach an den auswärtigen Standort kopiert wird. Das war jedoch nicht der Fall, sodass das Unternehmen nicht die Daten von 15, sondern von 27 Minuten verloren hat.

Automatisieren Sie den Sicherungsvorgang. Verwenden Sie Wartungspläne (siehe Kapitel 13) und bewährte Drittanbieter-Sicherungswerkzeuge wie die SQL Server Maintenance Solution von Ola Hallengren (*http://ola.hallengren.com*) oder MinionWare Backup (*http://www.minionware.net*).

Richten Sie einen Prozess ein, der prüft, ob die Sicherungen auch tatsächlich stattfinden, und testen Sie diesen Prozess häufig. Wenn beispielsweise der SQL Server-Agent abstürzt, wird keine der von Ihnen eingerichteten Benachrichtigungen ausgelöst. Testen Sie auch die Sicherungen, indem Sie sie auf einem separaten Computer kontinuierlich wiederherstellen und nach Möglichkeit `DBCC CHECKDB` ausführen. Wenn Sie es sich leisten können, sollten Sie den Protokollversand einrichten, sodass alle Sicherungen wiederhergestellt werden, sobald sie den auswärtigen Speicherort erreichen. Vergewissern Sie sich, dass alle Sicherungsdateien so bald wie möglich an einen auswärtigen Speicherort kopiert werden.

Überprüfen Sie auch zufällige Stichproben Ihrer Sicherungen, indem Sie ein Datum und eine Uhrzeit aus dem Sicherungsverlauf auswählen und die betreffende Sicherung wiederherstellen. Das dient nicht nur zum Testen der Sicherungen, sondern stellt auch eine gute Übung für den Unglücksfall dar. Führen Sie an allen wiederhergestellten Datenbanken `DBCC CHECKDB` aus.

Wenn Ihre Datenbanken immer größer werden, kann es sein, dass die Dienstgütevereinbarung überholt ist und die RTO nicht mehr eingehalten werden kann. Wenn Sie Tests durchführen, werden Sie auf diese Situation aufmerksam, bevor ein Problem eintritt. Dadurch können Sie die Durchführung von Sicherungen für die Zukunft optimieren.

Beispielsweise kann es schneller gehen, eine Azure-VM mit SQL Server hochzufahren und geschäftskritische Datenbanken aus einem Azure-Blobspeicher wiederherzustellen, statt sich mit VPN-Verbindungen und ausgefallener Hardware in einem anderen Rechenzentrum herumschlagen zu müssen.

Prüfen Sie die Sicherheit des Notfallwiederherstellungsstandorts

Halten Sie die Möglichkeiten für den sicheren Zugriff auf Ihren Notfallwiederherstellungsstandort (physisch und virtuell) immer auf dem neuesten Stand, insbesondere, wenn Mitarbeiter das Unternehmen verlassen. Sie wollen bestimmt nicht in die Lage kommen, um 3 Uhr nachts am Sonntagmorgen jemanden anrufen zu müssen, der schon seit zwei Jahren nicht mehr für Ihre Firma arbeitet, um ihn nach dem Kennwort für die Firewall zu fragen.

Wenn Sie für den Zugriff auf einen Server eine Remotedesktopverbindung nutzen müssen, dann schützen Sie sie durch ein VPN. Vergewissern Sie sich auch, dass alle zusätzlich erforderlichen Tools (wie `psexec` in unserem Beispiel) bereits heruntergeladen sind, und dokumentieren Sie ihre Verwendung.

Bewahren Sie alle Kennwörter und Schlüssel (symmetrische wie asymmetrische) in einem Kennwortmanager auf. Wo es sinnvoll ist, heben Sie auch einen Ausdruck zusammen mit dem Verfahrenshandbuch an einem sicheren Ort auf. Sorgen Sie dafür, dass digitale Zertifikate gesichert sind.

Automatisieren Sie die Wiederherstellungsskripte

Für den Fall, dass die Datenbank `msdb` nicht zugänglich ist und Sie nicht in der Lage sind, ein Wiederherstellungsskript aus dem Sicherungsverlauf der Datenbank zu generieren, müssen Sie ein Tool vorhalten, das ein Wiederherstellungsskript auf der Grundlage der Dateien in einem Ordner Ihres auswärtigen Speichers erstellt. Für solche Zwecke gibt es viele verschiedene Tools, unter anderem das kostenlose Dbatools (*https://dbatools.io*).

Üben Sie die Notfallwiederherstellung

Üben Sie zusammen mit den automatischen und manuellen Failovern Ihrer Hochverfügbarkeitsstrategie (siehe Kapitel 12) auch regelmäßig die Maßnahmen des Verfahrenshandbuchs. Lassen Sie das Handbuch auch von Mitgliedern Ihres Unternehmens durchsehen, die mit der Umgebung nicht vertraut sind. Sie können Ihnen wertvolle Hinweise zu den Annahmen geben, die Sie gemacht haben.

Den genauen Rhythmus legt natürlich Ihr Unternehmen fest, aber es sollte mindestens ein- oder zweimal im Jahr eine vollständige Notfallwiederherstellung geübt werden. Sollten irgendwelche Änderungen an dem Verfahrenshandbuch erforderlich werden, so müssen Sie sie sofort vornehmen. Wenn die Wiederherstellung fehlschlägt, notieren Sie sich, wie das geschah und was Sie getan haben, um das Problem zu lösen. Solche Informationen sind äußerst wertvoll.

Strategien für Cloud- und Hybridumgebungen

Viele Unternehmen kombinieren die lokale Infrastruktur mit Diensten an anderen Standorten wie Azure-Diensten, anderen Cloudanbietern und Rechenzentren von Dritten.

Datenwiederherstellung in einer Hybridumgebung

Die Strategie für die Datenwiederherstellung in einer Hybridumgebung ähnelt sehr stark derjenigen für eine lokale Umgebung, wobei Sie allerdings die Netzwerkverbindung, die Latenz und die Bandbreite berücksichtigen müssen.

Bei der Verwendung von Clouddiensten bewahren Sie nicht alle Daten in einer Region auf. Wenn Sie die Georeplikation nutzen, können Sie Ihre Geschäfte fortsetzen, selbst wenn eine Region nicht mehr zur Verfügung steht.

Es kann geschickt sein, Virtualisierungstechnologien zu nutzen, die Snapshots von VMs und Dateisystemen erlauben, um die virtuellen Server regelmäßig zu sichern. Ergänzen Sie diese Momentaufnahmen mit sorgfältig getesteten SQL Server-Sicherungen.

Beim Aufstellen einer Wiederherstellungsstrategie für eine Hybridumgebung sollten Sie einen zentralen, aber georeplizierten Notfallwiederherstellungsstandort auswählen.

Wenn Sie bereits Azure-Speicher für Ihre Sicherungen nutzen und die Datenbanken Ihrer Organisation in Azure-VM oder in Azure SQL-Datenbank wiederherstellen können, müssen Sie sich weniger Sorgen um die Netzwerkbandbreite und die Latenz machen.

Wenn Ihr ursprünglicher lokaler Standort nach dem Failover zu einem Notfallwiederherstellungsstandort wieder läuft, müssen Sie schließlich wieder zu dem lokalen Standort zurückwechseln.

Eine gute Sicherungskette sollte Migrationen und Upgrades überstehen können. Belassen Sie Ihre Datenbanken im vollständigen Wiederherstellungsmodell und führen Sie regelmäßig vollständige und Transaktionsprotokollsicherungen durch (sowie differenzielle Sicherungen, wenn dies angemessen ist). Sorgen Sie dafür, dass diese Sicherungen regelmäßig zu einem sicheren, auswärtigen Standort kopiert werden, der zentral gelegen und von jedem Knoten Ihrer Hybridumgebung aus zu erreichen ist. Dokumentieren Sie Ihre Wiederherstellungsstrategie und testen Sie sie und die Sicherungen regelmäßig.

Damit sind Sie für fast jeden Notfall gewappnet.

Wiederherstellen einer Datenbank in Azure SQL-Datenbank

In Kapitel 5 haben wir uns ausführlich mit der Verwaltung von Azure SQL-Datenbank beschäftigt, darunter auch mit Sicherung und Wiederherstellung. Bei der zeitpunktgenauen Wiederherstellung einer Sicherung müssen Sie die drei folgenden Optionen bedenken, die Sie ebenfalls in Ihrem Verfahrenshandbuch ansprechen sollten:

- **Ersetzen der Datenbank** Sie können eine vorhandene Datenbank durch eine Sicherung ersetzen, wenn die Dienst- und die Leistungsebene der Datenbank stimmen. Um eine vorhandene Datenbank zu ersetzen, benennen Sie die bisherige um und stellen die Sicherung unter dem alten Namen wieder her.

- **Daten wiedergewinnen** Wenn Sie Daten eines früheren Zeitpunkts wiedergewinnen müssen, können Sie die Datenbanksicherung unter einem anderen Datenbanknamen wiederherstellen und die Daten dann mit eigenen T-SQL-Skripten kopieren.
- **Gelöschte Datenbanken** Wenn Sie eine Datenbank gelöscht haben, können Sie sie während des Wiederherstellungsfensters in den Zustand vor der Löschung wiederherstellen.

Mit der Geowiederherstellungsfunktion ist es möglich, georedundante vollständige und differenzielle Sicherungen auf einem beliebigen Server der Azure-Region wiederherzustellen. Allerdings kann die Geowiederwiederherstellung auf der Leistungsebene Basic bis zu zwölf Stunden dauern. Diese geschätzte Wiederherstellungszeit müssen Sie bei der Festlegung der RTO bedenken.

▶ **Mehr über die Wiederherstellung von Datenbanken in Azure SQL-Datenbank einschließlich der damit verbundenen Kosten erfahren Sie in Kapitel 5 sowie auf *https://docs.microsoft.com/azure/sql-database/sql-database-recovery-using-backups*.**

Kapitel 12

Hochverfügbarkeit und Notfallwiederherstellung

Kein Server ist eine Insel (zumindest ist er nicht dafür vorgesehen). Ausfallzeiten von Anwendungen sind kostspielig. Datenverluste können zum Ruin eines Unternehmens führen. Als Ergänzung zu der Beschreibung von Sicherungen in Kapitel 11 sehen wir uns in diesem Kapitel ausführlich die in SQL Server verwendeten Technologien für Hochverfügbarkeit und Notfallwiederherstellung an. Was können Sie noch tun, außer Sicherungen anzulegen?

Als Erstes geben wir hier einen Überblick über die verfügbaren Technologien – Protokollversand, Replikation, Failovercluster und Verfügbarkeitsgruppen. Anschließend werfen wir einen genaueren Blick auf die Konfiguration von Failoverclustern und Verfügbarkeitsgruppen in Windows und Linux. Die Unterstützung von SQL Server 2017 für Linux schließt auch Verfügbarkeitsgruppen ein, weshalb wir eine ausführliche, schrittweise Anleitung geben, um eine Verfügbarkeitsgruppe in Red Hat Linux einzurichten. Am Ende des Kapitels beschäftigen wir uns mit der Verwaltung von Verfügbarkeitsgruppen, darunter mit Überwachung, Leistungsanalyse und Benachrichtigungen.

▶ **In diesem Kapitel geht es um SQL Server-Instanzen. Die in Azure SQL-Datenbank verfügbaren Notfallwiederherstellungstechnologien wurden in Kapitel 5 beschrieben.**

Überblick über Hochverfügbarkeits- und Notfallwiederherstellungstechnologien in SQL Server

Als professionelle Datenplattform für Unternehmen bietet SQL Server Funktionen, um für Hochverfügbarkeit zu sorgen und eine Notfallwiederherstellung zu ermöglichen. Um die Vorteile dieser Technologien voll ausschöpfen zu können, müssen Sie sie korrekt einrichten, was etwas Mühe und zusätzliche Investitionen erfordert. Der Aufwand und die Kosten, die Sie in eine Hochverfügbarkeitslösung stecken, sollten jedoch niemals den Wert der gespeicherten Daten für das Unternehmen übersteigen.

Anders ausgedrückt, nicht alle Datenbanken auf sämtlichen Servern müssen hochverfügbar gemacht und zur Notfallwiederherstellung georepliziert werden. Je nach dem Wert der Daten und den Maßgaben der Dienstgütevereinbarung kann es zur Vorbereitung auf Notfälle schon ausreichen, Sicherungen an einem auswärtigen Standort zur Verfügung zu haben. (Kopieren Sie Ihre Sicherungen immer sofort an den auswärtigen Standort und testen Sie sie regelmäßig.)

Für die Fälle, die zusätzliche Investitionen rechtfertigen, stehen viele Technologien zur Verfügung. Einige sorgen für Hochverfügbarkeit, andere für Notfallwiederherstellung, und einige wenige für beides. In diesem ersten Abschnitt wollen wir uns die verschiedenen Technologien ansehen, die es in SQL Server gibt, um eine hochverfügbare Umgebung zu erstellen und sich auf eine Notfallwiederherstellung vorzubereiten.

Hinweis

Bevor wir uns die einzelnen Technologien ansehen, müssen wir den Unterschied zwischen Hochverfügbarkeit und Notfallwiederherstellung klären. Hochverfügbarkeit bedeutet, dass die Datenbanken bei Hardware- und Softwarefehlern weiterhin verfügbar bleiben, ohne dass dazu manuelles Eingreifen erforderlich ist. Bei der Notfallwiederherstellung geht es darum, bei einem schwerwiegenden Zwischenfall keine Daten zu verlieren. Die Daten können dabei jedoch zeitweilig nicht verfügbar sein, bis Sie den Notfallwiederherstellungsplan komplett ausgeführt haben.

Protokollversand

Mit der Protokollversandfunktion von SQL Server ist es möglich, in einer zweiten Instanz eine Kopie der Datenbank anzulegen. Dabei werden die Transaktionsprotokollsicherungen der Datenbank in der primären Datenbank in einer oder mehr sekundären Instanzen automatisch wiederhergestellt. Den Protokollversand müssen Sie für jede Datenbank einrichten, für die Sie ihn nutzen wollen.

Hinweis

Transaktionsprotokollsicherungen können Sie nur vornehmen, wenn die Datenbank das vollständige oder das massenprotokollierte Wiederherstellungsmodell verwendet. Bei Datenbanken mit dem einfachen Wiederherstellungsmodell ist kein Protokollversand möglich. Mehr Informationen darüber erhalten Sie in Kapitel 11.

Der Protokollversand bietet jedoch keine Hochverfügbarkeit, denn im Gegensatz zu anderen Funktionen gibt es hier keine Möglichkeit, einen Failover zu der Kopie der Datenbank durchzuführen oder die Benutzerverbindungen dorthin umzuleiten. Sie können den Protokollversandauftrag so einrichten, dass die sekundäre Datenbank im Standbymodus läuft, was einen reinen Lesezugriff ermöglicht. Benutzer, die auf die Datenbank zugreifen, blockieren dann aber die Wiederherstellung des nächsten Transaktionsprotokolls in der Kette. Allerdings können Sie die Funktion so einrichten, dass die Benutzer bei einer anstehenden Wiederherstellung von der sekundären Datenbank getrennt werden.

Alle Protokolle werden in der sekundären Datenbank gespeichert und mit `WITH NORECOVERY` wiederhergestellt. Dadurch verbleibt die Datenbank immer im Zustand `In Wiederherstellung ...`, sodass es keine Möglichkeit gibt, darauf zuzugreifen. Tritt ein Unglücksfall ein, können Sie die letzte Transaktionsprotokollsicherung von der Quelle wiederherstellen oder, falls keine mehr zur Verfügung steht, die Zieldatenbank einfach online schalten.

Meistens wird der Protokollversand dazu genutzt, Sicherungen kontinuierlich zu einem auswärtigen SQL Server-Computer für die Notfallwiederherstellung zu übertragen. Wenn die primäre Datenbank einem Unglück zum Opfer gefallen ist, können Sie die sekundäre Datenbank dann regenerieren (`RECOVERY`), eine Sicherung davon anlegen und sie als primäre

Datenbank wiederherstellen. Eine weitere häufige Anwendung des Protokollversands besteht darin, eine »Rückspul-Kopie« der Datenbank anzulegen, wobei die Wiederherstellung der Transaktionsprotokollsicherungen in der sekundären Instanz verzögert wird, sodass im Falle von Datenbeschädigungen, etwa aufgrund eines Anwendungsfehlers oder menschlichen Versagens, noch eine Version der Datenbank im unbeschädigten Zustand zur Verfügung steht.

Azure SQL-Datenbank kann zurzeit nicht als Ziel für den Protokollversand verwendet werden.

Der Protokollversand bildet zwar eine einfache und effektive Möglichkeit, um sekundäre Datenbanken einzurichten, weist aber einige Mängel auf. Erstens ist es nicht möglich, noch andere Transaktionsprotokollsicherungen außer denen für den Protokollversand anzulegen. Das heißt, dass Sie einen Ausgleich zwischen der Replikationshäufigkeit für die Notfallwiederherstellung und der Häufigkeit von Transaktionsprotokollsicherungen für die zeitpunktgenaue Wiederherstellung finden müssen, z. B. nach einem Benutzerfehler. Zweitens müssen Sie aber den Mehraufwand berücksichtigen, der für die häufigen Sicherungen für den Protokollversand – die Sie sogar jede Minute vornehmen können – und ihre Übertragung über das Netzwerk anfällt.

Unter dem Strich können Sie den Protokollversand als eine rudimentäre Form von Notfallwiederherstellung betrachten. (Er wurde auch tatsächlich bereits in SQL Server 7.0 eingeführt.) Das, was sie tun kann, erledigt diese Funktion gut. Sie kann monate- und sogar jahrelang kontinuierlich die Kette der Transaktionssicherungsprotokolle auf eine Datenbank an einem anderen Ort übertragen. Im Folgenden wollen wir uns kurz ansehen, wie Sie den Protokollversand einrichten.

Einrichten des Protokollversands

Für den Protokollversand wird der SQL Server-Agent verwendet, der Aufträge nach einem Zeitplan ausführt. Daher müssen Sie dafür sorgen, dass der SQL Server-Agent-Dienst für den automatischen Start konfiguriert ist.

Um den Protokollversand einzurichten, müssen Sie als Erstes eine Netzwerkfreigabe für den Ordner anlegen, in dem die Transaktionsprotokollsicherungen gespeichert werden sollen. Für diesen Ordner und die Freigabe sind besondere Berechtigungen nötig, die von verschiedenen Faktoren abhängen. Wir empfehlen, für die Aufträge des SQL Server-Agents Domänenproxykonten zu verwenden.

Bei dieser empfohlenen Konfiguration muss das Proxykonto für den Auftrag zur Sicherung des Transaktionsprotokolls (der auf dem primären Server läuft) über Lese- und Schreibzugriff auf den Ordner bzw. die Netzwerkfreigabe verfügen (je nachdem, ob sich der Ordner auf dem primären Server befindet oder nicht). Das Proxykonto für den Auftrag zum Kopieren der Sicherungen, der auf dem sekundären Server läuft, benötigt Lesezugriff auf die Dateifreigabe.

Wenn Sie den Protokollversand in SQL Server Management Studio einrichten, wird unter Verwendung Ihrer Anmeldeinformationen eine vollständige Sicherung der Datenbank von der Netzwerkfreigabe auf dem sekundären Server wiederhergestellt. Bei der Verwendung von T-SQL-Skripten müssen Sie diese Sicherung manuell kopieren und wiederherstellen.

Achtung

Damit SQL Server die sekundäre Datenbank während der Konfiguration erstellen kann, werden die Daten- und Protokolldateien dieser Datenbank standardmäßig in demselben Volume untergebracht wie die Daten- und Protokolldatei der Datenbank `master` für die Zielinstanz. Mit der Schaltfläche *Wiederherstellungsoptionen* in *Sekundäre Datenbank initialisieren* können Sie die Zielverzeichnisse für die Daten- und Protokolldatei auf dem sekundären Server ändern.

Auf der primären SQL Server-Instanz erstellt die Funktion für den Protokollversand einen SQL Server-Agent-Auftrag namens `LSBackup_`*Datenbank*, um die Transaktionsprotokolle in der Netzwerkfreigabe zu sichern. Sie müssen den Zeitplan für den Auftrag zur Sicherung der Protokolle nach Ihren Bedürfnissen für die Notfallwiederherstellung einrichten. Berücksichtigen Sie dabei aber den Mehraufwand und die erforderliche Zeit, um die Sicherungen anzulegen und wiederherzustellen.

Für den Protokollversand wird außerdem der SQL Server-Agent-Auftrag `LSAlert_`*primäre-Instanz* angelegt, der fehlschlägt, wenn in dem gewünschten Fenster keine Sicherung erkannt wird. Richten Sie eine Warnung ein, um sich per E-Mail benachrichtigen zu lassen, wenn dieser Auftrag fehlschlägt, oder überwachen Sie das SQL Server-Fehlerprotokoll auf den dadurch hervorgerufenen Fehler vom Schweregrad 16.

▶ **Mehr über die Einrichtung von Warnungen erfahren Sie in Kapitel 14.**

Auf der sekundären SQL Server-Instanz werden für den Protokollversand drei Aufträge des SQL Server-Agents eingerichtet: `LSCopy_`*primäreInstanz* kopiert die Sicherungsdateien von der Dateifreigabe auf den sekundären Server, `LSRestore_`*primäreInstanz* stellt die Transaktionsprotokollsicherungen kontinuierlich wieder her, und `LSAlert_`*sekundäreInstanz* löst einen Fehler aus, wenn nach einer bestimmten Zeit keine Protokollsicherung erkannt wird.

Bei der Verwendung von SQL Server Management Studio erfolgen diese Einrichtungsschritte größtenteils automatisch. Anderenfalls müssen Sie diese Aufträge manuell planen und einschalten. Beachten Sie zur optimalen Einrichtung des Protokollversands die beiden folgenden Empfehlungen:

- Richten Sie die Dateifreigabe auf einem anderen Server als dem primären Datenbankserver ein. Dadurch ist es nur einmal erforderlich, die Daten vom primären Server zu kopieren. Befindet sich die Dateifreigabe auf dem primären Server, würde jede sekundäre Instanz eine Kopie der Sicherungsdateien auslösen. Bei mehr als einer sekundären Instanz wird dadurch der Netzwerkdatenverkehr zu Ihrem primären Server erhöht.
- Überwachen Sie die Protokollversandaktivitäten mit dem in SQL Server Management Studio verfügbaren Bericht und richten Sie Alarme ein.

Arten der Replikation

Die Replikation bietet verschiedene Möglichkeiten, um das Schema und die Daten von einer Datenbank zu einer anderen zu kopieren. Da wir uns in diesem Kapitel mit Hochverfügbarkeits- und Notfallwiederherstellungstechnologien befassen, wollen wir uns auch die Replikation unter diesem Gesichtspunkt ansehen.

Es gibt drei Hauptarten der Replikation, nämlich die *Transaktionsreplikation*, die *Mergereplikation* und die *Momentaufnahmereplikation*. Jede dieser Replikationsarten weist ihre eigenen Vor- und Nachteile auf und ist dadurch mehr oder weniger für Hochverfügbarkeit oder Notfallwiederherstellung geeignet. Andere Verwendungszwecke für die Replikation sind die Unterstützung von Clients, die gelegentlich offline sind, die Integration von heterogenen Datenspeichern, die Auslagerung von Verarbeitungs- und Berichtsarbeitslasten usw.

Die Transaktions- und die Mergereplikation können optional auch in beide Richtungen durchgeführt werden. Das bietet viele Möglichkeiten, allerdings muss die Datenbank dazu ausgelegt sein, dass Aktualisierungen an mehr als einer Stelle vorkommen können. Auch die Anwendung muss in der Lage sein, mit solchen Operationen umzugehen.

Bei der Peer-to-Peer-Replikation ist eine Multimasterreplikation möglich. Ebenso wie die Mergereplikation kann sie die Grundlage einer Anwendungsarchitektur bilden. Neben einer horizontalen Skalierung kann die Peer-to-Peer-Replikation auch Hochverfügbarkeit bieten, wenn die Anwendung so eingerichtet ist, dass sie nach einer fehlgeschlagenen Anmeldung an ihrer bevorzugten Instanz eine Verbindung zu einer anderen Instanz versucht.

Hinweis

Die SQL Server-Replikation ist eine Funktion des Datenbankmoduls, die separat installiert werden kann. Damit die entsprechende Replikationsmethode zur Verfügung steht, muss die Instanz also mit der entsprechenden Option installiert oder geändert worden sein.

Bei allen Arten der Replikation gibt es einen Herausgeber und einen oder mehrere Abonnenten. Der *Herausgeber* ist die SQL Server-Instanz mit der ursprünglichen Datenbank, während es sich bei einem *Abonnenten* um eine SQL Server-Instanz mit einer Zieldatenbank für die Replikation handelt.

Daneben gibt es noch den *Verteiler*, der dafür zuständig ist, Daten vom Herausgeber zu beziehen und an die Abonnenten weiterzuleiten. Er fungiert als Mittler, da Herausgeber und Abonnenten nicht unmittelbar miteinander umgehen. Der Verteiler kann sich auf derselben SQL Server-Instanz befinden wie der Herausgeber, allerdings sollten Sie aus Gründen der Leistung besser einen anderen SQL Server-Dienst als Verteiler einrichten.

Das Modell, bei dem die Herausgeberinstanz als ihr eigener Verteiler fungiert, wird als *Push-Abonnement* bezeichnet. Nur bei diesem Modell ist es möglich, eine Datenbank in Azure SQL-Datenbank zu replizieren. Wird dagegen eine andere Instanz als Verteiler verwendet, sprechen wir von einem *Pull-Abonnement*.

Unabhängig von der Art der Replikation werden *Artikel* übertragen. Dabei kann es sich um Tabellen, gespeicherte Prozeduren und Sichten handeln. Es werden sowohl Daten- als auch die meisten Schemaänderungen synchronisiert. Bei Sichten müssen die zugrunde liegenden Datentabellen ebenfalls zu der Publikation gehören. Sie können Artikel so filtern, dass darin nicht alle Spalten oder Zeilen einer Tabelle enthalten sind.

Expertentipp

Welche Einschränkungen gibt es für die SQL Server-Replikation von Schemaänderungen?

Änderungen am Tabellenschema von Publikationsdatenbanken können nur mithilfe von T-SQL oder SQL Server-Verwaltungsobjekten (SQL Server Management Objects, SMOs) vorgenommen werden. SQL Server Management Studio versucht, die Tabellen zu löschen und neu zu erstellen, anstatt `ALTER TABLE`-Anweisungen auszuführen.

Eine Löschung von Replikationsartikeln ist aber nicht zulässig. Eine Schemaänderung, die mit SQL Server Management Studio ausgeführt wird, schlägt daher fehl.

Außerdem sind bei Replikationsartikeln bestimmte Schemaänderungen nicht zulässig. Insbesondere wird der Versuch fehlschlagen, Indizes ausdrücklich zu erstellen, zu ändern oder zu löschen.

▶ **Eine Aufstellung weiterer Dinge, die Sie bei Schemaänderungen und der Replikation berücksichtigen müssen, finden Sie auf *https://docs.microsoft.com/sql/relational-databases/replication/publish/make-schema-changes-on-publication-databases#considerations-for-schema-changes*.**

Momentaufnahmereplikation

Als Erstes beschäftigen wir uns mit der Momentaufnahmereplikation, da sie zur ursprünglichen Verteilung des Schemas und der Daten für die Transaktions- und die Mergereplikation verwendet wird (wobei es jedoch auch andere Möglichkeiten gäbe, um die ursprüngliche Kopie der Datenbank an die Abonnenten zu liefern).

Die Momentaufnahmereplikation wird durch ihre Bezeichnung schon sehr gut beschrieben: Bei dieser Methode wird eine Momentaufnahme der Datenbank angefertigt und dann auf eine andere SQL Server-Instanz übertragen. Anders als die Merge- und die Transaktionsreplikation läuft die Momentaufnahmereplikation nicht nach einem Zeitplan ab und wird auch nicht wiederholt für einen Abonnenten angewendet. Es erfolgt keine Überwachung auf Daten- und Schemaänderungen. Wenn Sie eine weitere Replikation benötigen, müssen Sie eine neue Momentaufnahme der gesamten Datenbank vornehmen und an alle Abonnenten übertragen.

Diese Art der Replikation ist von Vorteil, wenn sich die Daten nur selten ändern. Wenn Änderungen auftreten, ist der Aufwand jedoch erheblich. Im Prinzip entspricht dies dem Vorgang, eine Datei zu sichern und wiederherzustellen. Anders als bei einer Sicherung können Sie jedoch einzeln auswählen, welche Datenbankobjekte Sie in die Momentaufnahme aufnehmen wollen.

Bei der Momentaufnahmereplikation gibt es keinen ständigen Mehraufwand dafür, inkrementelle Änderungen zu verfolgen, dafür aber werden beim Erstellen und Ausliefern einer neuen Momentaufnahme erhebliche Ressourcen belegt.

Wenn Sie die ursprüngliche Momentaufnahme für die Transaktions- oder Mergereplikation anlegen, sollten Sie die standardmäßige Synchronisierungsmethode der gleichzeitigen Momentaufnahmeverarbeitung beibehalten, da beim Erstellen der Momentaufnahme sonst

Sperren auf den für die Replikation ausgewählten Tabellen eingerichtet und gehalten werden. In Abhängigkeit von verschiedenen Faktoren, darunter dem Umfang der Daten und den verfügbaren Ressourcen auf dem Herausgeber, kann das Erstellen der Momentaufnahme so lange dauern, dass Aktualisierungsoperationen aufgrund der Sperren fehlschlagen. Bei der gleichzeitigen Momentaufnahmeerstellung werden Sperren nicht für die gesamte Dauer des Vorgangs gehalten.

▶ **Eine Beschreibung der Rollen, die die einzelnen Komponenten bei der Momentaufnahmereplikation spielen, finden Sie auf *https://docs.microsoft.com/sql/relational-databases/replication/snapshot-replication*.**

Mergereplikation

Die Mergereplikation wird gewöhnlich nicht für Hochverfügbarkeit und Notfallwiederherstellung eingesetzt. Sie eignet sich sehr gut für die Zwei-Wege-Synchronisierung zwischen verschiedenen Exemplaren einer Datenbank auf mehreren SQL Server-Instanzen. Grob ausgedrückt werden dazu Schema- und Datenänderungen mithilfe von Triggern verfolgt.

Jede veröffentlichte Tabelle muss eine Spalte vom Typ `uniqueidentifier` und der Eigenschaft `ROWGUIDCOL` verfügen. Gibt es keine solche Spalte, so wird eine unter dem Namen `rowguid` erstellt. Bei einer bereits vorhandenen Spalte dieser Art spielt der Name keine Rolle.

Hinweis

Die Eigenschaft `ROWGUIDCOL` bedeutet, dass der Wert der Spalte vom Datenbankmodul automatisch aktualisiert wird.

Die Mergereplikation kann auch die Grundlage für die Anwendungsarchitektur bilden und zur Synchronisierung von Änderungen in Artikeln zwischen den Instanzen verwendet werden.

▶ **Weitere Informationen über die Mergereplikation erhalten Sie auf *https://docs.microsoft.com/sql/relational-databases/replication/merge/merge-replication*.**

Transaktionsreplikation

Für die Notfallwiederherstellung ist die Transaktionsreplikation von allen drei Arten am besten geeignet. Sie funktioniert auch bei einem hohen Aufkommen von Transaktionen gut, bietet geringe Latenz und garantiert transaktionale Konsistenz. Außer für die Notfallwiederherstellung kann sie auch für Data-Warehouse-Projekte eingesetzt werden, um dort nur die benötigten Tabellen, Spalten und Zeilen zu verschieben. Allerdings kann ein maßgeschneidertes SQL Server Integration Services-Paket für diesen Zweck eine bessere Leistung, Anpassungsfähigkeit und Wartungsfreundlichkeit bieten.

An der Transaktionsreplikation sind die folgenden Komponenten beteiligt:

- **Herausgeber** Die SQL Server-Instanz, die die Datenbank für die Replikation veröffentlicht.
- **Abonnent** Die SQL Server-Instanz, die die replizierten Daten empfängt.

- **Verteiler** Die SQL Server-Instanz, die die replizierten Daten vom Herausgeber auf die Abonnenten verteilt. Sie können sich den Verteiler als Mittler vorstellen. Es kann sich dabei um dieselbe Instanz wie die des Herausgebers oder eines Abonnenten handeln.
- **Artikel** Ein repliziertes Datenbankobjekt. Neben dem Schema und den Daten von Tabellen können Sie auch die Ausführung von gespeicherten Prozeduren replizieren. Um die replizierten Daten einzuschränken, können Zeilen- und Spaltenfilter auf die Artikel angewendet werden.
- **Verteilungsdatenbank** Die Verteilungsdatenbank ist auf dem Verteiler untergebracht und speichert bei allen Arten der Replikation Meta- und Verlaufsdaten. Bei der Transaktionsreplikation enthält sie außerdem die Transaktionen, die noch nicht an die Abonnenten übertragen wurden.
- **Protokolllese-Agent** Der Protokolllese-Agent, der auf dem Verteiler läuft, liest das Transaktionsprotokoll der Publikationsdatenbank und entnimmt ihm die zu replizierenden Befehle, die dann der Verteilungsdatenbank hinzugefügt werden. Dort werden sie so lange gespeichert, bis alle Abonnenten sie erhalten haben oder die Aufbewahrungsfrist abgelaufen ist.
- **Verteilungs-Agent** Der Verteilungs-Agent verschiebt Transaktionen von der Verteilungsdatenbank zu den Abonnenten. Optional kann er auch prüfen, ob die Daten auf dem Herausgeber und den Abonnenten übereinstimmen. Bei Push-Abonnements wird dieser Agent auf dem Verteiler ausgeführt, bei Pull-Abonnements auf dem Abonnenten.

Hinweis

Bei der Transaktionsreplikation sind aktualisierbare Abonnements, Peer-to-Peer-Replikation und bidirektionale Replikation möglich. Diese Publikationsarten weisen jeweils ihre eigenen Vor- und Nachteile bei der Handhabung von Änderungen auf, die ihren Ursprung beim Abonnenten haben. Da eine Peer-to-Peer-Topologie dazu dient, die Leseskalierung und die Verschiebung von Daten zwischen Instanzen zu verbessern, aber nicht für Hochverfügbarkeit ausgelegt ist, werden wir sie in diesem Kapitel nicht behandeln.

▶ **Einzelheiten über die verschiedenen Publikationsarten erhalten Sie auf *https://docs.microsoft.com/sql/relational-databases/replication/transactional/publication-types-for-transactional-replication*.**

Failovercluster

Failovercluster bilden eine vollautomatische Hochverfügbarkeitslösung zum Schutz gegen Serverausfälle aufgrund von Hardware- oder Softwarefehlern. Als Grundlage dient ein Windows Server-Failovercluster (WSFC). Wenn die Serverhardware oder -software eines aktiven Clusterknotens ausfällt, erkennt der WSFC dies und startet die Instanz des SQL Server-Datenbankmoduls auf einem anderen Knoten. SQL Server Integration Services und SQL Server Reporting Services sind nicht Bestandteil eines Failoverclusters. Um diese Dienste hochverfügbar zu machen, gibt es andere Methoden, die wir in diesem Buch aber nicht behandeln werden.

Hinweis

Mit SQL Server 2106 (und höher) und Windows Server 2016 können Sie WSFCs mit Zertifikaten erstellen, anstatt Active Directory-Dienstkonten zu verwenden. Diese Variante wird als Arbeitsgruppencluster bezeichnet und beruht auf einem Konzept von Windows Server 2012 R2, dem von Active Directory getrennten Cluster, der aber immer noch eine Domäne benötigte. In einem Arbeitsgruppencluster können Sie eine domänenunabhängige Verfügbarkeitsgruppe für eine beliebige Zusammenstellung von Windows Server-Knoten erstellen, die sich nicht alle in derselben Domäne befinden, ja nicht einmal einer Domäne angehören müssen. Weitere Informationen erhalten Sie auf *https://docs.microsoft.com/sql/database-engine/availability-groups/windows/domain-independent-availability-groups*.

Das ist von großem Vorteil, da der Failover von einer SQL Server-Instanz zur anderen automatisiert abläuft und meistens nur wenige Sekunden erfordert. Aber selbst wenn die Clientverbindungen bei dem Failover gestört werden und SQL Server neu gestartet werden muss, werden die Verbindungen gewöhnlich unmittelbar wiederhergestellt, ohne dass dafür eine besondere Konfiguration der Clients erforderlich wäre. Nach dem Failover hat die aktive Instanz denselben DNS-Namen und dieselbe IP-Adresse wie vorher. Clients öffnen einfach eine neue Verbindung mit demselben Verbindungsstring und fahren mit ihrer Arbeit fort.

Für Failovercluster ist keine Form von Replikation oder Datenduplizierung erforderlich. Stattdessen werden die Daten und Protokolle von SQL Server in einem gemeinsamen Speicher abgelegt, auf den jeder Clusterknoten zugreifen kann. Welcher Knoten eine aktive Verbindung zu dem gemeinsamen Speicher hat, bestimmt der WSFC. Er sorgt dafür, dass immer nur ein Knoten auf einmal in den Speicher schreiben kann. Clusterdatenträger erscheinen nur auf dem Server, der sie »besitzt«.

Hinweis

Wir nennen jede Form von Speicher, auf die alle Knoten eines Clusters zugreifen können, »gemeinsamen Speicher«. In Versionen vor SQL Server 2012 musste dieser Speicher über eine Bustopologie wie ein Fibre-Channel-Speichernetzwerk (SAN) oder ein gemeinsames SAS-SAN mit allen Clusterknoten verbunden sein. Seit SQL Server 2012 können auch Dateifreigaben als gemeinsamer Speicher verwendet werden, und seit SQL Server 2016 und Windows Server 2016 auch S2D (Storage Spaces Direct) und CSV (Cluster Shared Volumes). Angesichts all dieser Möglichkeiten kann die Auswahl des geeigneten Speichers zwar etwas kompliziert werden, aber dafür werden SQL Server-Failovercluster für eine viel breitere Palette von Bereitstellungen verwendbar.

Unabhängig davon, welche Option Sie für den gemeinsamen Speicher auswählen, müssen Sie dafür sorgen, dass sie nicht zu einem kritischen Fehlerpunkt wird. Der gesamte Pfad von den Clusterknoten zum Speicher muss redundant sein. Bei herkömmlichem gemeinsamen Speicher ist dazu meistens die Einrichtung von MPIO (Multipath I/O) erforderlich, um zu verhindern, dass ein einziger gemeinsamer Datenträger von jedem Knoten mehrmals erkannt wird. Viele Speicherhersteller bieten einen Softwaretreiber, der die Windows-Funktion MPIO verwendet, als erforderliches gerätespezifisches Modul an. Für Fibre-Channel- und iSCSI-SANs können Sie auch das allgemeine gerätespezifische Modul von Microsoft verwenden, wenn Ihr Hersteller keines anbietet.

▶ **Mehr über die Implementierung von MPIO erfahren Sie auf *https://technet.microsoft.com/library/ee619734.aspx*.**

Die Verwendung eines WSFC stellt zusätzliche Anforderungen an die Hardware und Software der einzelnen Knoten sowie des gemeinsamen Speichers. Alle Knoten des WSFC müssen die gleiche Hardware verwenden, einschließlich der gleichen Treiberversionen. Auch die Software auf den Knoten muss bis zu den Betriebssystempatches identisch sein. Mit dem Konfigurationsüberprüfungs-Assistenten (siehe Abb. 12.1) sowie mit dem PowerShell-Cmdlet `Test-Cluster` können Sie die Eignung ausgewählter Server als Clusterknoten ausführlich überprüfen. Microsoft unterstützt nur Cluster, die diesen Test bestehen.

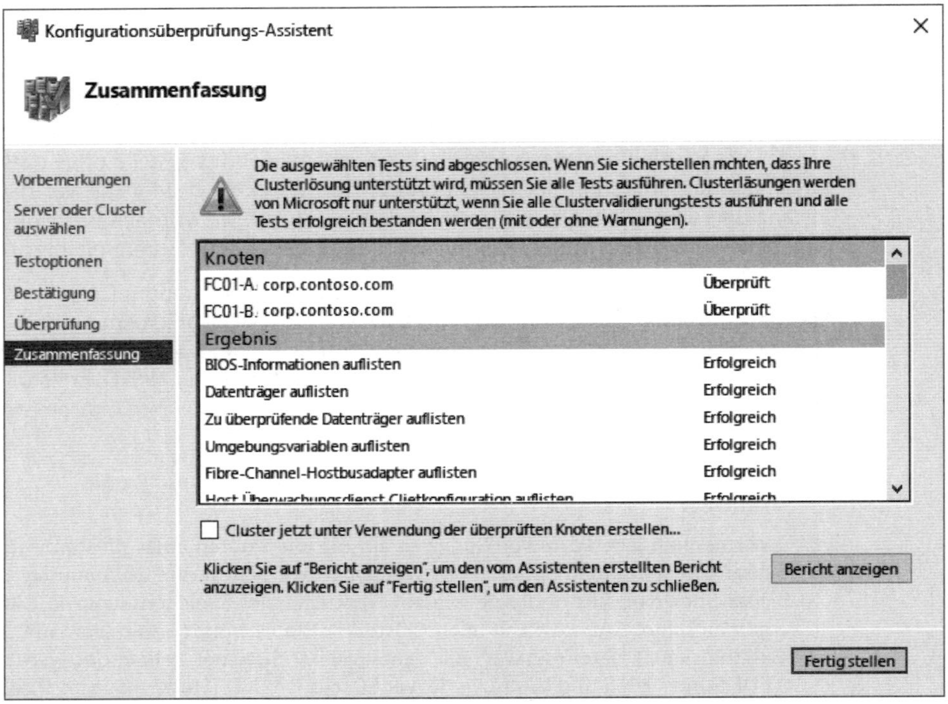

Abbildung 12.1 Die Zusammenfassungsseite des Konfigurationsüberprüfungs-Assistenten mit der Angabe, dass die ausgewählten Clusterknoten validiert wurden

▶ **Einzelheiten über die erforderliche Konfiguration des Betriebssystems und von SQL Server zum Erstellen einer Failoverclusterinstanz erhalten Sie im Abschnitt »Einrichten von Failoverclusterinstanzen« weiter hinten in diesem Kapitel.**

Failoverclusterinstanzen für die Notfallwiederherstellung

Wenn Sie einen SQL Server-Failovercluster als Stretched-Cluster konfigurieren, bietet er auch Möglichkeiten für die Notfallwiederherstellung. In einem solchen Cluster befinden sich einige Knoten in einem gewissen Abstand von den anderen. Die Kommunikation im Cluster erfolgt über ein WAN. Die abseits gelegenen Knoten haben keinen Zugriff auf den gemeinsamen Speicher, weshalb eine Replikation von den Clusterknoten am primären Standort zu den Clusterknoten in den Remotestandorten eingerichtet sein muss.

▶ **Informationen über Multisubnetzcluster in SQL Server einschließlich Hinweisen zu den IP-Adressen erhalten Sie auf *https://docs.microsoft.com/sql/sql-server/failover-clusters/windows/sql-server-multi-subnet-clustering-sql-server*. Mehr über die Einrichtung von Multisubnetzclustern für Verfügbarkeitsgruppen erfahren Sie im Abschnitt »Korrekte Einrichtung von RegisterAllProvidersIP und MultiSubnetFailover« weiter hinten in diesem Kapitel.**

Hinweis

Statt eines Stretched-Clusters zur Notfallwiederherstellung sollten Sie zwei unabhängige Cluster erstellen, einen für jeden Standort. Um die Daten zwischen den Standorten zu replizieren, richten Sie Verfügbarkeitsgruppen ein.

Verfügbarkeitsgruppen

Verfügbarkeitsgruppen können sowohl zur Hochverfügbarkeit als auch zur Notfallwiederherstellung beitragen. Eine solche Gruppe besteht aus einer oder mehreren Datenbanken, die als *Verfügbarkeitsdatenbanken* bezeichnet werden und gemeinsam einem Failover unterzogen werden. Der Failover kann automatisch oder manuell erfolgen, und in letzterem Fall sind geplante sowie erzwungene Failover möglich. Nur bei einem erzwungenen manuellen Failover können Datenverluste auftreten. Die sekundären Replikate können optional auch lesbar sein, um einen Teil des Lesezugriffs von den primären les- und schreibbaren Datenbanken zu verlagern.

Wie in früheren Kapiteln bereits erwähnt sind Verfügbarkeitsgruppen die Nachfolgelösung und der Ersatz für die veraltete Funktion der Datenbankspiegelung. Sie bieten echte Fähigkeiten zur Notfallwiederherstellung und zur schreibgeschützten Nutzung der sekundären Datenbanken, die es bei der Datenbankspiegelung nicht gab.

Im Vergleich zur Datenbankspiegelung gibt es für Verfügbarkeitsgruppen auch viel aussagekräftigere dynamische Verwaltungssichten zur Überwachung sowie Dialogfelder in SQL Server Management Studio (und anderen Programmen). Dazu kommen noch die erheblichen Leistungsverbesserungen in SQL Server 2016 und die Erweiterung der Architektur in SQL Server 2017. Unter dem Strich bieten Verfügbarkeitsgruppen daher einen hervorragenden Funktionsumfang, den alle Datenbankadministratoren kennen sollten.

Hinweis

Viele Administratoren sind mit dem Microsoft Exchange-Begriff »Datenbankverfügbarkeitsgruppe« und seiner englischen Abkürzung »DAG« (Database Availability Group) vertraut. Dies hat jedoch nichts mit den Verfügbarkeitsgruppen in SQL Server zu tun; es handelt sich dabei um sehr unterschiedliche Technologien. Um Missverständnisse zu vermeiden, sollten Sie die Abkürzung DAG nicht für Verfügbarkeitsgruppen oder für verteilte Verfügbarkeitsgruppen (Distributed Availability Groups) verwenden.

Die Hauptfunktionen von Verfügbarkeitsgruppen

Die interne Codebezeichnung von Microsoft für das Verfügbarkeitsgruppenprojekt lautete *HADRON*. Dies war nicht einfach nur ein flotter Name mit Bezug auf einen aktuellen wissenschaftlichen Meilenstein, nämlich den Large Hadron Collider (LHC) unterhalb des französisch-schweizerischen Grenzgebiets. Dort wurden im Jahr 2010 zum ersten Mal hochenergetische Partikel zur Kollision gebracht, und praktisch gleichzeitig wurde HADRON für das erste Release in SQL Server Denali CTP1 im Dezember 2010 entwickelt.

Tatsächlich steht die Abkürzung HADRON in SQL Server für die drei Hauptfunktionen von Verfügbarkeitsgruppen:

- **HA (High Availability): Hochverfügbarkeit** Automatischer Failover zu einem oder mehreren synchronen sekundären Replikaten oder manueller Failover zu asynchronen sekundären Replikaten.
- **DR (Disaster Recovery): Notfallwiederherstellung** Die Möglichkeit, direkt auf den sekundären Replikaten gültige Sicherungen anzufertigen, sowie die integrierten Sicherungswerkzeuge, mit denen sich die Priorität der Replikatsicherungen einstellen lässt.
- **ON: Online** Die sekundären Replikate sind schreibgeschützt, sodass schwere Berichtsarbeitslasten darauf ausgelagert werden können. Mithilfe der Momentaufnahmeisolation wird dabei die Blockierung der vom primären Replikat eingehenden Transaktionen verhindert.

Darüber hinaus bieten Verfügbarkeitsgruppen eine automatische Korrektur von Datenbeschädigungen, durch die beschädigte Seiten mithilfe von Daten von anderen Replikaten repariert werden können, und eine Datenbankintegritätserkennung, die aufgrund des Zustands der Datenbank einen Failover auslösen kann.

> Hinweis
>
> **Laut der Dokumentation von Microsoft (*https://docs.microsoft.com/sql/database-engine/availability-groups/windows/always-on-availability-groups-sql-server*) wird kein Failover ausgelöst, wenn die Datenbank zwar einen verdächtigen Zustand annimmt, der Grund dafür die Beschädigung des Transaktionsprotokolls, der Verlust einer Datendatei oder das Löschen einer Datenbank war.**

Berücksichtigen Sie alle Hauptfunktionen von Verfügbarkeitsgruppen, wenn Sie eine Architektur entwickeln, die die Zielvorgaben für den Wiederherstellungspunkt (RPO, also den akzeptablen Datenverlust) und die Wiederherstellungszeit (RTO, also die erforderliche Zeit, um die Systeme nach einem Zwischenfall wieder online zu bringen) erfüllen soll.

Unterschiede zwischen Verfügbarkeitsgruppen und anderen Hochverfügbarkeitslösungen

Bei Verfügbarkeitsgruppen werden Abschnitte der Transaktionsprotokolldaten von einem primären Replikat auf einen oder mehrere sekundäre Knoten übertragen.

Ebenso wie bei der Transaktionsreplikation werden in Verfügbarkeitsgruppen die Transaktionsprotokolldaten als solche genutzt. An die Replikate werden Blöcke dieser Daten gesendet, was die Vorgehensweise skalierbar macht.

Verfügbarkeitsgruppen sind der Datenbankspiegelung überlegen. Sie beginnen damit, Blöcke der Protokolldaten zu senden, sobald die Daten zum Schreiben auf das Laufwerk bereitstehen, also nicht erst danach. Dadurch werden die Transaktionsprotokolldaten früher an die sekundären Replikate gesendet, was die Lücke zwischen den Replikaten verkleinert.

Anders als für eine Failoverclusterinstanz sind bei einer Verfügbarkeitsgruppe nur zwei Exemplare der Daten sowie zwei aktive Instanzen erforderlich, um für Hochverfügbarkeit zu sorgen. Ein gemeinsamer Speicher wird hier nicht genutzt. Ebenfalls im Gegensatz zu einer Failoverinstanz können hier auch beide Server vom Unternehmen produktiv genutzt werden, nämlich einer für das les- und schreibbare primäre Replikat und der andere als schreibgeschütztes sekundäres Replikat.

Wie bei der Datenbankspiegelung sorgt der Verfügbarkeitsgruppenlistener dafür, dass Verbindungen stets an den primären Knoten weitergeleitet werden. Darüber hinaus kann er jedoch auch für eine Umleitung zu einem nur lesbaren Knoten sorgen. Anwendungen können immer denselben Verbindungsstring nutzen, dabei aber mit dem neuen Parameter `ApplicationIntent` angeben, ob die Transaktionen in der jeweiligen Verbindung auch schreiben oder nur lesen müssen. Schreibverbindungen können dann zum primären Replikat geleitet werden und reine Leseverbindungen zu einem der sekundären Replikate. Damit lässt sich die Arbeitslast aufteilen, selbst über ein WAN hinweg.

▶ **Einzelheiten zur Konfiguration erfahren Sie auf *https://docs.microsoft.com/sql/database-engine/availability-groups/windows/configure-read-only-access-on-an-availability-replica-sql-server*.**

Verbesserungen an Verfügbarkeitsgruppen seit SQL Server 2012

Die Leistungsverbesserungen, die in SQL Server 2015 am Kommunikationsstack für die Transaktionsverarbeitung in Verfügbarkeitsgruppen vorgenommen wurden, waren erheblich. Auf derselben Hardware und im selben Netzwerk konnte gegenüber SQL Server 2012 und 2014 eine bis zu zehnfach höhere Geschwindigkeit erzielt werden. Eine weitere bemerkenswerte Leistungssteigerung kam durch die Einführung einer parallelen Rollforwardfunktion in mehreren Threads auf den sekundären Replikaten zustande. Dadurch wurde der Durchsatz im synchronen Commitmodus stark erhöht. Die möglichen Commitmodi und die Rollforward-Warteschlange werden wir weiter hinten in diesem Kapitel noch beschreiben.

Wenn Sie noch SQL Server 2012 oder 2014 verwenden, sollten Sie eine Aktualisierung nicht nur aus dem offensichtlichen Grund durchführen, dass die Unterstützung für die älteren Versionen abläuft, sondern auch, um die Leistungsvorteile für Verfügbarkeitsgruppen genießen zu können.

Zu den in SQL Server 2017 eingeführten Verbesserungen gehören strukturelle Erweiterungen für Verfügbarkeitsgruppen. Dazu gehören die Unterstützung für SQL Server-Replikate auf Linux-Instanzen und die Möglichkeit, mithilfe eines externen Cluster-Managers plattformübergreifende Verfügbarkeitsgruppen zu nutzen. Da Linux-Server offensichtlich nicht Teil eines Windows Server-Failoverclusters sein können, musste die Architektur von Verfügbarkeitsgruppen erweitert werden, damit sie auch ohne einen solchen Cluster funktionieren. Damit sind in SQL Server 2017 jetzt clusterlose Verfügbarkeitsgruppen möglich. Die verschiedenen Arten von Clustereinrichtungen werden wir weiter hinten in diesem Abschnitt beschreiben.

Zu den Verbesserungen an SQL Server Management Studio, die zeitgleich mit SQL Server 2017 erfolgten, gehören die Möglichkeit, im Eigenschaftendialogfeld für Verfügbarkeitsgruppen replikatweise URLs für das schreibgeschützte Routing und Routinglisten anzulegen, was sich zuvor nur mit T-SQL- und PowerShell-Skripten erledigen ließ.

Als weitere neue Funktion ist in SQL Server 2017 mit `REQUIRED_SYNCHRONIZED_SECONDARIES_TO_COMMIT` eine Mindesteinstellung für einen Commit in Verfügbarkeitsgruppen mit mehr als einem sekundären Replikat hinzugekommen. Diese Einstellung werden wir uns weiter hinten in diesem Kapitel noch genauer ansehen.

Vergleich von Hochverfügbarkeits- und Notfallwiederherstellungstechnologien

Tabelle 12.1 vergleicht einige wichtige Aspekte der vier zuvor beschriebenen Technologien. Diese Übersicht ist jedoch keinesfalls vollständig, sondern geht nur auf die Eigenschaften ein, die für Hochverfügbarkeit und Notfallwiederherstellung eine Rolle spielen.

	Protokollversand	**Replikation**	**Failovercluster**	**Basis-Verfügbarkeitsgruppen**	**Verfügbarkeitsgruppen**
Automatischer Failover	Nein	–	Ja	Ja[1]	Ja[1]
Edition	Web, Standard, Enterprise	Standard, Enterprise[4]	Standard, Enterprise	Standard	Enterprise
Sekundäres Replikat lesbar	Ja, zwischen Protokollwiederherstellungen	Ja	Nein	Nein	Ja
Schemaänderungen an Tabellen erforderlich	Nein	Ja (außer bei der Momentaufnahmereplikation	Nein	Nein	Nein
Replikation von Schemaänderungen	Ja	Ja	–	Ja	Ja
Hauptzweck	Notfallwiederherstellung	Offline-Synchronisierung, Notfallwiederherstellung	Hochverfügbarkeit[5]	Hochverfügbarkeit/ Notfallwiederherstellung	Hochverfügbarkeit/ Notfallwiederherstellung
Ebene	Datenbank	Artikel	Instanz	Datenbanken	Datenbanken
Versionen in den Instanzen	Müssen genau übereinstimmen[2]	Können bis zu zwei Hauptversionen auseinander liegen	Müssen genau übereinstimmen[3]	Müssen genau übereinstimmen[3]	Müssen genau übereinstimmen[3]

Tabelle 12.1 Vergleich der vier Hochverfügbarkeits- und Notfallwiederherstellungstechnologien

1 Konfigurierbar

2 Theoretisch ist ein Protokollversand zu einer höheren Version von SQL Server möglich, allerdings gibt es dann nach einer Notfallwiederherstellung keinen Pfad mehr, um zum primären Exemplar zurückzukehren.

3 Während der rollierenden Anwendung kumulativer Updates können diese Umgebungen vorübergehend unterschiedliche Versionen aufweisen.

4 Alle Editionen einschließlich Azure SQL-Datenbank können Abonnenten sein. Als Herausgeber können jedoch nur die Standard und die Enterprise Edition dienen.

5 Sofern kein Multisubnetz-Failovercluster mit Replikation eingerichtet ist. Wenn ja, ist diese Funktion auch für die Notfallwiederherstellung geeignet.

Hinweis

Ergänzend zu diesen SQL Server-Technologien kann auch die Anwendung selbst Schritte unternehmen, um die Hochverfügbarkeit der Daten sicherzustellen. Das Microsoft Sync Framework kann für Entwickler hilfreich sein, die an solchen Anwendungen arbeiten. In diesem Buch können wir jedoch nicht darauf eingehen.

Einrichten von Failoverclusterinstanzen

Windows Server-Failovercluster (WSFC) ist ein Feature von Windows Server (keine Rolle). Auf jedem Server, der als Clusterknoten fungieren soll, muss dieses Feature installiert sein. Knoten können dem Cluster jederzeit beitreten und ihn jederzeit verlassen. Um die SQL Server-Instanz auszuführen, reicht es jedoch nicht aus, einfach einen Knoten zu einem Cluster hinzuzufügen. Im Folgenden werden wir (kurz) einige der Grundprinzipien von WSFC anführen und dann die Konfiguration von SQL Server-Failoverclusterinstanzen beschreiben.

Wenn Sie den Cluster erstellen, richtet Windows ein Active Directory-Computerkonto für dessen virtuellen Netzwerknamen (VNN) ein. Standardmäßig wird dieser VNN in derselben Active Directory-Organisationseinheit angelegt wie der Clusterknoten. Sie sollten für jeden Ihrer Cluster eine Organisationseinheit einrichten, da sich die Berechtigungen, um weitere Computerobjekte zu erstellen, dann leichter delegieren lassen. Solche zusätzlichen Computerobjekte können für jede Clusterressource angelegt werden, auch für jede SQL Server-Instanz. Das VNN-Computerobjekt des Clusters sollte die Berechtigung haben, neue Computerobjekte in der Organisationseinheit zu erstellen. Alternativ können die Computerobjekte für neue virtuelle Netzwerknamen auch vorab in der Organisationseinheit bereitgestellt werden. Die mit den VNN verknüpften IP-Adressen sollten statisch sein und nicht dynamisch zugewiesen werden.

Hinweis

In den meisten Konfigurationen sind Verfügbarkeitsgruppen (siehe den Abschnitt »Einrichten von Verfügbarkeitsgruppen«) von einem Clustermanager abhängig. In Windows ist dies WSFC, in Linux ein externer Clustermanager. Wenn Sie WSFC für Verfügbarkeitsgruppen nutzen, gelten dabei ebenfalls die Hinweise aus diesem Abschnitt.

Ein wesentliches Element für das Funktionieren eines Windows Server-Failoverclusters ist das *Quorum*. Es bestimmt, welche Knoten im Cluster in Betrieb sind und wie viele ausgefallene Knoten der Cluster verkraften kann. Die korrekte Einrichtung des Quorums ist wichtig, um ein *Split-Brain-Problem* zu verhindern, bei dem zwei Instanzen des Clusters laufen, ohne voneinander zu wissen. Es gibt fünf mögliche Quorumkonfigurationen:

- **Knotenmehrheit** Dies ist die empfohlene Konfiguration für Cluster mit einer ungeraden Anzahl von Knoten. Um zu bestimmen, ob der Knoten funktionsfähig ist, und wenn ja, welche Knoten aktive Clustermitglieder sind, muss die Mehrheit der Knoten »ihre Stimme abgeben«. Die Anzahl der Knoten, die ausfallen dürfen, ohne dass der Cluster dadurch funktionsunfähig wird, beträgt (n/2) - 1, wobei n die Anzahl der Clusterknoten ist und das Ergebnis der Division aufgerundet wird. Ein Cluster aus fünf Knoten kann also weiterlaufen, wenn nicht mehr als zwei Knoten ausfallen oder die Verbindung zu den anderen Knoten verlieren. Das ergibt sich aus (5/2) - 1 = 3 - 1 = 2.
- **Knoten- und Datenträgermehrheit** Dies ist die empfohlene Konfiguration für Cluster mit einer geraden Anzahl von Knoten. Jeder Knoten hat eine Stimme, wobei ein gemeinsam genutzter Zeugendatenträger, der als Quorumsdatenträger festgelegt ist, eine weitere Stimme zu dem Knoten hinzufügt, der sich in ihrem Besitz befindet. In einem Vier-Knoten-Cluster können daher bis zu zwei Knoten ausfallen, wenn der gemeinsame Datenträger online ist oder auf einem der verbliebenen Knoten online gebracht werden kann. Ist das nicht möglich, beträgt die maximale Anzahl der Knoten, die ausfallen dürfen, die Hälfte der Gesamtanzahl minus eins. Ist der Zeugendatenträger bei unserem Vier-Knoten-Cluster also nicht verfügbar, darf nur ein Knoten ausfallen, damit der Cluster betriebsbereit bleibt.
- **Knoten- und Dateifreigabemehrheit** Diese Konfiguration wird für Cluster mit einer geraden Anzahl von Knoten, aber ohne gemeinsame Laufwerke verwendet. Hier sorgt die Dateifreigabe für die zusätzliche Stimme. Die Zeugenfreigabe befindet sich nicht im Besitz eines bestimmten Knotens, um dessen Stimmenanzahl zu erhöhen. Die Knoten, die nicht in der Lage sind, die Dateifreigabe zu erreichen (aufgrund des Problems, das schon die Kommunikation mit ihren Peers unterbunden hat), sind nicht aktiv.
- **Knoten und Cloudzeuge** Diese Konfiguration entspricht dem Quorum mit Knoten- und Dateifreigabemehrheit, wobei als Zeuge jedoch ein Clouddienst verwendet wird, insbesondere ein Azure-Speicherkonto. Um diese Option einzurichten, müssen Sie den Namen des Speicherkontos und einen seiner Zugriffsschlüssel angeben. Cloudzeugen stehen nur ab Windows Server 2016 zur Verfügung.
- **Nur Datenträger** In der veralteten Quorumkonfiguration *Nur Datenträger* wird die Anzahl der Knoten nicht berücksichtigt, sondern nur die Verfügbarkeit des gemeinsamen Zeugendatenträgers. Dadurch aber wird dieser gemeinsame Datenträger zu einem kritischen Fehlerpunkt: Wenn alle Knoten kommunizieren können, aber der Datenträger nicht zur Verfügung steht, ist der Cluster nicht betriebsbereit. Dieser Modus ist vor allem aus Gründen der Abwärtskompatibilität enthalten. Allerdings können Sie einen Cluster damit bei einem katastrophalen Zwischenfall wieder zum Laufen bringen, bei dem es nicht möglich ist, das Quorum auf anderem Wege zu erreichen.

Aufgrund der Konsequenzen der Quorumseinrichtung sollten Sie die Knotenmehrheit (für Cluster mit einer ungeraden Anzahl von Knoten) bzw. die Knoten- und Datenträgermehrheit (für Cluster mit einer geraden Anzahl von Knoten) verwenden, wenn gemeinsamer

Speicher zur Verfügung steht. Ist das nicht der Fall, richten Sie für Cluster mit gerader Anzahl von Knoten die Knoten- und Dateifreigabemehrheit ein. Die Konfiguration *Nur Datenträger* dagegen sollten Sie nicht für den Betrieb eines Clusters verwenden. Sie ist nur dazu nützlich, einen erheblich beschädigten Cluster mit einem einzigen Knoten wiederherzustellen.

Expertentipp

Sollte ich für meine Verfügbarkeitsgruppe die dynamische Quorumsverwaltung verwenden?

Ja. In Windows Server 2012 R2 und höher kann die dynamische Quorumsverwaltung Knoten entfernen, die aus einem Cluster herausfallen. Diese Funktion ist in Windows Server 2012 R2 und 2016 standardmäßig eingeschaltet.

Stellen Sie sich einen Cluster mit fünf Knoten vor. Wenn drei Knoten geplant heruntergefahren werden, dann werden ihre Stimmen in einem dynamischen Knoten entfernt, sodass nur zwei Stimmen übrig bleiben. Der Cluster kann dadurch das Quorum erhalten und funktionsfähig bleiben.

Bei einem vollständigen Ausfall des Standorts kann das jedoch gefährlich sein. Wenn in einem Cluster, der zwei physische Standorte überspannt, ein Standort ausfällt, ohne dass eine Knotenmehrheit erreicht werden kann, ist kein manueller Failover möglich, ohne die Knotengewichte manuell zu manipulieren und damit einen Failover zu erzwingen. Das Erzwingen eines Quorums und die manuelle Durchführung eines Failovers sind jedoch nur Notmaßnahmen. Nach der Notfallwiederherstellung ist es erforderlich, die korrekten Knotengewichte wiederherzustellen.

Hinweis

Sind mehrere SQL Server-Instanzen vorhanden, ist es nicht erforderlich, dass jede davon auf jedem Clusterknoten installiert ist. In einem Zwei-Knoten-Cluster ist dies natürlich nötig, um für Hochverfügbarkeit zu sorgen, in umfangreicheren Clustern dagegen nicht. Beispielsweise reicht es in einem Cluster mit vier Knoten, dass jede Instanz auf drei Knoten installiert ist. Damit ist beim Ausfall eines einzigen Knotens für Hochverfügbarkeit gesorgt. Die Installation aller Instanzen auf einem vierten Knoten bringt keine zusätzlichen Vorteile, erhöht aber den Wartungsaufwand, denn schließlich müssen Sie alle Instanzen auf allen Knoten mit Patches versorgen und testen. Eine Beschreibung des Patchvorgangs finden Sie im Kasten »Expertentipp: Wie kann ich mit möglichst geringer Ausfallzeit einen Failovercluster aktualisieren und mit Patches versehen?« weiter hinten in diesem Kapitel.

Einrichten einer SQL Server-Failoverclusterinstanz

Wenn Sie SQL Server als Clusterressource einrichten, müssen Sie die Clusterressourcen für eine Instanz in einer einzigen Clusterressourcengruppe bereitstellen. Zu den Clusterressourcen gehören die IP-Adresse, der Netzwerkname der SQL Server-Instanz, die gemeinsamen Datenträger (falls vorhanden; bei CSV und S2D gibt es keine gemeinsamen Laufwerke), die SQL Server-Dienste und die `FILESTREAM`-Dateifreigabe. Falls Sie in einem Cluster mehrere SQL Server-Instanzen einrichten, braucht jede ihre eigene Ressourcengruppe.

Sollen mehrere Server gleichzeitig aktive Instanzen von SQL Server ausführen, können Sie in jeder Failoverclusterinstanz zusätzliche Instanzen installieren. Jede SQL Server-Instanz kann immer nur auf einem Server auf einmal aktiv sein, aber wenn Sie mehrere Instanzen verwenden, können diese jeweils unabhängig voneinander laufen. Wir empfehlen allerdings, immer einen passiven Clusterknoten vorzuhalten, da bei einem Failover sonst ein Knoten mindestens eine zusätzliche Instanz ausführen müsste, was seine Last erhöht. Wenn Sie jede Instanz auf eigener Hardware ausführen, brauchen Sie also *n* + 1 Clusterknoten, wobei *n* die Anzahl der SQL Server-Instanzen ist.

Jede Clusterkonfiguration mit mehr als zwei Knoten erfordert SQL Server Enterprise Edition. Abb. 12.2 zeigt die Ausführung von zwei SQL Server-Instanzen in einem Cluster mit drei Knoten.

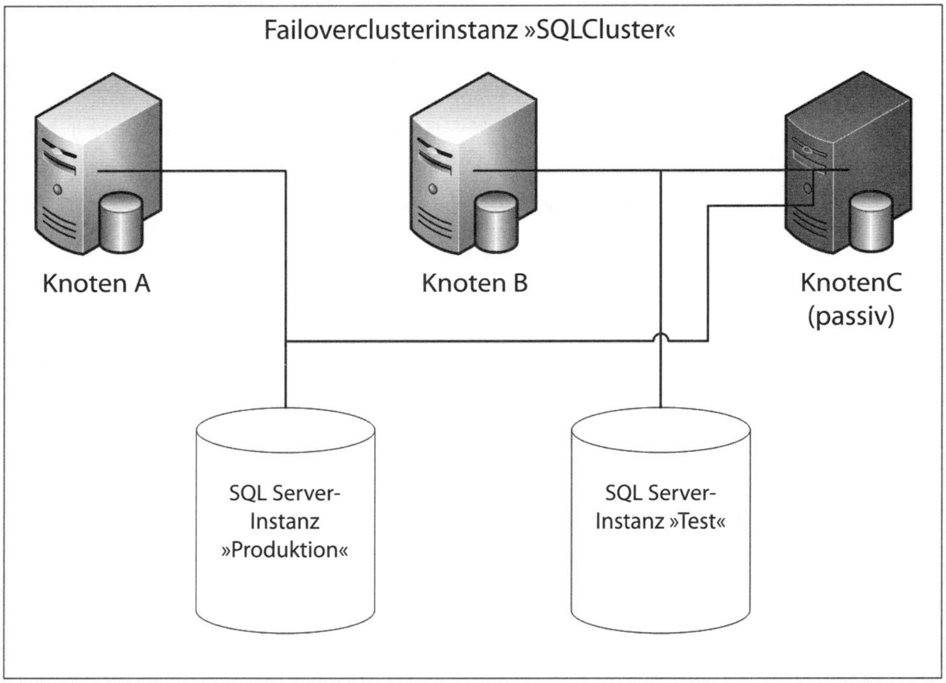

Abbildung 12.2 Beispiel einer Failoverclusterinstanz mit drei Knoten und zwei SQL Server-Instanzen

Expertentipp

Wie richte ich die Dienstkonten für SQL Server in einem Cluster ein?

Bei einer eigenständigen Installation bietet Ihnen SQL Server beim Setup ein, virtuelle Dienstkonten für alle Dienste anzulegen. Bei einer Clusterinstallation müssen Sie ein Domänenkonto für die Clusterdienste (Datenbankmodul, SQL Server-Agent und SQL Server Analysis Services) erstellen. Gemeinsam genutzte Dienste wie SQL Server Reporting Services können weiterhin ein virtuelles Dienstkonto nutzen.

> **Die Domänenkonten benötigen vorab keine besonderen Rechte. Sie können also für jeden SQL Server-Dienst, der in dem Cluster läuft, ein Domänenbenutzerkonto verwenden. Das Setupprogramm von SQL Server weist den einzelnen Dienstkonten die erforderlichen Berechtigungen zu, etwa für den Zugriff auf die Daten- und Protokollordner. Das Konto, das den Installer ausführt, benötigt Berechtigungen, um diese Änderungen ausführen zu können.**
>
> **Sie können für jeden der Dienste auch ein gruppenverwaltetes Dienstkonto verwenden. Damit reduzieren Sie den Verwaltungsaufwand, da das Kennwort für diese Dienstkonten von Active Directory verwaltet und regelmäßig geändert wird. Außerdem wird die Sicherheit verstärkt, da niemand das Kennwort kennt.**
>
> **Mehr über die Einrichtung von gruppenverwalteten Dienstkonten für SQL Server erfahren Sie in dem Blogpost auf *https://blogs.msdn.microsoft.com/markweberblog/2016/05/25/group-managed-service-accounts-gmsa-and-sql-server-2016*.**

Ebenso wie die Hardware und die Software muss auch die SQL Server-Konfiguration auf jedem Clusterknoten identisch sein. Die beste Möglichkeit, um dafür zu sorgen, besteht darin, die Clusterknoten zunächst mit einem Konfigurationsskript vorzubereiten und die Clusterinstallation dann mit einem weiteren Skript abzuschließen. Diese Skripts sorgen für eine einheitliche Installation von SQL Server. Außerdem dienen sie zur Vorbereitung auf die Notfallwiederherstellung, da sie die Konfiguration der einzelnen Instanzen dokumentieren und Sie sie dazu verwenden können, bei einem Notfall einen Cluster einzurichten.

Sie könnten diese Skripte zwar manuell erstellen, aber das wäre ziemlich mühselig und fehleranfällig. Stattdessen empfehlen wir Ihnen, das Setupprogramm von SQL Server aufzurufen und *Erweiterte Clustervorbereitung* zu starten. Im Schritt *Installationsbereit* des Installationsassistenten wird der Pfad zu der Konfigurationsdatei angezeigt. Öffnen Sie sie und speichern Sie sie an einem anderen Ort. Eine Netzwerkfreigabe ist dafür ideal, da sie von allen Clusterknoten mit der SQL Server-Instanz erreicht werden kann.

Wenn Sie vollständig automatische Konfigurationsdateien bevorzugen, müssen Sie das Skript wie im folgenden Beispiel ändern. Starten Sie Setup an der Befehlszeile mit dem Parameter `/ConfigurationFile=path` und geben Sie den vollständigen Pfad zu der Konfigurationsdatei an.

```
; Fügen Sie diese Zeile hinzu
IACCEPTSQLSERVERLICENSETERMS="True"
; Ändern Sie die nächsten Zeilen
; Mit True ermöglichen Sie eine unbeaufsichtigte Installation
IACCEPTPYTHONLICENSETERMS="True"
; "Quiet simple" bedeutet, dass die Oberfläche mit der automatischen
; Fortschrittsanzeige dargestellt wird.
QUIETSIMPLE="True"
; Sie können auch QUIETSIMPLE="False" verlangen und die folgende Zeile
; ändern, sodass keine Benutzerschnittstelle angezeigt wird
QUIET="True"
; Löschen Sie diese Zeile oder kommentieren Sie sie aus
UIMODE="Normal"
```

Um die Clusterinstallation abzuschließen, führen Sie die Setupoption *Erweiterter Clusterabschluss* aus. Auch hier können Sie das Skript wieder für die spätere Verwendung speichern. In der Clusterabschlussphase erledigen Sie folgende Aufgaben (Reihenfolge beliebig):

- Sie erstellen die Clusterressourcengruppe oder wählen sie aus.
- Sie richten den virtuellen Netzwerknamen und die IP-Adresse für die SQL Server-Instanz ein, über die die Clients Verbindung aufnehmen.
- Sie richten den gemeinsamen Speicher für die Datenbankdateien ein.

Expertentipp

Wie kann ich mit möglichst geringer Ausfallzeit einen Failovercluster aktualisieren und mit Patches versehen?

Bei der Einrichtung von Failoverclusterinstanzen streben Sie eine Reduzierung von Ausfallzeiten auf null an. Neben unerwarteten Ereignissen gibt es jedoch auch regelmäßige Wartungsarbeiten wie die Aktualisierung des Betriebssystems und der SQL Server-Instanz. Mithilfe einer *rollierenden Aktualisierung* können Sie solche Aufgaben fast ganz ohne Ausfallzeiten durchführen.

Dazu brauchen Sie einen passiven Knoten, also einen, der unter normalen Umständen keine Arbeitslasten ausführt. Diesen passiven Knoten aktualisieren Sie als ersten und starten ihn ggf. neu. Da dieser Knoten keine Arbeitslasten ausführt, verursacht dieser Neustart keine Ausfallzeit. Nachdem der Neustart abgeschlossen ist und Sie die Aktualisierung überprüft haben, können Sie die Rollen eines aktiven Knotens mit einem Failover auf den passiven Knoten übertragen. Dabei kann es zu einer kurzen Ausfallzeit kommen, die aber nur in der Größenordnung von Sekunden liegt. Nun können Sie den Knoten aktualisieren, der jetzt der passive ist. Fahren Sie so fort, bis alle Knoten im Cluster über dieselbe Softwareversion verfügen. Wenn Sie fertig sind, können Sie den ursprünglichen passiven Knoten wieder in den passiven Zustand zurückversetzen, allerdings würde das außer einer gewissen Konsistenz keine Vorteile bringen, sondern nur für mehr Unterbrechungen sorgen.

Seit Windows Server 2012 können Sie diesen Vorgang mit der clusterfähigen Aktualisierung (Cluster-Aware Updating, CAU) automatisieren und sogar einen Zeitplan dafür festlegen. Neben rollierenden Upgrades und Updates für Windows-Patches und SQL Server-Aktualisierungen ermöglichen Windows Server 2012 R2 und höher auch rollierende Upgrades des Betriebssystems. Dieser Vorgang lässt sich zwar nicht automatisieren, ist angesichts der häufigen Aktualisierungen von Windows Server 2016 jedoch sehr nützlich.

Einrichten von Verfügbarkeitsgruppen

Verfügbarkeitsgruppen können Sie mit dem Assistenten für neue Verfügbarkeitsgruppen in SQL Server Management Studio, mit T-SQL und PowerShell anlegen. Wenn Sie das zum ersten Mal machen, sollten Sie den Assistenten nehmen und sich ein T-SQL-Skript der Schritte und Objekte erstellen lassen, um Ihr Verständnis für den Vorgang zu vertiefen.

Mit dem Assistenten wird der Vorgang, eine Datenbank auf ein sekundäres SQL Server-Replikat zu kopieren, automatisiert. SQL Server Management Studio kümmert sich darum, eine vollständige und eine Transaktionsprotokollsicherung der Datenbank anzulegen, die Daten auf die Dateifreigabe zu kopieren und die Datenbank auf den sekundären Replikaten wiederherzustellen. Wenn der Assistent abgeschlossen ist, können Sie ein Skript der erledigten Aufgaben erstellen lassen und damit weitere Verfügbarkeitsgruppen mit T-SQL oder PowerShell bereitstellen.

Wie in diesem Buch üblich, geben wir Ihnen auch hier keine schritt- und klickweise Anleitung, sondern einige Hinweise zu den wichtigen Entscheidungen, die Sie beim Erstellen von Verfügbarkeitsgruppen in Windows treffen müssen. Weiter hinten in diesem Kapitel erhalten Sie außerdem eine ausführlichere Anleitung für SQL Server-Verfügbarkeitsgruppen unter Linux.

Expertentipp

Welcher Serverprinzipal ist der Besitzer eines Verfügbarkeitsgruppenreplikats?

Der Serversicherheitsprinzipal, mit dem die Verfügbarkeitsgruppe erstellt wurde, ist standardmäßig auch der Besitzer des Verfügbarkeitsgruppenreplikats. Damit stellt sich für Administratoren eine Aufgabe, die sofort nach der Einrichtung zu erledigen ist. Jedes Replikatobjekt hat einen Besitzer, den Sie in der dynamischen Verwaltungssicht `sys.availability_replicas` finden können. Unter `owner_sid` ist dort ein Serversicherheitsprinzipal angegeben.

Wofür diese Besitzer-SID herangezogen wird, ist nicht vollständig dokumentiert, aber da sie als Autorität verwendet werden kann, um Änderungen an Verfügbarkeitsgruppen vorzunehmen, sollte es sich dabei nicht um das persönliche, benannte Konto eines Administrators handeln. Daher sollten Sie eine Verfügbarkeitsgruppe (und ihre künftigen Replikate) im Sicherheitskontext eines Dienstkontos erstellen, das nicht abläuft, oder den Besitzer des Replikats unverzüglich in ein Dienstkonto ändern.

Ein ähnliches Problem tritt auf, wenn Sie eine Verfügbarkeitsgruppe mit einer Anmeldung erstellen, für die es keinen ausdrücklichen Serverprinzipal und keine SQL Server-Anmeldung gibt, die aber über eine Sicherheitsgruppe Zugriff hat. In diesem Fall ist der Besitzer der Verfügbarkeitsgruppe die integrierte Serverrolle `public`. Dieser Rolle sollten aber niemals Besitz oder zusätzliche Berechtigungen eingeräumt werden, weshalb Sie dies ändern müssen.

Die Änderung des Besitzers eines Verfügbarkeitsgruppenreplikats in die Anmeldung `sa` der Instanz ist auf Instanzen mit Authentifizierung im gemischten Modus ebenfalls eine übliche und akzeptable Vorgehensweise:

```
ALTER AUTHORIZATION ON AVAILABILITY GROUP::[AG1] to [Domäne\Dienstkonto];
```

Verschiedene Clustertypen

In SQL Server 2017 können Sie Verfügbarkeitsgruppen einrichten, für die wie bei der Datenbankspiegelung kein Failoverclusternetzwerk benötigt wird. Bei Verfügbarkeitsgruppen auf der Grundlage von WSFC war es nicht die Konfiguration oder das Verhalten von SQL Server, was für den meisten Aufwand und die meisten Probleme sorgte (insbesondere bei einem Failover), sondern die Konfiguration und das Verhalten der Clusterobjekte, des Quorums und der verschiedenen Arten von Zeugen.

Seit 2012 gab es wahrscheinlich mehr unvollständige oder nicht erfolgreiche Verfügbarkeitsgruppenfailover aufgrund von Fehlkonfigurationen von Windows Server, des Clusternetzwerks, DNS oder der Clusterquorumeinstellungen als aufgrund von SQL Server-Fehlkonfigurationen.

Sie müssen die Funktion *Verfügbarkeitsgruppen* im SQL Server-Konfigurations-Manager einschalten. Die Eigenschaften *Seite für den SQL Server-Instanzdienst* enthält die Registerkarte *Hohe Verfügbarkeit mit AlwaysOn* (siehe Abb. 12.3).

In SQL Server Management Studio können Sie erst dann auf die Dialogfelder für Verfügbarkeitsgruppen zugreifen, wenn diese Funktion im Konfigurations-Manager eingeschaltet ist.

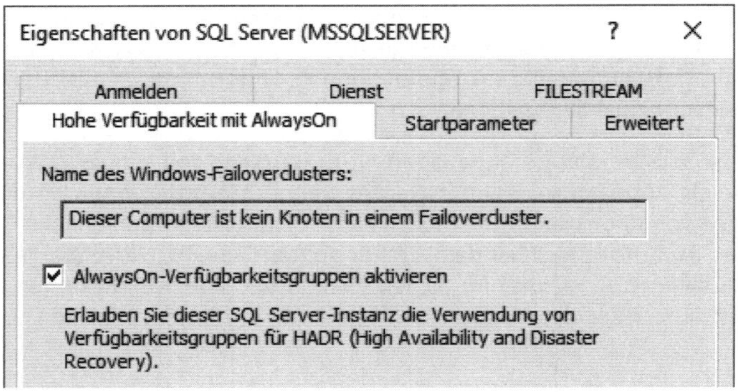

Abbildung 12.3 Im Konfigurations-Manager von SQL Server 2017 können Sie Verfügbarkeitsgruppen auch dann einschalten, wenn Windows Server nicht Mitglied eines Windows Server-Failoverclusters ist.

Anders als in früheren Versionen von SQL Server muss sich die Instanz nicht auf einem Windows Server-Computer befinden, der zu einem Windows Server-Failovercluster (WSFC) gehört. In SQL Server 2017 können Sie die Hochverfügbarkeitsfunktion einstellen und clusterlose Verfügbarkeitsgruppen erstellen. Steht kein WSFC zur Verfügung, können Sie beim Anlegen einer Verfügbarkeitsgruppe nur zwischen den Clustertypen *Extern* und *Keiner* wählen, die für Nicht-Windows-Cluster-Manager bzw. clusterlose Verfügbarkeitsgruppen entwickelt wurden.

In diesem Abschnitt wollen wir die drei Clustertypen vergleichen, die für Verfügbarkeitsgruppen in SQL Server 2017 zur Auswahl stehen. Abb. 12.4 zeigt das Listenfeld *Clustertyp* im Dialogfeld *Neue Verfügbarkeitsgruppe*.

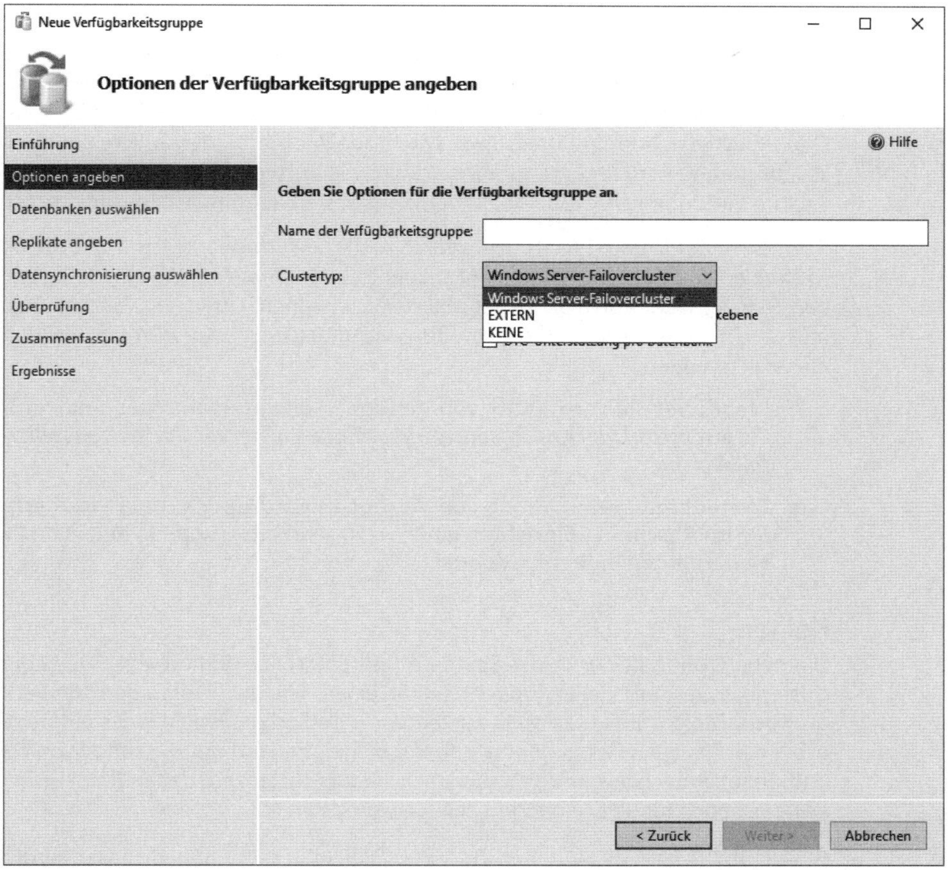

Abbildung 12.4 Die drei möglichen Clustertypen im Dialogfeld *Neue Verfügbarkeitsgruppe*

Windows Server-Failovercluster

Dies ist die ursprüngliche Architektur, die sich für einen Failover auf ein zugrunde liegendes Clusterquorum stützt. Vor SQL Server 2016 war dies die einzige Möglichkeit. SQL Server erstellt zwar die innerhalb des WSFC erforderlichen Objekte, legt die verwalteten Einstellungen wie den bevorzugten und möglichen Ressourcenbesitz fest und führt jegliche vom Benutzer ausgelösten Failover durch, doch um einen Ausfall von Knoten festzustellen und einen automatischen Failover auszulösen, wird das WSFC-Quorum herangezogen.

Dass der Failover nicht automatisch von SQL Server ausgelöst wird, heißt jedoch nicht, dass diese Lösung keine Hochverfügbarkeit bietet. Es gibt professionelle Produktionsumgebungen mit Verfügbarkeitsgruppen, die für einen manuellen Failover eingerichtet sind, bei denen der Failover aber zusammen mit dem anderer Server (wie Web- oder Anwendungsserver) automatisiert ist, um eine einheitliche, durchgängige Automatisierung zu erzielen. Als Automatisierungswerkzeug wird dabei oft PowerShell verwendet. Ein Beispiel für ein Failoverskript finden Sie in Kapitel 14.

Extern

SQL Server 2017 auf Linux ermöglicht jetzt auch die Verwendung eines externen Cluster-Managers, vorzugsweise Pacemaker. Dabei werden die Plattformen Red Hat Enterprise Linux, Ubuntu und SUSE Linux Enterprise Server unterstützt. Bei Verfügbarkeitsgruppen in Linux-Clustern sind mindestens *zwei* synchrone Replikate erforderlich, um Hochverfügbarkeit zu garantieren, und mindestens *drei* für die automatische Wiederherstellung. Richten Sie Ihre Verfügbarkeitsgruppe daher also am besten auf mindestens drei Knoten ein.

SQL Server auf Linux ist nicht clusterfähig, und die Verfügbarkeitsgruppen sind dabei nicht so stark an den Clusterressourcen-Manager gebunden wie auf Windows. Das heißt, dass Sie den Failover nicht von SQL Server aus steuern können. Um einen Failover durchzuführen, müssen Sie beispielsweise die Verwaltungsschnittstelle `pcs` für den Cluster-Manager Pacemaker verwenden.

- **Mehr über die Verwaltung von Verfügbarkeitsgruppen unter Linux erfahren Sie auf *https://docs.microsoft.com/sql/linux/sql-server-linux-availability-group-failover-ha*.**
- **Mehr über die Einrichtung von Verfügbarkeitsgruppen unter Linux erfahren Sie im Abschnitt »Einrichten einer Verfügbarkeitsgruppe in Red Hat Linux« weiter hinten in diesem Kapitel.**

Keiner

Die neue Option *Keiner* in der Standard und Enterprise Edition von SQL Server 2017 (für clusterlose Verfügbarkeitsgruppen) bietet einen Teil der Funktionen für Verfügbarkeitsgruppen. Die größte Lücke stellt zurzeit das vollständige Fehlen eines automatischen Failovers dar. Ähnlich wie bei der Datenbankspiegelung wird der gesamte Synchronisierungs- und Failovermechanismus von den SQL Server-Instanzen gehandhabt. Die Einstellung *Keiner* ist auch für SQL Server in Linux geeignet.

Automatische Failover sind zwar nicht möglich, aber dafür immer noch manuelle geplante und erzwungene. Außerdem können Sie die üblichen Merkmale von Verfügbarkeitsgruppen nutzen, darunter sowohl den synchronen als auch den asynchronen Modus, lesbare sekundäre Knoten, Sicherungen von sekundären Replikaten, schreibgeschütztes Routing und Lastenausgleich.

Achtung

Die Funktion `fn_hadr_backup_is_preferred_replica` bestimmt, ob es sich bei einem Replikat um das bevorzugte Replikat für Sicherungen handelt. In Verfügbarkeitsgruppen mit dem Clustertyp *Keiner* gibt sie einen Fehler zurück. Möglicherweise wird dieser Bug in einem kumulativen Update von SQL Server 2017 korrigiert. Zurzeit aber bedeutet dies, dass Sie in clusterlosen Verfügbarkeitsgruppen weder mit Wartungsplänen in SQL Server Management Studio noch mit anderen Anwendungen Sicherungen mit bevorzugten Replikaten einrichten können.

Andere mögliche Architekturen

Wenn Sie nicht die Enterprise Edition verwenden oder wenn Sie Hochverfügbarkeit in einer geografisch verteilten Umgebung benötigen, können die im Folgenden vorgestellten alternativen Architekturen für Sie besser geeignet sein.

Basis-Verfügbarkeitsgruppen Basis-Verfügbarkeitsgruppen sind eine abgespeckte Version, die es nur in SQL Server Standard Edition gibt. Sie dienen als Ersatz für die veraltete Datenbankspiegelungsfunktion und schließen die modernen Dialogfeldoptionen von SQL Server Management Studio und Überwachungswerkzeuge ein.

Wie bei der Datenbankspiegelung kann das sekundäre Replikat weder gelesen noch gesichert werden. Eine Basis-Verfügbarkeitsgruppe kann nur zwei Replikate enthalten, aber auf einem Server können Sie mehrere solcher Gruppen einrichten. Basis-Verfügbarkeitsgruppen gibt es erst ab SQL Server 2016, und sie wurden hauptsächlich eingeführt, um die Funktionen der Datenbankspiegelung zu bieten. Anstelle von Basis-Verfügbarkeitsgruppen sollten Sie clusterlose Verfügbarkeitsgruppen erwägen, es sei denn, dass Sie Möglichkeiten für einen automatischen Failover benötigen.

Failoverclusterinstanzen und Verfügbarkeitsgruppen SQL Server-Failoverclusterinstanzen können Mitglieder von Verfügbarkeitsgruppen sein, allerdings ohne die Möglichkeit eines automatischen Failovers der Verfügbarkeitsgruppe. Die Failoverclusterinstanz selbst ist jedoch nach wie vor zu einem automatischen Failover in der Lage. Damit bildet sie eine Lösung für lokale Hochverfügbarkeit und Hardwareverfügbarkeit, aber nicht für Remotehochverfügbarkeit.

Wir raten davon ab, einen Windows Server-Failovercluster zu erstellen, der ein WAN umspannt, selbst wenn das Subnetz das gesamte Netzwerk einnimmt. Stattdessen sollten Sie Verfügbarkeitsgruppen ohne Failoverclusterinstanzen oder verteilte Verfügbarkeitsgruppen einrichten, wenn Sie lokale Hardware-Hochverfügbarkeit benötigen.

Verteilte Verfügbarkeitsgruppen Dank dieser Funktion kann eine Verfügbarkeitsgruppe eine andere als sekundäres Replikat behandeln, gewöhnlich über ein WAN hinweg. Die beiden Verfügbarkeitsgruppen, die jeweils ihren eigenen Listener haben, müssen sich nicht im selben Netzwerk oder im selben WSFC befinden. Dadurch sind lokale Hardwareverfügbarkeit sowie geografisch verteilte Hochverfügbarkeit und Notfallwiederherstellung in Bereitstellungen mit mehreren Standorten möglich. Bei verteilten Verfügbarkeitsgruppen müsse Sie einen WSFC nicht auf ein WAN oder ein Subnetz ausdehnen. Es besteht kein Risiko, dass versehentlich ein Failover des WSFC über das WAN erfolgt. Tatsächlich ist zwischen der primären und der sekundären Verfügbarkeitsgruppe gar kein automatischer Failover möglich.

Mit der Funktion für verteilte Verfügbarkeitsgruppen können Sie auch Windows-Verfügbarkeitsgruppen zu Linux-Verfügbarkeitsgruppen migrieren. Allerdings sollte dies keine permanente Konfiguration sein. Sie ist nicht stabil und wird auch nicht empfohlen.

Die Funktion eignet sich besser dazu, die Arbeitslast von regionalen schreibgeschützten sekundären Replikaten auf global verteilte schreibgeschützte sekundäre Replikate zu verlagern.

Diese Architektur ist insbesondere für die Aktualisierung der Betriebssystem- und der SQL Server-Version der Verfügbarkeitsgruppe nützlich, da Sie hierbei die verschiedenen Versionen von Windows Server (mindestens 2012) und SQL Server (mindestens 2016) nebeneinander laufen lassen und eine schnelle Migration mit einem Minimum an Ausfallzeit durchführen können.

Jede der Partner-Verfügbarkeitsgruppen hat dabei ihren eigenen Listener, aber die verteilte Verfügbarkeitsgruppe als Ganzes hat keinen. Anwendungen nehmen nach einem Failover direkt Kontakt mit den einzelnen Verfügbarkeitsgruppen auf (eventuell mithilfe von DNS-Aliassen), um die lesbaren sekundären Replikate zu nutzen.

Eine nicht primäre Verfügbarkeitsgruppe kann nur reine Leseabfragen beantworten. Allerdings verfügt sie selbst über ein »primäres« Replikat. Es hat die Aufgabe, Transaktionen auf die sekundären Replikate der sekundären Verfügbarkeitsgruppe zu replizieren. Abgesehen davon funktionieren verteilte Verfügbarkeitsgruppen genauso wie herkömmliche.

Erstellen eines Windows Server-Failoverclusters für Verfügbarkeitsgruppen

Windows Server-Failovercluster haben wir schon weiter vorn in diesem Kapitel behandelt. Wenn Sie eine Verfügbarkeitsgruppe mit einem WSFC als zugrunde liegender Struktur einrichten wollen, müssen Sie als Erstes die gleiche Entscheidung treffen wie auch bei jedem anderen WSFC: Die Anzahl und vor allem die Lage der Quorumstimmen ist von entscheidender Bedeutung für das spätere Failoververhalten.

Bei einer ungeraden Anzahl von Knoten sollten Sie sich für Knotenmehrheit entscheiden, bei einer geraden Anzahl für Knoten- und Dateifreigabemehrheit.

Es gibt noch zwei weitere Faktoren, die eine Rolle bei der Gestaltung Ihrer Quorumsstrategie spielen. Wollen Sie die meisten Operationen im ersten Rechenzentrum vornehmen und das zweite nur für Notfälle in Bereitschaft halten? Wollen Sie nur manuelle Failover durchführen und keine automatischen? Wenn Sie beide Fragen mit Ja beantwortet haben, ist es sinnvoll, auf dem primären Knoten für Quorumsstimmen zu sorgen, die den Betrieb aufrechterhalten. Dazu gehört es auch, einen Dateifreigabezeugen im Rechenzentrum des primären Knotens unterzubringen. Anderenfalls sollten Sie den empfohlenen Vorgehensweisen für die WSFC-Quorumseinrichtung folgen, also für eine ungerade Anzahl von Quorumsstimmen sorgen und eine dieser Stimmen an einem dritten Standort unterbringen. Dazu können Sie auch ein Azure-Speicherkonto als Cloudzeugen verwenden, eine relativ preisgünstige und sehr zuverlässige Zeugenfunktion, die in Windows Server 2016 zur Verfügung steht.

Führen Sie bei der Clustervalidierung keine Speichervalidierung durch und aktivieren Sie auch nicht die Option *Der gesamte geeignete Speicher soll dem Cluster hinzugefügt werden*. Die Speichervalidierung ist zeitraubend und unnötig, denn der WSFC für die Verfügbarkeitsgruppe hat ohnehin keinen Speicher, sofern Sie als letzte Stimme, um eine ungerade Anzahl zu erreichen, nicht einen gemeinsamen Speicherzeugen ausgewählt haben. Fügen Sie diesen getrennt hinzu. Die aktuellen Quorumstimmen der einzelnen Mitgliedsrollen können Sie sich in der dynamischen Verwaltungssicht `sys.dm_hadr_cluster_members` ansehen.

Während der Clustervalidierung und wenn der WSFC online ist, können im Failovercluster-Manager Warnungen darüber erscheinen, dass kein Speicher eingerichtet ist. Da für Verfügbarkeitsgruppen kein Clusterspeicher benötigt wird, können Sie diese Warnungen ignorieren. Verwenden Sie den Failovercluster-Manager nur, um sich den Gesamtzustand des Clusters anzusehen und das Quorum zu verwalten.

Lösen Sie vom Failovercluster-Manager aus keine Failover aus, es sei denn, dass Sie ein Quorum erzwingen. Alle Failover für die Verfügbarkeitsgruppe sollten durch SQL Server ausgelöst werden. Dazu können Sie SQL Server Management Studio, T-SQL-Anweisungen und PowerShell-Befehle verwenden.

Expertentipp

Welche Berechtigungen sind erforderlich, um Verfügbarkeitsgruppenobjekte zu erstellen?

Wenn Sie eine WSFC anlegen, ohne über die Domänenadministratorberechtigungen zu verfügen, kann es zu Fehlern kommen, sobald Sie versuchen, ein Clusternamenobjekt (CNO) oder die Listenerobjekte in Active Directory zu erstellen. Da das Listenerobjekt vom CNO angelegt wird, braucht das CNO Leseberechtigungen für alle Eigenschaften und die Berechtigung zum Erstellen von Computerobjekten in der Organisationseinheit des Clusters. Der Benutzer, der den Cluster erstellt, muss das Recht haben, dem CNO diese Berechtigungen zu gewähren. Anstatt dem CNO diese Rechte zu geben, kann aber auch das Listenerobjekt vorab von einem Domänenadministrator erstellt werden.

Der Datenbankspiegelungs-Endpunkt

Der Endpunkt für Verfügbarkeitsgruppen wird auch als Datenbankspiegelungs-Endpunkt bezeichnet, da er den gleichen Typnamen, die gleiche Funktion und den gleichen Port wie der Endpunkt hat, der von der veralteten Einrichtung der Datenbankspiegelung erstellt wurde. Endpunkte von Verfügbarkeitsgruppen erhalten zur Kommunikation standardmäßig den Namen `Hadr_endpoint`.

Dieser Endpunkt kommuniziert standardmäßig über TCP-Port 5022. Sofern dieser Port nicht bereits von einer anderen Verfügbarkeitsgruppe belegt ist, müssen Sie ihn nicht ändern. Informationen über den Endpunkt können Sie in den Systemreferenztabellen `sys.database_mirroring_endpoints` (aktueller Status, Rolle und Verschlüsselungsstatus) und `sys.tcp_endpoints` (Portnummer, IP-Einstellungen und Listener-IP-Adresse) nachschlagen.

Wenn Sie den Endpunkt der Verfügbarkeitsgruppe manuell erstellen wollen, können Sie dazu den T-SQL-Befehl `CREATE ENDPOINT` oder das PowerShell-Cmdlet `New-SqlHadrEndpoint` verwenden.

Hinweis

Jeder Verfügbarkeitsgruppen-Endpunkt benötigt seine eigene Portnummer. In SQL Server Management Studio vor Version 17.2 gibt es einen Bug, durch den nicht standardmäßige Portwerte nicht erkannt werden und der Endpunkt mit dem TCP-Port 5022 erstellt wird. Verwenden Sie immer die neueste Version von SQL Server Management Studio.

Die Mindestanzahl synchronisierter Knoten

Mit der neuen Einstellung `REQUIRED_SYNCHRONIZED_SECONDARIES_TO_COMMIT` von SQL Server 2017 geben Sie die erforderliche Mindestanzahl von synchronisierten Replikaten ein. Mögliche Werte sind Integer zwischen 0 und der Gesamtanzahl der Replikate minus 1.

Die Standardeinstellung beträgt `0`, wodurch das Verhalten von SQL Server vor Version 2017 nachgestellt wird: Wenn ein synchrones Replikat nicht mehr antwortet, hindert das das primäre Replikat nicht daran, Transaktionen weiterhin mit Commit abzuschließen. Der Status des problematischen Replikats wird auf `NOT SYNCHRONIZED` gesetzt, bis es wieder erreich-

Kapitel 12

bar ist und aufholt. Sobald das der Fall ist, wird der Status wieder auf SYNCHRONIZED zurückgesetzt.

Bei jeder anderen Einstellung ist garantiert, dass Transaktionen auf der angegebenen Anzahl von sekundären Replikaten mit Commit abgeschlossen werden. Es müssen sich mindestens so viele sekundäre Replikate wie angegeben im Zustand SYNCHRONIZED befinden, damit Transaktionen auf dem primären Replikat mit Commit abgeschlossen werden können.

Dadurch kann das primäre Datenbankreplikat keine neuen Daten einführen, wenn nicht genügend synchrone sekundäre Replikate und damit Ziele für einen automatischen Failover zur Verfügung stehen. Bevor Sie die Standardeinstellung ändern, sollten Sie sich genau über die Auswirkungen von Rollbacks auf Clientanwendungen und auf Ihre Vorgaben für akzeptable Datenverluste klar werden.

Auswählen des Verfügbarkeitsmodus für sekundäre Replikate

Der wichtigste Faktor, um zu entscheiden, ob Sie für ein sekundäres Replikat den Verfügbarkeitsmodus für asynchrone oder für synchrone Commits einrichten sollten, besteht darin, ob Sie automatische oder manuelle Failover benötigen. In diesem Abschnitt sehen wir uns an, wie Replikate mit dem Verfügbarkeitsmodus für synchrone Commits funktionieren und wie der Modus ihr Verhalten und das des primären Replikats beeinflusst.

Für diese Entscheidung müssen Sie die folgenden Faktoren berücksichtigen:

- Wenn Sie für Ihre Hochverfügbarkeitsziele automatische Failover benötigen, müssen Sie den synchronen Modus wählen.
- Sind Ihre Datenbanken geografisch verteilt, sollten Sie nach Möglichkeit den asynchronen Modus wählen, wenn sich die Datenbanken alle im selben Subnetz befinden, da die im nächsten Abschnitt beschriebenen Auswirkungen auf die Leistung erheblich sind. Der Verfügbarkeitsmodus für asynchrone Commits ist viel schneller als der für synchrone Commits, insbesondere über geografisch verteilte Rechenzentren hinweg. Auch bei der Indexwartung und anderen Massenoperationen ist die Leistung erheblich besser, wenn alle Replikate den asynchronen Modus verwenden.
- Wenn sich Ihre Datenbanken alle im selben physischen Netzwerkbereich befinden, sollten Sie überlegen, ob Ihre Leistungsanforderungen den synchronen Modus erlauben.

Die Auswahl des synchronen Modus beeinträchtigt die Leistung des primären Replikats. Dafür gibt es zwei Gründe, nämlich die Verzögerung des Commits aufgrund der Zeit, die erforderlich ist, um die Bestätigung von den sekundären Replikaten zu empfangen, und die möglichen Parallelitätsprobleme aufgrund längerer Sperrdauern. Die Commitverzögerung können Sie mit Leistungsindikatoren messen (wenn Sie die Verzögerung während eines bestimmten Zeitraums ermitteln möchten) und durch die Abfrage von Wartestatistiken bestimmen.

▶ **Methoden zur Messung der Commitverzögerung werden in dem Blogpost auf *https://blogs.msdn.microsoft.com/saponsqlserver/2013/04/24/sql-server-2012-alwayson-part-12-performance-aspects-and-performance-monitoring-ii* ausführlich beschrieben.**

Auswirkungen des sekundären Replikats auf die Leistung

Wenn Sie den Umfang der Replikatdaten übersteigen, den die Hardware der sekundären Replikate handhaben kann, füllen sich die Protokollwiederholungswarteschlange auf den sekundären Replikaten und die Protokollsendewarteschlange auf dem primären Replikat. Unter schwerer Last wachsen diese Warteschlangen, allerdings müssen sie abgearbeitet werden, damit das sekundäre Replikat online geschaltet werden kann. Im synchronen Modus werden dadurch die Commits auf dem primären Replikat verzögert. Im asynchronen Modus gibt es Transaktionsverzögerungen, wenn die sekundären Replikate nicht die Leistung des primären Replikats erreichen.

Ein solcher Rückstand auf einem sekundären Replikat kann die folgenden problematischen Bedingungen hervorrufen:

- Verzögerung eines automatischen Failovers durch Verhinderung eines Failovers ohne Datenverlust; jeder Failover muss manuell ausgeführt werden.
- Verzögerung der Datenbankwiederherstellung nach einem Absturz oder Neustart
- Die Daten auf dem sekundären Replikat sind veraltet, was sich bei Abfragen an schreibgeschützten sekundären Knoten zeigt.
- Verzögerung der Datensicherung, wenn das sekundäre Replikat für Datenbank- oder Protokollsicherungen verwendet wird.
- Transaktionen im Protokoll des primären Replikats werden verzögert. Ein Abschneiden des Protokolls erfolgt nur bei Transaktionsprotokollsicherung, da Transaktionen nicht auf sekundäre Replikate angewendet werden können.

Um die Leistung des primären Replikats aufrechtzuerhalten, kann ein synchrones sekundäres Replikat daher aufgrund von Timeouts bei der Kommunikation mit dem primären Knoten in den asynchronen Modus wechseln.

Dieser Wechsel in den asynchronen Modus erfolgt automatisch und ist vorübergehend. Die Möglichkeit für einen automatischen Failover wird damit aber aufgehoben. Synchrone Replikate können keinen Datenverlust von null unter allen Arbeitslasten garantieren und lassen sich am besten als *potenzielle* Partner für einen automatischen Failover beschreiben.

Wenn ein synchrones sekundäres Replikat vor dem Ablauf eines Timeouts keine Bestätigung sendet, wird sein Zustand vom primären Replikat auf `DISCONNECTED` gesetzt. Damit wird es im Grunde genommen aus der Verfügbarkeitsgruppe entfernt. Der Standardwert für dieses Timeout beträgt 10 s, aber Sie können es mit der Eigenschaft `SESSION_TIMEOUT` des sekundären Replikats ändern. Das verhindert, dass das primäre Replikat unter Verzögerungen aufgrund der Transaktionsabsicherung leidet. Wann so etwas geschieht, können Sie erkennen, wenn Sie eine Warnung für den Fehler 41418 einrichten. Ein sekundäres Replikat, das in den Zustand `DISCONNECTED` geraten ist, muss von einem Administrator wieder zu der Verfügbarkeitsgruppe hinzugefügt werden. Je nachdem, wie weit es zurückliegt, kann auch ein Reseeding erforderlich sein.

Wenn Sie vorübergehend umfangreiche, leistungsintensive Schreibvorgänge auf dem System erwarten, etwa bei einer Indexwartung, beim Ändern oder Verschieben umfangreicher Tabellen oder bei Massenoperationen, sollten Sie in Erwägung ziehen, die sekundären Replikate der Verfügbarkeitsgruppe vom synchronen in den asynchronen Modus zu schalten und danach wieder zurückzuwechseln. Dass die sekundären Replikate aufgeholt haben, können Sie daran erkennen, dass sich ihr Status von `SYNCHRONIZING` in `SYNCHRONIZED` ändert.

Ebenso können Sie asynchrone sekundäre Replikate auch vorübergehend in den synchronen Modus schalten, um einen manuellen Failover ohne Datenverlust ohne den Parameter `FORCE` durchzuführen. Danach können Sie wieder zu dem leistungsfähigeren asynchronen Modus wechseln, wobei sich der Status der Replikate sofort von `SYNCHRONIZED` in `SYNCHRONIZING` ändert.

Expertentipp

Wie viele potenzielle synchrone Partner für einen automatischen Failover kann ein Replikat haben?

Vor SQL Server 2016 konnte es für ein primäres Replikat nur ein sekundäres Replikat als potenzieller synchroner Partner für einen automatischen Failover geben. Seit SQL Server 2016 können Sie bei der Verwendung eines Windows Server-Failoverclusters zwei solcher Replikate einrichten. Zusammen mit dem aktuellen primären Replikat stehen Ihnen also insgesamt drei Replikate zur Verfügung, die Sie für einen automatischen Failover einrichten können.

Die Einstellung für den bevorzugten Besitzer im Verfügbarkeitsgruppenobjekt des WSFC bestimmt, welches der beiden sekundären Replikate das Ziel eines automatischen Failovers ist.

SQL Server verwaltet die potenziellen und bevorzugten Besitzer von Verfügbarkeitsgruppenressourcen im WSFC automatisch. Es gibt in SQL Server auch keine Möglichkeit, um darauf Einfluss zu nehmen. Sie könnten solche Einstellungen zwar im WSFC ändern, aber das wäre sinnlos, da sie wieder überschrieben werden, sobald SQL Server einen Failover vornimmt.

Die aktuellen möglichen und bevorzugten Besitzer können Sie sich im Failovercluster-Manager ansehen. Doppelklicken Sie dort auf der Seite *Rollen* auf das Verfügbarkeitsgruppenobjekt, um sein Eigenschaftendialogfeld zu öffnen. Die Liste der bevorzugten Besitzer finden Sie auf der Registerkarte *Allgemein*, die Liste der möglichen Besitzer auf der Registerkarte *Erweiterte Richtlinien*.

Failover in Verfügbarkeitsgruppen

Beim Failover in einer Verfügbarkeitsgruppe wird ein sekundäres Replikat zum neuen primären Replikat und das bisherige primäre Replikat – sofern überhaupt noch verfügbar – zu einem sekundären. Nach einem solchen Failover sollten Sie sich die Eigenschaften der Replikate ansehen, insbesondere nach ungeplanten und erzwungenen Failovern. Möglicherweise sind nach dem Verlust von einem oder mehreren Knoten keine automatischen Failover, lesbaren sekundären Knoten oder Prioritätseinstellungen für die Sicherung mehr möglich.

Automatischer Failover

Automatische Failover bieten Hochverfügbarkeit und greifen auf den eingerichteten Listener und auf WSFC-Objekte zurück. Nur Replikate im Verfügbarkeitsmodus für synchrone

Commits können als Ziel eines automatischen Failovers dienen. Die Bedingungen, unter denen ein automatischer Failover ausgelöst wird, können Sie auf einer Skala von 1 bis 5 einstellen, wobei ein Failover bei 1 erfolgt, wenn der SQL Server-Dienst auf dem primären Replikat komplett ausfällt, und bei 5, wenn kritische oder weniger schwerwiegende SQL Server-Fehler auftreten.

Die Standardeinstellung lautet 3. Dabei erfolgt ein automatischer Failover, wenn das primäre Replikat ausfällt oder nicht mehr antwortet, aber auch bei einigen kritischen Serverbedingungen. Ausführliche Informationen über diese Bedingungen erhalten Sie auf *https://docs.microsoft.com/sql/database-engine/availability-groups/windows/flexible-automatic-failover-policy-availability-group#FClevel.*

Automatische Failover erfolgen nur dann, wenn dabei dieselben Bedingungen erfüllt sind wie bei geplanten Failovern, die wir uns als Nächstes ansehen. Insbesondere wird ein automatischer Failover nicht durchgeführt, wenn dabei die Möglichkeit von Datenverlusten besteht.

Geplanter Failover

Ein geplanter Failover kann nur auftreten, wenn keine Möglichkeit eines Datenverlustes besteht. Insbesondere heißt das, dass Sie den Parameter `FORCE` nicht angeben, um Warnungen im Code und in den Dialogfeldern von SQL Server Management Studio zu bestätigen. Einen geplanten Failover können Sie daher nur zu einem sekundären Replikat mit dem Verfügbarkeitsmodus für synchrone Commits durchführen. Das heißt aber nicht, dass Sie den asynchronen Modus nicht nutzen könnten.

Sie können ein asynchrones Replikat in den synchronen Modus umschalten, darauf warten, dass es den Zustand `SYNCHRONIZED` annimmt, und dann den geplanten Failover ohne Datenverlust durchführen. Versuchen Sie nicht, den geplanten Failover aus dem Failovercluster-Manager von Windows heraus vorzunehmen, sondern verwenden Sie immer SQL Server-Befehle über SQL Server Management Studio, T-SQL oder PowerShell.

▶ **PowerShell-Codebeispiele für Failoverskripte finden Sie in Kapitel 14.**

Erzwungener Failover

Einen erzwungenen Failover sollten Sie nur unter widrigen Umständen im Cluster versuchen, etwa beim Verlust des primären Knotens. Nehmen Sie einen erzwungen Failover auch nicht aus dem Failovercluster-Manager von Windows heraus vor, es sei denn, dass die Bedingungen im Cluster es nicht mehr zulassen, den Vorgang mit SQL Server Management Studio, T-SQL oder PowerShell durchzuführen.

Nach einem erzwungenen Failover empfängt das neue primäre Replikat Transaktionen von den Clients, synchronisiert sich aber nicht mit anderen Datenbanken, bevor diese die Datenverschiebung wieder aufgenommen haben. Letzteres können Sie in SQL Server Management Studio veranlassen, indem Sie auf die Datenbank rechtsklicken und *Datenverschiebung fortsetzen* auswählen (sofern diese Option zur Verfügung steht). In einem T-SQL-Skript verwenden Sie dazu den folgenden Befehl:

```
ALTER DATABASE [AGDB] SET HADR RESUME
```

In PowerShell geben Sie für jede Datenbank in der Verfügbarkeitsgruppe den folgenden Befehl:

```
Import-Module SQLSERVER
Resume-SqlAvailabilityDatabase -Path SQLSERVER:\Sql\SQLSRV2\SQL17\
AvailabilityGroups\AG1\AvailabilityDatabases\AGDB
```

Hinweis

Lösen Sie Failover immer mit SQL Server-Befehlen im Dashboard für Verfügbarkeitsgruppen von SQL Server Management Studio, mit T-SQL oder PowerShell aus. Eine Ausnahme bilden Verfügbarkeitsgruppen mit dem Clustertyp *Extern*, also etwa für SQL Server-Instanzen auf Linux, die einen Linux-Cluster-Manager wie Pacemaker verwenden. In einem solchen Fall müssen Sie den Failover über den externen Cluster-Manager auslösen.

Seedingoptionen beim Hinzufügen von Replikaten

Um eine Datenbank zu einer Verfügbarkeitsgruppe hinzuzufügen, ist es zunächst erforderlich, deren Daten auf das sekundäre Replikat zu kopieren, wo sie dann im weiteren Verlauf synchronisiert werden.

Auf den folgenden Seiten lernen Sie die Optionen kennen, die Ihnen auf der Seite *Datenbank zur Verfügbarkeitsgruppe hinzufügen* des Assistenten für neue Verfügbarkeitsgruppen in SQL Server Management Studio zur Verfügung stehen, und erfahren, wann Sie sie jeweils nutzen sollten. Bei jeder dieser Optionen wird ein anderes Verfahren angewendet, um die Daten über das Netzwerk auf das sekundäre Replikat zu übertragen.

Automatisches Seeding

Das automatische Seeding wurde in SQL Server 2016 eingeführt. Um die Daten zu kopieren, wird dabei eine Sicherung mit dem Endpunkt als virtuellem Sicherungsgerät angefertigt. Das ist eine geschickte Vorgehensweise, um die Sicherung und Wiederherstellung ohne Verwendung einer Netzwerkdateifreigabe und ohne Eingriff eines Administrators zu automatisieren. In den meisten Fällen funktioniert dies reibungslos. Beachten Sie aber die folgenden Hinweise:

- Im Allgemeinen sollten Sie für alle Replikate mit demselben Betriebssystem (Windows oder Linux) dieselben Daten- und Protokolldateipfade verwenden. Beim automatischen Seeding in SQL Server 2017 ist das nicht mehr erforderlich. Beachten Sie, dass bei benannten Instanzen der Standardpfad zu den Daten- und Protokollordnern den Instanznamen enthält. So kann der Pfad in einer benannten Instanz auf Windows wie folgt lauten:

  ```
  F:\Program Files\Microsoft SQL Server\MSSQL14.InstanceA\MSSQL\DATA
  ```

  Dieser Pfad stimmt nicht mit dem auf einem anderen Server mit einem anderen Instanznamen überein:

  ```
  F:\Program Files\Microsoft SQL Server\MSSQL14.InstanceB\MSSQL\DATA
  ```

- Der einzige manuelle Eingriff, den ein Administrator vornehmen muss, besteht darin, dem Verfügbarkeitsgruppenobjekt die Berechtigung zum Erstellen von Datenbanken auf den sekundären Replikaten zu erteilen. Dieser Vorgang weicht leicht von der typischen `GRANT`-Anweisung für Berechtigungen ab:

  ```
  ALTER AVAILABILITY GROUP [AG_WWI] GRANT CREATE ANY DATABASE;
  ```

- Nach dem automatischen Seeding kann die Autorisierung (der Besitzer) der Datenbank auf dem sekundären Replikat von derjenigen auf dem primären Replikat abweichen. Überprüfen Sie das und ändern Sie die Datenbank gegebenenfalls, damit beide dieselbe Autorisierung haben:

  ```
  ALTER AUTHORIZATION ON DATABASE::WideWorldImporters TO [Serverprinzipal];
  ```

- Für die Übertragung der Sicherung beim automatischen Netzwerk ist die Komprimierung standardmäßig ausgeschaltet. Sie können sie einschalten, um den Vorgang zu beschleunigen, was aber zu einer stärkeren Belastung der CPU führt. Da Sie ein automatisches Seeding ohnehin nicht während der regulären Produktionszeiten durchführen sollten, kann es sinnvoll sein, dies in Kauf zu nehmen, um die Daten schneller zu übertragen. In den Dialogfeldern von SQL Server Management Studio gibt es zurzeit keine Möglichkeit, um die Komprimierung einzuschalten. Stattdessen müssen Sie das globale Ablaufverfolgungsflag 9567 verwenden. Beachten Sie, dass sich dies auf sämtliche Verfügbarkeitsgruppen der Instanz auswirkt.

- Die Sicherung beim automatischen Seeding kann länger dauern als eine normale Sicherung, insbesondere, wenn sie über eine WAN-Verbindung oder in einer verteilten Verfügbarkeitsgruppe erfolgt. Während des automatischen Seedings ist es nicht möglich, das Transaktionsprotokoll der Quelldatenbank abzuschneiden. Wenn der Vorgang zu lange dauert, können Sie ihn für Datenbanken, für die er noch nicht abgeschlossen ist, mit einer T-SQL-Anweisung beenden, die die Synchronisierungseinstellung auf `MANUAL` oder `JoinOnly` setzt. Führen Sie dazu den folgenden Code auf dem primären Replikat aus:

```
-- Beendet das automatische Seeding
ALTER AVAILABILITY GROUP [AG_WWI]               -- Name der Verfügbarkeitsgruppe
    MODIFY REPLICA ON 'SQLSERVER-1\SQL2K17' -- Name des Replikats
    WITH (SEEDING_MODE = MANUAL);               -- "Join Only" in SSMS
GO
```

Den automatischen Seedvorgang auf allen Replikaten können Sie in der dynamischen Systemverwaltungssicht `sys.dm_hadr_physical_seeding_stats` beobachten. Sie enthält auch die Spalte `estimate_time_complete_utc`, die einen Schätzwert für die Beendigung des Vorgangs angibt. Die Daten werden sowohl auf dem primären als auch dem sekundären Replikat angezeigt, allerdings kann es sein, dass dieser Schätzwert nur auf dem primären Knoten zur Verfügung steht. Das Feld `role_desc` gibt an, ob es sich bei der lokalen SQL Server-Instanz um die Quelle oder das Ziel des Seedvorgangs handelt.

Den Verlauf des automatischen Seedings können Sie sich sowohl auf dem primären als auch auf dem sekundären Replikat in der dynamischen Verwaltungssicht `sys.dm_hadr_automatic_seeding` ansehen. Bei Seedingsitzungen, die noch im Gange sind, wird im Feld `current_state` der Wert `SEEDING` angezeigt. Die folgenden Beispiele zeigen, wie Sie die beiden Verwaltungssichten mit T-SQL abfragen:

```
-- Beobachtung des automatischen Seedings
SELECT s.*
FROM sys.dm_hadr_physical_seeding_stats s
ORDER BY start_time_utc desc;
```

```
-- Verlauf des automatischen Seedings
SELECT TOP 10 ag.name, dc.database_name, s.start_time, s.completion_time,
    s.current_state, s.performed_seeding, s.failure_state_desc, s.error_code,
    s.number_of_attempts
FROM sys.dm_hadr_automatic_seeding s
INNER JOIN sys.availability_databases_cluster dc ON s.ag_db_id = dc.group_
database_id
INNER JOIN sys.availability_groups ag ON s.ag_id = ag.group_id
ORDER BY start_time desc;
```

Fehlerbehebung beim automatischen Seeding Wenn das automatische Seeding fehlschlägt, probieren Sie die folgenden Maßnahmen zur Fehlerbehebung aus:

- Untersuchen Sie das SQL Server-Fehlerprotokoll auf dem primären und dem sekundären Replikat. Es enthält Fehlermeldungen über die versuchten Sicherungs- und Wiederherstellungsereignisse beim automatischen Seedvorgang.
- Vergewissern Sie sich, dass das SQL Server-Dienstkonto des sekundären Replikats über die Berechtigung zum Erstellen des Pfads verfügt, in dem die Seeddateien bei der Wiederherstellung platziert werden sollen, und Vollzugriff darauf hat. In SQL Server 2016 müssen die Pfade für die Daten- und Protokolldateien einer Datenbank auf beiden Replikaten identisch sein. Das schließt auch die Bezeichnungen benannter Instanzen ein, die in den Dateipfaden vorkommen. In SQL Server 2017 können Sie unterschiedliche Pfade verwenden, allerdings raten wir davon ab, da dies die Sache komplizierter macht und bei späteren Neukonfigurationen und Wiederherstellungen zu Fehlern führen kann.
- Vergewissern Sie sich auch, dass auf der sekundären Instanz vor dem automatischen Seeding dieselben Funktionen eingeschaltet sind, z. B. auch `FILESTREAM`.
- Schalten Sie bei einem lange andauernden Seedvorgang die Transaktionsprotokollsicherungen der primären Datenbank ab. Sie können dazu führen, dass das automatische Seeding mit der folgenden Meldung fehlschlägt: »Für die Remotekopie der *Datenbankname*-Datenbank wurde kein Rollforward bis zu einen bestimmten Zeitpunkt ausgeführt, der in der lokalen Kopie des Datenbankprotokolls enthalten ist.«

Wenn das automatische Seeding fehlschlägt, müssen Sie die fehlerhafte Seeddatenbank auf dem sekundären Replikat einschließlich der Daten- und Protokolldateien im Dateipfad löschen. Nachdem Sie die Probleme beseitigt haben, können Sie das automatische Seeding erneut versuchen, indem Sie die folgende T-SQL-Anweisung auf dem primären Replikat ausführen:

```
-- Startet das automatische Seeding neu
ALTER AVAILABILITY GROUP [AG_WWI]          -- Name der Verfügbarkeitsgruppe
    MODIFY REPLICA ON 'SQLSERVER-1\SQL2K17' -- Name des Replikats
    WITH (SEEDING_MODE = AUTOMATIC);        -- Automatisches Seeding
```

Expertentipp

Kann ich das automatische Seeding auch für eine Datenbank mit eingeschalteter transparenter Datenverschlüsselung (TDE) verwenden?

Datenbanken mit eingeschalteter TDE können zwar in Verfügbarkeitsgruppen verwendet werden, bereiten beim automatischen Seeding aber Probleme. Es ist nicht zulässig, dass TDE für eine Datenbank auf einem Replikat eingeschaltet ist und auf einem anderen nicht. Wenn Sie eine neue Datenbank einrichten, nehmen Sie das Seeding auf allen sekundären Replikaten vor und aktivieren TDE erst dann. Wollen Sie dagegen eine vorhandene Datenbank, bei der TDE bereits eingeschaltet ist, zu einem neuen Replikat hinzufügen, verwenden Sie nicht das automatische Seeding. Möglicherweise wird dieser Aspekt in zukünftigen Versionen von SQL Server verbessert.

Seit SQL Server 2016 können Sie bei der Verwendung von anderen Seedingmethoden TDE in den Assistenten von SQL Server Management Studio für Datenbanken einschalten, die bereits Mitglied einer Verfügbarkeitsgruppe sind. (Diese Option war notwendig, um die Datenbank von SQL Server Integration Services in eine Verfügbarkeitsgruppe aufzunehmen.)

Vollständige Datenbank- und Protokollsicherung

Bei dieser Option werden die Datenbank und das Protokoll im Hintergrund gesichert, über eine zuvor eingerichtete Netzwerkfreigabe (Windows oder Linux) kopiert und wiederhergestellt. Der kniffligste Vorgang dabei besteht darin, die Netzwerkfreigabe und die Berechtigungen dafür korrekt einzurichten. Das SQL Server-Dienstkonto der Instanz auf dem primären Replikat muss über Lese- und Schreibberechtigungen für die Netzwerkfreigabe verfügen, die SQL Server-Dienstkonten der Instanzen auf dem sekundären Replikat über Leseberechtigungen.

Fehlerbehebung beim Seeding mit vollständiger Datenbank- und Protokollsicherung Vergewissern Sie sich, dass das SQL Server-Dienstkonto des sekundären Replikats über die Berechtigung zum Erstellen des Pfads verfügt, in dem die kopierten Sicherungsdateien wiederhergestellt werden sollen, und Vollzugriff darauf hat. Da Sie die Option `REPLACE` nicht angeben können, dürfen die Daten- und Protokolldateien auf dem zweiten Replikat noch nicht vorhanden sein. Vergewissern Sie sich auch, dass auf der sekundären Instanz vor dem Hinzufügen der Datenbank dieselben Funktionen eingeschaltet sind, z. B. auch `FILESTREAM`.

Kapitel 12

Nur verknüpfen (manuelles Sichern, Kopieren und Wiederherstellen)

Die Option *Nur verknüpfen* (bzw. `Join Only`) ist für den Fall da, dass Sie für das Seeding nicht die automatischen Funktionen von SQL Server Management Studio genutzt haben, sondern T-SQL oder PowerShell. Dabei müssen Sie manuell eine vollständige und eine Protokollsicherung aller Datenbanken anlegen (oder kürzlich angefertigte Sicherungen verwenden), diese Sicherungen auf die sekundären Replikate kopieren und schließlich die vollständige Sicherung mit `WITH NORECOVERY` und die Protokollsicherung mit `WITH RECOVERY` wiederherstellen. Je näher die Protokollkette dem aktuellen Zustand ist, umso schneller kann die Datenbank nach dem Beitritt zur Verfügbarkeitsgruppe aufholen. Nach der Wiederherstellung der Transaktionsprotokollsicherung können Sie die Datenbank nun in SQL Server Management Studio oder im Code mit der Verfügbarkeitsgruppe verknüpfen.

Anfängliche Datensynchronisierung überspringen

Mit dieser Option können Sie zunächst den Rest der Verfügbarkeitsgruppe einrichten, ohne irgendwelche Datenbanken zu synchronisieren. Die Synchronisierung der Replikate müssen Sie dann später nachholen.

Zusätzliche Maßnahmen nach dem Erstellen einer Verfügbarkeitsgruppe

In Verfügbarkeitsgruppen werden die Datenbanken und deren Konfiguration kopiert, aber keine Konfigurationen auf Serverebene, beispielsweise Anmeldungen. Als Datenbankadministrator obliegt es Ihnen, die sekundären Instanzen für einen Failover vorzubereiten, indem Sie die erforderlichen serverweiten Einstellungen und Objekte anlegen, um den Normalbetrieb bei einem Failover aufrechtzuerhalten. Dazu sollten Sie ein Skript verwenden, da Sie es einfach auf mehreren sekundären Replikaten ausführen können, auch auf solchen, die Sie nach einem Zwischenfall hinzufügen, von dem der primäre oder die sekundären Server betroffen sind. Durch die Verwendung von Skripten können Sie auf rationelle Weise eine einheitliche Serverkonfiguration sicherstellen.

Einstellungen auf Datenbankebene wie Benutzer, Benutzerberechtigungen und Datenbankrollen werden zwar kopiert, aber es gibt einige Objekte auf Serverebene, die ein SQL Server-Datenbankadministrator nach dem Erstellen einer Verfügbarkeitsgruppe selbst übertragen muss.

Bevor Sie eine SQL Server-Instanz als sekundäres Replikat einer Verfügbarkeitsgruppe hinzufügen, müssen Sie die serverweiten Objekte vom primären Replikat auf das neue sekundäre verlagern.

Die folgende allgemeine Liste gibt sämtliche Objekte auf Serverebene an, die auf allen SQL Server-Replikatinstanzen vorhanden sein sollten:

- Serverweite Sicherheitseinrichtungen wie Anmeldungen und Serverrollen, die für den Zugriff auf die replizierten Datenbanken verwendet werden können, sowie jegliche ausdrücklichen serverweiten Berechtigungen und Rollenmitgliedschaften für Anmeldungen und Rollen. Der Datenbankbesitzer muss auch auf dem neuen sekundären Replikat vorhanden sein.

▶ **Mehr über die Verschiebung von SQL Server-Anmeldungen und -Berechtigungen erfahren Sie in Kapitel 6.**

- Serverweite Zertifikate, Endpunkte, TLS-Einstellungen (Transport Layer Security), TDE-Zertifikate für Datenbanken in der Verfügbarkeitsgruppe und SQL Server Audit-Konfigurationen.

▶ **Mehr über TDE, TLS, Zertifikate, Schlüssel und SQL Server Audit erfahren Sie in Kapitel 7.**

- Aufträge, Operatoren und Warnung des SQL Server-Agents, erzwungene Aufbewahrungsrichtlinien für Sicherungs- und Protokolldateien, `msdb`-Verlauf, richtlinienbasierte Verwaltung.

▶ **Mehr über Aufträge, Operatoren und Warnungen des SQL Server-Agents, Aufbewahrungsrichtlinien und die richtlinienbasierte Verwaltung erfahren Sie in Kapitel 14.**

- Optionen für die serverweite und die Oberflächenkonfiguration

▶ **Mehr über serverweite Konfigurationsoptionen erfahren Sie in Kapitel 4.**

- Sicherungsgeräte

▶ **Mehr über Sicherungsgeräte erfahren Sie in Kapitel 10.**

- Konfiguration, Klassifizierungsfunktionen, Gruppen und Pools der Ressourcenkontrolle

▶ **Mehr über die Ressourcenkontrolle erfahren Sie in Kapitel 13.**

- Benutzerdefinierte erweiterte Ereignisse für die Überwachung

▶ **Mehr über erweiterte Ereignisse erfahren Sie in Kapitel 13.**

- Benutzerdefinierte Meldungen
- Serverweite Trigger einschließlich Anmeldetrigger
- Back-End-Pools des Azure-Netzwerklastenausgleichs (falls vorhanden)
- Einstellungen der Firewall für das Unternehmensnetzwerk

Nachdem Sie die Verfügbarkeitsgruppe eingerichtet haben, arbeiten Sie die folgende Checkliste ab:

- Überprüfen Sie alle Einstellungen und dokumentieren Sie die aktuelle Konfiguration. Dokumentieren Sie die geplanten Einstellungen für jedes Replikat und alle möglichen Situationen, also synchron/asynchron, automatischer/manueller Failover, lesbar oder nicht.
- Führen Sie einen geplanten Failover für jedes Replikat durch. (Dazu müssen sich die Replikate zumindest vorübergehend im synchronen Modus befinden.) Vergewissern Sie sich, dass die Anwendungen immer eine Netzwerkverbindung haben, unabhängig davon, welches Replikat das primäre ist.
- Überprüfen Sie, dass die Clusternetzwerkeinstellung `RegisterAllProvidersIP` für die Anwendungsverbindungsstrings korrekt funktioniert (siehe den nächsten Abschnitt). Wenn diese Einstellung eingeschaltet ist, vergewissern Sie sich, dass der Listener in jedem Subnetz über eine IP-Adresse verfügt. Vergewissern Sie sich auch, dass die Anwendungsverbindungsstrings den korrekten Wert für `MultiSubnetFailover` verwenden (siehe den nächsten Abschnitt).
- Überprüfen Sie, dass die Anwendungsverbindungsstrings die richtigen Werte für `ApplicationIntent` verwenden (siehe den nächsten Abschnitt).
- Richten Sie die Endpunkte für die schreibgeschützten sekundären Replikate und die Routing-URLs für alle Replikate ein (siehe den nächsten Abschnitt).

- Überprüfen und ändern Sie ggf. alle SQL Server-Agent-Aufträge, damit sie erkennen können, auf welchem Replikat der betroffenen Datenbanken sie ausgeführt werden.
- Überprüfen Sie die neue Sicherungsstrategie für Datenbanken in Verfügbarkeitsgruppen. Wenn Sie Prioritätswerte für Sicherungen nutzen, müssen Sie sich vergewissern, dass diese Prioritäten in der Verfügbarkeitsgruppe korrekt eingestellt sind.

▶ **Weitere Informationen darüber, wie Sie SQL Server-Agent-Aufträge so einrichten, dass sie zwischen den Replikaten in einer Verfügbarkeitsgruppe unterscheiden können, und wie Sie Sicherungen auf sekundäre Replikate in einer Verfügbarkeitsgruppe automatisieren, erhalten Sie in Kapitel 14.**

Lesen in Datenbanken auf sekundären Replikaten

In diesem Abschnitt geben wir einen Überblick darüber, wie die Synchronisierung der sekundären Replikate funktioniert, und zeigen Ihnen dann, wie Sie Lesearbeitslasten vom primären Replikat auf die sekundären verlagern können. Das ist es, worauf sich das ON (*online*) in der Abkürzung HADRON, der ursprünglichen Codebezeichnung für Verfügbarkeitsgruppen, bezieht. Dies kann ein elementarer Bestandteil der Architektur eines transaktionalen Systems für ein Unternehmen sein.

Einer der größten Vorteile von Verfügbarkeitsgruppen gegenüber der veralteten Datenbankspiegelung besteht darin, dass die sekundären Datenbanken auch im normalen Betrieb genutzt werden können. Schreibgeschützte Replikate können als Bestandteil der Unternehmensarchitektur fungieren und bieten eine einfache Möglichkeit, um schwere Arbeitslasten auf einen Server zu verlagern, z. B. Arbeitslasten für BI (Business Intelligence), ETL (Extract, Transform, Load) und Integration. Datenbanken auf sekundären Replikaten werden nicht mit der Datenbankeinstellung `READ_ONLY` in einen schreibgeschützten Modus versetzt. Stattdessen stehen sie für den Mechanismus der Verfügbarkeitsgruppen zum Schreiben und für Transaktionen zum Lesen bereit.

Funktionsweise der Synchronisierung

Im Verfügbarkeitsmodus für synchrone Commits werden Transaktionen auf dem primären Server geschrieben, an die sekundären Replikate gesendet und dort mit einem Commit abgeschlossen. Der Commit auf dem primären Server kann erst dann erfolgen, wenn eine Bestätigung von allen sekundären Replikaten eingetroffen ist.

Die Protokolldaten werden in die Protokolldatei des primären Replikats auf dem Laufwerk geschrieben. Sie gehen auf den sekundären Replikaten ein und werden dort auf die Datendateien angewendet und anschließend in die Protokolldateien auf den Laufwerken der sekundären Replikate geschrieben. Die Daten, die auf dem sekundären Replikat darauf warten, auf das Laufwerk geschrieben zu werden, bilden die Protokollwiederholungswarteschlange.

Im Verfügbarkeitsmodus für asynchrone Commits werden die Transaktionen auf dem primären Server geschrieben und einem Commit unterzogen. Anschließend werden die Transaktionen an die sekundären Replikate gesendet, wo ebenfalls ein Commit erfolgt. Das primäre Replikat empfängt dann eine Bestätigung von allen sekundären Replikaten.

Asynchrone Replikate sind daher nie völlig mit dem primären Replikat synchronisiert, können aber aufholen, um in allen Zeilendaten denselben Status widerzuspiegeln. Sie können sich nicht darauf verlassen, dass ein asynchrones Replikat alle Transaktionen des primären nachvollzogen hat, allerdings hinkt es bei den meisten Arbeitslasten nur wenige Sekunden hinterher. Den Rückstand der Transaktionen, die auf einem asynchronen Replikat auf einen Commit warten, können Sie in der dynamischen Verwaltungssicht `sys.dm_hadr_database_replica_stats` ablesen.

Damit die vom primären Replikat eingehenden Transaktionen nicht blockiert werden, wird auf den sekundären Replikaten die Momentaufnahmeisolation verwendet. Dadurch wird für Abfragen eine Zeilenversionsverwaltung genutzt, wobei die Versionsinformationen in der Datenbank `TempDB` des sekundären Replikats gespeichert werden. Durch die Verwendung der Momentaufnahmeisolation werden die Einstellungen der Transaktion für die Isolationsstufe und alle Tabellenhinweise überschrieben.

Für die Zeilenversionsverwaltung werden jeder Datenzeile in den lesbaren sekundären Datenbanken automatisch zusätzliche 14 Bytes hinzugefügt. Das entspricht den zusätzlichen 14 Bytes an Zeilendaten bei der Verwendung der Isolationsstufen `SNAPSHOT` oder `READ_COMMITTED_SNAPSHOT` in einer primären Datenbank. Die Datenbank `TempDB` wird in den Datenbanken auf den sekundären Replikaten auch genutzt, um temporäre Statistiken für Indizes festzuhalten.

▶ **Weitere Informationen über die Isolationsstufen** `SNAPSHOT` **oder** `READ_COMMITTED_SNAPSHOT` **erhalten Sie in Kapitel 9.**

Verwendung des Listeners für den reinen Lesedatenverkehr

Der Listener einer Verfügbarkeitsgruppe leitet nicht nur den Datenverkehr an das aktuelle primäre Replikat weiter und kümmert sich um die Umleitung bei einem Failover, sondern kann Datenverkehr, der als reine Leseoperation gekennzeichnet ist, auch an lesbare sekundäre Replikate leiten. Das ist insbesondere für langwierige `SELECT`-Anweisungen von Berichten und anderen BI-Systemen nützlich.

Das jeweilige primäre Replikat gibt dem Listener eine Liste von Endpunkten an. Diese Routingliste können Sie auch im Voraus auf den Listenern aufstellen, allerdings kann es bei einem Failover zu Änderungen kommen. Ihr Failoverskript sollte die Aktualisierung der Listen für das schreibgeschützte Routing auf den einzelnen Replikaten enthalten.

Unabhängig davon, ob es zurzeit als sekundäres Replikat dient oder nicht, verfügt jedes Replikat auch über eine URL für das schreibgeschützte Routing. Diese URL sollten Sie ebenfalls im Voraus einrichten, aber nur dann verwenden, wenn das Replikat tatsächlich als lesbares sekundäres Replikat fungiert.

Seit Version 17.3 von SQL Server Management Studio befinden sich im Eigenschaftendialogfeld einer Verfügbarkeitsgruppe auch Optionen zur Verwaltung der URL und der Liste für das schreibgeschützte Routing (siehe Abb. 12.5).

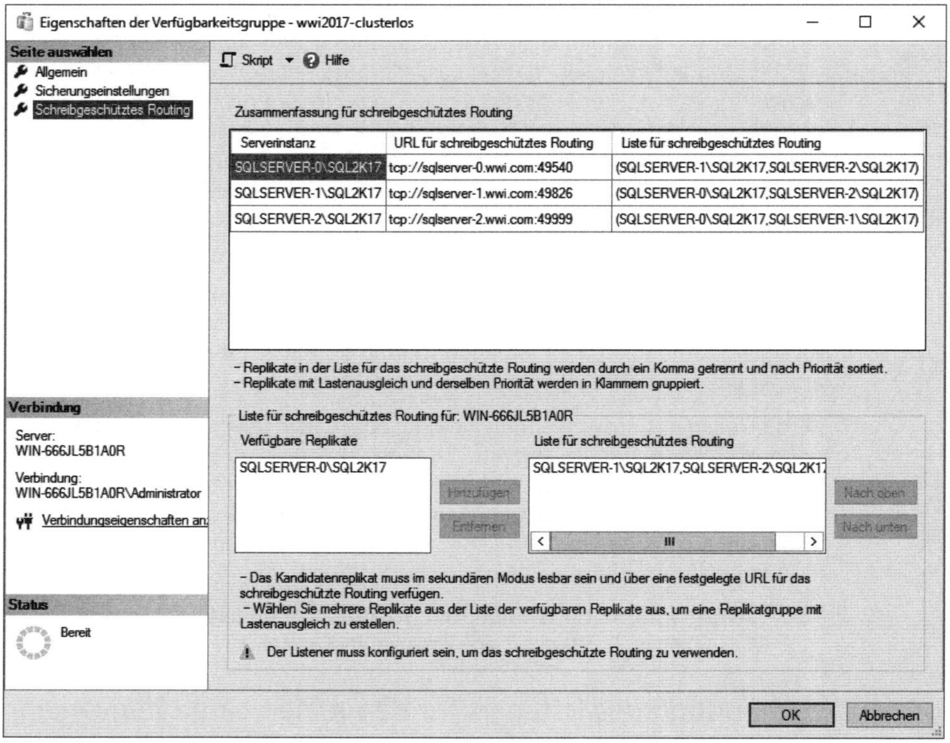

Abbildung 12.5 Die Seite *Schreibgeschütztes Routing* im Eigenschaftendialogfeld einer Verfügbarkeitsgruppe in SQL Server Management Studio. Sie können die URL und die Liste für das schreibgeschützte Routing für jedes Replikat einrichten. Die Routinglisten sind hier in Klammern angegeben, was bedeutet, dass für die lesbaren sekundären Replikate ein Lastenausgleich durchgeführt wird.

Um vom Listener zu einem lesbaren sekundären Replikat umgeleitet werden zu können, muss ein Verbindungsstring die Angabe `ApplicationIntent = ReadOnly` enthalten, da der Listener sonst nicht erkennen kann, ob die Benutzerverbindung nur Leseanweisungen ausführt.

Die URL für das schreibgeschützte Routing wird jedoch nicht für Anwendungsverbindungsstrings verwendet. Darin sollten Sie den Namen des Listeners angeben. Jedes Replikat verfügt über den Parameter `ALLOW_CONNECTIONS`, der angibt, welche Arten von Anwendungen es als sekundäres Replikat annehmen kann. Dabei gibt es die drei folgenden möglichen Einstellungen:

- `NO` Das sekundäre Replikat akzeptiert keine Benutzerverbindungen.
- `READ_ONLY` Nur Benutzerverbindungen mit dem Parameter `ApplicationIntent = ReadOnly` im Verbindungsstring sind zugelassen. Es können auch nur Leseanweisungen ausgeführt werden.
- `ALL` Jegliche Benutzerverbindungen sind zugelassen, es können aber nur Leseanweisungen ausgeführt werden.

Hinweis

Die Angaben SECONDARY_ROLE (ALLOW_CONNECTIONS = NO) **und** SECONDARY_ROLE (ALLOW_CONNECTIONS = READ_ONLY) **können die Datenbanken auf dem sekundären Replikat unzugänglich machen und den Zugriff auf Ihre normalen Abfrageverbindungen in SQL Server Management Studio und anderen Anwendungen blockieren, wenn der Abfragestring nicht geändert wird. Dadurch werden die Datenbanken auf den sekundären Replikaten auch in den dynamischen Verwaltungssichten und in Überwachungstools ausgeblendet.**

Außerdem verfügen alle Replikate über einen gleichnamigen Parameter für die Verbindungen, die sie als primäres Replikat annehmen können. Hier sind die folgenden Werte möglich:

- ALL Dies ist die Standardeinstellung.
- READ_WRITE Diese Einstellung können Sie verwenden, wenn die Anwendungsverbindungsstrings den Parameter ApplicationIntent enthalten. Dadurch werden alle Benutzerverbindungen mit ApplicationIntent = ReadOnly blockiert. Das kann sinnvoll sein, wenn ein Berichtsverbindungsstring den Instanznamen statt des Listenernamens enthält (wovon abzuraten ist). Wenn Sie keine sekundären Replikate für den Lesezugriff eingerichtet haben, schlagen über einen Listener laufende Verbindungen zur Replikatdatenbank mit dem Zweck ReadOnly fehl.

Um Verbindungen zu Verfügbarkeitsgruppen herzustellen, sollten Sie immer die beiden Schlüsselwörter ApplicationIntent und MultiSubnetFailover mit den passenden Werten für die Anwendung angeben. Der Standardwert für ApplicationIntent ist ReadWrite und sorgt dafür, dass die Verbindung zum primären Replikat der Verfügbarkeitsgruppe geleitet wird.

Direkte Verbindungen zu einer lesbaren sekundären Datenbank ohne Einschaltung eines Listeners sind ebenfalls möglich. Allerdings raten wir davon ab, Verbindungsstrings für Berichtssysteme zu gestalten, die eine lesbare sekundäre SQL Server-Instanz nutzen. Bei einem Failover wären Sie dann nämlich ohne eine Neukonfiguration nicht mehr in der Lage, den Lese-Schreib-Datenverkehr vom reinen Lesedatenverkehr zu trennen. Den Namen eines lesbaren sekundären Replikats sollten Sie nur dann hart codieren, wenn Sie den Parameter ApplicationIntent in dem Verbindungsstring nicht verwenden können oder wenn es aus irgendeinem Grund nicht möglich ist, einen Listener einzusetzen.

Korrekte Einrichtung von RegisterAllProvidersIP und MultiSubnet-Failover

In einem Cluster mit mehreren Subnetzen sollten Sie die Einstellung RegisterAllProvidersIP einschalten (auf 1 setzen), wenn Ihre Anwendungsverbindungsstrings den Listener mit dem Parameter MultiSubnetFailover = Yes nutzen.

Die optimale Vorgehensweise in einem Multisubnetzcluster besteht darin, RegisterAllProvidersIP einzuschalten und MultiSubnetFailover = Yes anzugeben. Der Verbindungsstringparameter MultiSubNetFailover macht es möglich, dass jederzeit beide IP-Adressen für den Listener registriert sind. Moderne Verbindungsstrings können damit versuchen, beide Adressen parallel zu erreichen. Das sorgt für eine schnelle Verbindung zur aktiven IP-Adresse im normalen Betrieb und unmittelbar nach einem Failover.

Fehlkonfigurationen von `RegisterAllProvidersIP` und `MultiSubnetFailover` zeigen sich in folgenden Auswirkungen:

- Wenn Sie `RegisterAllProvidersIP` einschalten, obwohl Ihre Verbindungsstrings `MultiSubnetFailover = No` verwenden oder `MultiSubnetFailover` überhaupt nicht angeben, kann es aufgrund des Versuchs, beide IP-Adressen zu erreichen, sehr lange dauern, bis die Verbindung hergestellt ist.
- Wenn Sie `RegisterAllProvidersIP` ausschalten, hat `MultiSubnetFailover = Yes` keine Auswirkung. Nach einem Failover in der Verfügbarkeitsgruppe werden Ihre Anwendungen nicht sofort neu verbunden, sondern müssen warten, bis DNS die neue primäre Subnetz-IP-Adresse für den Listener aufgelöst hat. (Standardmäßig beträgt die TTL 20 Minuten!)

Wenn Sie Nicht-Microsoft-Verbindungsstrings verwenden, in denen Sie `MultiSubnetFailover` nicht angeben können, oder wenn Sie nicht die Möglichkeit haben, diesen Parameter einzuschalten, sollten Sie die Einstellung `RegisterAllProvidersIP` für den Cluster ausschalten (0). Dies ist die Standardeinstellung.

Hinweis

Der OLE DB-Verbindungsstring (Object Linking and Embedding Database) in SQL Server Native Client unterstützt `ApplicationIntent`, **aber nicht** `MultiSubnetFailover`. **Verwenden Sie stattdessen Microsoft ODBC (Open Database Connectivity), da dort beide Schlüsselwörter unterstützt werden.**

Mit dem folgenden Befehl können Sie überprüfen, ob `RegisterAllProvidersIP` im Cluster eingeschaltet ist und der Listener eine IP-Adresse in jedem Subnetz hat:

```
nslookup Listener1
```

Wenn `RegisterAllProvidersIP` eingeschaltet ist, sollte für jedes Subnet eine IP-Adresse angezeigt werden.

Um die Einstellung `RegisterAllProvidersIP` im Clusternetzwerk zu ändern, können Sie das folgende PowerShell-Skript verwenden:

```
Import-Module FailoverClusters
# Ruft den Namen des Clusternetzwerks ab
Get-ClusterResource -Cluster "CLUSTER1"
Get-ClusterResource "AG1_Network" -Cluster "CLUSTER1" | `
Get-ClusterParameter RegisterAllProvidersIP -Cluster "CLUSTER1"
# 1 zum Einschalten, 0 zum Ausschalten
Get-ClusterResource "AG1_Network" -Cluster "CLUSTER1" | `
Set-ClusterParameter RegisterAllProvidersIP 1 -Cluster "CLUSTER1"
# Alle Änderungen treten in Kraft, wenn AG1 offline und dann wieder online
# geschaltet wird.
Stop-ClusterResource "AG1_Network" -Cluster "CLUSTER1"
Start-ClusterResource "AG1_Network" -Cluster "CLUSTER1"
# Die Verfügbarkeitsgruppe muss wieder online geschaltet werden
Start-ClusterResource "AG1" -Cluster "CLUSTER1"
# Jetzt sollte die richtige Anzahl von IP-Adressen angezeigt werden
nslookup Listener1
```

Hinweis

Das Verbindungsschlüsselwort `FailoverPartner` für die Datenbankspiegelung gilt nicht für Verfügbarkeitsgruppen und Listener. Wenn Sie von der Datenbankspiegelung zu Verfügbarkeitsgruppen übergehen, müssen Sie dieses Schlüsselwort aus den Verbindungsstrings entfernen. Ein Verbindungsstring, in dem sowohl `MultiSubnetFailover` als auch `FailoverPartner` enthalten sind, wird fehlschlagen.

Lastenausgleich für das schreibgeschützte Routing

Seit SQL Server 2016 können Sie für Verbindungen mit `ApplicationIntent = ReadOnly` einen Lastenausgleich über mehrere schreibgeschützte Replikate in der Verfügbarkeitsgruppe durchführen. Dazu müssen Sie in der Routingliste lediglich mit Klammern Lastenausgleichsgruppen anlegen.

Die folgende `ALTER`-Anweisung erstellt eine Routingliste für das schreibgeschützte Routing in einer Verfügbarkeitsgruppe aus drei Knoten ohne Lastenausgleich. Alle reinen Leseabfragen werden an den sekundären Knoten `SQLSERVER-1` geleitet. Ist dieser Knoten nicht erreichbar, gehen die Abfragen an `SQLSERVER-2`, und wenn auch dieser nicht zur Verfügung steht, an `SQLSERVER-0`. Das entspricht dem Verhalten vor SQL Server 2016.

```
ALTER AVAILABILITY GROUP [wwi2017]
MODIFY REPLICA ON 'SQLSERVER-0'
WITH (PRIMARY_ROLE(READ_ONLY_ROUTING_LIST =
('SQLSERVER-1','SQLSERVER-2', SQLSERVER-0')));
```

Die folgende `ALTER`-Anweisung dagegen erstellt eine Routingliste mit Lastenausgleich. Beachten Sie die zusätzlichen Klammern.

Hier wird der Lesedatenverkehr an die Lastenausgleichsgruppe aus `SQLSERVER-1` und `SQLSERVER-2` weitergeleitet. Sollten diese Verbindungen fehlschlagen, wird auf `SQLSERVER-0` zurückgegriffen.

```
ALTER AVAILABILITY GROUP [wwi2017]
MODIFY REPLICA ON 'SQLSERVER-0'
WITH (PRIMARY_ROLE(READ_ONLY_ROUTING_LIST =
(('SQLSERVER-1','SQLSERVER-2'), SQLSERVER-0')));
```

Um in SQL Server Management Studio Lastenausgleichsgruppen einzurichten, rufen Sie im Eigenschaftendialogfeld der Verfügbarkeitsgruppe die Seite *Schreibgeschütztes Routing* auf. Wählen Sie im Fenster *Verfügbare Replikate* bei gedrückter [Strg]-Taste mehrere Knoten aus und klicken Sie anschließend auf *Hinzufügen*, um sie alle zugleich als Lastenausgleichsgruppe in die Routingliste aufzunehmen.

Es ist zwar technisch möglich, das primäre Replikat zu seiner eigenen Liste für das schreibgeschützte Routing hinzuzufügen, aber das würde den Zweck, Lesearbeitslasten von diesem Replikat zu verlagern, konterkarieren.

Einrichten einer Hybridtopologie für Verfügbarkeitsgruppen

In einer Verfügbarkeitsgruppe können Sie Azure-VMs, auf denen SQL Server-Instanzen ausgeführt werden, mit lokalen SQL Server-Instanzen kombinieren. Sogar Azure-VMs aus verschiedenen Regionen können zu ein und derselben Verfügbarkeitsgruppe gehören. Was SQL Server angeht, funktionieren die Verfügbarkeitsgruppen genauso wie in den zuvor beschriebenen Fällen, allerdings gibt es Unterschiede bei der Einrichtung des Netzwerks. Die Kommunikation zwischen Azure und dem Subnetz an Ihrem Firmenstandort erfolgt über ein zuvor eingerichtetes standortübergreifendes VPN.

Sind mehrere Azure-VMs einer Region Mitglieder der Verfügbarkeitsgruppe, so müssen sie sich alle in demselben Verfügbarkeitssatz befinden. Eine VM, die in einem Verfügbarkeitssatz erstellt wurde, kann nicht mehr in einen anderen verschoben werden. (In der deutschen Oberfläche von Azure wird dieser Verfügbarkeitssatz [*availability set*] leider oft ebenfalls als »Verfügbarkeitsgruppe« bezeichnet. Um Verwechslungen mit einer SQL Server-Verfügbarkeitsgruppe [*availability group*] zu vermeiden, verwenden wir hier den Begriff Verfügbarkeitssatz.)

Das Dialogfeld *Replikat hinzufügen* in SQL Server Management Studio bietet eine einfache Möglichkeit, um Azure-Replikate hinzuzufügen. Wenn die Voraussetzungen erfüllt sind, erscheint auf der Seite *Replikate angeben* des Assistenten für neue Verfügbarkeitsgruppen die Schaltfläche *Azure-Replikat hinzufügen*.

Bei der Verwendung von *Azure-Replikat hinzufügen* geschieht erheblich mehr als bei *Replikat hinzufügen*. Unter anderem wird die Azure-VM erstellt. Sie haben die Möglichkeit, den Azure-VM-Mandanten und das Image für die VM auszuwählen und die Domäne anzugeben. Der Assistent für neue Verfügbarkeitsgruppen kümmert sich darum, die VM auf der Grundlage des Images zu erstellen, den Administratorbenutzer für die VM einzurichten und die VM zu der Domäne hinzuzufügen.

Verfügbarkeitsgruppenlistener für Azure-VMs verwenden einen internen Azure-Lastenausgleich mit einem Lastenausgleichsmodul pro Region. Dieses Modul müssen Sie vor dem Listener erstellen. Überspringen Sie den letztgenannten Schritt daher bei der Ersteinrichtung der Verfügbarkeitsgruppe. Wenn Sie das Lastenausgleichsmodul erstellen, fügen Sie alle Azure-VMs mit SQL Server zum Back-End-Pool hinzu. Anschließend können Sie die Verfügbarkeitsgruppenlistener so einrichten, dass Sie die IP-Adresse des Lastenausgleichsmoduls verwenden.

▶ **Eine schrittweise Anleitung, wie Sie ein Azure-Lastenausgleichsmodul erstellen, erhalten Sie auf *https://docs.microsoft.com/azure/virtual-machines/windows/sql/virtual-machines-windows-portal-sql-availability-group-tutorial#create-an-azure-load-balancer*.**

Einrichten einer Verfügbarkeitsgruppe in Red Hat Linux

In diesem Abschnitt erhalten Sie einen ausführlichen Überblick darüber, wie Sie Verfügbarkeitsgruppen in SQL Server 2017 auf Linux einrichten. Mögliche Plattformen dafür sind Red Hat Enterprise Linux (RHEL), Ubuntu und SUSE Linux Enterprise Server (SLES), wobei wir uns hier jedoch auf RHEL und auf Pacemaker als Cluster-Manager konzentrieren wollen.

▶ **Wie Sie eine Verfügbarkeitsgruppe zur Leseskalierung einrichten, die keinen Cluster-Manager benötigt, erfahren Sie auf *https://docs.microsoft.com/sql/linux/sql-server-linux-availability-group-configure-rs*.**

Im Interesse einer gründlichen Darstellung des Themas gehen wir davon aus, dass Ihre Kenntnisse in Linux sehr begrenzt sind. Wenn Sie mit Red Hat vertraut sind, können Sie viele der Hinweise wahrscheinlich überfliegen. Ignorieren Sie sie aber nicht ganz, da sie durchaus interessante Anmerkungen bieten.

Führen Sie alle Befehle des Beispielcodes in einem Terminalfenster mit der Kommandozeilenshell `bash` aus (was auf den meisten Linux-Plattformen Standard ist).

> Hinweis
>
> **Für viele der Befehle zum Installieren, Konfigurieren und Verwalten von SQL Server auf Linux sind wie auf Windows Administratorrechte erforderlich. Diese Befehle haben wir im Folgenden immer mit dem Schlüsselwort `sudo` (»super user do«) eingeleitet. Das ist weniger gefährlich, als sich als `root` anzumelden. Wenn Sie `sudo` zum ersten Mal ausführen, werden Sie nach dem Passwort für `root` gefragt.**

Installationsvoraussetzungen

Für SQL Server wird zurzeit RHEL Version 7.3 benötigt. Die Mindestsystemvoraussetzungen für SQL Server 2017 lauten wie folgt:

- CPU: 2 GHz (x64-kompatibel) mit zwei physischen Kernen
- RAM: 3,25 GB
- Festplatte: 6 GB (formatiert mit ext4 oder XFS)

SQL Server 2017 wurde mit 1 TB RAM getestet.

Einrichten einer Verfügbarkeitsgruppe

In Linux-Clustern sind für Hochverfügbarkeit mindestens *zwei* synchrone Replikate erforderlich, für die automatische Wiederherstellung aber mindestens *drei*. Daher sollte Ihre Verfügbarkeitsgruppe wenigstens drei Knoten umfassen. Dabei kann es sich um physische oder virtuelle Knoten handeln. In Red Hat müssen die VMs alle denselben Hypervisor verwenden, damit die plattformspezifischen Fencing-Agenten sich nicht beschweren.

Unterschiede zwischen Windows- und Linux-Clustern

SQL Server selbst ist auf Linux nicht clusterfähig. Das ist der erste wichtige Unterschied zu Windows, wo Sie SQL Server sowohl in einem zugrunde liegenden Cluster als auch ohne ihn einrichten können. Pacemaker ist viel stärker eingeschränkt als der Failovercluster-Manager von Windows.

Zweitens gibt es hier keine virtuellen Netzwerknamen, da Sie keine Windows-Failoverclusterinstanz erstellen (und auch keine Windows-Verfügbarkeitsgruppen auf ein Linux-Replikat ausdehnen). Sie müssen den Listenernamen mit der von Ihnen angelegten virtuellen IP-Adresse also selbst zu DNS hinzufügen.

Drittens müssen Sie für den Cluster einen *Fencing-Agenten* einrichten, der dafür sorgt, dass fehlerhafte Knoten in einem Cluster in einen bekannten Zustand zurückgeführt werden (was es mit sich bringen kann, sie zwangsweise herunterzufahren und neu zustarten).

▶ **Weitere Informationen über STONITH erhalten Sie in Kapitel 2. Wie Sie einen geeigneten Fencing-Agenten einrichten, lesen Sie auf *https://access.redhat.com/documentation/Red_Hat_Enterprise_Linux/7/html/High_Availability_Add-On_Reference/ch-fencing-HAAR.html*.**

Um auf Linux eine Verfügbarkeitsgruppe einzurichten, müssen Sie Folgendes tun:

1. Die Verfügbarkeitsgruppe erstellen (in SQL Server)
2. Den Cluster-Manager einrichten (Pacemaker)
3. Die Verfügbarkeitsgruppe zu dem Cluster hinzufügen

Um es noch einmal zu betonen: Sie müssen die Verfügbarkeitsgruppe anlegen, *bevor* Sie den Cluster erstellen.

Einrichten des Servers

Jeder Knoten muss über einen im Netzwerk eindeutigen Namen verfügen, der nicht mehr als 15 Zeichen lang sein darf. (Dieser Grenzwert geht noch auf den alten NetBIOS-Dienst zurück.)

Um den Servernamen festzulegen, bearbeiten Sie die Hostnamen auf allen Knoten mit dem folgenden Befehl:

```
sudo vi /etc/hostname
```

Hinweis

Der Editor `vi` unterscheidet sich sehr stark von den Texteditoren, die in Windows zur Verfügung stehen. Sie können ihn auch durch `pico` oder `nano` ersetzen. Um in `vi` zu speichern und die Sitzung zu verlassen, müssen Sie :wq eingeben und die Eingabetaste drücken. Der Doppelpunkt teilt `vi` mit, dass ein Befehl folgt, mit `w` wird die Datei gespeichert (*write*) und mit `q` die Sitzung beendet (*quit*).

Wenn Sie einen DNS-Server verwenden (was zu empfehlen ist), brauchen Sie die Hostdateien der einzelnen Knoten nicht zu bearbeiten. Anderenfalls müssen Sie dort Einträge für alle Knoten in der Verfügbarkeitsgruppe hinzufügen, auch für den Knoten, auf dem Sie gerade die Hostdatei ändern. Diese Datei finden Sie auf `/etc/hosts`.

Einrichten des Paketmanagers

Führen Sie in einem Terminalfenster den folgenden Befehl aus, um das SQL Server-Repository zum Paketmanager `yum` hinzuzufügen:

```
sudo curl -o /etc/yum.repos.d/mssql-server.repo \
https://packages.microsoft.com/config/rhel/7/mssql-server.repo
```

Das Leerzeichen und der Backslash am Ende der ersten Zeile bedeuten in Bash vereinbarungsgemäß, dass der Befehl mehr als eine Zeile umfasst.

Hinweis

Um Software – sogenannte Pakete – zu installieren, zu verwalten, zu aktualisieren und zu löschen, werden in Linux Paketmanager verwendet, die auf Online-Repositories zugreifen. Die Pakete entsprechen dabei den Installer-Dateien von Windows. Die Paketmanager prüfen anhand der Informationen aus den Repositories, ob die Pakete miteinander kompatibel sind, was es viel leichter macht, das System stabil und auf dem neuesten Stand zu halten.

Herunterladen und Installieren der Pakete

Nachdem Sie das Repository hinzugefügt haben, führen Sie die beiden folgenden Befehle aus, um den Paketmanager zu aktualisieren und SQL Server 2017 zu installieren:

```
sudo yum update
sudo yum install -y mssql-server
```

Die SQL Server-Installation erfolgt schnell, was eine ganz andere Erfahrung als bei Windows ist. Nach dem Download sind nur wenige Sekunden dafür erforderlich.

▶ **Wie Sie auf Servern, die keinen Zugriff auf das Internet haben, eine Offline-Installation durchführen, erfahren Sie auf *https://docs.microsoft.com/sql/linux/sql-server-linux-setup#offline*.**

Lizenzvereinbarung und Kennwort für SQL Server

Führen Sie nun den SQL Server-Konfigurationsprozess aus, um SQL Server einzurichten und der Softwarelizenz zuzustimmen:

```
sudo /opt/mssql/bin/mssql-conf setup
```

Microsoft empfiehlt, ein Kennwort von mindestens acht Zeichen zu verwenden. Es schadet jedoch nicht, ein längeres zu nehmen. Mehr über Kennwörter und Brute-Force-Angriffe erfahren Sie in Kapitel 7.

Vergewissern Sie sich jetzt, dass der SQL Server-Dienst läuft:

```
systemctl status mssql-server
```

Installieren des SQL Server-Agents

Als Nächstes installieren Sie wie folgt den SQL Server-Agent. Dazu ist ein Neustart der SQL Server-Instanz erforderlich.

```
sudo yum install mssql-server-agent
sudo systemctl restart mssql-server
```

Öffnen des Standardports in der Firewall

Schließlich müssen Sie noch die integrierte Firewall so einrichten, dass sie Verbindungen zum TCP-Port 1433 zulässt. Wir setzen hier voraus, dass Sie das Firewall-Paket `FirewallD` verwenden:

```
sudo firewall-cmd --zone=public --add-port=1433/tcp -permanent
sudo firewall-cmd --reload
```

Jetzt läuft SQL Server auf Ihrem RHEL-Server, und Sie können in SQL Operations Studio und SQL Server Management Studio Verbindung damit aufnehmen.

▶ **Mehr über die Installation von Befehlszeilenwerkzeugen wie `sqlcmd` und `bcp` erfahren Sie auf *https://docs.microsoft.com/sql/linux/sql-server-linux-setup-tools*.**

Einschalten von Verfügbarkeitsgruppen und einer optionalen Integritätssitzung

Als Nächstes müssen Sie auf jedem Knoten die Funktion für Verfügbarkeitsgruppen einschalten. Die folgenden beiden Befehle richten eine Instanz für Verfügbarkeitsgruppen ein und starten SQL Server neu:

```
sudo /opt/mssql/bin/mssql-conf set hadr.hadrenabled 1
sudo systemctl restart mssql-server
```

Optional können Sie auch eine Sitzung für erweiterte Ereignisse einrichten, die Ihnen bei der Fehlerbehebung in Verfügbarkeitsgruppen helfen kann. Dazu müssen Sie den folgenden T-SQL-Befehl in der SQL Server-Instanz ausführen:

```
ALTER EVENT SESSION AvailabilityGroupHealth ON SERVER
WITH (STARTUP_STATE = ON);
```

Erstellen der Datenbankspiegelungs-Endpunkte

Um die Datenbankspiegelungs-Endpunkte einzurichten, müssen Sie zunächst auf jedem Replikat einen Benutzer erstellen. Achten Sie darauf, diesen Benutzern ein starkes Kennwort zu geben. Danach richten Sie ein Zertifikat ein, um den Knoten die sichere Kommunikation miteinander zu ermöglichen. Abschließend legen Sie die Datenbankspiegelungs-Endpunkte auf allen Replikaten an. Wie das geht, zeigt der folgende Code:

```
USE master;
GO
-- Erstellt einen Benutzer für den Datenbankspiegelungs-Endpunkt
CREATE LOGIN dbm_login WITH PASSWORD = '<UseAReallyStrongPassword>';

-- Erstellt einen Benutzer zur späteren Verwendung durch das
-- Datenbankzertifikat
CREATE USER dbm_user FOR LOGIN dbm_login;
GO

-- Erstellt das Zertifikat
IF NOT EXISTS (SELECT * from sys.symmetric_keys
WHERE name = '##MS_DatabaseMasterKey##')

CREATE MASTER KEY ENCRYPTION BY PASSWORD = '<UseAReallyStrongMasterKeyPassword>';
CREATE CERTIFICATE dbm_certificate WITH SUBJECT = 'dbm';
BACKUP CERTIFICATE dbm_certificate
    TO FILE = '/var/opt/mssql/data/dbm_certificate.cer'
    WITH PRIVATE KEY (
        FILE = '/var/opt/mssql/data/dbm_certificate.pvk',
        ENCRYPTION BY PASSWORD = '<UseAReallyStrongPrivateKeyPassword>'
    );
GO
```

Kopieren Sie die dadurch erzeugten Dateien jeweils in die gleichen Speicherorte auf den einzelnen Replikaten. Das Zertifikat finden Sie dabei unter */var/opt/mssql/data/dbm_certificate.cer* und den Privatschlüssel unter */var/opt/mssql/data/dbm_certificate.pvk*.

Um das Zertifikat auf dem Verfügbarkeitsreplikat anzulegen, führen Sie nach dem Kopieren der Dateien den folgenden T-SQL-Befehl aus (wobei Sie dieselben Kennwörter für MASTER KEY und PRIVATE KEY verwenden müssen wie zuvor):

```
CREATE MASTER KEY ENCRYPTION BY PASSWORD = '<UseAReallyStrongMasterKeyPassword>';
CREATE CERTIFICATE dbm_certificate
    AUTHORIZATION dbm_user
    FROM FILE = '/var/opt/mssql/data/dbm_certificate.cer'
    WITH PRIVATE KEY (
    FILE = '/var/opt/mssql/data/dbm_certificate.pvk',
    DECRYPTION BY PASSWORD = '<UseAReallyStrongPrivateKeyPassword>'
    );
```

Schließlich legen Sie wie im folgenden Code gezeigt den eigentlichen Endpunkt an. Der von Ihnen ausgewählte TCP-Port muss in der Firewall geöffnet sein. Dazu können Sie die gleiche Methode verwenden wie zuvor für TCP-Port 1433.

Hinweis

Zurzeit können Sie für den Listener der Verfügbarkeitsgruppe nur die IP-Adresse 0.0.0.0 verwenden.

```
CREATE ENDPOINT [Hadr_endpoint]
    AS TCP (LISTENER_IP = (0.0.0.0), LISTENER_PORT = 5022)
    FOR DATA_MIRRORING (
        ROLE = ALL,
        AUTHENTICATION = CERTIFICATE dbm_certificate,
        ENCRYPTION = REQUIRED ALGORITHM AES
        );

ALTER ENDPOINT [Hadr_endpoint] STATE = STARTED;

GRANT CONNECT ON ENDPOINT::[Hadr_endpoint] TO [dbm_login];
```

Erstellen der Verfügbarkeitsgruppe

Pacemaker ist ein externer Clusterressourcen-Manager. Daher müssen Sie die Verfügbarkeitsgruppe mit dem Clustertyp EXTERNAL erstellen.

In dem folgenden Codebeispiel werden wie zuvor empfohlen drei synchrone Replikate vorausgesetzt. Außerdem ist der automatische Seedingmodus eingerichtet, um die Datenbank auf allen sekundären Replikaten zu erstellen. Dies können Sie jedoch auch ändern. Vergewissern Sie sich, dass die Servernamen korrekt sind und dass als Port derjenige angegeben ist, den Sie beim Erstellen des Listeners ausgewählt haben. Führen Sie dieses Skript nur auf dem primären Replikat aus.

```
CREATE AVAILABILITY GROUP [LinuxAG1]
    WITH (DB_FAILOVER = ON, CLUSTER_TYPE = EXTERNAL)
    FOR REPLICA ON
        N'server1'
         WITH (
            ENDPOINT_URL = N'tcp://server1:5022',
            AVAILABILITY_MODE = SYNCHRONOUS_COMMIT,
```

```
                FAILOVER_MODE = EXTERNAL,
                SEEDING_MODE = AUTOMATIC
                ),
            N'server2'
             WITH (
                ENDPOINT_URL = N'tcp://server2:5022',
                AVAILABILITY_MODE = SYNCHRONOUS_COMMIT,
                FAILOVER_MODE = EXTERNAL,
                SEEDING_MODE = AUTOMATIC
                ),
            N'server3'
             WITH(
                ENDPOINT_URL = N'tcp://server3:5022',
                AVAILABILITY_MODE = SYNCHRONOUS_COMMIT,
                FAILOVER_MODE = EXTERNAL,
                SEEDING_MODE = AUTOMATIC
                );
GO

ALTER AVAILABILITY GROUP [LinuxAG1] GRANT CREATE ANY DATABASE;
GO
```

Um die sekundären Replikate mit der neu erstellen Verfügbarkeitsgruppe zu verknüpfen, führen Sie auf jedem von ihnen den folgenden T-SQL-Code aus:

```
ALTER AVAILABILITY GROUP [LinuxAG1] JOIN WITH (CLUSTER_TYPE = EXTERNAL);
ALTER AVAILABILITY GROUP [LinuxAG1] GRANT CREATE ANY DATABASE;
```

Hinzufügen einer Datenbank

Bei diesem Vorgang ähnelt die Vorgehensweise wieder stärker dem, was Sie von Windows gewohnt sind (aber natürlich abgesehen davon, dass wir den Cluster noch nicht erstellt haben).

Vergewissern Sie sich auf dem primären Replikat, dass die Datenbank, die Sie zu der Verfügbarkeitsgruppe hinzufügen möchten, das vollständige Wiederherstellungsmodell nutzt, und erstellen Sie eine vollständige Sicherung von ihr.

Anschließend können Sie sie mit dem folgenden T-SQL-Befehl zu der Verfügbarkeitsgruppe hinzufügen:

```
ALTER AVAILABILITY GROUP [LinuxAG1] ADD DATABASE [Datenbankname];
```

Um sich zu vergewissern, dass die Datenbank auf den sekundären Replikaten angelegt wurde, können Sie die folgenden Anweisungen ausführen. Die zweite dieser Anweisungen überprüft den Synchronisierungsstatus.

```
SELECT * FROM sys.databases WHERE name = '<dbname>';
GO
SELECT
    DB_NAME(database_id) AS 'database',
    synchronization_state_desc
FROM sys.dm_hadr_database_replica_states;
```

Herzlichen Glückwunsch! Damit haben Sie eine Verfügbarkeitsgruppe in Linux erstellt. Der nächste Schritt besteht nun darin, den Cluster anzulegen, damit die Verfügbarkeitsgruppe auch tatsächlich für Hochverfügbarkeit sorgen kann.

Einrichten des Clusters

Jeder Knoten muss über ein geeignetes Abonnement für die Hochverfügbarkeitskomponenten in RHEL verfügen.

▶ **Mehr über Abonnements erfahren Sie auf *http://www.opensourcerers.org/pacemaker-the-open-source-high-availability-cluster*.**

Nachdem Sie alle Replikate registriert und das Abonnement eingerichtet haben, können Sie Pacemaker konfigurieren.

Konfigurieren des Clusterressourcen-Managers (Pacemaker)

Für Pacemaker müssen die folgenden Ports in der Firewall geöffnet werden (wozu Sie wieder die zuvor beschriebene Methode verwenden können):

- **TCP:** 2224, 3121 und 21064
- **UDP:** 5405

Installieren Sie auf jedem Knoten Pacemaker:

```
sudo yum install pacemaker pcs fence-agents-all resource-agents
```

Pacemaker erstellt standardmäßig den Benutzer `hacluster`, für den ein angemessenes Passwort erforderlich ist. Sorgen Sie dafür, dass es auf allen Knoten identisch ist:

```
sudo passwd hacluster
```

Der Dienst `pcsd` ist erforderlich, damit Knoten dem Cluster nach einem Neustart erneut beitreten können. Führen Sie auf allen Knoten des Clusters den folgenden Code aus:

```
sudo systemctl enable pcsd
sudo systemctl start pcsd
sudo systemctl enable pacemaker
```

Erstellen des Clusters

Die folgenden Befehle erstellen den Cluster. Die Knoten müssen die korrekten Namen haben, und Sie müssen das zuvor festgelegte Passwort für `hacluster` verwenden. An dieser Stelle wählen Sie auch einen Namen für den Cluster aus (der mit dem Namen der Verfügbarkeitsgruppe identisch sein kann, aber nicht muss).

```
sudo pcs cluster auth server1 server2 server3 -u hacluster -p <Passwort>
sudo pcs cluster setup --name <Clustername> server1 server2 server3
sudo pcs cluster start --all
```

Und Sie dachten schon, Sie wären fertig! Führen Sie den folgenden Befehl aus, um den SQL Server-Ressourcen-Agent zu installieren:

```
sudo yum install mssql-server-ha
```

Zur Verwaltung von Pacemaker können Sie jetzt das Kommandozeilenwerkzeug `pcs` verwenden. Dabei können Sie sämtliche Befehle von einem einzigen Knoten ausführen.

Kapitel 12

Einrichten des Fencings auf Knotenebene mit STONITH

Wie Sie das Knotenfencing in Ihrer Umgebung einrichten, hängt von den Anforderungen Ihres Unternehmens ab.

▶ **Weitere Informationen über die Einrichtung des Knotenfencings erhalten Sie in der Red Hat-Dokumentation auf *https://docs.microsoft.com/sql/linux/sql-server-linux-availability-group-cluster-rhel#configure-fencing-stonith*.**

Knotenneustart nach einem Fehler

Dass ein Knoten nach einem Fehler nicht neu gestartet wird, wollen Sie natürlich nicht. Wenn Sie diese Funktion ausschalten, wird ein sinnvollerer Fehlerzähler mit zugehörigem Schwellenwert verwendet. Führen Sie dazu auf jedem Server den folgenden Befehl aus:

```
sudo pcs property set start-failure-is-fatal=false
```

Nach einem Failover wird die neu gestartete Instanz jetzt zu einem sekundären Replikat herabgestuft und automatisch wieder in die Verfügbarkeitsgruppe aufgenommen.

Erstellen der Pacemaker-Anmeldung in SQL Server

Nun müssen Sie auf jedem Server eine SQL Server-Anmeldung für Pacemaker erstellen, damit dieser die Verfügbarkeitsgruppe im Fall eines Failovers verwalten kann. Dazu gehen Sie wie folgt vor:

```
USE [master];
GO

CREATE LOGIN [pacemakerLogin] with PASSWORD =
N'UseAReallyStrongMasterKeyPassword';
GO

ALTER SERVER ROLE [sysadmin] ADD MEMBER [pacemakerLogin];

GRANT ALTER, CONTROL, VIEW DEFINITION
ON AVAILABILITY GROUP::LinuxAG1 TO pacemakerLogin;

GRANT VIEW SERVER STATE TO pacemakerLogin;
```

Speichern Sie nun aus Sicherheitsgründen die Anmeldeinformationen im Dateisystem. Auch dies müssen Sie auf allen Servern tun:

```
echo 'pacemakerLogin' >> ~/pacemaker-passwd
echo 'UseAReallyStrongMasterKeyPassword' >> ~/pacemaker-passwd
sudo mv ~/pacemaker-passwd /var/opt/mssql/secrets/passwd
sudo chown root:root /var/opt/mssql/secrets/passwd
sudo chmod 400 /var/opt/mssql/secrets/passwd
```

Diese Kennwörter sind nur für root zugänglich. In dem vorstehenden Beispiel können Sie die Befehle zur Änderung des Besitzers (`chown`) und der Zugriffsberechtigungen (`chmod`) erkennen.

Erstellen von Ressourcen für die Verfügbarkeitsgruppe und die virtuelle IP-Adresse

Der folgende Befehl (der wiederum zwei Zeilen umspannt) erstellt eine *Verfügbarkeitsgruppenressource* vom Typ für ein primäres Replikat. Die Bezeichnung »master« ist eher unglücklich, denn dieser Befehl hat nichts mit der Datenbank `master` zu tun.

```
sudo pcs resource create ag_cluster ocf:mssql:ag ag_name=LinuxAG1 \
--master meta notify=true
```

In unserem Beispiel mit den drei synchronen Replikaten setzt der Pacemaker-Agent die Eigenschaft `REQUIRED_SYNCHRONIZED_SECONDARIES_TO_COMMIT` auf 1.

▶ **Mehr über den Datenschutz für Verfügbarkeitsgruppenkonfigurationen von SQL Server auf Linux erfahren Sie auf *https://docs.microsoft.com/sql/linux/sql-server-linux-availability-group-ha*.**

Um eine *Ressource für virtuelle IP-Adressen* zu erstellen, führen Sie auf einem der Knoten den folgenden Befehl aus (wobei Sie natürlich eine gültige IP-Adresse verwenden müssen):

```
sudo pcs resource create virtualip ocf:heartbeat:IPaddr2 ip=172.8.0.120
```

Da es hier kein Gegenstück zu einem virtuellen Servernamen gibt, müssen Sie DNS mit der Ressource für die virtuelle IP-Adresse und einem virtuellen Servernamen einrichten. Denken Sie daran, dies auch in Ihrer Notfallwiederherstellungsumgebung zu tun.

Kolokalisierungs- und Reihenfolgeeinschränkungen

Wie in Kapitel 2 bereits erwähnt, wird in einem Windows Server-Failovercluster anhand von Stimmen entschieden, wie die Ressourcen verwaltet werden.

Pacemaker dagegen verwendet Punktestände, die für die einzelnen Ressourcen berechnet werden. Mithilfe von *Einschränkungen* können Sie in dieses Punktesystem eingreifen.

Um beispielsweise dafür zu sorgen, dass die Ressource für die virtuelle IP-Adresse auf demselben Host läuft wie das primäre Replikat, können Sie eine Einschränkung mit dem Punktestand `INFINITY` einrichten. Alles, was niedriger als `INFINITY` ist, wird dann nur als Empfehlung betrachtet.

Um eine *Kolokalisierungseinschränkung* zu erstellen, damit die virtuelle IP-Adresse und das primäre Replikat auf demselben Host untergebracht werden, führen Sie auf einem Knoten den folgenden (zweizeiligen) Befehl aus:

```
sudo pcs constraint colocation add virtualip ag_cluster-master \
INFINITY with-rsc-role=Master
```

Eine Kolokalisierungseinschränkung ist implizit geordnet. Wenn in dem vorstehenden Beispiel ein Failover auftritt, wird dafür gesorgt, dass die virtuelle IP-Adresse auf einen sekundären Knoten zeigt, bevor der erste Knoten zu einem sekundären herabgestuft und diese sekundären Knoten zum primären Replikat gemacht werden.

Um das zu ändern, können Sie eine *Reihenfolgeeinschränkung* erstellen. Dabei wird erst die Hochstufung abgewartet, bevor die virtuelle IP-Adresse auf den neuen Knoten zeigt. Dazu gehen Sie wie folgt vor:

```
sudo pcs constraint order promote ag_cluster-master then start virtualip
```

Verwalten von Verfügbarkeitsgruppen

Das Dashboard für Verfügbarkeitsgruppen gibt zwar grundlegende Informationen über deren Zustand, allerdings haben Sie darin keine Möglichkeit, die Leistung, die Latenz und den Durchsatz des Clusters zu überwachen.

In diesem Abschnitt schauen wir uns an, welche Erkenntnisse Sie aus der Überwachung von Verfügbarkeitsgruppen gewinnen können, insbesondere über dynamische Verwaltungssichten, Wartetypen und erweiterte Ereignisse. In allen drei Kategorien stehen die *meisten* Daten auf dem primären Replikat zur Verfügung.

Dynamische Verwaltungssichten für Verfügbarkeitsgruppen

In diesem Abschnitt betrachten wir einige Situationen, in denen sich aus dynamischen Verwaltungssichten nützliche Informationen beziehen lassen. Auf sekundären Replikaten werden in den dynamischen Verwaltungssichten für Hochverfügbarkeit und Notfallwiederherstellung jedoch entweder gar keine oder nur unvollständige Daten angezeigt.

Überwachung des Zustands von Verfügbarkeitsgruppen

Informationen über einzelne Verfügbarkeitsgruppen können Sie sich in den Dashboards von SQL Server Management Studio anzeigen lassen, aber auch mit dem folgenden Skript, das auf drei verschiedene dynamische Verwaltungssichten zurückgreift. Beide Methoden zeigen nur dann eine vollständige Momentaufnahme der Daten, wenn sie auf einer SQL Server-Instanz ausgeführt werden, die als primäres Replikat der Gruppe dient. Das Skript gibt Informationen über alle Replikate in allen Verfügbarkeitsgruppen aus, für die die Instanz als primäres Replikat fungiert. Das folgende Beispielskript bietet eine gute Grundlage für die Überwachung:

```
-- Überwacht den Zustand einer Verfügbarkeitsgruppe

-- Auf einem sekundären Replikat gibt diese Abfrage eine Zeile für jede
-- sekundäre Datenbank auf der Serverinstanz zurück.

-- Auf dem primären Replikat gibt diese Abfrage eine Zeile für jede primäre
-- Datenbank und eine zusätzliche Zeile für die zugehörige sekundäre
-- Datenbank zurück. Dies ist die empfohlene Vorgehensweise.

IF NOT EXISTS (
SELECT @@SERVERNAME
  FROM sys.dm_hadr_availability_replica_states rs
  WHERE rs.is_local = 1
  and rs.role_desc = 'PRIMARY'
)
SELECT 'Recommend: Run script on Primary, incomplete data on Secondary.';
SELECT
AG = ag.name
, Instance = ar.replica_server_name + ' ' +
CASE WHEN is_local = 1 THEN '(local)' ELSE '' END
, DB = db_name(dm.database_id)
, Replica_Role = CASE
WHEN last_received_time IS NULL THEN 'PRIMARY (Connections: '+ar.primary_role_
allow_
```

```
connections_desc+')'
ELSE 'SECONDARY (Connections: '+ar.secondary_role_allow_connections_desc+')' END
, dm.synchronization_state_desc
, dm.synchronization_health_desc
, ar.availability_mode_desc
, ar.failover_mode_desc
, Suspended = CASE is_suspended WHEN 1 THEN suspend_reason_desc ELSE 'NO' END
, last_received_time
, last_commit_time
, Redo_queue_size_MB = redo_queue_size/1024.
, dm.secondary_lag_seconds
, ar.backup_priority
, ar.endpoint_url
, ar.read_only_routing_url
FROM sys.dm_hadr_database_replica_states dm
INNER JOIN sys.availability_replicas ar on dm.replica_id = ar.replica_id and
dm.group_id
= ar.group_id
INNER JOIN sys.availability_groups ag on ag.group_id = dm.group_id
ORDER BY AG, Instance, DB, Replica_Role;
```

▶ **Weitere Informationen über die in dieser dynamischen Verwaltungssicht zurückgegebenen Daten erhalten Sie im nächsten Codebeispiel und auf** ***https://docs.microsoft.com/sql/relational-databases/system-dynamic-management-views/sys-dm-hadr-database-replica-cluster-states-transact-sql.***

Überwachung auf verdächtige Seiten und automatische Seitenreparaturen

Wie schon die Vorgängerfunktion der Datenbankspiegelung können auch Verfügbarkeitsgruppen beschädigte, nicht lesbare Datenseiten auf einem Replikat mithilfe der Daten eines Replikats mit einer lesbaren Kopie dieser Seite reparieren. Das unterscheidet sich von Reparaturen mit `DBCC CHECKDB` und `REPAIR_ALLOW_DATA_LOSS`, bei denen Datenverluste auftreten können.

Die automatische Seitenreparatur ist ein Hintergrundprozess und wird nach der Operation durchgeführt, die die beschädigten Seitendaten entdeckt hat. Transaktionen schlagen aber immer noch mit dem Fehlercode 823, 824 oder 829 fehl.

Überwachen Sie die Systemtabelle `msdb.dbo.suspect_pages` und die dynamische Verwaltungssicht `sys.dm_hadr_auto_page_repair` auf Einträge für solche Ereignisse, beispielsweise wie folgt:

```
-- Prüft auf verdächtige Seiten (wobei hoffentlich keine Zeilen zurückgegeben
-- werden)
SELECT * FROM msdb.dbo.suspect_pages WHERE (event_type <= 3);
-- Prüft auf automatische Reparaturereignisse (wobei hoffentlich keine Zeilen
-- zurückgegeben werden)
SELECT db = db_name(database_id), * FROM sys.dm_hadr_auto_page_repair;
```

Überwachung der Leistung von Verfügbarkeitsgruppen im laufenden Betrieb

Der Abstand zwischen dem primären Replikat und den asynchronen Replikaten umfasst gewöhnlich nur Sekunden. Den Rückstand der Transaktionen, die auf den Commit auf dem asynchronen Replikat warten, können Sie mit der dynamischen Verwaltungssicht sys.dm_hard_database_replica_states bestimmen. Sie bietet reichhaltige Informationen darüber, wie weit ein sekundäres Replikat hinterherhinkt:

- log_send_queue_size Dieser Wert in Kilobyte gibt an, wie viele Protokolldaten noch nicht an die sekundären Replikate gesendet worden sind.
- log_send_rate Dieser Wert in Kilobyte pro Sekunde gibt die durchschnittliche Rate an, mit der Daten an die sekundären Replikate gesendet werden. Dieser Wert steht nur für primäre Replikate zur Verfügung.
- redo_queue_size Dieser Wert in Kilobyte gibt an, wie viele Protokolldaten auf dem sekundären Replikat noch keinem Commit unterzogen wurden. Bevor das sekundäre Replikat bei einem Failover zum primären Replikat gemacht werden kann, müssen alle diese Daten mit Commit abgeschlossen werden. Die Dauer dafür muss in der RTO berücksichtigt werden.
- redo_rate Dieser Wert in Kilobyte pro Sekunde gibt die durchschnittliche Rate an, mit der Daten auf einem sekundären Replikat mit Commit bestätigt werden.
- secondary_lag_seconds Dieser Wert in Sekunden gibt an, wie weit das sekundäre Replikat zurückliegt. Dies ist jedoch nicht die Zeit, die das sekundäre Replikat benötigt, um aufzuholen.

Wenn Sie log_send_queue_size (in KB) durch log_send-rate (in KB/s) teilen, erhalten Sie eine grobe Schätzung dafür, wie lange es dauern wird, alle ausstehenden Daten vom primären Replikat zu den sekundären zu senden. Ebenso ergibt die Division von redo_queue_size durch redo_rate einen ungefähren Wert dafür, wie lange das sekundäre Replikat benötigt, um aufzuholen.

Mit Ihren Kenntnissen über die dynamischen Verwaltungssichten sys.dm_hadr_database_replica_states und sys.dm_os_performance_counters können Sie jetzt das folgende Skript schreiben, das erhebliche Mengen von Leistungsdaten über Verfügbarkeitsgruppen zurückgibt. Wie üblich sollten Sie es auf dem primären Replikat der Gruppe ausführen.

```
-- Überwacht den Zustand einer Verfügbarkeitsgruppe

-- Auf einem sekundären Replikat gibt diese Abfrage eine Zeile für jede
-- sekundäre Datenbank auf der Serverinstanz zurück.

-- Auf dem primären Replikat gibt diese Abfrage eine Zeile für jede primäre
-- Datenbank und eine zusätzliche Zeile für die zugehörige sekundäre
-- Datenbank zurück. Dies ist die empfohlene Vorgehensweise.

IF NOT EXISTS (
SELECT @@SERVERNAME
FROM sys.dm_hadr_availability_replica_states
WHERE is_local = 1
and role_desc = 'PRIMARY'
)
```

```
SELECT 'Recommend: Run This Script on Primary Replica';
DECLARE @BytesFlushed_Start_ms bigint, @BytesFlushed_Start bigint,
@BytesFlushed_End_ms bigint, @BytesFlushed_End bigint;
-- Vergleicht Zählerstichproben
DECLARE @TransactionDelay TABLE
( DB sysname not null
, TransactionDelay_Start_ms decimal(19,2) null
, TransactionDelay_end_ms decimal(19,2) null
, TransactionDelay_Start decimal(19,2) null
, TransactionDelay_end decimal(19,2) null
, MirroredWriteTranspersec_Start_ms decimal(19,2) null
, MirroredWriteTranspersec_end_ms decimal(19,2) null
, MirroredWriteTranspersec_Start decimal(19,2) null
, MirroredWriteTranspersec_end decimal(19,2) null
, UNIQUE CLUSTERED (DB)
);
INSERT INTO @TransactionDelay (DB, TransactionDelay_Start_ms, TransactionDelay_
Start)
SELECT DB = pc.instance_name
, TransactionDelay_Start_ms = MAX(ms_ticks)
, TransactionDelay_Start = MAX(convert(decimal(19,2), pc.cntr_value))
FROM sys.dm_os_sys_info as si
CROSS APPLY sys.dm_os_performance_counters as pc
WHERE object_name like '%database replica%'
AND counter_name = 'transaction delay' -- Kumulierte Transaktionsverzögerung in ms
GROUP BY pc.instance_name;
UPDATE t
SET MirroredWriteTranspersec_Start_ms = t2.MirroredWriteTranspersec_Start_ms
, MirroredWriteTranspersec_Start = t2.MirroredWriteTranspersec_Start
FROM @TransactionDelay t
INNER JOIN
(SELECT DB = pc.instance_name
, MirroredWriteTranspersec_Start_ms = MAX(ms_ticks)
, MirroredWriteTranspersec_Start = MAX(convert(decimal(19,2), pc.cntr_value))
FROM sys.dm_os_sys_info as si
CROSS APPLY sys.dm_os_performance_counters as pc
WHERE object_name like '%database replica%'
AND counter_name = 'mirrored write transactions/sec'
-- Tatsächlich ein kumulativer Transaktionszähler, nicht die Transaktionsrate
-- pro Sekunde
GROUP BY pc.instance_name
) t2 on t.DB = t2.DB;
SELECT @BytesFlushed_Start_ms = MAX(ms_ticks), @BytesFlushed_Start = MAX(cntr_
value)
FROM sys.dm_os_sys_info
CROSS APPLY sys.dm_os_performance_counters where counter_name like 'Log Bytes
Flushed/
sec%';
WAITFOR DELAY '00:00:05'; -- Passt Stichprobendauer zwischen Messungen an

UPDATE t
SET TransactionDelay_end_ms = t2.TransactionDelay_end_ms
, TransactionDelay_end = t2.TransactionDelay_end
```

```
FROM @TransactionDelay t
INNER JOIN
(SELECT DB = pc.instance_name
, TransactionDelay_end_ms = MAX(ms_ticks)
, TransactionDelay_end = MAX(convert(decimal(19,2), pc.cntr_value))
FROM sys.dm_os_sys_info as si
CROSS APPLY sys.dm_os_performance_counters as pc
WHERE object_name like '%database replica%'
AND counter_name = 'transaction delay' -- Kumulierte Transaktionsverzögerung in
ms
GROUP BY pc.instance_name
) t2 on t.DB = t2.DB;
UPDATE t
SET MirroredWriteTranspersec_end_ms = t2.MirroredWriteTranspersec_end_ms
, MirroredWriteTranspersec_end = t2.MirroredWriteTranspersec_end
FROM @TransactionDelay t
inner join
(SELECT DB = pc.instance_name
, MirroredWriteTranspersec_end_ms = MAX(ms_ticks)
, MirroredWriteTranspersec_end = MAX(convert(decimal(19,2), pc.cntr_value))
FROM sys.dm_os_sys_info as si
CROSS APPLY sys.dm_os_performance_counters as pc
WHERE object_name like '%database replica%'
AND counter_name = 'mirrored write transactions/sec'
-- Tatsächlich ein kumulativer Transaktionszähler, nicht die Transaktionsrate
-- pro Sekunde
GROUP BY pc.instance_name
) t2 on t.DB = t2.DB;
SELECT @BytesFlushed_End_ms = MAX(ms_ticks), @BytesFlushed_End = MAX(cntr_value)
FROM sys.dm_os_sys_info
CROSS APPLY sys.dm_os_performance_counters where counter_name like 'Log Bytes
Flushed/
sec%';
DECLARE @LogBytesFushed decimal(19,2)
SET @LogBytesFushed = (@BytesFlushed_End - @BytesFlushed_Start) /
NULLIF(@BytesFlushed_End_ms - @BytesFlushed_Start_ms,0);
-- Aktuelle Replikatmesswerte
SELECT
AG = ag.name
, Instance = ar.replica_server_name + ' ' + case when is_local = 1
then '(local)' else '' end
, DB = db_name(dm.database_id)
, Replica_Role = CASE WHEN last_received_time IS NULL THEN 'PRIMARY
(Connections: '+ar.primary_role_allow_connections_desc+')' ELSE 'SECONDARY
(Connections: '+ar.secondary_role_allow_connections_desc+')' END
, Last_received_time
, Last_commit_time
, Redo_queue_size_MB = convert(decimal(19,2),dm.redo_queue_size/1024.)-- KB
, Redo_rate_MB_per_s = convert(decimal(19,2),dm.redo_rate/1024.) -- KB/s
, Redo_Time_Left_s_RTO =
convert(decimal(19,2),dm.redo_queue_size*1./NULLIF(dm.redo_rate*1.,0))
-- Nur Teil der RTO. NULL-Wert auf sekundärem Replikat bedeutet, dass keine
-- Aktivität erfasst wurde.
```

```
, Log_Send_Queue_RPO =
convert(decimal(19,2),dm.log_send_queue_size*1./NULLIF(@LogBytesFushed ,0))
-- Rate. NULL-Wert auf sekundärem Replikat bedeutet, dass keine
-- Aktivität erfasst wurde
, Sampled_Transactions_count = (td.MirroredWriteTranspersec_end -
td.MirroredWriteTranspersec_start)
, Sampled_Transaction_Delay_ms = (td.TransactionDelay_end -
td.TransactionDelay_start)
-- Transaktionsverzögerungswert ist 0, wenn es kein synchrones Replikat für
-- die DB gibt
, Avg_Sampled_Transaction_Delay_ms_per_s = convert(decimal(19,2),
(td.TransactionDelay_end - td.TransactionDelay_Start) / ((td.TransactionDelay_
end_ms
- td.TransactionDelay_Start_ms)/1000.))
, Transactions_per_s = convert(decimal(19,2), ((td.MirroredWriteTranspersec_end -
td.MirroredWriteTranspersec_start) / ((td.MirroredWriteTranspersec_End_ms -
td.MirroredWriteTranspersec_Start_ms)/1000.)))
, dm.secondary_lag_seconds
, dm.synchronization_state_desc
, dm.synchronization_health_desc
, ar.availability_mode_desc
, ar.failover_mode_desc
, Suspended = case is_suspended when 1 then suspend_reason_desc else 'NO' end
, ar.backup_priority -- Sicherungspriorität zur Orientierung
, ar.modify_date -- Änderungsdatum des Replikats
, ar.endpoint_url -- Endpunkt-URL zur Orientierung
, ar.read_only_routing_url -- Routing-URL zur Orientierung
FROM sys.dm_hadr_database_replica_states dm
INNER JOIN sys.availability_replicas ar on dm.replica_id = ar.replica_id and
dm.group_id = ar.group_id
INNER JOIN @TransactionDelay td on td.DB = db_name(dm.database_id)
INNER JOIN sys.availability_groups ag on ag.group_id = dm.group_id
ORDER BY
AG,
Instance,
DB,
Replica_Role;
GO
```


Wartetypen für Verfügbarkeitsgruppen

Bei der Beobachtung von Wartetypen sollten Sie immer eine Grundmessung vornehmen und Maßnahmen ergreifen, wenn das Auftreten des Wartetyps zunimmt, sei es plötzlich oder graduell. In diesem Abschnitt sehen wir uns die Wartetypen an, die Sie bei der Verwaltung von Verfügbarkeitsgruppen berücksichtigen müssen.

▶ **Weitere Informationen über Wartestatistiken, z. B. über ihre Überwachung und die Trendanalyse, erhalten Sie in Kapitel 13.**

In SQL Server gibt es über 60 Wartetypen mit dem Präfix `HADR_`. Viele davon beziehen sich auf Hintergrundaufgaben, mit deren Auftreten oder Zunahme zu rechnen ist, wenn sich SQL Server im Leerlauf befindet. Auf die folgenden Wartetypen sollten Sie dagegen achtgeben:

- Der Wartetyp HADR_SYNC_COMMIT kommt durch die Transaktionsverzögerung bei sekundären Replikaten im synchronen Modus zustande. Er ist mit der Wartezeit verknüpft, die auf primären Replikaten auftritt, wenn sie Protokolldaten zu synchronen Replikaten senden und dann auf die Bestätigung von den synchronen Replikaten warten. Eine Zunahme von HADR_SYNC_COMMIT auf dem primären Replikat kommt durch Leistungseinschränkungen auf dem sekundären Replikat zustande. Dieser Wartetyp tritt ebenso wie viele andere nicht auf, wenn Sie nur asynchrone sekundäre Replikate betreiben. Die Zeit, die auf den sekundären Replikaten zum Wiedereinspielen der Protokolldaten benötigt wird, ist hierin nicht eingeschlossen. Auf dem sekundären Replikat kann der Wartetyp WRITELOG auftreten.
- Der Wartetyp WRITELOG kann bei schweren Schreibaktivitäten auf allen SQL Server-Instanzen auftreten, auch auf primären und sekundären Replikaten von Verfügbarkeitsgruppen. Es handelt sich dabei um die erforderliche Zeit, um das Protokoll der lokalen SQL Server-Instanz auf das Laufwerk zu schreiben, und hängt von der Leistung des physischen E/A-Subsystems ab. Dieser Wartetyp tritt auf der lokalen Instanz auf und wird nicht von sekundären Replikaten beeinflusst.
- Eine plötzliche Zunahme des Wartetyps HADR_SYNCHRONIZING_THROTTLE zeigt an, dass synchrone sekundäre Replikate aufzuholen versuchen und dass auf ihnen Transaktionen auf den Commit warten. Dieser Wartetyp ist zu erwarten, wenn sich die synchronen Replikate noch im Zustand SYNCHRONIZING befinden.
- Der Wartetyp ASYNC_NETWORK_IO ist gewöhnlich nicht mit dem Netzwerktransport für Verfügbarkeitsgruppen verknüpft, sondern mit der Kommunikation mit Remoteclients oder -speichersystemen über den Netzwerkstack. Fehlkonfigurierte und defekte Netzwerkkarten können zwar die Ursache für einen plötzlichen Anstieg dieses Wartetyps sein, doch gewöhnlich liegt es daran, dass übermäßig viele Daten an Remoteclients gesendet werden, insbesondere bei lang andauernden Berichtsanwendungen.
- Die Wartetypen HADR_WORK_QUEUE und WAIT_XTP_OFFLINE_CKPT_NEW_LOG sind Indikatoren für wartende Arbeitsthreads. Sie müssen sich darüber keine Sorgen machen. Auch HADR_TIMER_TASK und HADR_CLUSAPI_CALL weisen nicht auf Probleme hin und können daher ignoriert werden. Wenn sie an der Spitze der Wartetypen stehen, deutet das gewöhnlich auf einen Mangel an Aktivitäten hin und nicht auf ein Leistungsproblem. Auch der Wartetyp HADR_GROUP_COMMIT zeigt kein Problem an. Hierbei wird lediglich darauf gewartet, dass genügend viele Protokolleinträge vorliegen, um sie zu gruppieren.

Erweiterte Ereignisse für Verfügbarkeitsgruppen

SQL Server enthält eine Sitzung für erweiterte Ereignisse namens AlwaysOn_health. In der Voreinstellung erfasst sie DDL-Ereignisse, Failover und Statusänderungen und mehr als 30 mit Nummern bezeichnete SQL Server-Fehler. Mit einem Skript können Sie sich im Einzelnen ansehen, was diese Sitzung erfasst hat.

Die Sitzung AlwaysOn_health wird vom Dashboard genutzt, kann aber auch aggregiert abgefragt werden und bewahrt standardmäßig bis zu vier rollierende XEL-Dateien von 5 MB im Ordner *<Instanzpfad>\MSSQL\Log* auf.

Halten Sie in Ihrer Sitzung für erweiterte Ereignisse nach dem Ereignis `log_flush_complete` Ausschau. Es gibt an, wie viele Millisekunden es gedauert hat, das Protokoll auf einem Replikat auf das Laufwerk zu schreiben.

Das Ereignis `ucs_connection_send_msg` zeigt die Kommunikation zwischen Replikaten an. Dies geschieht, nachdem ein Block von Transaktionsprotokolldaten auf dem sekundären Replikat festgeschrieben wurde. Bei der synchronen Replikation erfolgt dieser Vorgang vor dem Festschreiben des Blocks auf dem primären Replikat.

Die Ereignisse `hadr_log_block_group_commit` und `hadr_db_commit_mgr_harden` auf dem primären Knoten stehen für Anfang und Ende der Protokollblockreplikation. Das Ereignis `hadr_db_commit_mgr_harden` folgt nach der Betätigung von den synchronen sekundären Replikaten und der Festschreibung des primären Transaktionsprotokolls.

Wenn Sie eine Sitzung für erweiterte Ereignisse erstellen wollen, um den zeitlichen Ablauf der Synchronisierungsereignisse auf den primären und sekundären Instanzen zu beobachten, können Sie das folgende Skript als Ausgangspunkt verwenden:

```
-- Erstellt eine Sitzung für erweiterte Ereignisse, um die Synchronisierung
-- in Verfügbarkeitsgruppen zu überwachen
-- Nur für Diagnosezwecke zu empfehlen
-- Zur Überwachung von Ereignissen auf dem primären Replikat

CREATE EVENT SESSION [AG_Synchronization_Events_Primary] ON SERVER
ADD EVENT sqlserver.hadr_log_block_group_commit,
ADD EVENT sqlserver.log_flush_start,
ADD EVENT sqlserver.hadr_log_block_send_complete,
ADD EVENT sqlserver.log_flush_complete,
ADD EVENT ucs.ucs_connection_send_msg,
ADD EVENT sqlserver.hadr_receive_harden_lsn_message,
ADD EVENT sqlserver.hadr_db_commit_mgr_harden
ADD TARGET package0.event_file
    (SET filename=N'Synchronization_Events_Primary.xel',
    max_file_size=(5),max_rollover_files=(2))
WITH (STARTUP_STATE=ON);
GO

-- Nur für Diagnosezwecke zu empfehlen
-- Zur Überwachung von Ereignissen auf sekundären Replikaten
CREATE EVENT SESSION [AG_Synchronization_Events_Secondary] ON SERVER
ADD EVENT sqlserver.hadr_transport_receive_log_block_message,
ADD EVENT sqlserver.log_flush_start,
ADD EVENT sqlserver.log_flush_complete,
ADD EVENT sqlserver.hadr_send_harden_lsn_message,
ADD EVENT ucs.ucs_connection_send_msg
ADD TARGET package0.event_file
    (SET filename=N'Synchronization_Events_Secondary.xel',
    max_file_size=(5),max_rollover_files=(2))
WITH (STARTUP_STATE=ON);
GO
ALTER EVENT SESSION [AG_Synchronization_Events_Secondary] ON SERVER STATE=START
ALTER EVENT SESSION [AG_Synchroniz ation_Events_Primary] ON SERVER STATE=START
```

▶ **Weitere Informationen über erweiterte Ereignisse erhalten Sie in Kapitel 13.**

Warnungen über Verfügbarkeitsgruppen

Richten Sie Warnungen für bestimmte Fehler ein, die bei Verfügbarkeitsgruppen auftreten können. Die E-Mails, die aufgrund dieser Alarme an das Team der SQL Server-Datenbankadministratoren gesendet werden, sollten keine trivialen Meldungen enthalten, sondern auf Umstände hinweisen, die Maßnahmen erfordern. Wenn Sie SQL Server-Agent einsetzen möchten, um die Datenbankadministratoren beim Auftreten von Fehlern über Datenbank-E-Mails zu informieren, schlagen Sie in Kapitel 14 nach. Falls Sie eine externe Anwendung zur Überwachung des Fehlerprotokolls verwenden, achten Sie darauf, bei den folgenden wichtigen Fehlermeldungen Alarme mit hoher Priorität auszulösen:

- **35264** Die Datenbankverschiebung für eine Datenbank wurde angehalten.
- **35265** Die Datenbankverschiebung für eine Datenbank wurde wieder aufgenommen (nur zur Information).
- **35273, 35274** Datenbankfehler während der Wiederherstellung bei einem Failover.
- **35276** Synchronisierung der Datenbank wurde angehalten und kann nicht wieder aufgenommen werden.
- **414185** Ein sekundäres Replikat wurde vom primären getrennt und muss wieder verbunden werden.

▶ **Informationen über die Syntax zur Einrichtung von Alarmen erhalten Sie in Kapitel 14.**

Kapitel 13

Verwaltung und Überwachung von SQL Server

In Kapitel 11 haben wir die Wichtigkeit und die Logistik von Datenbanksicherungen beschrieben. Welche anderen regelmäßigen Aufgaben sind noch erforderlich, um SQL Server in einem gesunden Zustand zu halten? In diesem Kapitel sehen wir uns die Grundlagen der Verwaltung von SQL Server an. Dabei beschäftigen wir uns mit wichtigen dynamischen Verwaltungssichten und der Einrichtung von erweiterten Ereignissen (der Nachfolgelösung von Ablaufverfolgungen). Außerdem erklären wir, wonach Sie in der Windows-Leistungsüberwachung für SQL Server-Instanz Ausschau halten und welche DTU-Messgrößen (Database Transaction Unit) Sie für Azure SQL-Datenbank beobachten sollten. Abschließend werden wir uns noch mit wichtigen Änderungen am Wartungsmodell von SQL Server beschäftigen. Beispielsweise gibt es keine Service Packs mehr, sondern nur noch kumulierte Updates.

Erkennen von Datenbankbeschädigungen

Der neben Datenbanksicherungen zweitwichtigste Beitrag zur Integrität von Datenbankseiten ist eine korrekte Konfiguration, um Datenbankbeschädigungen nach Möglichkeit zu verhindern sowie zu beobachten, um ihre Auswirkungen zu verringern. Dies ist kein kompliziertes Thema. Tatsächlich geht es dabei hauptsächlich um eine einzige Einstellung und einen Befehl.

Die Option PAGE_VERIFY

Diese Option sollte bei allen Datenbanken auf `CHECKSUM` eingestellt sein. Wenn hier noch der veraltete Wert `TORN_PAGE` vorliegt, ist das ein Zeichen dafür, dass die Datenbank schon seit einer Version vor SQL Server 2005 immer wieder aktualisiert wurde, ohne diese Einstellung jemals zu ändern. Seit SQL Server 2005 ist `CHECKSUM` die bessere und auch die Standardeinstellung. Allerdings sind Administratorrechte erforderlich, um diese Option manuell zu ändern.

Wenn die Option `PAGE_VERIFY` in einer Datenbank noch nicht auf `CHECKSUM` eingestellt ist, sollten Sie das sofort ändern.

▶ **Weitere Informationen über Datenbankdateien und Dateigruppen erhalten Sie in Kapitel 3.**

Hinweis

In unbeschädigten Datenbanken geht die Änderung von PAGE_VERIFY auf CHECKSUM schnell und unmerklich vonstatten. Es kann jedoch sein, dass durch die Änderung von NONE oder TORN_PAGE auf CHECKSUM Datenbankbeschädigungen erkannt werden, wobei die betroffene Datenbank sofort in den Zustand SUSPECT versetzt und unzugänglich wird. Es ist unverzichtbar, regelmäßig und vor allem vor einer Änderung in CHECKSUM gute Sicherungen anzulegen. Gerät eine Datenbank nach einer solchen Änderung in den Zustand SUSPECT, müssen Sie eine vorher aufgenommene Sicherung wiederherstellen und versuchen, den Fehler zu erkennen und die verlorenen Daten wiederherzustellen.

DBCC CHECKDB

Führen Sie in allen Datenbanken regelmäßig DBCC CHECKDB aus. Dies ist zwar zeitraubend, aber unverzichtbar. Die Abstände zwischen den Ausführungen von DBCC CHECKDB sollten nicht größer sein als die Aufbewahrungszeit für Ihre Sicherungen. Betrachten Sie diesen Vorgang als ebenso wichtig wie regelmäßige Datenbanksicherungen. Wenn Datenbankbeschädigungen auftreten, besteht die einzige zuverlässige Lösung in einer Wiederherstellung von einer guten Sicherung.

Wenn Sie Ihre lokalen Sicherungen beispielsweise einen Monat lang aufbewahren, sollten Sie DBCC CHECKDB mindestens einmal pro Monat ausführen, wobei es natürlich empfehlenswerter ist, es noch häufiger zu tun. Dadurch ist sichergestellt, dass Sie mindestens einen Wiederherstellungspunkt für unbeschädigte, unveränderte Daten und einen Ausgangspunkt zur Reparatur beschädigter Daten haben. In umfangreichen Datenbanken kann DBCC CHECKDB Stunden in Anspruch nahmen und andere Benutzerabfragen blockieren.

Der Befehl DBCC CHECKDB schließt mehrere spezifische Integritätsprüfungen wie DBCC CHECKALLOC, DBCC CHECKTABLE und DBCC CHECKCATALOG ein, die alle wichtig sind und nur in seltenen Fällen separat laufen müssen.

Wenn Sie DBCC CHECKDB ohne Parameter ausführen, wird eine Integritätsprüfung im aktuellen Datenbankkontext durchgeführt. Ohne die Angabe einer Datenbank können Sie auch keine zusätzlichen Optionen festlegen. Eine Aufstellung von Parametern für CHECKDB finden Sie auf *https://docs.microsoft.com/sql/t-sql/database-console-commands/dbcc-checkdb-transact-sql*.

Beachten Sie insbesondere die folgenden Parameter:

- NOINDEX Hierbei werden nicht gruppierte Rowstore- und Columnstore-Indizes ignoriert, was die Dauer der Integritätsprüfung verkürzen kann.

  Verwendungsbeispiel:

  DBCC CHECKDB (*Datenbank*, NOINDEX);

- NO_INFOMSGS Dabei werden rein informative Statusmeldungen unterdrückt und nur Fehlermeldungen ausgegeben.

  Verwendungsbeispiel:

  DBCC CHECKDB (*Datenbank*) WITH NO_INFOMSGS;

- REPAIR_REBUILD Diesen Parameter sollten Sie nur als letztes Mittel verwenden. Sie können zwar Glück damit haben, aber es ist sehr unwahrscheinlich, dass Sie damit eine vollständige Reparatur erzielen. Außerdem kann der Vorgang sehr zeitraubend sein, da hierbei die Indizes aufgrund der Daten des Reparaturversuchs neu erstellt werden. Weitere Warnhinweise entnehmen Sie der Dokumentation von DBCC CHECKDB.

  Verwendungsbeispiel:

  ```
  DBCC CHECKDB (Datenbank) WITH REPAIR_REBUILD;
  ```

- REPAIR_ALLOW_DATA_LOSS Auch diesen Parameter sollten Sie nur als letztes Mittel verwenden, um eine Datenbank teilweise wiederherzustellen, da die Datenbank hierbei Fehler dadurch lösen kann, dass sie die Zuweisung von Seiten aufhebt, wodurch es zu Lücken in Zeilen und Spalten kommen kann. Die Ausführung muss im Modus SINGLE_USER erfolgen und am besten im Modus EMERGENCY. Weitere Warnhinweise entnehmen Sie der Dokumentation von DBCC CHECKDB. Einen ausführlichen Überblick über EMERGENCY und REPAIR_ALLOW_DATA_LOSS erhalten Sie in Paul Randals Blogpost auf *https://www.sqlskills.com/blogs/paul/checkdb-from-every-angle-emergency-mode-repair-the-very-very-last-resort*.

  Verwendungsbeispiel (nur als letzter Ausweg; nicht empfehlenswert!):

  ```
  ALTER DATABASE WorldWideImporters SET EMERGENCY, SINGLE_USER;
  DBCC CHECKDB('WideWorldImporters', REPAIR_ALLOW_DATA_LOSS);
  ALTER DATABASE WorldWideImporters SET MULTI_USER;
  ```

- ESTIMATEONLY Hierbei erhalten Sie keine Schätzung der Dauer von CHECKDB (ohne Parameter), sondern des erforderlichen Speicherplatzes in TempDB.

  Verwendungsbeispiel:

  ```
  DBCC CHECKDB (Datenbank) WITH ESTIMATEONLY;
  ```

Diese Skripte sind alle im Begleitmaterial zu diesem Buch auf *https://aka.ms/SQLServ2017-Admin/Downloads* enthalten.

▶ **Informationen über die Automatisierung von DBCC CHECKDB erhalten Sie in Kapitel 14.**

Reparieren beschädigter Datendateien

Bei Datenbeschädigungen besteht die einzige echte Lösung darin, die Daten aus einer Sicherung wiederherzustellen. Verwenden Sie den gut dokumentierten Befehl DBCC CHECKDB REPAIR_ALLOW_DATA_LOSS nur als letzten Ausweg.

Es ist möglich, fehlende Seiten in gruppierten Indizes durch Zusammenstellung der fehlenden Spalten aus nicht gruppieren Indizes zu reparieren. Allerdings ist diese Lösung eher akademisch, da Datenbeschädigungen selten auf so geordnete und bequeme Weise auftreten.

Auch AlwaysOn-Verfügbarkeitsgruppen enthalten eingebaute Fähigkeiten zur Erkennung und automatischen Reparatur von Datenbeschädigungen, wobei unbeschädigte Daten aus einem Replikat herangezogen werden, um unzugängliche Daten in einem anderen zu ersetzen.

▶ **Weitere Informationen über dieses Merkmal von Verfügbarkeitsgruppen erhalten Sie in Kapitel 12.**

Wiederherstellen einer beschädigten Transaktionsprotokolldatei

Eine beschädigte oder verlorene Transaktionsprotokolldatei können Sie auch wie im folgenden Beispiel neu erstellen (aber nicht wiederherstellen). Es kann sein, dass Sie dabei einige der jüngsten Zeilen verlieren, aber bei einer Notfallwiederherstellung kann dies ein nützlicher Schritt sein, wenn Sie die LDF-Datei verloren haben, aber noch über eine intakte MDF-Datei verfügen.

Mit dem folgenden Befehl können Sie an einem neuen Speicherort eine leere Transaktionsprotokolldatei erstellen:

```
ALTER DATABASE WorldWideImporters SET EMERGENCY, SINGLE_USER;
ALTER DATABASE WorldWideImporters REBUILD LOG
ON (NAME=WWI_Log, FILENAME='F:\DATA\WideWorldImporters_new.ldf');
ALTER DATABASE WorldWideImporters SET MULTI_USER;
```

Diese Skripte sind alle im Begleitmaterial zu diesem Buch auf *https://aka.ms/SQLServ2017 Admin/Downloads* enthalten.

> Hinweis
>
> **Die Neuerstellung einer leeren Transaktionsprotokolldatei mit** `ALTER DATABASE ... REBUILD LOG` **ist bei Datenbanken mit einer speicheroptimierten Dateigruppe nicht möglich.**

Datenbankbeschädigungen in Azure SQL-Datenbank

Microsoft nimmt die Datenintegrität in seinem PaaS-Angebot (Platform-as-a-Service) sehr ernst und bietet bei diesem Produkt starke Garantien für Hilfestellung und Wiederherstellung. Auch wenn Datenbeschädigungen selten vorkommen, steht weltweit und rund um die Uhr ein Azure-Ingenieursteam bereit, um darauf zu reagieren. Welche Garantien dafür gegeben werden, erfahren Sie auf *https://azure.microsoft.com/blog/data-integrity-in-azure-sql-database*.

Wartung von Indizes und Statistiken

Zur Verringerung der Indexfragmentierung ist es erforderlich, die Rowstore-Daten in den von SQL Server geführten Dateien sauber zu ordnen und die Anzahl der Seiten zu minimieren, die gelesen werden müssen, wenn Abfragen auf Datenseiten lesen oder schreiben. Die Reduzierung der Fragmentierung in Datenbankobjekten unterscheidet sich sehr stark von der Reduzierung der Fragmentierung auf dem Laufwerk und hat nur wenig mit dem Defragmentierungsprogramm von Windows gemeinsam. Es hat nichts mit den Seitenspeicherorten auf magnetischen Festplatten zu tun (und noch weniger in Speichernetzwerken), sondern mit der Aktivität der E/A-Systeme beim Abruf von Daten.

Einfach ausgedrückt, sind Schreibvorgänge die Ursache der Indexfragmentierung. Unsere Daten würden sauber und ordentlich bleiben, wenn unsere Anwendungen aufhören würden, darin zu schreiben. Aktualisierungen und Löschungen tragen stark zur Fragmentierung von gruppierten und nicht gruppierten Indizes bei. Dazu kommen noch die Auswirkungen von Einfügungen aufgrund des Designs von gruppierten Indizes.

Hinweis

In einem Heap, also einer Tabelle ohne gruppierten Index, kann es keine Fragmentierung geben (denn wie könnten Seiten hier durcheinandergeraten?). Das Problem, das hier auftreten kann, ist verschwendeter Platz innerhalb der Heapstruktur. Das liegt an den Weiterleitungszeigern, einem einfachen Mechanismus, der die Verknüpfung zwischen den Daten aufrechterhält, realistisch gesehen aber schlimmer für die Leistung ist als eine Fragmentierung. Löschungen und Aktualisierungen hinterlassen im Heap ungenutzten Platz, der selbst durch eine Neuerstellung des Index nicht wiedergewonnen werden kann, sondern ironischerweise nur dadurch, dass Sie einen gruppierten Index für die Tabelle anlegen und anschließend wieder löschen.

Die Informationen in diesem Abschnitt gelten für SQL Server-Instanzen, Azure SQL-Datenbank und sogar für Azure SQL Data Warehouse. (Alle Tabellen in Azure SQL Data Warehouse verfügen standardmäßig über einen gruppierten Columnstore-Index.)

Ändern des Füllfaktors

Jeder Rowstore-Index für ein datenträgerbasiertes Objekt hat einen Füllfaktor. Diese numerische Eigenschaft gibt den prozentualen Anteil des Platzes an, der beim Erstellen oder Neuerstellen des Index auf seinen Datenseiten der Blattebene mit Rowstore-Daten gefüllt wird. Der instanzweite Standardwert für den Füllfaktor lautet `0`, was 100 % entspricht. Dabei werden alle Datenseiten auf Blattebene komplett gefüllt. Bei einem Füllfaktor von 80 % bleiben dagegen 20 % der Datenseiten auf Blattebene absichtlich leer. Den Füllfaktor können Sie für jeden Index einzeln festlegen, um die Effizienz der Datenseiten zu steuern.

Ein niedriger Füllfaktor hilft, die Anzahl der Seitenteilungen zu verringern, die auftreten, wenn das Datenbankmodul auf einer Seite, die bereits voll ist, versucht, eine neue Datenzeile hinzuzufügen oder eine vorhandene Zeile mit mehr Daten zu aktualisieren. In einem solchen Fall schafft das Datenbankmodul Platz für die neue Zeile, indem es einen Teil der alten Zeilen auf eine neue Seite verschiebt. Diese Operation kann viel Zeit und Ressourcen kosten, vor allem, wenn bei Schreibvorgängen viele Seitenteilungen auftreten, und führt zu einer Fragmentierung des Index.

Andererseits sind bei einem niedrigen Füllfaktor mehr Seiten erforderlich, um dieselben Daten zu speichern. Auch die Anzahl der erforderlichen Lesevorgänge bei Abfragen wird dadurch erhöht. Im Vergleich zu einem Füllfaktor von 100 (oder 0) verdoppelt ein Füllfaktor von 50 den Platz auf dem Laufwerk, der ursprünglich für die Speicherung der Daten erforderlich ist.

In den meisten Fällen werden Daten häufiger gelesen als geschrieben, eingefügt, aktualisiert und gelöscht. Indizes profitieren daher von einem hohen Füllfaktor. Fast immer ist daher ein Füllfaktor von mindestens 80 angebracht, da es wichtiger ist, die Anzahl der Lesevorgänge auf einem handhabbaren Niveau zu halten, als die erforderlichen Ressourcen für Seitenteilungen zu minimieren. Um die Indexfragmentierung können Sie sich wie im nächsten Abschnitt beschrieben mit den Befehlen `REBUILD` und `REORGANIZE` kümmern.

Wenn der Schlüsselwert eines Index konstant steigt, wie es etwa bei einer automatisch inkrementierten `IDENTITY`-Spalte als erster Schlüssel eines gruppierten Index der Fall ist, werden Daten immer am Ende einer Datenseite angefügt, sodass keine Lücken gefüllt werden müssen. In einer Tabelle, in der Daten immer sequenziell eingefügt und niemals aktualisiert werden, bringt es nichts, denn Füllfaktor auf etwas anderes als den Vorgabewert 0/100 einzustellen (obwohl es möglich wäre). Selbst nach einer Optimierung des Füllfaktors kann es sein, dass die Reduzierung von Seitenteilungen keine merkbare positive Auswirkung auf die Schreibleistung zeigt.

Den Füllfaktor können Sie beim Erstellen des Index festlegen, aber auch später mit `ALTER INDEX ... REBUILD` ändern. Mehr darüber erfahren Sie im Abschnitt »Neuerstellen von Indizes«.

Verfolgen von Seitenteilungen

Wenn Sie den Füllfaktor für wichtige Tabellen optimieren wollen, um das Verhältnis von Leistung zu Speicherplatz zu maximieren, stehen Ihnen zwei Möglichkeiten zur Verfügung, um das Aufkommen von Seitenteilungen zu messen.

Erstens können Sie aggregierte Werte zu Seitenteilungen auf dem Windows Server-Computer wie folgt aus der dynamischen Verwaltungssicht für Leistungsindikatoren abfragen:

```
SELECT * FROM sys.dm_os_performance_counters WHERE counter_name ='Page Splits/
sec'
```

Der Wert `cntr_value` wird bei jeder erkannten Seitenteilung erhöht. Das ist allerdings etwas umständlich, denn zur Berechnung der Rate von Seitenteilungen pro Sekunde müssen Sie diesen Wert zweimal abrufen und die Differenz durch den Zeitraum zwischen den beiden Ablesungen dividieren. Wenn Sie sich diese Leistungsindikatoren in der Leistungsüberwachung ansehen, wird diese Berechnung für Sie erledigt.

Erweiterte Ereignisse zum Erkennen von Seitenteilungen

Sie können Seitenteilungen bei der Ausführung von Anweisungen verfolgen, indem Sie das Ereignis `page_split` zu Sitzungen wie der T-SQL-Vorlage im Assistenten für erweiterte Ereignisse hinzufügen.

Erweiterte Ereignisse und die dynamische Verwaltungssicht `sys.dm_os_performance_counters` werden wir uns weiter hinten in diesem Kapitel noch genauer ansehen. Dabei zeigen wir Ihnen auch ein Beispielskript zur Verfolgung von Seitenteilungsereignissen.

Überwachen der Indexfragmentierung

Wie stark ein Index fragmentiert ist, können Sie durch Untersuchung der dynamischen Verwaltungsfunktion `sys.dm_db_index_physical_stats` herausfinden. Im Gegensatz zu den meisten dynamischen Verwaltungssichten kann diese Funktion die Serverleistung erheblich beeinträchtigen, da sie das E/A-System belastet.

Um diese Verwaltungsfunktion abfragen zu können, müssen Sie Mitglied der Serverrolle `sysadmin` oder der Datenbankrollen `db_ddladmin` und `db_owner` sein. Alternativ reichen auch die Berechtigung `CONTROL` für das Objekt und die Berechtigungen `VIEW DATABASE STATE` und `VIEW SERVER STATE` aus. Weitere Informationen erhalten Sie auf *https://docs.microsoft.com/sql/relational-databases/system-dynamic-management-views/sys-dm-db-index-physical-stats-transact-sql#permissions*.

Denken Sie daran, wenn Sie diese Operation in ein Skript für die automatische Indexwartung aufnehmen. Mehr über die Automatisierung von Wartungsaufgaben erfahren Sie in Kapitel 14.

Um beispielsweise den Fragmentierungsgrad aller Indizes der Tabelle `Sales.Orders` in der Beispieldatenbank `WideWorldImporters` zu finden, können wir die folgende Abfrage verwenden:

```
SELECT
DB = db_name(s.database_id)
, [schema_name] = sc.name
, [table_name] = o.name
, index_name = i.name
, s.index_type_desc
, s.partition_number -- if the object is partitioned
, avg_fragmentation_pct = s.avg_fragmentation_in_percent
, s.page_count -- pages in object partition
FROM sys.indexes AS i
CROSS APPLY sys.dm_db_index_physical_stats (DB_ID(),i.object_id,i.index_id, NULL,
NULL)
AS s
INNER JOIN sys.objects AS o ON o.object_id = s.object_id
INNER JOIN sys.schemas AS sc ON o.schema_id = sc.schema_id
WHERE i.is_disabled = 0
AND o.object_id = OBJECT_ID('Sales.Orders');
```

Die dynamische Verwaltungsfunktion `sys.dm_db_index_physical_stats` nimmt die fünf Parameter `database_id`, `object_id`, `index_id`, `partition_id` und `mode` entgegen. Der Standardwert von `mode` ist `LIMITED`, was die schnellste Methode darstellt, allerdings können Sie auch `Sampled` und `Detailed` verwenden. Diese Modi sind nur selten erforderlich, bieten aber mehr und genauere Daten. Im Modus `LIMITED` sind einige der Spalten `NULL`. Um die Fragmentierung zu bestimmen, ist der Standardmodus `LIMITED` ausreichend (der auch verwendet wird, wenn der Wert für den Parameter `NULL` ist).

Alle fünf Parameter von `sys.dm_db_index_physical_stats` können `NULL` sein. Beispielsweise können Sie folgenden Befehl ausführen:

```
SELECT * FROM sys.dm_db_index_physical_stats(NULL,NULL,NULL,NULL,NULL);
```

Dadurch werden Fragmentierungsstatistiken für alle Datenbanken, alle Objekte, alle Indizes und alle Partitionen angezeigt.

Allerdings sollten Sie das lieber nicht tun, da dies erhebliche Auswirkungen auf die Serverressourcen haben kann, was zu einem merklichen Abfall der Leistung führt. Die vorstehenden Skripte sind alle im Begleitmaterial zu diesem Buch auf *https://aka.ms/SQLServ2017-Admin/Downloads* enthalten.

Neuerstellen von Indizes

Bei der `REBUILD`-Operation für einen Rowstore-Index (ob gruppiert oder nicht) wird die Blattebene seines B-Baums physisch neu erstellt. Das Ziel dieser Seitenverschiebung besteht darin, den Speicher effizienter zu machen und besser an die vom Indexschlüssel vorgegebene logische Struktur anzupassen. Diese Operation blockiert andere Abfragen, die auf die Seiten zugreifen. Da sie außerdem das Indexobjekt zerstört und neu erstellt, muss sie dann die Indexstatistiken aktualisieren, damit anschließend keine separate `UPDATE STATISTICS`-Operation erforderlich ist.

Während dieses Vorgangs werden Tabellensperren lange aufrechterhalten. Eine der Hauptvorteile der Enterprise Edition von SQL Server besteht darin, dass Sie das Schlüsselwort `ONLINE` angeben können. Dadurch werden bei der Indexneuerstellung Störungen anderer Abfragen erheblich reduziert (wenn auch nicht völlig ausgeschaltet), sodass eine Indexwartung auch möglich ist, wenn rund um die Uhr Datenbankaktivitäten erfolgen.

Verwenden Sie bei einer Indexneuerstellung nach Möglichkeit `ONLINE`, wenn die Zeit es erlaubt. Das kann allerdings länger dauern als eine Offline-Neuerstellung. Es gibt auch einige Situationen, in denen Sie `ONLINE` nicht gebrauchen können, etwa bei der Verwendung veralteter Datentypen wie `image`, `text` und `ntext` oder des Datentyps `xml`. Seit SQL Server 2012 sind Online-Indexneuerstellungen auch bei den Datentypen `varchar`, `nvarchar` und `varbinary` mit der Länge `MAX` möglich.

Das folgende Beispiel zeigt, wie Sie den nicht gruppierten Index `FK_Sales-Orders_CustomerID` der Tabelle `Sales.Orders` in der Enterprise Edition mit der Option `ONLINE` neu erstellen:

```
ALTER INDEX FK_Sales_Orders_CustomerID
ON Sales.Orders
REBUILD WITH (ONLINE=ON);
```

Wenn Sie Wartungsarbeiten am gruppierten Index einer Rowstore-Tabelle vornehmen müssen, hat das keinen Einfluss auf nicht gruppierte Indizes. Die Fragmentierung der nicht gruppierten Indizes ändert sich nicht, wenn sie den gruppierten Index neu erstellen. Die nicht gruppierten Indizes müssen sie ebenfalls warten. Wenn Sie den gruppierten Index löschen und neu erstellen, ist es erforderlich, die nicht gruppierten Indizes zweimal neu zu erstellen, nämlich einmal, um sie so zu ändern, dass sie auf einen Heap verweisen, und dann so, dass sie auf den neuen gruppierten Index verweisen.

Anstatt einen einzelnen Index neu zu erstellen, können Sie auch alle Indizes einer gegebenen Tabelle neu erstellen, indem Sie statt des Indexnamens das Schlüsselwort `ALL` angeben. Um beispielsweise alle Indizes der Tabelle `Sales.Orders` neu zu erstellen, gehen Sie wie folgt vor:

```
ALTER INDEX ALL ON Sales.Orders REBUILD;
```

Allerdings ist dies gewöhnlich zu viel des Guten und ineffizient. Besser ist es, Operationen an einzelnen Indizes durchzuführen, wenn sie erforderlich werden.

Eine Neuerstellung können Sie auch in SQL Server Management Studio erledigen. Erweitern Sie dazu den Ordner *Indizes* unter der Tabelle `Sales.Order`, rechtsklicken Sie auf den Index `FK_Sales_Orders_CustomerID` und wählen Sie dann im Kontextmenü *Neu erstellen*. Optionen wie `ONLINE` können Sie in diesem Dialogfeld jedoch nicht angeben. (Des Weiteren stehen bei Indizes von speicheroptimierten Tabellen die Optionen *Neu erstellen* und *Neu organisieren* im Kontextmenü nicht zur Verfügung.)

Hinweis

Für speicheroptimierte Tabellen sollten Sie bei der routinemäßigen Wartung eine manuelle Neuerstellung mit `ALTER TABLE ... ALTER INDEX ... REBUILD` vorsehen. Dadurch wird nicht die Fragmentierung der Daten im Arbeitsspeicher verringert, sondern die Anzahl der Buckets in den Hashindizes der Tabelle untersucht. Weitere Informationen über die Neuerstellung von Hashindizes und die Anzahl von Buckets finden Sie in Kapitel 10.

Hinweis

Die Datenkomprimierungseinstellung für einen Index können Sie beim Neuerstellen mit der Option DATA_COMPRESSION ändern. Einzelheiten zur Komprimierung finden Sie in Kapitel 3.

Neben ONLINE gibt es noch weitere Optionen für REBUILD-Operationen:

- SORT_IN_TEMPDB Verwenden Sie diese Option, wenn Sie beim Erstellen oder Neuerstellen eines Index die Datenbank TempDB zum Sortieren der Indexdaten verwenden wollen. Das kann die Leistung erhöhen, da die E/A-Aktivität dabei über mehrere Laufwerke verteilt wird. Die Arbeitstabellen für die Sortierung werden in das Transaktionsprotokoll von TempDB und nicht in das der Benutzerdatenbank geschrieben, was auch die Auswirkungen auf das Protokoll der Benutzerdatenbank verringert und es möglich macht, dieses während des Vorgangs zu sichern.
- MAXDOP Mit dieser Option können Sie die Auswirkung der Indexwartung auf die Leistung etwas verringern, indem Sie verhindern, dass mehrere Prozessoren parallel verwendet werden. Dadurch dauert die Wartungsoperation zwar länger, beeinträchtigt die Leistung aber nicht so stark.
- WAIT_AT_LOW_PRIORITY Dieser in SQL Server 2014 eingeführte Parameter ist der erste von mehreren, mit denen Sie eine Online-Indexwartungsoperation anweisen können, andere Operationen möglichst nicht zu blockieren, und ihr mitteilen, wie sie das tun soll. Diese Funktion wird auch als verwaltete Sperrenpriorität bezeichnet. Die Syntax ist ausschließlich für Online-Indexoperationen und Partitionswechsel zu gebrauchen. Das folgende Beispiel zeigt die komplette Syntax:

  ```
  ALTER INDEX FK_Sales_Orders_CustomerID ON Sales.Orders
  REBUILD WITH (ONLINE=ON (WAIT_AT_LOW_PRIORITY (MAX_DURATION = 0 MINUTES,
  ABORT_AFTER_WAIT = SELF)));
  ```

  Die Parameter MAX_DURATION und ABORT_AFTER_WAIT sagen der Anweisung, wie sie vorgehen soll, wenn sie von anderen Operationen blockiert wird. Die Online-Indexoperation wartet dann zusammen mit anderen Operationen darauf, fortfahren zu können.

  Der Parameter MAX_DURATION kann 0 sein (was einer unendlich langen Wartezeit entspricht) oder eine Zeitangabe in Minuten (andere Maßeinheiten sind nicht möglich).

  Der Parameter ABORT_AFTER_WAIT gibt an, welche Aktion nach dem Ablauf der in MAX_DURATION festgelegten Wartezeit ausgeführt werden soll:

  - SELF bedeutet, dass die Anweisung ihren eigenen Prozess beenden soll, wodurch die Online-Neuerstellung abgebrochen wird.
  - BLOCKERS bedeutet, dass die Anweisung den anderen blockierten Prozess beenden soll. Dadurch wird möglicherweise eine Benutzertransaktion abgebrochen. Verwenden Sie diese Option nur mit Vorsicht.
  - NONE bedeutet, dass die Anweisung weiterhin warten soll. In Kombination mit MAX_DURATION = 0 ergibt sich damit im Grunde genommen das gleiche Verhalten wie in dem Fall, dass WAIT_AT_LOW_PRIORITY nicht angegeben ist.

- RESUMABLE Dieser in SQL Server 2017 eingeführte Parameter macht es möglich, eine Indexoperation anzuhalten und später wieder aufzunehmen, sogar nach einem Neustart des Servers. Im Gegensatz zu einer Neuorganisierung führt eine unterbrochene oder abgebrochene Neuerstellung zu einem Rollback, das sehr lange dauern und sich damit störend auf andere Transaktionen auswirken kann. Die Sitzung einer langwierigen Indexneuerstellung abzubrechen, bildet daher keine schnelle Lösung, da die Blockierung aufrechterhalten wird, bis das Rollback beendet ist. Bei der Angabe des Parameters RESUMABLE=ON ist es dagegen möglich, die Indexoperation anzuhalten und später manuell wieder aufzunehmen.

  In der neuen dynamischen Verwaltungssicht sys.index_resumable_operations werden die angehaltenen und wieder aufnehmbaren Indexoperationen aufgeführt. Das Feld state_desc zeigt dabei an, ob die Operation läuft und angehalten werden kann (RUNNING) oder angehalten ist und wieder aufgenommen werden kann (PAUSED).

  Das folgende Beispiel zeigt, wie Sie eine wieder aufnehmbare Online-Indexneuerstellung durchführen:

```
-- In Verbindung 1
ALTER INDEX FK_Sales_Orders_CustomerID ON Sales.Orders
REBUILD WITH (ONLINE=ON, RESUMABLE=ON);

-- In Verbindung 2
-- Zeigt, dass die Indexneuerstellung läuft (RUNNING)
SELECT object_name = object_name (object_id), *

FROM sys.index_resumable_operations;
GO
-- Hält die Indexneuerstellung an
ALTER INDEX FK_Sales_Orders_CustomerID

ON Sales.Orders PAUSE;
-- Meldungen in Verbindung 1 zeigen, dass die Sitzung aufgrund
-- einer DDL-Operation hoher Priorität getrennt wurde.
GO
-- Zeigt, dass die Indexneuerstellung angehalten ist (PAUSED)
SELECT object_name = object_name (object_id), *

FROM sys.index_resumable_operations;
GO
-- Ermöglicht den Abschluss der Indexneuerstellung
ALTER INDEX FK_Sales_Orders_CustomerID ON Sales.Orders RESUME;
```

  Bei RESUMABLE können Sie auch MAX_DURATION angeben, was allerdings eine andere Bedeutung hat als MAX_DURATION in ABORT_AFTER_WAIT. Hier sorgt dieser Parameter dafür, dass eine Online-Indexoperation nach dem angegebenen Zeitraum automatisch angehalten wird, beispielsweise, um die Operation im Wartungsfenster der nächsten Nacht wieder aufzunehmen. Bei MAX_DURATION=0 kann die Operation unendlich lange dauern. Der Parameter ist für RESUMABLE=ON optional. Betrachten Sie das folgende Beispiel:

```
ALTER INDEX FK_Sales_Orders_CustomerID ON Sales.Orders
REBUILD WITH (ONLINE=ON, RESUMABLE=ON, MAX_DURATION = 60 MINUTES);
```

Hinweis

Es ist möglich, dass eine wieder aufnehmbare Neuerstellungsoperation von einer nicht mit Commit abgeschlossenen Transaktion blockiert wird, sodass sie nicht angehalten werden kann. In diesem Fall wird die `ALTER INDEX ... PAUSE`-Anweisung von der `ALTER INDEX ... REBUILD`-Anweisung blockiert. Lang andauernde Transaktionen können aus vielen Gründen ein Problem darstellen. Dies ist einer davon.

Expertentipp

Ich möchte eine Wartung für Indizes ausführen, wenn deren Fragmentierung einen bestimmten Prozentsatz übersteigt. Kann ich das mit den Wartungsplänen von SQL Server Management Studio tun?

Mit den Verbesserungen an Wartungsplänen, die 2016 in SQL Server Management Studio vorgenommen wurden, ist das tatsächlich möglich. Ältere Versionen der Wartungspläne werden Sie mit ihrem »Alles-oder-nichts«-Ansatz bei der Reorganisierung und Neuerstellung von Indizes eher auf die Palme bringen.

Jetzt gibt es Möglichkeiten, um die Indexwartung sinnvoll einzuschränken. An erster Stelle stehen dabei die Optionsschalter, um zwischen *Schnell* (`LIMITED`), *Stichproben* (`Sampled`) und *Detailliert* (`Detailed`) zu wählen. Dies entspricht den Parametern, die in der dynamischen Verwaltungsfunktion `sys.dm_db_index_physical_stats` für strukturelle Statistiken angegeben sind.

Bei den Reorganisations- und Neuerstellungsaufgaben können Sie die zu wartenden Indizes nach prozentualer Fragmentierung und Seitenzahl filtern, wobei die Werte aus `sys.dm_db_index_physical_stats` und aus der tatsächlichen Indexnutzung bezogen werden (gestützt auf die dynamische Verwaltungsfunktion `sys.dm_db_index_usag_stats`). Dies stellt eine erhebliche Verbesserung von Wartungsplänen dar, die vorher für umfangreiche Datenbanken größtenteils unbrauchbar waren.

Reorganisieren von Indizes

Eine `REORGANIZE`-Operation für einen Index verbraucht weit weniger Systemressourcen und ist weniger störend als eine vollständige Neuerstellung, verringert aber ebenfalls die Fragmentierung. Dabei werden die Blattseiten des Index physisch umsortiert, sodass sie der logischen Anordnung entsprechen. Die Seiten werden außerdem gemäß dem vorhandenen Füllfaktor verdichtet, allerdings ist es nicht möglich, den Füllfaktor zu ändern. Die Operation erfolgt immer online. Es werden keine Tabellensperren für lange Zeit gehalten und keine Abfragen und Änderungen an der zugrunde liegenden Tabelle blockiert.

Da die Reorganisation nicht destruktiv ist, werden die Statistiken für den Index anders als bei der Neuerstellung nicht automatisch aktualisiert. Daher sollten Sie auf `REORGANIZE` den Schritt `UPDATE STATISTICS` folgen lassen. Statistikaktualisierungen sehen wir uns im nächsten Abschnitt genauer an.

Der folgende Code demonstriert die Reorganisierung am Beispiel des Index `FK_Sales_Orders_CustomerID` der Tabelle `Sales.Orders`:

```
ALTER INDEX FK_Sales_Orders_CustomerID ON Sales.Orders
REORGANIZE;
```

Sie können diesen Vorgang auch in SQL Server Management Studio durchführen. Erweitern Sie den Ordner *Indizes* der Tabelle `Sales.Order`, rechtsklicken Sie auf `FK_Sales_Orders_CustomerID` und wählen Sie im Kontextmenü *Neu organisieren*.

Sie können nicht nur einen einzelnen Index, sondern auch sämtliche Indizes einer ausgewählten Tabelle reorganisieren, indem Sie statt des Indexnamens das Schlüsselwort `ALL` angeben. Bei der Tabelle `Sales.Order` verwenden Sie dazu folgenden Befehl:

```
ALTER INDEX ALL ON Sales.Orders REORGANIZE;
```

In SQL Server Management Studio erweitern Sie den Knoten für die Tabelle `Sales.Order`, rechtsklicken auf *Indizes* und wählen *Alle neu organisieren*.

Die im vorherigen Abschnitt beschriebenen Optionen von `REBUILD` stehen bei `REORGANIZE` nicht zur Verfügung. Die einzige Option, die Sie bei `REORGANIZE` angeben können, ist `LOB_COMPACTION`, die sich aber nur auf die Datentypen für große Objekte (Large Objects, LOBs) auswirkt, also auf `image`, `text`, `ntext`, `varchar(max)`, `nvarchar(max)`, `varbinary(max)` und `xml`. Diese Option ist standardmäßig eingeschaltet. Bei Tabellen, die keine Heaps sind, können Sie sie ausschalten und damit möglicherweise einige Teilvorgänge überspringen, allerdings raten wir davon ab. Bei Heaptabellen werden LOB-Daten immer verdichtet.

▶ **Mehr über die automatische Indexwartung erfahren Sie in Kapitel 14.**

Aktualisieren von Indexstatistiken

Mithilfe von Statistiken beschreibt SQL Server die Verteilung und die Natur der Daten in den Tabellen. Die Einstellung `AUTO_CREATE_STATISTICS` muss eingeschaltet sein, damit der Abfrageoptimierer beim Kompilieren von Abfragen Statistiken für einzelne Spalten anlegen kann, die ihm helfen, optimale Laufzeitpläne aufzustellen. Wenn bei einer T-SQL-Abfrage festgestellt wird, dass ein Statistikobjekt einen festgelegten Grenzwert für geänderte Zeilen überschritten hat, werden die Statistiken automatisch aktualisiert, sofern die Einstellung `AUTO_UPDATE_STATISTICS` eingeschaltet ist. Ohne relevante und aktuelle Statistiken ist der Abfrageoptimierer nicht in der Lage, die bestmögliche Vorgehensweise zum Ausführen einer Abfrage zu ermitteln.

Nach der Reorganisation des Index sollten Sie immer die Statistiken aktualisieren. Bei einer Neuerstellung ist das nicht notwendig, da die Statistiken dabei automatisch aktualisiert werden.

Die grundlegende Vorgehensweise zur Aktualisierung der Statistiken für eine einzelne Tabelle ist ganz einfach:

```
UPDATE STATISTICS [Sales].[Invoices];
```

Die einzige Option, die Sie bei diesem Befehl beachten müssen, betrifft die Tiefe, bis zu der die Statistiken vor der Neuberechnung gescannt werden. Standardmäßig erfasst SQL Server eine statistisch signifikante Anzahl von Tabellenzeilen. Ab Datenbankkompatibilitätsgrad 130 geschieht dies in einem parallelen Prozess, was für die meisten Arbeitslasten angemessen und schnell ist. Optional können Sie auch dafür sorgen, dass die gesamte Tabelle gescannt wird, oder den prozentualen Anteil oder die Anzahl der zu scannenden Zeilen angeben. Im Allgemeinen ist dies jedoch nicht zu empfehlen.

Sie können sich manuell vergewissern, dass der Abfrageoptimierer die Statistiken auf dem neuesten Stand hält, wenn `AUTO_UPDATE_STATISTICS` eingeschaltet ist. Die dynamische Verwaltungsfunktion `sys.dm_db_stats_properties` nimmt eine Objekt- und eine Statistik-ID entgegen, wobei Letztere funktional mit der Index-ID identisch ist, wenn das Statistikobjekt einem Index entspricht. Die Funktion gibt Informationen wie den Zähler `modification_counter` zurück, der angibt, wie viele Zeilen seit der letzten Aktualisierung der Statistiken geändert wurden. Der Rückgabewert `last_update` nennt das Datum der letzten Aktualisierung. Er ist `NULL`, wenn das Statistikobjekt seit seiner Erstellung nie geändert wurde.

Nicht alle Statistiken sind jedoch mit einem Index verknüpft, beispielsweise die automatisch erstellten Indizes. Im Allgemeinen gibt es daher mehr Statistik- als Indexobjekte. Diese Funktion steht sowohl in SQL Server als auch in Azure SQL-Datenbank zur Verfügung.

▶ **Mehr über Statistikobjekte und ihre Auswirkungen auf die Leistung erfahren Sie in Kapitel 10.**

Expertentipp

Muss ich die Statistiken auch dann regelmäßig aktualisieren, wenn für die Datenbank `AUTO_UPDATE_STATISTICS` eingeschaltet ist?

Ja, Sie sollten regelmäßig für die Aktualität der Statistiken sorgen. Wenn `AUTO_UPDATE_STATISTICS` eingeschaltet ist, werden die Statistiken nutzungsbedingt aktualisiert. Der Abfrageoptimierer stuft sie als veraltet ein, wenn die geänderten Zeilen in der Tabelle einen bestimmten Anteil erreichen. Bevor er einen Abfrageplan ausführt, überprüft er die Statistiken und aktualisiert sie gegebenenfalls. Daher führt die Option `AUTO_UPDATE_STATISTICS` zu einem kleinen Mehraufwand zur Laufzeit, der allerdings durch die Leistungsvorteile, die aktuelle Statistiken bieten, mehr als wettgemacht wird. Wir raten außerdem dringend dazu, die Option `AUTO_UPDATE_STATISTICS_ASYNC` einzuschalten, die diesen Mehraufwand dadurch reduziert, dass sie die Statistiken nach der Ausführung der Abfrage aktualisiert statt vorher.

Wie in Kapitel 4 und 9 beschrieben, sollten Sie `AUTO_UPDATE_STATISTICS` und `AUTO_UPDATE_STATISTICS_ASYNC` für alle Benutzerdatenbanken einschalten, es sei denn, dass die Anwendung ausdrücklich verlangt, sie auszuschalten, wie es etwa bei Microsoft SharePoint der Fall ist.

Sofern Ihr Wartungsfenster es erlaubt, schadet es auf keinen Fall, die Spalten- und Indexstatistiken einer Datenbank regelmäßig zu aktualisieren, und kann überdies hilfreich sein, da es die Anzahl der automatischen Statistiken bei Transaktionen während der normalen Geschäftsstunden verringert.

Reorganisation von Columnstore-Indizes

Auch Columnstore-Indizes müssen gewartet werden, doch zur Messung ihrer Fragmentierung werden andere interne Objekte herangezogen. Für Columnstore-Indizes muss nur eine Reorganisation durchgeführt werden, keine Neuerstellung.

Die aktuelle Struktur von Columnstore-Gruppen können Sie sich in der dynamischen Verwaltungssicht sys.dm_db_column_store_row_group_physical_stats ansehen, die eine Zeile für jede Zeilengruppe der Columnstore-Struktur zurückgibt. Der Status der Zeilengruppe und die jeweilige Anzahl von Zeilengruppen in den einzelnen Zuständen geben Einsicht darin, wie es um die Integrität des Columnstore-Index bestellt ist. Die große Mehrheit der Zeilengruppe wird sich im Zustand COMPRESSSED befinden. Zeilengruppen mit den Status OPEN und CLOSED gehören zum Deltaspeicher und warten auf die Komprimierung. Wenn Abfragen auf Columnstoredaten zurückgreifen, werden dabei neben den komprimierten Daten auch ohne Brüche die Zeilengruppen aus dem Deltaspeicher genutzt.

Die Anzahl der gelöschten Zeilen in einer Zeilengruppe ist ebenfalls ein Anzeichen dafür, ob der Index einer Wartung bedarf. Wenn das Verhältnis gelöschter Zeilen zur Gesamtzahl der Zeilen mit dem Status COMPRESSED steigt, sinkt die Leistung des Columnstore-Index. Ist deleted_rows größer oder gleich der Gesamtzahl der Zeilen in einer Zeilengruppe, so kann der Index von einer Reorganisation profitieren.

Eine REBUILD-Operation ist bei einem Columnstore-Index praktisch das Gleiche wie der Vorgang, den Index zu löschen und komplett neu anzulegen. Dies ist jedoch nicht nötig. Die Reorganisation erfolgt ebenso wie für einen nicht gruppierten Index online und hat nur geringe Auswirkungen auf gleichzeitig laufende Abfragen.

Mit der Option REORGANIZE WITH (COMPRESS_ALL_ROW_GROUPS=ON) können Sie dafür sorgen, dass alle Zeilengruppen des Deltaspeichers in eine Zeilengruppe mit dem Status COMPRESSED komprimiert werden.

Ohne COMPRESS_ALL_ROW_GROUPS werden nur Zeilengruppen mit dem Status COMPRESSED komprimiert und kombiniert. Das kann praktisch sein, wenn sehr viele COMPRESSSED-Zeilengruppen mit weniger als 100.000 Zeilen vorhanden sind. Gewöhnlich sollten solche Zeilengruppen jeweils bis zu einer Million Zeilen enthalten, doch es kann sein, dass SQL Server die Zeilen darin so anordnet, wie sie eingefügt wurden, insbesondere bei Masseneinfügungen.

▶ **Mehr über die automatische Indexwartung erfahren Sie in Kapitel 14.**

Größe von Datenbankdateien

Es ist sehr wichtig, den Unterschied zwischen der Größe der Daten- und Protokolldateien von SQL Server (MDF bzw. TRN) und dem Umfang der darin enthaltenen Daten zu verstehen. Beachten Sie, dass der Inhalt dieses Abschnitts nur für SQL Server-Instanzen gilt und nicht für Azure SQL-Datenbank.

In SQL Server Management Studio können Sie auf eine Datenbank rechtsklicken, *Berichte* auswählen und sich dann den Datenträgerverwendungsbericht für eine Datenbank ansehen, der angibt, wie viele Daten sich tatsächlich in ihren Dateien befinden.

Alternativ können Sie dies auch mit folgender Abfrage bestimmen, die die Funktion FILEPROPERTY und die dynamische Verwaltungssicht sys.master_files nutzt:

```
SELECT DB = d.name
, d.recovery_model_desc
, Logical_File_Name = df.name
, Physical_File_Loc = df.physical_name
, df.File_ID
```

```
, df.type_desc
, df.state_desc
-- multiple # of pages by 8 to get KB, divide by 1024 to get MB
, FileSizeMB = size*8/1024.0
, SpaceUsedMB = FILEPROPERTY(df.name, 'SpaceUsed')*8/1024.0
, AvailableMB = size*8/1024.0
- CAST(FILEPROPERTY(df.name, 'SpaceUsed') AS int)*8/1024.0
, 'Free%' = (((size*8/1024.0 )
- (CAST(FILEPROPERTY(df.name, 'SpaceUsed') AS int)*8/1024.0 ))
/ (size*8/1024.0 )) * 100.0
FROM sys.master_files df
INNER JOIN sys.databases d
ON d.database_id = df.database_id
WHERE d.database_id = DB_ID();
```

Wenn Sie diese Abfrage an einer Datenbank ausführen, können Sie feststellen, dass einige Daten- oder Protokolldateien fast voll sind, während in anderen viel freier Platz herrscht. Warum ist das so?

Dateien mit viel freiem Platz wurden wahrscheinlich irgendwann auf die jetzige Größe erweitert, danach aber geleert. Wenn das Transaktionsprotokoll im vollständigen Wiederherstellungsmodus lange Zeit wächst, ohne dass es gesichert wird, kann die LDF-Datei dabei unkontrolliert größer werden. Wird dann schließlich eine Transaktionsprotokollsicherung vorgenommen und das Protokoll abgeschnitten, dann ist die LDF-Datei danach fast leer, behält aber ihre Größe bei. Sie kann den ungenutzten Platz erst dann dem Betriebssystem zurückgeben, wenn sie einer `SHRINK FILE`-Operation unterzogen wird (wobei Sie eine solche Operation niemals aus einer Laune heraus oder regelmäßig nach Zeitplan durchführen dürfen).

Richten Sie die Daten- und Protokolldateien vorab auf eine Größe ein, die schon einen guten Vorsprung vor dem zu erwartenden Wachstum der Datenbank hat. Vielleicht machen Sie sich Gedanken darüber, was die beste Rate für das automatische Wachstum ist, allerdings ist es am besten, durch vorausschauendes Dateimanagement erst kein automatisches Wachstum aufkommen zu lassen.

Dateien, die fast vollständig voll sind, können automatisch wachsen, etwa wenn Daten eingefügt oder Transaktionen in das Protokoll geschrieben werden. Die Rate, mit der die Dateien in einem solchen Fall wachsen, ist durch die Einstellungen für das automatische Wachstum festgelegt. (Die Funktion für das automatische Wachstum können Sie auch ausschalten, allerdings kann eine Datenbank keine Transaktionen mehr annehmen, wenn ihr der Platz ausgegangen ist.)

Ein automatisches Wachstum kann die Benutzertätigkeiten stören, da alle Transaktionen warten müssen, während die Datenbankdatei Windows Server um mehr Platz bittet und ihre Größe erweitert. Abhängig von der Leistung des E/A-Systems kann das mehrere Sekunden dauern, in denen alle anderen Aktivitäten in der Datenbank warten müssen. Je nach Einstellung für das automatische Wachstum und Umfang von Schreibtransaktionen kann es auch vorkommen, dass mehrmals hintereinander ein automatisches Wachstum erfolgt. Die sofortige Dateiinitialisierung kann das Wachstum von Datendateien erheblich beschleunigen (siehe Kapitel 4).

Automatisches Wachstum

Den Standardwert von 1 MB für die Rate des automatischen Wachstums sollten Sie ändern. Noch wichtiger ist es jedoch, in den Daten- und Protokolldateien für ausreichend Platz zu sorgen, damit es gar nicht erst zu einem automatischen Wachstum kommt. Beobachten Sie die Platznutzung in den Dateien und erweitern Sie sie vorausschauend – manuell und außerhalb der Spitzenzeiten.

Die automatischen Wachstumsereignisse in einer Datenbank können Sie sich in SQL Server Management Studio in einem Bericht anzeigen lassen, aber auch mit einem T-SQL-Skript ermitteln (siehe den folgenden Code), das in der Standardablaufverfolgung der SQL Server-Instanz liest. Rechtsklicken Sie im Objekt-Explorer von SQL Server Management Studio auf den Namen der Datenbank und wählen Sie dann im Kontextmenü *Berichte > Standardberichte > Datenträgerverwendung*. In diesem Bericht können Sie den Bereich *Ereignisse zur automatischen Vergrößerung/Verkleinerung für Daten-/Protokolldateien* ausklappen.

Um die Ereignisse zur automatischen Vergrößerung noch schnell und für alle Datenbanken gleichzeitig einzusehen, fragen Sie die Standardablaufverfolgung der SQL Server-Instanz ab. Die Größe der Ablaufverfolgungsdateien ist auf 20 MB beschränkt, allerdings gibt es fünf dieser Dateien, die zyklisch überschrieben werden, sodass insgesamt ein Verlauf von 100 MB zur Verfügung steht. Welchen Zeitraum die Ablaufverfolgung abdeckt, hängt dabei von der Serveraktivität ab. Die folgende Beispielabfrage öffnet die Standardablaufverfolgungsdatei mithilfe der Funktion `fn_trace_gettable()` an ihrem aktuellen Speicherort:

```
SELECT
DB = g.DatabaseName
, Logical_File_Name = mf.name
, Physical_File_Loc = mf.physical_name
, mf.type
-- Betrag in MB, um den die Datei vergrößert wird (umgerechnet aus der Anzahl
-- von 8-KB-Seiten)
, EventGrowth_MB = convert(decimal(19,2),g.IntegerData*8/1024.)
, g.StartTime --Time of the autogrowth event
-- Erforderliche Zeit (in Sekunden) zum Erweitern der Datei
, EventDuration_s = convert(decimal(19,2),g.Duration/1000./1000.)
, Current_Auto_Growth_Set = CASE
WHEN mf.is_percent_growth = 1
THEN CONVERT(char(2), mf.growth) + '%'
ELSE CONVERT(varchar(30), mf.growth*8./1024.) + 'MB'
END
, Current_File_Size_MB = CONVERT(decimal(19,2),mf.size*8./1024.)
, d.recovery_model_desc
FROM fn_trace_gettable(
(select substring((SELECT path
FROM sys.traces WHERE is_default =1), 0, charindex('\log_',
(SELECT path FROM sys.traces WHERE is_default =1),0)+4)
+ '.trc'), default) g
INNER JOIN sys.master_files mf
ON mf.database_id = g.DatabaseID
AND g.FileName = mf.name
INNER JOIN sys.databases d
ON d.database_id = g.DatabaseID
ORDER BY StartTime desc;
```

Verkleinern von Datenbankdateien

Um es ganz klar auszudrücken: Die Verkleinerung einer Datenbankdatei ist kein Vorgang, den Sie regelmäßig oder leichtfertig durchführen sollten.

Dateien werden auf der Grundlage ihrer tatsächlichen Nutzung um das Inkrement für das automatische Wachstum vergrößert. Unter normalen Umständen – wozu beim vollständigen Wiederherstellungsmodell auch die regelmäßige Durchführung von Transaktionsprotokollsicherungen gehört – wachsen die Daten- und Protokolldateien auf die Größe, die sie brauchen. Um ein automatisches Wachstum zu vermeiden, sollten Sie die Datenbankdateien jedoch vorausschauend vergrößern.

Verkleinern sollten Sie eine Datei nur in den beiden folgenden Ausnahmefällen:

- Auf einem Laufwerksvolume geht der Platz aus, und als Lösung für diesen Notfall wollen Sie nicht verwendeten Platz aus einer Daten- oder Protokolldatei wiedergewinnen.
- Aufgrund widriger Umstände ist das Transaktionsprotokoll weit über seine übliche Größe hinaus gewachsen und sollte wieder auf seine übliche Größe reduziert werden. Bei diesen »widrigen Umständen« kann es sich darum handeln, dass eine Zeit lang keine Transaktionsprotokollsicherungen erfolgt sind oder dass das Transaktionsprotokoll aufgrund einer umfangreichen, nicht mit Commit abgeschlossenen Transaktion, einer Replikation oder eines Hochverfügbarkeitsproblems nicht abgeschnitten werden kann.

Es gibt nur selten einen guten Grund, um eine Datendatei zu verkleinern. Eine Ausnahme bildet die zuvor geschilderte Situation, in der auf einem Laufwerksvolume der Platz ausgeht. Auch in dem seltenen Fall, dass großen Datenmengen aus der Datei gelöscht wurden und nicht damit zu rechnen ist, dass jemals wieder so viele Daten darin aufgenommen werden, kann eine einmalige Verkleinerung angebracht sein.

Wenn die Transaktionsprotokolldatei verkleinert werden soll, besteht die beste Möglichkeit darin, das Transaktionsprotokoll zu sichern, um es so weit wie möglich abzuschneiden, die Protokolldatei dann zu verkleinern, um den gesamten nicht genutzten Platz wiederzugewinnen, und es sofort wieder in Inkrementen von nicht mehr als 8000 MB auf einmal auf die erwartete Größe zu erweitern. Dadurch kann SQL Server die zugrunde liegenden Strukturen der virtuellen Protokolldateien (Virtual Log Files, VLFs) so effizient wie möglich erstellen.

▶ **Weitere Informationen über virtuelle Protokolldateien erhalten Sie in Kapitel 3.**

Eines der Hauptprobleme bei der Verkleinerung einer Datei besteht darin, dass dabei freie Seiten wahllos an das Betriebssystem zurückgegeben werden, was die Fragmentierung fördern kann. Abgesehen davon, dass eine Verkleinerung in Zukunft wieder Anlass zu einem automatischen Wachstum geben kann, macht sie auch eine zusätzliche Indexwartung erforderlich, um die Fragmentierung zu verringern. Im Dialogfeld *Datei verkleinern* von SQL Server Management Studio gibt es die Option *Vor dem Freigeben von nicht verwendetem Speicherplatz Dateien reorganisieren*. Sie können auch den Befehl `DBCC SHRINKFILE` verwenden, was aber sehr zeitraubend sein und andere Benutzeraktivitäten blockieren kann und in einem guten Wartungsplan nichts zu suchen hat.

Das folgende Beispielskript für den Vorgang setzt voraus, dass das Transaktionsprotokoll zuvor gesichert und damit abgeschnitten wurde und die Protokolldatei größtenteils leer ist.

Bei der anschließenden Vergrößerung wird die Protokolldatei auf 9 GB (9,216 MB oder 9.437.184 KB) erweitert, wobei diese Größe nur als Beispielwert zu verstehen ist.

```
USE [WideWorldImporters];
--TRUNCATEONLY gibt den gesamten freien Platz an das Betriebssystem zurück
DBCC SHRINKFILE (N'WWI_Log' , 0, TRUNCATEONLY);
GO
USE [master];
ALTER DATABASE [WideWorldImporters]
MODIFY FILE ( NAME = N'WWI_Log', SIZE = 8192000KB );
ALTER DATABASE [WideWorldImporters]
MODIFY FILE ( NAME = N'WWI_Log', SIZE = 9437184KB );
GO
```

Achtung

Schalten Sie niemals die Funktion zum automatischen Verkleinern der Datenbank ein! Wenn eine Daten- oder Protokolldatei mehr als 25 % freien Platz enthält, wird er dabei automatisch zurückgegeben. Verkleinern Sie Datenbanken nur in Einzelfällen, um die Dateigröße nach einem ungeplanten oder ungewöhnlichen Wachstum wieder zu reduzieren. Die automatische Verkleinerung sorgt für unnötige Fragmentierung, Mehraufwand und häufigem automatischem Wachstum des Protokolls. Diese Einstellung war ursprünglich für kleine lokale und eingebettete Datenbanken vorgesehen, und das sind auch die einzigen, für die sie eventuell geeignet ist.

Überwachung von Datenbanken mit dynamischen Verwaltungssichten

SQL Server enthält eine Reihe von internen, schreibgeschützten dynamischen Verwaltungssichten und -funktionen. Für Sie als Datenbankadministrator ist es wichtig, sich mit diesen Objekten auszukennen, da sie eine Analyse von SQL Server unabhängig von den integrierten Berichtsfunktionen und Drittanbieterwerkzeugen ermöglichen. Tatsächlich greifen auch sämtliche Drittanbieter-Analysewerkzeuge auf die dynamischen Verwaltungsobjekte zurück. Abfragen von dynamischen Verwaltungssichten und -funktionen werden noch an verschiedenen anderen Stellen in diesem Buch beschrieben:

- Informationen über Statistiken zur Indexnutzung und zu fehlenden Indizes erhalten Sie in Kapitel 10.
- Informationen darüber, wie Sie Statistiken über zwischengespeicherte Ausführungspläne – einschließlich des in SQL Server 2016 eingeführten Abfragespeichers – einsehen, aggregieren und analysieren, erhalten Sie in Kapitel 9.
- Informationen über die Überwachung der Leistung, der Integrität und des automatischen Seedings von Verfügbarkeitsgruppen erhalten Sie in Kapitel 12.
- Informationen über automatische Berichte auf der Grundlage von dynamischen Verwaltungssichten und die Abfrage von Messwerten der Leistungsüberwachung in solchen Sichten erhalten Sie in Kapitel 14.

- Wie Sie eine dynamische Verwaltungsfunktion einsetzen, um Informationen über die Indexfragmentierung abzurufen, erfahren Sie im Abschnitt »Überwachen der Indexfragmentierung« weiter vorn in diesem Kapitel.

Diese Beispielskripte sind alle im Begleitmaterial zu diesem Buch auf *https://aka.ms/SQLServ2017Admin/Downloads* enthalten.

Sitzungen und Anforderungen

Jede Verbindung zu einer SQL Server-Instanz ist eine Sitzung und jede Abfrage eine Anforderung. Beide werden im laufenden Betrieb in dynamischen Verwaltungssichten gemeldet, Sitzungen in `sys.dm_exec_sessions` und Anforderungen in `sys.dm_exec_requests`. Zusammen bilden diese beiden Sichten eine gründliche und viel ausführlichere Ersatzlösung für die gespeicherten Systemprozeduren `sp_who` und `sp_who2`, mit denen langjährige Datenbankadministratoren möglicherweise besser vertraut sind. Mit dynamischen Verwaltungssichten können Sie aber viel mehr tun als mit `sp_who`. In Kapitel 9 haben wir schon eine einfache Abfrage vorgestellt, mit der Sie einen Blick auf die aktiven Sitzungen und Anforderungen in SQL Server werfen können, aber hier wollen wir noch einen Schritt weitergehen.

Mit Verweisen auf eine Handvoll anderer dynamischer Verwaltungssichten und -funktionen können wir aus dieser Abfrage einen wahren Schatz an Erkenntnissen gewinnen – vollständige Informationen über die Verbindungsquelle, die zurzeit ausgeführte Laufzeitanweisung (ähnlich `DBCC INPUTBUFFER`), den ausgeführten Plan (verfügbar über einen blauen Hyperlink im Ergebnisraster von SQL Server Management Studio), Dauer der Anforderung, kumulierten Ressourcenverbrauch, aktuelle und letzte Wartetypen usw.

Zugegeben, es ist dazu mehr erforderlich, als einfach nur `sp_who2` einzugeben, aber Sie erhalten dadurch auch mehr Daten, die sich auf einfache Weise abfragen und filtern lassen. Wenn Ihnen einige der zurückgegebenen Daten nichts sagen, sollten Sie sich die Zeit nehmen, sich eingehender mit dem Resultset zu befassen und die zurückgegebenen Informationen zu untersuchen. Das ist auch eine hervorragende praktische Übung. Der `WHERE`-Klausel können Sie auch passend zu Ihrer Umgebung noch weitere Filter hinzufügen. Betrachten Sie folgende Abfrage als Ersatz für `sp_who`:

```
SELECT
  when_observed = sysdatetime()
, r.session_id, r.request_id
, session_status = s.[status] -- running, sleeping, dormant, preconnect
, request_status = r.[status] -- running, runnable, suspended, sleeping,
background
, blocked_by = r.blocking_session_id
, database_name = db_name(r.database_id)
, s.login_time, r.start_time
, query_text = CASE
    WHEN r.statement_start_offset = 0
      and r.statement_end_offset= 0 THEN left(est.text, 4000)
    ELSE SUBSTRING (est.[text], r.statement_start_offset/2 + 1,
    CASE WHEN r.statement_end_offset = -1
      THEN LEN (CONVERT(nvarchar(max), est.[text]))
```

```
        ELSE r.statement_end_offset/2 - r.statement_start_offset/2 + 1
      END
    ) END -- Der Abfragetext ist als nvarchar gespeichert,
-- weshalb wir durch 2 teilen müssen, um den Zeichenversatz zu erhalten.
, qp.query_plan
, cacheobjtype = LEFT (p.cacheobjtype + ' (' + p.objtype + ')', 35)
, est.objectid
, s.login_name, s.client_interface_name
, endpoint_name = e.name, protocol = e.protocol_desc
, s.host_name, s.program_name
, cpu_time_s = r.cpu_time, tot_time_s = r.total_elapsed_time
, wait_time_s = r.wait_time, r.wait_type, r.wait_resource, r.last_wait_type
, r.reads, r.writes, r.logical_reads --accumulated request statistics
FROM sys.dm_exec_sessions as s
LEFT OUTER JOIN sys.dm_exec_requests as r on r.session_id = s.session_id
LEFT OUTER JOIN sys.endpoints as e ON e.endpoint_id = s.endpoint_id
LEFT OUTER JOIN sys.dm_exec_cached_plans as p ON p.plan_handle = r.plan_handle
OUTER APPLY sys.dm_exec_query_plan (r.plan_handle) as qp
OUTER APPLY sys.dm_exec_sql_text (r.sql_handle) as est
LEFT OUTER JOIN sys.dm_exec_query_stats as stat on stat.plan_handle = r.plan_
handle
AND r.statement_start_offset = stat.statement_start_offset
AND r.statement_end_offset = stat.statement_end_offset
WHERE 1=1
AND s.session_id >= 50 --retrieve only user spids
AND s.session_id <> @@SPID --ignore myself
ORDER BY r.blocking_session_id desc, s.session_id asc;
```

Wartetypen und Wartestatistiken

Die Wartestatistiken in SQL Server sind eine wichtige Informationsquelle, um die Leistung zu verbessern, sowohl insgesamt als auch bei einzelnen Abfragen. In diesem Abschnitt wollen wir versuchen, Ihnen wichtige Kenntnisse darüber zu vermitteln. Die Analyse von Wartetypen ist jedoch ein weit gefächertes Thema, zu dem es ganze Bücher, Lehrgänge und Softwarepakete gibt, weshalb wir Ihnen in diesem Abschnitt keine erschöpfenden Informationen bieten können.

Wartestatistiken können sowohl in SQL Server-Instanzen als auch in Azure SQL-Datenbank abgefragt werden und bieten dabei wertvolle Einsichten, wobei es jedoch auch einige besondere Wartetypen ausschließlich für Azure SQL-Datenbank gibt. Wie bei vielen dynamischen Verwaltungssichten und -funktionen ist die Mitgliedschaft in der Serverrolle `sysadmin` nicht erforderlich, sondern nur die Berechtigung `VIEW SERVER STATE` bzw. bei Azure SQL-Datenbank `VIEW DATABASE STATE`.

Mit der Abfrage aus dem vorherigen Abschnitt konnten wir die aktuellen und die jüngsten Wartetypen einer Sitzung einsehen. Schauen wir uns nun an, wie wir aggregierte Wartetypen beobachten, die auf Server- oder Sitzungsebene akkumuliert werden. Eine solche Akkumulation von Wartevorgängen kann in SQL Server auf verschiedene Weisen erfolgen. Gewöhnlich treten sie auf, wenn sich eine Anforderung im Zustand `runnable` oder `suspended` befindet. Im Zustand `runnable` akkumuliert die Anforderung keine Wartestatistiken, sondern nur Statistiken über die Dauer. Mit der Beispielabfrage aus dem vorherigen Abschnitt konnten wir den Status der Anforderung bestimmen.

SQL Server kann für eine einzelne Abfrage viele verschiedene Wartetypen verfolgen und akkumulieren. Viele davon sind von vernachlässigbarer Dauer oder gutartig. Es gibt eine ganze Menge von Wartetypen, die Sie einfach ignorieren können oder die auf Leerlaufaktivitäten hindeuten. Im Gegensatz dazu stehen Wartetypen, die Ressourceneinschränkungen und Blockierungen bedeuten. In SQL Server gibt es mehr als 900 verschiedene Wartetypen, in Azure SQL-Datenbank sogar mehr als 1000. Einige sind besser dokumentiert und verstanden als andere. Weiter hinten in diesem Abschnitt werden wir uns verschiedene dieser Wartetypen noch genauer ansehen.

Um sich die akkumulierten Wartestatistiken für eine Sitzung anzusehen – die nur zur Verfügung stehen, bis die Sitzung beendet oder zurückgesetzt wird –, verwenden Sie die dynamische Verwaltungssicht `sys.dm_exec_session_wait_stats` ab. Die folgende Abfrage gibt eine Zeile pro Benutzersitzung und Wartetyp aus:

```
SELECT * FROM sys.dm_exec_session_wait_stats AS wt;
```

Zwischen den beiden Zeitangaben in dieser und anderen Abfragen gibt es einen Unterschied. Der Wert `signal_wait_time` gibt an, wie lange der Thread auf CPU-Aktivitäten wartet, was mit der Zeit korreliert ist, die er im Status `runnable` verbringt. Dagegen nennt `wait_time_ms` die kumulierte Zeit des Wartetyps, was die Signalwartezeit sowie die Zeit einschließt, die die Anforderung in den Zuständen `runnable` und `suspended` zugebracht hat. Gewöhnlich ist dies die Wartezeit, wie wir aggregieren.

Aggregierte Wartetypen können wir uns auf Instanzebene mit der dynamischen Verwaltungssicht `sys.dm_os_wait_stats` ansehen. Sie entspricht praktisch `sys.dm_exec_session_wait_stats` ohne Sitzungs-IDs, d. h., sie enthält alle Aktivitäten auf der SQL Server-Instanz, ohne nach Datenbanken, Abfragen, Zeitrahmen usw. zu unterscheiden. Das kann sehr praktisch sein, um sich ein Gesamtbild zu verschaffen, ist über längere Zeiträume hinweg aber kaum noch nützlich, da der Zähler `wait_time_ms` ständig zunimmt. Das können Sie bei der Ausführung des folgenden Beispielcodes erkennen:

```
SELECT TOP (20)
wait_type, wait_time_s = wait_time_ms / 1000.
, Pct = 100. * wait_time_ms/sum(wait_time_ms) OVER()
FROM sys.dm_os_wait_stats as wt ORDER BY Pct desc
```

Im Verlauf mehrerer Monate wird `wait_time_ms` für bestimmte Wartetypen so groß, dass sich Trends oder Änderungen bei den Akkumulationsraten der Wartetypen mathematisch nur noch schwer erkennen lassen. Wenn Sie die Serverleistung beobachten und mithilfe von Wartestatistiken Trends und Änderungen im Zeitverlauf erkennen wollen, sollten Sie die akkumulierten Wartestatistiken daher in begrenzten Zeiträumen wie einem Tag oder einer Woche erfassen. Bei einem Neustart des SQL Server-Dienstes wird die dynamische Verwaltungssicht `sys.dm_os_wait_stats` zurückgesetzt, wobei alle akkumulierten Messwerte verloren gehen. Sie können die Sicht aber auch manuell leeren. Das folgende Beispielskript zeigt, wie Sie Wartestatistiken in einem beliebigen Abstand erfassen:

```
-- Skript zur Einrichtung der Erfassung von Statistiken im Verlauf der Zeit
CREATE TABLE dbo.sys_dm_os_wait_stats
( id int NOT NULL IDENTITY(1,1)
, datecapture datetimeoffset(0) NOT NULL
, wait_type nvarchar(512) NOT NULL
, wait_time_s decimal(19,1) NOT NULL
, Pct decimal(9,1) NOT NULL
```

```
, CONSTRAINT PK_sys_dm_os_wait_stats PRIMARY KEY CLUSTERED (id)
);
-- Dieser Teil des Skripts sollte als SQL Server-Agent-Auftrag regelmäßig
-- ausgeführt werden.
INSERT INTO
dbo.sys_dm_os_wait_stats (datecapture, wait_type, wait_time_s, Pct)
SELECT TOP (100)
  datecapture = SYSDATETIMEOFFSET()
, wait_type
, wait_time_s = convert(decimal(19,1), round( wait_time_ms / 1000.0,1))
, Pct = wait_time_ms/sum(wait_time_ms) OVER()
FROM sys.dm_os_wait_stats wt
WHERE wait_time_ms > 0
ORDER BY wait_time_s;
GO
-- Setzt die kumulierten Statistiken in der DMV zurück
DBCC SQLPERF ('sys.dm_os_wait_stats', CLEAR);
```

Statistiken über die zurzeit laufende Abfrage können Sie sich auch in der dynamischen Verwaltungssicht `sys.dm_os_waiting_tasks` ansehen, die mehr Daten als einfach nur den Wartetyp enthält. Beispielsweise gibt das Feld `resource_description` die Adresse der blockierenden Ressource an. Eine vollständige Aufstellung der Informationen, die dieses Feld enthalten kann, finden Sie in der Dokumentation auf *https://docs.microsoft.com/sql/relational-databases/system-dynamic-management-views/sys-dm-os-waiting-tasks-transact-sql*.

▶ **Weitere Informationen über die Überwachung von Wartetypen für Verfügbarkeitsgruppen erhalten Sie in Kapitel 12.**

Wartetypen, die Sie gefahrlos ignorieren können

Hängen Sie die folgende `WHERE`-Klausel einfach an Ihre Abfrage der Sicht `sys.dm_os_wait_stats` an. Sie enthält eine Liste von Wartetypen, die Sie getrost ignorieren können.

Die Liste in dieser Klausel ist jedoch nur ein Ausgangspunkt. Durch Ihre eigenen Untersuchungen für die Arbeitslasten in Ihrer Umgebung und durch zukünftige Versionen von SQL Server können noch weitere Wartetypen dazukommen. Erweitern Sie die Liste so, dass die wichtigen Wartetypen, die eines Eingreifens bedürfen, an die Spitze der Ergebnisse gelangen. Das Vorhandensein der hier aufgeführten Wartetypen ist kein Grund zur Sorge, da es sehr unwahrscheinlich ist, dass sie aufgrund von Benutzeranforderungen zustande kommen oder Benutzeranforderungen beeinträchtigen.

```
WHERE
    wt.wait_type NOT LIKE '%SLEEP%' -- Ruhezustand, kann ignoriert werden
AND wt.wait_type NOT LIKE 'BROKER%' -- Interner Prozess
AND wt.wait_type NOT LIKE '%XTP_WAIT%' -- Für speicheroptimierte Tabellen
AND wt.wait_type NOT LIKE '%SQLTRACE%' -- Interner Prozess
AND wt.wait_type NOT LIKE 'QDS%' -- Asynchrone Abgfragespeicherdaten
AND wt.wait_type NOT IN ( -- Übliche gutartige Wartetypen)
'CHECKPOINT_QUEUE'
,'CLR_AUTO_EVENT','CLR_MANUAL_EVENT' ,'CLR_SEMAPHORE'
,'DBMIRROR_DBM_MUTEX','DBMIRROR_EVENTS_QUEUE','DBMIRRORING_CMD'
,'DIRTY_PAGE_POLL'
,'DISPATCHER_QUEUE_SEMAPHORE'
,'FT_IFTS_SCHEDULER_IDLE_WAIT','FT_IFTSHC_MUTEX'
```

```
,'HADR_FILESTREAM_IOMGR_IOCOMPLETION'
,'KSOURCE_WAKEUP'
,'LOGMGR_QUEUE'
,'ONDEMAND_TASK_QUEUE'
,'REQUEST_FOR_DEADLOCK_SEARCH'
,'XE_DISPATCHER_WAIT','XE_TIMER_EVENT'
-- Ignorierbare HADR-Wartetypen
, 'HADR_WORK_QUEUE'
,'HADR_TIMER_TASK'
,'HADR_CLUSAPI_CALL'
)
```

Wartetypen, auf die Sie achten müssen

Ihre Recherche in Sachen Wartetypen sollte mit diesem Abschnitt weder beginnen noch enden. Viele dieser Wartetypen können unter verschiedenen Blickwinkeln betrachtet werden, und manche haben Namen, die Datenbankadministratoren zu falschen Schlüssen über ihre Ursache verleiten können. Die folgende Aufstellung nennt einige Wartetypen, über die Sie Bescheid wissen sollten.

Verschiedene Arbeitslasten weisen unterschiedliche Profile von Wartetypen auf. Wenn ein Wartetyp an der Spitze der aggregierten Liste in `sys.dm_os_wait_stats` steht, heißt das noch lange nicht, dass er das wichtigste oder das einzige Leistungsproblem in der SQL Server-Instanz ist. Wahrscheinlich erscheinen dieselben Wartetypen bei allen SQL Server-Instanzen, selbst bei optimierten, im oberen Bereich der aggregierten Warteliste. Zu den wichtigeren Wartetypen gehören die folgenden:

- `ASYNC_NETWORK_IO` Dieser Wartetyp tritt auf, wenn ein Remoteclient Daten empfängt und sie schließlich bestätigt. Er hat generell nur sehr wenig mit der Netzwerkgeschwindigkeit, den Netzwerkschnittstellen, Switches und Firewalls zu tun. Bei jedem Client, wozu neben Arbeitsstationen auch eine lokale auf dem Server ausgeführte Instanz von SQL Server Management Studio gehört, kann beim Abruf von Resultsets der Wartetyp `ASYNC_NETWORK_IO` in geringen Mengen vorkommen. Auch bei der Transaktions- und der Momentaufnahmereplikation tritt er auf. Große Mengen von `ASYNC_NETWORK_IO` werden von Berichtsanwendungen wie Cognos, Tableau, SQL Server Reporting Services und Microsoft Office-Produkten wie Access und Excel hervorgerufen. Wenn eine rudimentäre Access-Datenbankanwendung versucht, den gesamten Inhalt der Tabelle `Sales.Orders` zu laden, werden Sie sehr wahrscheinlich den Wartetyp `ASYNC_NETWORK_IO` erkennen können.

  Ebenso wie bei vielen anderen der Wartetypen, die wir in diesem Kapitel beschreiben, sind Neuanschaffungen von Hardware und Softwareaktualisierungen keine geeigneten Maßnahmen, um das Auftreten von `ASYNC_NETWORK_IO` zu verringern, da dieser Wartetyp auf schlecht entworfene Abfragen und Anwendungen zurückzuführen ist. Bitten Sie die Entwickler der Clientanwendungen, bei denen große Mengen von `ASYNC_NETWORK_IO` vorkommen, redundante Abfragen auszumerzen, eine serverseitige statt einer clientseitigen Filterung und Auslagerung zu verwenden oder eine clientseitige Zwischenspeicherung durchzuführen.

- `LCK_M_*` Sperrenwartevorgänge gehen auf Blockierungen und mangelnde Parallelität zurück. (Mehr über Isolationsstufen und Parallelität erfahren Sie in Kapitel 9.) Wenn eine Anforderung Daten schreibt und eine andere Anforderung mit der Isolationsstufe

READ_COMMITTED oder höher versucht, in den Daten derselben Zeile zu lesen, wird für die blockierte Anforderung einer von mehr als 60 verschiedenen LCK_M_*-Wartetypen gemeldet. Das heißt jedoch nicht, dass Sie die Isolationsstufe Ihrer Transaktionen verringern sollten. (READ_UNCOMMITTED ist keine gute Lösung, READ_COMMITTED_SNAPSHOT und SNAPSHOT dagegen sind sinnvoll, wie Kapitel 9 zeigt.) Optimieren Sie stattdessen die Ausführungspläne für einen effizienten Zugriff, indem Sie die Anzahl von Scans verringern und lange Transaktionen aus mehreren Schritten vermeiden. Verzichten Sie auch auf Indexneuerstellungen ohne die Option ONLINE. (Mehr darüber erfahren Sie weiter vorn in diesem Kapitel.)

Die Felder wait_resource in sys.dm_exec_requests und resource_description in sys.dm_os_waiting_tasks geben jeweils genau an, wo es in der Datenbank zu Konkurrenz um eine Sperre gekommen ist. Eine vollständige Aufstellung der Informationen, die das Feld resource_description enthalten kann, finden Sie in der Dokumentation auf *https://docs.microsoft.com/sql/relational-databases/system-dynamic-management-views/sys-dm-os-waiting-tasks-transact-sql*.

- CXPACKET Dieser Wartetyp steht im Zusammenhang mit der Parallelität. Er tritt häufig auf und führt oft zur Überreaktion. Theoretisch werden Ausführungspläne mit Parallelität schneller ausgeführt. Laufen aber viele Ausführungspläne gleichzeitig, so können die Ressourcen des Servers länger benötigen, um die Anforderungen zu verarbeiten. Dies wird zum Teil mit dem Wartetyp CXPACKET gemessen.

  Wenn CXPACKET der vorherrschende Wartetyp in Ihrer SQL Server-Instanz ist, sollten Sie zur Optimierung die Optionen *Max. Grad an Parallelität* (MAXDOP) und *Kostenschwellenwert für Parallelität* einstellen. Nehmen Sie diese Änderungen aber nur kontrolliert und in geringem Maße vor, und lassen Sie sich nicht gleich zu einer Überreaktion verleiten, wenn es bei einer geringen Anzahl von Abfragen zu Leistungsproblemen kommt. Nutzen Sie den Abfragespeicher, um die Leistung von hochwertigen und teuren Abfragen zu messen, während Sie die Konfigurationseinstellungen ändern.

  Wenn umfangreiche Abfragen bereits für Leistungsprobleme sorgen und regelmäßig mehrere umfangreiche Abfragen gleichzeitig ausgeführt werden, bietet eine Anhebung von *Kostenschwellenwert für Parallelität* möglicherweise keine Abhilfe. Offensichtliche Lösungen sind die Abfrageoptimierung sowie Änderungen an den Indizes, was auch das Erstellen von Columnstore-Indizes einschließt. Daneben können Sie jedoch auch MAXDOP verwenden, um die Parallelität für sehr umfangreiche Abfragen einzuschränken.

  Bis SQL Server 2016 war MAXDOP eine Einstellung auf Serverebene, die für einzelne Abfragen oder mit der Ressourcenkontrolle auch gezielt für einzelne Sitzungen festgelegt werden konnte (mehr darüber weiter hinten in diesem Kapitel). Seit SQL Server 2016 steht MAXDOP als datenbankweite Konfigurationseinstellung zur Verfügung. Die Datenbank- und die Servereinstellung für den maximalen Grad an Parallelität können Sie jedoch auch in jeder Anweisung durch den Abfragehinweis MAXDOP überschreiben.

- SOS_SCHEDULER_YIELD Der Wartetyp SOS_SCHEDULER_YIELD weist auf eine andere Variante von CPU-Druck hin. In gewissem Sinne handelt es sich bei ihm um das Gegenteil von CXPACKET. SOS_SCHEDULER_YIELD zeigt an, dass SQL Server Prozessorzeit mit anderen Tasks teilen oder an sie abgeben musste. Auf einem stark beschäftigen Server kann das ganz normal und auch erwartet sein. Mit CXPACKET beklagt sich SQL Server über zu viele parallele Threads, während SOS_SCHEDULER_YIELD bedeutet, dass es mehr ausführbare Tasks als verfügbare Threads gibt. In beiden Fällen sollten Sie als Erstes versuchen, CPU-intensive Abfragen zu reduzieren und CPU-intensive Wartungsvorgänge zu optimieren oder auf einen anderen Zeitpunkt zu verlegen. Das ist wirtschaftlicher, als einfach die CPU-Kapazität zu erhöhen.

- `RESOURCE_SEMAPHORE` Dieser Wartetyp wird akkumuliert, wenn eine Anforderung auf die Zuweisung von Arbeitsspeicher wartet, bevor sie starten kann. Dies kann zwar ein Zeichen für Speicherdruck aufgrund von unzureichendem Arbeitsspeicher für die SQL Server-Instanz sein, allerdings sind eine schlechte Gestaltung von Abfragen und eine schlechte Indizierung, die zu ineffizienten Ausführungsplänen führen, als Ursache viel wahrscheinlicher. Sie könnten zwar viel Geld ausgeben, um dem System mehr Arbeitsspeicher hinzuzufügen, doch eine wirtschaftlichere Lösung besteht darin, die Abfragen zu optimieren und den Speicherbedarf von speicherintensiven Operationen zu verringern.

- `PAGELATCH_*` und `PAGEIOLATCH_*` Wir erwähnen diese Wartetypen hier nicht etwa deswegen zusammen, weil sie einander ähnlich wären – das ist nämlich nicht der Fall –, sondern weil sie oft verwechselt werden. Während es bei `PAGELATCH` um Konkurrenz über Seiten im Arbeitsspeicher geht, hat `PAGEIOLATCH` mit der Konkurrenz über Seiten im E/A-System (auf dem Laufwerk) zu tun.

  `PAGELATCH_*`-Konflikte betreffen Seiten im Arbeitsspeicher, die durch eine übermäßige Verwendung von temporären Objekten im Arbeitsspeicher, möglicherweise noch mit raschem Zugriff auf dieselben temporären Objekte, zunehmen können. Außerdem können solche Konflikte auftreten, wenn Daten von einem Index oder einem Heap im Arbeitsspeicher gelesen werden. `PAGELATCH_EX`-Wartevorgänge sind auf rasch erfolgende Einfügevorgänge und Seitenaufteilungen aufgrund von Einfügungen zurückzuführen.

  `PAGEIOLATCH_*`-Konflikte dagegen weisen auf ein viel störenderes Leistungsproblem hin, nämlich übermäßiges Lesen im langsamsten Subsystem von allen – den physischen Laufwerken. Bei `PAGEIOLATCH_SH` geht es darum, das Daten vom Laufwerk in den Arbeitsspeicher eingelesen werden, um sie dort lesen zu können. Denken Sie daran, dass hier nicht unbedingt eine direkte Beziehung zur Zeilenanzahl einer Anforderung besteht, insbesondere wenn im Ausführungsplan Index- oder Tabellenscans verlangt werden. Die Wartetypen `PAGEIOLATCH_EX` und `-_UP` hängen mit dem Einlesen von Daten vom Laufwerk in den Arbeitsspeicher für Schreibvorgänge zusammen.

  Eine Zunahme an `PAGEIOLATCH`-Wartetypen kann an Leistungsproblemen des Systems für den dauerhaften Speicher liegen, da die Leistung von Laufwerksystemen nicht unbedingt linear mit der Zunahme der Aktivitäten steigt. Auch hier könnten Sie wieder (sehr viel) Geld für schnellere Laufwerke ausgeben, aber eine wirtschaftlichere Lösung besteht darin, Abfragen und Indizes zu ändern und die Speichernutzung speicherintensiver Operationen zu verringern, insbesondere solcher mit Index- und Tabellenscans.

- `WRITELOG` Der Wartetyp `WRITELOG` erscheint sehr wahrscheinlich in jeder SQL Server-Instanz, insbesondere in den primären und sekundären Replikaten von Verfügbarkeitsgruppen mit hoher Schreibaktivität. Er steht für die Zeit, die gebraucht wird, um das Transaktionsprotokoll auf das Laufwerk zu schreiben, und geht auf die Leistung des physischen E/A-Subsystems zurück. Auf Systemen mit schwerer Schreiblast ist dieser Wartetyp zu erwarten.

- `IO_COMPLETION` Dieser Wartetyp tritt bei synchronen Lese- und Schreiboperationen auf, die keine Zeilendatenseiten betreffen, beispielsweise das Lesen von Informationen aus Protokollblöcken oder virtuellen Protokolldateien (VLF) im Transaktionsprotokoll oder das Lesen und Schreiben der Ergebnisse von Merge-Verknüpfungen, Spools und Puffern auf dem Laufwerk. Es ist schwierig, diesen Wartetyp auf eine bestimmte Aktivität oder ein bestimmtes Ereignis zurückzuführen. Ein Anstieg von `IO_COMPLETION` kann jedoch ein Zeichen dafür sein, dass die genannten Vorgänge auf den Abschluss der Arbeiten des E/A-Systems warten.
- `WAIT_XTP_RECOVERY` Dieser Wartetyp kann auftreten, wenn eine Datenbank mit speicheroptimierten Tabellen beim Start wiederhergestellt wird, und ist zu erwarten.
- `XE_FILE_TARGET_TVF` und `XE_LIVE_TARGET_TVF` Diese Wartevorgänge treten bei den Schreibvorgängen auf, die Sitzungen für erweiterte Ereignisse auf ihren Zielen vornehmen. Ein plötzlicher Anstieg deutet darauf hin, dass eine solche Sitzung zu viele Ereignisse erfasst. Gewöhnlich stellen diese Wartetypen jedoch kein Problem dar, da erweiterte Ereignisse aufgrund ihrer asynchronen Natur viel weniger Auswirkungen auf die Serverleistung haben, als es früher bei Ablaufverfolgungen und SQL Server-Profiler der Fall war.

  Den neuen XE Profiler finden Sie im Objekt-Explorer von SQL Server Management Studio unter dem Knoten für den SQL Server-Agent (siehe Abb. 13.1).

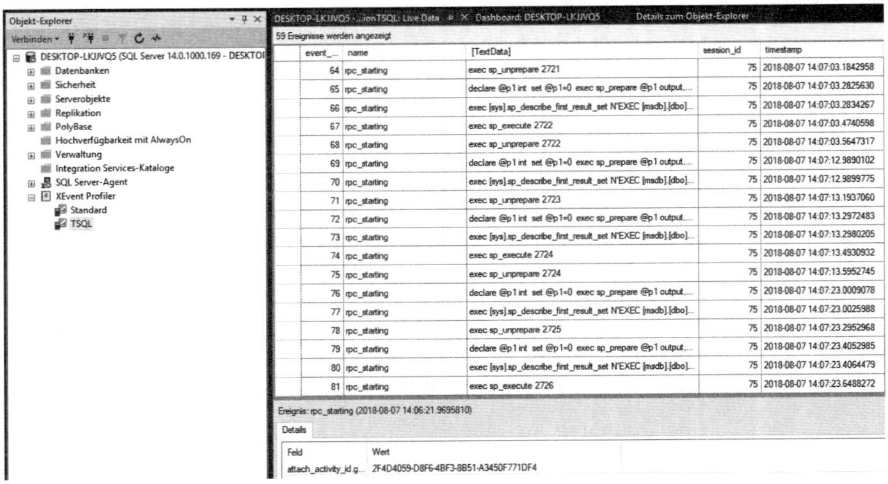

Abbildung 13.1 Die Anzeige der T-SQL-Liveereignisse des XE Profilers in SQL Server Management Studio ähnelt der veralteten Vorlage für T-SQL-Ablaufverfolgungen von SQL Server-Profiler. Beachten Sie den neuen Eintrag *XE Profiler* unten im Objekt-Explorer.

- `MEMORYCLERK_XE` Dieser Wartetyp kann hochschnellen, wenn Sie den Zielen von Sitzungen für erweiterte Ereignisse erlaubt haben, zu viel Arbeitsspeicher zu verbrauchen. Erweiterte Ereignisse werden wir im nächsten Abschnitt noch genauer erläutern. Achten Sie auf die maximal zulässige Puffergröße für das Sitzungsziel `ring_buffer` sowie für andere Ziele im Arbeitsspeicher.

Erweiterte Ereignisse

Erweiterte Ereignisse wurden in SQL Server 2008 eingeführt, allerdings ohne dass es in SQL Server Management Studio eine offizielle Benutzerschnittstelle dafür gab. Letztere haben wir erst in SQL Server 2017 bekommen. Seit Version 17.3 verfügt SQL Server Management Studio über den eingebauten XE Profiler, der für Administratoren und Entwickler einen echten Fortschritt und eine große Erleichterung gegenüber dem SQL Server-Profiler und seinen Ablaufverfolgungen darstellt.

Erweiterte Ereignisse lösen die veralteten Ablaufverfolgungen ab und bilden die Zukunft für die Live-Einsichtnahme in die Aktivitäten von SQL Server. Auch wenn die Standardsitzungen für erweiterte Ereignisse die Standard-Systemablaufverfolgung zwar noch nicht ganz ersetzen (ein Beispiel dafür werden wir uns weiter hinten noch ansehen), sollten Sie jetzt trotzdem erweiterte Ereignisse für alle Tätigkeiten rund um Fehlerbehebung und diagnostische Datenerfassung verwenden. Das Benachrichtigungssystem für erweiterte Ereignisse dient schon seit fast einem Jahrzehnt als Ersatz für Ablaufverfolgungen. Die XE-Benutzeroberfläche in SQL Server Management Studio ist besser als je zuvor, und wenn Sie für die Aufgaben, für die Sie sonst Ablaufverfolgungen eingesetzt haben, noch nicht zu erweiterten Ereignissen gewechselt sind, sollten Sie das jetzt tun.

Abb. 13.1 zeigt die Schnellsitzung (QuickSession) des neuen XE Profilers in SQL Server Management Studio. Im Folgenden gehen wir davon aus, dass Sie noch nicht viel Erfahrung damit haben, Ihre eigenen Sitzungen für erweiterte Ereignisse zu erstellen.

Sitzungen für erweiterte Ereignisse bilden einen modernen, asynchronen und weit vielseitigeren Ersatz für SQL Server-Ablaufverfolgungen, die inzwischen als veraltet gelten. Für Fehlerbehebung, Debugging, Leistungsoptimierung und Ereigniserfassung bieten erweiterte Ereignisse eine schnellere und besser einstellbare Lösung als Ablaufverfolgungen.

Als Erstes müssen Sie sich mit der grundlegenden Terminologie für erweiterte Ereignisse vertraut machen:

- **Sitzungen** Eine Sitzung ist ein Datensammlersatz, der gestartet und angehalten werden kann. Dies ist das neue Gegenstück zu einer Ablaufverfolgung.
- **Ereignisse** Ereignisse sind das, was Sie mit dem SQL Server-Profiler verfolgt haben. Es handelt sich dabei um vordefinierte, erfassbare Laufzeitoperationen, die Sie aus einer Ereignisbibliothek auswählen. Um beispielsweise zu beobachten, wie eine Anwendung ihren T-SQL-Code ausführt, können Sie nach den Ereignissen `sql_statement_completed` und `sql_batch_completed` Ausschau halten.
- **Aktionen** Die Spaltenköpfe der Daten, die ein erweitertes Ereignis beschreiben, also beispielsweise den Zeitpunkt des Ereignisses, die Angabe, wer und was das Ereignis aufgerufen hat, seine Dauer, die Anzahl der Schreib- und Lesevorgänge, die CPU-Zeit usw. Daher sind Aktionen die zusätzlichen Daten, die beim Aufzeichnen eines Ereignisses erfasst werden. Aktionen, die Informationen über sämtliche Ereignisse geben, werden auch als globale Felder bezeichnet, ereignisspezifische Aktionen dagegen als Ereignisfelder.

  Beispiele: `sql_text`, `batch_text`, `timestamp`, `session_id`, `client_hostname`

- **Prädikate** Hierbei handelt es sich um Filterbedingungen für Aktionen, mit denen Sie die zu erfassenden Daten einschränken. Sie können nach jeder Aktion oder jedem Feld filtern, das von einem Ereignis in der Sitzung zurückgegeben wird.

  Beispiele: `database_id > 4`, `database_name = 'WideWorldImporters`, `is_system=0`

- **Ziele** Hierhin werden die Daten gesendet. Bei allen Sitzungen ist es möglich, sich die detaillierten, asynchron erfassten Livedaten von erweiterten Ereignissen im Arbeitsspeicher anzusehen. Eine Sitzung kann aber auch mehrere Ziele haben, jedoch immer nur eines von jeder Art. Die verschiedenen Ziele sehen wir uns im Abschnitt »Ziele für erweiterte Ereignisse« weiter hinten in diesem Kapitel noch genauer an.

SQL Server wird mit drei Sitzungen für erweiterte Ereignisse installiert, die schon zur Anzeige bereit sind. Dabei werden `system_health` und `telemetry_xevents` automatisch gestartet und `AlwaysOn_Health` bei Bedarf. Diese Sitzungen erfüllen die grundlegenden Bedürfnisse für die Diagnose der Systemintegrität, sind aber noch kein genauer Ersatz für die System-Standardablaufverfolgung. Halten Sie diese Sitzungen nicht an und löschen Sie sie auch nicht.

> Hinweis
>
> **Falls die Sitzungen `system_health`, `telemetry_xevents` oder `AlwaysOn_Health` versehentlich vom Server gelöscht wurden, können Sie sie mit dem Skript in der Datei *<Instanzpfad>\MSSQL\Install\u_tables.sql*, also z. B. *F:\Program Files\Microsoft SQL Server\MSSQL14.SQL2K17\MSSQL\Install\u_tables.sql* rekonstruieren.**
>
> **Am Ende dieser Datei finden Sie die gut dokumentierten Definitionen von zwei XE-Sitzungen. Wenn Sie sich nur das Skript ansehen wollen, mit dem die Definitionen für die integrierten Sitzungen für erweiterte Ereignisse erstellt wurden, rechtsklicken Sie in SQL Server Management Studio auf die Sitzung, wählen *Skript für Sitzung als > CREATE in* und geben ein Ziel für das Skript an.**

Anzeigen von Daten über erweiterte Ereignisse

Sitzungen für erweiterte Ereignisse können in mehreren Zielen gleichzeitig eine Ausgabe generieren, wobei nur eine davon den klassischen TRC-Dateien entspricht. Wie bereits erwähnt, können Sie in allen Sitzungen die detaillierten, asynchron erfassten Livedaten von erweiterten Ereignissen im Arbeitsspeicher ansehen. Dazu rechtsklicken Sie in SQL Server Management Studio auf die Sitzung und wählen *Livedaten ansehen*. Daraufhin werden ihnen die asynchron ausgelieferten Livedaten angezeigt. Sie können dabei festlegen, welche Spalten angezeigt werden, die Daten filtern und sogar Gruppen und Aggregationen im laufenden Betrieb erstellen. All diese Möglichkeiten stehen Ihnen durch einen Rechtsklick auf das Livedatenfenster zur Verfügung.

Allerdings ist dieses Livedatenfenster kein Ziel. Die Daten werden nirgendwo außerhalb von diesem SQL Server Management Studio-Fenster gespeichert, und Sie haben auch keine Möglichkeit, einen Blick auf die Daten zu werfen, die vor dem Klick auf *Livedaten ansehen* erfasst wurden. Wenn Sie eine Sitzung ohne Ziel erstellen, ist die Livedatenanzeige alles, was Sie zu sehen bekommen. Für einen schnellen Überblick kann das aber durchaus ausreichen.

Auf der Seite *Datenspeicher* des Dialogfelds *Neue Sitzung* in SQL Server Management Studio können Sie aber auch andere Ziele für die Sitzung angeben. Um die erfassten Daten nach Zielen angeordnet zu betrachten, erweitern Sie die Sitzung, rechtsklicken auf das Paket und wählen dann im Kontextmenü *Zieldaten anzeigen* (siehe Abb. 13.2).

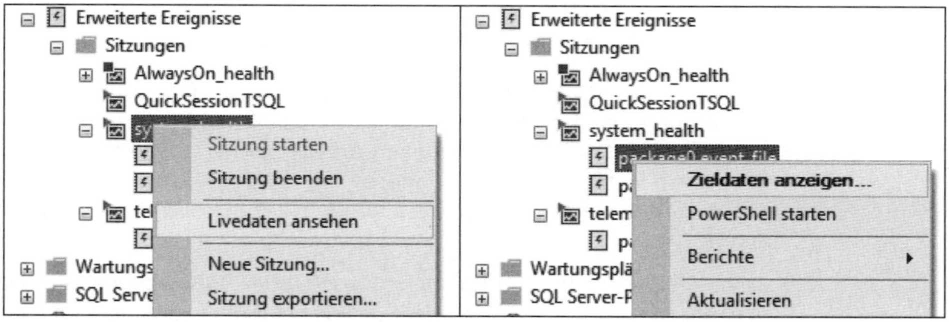

Abbildung 13.2 Anzeige von Livedaten und von Zieldaten einer Sitzung für erweiterte Ereignisse

Zieldaten können Sie über einen Rechtsklick umsortieren, in die Zwischenablage kopieren und zu einem Großteil auch zur späteren Analyse in anderer Software in CSV-Dateien exportieren.

Im Gegensatz zur Livedatenanzeige wird die Zieldatenanzeige nicht automatisch aktualisiert. Bei einigen Zielen können Sie SQL Server Management Studio jedoch anweisen, das Ziel automatisch abzurufen. Rechtsklicken Sie dazu auf das Zieldatenfenster und wählen Sie *Aktualisierungsintervall*.

Hinweis

Zurzeit enthält SQL Server Management Studio keine Funktion, um Daten von erweiterten Ereignissen unmittelbar in eine SQL Server-Tabelle zu schreiben. Die Livedatenanzeige allerdings bietet einfache Möglichkeiten, Livesitzungsdaten per Mausklick zu analysieren, zu gruppieren und zu filtern. Nehmen Sie sich die Zeit, sich mit den verfügbaren Arten von Zielen vertraut zu machen, denn damit können Sie die frühere Analyse der in SQL Server-Tabellen geschriebenen Ablaufverfolgungsdaten schnell und einfach nachbilden.

Im folgenden Abschnitt stellen wir die verfügbaren Ziele vor. Viele dieser Optionen nehmen Ihnen die Schwerarbeit ab, die Sie früher selbst erledigt haben, indem Sie die SQL Server-Ablaufverfolgungsdaten in eine Tabelle geschrieben oder exportiert und dann Ihre eigenen Aggregationen und Abfragen daran ausgeführt haben. Sie müssen sich für die Datenerfassung in einer Sitzung auch nicht auf ein Ziel beschränken. Denken Sie aber immer daran, dass ein Ziel keine Daten aus der Zeit erfassen kann, bevor es erstellt wurde.

Ziele für erweiterte Ereignisse

In diesem Abschnitt erhalten Sie einen Überblick über die möglichen Ziele für erweiterte Ereignisse. In jeder Sitzung können Sie mehr als nur ein Ziel erstellen.

- **Ereignisdatei (XEL)** Bei der Auswahl dieses Ziel werden die Ereignisdaten asynchron in eine Datei auf einem Laufwerk geschrieben, die Sie dann später ähnlich wie die veralteten Ablaufverfolgungsdateien öffnen und analysieren, aber auch mit anderen XEL-Dateien zusammenführen können. (Klicken Sie dazu in SQL Server Management Studio auf *Datei > Öffnen > Dateien für erweiterte Ereignisse zusammenführen*.)

Wenn Sie in SQL Server Management Studio auf die Ereignisdatei rechtsklicken und *Zieldateien anzeigen* auswählen, werden die Daten jedoch nicht live aktualisiert, obwohl im Hintergrund weitere Daten in die Datei geschrieben werden, solange die Sitzung läuft. Um die neuesten Daten zu sehen, müssen Sie die Datei schließen und neu öffnen.

- **Histogramm** Hierbei wird jeweils gezählt, wie oft ein Ereignis mit einer bestimmten Aktion aufgetreten ist. Es erfolgt also eine Häufigkeitsverteilung nach Aktionsklassen (*Buckets*). Die Daten werden dabei im Arbeitsspeicher abgelegt. Beispielsweise können Sie ein Histogramm des Ereignisses `sql_statement_completed` aufstellen, das die Anzahl der beobachteten Ereignisse für verschiedene Clienthostnamen oder Dauern angibt.

  Sehen Sie dabei auf jeden Fall mehr Klassen (oder *Slots*, wie sie in der T-SQL-Syntax genannt werden) vor, als Sie eindeutige Werte für die Aktion oder das Feld erwarten. Wenn Sie als Klassen numerische Werte wie die Dauer verwenden, müssen Sie mehr Klassen bereitstellen, als sie für die längste Dauer benötigen. Wenn dem Histogramm die Klassen für neue Werte der Aktion oder des Feldes ausgehen, kann es keine Daten dafür mehr erfassen.

  Sie können zwar eine beliebige Anzahl von Histogrammklassen angeben, allerdings wird die Zahl auf die nächste Zweierpotenz gerundet. Wenn Sie also 10 Klassen verlangen, bekommen Sie 16.

- **Paarvergleich** Hiermit können Sie Ereignisse wie den Anfang und das Ende einer SQL Server-Stapelverarbeitung einander zuordnen und Fälle finden, in denen ein Ereignis des Paars ohne das andere vorkommt, etwa `sql_statement_starting` ohne `sql_statement_completed`. Wählen Sie einen Start und ein Ende von der Liste der gewünschten Aktionen aus.

- **Ringpuffer** Der Ringpuffer ist ein schneller, asynchroner FIFO-Speicherpuffer, um Ereignisse zu erfassen, die rasch auftreten. Da die Daten nicht auf das Laufwerk geschrieben werden, ist eine umfangreiche Datenerfassung ohne Leistungseinbußen möglich. Das konfigurierbare Dataset wird im XML-Format bereitgestellt und muss abgefragt werden. Da sich die Daten im Arbeitsspeicher befinden, müssen Sie bei der Einstellung von *Maximale Pufferspeichergröße* vorsichtig sein. Setzen Sie diesen Wert niemals auf `0` (unbegrenzt).

- **Service Broker** Mit diesem Ziel können Sie Nachrichten an den Zieldienst des ausgewählten Nachrichtentyps senden.

Neben diesen asynchronen Hochleistungszielen gibt es auch noch zwei synchrone Ziele, nämlich die Ereignisablaufverfolgung für Windows und den Ereigniszähler. Setzen Sie diese synchronen Ziele nur mit Vorsicht an, da sie einen merklichen Ressourcenbedarf haben können. Im Folgenden finden Sie eine kurze Beschreibung dieser Ziele:

- **Ereignisablaufverfolgung für Windows (Event Tracing for Windows, ETW)** Dieses Ziel wird verwendet, um SQL Server-Daten zur späteren Kombination mit Daten aus dem Windows-Ereignisprotokoll für die Fehlerbehebung und das Debugging von Windows-Anwendungen zu erfassen.

- **Ereigniszähler** Hierbei werden einfach die Ereignisse in der Sitzung gezählt, um Daten für eine Trend- und Aggregatanalyse bereitzustellen. Das resultierende Dataset enthält pro Ereignis eine Zeile mit der Anzahl. Die Daten werden im Arbeitsspeicher abgelegt, weshalb trotz der synchronen Erfassung keine merklichen Auswirkungen auf die Leistung zu erwarten sind.

Wir wollen uns nun anhand einiger praktischer Beispiele ansehen, wie Sie Daten von Sitzungen für erweiterte Ereignisse mit T-SQL abfragen.

Deadlockerkennung mit erweiterten Ereignissen

Wie Sie Ereignisdaten in SQL Server Management Studio anzeigen, haben wir uns schon angesehen. Daher wollen wir uns hier damit beschäftigen, wie Sie diese Daten mit T-SQL abfragen. Als Beispiel verwenden wir dabei die Standardsitzung `system_health`, um uns über Deadlocks zu informieren. Im dunklen Zeitalter vor SQL Server 2008 war es nicht möglich, Deadlocks zu erkennen. Sie mussten es schon kommen sehen und ein bestimmtes Ablaufverfolgungsflag einschalten, bevor es eintrat.

Bei der Sitzung `system_health` enthält der Verlauf (ein zyklischer 4-MB-Puffer) von Ereignisdaten im Ringpuffer jegliche Vorkommen des Ereignisses `xml_dedlock_report`.

Der folgende T-SQL-Code zeigt, wie Sie den Ringpuffer in XML-Form abrufen und die XQuery-Syntax anwenden:

```
WITH cteDeadlocks ([Deadlock_XML]) AS (
  -- Fragt das Rignpufferziel ab
  SELECT [Deadlock_XML] = CAST(target_data AS XML)
  FROM sys.dm_xe_sessions AS xs
  INNER JOIN sys.dm_xe_session_targets AS xst
  ON xs.address = xst.event_session_address
  WHERE xs.NAME = 'system_health'
  AND xst.target_name = 'ring_buffer'
 )
SELECT
  Deadlock_XML = x.Graph.query('(event/data/value/deadlock)[1]')
-- Anzeige in XML-Form, um Details zu erkennen. Speichern Sie die Ausgabe als
-- .xdl und öffnen Sie sie in SSMS, um eine grafische Anzeige zu erhalten
, Deadlock_When = x.Graph.value('(event/data/value/deadlock/process-list/
process/@lastbatchstarted)[1]', 'datetime2(3)')
-- Zeit des letzten Batches im ersten gestarteten Prozess; nur eine Näherung
-- für die Uhrzeit des Deadlocks
, DB = DB_Name(x.Graph.value('(event/data/value/deadlock/process-list/process/@
currentdb)[1]', 'int'))
-- Aktuelle Datenbank des ersten aufgeführten Prozesses
FROM (
 SELECT Graph.query('.') AS Graph
 FROM cteDeadLocks c
 CROSS APPLY c.[Deadlock_XML].nodes('RingBufferTarget/event[@name="xml_deadlock_
report"]') AS Deadlock_Report(Graph)
) AS x
ORDER BY Deadlock_When desc;
```

Diese Beispielabfrage gibt eine Zeile pro erfasstem `xml_deadlock_report`-Ereignis zurück. Im Ergebnisraster von SQL Server Management Studio wird außerdem ein blauer Hyperlink angezeigt, der zu einem XML-Dokument mit allen Einzelheiten über das Deadlock führt.

Wollen Sie sich eine grafische Darstellung des Deadlocks ansehen, speichern Sie diese Datei im XDL-Format und öffnen sie in SQL Server Management Studio.

Das vorstehende Skript *CH12_XEvents.sql* sowie alle anderen Beispielskripte in diesem Buch können Sie von *https://aka.ms/SQLServ2017Admin/downloads* herunterladen.

Erkennung von automatischen Wachstumsvorgängen mit erweiterten Ereignissen

In der Standardablaufverfolgung von SQL Server wurde auch das automatische Wachstum von Daten- und Protokolldateien erfasst, doch bei den Standardsitzungen für erweiterte Ereignisse ist das nicht der Fall. Die erweiterten Ereignisse `database_file_size_change` und `databases_log_filesize_changed` erfassen sowohl automatische Wachstumsvorgänge als auch solche, die manuell durch `ALTER DATABASE ... MODIFY FILE` ausgelöst werden. Zur Unterscheidung gibt es das Ereignisfeld `is_automatic`. Im Feld `sql_text` können Sie die Anweisung erkennen, die das automatische Wachstum ausgelöst hat.

Das folgende T-SQL-Beispielskript erstellt eine Startsitzung, die automatische Wachstumsvorgänge in einer XEL-Ereignisdatei erfasst und ihre Anzahl pro Datenbank in einem Histogramm darstellt:

```
CREATE EVENT SESSION [autogrowths] ON SERVER
ADD EVENT sqlserver.database_file_size_change(
    ACTION(package0.collect_system_time,sqlserver.database_id
,sqlserver.database_name,sqlserver.sql_text)),
ADD EVENT sqlserver.databases_log_file_size_changed(
    ACTION(package0.collect_system_time,sqlserver.database_id
,sqlserver.database_name,sqlserver.sql_text))
ADD TARGET package0.event_file(
-- XEL-Dateiziel
SET filename=N'F:\DATA\autogrowths.xel'),
ADD TARGET package0.histogram(
-- Histogrammziel; zählt die Ereignisse pro Datenbank
SET filtering_event_name=N'sqlserver.database_file_size_change'
,source=N'database_name',source_type=(0))
-- Startet die Sitzung beim Hochfahren des Servers
WITH (STARTUP_STATE=ON);
GO
-- Startet die Sitzung jetzt
ALTER EVENT SESSION [autogrowths]
ON SERVER STATE = START;
```

Erkennung von Seitenteilungen mit erweiterten Ereignissen

Wie wir in diesem Kapitel bereits ausgeführt haben, kann es nützlich sein, Seitenteilungen zu erkennen. Wenn Sie ein Tabellendesign einem Belastungstest mit der vorgesehenen Arbeitslast unterziehen oder wenn Sie nach den `INSERT`-Anweisungen suchen, die einen Großteil der Fragmentierung hervorriefen, können Sie das Ereignis `page_splits` überwachen.

Das folgende T-SQL-Beispielskript erstellt eine Startsitzung, die Seitenteilungsereignisse in einer XEL-Ereignisdatei erfasst und ihre Anzahl pro Datenbank in einem Histogramm darstellt:

```
CREATE EVENT SESSION [page_splits] ON SERVER
ADD EVENT sqlserver.page_split(
    ACTION(sqlserver.database_name,sqlserver.sql_text))
ADD TARGET package0.event_file(
SET filename=N'page_splits',max_file_size=(100)),
ADD TARGET package0.histogram(
SET filtering_event_name=N'sqlserver.page_split'
,source=N'database_id',source_type=(0))

-- Startet die Sitzung beim Hochfahren des Servers
WITH (STARTUP_STATE=ON);
GO
-- Startet die Sitzung jetzt
ALTER EVENT SESSION [page_splits]
ON SERVER STATE = START;
```

Schützen von erweiterten Ereignissen

Entwickler und Analytiker, die auf erweiterte Ereignisse zugreifen wollen, benötigen dazu die Berechtigung `ALTER ANY EVENT SESSION`. Sie unterscheidet sich von der Berechtigung `ALTER TRACE` für Ablaufverfolgungen. `ALTER ANY EVENT SESSION` ermöglicht es, Sitzungen für erweiterte Ereignisse mit T-SQL-Befehlen zu erstellen, gewährt aber keinen Zugriff zur Anzeige der Servermetadaten im Assistenten für neue Sitzungen für erweiterte Ereignisse in SQL Server Management Studio. Dazu ist zusätzlich die Berechtigung `VIEW SERVER STATE` erforderlich, die Entwicklern häufig erteilt wird. In Azure SQL-Datenbank bieten erweiterte Ereignisse die gleichen Möglichkeiten, doch um Sitzungen dafür anzeigen zu können, ist die Berechtigung `CONTROL DATABASE` erforderlich. Diese Berechtigung befinden sich bereits auf dem Niveau der Berechtigungen des Besitzers, weshalb sie in Produktionsumgebungen für Entwickler und andere Personen, die keine Administratoren sind, nicht empfehlenswert ist.

Verschiedene sensible Ereignisse können weder mit einer Ablaufverfolgung noch mit Sitzungen für erweiterte Ereignisse erfasst werden, beispielsweise die T-SQL-Anweisung `CREATE LOGIN` für eine SQL Server-Anmeldung.

Erfassung von Windows-Leistungsindikatoren mit dynamischen Verwaltungssichten und Datensammlungen

Die Leistungsüberwachung (*perfmon.exe*) bzw. der Systemmonitor, wie sie früher hieß, wird schon seit Jahren von Serveradministratoren genutzt, um die Leistung verschiedener Serverressourcen, die Speichernutzung der Anwendungen, die Reaktionszeit der Laufwerke usw. grafisch zu beobachten und zu messen. Neben dem Livediagramm gibt es auch Datensammlersätze, mit denen einige der Leistungsindikatoren über einen gewissen Zeitraum erfasst werden können.

Darunter sind auch Leistungsindikatoren für SQL Server. In diesem Buch haben wir nicht den Platz, sie alle ausführlich zu beschreiben, aber im Folgenden wollen wir Ihnen einige Indikatoren vorstellen, die für die Untersuchung der Integrität und Leistung von SQL Server wertvoll sein können.

Diese Messwerte werden auf der Ebene des Windows Server-Computers oder der SQL Server-Instanz erfasst, also nicht für einzelne Datenbanken, Arbeitslasten oder Abfragen. Es ist allerdings möglich, die Leistung einzelner Arbeitslasten auf Systemen zu ermitteln, die dem Produktionssystem nachgebildet sind. Ebenso wie bei aggregierten Wartestatistiken ist es sehr nützlich, Trends dieser Leistungsindikatoren für Serverarbeitslasten zu bestimmen und das Verhalten bei Spitzenlasten zu überwachen. Auch für die unmittelbare Fehlersuche und Problemdiagnose sind diese Indikatoren sehr wertvoll.

Abfragen von Leistungsindikatoren in dynamischen Verwaltungssichten

Sie haben in diesem Kapitel bereits gesehen, dass die meisten der Leistungsindikatoren für SQL Server nicht nur in der Leistungsüberwachung zur Verfügung stehen, sondern auch in der dynamischen Verwaltungssicht `sys.dm_os_performance_counters`. Sie können diese Sicht mit anderen kombinieren, die Informationen über Systemressourcen geben (z. B. `sys.dm_os_sys_info`), und Abfragen für eine einfache Überwachung und eine maßgeschneiderte Datenerfassung schreiben. Allerdings hat `sys.dm_os_performance_counters` zurzeit keinen Zugriff auf Indikatoren außerhalb der Kategorien für SQL Server, nicht einmal auf die grundlegendsten Windows-Leistungsindikatoren wie `Prozessorzeit (%)`.

Der folgende Beispielcode nutzt `sys.dm_os_performance_counters`, um den aktuellen Zielserverspeicher, den gesamten Serverspeicher und die Lebenserwartung von Seiten der Instanz zurückzugeben:

```
SELECT InstanceName = @@SERVERNAME
, Target_Server_Mem_GB = max(CASE counter_name
WHEN 'Target Server Memory (KB)' THEN convert(decimal(19,3), cntr_
value/1024./1024.)
END)
, Total_Server_Mem_GB = max(CASE counter_name
WHEN 'Total Server Memory (KB)' THEN convert(decimal(19,3), cntr_
value/1024./1024.)
END)
, PLE_s = MAX(CASE counter_name WHEN 'Page life expectancy' THEN cntr_value END)
FROM sys.dm_os_performance_counters;;
```

> ### Hinweis
>
> **Auf Servern mit mehreren SQL Server-Instanzen zeigt** `sys.dm_os_performance_counters` **nur Messwerte für die Instanz an, auf der sie ausgeführt wird. Die Leistungsindikatoren für die anderen Instanzen auf demselben Server sind in dieser dynamischen Verwaltungssicht nicht sichtbar.**

Andere Abfragen von `sys.dm_os_performance_counters` sind nicht so einfach. Beispielsweise kann die Leistungsüberwachung die Puffercache-Trefferquote als einen einzelnen Wert ausgeben, doch wenn Sie diese Messwerte über die dynamische Verwaltungssicht abrufen wollen, müssen Sie dazu zwei verschiedene Leistungsindikatoren ablesen und durcheinander teilen, wie der folgende Code zeigt:

```
SELECT Buffer_Cache_Hit_Ratio = 100 *
(SELECT cntr_value = convert(decimal (9,1), cntr_value)
FROM sys.dm_os_performance_counters as pc
```

```
WHERE pc.COUNTER_NAME = 'Buffer cache hit ratio'
AND pc.OBJECT_NAME like '%:Buffer Manager%')
/
(SELECT cntr_value = convert(decimal (9,1), cntr_value)
FROM sys.dm_os_performance_counters as pc
WHERE pc.COUNTER_NAME = 'Buffer cache hit ratio base'
AND pc.OBJECT_NAME like '%:Buffer Manager%');
```

Manche der von `sys.dm_os_performance_counters` zurückgegebenen Werte sind auch ständig inkrementierte Integer. Um das zu erklären, kehren wir wieder zu unserem Beispiel mit den Seitenteilungen zurück. Der Indikatorname `Page Splits/sec` in der dynamischen Verwaltungssicht ist irreführend, da es sich in Wirklichkeit um eine ständig steigende Anzahl der Seitenteilungen handelt. Um die tatsächliche Rate pro Sekunde zu berechnen, benötigen wir zwei Messwerte. Die im folgenden Beispiel gezeigte Vorgehensweise eignet sich jedoch nur für Zähler mit einem Wert für den gesamten Server oder die Instanz. Bei Zählern, die einen Wert pro Datenbank zurückgeben, brauchen Sie eine temporäre Tabelle, um für die einzelnen Datenbanken die Rate aus zwei Messwerten zu bestimmen.

```
DECLARE @page_splits_Start_ms bigint, @page_splits_Start bigint
, @page_splits_End_ms bigint, @page_splits_End bigint
SELECT @page_splits_Start_ms = ms_ticks
, @page_splits_Start = cntr_value
FROM sys.dm_os_sys_info
CROSS APPLY sys.dm_os_performance_counters
WHERE counter_name ='Page Splits/sec'
AND object_name LIKE '%SQL%Access Methods%'

WAITFOR DELAY '00:00:10'
-- Passt die Dauer zwischen den Messungen an, hier 10 s

SELECT @page_splits_End_ms = MAX(ms_ticks), @page_splits_End = MAX(cntr_value)
FROM sys.dm_os_sys_info
CROSS APPLY sys.dm_os_performance_counters
WHERE counter_name ='Page Splits/sec'
AND object_name LIKE '%SQL%Access Methods%'
SELECT Page_Splits_per_s = (@page_splits_End - @page_splits_Start)*1.
/ NULLIF(@page_splits_End_ms - @page_splits_Start_ms,0)*1.;
```

Über die dynamische Verwaltungssicht `sys.dm_os_ring_buffers` können Sie jedoch auf einige Windows-Leistungsindikatoren zugreifen, darunter auf Werte über die CPU-Nutzung und den Arbeitsspeicher. Diese interne DMV gibt Tausende von XML-Dokumenten zurück, die jede Sekunde erstellt werden und voll mit Informationen über SQL-Ausnahmen, den Arbeitsspeicher, die Scheduler, die Verbindungen usw. sind.

Im folgenden Codebeispiel rufen wir die aktuelle prozentuale CPU-Nutzung durch die SQL Server-Instanz und den Serverleerlaufprozess ab. Die restlichen Anteile der CPU-Nutzung gehen auf andere Anwendungen und Dienste auf dem Windows Server-Computer zurück, zu denen auch weitere SQL Server-Instanzen gehören können.

```
SELECT
[Time] = DATEADD(ms, -1 * (si.cpu_ticks
/ (si.cpu_ticks/si.ms_ticks) - x.[timestamp])
, SYSDATETIMEOFFSET ())
, CPU_SQL_pct = bufferxml.value('(./Record/SchedulerMonitorEvent
```

```
/SystemHealth/ProcessUtilization)[1]', 'int')
, CPU_Idle_pct = bufferxml.value('(./Record/SchedulerMonitorEvent
/SystemHealth/SystemIdle)[1]', 'int')
FROM (SELECT timestamp, CONVERT(xml, record) AS bufferxml
    FROM sys.dm_os_ring_buffers
    WHERE ring_buffer_type = N'RING_BUFFER_SCHEDULER_MONITOR') AS x
CROSS APPLY sys.dm_os_sys_info AS si
ORDER BY [Time] desc;
```

Die in SQL Server integrierten Ringpuffer-Datensammlersätze haben keine Ähnlichkeit mit der Leistungsüberwachung, stellen aber Daten über bestimmte Ereignisse bereit. Bei den Angaben zur CPU-Nutzung im Ringpuffer `Scheduler_Monitor` erhalten wir einmal pro Sekunde neue Daten. Bei anderen Daten ist die Aktualisierung dagegen nicht so regelmäßig. Beispielsweise erhalten wir bei den Angaben zur Speichernutzung von SQL Server immer nur dann eine neue Momentaufnahme, wenn eines der folgenden vier Speicherereignisse ausgelöst wird: hoher oder niedriger physischer Speicher, niedriger virtueller Speicher oder ein Stabilisierungsereignis, das eine Aufhebung des vorherigen Speicherdrucks anzeigt. Diese Speicherereignisse treten unregelmäßig auf und manchmal erst im Abstand von Wochen. Trotzdem sind sie wertvoll, um Speicherprobleme von SQL Server zu beheben. Betrachten Sie den folgenden Code:

```
SELECT
[Time] = DATEADD(ms, -1 * (si.cpu_ticks
/ (si.cpu_ticks/si.ms_ticks) - x.[timestamp])
, SYSDATETIMEOFFSET ())
, MemoryEvent = bufferxml.value('(./Record/ResourceMonitor
/Notification)[1]', 'varchar(64)')
, Target_Server_Mem_GB = CONVERT (decimal(19,3),
bufferxml.value('(./Record/MemoryNode/TargetMemory)[1]'
, 'bigint')/1024./1024.)
, Physical_Server_Mem_GB = CONVERT (decimal(19,3),
bufferxml.value('(./Record/MemoryRecord/TotalPhysicalMemory)[1]'
, 'bigint')/1024./1024.)
, Committed_Mem_GB = CONVERT (decimal(19,3),
bufferxml.value('(./Record/MemoryNode/CommittedMemory)[1]'
, 'bigint')/1024./1024.)
, Shared_Mem_GB = CONVERT (decimal(19,3),
bufferxml.value('(./Record/MemoryNode/SharedMemory)[1]'
, 'bigint')/1024./1024.)
, MemoryUtilization = bufferxml.value('(./Record/MemoryRecord
/MemoryUtilization)[1]', 'bigint')
, Available_Server_Mem_GB = CONVERT (decimal(19,3), bufferxml.value('(./Record/
MemoryRecord/
AvailablePhysicalMemory)[1]'
, 'bigint')/1024./1024.)
FROM (SELECT timestamp, CONVERT(xml, record) AS bufferxml
FROM sys.dm_os_ring_buffers
WHERE ring_buffer_type = N'RING_BUFFER_RESOURCE_MONITOR') AS x
CROSS APPLY sys.dm_os_sys_info AS si
ORDER BY [Time] desc;
```

Expertentipp

Der Ringpuffer erfasst kontinuierlich die Daten über den Arbeitsspeicher. Ruft das auf dem Server keinen Mehraufwand hervor?

Es ist nicht zu leugnen, dass bei der Ringpuffer-Datenerfassung ein gewisser Mehraufwand im Hintergrund auftritt. Da diese Diagnoseaktivität in einer SQL Server-Instanz aber ständig und konstruktionsbedingt auftritt, kann sie nicht der Grund für eine plötzliche oder auch nur allmähliche Leistungsabnahme sein.

Mithilfe von Ablaufverfolgungsflags können Sie den Ringpuffer ausschalten, allerdings sollten Sie dies nur auf Servern mit starken Ressourceneinschränkungen oder auf Instanzen mit einer sehr hohen Transaktionsfrequenz tun. Sie können dadurch eine leichte Steigerung der Leistung gewinnen, aber Sie sollten diese Auswirkung messen, um zu bestimmen, ob sie den Verlust von Diagnosedaten rechtfertigt, die ihre eigenen administrativen Abfragen oder Drittanbieterprodukte benötigen. Weitere Informationen zum Abschalten der Ringpuffer-Datenerfassung über Ablaufverfolgungsflags erhalten Sie auf *https://support.microsoft.com/help/920093/tuning-options-for-sql-server-when-running-in-high-performance-workloa* [sic!].

Anzeige von Leistungsindikatoren in der Leistungsüberwachung

Um sich einen vollständigen Überblick der Nutzung von Serverressourcen in grafischer Form zu verschaffen, müssen Sie die Leistungsüberwachung verwenden. Sie bietet mehr als nur eine schicke Diagrammanzeige. Tatsächlich handelt es sich dabei um eine Suite von Tools zur Datenerfassung, mit denen Sie die Daten auch außerhalb Ihres Benutzerprofils dauerhaft speichern können.

Die grafische Anzeige, die im Ordner *Überwachungstools* zur Verfügung steht und ein Livebild der Serverleistung darstellt, können Sie auf Ihre Bedürfnisse zuschneiden. Mit einem Rechtsklick auf die (größtenteils leere) Diagrammfläche erhalten Sie Zugriff auf die Eigenschaften, können Indikatoren hinzufügen, das Diagramm leeren usw. Im Eigenschaftendialogfeld haben Sie unter *Allgemein* die Möglichkeit, die Erfassungsrate und die Anzeigedauer des Graphen festzulegen. In dem Diagramm können bis zu 1000 Erfassungspunkte live angezeigt werden. Wenn Sie jede Sekunde 1000 Stichproben nehmen, können Sie sie für 16 Minuten 40 Sekunden (1000 Sekunden) anzeigen lassen, mit einer Verringerung der Stichprobenhäufigkeit aber auch länger. Beispielsweise ist bei 5000 Stichproben alle 5 Sekunden eine Anzeigedauer von 83 Minuten möglich.

Um die von Sammlungsätzen erfassten Daten anzuzeigen, müssen Sie den Sammlersatz anhalten und neu starten. Im Ordner *Benutzerdefiniert* unterhalb des Ordners *Berichte* finden Sie dann einen neuen Bericht mit dem Diagramm, das der Sammlersatz erstellt hat. In Abb. 13.3 wurden Leistungsdaten von mehr als 15 Tagen gesammelt. Die Berichte dafür werden im Ordner *Arbeitsspeicher* aufgeführt. Markiert ist der jüngste Bericht, der generiert wurde, als wir den Sammlersatz *Arbeitsspeicher* angehalten haben.

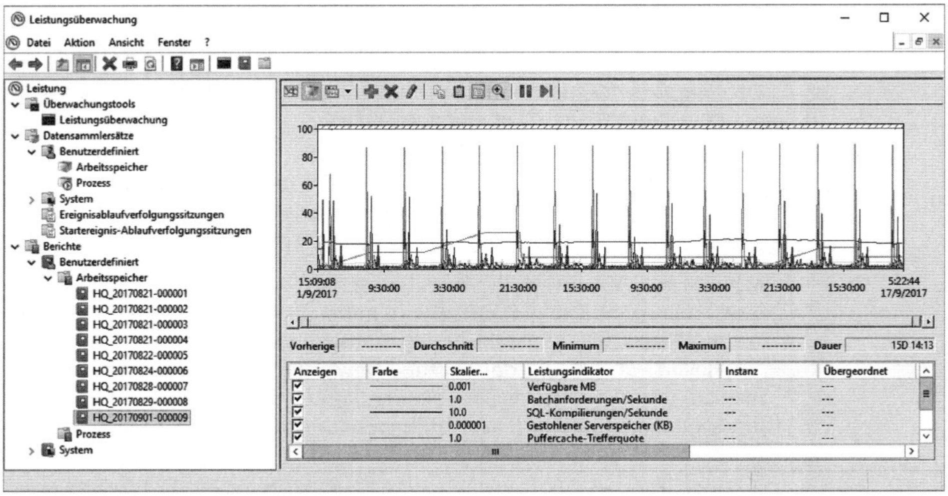

Abbildung 13.3 Die Windows-Leistungsüberwachung. Statt der Livedaten wird hier ein benutzerdefinierter Bericht mit Daten angezeigt, die während der letzten 15 Tage mit einem benutzerdefinierten Sammlersatz erfasst wurden.

Wichtige Leistungsindikatoren

Um die Integrität und Leistung Ihres SQL Server-Systems zu überwachen, sollten Sie die im Folgenden genannten Leistungsindikatoren überwachen. Wir haben in diesem Buch nicht genug Platz, um sie alle genau zu beschreiben und zu erklären, wie die Messwerte zustande kommen. Anhand der angegebenen Richtlinien können Sie allerdings erkennen, wenn einer dieser Indikatoren aus der Reihe tanzt. In einem solchen Fall sollten Sie sich die Zeit nehmen, den Messwert genauer zu untersuchen.

In diesem Abschnitt geben wir nur selten konkrete Zahlen an. Wir schreiben also in der Regel nicht: »Der Wert von Indikator X sollte immer unter Y liegen.« Stattdessen sollten Sie Trends bestimmen, Messwerte zu Spitzenzeiten aufnehmen und untersuchen, wie sich die Messwerte bei Änderungen am Server, an den Abfragen und an der Konfiguration verhalten. Was auf einer Instanz mit intensiven Leselasten normal ist, kann auf einer Instanz mit umfangreichen Schreiblasten problematisch sein, und umgekehrt.

Wir geben jeweils an, wo die Messwerte im Dialogfeld *Leistungsindikatoren hinzufügen* der Leistungsüberwachung und ggf. auch in der dynamischen Verwaltungssicht `sys.dm_os_performance_counters` zu finden sind.

Durchschnittliche Zeit für Lese- oder Schreibvorgänge auf dem Datenträger

Leistungsüberwachung: `Physikalischer Datenträger: Mittlere Sek./Lesevorgänge` bzw. `Physikalischer Datenträger: Mittlere Sek./Schreibvorgänge`

DMV: Nicht verfügbar

Schauen Sie sich diesen Indikator jeweils für die einzelnen Volumes an. Die Instanz *_Total* ist in diesem Fall sinnlos. Betrachten Sie stattdessen die einzelnen Volumes, auf denen sich SQL

Server-Dateien befinden. Von allen Messwerten vermittelt dieser den klarsten Eindruck, ob die Serverleistung noch akzeptabel ist oder nicht. Nehmen Sie diese Messung während der schwersten Arbeitslasten und auch beim Durchführen von Sicherungen vor. Die durchschnittliche Zeit für eine Lese- oder Schreiboperation sollte unter 20 ms (0,02 s) liegen (da eine einzige Abfrage Tausende und sogar Millionen von Operationen umfassen kann). Ein Wert von unter 10 ms ist optimal und lässt sich mit modernen Speichersystemen durchaus erreichen. (Dies ist einer der seltenen Fälle, in denen Microsoft konkrete Zahlenwerte nennt, an denen wir uns orientieren können.) Spitzen mit sehr hohen Werten (etwa 0,1 s oder 100 ms) sind noch kein Grund zu starker Beunruhigung, aber wenn dieser Indikator zu Zeiten mit hoher Aktivität dauerhaft über 0,02 s liegt, ist das ein deutliches Zeichen für eine Überlastung des physischen E/A-Subsystems. Niedrige Werte für diesen Indikator sind jedoch kein Beweis für die Qualität oder Effizienz der Abfragen und Ausführungspläne, sondern spiegeln nur die Reaktion des Datenträgersubsystems wider. Der Leistungsindikator `Mittlere Sek./Übertragung` ist lediglich eine Kombination der Werte für Lese- und Schreibvorgänge und hat nichts mit dem Indikator `Übertragungen/s` zu tun. (Verwirrend, aber wahr!)

Lebenserwartung von Seiten

Leistungsüberwachung: `SQL Server: Buffer Manager: Page Life Expectancy (s)`

DMV: `MSSQL$`*`Instanz`*`: Buffer Manager: Page life expectancy`

Dieser Messwert gibt das Alter der Daten im Arbeitsspeicher an. Im Allgemeinen ist es gut, wenn die Datenseiten im Arbeitsspeicher zu einem gehobenen Alter reifen können, denn das bedeutet, dass ausreichend Arbeitsspeicher zur Verfügung steht, damit SQL Server Daten zur Verarbeitung von Lesevorgängen ablegen kann, ohne auf das Laufwerk auszuweichen. Je mehr Arbeitsspeicher einer SQL Server-Instanz zur Verfügung steht, umso länger können die Daten zwischengespeichert werden und umso höher ist damit das Durchschnittsalter der Seiten. Ein Wert von 300 s kann für einen Server mit 4 GB Arbeitsspeicher angemessen sein, für einen mit 64 GB ist er dagegen viel zu niedrig. Die Lebenserwartung der Seiten ist einer der unmittelbarsten Indikatoren für Speicherdruck, allerdings vermittelt sie kein Gesamtbild der Speichernutzung in SQL Server.

Puffercache-Trefferquote

Leistungsüberwachung: `SQL Server: Buffer Manager: Buffer Cache Hit Ratio`

DMV: `MSSQL$`*`Instanz`*`: Buffer Manager: Buffer cache hit ratio` dividiert durch `MSSQL$`*`Instanz`*`: Buffer Manager: Buffer cache hit ratio base`

Die möglichen Werte laufen von 0 bis 100, wobei 100 bedeutet, dass die Verarbeitung des gesamten aktuellen Datenverkehrs komplett aus dem Puffercache heraus erfolgte, während bei 0 alle Daten vom Laufwerk bezogen werden mussten. Dieser Indikator vermittelt kein Gesamtbild des Speicherdrucks, und gute hohe Werte (über 90 %) müssen noch lange nicht bedeuten, dass kein Speicherdruck vorliegt. Niedrige Werte dagegen sind ein deutliches Zeichen dafür, dass der Arbeitsspeicher für die aktuelle Arbeitslast nicht ausreicht, aber auch das kann irreführend sein, denn Sicherungen und Indexwartungsvorgänge können dafür sorgen, dass die Puffercache-Trefferquote auf fast null fällt. Trotzdem sollten Sie diesen Indikator zur Überwachung heranziehen. Dabei sind Werte von über 80 % wünschenswert.

Seitenlesevorgänge

Leistungsüberwachung: `SQL Server: Buffer Manager: Page reads/sec`

DMV: `MSSQL$`*`Instanz`*`: Buffer Manager: Page reads/sec`

Die Einordnung in die Kategorie *Buffer Manager* ist etwas irreführend, denn hierbei geht es nicht um Seitenlesevorgänge im Puffer, sondern um physische Seiten, die auf dem Laufwerk gelesen werden. Ein solcher Vorgang ist langsamer als das Lesen im Arbeitsspeicher. Bemühen Sie sich, diesen Wert zu senken, indem Sie Abfragen und die Indizierung und die Effizienz der Cachespeicherung optimieren. Als letzten Ausweg können Sie natürlich auch den Arbeitsspeicher des Servers vergrößern. Alle Arbeitslasten sind verschieden, aber ein Wert von 90 stellt eine grobe Richtschnur dar. Hohe Werte deuten auf ineffiziente Abfragen und Indizes in Lese-Schreib-Arbeitslasten oder auf Speichereinschränkungen bei leseintensiven Arbeitslasten hin.

Seiten im Arbeitsspeicher

Leistungsüberwachung: `Arbeitsspeicher: Seiten/s`

DMV: Nicht verfügbar

Ähnlich wie mit `Buffer Manager: Page Reads/sec` können Sie hiermit messen, wie viele Daten vom Laufwerk statt aus dem Arbeitsspeicher kommen. Dieser Wert gibt die Rate an, mit der Seiten vom Laufwerk in den Arbeitsspeicher geladen werden, und ist beim Start von SQL Server natürlich sehr hoch. Alle Arbeitslasten sind verschieden, aber ein Wert von 50 stellt eine grobe Richtschnur dar. Anhaltend hohe oder steigende Werte während typischer Produktionslasten deuten auf ineffiziente Abfragen und Indizes in Lese-Schreib-Arbeitslasten oder auf Speichereinschränkungen bei leseintensiven Arbeitslasten hin. Bei Sicherungs- und Wiederherstellungsoperationen, Massenkopiervorgängen und Datenextraktionen sind Spitzenwerte jedoch zu erwarten.

Batchanforderungen

Leistungsüberwachung: `SQL Server: SQL Statistics: Batch Requests/sec`

DMV: `MSSQL$`*`Instanz`*`: SQL Statistics: Batch Requests/sec`

Dies ist ein aggregiertes Maß der SQL Server-Benutzeraktivität. Anhaltend hohe Werte sind gut, denn sie bedeuten, dass die SQL Server-Instanz den Datenverkehr aufrechterhält. Wenn dieser Wert zu Spitzenzeiten sinkt, wird die SQL Server-Instanz durch verstärkte Benutzeraktivitäten überlastet.

Seitenfehler

Leistungsüberwachung: `Arbeitsspeicher: Seitenfehler/s`

DMV: Nicht verfügbar

Ein Seitenfehler tritt auf, wenn eine Anwendung eine Datenseite im Arbeitsspeicher sucht, aber feststellt, dass diese aufgrund der Speicherfluktuation nicht mehr vorhanden ist. Wurde die Seite nur verschoben, spricht man von einem weichen Seitenfehler. Befindet sie sich dagegen gar nicht im Arbeitsspeicher, sondern muss vom Laufwerk abgerufen werden, liegt ein harter Seitenfehler vor. Der Indikator `Seitenfehler/s` deckt beide Varianten ab. Seitenfehler sind ein Symptom der Speicherfluktuation, weshalb Sie begleitend dazu möglicherweise auch einen Abfall der Lebensdauer von Seiten feststellen. Spitzenwerte oder ein Aufwärtstrend sind ein Hinweis darauf, dass der Serverarbeitsspeicher für die Anforderungen der Anwendungen auf dem Computer nicht ausreicht, nicht nur für die von SQL Server.

Verfügbarer Arbeitsspeicher

Leistungsüberwachung: `Arbeitsspeicher: Verfügbare Bytes`, `Arbeitsspeicher: Verfügbare KB` und `Arbeitsspeicher: Verfügbare MB`

DMV: Abrufbar aus `sys.dm_os_ring_buffers` mit `WHERE ring_buffer_type = RING_BUFFER_RESOURCE_MONITOR` (siehe den vorherigen Abschnitt)

Dieser Indikator gibt an, wie viel Serverarbeitsspeicher zurzeit keiner Anwendung zugewiesen ist. Verfügbar ist der gesamte Serverarbeitsspeicher außer der insgesamt in `MAX_SERVER_MEMORY` für alle SQL Server-Instanzen eingestellten Menge, abzüglich des Arbeitsspeichers, der von anderen SQL Server-Features und -Diensten sowie anderen Anwendungen genutzt wird. Dies entspricht grob dem Wert für den verfügbaren Arbeitsspeicher, der im Task-Manager von Windows angezeigt wird.

Gesamter Arbeitsspeicher

Leistungsüberwachung: `SQL Server: Memory Manager: Total Server Memory (KB)`

DMV: `MSSQL$`*`Instanz`*`: Memory Manager: Total Server Memory (KB)`

Dies ist die Menge des Arbeitsspeichers, die SQL Server tatsächlich nutzt. Dieser Wert wird oft mit dem nächsten Indikator (`Target Server Memory`) verglichen. Er kann weit höher sein als das, was im Task-Manager als zugewiesener Arbeitsspeicher für die Hintergrundanwendung *SQL Server Windows NT – 64 Bit* angezeigt wird. Letzteres ist nur einen Teil des Arbeitsspeichers, den *Sqlserver.exe* steuert. Der Indikator `Total Server Memory` gibt den korrekten Wert an.

Sollarbeitsspeicher

Leistungsüberwachung: `SQL Server: Memory Manager: Target Server Memory (KB)`

DMV: `MSSQL$`*`Instanz`*`: Memory Manager: Target Server Memory (KB)`

Dies ist die Menge an Arbeitsspeicher, auf die SQL Server gern zugreifen *möchte*. Ist der Unterschied zwischen `Target Server Memory` und `Total Server Memory` größer als der Wert für den verfügbaren Arbeitsspeicher, dann verlangt SQL Server mehr Speicher, als Windows Server zurzeit erwerben kann. Schließlich wird SQL Server den gesamten Arbeitsspeicher verbrauchen, der ihm nach der Einstellung `MAX_SERVER_MEMORY` zur Verfügung steht, allerdings kann das eine Weile dauern.

Schützen wichtiger Arbeitslasten mit der Ressourcenkontrolle

Die Ressourcenkontrolle ist eine Funktion, die nur in der Enterprise Edition zur Verfügung steht. Damit können Sie die Ressourcen einschränken, die einzelne Verbindungen verbrauchen dürfen.

Zur Identifizierung der Verbindungen können Sie praktisch jede ihrer Eigenschaften heranziehen, z. B. den Anmeldenamen, den Hostnamen, den Anwendungsnamen usw. Anschließend können Sie die verfügbaren Ressourcen für eine einzelne Sitzung oder in Ressourcen festlegen. Dabei können Sie die MAXDOP-Einstellungen für diese Sitzungen überschreiben, ihre Priorität senken und die Nutzung der CPU, des Arbeitsspeichers und der Laufwerks-E/A für die einzelnen Sitzungen deckeln.

Damit ist es möglich, alle leseintensiven Abfragen von SQL Server Reporting Services, lang andauernde Berichte von einer Drittanbieteranwendung oder Dashboard- und Suchabfragen, die einen anderen Anwendungsnamen oder eine andere Anmeldung verwenden, zu identifizieren und im Ganzen auf 25 % der CPU, der Festplatten-E/A oder des SQL Server-Arbeitsspeichers zu beschränken. SQL Server setzt diese Grenzwerte durch, was die betroffenen Abfragen verlangsamen kann, wohingegen die wichtigen Lese-Schreib-Arbeitslasten mit 75 % der Serverressourcen weiterlaufen können.

Beachten Sie aber, dass beispielsweise die Beschränkung lang andauernder SELECT-Anweisungen durch die Ressourcenkontrolle keine Sperrprobleme aufgrund von Parallelität löst. Vorgehensweisen bei solchen Problemen werden in Kapitel 9 aufgezeigt. Denken Sie daran, dass der Tabellenhinweis NOLOCK und die Isolationsstufe READ_UNCOMMITTED gefährliche und ungeschickte Methoden zur Lösung von Parallelitätsproblemen in Anwendungen sind.

Die Ressourcenkontrolle ist für die Anwendungen unsichtbar. Es sind auch keine Codeänderungen an den Abfragen erforderlich, um die Ressourcenkontrolle nutzen zu können.

In der Enterprise Edition werden alle Sitzungen auf zwei Gruppen aufgeteilt. Gruppe 1 mit dem Namen system besteht aus internen Systemabfragen des Datenbankmoduls, während Gruppe 2 oder default für alle Benutzerabfragen da ist. In der Standard Edition gibt es keine Ressourcenkontrolle, sodass es nur die Gruppen-ID 1 gibt. Eine Aufstellung der aktuellen Gruppen finden Sie in der dynamischen Verwaltungssicht sys.resource_governor_workload_groups.

Einrichten der Klassifizierungsfunktion

Bevor Sie die Ressourcenkontrolle einschalten, müssen Sie in der Datenbank master eine Klassifizierungsfunktion erstellen, die beim Anlegen jeder neuen Sitzung ausgeführt wird.

Diese Funktion können Sie ganz nach Ihrem Gusto gestalten. Denken Sie aber daran, dass sie für jede neue Verbindung ausgeführt wird, sodass sie so wirtschaftlich und einfach wie nur möglich sein sollte. Fragen Sie darin keine Benutzerressourcen wie Tabellen in einer Benutzerdatenbank ab, da dies zu einer merkbaren Verzögerung beim Erstellen der Verbindung sorgen kann.

Die Klassifizierungsfunktion muss einen Wert vom Datentyp Sysname mit dem Namen der Gruppe zurückgeben, der Sie die neue Verbindung zuordnen wollen. Eine Gruppe ist hier einfach ein Behälter für Sitzungen. Wird kein Gruppenname angegeben, so wird die Verbindung in die Standardgruppe (default) gestellt. Denken Sie daran, dass es diese Standardgruppe ist, die Sie schützen wollen. Sie enthält »alle anderen« Sitzungen einschließlich der geschäftsentscheidenden Verbindungen, die anwendungskritische Funktionen, Schreibvorgänge usw. ausführen.

Der folgende Beispielcode definiert eine Klassifizierungsfunktion, die für alle Abfragen von zwei bekannten (fiktiven) Berichtsservern den Gruppennamen GovGroupReports zurückgibt.

In den Kommentaren sind noch andere Beispielfunktionen zur Identifizierung von Verbindungen angegeben, wobei es noch viel mehr Möglichkeiten gibt.

```
CREATE FUNCTION dbo.fnCLASSIFIER() RETURNS sysname
WITH SCHEMABINDING AS
BEGIN
  -- Alle nicht klassifizierten Anforderungen werden der Gruppe default
  -- zugeschlagen
  DECLARE @grp_name sysname
IF (
-- Verwendet integrierte Funktionen für Verbindungsstringeigenschaften
  HOST_NAME() IN ('reportserver1','reportserver2')
  --OR APP_NAME() IN ('some application')
  --AND SUSER_SNAME() IN ('whateveruser')
)
BEGIN
  SET @grp_name = 'GovGroupReports';
END
RETURN @grp_name
END;
```

Nachdem Sie die Funktion erstellt haben, müssen Sie sie (unter einem beliebigen Namen) als Klassifizierungsfunktion für die Ressourcenkontrolle der vorliegenden Instanz registrieren:

```
-- Registriert die Klassifizierungsfunktion bei der Ressourcenkontrolle
ALTER RESOURCE GOVERNOR WITH (CLASSIFIER_FUNCTION= dbo.fnCLASSIFIER);
```

Die Ressourcenkontrolle ist damit jedoch noch nicht aktiv. Bevor Sie sie einschalten können, müssen Sie noch die im folgenden Abschnitt aufgezeigten Einrichtungsarbeiten vornehmen.

Einrichten von Pools und Gruppen

Der nächste Schritt besteht darin, Pools (zur gemeinsamen Nutzung durch mehrere Sitzungen) und Gruppen (für einzelne Sitzungen) einzurichten. Gehen Sie bei der Konfiguration der Ressourcenkontrolle graduell vor und vermeiden Sie es, umfangreiche Änderungen vorzunehmen oder den Gruppen von Anfang an erhebliche Einschränkungen aufzuerlegen.

Wenn Sie über eine Vorproduktion mit der Developer Edition verfügen, in der Sie die Auswirkungen der Ressourcenkontrolle auf Arbeitslasten in einem realistischen Umfeld testen können, sollten Sie das auch tun.

Den folgenden Beispielcode können Sie als Vorlage nutzen, um einen ersten Pool und eine erste Gruppe anzulegen. Wenn Sie Ihre Sitzungen noch feiner unterteilen, können Sie mehrere Gruppen verwenden, die zum selben Pool gehören, und mehrere Pools mit unterschiedlichen Grenzwerten. In dem Code finden Sie auch auskommentierte Beispiele für andere Verwendungszwecke der Ressourcenkontrolle.

In diesem Beispiel erstellen wir einen Pool, der alle betroffenen Sitzungen auf 50 % des Arbeitsspeichers der Instanz beschränkt. Die ebenfalls angelegte Gruppe schränkt jede einzelne Abfrage auf 30 % des Arbeitsspeichers ein und erzwingt überdies für alle Sitzungen einen MAXDOP-Wert von 1, wobei widersprechende Einstellungen auf Server-, Datenbank- und Abfrageebene außer Kraft gesetzt werden:

```
CREATE RESOURCE POOL GovPoolMAXDOP1;
CREATE WORKLOAD GROUP GovGroupReports;
GO
ALTER RESOURCE POOL GovPoolMAXDOP1
WITH (-- MIN_CPU_PERCENT = value
    --,MAX_CPU_PERCENT = value
    --,MIN_MEMORY_PERCENT = value
    MAX_MEMORY_PERCENT = 50
);
GO
ALTER WORKLOAD GROUP GovGroupReports
WITH (
    --IMPORTANCE = { LOW | MEDIUM | HIGH }
    --,REQUEST_MAX_CPU_TIME_SEC = value
    --,REQUEST_MEMORY_GRANT_TIMEOUT_SEC = value
    --,GROUP_MAX_REQUESTS = value
    REQUEST_MAX_MEMORY_GRANT_PERCENT = 30
    , MAX_DOP = 1
)
USING GovPoolMAXDOP1;
```

Hinweis

Eine vollständige Dokumentation der Einschränkungsmöglichkeiten für Gruppen und Pools erhalten Sie auf *https://docs.microsoft.com/sql/t-sql/statements/alter-workload-group-transact-sql* bzw. *https://docs.microsoft.com/sql/t-sql/statements/alter-resource-pool-transact-sql*.

Nachdem Sie die Klassifizierungsfunktion, die Gruppen und Pools eingerichtet haben, können Sie die Ressourcenkontrolle mit der folgenden Abfrage einschalten und in den Arbeitsspeicher laden. Danach werden neue Sitzungen von der Klassifizierungsfunktion den entsprechenden Gruppen zugeteilt. Den Befehl RECONFIGURE müssen Sie auch verwenden, um die Änderungen an der Ressourcenkontrolle anzuwenden:

```
-- Startet oder ändert die Ressourcenkontrolle
ALTER RESOURCE GOVERNOR RECONFIGURE;
```

Zum Ausschalten gehen Sie wie folgt vor:

```
-- Schaltet die Ressourcenkontrolle aus
ALTER RESOURCE GOVERNOR DISABLE;
```

Nach dem Ausschalten unterliegen die vorhandenen Sitzungen weiterhin den Einschränkungen der Ressourcenkontrolle. Neue Verbindungen aber werden nicht mehr in Gruppen eingeteilt.

Wenn Sie die Ressourcenkontrolle eingeschaltet haben, können Sie ihren Status und den Namen der Klassifizierungsfunktion mit dem folgenden Beispielskript abfragen:

```
SELECT rgc.is_enabled, o.name

FROM sys.resource_governor_configuration AS rgc
INNER JOIN master.sys.objects AS o
ON rgc.classifier_function_id = o.object_id
    INNER JOIN master.sys.schemas AS s
        ON o.schema_id = s.schema_id;
```

Überwachen von Pools und Gruppen

Die Spalte `Group_ID` in `sys.dm_exec_requests` und `sys.dm_exec_sessions` gibt an, zu welcher Ressourcenkontrollgruppe eine Anforderung oder Sitzung gehört. Gruppen sind Mitglieder von Pools. Die Gruppen und Pools können Sie mit den dynamischen Verwaltungssichten `sys.resource_governor_workload_groups` bzw. `sys.resource_governor_resource_pools` abfragen. Die folgende Beispielabfrage gibt die Anzahl der Sitzungen zurück, die den einzelnen Gruppen zugewiesen wurden. Dabei steht die Gruppen-ID 1 für die interne Systemgruppe und die ID 2 für die Standardgruppe. Die IDs aller anderen Gruppen legen Sie als Administrator selbst fest.

```
SELECT
rgg.group_id, rgp.pool_id
, Pool_Name = rgp.name, Group_Name = rgg.name
, session_count= ISNULL(count(s.session_id) ,0)
FROM sys.dm_resource_governor_workload_groups AS rgg
LEFT OUTER JOIN sys.dm_resource_governor_resource_pools AS rgp
ON rgg.pool_id = rgp.pool_id
LEFT OUTER JOIN sys.dm_exec_sessions AS s
ON s.group_id = rgg.group_id
GROUP BY rgg.group_id, rgp.pool_id, rgg.name, rgp.name
ORDER BY rgg.name, rgp.name;
```

▶ **In der (veralteten) Anleitung zur Fehlerbehebung für die Ressourcenkontrolle auf *https://technet.microsoft.com/library/cc627395%28v=sql.105%29.aspx* finden Sie eine Liste mit den Nummern der Fehler, die die Ressourcenkontrolle ausgibt, und ihrer Bedeutung.**

Das neue Servicemodell

Mit den neuen SQL Server-Versionen mussten Datenbankadministratoren und IT-Abteilungsleiter ihren Aktivitätsgrad an neue Gegebenheiten anpassen. Niemand kann vor einem Umstieg zu einer neuen Version jetzt noch sagen: »Warten wir lieber erst mal das erste Service Pack ab!«, da es keine Service Packs mehr gibt.

Das neue Modell

Microsoft verwendet ein neues Modell für den Produktlebenszyklus. Früher enthielt das Servicemodell Service Packs (SPs), kumulative Updates (CUs) und General Distribution Releases (GDRs). Seit SQL Server 2017 dagegen gilt Folgendes:

- Es werden keine Service Packs mehr veröffentlicht.
- Kumulative Updates werden während der ersten zwölf Monate nach dem allgemeinen Release monatlich herausgegeben, in den verbleibenden vier der fünf Jahre des grundlegenden Supports nur noch vierteljährlich.
- Die kumulativen Updates enthalten jetzt lokalisierte Inhalte und werden nach einem festgelegten Zeitplan ausgeliefert, zurzeit immer am dritten Dienstag des Monats.
- Anders als früher gibt es für GDR-Patches (die nur sicherheitsrelevante Korrekturen enthalten) keinen eigenen Aktualisierungspfad zwischen den CUs.

In den letzten Jahren hat Microsoft immer wieder gesagt, dass es keinen Grund gibt, auf ein Service Pack zu warten, da das allgemein verfügbare Release sowohl intern von der Abteilung für Qualitätssicherung von Microsoft als auch extern von Preview-Kunden getestet wurde. Das Unternehmen hat überdies erklärt, dass sowohl die CTP- als auch die RC-Version von SQL Server 2016 und 2017 (Community Technology Preview bzw. Release Candidate), also die Stufen unmittelbar vor der Marktfreigabe, bei ausgewählten Kunden gründlich in der Produktion getestet wurden. Wenn Sie es mit dickköpfigen oder reaktionären Kunden oder Vorgesetzten zu tun haben, die unter dem neuen Modell nach einer Entsprechung für das »erste Service Pack« suchen, können Sie ein willkürlich ausgewähltes kumulatives Update auswählen, etwa CU2.

Der Lebenszyklus des Produktsupports

Wenn Sie eine bestimmte Version von SQL Server langfristig nutzen wollen, müssen Sie den folgenden Lebenszyklus beachten:

- 0 bis 5 Jahre: Grundlegender Support

  Sicherheits- und funktionale Probleme werden durch kumulative Updates behoben. Es kann auch GDRs mit Lösungen ausschließlich für Sicherheitsprobleme geben.

- 6 bis 10 Jahre: Erweiterter Support

  Nur kritische Funktionsprobleme werden behoben. Sicherheitsprobleme können nach wie vor durch GDRs gelöst werden.

- 11 bis 16 Jahre: Premium-Support

  Der erweiterte Support kann optional gebührenpflichtig verlängert werden.

Kapitel 14

Automatisierte Verwaltung von SQL Server

In diesem Kapitel geht es um die gängigen Vorgehensweisen zur Automatisierung der Verwaltung von SQL Server-Instanzen. Dabei beschäftigen wir uns mit dem Standardwerkzeug für die Automatisierung, nämlich dem SQL Server-Agent, mit grundlegenden Wartungsverfahren, etwa den Wartungsplänen von SQL Server Management Studio, mit Verfahren zur Verwaltung mehrerer SQL Server-Computer, einschließlich MSX/TSX-Konfigurationen (Master/Target-Agent-Server), und mit Ereignisweiterleitung und richtliniengestützter Verwaltung (Policy-Based Management, PBM). Abschließend erhalten Sie eine Einführung in PowerShell mit realistischem Beispielcode. Bis auf die PowerShell, deren Befehle auf einem Windows Server-Computer ausgeführt werden müssen, gibt es dabei kaum Unterschiede zwischen SQL Server-Instanzen auf Windows und auf Linux. Gibt es Abweichungen bei Linux, so weisen wir eigens darauf hin.

Azure SQL-Datenbank werden wir in diesem Kapitel nur selten erwähnen, da diese Plattform viele der in diesem Kapitel behandelten Aspekte selbst automatisiert, darunter die Leistungsoptimierung und die Sicherung. Es ist nicht notwendig, dort eine grundlegende Automatisierung einzurichten. Wenn Sie mehr Kontrolle benötigen, können Sie auf das neue Azure-Feature der verwalteten Instanzen zurückgreifen. Azure SQL-Datenbank hat sich zu einer leistungsfähigen cloudgestützten Plattform als Ergänzung zu SQL Server weiterentwickelt. Weder ersetzt sie lokale SQL Server-Instanzen, noch deckt sie deren Funktionsumfang oder Zweck vollständig ab.

Komponenten für die automatisierte Verwaltung von SQL Server

Mithilfe von Datenbank-E-Mail kann SQL Server E-Mails senden, um Datenbankadministratoren über das Ergebnis von Aufträgen des SQL Server-Agents zu benachrichtigen und über Leistungsprobleme und Fehler zu warnen. Mit Aufrufen der gespeicherten Prozedur `sp_send_dbmail` in T-SQL-Code sind auch benutzerdefinierte Benachrichtigungen möglich. Der SQL Server-Agent ist das Automatisierungsmodul, das in allen Editionen von SQL Server außer Express zur Verfügung steht. Diese beiden Kernelemente wollen wir uns im Folgenden genauer ansehen. Sie werden sowohl in Windows als auch in Linux vollständig unterstützt.

Datenbank-E-Mail

Datenbank-E-Mail sendet E-Mail mithilfe des Protokolls SMTP (Simple Mail Transfer Protocol). Dieser Prozess wird absichtlich außerhalb von SQL Server in der eigenen ausführbaren Datei *DatabaseMail.exe* ausgeführt, die vom Service Broker asynchron gestartet wird. E-Mails werden mithilfe der Service Broker-Technologie asynchron und außerhalb des SQL Server-Prozesses gehandhabt. Dadurch werden die beiden Prozesse voneinander getrennt, was jegliche Auswirkungen auf die Leistung der SQL Server-Instanz ausschließt.

Einrichten von Datenbank-E-Mail

Um automatisch erstellte E-Mails empfangen zu können, müssen Sie Datenbank-E-Mail einrichten und dann den SQL Server-Agent so konfigurieren, dass er das von Ihnen angelegte Datenbank-E-Mail-Profil nutzt. Als Erstes verwenden Sie dazu den Assistenten zum Konfigurieren von Datenbank-E-Mail, den Sie in SQL Server Management Studio im Ordner *Verwaltung* finden. Darin müssen Sie ein Profil und ein zugehöriges Konto einrichten.

Der Assistent schaltet die Funktion Datenbank-E-Mail in der Facette *Oberflächenkonfiguration* der SQL Server-Instanz ein. Das müssen Sie nur einmal tun. Datenbank-E-Mail ist eine der wenigen Eigenschaften dieser Facette, die Sie in den meisten SQL Server-Instanzen einschalten sollten.

▶ **Mehr über die Oberflächenkonfiguration in SQL Server-Instanzen erfahren Sie in Kapitel 4.**

Ein Datenbank-E-Mail-Profil kann öffentlich oder privat sein. Auf ein privates Profil haben nur ausgewählte Serverprinzipale (Benutzer oder Rollen in Datenbanken) Zugriff. Ein öffentliches Profil dagegen ist für jeden Prinzipal zugänglich, der zur integrierten Datenbankrolle `DatabaseMailUsersRole` in der Datenbank `msdb` gehört.

Am besten ist es, ausschließlich private Profile zu nutzen, auf die nur die Inhaber der Anmeldeinformationen Zugriff haben, die zum Senden von E-Mails verwendet werden. In einer Multimandantenumgebung oder einer Umgebung, auf die auch externe Entwickler und Hersteller zugreifen können, ist das unverzichtbar. In abgeschirmten Umgebungen ist diese Vorgehensweise als Schutz gegen den missbräuchlichen Versand von E-Mails nützlich.

Für das Datenbank-E-Mail-Profil können Sie eine beliebige SMTP-Konfiguration einrichten, auch mit nicht standardmäßigen Ports und mit SSL (Secure Sockets Layer). Möglich sind dabei Windows-Authentifizierung (was üblich ist, wenn sich die SMTP-Server in derselben Domäne befinden), Standardauthentifizierung (üblich für Webauthentifizierung) und gar keine Authentifizierung (üblich für anonyme Relays im lokalen Netzwerk, wobei gewöhnlich eine Liste zugelassener IP-Adressen verwendet wird).

Für Datenbank-E-Mail können Sie jeden erreichbaren SMTP-Server nutzen, auch einen im Web. Wenn Sie Datenbank-E-Mail zu Testzwecken einrichten und keinen internen SMTP-Server zur Verfügung haben, können Sie sogar ein Hotmail- oder ein anderes Webmailkonto verwenden. Allerdings ist ein interner SMTP-Server mit Windows-Authentifizierung und einem Dienstkonto zu bevorzugen. Für Azure-IaaS-Umgebungen (Infrastruktur als Dienst) ohne interne SMTP-Einrichtungen bildet SendGrid eine mögliche und häufig verwendete SMTP-Lösung.

▶ **Weitere Informationen erhalten Sie auf *https://docs.microsoft.com/azure/sendgrid-dotnet-how-to-send-email.***

Nachdem Sie die SMTP-Einstellungen Ihres Kontos eingerichtet haben (die Sie später noch testen müssen), können Sie in Ihrem Datenbank-E-Mail-Konto die folgenden Optionen anpassen:

- **Wiederholungsversuche für das Konto** Diese Einstellung sollten Sie am besten auf dem Standardwert 1 belassen, um übermäßige Wiederholungsversuche zu vermeiden, bei denen das Konto gesperrt werden oder die Spamerkennung anspringen könnte.
- **Wiederholungsverzögerung für das Konto (Sekunden)** Auch hier sollten Sie den Standardwert von 60 Sekunden aus denselben Gründen wie bei der Anzahl der Wiederholungsversuche nicht ändern.
- **Maximale Dateigröße (Bytes)** Der Standardwert beträgt etwa 1 MB. Ändern Sie ihn nur, wenn es nötig ist.
- **Unzulässige Erweiterungen für Anlagendateien** Gibt an, welche Arten von Dateien nicht gesendet werden dürfen. Diese Einstellung wird insbesondere bei Drittanbieterentwicklung und in Mehrmandantenumgebungen genutzt. Die unzulässigen Dateierweiterungen sind in einer kommagetrennten Liste angegeben, wobei der Standardwert `exe,dll,vbs,js` lautet.
- **Minimale Lebensdauer der ausführbaren Datei von Datenbank-E-Mail (Sekunden)** Der Standardwert beträgt 10 Minuten, wobei der Zähler nach dem Senden der E-Mail-Nachricht gestartet wird. Werden innerhalb dieses Zeitraums keine weiteren Nachrichten gesendet, so wird der Datenbank-E-Mail-Prozess angehalten. Muss eine neue Mail gesendet werden, so wird er wieder gestartet. Wenn so etwas geschieht, werden im Protokoll für Datenbank-E-Mail Einträge angezeigt, die angeben, dass der Datenbank-E-Mail-Prozess heruntergefahren bzw. gestartet wurde.
- **Protokolliergrad** Der Standardwert ist *Erweitert*. Dabei werden die grundlegenden Start-, Beendigungs- und Fehlermeldungen in das Protokoll aufgenommen. Für die Fehlersuche in Datenbank-E-Mail können Sie diese Einstellung in *Ausführlich* ändern, um mehr Informationen zu erhalten. Wenn Sie nur die Fehlermeldungen sehen und die rein informativen Einträge unterdrücken wollen, wählen Sie *Normal*.

Nachdem Sie ein Profil und ein Konto für Datenbank-E-Mail eingerichtet haben, können Sie in SQL Server Management Studio eine Test-E-Mail senden. Rechtsklicken Sie dazu auf *Datenbank-E-Mail* und wählen Sie im Kontextmenü *Test-E-Mail senden*. Sie können dazu auch den folgenden T-SQL-Code verwenden:

```
exec msdb.dbo.sp_send_dbmail
@recipients ='IhrName@Domäne.com',
@subject ='test';
```

Da der Parameter `@profile` nicht angegeben ist, wird das private Standardprofil für den aktuellen Benutzer verwendet, falls eines vorhanden ist, und sonst das öffentliche Standardprofil.

Damit ist alles getan, was erforderlich ist, damit Entwickler und Anwendungen Nachrichten per Datenbank-E-Mail senden können. Damit der SQL Server-Agent E-Mails über das Ergebnis von Aufträgen sowie Warnungen senden kann, müssen Sie in ihm einen *Operator* einrichten und sein Warnsystem so einstellen, dass es das Datenbank-E-Mail-Profil verwendet. Den SQL Server-Agent und seine Konfiguration sehen wir uns weiter hinten in diesem Kapitel noch ausführlicher an.

Festhalten des E-Mail-Verlaufs in der Datenbank msdb Die von Datenbank-E-Mail gesendeten Nachrichten werden in die Tabelle dbo.sysmail_mailitems der Datenbank msdb gestellt. Wie Sie sich denken können, nehmen die Daten in den msdb-Tabellen für Datenbank-E-Mail zu und können dabei einen unhandlichen Umfang annehmen, sodass Abfragen an diesen Tabellen viel Zeit in Anspruch nehmen. Es gibt keinen automatischen Prozess, um diese Tabellen in einer handhabbaren Größe zu halten. Allerdings steht eine gespeicherte Prozedur zur Verfügung, um ältere Nachrichten zu löschen. Auf *https://docs.microsoft.com/sql/relational-databases/database-mail/create-a-sql-server-agent-job-to-archive-database-mail-messages-and-event-logs* wird außerdem beschrieben, wie Sie Archivtabellen und einen Auftrag des SQL Server-Agents für die Pflege der Daten in diesen Tabellen einrichten.

Fehlerbehebung in Datenbank-E-Mail

Das Protokoll für Datenbank-E-Mail haben wir bereits erwähnt. Es gibt aber noch andere Diagnosemöglichkeiten.

Untersuchen der protokollierten E-Mail in msdb Wenn der SMTP-Server nicht erreichbar ist oder der Datenbank-E-Mail-Prozess nicht zur Verfügung steht, werden die Nachrichten in die Tabelle dbo.sysmail_mailitems der Datenbank msdb gestellt.

Die Datenbank msdb enthält Metadatentabellen für Datenbank-E-Mail, darunter auch msdb.dbo.sysmail_allitems, die sämtliche ausgehenden E-Mail-Aktivitäten aufzeichnet. Suchen Sie darin nach Elementen, bei denen sent_status einen anderen Wert als sent hat, um Nachrichten zu finden, die nicht erfolgreich gesendet wurden:

```
-- Findet ungesendete E-Mails
SELECT m.send_request_date, m.recipients, m.copy_recipients, m.blind_copy_
recipients
, m.[subject], m.send_request_user, m.sent_status
FROM msdb.dbo.sysmail_allitems m
WHERE
-- Zeigt nur Einträge der letzten Tage
m.send_request_date > dateadd(day, -3, sysdatetime())
-- Mögliche Werte sind sent (erfolgreich), unsent (in Verarbeitung), retrying
-- (fehlgeschlagen, es wird aber ein neuer Versuch unternommen), failed
-- (keine weiteren Versuche mehr)
AND m.sent_status<>'sent' ORDER BY m.send_request_date DESC;
```

Des Weiteren gibt es in msdb die Sicht dbo.sysmail_unsentitems, die den Filter (sent_status = 'unsent' OR sent_status = 'retrying' verwendet. Für sent_status gibt es die vier möglichen Werte sent, unsent, retrying und failed.

Hinweis

Die vorstehende Abfrage ist nicht zur Fehlersuche dafür geeignet, dass E-Mails mit abonnierten Berichten in SQL Server Reporting Services fehlschlagen. Für diese E-Mails verwendet SQL Server Reporting Services einen ganz anderen Prozess, eine andere SMTP-Konfiguration und eine andere Art der Authentifizierung. In einem solchen Fall müssen Sie sich die Protokolldateien für SQL Server Reporting Services im Ordner *%programfiles%\Microsoft SQL Server Reporting Services\SSRS\LogFiles* ansehen.

Zulassen anonymer Relays für die anonyme Authentifizierung Wenn Sie intern eine anonyme Authentifizierung mit Microsoft Exchange verwenden, stellen Sie sicher, dass das interne anonyme SMTP-Relay über einen dedizierten Empfangskonnektor verfügt, der die anonyme Weiterleitung zulässt. Ein solcher Konnektor sollte nur wenige interne Hosts zulassen, darunter Ihre SQL Server-Computer.

Die Authentifizierung am SMTP-Server ist wahrscheinlich die Ursache, wenn Sie im Datenbank-E-Mail-Protokoll nach dem versuchten Senden von E-Mails Fehlermeldungen wie die folgenden finden:

```
E-Mails können nicht an den Mailserver gesendet werden. Postfach nicht verfügbar.
Die Serverantwort war: 5.7.1 Unable to relay
```

Oder:

```
E-Mails können nicht an den Mailserver gesendet werden. Postfach nicht verfügbar.
Die Serverantwort war: 5.7.1 Service unavailable
```

Aktivieren des Service Brokers für msdb Wenn Sie die Datenbank `msdb` wiederhergestellt oder wenn Sie Datenbank-E-Mail zum ersten Mal eingerichtet haben, kann es sein, dass der Service Broker für `msdb` nicht eingeschaltet ist. Das können Sie anhand des Felds `is_broker_enabled` in der Systemkatalogsicht `sys.databases` überprüfen. Ist der Wert `0`, ist der Service Broker tatsächlich ausgeschaltet. Sie erhalten die folgende selbsterklärende Fehlermeldung:

```
Nachricht 14650, Stufe 16, Status 1, Prozedur msdb.dbo.sp_send_dbbail, Zeile 73
[Batchstartzeile 18] Die Service Broker-Nachrichtenübermittlung ist in dieser
Datenbank nicht aktiviert. Aktivieren Sie sie mit der ALTER DATABASE-Anweisung.
```

Um den Service Broker in `msdb` einzuschalten, müssen Sie zunächst den SQL Server-Agent Dienst anhalten und alle aktiven Verbindungen zu `msdb` schließen und dann den folgenden Code ausführen:

```
ALTER DATABASE msdb SET ENABLE_BROKER;
```

Der SQL Server-Agent

Der SQL Server-Agent ist die SQL Server-eigene Plattform zur Automatisierung von internen Aufgaben, Wartungsvorgängen, der Protokoll- und Dateiaufbewahrung und sogar von Sicherungen. Er ähnelt dem Aufgabenplaner von Windows, bietet aber eine Reihe von Vorteilen für die Automatisierung von SQL Server-Aufgaben, etwa das Zusammenspiel mit den Sicherheitseinrichtungen, der Authentifizierung und Protokollierung von SQL Server und die native T-SQL-Programmierung. Der SQL Server-Agent kann viele der Aufgaben ausführen, die auch der Aufgabenplaner beherrscht, unter anderem die Ausführung von CmdExec- und PowerShell-Befehlen. Konfigurations-, Verlaufs- und Metadaten des SQL Server-Agents werden in der Datenbank `msdb` aufbewahrt.

Einrichten von Aufträgen

Ein Auftrag besteht aus einer Abfolge von Schritten, wobei der Typ eines Schritts bestimmt, welche Aktionen möglich sind. Beim Vorliegen bestimmter Bedingungen kann ein Auftrag automatisch gestartet werden. Das kann nach einem vorab festgelegten Zeitplan erfolgen, als Reaktion auf eine Warnung, als Resultat der gespeicherten Prozedur `sp_tart_job` in `msdb`, beim Start des SQL Server-Agents oder wenn sich der Hostcomputer im Leerlauf befindet.

In SQL Server Management Studio können Sie auch ein vollständiges Skript für einen Auftrag generieren lassen. Damit sind eine Wiederherstellung, eine Migration auf andere Server und eine Quellcodesteuerung möglich. Aufträge werden zusammen mit der Datenbank `msdb` gesichert, Sie können aber auch die Skripte zur Sicherung und Migration verwenden.

Im Eigenschaftendialogfeld eines Auftrags können Sie erkennen, dass die Schritte nicht zwangsläufig linear ausgeführt werden müssen. Sie können einen Auftrag so einrichten, dass er standardmäßig mit einem bestimmten Schritt beginnt, beim Starten des Auftrags aber auch manuell einen anderen Anfangsschritt festlegen. Jeder Schritt meldet, ob er erfolgreich erledigt wurde oder fehlgeschlagen ist, und Sie können festlegen, ob beim Fehlschlag eines Schritts der ganze Auftrag fehlschlagen oder einfach zum nächsten Schritt übergehen soll. Diese Aktionen beim Abschluss eines Schritts definieren Sie auf der Seite *Erweitert* des Eigenschaftendialogfelds für einen Auftragsschritt. Um sich die Verwaltung zu erleichtern, sollten Sie allerdings dafür sorgen, dass die Auftragsschritte so linear wie möglich ausgeführt werden.

Aufträge können in Kategorien eingeteilt werden, was bei vielen vom System generierten Aufträgen (z. B. für die Replikation) auch der Fall ist. Um in SQL Server Management Studio eine eigene Kategorie anzulegen, rechtsklicken Sie auf den Ordner *Aufträge* unterhalb von SQL Server-Agent und wählen im Kontextmenü *Kategorien verwalten*. Die Verwendung von Kategorien hilft bei der Berichterstattung, Wartung, Neubereitstellung und Migration von Aufträgen.

Die Sicherheit von Auftragsschritten

SQL Server-Agent-Aufträge lassen sich in SQL Server Management Studio auf einfache Weise erstellen. Viele Entwickler und Administratoren überspringen dabei jedoch einen wichtigen Schritt, nämlich die Einrichtung von Anmeldeinformationen und Proxies für die Schritte des Auftrags. Die sicherste Möglichkeit, einen Auftrag auszuführen, besteht darin, einen Proxy zu verwenden und nicht das Dienstkonto des SQL Server-Agents oder einen anderen benannten Benutzer. Mithilfe von Proxies können Administratoren die Schritte des Auftrags unter besonderen Anmeldeinformationen ausführen lassen, anstatt dem Dienstkonto des SQL Server-Agents Zugriff auf alles zu geben, was für den Auftrag benötigt wird.

Proxies können für alle Typen von Auftragsschritten bis auf einen verwendet werden. Es ist nicht möglich, ein T-SQL-Skript mithilfe eines Proxys auszuführen. Ein T-SQL-Schritt muss im Sicherheitskontext des Auftragsbesitzers laufen, sofern der Besitzer kein Systemadministrator ist, oder sonst unter dem Dienstkonto des SQL Server-Agents.

Für alle anderen Arten von Auftragsschritten gibt es jedoch einen Proxy. Auf der Eigenschaftenseite für einen Schritt können Sie unter *Ausführen als* angeben, dass ein Proxy verwendet werden soll. Bei jeder Ausführung eines Auftragsschritts prüft der SQL Server-Agent den Zugriff auf das Subsystem, um zu verifizieren, dass die Sicherheitseinstellungen nicht geändert wurden.

Einen Proxy können Sie mit einem oder mehreren Subsystemen verknüpfen. Sie sollten jedoch nicht einen einzigen Proxy für alle Subsysteme erstellen, sondern jeweils eigene Proxies für die verschiedenen Sicherheitsanforderungen und Subsysteme der Auftragsschritte anlegen.

Wenn kein Proxy angegeben ist, muss der Auftrag einem Mitglied der Rolle `sysadmin` gehören, um andere Auftragsschritte als den T-SQL-Schritt ausführen zu können. Diese Schritte laufen dann unter dem Dienstkonto des SQL Server-Agents, was aus zwei Gründen nicht gut ist:

- Das Dienstkonto des SQL Server-Agents sollte keine lokalen Administratorrechte auf dem Server haben, um das Betriebssystem vor einem möglichen Missbrauch von SQL Server-Agent-Aufträgen zu schützen. Dienstkonten werden in Kapitel 4 und 6 behandelt.
- Das Dienstkonto des SQL Server-Agents muss ein Mitglied der Serverrolle `sysadmin` sein. Daher hat es in SQL Server viel mehr Rechte, als für die Ausführung von SQL Server-Agent-Aufträgen erforderlich sind.

Des Weiteren benötigt der Besitzer des Auftrags die Berechtigungen zur Nutzung der Proxy-Subsysteme, die von den Schritten des Auftrags verwendet werden. Die Verwendung von Proxies ist auch wichtig, da Auftragsschritte oft auf andere Server zugreifen müssen und Proxies Ihnen die Möglichkeit geben, eng begrenzte Rechte für andere Ressourcen gezielt zuzuweisen. Es ist nicht möglich, einen Auftragsschritt für ein Subsystem zu erstellen oder zu ändern, wenn der Auftragsbesitzer nicht zu den Prinzipalen mit Zugriff auf den Proxy gehört. Systemadministratoren haben automatisch Zugriff auf alle Proxies.

Proxies werden Anmeldeinformationen auf dem SQL Server-Computer zugeordnet. Im Objekt-Explorer von SQL Server Management Studio finden Sie unterhalb des Ordners *Sicherheit* der Serverebene einen Ordner mit Anmeldeinformationen. Jeder Proxy ist mit einer Anmeldeinformation für SQL Server verknüpft. In den Anmeldeinformationen sind jeweils der Benutzername und das Kennwort des Kontos gespeichert. Wenn sich diese Angaben ändern, können sich der Proxy und die Auftragsschritte, die sich darauf stützen, nicht mehr authentifizieren und schlagen fehl. In Anmeldeinformationen, die von Proxies genutzt werden, sollten Sie daher keine benannten Konten von Einzelpersonen verwenden, sondern Dienstkonten. Die Kennwörter sollten nicht weit bekannt sein, und die Konten sollten auch nicht regelmäßig interaktiv von Administratoren genutzt werden, damit sie nicht versehentlich gesperrt werden können.

Sie können Anmeldeinformationen für ein lokales Windows- oder ein Domänenkonto erstellen, aber auch für Konten des EKM-Moduls (Enterprise Key Management) einschließlich des Azure-Schlüsseltresordienstes. Ein Windows-Konto muss dabei über die Berechtigung *Als Batchauftrag anmelden* auf dem Server verfügen. Als lokaler Administrator können Sie diese Berechtigung im Dialogfeld *Lokale Sicherheitsrichtlinie* gewähren.

Berechtigungen für den Umgang mit Aufträgen

Um in SQL Server Management Studio einen Auftrag des SQL Server-Agents einrichten zu können, muss Ihre Anmeldung Mitglied der Serverrolle `sysadmin` oder einer der Datenbankrollen von `msdb` für den SQL Server-Agent sein.

Die Rollen `SQLAgentOperatorRole`, `SQLAgentReaderRole` und `SQLAgentUserRole` haben alle die Berechtigung, Aufträge zu erstellen und zu starten, den Auftragsverlauf einzusehen und die Eigenschaften eines Auftrags anzuzeigen und zu bearbeiten, allerdings meistens nur für die Aufträge, die sie besitzen. Einzelheiten für die Einschränkungen und Gemeinsamkeiten der einzelnen Rollen erfahren Sie auf *https://docs.microsoft.com/sql/ssms/agent/sql-server-agent-fixed-database-roles*.

Von diesen drei Rollen hat `SQLAgentUserRole` die wenigsten Rechte, enthält aber die beiden anderen als Mitglieder. Die Mitgliedschaft in diesen Rollen ist gewöhnlich auf Dienstkonten und Drittentwickler beschränkt. Gewähren Sie `SQLAgentUserRole` nicht direkt irgendwelche Berechtigungen, auch nicht die Möglichkeit zur Verwendung von Proxies. Weisen Sie Berechtigungen für Proxies Einzelpersonen oder Dienstkonten zu.

Zeitplanung und Überwachung von Aufträgen

Ein Auftrag wird auf der Grundlage eines oder mehrerer Zeitpläne ausgeführt, die Sie ihm zuweisen. Sie können einem Zeitplan einen Namen geben und mehreren Aufträgen zuweisen. Das ist insbesondere praktisch bei ungewöhnlichen Zeitplänen und bei der zentralen Verwaltung von Aufträgen, die gleichzeitig ausgeführt werden sollen.

Um sich Zeitpläne anderer Aufträge anzusehen und sie auszuwählen, klicken Sie auf der Registerkarte *Zeitpläne* des Eigenschaftendialogfelds für einen Auftrag auf *Auswählen*. Daraufhin werden die Auftragszeitpläne angezeigt, auf die Sie Zugriff haben.

Es gibt vier Arten von Zeitplänen:

- Automatisch starten, wenn der SQL Server-Agent startet
- Starten, sobald die CPUs im Leerlauf sind
- Wiederholt
- Einmal

Aufträge, die vom SQL Server-Agent oder manuell gestartet werden, laufen asynchron. Ein Dialogfeld mit einer rotierenden Fortschrittsanzeige wird angezeigt. Sie können es ruhig schließen, da der Auftrag bis zu seinem Abschluss weiter ausgeführt wird. Den Fortschritt der Aufträge können Sie im Auftragsaktivitätsmonitor von SQL Server Management Studio beobachten. In `sys.dm_exec_requests` können Sie die aktuellen Anforderungen des Auftrags beobachten.

Den Status von Aufträgen können Sie auch mit T-SQL abfragen. Dazu können Sie die nicht dokumentierte gespeicherte Prozedur `master.dbo.xp_sqlagent_enum_jobs` verwenden und wie folgt mit `msdb_dbo.sysjobs` verknüpfen:

```
-- Noch laufende Aufträge
declare @xp_sqlagent_enum_jobs table (
id int not null IDENTITY(1,1) PRIMARY KEY,
Job_ID uniqueidentifier not null,
Last_Run_Date int not null,
Last_Run_Time int not null,
Next_Run_Date int not null,
Next_Run_Time int not null,
Next_Run_Schedule_ID int not null,
Requested_To_Run int not null,
Request_Source int not null,
Request_Source_ID varchar(100) null,
Running int not null,
Current_Step int not null,
Current_Retry_Attempt int not null,
[State] int not null);
```

```
INSERT INTO @xp_sqlagent_enum_jobs
EXEC master.dbo.xp_sqlagent_enum_jobs 1,'';

SELECT j.name
, state_desc = CASE ej.state
WHEN 0 THEN 'not idle or suspended'
WHEN 1 THEN 'Executing'
WHEN 2 THEN 'Waiting for thread'
WHEN 3 THEN 'Between retries'
WHEN 4 THEN 'Idle'
WHEN 5 THEN 'Suspended'
WHEN 7 THEN 'Performing completion actions'

END
, *
 FROM msdb.dbo.sysjobs j
 LEFT OUTER JOIN @xp_sqlagent_enum_jobs ej
 ON j.job_id = ej.Job_ID
ORDER BY j.name;
```

Dieses Skript (*CH14_xp_sqlagent_enum_jobs_query.sql*) sowie andere Skripte aus diesem Buch können Sie von *https://aka.ms/SQLServ2017Admin/downloads* herunterladen.

Einrichten und Anzeigen des Auftragsverlaufs

Wird ein Auftrag ausgeführt, so wird ein Datensatz dafür in die Systemtabelle `dbo.sysjobhistory` der Datenbank `msdb` eingefügt. Um den Verlauf eines Auftrags einzusehen, klicken Sie in SQL Server Management Studio auf den Auftrag und wählen im Kontextmenü *Verlauf anzeigen*. Sie können den Eintrag für eine einzelne Ausführung erweitern, um sich die Ergebnisse jedes einzelnen Schritts anzusehen, also auch jegliche Fehler. Bei häufig ausgeführten Aufträgen (z. B. zur Sicherung des Transaktionsprotokolls) werden eine Menge Verlaufsdaten erfasst und in `msdb` gespeichert. Für die Aufbewahrung dieser Daten sind in der Standardeinstellung zwei sehr niedrige und ziemlich unpraktische Zeilengrenzwerte festgelegt, nämlich 1000 Zeilen für alle Aufträge und maximal 100 Zeilen für einen einzelnen Auftrag. Bei einem Auftrag, der stündlich ausgeführt wird, würden Sie die Verlaufsinformationen dabei bereits nach vier Tagen verlieren, was zur Fehlerbehebung und Diagnose völlig unzureichend ist.

Rechtsklicken Sie im Objekt-Explorer von SQL Server Management Studio auf *SQL Server-Agent* und wählen Sie *Eigenschaften*. Rufen Sie die Seite *Verlauf* auf. Wie Sie in Abb. 14.1 sehen können, ist diese Seite nicht gerade selbsterklärend, sondern eher verwirrend. Die erste Option, *Größe des Auftragsverlaufsprotokolls beschränken*, ist eine Einstellung für das zyklische Überschreiben des Auftragsverlaufs. Eine praktische erste Maßnahme besteht daran, an beide Werte eine 0 anzuhängen, also *Maximale Länge des Auftragsverlaufsprotokolls* vom Standardwert 1000 auf 10.000 Zeilen heraufzusetzen und *Maximale Zeilenanzahl pro Auftrag in Auftragsverlauf* von 100 auf 1000. Damit können Sie für einen stündlich ausgeführten Auftrag Verlaufsdaten für 41 Tage speichern, wenn er der einzige Auftrag auf dem Server ist. Auf SQL Server-Instanzen mit vielen häufig ausgeführten Aufträgen können auch diese Werte unzureichend sein. Erhöhen Sie sie, bis Sie eine praktikable Aufbewahrungsdauer für den Auftragsverlauf erreicht haben.

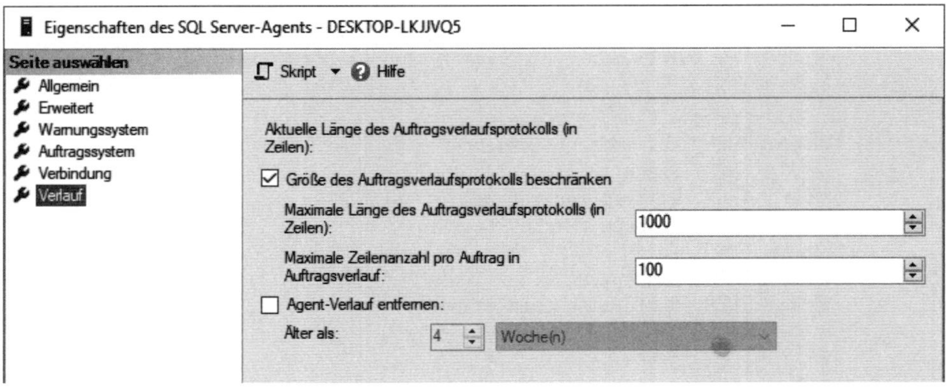

Abbildung 14.1 Die beiden Optionen für die Beibehaltung des Auftragsverlaufs im Eigenschaftendialogfeld für den SQL Server-Agent. Das obere Kontrollkästchen sorgt dafür, dass der Auftragsverlauf zyklisch überschrieben wird; das untere dient zur manuellen Bereinigung.

Hinweis

Das Ablaufverfolgungsflag 3226, das Meldungen über erfolgreiche Sicherungen (wie `BACKUP DATABASE erfolgreich verarbeitet`) im SQL Server-Fehlerprotokoll und im Windows-Anwendungsprotokoll unterdrückt, hat keine Auswirkungen auf den Auftragsverlauf des SQL Server-Agents (und auch nicht auf die Verlaufsprotokolle der Wartungspläne).

Der Auftragsverlauf kann sehr nützlich sein, allerdings sollten Sie sich der beiden folgenden Einschränkungen bewusst sein:

- Der Text von Meldungen wird in der Auftragsverlaufsanzeige nach 1024 Zeichen abgeschnitten. Wenn Sie die komplette Ausgabe einsehen möchten, müssen Sie die Tabelle `msdb.dbo.sysjobhistory` abfragen. Mit 8000 Zeichen ist das Meldungsfeld dieser Tabelle schon erheblich umfangreicher.
- Angaben über die Paketausführung von SQL Server Integration Services sind im Auftragsverlauf des SQL Server-Agents stark eingeschränkt. Es wird dabei nur angezeigt, dass das Paket gestartet und abgeschlossen bzw. mit einem Fehler abgebrochen wurde, ohne irgendwelche Einzelheiten zu nennen. Ausführlichere Informationen stehen im Verlauf in der Datenbank `SSISDB` zur Verfügung. Um darauf zuzugreifen, verwenden Sie in SQL Server Management Studio das Menü *Integration Services-Katalog* und wählen dann das Projekt und die fehlgeschlagenen Pakete aus.

Hinweis

Wenn Sie für Ihre SQL Server Integration Services-Pakete das Projektbereitstellungsmodell verwenden, können Sie bei der Ausführung der Pakete die überlegenen integrierten Protokollierungs- und Trendanalysemöglichkeiten nutzen. Seit SQL Server 2012 ist die Datenbank `msdb` nicht mehr der beste Ort zur Bereitstellung von SQL Server Integration Services. Das Projektbereitstellungsmodell und die Datenbank `SSISDB`, die beide in SQL Server 2012 eingeführt wurden, bieten insbesondere in Kombination mit dem SQL Server-Agent eine bessere Lösung für die SSIS-Entwicklung als das alte Paketbereitstellungsmodell. Sie können nach wie vor Pakete, die das ältere Modell nutzen, in `msdb` bereitstellen, doch für Neuentwicklungen raten wir davon ab.

Sie können auch für jeden Schritt eines Auftrags eine zusätzliche Protokollierung einrichten, um die gesamte Ausgabe des Schritts zu erfassen oder – was üblicher ist – den Fehlertext. Auf der Seite *Erweitert* des Eigenschaftendialogfelds für einen Auftragsschritt haben Sie folgende Möglichkeiten:

- Mit der Option *Ausgabedatei* können Sie eine Datei angeben, in die der Verlauf ausgegeben wird. Zusätzlich können Sie auch festlegen, ob der Verlauf immer wieder an die vorhandene Datei angehängt werden soll. Seien Sie jedoch vorsichtig, wenn Sie *Ausgabe an vorhandene Datei anfügen* einschalten, da die Ausgabedatei dabei schon in kurzer Zeit erheblich an Größe zunehmen kann.
- Bei der Option *In Tabelle protokollieren* werden die Ausgabedaten in die Tabelle `sysjobsteps` der Datenbank `msdb` geschrieben. Das Feld `Log` dieser Tabelle ist vom Typ `nvarchar(max)`, sodass bei Bedarf auch mehr Ausgabedaten pro Schritt erfasst werden können. Seien Sie auch bei dieser Option vorsichtig, da die Tabelle in kurzer Zeit erheblich wachsen kann. Führen Sie die gespeicherte Prozedur `sp_delete_jobsteplog` nach einem Zeitplan aus, um regelmäßig ältere Einträge aus der Tabelle zu entfernen.
- Schließlich gibt es noch die Option *Schrittausgabe in Verlauf einschließen*, bei der dem Auftragsverlauf eine Zeile für die Ausgabe des Schritts hinzugefügt wird. Darunter können sich sehr wertvolle Informationen befinden, und anders als die Ausgabedatei und die Tabelle der beiden vorherigen Optionen wird der Auftragsverlauf automatisch vom SQL Server-Agent gewartet.

SQL Server-Agent-Operatoren

Operatoren sind Aliasse in SQL Server-Agent, die E-Mail-Kontaktinformationen angeben. (Die Optionen *NET SEND-Adresse* und *Pager-E-Mail-Name* sind veraltet; *NET SEND-Adresse* wird in SQL Server Management Studio schon gar nicht mehr angezeigt.)

Operatoren sollten nicht auf Einzelpersonen verweisen (obwohl es möglich ist, eine mit Semikolons getrennte Liste von E-Mail-Adressen anzugeben), sondern auf eine Verteilergruppe (auch wenn eine solche Gruppe zu Anfang nur eine Person enthält). In den meisten Fällen werden Sie einen Operator erstellen, um die SQL Server-Reaktionskräfte in Ihrem Unternehmen zu informieren. Nehmen Sie Ihre Datenbankadministratoren in Verteilerlisten auf, anstatt für jeden von ihnen einen eigenen Operator zu erstellen.

Um einen Operator einzurichten, erweitern Sie im Objekt-Explorer von SQL Server Management Studio den Ordner *SQL Server-Agent*, rechtsklicken auf *Operatoren* und wählen dann im Kontextmenü *Neuer Operator*.

Hinweis

Wenn Sie ein großes Team mit einem Zeitplan für den Bereitschaftsdienst haben, richten Sie in einem SQL Server-Agent-Job einen zeitgesteuerten Prozess ein, der die E-Mail-Adresse für den Operator jeweils auf diejenigen einstellt, die zurzeit als »im Dienst« gekennzeichnet sind. Dazu können Sie die gespeicherte Prozedur `sp_update_operator` **verwenden.**

Warnungen

Warnungen werden für bestimmte Bedingungen eingerichtet. Sobald diese Bedingungen erfüllt sind, werden als Reaktion darauf E-Mail-Benachrichtigungen gesendet oder SQL Server-Agent-Aufträge gestartet. Warnungen sind sehr vielseitig und können durch bestimmte

SQL Server-Ereignisse im Fehlerprotokoll sowie durch das Eintreten von Leistungsbedingungen ausgelöst werden, die sich in der Leistungsüberwachung oder durch WMI-Abfrage (Windows Management Instrumentation) erkennen lassen.

Wie in Kapitel 4 empfohlen, sollten Sie Warnungen für SQL Server-Fehler mit hohem Schweregrad einrichten. Überfrachten Sie Ihren Posteingang aber nicht mit Warnungen und richten Sie auch keine Postfachregel ein, um E-Mails von SQL Server als gelesen zu markieren und zu archivieren. Durch sorgfältige Einrichtung können Sie dafür sorgen, dass Sie und Ihr Team von SQL Server nur E-Mails über Umstände erhalten, die auch tatsächlich ein Eingreifen erforderlich machen, was nur selten der Fall sein wird.

Wenn Sie viele SQL Server-Instanzen überwachen, können jedoch selbst Warn-E-Mails über schwere Probleme zahlreich werden. In einem solchen Fall empfehlen wir, Fehler, die ein Eingreifen erfordern, zu sammeln und in ein System einzustellen, das eine Aggregation, die Anzeige in einem Dashboard und die Verteilung im Team ermöglicht. Es gibt eine Reihe von Drittanbieteranwendungen zur Protokollverwaltung, die sich um Protokollaggregation und zentralisierte Alarmierung kümmern.

Für jede Warnung können Sie auch eine Antwortverzögerung einrichten, um zu verhindern, dass Sie bei einem wiederholt auftretenden Fehler mit E-Mails überschwemmt werden. (Die Option heißt eigentlich *Delay between responses*; es geht also nicht darum, die Reaktion auf einen Vorfall zu verzögern, sondern eine Verzögerung zwischen zwei Reaktionen auf denselben Vorfall vorzusehen.) Je nach Anforderungen Ihrer Umgebung kann eine Antwortverzögerung von bis zu fünf Minuten angebracht sein.

Für eine Warnung können Sie immer nur eine einzige Fehlernummer oder einen Schweregrad angeben. Wir empfehlen daher, mit einem Skript einen einheitlichen Standardsatz von Warnungen zu allen Ihren SQL Server-Instanzen zu erstellen. Ein Beispiel dafür bildet das Skript *CH14_add_standard_error_alerts.sql*, das Sie zusammen mit den anderen Skripten zu diesem Buch von *https://aka.ms/SQLServ2017Admin/downloads* herunterladen können. Es schließt mehrere der Warnungen ein, die wir in Kürze beschreiben werden.

Es gibt drei Arten von Warnungen: SQL Server-Ereigniswarnungen, SQL Server-Leistungsstatuswarnungen und WMI-Ereigniswarnungen.

SQL Server-Ereigniswarnungen Richten Sie Warnungen für Fehlermeldungen ein, die wichtig genug sind, um sich darüber per E-Mail informieren zu lassen. SQL Server generiert eine Menge von rein informativen Ereignissen, z. B. über erfolgreiche Sicherungen, für die es sich nicht lohnt, E-Mails zu verschicken.

Sie können Warnungen für Fehlernummern (siehe die folgenden Beispiele) und für einzelne Schwergrade (von 1 bis 25) einrichten. Optional können Sie die Warnungen auch nach einer einzelnen Datenbank oder nach einem bestimmten Meldungstext filtern.

Es ist sinnvoll, Warnungen für die Schweregrade 16 bis 19 und 21 bis 25 einzurichten, da darunter meistens Fehler fallen, die ein Eingreifen erforderlich machen. Die Schweregrade ab 21 bezeichnen schwere und nicht zu behebende Fehler.

Die meisten Fehler des Schweregrads 20 haben mit der Authentifizierung zu tun und lösen sich gewöhnlich von selbst auf (z. B. wenn ein Benutzer bei der Anmeldung eine Fehlermeldung erhalten und bei einem neuen Versuch doch Erfolg gehabt hat). Warnungen für den Schweregrad 20 können dazu führen, dass den Datenbankadministratoren eine Menge von E-Mails über Probleme gesendet werden, die kein Eingreifen erfordern. Im Fehlerprotokoll von SQL Server werden die Fehler vom Schweregrad 20 in jedem Fall angezeigt. Überprüfen Sie sie, wenn Sie sie sehen, insbesondere wenn sie in großer Zahl auftreten, da dies auf umfassende Authentifizierungs- oder Domänenprobleme oder böswillige Eindringversuche hindeuten kann. Der Zweck von Warnungen dagegen besteht darin, auf Fehler und Leistungsbedingungen hinzuweisen, die ein Eingreifen erforderlich machen.

Hinweis

Mit jeder SQL Server-Fehlermeldung ist ein Schweregrad verbunden, aber das heißt nicht, dass Sie auch darüber benachrichtigt werden müssen. Wenn Sie in SQL Server Management Studio eine Abfrage schreiben und Ihnen dabei ein Syntaxfehler unterläuft, ist dies ein Fehler mit dem Schweregrad 15, was es aber nicht rechtfertigt, eine Warnung dafür einzurichten.

Sie sollten auch Warnungen für die Fehler mit den folgenden Nummern einrichten, die nicht bereits durch die Schweregrade 16 bis 19 und 21 bis 25 abgedeckt werden. Sie treten zwar selten auf, erfordern aber unmittelbares Eingreifen:

- **825** (Schweregrad 10) Dies ist der gefürchtete »Fehler bei erneutem Leseversuch«, der auftritt, wenn der Lesevorgang in einer Datei nach mehreren Fehlschlägen Erfolg hat. Häufig deutet dies auf eine mögliche Beschädigung der Datenbankintegrität hin, weshalb Sie sofort darauf reagieren sollten.
- **854, 855, 856** (Schweregrad 10) Dies ist eine nicht korrigierbare Arbeitsspeicherbeschädigung in der Hardware, die von den Diagnoseeinrichtungen des Betriebssystems erkannt wurde und die Stabilität unmittelbar gefährden kann.
- **3624** (Schweregrad 20) Dies ist ein interner SQL Server-Fehler, der als »Assertionsfehler« bezeichnet wird. Gewöhnlich handelt es sich dabei um einen Bug in der Software, er kann jedoch auch auf eine interne Datenbeschädigung hindeuten. Gelöst werden diese Probleme oft durch ein Service Pack oder einen Patch für SQL Server.

SQL Server-Leistungsstatuswarnungen Warnungen dieser Art können Sie für alle Leistungsindikatoren der Kategorie *SQL Server* einrichten, die auch in der Windows-Leistungsüberwachung angezeigt werden.

Wenn Sie beispielsweise eine E-Mail erhalten wollen, wenn die Lebenserwartung der Seiten unter einen bestimmten Wert fällt, geben Sie diesen Indikator auf die gleiche Weise an wie in der Leistungsüberwachung: Wählen Sie das Objekt *Buffer Manager* und darin den Indikator *Page Life Expectancy* aus und geben Sie den Vergleichsoperator *Unterschreitet* und den Grenzwert an. Bei diesem Indikator wird der Wert in Sekunden gemessen.

Hinweis

Sie können die meisten Leistungsindikatoren von *SQL Server* bzw. `MSSQL$`*Instanzname* auch in der dynamischen Verwaltungssicht `sys.dm_os_performance_counters` abfragen. In manchen Fällen sind dabei allerdings zusätzliche Berechnungen erforderlich.

Nehmen wir als Beispiel die Puffercache-Trefferquote (*Buffer Cache Hit Ratio*), die einen Aspekt zur Bestimmung der Speichernutzung bildet. Um die tatsächliche Trefferquote zu berechnen, wie sie in der Leistungsüberwachung angezeigt wird, müssen Sie zwei verschiedene Zählerwerte dividieren:

```
SELECT [BufferCacheHitRatio] = (bchr * 1.0 / bchrb) * 100.0
FROM
(SELECT bchr = cntr_value FROM
sys.dm_os_performance_counters
WHERE counter_name = 'Buffer cache hit ratio'
AND object_name = 'MSSQL$sql2017:Buffer Manager') AS r
CROSS APPLY
(SELECT bchrb= cntr_value FROM
sys.dm_os_performance_counters
WHERE counter_name = 'Buffer cache hit ratio base'
and object_name = 'MSSQL$sql2017:Buffer Manager') AS rb;
```

Hinweis

SQL Server erfasst die Daten in regelmäßigen Abständen. Zwischen dem Erreichen des Grenzwerts und dem Auslösen der Warnung kann es daher zu einer Verzögerung von wenigen Sekunden kommen.

WMI-Ereigniswarnungen Die dritte Art von SQL Server-Agent-Warnungen ermöglicht es, benutzerdefinierte WMI-Abfragen auszuführen. Solche Abfragen können verschiedene DDL-Ereignisse in SQL Server erfassen und Warnungen dafür auslösen. Sie folgen der gleichen grundlegenden Syntax wie T-SQL-Abfragen, wobei Sie in der FROM-Klausel allerdings kein Objekt in einer SQL Server-Datenbank, sondern ein WMI-Objekt angeben. Eine Übersicht über die WMI-Anbieterklassen und -Eigenschaften erhalten Sie auf *https://docs.microsoft.com/sql/relational-databases/wmi-provider-server-events/wmi-provider-for-server-events-classes-and-properties*.

Warnungen dieser Art sind nicht so einfach. Im Allgemeinen erzielen Sie mit erweiterten Ereignissen, SQL Server-Agent-Aufträgen, SQL Server Audit und Drittanbieter-Überwachungswerkzeugen bessere Ergebnisse bei höherer Flexibilität und einfacherer Anwendung.

Sie können für eine WMI-Ereigniswarnung zwar einen E-Mail-Empfänger einrichten, aber in den E-Mails werden keine praktischen Informationen vermittelt, sondern nur der Name der Warnung. Dadurch wissen Sie nicht viel mehr, als dass ein WMI-Ereignis eingetreten ist (das asynchron beobachtet wurde, sodass es zu einer Verzögerung kommen kann).

Um Informationen über das Ereignis einzusehen – etwa den damit verbundenen T-SQL-Befehl –, müssen Sie im Eigenschaftendialogfeld des SQL Server-Agents die Tokenersetzung einschalten. Aktivieren Sie dazu das Kontrollkästchen *Tokenersetzung* am unteren Rand der Seite *Warnungssystem*. Dadurch können WMI-Befehle in einem T-SQL-Auftragsschritt in Form von Tokens angegeben und zur Laufzeit ersetzt werden. Mehr über die Tokens, die Sie in einem T-SQL-Auftragsschritt verwenden können, erfahren Sie auf *https://docs.microsoft.com/sql/ssms/agent/use-tokens-in-job-steps*.

Wir haben als Beispiel eine WMI-Ereigniswarnung zur Erfassung des DDL-Ereignisses CREATE DATABASE vorbereitet. Ein einfaches, aber ziemlich langes Beispiel für die Erstellung einer Tabelle, eines SQL Server-Agent-Auftrags und einer Warnung erhalten Sie in dem Skript *CH14_WMI_Alert_data-capture.sql*, das Sie zusammen mit den anderen Skripten zu diesem Buch von *https://aka.ms/SQLServ2017Admin/downloads* herunterladen können.

SQL Server-Agent-Aufträge in Verfügbarkeitsgruppen

Wenn Sie SQL Server-Agent-Aufträge in einer Umgebung mit Verfügbarkeitsgruppen ausführen, müssen Sie nach wie vor Wartungspläne auf den einzelnen SQL Server-Instanzen einrichten. Einige dieser Pläne decken dabei auch Datenbanken ab, die nicht in Verfügbarkeitsgruppen enthalten sind, beispielsweise die Systemdatenbanken `master` und `msdb`. Sorgen Sie dafür, dass Ihre Wartungspläne unabhängig von der Plattform auf allen Replikaten einheitlich aktualisiert werden. Berücksichtigen Sie dabei jeweils die logischen Rollen der einzelnen Replikate, sodass die Wartungspläne nach einem Failover nicht ein- und ausgeschaltet oder umkonfiguriert werden müssen.

Die SQL Server-Agent-Aufträge müssen auf allen Replikaten der Verfügbarkeitsgruppe vorhanden sein und wissen, ob sie auf dem primären Replikat der Datenbank ausgeführt werden oder einem sekundären. Für jede Wartungsaufgabe benötigen Sie mehrere Versionen des Skripts für die Datenbanken in den einzelnen Verfügbarkeitsgruppen sowie für Datenbanken, die nicht zu einer Verfügbarkeitsgruppe gehören (u. a. alle Systemdatenbanken, die Sie mit Ihren Skripten warten möchten).

Damit ein SQL Server Agent-Auftrag nicht mit einem Fehler abgebrochen wird, wenn das lokale Replikat nicht das primäre Replikat für die Datenbank ist, können Sie am Anfang des Auftrags einen T-SQL-Schritt hinzufügen, der diesen Umstand erkennt und dabei fehlschlägt. Dadurch wird verhindert, dass die nachfolgenden Schritte des Auftrags auf einem sekundären Replikat ausgeführt werden, das möglicherweise nicht schreibbar ist, und dort fehlschlagen. Geben Sie dem ersten Schritt einen Namen wie `Primäres Replikat?` und fügen Sie das folgende Skript hinzu:

```
-- Als Schritt 1 zu jedem Auftrag hinzufügen, der zwischen Replikaten
-- unterscheiden muss
IF NOT EXISTS (
SELECT @@SERVERNAME, *
   FROM sys.dm_hadr_availability_replica_states rs
   inner join sys.availability_databases_cluster dc
   on rs.group_id = dc.group_id
   WHERE is_local = 1
   and role_desc = 'PRIMARY'
-- Jegliche Datenbanken in derselben Verfügbarkeitsgruppe
   and dc.database_name in (N'databasename1', N'databasename2'))
  BEGIN
     print 'local SQL instance is not primary, skipping';
     throw 50000, 'Do not continue', 1;
  END;
```

Dieser Code sorgt dafür, dass Schritt 1 fehlschlägt, wenn er nicht auf dem primären Replikat für die angegebenen Datenbanken ausgeführt wird. Wählen Sie in den erweiterten Einstellungen des Auftragsschritts unter *Aktion bei Erfolg* wie üblich *Zum nächsten Schritt wechseln* aus, unter *Aktion bei Fehler* aber *Beenden des Auftrags mit Erfolgsmeldung*. Dadurch wird der Auftrag nicht als Fehlschlag registriert. Statt eines grünen Häkchens oder eines roten X wird im Auftragsverlauf dann ein gelbes Dreieck angezeigt. Dadurch wird verhindert, dass die nachfolgenden Schritte des Auftrags auf einem sekundären Replikat ausgeführt werden, das möglicherweise nicht schreibbar ist, und dort fehlschlagen.

Dieses Skript (*CH14_Am_I_Primary.sql*) sowie andere Skripte aus diesem Buch können Sie von *https://aka.ms/SQLServ2017Admin/downloads* herunterladen.

Hinweis

Verwenden Sie das vorstehende Skript nicht in Aufträgen für Wartungspläne. Bei jeglichen Änderungen am Wartungsplan wird der Auftrag neu erstellt und der von Ihnen hinzugefügte Schritt `Primäres Replikat?` überschrieben. Nutzen Sie stattdessen die verfügbarkeitsgruppenfähige Prioritätseinstellung für Sicherungen im Task `Datenbank sichern`, die wir uns im nächsten Abschnitt genauer ansehen werden.

▶ **Weitere Informationen über Verfügbarkeitsgruppen erhalten Sie in Kapitel 12.**

Wartung von SQL Server

In diesem Abschnitt sehen wir uns an, was Sie als Datenbankadministrator einer SQL Server-Instanz bei Ihrer täglichen Arbeit tun sollten, wie Sie die entsprechenden Aufgaben erledigen können und welche Werkzeuge SQL Server dafür zur Verfügung stellt. Alle beschriebenen Wartungsziele können Sie mit SQL Server-Bordmitteln erreichen, ohne Drittanbieterwerkzeuge zu benötigen. Nicht einmal bewährte kostenlose Hilfsprogramme sind nötig. Alle SQL Server-Editionen oberhalb von Express (bei der der SQL Server-Agent fehlt) sind komplett ausgestattet und können zur Durchführung grundlegender Wartungsaufgaben eingerichtet werden.

Die meisten der in diesem Abschnitt beschriebenen Vorgänge sind in Azure SQL-Datenbank eingebaut. Manche sind dort komplett automatisiert, etwa die Notfallwiederherstellung, oder wenigstens teilautomatisiert, z. B. die Indexwartung. Da Datenbankadministratoren auf der »Plattform als Dienst« dank der schnellen Evolution von Azure SQL-Datenbank weniger praktische Wartungsarbeiten auszuführen haben, konzentrieren wir uns in diesem Abschnitt auf SQL Server-Instanzen.

▶ **Weitere Informationen über Azure SQL-Datenbank und verwaltete Instanzen erhalten Sie in Kapitel 5.**

Grundlegende »Pflege« von SQL Server

Um eine regelmäßige vorbeugende Wartung von SQL Server durchzuführen, können Sie eine oder mehrere der folgenden Einrichtungen nutzen:

- SQL Server-Wartungspläne, für die Sie auch einen Assistenten verwenden können
- Eigene Skripts unter Verwendung von dynamischen Verwaltungssichten und T-SQL- oder PowerShell-Befehlen
- Drittanbieterwerkzeuge

Jede dieser Vorgehensweisen weist ihre eigenen Vor- und Nachteile auf, wobei die einen den Schwerpunkt mehr auf einfacher Einrichtung und die anderen auf die Anpassungsfähigkeit legen.

Alle diese Werkzeuge können Sie in SQL Server-Agent-Aufträgen ausführen lassen. Die einzigen Ausnahmen bilden einige Drittanbieterpakete, die einen externen Zeitplanungsmechanismus erfordern. Sie können jedoch bei allen drei Varianten die Protokollierung der Aktivitäten, die Beibehaltung und die Möglichkeiten zum Einsehen des Verlaufs nach Ihren Bedürfnissen einstellen.

Unabhängig davon, wie Sie vorgehen, müssen Sie mindestens die folgenden Aufgaben regelmäßig durchführen, wobei die Reihenfolge hier willkürlich ist und keine Rangordnung angibt:

1. Sichern von System- und Benutzerdatenbanken.
   a. Vollständige Sicherungen aller Datenbanken.
   b. Transaktionsprotokollsicherungen aller Datenbanken, die nicht den Wiederherstellungsmodus `SIMPLE` haben.
   c. Zur Platzersparnis differenzielle Sicherungen zwischen weniger häufigen vollständigen Sicherungen.
2. Durchsetzen einer Beibehaltungsrichtlinie für Datenbanksicherungen. Lokal gespeicherte Sicherungen werden dabei nach einem von der Geschäftsebene genehmigten Zeitraum gelöscht. Bei Bandsicherungen wird stattdessen eine Rotation durchgeführt.
3. Durchsetzen einer Beibehaltungsrichtlinie für die Protokolldateien von Wartungsplänen, die Einträge zum Sicherungs- und Wiederherstellungsverlauf in `msdb` und alte Zeileneinträge von Datenbank-E-Mail.
   a. Die SQL Server-Fehlerprotokolldateien werden von SQL Server gewartet, wobei Sie die Anzahl der Protokolldateien einstellen können. (Der Standardwert beträgt 6, was Sie aber in den meisten Fällen ändern sollten.)
   b. Der Auftragsverlauf des SQL Server-Agents wird ebenfalls automatisch anhand von Einstellungen in den Eigenschaften des Agents gewartet.
   c. Der Sicherungsverlauf wird in der Datenbank `msdb` aufbewahrt und sollte mit der Zeit gestutzt werden.
4. Defragmentieren der SQL Server-Indizes.
   a. Für gruppierte und nicht gruppierte Indizes gibt es unterschiedliche Defragmentierungsstrategien.
   b. Für Columnstore-Indizes ist eine Wartung mithilfe von `REORGANIZE` erforderlich. Die Fragmentierung wird auf andere Weise gemessen.
5. Aktualisieren der Statistiken
   a. Dies sollte im Zuge von `INDEX REORGANIZE`-, aber nicht von `INDEX REBUILD`-Tätigkeiten erfolgen, da bei `INDEX REBUIILD` die Indexstatistiken ohnehin schon aktualisiert werden.
6. Überprüfen der Datenbankintegrität mit `DBCC CHEKCDB`.
7. Auslagern von Sicherungen außerhalb des Standorts, an dem sich der SQL Server-Computer befindet.
   a. Dies können Sie mithilfe der SAN-Replikation oder einem anderen Sicherungssystem auf Dateiebene erreichen. Die Verwendung von Azure-Speicher ermöglicht eine einfache Sicherung in der Cloud.
   b. Mögliche Datenverluste reduzieren Sie nicht durch die Häufigkeit der Sicherungen auf den akzeptablen Wert, sondern dadurch, wie häufig Sie diese Sicherungen vom Standort auslagern.

Wie oft Sie diese Aufgaben in den einzelnen Datenbanken ausführen müssen und welche Arten von Sicherungen Sie benötigen, hängt dagegen von den Bedürfnissen Ihrer Umgebung ab. In den folgenden Abschnitten dieses Kapitels erfahren Sie, wie Sie diese Aufgaben mit T-SQL-Skripten im SQL Server-Agent, mit dem Wartungsplan-Designer und dem Wartungsplan-Assistenten erfüllen können.

Wir werden hier keine Empfehlungen zu Drittanbieterwerkzeugen geben, allerdings müssen wir festhalten, dass viele davon keine durchgängige Lösung für Punkt 7 in der vorstehenden Liste anbieten. Dafür müssen Sie gewöhnlich mit dem Speicheradministrator oder mit Cloudhostinganbietern wie Azure Storage zusammenarbeiten. SQL Server Managed Backup to Azure ist eine vollständige SQL Server-Sicherungslösung (zwar nicht kostenlos, aber relativ günstig) und wird von Microsoft für SQL Server-Instanzen auf Azure-VMs empfohlen.

Wenn Sie auch bei Punkt 7, also der Auslagerung an einen anderen Standort, die volle Kontrolle behalten möchten, können Sie die Anweisung `BACKUP ... TO URL` verwenden, um Sicherungen direkt in einen Azure-Speicher zu schreiben, mit dem Sie Ihren lokalen Sicherungsspeicher ergänzen. (Da Sie das Skript dafür selbst schreiben, ist es natürlich kostenlos, doch für den Azure-Speicher müssen Sie bezahlen.) Um Ihre Zielvorgabe für die Wiederherstellungszeit (RTO) zu erfüllen und um auch gegen externe Netzwerkausfälle gewappnet zu sein, sollten Sie auch immer lokale Sicherungen in Ihrem Netzwerk für eine gewisse Zeit vorhalten.

▶ **Weitere Einzelheiten über Sicherungen, Zeitpläne, T-SQL-Befehlsparameter und Sicherungsstrategien erhalten Sie in Kapitel 11.**

SQL Server-Wartungspläne

SQL Server-Wartungspläne sind eine kostenlose, mit wenig Aufwand verbundene, unkomplizierte und grafisch verwaltete Möglichkeit für Wartung und Notfallwiederherstellung. Die einzelnen Aufgaben können einfach mit der Maus in die Gestaltungsoberfläche eines Wartungsplans gezogen werden. Sie weisen einige Mängel auf, mit denen wir uns noch eingehender beschäftigen werden, allerdings sind sie seit SQL Server 2016 schon weit leistungsfähiger. Das gilt insbesondere für die Indexwartung, bei der Sie nun verschiedene Fragmentierungsgrade unterscheiden und verschiedene Wartungsstrategien anwenden können usw. Wir werden uns hier auch die Unterschiede bei der Aufstellung von Wartungsplänen in SQL Server Management Studio in den einzelnen Versionen von SQL Server ansehen.

▶ **In SQL Server für Linux können Wartungspläne zurzeit nicht eingesetzt werden.**

Der Wartungsplan-Assistent führt Sie systematisch durch die meisten Schritte, die auf SQL Server erforderlich sind. Dadurch können Sie auf einfache Weise einen Wartungsplan mit den meisten der grundlegenden Aufgaben erstellen. Anschließend können Sie diesen Plan in der Wartungsplan-Designoberfläche von SQL Server Management Studio überprüfen. Um ganz neu anzufangen, klicken Sie auf *Neuer Wartungsplan*. Dadurch werden in der Designoberfläche verschiedene Objekte vorab ausgefüllt. Wir empfehlen Ihnen, sich mit dieser Oberfläche vertraut zu machen. Wenn Sie bereits Erfahrung mit SQL Server Integration Services haben, wird sie Ihnen wahrscheinlich schon vertraut vorkommen. Wartungspläne werden intern als SQL Server Integration Services-Pakete erstellt und gespeichert.

Die Aufgaben in einem Wartungsplan und die Auswahlmöglichkeiten im Assistenten entsprechen unmittelbar den Optionen, die Sie bereits aus Aufträgen im SQL Server-Agent und aus den T-SQL-Befehlen für Sicherungen und die Indexwartung kennen. Beispielsweise finden Sie unter der Option *Ausführen als* auf der ersten Seite des Assistenten und in den Unterplaneigenschaften der Designoberfläche eine Liste von Proxies – genauso wie bei einem Auftragsschritt im SQL Server-Agent. Statt des SQL Server-Agent-Dienstkontos sollten Sie einen Proxy verwenden, der Zugriff auf das Subsystem zur Ausführung von SQL Server Integration Services-Paketen hat.

Auf der ersten Seite des Wartungsplan-Assistenten haben Sie auch die Möglichkeit, jede Aufgabe nach einem eigenen Zeitplan auszuführen oder einen einzigen Zeitplan für den gesamten Plan zu verwenden. Wir empfehlen die Option *Getrennte Zeitpläne für jede Aufgabe*. Wenn Sie den Wartungsplan in der Designoberfläche gestalten, sollten Sie die Tätigkeiten in mehrere Unterpläne mit jeweils einem eigenen Zeitplan aufteilen. Der Grund dafür ist, dass die Ausführung einiger Aufgaben, etwa der Indexwartung oder der Integritätsprüfung, lange dauern kann. Wenn Sie alle Aufgaben in einer einzigen Kette hintereinander ablaufen lassen, besteht die Gefahr, dass Ihre Sicherungen verzögert werden und unregelmäßig auftreten. Um die Ausführung Ihrer Wartungspläne auf Zeiten außerhalb der Geschäftsstunden zu verlegen, brauchen Sie mehr Flexibilität, als ihn ein einziger Startzeitpunkt für eine Kette von nacheinander ablaufenden Aufgaben bieten kann.

Auf der Seite *Wartungstask auswählen* des Wartungsplan-Assistenten finden Sie eine Liste aller grundlegenden integrierten Wartungsaufgaben. In der grafischen Designoberfläche haben Sie mit *Task 'T-SQL-Anweisung ausführen'* zusätzlich die Möglichkeit, eigene T-SQL-Skripte für die Wartung oder andere Verwaltungsaufgaben auszuführen. Damit werden wir uns in diesem Abschnitt noch näher beschäftigen.

Hinweis

Der Wartungsplan-Assistent kann immer nur ein Exemplar einer Aufgabe erstellen. Um zwei unterschiedliche Aufgaben der im Folgenden vorgestellten Typen anzulegen, beispielsweise eine für System- und eine für Benutzerdatenbanken, müssen Sie die Wartungsplan-Designoberfläche von SQL Server Management Studio verwenden.

Welche Aufgaben Sie auswählen können und wozu sie gut sind, erfahren Sie in den folgenden Abschnitten.

Datenbankintegrität überprüfen

Die Aufgabe *Datenbankintegrität überprüfen* führt `DBCC CHECKDB` zur Überprüfung einer Datenbank auf Beschädigungen aus. Diese Aufgabe ist regelmäßig erforderlich, wobei die Abstände zwischen den Ausführungen von `DBCC CHECKDB` nicht größer sein sollten als die Aufbewahrungszeit für Ihre Sicherungen. Wenn Sie Ihre lokalen Sicherungen beispielsweise einen Monat lang aufbewahren, sollten Sie `DBCC CHECKDB` mindestens einmal pro Monat ausführen, wobei es natürlich empfehlenswerter ist, es noch häufiger zu tun. In umfangreichen Datenbanken kann `DBCC CHECKDB` Stunden in Anspruch nahmen und andere Benutzerabfragen blockieren.

▶ **Mehr über Datenbankbeschädigungen und Integritätsprüfung erfahren Sie in Kapitel 13.**

Die Optionen, die in dieser Wartungsaufgabe bereitstehen, entsprechen den Parametern, die Sie bei dem Befehl `DBCC CHECKDB` verwenden können. Wenn Sie das Kontrollkästchen *Nur physisch* aktivieren, wird der Parameter `PHYSICAL_ONLY` verwendet, was die möglicherweise störenden Auswirkungen von `DBCC CHECKDB` einschränkt, aber ein weniger umfassendes Resultat liefert. Allerdings wird der Befehl mit `PHYSICAL_ONLY` in erheblich kürzerer Zeit ausgeführt und kann immer noch die Zeichen üblicher Speicherhardwarefehler erkennen.

Hinweis

Eine gängige Vorgehensweise bei der Verwendung des Parameters `PHYSICAL_ONLY` für `DBCC CHECKDB` bzw. der Aktivierung des Kontrollkästchens *Nur physisch* in der Wartungsaufgabe *Datenbankintegrität überprüfen* besteht darin, die Produktionsdatenbanken auf einem genau übereinstimmenden Nichtproduktionssystem wiederherzustellen und dort die zeitraubende vollständige Integritätsprüfung (ohne `PHYSICAL_ONLY`) durchzuführen, um auch wirklich alle möglichen Beschädigungen zu erfassen.

Datenbank verkleinern

Es gibt keinen vernünftigen Grund dafür, die Aufgabe *Datenbank verkleinern* regelmäßig nach einem Zeitplan durchzuführen. Bei dieser Aufgabe wird der freie Platz aus einer Datei entfernt und dem Betriebssystem zurückgegeben, was jedoch dazu führt, dass die Datei automatisch wächst, wenn das nächste Mal Daten in sie geschrieben werden. Nehmen Sie *Datenbank verkleinern* niemals in einen Wartungsplan auf.

Index neu organisieren

Alle Reorganisierungsaufgaben führen die Anweisung `ALTER INDEX ... REORGANIZE` aus, durch die die Indexfragmentierung verringert wird. Die Statistiken werden dabei jedoch nicht aktualisiert. Bei umfangreichen Datenbanken kann dieser Task Stunden dauern. Allerdings ist er immer noch schneller und weniger aufwendig als eine Indexneuerstellung und stört andere Abfragen deutlich weniger.

Da es sich bei der Reorganisierung um eine Onlineoperation handelt, werden dabei keine langfristigen Tabellensperren eingerichtet. Andere Benutzeranfragen werden nur kurz blockiert. Onlineindexoperationen verbrauchen jedoch Serverressourcen und führen zu einem hohen Aufkommen von protokollierten Transaktionen.

Expertentipp

Ich möchte eine Wartung für Indizes ausführen, wenn deren Fragmentierung einen bestimmten Prozentsatz übersteigt. Kann ich das mit den Wartungsplänen von SQL Server Management Studio tun?

Mit den Verbesserungen an Wartungsplänen, die 2016 in SQL Server Management Studio vorgenommen wurden, ist das tatsächlich möglich. Ältere Versionen der Wartungspläne werden Sie mit ihrem »Alles-oder-nichts«-Ansatz bei der Reorganisierung und Neuerstellung von Indizes eher auf die Palme bringen.

Jetzt gibt es Möglichkeiten, um die Indexwartung sinnvoll einzuschränken. An erster Stelle stehen dabei die Optionsschalter, um zwischen *Schnell* (`LIMITED`), *Stichproben* (`Sampled`) und *Detailliert* (`Detailed`) zu wählen. Dies entspricht den Parametern, die in der dynamischen Verwaltungsfunktion `sys.dm_db_index_physical_stats` für strukturelle Statistiken angegeben sind.

Bei den Reorganisations- und Neuerstellungsaufgaben können Sie die zu wartenden Indizes nach prozentualer Fragmentierung und Seitenzahl filtern, wobei die Werte aus `sys.dm_db_index_physical_stats` und aus der tatsächlichen Indexnutzung bezogen werden (gestützt auf die dynamische Verwaltungsfunktion `sys.dm_db_index_usag_stats`). Dies stellt eine erhebliche Verbesserung von Wartungsplänen dar, die vorher für umfangreiche Datenbanken größtenteils unbrauchbar waren. Der Fragmentierungsschwellenwert beträgt standardmäßig 15 % bei der Reorganisationsaufgabe und 30 % bei der Neuerstellungsaufgabe (siehe Abb. 14.2).

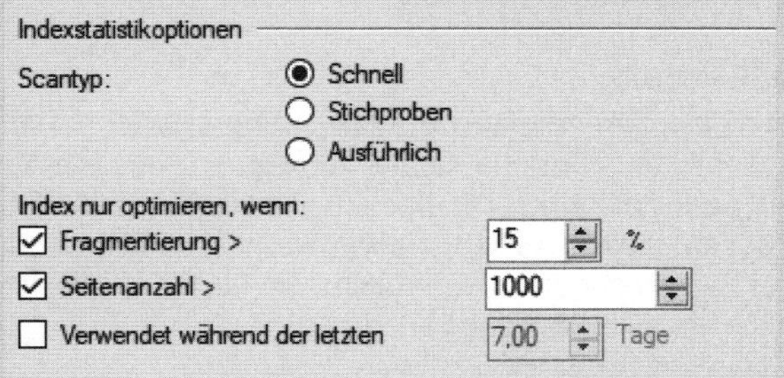

Abbildung 14.2 Optionen zur Indexwartung in der Reorganisations- und der Neuerstellungsaufgabe für Wartungspläne

Die weiteren Optionen der Reorganisations- und der Neuerstellungsaufgabe entsprechen denen für die T-SQL-Befehle `ALTER INDEX ... REORGANIZE` bzw. `REBUILD`, die wir uns bereits ausführlich in Kapitel 13 angesehen haben.

Index neu erstellen

Diese Aufgabe geht bei der Indexdefragmentierung gründlicher vor als die Reorganisierungsaufgabe, denn sie führt die Anweisung `ALTER INDEX ... REBUILD` aus und aktualisiert die Statistiken. Die Optionen im Dialogfeld für diese Aufgabe entsprechen denen für die Anweisung `ALTER INDEX ... REBUILD`.

Hinweis

Eine wieder aufnehmbare Indexneuerstellung, die bei sehr umfangreichen Tabellen erforderlich sein kann, ist mithilfe von Wartungsplänen zurzeit nicht möglich. Weitere Informationen über `ALTER INDEX ... REORGANIZE` und `REBUILD` erhalten Sie in Kapitel 13.

Sie können die Neuerstellung als Onlineoperation durchführen, sodass Sie andere Benutzerabfragen wahrscheinlich nicht blockiert. Allerdings ist das nicht bei allen Indizes und Datentypen möglich. Im Dialogfeld für die Wartungsaufgabe *Index neu erstellen* werden Sie daher gefragt, was Sie tun wollen. Die Onlineoption für die Indexneuerstellung steht außerdem nur in der Enterprise Edition zur Verfügung.

Bei der Neuerstellung eines Index ohne die Onlineoption können andere Benutzerabfragen blockiert werden. Außerdem werden Serverressourcen verbraucht. Bei umfangrangreichen Datenbanken kann dieser Vorgang ohnehin Stunden in Anspruch nehmen und ohne Onlineoption sogar noch länger dauern.

Hinweis

Bei speicheroptimierten Tabellen tritt keine Fragmentierung auf dem Datenträger auf, weshalb sie auch nicht regelmäßig defragmentiert werden müssen. Allerdings sollten Sie die Anzahl eindeutiger Werte in den Hashindexschlüsseln regelmäßig überprüfen und die Anzahl der Buckets in einem Hashindex mit `ALTER TABLE ... ALTER INDEX ... REBUILD` **im Laufe der Zeit anpassen.**

Speicheroptimierte Tabellen werden von den Wartungsplänen in SQL Server Management Studio ignoriert.

Statistiken aktualisieren

Die Aufgabe *Statistiken aktualisieren* führt die Anweisung `UPDATE STATISTICS` aus und erstellt die Indexstatistikobjekte neu (siehe Kapitel 10). Führen Sie diese Aufgabe nicht nach einer Indexneuerstellung für dieselben Objekte aus, da dies doppelte Arbeit wäre. Die Aktualisierung der Statistiken ist eine Onlineoperation, weshalb sie keine anderen Benutzerabfragen blockiert, aber Serverressourcen verbraucht. Sie läuft schneller ab als sowohl eine Reorganisation als auch eine Neuerstellung.v

Expertentipp

Muss ich die Statistiken auch dann regelmäßig aktualisieren, wenn für die Datenbank AUTO_UPDATE_STATISTICS eingeschaltet ist?

Ja, Sie sollten regelmäßig für die Aktualität der Statistiken sorgen. Wenn `AUTO_UPDATE_STATISTICS` **eingeschaltet ist, werden die Statistiken nutzungsbedingt aktualisiert. Der Abfrageoptimierer stuft sie als veraltet ein, wenn die geänderten Zeilen in der Tabelle einen bestimmten Anteil erreichen. Bevor er einen Abfrageplan ausführt, überprüft er die Statistiken und aktualisiert sie gegebenenfalls. Daher führt die Option** `AUTO_UPDATE_STATISTICS` **zu einem kleinen Mehraufwand zur Laufzeit, der allerdings durch die Leistungsvorteile, die aktuelle Statistiken bieten, mehr als wettgemacht wird. Wir raten außerdem dringend dazu, die Option** `AUTO_UPDATE_STATISTICS_ASYNC` **einzuschalten, die diesen Mehraufwand dadurch reduziert, dass sie die Statistiken nach der Ausführung der Abfrage aktualisiert statt vorher.**

Wie in Kapitel 4 und 10 geschildert, sollten Sie `AUTO_UPDATE_STATISTICS` **und** `AUTO_UPDATE_STATISTICS_ASYNC` **für alle Benutzerdatenbanken einschalten, es sei denn, dass die Anwendung ausdrücklich verlangt, sie auszuschalten, wie es etwa bei Microsoft SharePoint der Fall ist.**

Das Datum, an dem ein Statistikobjekt zum letzten Mal geändert wurde, können Sie auch manuell mithilfe der dynamischen Verwaltungsfunktion `sys.dm_db_stats_properties` ermitteln. Wenn Sie bei Ihren Datenbanken feststellen, dass einige Statistiken schon ziemlich alt sind, so bedeutet das, dass seitdem nicht auf eine Weise auf sie zugegriffen wurde, die eine automatische Aktualisierung auslösen würde, und der Index auch nicht neu erstellt wurde (was ebenfalls eine Aktualisierung der Statistiken zur Folge gehabt hätte).

Sofern Ihr Wartungsfenster es erlaubt, schadet es auf keinen Fall, die Spalten- und Indexstatistiken einer Datenbank regelmäßig zu aktualisieren, und kann es überdies hilfreich sein, da es die Anzahl der automatischen Statistiken bei Transaktionen während der normalen Geschäftsstunden verringert.

Verlaufscleanup

Diese Aufgabe löscht ältere Zeilen aus den Tabellen in `msdb`, die den Sicherungs- und Wiederherstellungsverlauf enthalten, kürzt die Protokolldatei des SQL Server-Agents und entfernt ältere Wartungsplan-Protokolleinträge. Dies wird durch die Ausführung der gespeicherten Prozeduren `dbo.sp_delete_backuphistory`, `dbo.sp_purge_jobhistory` und `dbo.sp_maintplan_delete_los` in der Datenbank `msdb` erreicht. Verwenden Sie diese Aufgabe je nach Bedarf Ihrer Umgebung, um zu verhindern, dass sich übermäßig viele alte Daten ansammeln. Dadurch können Sie Platz sparen und verhindern, dass die Leistung der Wartungsaufgaben aufgrund enormer Tabellengrößen sinkt. Diese Aufgabe ist gewöhnlich schnell erledigt und beeinträchtigt keine Benutzerabfragen. Sicherungsdateien und Wartungsplan-Protokolldateien werden hierbei jedoch nicht gelöscht; dazu ist die Aufgabe *Wartungscleanup* zuständig.

Wartungscleanup

Die Aufgabe *Wartungscleanup* löscht Dateien aus Ordnern und wird gewöhnlich dazu verwendet, alte Datenbanksicherungsdateien zu entfernen. Dazu wird die gespeicherte Prozedur `master.dbo.xp_delete_file` verwendet. Es ist damit auch möglich, die TXT-Dateien aus dem Protokollordner der SQL Server zu löschen, in die Wartungspläne ihren Verlauf schreiben. Sie können angeben, nach welchen Dateiendungen und in welchen Ordnern gesucht werden soll, und festlegen, ob Unterverzeichnisse ebenfalls einzubeziehen sind. Der Datumsfilter richtet sich nach dem Dateiattribut für das letzte Änderungsdatum, nicht das Erstellungsdatum. Zusammen mit der Option zum Erstellen eines Unterverzeichnisses für jede Datenbank können Sie damit Sicherungsdateien in Ordnerstrukturen für jede einzelne Datenbank anlegen und entfernen.

Die Protokolle der Wartungspläne werden sowohl in der Tabelle `msdb.dbo.sysmaintplan_log` als auch in Testdateien im standardmäßigen Protokollordner der SQL Server-Instanz aufbewahrt. Wenn Sie eines dieser Vorkommen löschen, bleibt das andere davon unberührt. Richten Sie eine Beibehaltungsrichtlinie für beide Speicherstellen des Verlaufs ein.

Die Aufgabe *Wartungscleanup* löscht nur Dateien in Ordnern, weshalb sie zur Durchsetzung einer Beibehaltungsrichtlinie für Sicherungen in Azure-Speicher nicht geeignet ist. Des Weiteren können die Wartungspläne aus SQL Server Management Studio in SQL Server auf Linux zurzeit überhaupt nicht genutzt werden, wobei es jedoch möglich ist, dass diese Möglichkeit in naher Zukunft hinzugefügt wird.

Expertentipp

Wie lösche ich alte Sicherungen im Azure-Blobspeicher?

Die gespeicherte Prozedur `sp_delete_backup` ist eigens dazu da, Sicherungen auf der Grundlage von Dateimomentaufnahmen zu bereinigen, also ununterbrochene Ketten von Sicherungen seit der letzten vollständigen Sicherung.

Um alte Sicherungen zu entfernen, die mit `BACKUP ... TO URL` in den Blobspeicher überführt wurden, sollten Sie nicht versuchen, den Grundblob der Sicherung zu löschen, was etwa mit Microsoft Azure Storage Explorer oder dem Azure Storage Viewer in SQL Server Management Studio möglich wäre. In einer Momentaufnahmesicherung gibt es neben den Dateien auch Zeiger, die ebenfalls entfernt werden müssen.

Beachten Sie, dass für SQL Server Managed Backup to Azure ein eigener Beibehaltungsplan gilt, der zurzeit auf höchstens 30 Tage begrenzt ist.

Auftrag des SQL Server-Agents ausführen

Mit dieser Aufgabe können Sie während der Ausführung des Wartungsplans einen anderen SQL Server-Agent-Auftrag asynchron starten, etwa um einen weiteren nächtlichen Vorgang so bald wie möglich nach dem Abschluss eines bestimmten Wartungsschritts auszulösen.

Datenbank sichern

Dies ist die offensichtlichste und gebräuchlichste Wartungsaufgabe. Mit ihr können Sie beliebige Arten von Sicherungen der angegebenen Datenbanken durchführen. Die Optionen im Dialogfeld für diese Wartungsaufgabe ähneln denen des Dialogfelds für Datenbanksicherungen in SQL Server Management Studio, wozu jedoch noch einige Zusatzeinstellungen kommen, etwa die Möglichkeit, die Replikatpriorität bei einer Datenbank in einer Verfügbarkeitsgruppe zu ignorieren.

Hinweis

Die Standarderweiterungen für Sicherungsdateien sind *.bak* (vollständige Sicherung), *.dif* (differenzielle Sicherung) und *.trn* (Transaktionsprotokollsicherung), doch das ist nur eine Konvention. Sie können für Ihre Sicherungstypen auch andere Dateiendungen verwenden (oder gar keine). Allerdings sollten Sie dabei in Ihrer gesamten SQL Server-Umgebung einheitlich vorgehen.

Die Aufgabe *Datenbank sichern* ermöglicht Ihnen viele verschiedene Vorgehensweisen, etwa die Sicherung auf der Festplatte, in Azure-Speicher oder sogar noch auf Band.

Bei der Sicherung an einer URL werden die Dateien direkt in den Azure-Speicher geschrieben, ohne dass Sie dazu irgendeine Software oder Netzwerkverbindungen installieren müssten. Vor SQL Server 2016 war dies nur sehr begrenzt möglich, aber jetzt können Sie diesen Vorgang mithilfe der Anmeldeinformationen für den sicheren gemeinsamen Zugriff auf Azure-Blobspeicher durchführen. Eine schrittweise Anleitung erhalten Sie auf *https://docs.microsoft.com/sql/relational-databases/tutorial-use-azure-blob-storage-service-with-sql-server-2016*.

Sicherungen auf Datenträger können Sie so einrichten, dass mehrere Datenbanksicherungen mehrmals an dieselbe Datei oder dieselben Dateien angehängt werden. Sie können aber auch pro Sicherungsvorgang eine Sicherungsdatei und ein Unterverzeichnis für jede Datenbank angeben. Wir empfehlen, jeder Datenbank ein Unterverzeichnis in dem ausgewählten Ordner zu geben, um die Sicherungsdateien der Datenbanken mit möglicherweise unterschiedlichen Beibehaltungsplänen und Wiederherstellungsstrategien voneinander getrennt zu halten. Die Wartungsaufgabe für die Sicherung erstellt automatisch Unterverzeichnisse für neue Datenbanken. Bei der Durchführung einer Sicherung werden den Namen der Sicherungen automatisch ein Zeitstempel und ein eindeutiger String nach dem folgenden Format angehängt: *Datenbankname*`_backup`*_jjjj_mm_tt_hhmmss_eindeutige-Zahl*`.bak|dif|trn`.

Wir empfehlen, für alle Datenbanken sämtlicher Typen die Optionen *Sicherungsintegrität überprüfen*, *Prüfsumme* und *Sicherung komprimieren* zu aktivieren. Diese Optionen sind auch bei Sicherungen an einer URL möglich. Bei *Sicherungsintegrität überprüfen* wird die Anweisung `RESTORE VERIFYONLY` durchgeführt, um die Sicherungsdatei zu untersuchen, damit sie gültig, vollständig und wahrscheinlich wiederherstellbar ist – »wahrscheinlich«, weil die einzige Möglichkeit, um wirklich sicherzugehen, darin besteht, eine Testwiederherstellung durchzuführen. Die Anweisung `RESTORE VERIFYONLY` tut das nicht, kann Sie aber vor möglichen Laufwerks- oder Sicherungsproblemen warnen und ist immer zu empfehlen, wenn die Zeit dafür besteht. Die Verifizierung kann die Dauer des Sicherungsvorgangs erheblich verlängern, und zwar umso mehr, je größer die Sicherung ist, allerdings ist diese Zeit im Rahmen Ihres regulären Wartungsfensters gut angelegt.

T-SQL-Anweisung ausführen (im Assistenten nicht enthalten)

Diese Aufgabe kann T-SQL-Anweisungen über eine beliebige SQL Server-Verbindung ausführen, wobei das Timeout einstellbar ist. Die gewünschten T-SQL-Anweisungen geben Sie einfach in ein Textfeld ein. Aufgrund dieser Einfachheit empfehlen wir Ihnen, keine langen Befehle zu kopieren, sondern stattdessen gespeicherte Prozeduren aufzurufen. Das erleichtert die Wartung. Wenn Sie die gespeicherte Prozedur in einem anderen Tool entwickeln, macht diese Vorgehensweise es auch möglich, hier eine Quellcode-Versionssteuerung zu nutzen.

Berichtsoptionen für Wartungspläne

Standardmäßig erstellt die Wartungsplanfunktion an zwei Speicherorten einen Bericht, in dem bei jeder Ausführung eines Unterplans ein Verlaufseintrag vorgenommen wird. Die Protokolle werden sowohl in der Tabelle `msdb.dbo.sysmaintplan_log` als auch in Textdateien im standardmäßigen Protokollordner der SQL Server-Instanz aufbewahrt. Im Wartungsplan-Assistenten können Sie auch die Option *E-Mail-Bericht* wählen, wodurch die Aufgabe *Operator benachrichtigen* hinzugefügt wird.

Auswählen der in einem Wartungsplan berücksichtigten Datenbanken

Nachdem Sie im Assistenten eine Wartungsaufgabe ausgewählt haben, können Sie angeben, in welchen Datenbanken sie ausgeführt werden soll. Hierbei haben Sie die Wahl zwischen allen Datenbanken, nur den Systemdatenbanken, allen Benutzerdatenbanken sowie einer von Ihnen selbst zusammengestellten Liste einzelner Datenbanken. Es ist auch möglich und empfehlenswert, dafür zu sorgen, dass Datenbanken, die zurzeit nicht online sind, ignoriert werden sollen.

Um die Konfiguration, Wartung und Protokollierung von System- und Benutzerdatenbanken voneinander getrennt zu halten, ist es üblich, zwei Wartungspläne anzulegen, nämlich einen für die Systemdatenbanken (`master`, `model` und `msdb`) und einen für alle Benutzerdatenbanken. Der Systemplan kümmert sich dabei nur um die Sicherung von Systemdatenbanken, der Benutzerplan um alles Übrige. Dadurch ist dafür gesorgt, dass die wichtigen Sicherungen der Systemdatenbanken nicht beeinträchtigt werden, wenn es bei Änderungen am Benutzerwartungsplan zu Problemen kommt.

Expertentipp

Kann ein SQL Server-Wartungsplan eine neu auf dem SQL Server-Computer erstellte Datei automatisch erkennen?

Ja, das ist möglich, wenn Sie den Wartungsplan entsprechend einrichten. Dies ist besonders wertvoll, wenn Ihre Anwendungen im laufenden Betrieb neue Datenbanken erstellen, wie es etwa bei SharePoint der Fall ist.

Wenn Sie für eine Aufgabe *Alle Datenbanken* oder *Alle Benutzerdatenbanken* angeben, deckt der Wartungsplan automatisch auch neu hinzukommende Datenbanken ab. Das erleichtert Ihnen die Arbeit als Administrator. Haben Sie dagegen die Option *Diese Datenbanken* ausgewählt und eine feste Liste von Datenbanken angegeben, werden neue Datenbanken ignoriert und müssen von Ihnen manuell zu dem Wartungsplan hinzugefügt werden.

Wenn eine Datenbank nicht mehr in Gebrauch ist und Sie sie daher von dem Wartungsplan ausnehmen möchten, können Sie sie offline schalten und dann die in vielen Wartungsaufgaben verfügbare Option nutzen, Offlinedatenbanken zu ignorieren.

Bei Aufgaben zu Transaktionsprotokollsicherungen gibt es jedoch eine Besonderheit, was die beiden *Alle*-Optionen angeht. Wenn Sie eine neue Datenbank mit dem vollständigen Wiederherstellungsmodell anlegen, versucht die Aufgabe für Transaktionsprotokollsicherungen im Wartungsplan, eine entsprechende Sicherung daran vorzunehmen. Dieser Vorgang schlägt jedoch fehl, da vor einer Transaktionsprotokollsicherung erst eine vollständige Sicherung erfolgen muss. Wenn Sie eine neue Datenbank erstellen, müssen Sie sie daher manuell sichern, da der Wartungsplan ständig Fehler ausgibt, bis eine solche Sicherung vorliegt. Schlägt die Transaktionsprotokollsicherung bei einer oder mehreren Datenbanken fehl, werden die Transaktionsprotokollsicherungen anderer Datenbanken davon jedoch nicht beeinträchtigt.

Erstellen von Wartungsplänen in der Designoberfläche von SQL Server Management Studio

Eine umfassende Wartungslösung, die alle Bedürfnisse ihrer Datenbanken erfüllt, lässt sich mit Assistenten aufgrund deren Natur nicht vollständig erreichen. Die Designoberfläche für Wartungspläne in SQL Server Management Studio gibt Ihnen dagegen die Möglichkeit, die Reihenfolge der Aufgaben festzulegen, Rangfolgeneinschränkungen anzugeben und innerhalb eines Wartungsplans mehrere Zeitpläne für Unterpläne vorzuhalten.

Der Wartungsplan-Designer besteht aus drei Hauptabschnitten, nämlich der Unterplanliste, der Designoberfläche und der Toolbox. Wenn Sie einen Wartungsplan öffnen, sind die beiden erstgenannten Elemente auf jeden Fall zu erkennen, wohingegen die Toolbox möglicherweise nicht angedockt ist. Um sie anzuzeigen und am Rand von SQL Server Management Studio zu fixieren, drücken Sie `Strg` + `Alt` + `X` oder wählen *Ansicht* > *Toolbox*. In Abb. 14.3 sehen Sie den Designer mit einem Beispielwartungsplan.

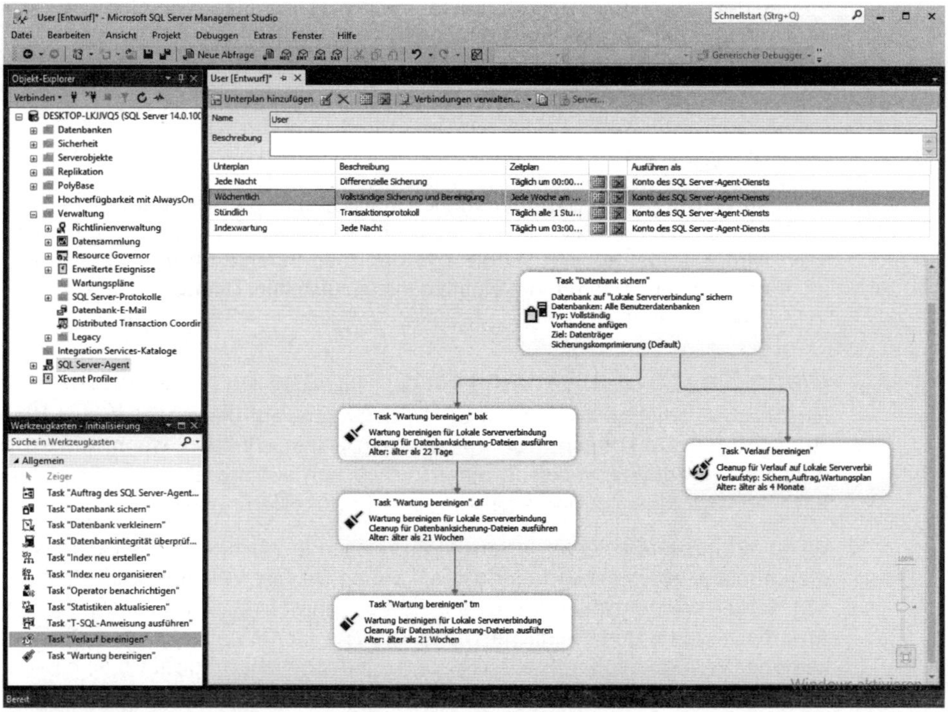

Abbildung 14.3 Ein Beispielwartungsplan für eine Benutzerdatenbank mit mehreren Unterplänen, die jeweils nach einem anderen Zeitplan ablaufen

Wenn Sie den Wartungsplan speichern, werden seine einzelnen Unterpläne zu Aufträgen des SQL Server-Agents, deren Bezeichnung dem Muster *Wartungsplanname.Unterplanname* folgt.

Hinweis

Wenn Sie einen Wartungsplan speichern, kann es sein, dass Ihre persönliche SQL Server-Anmeldung zum Besitzer der davon erstellten Aufträge wird. Sollte dieses Konto deaktiviert oder gesperrt werden, kann der SQL Server-Agent-Auftrag nicht ausgeführt werden.

Im oberen Teil des Wartungsplanfensters sind die Unterpläne aufgeführt. Zu Anfang steht dort nur ein einziger Plan namens *Unterplan_1*. Teilen Sie die Aufgaben darin nach ihren Zeitplänen in mehrere Unterpläne auf und geben Sie diesen sprechende Namen. Sie können im Wartungsplanfenster neue Unterpläne hinzufügen und ihre Zeitpläne. Nehmen Sie jedoch keine Änderungen an den SQL Server-Agent-Aufträgen vor, da solche Änderungen wieder überschrieben werden, wenn Sie den Wartungsplan bearbeiten.

Der große, graue Bereich unterhalb der Unterplanliste ist die grafische Designoberfläche. Um Aufgaben zu einem Unterplan hinzuzufügen, ziehen Sie sie einfach aus der Toolbox in die Designoberfläche. Um die Ausführungsreihenfolge der Aufgaben festzulegen, klicken Sie auf eine davon und dann auf den grünen Pfeil unterhalb des Kastens und ziehen diesen Pfeil zu der danach folgenden Aufgabe. Ähnlich wie bei SQL Server Integration Services-Paketen können Sie dadurch eine lange Kette sequenzieller Vorgänge oder eine breite Spur parallel ausgeführter Tätigkeiten erstellen. Tatsächlich *sind* Wartungspläne SQL Server Integration Services-Pakete.

Hinweis

Im Wartungsplan-Designer können Sie sich über die Schaltfläche *T-SQL anzeigen* den T-SQL-Code anzeigen lassen, der zur Erledigung der Wartungsaufgaben ausgeführt wird. Darüber können Sie die erforderlichen Befehle für die Wartungsaufgaben kennenlernen und damit Ihre eigenen Pläne aufstellen. Damit werden wir uns im nächsten Abschnitt beschäftigen.

Wann Sie die SQL Server-Wartungspläne nicht verwenden sollten

Persönliche Vorlieben können ein Grund dafür sein, auf die mitgelieferten Wartungspläne zu verzichten. Sie können auch Ihre eigenen Pläne schreiben, wenn Ihre Skriptbibliothek oder Ihr Drittanbieterwerkzeug die erforderlichen Wartungsaufgaben regelmäßig durchführt, konfigurierbar ist und auch eine gute Protokollierung liefert.

Wenn auf Ihren SQL Server-Instanzen ausreichende Wartungsfenster bereitstehen und Sie die Zeitpläne entsprechend einrichten, können Sie Ihre Wartungsbedürfnisse mithilfe von SQL Server-Wartungsplänen erfüllen. Sie können auf der Grundlage Ihrer geschäftlichen Anforderungen unterschiedliche Wartungspläne für Datenbanken verschiedener Wichtigkeit oder Verfügbarkeit aufstellen (wobei es jedoch nicht möglich ist, eine neue Datenbank automatisch erkennen zu lassen; siehe den Kasten »Expertentipp« weiter vorn). Bei sehr großen Datenbanken oder solchen, die rund um die Uhr zur Verfügung stehen müssen, ist jedoch sehr wahrscheinlich eine feinere Steuerung der Wartungsoperationen erforderlich.

Nicht jedes Geschäft kann sich den Luxus leisten, eine ganze Nacht oder gar das Wochenende für Wartungsarbeiten zur Verfügung zu stellen. Wenn Sie sich mit T-SQL-Befehlen und ihren Optionen vertraut machen, können Sie mit etwas Kreativität die Probleme von Wartungsplänen wie knappe Zeitpläne, überfüllte Wartungsfenster, sehr umfangreiche Datenbanken usw. überwinden.

Schauen Sie sich die Möglichkeiten der einzelnen Aufgaben genau an und nutzen Sie sämtliche Merkmale von Wartungsplänen. Dann können Sie damit den Großteil der Wartungsarbeiten auch bei umfangreichen Datenbanken und knappen Zeitplänen erledigen. Der Erfolg von Wartungsplänen oder Ihren eigenen Skripten hängt letzten Endes davon ab, wie gut Sie sich mit den Optionen der sieben weiter vorn aufgeführten Hauptwartungsaufgaben auskennen.

Sicherungen auf sekundären Replikaten von Verfügbarkeitsgruppen

Eines der vielen praktischen Merkmale von AlwaysOn-Verfügbarkeitsgruppen ist die Möglichkeit, schreibgeschützte sekundäre Replikate für Remotesicherungen zu nutzen. Die Durchführung von Sicherungen auf sekundären Replikaten, noch dazu geografisch entfernt liegenden, ist zwar nicht unkompliziert, bietet aber einen großen Vorteil. Bei Sicherungen werden zwar keine Sperren errichtet, sodass sie keine Benutzerabfragen blockieren, aber sie nutzen erhebliche CPU-, Speicher- und E/A-Ressourcen, weshalb sie die Reaktion verlangsamen können. Auf Servern mit großen Datenbanken oder einer Auslastung rund um die Uhr kann es daher nötig sein, alternative Vorgehensweisen für Sicherungen zu finden. Eine Möglichkeit besteht darin, die Sicherungen auf den sekundären Replikaten vorzunehmen, damit auf den primären Replikaten keine Ressourcen mehr für Sicherungen verwendet werden müssen.

Sicherungsprioritätswerte

Schauen Sie sich im Eigenschaftendialogfeld für Verfügbarkeitsgruppen von SQL Server Management Studio die Seite *Sicherungseinstellungen* genauer an. Es ist sehr wichtig, sich mit den Prioritätswerten und ihren Auswirkungen auf die verschiedenen Sicherungsaufgaben vertraut zu machen.

Die Standardoption lautet *Sekundäres Replikat bevorzugen* und bedeutetet, dass Sicherungen auf einem sekundären Replikat vorgenommen werden, aber auf das primäre Replikat zurückgegriffen wird, wenn kein sekundäres zur Verfügung steht. Bei mehreren sekundären Replikaten können Sie Prioritätswerte (von 0 bis 100, wobei 100 die höchste Priorität darstellt) vergeben, um zu entscheiden, welches davon für Sicherungen bevorzugt werden soll. Diese Werte gelten sowohl für vollständige als auch für Transaktionsprotokollsicherungen.

Die anderen Optionen sind selbsterklärend: *Primär*, *Nur sekundär* und *Beliebiges Replikat*. Bei der letztgenannten Möglichkeit wird anhand der Prioritätswerte entschieden, welches Replikat für Sicherungen zu bevorzugen ist. Bei einem Failover zu einem anderen Replikat müssen Sicherungsprioritäten überprüft und geändert werden. Die Failoverskripte sollten daher die Neuzuweisung der Prioritätswerte einschließen.

Die Optionen auf der Seite *Sicherungseinstellungen* wirken sich allerdings nur auf Sicherungssysteme und -skripte aus, die sich nach diesen Einstellungen richten. Wenn Sie beispielsweise im Objekt-Explorer von SQL Server Management Studio auf eine Datenbank rechtsklicken und dann im Kontextmenü *Aufgaben > Sichern* wählen, können Sie in dem daraufhin geöffneten Dialogfeld eine Sicherung vornehmen, wobei aber keine der Einstellungen für Verfügbarkeitsgruppen berücksichtigt werden. Dagegen werden bei der Wartungsaufgabe *Datenbank sichern* die Prioritätseinstellungen von Verfügbarkeitsgruppen beachtet.

Auf sekundären Replikaten können Sie jedoch nur vollständige und Transaktionsprotokollsicherungen und diese auch nur als Kopiesicherungen vornehmen. Wenn Sie eine Datenbank in eine Verfügbarkeitsgruppe aufnehmen und dann in der Wartungsaufgabe *Datenbank sichern* versuchen, eine vollständige Sicherung ohne die Option `COPY_ONLY` oder eine differenzielle Sicherung vorzunehmen, oder das Kontrollkästchen *Replikatpriorität und Sicherungseinstellungen auf primären Replikaten bei Verfügbarkeitsdatenbanken ignorieren* aktivieren, werden Sie gewarnt. Bei einer Fehlkonfiguration kann es passieren, dass der

Wartungsplan zwar ausgeführt wird, aber keine der Datenbanken in der Verfügbarkeitsgruppe sichert.

▶ **Weitere Informationen über Prioritäten bei Replikatsicherungen erhalten Sie auf *https://docs.microsoft.com/sql/database-engine/availability-groups/windows/active-secondaries-backup-on-secondary-replicas-always-on-availability-groups* und *https://docs.microsoft.com/sql/database-engine/availability-groups/windows/configure-backup-on-availability-replicas-sql-server*.**

Verwenden von Sicherungsprioritäten in Sicherungszeitplänen

Wenn Sie versuchen, in der Wartungsaufgabe *Datenbank sichern* eine vollständige Sicherung ohne die Option `COPY_ONLY` oder eine differenzielle Sicherung einzurichten, erhalten Sie die Warnung: »Dieser Sicherungstyp wird für ein sekundäres Replikat nicht unterstützt. Bei diesem Task tritt ein Fehler auf, wenn er auf einem sekundären Replikat ausgeführt wird.« Bei der Aktivierung der Option *Replikatpriorität und Sicherungseinstellungen auf primären Replikaten bei Verfügbarkeitsdatenbanken ignorieren* erscheint ebenfalls eine Warnung, nämlich: »Hinweis: Das Ignorieren der Einstellungen für die Sicherungspriorität und die Verfügbarkeitsgruppe kann zu simultanen parallelen Sicherungen führen, wenn der Wartungsplan für alle Replikate geklont wird.«

Wartungspläne sollten nach einem Zeitplan auf allen Replikaten einer Verfügbarkeitsgruppe ausgeführt werden. Aufgrund der Sicherungsprioritätswerte kann es dabei dazu kommen, dass auf dem primären oder einem nicht bevorzugten sekundären Replikat keine Sicherung erfolgt, allerdings wird die Sicherungsaufgabe des Wartungsplans trotzdem wie üblich gestartet und abgeschlossen. Der Wartungsplan orientiert sich an den Prioritätswerten. Es ist daher nicht nötig, den Plan zu ändern, wenn ein anderes Replikat in der Verfügbarkeitsgruppe zum primären wird.

Es ist jedoch immer noch möglich, eine manuelle Sicherung jeglicher Art durchzuführen und die Sicherungseinstellungen für die Verfügbarkeitsgruppe dabei zu umgehen. Tatsächlich kann es sogar ein Bestandteil Ihrer Sicherungsstrategie sein, absichtlich vollständige Sicherungen auf mehr als einem Knoten einer geografisch verteilten Verfügbarkeitsgruppe vorzunehmen.

Wenn Sie für die Sicherungen keine SQL Server-Wartungspläne oder Skripte verwenden, sondern eine Drittanbieterlösung, müssen Sie beachten, dass nicht alle davon die Sicherungseinstellungen von Verfügbarkeitsgruppen berücksichtigen oder auch nur eine Ahnung von Verfügbarkeitsgruppen haben. Die Wartungspläne in SQL Server Management Studio beachten die Sicherungseinstellungen, und in Ihren eigenen Skripten können Sie das mithilfe der Funktion `master.sys.fn_hadr_backup_is_preferred_replica` ebenfalls tun. Sie gibt je nachdem, ob die aktuelle SQL Server-Instanz das bevorzugte Replikat ist, 0 oder 1 zurück.

Expertentipp

Wie verhinderte ich eine unterbrochene Wiederherstellungskette, wenn ich Sicherungen auf sekundären Replikaten erstelle?

Wenn Sie Sicherungen ein und derselben Datenbank auf verschiedenen Servern vornehmen, kann es vorkommen, dass Teile der Sicherungskette auf unterschiedlichen Computern gespeichert werden. Die Lösung für dieses Problem ist naheliegend: Sorgen Sie immer dafür, dass die Sicherungen an einen externen Speicherort kopiert werden, also von einem Rechenzentrum oder gesicherten Standort zu einem anderen, was sehr wahrscheinlich der Ort ist, an dem sich die Replikate Ihrer Verfügbarkeitsgruppe befinden.

Ebenso wie die Sicherungen einer eigenständigen SQL Server-Instanz müssen Sie auch die Sicherungen von Datenbanken in Verfügbarkeitsgruppen an einen anderen Standort kopieren, idealerweise gegenseitig. Das können Sie mit zwei Vorgehensweisen erreichen.

Kopieren Sie die auf dem sekundären Knoten angelegten Sicherungen regelmäßig auf den primären und sorgen Sie dafür, dass Sie eine Kette von Transaktionsprotokollsicherungen zusammen mit der ursprünglichen vollständigen Sicherung und ggf. differenziellen Sicherungen unterhalten, unabhängig davon, wo diese Sicherungen ursprünglich aufgenommen wurden. Halten Sie die vollständige Kette an verschiedenen Speicherorten vor.

Verwaltung mehrerer SQL Server-Computer

Es gibt verschiedene Möglichkeiten, um Aufgaben zur Datenbankverwaltung über mehrere Server hin auszuführen und dabei zu standardisieren. Mit Aufträgen des SQL Server-Agents, die gleichzeitig auf mehreren Servern ausgeführt werden, lässt sich sehr viel erreichen. Insbesondere können Sie dadurch mithilfe selbst entwickelter Skripte Informationen einholen und an einen zentralen SQL Server-Computer melden.

Wenn es in Ihrer Umgebung mehr als nur ein paar SQL Server-Instanzen gibt, sollten Sie sich mit den Funktionen für registrierte Server und zentrale Verwaltungsserver vertraut machen, die wir uns bereits in Kapitel 1 angesehen haben.

Master- und Zielserver für SQL Server-Agent-Aufträge

In SQL Server-Agent ist die Funktion für Master- und Zielserver (MSX/TSX) enthalten, um Datenbankadministratoren dabei zu unterstützen, identische Aufträge auf mehreren SQL Server-Instanzen auszuführen. Diese Funktion gibt es schon seit SQL Server 7.0, aber vielen Datenbankadministratoren ist nicht klar, welche Erleichterung sie bietet. Man kann der Funktion ihr Alter ansehen – einige der entscheidenden Konfigurationseinstellungen erfolgen über Registrierungsschlüssel –, aber sie ist zweifellos nützlich und wirkt nahtlos mit Technologien zusammen, die damals nicht vorherzusehen waren, unter anderem mit Verfügbarkeitsgruppen (mehr darüber später).

Sie können einen SQL Server-Computer als Masterserver (MSX) festlegen, auf dem Sie Multiserveraufträge einrichten, und jede Instanz als Zielserver (TSX) konfigurieren, sodass ihre

SQL Server-Agent-Aufträge über das Netzwerk verwaltet werden. Der MSX kann dabei selbst kein TSX sein. Für die Multiserververwaltung von SQL Server-Agent-Aufträgen ist es daher zwingend notwendig, einen separaten Produktionsserver zu verwenden. Der MSX muss sich zwar in der Produktionsumgebung befinden, sollte aber keine leistungsempfindlichen Produktionsarbeitslasten ausführen.

Beachten Sie im Zusammenhang mit dem MSX auch die folgenden Umstände:

- Wenn es in Ihrer Umgebung unterschiedliche Versionen von SQL Server gibt, muss der MSX die neueste haben. Eine Kommunikation mit TSX ist bis zu zwei zurückliegenden Versionen möglich.
- Jeder TSX kann nur einen MSX haben.
- Bevor Sie den Namen eines TSX ändern können, müssen Sie ihn erst auf dem MSX austragen. Anschließend schreiben Sie ihn wieder ein.
- Verwenden Sie kein integriertes Konto als SQL Server-Agent-Dienstkonto auf den Servern, sondern ein Domänendienstkonto, wie wir bereits weiter vorn in diesem Kapitel empfohlen haben.

Erstellen von MSX und TSX mit SQL Server Management Studio

Rechtsklicken Sie im Objekt-Explorer von SQL Server Management Studio auf *SQL Server-Agent*, zeigen Sie auf *Multiserveradministration* und wählen Sie *Als Masterserver einrichten* (siehe Abb. 14.4).

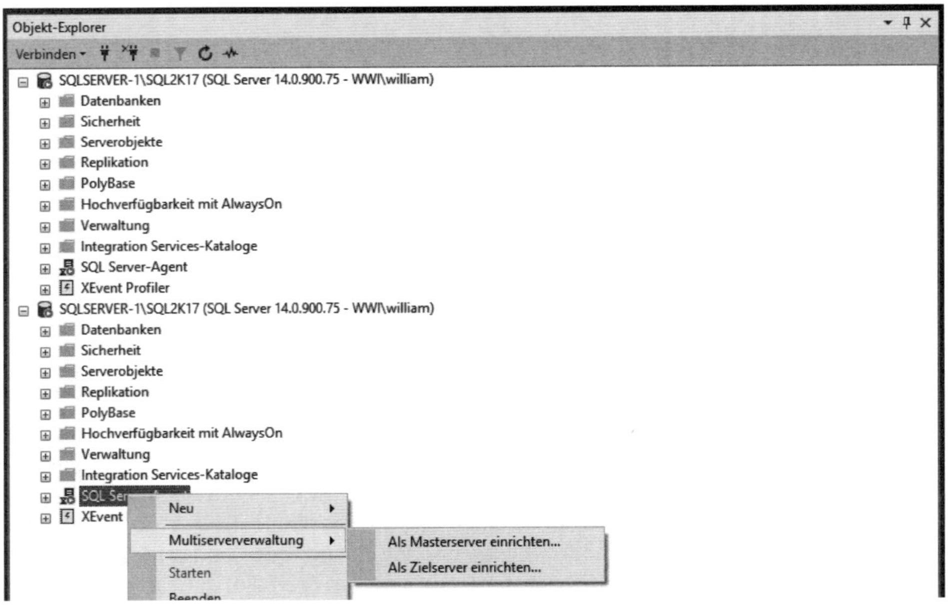

Abbildung 14.4 Die oft übersehenen Optionen für die Multiserveradministration im Objekt-Explorer von SQL Server Management Studio

Daraufhin wird der Masterserver-Assistent gestartet. Als Erstes richten Sie darin einen besonderen Operator für die Ausführung von Multiserveraufträgen ein, den sogenannten

MSXOperator. Für diese Aufgabe können Sie nur einen einzigen Operator festlegen, weshalb Sie sich sehr genau überlegen sollten, wer über solche Aufträge benachrichtigt werden soll. Wie immer bei Operatoren ist es auch hier am besten, als E-Mail-Adresse nicht die Adresse einer Einzelperson anzugeben, sondern eine E-Mail-Verteilergruppe.

Als Nächstes führt der Assistent die lokal registrierten und die zentralen Verwaltungsserver auf. Aus dieser Liste können Sie die Zielserver für den MSX auswählen. Sie können auch am unteren Rand auf *Verbindung hinzufügen* klicken, um in der Liste nicht aufgeführte, nicht registrierte Server hinzuzufügen.

▶ **Weitere Informationen über lokal registrierte Server und zentrale Verwaltungsserver erhalten Sie in Kapitel 1.**

Wenn Sie den Assistenten abgeschlossen haben, werden die SQL Server-Agents des Master- und des Zielservers im Objekt-Explorer unterschiedlich gekennzeichnet. In Abb. 14.5 ist SQLSERVER-0\SQL2K17 als MSX und SQLSERVER-1\SQL2K17 als TSX eingerichtet.

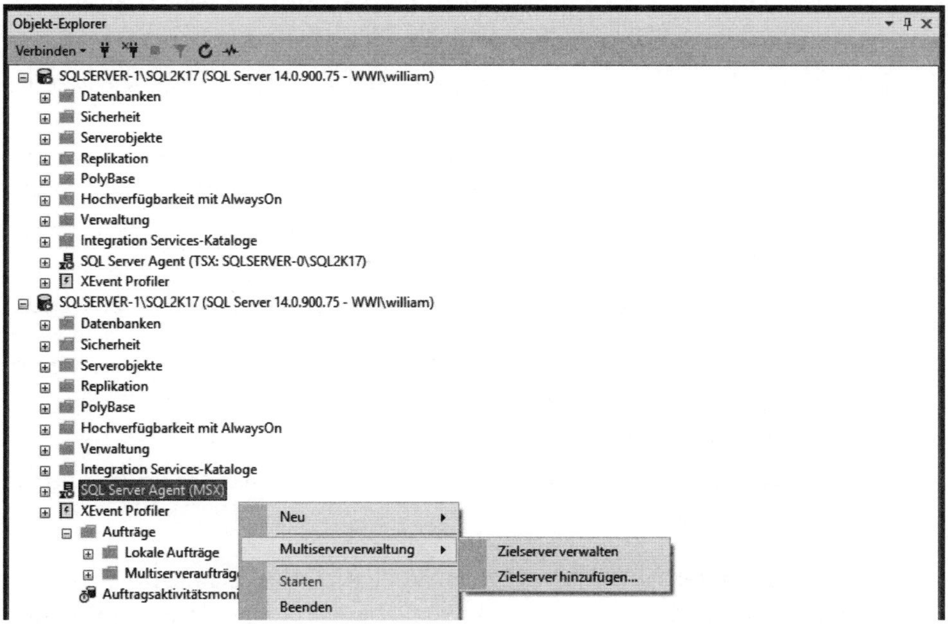

Abbildung 14.5 Wenn die Multiserveradministration eingerichtet ist, geben die Bezeichnungen der SQL Server-Agents im Objekt-Explorer von SQL Server Management Studio an, ob der zugehörige Server ein MSX oder ein TSX ist.

Auf dem MSX erscheinen im Objekt-Explorer unter dem Ordner *Aufträge* von *SQL Server-Agent* die beiden neuen Unterordner *Lokale Aufträge* und *Multiserveraufträge*.

Standardmäßig wird die Kommunikation zwischen den Servern mit SSL verschlüsselt, aber dieses Verhalten können Sie über eine Registrierungseinstellung ändern. Der Standardwert des Registrierungsschlüssels HKEY_LOCAL_MACHINE\SOFTWARE\Microsoft\Microsoft SQL Server\instance\SQLServerAgent\MSxEncryptChannelOptions ist 2 und bewirkt die Verschlüsselung der gesamten Kommunikation. Wenn Sie ihn auf allen Servern auf 0 einstellen, wird die Verschlüsselung aufgehoben. Allerdings raten wir von dieser Änderung ab, da eine verschlüsselte Kommunikation zwischen den Servern empfehlenswert ist. Bevor Sie den Server in diesem Assistenten verwenden können, muss ein SSL-Zertifikat auf ihm installiert sein.

▶ **Weitere Informationen darüber erhalten Sie auf *https://docs.microsoft.com/sql/ssms/agent/set-encryption-options-on-target-servers*.**

Verwalten von SQL Server-Agent-Aufträgen in einer Multiserverumgebung

In einer Multiserverumgebung richten Sie Aufträge auf die übliche Weise auf dem MSX ein. Anschließend rufen Sie die Seite *Ziele* des Auftrags auf, die außerhalb einer Multiserverumgebung keine sinnvolle Verwendung hat. Hier aktivieren Sie die Option *Ziel: Mehrere Server* und wählen dann die Server aus, auf denen der Auftrag laufen soll. Im Hintergrund wird Code ausgeführt, um den Auftrag an die TSX zu senden.

Wenn die Schritte eines Auftrags Proxies verwenden, müssen die Proxykonten Zugriff auf den TSX haben. Außerdem muss auf dem TSX ein Proxy desselben Namens vorhanden sein, da der Auftrag den Proxy sonst nicht auf dem TSX finden kann. Allerdings ist es normalerweise nicht möglich, dass auf dem MSX und einem TSX Proxies desselben Namens vorhanden sind, da dies missbraucht werden könnte. Diese Möglichkeit muss erst durch eine Registrierungseinstellung auf dem TSX eingeschaltet werden.

▶ **Weitere Informationen darüber erhalten Sie auf *https://docs.microsoft.com/sql/ssms/agent/troubleshoot-multiserver-jobs-that-use-proxies*.**

Auf dem Zielserver erscheinen die Aufträge zwar im Ordner *Aufträge* unter *SQL Server-Agent*, können dort aber nicht bearbeitet werden.

Bei der Synchronisierung von Auftragsdefinitionen mit dem TSX kann es geschehen, dass die Aufträge nicht in die Warteschlange gelangen und nicht auf dem Server bereitgestellt werden. Geben Sie in einem solchen Fall den folgenden Befehl. Beachten Sie dabei aber, dass dadurch alle laufenden Aufträge auf dem TSX abgebrochen werden.

```
EXEC msdb.dbo.sp_resync_targetserver 'Zielservername';
```

Die meisten anderen Probleme bei Multiserveraufträgen lassen sich dadurch beheben, den TSX auszutragen und wieder hinzuzufügen.

Multiserveradministration in Verfügbarkeitsgruppen

Die MSX/TSX-Funktion ist auch für Verfügbarkeitsgruppen geeignet und kann sehr praktisch sein, um die Aufträge auf den verschiedenen Servern synchron zu halten. Dabei werden die MSX/TSX-Daten in Systemtabellen der Datenbank `msdb` gespeichert, die nicht zu einer Verfügbarkeitsgruppe gehören kann.

Der MSX sollte keine SQL Server-Instanz in der Verfügbarkeitsgruppe sein, denn das würde die Möglichkeiten für einen Failover und für die Multiserveradministration einschränken. Sie würden dadurch die Fähigkeit verlieren, Aufträge auf den Zielservern abzustimmen, sobald einer der Knoten in der Verfügbarkeitsgruppe unerreichbar ist, und einen Failover gefährden. Stattdessen sollten Sie für den Masterserver eine andere Hochverfügbarkeitslösung auswählen.

Auch bei der Verwendung der MSX/TSX-Funktion für SQL Server-Agents in Verfügbarkeitsgruppen ist es nach wie vor nötig, als ersten Schritt eines Auftrags, der nur auf dem primären Replikat ausgeführt werden soll, zu prüfen, ob die vorliegende Instanz tatsächlich die primäre ist.

▶ **Ein Codebeispiel finden Sie im Abschnitt »SQL Server-Agent-Aufträge in Verfügbarkeitsgruppen« weiter vorn in diesem Kapitel.**

SQL Server-Ereignisweiterleitung

Mit der Ereignisweiterleitung ist es möglich, die SQL Server-Ereignisse mehrerer Instanzen auf einem zentralen Windows Server-Computer zu empfangen. Dieser Zielserver sollte in der Lage sein, mit schweren Arbeitslasten fertig zu werden, insbesondere Netzwerkdatenverkehr. Es sollte sich dabei um einen Server in der Produktionsumgebung handeln, der aber keine leistungsempfindlichen Produktionsarbeitslasten ausführt. Wir wollen ihn hier als Warnungsverwaltungsserver bezeichnen.

Die Ereignisweiterleitung ermöglicht es, die Ereignisse vieler SQL Server-Instanzen in einer einzigen Ansicht der Windows-Ereignisanzeige auszugeben. Außerdem können Warnungen auf dem Warnungsverwaltungsserver eine Reaktion auf dem Ursprungsserver auslösen. Dazu werden SQL Server-Agent-Warnungen verwendet. Da die weitergeleiteten Fehlermeldungen das Windows-Anwendungsprotokoll und nicht das SQL Server-Fehlerprotokoll erreichen, muss das Dienstkonto des SQL Server-Agents ein lokales Windows-Administratorkonto sein.

Die MSX/TSX-Funktion und die Ereignisweiterleitung arbeiten zusammen. Normalerweise wird als Warnungsverwaltungsserver auch der MSX verwendet. Wenn Sie den MSX und den Warnungsverwaltungsserver auf unterschiedlichen SQL Server-Instanzen unterbringen, haben Sie nicht mehr die Möglichkeiten, Aufträge als Reaktion auf Ereignisse auszuführen.

Einrichten der Ereignisweiterleitung

Die Ereignisweiterleitung richten Sie in SQL Server Management Studio im Eigenschaftendialogfeld des SQL Server-Agents ein. Rufen Sie dort die Registerkarte *Erweitert* auf und aktivieren Sie das Kontrollkästchen *Ereignisse an einen anderen Server weiterleiten* im Abschnitt *Weiterleitung*. Geben Sie in das Textfeld den Namen des Warnungsverwaltungsservers ein. Dabei muss es sich um die SQL Server-Standardinstanz auf einem Server handeln.

Sie können auch auswählen, ob alle Ereignisse gesendet werden oder nur Warnungen, die noch nicht lokal auf den einzelnen SQL Server-Instanzen behandelt worden sind. Außerdem können Sie einen Mindestschweregrad festlegen, ab dem Ereignisse weitergeleitet werden. Wir empfehlen hierzu einen Schweregrad ab 16. Denken Sie dabei aber an die nervtötenden Fehlermeldungen mit dem Schweregrad 20!

▶ **Weitere Informationen über Warnungen und Schweregrade finden Sie im Abschnitt »Komponenten für die automatisierte Verwaltung von SQL Server« weiter vorn in diesem Kapitel.**

Richtliniengestützte Verwaltung

Die richtliniengestützte Verwaltung ist ein sehr leistungsfähiges Werkzeug, um Regeln für Konfigurationseinstellungen, Datenbank- und Serveroptionen, Sicherheitsprinzipale, das Tabellendesign und sogar Namenskonventionen für Datenbankobjekte durchzusetzen. Für Azure SQL-Datenbank steht diese Funktion zurzeit jedoch nicht zur Verfügung.

Richtlinien enthalten eine einzelne Bedingung in Form eines booleschen Ausdrucks. Dieser Ausdruck wird für die Eigenschaften und Einstellungen der Zielobjekte ausgewertet, z. B. für den Server selbst, eine Datenbank, eine Tabelle oder einen Index.

Beispielsweise können Sie eine Bedingung für die serverweite Einstellung `AdHocRemoteQueries` einrichten. SQL wird mit einer großen Menge von Facetteneigenschaften geliefert, darunter auch `AdHocRemoveQueriesEnabled` in der Facette für die Oberflächenkonfiguration. (Wie Sie in Kapitel 4 schon gesehen haben, enthält diese Facette eine Reihe von sicherheitsrelevanten Merkmalen, von denen Sie viele – aber nicht alle – ausschalten sollten, sofern Sie sie nicht unbedingt benötigen.) Damit diese Option der Oberflächenkonfiguration stets ausgeschaltet ist, erstellen Sie einen Ausdruck, der prüft, ob `AdHocRemoveQueriesEnabled` zu `Enabled=False` ausgewertet werden kann.

Eine Richtlinie kann immer nur eine Bedingung enthalten, aber Sie können mehrere Ausdrücke einrichten, von denen jeder die Bedingung auslösen kann. Beispielsweise können Sie eine Richtlinie namens *Konfigurationseinstellungen* anlegen, darin die Bedingung *Einstellungen, die deaktiviert sein sollten* festlegen und mehrere Ausdrücke für die einzelnen Oberflächenkonfigurationseinstellungen angeben.

Im Dialogfeld *Facets anzeigen* von SQL Server Management Studio können Sie auf *Aktuellen Status als Richtlinie exportieren* klicken, um die Umsetzung der vielen Konfigurationsoptionen in einer Richtlinie zu vereinfachen. Die resultierenden Ergebnisse können Sie unmittelbar als Richtlinie auf den lokalen Server anwenden, aber auch als XML-Datei exportieren, um sie als neue Richtlinie zu importieren. Zum Exportieren oder Importieren von Richtlinien rechtsklicken Sie im Objekt-Explorer von SQL Server Management Studio im Ordner *Richtlinienverwaltung* auf eine Richtlinie.

Auswerten von Richtlinien und Erfassen von Konformitätsdaten

Es gibt verschiedene Möglichkeiten, um eine Richtlinie auszuwerten: bei Bedarf (manuell), nach Zeitplan und kontinuierlich, wobei Richtlinienverletzungen in letzterem Fall entweder nur protokolliert oder blockiert werden.

Die richtliniengestützte Verwaltung ist in SQL Server Management Studio über den Unterordner *Richtlinienverwaltung* des Ordners *Verwaltung* zugänglich. SQL Server führt einen Verlauf aller Richtlinienauswertungen im Ordner *Richtlinienverlauf*. Um darauf zuzugreifen, rechtsklicken Sie auf *Richtlinienverwaltung* und wählen im Kontextmenü *Verlauf anzeigen*. Im Unterordner *Systemrichtlinien* finden Sie 14 vorgefertigte Richtlinien zur Statusprüfung von Verfügbarkeitsgruppen sowie zwei weitere für die Funktion der verwalteten Sicherungen, die in SQL Server 2014 eingeführt wurde.

So können Sie die Beispielrichtlinie aus dem vorhergehenden Abschnitt (siehe den Code am Ende dieses Abschnitts) mit dem Evaluierungsmodus *Bei Bedarf* einrichten und dann testen, indem Sie die Einstellung `AdHocRemoteQueries` in der Oberflächenkonfigurationsfacette einschalten. Dadurch erscheint im SQL Server-Fehlerprotokoll sofort die Meldung: »Die Richtlinie '`Disable AdHocRemoteQueriesEnabled`' wurde durch das Ziel '`SQLSERVER:\SQL\`*Servername**Instanzname*' verletzt.« Begleitend dazu tritt die Fehlermeldung 34053 vom Schweregrad 16 auf.

Der Evaluierungsmodus *Bei Bedarf* gibt einem Administrator einen unmittelbaren Bericht über die gesamte Richtlinienkonformität. Im Fenster *Richtlinien auswerten* können Sie sich beliebig viele Richtlinien ansehen. Sollten irgendwelche Ausdrücke fehlschlagen, wird neben der betreffenden Richtlinie ein rotes X angezeigt. In unserem Beispiel wird bei der Auswertung der Richtlinie bei eingeschalteter Facette `AdHocRemoteQueries` eine Fehlermeldung angezeigt, sodass Sie die Möglichkeit haben, die entsprechende Änderung vorzunehmen, um die Server wieder mit der Richtlinie in Einklang zu bringen.

Wenn Sie im Bereich *Zieldetails* des Fensters *Richtlinien auswerten* auf *Details* klicken, können Sie eine Analyse aller Ausdrucksauswertungen für die Bedingung starten.

Bei der Auswertung nach Zeitplan werden nur Einträge im SQL Server-Fehlerprotokoll vorgenommen.

Der Auswertungsmodus *Bei Änderung: Verhindern* ist nicht bei allen Facettenausdrücken möglich. Sie können damit aber eine Richtlinie erstellen, die Entwickler und andere Administratoren daran hindert, DDL-Änderungen vorzunehmen, durch die die Ausdrücke der Bedingung verletzt werden. Dazu wird die Transaktion mit der nicht konformen Anweisung zurückgenommen. Allerdings kann diese Transaktion auch noch andere Anweisungen enthalten, und aufgrund dieses Rollbacks ist es möglich, dass der gesamte Vorgang auf eine Weise fehlschlägt, die auch die Ausführung der zulässigen Änderungen komplizierter machen würde. Dies ist schon eine ziemliche Holzhammermethode, um eine Richtlinie durchzusetzen, insbesondere, wenn es um reversible Vorgänge wie Namenskonventionen und Tabellendesign geht. Administratoren und Entwickler sollten sich über die möglichen Auswirkungen von Datenbankbereitstellungen im Klaren sein. Beschränken Sie die Verwendung des Auswertungsmodus *Bei Änderung: Verhindern* auf sicherheits- und stabilitätsrelevante Eigenschaften wie die folgenden:

- Serversicherheit: `@CrossDBOwnershipChainingEnabled`

  Sorgen Sie dafür, dass diese Eigenschaft `False` ist, es sei denn, dass die Besitzverkettung im Sicherheitsdesign der Anwendung so vorgesehen ist.

- Serversicherheit: `@PublicServerRoleIsGrantedPermissions`

  Sorgen Sie unter allen Umständen dafür, dass diese Eigenschaft `False` ist.

- Anmeldung: `@PasswordPolicyEnforced`

  Sorgen Sie dafür, dass diese Eigenschaft für alle Anmeldungen `True` ist.

- Zertifikat: `@ExpirationDate`

  Sorgen Sie in allen Datenbanken dafür, dass dieses Datum nicht innerhalb eines festgelegten zukünftigen Zeitrahmens (sechs Monate) liegt (Beispielcode folgt).

- Datenbank: `@AutoShrink`

  Sorgen Sie in allen Datenbanken dafür, dass diese Eigenschaft `False` ist.

- Datenbank: `@AutoClose`

  Sorgen Sie in allen Datenbanken dafür, dass diese Eigenschaft `False` ist.

Beispiele

Um die Richtlinien auf mehreren Servern anzuwenden, können Sie T-SQL-Skripte dafür erstellen. Achten Sie aber darauf, dass Sie dabei keine Richtlinien für Produktionssysteme auf Entwicklungssystemen durchsetzen und umgekehrt. Die folgenden T-SQL-Skripte verwirklichen zwei der zuvor genannten Beispielrichtlinien. (Sie sind in der Datei *CH14_PBM_samples.ps1* im Begleitmaterial zu diesem Buch enthalten, das Sie sich von *https://aka.ms/SQLServ2017Admin/downloads* herunterladen können.)

Deaktivierung von Ad-hoc-Remoteabfragen Der folgende T-SQL-Code erstellt eine Richtlinie, die die Oberflächenkonfigurationsoption `AdHocRemoteQueries` ausgeschaltet lässt und bei Bedarf ausgewertet wird:

```
-- Erstellt eine Richtlinie zur Untersuchung der Option AdHocRemoteQueries
-- Dieses Skript wurde von SSMS generiert
Declare @condition_id int
-- Erstellt Bedingung
EXEC msdb.dbo.sp_syspolicy_add_condition
@name=N'AHRQE Disabled'
, @description=N'Keep AdHocRemoteQueries disabled.'
, @facet=N'ISurfaceAreaFacet'
, @expression=N'<Operator>
  <TypeClass>Bool</TypeClass>
  <OpType>EQ</OpType>
  <Count>2</Count>
  <Attribute>
    <TypeClass>Bool</TypeClass>
    <Name>AdHocRemoteQueriesEnabled</Name>
  </Attribute>
  <Function>
    <TypeClass>Bool</TypeClass>
    <FunctionType>False</FunctionType>
    <ReturnType>Bool</ReturnType>
    <Count>0</Count>
  </Function>
</Operator>', @is_name_condition=0, @obj_name=N'', @condition_id=@condition_id
OUTPUT
Select @condition_id;
GO
-- Erstellt interne Objektmenge und Zielmengen zur Unterstützung der
-- Bedingung
Declare @object_set_id int;
EXEC msdb.dbo.sp_syspolicy_add_object_set
@object_set_name=N'Disable AdHocRemoteQueriesEnabled_ObjectSet'
, @facet=N'ISurfaceAreaFacet'
, @object_set_id=@object_set_id OUTPUT
Select @object_set_id;
Declare @target_set_id int;
EXEC msdb.dbo.sp_syspolicy_add_target_set
@object_set_name=N'Disable AdHocRemoteQueriesEnabled_ObjectSet'
, @type_skeleton=N'Server', @type=N'SERVER'
, @enabled=True, @target_set_id=@target_set_id OUTPUT
Select @target_set_id;
GO
-- Erstellt die Richtlinie
Declare @policy_id int;
EXEC msdb.dbo.sp_syspolicy_add_policy
@name=N'Keep AdHocRemoteQueries Disabled'
, @condition_name=N'AHRQE Disabled', @policy_category=N''
```

```
, @description=N'', @help_text=N'', @help_link=N''
, @schedule_uid=N'00000000-0000-0000-0000-000000000000'
, @execution_mode=2, @is_enabled=True
, @policy_id=@policy_id OUTPUT, @root_condition_name=N''
, @object_set=N'Disable AdHocRemoteQueriesEnabled_ObjectSet'
Select @policy_id;
GO
```

Die von diesen Abfragen zurückgegebenen Resultsets enthalten nur die Integer-IDs der neu erstellten Richtlinienobjekte.

Auflaufdatum von benutzergenerierten Zertifikaten Diese Richtlinie prüft, ob das Ablaufdatum von Nichtsystemzertifikaten innerhalb der nächsten drei Monate liegt. Dabei werden alle Zertifikate ignoriert, in deren Namen die Zeichenfolge ## vorkommt, da es sich dabei um integrierte SQL Server-Zertifikate handelt, die nur für interne Zwecke verwendet werden. Sie werden bei der Installation von SQL Server generiert und können nicht geändert werden. Denken Sie auch daran, dass Zertifikate für TDE auch nach ihrem Ablaufdatum noch funktionieren.

```
-- Erstellt eine Richtlinie zur Untersuchung des Zertifikatablaufdatums
-- Dieses Skript wurde von SSMS generiert
Declare @condition_id int
-- Erstellt die Bedingung
EXEC msdb.dbo.sp_syspolicy_add_condition @name=N'Expiration'
, @description=N'Check to verify that any non-system certificates
have an expiration in the next three months, fails policy if so.
Ignores any certificates with "##" in the name.'
, @facet=N'Certificate', @expression=N'<Operator>
  <TypeClass>Bool</TypeClass>
  <OpType>AND</OpType>
  <Count>2</Count>
  <Operator>
    <TypeClass>Bool</TypeClass>
    <OpType>GT</OpType>
    <Count>2</Count>
    <Attribute>
      <TypeClass>DateTime</TypeClass>
      <Name>ExpirationDate</Name>
    </Attribute>
    <Function>
      <TypeClass>DateTime</TypeClass>
      <FunctionType>DateAdd</FunctionType>
      <ReturnType>DateTime</ReturnType>
      <Count>3</Count>
      <Constant>
        <TypeClass>String</TypeClass>
        <ObjType>System.String</ObjType>
        <Value>m</Value>
      </Constant>
      <Constant>
        <TypeClass>Numeric</TypeClass>
        <ObjType>System.Double</ObjType>
        <Value>6</Value>
      </Constant>
```

```
        <Function>
          <TypeClass>DateTime</TypeClass>
          <FunctionType>GetDate</FunctionType>
          <ReturnType>DateTime</ReturnType>
          <Count>0</Count>
        </Function>
      </Function>
    </Operator>
    <Operator>
      <TypeClass>Bool</TypeClass>
      <OpType>LIKE</OpType>
      <Count>2</Count>
      <Attribute>
        <TypeClass>String</TypeClass>
        <Name>Name</Name>
      </Attribute>
      <Constant>
        <TypeClass>String</TypeClass>
        <ObjType>System.String</ObjType>
        <Value>##%</Value>
      </Constant>
    </Operator>
</Operator>', @is_name_condition=0, @obj_name=N''
, @condition_id=@condition_id OUTPUT
Select @condition_id;
GO
-- Erstellt interne Objektmenge und Zielmengen zur Unterstützung der
-- Bedingung
Declare @object_set_id int;
EXEC msdb.dbo.sp_syspolicy_add_object_set
@object_set_name=N'Cert Expiration_ObjectSet'
, @facet=N'Certificate', @object_set_id=@object_set_id OUTPUT
Select @object_set_id;
GO
Declare @target_set_id int;
EXEC msdb.dbo.sp_syspolicy_add_target_set
@object_set_name=N'Cert Expiration_ObjectSet'
, @type_skeleton=N'Server/Database/Certificate'
, @type=N'CERTIFICATE', @enabled=True
, @target_set_id=@target_set_id OUTPUT
Select @target_set_id;
EXEC msdb.dbo.sp_syspolicy_add_target_set_level
@target_set_id=@target_set_id
, @type_skeleton=N'Server/Database/Certificate'
, @level_name=N'Certificate', @condition_name=N''
, @target_set_level_id=0;
EXEC msdb.dbo.sp_syspolicy_add_target_set_level
@target_set_id=@target_set_id, @type_skeleton=N'Server/Database'
, @level_name=N'Database', @condition_name=N''
, @target_set_level_id=0;
GO
-- Erstellt die Richtlinie
Declare @policy_id int;
EXEC msdb.dbo.sp_syspolicy_add_policy
```

```
@name=N'Cert Expiration', @condition_name=N'Expiration'
, @policy_category=N'', @description=N''
, @help_text=N'', @help_link=N''
, @schedule_uid=N'00000000-0000-0000-0000-000000000000'
, @execution_mode=2, @is_enabled=True
, @policy_id=@policy_id OUTPUT, @root_condition_name=N''
, @object_set=N'Cert Expiration_ObjectSet'
Select @policy_id;
GO
```

Die von diesen Abfragen zurückgegebenen Resultsets enthalten nur die Integer-IDs der neu erstellten Richtlinienobjekte.

Automatisierung der SQL Server-Verwaltung mit PowerShell

Schon seit einem Jahrzehnt ist SQL Server eng mit Windows PowerShell verzahnt. Bei PowerShell handelt es sich um eine umfassende Shellsprache, mit der Sie Skripte für viele administrative Aufgaben schreiben können. PowerShell wurde 2006 veröffentlicht, kann seit 2008 für SQL Server eingesetzt werden und wurde 2016 in eine quelloffene plattformübergreifende Sprache umgewandelt.

In diesem Abschnitt wollen wir nicht jede mögliche Anwendung von PowerShell in SQL Server, Azur oder Verfügbarkeitsgruppen aufzeigen, sondern Ihnen einige lehrreiche realistische Beispiele geben, um Ihnen zu helfen, die Sprache zu lernen und Ihrer Werkzeugsammlung für die Datenbankverwaltung hinzuzufügen.

In Kapitel 5 haben wir schon einige praktische PowerShell-Skripte für Azure SQL-Datenbank vorgestellt. Alle Skripte in diesem Abschnitt befinden sich im Begleitmaterial zu diesem Buch, das Sie von *https://aka.ms/SQLServ2017Admin/downloads* herunterladen können.

IT-Profis aller Fachrichtungen verwenden PowerShell, um sich die Verwaltungsaufgaben in verschiedenen Bereichen zu erleichtern, und zwar nicht nur bei Windows Server und SQL Server, sondern auch Active Directory, Machine Learning, Azure, Microsoft Office 365, SharePoint, Exchange und sogar bei Office-Produkten wie Excel. In der ganzen Microsoft-Angebotspalette gibt es nur sehr wenig, bei dem PowerShell nicht helfen kann. Entwickler haben Module erstellt, die Sie von der PowerShell-Galerie auf *http://powershellgallery.com* herunterladen können, um die Möglichkeiten zur Verwendung von PowerShell auch auf Nicht-Microsoft-Plattformen wie Amazon Web Services, Slack, IoT-Geräte, Linux usw. auszudehnen.

Wenn Sie PowerShell verstärkt für die Datenbankverwaltung einsetzen möchten, brauchen Sie dazu mehr als die Beispiele in diesem Kapitel, auch wenn diese zum Lernen gut geeignet sind. Die Open-Source-Suite der PowerShell-Cmdlets von *https://dbatools.io*, die Sie sich ebenfalls von der PowerShell-Galerie herunterladen könnten, stellt eine wertvolle Bereicherung Ihres Repertoires dar. Wir werden uns hier keines dieser renommierten Cmdlets ansehen, doch diese Suite hat die Entwicklung praktischer PowerShell-Cmdlets für die Automatisierung von Hochverfügbarkeit, Migration von Sicherheitseinstellungen, Sicherungen usw. stark gefördert.

PowerShell füllt sogar einige der funktionalen Lücken, die in den Konfigurationspaletten der Benutzeroberfläche klaffen, was bedeutet, dass Systemadministratoren, Datenbankadministratoren und Entwickler von heute zumindest Grundkenntnisse in PowerShell mitbringen sollten. PowerShell ist insbesondere dann nützlich, wenn Sie Code zur Automatisierung des Failovers in Windows Server-Failoverclustern und für die Interaktion mit DNS schreiben wollen. Durch die Remoteausführung von PowerShell können Sie mehrere Windows Server-Computer und SQL Server-Instanzen von einer einzigen Eingabeaufforderung aus verwalten.

PowerShell unterstützt auch Wrapper, um die Befehlszeilenanwendungen von Windows wie `ping`, `ipconfig`, `telnet` und `net start` auszuführen. Damit ist es auch möglich, andere Befehle auszuführen, die an der Eingabeaufforderung möglich sind, etwa `regedit`, `notepad`, `SQLCMD` und sogar `shutdown`.

Gewöhnen Sie sich an, statt der Windows-Eingabeaufforderung die PowerShell-Konsole oder Visual Studio Code (den Ersatz für die ursprüngliche PowerShell-Skriptumgebung PowerShell ISE) zu verwenden. Letzteres können Sie von *https://code.visualstudio.com* kostenlos herunterladen. Eine Installation von Visual Studio ist dazu nicht erforderlich.

Eine PowerShell-Konsole können Sie auch aus SQL Server Management Studio heraus aufrufen. Bei einem Rechtsklick auf die meisten Ordner erscheint im Kontextmenü die Option *PowerShell starten*. Um mehrzeilige PowerShell-Skripte zu schreiben, ist Visual Studio Code besser geeignet, insbesondere wenn Sie bereits mit Visual Studio oder Visual Studio Code vertraut sind.

Grundlagen von PowerShell

Die Bezeichnungen der PowerShell-Cmdlets sind nach dem Muster *Verb-Substantiv* aufgebaut. Das vereinheitlicht die Namensgebung und erleichtert es, die passenden Cmdlets für eine anstehende Aufgabe zu finden.

Für die Datenbankverwaltung müssen Sie sich mit Cmdlets und der Verwendung von SQL Server-Verwaltungsobjekten (SQL Server Management Objects, SMOs) vertraut machen. Seit SQL Server Management Studio 17.0 wird PowerShell für SQL Server nicht mit SQL Server Setup oder dem Installer für SQL Server Management Studio installiert, sondern von der PowerShell-Galerie aus. Wie Sie die Installation vornehmen und die Version des Moduls `SQLSERVER` überprüfen, werden wir in diesem Kapitel noch zeigen.

Hinweis

Das PowerShell-Modul `SQLPS` wurde im Juli 2016 durch `SQLSERVER` ersetzt. Das neue Modul bietet den gesamten Funktionsumfang von `SQLPS` sowie zusätzliche Funktionen.

Sie können sich für jedes Cmdlet eine Beschreibung, die möglichen Parameter, deren Bedeutung sowie ggf. Beispiele ansehen. Probieren wir das bei `Invoke-Sqlcmd` aus, einem Cmdlet, das `sqlcmd` aufruft und eine SQL-Abfrage ausführt.

Führen Sie dazu als Erstes das folgende Cmdlet aus:

```
Update-Help
```

Dazu werden die ausführlichen und tatsächlich hilfreichen lokalen Hilfedateien für PowerShell und die installierten Module aktualisiert.

Expertentipp

In Visual Studio Code und SQL Server Management gibt es unterschiedliche Tastenkürzel, um Skripte auszuführen:

- **Wenn Sie in SQL Server Management Studio F5 drücken, wird der markierte Text ausgeführt oder das gesamte Skript, falls kein Text markiert ist. Dies ist auch das Standardverhalten von Strg + E.**
- **In Visual Studio Code wird bei der Betätigung von F5 immer das gesamte Skript ausgeführt, unabhängig davon, ob Code markiert ist oder nicht. Um nur den markierten Code auszuführen, drücken Sie F8.**

Um die Hilfeinformationen zu einem Cmdlet abzurufen, verwenden Sie `Get-Help`. Betrachten Sie dazu die folgenden Beispiele:

```
# Allgemeine Informationen
Get-Help Invoke-SqlCmd

# Codebeispiele
Get-Help Invoke-SqlCmd -Examples

# Hilfe zu allen Cmdlets, die mit der Jokersuche gefunden werden
Get-Help -Name "*Backup*database*"
```

Das Zeichen # leitet in PowerShell-Code einen Kommentar ein. Um einen mehrzeiligen Kommentarblock einzuschieben, verwenden Sie die Zeichen <# und #>.

Installation des PowerShell-Modus SQLSERVER

Um Module von der PowerShell-Galerie herunterladen zu können, müssen Sie mindestens Windows PowerShell 5.0 verwenden. Um die auf Ihrem System vorhandene PowerShell-Version zu bestimmen, führen Sie im PowerShell-Fenster den folgenden Code aus:

```
$PSVersionTable
```

Der Wert `PSVersion` enthält die Nummer der installierten PowerShell-Version.

Expertentipp

Zurzeit ist PowerShell 5.1 die neueste Version und wird mit Windows Server 2016, der Windows 10 Creator's Edition sowie Windows Management Framework 5.1 ausgeliefert. Auf Computern mit aktuellem Windows 10 oder Windows Server 2016 ist keine weitere Installation erforderlich.

> **Um Ihre Version von Windows PowerShell zu aktualisieren, müssen Sie die neueste Version von Windows Management Framework 5 installieren, in der PowerShell enthalten ist. In PowerShell 5.0 wurde die Möglichkeit hinzugefügt, Module mithilfe von Cmdlets herunterzuladen und zu installieren. Auf *https://docs.microsoft.com/en-us/powershell/wmf/5.1/install-configure* finden Sie die jeweils aktuellen Downloads für die verschiedenen Betriebssysteme, um PowerShell zu aktualisieren. Beachten Sie, dass die Installation dieses Pakets einen Neustart des Servers bzw. der Arbeitsstation erforderlich macht.**

Um die neueste Version des Moduls `SQLSERVER` zu installieren, führen Sie den folgenden Code auf einem mit dem Internet verbundenen Gerät in der PowerShell-Konsole oder in Visual Studio Code mit Administratorrechten aus:

```
Install-Module -Name SQLSERVER -Force -AllowClobber
```

In diesem Skript haben wir die folgenden praktischen Parameter verwendet:

- `-Name` Hiermit geben Sie den eindeutigen Namen des gewünschten Moduls an.
- `-Force` Mit der Angabe dieses Parameters vermeiden Sie es, bestätigen zu müssen, dass Sie das Modul herunterladen wollen.
- `-AllowClobber` Dieser Parameter erlaubt dem Modul, bereits vorhandene Cmdlet-Aliasse zu überschreiben. Ohne `AllowClobber` würde die Installation fehlschlagen, wenn das neue Modul Befehle mit den Namen bereits vorhandener Befehle enthält.

Um die zurzeit installierte Version `SQLSERVER` sowie anderer SQL Server-Module einschließlich `SQLPS` abzurufen, verwenden Sie den folgenden Befehl:

```
Get-Module -ListAvailable -Name '*sql*' | Select-Object Name, Version, RootModule
```

Offline-Installation

Um das Modul auf Servern oder Arbeitsstationen zu installieren, die nicht ans Internet angeschlossen sind oder die PowerShell-Galerie aus anderen Gründen nicht erreichen können, müssen Sie eine weitere Arbeitsstation verwenden, die über mindestens PowerShell 5.0 und über Zugang zur Galerie verfügt. Laden Sie das Modul dort mit dem folgenden Befehl herunter (beachten Sie, dass es 82 MB umfasst):

```
save-module -Name SQLSERVER -LiteralPath "c:\temp\"
```

Kopieren Sie anschließend den gesamten Ordner *C:\Temp\SqlServer* auf dem Computer, auf dem Sie PowerShell installieren möchten, in einen der möglichen PS-Modulpfade. Eine Liste dieser Pfade ist in der Umgebungsvariablen `PSModulePath` gespeichert, die Sie in den Windows-Systemeigenschaften einsehen und mit dem folgenden PowerShell-Skript auf einfache Weise übersichtlich darstellen:

```
$env:PSModulePath.replace(";","'n")
```

Der Standardordner für die von der Galerie heruntergeladenen Module ist wahrscheinlich *C:\Program Files\WindowsPowerShell\Modules*. Vergewissern Sie sich, dass dieser Pfad verfügbar ist, oder wählen Sie einen anderen aus dem Ordner *PSModule*. Kopieren Sie anschließend den heruntergeladenen Ordner *SQLSERVER* dorthin. Um das Modul hinzuzufügen, müssen Sie danach nur noch Folgendes tun:

```
Import-Module SQLSERVER
```

Jetzt wird das Modul SQLSERVER in der Liste der verfügbaren Module angezeigt, die Sie mit Get-Module abrufen können.

Hinweis

Verwenden Sie in Ihrem Code der besseren Lesbarkeit halber die tatsächlichen Cmdlet-Namen. Zwar gibt es in PowerShell eine Menge Abkürzungen, doch sollten Sie Ihr Skript so gestalten, dass auch andere Administratoren es leicht lesen können.

PowerShell für SQL Server

PowerShell 5.0 kann auf SQL Server-Instanzen bis zurück zu Version SQL Server 2000 (allerdings mit einigen Einschränkungen) Einfluss nehmen. In einem Buch kann man nicht ausführlich sämtliche Möglichkeiten aufzeigen, die Ihnen PowerShell für Ihre Aufgaben als Datenbankadministratoren bietet. Im Folgenden wollen wir Ihnen jedoch wenigstens einige ausgewählte einfache Beispiele geben.

Backup-SqlDatabase

Anhand von Backup-SqlDatabase können Sie noch etwas mehr über die Grundlagen und die Syntax von PowerShell lernen. Bei diesem Cmdlet können Sie die gleichen Parameter verwenden wie bei dem T-SQL-Befehl BACKUP DATABASE.

In den Hilfedateien von PowerShell können Sie sich wie gehabt die vollständige Syntax und einige Beispiele ansehen. Vieles davon wird Ihnen vertraut vorkommen, wenn Sie sich mit den Optionen von BACKUP DATABASE auskennen.

```
Get-Help Backup-SQLDatabase -Examples
```

Das folgende Beispiel zeigt, wie Sie sämtliche Datenbanken in einer lokalen SQL Server-Instanz sichern und dafür einen Sicherungspfad angeben, der jeweils einen Unterordner mit dem Namen der betreffenden Datenbank enthält. Außerdem werden Datum und Uhrzeit an den Namen der Sicherungsdatei angehängt.

```
# Sichert alle Datenbanken (außer Tempdb)
# ACHTUNG: Passen Sie den Wert des Parameters -ServerInstance an!
Get-SqlDatabase -ServerInstance 'localhost' | `
    Where-Object { $_.Name -ne 'tempdb' } | `
    ForEach-Object {
        Backup-SqlDatabase -DatabaseObject $_ `
        -BackupAction "Database" `
        -CompressionOption On `
        -BackupFile "F:\Backup\$($_.Name)\$($_.Name)_$(`
        Get-Date -Format "yyyyMMdd")_$(`
        Get-Date -Format "HHmmss_FFFF").bak" `
        -Script ` # Generiert T-SQL-Code, führt ihn aber nicht aus
    }
```

Beachten Sie bei diesem Skript insbesondere die folgenden Punkte:

- Der Parameter -Script, den Sie bei vielen Cmdlets angeben können, sorgt dafür, dass nur der T-SQL-Code ausgegeben wird, aufgeteilt mit dem Batchtrennzeichen GO. Die Operation selbst wird jedoch nicht ausgeführt.

- Der Gravis (`), auch »Backtick« genannt, ist ein Zeilenfortsetzungszeichen. Wenn Sie ihn an das Ende einer Zeile stellen, können Sie dadurch wie im vorstehenden Beispiel lange Befehle über mehrere Zeilen hinweg anzeigen.
- Das Pipe-Symbol (|) ist ein wichtiges Element von PowerShell: Es übergibt die Ausgabe eines Cmdlets an das nächste. Im vorstehenden Skript wird die Liste der Datenbanken als Array von `Get-SQLDatabase` zu `Where-Object` übergeben, wo dieses Array gefiltert und anschließend an das Cmdlet `ForEach-Object` übergeben wird, das alle Werte in dem Array in einer Schleife durchläuft.

Dieses Skript ist in der Datei *CH14_powershell_examples.ps1* im Begleitmaterial zu diesem Buch enthalten, das Sie von *https://aka.ms/SQLServ2017Admin/downloads* herunterladen können.

Hinweis

In PowerShell gibt es immer zahlreiche Möglichkeiten, um eine Aufgabe zu lösen, unter anderem auch dank der vielen verschiedenen Abkürzungen und Aliasse. Es kommt nur selten darauf an, dass der Code möglichst wenig Zeichen umfasst. Versuchen Sie stattdessen lieber, Code zu schreiben, der leicht verständlich und einfach zu warten ist.

Remove-Item

Beschäftigen wir uns noch etwas mehr mit gebräuchlichen PowerShell-Parametern. Mit dem Cmdlet `Remove-Item` können Sie Ihre eigenen Beibehaltungsrichtlinien schreiben, um lokal gespeicherte alte Dateien zu entfernen, etwa Sicherungsdateien. Stimmen Sie die Löschung lokaler Sicherungen aber mit Ihrer Vorgehensweise zur externen Lagerung ab, mit der Sie Sicherungen noch an einem anderen Ort vorhalten.

In diesem Skript verwenden wir das Cmdlet `Get-ChildItem`, um einen Ordner rekursiv zu durchlaufen, Ordner zu ignorieren und nur Dateien auszuwählen, deren Alter bereits größer ist als die Aufbewahrungszeit in Tagen (`$RetentionDays`) und deren Endung in der von uns bereitgestellten Liste enthalten ist:

```
$path = "F:\Backup\"
$RetentionDays = -1
$BackupFileExtensions = ".bak", ".trn", ".dif"
Get-ChildItem -path $path -Recurse | `
    Where-Object { !$_.PSIsContainer `
                -and $_.CreationTime -lt (get-date).AddDays($RetentionDays) `
                -and ($_.Extension -In $BackupFileExtensions) `
                } | Remove-Item -WhatIf
```

Beachten Sie dabei Folgendes:

- Das Cmdlet `Get-ChildItem` ruft alle Objekte in dem angegebenen Pfad ab, wobei sowohl Dateien als auch Ordner eingeschlossen sind. Der Parameter `-Recurse` sorgt dafür, dass auch Unterordner berücksichtigt werden.
- Mit `$_` werden Daten von dem Objekt vor dem letzten Pipe-Zeichen entgegengenommen. In diesem Beispiel werden die von `Get-ChildItem` entdeckten Objekte an das Cmdlet `Where-Object` weitergeleitet, das sie filtert und das Ergebnis an `Remove-Item` weiterleitet.

- Der Parameter `-WhatIf` sorgt dafür, dass die Operation nicht durchgeführt wird, sondern nur ein ausführlicher Überblick über den Vorgang ausgegeben wird. Anstatt die alten Sicherungsdateien zu löschen, gibt dieses PowerShell-Skript daher eine Meldung wie die folgende aus:

  ```
  What if: Performing the operation "Remove File" on target "F:\Backup\backup_
  test_201402010200.bak".
  ```

Dieses Skript ist in der Datei *CH14_powershell_examples.ps1* im Begleitmaterial zu diesem Buch enthalten, das Sie von *https://aka.ms/SQLServ2017Admin/downloads* herunterladen können.

Invoke-Sqlcmd

Das Cmdlet `Invoke-Sqlcmd` kann T-SQL-Befehle ausführen, und das sogar auf Remoteinstanzen von SQL Server und in Azure SQL-Datenbank. Damit können Sie ältere Batchdateiskripte ersetzen, in denen `sqlcmd` verwendet wurde. Setzen Sie `Invoke-Sqlcmd` dann ein, wenn es kein Cmdlet gibt, mit dem Sie die gewünschten Daten gewinnen können. In dem folgenden Skript stellen wir eine Verbindung zu einer Datenbank in Azure SQL-Datenbank her und führen eine Abfrage aus, um uns die aktuellen Sitzungen anzuschauen:

```
Invoke-Sqlcmd -Database master -ServerInstance .\sql2k17 `
-Query "select * from sys.dm_exec_sessions" | `
Format-Table | Out-File -FilePath "C:\Temp\Sessions.txt" -Append
```

Beachten Sie hier die folgenden Punkte:

- Der Punkt in einem Verbindungsstring ist eine Abkürzung für `localhost`, wie Sie wahrscheinlich schon aus SQL Server Management Studio wissen.
- Das Cmdlet `Invoke-Sqlcmd` verwendet standardmäßig die Windows-Authentifizierung. Wie Sie sehen, haben wir hier keinerlei Anmeldeinformationen übergeben. Um mithilfe der SQL Server-Authentifizierung eine Verbindung zu SQL Server-Instanzen oder zu Azure SQL-Datenbank herzustellen, können Sie die Parameter `UserName` und `Password` im Cmdlet `Invoke-Sqlcmd` übergeben.
- Das Cmdlet `Format-Table` dient dazu, die Lesbarkeit der Ausgabe zu erhöhen. Ohne es würde das Skript eine lange Liste von Spaltennamen und Zeilenwerten zurückgeben. In der Ausgabe von `Format-Table` sind standardmäßig nicht alle Spalten enthalten. Stattdessen gibt es eine breite Zeile von Spaltenköpfen und Zeilenwerten zurück. Das entspricht der Resultset-Ausgabe von SQL Server Management Studio im Textmodus.
- Das Cmdlet `Out-File` stellt die Ausgabe in eine Textdatei, anstatt sie in der PowerShell-Konsole anzuzeigen. Ist die angegebene Datei nicht vorhanden, wird sie von dem Cmdlet erstellt. Der Parameter `-Append` sorgt dafür, dass der Text ans Ende der bestehenden Datei angefügt wird.
- Zur Archivierung kann `Out-File` praktisch sein, aber um aktuelle Rowsets zu untersuchen, insbesondere die Ergebnisse von SQL Server-Befehlen, sollten Sie lieber `Out-GridView` verwenden. Dieses Cmdlet gibt ein vollwertiges Dialogfeld mit einer Rasteransicht aus, bei dem Sie die Spalten umsortieren und filtern können usw. Das folgende Beispiel zeigt die Verwendung von `Out-GridView`:

  ```
  Invoke-Sqlcmd -Database master -ServerInstance .\sql2k17 `
  -Query "select * from sys.dm_exec_sessions" | `
  Out-GridView
  ```

Diese Skripte sind in der Datei *CH14_powershell_examples.ps1* im Begleitmaterial zu diesem Buch enthalten, das Sie von *https://aka.ms/SQLServ2017Admin/downloads* herunterladen können.

Expertentipp

Nachdem ich in Visual Studio Code einen PowerShell-Befehl ausgeführt habe, bewegt sich mein Cursor in den Ergebnisbereich, anstatt im Skriptbereich zu verbleiben. Hilfe!

Anders als in SQL Server Management Studio wird der Cursor hier nach der Ausführung eines PowerShell-Skripts automatisch in den PowerShell-Terminalbereich verschoben (bei dem es sich nicht um ein Ergebnisfenster, sondern um ein Live-Terminalfenster handelt). Um Ihren PowerShell-Code weiter zu bearbeiten, müssen Sie den Cursor wieder in den Skriptbereich zurückbewegen.

Dieses Standardverhalten von Visual Studio Code können Sie aber ändern. Drücken Sie `Strg` + `,`, um die Benutzereinstellungen zu öffnen, oder wählen Sie *Datei > Einstellungen > Benutzereinstellungen öffnen*. Geben Sie anschließend auf der rechten Seite den folgenden Code ein, um die Standardeinstellung zu überschreiben:

```
"powershell.integratedConsole.focusConsoleOnExecute": false
```

Ein Neustart ist nicht erforderlich. Wenn Sie jetzt einen PowerShell-Befehl ausführen, verbleibt der Cursor im Skriptbereich.

PowerShell für Verfügbarkeitsgruppen

Sie können auch PowerShell-Skripte für die Einrichtung und Verwaltung von Verfügbarkeitsgruppen schreiben, anstatt auf die Befehle und Assistenten von SQL Server Management Studio zurückzugreifen. Wenn Sie in Ihrer Umgebung wiederholt Verfügbarkeitsgruppen anlegen und verwalten oder einen Failover durchführen müssen, lohnt es sich, etwas Zeit für die Automatisierung aufzuwenden und diese Tätigkeiten mit PowerShell zu standardisieren.

Die folgenden Codebeispiele sollen Ihnen dabei helfen. Wir beginnen dabei ganz am Anfang: Sie haben mehrere Server für eine Verfügbarkeitsgruppe zusammengestellt und müssen jedem dieser Server jetzt die Failoverclusterfunktion hinzufügen. Wenn Sie das in einer Remotedesktopsitzung für jeden Server einzeln durchführen wollten, würde das in einer sehr zeitraubenden Klickorgie enden. Stattdessen können Sie ein Skript wie das folgende verwenden, mit dem sich die Failoverclusterfunktion und die erforderlichen Tools rasch auf vier Servern bereitstellen lassen:

```
Invoke-Command -script {Install-WindowsFeature -Name "Failover-Clustering" } `
    -ComputerName SQLDEV11, SQLDEV12, SQLDEV14, SQLDEV15
Invoke-Command -script {Install-WindowsFeature -Name "RSAT-Clustering-Mgmt" } `
    -ComputerName SQLDEV11, SQLDEV12, SQLDEV14, SQLDEV15
Invoke-Command -script {Install-WindowsFeature -Name "RSAT-Clustering-PowerShell"
} `
    -ComputerName SQLDEV11, SQLDEV12, SQLDEV14, SQLDEV15
```

▶ **Weitere Informationen darüber, wie Sie Verfügbarkeitsgruppen einschalten und konfigurieren, erhalten Sie in Kapitel 12.**

Hinweis

Damit `Invoke-Command` **funktioniert, müssen auf den Remotecomputern die gleichen Module und Versionen installiert sein. Überprüfen Sie das vor der Remoteausführung von Befehlen. Es ist mit** `Invoke-Command` **auch möglich, die Module zu installieren:**

```
# Lokaler Server
Install-Module -Name SQLSERVER -Force -AllowClobber
Import-Module -Name SQLSERVER

# Remoteserver
Invoke-Command -script {
    Install-Module -Name SQLSERVER -Force -AllowClobber
    Import-Module -Name SQLSERVER
    } -ComputerName "SQLSERVER-1"
```

Spulen wir nun zu einem Zeitpunkt vor, an dem die Verfügbarkeitsgruppe bereits vorhanden ist und zwei Replikate mit asynchroner Synchronisierung aufweist. Ein Failover ist geplant, den Sie mit einem Skript so weit wie möglich automatisieren wollen. Dazu können Sie das im Anschluss angegebene Skript nutzen, das folgende Ziele erreicht:

- Es stellt die asynchronen Replikate auf synchrone Replikation ein und wartet, sodass der geplante Failover ohne Datenverlust vonstattengehen kann.
- Es führt den Failover durch.
- Es stellt die Replikate wieder auf den asynchronen Modus ein.

Passen Sie das folgende Skript an Ihre eigenen Bedürfnisse und Ihre Umgebung an:

```
# Muss auf dem primären Knoten ausgeführt werden
# ACHTUNG: Richten Sie die ursprünglichen Variablenwerte ein

Write-Output "Begin $(Get-Date)"
# Einrichten: Passen Sie die Werte dieser Variablen an
$PrimaryReplicaName = "SQLSERVER-0"
# Benannte Instanz oder DEFAULT für die Standardinstanz
$PrimaryReplicaInstanceName = "SQL2K17" $SecondaryReplicaName1 = "SQLSERVER-1"
# Benannte Instanz oder DEFAULT für die Standardinstanz
$SecondaryReplicaInstanceName1 = "SQL2K17"
$AvailabilityGroupName = "WWI2017-AG"

# Inventar und Test
Set-Location "SQLSERVER:\
SQL\$($PrimaryReplicaName)\$($PrimaryReplicaInstanceName)\`
AvailabilityGroups\$($AvailabilityGroupName)"
Get-ChildItem "SQLSERVER:\Sql\$($PrimaryReplicaName)\`
$($PrimaryReplicaInstanceName)\`
AvailabilityGroups\$($AvailabilityGroupName)\AvailabilityReplicas\" `
| Test-SqlAvailabilityReplica | Format-Table
$AGPrimaryObjPath = "SQLSERVER:\Sql\$($PrimaryReplicaName)\`
$($PrimaryReplicaInstanceName)\`
AvailabilityGroups\$($AvailabilityGroupName)\AvailabilityReplicas\`
$($PrimaryReplicaName+$(IF($PrimaryReplicaInstanceName `
-ne "DEFAULT"){$("%5C")+$PrimaryReplicaInstanceName} ))"
```

```
$AGPrimaryObj = Get-Item $AGPrimaryObjPath
$AGSecondaryObjPath = "SQLSERVER:\Sql\$($PrimaryReplicaName)\`
$($PrimaryReplicaInstanceName)\`
AvailabilityGroups\$($AvailabilityGroupName)\AvailabilityReplicas\`
$($SecondaryReplicaName1+$(IF($SecondaryReplicaInstanceName1 -ne
"DEFAULT"){$("%5C")+$SecondaryReplicaInstanceName1} ))"
$AGSecondaryObj = Get-Item $AGSecondaryObjPath

# Schaltet die Replikate vor dem geplanten Failover in den synchronen Modus
Set-SqlAvailabilityReplica `
-Path $AGPrimaryObjPath `
-AvailabilityMode SynchronousCommit `
-FailoverMode "Manual" `
-ErrorAction Stop
Set-SqlAvailabilityReplica `
-Path $AGSecondaryObjPath `
-AvailabilityMode SynchronousCommit `
-FailoverMode "Manual" `
-ErrorAction Stop

 Prüft, ob die Replikate synchronisiert sind
Do {
$AGSecondaryObj.Refresh()
$CurrentSync = ($AGSecondaryObj | `
Select RollupSynchronizationState | Format-Wide |
Out-String).Trim()
IF ($CurrentSync -ne "Synchronized") {
Write-Output "Waiting for Synchronized state before failover, still
$($CurrentSync)"
Start-Sleep -s 2
}
} Until ($CurrentSync -eq 'Synchronized')

# Führt den Failover durch
Write-Output "Beginning Failover $(Get-Date)"
Switch-SqlAvailabilityGroup `
-Path "SQLSERVER:\Sql\$($SecondaryReplicaName1)\`
$($SecondaryReplicaInstanceName1)\`
AvailabilityGroups\$($AvailabilityGroupName)\" `
-ErrorAction Stop `
# Schließen Sie die folgende Zeile nur bei einem erzwungenen Failover ein
#-AllowDataLoss -Force
Write-Output "Failover Complete $(Get-Date)"
Start-Sleep -s 10 # Räumt Zeit für den Failover ein

# Schaltet das sekundäre Replikat wieder in den asynchronen Modus
# Die Werte von Primary und Secondary1 sind hier vertauscht,
# da die Variablen aus der Zeit vor dem Failover stammen
Invoke-Command -script { `
param($SecondaryReplicaName1, $SecondaryReplicaInstanceName1, `
$AvailabilityGroupName, $PrimaryReplicaName, $PrimaryReplicaInstanceName)
Set-SqlAvailabilityReplica `
-Path "SQLSERVER:\Sql\$(($SecondaryReplicaName1))\`
$(($SecondaryReplicaInstanceName1))\`
```

```
AvailabilityGroups\$(($AvailabilityGroupName))\AvailabilityReplicas\`
$(($SecondaryReplicaName1)+$(IF(($SecondaryReplicaInstanceName1) -ne `
"DEFAULT"){$("%5C")+(($SecondaryReplicaInstanceName1))} ))" `
-AvailabilityMode asynchronousCommit `
-ErrorAction Stop
Set-SqlAvailabilityReplica `
-Path "SQLSERVER:\Sql\$(($SecondaryReplicaName1))\`
$(($SecondaryReplicaInstanceName1))\`
AvailabilityGroups\$(($AvailabilityGroupName))\AvailabilityReplicas\`
$(($PrimaryReplicaName)+$(IF(($PrimaryReplicaInstanceName) `
-ne "DEFAULT"){$("%5C")+(($PrimaryReplicaInstanceName))} ))" `
-AvailabilityMode asynchronousCommit `
-ErrorAction Stop
Get-ChildItem "SQLSERVER:\Sql\$($SecondaryReplicaName1)\`
$($SecondaryReplicaInstanceName1)\`
AvailabilityGroups\$($AvailabilityGroupName)\AvailabilityReplicas\" | `
Test-SqlAvailabilityReplica | Format-Table
} -ComputerName $SecondaryReplicaName1 `
-Args $SecondaryReplicaName1, $SecondaryReplicaInstanceName1, `
$AvailabilityGroupName, $PrimaryReplicaName, $PrimaryReplicaInstanceName
Write-Output "End $(Get-Date)"
```

Beachten Sie hierbei Folgendes:

- Um eine benannte Instanz im SMO-Pfad für die Verfügbarkeitsgruppe zu übergeben, müssen wir ein bisschen tricksen und anstelle des umgekehrten Schrägstrichs im Replikatnamen `SQLSERVER-0\SQL2K17` das Zeichen `%5C` übergeben. So etwas ist selten notwendig, aber trotzdem ärgerlich.
- In diesem Code finden Sie eine neue Steuerstruktur, nämlich `Do ... Until`. Damit warten wir, bis sich der Synchronisierungsstatus (`RollupSynchronizationState`) der Verfügbarkeitsgruppe von `Synchronizing` in `Synchronized` geändert hat, das sekundäre Replikat bei der Synchronisierung also aufgeholt hat.
- Wenn die beiden Replikate synchron sind, kann ein Failover ohne Datenverlust auftreten und muss auch nicht erzwungen werden. In einem Notfall, in dem der primäre Server `SQLSERVER-0` offline ist, können wir die Schritte zur Synchronisierung überspringen und gleich mit dem entscheidenden Cmdlet des Skripts weitermachen, nämlich `Switch-SqlAvailabilityGroup`. Nur bei einem erzwungenen Failover, bei dem ein Datenverlust möglich ist, müssen wir die Parameter `-AllowDataLoss` und `-Force` angeben.
- So, wie das Skript zurzeit aufgebaut ist, müssen Sie es auf dem Primärknoten ausführen. Einen Hinweis darauf, wie Sie das Skript so umschreiben können, dass es auf jedem beliebigen Knoten ausgeführt werden kann, finden Sie in `Invoke-Command`, wo wir eine Verbindung zum ursprünglichen sekundären Replikat (das jetzt das primäre ist) herstellen und den Modus von synchron wieder auf asynchron zurückschalten.
- Warum `SQL2K17` und nicht `SQL2017`? Nun, das ist Macht der Gewohnheit aus den Tagen von `SQL2K5`, `SQL2K8` und `SQL2K8R2`.

Dieses Skript ist in der Datei *CH14_AAG_failover.ps1* im Begleitmaterial zu diesem Buch enthalten, das Sie von *https://aka.ms/SQLServ2017Admin/downloads* herunterladen können.

PowerShell für Azure

Neben dem Modul `SQLSERVER` gibt es auch ein von Microsoft bereitgestelltes Modul für die Verwaltung einer Azure Resource Manager-Infrastruktur. (Es gibt auch veraltete Cmdlets für Azure Classic-Bereitstellungsobjekte, aber wir wollen uns hier auf Azure Resource Manager konzentrieren.)

▶ **Weitere Informationen über die Verwaltung von Azure SQL-Datenbank erhalten Sie in Kapitel 5.**

Das Modul `AzureRM` können Sie auf die bereits beschriebene Weise installieren:

```
Install-Module AzureRM -AllowClobber
```

Bei der Verwendung der `AzureRM`-Befehle ist eine zusätzliche Authentifizierung für den Zugriff auf den Azure-Mandanten erforderlich. Dazu verwenden Sie die Anmeldeinformationen, mit denen Sie sich bei *Azure.com* anmelden. Das folgende PowerShell-Cmdlet zeigt ein Dialogfeld an, in dem Sie sich in Azure anmelden und Ihr Kennwort angeben können (siehe Abb. 14.6). Falls eine Zwei-Faktor-Authentifizierung durchgeführt wird (was immer empfehlenswert ist), kann dieses Dialogfeld auch dafür verwendet werden.

```
Login-AzureRmAccount
```

Das Dialogfeld erscheint außerhalb der PowerShell-Konsole bzw. Visual Studio Code und ist nicht modal. Falls es nicht auf Anhieb erscheint, suchen Sie im Hintergrund danach.

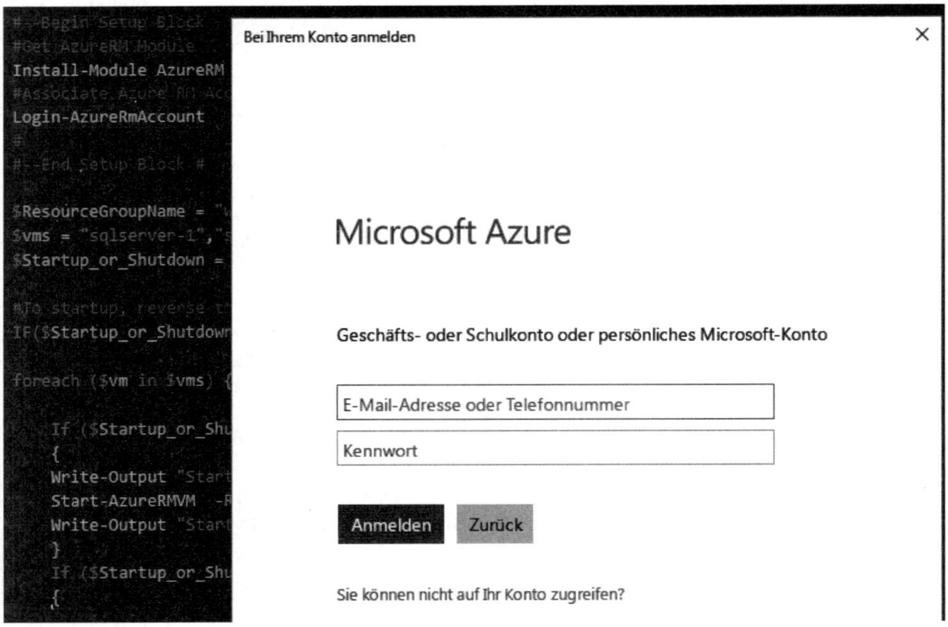

Abbildung 14.6 Das Anmeldedialogfeld für Microsoft Azure oberhalb von Visual Studio Code nach der Ausführung des Cmdlets `Login-AzureRmAccount`, das Azure-Anmeldeinformationen mit der aktuellen PowerShell-Sitzung verknüpft hat. In demselben Fenster werden Sie später zu einer Zwei-Faktor-Authentifizierung an Ihrem Azure-Konto aufgefordert, falls diese Einrichtung eingeschaltet ist.

PowerShell für Azure-VMS

Viele Administratoren und Entwickler nutzen die Azure-Infrastruktur als Laborumgebung zum Lernen und als Sandbox für Machbarkeitsstudien, wobei sie häufig Azure-Guthaben aus MSDN-Abonnements nutzen. In der Galerie können Sie Azure-VMs mit vorinstalliertem SQL Server auswählen und in wenigen Minuten betriebsbereit machen. Falls Sie eine solche VM versehentlich laufen lasen, ist Ihr monatliches Guthaben jedoch schnell erschöpft. Das ist sogar einem der Autoren dieses Buchs passiert.

Seit 2017 gibt es eine neue Funktion, mit der Sie dafür sorgen können, dass VMs nach einem Zeitplan automatisch abgeschaltet werden, z. B. zu einer bestimmten Uhrzeit, damit sie nicht über Nacht weiterlaufen. Selbst in Produktionsumgebungen lassen sich erhebliche Kosteneinsparungen erzielen, wenn Sie Azure-VMs außerhalb der Geschäftsstunden automatisch abschalten und vor Beginn der Geschäftszeit wieder einschalten lassen. Was aber, wenn Sie als Entwickler (oder Buchautor!) Ihre VMs nach Bedarf hoch- und herunterfahren wollen?

Das folgendem Skript erledigt diese Aufgabe, für die Sie im Azure-Portal in einem Browser viele Klicks und viele Minuten brauchen würden. Jeder `Start-AzureRMVM`- und `Stop-AzureRMVM`-Befehl wird zeitlich mit dem Start- bzw. Beendigungsvorgang der betreffenden VM abgestimmt. Gewöhnlich nimmt er pro VM zwei bis drei Minuten in Anspruch.

Es gibt auch Cmdlets für die veralteten Azure Classic-VMs. Die hier vorgestellten Cmdlets gelten dagegen für die neueren Azure Resource Manager-VMs, die im Jahr 2014 eingeführt wurden.

Das folgende Skript startet die fünf VMs, die von der Vorlage für SQL Server-Verfügbarkeitsgruppen in der Galerie des Azure-Portals erstellt wurden, bzw. fährt sie herunter. Dabei deklariert es Variablen wie die Azure-Ressourcengruppe und eine Liste von Servern. Letztere befindet sich in der idealen Reihenfolge für das Herunterfahren, doch beim Starten sollten die beiden Domänencontroller als Erstes online kommen, weshalb wir in einem zusätzlichen Schritt die Reihenfolge in dem Array ändern. Außerdem deklariert das Skript eine Variable, die bestimmt, ob das Skript zum Herunterfahren oder zum Starten der angegebenen VMs verwendet werden soll.

```
$ResourceGroupName = "w-ag-20170915"
# Es kommt auf die Reihenfolge an!
$vms = "sqlserver-1","sqlserver-0","cluster-fsw"'
,"ad-secondry-dc","ad-primary-dc"
$Startup_or_Shutdown = "startup" # "Shutdown" oder "Startup"

# Zum Starten kehren wir die Reihenfolge um, damit die DCs zuerst online
# geschaltet werden
IF($Startup_or_Shutdown -eq "Startup") {[array]::Reverse($vms)}

# Beginnt die Start-/Beendigungsschleife
ForEach ($vm in $vms) {
If ($Startup_or_Shutdown -eq "Startup")
    {
    Write-Output "Starting VM:($vm.ToString) $(Get-Date -Format G)"
    Start-AzureRMVM -ResourceGroupName $ResourceGroupName -Name $vm
    Write-Output "Started VM:($vm.ToString) $(Get-Date -Format G)"
    }
```

```
    If ($Startup_or_Shutdown -eq "Shutdown")
    {
    Write-Output "Stopping VM:($vm.ToString) $(Get-Date -Format G)"
    Stop-AzureRMVM -ResourceGroupName $ResourceGroupName -Name $vm -Force
    Write-Output "Stopped VM:($vm.ToString) $(Get-Date -Format G)"
    }
}
```

Das folgende Listing zeigt eine vereinfachte Beispielausgabe:

```
Starting VM:(ad-primary-dc.ToString) 9/17/2017 3:28:51 PM
True OK OK
Started VM:(ad-primary-dc.ToString) 9/17/2017 3:31:53 PM
Starting VM:(ad-secondry-dc.ToString) 9/17/2017 3:31:53 PM
True OK OK
Started VM:(ad-secondry-dc.ToString) 9/17/2017 3:34:24 PM
Starting VM:(cluster-fsw.ToString) 9/17/2017 3:34:24 PM
True OK OK
Started VM:(cluster-fsw.ToString) 9/17/2017 3:36:25 PM
Starting VM:(sqlserver-0.ToString) 9/17/2017 3:36:25 PM
True OK OK
Started VM:(sqlserver-0.ToString) 9/17/2017 3:38:26 PM
Starting VM:(sqlserver-1.ToString) 9/17/2017 3:38:26 PM
True OK OK
Started VM:(sqlserver-1.ToString) 9/17/2017 3:39:56 PM
```

Beachten Sie folgende Punkte:

- PowerShell ist nicht stark typisiert. Bei der Übergabe eines Strings wurde die Variable `$ResourceGroupName` als String gespeichert, aber bei der Übergabe einer Liste von Strings wurde `$vms` als Array gespeichert. Anschließend konnten wir `$vms` als Array behandeln und die Sortierreihenfolge umkehren.
- Die `ForEach`-Schleife wird synchron ausgeführt. Mithilfe von PowerShell-Funktionen und -Workflows können Sie `ForEach` jedoch auch so einrichten, dass die Aufgaben parallel ausgeführt werden.
- Ein Fehler, den unerfahrene PowerShell-Entwickler häufig machen, betrifft Vergleichsoperatoren. Es ist nicht möglich, = für Vergleiche zu verwenden. Stattdessen gibt es verschiedene Stringoperatoren wie `-eq` (*equals*, also »gleich«), `-ne` (*not equals*, »ungleich«), `-gt` (*greater than*, »größer als«) usw.

▶ **Mehr über die PowerShell-Vergleichsoperatoren erfahren Sie auf *https://docs.microsoft.com/powershell/module/microsoft.powershell.core/about/about_comparison_operators?view=powershell-5.1*.**

Dieses Skript ist in der Datei *CH14_start_or_stop_RM_vms.ps1* im Begleitmaterial zu diesem Buch enthalten, das Sie von *https://aka.ms/SQLServ2017Admin/downloads* herunterladen können.

Stichwortverzeichnis

E

F

G

J

K

L

O

P

T

W

X

Z

Die Autoren

William Assaf

William Assaf, MCSE, ist Berater und Manager für Microsoft SQL Server und führt auf *sqltact.com* ein Blog über SQL. Er war als Designer, Datenbankentwickler und Administrator bei Anwendungs- und Data-Warehouse-Projekten für private und behördliche Kunden tätig. Außerdem hat er seit 2012 beim Verfassen der beiden letzten Generationen der SQL Server-Zertifizierungsprüfung geholfen und seit 2015 als regionaler Mentor für PASS gearbeitet. William und sein Autorenkollege Patrick LeBlanc haben an *SQL Server 2012 Step by Step* (Microsoft Press, 2015) zusammengearbeitet. Getroffen haben sie sich bei der SQL Server-Benutzergruppe und dem SQLSaturday in Baton Rouge, die sie auch gemeinsam leiten. William und seine High-School-Liebe reisen gern, um bei den SQLSaturdays im Süden der USA aufzutreten, und hoffen, Sie dort auch bald zu treffen.

Randolph West

Randolph West ist ein Datenplattform-MVP aus Calgary im kanadischen Alberta. Er ist Mitorganisator der SQL Server-Benutzergruppe von Calgary und des Calgary SQLSaturday. Auf verschiedenen Konferenzen rund um die Welt tritt er als Redner auf der Bühne sowie auf dem Bildschirm auf. Seine Spezialgebiete sind die Umsetzung empfohlener Vorgehensweisen, Leistungsoptimierung, Notfallwiederherstellung und Cloudmigration mithilfe seiner Firma Born SQL. Sein Blog können Sie auf *bornsql.ca* lesen.

Sven Aelterman

Sven Aelterman hat seine ersten Erfahrungen mit SQL Server bei der Bereitstellung von Version 2000 in einem Failovercluster gesammelt. Seitdem hat er als IT-Manager, Hauptberater und IT-Direktor gearbeitet. Zurzeit ist er bei der Troy University als Dozent für Informationssysteme am Sorrell College of Business sowie als dessen IT-Direktor tätig. Außerdem ist er Cloudsoftwarearchitekt für Sorrell Solutions, einen nicht gewerbsmäßigen Dienstleistungsbetrieb für Unternehmen, in dem die als »Trojans« bezeichneten Troy-Absolventen praktische Geschäfts- und IT-Erfahrung gewinnen können. In seinem ersten Bemühen, sich bei der Community zu revanchieren, ist er seit 2005 bei vielen SQLSaturdays und Codecamps im Südwesten der USA als Redner aufgetreten. Bei der Microsoft TechEd 2011 hat er einen Vortrag über SSIS 2012 gehalten. 2012 war er Coautor eines Buchs über die `FILESTREAM`-Funktion von SQL Server. Seine Beschäftigung mit Microsoft Azure führte zur Organisation zweier Global Azure Bootcamps an der Troy University. In seinem Blog auf *svenaelterman.wordpress.com* spricht er über verschiedene Microsoft-Technologien. Tweets und Retweets über Technologie finden Sie unter `@svenaelterman`.

Mindy Curnutt

Mindy Curnutt ist unabhängige Beraterin, vierfache Datenplattform-MVP und Idera-ACE. Sie ist schon seit über einem Jahrzehnt in der SQL Server-Community aktiv und tritt bei verschiedenen Benutzergruppen-Treffen, SQLPASS Summits und SQLSaturdays in Nordamerika auf. Zwei Jahre lang diente sie als Teamleiterin für den SQLPASS Summit Abstract Review Process und seit 2015 ist sie eine der drei Programmmanager für SQLPASS Summit. Sie arbeitete als SME für einige der Zertifizierungsprüfungen für SQL Server 2012 und 2014 und war als Coautorin an *SQL Server 2014 Step by Step* beteiligt. Zurzeit gehört sie zum Vorstand der SQL Server-Benutzergruppe Nordtexas. Sie dient auch als Mentorin und hilft dabei, skalierbare und nachhaltige SQL Server-Architektur und -Gestaltung zu lehren und zu fördern. Ihre Leidenschaft gilt Datensicherheit, Barrierefreiheit, Usability, Skalierbarkeit und Leistung. Sie finden ihr Blog auf *mindycurnutt.com* und können ihr auf Twitter als `@sqlgirl` folgen.

Der Autor des Vorworts

Patrick LeBlanc

Patrick LeBlanc ist Experte für technische Lösungen für Datenplattformen bei Microsoft und arbeitet direkt mit Kunden daran, den Wert von SQL Server für Unternehmen zu verbessern. Er ist Coautor von *SharePoint 2010 Business Intelligence 24-Hour Trainer* (Wrox, 2011) und *Knight's Microsoft Business Intelligence 24-Hour Trainer* (Wrox, 2010). Außerdem hat er *www.sqllunch.com* gegründet, eine Website über SQL Server-Technologien.